公共行政与公共管理
经 典 译 丛

"十三五"国家重点出版物出版规划项目

PUBLIC ADMINISTRATION AND PUBLIC MANAGEMENT CLASSICS

公共行政与公共管理经典译丛

公共财政管理
分析与应用

（第九版）

［美］约翰·L.米克塞尔（John L. Mikesell）／著

苟燕楠　马蔡琛／译

FISCAL ADMINISTRATION
ANALYSIS AND APPLICATIONS FOR THE PUBLIC SECTOR
（NINTH EDITION）

中国人民大学出版社
·北京·

总　　序

在当今社会，政府行政体系与市场体系成为控制社会、影响社会的最大的两股力量。理论研究和实践经验表明，政府公共行政与公共管理体系在创造和提升国家竞争优势方面具有不可替代的作用。一个民主的、负责任的、有能力的、高效率的、透明的政府行政管理体系，无论是对经济的发展还是对整个社会的可持续发展都是不可或缺的。

公共行政与公共管理作为一门学科，诞生于20世纪初发达的资本主义国家，现已有上百年的历史。在中国，公共行政与公共管理仍是一个正在发展中的新兴学科，公共行政与公共管理的教育也处在探索和发展阶段。我国公共行政与公共管理教育和学科的发展与繁荣，固然取决于多方面的努力，但一个重要的方面在于，我们要以开放的态度，了解、研究、学习和借鉴国外发达国家研究和实践的成果。另一方面，我国正在进行大规模的政府行政改革，致力于建立与社会主义市场经济相适应的公共行政与公共管理体制，这同样需要了解、研究、学习和借鉴发达国家在公共行政与公共管理方面的经验和教训。因此，无论是从我国公共行政与公共管理教育发展和学科建设的需要来看，还是从我国政府改革实践层面的需要来看，全面系统地引进公共行政与公共管理经典著作都是时代赋予我们的职责。

出于上述几方面的考虑，我们于世纪之交开启了大型丛书"公共行政与公共管理经典译丛"的翻译出版工作。自2001年9月本译丛首部著作《公共管理导论》出版以来，十几年间出版著作逾百种，影响了国内公共行政与公共管理领域无数的学习者和研究者，也得到了学界的广泛认可，先后被评为"十五""十一五""十二五""十三五"国家重点图书出版规划项目，成为国内公共行政与公共管理出版领域的知名品牌。

本译丛主要选取国际公共行政与公共管理学界代表性人物的代表性作品，并持续介绍学科发展的最新研究成果。总的来看，本译丛体现了三个特点：第一，系统性，基本涵盖了公共行政与公共管理学科的主要研究领域。第二，权威性，所选著作均是国外公共行政与公共管理大师或极具影响力的学者的代表作。第三，前沿性，反映了公共行政与公共管理研究领域最新的理论和学术主张。

在半个多世纪以前，公共行政大师罗伯特·达尔（Robert Dahl）在《公共行政学的三个问题》中曾这样讲道："从某一个国家的行政环境归纳出来的概论，不能立刻予以普遍化，或应用到另一个不同环境的行政管理上去。一个理论是否适用于另一个不同的场合，必须先把那个特殊场合加以研究之后才可以判定。"的确，在公共行政与公共管理领域，事实上并不存在放之四海而皆准的行政准则。立足于对中国特殊行政生态的了解，以开放的思想对待国际的经验，通过比较、鉴别和有选择的吸收，来发展中国自己的公共行政与公共管理理论，并积极致力于实践，探索具有中国特色的公共行政体制与公共管理模式，是中国公共行政与公共管理学科发展的现实选择。

本译丛的组织策划工作始于1999年底，我们成立了由国内外数十位知名专家学者组成的编辑委员会。当年10月，美国公共行政学会时任会长，同时也是本译丛编委的马克·霍哲教授访问中国行政管理学会，两国学会签署了交流合作协议，其中一项协议就是美国公共行政与公共管理领域著作在中国的翻译出版。2001年，中国行政管理学会时任会长郭济先生率团参加美国公共行政学会第61届年会，其间，两国学会签署了新的合作协议，并再次提及已经启动的美国公共行政与公共管理领域知名学者代表作品在中国的翻译出版。可以说，本译丛是中美两国行政管理（公共行政）学会与公共管理学术界的交流合作在新阶段的重要成果。

　　在译丛的组织策划和翻译出版过程中，中国人民大学政府管理与改革研究中心、国务院发展研究中心东方公共管理综合研究所给予了大力的支持和帮助。我国的一些留美学者和国内外有关方面的专家学者参与了外文原著的推荐工作。中国人民大学、北京大学、清华大学、中山大学、复旦大学、厦门大学、武汉大学等高校许多该领域的专家学者参与了本译丛的翻译工作。在此，谨向他们表示敬意和衷心的感谢。

"公共行政与公共管理经典译丛"编辑委员会

译者前言

　　我与燕楠合作翻译的《公共财政管理：分析与应用（第九版）》，应该快要付梓出版了。受燕楠兄委托，由我来写这篇译者前言。其实，原作者米克塞尔（John L. Mikesell）教授已经就本书的中译本专门撰写了一篇序言，从这个意义上讲，作为译者再写一篇前言本来是没有什么必要的。我之所以坚持要写这些文字，主要是想向读者朋友们就这本书以及原书作者米克塞尔教授与我们的一些机缘，做一些交代。

　　首先，我不得不以非常沉痛的心情对大家说，米克塞尔教授已然不幸于2019年9月12日永远离开了我们，享年77岁。几年前大家就知道他的身体状况欠佳，也恰恰是因为这个缘故，从2016年到2017年，我暂时中断了手头上包括国家社科基金重大项目在内的诸多研究事项，与燕楠合作，用了一年多的时间，集中翻译本书，就是希望能够尽早将第九版的中译本付梓出版，算是送给老人家的一份小礼物。从这个意义上讲，我们当时是在和时间赛跑。但造化弄人，因为各种一言难尽的原因，本书没有能够在原作者生前面世，这确实是一个永远难以弥补的遗憾。此情可待成追忆，只是当时已惘然。

　　我与这本书及其作者的故事，还要追溯到16年前的2003年。当时，我博士论文答辩刚刚完成，我的导师高培勇老师安排我和我师弟白彦锋博士（现担任中央财经大学财政税务学院院长）共同承担了《公共财政管理：分析与应用（第六版）》的翻译工作。经过两年多的艰苦努力，这本书第六版的中译本终于在2005年11月由中国人民大学出版社正式出版。尽管当时我们与米克塞尔教授并不认识，但是在翻译过程中，我们确实感觉到这本书与通常意义上的公共经济学或者财政学著作颇为不同，呈现了许多独具的特色。在此，不妨将高老师、彦锋和我在第六版校译者前言中的一段文字摘录于此，这对于第九版也应该是同样适用的。"与以往我们所见到的财政类教科书有所不同，它突出了公共财政的管理学导向。不拘泥于宽泛的财政经济理论的推演与介绍，从公共部门财务管理的视角，以公共财政的基本原则和预算改革为基本线索，更加强调公共财政管理的具体运行与操作层面，向读者展现许多以往教科书中未曾涉及的公共财政管理层面的问题，可以说是这本书的一个特色。在国内，对于市场经济国家公共财政理论的一般性分析与介绍并不鲜见。但是，相对而言，就其具体操作层面上的诸多微观问题，往往未能妥为参通解透……在这样的时代背景下，我们将这本以突出财政管理微观层面为特色的《公共财政管理：分析与应用》推荐给中国读者，对于我国公共财政建设所具有的理论意义与实践价值，自然被赋予了特殊的内涵。"

这本书的第六版中译本付梓后，可谓好评如潮，已然成为许多研究者和实践者的典藏图书，在市场上早已脱销了。记得大约在 2008 年，清华大学公共管理学院的王有强教授专门找到我，就这本书进行过一次较长时间的谈话。王老师说，从国际视野与中国实践相互结合的角度来看，财政管理问题是具有更强国情特点的，米克塞尔教授的这本书作为一本经典之作，主要是以美国财政预算管理为分析样本来展开的，确实提供了非常好的分析框架和研究素材，但如果我们能够借鉴这一分析范式和研究框架，融入中国财政管理的更多元素，撰写一本"中国化"的财政管理教材或者专著，对于中国财政理论研究和改革实践而言，无疑是非常有意义的事情。王老师鼓励我来担纲开展这个事情，并愿意由清华方面提供一些资助。当时，我还在中国社会科学院财政与贸易经济研究所（现更名为中国社会科学院财经战略研究院）工作，就此事也起草过一个写作提纲，还专门和王老师以及一些学界同人讨论过。但到后来，因为工作单位变化等因素，这个事情也就耽搁下来了。然而，这个话题我始终没有忘记。按照南开大学经济学科创始人何廉先生在近百年前所倡导的"知中国、服务中国"的洋为中用的"土货化"研究范式，撰写一本"中国化"的高水平财政管理学教材，应该是一件非常值得期待的事情。期待这个愿望能够早日实现。

2014 年，我和我太太黄凤羽教授获得国家留学基金委公派资助，前往美国从事访问学者研究。也是因为曾经担任这本书译者的缘故，米克塞尔教授盛情发出了邀请，成为了我们的合作导师。我们前往印第安纳大学（布鲁明顿主校区）公共环境与事务学院(IUB SPEA)，与米克塞尔教授合作开展了为期一年的研究，在被昵称为"开花屯"的布鲁明顿小镇，我们一家三口度过了一年愉快的时光。米克塞尔教授作为印第安纳大学的校长讲席教授（Chancellor's Professor），是公共预算与财政研究方向的学科带头人，而印第安纳大学的这一研究方向近些年一直是排名全美第一的。我们在印第安纳大学"公共预算与财政"课程上使用的，恰好就是这本书的第九版。能够聆听作者本人的讲解，对于这本书的理解自然又更深了一步。在一年多的交往中，米克塞尔教授在学术研究与教学上确实体现出炉火纯青的造诣，很多深奥复杂的专业问题都能够举重若轻地娓娓道来。在日常生活中，米克塞尔教授也从未摆出什么学术权威的架子。我们好几次中午在学院门口遇到他，他都是一个人步行挺远的路，还要爬不短的台阶，自己去买午饭。走起路来，也没有 70 多岁年纪的人的老态。我们夫妻和我女儿都很喜欢这位平易近人的老人，就像和家里的一个长辈谈天说地一样。我们亲切地称呼米克塞尔教授为"米爷爷"，称呼他夫人为"米奶奶"。

这一年宝贵的合作研究，也开创了南开大学财政学科与印第安纳大学财政学科的一种长期科研合作与研究生联合培养模式。这几年来，米克塞尔教授和他的继任者荣恩(Zorn) 教授，先后担任合作导师，联合指导了我的博士研究生张莉、李宛姝、苗珊、赵青等几位同学。从这个意义上讲，我在南开大学带领研究生团队所开创的这一支颇具

"西域少林"色彩的以研究财政预算管理为特色的财政学余脉，或许也可以算是"米氏财政学"的东方传人。

2015年我们回国之前，就听说米克塞尔教授因病住院的消息，但一直没有机会前往探望。我们夫妻回国后，多次邀请米克塞尔教授在身体条件允许的情况下，来中国访问讲学。大约2017年前后，他有段时间身体恢复得不错，我们开始进入邀请他来华讲学的实质操作阶段。老人家了解到中方高校只能负担经济舱机票的规定，而他又年龄较大，于是主动提出使用他个人在美国航空公司的里程积分自费兑换升舱。这一点我们都很感动。不过，后来米克塞尔教授发来邮件，说他身体状况又不大好了，无法远途旅行，此事只好作罢。真没有想到，2015年夏天，在"开花屯"那个叫作"哈巴奇"(Mr. Hibachi)的餐馆，我们一家三口请"米爷爷""米奶奶"一起吃饭，竟然就是我们和米克塞尔教授见的最后一面。音容笑貌，宛在眼前，然而斯人已逝！

2016年初，有一次我在复旦大学开会，燕楠教授请我在学校食堂吃饭。我们谈起了《公共财政管理：分析与应用（第九版）》的翻译一事。中国人民人学出版社已经和燕楠签订了翻译出版合同，最初是翻译第八版，结果临近翻译结束的时候，原书弟九版又面世了，故又改为翻译第九版。但燕楠同时还有行政领导事务的重任在肩，谈话间邀请我加盟此事，以期尽快收官。其实，我主持的国家社科基金重大项目等研究事项的档期，当时已经安排得几乎密不透风了，但一则燕楠兄是我多年的好朋友，二则考虑到与这本书的许多渊源，我义不容辞。后来，经燕楠的推荐，中国人民大学出版社的编辑直接联系了我。我们约定，一是，燕楠与中国人民大学出版社的合同继续有效，我只是助力促成此事；二是，燕楠仍旧担任第一译者，我仅是附其骥尾而已。说来也巧，这本书第九版的策划编辑朱海燕老师，恰好是十多年前我翻译的第六版的责任编辑，后来因为工作单位变化，我和她也好多年没有联系了。朱老师对我仍旧还有印象，大家说起当年的往事，都不禁感慨，十多年的岁月，就这样在弹指声中远去了。此后我带领南开大学的研究生团队用了将近一年半的时间，终于在2017年国庆节前，完成了译稿。

以上大体就是我与这本书以及原书作者的一些故事，希望没有耗尽读者朋友们的阅读耐心。

感谢复旦大学苟燕楠教授带领的研究团队在本书第八版的初稿翻译中付出的辛勤劳动。我在南开大学带领的研究团队则主要参与了本书第九版的初稿翻译工作，团队成员包括张莉、袁娇、李宛姝、苗珊、赵青、朱旭阳、赵笛、桂梓椋、金海音、安颖、高红、何思玉。在此一并致谢！

感谢中国人民大学出版社的朱海燕老师和责任编辑们，她们为本书的出版付出了大量心血。

在2005年出版的本书第六版中，高培勇老师、白彦锋博士和我三人合作撰写了校译者前言，其中我们曾经写下过这样一段文字："我们校译的这本《公共财政管理：分析与应用》……覆盖了20世纪末到21世纪初叶市场经济国家公共财政管理的几乎所有重要的研究领域，也反映了这些领域所能达到的研究水平。在结构安排上，这本书强调了预算管理之于公共财政体系的重要作用。这种以预算管理为核心的财政管理学研究框架，对于我国传统财政学研究范式的重构所可能产生的影响将是十分深远的。从这个意义上讲，这也恰好印证了近年来我们所探求的财政学与公共管理学相互融合的研究范式。在翻译过程中，尽管我们竭尽全力以求准确无误，尽可能表达出作者的原意，尽可能向着'信、达、雅'的境界多前进一步，但这些目标是否达到了，'付梓即为千古事'，只能交给实践去检验，交给历史去评说。因时间紧迫，水平所限，或有不尽如人意之处，望读者朋友们批评指正。"

　　今天我所要说的，也同样是这样几句话。我想，燕楠教授也应该会同意这样的表述。

马蔡琛

2019 年 12 月 25 日 草于 G1709 次列车 收笔于洛阳龙门站

2020 年 1 月 1 日 定稿于白河之滨 天津桥畔

　　财政管理之体（原则）用（实践）源流（过程），皆政策分析、官民管理及政府财政诸领域所应了然者。财政系统之方法如何，目标何在，其嬗变之结构动力如何，原则何在，与夫未来从业者所必备之技能，皆本书主旨之所在。故本书虽非财政领域培训之指南，亦诚可谓初级从业者入门之阶梯，中级主事者跨海之津梁矣。故公共财政学虽为经济、政治、法律、会计、工商管理及相关学科之应用，然本书固非以诸科为蕲向者也。凡需了解公共预算及财政学之学者、诸生，无论身处公共行政、公共事务，抑或公共政策何种领域，皆可读吾书也。诸生倘能由此以进，不唯通晓公共财政学之内涵，且能以此分析、衡定、管理公共财政，是所望焉。

　　本书所涉及之领域有二。其一，若干章节传授财政管理与实体财务运作分析之基本技能。此技能不唯重要，适用亦广，不论何种国家、政府，不论政治、经济之领域若何，亦无论公私及营利与否，皆可互通。若干章节则涉及预算过程、财政管理及内部控制之基本原则。此类原则虽亦普适，尚需视其特定实体之组织架构与管理章程而有所变通。要之，理论之运用，当视机构自身之利益所在，不可擅更其组织架构以凑理论，以致割足适履之失。其二，财政管理之原则既定，本书由此分析美国联邦、诸州及地方政府之运作，间或旁及他国（尤其与增值税相关者）。所以如此者，非以美国为楷范也，乃因其财政运作之过程及结果稍明晰，资料之获取亦易，堪为前述原则之明证耳。

　　论及美国政府财政，当稍知其情势。2007—2009 年之大衰退予美国以重创，政府财政机构及制度系统几近崩溃，联邦、诸州及地方财政迄今（指本书修订版杀青）未能毕复。值此量劫之中，经济衰退之时，政府仓促应对，多乏良策，以纾其困。当此之际，政府财政系统之弊尽显，然迄至今日，尚有府院毫无作为。及衰势既终，不唯立法者为之释然，彼辈竟似忘之矣。倘经济家知避衰渡劫之道（虽然，彼辈实亦不知），为政者亦必深闭而固拒之也。天道有常，予固知衰退之终将复临于美国（他国亦然），虽其时似未可必，影响尚难遽言。勿谓老夫言之不预也。

曩日之问题迄未改善，联邦政府之财政亦违其所期。不唯赤字未能削减，以与经济之承受力相协；遑论增其所入之盈余，稍减联邦之债务矣。故事，国债之增幅若能有恒，欲政府债务之可控，经济尚堪承受，其于美国，是亦不难。可怪者，今之立法者于此竟亦无能为力。联邦政府之 AAA 主权信用遂失，联邦债务故亦无以为信贷风险衡平之标尺，是皆国会之胡作非为有以致之。此一"自摆乌龙"，近世以来，尚无出其右者。

若夫诸州与地方政府之弊况尚有不同，诸州与联邦则或同或否。预算之完成无以及时，此其所同也；州府弊政虽较联邦为少，应对施为则逊联邦之周旋灵便，此其所异也。上下之见既未克协，遂有州府闭户无为矣，其闻望亦因之大失。盖既欲跨国企业之来，固当因时而佑助之，岂可阖闭公堂而固拒之，不副所期。此等企业于先进诸国皆经营有年，其有所期亦恒情也。

虽然，与联邦相较，州府之所为其利亦大矣。或有市府，既无以偿其向日之开销，遂乞联邦法院予之以破产保护，庶可公然捐其宿债。其所负者，或退职之民，或勤劳之众，或近日方以金钱赍贷之者也。倘自商道观之，破产诚精明之举也；倘自其社群观之，"言而有信、负债当还"，此天经地义者也，该府所为，岂非不磨之玷！夫政府岂可以商人之所为自期乎?! 尤有甚者，或有州府，迫其所属市县破产，州府之膺此任者，乃尽摒其属僚，收其事权。此其所为较前尤奇，盖自请破产者，其官员于财政危局虽难辞其咎，尚多留任，其受命破产者则无此幸矣。

此皆美国政府财政失措之显例。由此返观，或不无一得之益。盖诸所失政，皆非必然者也。倘于本书所言财政之理，执体而应用之，其难固可免矣。

本书略有二事，乃同类诸书所无者。其一，业习公共财政者当明钱货之原。此所谓明，非泛言之也，当切其绪理。前版有言，"兵马未动，粮草先行；财政不备，庶政难成"。夫财政收入之系统、项目及政策，此皆公共行政者所当知者也；其行政之费用乃他人所出，亦此行政者所当知者也。或有不知，唯知靡费钱银，一而且再，再而且三，不知底止，此皆清议所指目之恶仆，乃良政之大敌，固宜人人斥之。其或唯知滥施佑助，而不问使费所出，亦当引以为耻。盖受益者当有所献，收入、消费及资产评估亦当赋敛，此皆政府资财之原也。故本书所重者，不唯解释、揆量此资财之原，亦以自主分析之法畀与诸生。其二，诸生既习公共预算及财政课程，倘不能辅之以运算（甚至巨量之运算），则无以坚其所学。故本书诸章多附习题，俾学者演而算之，以求其果。诸生唯学而时习之，方可究其本原之理，终能证道混元。或有诸生，倘未习电子制表程序之用，是则正当其时矣，盖此法既用，运算之简易必远胜从前。此程序可自学，亦可从学于他人，要当"行不由径"，依其正途。不宁唯是。既知置数字于表格，亦当知其所以然，明此数字之所指，则善矣。制表程序既可自学，故本书所致力者，乃在授诸生以问题之何所是（what）及其所本之何以故（why）。倘明其何以故，则其程序之操作甚为易矣。其但知刻舟求剑，以数字代入既有表格者，又安能有独立之思？虽然，前述演算但以纸笔为之亦可，唯需时略久而已。

本版所用数据，已含括近一年所发布者。政府诸财政信息，见诸上版文字及表格者，亦皆予以更新。自官方所定大衰退之结点以来，政府补弊诸策及新定之财政法规，皆与焉。新增内容之尤要者，尚有：2011 年之《预算控制法案》（Budget Control Act），已为联邦政府新定最大支出及债务上限；联邦政府主权信用评级之下调；近年之市政违约、破产申请及政府破产管理；国家及地方政府养老金计划之财政问题；另及联邦所得税修复之尝试，虽或徒劳之举也。除增补若干习题之外，本版另新增及修订若干案例及侧栏按语，所用文献亦予更定，以与最新露布之文献、法规及数据相协。

本书倘有改进，多蒙敝校同事恳切赐正。年复一年之印大诸生，亦以其建议及意见无私相告，诚最佳之审校也。或有诸生远自异域，亦能就书中所述技能及原则普适与否，启我之思。就中尤以自中国、俄罗斯、墨西哥诸国来者，所见最可宝重。兹一并致谢。复旦大学苟燕楠教授、南开大学马蔡琛教授两君子以中文惠译本书，在此亦特致谢忱。感谢诸君。

约翰·L. 米克塞尔
于美国印第安纳大学

前　言

政策分析师、公共行政人员、公职人员和在政府财政部门工作的人员，都需要了解公共财政管理的原则、过程和做法。本书旨在提供一个关于财政制度如何以及为什么发展的观点，从而提供一个基础，帮助你理解那些将会塑造财政制度之未来的原则和结构动力，并为使你今后成为财政管理从业者打好必要的技术根基。本书不是一本培训手册，它提供了成为一个实用的公共财政从业者所需的基础知识，并培养适合中层公共管理者的技能。因为论题的性质，本书借鉴了经济学、政治学、法学、会计学、商业管理学和其他学科，但它不是任何这些学科的文本。它针对的是那些研究公共行政、公共事务、公共政策等所有需要了解应用公共预算和财政的领域。

本书这一版本在修订之时，美国刚刚摆脱了 2007—2009 年的大衰退，联邦、州和地方政府财政尚未完全从这一冲击中恢复过来。政府财政制度和过程已经蔓延至濒临破裂的边缘。各个政府都对这一衰退毫无准备，许多政府甚至不愿意在经济下行的时候做出决策，尽管做出一些决策可以减轻那个时代人们所经历的痛苦。在很大程度上，政治阶层专注于得到更多的加分，而不是采取措施加强政府财政并解决衰退所暴露的问题。一如既往的是，立法者们因为衰退的结束而如释负重，但紧接着他们就表现得像不会再有下一次衰退似的。即使经济学家似乎明确地知道（实际上他们不知道）并指出如何躲避衰退，政治家也绝对会拒绝采取必要的行动。这里需要警告所有人的是：美国一定会出现另一场衰退。我们不知道的仅仅是衰退会在什么时候发生以及会有多严重。

很多持续性的问题都是我们熟悉的。联邦政府没有按期完成财政工作，也无法想出一个能使赤字降低至可持续发展水平的可接受的办法，更不用说走上一条康庄大道，能最终产生足够的盈余来用以减少联邦债务。如果债务的增长可以稳定下来，国家就可以摆脱不可持续的负担，就像曾经一直所做的那样，但联邦立法者甚至无法做到这一点。联邦在支出方面的纪律很松弛，联邦税制被一致视为一个经济笑话，对此立法者却毫无办法。与此同时，联邦政府已经失去了 AAA 信用评级，这意味着联邦债券不再能被视为所有其他信用风险可以确定校准的灯塔。

联邦和地方政府很享受自己的不良行为。州政府已经同联邦政府一样，无法及时实施其预算，但州政府缺乏应对这种不良行为的广泛历史，并缺乏联邦政府拥有的适应措施。结果，一些州政府在不同时期暂时"停业"，直到达成某种协议才重新"开业"。对于试图引导具有全球竞争力的公司来本州投资设厂的州政府来说，这并不是一个很好的"广告"。在其他发达国家，有经验的公司期望政府能够持续提供服务，而不是周期性地遇见政府机构摆上"暂停服务"的标志。

但地方政府可能因为财政刺激而受到奖励。一些地方政府已向联邦法院申请破产保护，因为它们已经无力支付它们所有的账单。破产这一办法，就是为了使城市能够僵化一些人——退休人员、目前的劳动力和近年来贷款的实体，他们都是典型的目标。虽然破产可能是一个精明的业务行为，但也是当地每个人的污点，包括那些言出必行、有债必偿的很有道德感的居民（是不是这种做法把商业原则带进了政府运作？）。其他国家已经迫使地方采用接管的手段——这是一剂猛药，因为州接收者经常会开除掉所有地方官员，并完全接管政府权力。这比破产更为严厉，因为破产时，那些导致财政混乱的官员通常仍能够保住他们的工作。

显然，政府财政的世界是一个有趣的地方。了解并践行本书讲解的准则会帮助你更好地理解当今最重要的问题，但是更重要的是，将这里传授的课程运用于实践就会找到解决这些问题的路径，并且有效防止这些问题在未来发生。那些曾经发生在美国政府财政上的问题没有一个是不可避免的。

这一版本仍然坚持两个与众不同的原则。第一，作为一名公共管理专业的学生，应当清楚地知道财政资金的来源，而不只是泛泛地了解。引用之前版本的一句话，那就是"如果说'人马未动，粮草先行'的话，那么政府的运行无疑需要依靠财政资金来支持"。那些不了解财政收入的体制、抉择和政策以及不明白他们所花的是别人的钱的公共行政官员，变成了邪恶的"人民公仆"，保守的评论家痛斥他们——只会不停花钱，直到有人阻止他们。实际上，每个人都应该痛斥这种公共雇员，因为他们是一个好的政府最坏的敌人。如果你只想着提供服务而不关心资金的来源，那你就太无耻了。另外，如果你不知道谁来买单，你就不该在经济紧缩时花费那么多了。第二，作为一名公共管理专业的学生，如果在公共预算和财政课上没有处理一些数字（也许是很多数字），那他（她）所学的就还不全面。本书很多章节中的"问题与练习"需要经过计算得出一个答案。经过这个过程，你才能学到当前发生的事情并对你潜在雇主变得有用。在政府财政的实践中，如果学生会使用电子计算机的电子数据表格，本书中的很多计算会变得很轻松，如果不会用，那现在就是绝佳的学习机会了。你可以自学基础的应用，但也有很多正式的渠道来学习这一程序。仅仅学习如何往电子表格里插入数据是不够的——你需要知道你为什么这么做、你正在做什么和你这么做意味着什么。电子表格的使用是你可以在课堂之外自学的，本书的练习关注的是提出问题背后的事实及原因。如果你明白涉及的原则，在你的电子数据表格里插入数据就变得十分容易了。如果你一开始插入的数据就是别人准备的，那你将很难独立进行分析。当然每一个练习都可以用纸笔方法完成，只是需要花更长的时间。

本版的特征是，将出现在文本中和表格中的政府财务报告中的所有统计数据更新至最近可获得的年度。本版所包括的财政行动可以追溯到大衰退的正式结束日及之前，它还包括形成政府财政流程的新的法律行动。它包括了2011年的《预算控制法案》，该法案为联邦政府设立了新的支出限制和债务上限，联邦政府的评级下调；市政违约、破产申请和国家接管等近年来的典型事件，州和地方政府养老金项目的财政问题，关于税收应该由收入前1%的人（不是99%的人）支付的争论，以及修复联邦所得税的可能无望的挣扎。书中还有新的或修订过的案例、专栏及一些新的练习。为了反映新的文献、法律和数据，所有文本材料都已更新。

　　在此，我要感谢印第安纳大学的同事，他们对本书提供的评论及建议使本书更加完善。许多届的学生都慷慨地对本书贡献出他们的想法，他们是我知道的控制质量的最好的力量。在帮助修改本书的诸多审议人中，我需要特别感谢西佛罗里达大学的比尔·坦克斯利（Bill Tankersley）和瓦尔多斯塔州立大学的丹尼尔·鲍劳奇考伊（Daniel Baracskay），他们对本书提供了有益的评论和建议。我要感谢研究生助手尼尔·布若史尔斯（Neil Broshears）在表格和图表的更新以及研究生助理克里斯蒂娜·范·霍恩（Christina Van Horn）在最后校对方面所提供的帮助。最后，我还要感谢黛安娜·沃曼（Diana Worman），在我不知道如何做到使表格、图表或数字清晰和可呈现时，她提供了优秀的文秘协助。

约翰·L. 米克塞尔
于美国印第安纳大学

目　录

第 2 部分　财政收入来源、结构与管理

第3部分 债务管理、营运资本与养老金

第 1 章

公共行政与公共管理经典译丛

公共财政学的基本原则

为什么公共管理者（不管是为政府工作还是为非营利组织工作）要学习公共预算和财政呢？以下列出了排名前十位的主要缘由：

1. 他们必须做出如何使用资源的选择，而运用资金来开展工作，则是统筹资源的良好开端。

2. 他们在公共信托的原则下开展工作，并且要有能力控制公共资源的使用——他们使用的是公众的钱，如果这些钱打了水漂，公众就会非常气愤。

3. 他们需要保证在利用这些资金供给来完成必要的服务之前，手中的钱不会用光。

4. 争取那些为给选民和顾客提供服务而拨付的资源时，他们需要向立法和执行机构给出充足的理由。

5. 他们需要理解其他管理者提出的理由。

6. 他们不希望因滥用属于公众或其所属组织的资源而身陷囹圄。

7. 任何组织中真正了解该组织所作所为的人，就是那些了解组织财政的人。

8. 非营利组织的财政管理通常糟糕透顶。

9. 不论是在联邦、州层面上，还是地方政府层面上，造成政府危机的部分财政问题，通常可以通过更好的预算体系和财政机制来避免。

10. 了解公共组织运作很有趣，而了解财政则是这一过程中最重要的一步。

除非你对公共部门向公众提供服务这一话题不感兴趣，那么上述原因清单中至少有一项会引起你的共鸣。如果没有，你可能需要重新考虑自己的职业目的和目标。当你学习完后续的章节、案例，完成所有练习后，你就可以初步应对这个清单中的所有问题了。

虽然存在联系，但是公共财政和企业财务并不相同。不同之处体现在根本目标上。企业财务管理试图通过对公司资源进行合理配置和管理，来提高对于所有者来说的公司的价值①。公共财政管理通过使用与企业财务管理中类似的分析工具、技术工具和管理工具，来对资金进行配置和控制。政府与私营企业的不同之处在于，资源约束、所有权和目标都不相同。这里有四个重要区别：政府可以通过税收扩大其资源；政府的"产权"不清晰，因为在政府决策中，许多利益相关者分享的是共同的法律利益；政府服务的价值既难以量化，又无法反映在一个单一的指标之中（例如，商业企业的销售额或利润）；政府始终要处理公众信任和公民声誉的问题。对私营企业来说，拖欠债务和财务破产可能仅仅被视为有趣的甚至是有用的财务手段，但对于政府和公民来说却会是不可磨灭的污点。

企业通过在市场上销售商品和服务，从而产生收入流来实现经营运作。生产所需的投入需要由该收入流来支付；有效率的生产者在支付生产投入之后，可以收获一笔金钱（利润）。政府同样提供商品和服务，它们的价值是由公众来评判的，但这些商品和服务的特点是，政府不能在自发进行的买卖交易中获得任何收益。对于社会这一整体来说，政府服务的价值是集体性的；相反，购买企业服务得到的是个人价值。存在着这样一个基本概念：生产者可以获得产品价值中的一部分。这一概念将创造价值和获取收入联系起来，但政府运作打破了这一联系。因此，从根本上来说，公共财政和企业财务是不同的。

政府拥有独一无二的课税、禁止和惩罚的权力，这种强制权力也使政府有别于私营企业和志愿组织（从这个角度来看，非营利组织更像是私营企业而非政府）；所有这些差异，都使公共财政管理不同于企业财务管理。这两类组织都对**财政可持续性**很感兴趣，这种可持续性是指，在确保不降低（甚至可以提升）当前生活水平的前提下，组织具有长期运营的能力。当下的财政行为，如果降低了使下一代至少和我们生活得一样好的能力，那么这些行为就违背了可持续的标准。

许多不同的组织——私营企业、非营利组织和政府机构——共同提供了我们每天所使用的物品和服务，其中既包括生活必需品也包括能使生活更加舒适的物品和服务。私营企业向我们出售食品和衣服、汽车和电视机等大量商品，这些是我们生存和享受生活所需要购买的。服务也是一样：我们会到私营电影院去看电影；乘坐私营公司的航班进行跨国旅行；当我们去休假时，我们会聘请邻居来照看家里的猫。所有这些以及其他更多的物品和服务，都是在市场的自由交换原则下提供的：私营企业向我们提供服务；而作为交换，我们付钱给它们。不付钱，就没有服务。许多非营利组织也大致如此，如医院、社会服务机构，它们是基于付费和政府合同而运营的。有些服务来自志愿性组织或俱乐部，如县历史博物馆、地方社区组织或者地方青年组织。这些机构运营所需要的资

---

① 金融机构（例如美林证券、北方信托、美国国际集团）在 2008 年和 2009 年的崩溃暴露了一系列问题：这些机构的管理者和官员使自己富裕起来，但对于企业的股东而言，企业价值却在急剧下降，甚至濒临破产或被政府接管。自 20 世纪早期现代公司所有权模式出现以来，所有者（股东）和管理者（行政官员）利益背离的问题就一直困扰着美国。无论如何，公司财务的目标是使公司价值最大化，而非为高级管理者牟取利益。相对于全盘考虑所有被管理者的利益最大化而言，这是一个比较简单的最大化目标，因为不是每个人都有相同的利益。我喜欢足球而你喜欢美式橄榄球，但是公立公园的空间只能满足其中一个项目所需的运动场地。那么谁的"最佳利益"将获胜？企业管理者并不需要担心这些问题，他们只追求最大化的利润。

金，来源于名目繁多的捐款和收费。尽管在服务提供之前，大多数的志愿性组织没有规定对方必须付款，但是为了生存下去，这些机构确实需要有人志愿性地捐助。毕竟，提供服务（公用设施、出租、供给等）需要相应的资源，而那些提供资源的人也需要获得收益。

最后，我们还得到了来自公共安全部门、学校系统、司法管理系统、社会安全网等政府部门所提供的服务，但支持这些服务的资金来源却有所不同：既不同于自由交换（市场销售），也不同于志愿性捐款，政府所提供的物品和服务的资金来源，是税收或者依法课征的其他收入形式。这些收入不是来源于自愿性的购买或者志愿性的捐款，而是来自以法律要求为基础的收入机制的运行，其根本支撑在于暴力威胁，即使在一个民主的社会中，情况也是如此。为什么需要公共部门呢？原因并不在于政府服务是生活中独一无二的必需品：大多数国家将生活必需品——食品、衣服，通常还有住房——的提供交由私人部门。但是当政府失灵时，私人部门也将不能正常运转，公民"甚至被剥夺了稳定生活所需要的最基本条件：法律和安全、契约中的信任以及一个顺畅的交易机制"[1]。

1.1 政府职能：市场失灵

为什么不能依靠自由市场中的私营企业来提供所有的物品和服务呢？市场效率是一个很大的问题。总统经济顾问委员会曾经这样解释道：

> 如果市场是竞争性的，并且运行顺畅，那么在市场的作用下，商品会在供求均衡点上形成一个价格。而且，任何市场上的价格都会既等于消费者消费最后一单位商品所获得的收益（边际效益），也等于生产者生产最后一单位商品所需要的成本（边际成本）。这两方面的条件确保了市场效率：当所有的市场均满足这两个条件，消费者就不愿花更多的钱将这些资源转用于别处，一国的劳动力和其他资源就会经由此种配置，来生产特定的物品或服务。[2]

市场的作用是会促使经济中的生产力用于生产人们最需要的物品，同时使其耗费的资源最小化。在一个资源有限的世界中，这是个有意义的结果，市场让人们生活得更好。

但是，即使私人企业确实能够以低成本提供绝大部分的物品和服务，政府的作用仍然是至关重要的。实际上，在健康的政府和健康的市场之间，有着重要的相辅相成的关系。市场的有效运行离不开政府的协助："合同协议必须得到贯彻实施，欺诈行为必须受到打击。如果没有政府的法律体系来保障产权和确保合同履行，公司的运营和市场的交换就无法进行。无政府状态和自由市场并非同义词。"[3] 市场对政府也具有重要作用，政府可以从市场数据中获取重要信息，将市场作为实施公共政策的有效机制，可以通过市场交易来获取物品和服务以提供政府性的服务。市场经济的有效运行需要政府，而政

① International Bank for Reconstruction and Development/The World Bank, *World Development Report 1997: The State in a Changing World* (New York: Oxford University Press, 1997), 19.

② *Economic Report of the President Transmitted to the Congress February 1997* (Washington, D. C.: U. S. Government Printing Office, 1997), 191.

③ 同②192.

府想要服务于公共利益也同样需要市场经济[1]。

　　然而，政府的功能远不只是简单地维护市场运行，因为市场机制并不总是"尽如人意的，对于负面效果，市场有时也难以起到有效的抑制作用"[2]。到底是什么原因使一些服务成了政府的责任呢？为什么不能依靠私人活动来提供公共安全、基础教育、环境保护、公共卫生、国防以及其他服务呢？人们需要这些服务，我们也希望追求利润的私营企业对消费者的这些需求做出回应。市场为什么会失灵，从而在经济上产生了对政府的需要呢？政府作用的体现始于所谓的"公共物品"[3]。

公共物品[4]

　　有些物品不能通过市场来提供，或者即使市场能够提供，由于这些物品的本质属性，市场的供应数量也会不足。问题的出现源于两个特性：（1）当某项服务的收益只能由大家来分享时，就会产生**非耗竭性或非竞争性**（nonexhaustion, or nonrivalry）。这就意味着，对于一定数量的服务来说，在人们现有的福利不被减少的前提下，可以有更多的人来分享这项服务。（2）当对服务的享有很难被限定在那些已经为这些服务付费的人群时，就会产生**非排他性**（inability to exclude nonpayers）。图 1-1 区分了私人物品、公共物品以及另外两种介于二者之间的物品——收费物品（toll goods）和公共池塘资源（common-pool resources）[5]。

	互为替代的使用 （耗竭性/竞争性）	共同使用 （非耗竭性/非竞争性）
排他性可行	私人物品	收费物品
	例如：食品、衣服、电视机	例如：收费高速公路、收费桥梁、音乐会
排他性不可行	公共池塘资源	公共物品
	例如：蓄水层、钓鱼场、石油储备	例如：国防、司法系统、疾病控制

图 1-1　非独占性的要素

---

　　①　某些批评者对政府服务的效果仍旧心存疑虑。例如，他们指出，那些受到重点治安保护的地区，同时也是犯罪率很高的地区。但是，到底是因为那里有犯罪，所以警察才驻扎在那里？还是因为那里有警察，所以犯罪才发生在那里？有哪些证据可以证明警察服务的增加会减少犯罪？在"9·11"恐怖袭击后，哥伦比亚特区提高了恐怖袭击的警戒水平，那里的治安保护水平也变得更高了，但这些措施出台的原因，与该地区本身存在的犯罪现象是没有关系的（街头犯罪不会招来警察）。当警戒水平（和治安强度）提升后，犯罪率就会下降吗？有证据表明，当警力增加50%后，犯罪率大约降低了15%，对治安来说，这是一个可衡量的回报。Jonathan Klick and Alexander Tabarrok, "Using Terror Alert Levels to Estimate the Effects of Police on Crime," *Journal of Law and Economics*, 48 (April 2005) 266–279.

　　②　Francis M. Bator, "The Anatomy of Market Failure," *Quarterly Journal of Economics*, 72 (August 1958)：351.

　　③　目前，"public good"一词在国内财政学界有多种不同的译法，例如公共物品、公共产品、公共品、公共财货、公共财产，本书采用的是具有较宽口径内涵的"公共物品"一词，物品包括有形和无形的产品和服务。——译者注

　　④　有人认为，由于个人通常认识不到自己的最佳利益，因此个人所做出的市场评价有时也可能是"错误的"。换句话说，市场对博物馆、芭蕾舞演出和交响乐演出的供应不足，是因为人们不能理解它们的真正价值，因此政府需要支持此类"公益品"（merit goods）。垃圾食品、星期六早上的卡通片和乡村音乐都可以被归为"公害品"（merit bads）。当然，这种对事物"好坏"的判断并不完全科学，这往往会导致特殊利益集团之间的政治斗争。

　　⑤　收费物品是指可共同使用但可以通过收费而排他性使用的资源，公共池塘资源是指具有非排他性与耗竭性且可分别使用的资源，两者都属于公私混合性质的物品。——译者注

这些公共物品的特性意味着什么？当服务具有非竞争性时，在服务成本不增加的情况下，一个人对服务的使用，将不能排除其他人对该服务的使用。举一个极端的例子：一位超级富翁想要在密西西比河上架一座桥，以供其私人使用，因为他觉得这看上去会很美，那么允许其他人使用这座桥的额外成本就不存在了。一旦一项服务已经提供给了一个人，那么将其提供给其他使用者的成本就是零（在微观经济学中，即边际成本为零）。经济效率的原则要求消费者支付的价格（消费者在购买这项商品或服务时所放弃的资源价值）不超过生产该商品或服务的新增成本。私营企业会开出高于零的价格——效率价格（efficient price），因为如果不这样做，它将无法负担其成本。因此，与完全市场化运作的商品的质量和数量相比，对一种商品或服务购买或消费的数量过少，其价格就会过高。

现在，假定一家私营企业无法阻止未付费的人享用一项服务，就会产生一个大问题：如果企业无法阻止不付费者享用服务，那么它就很难要求任何人来承担这笔费用（只有那些容易受骗的人才会付费），同时它也失去了提供服务的激励。这又是一次市场失灵，鉴于销售商无法成功收取费用，服务也就因之无法被提供。在不具有排他性的领域，如果有人提供了某项服务，那么所有人都可以享用这项服务。当城市里的一栋建筑拥有消防服务时，考虑到大火有向外蔓延的倾向，邻近的建筑也会得到相应的保护①。（火灾预防是公共产品，而灭火不是；当史密斯家的消防设备正在灭火时，就不能再去别的地方灭火了。但是，在扑灭史密斯家火的同时，他的邻居们也得到了消防保护。）显然，这种影响范围存在着地区限制：印第安纳州布鲁明顿地区的消防服务不可能延伸到密西西比州的杰克逊地区。然而，在特定的地理区域内，不论人们付款与否、是否需要，所有人都能获得这种服务。这就是政府所特有的垄断地位：不仅没有其他可供选择的供应商，而且居民们也不能选择不为这项服务付费，因为财政收入机制的运行与服务的提供是相互独立的。一位肯塔基州州长认识到州的运营不同于自己企业的成功之道："唉，管理肯塔基要比经营肯德基简单多了，因为前者不存在竞争。"② 当然，不管私人偏好怎样或是否消费，都是要对政府服务付费的，这也是政府服务独一无二的特征。

---

① 这并不是说所有的市场失灵都具有类似于消防服务的特征。在亚利桑那州的部分地区，私营企业会出售消防服务；在美国的很多地区，消防服务由志愿者组织提供。在历史上，消防和灭火服务由火灾保险公司提供，它们通过灭火来减少因客户损失而需要做出的赔付，这样的原则至今依然存在：2007 年，爱达荷州罗卫堡发生野火火灾，AIG 公司（AIG 公司被卷入了 2008 年的金融危机）派其所有装载着灭火设施的消防车来保护 7 处由它提供保险的保额极高的房产（那 7 处住宅的价值在 3 500 万美元左右，所以保险公司承担了极大的风险，故而这不是一场慈善行动）。William Yardley, "The Wealthy Get an Extra Shield for Wildfires," *New York Times*, August 28, 2007. 公共物品的问题在于，火势总有蔓延的趋势，如果你的邻居没有消防服务，那么他们所遭受的火灾将会对你的财产造成威胁。对他人所拥有的财产的保护具有公共物品的特征。你有理由相信，AIG 公司救火并非出于公共利益的考虑。一些乡村地区的消防服务是可选择的。比如，田纳西州奥拜恩县的居民可以支付 75 美元的费用，得到南富尔顿市的消防服务。2010 年 10 月，一个没有支付消防费的家庭失火后，消防队员并未做出任何反应，导致最后房子全部被烧毁。消防员在其邻居的田地着火并威胁到其房屋时，进行了救援——其邻居支付了费用。令人惊奇的是，2011 年 12 月又发生了同样的事情：另一个房主未支付消防服务费的房子失火后，南富尔顿消防员眼睁睁地看着其被烧成废墟，显而易见，这个县中存在着不及时吸取教训的人。贾森·希格斯（Jason Higgs）《消防员眼睁睁看着房屋被烧》（http://www.wpsdlocal6.com/news/local/Home-burns-while-firefighters-watch-again-135069773.html）。南富尔顿市市长指出，消防部门的成本需要被覆盖，如果部门回应了不缴费者，今后将没有人缴费。当然，城市中的每个人都能自动享受此项服务，因为他们通过缴税来支付该项费用。

② 小布朗（John Y. Brown, Jr.）先生曾经营过肯德基，因此他的言论有一定依据。然而，他绝不能代表与自己的政治哲学截然不同的州议会。

私人物品没有共享性问题：一个人对某一物品的使用，就会排除他人对其使用的可能性（额外服务意味着额外成本，对此，销售商会收取额外费用予以弥补），这样排他性就是可行的了。显然，所有的日常用品和服务（如面包和牛奶等）都是私人物品。人们要想享用一种私人物品，唯一的途径就是付费，这不会对别人产生影响，而且还可以轻而易举地将已付款者和未付款者区分开来，市场在此发挥了作用。

公共物品，如国防、蚊虫防治、环境污染治理和疾病控制等，其共同特征在于非排他性、非耗竭性或非竞争性。以蚊虫防治为例。当提供了一定的蚊虫防治措施后，地区内的所有人就都享受到了同样的服务，其他人也可以进入该地区并享受同样的服务，却不会因此增加额外的管理成本（边际成本为零），而且没有一种机制可以阻止那些未付款的人享用该项服务。实施防治措施地区内的每个人对这种防治措施的评价可能会各不相同（人们对蚊虫叮咬的反应可能会因人而异，有些人一被蚊虫叮咬，可能会出现惊人的肿胀，而有些人则不会），但他们都得到了相同的服务。公共物品属于公共供给和公共财政领域。

收费物品和公共池塘资源一样，都只有公共物品的一个特性，而非两个（见图1-1）。收费物品是非竞争性的：一个人可以最大限度地享受这种服务，同时不会减少别人对它的消费数量。但是，对于这些物品来说，排他性却是可行的，有边界可以将付款人和未付款人区分开来，如星巴克的无线网络、汽车影院和收费公路——在一定的拥挤点（congestion point）之下，更多的人来消费，并不会减少别人同时对这项服务的享用。然而，以上例子均具有排他性：可以通过密码、墙壁和收费站来阻止不付费的人享受这些服务。

公共池塘资源是不具有排他性的商品和服务，但却是竞争性的，而且是可耗竭的。相关的例子有蓄水层、石油和天然气储备、捕鱼权等。一般来说，对资源不能使用排他性的财产权，而资源一旦被耗尽，对于别人来说，这些资源就不能再使用了。如果将这些资源交给私人来运营，由于它们非常宝贵，自然状态下的资源也难以通过常规的所有权进行控制，因而会很快被消耗殆尽。[先来先用（first-come-first-served）是对这些资源进行配置的一般原则，因此尽快开采对于任何私人使用者而言，将是有利可图的。这就是为什么政府经常干预自然资源市场的原因。这是市场失灵的另一种表现。]然而，诺贝尔经济学奖得主埃莉诺·奥斯特罗姆（Eleanor Ostrom）发现，在没有明确产权和政府干预的情况下，一些自组织（self-organized）的地方体系能非常成功地管理很多公共池塘资源，因此分析此问题需要充分考虑相关的制度环境。专栏1-1所描写的是一个公共池塘资源的问题，以及政府是如何试图解决这个问题的。

专栏1-1　政府为捕鱼权创造了一个市场

市场失灵并不总是要把政府直接提供服务作为补救措施。有时，政府也可以通过创建一个原本并不存在的市场来进行干预。在1993年的《总统经济报告》中，经济顾问委员会提供了这样一个例子：

试图规定海洋渔业产品的所有权是不切实际的。长期以来，海洋产品都可以免费打捞，因而是一种公共池塘资源。有理论表明，这样压价会造成过度消费。在阿拉斯加州的大比目鱼（halibut）渔场，捕捞队捕捞的大比目鱼过多，以致威胁到了这一海洋物种的生存，但每艘渔船都不愿意少捕鱼，因为这样做对自己将来捕捞量的影响很小，并且只会使别的渔船增加捕捞。这就是一个"公地悲剧"的著名案例。

政府官员曾经试图缩短捕鱼期，但这只会刺激新的投资，增加更大、更快并配有更有效（也更昂贵）的捕鱼设备的渔船。为了对捕鱼的数量进行控制，在 20 世纪 90 年代早期，一些地方的捕鱼期一度从 4 个月缩短到了 2 天。这样一来，捕鱼期内捕捞到的多数大比目鱼，不能在市场上新鲜出售而只能冷冻起来，捕鱼期之外捕捞的大比目鱼也只能被扔掉。

1992 年末，联邦政府制定了一个新的方法：对每位渔民颁发可以捕一定数量鱼的许可证。所颁发许可证中的捕鱼总额反映了在不危及该物种生存的前提下，对捕鱼数量的一种科学估计。此外，许可证还是可转让的：可以购买也可以出售。为了使许可证变得可转让，该系统实际上还创建了一个原来并不存在的市场。新建立的这一系统，将鼓励最能盈利且最有效率的船只，通过向经营不善的船只购买许可证来全力运营，这就确保了一个捕鱼队对劳动力和设备的有效使用。此外，可转让许可证的机制还为捕捞机会创造了一个市场价格，这个价格更好地反映了使用这项共有资源的真实社会成本。

有关环境保护的总量交易控制系统（cap-and-trade system）采用了一种类似的方法。排放物（如二氧化硫）有一个初始排放量限额。个体可以选择任何方法（如对自然资源的保护、改进生产技术、末端控制等）来满足这一限额，因而每个个体都会尽可能采用最经济的方法。但是，个体也可以通过购买其他个体（后者为了限制排放而采取了特别有效的方法，从而有富余的限额）的限额来超额排放。通过这种方式，就能够以最低的成本实现整体的目标减排效果。排放限额市场价格的出现，与捕鱼权价格的制定道理相同。

以上是两个很聪明的方法，为了应对原先的市场失灵，它们引入了基于市场的方法，得出了有效率、有效果、低成本的解决方案。

这个许可证系统为阿拉斯加大比目鱼的过度捕捞提供了一种控制方法，新西兰采用后，也取得了巨大成功。直到 2007 年，由于在东部乔治斯浅滩的过度捕捞，美国东北部的鳕鱼和黑线鳕鱼的捕捞业也正在考虑采取这个系统。在管理公共池塘资源的问题上，创建市场提供了一种控制滥用的方法。

资料来源：Council of Economic Advisors，*Economic Report of the President*，1993 （Washington，D.C.：U. S. Government Printing Office，1993）；and Bret Schulte，"One Fish，Two Fish，No Fish，" *U. S. New & World Report* （August 27，2007）.

外部性

在市场中，买卖双方之间的市场交易对第三方产生影响时，政府同样可能发挥某些作用。这种影响可能是负面的，如汽车排放的尾气；也可能是正面的，如一个小男孩接种风疹疫苗后，对可能与他产生接触的怀孕妇女产生了保护作用。但是，不管在哪种情境中，其价值都不能在市场交易中完全体现出来。对于这些公共物品和服务来说，由于消费它们的私人收益很可观，所以市场不会不提供，但是，市场所提供的数量并非是社会所需的合理水平。

正外部性会使物品出现生产不足的现象。在风疹疫苗的情境中，接种疫苗的人可以减少自己感染这种疾病的可能性，这种直接受益要求他们对此付款，但是，他们也为其他人提供了保护，因为只要接种疫苗的人自己不患这种病，也就不会传染给别人，这就是疫苗对第三方所产生的外部效应。在权衡接种疫苗的利弊（其弊端在于，接种者产生轻微不适和不良反应的风险、接种疫苗要花费的时间和由此带来的不便、享受这种服务需要自己掏腰包的价格）时，未必所有人都能将接种疫苗的好处全部考虑进来，因而有些人会决定不接种疫苗。基于疫苗的个人选择所带来的外部收益，最终接种疫苗的人数将会少于能使社会经济利益最大化的人数。政府要求小孩一定要接种风疹疫苗，并不仅仅是出于想要保护他们的考虑，因为风疹本身并不比普通的感冒严重多少，也是因为不想让他们把疾病传染给孕妇，导致她们的孩子患上先天性的生理缺陷①。

不利的（或负的）外部性被认为是一种"公害"，它会产生相反的效果，即物品的过量生产。有车一族为了享受汽车所带来的机动和便捷而支付汽车的运营费用，但他们并没有充分意识到，汽车排放的尾气会对人们的健康和城市的环境造成不利影响，而且过多车辆驶上高速公路会造成拥堵，这再一次导致资源配置的不当：如果有车一族基于开车的整体社会成本（内部成本加上外部成本）考虑，他们就会发现，汽车行驶的里程数已经超过了应有的水平。

政府通常试图通过财政支出或课税，来矫正这些由外部性导致的市场失灵②。例如，对于具有正外部性的物品，政府可以通过向生产者和消费者提供补贴的方式来褒奖其给第三方带来的益处，从而促进这种物品的消费。政府也可以通过课征矫正性的税收，迫使购买者和销售商对第三方造成的外部损害做出回应。这种做法采用一种合理且经济的方法，使购买者和销售商对产品的外部效应做出回应，促使他们将第三方的影响纳入自身的决策。

不完全市场和不完全信息③

当消费者不完全了解产品信息时政府往往会干预市场。政府可以采取对新药进行检测试验（或者监督这种检测试验的流程）、防止危险物品流入市场、建立明确的财务披露标准等措施。当然，市场最终也会提供信息，但这是在人们因粗心大意而遭受悲伤和痛苦之后。过去几年，花生酱、菠菜、狗粮等商品存在的安全问题，金融工具价值的崩

---

① 公共健康方面的官员提出了"群体免疫力"的概念：如果人群中有足够多的人对某种传染病免疫，那么即使是那些没有免疫的人也会得到保护，因为任何会侵入人体的细菌都无法传播，不存在疾病的传播链。当"群体"被充分免疫时，那些没有免疫的人也可以像"搭便车"那样得到保护。但是，如果整体免疫水平低于人口比例的临界值，这种保护便不存在。因此，即使某种疾病的发病率较低，公共健康领域的官员也要为维持免疫水平而开展工作，因为群体免疫力的维持为所有人都提供了保护。州政府规定，允许家长出于哲学或宗教方面的理由，减少在校孩子规定的疫苗接种量，因为孩子可能会遭受不必要的痛苦，甚至死亡。公共健康方面的官员对此十分困扰，因为随着群体免疫力的下降，原本可以预防的疾病会传播开来。下面的例子可以说明接种疫苗的重要性：出生未满两个月的婴儿尤其易患百日咳，这种病会给他们带来致命的后果。然而，这么小的婴儿无法接种这种病的疫苗，因为他们的免疫系统还没有完全发育好。大一点的孩子接种疫苗，部分原因在于为那些婴儿提供保护——外部性很重要。所以，不接种疫苗的父母是非常自私的。

② 在交易成本可以忽略时，资源使用者之间的讨价还价会使外部效应内部化并带来高效的产出，政府不需要采取其他措施（也就是说，不需要对此课税，不需要给予补贴，也不需要明令禁止），只需明确私人使用资源的权利即可。Ronald Coase, "The Problem of Social Cost," *Journal of Law and Economics*, 3 (October 1960): 1-44.

③ 当进入壁垒（例如极端的规模经济或者贸易限制）使企业运用垄断权力抬高市场价格时，政府就会进行干涉。这种政府行为通常表现为出台各种法规，而不是调整财政机制。

溃，都让我们意识到一旦安全网被破坏，消费者自身没有信息来帮助他们抵御世界经济中的危险，如果政府的检验和保障系统瘫痪，后果将非常严重。

有一些私人市场，特别是那些保险和金融行业中的私人市场，会出现一些特别的逆向选择和道德风险问题。当一些购买保险的人使保险公司的成本高于其平均成本（例如，对于医疗保险来说，那些更可能购买保险的，往往是更需要医疗救助的人），或者当保险公司试图将这些高风险的客户排除在外（医疗保险公司试图将那些更需要救助的人排除在外）时，就发生了逆向选择[1]。在医疗保险中，逆向选择最终会产生的问题是：在一个毫无约束的私人保险体系中，如果我们活得足够长，我们将买不到医疗保险。提供先进医疗看护的成本会随着我们年龄的增长而显著上升。这样的话，保险公司为了降低成本，会降低投保人中的老年人比例，所有购买医疗保险的人也需要支付更高的医疗费用。医疗保险是联邦政府为老年人而设的保险项目，它使美国人可以免受逆向选择带来的问题。

道德风险是指已购买保险的人希望被保险事件发生或不注意预防被保险事件的发生。换句话说，当麻烦产生时，如果有人在背后帮忙收拾残局，人们会采取更为冒险的行为方式。一种"正面我赢，反面你输"型的赌博，会引导你多次去玩这个游戏并承担更多的风险。以医疗保险为例，在由作为第三方的保险公司承担费用时，人们倾向于接受更多的治疗[2]。在一个政府失灵的案例中，由联邦政府资助的洪灾保险（1968 年，联邦政府创立了一个名为"全国洪涝保险"的保险项目，旨在将洪灾区的贫困人口纳入其中，私人保险公司认为这些投保人风险太大，该项目的保险费仅占保险费全额的 38%）使人们更愿意将建筑物建在洪水泛滥的区域或海滨地区。这样一来，当不可避免的洪灾真的发生时，就会加大损失，例如 2005 年的卡特里娜飓风。确实，我们可以发现，尽管是自然创造了洪水，但人类活动才是造成洪灾损失的元凶。政府资助的洪灾保险是洪灾损失增加的促成因素，因为如果没有低于市场利率的保险，很少有人会把房子建在洪泛区（洪水发生的概率是相对容易预测的）。这个国家其他地区的居民，那些没有把房子建在洪灾区的居民也要为其他人的危险行为买单。例如，2005 年卡特里娜飓风造成的损失需要洪灾保险项目从纳税人手中筹集 200 亿美元的补助。在得到洪灾保险支付的赔偿后，人们又在原址上不断重建这些房屋。实际上，每年总体损失中很大一部分来自这些房产的"重复损失"[3]，这就是现实中的道德风险问题。

一种反对联邦政府在 2008 年到 2009 年救助金融机构（"救市"）的观点，就是基于道德风险问题提出的——这些金融机构及其高层因他们的危险行为而得到救助，但这些行为恰是金融危机爆发的元凶。这会让金融机构及其高层认为，一旦机遇再次出现，即

---

[1]　医疗保险市场遭受了双重市场失灵。首先，患者没有充分的知识评估医疗机构的治疗行为，存在知识失衡问题。其次，人们购买保险以支付高昂的医疗费用，保险公司并不是通过提供有效的医疗救助而盈利，而是尽量向不太需要医疗救助的人进行保险销售，逆向选择就产生了。总之，期望市场产生良好的解决方案是不合理的。

[2]　另一个道德风险的例子：有证据表明，私家车造得越安全，司机在驾车过程中就越不会小心驾驶。你能想象纳斯卡赛车手在车里没有安装充分的安全设备的情况下，仍旧像现在这样狂热地进行赛车吗？

[3]　以下是两个优秀的对这一洪灾保险项目的评论：Erwann O. Michel-Kerjan, "Catastrophes Economics: The National Flood Insurance Program," *Journal of Economic Perspectives*, 24 (Fall 2010): 165-186; J. David Cummins, "Should the Government Provide Insurance for Catastrophes?" *Federal Reserve Bank of St. Louis Review*, 88 (July/August 2006) 337-385。

使冒很大风险也值得铤而走险，因为联邦政府会处理冒险失败后所产生的后果。另一些人认为，由于外部性的存在，联邦救助仍然有必要：如果不救助这些金融机构，它们的问题就会蔓延，进而影响其他机构，这样一来，整个金融体系就会处于危险之中。这就像扑灭由于疏忽造成的火灾（例如在床上抽烟）一样：消防员在扑灭火灾的同时，助长了人们的这种不良行为，因为它减轻了由于人们自身不良行为造成的恶果，但是，它也确实对什么都没有做错的邻居提供了财产保护。让火烧下去的确可以给大意的人一个难忘的教训（如果这个人活下来），但却很可能会殃及无辜的邻居。在金融救助项目中，试图阻止金融体系崩溃蔓延的想法最终获得了胜利。

合理的政府干预措施包括：确保足够广泛的覆盖率（以防止逆向选择的发生），规范市场以确保决策者可以准确预见到其选择的成本（防止道德风险的出现）。逆向选择和道德风险阻碍了市场的正常运作，这些问题需要通过政府干预的方式来解决。世界范围内的社会保障体制（公共养老保险、医疗和残疾保险、失业保险等）建立也源于市场固有的这些问题①。

1.2 政府职能：经济稳定

政府试图通过防止高失业率的出现和治理通货膨胀来稳定经济，进而增加人们对经济前景和更高生活质量的信心，因为通货膨胀会削弱购买力、扭曲金融市场。私人经济经历了经济活动的循环：反映到现实中是生活水准的缓慢增长（缓慢或无经济增长）和总体物价水平的增长，后者降低了收入及资产的购买力，扭曲了金融市场和其他市场，除此之外还使市民的生活更加艰难。现代民主政治接受这样一种原则，认为应该试图缓解经济低迷、抑制物价增长过快、创造更好的经济增长预期。"大衰退"（2007年12月—2009年6月：这是来自美国国家经济调查局的官方日期，此机构负责测量相关数据。如果你有疑问可以去找他们抱怨，不要来找我）使公众和政界开始关注政府在缓解宏观经济衰退时产生的痛苦，更重要的是，在逆转这种衰退中发挥重要作用。没有几个负责的领导人会秉持经济衰退会自行结束，政府最好什么都不做的观点②。无所作为是看起来极其不负责任的，而当政府官员们嚷着"工作！工作！工作！"时，就侧面反映出他们承认私人市场失灵，并且认可了政府具有保持经济稳定的职能作用。

人们希望货币政策成为经济稳定政策中的第一道防线。在美国，这一政策通常由美联储（中央银行，其他国家也有职能相似的相关机构）制定。美联储通过运用多种机制来调控面向公众的货币供应量和提供贷款的条件。这些操作影响了利率，这些利率反过来又会影响企业的投资。政策制定者试图通过刺激总需求来改善经济状况和减少失业，

---

① 另一个道德风险：美国棒球联赛的投手不用击球，因而他们不会受到击球手的直接反击。这样一来，在全国联赛中，击球手更有可能将球击向对方的击球手，而不是本方手中没有球棒的队友。J. C. Bradbury and D. J. Drinen, "Crime and Punishment in Major League Baseball: The Case of the Designated Hitter and Hit Batters," *Economic Inquiry*, 45 (January 2007): 131–144.

② 现在很少有人会认同赫伯特·胡佛总统时财政部部长的观点，在大萧条早期，他提出，"一个好的、稳固的经济衰退是从体系中铲除腐败的有效途径"。如今反对稳定经济的，大多数可能是大学终身教授或其他工作非常有保障的人——他们要清除的并不是其所谓的腐败选择，需要保留工作的也不是他们。

而由于有更低的利率，企业和其他借款人会增加他们的投资支出，这会对全国的总需求产生影响。人们把货币政策看作经济稳定中的第一道防线，因为它不需要像其他稳定工具那样，克服政治进程拖延的影响。只要美联储独立于政府，它就可以对经济力量而非政治优势做出反应[1]。在"大衰退"中，货币政策所面临的问题是，即使美联储将利率几乎降到零，企业仍旧不会贷款并投资于生产性基础设施建设，个人家庭也不借款来买房子。没有引致资本投资，货币政策对总需求的刺激作用就不会产生，经济增长仍旧滞后。这时，就需要财政政策了。

财政政策涉及政府支出和税收收入的变化，进而影响经济中的总需求。政府购买直接增加经济中的总需求，而减少税收收入（减税）则会产生间接影响，因为它会留给家庭和企业更多可自由支配的税后收入。政府、家庭和企业支出会增加总需求，当总需求增加时，会给其他的家庭和企业带来收入，它们会继续使用这些钱，然后给其他人带来收入——如此这般发展下去。对于相同的变化量而言，减税的刺激作用相对较小，因为个人和企业会将一部分增加的税后收入储蓄起来（或者用于偿还现存债务）。只有消费才会使总需求产生预期的增长。而且，在促使经济复苏方面，不论最初的政府支出是用在购买一辆将一头冲进大西洋的别克车上，还是用在建造不需要化石燃料即可供电的风力涡轮机上，这都无关紧要。支出就是支出，它们都会为供应者带来收入，而后这些收入会刺激供应者自身的支出。在经济严重萧条时期，需要更多支出（增加的总需求）来刺激经济增长，如何做到这一点则是接下来需要考虑的。

财政政策的问题在于其缓慢性——人们需要时间来对某个问题的存在达成共识，得到执行政策所需财政变化的立法批准，并将这些改变作用于经济中。幸运的是，对财政政策来说，有一个可以走捷径的方法——自动稳定器。这类稳定器是税收和转移支付系统中必不可少、永远存在的要素，它们不需要立法者的任何行动，就可以减小总需求的波动。当萧条来临时，收入下降，纳税义务降低，家庭的可支配收入增加，更多家庭会被纳入转移支付计划（比如食品券和失业补偿）。这些计划会稳定消费，从而限制经济衰退可能达到的深度，而当经济扩张非常快，以致价格的巨幅增长（高通胀）成为一种危险时，它们又会产生反向作用[2]。

在稳定财政方面，联邦政府比州和地方政府拥有更大的灵活性，因为它更容易进入债券市场（增加支出和减少税收的措施，会产生更高的需要政府买单的财政赤字），从根本上说，它甚至还可以通过发行货币来弥补财政赤字缺口。然而，州和地方政府通常需要以当年的财政收入来支付本年度的支出（换句话说，就是要平衡自己的预算）。当经济活动减少时，它们这样做会遇上实实在在的困难。当经济不景气时，人们对服务的需求在增加，但政府的税收收入在减少。州和地方政府最终都要为财政负责，而为财政负责常常意味着增加税收和减少支出，这绝对不是缓解每况愈下的经济状况之良方。州和地方财政项目会很大程度上抵消联邦为维持经济稳定所做的努

---

[1]　联邦储备系统的收益需要归还联邦政府，它的操作要接受定期财务审查，并且领导层要经过议会批准（2010—2011 年，议会拒绝批准任命一位获得诺贝尔奖的经济学家为联邦储备委员会成员，因为一些成员怀疑他在经济领域的水平。这是有多愚蠢？），但是它的政策并不受制于政府批准。

[2]　国会预算办公室介绍了稳定器的作用和测量方法，*The Effect of the Automatic Stabilizers on the Federal Budget*（Washington，D. C.：Congressional Budget Office，2011）。

力，这也是为什么联邦政府有时会向这些政府无偿拨款，将之作为维持经济稳定的一种手段。

一些政府也试图实施产业政策，这意味着通过支持一些在政治上界定为符合未来需求的特定经济活动，来指导特定领域的经济发展。特定的财政补贴和税收优惠（财政结构的一部分）被用来刺激特定行业，原因在于它们认为，促进那些注定成为国家甚至全球领先的活动，可以带动经济增长且能减少失业。政治家和政府官员非常不擅长识别和判断哪些行业或企业会对于国家和地区的长期发展起到重要支撑。约翰逊（Johnson）和夸克（Kwak）对于以上问题给出了解释，"美国政治体制的开放性，总是有可能促使当下的商业精英们利用政治权利，将经济环境向其自身有利的方向改变。从铁路、钢铁、汽车到国防和能源，任何成长中的营利部门都会采用这种发展路线。为了获得关税、税收减免或补贴，任何行业都可以说'有利于（××）行业的就是有利于美国的'"①。政客和政府官员就成了这些论调的主要说服目标，即便有大量的证据证明该定向支持只是一个吸钱的赌注，享受利益的群体会得到大量收益，而公众则没有多少好处。2011 年索林佐公司（Solyndra）的破产是近来的一个例子，这个太阳能板制造商被认定为颇具前景的新能源技术领域的领导者，并因此得到了超过五亿美元的联邦贷款②。

虽然没有太多证据支持次国家政府（subnational government）采取定向的税收和支出计划，会对州或地方经济发展产生全面影响，但这并不能阻止州和地方政府官员进行尝试。《经济学人》杂志简洁地解释了为什么不论是中央、州还是地方政府的产业和经济发展政策，成功率都那么低："不能指望经济学家和君主挑选优胜者。最可靠的是企业家的尝试和失败。"③ 很遗憾，用于支持特定产业的政府资金通常效益非常低下，因为即使明智的政府也总是猜错。试想如果立法者真知道如何有效地发展，还会有贫困的地方吗？

1.3　政府职能：再分配

自由竞争市场最大的好处是，个人的努力为市场经济成果的分配提供了机制。成功的努力会得到回报和奖励，进而激励人们更加努力工作并谋取更多的社会福利。不存在一个"中央董事会"（central directorate）基于对其的支持或者当权者的怪念头，来决定谁应该得到什么。市场将经济中的产品分配给那些拥有并运用资源（天赋、财产等）的人，而不考虑这些资源是靠去医学院上学挣来的，或是做水管工的学徒，或是花很多天在健身房练习跳投，或是从有钱的父母处继承，甚至是盗窃或者任何其他方式取得的。那些拥有最有价值的资源并且将其用于生产性活动的人可以获得产品。

　　① Simon Johnson and James Kwak, *13 Bankers: The Wall Street Takeover and the Next Financial Meltdown* (New York: Vantage Books, 2011), 24.

　　② 联邦政府（代表两个政党）在其支持的能源项目中具有惨败的记录，包括克林奇河增殖反应堆、合成燃料公司、清洁煤和氢动力汽车。Steven Mufson, "Before Solyndra, a Long History of Failed Government Energy Projects," *Washington Post*, November 12, 2011.

　　③ "Finding Your Niche," *Economist*, 21 (March 2003): 70. 文中讲述了一些政府支持的成功故事，包括青霉素的商业化（制药公司不愿意破坏它们有利可图的磺胺类药物市场），网络的发展或许也包括在内。

在纯粹的市场经济中，拥有很少资源（财产或技能）的人可能注定过着贫困的生活。政府可以对社会财富分配中的不公正状况做出矫正，改善生活窘迫者的生存条件；而对于这些问题，市场本身会置之不理。有些人认为，再分配是出于社会良知和为全人类创造一个安全环境的愿景；另外一些人则认为，再分配是出于对穷人会造反、劫富济贫的担忧（在任何此类斗争中，不富裕的人总是具有人数上的优势）。一些限制再分配的言论认为，慷慨的支援项目会削减个人工作的努力程度，进而对所有人造成损失，但人们对于减少贫困所带来痛苦的关注通常更为有力。多数政治家认为，公众想要给予赤贫人口一些帮助，针对纯粹市场经济运行的结果，政府至少应当采取一些缓和的再分配政策。问题的关键不在于是否应该有，而是应该有多少这一类项目以及如何去做。在政府的支出项目和为这些项目提供资金的系统中，这些想法均会有所体现。

近年来，美国发展过程中始终存在着一个困境：最高收入阶层的家庭，在经济方面比起其他家庭要好很多。近几十年来收入的不平等问题逐渐增大，美国政府也确实关注再分配，尤其关注为那些处于社会收入底层的人们提供有保证的安全网。

政府采取各种措施来实施再分配。这些措施包括税收结构，即相对于低收入家庭而言，对高收入家庭征较高的税（例如，所得税对高收入家庭课征更高的实际税率），对低收入家庭的直接收入免税（例如劳务所得税抵免），还包括只有低收入家庭才能符合条件的帮助性服务计划（医疗补助），或者是面向所有人但低收入家庭受益更多的项目（失业福利项目）。社会保障体系能向残疾人和老年人提供收入援助，尽管这两个项目都不是仅仅针对低收入家庭的，医疗补助能向老年人群体提供有担保的医疗保险。这个项目非常成功地打破了"住的近才有保障"（near-guarantee）的观点：年龄的增大意味着生活越来越窘迫，年迈的父母出于经济需要不得不和子女一起生活。然而，相对于其他富裕国家，美国在应对贫困问题时，较少使用积极的税收和转移支付计划，而偏好人人受益的经济扩张计划，相信经济扩张在为高收入人群带来利益的同时，也能兼顾低收入人群。因此，美国的贫富差距以及未受救济的贫困人口的数量要比其他富裕国家多得多，代际自下而上的收入流动性在这里也比许多欧洲国家要小[1]。

1.4 私有化

政府的大小，即哪些物品和服务应由政府提供，哪些物品和服务应由市场提供，这始终是困扰现代社会的问题。为了提高效率，许多政府都压缩了公共部门，认为市场可以为公众提供更多的可选服务，可以更快地回应公众对服务的需求，而且运营成本更低。其他政府则通过出售政府资产或政府职能，来获得可立即兑现的资金。也有些政府仍保留了提供服务的责任，但将提供服务的具体工作安排给了私营企业（外包）[2]。在

---

① 另一个再分配困境逐渐暴露出来，因为不同的州之间富裕程度差距较大：2010 年，美国康涅狄格州的人均收入比密西西比州高 76%，两地差异巨大。然而，在平均水平之外，康涅狄格州也有贫穷的人，密西西比州也有富裕的人。哪个才是联邦政府再分配的好方法？是向贫穷的地区提供支援还是向贫穷的人提供帮助？基于这个问题的答案出现了不同的项目设计方案。

② 关于私有化经济的一段精彩分析，参见：John Vickers and George Yarrow, "Economic Perspectives on Privatization," *Journal of Economic Perspectives*, 5 (Spring 1991): 111–132.

上一节探究政府应当具备的职能之后，考察各种形式私有化的范围并对私有化的不同内涵进行分类，也就成为顺理成章的事情。

为什么进行私有化？

有几种观点可以用于支持私有化①，以下三种最为常见：

（1）**压缩政府规模**。有人从哲学角度出发，盲目地认定政府存在缺陷，并认为应当削减政府规模，并大幅减少公共部门雇员。由于政府即便不提供服务也可能形成支出（如美国社会保障制度的支出），而且即使政府不支出也可能极大地干预私营经济（如适用于私人产业的安全制度或支持特定活动的税收抵免），因此即使私有化减少了政府的产出，也未必会减小政府的规模及其参与经济的程度。这无疑为私有化提供了一个不扎实的理论基础。无论政府大小，只要能为公众提供最好的选择，那么与从哲学角度考虑选择大政府还是小政府相比，这样的政府应该可以更适当地指导公共政策。

（2）**运营效率和对顾客的反应**。政府通常将公共服务生产的私有化视为一种可以降低服务成本或为公众提供高质量服务的途径。政府通常是在中央集权的科层制②政治体制下运行的，经常是为了雇用员工，而很少会关注政府运营成本的弥补。国有企业经常缺少严格的预算限制，并且靠政府津贴来弥补可能产生的任何损失，这种情况降低了其高效运作和及时回应顾客的积极性。为了求生存，私营企业必须直接回应顾客需求，并控制价格，从而同其他企业竞争。只有当新的私营企业处于一个激烈竞争的商业环境中时，它才会因环境压力而努力提高运营效率（降低生产成本）、改善面向顾客的回应。没有理由相信，在相同的制度条件下，一家私人垄断的城市自来水公司，会比同一区域内政府垄断的城市自来水公司更有效率，并能更好地对顾客做出反应。在美国，提升运营效率的同时，降低成本始终是政府私有化的目标。然而，私人系统并不总是比政府系统表现更佳③。例如，一些研究发现，退伍军人健康医疗管理系

---

① 防止腐败是 19 世纪地方政府所有权以及管理天然气、电、水等公用设施和公共交通企业等相关决策的重要原因。改革者们认为，如果利润不归个人所有，那么公共组织的管理者通过腐败活动而为企业谋利的动机就会减少。研究还表明，产权公有有可能会造成无效运营以及政府部门过高的工薪支出。（参见：Edward L. Glaeser, "Public Ownership in the American City," *National Bureau of Economic Research Working Paper 8613*, December 2001.）在发展及转型环境中，反腐败的争论在私有化的讨论中仍然具有适用性，但这一点目前尚不明确。

② 所谓"科层制"，是德国社会学家马克斯·韦伯对工业社会组织形态的一种概括。韦伯使用的德语原词为 Burokrate，英语为 bureaucracy，中文最初译为"官僚制"，是指类似政府机关那样层次分明、制度严格、责权明确的组织模式。官僚制原本作为一个中性词汇并无贬义，目前我国台湾学者的著作中也仍旧使用"官僚制""官僚政治"等译法。但近半个世纪以来，国内使用的"官僚"一词往往含有贬义，因而国内学者在分析 bureaucracy 时，采用了"行政制""科层制""行政组织体系"等译法。为了避免与通常含有贬义的"官僚主义"相混淆，此处在描绘其组织结构时采用了更具形象性的"科层制"的说法。——译者注

③ 例如：柯克帕特里克（Kirkpatrick）、帕克（Parker）和张（Zhang）发现，没有证据可以证明非洲的私人自来水厂比国有自来水厂表现更佳，非洲的许多国家正面临着安全且可支付的水资源供应服务缺失的问题。参见：Colin Kirkpatrick, David Parker, and Yin-Fang Zhang, "An Empirical Analysis of State and Private-Sector Provision of Water Services in Africa," *World Bank Economic Review*, 20（No.1）（2006）：143-163.

统比其他那些向美国公民开放的服务系统表现得更好①。美国联邦税务局发现，在从难缠的纳税人手中获得收入方面，政府的系统要比私人承包商做得更好，私人承包商是被一心想要证明私营部门效率更好的国会来强制完成任务的。使所有航空旅客感到困扰的美国交通安全管理局发现，尽管在进行比较时有些困难，但民营航空客运安全网的费用比联邦安全网的费用高约 3%②。为了全体公民的福祉，就务必要以一种探索的态度来考量私人部门和公共部门的供应。签订合同并不能保证更低的成本、更好的质量或者更好的回应。

（3）**现金**。出售政府运营的企业，可以增加政府的财政收入。尽管国营企业在出售之后，还会向政府纳税（除非在购买交易中约定了税收优惠），但其将来的经营利润（或损失）就不再交给政府了。遗憾的是，许多政府资产不会形成财政收入，或者所形成的财政收入尚不足以弥补其运营成本，这就使得其市场价值极低。这是苏联地区一些向市场经济转轨的国家所必须面对的问题：许多国有企业——即使是具备私人产权的——生产成本太高，在国内外市场上出售产品的收入尚不足以弥补其成本。尽管原来的中央计划经济对这些企业投资不菲，但是其私有化之后的价值却非常低——除了一些自然资源（例如石油、天然气等）产业中的企业外。在其他环境下，收入是很充足的。在一些地区，特别是俄罗斯，去私有化已经发生，这并非完全是经济基础使然，其中至少一部分是政治原因。近年来，水费价格的增长迫使政府要为供水系统的升级提供资金，受此影响，美国的一些地区已经重新安装了供水系统③。一些州和地方政府也出售资产（办公楼、停车场等），然后再进行售后回租（leased back），资产出售能迅速得到大量资金来弥补预算缺口。政府采取这种措施得到大量抵押贷款，这违反了财政可持续性的原则，因为政府在用借来的资金维持当下的运营，相当于把现在的成本摊到了未来，这其实就是变相借款。如果资产没有任何公共用途，那么选择出售才是非常合理的④。

---

①　Steven M. Asch, Elizabeth A. McGlynn, Mary M. Hogan, Rodney A. Hayward, Paul Shekelle, Lisa Rubenstein, Joan Keesey, John Adams, and Eve A. Kerr, "Comparison of Quality of Care for Patients in the Veterans Health Administration and Patients in a National Sample," *Annals of Internal Medicine*, 141, no. 12 (December 21, 2004)：938-945。另外一些研究成果记录在菲利普·朗曼（Phillip Longman）的 The Best Care Anywhere（*Washington Monthly*, January/February 2005）一文中。2007 年的很多新闻故事报道了沃尔特·里德（Walter Reed）医院给那些在伊拉克战争中受伤的士兵提供了很差的治疗照料服务，这家医院由美国国防部运营，而不是退伍军人事务部（VA）。虽然它们都属于公共实体，但不能将这两个系统的工作性质混为一谈。VA 为伊拉克战争所累，而且不容争议的一点是，它得到的资金支持的额度低于其能够妥善完成被赋予任务的水平，然而，却有证据表明，它照顾伤员的水平相比于私人服务提供者而言更为优秀。美国政府问责署（The Government Accountability Office, GAO，原为国家审计总署）在之后的一项研究中同样认可了 VA 系统的服务质量 [U. S. Government Accountability Office, *The Health Care System for Veterans：An Interim Report*, Publication Number 3016 (Washington, D. C.：GAO, December 2007)]。在其他地方，公共部门表现较差，参见：Jishu Das and Jeffrey Hammer, "Money for Nothing：The Dire Straits of Medical Practice in Delhi, India," *World Bank Policy Research Working Paper* 3669, July 2005。

②　Government Accountability Office, "Aviation Security：TSA's Revised Cost Comparison Provides a More Reasonable Basis for Comparing the Cost of Private-Sector and TSA Sceeners", March 4, 2011.

③　Jim Carlton, "Calls Rise for Public Control of Water Supply," *Wall Street Journal*, Jul. 17, 2008, A-6. 在一些案例中，政府将公用事业公司出售给了私营企业，希望以此增加市政收入。

④　一个财政的神话是，如果联邦政府出售多余资产，联邦赤字将会持续减少。虽然使财产得到更好的利用是一个好方法，但收入潜力一般（联邦政府拥有的很多财产在其他用途上价值不大），建立处理机制也很复杂，并且只会产生单次影响。Theresa Gullo, Testimony：Selling Federal Property before the Committee on Oversight and Government Reform, U. S. House of Representatives, Jul. 27, 2011.

私有化背后的其他动力还包括提供更多的熟练员工或者业务专家进行服务、给予运营更大的灵活性、降低人员成本（尤其是附加福利）、加快新项目实施、提高创新速度、提升服务质量。私营企业主也能够成为这些官员的非常重要的竞选赞助人，因为这些官员曾经把公共业务转移给他们，如果这些业务由政府控制，就不太可能发生这种情况。然而，我们必须要认识到，并非所有的政府服务都适合外包，而且在任何一个私有化项目中，不是所有的利益诉求都能得到满足。同时，不是所有这些动力都符合公众利益。

最大的交易包括之前在传统政府经济职能作用下形成的国有产业的交易，或者需要将"具有社会经济重要性"的产业归于国有控制，这些产业包括电信、石油石化、天然气配送、汽车制造、电力生产和配送、航空和钢铁制造等①。政府对这些产业的运作之差是遭人诟病的，因为政治对服务决策（例如，一条国内航线途经某城市，仅仅是因为那里住着一位重要的政客）和具体运作（例如，该产业被视为不得已的就业选择，由此导致的不断累积的拖欠薪金，会使其根本无法以有竞争力的价格提供产品）② 会产生影响。

纵观历史，从出售政府资产方面的私有化来说，美国远没有西欧国家、拉丁美洲国家、亚洲国家（尤其是日本）、新西兰、澳大利亚那样积极③。在全球范围内，西欧之所以能在私有化中取得如此卓越的成绩，很大程度上是因为那里的国家拥有很多国有企业，同时也因此拥有很多具有私有化潜力的财产。然而，美国的许多大型国际私有化，都出现在从未被公众所有的产业中。与出售国有电信公司和石化公司这类能产生全球最高私有化收入的公司相比，公路、机场、邮政系统、学校等的私有化引发了许多更有意思的社会、政治和经济方面的议题④。公路、机场、学校等服务的与众不同之处在于，这些服务具有一定的公共性和外部性影响，而这些可能是其他公有资产所缺乏的。

近年来，在美国，很多公有资产已然被出售或被超长期租赁，在美国所处的环境下，这个数量是很惊人的⑤。这其中包括芝加哥高架桥长达 99 年的 18 亿美元的租赁，

---

① 日本政府出售日本电信电话公司（Nippon Telegraph and Telephone）是规模最大的一次交易。仅在 1987 年和 1988 年的股票销售中，政府就筹集了近 800 亿美元的资金；1987 年 11 月的股票发售筹资达 400 亿美元，这创造了历史之最。William L. Megginson, *The Financial Economics of Privatization*（New York: Oxford University Press, 2005），27-28.

② 国有航空公司如果想要高效运作，会面临很大的政治障碍。参见：Keith Johnson and Luca Di Leo, "Alitalia Can't Stanch Red Ink," *Wall Street Journal*, April 21, 2004, A-16. 与采用打折策略的竞争对手瑞安航空公司（Ryanair）平均每位工作人员服务大约 9 000 名乘客相比，后来提出的裁员建议，使意大利航空公司（Alitalia）的工作人员平均每人只能服务大约 1 100 名乘客。

③ 1997 年到 2000 年是国际上私有化的高峰期，在此期间，日本和英国的私有化收入大大地超过了其他发达国家。Bernardo Bortolotti and Domenico Siniscalco, *The Challenges of Privatization, An International Analysis*（Oxford, England: Oxford University Press, 2004），43.

④ 作为 20 世纪最后几十年私有化的先驱，英国始终不能将其煤矿产业完全私有化，在技术上如此简单明了的决策，显然是掺杂了许多政治和其他因素的。

⑤ 联邦税法认定：如果对某一固定资产的租赁超过它的使用年限的话，就可以将这种租赁行为视为出售。根据这个合理的逻辑，不管交易的形式如何，只要那些资产是被长期租赁的，它们就可以被认为是合理地出售。Edward D. Kleinbard, Testimony at a Hearing of the Subcommittee on Energy, Natural Resources, and Infrastructure of the Committee on Taxation on Tax and Financing Aspects of Highway Public-Private Partnerships, Jul. 24, 2008. http://finance.senate.gov/hearings/testimony/2008test/072408ektest.pdf.

印第安纳州收费公路 75 年 38 亿美元的租赁，芝加哥中途国际机场 99 年 25 亿美元的租赁（由于当时承租人无法得到充足的融资，这笔交易差点流产），弗吉尼亚州波卡杭塔斯（Pocahontas）道路 99 年 5.48 亿美元的租赁（外加一些额外的公路建设），以及芝加哥停车计时器 75 年 11.6 亿美元的租赁。这些都是依靠收费维持的设施，政府将资产在未来会产生的收入卖出，以此获得即时收入，这是一种将收入流"证券化"（借贷）的机制。除了允许收入在时间上的变动之外，新的私人运营商还可以增加对设施使用的收费，而政治壁垒多年来一直阻止政府的所有者增加这一收费。因为这些资产都是独一无二的，因此很难判断销售价格是定得太高了还是太低了。另外，因为这些交易相对而言都是在不久之前完成的，我们不可能知道公众是否认可由私人运营商来定价就会带来更高的服务质量的观点。这些交易涉及的是收入获得时间的改变，而不是新收入来源的创造。当租赁交易完成后，政府机构就获得了相应的收入，但与此同时，它也失去了在未来几年里从这些公共资产中可以获取的收入。

我们必须谨慎地选择哪些政府资产可以被出售，以及选择使用怎样的交易流程。这里有一个关于公共资产出售的重要观点：用政府出售资产的收益作为收入来支付运营成本，同时认为你的做法让大众过得更好，这就像你为了取暖烧掉了自己的房子并认为你过得更好了（因为你不用去买柴火了）一样。这是一种长期损失的策略，它会使下一代很难享受到我们现有的生活水平。它用上一代买来的资源来补足现有的消费量，减少了留给未来的资源存量。尽管在现在的政治家中，这种做法非常流行，因为这使他们可以把问题踢给另一组政治家，但这与财政的可持续性是不符合的。对公众来说，政府出售公共资产以获取现金的做法是否会提高公共服务的绩效，这尚无定论，它应当作为一个分析的要点，而不是一种经营的假设。

私有化的类型：生产/供给

美国的私有化议题经常是围绕着"生产还是供给"的二分化问题展开的[1]。由于市场失灵而需要政府来提供的物品和服务，不一定要由政府来直接生产。供给是指由政府进行干预，来确保或者控制服务的提供，或者通常是提供资金补助，而不一定要由政府来生产。生产选择的做出，应当取决于哪一个主体——政府部门、私人机构（营利性的或非营利性的）或另一个政府部门——以对公民来说最小的成本，向政府部门提供理想数量和质量的服务。

关于政府生产、政府供给与私人生产、私人供给之间的区别，可以用下面的例子来说明：

（1）政府供给/政府生产。在一场大雪过后，市政街道部门需要清扫路上的积雪。这个工作需要动用该部门的经理、雇员、设备和原材料。

（2）政府供给/私人生产。县里请了一家私人评估公司来对县域内的不动产进行估价，用以计算其应当缴纳的财产税。这家公司为完成这项工作，动用了它的经理、雇主、设备和原材料。或者图书馆董事会为了图书馆分支机构的运营与国际图书馆系统和

---

① 它是"谁使用，谁付款"这一观念的一种应用，其中包括了以从特定政府服务中受益为基础的服务销售和缴纳税款。尽管这些机制引入了一些类似市场的原则，但它们并不能改变公共供给的状况，因此将在本书的财政收入部分予以讨论。

服务签订协议。美国国防部雇用私营企业来为驻扎在外的军队提供食品和其他相关服务。军队的设备物资几乎全部依赖私人供应商的提供，而非试图自行生产这些资源。合同外包几乎是美国最常用的私有化形式①。它是布什总统为联邦政府制定的管理议程中的一个重要的组成部分，其目的是在联邦政府的工作中引入常在商业市场中使用的竞争性采购②。不少州和地方政府也在寻求机会让私营企业来为公民提供服务。一些地方政府——例如佛罗里达州的韦斯顿——就依靠合同供应商提供所有的服务③。

（3）私人供给/政府生产。赛车场向市政部门付款，要求它们在比赛期间对比赛道路进行额外的交通管制。

（4）私人供给/私人生产。私人制造商自己雇用保安在其工厂内巡逻④，与之相邻的财产也可以从这项安全活动中享受一些额外的保护。

因为需要设计一张明确服务供应质量的合约，在政府供给/私人生产这一模式下，按照合同生产（"外包"）可能比其他任何方式都更容易受到控制。即使是司法体系的一部分，也是可以由私人来生产的：当法院特别繁忙或者由于案件中有特殊专项知识，原被告双方有意向选择这一程序时，加利福尼亚州允许诉讼当事人雇用私人法官来对自己的案件进行仲裁；私营企业也可以依据合同来承担惩教职能⑤。类似地，学校系统也可以通过票证或特许学校的形式来由私人生产⑥。在这些系统中，学区提供资金，但是教育服务实际上是由其他单位提供的。

生产选择应当向可能的私有化保持公开；政府行动的理论是，以经济层面最小的成本，提供理想数量和质量的服务。在何种条件下，签订合同却可能是非效率的选择呢？有研究表明，在以下条件成立的情况下，机构内部生产可能是恰当的："（1）只有很少的潜在供应商；（2）改变生产商的成本很高；（3）获取有关生产过程和供应商绩效信息的成本很高；（4）所提供的物品和服务难以清楚地界定。"⑦ 换句话说，当合同难以订

---

① U. S. General Accounting Office, *Privatization: Lessons Learned by State and Local Governments*, GAO/GGD-97-48 (Washington, D. C.: U. S. Government Printing Office, 1997).

② 布什政府在政府外包经营方面的一些举措在以下文献中有所提及：John Maggs, "Compete, or Else", *National Journal* (July 12, 2003): 2228–2237.

③ Jonas Prager, "Contract City Redux: Weston, Florida, as the Ultimate New Public Management Model City," *Public Administration Review*, 68 (January/February 2008): 155–166. 其更早的版本是：the California Lakewood plan. Robert Bish, *the Public Economy of Metropolitan Area*s (Chicago: Markham, 1971), 85.

④ 美国的企业和个人用于私人安全方面的支出，是政府用于公共安全支出的两倍以上。"Welcome to the New World of Private Security", *Economist* (April 19, 1997): 21.

⑤ "California Is Allowing Its Wealthy Litigants to Hire Private Jurists," *Wall Street Journal*, August 6, 1980; and U. S. General Accounting Office, *Private and Public Prisons: Studies Comparing Operational Costs and/or* Quality of Service, GAO/GGD-96-158 (Washington, D. C.: U. S. Government Printing Office, 1996). 美国惩教公司是美国最大的监狱私营商，经营着跨越 20 个州和哥伦比亚特区的 64 个监狱的惩教设施。惩教设施面临一个有趣的激励问题：改造罪犯与它们的经济利益是相违背的，因为成功的改造将会减少它们的监禁业务，所以政府与其所签订的绩效合同能够提供适当激励和绩效指标是很重要的。Stephanie Chen, "Growing Inmate Population Is Boon to Private Prisons," *Wall Street Journal*, November 19, 2008, A4.

⑥ Gary Putka, "Baltimore Test of Privatization Gets a Bad Start," *Wall Street Journal*, September 23, 1992. 票证制度为家庭提供了教育补助——购买教育的补助，家庭可以使用这笔钱向许多教育生产者购买服务。特许经营学校允许私人机构利用公共基金在公共教育系统之外建立学校。家庭可以选择学校。

⑦ John C. Hilke, *Competition in Government-Financed Service* (New York: Quorum Books, 1992), 8. 为什么联邦政府要自行经营印刷厂——政府印刷局？想进一步了解多样化动机可以参考：Graeme Browning, "Stop the Presses." *National Journal*, 25 (October 16, 1993): 2483–2485.

立，政府面临垄断的供应商时，抉择将很难做出。否则，由政府之外的机构来进行生产，可能就是一个有效率的选择。一项关于使用私人承包商来支持驻伊美军的军事行动的研究也表明，如果需求减少的话，不必再续签安全合同，而军队在需求减少的情况下仍然需要维持原有的部队结构①。

联邦政府以合同的形式规定了私有化的边界：

> 政府的本职工作与公共利益密切相关，它需要由政府雇员来达成绩效目标。这些工作需要政府在行使权力和进行决策的过程中采取非常谨慎的态度。政府的本职工作通常包括以下两类：一种是主权国家政府当局的治理活动，另一种是建立有关货币交易和权利的监管程序及过程。②

如果一项活动是"政府固有的"，那它就不应该由私人承包商执行，而应该由政府雇员来承担。尽管这个概念很清晰，但是这一标准的边界会引起很大的争论。

供给的私有化是一个更加困难的问题。对于公共物品来说，由于它们具有非竞争性和非排他性，如果由私人供应商来提供，将难以对服务进行有效收费，因此市场也就不能有效运行。厂商之所以要向市场提供物品和服务，是为了取得收入，而并非单纯出于提供物品和服务产生的愉悦。如果难以对人们使用物品和服务的行为收取费用，将很少有厂商愿意提供这些服务。而且，价格将超过向一位新增顾客提供服务的成本（注意：边际成本应当为零）。

人们很希望由政府来提供公共物品，但有时政府也会提供私人物品，只是通常会做得很差。组织问题，特别是缺乏适当的生产动机的问题，会导致高昂的成本、不可行的生产战略和依赖折中性意见设计出的一般而平庸的产品。政府也会提供收费物品（如高速公路、桥梁等），并且有时政府也可以做得和私人一样好。但即便如此，有些收费物品也会由私营企业来提供，例如，法国的高速公路收费系统，作为欧洲应用最广泛的收费系统，就是由八家公私合营企业和一家私营企业共同运作的。有证据表明，如果政府能够避免提供私人物品，就可以减少对资源的浪费。

一些研究财政问题的观察家建议：私有化会减轻政府财政的压力。将实际上缺乏公共物品特征的服务私有化，是一个切合实际的选择。有人可能会问，政府为什么还要参与这样一种物品的供应呢？另外，希望由私人企业来提供理想水平的公共物品，也是愚蠢的。最好的选择是由私人企业根据合同来生产应当由政府提供（付费）的公共物品。

1.5 根据私人偏好进行公共选择

从私人选择向社会选择转变的逻辑，是以三个相当简单的理念为基础的。第一，个人最了解自己的福利，他们一般也会根据自己的想法来努力提高自身的福利水平。目前还缺乏科学的准则，可以使我们拒绝或者接受个人对自己的生活所做出的判断。第二，

---

① Congressional Budget Office, *Contractors' Support of U. S. Operation in Iraq* (Washington, D. C. : Congressional Budget Office, 2008).

② Executive Office of the President, Office of Management and Budget, Circular No. A-76 (Revised), Subject: Performance of Commercial Activities, May 29, 2003, A-2.

社会的福利取决于所有社会成员个体的福利。换句话说，社会是由个人组成的，只有生活在社会中的个体的福利水平提升了，社会的福利水平才算真正提升了。由此我们可以得出第三个理念：判断社会行为对社会福利所产生的影响。根据以19世纪经济学家帕累托的名字命名的帕累托准则（the Pareto criterion），如果一项政策行为至少使一个人的福利得到了改善，同时没有使别人的福利水平因此而降低，那么这项政策就使社会的整体福利改善了①。如果一项社会行为改善了很多人的生活条件，却伤害到了某个人的利益，那么这项社会行为能提高社会的整体福利吗？不管这样做改善了多少人的福利条件，我们都不能无可争议地认为这项社会行为提高了社会的福利，因为受损者的相对价值和受惠者的福利是难以进行科学比较的。这项活动并不符合对社会行为进行判断的帕累托准则②。

运用这些标准，我们可以对公共供给的共享性的含义进行分析。假定一条河流周期性的洪水泛滥会对一小片区域造成影响，为了防止这种影响而修建的防洪堤只会影响到5个人。这条防洪堤的成本为20 000美元。在同没有防洪堤时的情况加以比较之后，每一个社区居民都知道自己为修建防洪堤所愿意付出的最大代价。我们再假定，这一数额小于因修建防洪堤而避免的个人损失额。财产所有者都十分清楚防洪堤可以让他们免受多少损失。每个人的收益情况，如表1-1所示。防洪堤是一种公共产品：每个人在使用它的同时，并不会影响社区里其他人的使用（防洪堤在为一个人抵挡洪水的同时，并不影响其替其他人防洪的能力），要将未付款的人排除在外也是不可行的（如果你的房屋就建在防洪堤后面，即使你没有为建造防洪堤付款，你的房屋也会受到保护）。

表 1 - 1	人们从项目中的收益情况：例1	单位：美元
个人	个人收益	
A	8 000	
B	7 000	
C	6 000	总成本＝20 000
D	9 000	
E	6 000	
总收益	36 000	

首先，如果没有公共行为，而仅靠个人的话，防洪堤能不能建起来？防洪堤的成本是20 000美元，单个人（个人D）愿意为防洪堤支付的价格最多是9 000美元。因此，防洪堤是不可能由个人来建造完成的。但是，如果防洪堤的造价只有8 500美元，那么我们认为，D为了自己的利益，可能就会建造这一防洪堤，而社区里的其他4个人即使没有付款，也可以享受防洪堤所带来的好处。[这4个人可以称为"搭便车者"（free riders），而D的情况也会因为花钱造防洪堤而得到改善。] 一旦防洪堤造好，由于其具

---

① Vilfredo Pareto, *Manuel d'Economic Politique*, 2d ed. (Paris: M. Giard, 1927), 617-618.

② 成本-收益分析是一种分析方法，本书后面的章节会对此进行讨论。与帕累托准则相比，这种方法的限制条件相对少一些，但这也在一定程度上减少了它的吸引力。这就是卡尔多准则（Kaldor criterion），它认为，如果一项社会行为在弥补了其损失之后，仍有收益剩余的话，那么就可以认为这项行为提升了社会福利。由于补偿在现实中并不会发生，受到损害的人依然如故，因此这并不符合帕累托准则。

有公共物品的性质，它能为所有人服务①。然而，在本例中，由于防洪堤的造价过高，个人能从中获得的最高收益小于项目成本，所以防洪堤不能由个人来建造。

如果防洪堤的价值高于建造它所需要耗用的资源的价值，那么对于社区来说，这个项目在经济上是否可行呢？用于建造这一防洪堤的资源价值，即其社会成本为 20 000 美元。防洪堤的社会收益，即其所能提供的个人收益之和为 36 000 美元。由于社会收益大于社会成本，因而对于社区来说，这是一个可行的项目②。一个负责任的政府会向社区提供防洪堤，并可以通过对收入结构的设置，来为这项工程筹集足够的资金。如果政府向每个人课征人头税（每个人 4 000 美元）——一种以政府的强制权力为基础的收费，而不是自愿性的市场交换，来为防洪堤融资，交税并得到防洪堤之后，每个人的福利水平都会得到提高③。这样，政府就可以通过提供具有公共物品性质的理想服务，来避免由个人提供这些服务。

分析第二个例子可以给我们更多的启示。表 1 - 2 分析了一个社区从一项工程中所获的收益情况，这个工程可能是要在另一个地方修建防洪堤，它同样是一种公共物品。工程的造价是 20 000 美元。因为个人从工程中获得的总收益（19 000 美元）低于工程的造价，所以把这项工程要用的资源投入其他地方会更有价值。然而，假设工程的决策需要社区通过全民投票来决定，只要简单多数就可以通过。全民投票的内容也包括筹集项目资金的方法：等额的人头税（项目成本由社区居民平摊，即每人 4 000 美元）。如果社区中的每个人根据自己从项目中所得到的净收益或净损失来投票（如表 1 - 2 中计算的结果），那么这个工程项目就会被通过（三票赞成，两票反对）。选民的同意就意味着项目对社区而言是合理的吗？不一定，因为这个项目的资源配置并不恰当：其成本超出了它所产生的价值。像许多不对社会成本和社会收益进行比较的技术手段一样，多数票原则在用于公共决策时，也可能使资源配置不当。

表 1 - 2	人们从项目中的收益情况：例 2		单位：美元
个人	个人收益	成本分摊	个人盈余
A	5 000	4 000	1 000
B	5 000	4 000	1 000
C	2 000	4 000	−2 000
D	1 000	4 000	−3 000
E	6 000	4 000	2 000
合计	19 000	20 000	

第三个例子进一步阐述了公共决策中的问题。表 1 - 3 显示了在一个总成本为 12 500 美元的项目中，个人收益以及使用人头税进行项目成本分摊的情况。由于项目的

①　志愿性组织（俱乐部），就是介于拥有统治权的政府和个人行动之间的一种情况。一些社区中邻里之间的组织，也是一个很常见的例子。

②　没有政府的全面参与，少数几个人也可能建成防洪堤。例如，A、B、D 可以形成一个小规模的财产所有者团体；对于他们来说，防洪堤带来的总收益会超过总成本。为了自己的利益，这些人可能会同意由私人来建造防洪堤，但其收益会向 C 和 E 外溢。

③　本例中的"税制"仅仅是为了举例方便，并不是说这是一种理想的模式。

总收益超过了总成本，该项目显然是一个使用稀缺资源的恰当方法。如果依据个人的盈亏状况对项目进行投票，根据多数票原则，这个项目可以被通过。但是，该项目确实使其中一个人的福利状况变差了。难道对社区而言，E 的损失就没有 A、B、C 和 D 的收益重要吗？这个问题的回答需要对个人之于社会的价值进行判断，这是科学理论和帕累托准则都无能为力的。可以选择根据个人的收益比例来对成本进行分摊。这就是表 1-3 的最后一列所展示的方法。对于任何总收益超过总成本的项目来说，都有合适的成本分摊方法可以使每个人的福利状况得到改善。对表 1-2 所示的项目，却没有一种分摊个人成本的方法可以使每个人的福利状况得到改善，但是，表 1-3 这种情况的选择是很难做出的。政治家通常会做这样的选择，但这并没有科学的依据。

表 1-3			人们从项目中的收益情况：例 3		
个人	个人收益（美元）	成本分摊（美元）	个人盈余（美元）	总收益中个人分摊的比例（%）	以收益为基础的成本分摊情况（美元）
A	3 000	2 500	500	15	1 875
B	5 000	2 500	2 500	25	3 125
C	8 000	2 500	5 500	40	5 000
D	3 000	2 500	500	15	1 875
E	1 000	2 500	−1 500	5	625
合计	20 000	12 500		100	12 500

有一种投票规则要求，只有那些符合帕累托准则的项目才能被通过。如果我们假定人们不会对违背自己最佳利益的政策投赞成票的话，那么这种规则就只能是一致同意原则。由于这个原则需要很大的成本，因而很少被使用。詹姆斯·布坎南（James Buchanan）和戈登·塔洛克（Gordon Tullock）指出了构成社会决策成本的两个因素[1]。第一个因素是达成协议的成本，"达成协议所需要的……时间和努力"[2]，这一成本会随着需要同意的比例的增加而上升。由于集体中更多的人必须在所有问题上达成一致，那么投入到讨价还价、争辩、讨论中的精力自然会增加。由于这种努力还可以被用于其他方面，因而这种成本是真实的。第二个因素是外部成本，或者组内成员做出"违背个体利益的选择"所需要的成本[3]，这一成本会随着同意比例的上升而下降。（这是简单多数票原则对表 1-2 中的 C 和 D 施加的成本。这些成本可以通过提高赞成票的比例来避免。）最佳的比例选择是使两部分的成本之和最小，通常既不是全票通过，也不是一个人说了算，因为前者的决策成本过大，后者则有过多的外部成本。相比其他人而言，有些决策对少数派（决策的失败方）的危害要更大一些。例如，由于陪审团的决定对人们而言有非常高的外部成本，所以很多陪审团必须要对判决全票通过。由于类似的原因，宪法的修改也需要很高的投票比例。

---

① James Buchanan, Gordon Tullock, *The Calculus of Consent* (Ann Arbor：University of Michigan Press, 1962), chaps. 6-8.

② 同①68.

③ 同①64.

政治、代议制与政府财政

政府支出、收入筹集和贷款等决策具有强烈的政治性，且涉及个人利益、利益集团、政党和代议制程序。因此，政府会做出一些不够理性的决定，资源会配置不当，欺诈行为会大行其道。良好的管理程序和机制可以提升理性选择的可能性，但也仅此而已。即使是任何特定个体最鲜明的偏好，通常也要经过代议制的过滤，作为投票的一部分，这种偏好能否成为多数票而被通过并不一定。影响财政选择的因素是多种多样的，由安东尼·唐斯（Anthony Downs）所构建的对代议制程序进行考察的框架，有助于我们对影响决策的因素进行理解①。他假定，民主体制中政党的运作，都是要努力争取选票以确保自己在任时的收入、权力和声望。政党既不追求原则，也不追求理想，它们只是选票的追逐者。但是，在这个体制中，却充斥着不完全的信息：政党有时不知道选民们的要求是什么，选民们有时也不知道政府及其反对党做了什么、正在做什么、将来应当做什么，不知道它们怎样才能更好地为选民的利益服务。为了减少这种状况而获取信息的成本，是非常昂贵的。信息的缺乏，使从选民的偏好到选民的选票之间的路径变得模糊不清。政党及其代表都无法准确得知选民的需求，而选民也无法准确得知政府究竟要做什么。

代议制程序产生了这样几个结果。第一，因为有些人能影响政府的行为，所以他们在政治上显得比其他人更为重要。在一个信息不完全的世界里，即使是民主政府也无法做到对每个人都一视同仁。一人一票是一个理想的标语，但它不能很好地体现人们在政治上的影响力。第二，将会出现能够影响他人的专家，有些人还会成为公众的代表。他们试图让政府相信他们支持的政策（这些政策使他们直接受益）符合选民的利益和愿望，而这些人所提供的信息通常是经过过滤的，他们提供的只是对他们自己有利的信息。一个理性的政府不会全部相信这些信息，但也不会完全忽略它们。第三，信息的不完全容易使执政党受贿，因为执政党需要用经济资源来说服选民以继续执政。在野党也容易受贿，但它们可以用来交换的筹码太少了。毫无疑问，当共和党执政时，贿赂丑闻会更多地涉及共和党人，而当民主党执政时，它则会更多地涉及民主党人。信息不完全、社会收入和财富分配的不公平所导致的必然结果，就是要对政治施加影响。不管政党是要传播信息还是获取信息，都需要使用经济资源。

游说活动（lobbying）是对信息不完全的一种理性反应，但利益的不平衡对游说过程产生了重要影响。假设政府正在考虑一项对行业的直接补贴，这一补贴对于该行业来说意义重大。当然，纳税人支付的总补贴，完全等于该行业所得到的补贴。但是，每位纳税人只是支付了补贴总额中很小的一部分。由谁来承担进行游说的成本呢？当然是这个行业，而不是纳税人。因为对这个行业来说，游说的净收益是正的（只要比较一下游说的成本和游说所能带来的对行业的直接收益孰大孰小，结论就显而易见了），对任何纳税人而言收益都是负的（因为巨额的游说成本，要远远超过每个纳税人可以节省的一小份补贴）。

这些影响财政决策的努力，一般有两种形式。传统意义上的游说是个人化的："衣着考究的人们面色和蔼地在拥挤不堪、充满汗热的立法院外徘徊，当发现立法议员大模

---

①　Anthony Downs, *An Economic Theory of Democracy* (New York: Harper & Row, 1956).

大样地穿过富丽堂皇的青铜色大门时，他们会强行扯住立法议员，或者窃窃私语，或者拍打一下后背，或者会心地眨一下眼睛。"① 说客要认识议员并和他们保持联系（一般是因为说客可以提供捐款或者其他形式的竞选支持，通常也是因为说客曾经是议员），他们也要认识执行公共政策的未经选举的行政管理人员，并利用这些联系向自己的主顾就某些问题提供信息。联邦和州的许多议员与政府机构的行政管理人员在退休之后都成为说客，收入颇丰，利用自己的联系和结交的朋友来为自己所代表的利益集团服务；他们的价值就是有机会接触那些仍在政府里任职的人。在一个最近的例子中，一名国会议员曾经主要负责 2003 年的《医疗保险处方药改良和现代化法案》（公法 108173），这是一个可以为制药行业提供大量新收入、避免对处方药价格进行限制的法案，但是他选择离开国会，成为一家著名的制药企业的首席说客②。很多人把这种在议员或行政人员和私人利益群体之间的轻易流动称为"旋转门"（a revolving door），很少有人会相信这种流动能为公共利益做出贡献。但如今，它确实是能让公共政策被采纳的途径之一。

平民游说（grassroots lobbying）是被动员起来的一种选民集体行动，他们以信件、电话、电子邮件、传真及其他可以和议员直接联系的方式，来对议员进行游说。大规模的游说活动，在推动民权立法活动和影响其他政策方面，都取得了重大成功。但信息技术的发展使制造人们对利益的巨大反响变得更加容易，也方便了大量选民对包括政府收支在内的公共政策问题的交流。像这种制造出来的舆论被称为"人工导向的游说"，因为这仅仅是对公众关注事件的一种人为引导的反应，并不能真正代表平民。

代议制程序的最后一个要点和偏好的强度有关。在一般的选举过程中，没有一种方法可以反映公民对某些特定问题的偏好强度。每一票的重要性都是一样的。但是，在立法体系中，众多议题的涌现使得议员可以用次要问题（这个取决于个人的偏好）的选票去交换重要问题的选票。选票的交换使得选票可以根据偏好强度来进行调整。例如，一个国会议员可能会对自己区域内修建桥梁这件事感兴趣，而另一个议员则希望在自己区域内建一个堤坝，第三个议员可能想要完成自己区域内的军事基地建设工作。他们一点也不关心别人的项目，任何一个项目的成本都不足以对税率产生显著的影响，所以他们认为没有多大的影响。在这种情况下，国会议员们可能会交换选票，如果你支持我的项目，我就给你投赞成票，通过这种方式来使一个项目得以通过。这个过程被称为"互投赞成票"（logrolling），这可能会造成支出的浪费（例如，一个仅对一小片地区有益的灌溉系统的项目获得通过，可能要以牺牲全国性的项目为代价）。

那么交换选票是怎么造成支出浪费的呢？表 1-4 中列出了之前提到的那三个项目。这个表格显示了针对这三个项目，五个立法区的投票者在每个项目中会产生的净收益或净支出。我们假设国会议员们会根据自己地区内民众的收益进行投票，而且这些项目是分开考虑的（这里不存在互投赞成票的情况）。这样，对每个项目来说，五位国会议员中的四位都会对它投反对票，每个收益小于支出的项目都不会被通过。现

① Ron Faucheux, "The Grassroots Explosion," *Campaigns and Elections* (December 1994-January 1995). 向州议员游说是不需要讲任何礼貌的："要成为一名说客，有一些不成文的规则。要游说议员听你的话，首先就是要让他喝酒。" Christ Parsons and Rick Pearson, "Springfield has a Gift for Grab," Chicago Tribune, 6 July 1997.

② 正如美国前众议院拨款委员会主席，之后成为说客公司主席的罗伯特·L. 利文斯顿（Robert L. Livingston）所说："对我们来说，游说是一项具有无限可能的事业。"（Jeffrey H. Bimbaum, "The Road to Riches Is Called K Street," *Washington Post*, June 22, 2005, A1.）主要游说者的办公室坐落在华盛顿的 K 街。

在假设那三位提出项目建议的国会议员碰了面，形成了一个将三个项目捆绑在一起的提议，并且同意交换选票。在项目捆绑的基础上，A 区从总量上看是有收益的（在造桥项目上加上 12，在建堤坝项目上减去 4，再在军事基地项目上减去 4），B 区从总量上看也是有收益的（在造桥项目上减去 8，在建堤坝项目上加上 12，再在军事基地项目上减去 2），C 区从总量上看同样也是有收益的（在造桥项目上减去 2，在建堤坝项目上减去 4，再在军事基地项目上加上 12）。D 区和 E 区并没有从项目捆绑或互投赞成票中获得好处，但它们的否决票是无关紧要的，因为作为多数的那三名议员同意了这项捆绑工程。当然，像国会这样的立法机关，其议员数量要大得多，但是每个人都有自己偏好的项目，通过合并项目和议员互投赞成票的方式，很多钱会被浪费掉。道理就是这么简单①。

表 1－4　　　　　互投赞成票，项目捆绑和政府浪费
（该地区选民的净收益［＋］或者净损失［－］）

地区	A 区的桥	B 区的堤坝	C 区的军事基地	叠加后的净值
A	12	－4	－4	4
B	－8	12	－2	2
C	－2	－4	12	6
D	－2	－4	－6	－12
E	－4	－4	－2	－10
项目的净值	－4	－4	－2	－10

（在全民投票中）这些投票所需要的多数票会使社会中的其他部分蒙受重大损失，给社会结构带来重大影响。公投过程的主要弊端来源于：在直接立法体系中对少数人权利的忽视。全民公决投票中没有设置行政否决权，立法过程中不会产生僵局，而且委员们的谈判立场也不会改变，这些都是在立法过程中保护少数人的重要组件②。

1.6　政府的级次

在美国，三级政府是相互独立的，它们负责提供公共服务、征税和借款。美国人想必非常喜欢政府，因为政府的数量是如此之多：根据最新统计，我们有 89 527 个政府——1 个联邦政府、50 个州政府和 89 476 个地方政府（其中有 39 044 个是一般目的的地区，50 432 个是有特殊目的的单位，比如学区）③。也可能是因为我们根本就不信任政府，所以我们想要让它们保持规模小、权力小的状态。不管是什么原因，美国确实为很多独立政府定下了标准。

并非所有的国家都是按这种方法进行治理的。有些国家的政府采取单一制，也就是说，只有中央政府拥有全国性的立法权。在这些国家中，可能有些地方议会也拥有一些

---

①　关于这个例子请参见：James Gwartney and Richard L. Stroup, *Microeconomics*：*Private and Public Choice*, 8th. (Chicago：Dryden Press, 1997), 503.

②　John L. Mikesell, "The Season of the Tax Revolt," in *Fiscal Retrenchment and Urban Policy*, ed. John P. Blair and David Nachimaias (Newbury Park, Calif.；Sage, 1979), 128.

③　U. S. Bureau of Census, Governments Division, 2007 *Census of Governments*.

权力，但它们的运作必须得到中央政府的批准。在许多单一制国家中，地方政府的财政收支计划必须由中央政府批准，全国只有一个统一的财政计划（或预算）。单一制国家包括比利时、法国、荷兰、挪威、波兰以及许多苏联的国家（但不包括俄罗斯）。在历史上，英国曾是单一制国家，但目前它的中央政府也正在向苏格兰和威尔士的地方议会让渡一些权力。

其他国家的政府则是联邦制的。在美国，州是享有完全权力（包括独立的财政自治权）和所有剩余权力的一级独立政府①。其他重要的联邦制国家包括阿根廷、澳大利亚、奥地利、巴西、加拿大、德国、印度、墨西哥和俄罗斯（尽管最近俄罗斯通过削减地方政府权力来加强中央集权的做法，使其更接近一个单一制国家——采用一种从中央政府到地方政府实行权力垂直管理的国家结构形式，这明显表示出不甚坚定的联邦制承诺）。在每个例子中，要理解政府的财政，包括支出、税收和借款，我们必须要对国家内部政府间的结构有所了解。与单一制国家不同的是，这些国家的次国家政府并不是中央政府的附属部门。

在美国的联邦体系中，宪法条款规定了各级政府运作时的基本财政权力和限制。首先，对全国（联邦）政府的权力做出规定的是第1条第8款，它列出了财政方面的重要权力。这些权力包括：

> 征收各种直接税、间接税、关税和货物税，偿付国债，并供应合众国共同防务与公共福利；但是所征的各种税收、关税与货物税应在合众国内保持统一。
>
> 以合众国信用借贷款项。
>
> 管理合众国同外国、州与州之间和印第安部落之间的贸易。
>
> 发行货币，厘定本币与外币的价值，并规定度量衡的标准。
>
> 设立邮局并开辟驿道。
>
> 招募陆军并供给军需，但此项拨款的期限不得超过两年。
>
> 建立并维持一支海军。

第1条第9款对联邦政府做了一些财政上的限制：

> 除非与本宪法前文规定的人口普查成比例，否则不得课征人头税或其他直接税。
>
> 对于从任何州出口的货物，均不得征收税金或关税。
>
> 除法律规定的拨款外，不得从国库提取款项；应经常公布一切公款收支的定期报告和账目。

当然，这些权力和限制对实践的影响，在多年的立法工作和法庭判例中都得到具体体现。

对州事务的主要宪法规定，体现在宪法的第10次修正案中："本宪法所未授予合众国也未禁止各州行使的权力，皆保留给各州行使，或保留给人民行使。"因此美国各州享有剩余权力。宪法不需就特定权力向各州进行特别授权；宪法的这种默许表明，州可以在未明确规定的领域相机行动，因而就使州成为联邦体制中拥有主权的"中间阶层"政府。各州在财政领域所从事的活动有很多是属于剩余权力的。

---

① 《联邦条例》（宪法的前身）规定联邦政府没有课税权，而来自各州的收入又不足，难怪联邦政府经常要用印钞的方式来筹集资金了，但这样做会导致恶性的通货膨胀。

类似地，对州政府不应当具有的权力，宪法在第 1 条第 10 款中也做了具体说明。其中具有财政意义的是，禁止各州发行货币。商业条款（上述的第 1 条第 8 款第 3 项）禁止各州对国际贸易和州际贸易进行干预，对在全球经济中的课税权和管理权做出了非常重要的限制。后来的一个宪法修正案（第 14 条第 1 款）要求各州在行使职权时遵守相关程序，并向其辖区内的所有人提供一视同仁的法律保护。由于法庭提出州和地方政府的财政程序必须满足联邦宪法的要求，所以这些条款对各州服务的提供产生了重要影响①。联邦政府的平等保护条款也频频被写入州宪法中。发生在加利福尼亚州的"撒拉诉牧师案"②（Serrano v. Priest）之所以能使学校财政发生巨大改变，就是因为州宪法中增加了许多联邦宪法的相关规定。

只要州政府不对这种关系做出特别调整，美国的地方政府其实就只是州政府的一个派出机构。艾奥瓦州的 J. F. 迪龙（J. F. Dillon）法官将这一原则解释为：

> 这是一个普遍而无可争辩的法律原则。市政机构可以拥有并行使以下权力，但不能拥有并行使其他权力：首先，那些用明确语言表述出来的权力；其次，那些合理而公正地从明确表述的权力中推导出来的权力；最后，那些对于一个组织的明确目标来说，是至关重要的权力——不只是因为便利，而是因为它们是必不可少的。任何关于权力存在的公正、合理、重大的怀疑，都要由针对这些机构的法庭来裁决，而不能赋予它们其他权力。③

因此，迪龙规则（Dillon's rule）认为，如果州的法律对一些特定的地方权力没有做明确规定，那么就可以推断，地方政府没有这项权力。在"州-地方"关系中，州政府拥有所有的权力。这是对地方政府财政活动的一个重要限制。

有几个州对迪龙规则做了修改，它们将自治权赋予了一些特定的地方政府。这样的地方自治权在一些州极为普遍，在这些州里有几个较大的都市区，这些都市区的情况与本州其他地区的环境截然不同。对于这些情况比较特殊的大城市，可以赋予其地方自治权，由其实行自治。这样，州的法律就可以避免被有关这些大城市的数目众多的特殊法令所困扰。在地方政府具备了地方自治权之后，就可以在其所有领域内行使权力，除非州法律对某些活动进行了特别禁止。然而，在很多情况下，财政活动都不能纳入地方自治权的范围。因此，最好是事先对财政事务做出限制，而不是让地方政府去任意选择。只要迪龙规则有效或者地方自治权被限定在财政活动范围内，这种观点就是正确的。

结　语

对政府活动基础的简要分析表明，政府有关预算和收入筹集的抉择并非那么简单。

---

① 有两个例子可以说明这一问题：公立学校和监狱。前者来自：Rosemary O'Leary and Charles R. Wise "Public Managers, Judges, and Legislators: Redefining the 'New Partnership,'" Public Administration Review, 51 (July/August 1991): 316-327；后者来自：Jeffrey D. Straussman and Kurt Thurmaier, "Budgeting Rights: The Case of Jail Litigation," *Public Budgeting & Finance*, 9 (Summer 1989): 30-42.

② Cal. 3d 584, 487 P. 2d 1241, 97 Cal Rptr. 601 (1971).

③ John F. Dillon, *Commentaries on the Law of Municipal Corporations*, 5th ed. (Boston: Little, Brown, 1911), vol. 1, sec. 237. See *City of Clinton v. Cedar Rapids and Missouri Railroad Company*, 24 Iowa 455 (1868).

28

由于一些服务具有共享性（既不具有排他性，也不具有耗竭性），政府无法出售这些服务。这表明，政府不能通过常规性的市场检验来帮助其进行决策，销售收入也不能为政府运作提供资金。

政府肯定也不想浪费资源，毕竟资源是稀缺的，而政府所使用的大部分资源有其他的用途，因此，政府活动对社会的收益应当超过该活动的社会成本。然而，当缺乏对个人价值进行比较的基础时，要判断政府活动是否真的改善了社区条件，就变得复杂起来。虽然社会福利的帕累托准则不需要进行人与人之间的判断，但是它确实给政策决策留下了许多开放的选择。尽管科学和分析精确而严密，但也无法为政府决策提供明确的答案。直接选举或代议制可以解决很多问题。不过，直接投票也不能确保符合帕累托准则的、不造成浪费的公共决策。它们可能会使少数派承担很大的成本。让选举出来的代表做决策，可以减少直接选举带来的一些问题，但仍然会存在影响的不平衡，尸位素餐且装腔作势的现象仍然会存在，而不是遵循明确的原则。游说——不管是直接游说还是平民的间接游说，都是利益集团扩大自身影响的一种方法。

代议制民主下的财政并不简单。人们会根据两个指标来评判政府：政府是否响应公众偏好，以及政府是否拒绝忽视少数人的利益。不是所有的政府都能满足这些简单的标准，也不是美国所有的预算体制都有助于这些目标的实现。为了提供和资助相关的服务，美国的财政结构由三级政府构成，即联邦政府、州政府和地方政府。尽管它们在某些方面是相互独立的，但彼此之间还是存在着重要的相互限制。联邦政府拥有宪法所规定的权力，州政府拥有剩余权力。根据迪龙规则，地方政府仅拥有州政府明确赋予的权力。有些州允许地方自治，赋予了地方政府除明令禁止的权力以外的所有权力。然而，几乎所有地方自治权都不是完整的。因此，预算和财政职能在全国范围内的差别是很大的。

问题与练习

（1）一个商业区改善计划是为该区域安装新的照明系统。如果安装了照明系统，该区域内的所有成员都会受益，也无法让那些没有为该系统付费的企业不享受任何好处。这一系统需要花费 4 000 美元，该区域 5 位成员从中获益的情况如下：

	个体收益（美元）	成本分摊（美元）
A	1 500	800
B	1 500	800
C	700	800
D	600	800
E	600	800

a. 这个项目在经济上是否可行？

b. 会不会有任何一家企业愿意独自安装该照明系统（并为其付钱）？

c. 如果采用全民投票的方法，按照多数票原则，该项目能否被通过？

d. 这个项目在目前的结构下符合帕累托准则吗？

e. 如果可能的话，请对这个项目的成本分摊情况进行修改，使其符合帕累托准则，并且可以在全民投票中获得通过。

（2）了解你所在州的州政府对地方政府的预算和财政的限制情况，迪龙规则适用吗？某些地方政府拥有自治权吗？这些权力的限度是怎样的？

（3）私营企业十分关注中小学的教育质量，因为今天的学生就是它们未来的员工。然而，私营企业对教育部门的资金贡献却是有限的（除了其为公办学校系统所交的税款），即使是对以市场为导向的项目，比如票证和特许学校，它们的资金贡献也是不多的。你如何解释这种低贡献率？（提示：思考什么样的中小学教育才算是好的。）

（4）多布拉克尔布市决定每天为每位市民提供一块有益健康的营养面包，以此提高公众的健康水平。这些面包将会在城市周边的便利中心免费发放。你认为这个项目可以使面包成为公共产品吗？请说明原因。

（5）在美国，有很多地方政府负责公立图书馆的运营，公立图书馆免费提供书籍、参考资料、互联网、公共会议区、系谱援助以及其他信息/教育服务。像这样的图书馆的服务，应该被界定为纯公共产品吗？它们想实现什么样的政府职能？什么私有化形式是可能实现的？哪些服务应该是免费的，哪些应该收费呢？如果图书馆的服务都要收费，人们会对什么服务更为关注？如果服务收费是图书馆继续开放运营的唯一途径，你的反应如何？

第1部分

预算、预算结构与预算改革

第 2 章

预算程序的逻辑

预算程序是一种用来确定应当提供什么样的政府服务，以及如何为这些政府服务筹集资金的机制。预算也可能会有助于确定应当如何提供这些服务。预算的基本问题可以简单表述为："决定向 A 项目而不是 B 项目分配一定数额的资金，所依据的基础是什么？"① 这是一个听起来相当简单的问题，但正如生活中的许多事物一样，它的实际应用才是问题所在。应当从私营企业和个人那里转移多少资金给政府，而这些资金转移之后，又应当向政府的每一项活动分配多少呢？实际上，答案显而易见：将资金从私人手中转移到公共用途，且在可供选择的公共用途之间调配资金，直到再无可能从一种用途向另一种用途调拨哪怕一美元，这样使资金转移所得大于损失。在概念上，这并不是一个大问题。从来不缺少关于事物应当如何运作的理论指导。市场所进行的资源配置是无形的，它通过价格和利润来为私人部门和个人提供资源配置的信号。公共物品主要由政府提供，故市场机制对公共物品而言并不适用，于是立法者承担起资源配置的责任，完成市场难以履行的使命。立法者或许会把工作搞糟（在民主制国家，这些立法者是通过我们的投票选举产生的，所以这是我们集体的错误），但预算程序是反映政府运营的选择如何做出的，这一过程并非悄无声息，我们也希望它不要过于若隐若现，而应通过确定的政治程序来加以保证。当政府征税并安排支出，在预算程序的框架内做出决策，它们为公共部门所做的，正如市场提供私人产品和服务那样。它们决定

---

① V. O. Key, Jr., "The Lack of a Budget Theory," *American Political Science Review*, 34 (December 1940): 1137. 在这篇论文中，此处引用的名句对预算理论做了精确的描述。事实上，这篇文章的标题是错误的，因为很多年来都并不缺乏预算理论。事实上，关于政府应当如何作为（规范性）以及政府实际如何行动（实证性），存在着汗牛充栋的理论。

了政府相对私人部门的大小，以及政府所提供的多种多样的项目和机构之相对规模如何。政府甚至决定了项目和机构如何运营。尽管正规的程度可能大不相同，但每个政府都有一些进行财政抉择的方法。我们可以明了的是，预算程序应当做些什么——将资源转移到人们最能受益的地方。

除了为数不多的市民大会、全民公决和参与式预算过程之外，基本的财政收支决策都是由经过选举产生的议员做出的。然而，在预算的准备过程中，以及由预算资金支持的服务活动中，许多关键性决策则是由未经选举的公共部门雇员做出的。尽管由于工作稳定，这些雇员对选民的回应没有经由选举产生的官员那么迅速，但是代议制政府的逻辑本身就内含了该假定：经过选举产生的行政长官、议员及其所领导的官僚，会对全体选民做出比较积极的回应①。如果他们无法做到这些，那些由选举产生的官员理所应当会经由投票而被撤职。

公共组织能够依据随意的预算程序进行运作。许多地方政府的运营也依靠随意而为或临时起意的程序，大多数非营利组织是非正式且非结构化的，预算文件的效用有限。相当数量的观察者注意到，尽管预算程序被得以严格地陈述展现，然而联邦政府近来很少遵循自身的预算程序②。但是，一个体制如果设计合理，就可以引导官员们对公众的需求做出回应，可以更容易地形成反映公众利益的决策，在合适的时间和地点，以最小的社会成本向公众提供理想数量和质量的公共服务。预算程序至少应当分辨出一项资源有哪些可能的用途，应当直接集中力量满足其中哪些用途。预算过程中的一个主要内容，包括为那些代表公民做出预算决策的个人提供准确和相关的信息。预算程序最好要清楚地说明，全体公众对政府服务有哪些要求（以及如何为这些服务筹集资金）、如何对这些服务的提供和资金的筹集进行有效的管理。但是，在对预算原理进行分析之前，最好先了解一下美国政府财政支出的基本情况。

2.1 政府支出的规模与增长③

美国政府的支出基本上可以分成两类：购买支出和转移支付。不管是购买支出还是转移支付，都需要筹集资金（此外还有一类重要的政府支出，即政府必须支付尚未到期的政府债务利息），也都需要政府支付资金，但是，二者对经济所产生的影响却迥然不同。因此，在国民经济账户中，二者的类别也是不同的。而且，政府预算程序对转移支付和购买支出的处理方法通常也有所区别，关于这一点将会在以后的章节中

---

① 这就是一个"委托-代理问题"的典型事例：官僚和当选的官员（代理人）趋于追求自身利益，他们和选民（委托人）的利益可能大相径庭。之后章节中将要讨论的"参与式预算"，提供了替代方案和直接渠道，将公民的优先事项纳入考量的范围。

② Irene Rubin, "The Great Unraveling: Federal Budgeting, 1998—2006," *Public Administration Review*, 67 (July/August 2007)：608—617.

③ 通过公共部门占全国总就业量的比例大小可以测量政府规模。从最近国际劳工组织的数据发现，在美国这一比例约为16.2%（德国为14.5%）。然而美国（以及其他国家）即使没有雇用政府员工也依旧存在很多开支。例如，美国国防部从一家私营企业购买一架飞机，并且飞机是由这家私营企业制造的。查阅政府的就业数据并不会得到太多政府规模的信息。

详细阐述①。

（1）政府购买将生产资源（包括土地、劳动力、资本和自然资源）从企业和个人使用的私人领域，转移到政府使用的领域，用于教育、国防、公共安全、公园以及其他所有由政府提供的服务。其中，有些支出用来向政府雇员支付工资和福利，由于政府雇员在生产政府服务的过程中要使用一些由供应商提供的物品，因此有些政府支出会用来向供应商购买这些物品。由于有些私人机构可以根据合同生产政府服务，因此有些政府支出要用于向这些私人机构支付报酬。多数政府支出用于即期政府服务的提供，但是也有些政府支出是政府投资——用于对道路、建筑物和耐用设备等长期资本性资产的购买②。在用于记录全国经济活动的国民收入核算体系中，政府直接供给代表的是政府对国内生产总值的贡献部分。换句话说，一个城市在一年中为了提供消防服务而装备自己的消防部门、支付消防人员的薪水、购买新的消防车等，都是向私人供应商购买的物品。有些购买支出只是在当年提供服务（消费），而另一些购买支出在所购买资产的整个生命周期中都可以形成服务（总投资），这个时期较前者会更长。这些购买表明了政府对资源的直接获取，而且当这些被购买的资源被政府使用时，也就提供了公共服务。这也反映了政府在总需求方面的直接贡献。

（2）转移支付构成了另一种主要的政府支出。这种支出形成了受益人的收入，但反过来，并不需要他们提供服务来作为取得这种收入的条件。这种向个人的直接转移支付包括社会保障福利、失业保险和其他向低收入阶层支付的现金。这种支出在美国全部政府支出中的比重达到了40%，因而这就对政府筹资提出了重要的要求，也成为政府运行中的一个重要问题。由于政府并不直接花费资金，因而需要利用可得的收入资源（大多数情况下是税收）寻求资金来进行转移支付。相对于政府购买，其对国内生产总值产生的直接影响，是通过转移支付之受益人的支出行为，而不是通过政府的支出产生的。转移支付确实能够改善受益人的生活，却不需要政府购买任何东西，也不代表政府对服务的直接提供。

表 2-1 说明了美国联邦、州和地方政府支出从 1960 年到 2010 年的变化。这些数据集中反映的是私人部门和公共部门之间的资源转移情况，也就是说，反映的是每个部门对经济的贡献情况。这与财政年度并不完全吻合，有关财政年度的现金支出数据将在后面的章节中使用，但这些日历年度的数据对于理解美国政府财政具有至关重要的作用③。

---

① 与政府资金分析相关的两个简单可得的经济数据解释是：Congressional Budget Office, *The Treatment of Federal Receipts and Expenditures in the National Income and Product Accounts* (Washington, D. C.: Congressional Budget Office, 2007); and Enrico Giovannini, *Understanding Economic Statistics: An OECD Perspective* (Paris: Organization for Economic Cooperation and Development, 2008).

② 总投资，即购买新资产的花费，不包括现有资本性资产的折旧（损耗）因素——占美国政府支出总额的比重要略高于 10%。

③ 1995 年对国民收入和产出账户的修改，对该账户应当如何处理政府支出，特别是对资本性资产的购买产生了重大影响。新的结构包括以下内容：政府总投资包括政府对固定资产的总支出；"政府消费性支出"取代了"政府购买"，其中包括对一般政府固定资产服务的估计价值，后者可以用消费的固定资产数量（当年使用的购买性支出）来度量；政府消费和投资支出表示的是政府当年对国内生产总值的总贡献额度。参见：Robert P. Parker and Jack E. Triplett, "Preview of the Comprehensive Revision of the National Income and Product Accounts: Recognition of Government Investment and Incorporation of a New Methodology for Calculation Depreciation," *Survey of Current Business*, 75 (September 1995): 33-41.

表2-1

美国政府支出和GDP的关系，1960—2010年

	1960年			1970年			1980年			1990年			2000年			2010年		
	总额（十亿美元）	占GDP比重（%）	占政府总支出比重（%）	总额（十亿美元）	占GDP比重（%）	占政府总支出比重（%）	总额（十亿美元）	占GDP比重（%）	占政府总支出比重（%）	总额（十亿美元）	占GDP比重（%）	占政府总支出比重（%）	总额（十亿美元）	占GDP比重（%）	占政府总支出比重（%）	总额（十亿美元）	占GDP比重（%）	占政府总支出比重（%）
联邦政府																		
员工薪酬	22.6		24.1	48.3		23.5	102.5		16.8	193.9		14.8	233		12.3	466.3		11.9
对个人的转移支付	19.9	3.8	21.2	55.6	5.4	27.1	219.6	7.9	36.1	445.1	7.7	34.0	769.1	7.7	40.5	1 708.3	11.8	43.7
总支出	93.7	17.8	100.0	205.3	19.8	100.0	608.4	21.8	100.0	1 307.4	22.5	100.0	1 900.6	19.1	100.0	3 906.9	26.9	100.0
州政府和地方政府																		
员工薪酬	25.5		50.5	71.1		53.7	193		53.1	415.9		51.9	679		48.3	1 064.2		47.6
政府对个人的社会福利支出	4.6	0.9	9.1	16.1	1.6	12.2	51.2	1.8	14.1	127.7	2.2	15.9	271.4	2.7	19.3	534.6	3.7	23.9
总支出	50.5	9.6	100.0	132.3	12.7	100.0	363.3	13.0	100.0	801.7	13.8	100.0	1 404.5	14.1	100.0	2 237	15.4	100.0
所有政府																		
员工薪酬	48.1		34.9	119.4		38.1	295.5		33.5	609.7		30.8	912		30.2	1 530.5		27.6
对个人的转移支付	24.4	4.6	17.7	71.7	6.9	22.9	270.8	9.7	30.7	572.7	9.9	29.0	1 040.6	10.5	34.4	2 242.9	15.4	40.5
总支出	137.7	26.2	100.0	313.2	30.2	100.0	883.1	31.7	100.0	1 976.9	34.1	100.0	3 021.5	30.4	100.0	5 538.8	38.1	100.0

注：政府间转移支付未做调整。

资料来源：Department of Commerce, National Imcome and Product Accounts.

2010 年美国政府的总支出——涵盖联邦政府、州政府和地方政府——占经济活动总量（以国内生产总值计量）的 38.1%。这个数据明显高于 50 年前的 26.2%，甚至比 2000 年的 30.4% 更高。在 50 年间，州和地方政府支出作为经济的一部分，涨幅约为 60%，联邦政府支出涨幅约为 50%。然而，过去 10 年间的政府支出增长率——从 2000 年的 30.4% 到 2010 年的 38.1%——主要来自联邦政府，这一增长主要是由伊拉克和阿富汗战争的支出以及为应对经济大衰退采取的经济刺激计划所驱动的。

表中数据突出了政府支出中的另外两种重要形式：转移支付（无须购买而产生的支出）以及对政府员工支付的重要性。这种转移支付针对当下没有工作要求的人群。在联邦层面，转移支付主要指社会保险对于老年人、残疾人以及遗属的救助；在州和地方层面，转移支付主要指前任雇员的退休福利和失业补偿。这部分支出占政府总支出的比例呈现大幅增长态势。从 1960 年到 2010 年，在联邦层面，支出占比从 21.2% 增长至 43.7%，在州和地方层面，从 9.1% 增长至 23.9%。该部分支出的迅速扩张引起了对于财政持续性的大量关注，在随后章节中会进行详细讨论。

如表 2-1 所示，现任员工薪酬是公共服务成本的重要组成部分——服务大多属于劳动密集型。2010 年州政府和地方政府的这一支出占支出总额的比例为 47.6%，接近一半，但并没有前几年那么高了。高比例反映了教师、消防员以及警察在政府所提供服务中的重要性。相比之下，联邦政府支出中的员工薪酬占比要小得多——2010 年占比 11.9%，明显低于 1960 年的 24.1%。联邦政府把更多工作外包给了私营企业，同时将更多的支出用于私营企业所提供的物资（像军用设备和物资补给）。

对于名义价格和实际购买之间的差异，应当给予特别关注。例如，政府消费支出从 1960 年的 1 377 亿美元增长到了 2010 年的 55 388 亿美元。这种增长可以归结为两方面的原因：(1) 购买了更多的"物质材料"（卡车、计算机和员工上班时间等）；(2) 购买物品的价格上涨了。在这种总增长中，既有价格变化的原因，也有实际（真实）购买量变化的原因。但是，由于只有后者反映的是服务提供量的增加，因此将变化的原因区分开来是至关重要的。专栏 2-1 说明的就是有关价格调整的一些基本理论。将总支出分为代表支付更高价格的部分和代表购买更多资源的部分，是财政分析的最基本工具，因为购买更多的资源为提供更多服务创造了可能性，而支付更高的价格并不产生这样的预期[1]。当通过调整

---

[1]　虽然实际变化和价格变化之和并不等于总变化，但二者在数学上却是相关的。如果 X_{10}、X_{80} 和 t 分别代表的是 2010 年、1980 年的总支出和从 1980 年到 2010 年总支出的增长幅度，而 D_{10}、D_{80} 和 g 分别代表相应的扣除通货膨胀因素之后的实际（不变或稳定价格水平下的）支出数据，而 P_{10}、P_{80} 和 p 分别是相应的价格水平变量，那么：

$$X_{10} = X_{80} + (X_{80} \times t) = X_{80}(1+t)$$
$$D_{10} = D_{80} + (D_{80} \times g) = D_{80}(1+g)$$
$$P_{10} = P_{80} + (P_{80} \times p) = P_{80}(1+p)$$

换句话说，1980 年的值加上 1980 年至 2010 年的增长值即为 2010 年的值。

2010 年的总支出等于 2010 年的实际支出与 2010 年价格水平之间的乘积：

$$X_{10} = D_{10} \times P_{10}$$

因此，可以替换成如下的等式：

$$X_{80}(1+t) = D_{80}(1+g) \times P_{80}(1+p)$$

将变量重新组合，我们得到：

$$X_{80}(1+t) = D_{80} \times P_{80}(1+g)(1+p)$$

由于 $X_{80} = D_{80} \times P_{80}$，那么 $(1+t) = (1+g)(1+P)$，即（1+价格增长率）×（1+扣除通货膨胀后的支出增长率）=1+总支出增长率。

来反映可比价格时（2005＝100），增长则体现为从 9 393 亿美元增至 49 146 亿美元，尽管这也是一个巨大的增长，但显然少于按现价美元计算的差额。

专栏 2 - 1　剔除通货膨胀：实际购买与价格变化的剥离

支出总额取决于所购买商品的数量和每件商品的单价：购买 400 加仑单价为 2.10 美元的摩托车燃料，意味着在燃料上的花费为 840 美元。如果价格发生了变化，那么 2014 年相比 2013 年增加的资金支出并不表示购买了更多的东西。分辨更高的支出是基于更高的价格还是更多的购买，这是很有用的，因为更高的价格导致的政府支出增加并不意味着所提供的政府服务将变得更多。那么，当价格发生变化时，分析师们怎样对各个阶段的支出的实际购买力进行比较呢？要解决这个问题，需要学会使用价格指数。

假如一组商品和服务支出，以 2014 年的价格水平购买需要花 100 美元，但在 2000 年的价格水平下却只需要花 75 美元。这就意味着，2000 年到 2014 年，价格水平平均上涨率为 33%［(100－75)/75，再转化为百分数形式］；或者说，2014 年相对于 2000 年的价格指数为 1.33（100/75）。一组商品和服务的即期价值（或当年价格）与同一组商品的基期价值（或不变价格）之间的比值，就是价格指数。如果假定 2000 年为基期，2000 年的价格指数为 100，那么 2014 年的价格指数将为 133（比基期高 33%）。（这一指数同样可以用比率形式表示。在此例中，2000 年的指数为 1.00，2014 年为 1.33。）价格指数提供了一种方法，可以确定在增加的支出中，多大程度上是由于实际增长导致的（购买了更多的商品），多大程度上是因为价格变化导致的（价格提高了）。指数反映的是，相对于基期，价格是如何平均变化的。

这里举一个美国政府预算的例子。政府在自然资源及环境上花费的支出由 1990 年的 170.55 亿美元增长至 2010 年的 436.62 亿美元。以 2005 年为基期，非国防支出平减指数从 1990 年的 0.695 8 上升至 2010 年的 1.125 6。这表明这些年价格上涨了 61.8 个百分点［(1.125 6－0.695 8)/0.695 8］。自然资源及环境的总支出上涨了 156 个百分点，但多少增长是由更多的"物质材料"被用来提供服务导致的呢？换句话说，多少增长是真实的？在可比美元（2005 年为基期）条件下，自然资源及环境 1990 年的支出为 245.11（17 055/0.695 8）亿美元，2010 年的支出相当于 387.90（43 662/1.125 6）亿美元。这意味着实际增长是 58.3 个百分点——一个巨大的涨幅，但远小于未调整价格因素之前的 156 个百分点。

根据所需分析的支出种类，分析师们使用的价格指数也各有不同；和许多其他出版物一样，美国商务部的《当代商务纵览》报告了许多价格指数。这里采用的数据源自联邦预算。所有商品的价格变化幅度并不相同。有的涨得多一点，有的涨得少一点，有的价格根本就没有变化，有的价格甚至还下跌了。所有的这些变化由一个单一指数反映，计算一个综合权重，商品数量多的，其价格变化的权重也就大。传统的价格指数使用的权重都是固定的：用固定的基期支出权重来计算平均值。当不同商品的价格变化的幅度差距比较大时，这样做就会产生一个问题：购买者会用那些价格上涨较少的商品来替代那些价格上涨较多的商品。这样固定不变的权重就有问题了。现在，分析师们通过使用移动平均或者链式权重（chain weights）代替固定不变的基期权重来纠正这一问题。该系统可以根据当年和以前年度的平均增长来确定权重。这样，价格权重就会随着价格的相对变化而不断地进行更新了。

以某一年的价格表示的支出，可以很容易地换算成用另一年价格表示的支出。在上述的例子中，如果以 1990 年为参考年度，那么 1990 年的价格指数就是 100.0 ［＝(0.695 8/0.695 8)×100］，2010 年的指数为 161.8 ［＝(1.125 6/0.695 8)×100］。所选用的基期年度不同，价格指数变化的绝对值和不同年度之间价格指数的绝对差额也会不同，但不同年度之间的变动幅度都是一样的。当然，价格指数和剔除通货膨胀之后的（恒定的或实际的）价值也只具有相对意义。

当一名分析师在几年的时间跨度内检验支出数据时，对价格变化进行调整就相当重要。在大多数时代，美国的价格年变化率相对平稳，但是即使是一个很小的年增长率，只要保持 10 年，终止值和初始值就会有巨大的差异。而一些国家的价格变化要比美国剧烈得多。在比较不同年度的数据时，对价格变化进行调整总是一个很好的做法。做到这点则永远不会造成完全的错误，但是如果不按此实行，结果有可能是灾难性的。

如何将美国公共部门的规模同其他国家进行比较呢？表 2－2 所列举的是经济合作与发展组织（OECD，在某种程度上，它是工业化、市场化的富裕国家的俱乐部）中若干国家的数据。尽管这种比较采用的方法与前述国民收入和产出账户中的比较方法不完全一样，但其基本原理是类似的，也可以进行同样的解释。就最终消费性支出而言，在这些国家中，最终消费支出占 GDP 比重最高的是丹麦，为 30%，最低的是墨西哥，为 10.7%；美国的这一比重仅为 17.6%，比 20.9% 的平均值还低。如前所述，政府购买并不能全面代表公共部门参与经济的程度。广义政府支出总额占 GDP 的比重，最低的是墨西哥，为 24.2%，最高的是丹麦，为 58.5%；美国的这一比重为 42.2%，低于 46.2% 的平均值[①]。

表 2－2	2009 年部分工业化国家的政府支出	
	广义政府支出总额 占 GDP 的百分比	广义政府最终消费性支出 占 GDP 的百分比
澳大利亚（2008）	35.3	17.6
奥地利	52.3	19.9
比利时	54.2	24.7
加拿大	44.1	22.1
捷克	45.9	22.0
丹麦	58.5	30.0
芬兰	56.0	25.0
法国	56.0	24.7
德国	47.5	20.0
希腊	53.6	21.2
匈牙利	50.5	22.2
冰岛	50.9	26.5
爱尔兰	48.9	19.5
意大利	51.9	21.5

---

① 政府还可以通过管制、法律规定和法令等形式，与私人部门相互影响。对于这种作用很难度量，但很多人会认为，美国在这一制度组合中的地位，远远高于根据其政府支出份额得到的排名。

续前表

	广义政府支出总额 占 GDP 的百分比	广义政府最终消费性支出 占 GDP 的百分比
日本（2008）	37.1	18.5
韩国（2008）	30.4	15.3
卢森堡	42.2	16.7
墨西哥（2008）	24.2	10.7
荷兰	51.4	28.4
新西兰（2008）	41.9	20.1
挪威	46.3	22.9
波兰	44.4	18.4
葡萄牙	48.3	21.8
斯洛伐克共和国	41.3	20.0
西班牙	45.8	21.1
瑞典	54.9	27.8
瑞士	33.7	11.6
土耳其	- -	14.7
英国	51.6	23.4
美国	42.2	17.6
平均数	46.2	20.9

资料来源：经济合作与发展组织。

　　政府支出的实质内容——换句话说，就是政府所提供服务的种类，将在下一章中介绍。但现在重要的是初步了解一下预算程序的基本组成以及财政体系中所应用的语言。

2.2　什么是预算？

　　预算对于任何现代公共组织的运营而言，都是至关重要的文件。预算具有清楚明了的含义和承载多重期望的组织构成。简言之，预算是一项财务计划，该计划用于推进以下应对措施的财务影响，即针对未来一个阶段（通常是一年）预期的运营状况，采取特定的有计划的应对措施。编制预算，可以使财政支出项目限定在未来能够获取的收入之内。预算为提供实质性的服务制订了政策计划，并将其转换成提供这一计划所需的成本。它不是组织对于未来资金支出的预测，但反映了组织机构针对未来将要面对的运营状况计划而做出的应对措施。预算不是对政府支出和收入的估计，也不是一个既定的目标。预算不是组织在资源无限的情况下想要如何行事的愿望清单。预算也不是组织在未来年度想要购买何种物品的购物清单。实际上，一个好的预算所要表明的是，这些是我们认为的在预算期间内可能发生的运营状况（如什么样的问题将会浮现、组织需要购买物品的价格水平、我们认为预算期间内可能会使用的资源等），这些是我们对于问题和机遇而计划采取的行动。预期的运营状况或许未必如预期那样成为现实，不过一旦成真，这就是我们的应对措施。如果没有发生，我们则会适时调整。

以下是不争的事实：如果一个项目经理明白自己正在做什么以及计划做什么，她就有能力制定预算。如果她做不到这一点，只是担任这一职务并且无所事事的话，也就没有能力来制定预算。如果她认为制定预算使自己疏离于运营操作的重要任务，那么她应该在造成更多危害之前被免去职务。如果你知道你正在做什么，你就能够制定一个预算，并应该将其作为管理和评估的重要工具。

一个完整的预算至少包含三个特定部分：一项财务方案，反映针对财政年度内预期的运营状况而计划采取的应对措施，及其将产生的预期支出；一项收入预测，反映政府在预期的经济状况及计划的收入结构下，预计在这一财政年度所筹集的收入；一项如何处理支出计划和收入预测之间差异的方案。预算始于对政府预期以及针对这些预期的具体计划的叙述性讨论，之后，进入开列预算数字的财务部分。之后的章节将详细说明预算各组成部分的内涵、针对各部分的准备方法以及分析各个部分所需使用的工具。后续章节也将讨论预算程序中的收入方面，包括如何进行收入预测。然而，预算管理者很少直接参与收入预测，他们只会在获许的收入约束内进行操作，因此我们首先要关注的是预算的支出方面。

2.3　预算程序和逻辑

不需要外部干预，市场就可以配置私人资源。价格波动是资源流动的一种信号。在公共部门中，由于政府决策具有以下四个特征，有关资源使用的决策不能根据价格和利润信号而自动做出。第一，公共物品——政府基本服务的核心——是难以像普通商品那样销售的；即使可以销售，与收入无关的问题也会同资金筹集问题一样重要。因此，利润不能作为政府成功的标志，也难以引导资源配置，更无法成为政府有效运作的动力。如果在出现市场失灵时，还以简单的市场信息为决策的首要依据，就会犯错误。第二，公共资源约束和私人资源约束的差别很大。与私人实体的支出要受收入和潜在收入的约束不同，政府只受社会总资源的限制①。这些资源是私人所有的，但政府拥有对这些资源课税的权利。对课税虽然也有明确的政治规定，但这与资源之于家庭或私营企业的限制迥然不同。第三，政府的运作是完全垄断化的。政府服务的消费者，没有其他供应商可以选择，而且更重要的是，不管使用与否，消费者都必须对这种产品付费。此外，在传统政府运作模式下，将作为市场代理人的政府所提供的信息作为资源配置的依据，其正确性也是令人怀疑的。第四，政府运作的动机是多重的。它们试图达成更多的目标，而并不专注于实现公司价值最大化的单一目标（实现公司价值最大化是私营企业决策的特征）。在许多情况下，不仅所提供的服务，而且服务的受益人（社会再分配）、供给活

---

①　科林·克拉克（Colin Clark）多年以前就曾建议："和平时期，任何非集权社会的课税上限都应在 25％左右。"但此后多年以来，再也没什么人敢于对政府使用资源的能力提出自然限制了。["Public Finance and Changes in the Value of Money," *Economic Journey*, 55 (December 1945)：380.] 由于这一限额是以零通货膨胀为基础的，因而并没有真正得到检验。然而许多成功的现代民主国家超过了这一水平，同时保持很小的总体价格增长（见表 2-2）。

动本身（社会稳定），都是至关重要的。例如，联邦补充营养援助计划（Supplemental Nutrition Assistance Program，SNAP，过去称粮食券计划）试图通过向低收入家庭提供购买食物的资金，从而使它们获得健康食物。但这一项目却由美国农业部管理。换言之，此项目既要帮助低收入家庭，同时也旨在提高美国食物生产者（农民）的收入，尽管实现其中任何一个目标，都有其他更为经济的措施。因此，这更多地取决于公共服务的供给，而不是简单地将服务的收益和成本进行比较。由于这些双重目标或多重目标难以被科学地衡量，也因为不同项目目标的成果很难被简单地测算，故而预算程序是政治性的，既包括纯粹的讨价还价，也包括政治策略和科学分析。

公共收支程序的构成

虽然政府支出也必须要有资金的支持，但在私人部门中，享受一项商品和服务的福利，是与为其付款联系在一起的（你必须付费之后才能使用）；在公共部门中，并不能根据政府提供的是何种服务来确定应当如何为这些活动的运营筹资。当一家企业生产衬衫时，这家企业清楚地知道将来谁会为其付款：购买衬衫的人。如果人们不买衬衫，那么企业将陷入困境。但是，当联邦政府决定增加国防开支时，它必须回答另外一个问题：谁会为这笔开支买单？联邦政府不能销售这种服务；在谁享受了这项服务和如何为这项服务筹资之间，并没有什么必然的联系。换句话说，公共支出和公共收入是两个不同的计划程序。向政府服务付款，并不是享受这项服务的前提条件；如果一个地区的蚊虫防治真正发挥了作用，那么纳税的人和没有纳税的人，都可以享受免受蚊虫叮咬的福利。

公共财政包括两个不同的组成部分。预算的**支出**一翼会对公共部门的规模、提供什么样的服务、如何提供这些服务，以及由谁来享受这些服务，做出相应的规定。另一方面，预算的**收入计划**一翼会确定为了给预算所支持的服务筹资，哪些人的实际收入会因此而减少。尽管所使用的总资源必须要等于所筹集的总资源（包括中央政府的经常性收入和借款；对中央政府来说，还包括货币创造形成的收入），但是政府支出的轮廓，并不能在一开始就确定政府的成本应当如何分配。在某些情况下——例如哈兰德隧道（Holland Tunnel），位于哈德逊河下方，连接了纽约和新泽西——很容易确定此项公共服务的直接受益人，并且可以通过向他们收费来为服务供给提供资金，因此，导致了该设施的运营者更像是私营企业而非政府。但是适合这种资金供给方式的公共服务的范围是有限的（收费融资将在以后的章节中讨论）。更多的情况下，公共服务更像蚊虫防治项目而非哈兰德隧道的模式，公共收入计划与支出决策是截然不同的。

图2-1所要说明的是，在逻辑上，资金、资源和公共服务是如何通过收入汲取机制转化为所提供的服务的。公共汲取机制包括交易机制（在公开市场上的购买），除了某些特例外（通过征用权来购买财产和征兵项目是其中的两个例外），在经济上，这些交易都同私营企业的购买具有可比性，但在政治上，两者可能就不同了。公共部门在这一转化过程中的特殊性，体现在收入筹集和服务提供等方面的决策，这是本书接下来的章节将要研究的问题。对于预算程序中有关政府支出和服务提供过程的部分，政府尤为关注。以下几章将对这些内容进行考察。关于公共收入计划，也将在以后的章节中予以讨论。

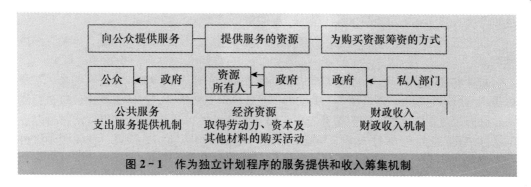

图 2 - 1　作为独立计划程序的服务提供和收入筹集机制

　　这个过程中的基本交流机制，就是预算。预算可以将政府的活动计划转化为财政举措。政府准备预算是为了：(1) 详细阐明行政管理部门的目标；(2) 从立法角度进行审议并批准这些计划；(3) 为已经审批的计划之实施，提供具体的管理和评价框架；(4) 为外部审计提供参照模板，以便对政府运用资金的合法性进行审视①。后续章节将要讨论，预算通过清晰地阐述支出方案以及明确全部待支出款项的责任，从而为避免发生公共腐败提供了首要的、最关键的防御措施。政府同样可以把预算作为向公众传达其未来计划的途径，然而没有太多政府从此角度来看待预算，而且公众也根本没有查阅预算的习惯②。预算至少要包含支出计划、弥补支出的资金筹集方案和管理收支差异的计划，而实际上，公共预算往往都要比这多得多。

预算分类、结构以及涵盖的年度

　　政府的支出预算所涉及的是以支出资金来向公众提供服务的计划。从逻辑上讲，应当有一个机构为服务的提供制订计划，对执行这些计划所必需资源的购买成本进行估计。在这方面，政府的运作与私营企业十分相似：都是取得资源以提供有价值的产品。公共部门的预算，作为面向下一年的商业计划书，要经过公民代表的批准。

　　这一计划中的信息可以通过不同的方式组织起来，以便于政策制定、资源分配、规范财政纪律以及遵守法律。最基本的三种分类是：

　　(1) 行政管理。对负责管理公共资金和利用资金提供公共服务的实体进行识别。换句话说，预算会根据资金被提供给警察局、消防队或其他的市政部门来进行分类。这一分类方法对明确职责和预算的持续执行至关重要。

　　(2) 经济意义。识别支出的类别——职员工资、购买设施、供应材料等。这一类别也被称为分行列支分类 (line item，购买清单中的项目) 或者支出对象分类。这类似于政府的购物清单。

　　(3) 支出功能。以政府试图达到的意图和目标对支出进行识别。这一分类方式将政府的运营归类为宽泛的目标 (如教育或国防)，而不是着眼于哪些实体对资源负有责任。

---

　　①　在美国宪法的第 1 条第 9 [7] 款中，只提到了拨款和对收支的历史报告："除根据法律规定的拨款外，不得从国库提取款项；一切公款收支的定期报告和账目，应不时予以公布。"

　　②　近期，美国政府对预算进行了重新修订，使预算主体部分增加了彩页、注释和图表，使之成为更好的交流媒介。尚不清楚公众是否对此给予了较多关注，但没有太多的预算分析师对这些变化产生深刻印象。或许，政府应该在 YouTube 视频中加进预算说明来吸引更多的注意。因为现在许多政府的预算会在网络上公布，所以植入这类视频完全是可能的。市长可以用很棒的歌舞形式来介绍预算。

这种分类方式尤其适用于根本性的资源分配决策。

以上三种分类方式相互独立，许多政府同时采用这三种方式建立预算，以确保财政透明。

最基本（也是最传统）的分类方式是经济意义分类或逐项分类。它关注的是为实现服务供给所需的投入，即资源——劳动力、设备、供应材料等，这些资源由政府进行购买，以回应对各个行政单位的服务需求，而各个行政单位是按照控制和责任进行划分的。已经获得批准的 2011—2012 年亚利桑那州坦佩市消防部门的预算，就说明了这种分类情况（见图 2 - 2，当然只有一部分部门预算在图中展示出来），这为理解预算如何呈现提供了一个很好的起点①。"2009/2010 年实际"一列反映了最近预算执行的实际状况，"2010/2011 年预算"一列反映了当年预算被采纳后的计划执行状况，"2010/2011 年修订"一列反映了预算执行的进程（一些类别不得不增长，因为内部调剂或者法律主体批准了更多的资金），"2011/2012 年预算"一列反映的是政府在即将到来的财政年度的项目计划。预算项目是部门将要实现的支出（购买）。这是一个政府机构针对其服务计划所需执行成本进行估计时使用的模板，因此这一格式是预算规划的基本结构。

	消防部门	2009/2010 年实际	2010/2011 年预算	2010/2011 年修订	2011/2012 年预算
6010	薪金	12 482 574	13 054 689	12 213 343	13 729 779
6011	工资	38 789	44 410	76 288	44 581
6012	加班费	1 511 084	1 520 733	1 544 456	1 621 930
6013	度假费	759 257	0	808 771	0
6014	医疗费	530 400	0	341 157	0
6015	过节费	686 005	677 351	774 297	815 548
6017	双语费	16 911	16 802	15 600	21 812
6020	事件/补偿-劳动	—163 217	0	0	0
	工资薪金	15 861 804	15 313 985	15 773 912	16 233 650
6120	社会保障税	311 937	404 624	295 803	354 219
6121	亚利桑那州退休金	165 487	183 071	162 972	191 420
6123	雇员健康保险	2 801 802	2 094 547	2 068 373	2 185 274
6124	公安退休金-消防部门	2 460 181	2 585 188	2 413 021	2 900 986
6126	长期残疾	7 529	0	0	0
6127	医疗补偿费	22 684	37 744	30 812	36 731
6133	消防员癌症保险	15 300	15 359	11 300	11 343
6136	个人退休账户费- DROP 参加者	422 258	420 737	497 646	574 610
6137	延期支付雇主匹配	0	2 715	2 600	0
6138	退休人员医疗报销捐款	200 445	0	0	0
6141	交通费	5 000	0	0	0
	津贴补助	6 412 622	5 743 985	5 482 527	6 254 583
6201	一般办公材料	5 190	8 000	6 000	8 000

---

① 坦佩市也使用其他预算分类体系来编制预算文件，以便行政组织对预期的措施做出更好的展示，并使预算的分析和考虑更富有成效。采用多种预算分类方式，是运行良好的预算程序的典型特征。

6305	制服津贴	205 267	251 422	146 422	146 422
6309	电池	11 457	6 000	7 000	7 000
6310	化学材料	9 353	5 500	5 500	5 500
6315	绿化用品	—20	0	0	0
6339	危险材料	19 643	15 000	15 000	15 000
6340	汽油和柴油	598	500	500	500
6342	石油＋润滑油	8 948	6 500	7 500	7 900
6344	丙烷气	232	0	0	0
6350	手用工具	3 002	4 038	4 038	4 038
6351	辅助设备	8 417	6 000	6 000	5 500
6352	机械工具津贴	1 000	1 000	1 000	1 000
6356	杂货	4 097	3 500	4 500	4 500
6360	交通管制材料	0	750	750	750
6366	漆和稀释剂等	38	0	101	0
6370	印刷和复印机材料	5 202	6 500	6 000	6 000
6401	建筑材料	59	500	500	500
6410	汽车零件	65 404	75 000	65 000	70 000
6415	通信设备零件	122	700	700	700
6416	通信设备—电话	0	700	700	700
6420	运营和维护材料	37 035	42 500	41 000	41 500
6421	Scba 零件和材料	9 555	15 490	17 000	15 490
6422	消防水管和喷嘴	15 699	21 755	0	21 755
6423	紧急情况准备	—611	1 300	0	1 300
6424	技术救援队物资	10 028	9 000	10 000	9 000
6505	书籍和出版物	1 293	6 500	6 500	6 000
6513	急救材料	97 026	75 000	67 000	75 000
6514	奖品和装饰材料	6 433	1 000	1 000	1 000
6552	其他设备＋物资	0	10 500	10 500	9 500
6556	未实现的折扣	1	0	0	0
6599	其他材料	23 003	16 776	16 776	16 776
	材料供应	547 472	591 431	446 987	481 331
	(之后有其他类别)				

图 2 - 2　亚利桑那州坦佩市消防部门 2011—2012 年度的分行列支预算

资料来源：亚利桑那州坦佩市消防部门 2011—2012 年度预算。

　　图 2-2 展现了预算的一些重要特征。第一，政府设计了所有机构的全部通用物品分类结构，但不是所有机构每年都会购买全部种类的物品，例如，在某些年中，该消防部门就不计划购买绿化用品。不同政府的分类方法可能不尽相同，但是在同一政府的内部，分类方法的一致性是十分重要的，这便于不同部门之间的比较和将类似物品进行加总。第二，这里展示的预算是消防机构的。对于其他市政机构而言，预算的组成部分也是相似的。单位预算为预算程序提供了控制和问责机制。消防部门的行政官员为这一拨款负责。第三，预算展示包括即将到来的预算年度的信息（计划），但也包含了当前年

度（在本例中，既包括原始的预算数额，也包括修订后的、接近实际执行情况的预算数额）及刚刚完成的财年内的可比信息。这为分析师（或者公众之中热心好问的成员）获知在下一年中城市里将会发生什么改变提供了信息。多年度呈现是政府预算的标准形式。但是，非营利组织经常仅向董事会提交单一年度的预算以获批准。并不清楚董事会成员对于单一年度的预算能够做些什么，难道是检查其中数字计算的正确与否？

从逻辑上来讲，预算中出现的年度如下：

（1）**预算年度**。该文件中集中说明的是预算年度——本例中就是2011/2012年度的情况。这些数字反映的是政府机构的运营计划，在预算审议的不同阶段该机构申请了什么，执行这些计划需要申请哪些资源。这些项目是需要审议和立法批准的活动项目。它们一旦通过立法成为法律，就成为政府机构承担责任的基础性文件。有些行政预算，还要报告该政府机构原来申请了什么以及行政首长所建议的数量，但在本例中不需要这样做。

（2）**当前报告期年度**。2011/2012年度的预算在2010/2011年度就已经被审议了。在该预算中，2010/2011年度这一栏所报告的，就是当年的预算情况和截至当前年度实际的可能结果。（预算中通常只会报告当前年度的可能结果，而不会报告最初所通过的预算数据。）有些预算，特别是当从执行角度和立法角度编制时，也会对当前年度和预算年度之间差异的数额和百分比进行报告，本例中的预算不是这样编制的，但毫无疑问，预算审议者会关注这些变化。

（3）**决算年度**。这一预算还包括了已经完成的最近一个财政年度的财政数据，此例中最近结束的就是2009/2010年度。这些数据还提供了一个比较的基准。

（4）**未来年度**。有些预算（但并非图2-2例示的预算）还包括未来年度即预算申请周期结束之后预算年度的数据。一些政府可能会基于多年度的财政框架来制定未来3～5年的预算估计数，以保证更长远的财政视野。然而，未来年度并不是基础性预算拨款的组成部分。

在预算执行的陈述中，联邦政府现在要使用预算年度以及4个未来年度[1]。然而，奥巴马政府第一个预算框架"责任新时代——对美国承诺的重申"，回到了以10年期为尺度的预算陈述，这一方式曾在1997年至2002年的总统预算中使用。时间序列的延长反映了人们对财政决策未来影响的关注，尽管这些数字所代表的具体行动很少会在这一特定的预算周期中被使用。对于这些财政决策，都不应当提前锁定。这是因为，项目优先性排序、公共需求和财政环境，都可能会发生变化。最早的多年度总统预算陈述始于里根政府。怀疑者认为这一预算形式得以发展的原因在于，最终能够展现出对联邦赤字的控制，尽管赤字的削减要在预算中提出相应措施之后，经过相当长的时间方能体现。之后的奥巴马政府提供了一个5年期的预算视角。

按支出功能分类的预算提供了与行政管理分类法同样的预算申请，但是却通过对信息的组织凸显了资源分配的选择，而这与强调哪些实体对资金负责的方式是截然不同的。表2-3通过联邦预算中的信息说明了这一点。联邦费用支出按功能分类列于表的

---

[1] 在1996年的中期，国会预算办公室着手展开10年期的预算估计。除了政治家和媒体，没有人对此重视，尤其对于那些距离当前较为遥远日子的预测。根据法律建立预算程序的规定，要获得合理可靠的5年期预算是相当困难的。Rudolph G. Penner, "Dealing with Uncertain Budget Forecasts," *Public Budget & Finance*, 22 (Spring 2002): 1–18.

左侧，按行政部门分类位于右侧。两侧的总支出是一样的，只是组织形式不同。支出功能分类法明确了提供特定服务或目的类别的支出项目，而不考虑负责的实体。所以，为支持自然资源和环境提供服务的支出与环境保护部门的支出有很大的不同，因为有许多机构都支持这类服务。同样地，每项功能都是如此，对大多数机构而言——几个机构服务于一个功能，一个机构服务于多项功能。支出功能分类法通过根本的资源分配方法，为解决一系列公共问题提供了一种视角①。

表 2 - 3　　　　　　　　按功能和行政组织单位划分的联邦政府支出
（2010 财政年度）　　　　　　　　　　单位：百万美元

功能	支出	部或其他单位	支出
国防	693 586	立法机构	5 839
人力资源	2 385 731	司法机构	7 181
教育、培训、就业和社会服务	127 710	农业部	129 460
卫生	369 054	商务部	13 236
医疗	451 636	国防部-军事计划	666 715
收入保障	622 210	教育部	92 858
社会保障	706 787	能源部	30 778
退伍军人福利和服务	108 384	卫生与公众服务部	854 059
实物资源	88 753	国土安全部	44 457
能源	11 613	住房与城市发展部	60 141
自然资源和环境	43 662	内务部	13 164
商业和住房信贷	−82 298	司法部	295 556
运输	91 972	劳工部	173 053
社区和区域发展	23 804	国务院	23 802
净利息	196 194	交通部	77 750
其他功能	174 065	财政部	444 338
国际事务	45 195	退伍军人事务部	108 274
一般科学、空间和技术	31 047	陆军工兵部队-土木工程	9 876
农业	21 356	其他国防民用项目	54 032
司法管理	53 436	环保局	11 007
一般政府	23 031	美国总统行政办公室	582
津贴	……	总务管理局	861
未分配冲抵收入	−82 116	国际援助项目	20 041
联邦政府总支出	3 456 213	美国国家航空航天局	18 906
		美国国家科学基金会	6 719
		人事管理办公室	69 915
		小企业局	6 128

---

① 联邦预算提供了采用行政及功能分类法的多年度预算。由于篇幅限制，这里没有将其列入表中。

续前表

功能	支出	部或其他单位	支出
		社会保障总署（预算内）	70 758
		社会保障总署（预算外）	683 420
		其他的独立机构（预算内）	−7 507
		其他的独立机构（预算外）	4 700
		津贴	⋯⋯
		未分配冲抵收入	267 886
		总支出	3 456 213

资料来源：Office of Management and Budget，Budget of the Government of the United States，Fiscal 2012 (Washington，D. C.：OMB 2011).

　　每种预算分类方式，包括各自的优缺点，这将在以后的章节中加以详细介绍。但是，不论预算设计采取的是哪一种策略和角度，在预算表格背后都隐藏了服务计划所需产品投入的一个"物品清单"。就好像，厨师需要在准备购物清单（投入）之前，就要决定是烘焙樱桃派还是天使蛋糕，政府主管在制定一张购买投入品的清单前，需要有一项服务计划。厨师和政府主管最终都需要一份物品清单来执行计划。因此，按投入分类是所有分类方式中最基本也最持久的预算形式。在许多小型政府和非营利组织中，这也是唯一的预算分类结构①。

2.4　预算程序的功能

　　政府是为了提供公共服务而存在的。预算程序提供了对公众所要求的公共服务进行决策的时间表，以及政府服务供给中可能存在的各种选择。传统上，对于一个运行良好的预算程序的要求是，希望它能对政府和公共官员做出限制，以防止舞弊活动。实际上，美国公共预算的设计是从市政层面做起的，对舞弊活动进行了防范，透明而直接。这是预算所应当做的，但还远远不够。预算尤其要确保政府在提供服务中扮演好自己的角色，而这些服务是由企业和个人根据民主程序选择的，预算还要确保政府合理使用其资源。预算不仅要在政府活动中分配资源，还要在政府和私人之间配置资源。预算程序包含了"需求"和"可得性"之间的抗争。一方面，政府可以获取的资源受经济条件的限制，并且取决于政府愿意运用财政权力向私人经济汲取收益的程度。另一方面，组织机构和政府部门承诺并有机会将服务提供给公民。长期财政的可持续性——政府代表公众维持运营活动、防止服务恶化、避免税收突增的能力——需要将实际的支出限制在可获得资源的范围之内。这意味着不断持续的紧张状态，因为服务的机会总是超过了资源的可获得性。预算过程需要将此问题作为预算中可持续议程的一部分来解决②。预算陈

---

　　① 坦佩市的预算将各部门的支出围绕成本中心进行分类，因而能够明确向公众提供每一项基本服务的成本，而且能够提供大量的绩效信息。这种分类方式远远超出了在此呈现的传统预算分类方式的范围。

　　② 许多国家构建了"中期支出框架"（MTEF），致力于在3～5年内提供需求和可行性之间的平衡。该框架包含了根据宏观经济模型得出的由上至下（源于中央预算局或财政部）的资源限制、依据当前政策做出的由下至上（源于政府机构）的对于提供服务中期成本的预测，以及对政府各项优先发展方案的协调。该框架被加入年度预算程序，提供对国家优先项目的更佳回应和对机构基金支持的更好预测。

述的内容将延伸至未来的数年，远远超过了当前预算方案的期限，这是财政可持续性的主要文件，通常是用来展示预算陈述中呈现的财政概况。

公共财政的管理者们希望预算程序能够：（1）提供财政规则与控制的框架；（2）促使政府资源用于最具战略优先地位的方面；（3）当公共机构实施公共项目计划时，促进其对资源的有效使用①。他们同样希望预算程序能够成为政府在财政运行过程中创造透明度的主要机制。预算过程包括预算的计划与编制、预算审议、预算执行和预算审计。尽管在政府部门中，预算的分析和管理过程更严密、更具有日常性特征，但是对于政府和非营利组织来说，预算过程其实都是一样的。

（1）**财政规则与控制管理**。预算支出控制功能包括：根据可获资金限制支出规模，确保已获批准之预算的执行，保证财务报告的精确，保持机构支出的合法性。预算控制功能要保证预算支出与立法机关的立法意图相一致，这有助于形成编制未来预算所需使用的成本估测信息，在预算年度结束后保留审计线索②。预算中的许多控制来自支出单位内部，要确保资金在合法的意图下使用，因为在事前防止资金滥用要比在事后处罚来得更好。支出之后的审计是独立于单位行政管理之外的途径。通过预算和拨付给定的款项来购买给定数量的物品和服务，可以使根本性的外部审计工作简单化：政府机构的财政报告是否属实？政府机构是否对公共资源进行了充分的保护？政府机构是否按原先的意图对提供给它的资源进行使用？如财政拨款用于采购 10 吨碎石子，政府机构是否已经真的负责任地购买了碎石子并提货了？当碎石子在政府机构手中时，是否被充分保护，政府机构的财政报告是否准确反映了这次碎石子交易？

要创建一个更有责任感的政府，一个巨大的挑战就是要对控制理念进行重新构建，从对所购买投入的控制转变为对所提供服务的控制。遗憾的是，关于政府受托责任的定义，在过去 50 年中几乎一直停滞不前："根据严格规定的规章制度，对官僚决策进行限制。"③ 如果政府要想灵活变通、反应敏捷并富于创新，毫无疑问，从内部运营到外部结果等方面，立法机构和支出机构的高度控制和问责机制都需要加以变革。

（2）**对战略重点的考量**。预算程序应当努力为对于全体公民来说最重要的项目和计划提供资金。政府面临着众多的有效机会，可以提供有益的服务。然而，政府的资源是有限的，因此必须做出有用的选择，这种选择会与社区、州乃至全国环境相互产生影响。在选择时，必须考虑这些活动的相对重要性，而不能仅根据这些活动的法律、行政要求来开展工作。政府控制的所有资源，应当服务于国家的法律要求；要根据这些竞争性用途的收益结果，对这些稀有资源的各种可能用途进行平衡，而不能对资金的配置设置障碍。这一点对政治家和利益集团而言是困难的——他们具有一种内在的倾向，想用他们认为亘古不变的箴言来约束后辈的双手。在 19 世纪，确保消防部门的马匹能够吃到干草、获得水源是重中之重，但这已经不是当今的问题了。从税收中固定提取一部分资金来提供某项特别服务，称为税收专款专用，法律设计者对此尤为关注，但是这显然束缚了未来政府，使政府不能对其执政时期具有战略优先性的问题做出积极回应。

① *Public Expenditure Management Handbook*（Washington, D. C.：The World Bank, 1998), 17.

② 审计线索是指一系列的文件资料——发票、收据和作废的支票等。它可以使一个局外人对包括划拨资金在内的活动进行跟踪审计：资金是什么时候花出去的、收款人是谁，购买活动是何时发生的、支付的价格是多少，以及购买来的东西是如何管理和使用的。

③ Paul C. Light, *Monitoring Government：Inspectors General and the Search for Accountability*（Washington, D. C.：Brookings Institution, 1993), 12.

（3）**预算的有效实施**。预算还是一个加强运营单位管理控制和提高机构运作效率的工具。这项功能关注政府绩效和利用可得资金购买资源的使用情况。一个重要的问题是政府机构使用的资源同其提供的公共服务之间的关系。公共预算——就像私营企业的商业计划一样，是政府的一个控制机制，也是运营效率的一种体现。出于这个目的，政府机构必须要考虑开展什么活动比较便于度量。这样做虽然很难，但也并非不可能。预算程序要求政府机构经济地开展运营活动，提供对所服务的人群来说最重要的服务，选择最好的技术和策略提供这些服务，确保当服务要求或运营条件发生变化时能迅速做出回应。政府机构对购买的资源和投入进行管理是很重要的，但仅仅这样做还是远远不够的。如果政府机构没有提供理想的公共服务，即便没有花费预算中获得批准能够运用的资金，也得不到表彰。如果其他组织机构有紧要的服务需求，却因预算有限而无法满足，同样是不值得称许的。

预算程序功能的落实

预算程序应当落实总体财政纪律，促使政府将资源分配到当前最重要的领域中去，促进政府机构的有效运作。以下的程序特征对实现这些承诺是非常重要的：（1）实际收入预测和其他有助于形成预算的数据；（2）适用于所有政府部门的综合预算系统；（3）在预算编制、审批和执行过程中，保持透明度，实行责任制；（4）对政府机构所提供的资源实行严格而有效的管理，但对于政府机构在服务提供中应当如何使用这些资源，应当给予一定的灵活性；（5）使用针对政府机构和政府责任制的客观绩效标准；（6）在预算草案和实际执行的预算之间进行协调；（7）公平合理地发放政府官员薪酬，防范腐败行为[1]。预算应当是权威性的，只有在遵循预算法律的情况下才能支出资金，其记录必须准确，并提供实际交易和资金流的文档记录。

预算应当具有前瞻性，就此意义而言，为一年或两年的短期财政年度制定并最终通过预算时，要为未来几年做好准备。因此，如果预算根据4年或5年的中期经济框架进行编制，那么公众应当会得到最好的服务，而且财政的可持续性能够得以提升。然而，这并不意味着一次就要对4年或5年的预算全盘采纳[2]。实际上，如果预算的采行是以年度为基础的，能够得到更好的财政纪律，对不断变化的条件能够高效回应，对预算程序的预期也能更好地得到满足。这意味着，需要注重考查当前预算程序中的财政决策在中期的影响，并以此对当前决策提供更好的指导。

所有的预算过程、预算程序和预算文件的核心问题是**财政透明度**。这种意愿是民主治理所固有的。如果公众看不到政府做了什么、正在做什么、想要做什么，那么他们将如何做到知情同意？财政透明要求公众、分析师和媒体能够很容易地获知关于服务提供、资金安排、债务管理和其他能够解释当前情况的信息。财政透明并不意味着预算文件中要有大量的图片和示意图，但是需要提供可以获得的信息，包括运营、成果和意图。财政透明也不意味着当分析师、研究人员和媒体质询时，提供详细的运营

---

① Ed Campos and Sanjay Pradhan, *The Impact of Budgetary Institutions on Expenditure Outcomes*：*Binding Governments to Fiscal Performance*, Working Papers Series（Washington, D. C.：The World Bank, Policy Research Department, 1996）.

② 2008年，俄罗斯联邦杜马通过了一项2009—2011年的预算，这是个例外，因为跨年度预算通常只是作为建议的框架。很显然，该预算在2009年由于政治和经济的发展变化而被放弃。

细节以及晦涩难懂的数据格式。谢绝公开信息，以无用的方式回应合法的信息质询，或展现宏大的愿景而非运营信息，这些都与公共财政透明和民主治理不一致。实际上，要让政府官员相信有人在密切监视其一举一动。毕竟，他们所花的不是他们自己的钱，他们也不能按照自己的偏好进行项目运作。这是公共事务，而非私人业务。

2.5　预算周期

　　预算和支出过程中反复发生（且互有重叠）的事件，构成了预算周期。尽管不同政府的具体活动各不相同，但任何实行行政与立法分立的政府，都呈现出本书列举的类似特征①。我们来依次分析预算周期的四个阶段——行政准备阶段、立法审议阶段、预算实施阶段和审计评估阶段。各年度的预算周期实际上是联系在一起的，因为预算审计评估的结果可以为将来的预算提供重要数据。这四个阶段是周而复始的，因此，任何时候运营机构都承担着不同的行政和立法职能。但是，预算始终必须要在不同财政年度的各个阶段进行准备、批准采纳。假设一个政府机构实行的财政年度是从某年的 10 月 1 日到次年的 9 月 30 日，现在是 2013 年的 3 月；那么，这个政府机构正处于 2013 财政年度（财政年度通常是以结束年度命名的）的实施阶段，同时还是 2014 财政年度的立法审议阶段，2015 财政年度的行政准备阶段，2012 及之前财政年度的预算审计阶段。因此，如图 2 - 3 所示，预算周期不仅是连续的，而且是交叉和重叠的。

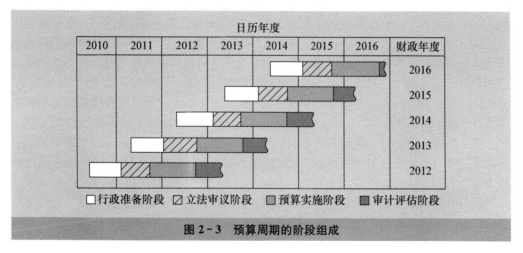

图 2 - 3　预算周期的阶段组成

　　美国联邦政府的财政年度开始于 10 月份；许多地方政府的财政年度开始于 1 月份；在美国，除了亚拉巴马州、密歇根州、纽约州和得克萨斯州之外，所有其他州的财政年度都开始于 7 月份。亚拉巴马州和密歇根州的财政年度开始于 10 月份，纽约州的财政年度开始于 4 月份，得克萨斯州的财政年度开始于 9 月份。

---

　　① 国会制政府不完全适用这个周期，因为这些政府中行政部门和立法部门没有分开。地方政府的市政管理者也不完全适用这一周期。

行政准备阶段

预算的行政准备阶段，也由几个区分明显的阶段构成。在准备阶段之初，行政首脑就会要求政府所有部门和单位准备自己的预算申请。这些要求［有时也被称为"评估指令"（call for estimates）］包括：（1）预算提交的时间表；（2）进行预算申请的要求；（3）可用资金包括的范围（或者给出政府机构可以使用的上限，或者给出增长的百分比）；（4）以及由行政首脑发布的全局性优先发展的指导意见。对于联邦政府来说，关于预算申请的要求会刊登在每年修订的 A-11 期工作简报上，并在管理和预算办公室网站上发布，以供所有人查询。许多州政府也会把关于预算申请的要求放在它们预算机构的网站上。有时，这些要求中也可能会包括对投入品价格增长、所服务的人口趋势等财政年度运营情况的预计，以期确保所有的组织机构按照相同的基本数据开展工作。编制预算申请要求的一个重要内容，就是对经济形势以及这可能会对政府收支造成的影响进行预测。经济状况不佳或者收益增长受限时，通常要求对现有计划的发展速度加以限制并减少新项目的发展，有时甚至还要对政府支出进行削减。

政府机构的预算申请，要以政府机构下一年的服务计划（政府机构对公众的服务要求做出的反应）以及政府机构对未来年度社会经济条件的预测（这些约束条件会对政府机构产生影响，却不受政府机构控制）为基础。这些预测应当是对未来经济条件的最佳估计，而不应当成为根据当前状况对将来的简单延伸或推测。例如，州政府中管理高速公路的政府部门要申请积雪清理基金，这种预算申请要包括对下雪天数的预测、针对积雪计划采取的举措。对于雪天预测来说，根据政府机构对降雪的反应速度（是在发现降雪之后立即反应，还是在降雪达 1 英寸之后，抑或降雪达 3 英寸之后等）、需要清理哪些道路（主干线、次级线路、居民区内的线路等）等情况，政府机构的预算申请也会有所不同。预测并不会决定预算申请中的内容。有些政府机构仅仅依据投入情况来构建自己的预算计划（例如，如果去年高速公路的管理部门购买了 120 吨的盐来化雪，那么预算年度所申请的数目也应当与此数字接近），根据这种方法，要对服务提供的方法和实践进行变动，将会很困难，这显然也反映出组织机构未能针对纳税人的利益而尽职尽责。综上，政府将会对公共服务的需求和运营条件进行预测，但是，政府机构申请的资源数量反映的是政府计划对所预测的状况做出的回应。不同的应对计划意味着不同的预算申请。

政府机构不仅要对其计划提供的服务成本进行预测，还要对这些预算申请的合理性加以说明。这种估算和合理性说明反映了政府机构对大量项目的选择。行政首脑的预算办公室，会对许多运营机构的预算申请进行收集并加以汇总。预算办公室还会对预算申请进行审查，以判断这些预算申请是否与行政首脑的政策取向一致、成本是否合理、内容是否具有逻辑性，以及在总体上与支出指导意见是否相一致。为了促进政府机构的预算申请和预算办公室调整意见之间的协调，可以经常举办行政管理听证会（administrative hearing）。最后，行政部门的预算文件将被转交给立法机关审议。对于向立法机关提交预算的日期，法律通常也会进行规定。

预算文件或者行政预算，会将所有政府机构的预算申请合并成整个政府的预算申请或计划。对各个政府机构的预算申请，会根据行政首脑的政策计划进行汇总合并。包括美国国会在内的某些立法机关也会提交自己的预算。为了形成一个总的行政计划，行政首脑总要对政府机构的预算申请进行削减。当然，还是希望由行政首脑的视角和优先事项来决定财政计划的最终方向。正如本书以后还要论述的那样，在提交立法机关之前，根据建议对政府机构预算申请所进行的重大修改，反映了行政首脑与政府机构在服务对象和态度上的差异。

　　行政预算是一个政策信息，收入和支出、赤字或盈余的财政数字都要根据这些政策来确定。曾经担任过纽约州预算委员会主席的道尔·福赛思（Dall Forsythe）向州长（及所有行政长官）强调指出："如果你不能用预算来说明你的目标并促使你的州政府沿着你所倡导的方向前进的话，在实现这些目标的道路上就不会取得很大的进步。"[①] 为了使预算程序能达成目标，提交立法审议的行政陈述应当做到：（1）全面（例如，要涵盖所有的政府收入和支出）；（2）透明（例如，对于政府的收入和支出，都要做到事无巨细、清楚而明确，这样，公共政策的建议和运作的前提才会令人一目了然）；（3）责任明确（例如，清楚地说明哪些机构应当对资金负责，负责的资金量是多少，对什么目的负责）；（4）为了能对随时出现的新的优先事项和新问题做出反应，要避免过早地确定一项财政收入的用途（专款专用）或者进行其他长期承诺；（5）要尽量清楚地说明所花费资金的公共目标（例如，理想的结果是怎样的，而不能仅关注于行政投入）。

立法审议阶段

　　在一个立法与行政部门存在明确分工的政府中，需要将预算文件提交给立法机关进行辩论和审议。按照最终需要通过的预算法案的数量，立法机关通常会将预算分成很多部分，并将各个部分分别提交给相应的国会小组委员会。这种对预算的审议，通常会从两院制立法机关中的下院开始。在国会小组委员会的听证会中，政府机构为自己的预算申请进行辩护时，要经常强调其初始预算申请和行政预算所体现结果之间的差异。在下院批准拨款法案之后，上院就会开始一个相似的听证程序。当国会上下两院都批准拨款法案之后，还要由两院共同组成一个协商委员会来准备需要两院最终通过的统一拨款法案，然后会将拨款法案交给行政首脑。可见，拨款法案是立法过程的结果。这些法案向政府机构提供了在预算年度中必须以特定方式来花费的资金。政府机构最初的预算申请反映了机构的计划，拨款就将这些计划（或者其中的某些部分）转化成了法律。

　　拨款法案要变成法律，通常必须要由行政首长来签署，从而可以向运营机构划拨其提供服务所需的财政资源，但并不是所有的行政首长都有相同的选择。有些行政首长，可能会将提案的一部分签署成法律而否决其余部分［被称作部分否决权（item veto power）］；而另一些行政首长，只能将提案全部批准或全部否决，然后将法案发回立法机构。大多数州的州长都有部分否决权，但总统却没有。有些观察家认为，部分否决权的存在提供了一种有效的屏障，否定那些被政治势力影响的拨款法案所对应的项目。还有一些人怀疑，部分否决权可能会被用来向特定团体、议员或机构进行行政报复。

---

① 　Dall W. Forsythe, *Memos to the Governor*, *An Introduction to State Budgeting* (Washington, D. C.：Georgetown University Press, 1997), 84－85.

预算实施阶段

在预算的实施阶段，政府机构会执行已获批准的预算：支出拨款，提供服务。已获批准的预算，成为对支出及提供服务活动进行监控的一个重要机制。尽管在预算执行活动中还存在其他重要的管理问题，但支出活动必须按照有关的拨款法律来进行。法律通常会禁止（一般还是刑事法律上的禁止）政府机构的支出超过预算拨款的数额。1906年的《反超支法案》（Anti-Deficiency Act）是目前仍旧有效的联邦法律，类似的法律也适用于州和地方政府以及其他具有完善的财政管理体系的国家。支出小于拨款而出现盈余，可能是政府机构运行有效的标志，但也可能意味着，有些公共服务根本没有按照规定来提供，或者该机构预算申请得太多了。因此，在一个财政年度，财政官员必须不断地监察实际支出和已被批准的计划支出（拨款）之间的关系。没有将所拨款项用完并不一定是出色的表现。中央预算办公室（联邦政府中的管理和预算办公室）一般会在预算执行过程中拨付财政资金，并对此进行监管。多数政府都通过事前审计制度来确定支出是否合理，这种审计要根据拨款来进行，将支出控制在现有资源的范围内。正常情况下，资金被保留在一个单一的财政账户中，而非分发至不同机构的账户中。

支出（spending）是拨款（appropriations）的直接结果，政府机构通过支出来提供其在最初的预算计划中所设想的服务[1]。然而，由于支出所购买的经济资源既可以用于现在，也可以用于将来，因此，认为支出和当前所提供的政府服务的成本相等，通常是不正确的。当前的一些支出，也会在以后提供服务。（简单来讲，今年所购买的化雪盐也可能用于明年，但是支出和服务成本之间的差异多数是源于资本性资产的购买，如建筑物、卡车、计算机等。）政府的成本，等于当期所使用或消耗的资源的数量——其中一些资源是当前购买的，另一些则可能是以前购买的。如果单纯关注支出，那么对政府成本的认识将是不准确的。图 2-4 简要列出了预算授权和服务成本形成之间的关系流程，以及与之相伴随的对管理信息的要求：（1）**预算授权**（budget authority）提供资金（拨款法案批准了政府机构 Z 关于印制信息公告的计划）；（2）伴随着订货，**责任**同时产生（机构 Z 向企业 A 订货、买纸）；（3）交货时在存货清单上进行记录（企业 A 向机构 Z 交货）；（4）付账时形成支出（机构 Z 支付纸款）；（5）在使用原材料时，就形成了成本（机构 Z 用这些纸来印制信息公告）。

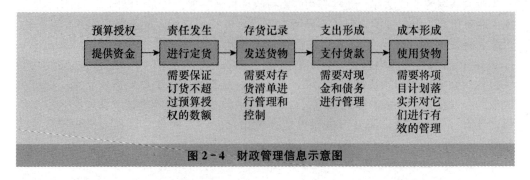

图 2-4 财政管理信息示意图

---

[1] 但是，并不是所有的支出都是拨款的结果。这个问题比较复杂，将留在以后解释。

研究一下联邦政府结构，有助于澄清这个问题。预算授权——通过拨款、借款授权或者合同授权——允许政府机构开始订货，而这些订货会形成即期或将来的支出①。不需要额外的另行授权，预算授权就可以对政府机构的支出上限加以规定。图 2-5 要说明的是，2012 年预算授权和联邦政府预算计划支出之间的关系。预算计划支出 37 290 亿美元。当年计划支出的一大部分（28 480 亿美元）是根据 2012 年预算提案进行的，但 8 800 亿美元（占总额的 30.9%）依据的是前年没有用完的预算授权。因此，某一年的预算授权可能与该年的支出不同；支出可能是当年预算授权的结果，也可能是前一年预算授权的结果。

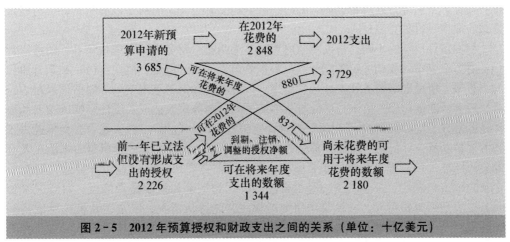

图 2-5 2012 年预算授权和财政支出之间的关系（单位：十亿美元）

资料来源：Executive Office of the President，Office of Management and Budget，*Budget of the United States Government*，*Fiscal Year 2012*．*Budget Concepts and Budget Process 2012*，p. 127（Washington，D. C.：U. S. Government Printing Office，2011），127．

运营机构在资金的使用过程中，应当具有管理的灵活性，它们可以对所购买商品的具体组合进行调整，只要它们能够向公众提供已批准预算中预期的服务水平就可以。与立法机构和预算部门相比，政府机构应当更了解新技术，更清楚投入品的价格变动以节约成本，以及对出现的新问题有更多的认识。因此，将政府机构约束于预算草案及预算的项目细节中，通常会妨碍效率和创新。理想的状况是，政府机构只对预算总额和运营结果负责就可以，而不必拘泥于花钱的细节（在不触犯关于盗窃和腐败等法律规定的前提之下）。

审计评估阶段

审计，是"对记录资料、机器设备、系统和其他证据进行的检验，通过这些检验来发现和证实某些信息"②。审计的目的是发现与既定准则的背离，尽早找出非法、低效、不规范和无效力的事例，采取更正措施，使违反者为自身负责，采取行动以防止更大的损失。审计可以是内部的（审计人员从属于被审计机构），也可以是外部的（审计员独

---

① 借款授权，允许政府机构为了特定的目的而借款并形成支出；合同授权，允许政府机构在拨款被通过之前，进行责任承诺。

② Peter F. Rousmaniere，*Local Government Auditing-A Manual for Public Officials*（New York：Council on Municipal Performance，1980），83．

立于被审计主体结构之外，对政府而言，审计员最终对公民负责）。一般而言，审计员可以对被审计实体的主张进行检验。信息的记录，通常会以一个机构的交易样本和其他活动为基础——例如，对购买活动的判断，可以通过对一些交易样本的审查来进行，而不用对所有的交易发票都加以检验。

事后支出审计要依据拨款来进行，并向立法机关汇报审计的结果（如果涉及违法行为，还应向司法机关汇报)①。在联邦政府中，国家审计总署会作为国会的一个组成机构，对政府机构的审计活动进行监督，但是具体的审计活动是由政府机构的工作人员来完成的②。州政府通常由经过选举产生的审计人员或独立机构对州政府和地方政府机构进行审计。开展地方政府审计的，有时是独立的会计公司，有时是政府机构，但有些地方政府很少进行独立审计③。

根据审计目标的不同，可以将政府审计分为两类：财务审计和绩效审计。财务审计包括财务报表审计和相关财务审计。财务报表审计的目的是要"确定：（1）被审计单位的财务报表所呈现的财务状况、运营结果、现金流动和财务状况变动等财务信息是否符合一般会计准则；（2）被审计单位所从事的可能对财务报表造成实质性影响的交易和事件是否遵守了法律规章。"④ 相关财务审计要确定的内容包括："（1）是否公允地提供了财务报表以及会计要素、账目、资金等相关内容；（2）财务信息的提供是否依据了既有的会计标准；（3）被审计单位是否坚持了特定的财务要求。"⑤ 这些审计要通过对财务记录的审查来确定：资金的支出是否合法、收入的记录和控制是否恰当、财务记录和财务报表是否完整可靠。它们集中研究拨款法案的遵从情况，以及运营机构所准备的财务报表是否准确可靠。然而，财务审计还必须确定政府雇员及其同僚是否存在舞弊行为，尽管由于政府机构内部控制所提供的保护功能，这部分任务显得不是那么重要。

类似地，绩效审计也包括两类审计：经济与效率审计、项目审计。其中，经济与效率审计是要确定："（1）政府是否经济、有效地取得了经济资源（如人员、财产和场所），并加以了保护和使用；（2）导致无效率和不经济的原因；（3）在经济和效率方面，被审计机构是否遵守了相关的法律和规章。"⑥ 项目审计则用以检验："（1）立法机关或其他授权单位所规定的目标和福利的实现情况；（2）组织、项目、活动或功能的有效性；（3）被审计单位是否遵守了适用于该项目的法律和规章。"⑦ 经济与效率审计，可能要考虑下列问题：采购的问题、资源的保护、加倍努力的情况、人员的使用、运营程序的效率、提供合适数量和质量的服务并通过管理使其成本最小化、对有关资源适用法律的遵守情况、对绩效进行评估和报告的制度。项目审计所要强调的是：理想结果的实

---

① 事前审计的目的，是要确定付款行为的合法性和合理性。这样的分析经常会发生，例如在提交工资表之前所进行的分析。

② 审计机构的国际组织是最高审计机关国际组织（International Organization of Supreme Audit Institutions, IN-TOSAI）。这一组织为这些最高审计机关构建了组织和运营的国际通用准则。国家审计总署是其美国成员代表。

③ 联邦政府的一般收入分享，要求对一般目的性政府的收入活动，3年内至少审计一次。救助系统虽然早就不存在了，但经常审计的传统还是保留了下来。

④ U. S. General Accounting Office, *Government Auditing Standards*, 1998 rev. （Washington D. C.： GPO, 1998), 2-1.

⑤ Ibid. , 2-2.

⑥ Ibid. , 2-3.

⑦ Ibid.

现程度、哪些因素不利于理想绩效的实现、要达到理想结果是否还可能有更低成本的选择、是否可能同其他项目存在冲突和重叠。有些州将绩效审计同"日落评估"（sunset reviews）联系在了一起："这包括了一系列的日程表：对计划和机构的立法审查，如果不能获得立法机关的肯定性重新授权，这些计划和机构将会自动中止。因此，日落评估针对的是政府机构和计划。"① 存在这些立法的州，通常会将绩效审计作为试图中止某些机构或计划的准备工作之一。

下面举一个简单的例子来说明各种审计的重点。比如州政府高速公路的管理部门用拨款来购买盐用于道路化雪和除冰的例子。对这项活动的财务审计，会考虑以下问题：被审计机构是否取得了购买盐所需要的拨款；所购买的盐是否实际交货了；在选择供应商中，是否是按照批准的计划进行的；被审计机构的报告是否说明了对盐的正确支出。经济与效率审计则会考虑库存的盐是否得到了妥善保管；库存是充足的还是过量的；是否还存在其他选择供应商的方法，以使成本降低。项目审计会考虑：高速公路上通常的清洁程度是否体现了对社区资源的合理使用；除了撒盐之外，是否有别的方法可以使社区所负担的成本更低。

当所有的审计工作都结束时，这个财政年度的预算周期也就结束了。为了互补，18个政府部门或机构内部实行了联邦总稽核员制度（federal inspector-general system），依据 1976 年和 1978 年的立法来调查是否有欺诈、浪费资源和滥用职权等问题，将调查结果向部门或机构的领导汇报，并最终向国会汇报。这一系统有可能成为由国家审计总署为国会开展的审计的一个附属部分。

2.6　政府会计与财务报告

恰当的政府会计和财务报告制度，会使政府财政对于包括公共官员、公众和投资者在内的全体公民而言更加透明。这有利于提高政府财政对公众的受托责任，使公众可以了解到当前的政府收入是否足以弥补当前的支出；这使得对政府一年的运行结果进行评估成为可能，包括可以确定如何取得财政资源以及如果花费这些资源；这也有助于对政府所能够提供的服务水平进行评价，其中包括有关政府财政状况的信息。政府会计的主要内容包括政府会计和报告的标准、基金会计的应用和会计基础等。

标　准

会计和财务报告的标准（或者准则），是由独立的管理当局或者委员会来制定的。在美国，制定私人部门会计准则的，是财务会计准则委员会（the Financial Accounting Standard Board，FASB）；为公共部门制定会计准则的，是政府会计准则委员会（the Government Accounting Standard Board，GASB）。在其他国家，也有类似的机构。这些准则规定了会计系统应当遵循的标准，使利益相关方可以理解政府财政，并可以对政府间的财政状况进行比较。但是即使完全根据公允会计准则编制的

---

① Advisory Commission on Intergovernmental Relations, "Sunset Legislation and Zero-Based Budgeting," *Information Bulletin*, no. 76-75 (December 1976): 1.

会计报表，也不一定是完全可信的。只要对美国的"安然事件"（安然公司通过操纵账户来虚增企业盈利能力，直至2001年企业宣告破产）有所了解，都可以理解这一点。因此，这些会计准则最多不过是对公正表述的一种追求，而绝不是无懈可击的真理。

会计系统可以使管理人员对预算过程中核心工作的数据进行整理、分析和报告。这些数据必须完整、准确、及时且易为公众所理解。政府会计系统的核心是财政收入与财政支出、财政平衡和政府的财政债务。财务报告系统希望能提供可理解性（报告不仅能为专家所理解，也能被公众所接受）、可靠性（报告应该全面、可证实、无偏见）、相关性（提供的信息需要满足使用者的需求）、及时性（报告必须在财政年度结束后及早撰写完毕）、一致性（参考的基础对所有交易和财政年度中的项目都是相同的）以及可比较性（能够对政府间的报告进行比较）的报告。会计系统希望能为财政控制提供框架，也期待它成为为政府决策制定者和公众提供信息的可靠来源。

完整的会计系统包括以下几个部分：

（1）**原始凭证**：收据、发票及其他有关活动的原始记录。

（2）**日记账**：按照时间顺序对所有交易的简要记录。

（3）**分类账**：能够体现出收入、支出或者其他账户余额的、不同详细程度的会计报告。

（4）**程序和控制**：对原始凭证、日记账和分类账中的财务活动进行分类、记录和报告的形式和规定。

政府会计的核心是关注现金流、增进透明度和控制力、提高政府对公众的受托责任，而不是像企业会计那样，以利润和损失为核心。这种差异导致了政府会计中如下的通行做法：

（1）政府要使用基金会计，在法律允许的范围内使用财政收入，促进对各种政府运营活动的有效财政管理。

（2）政府债务是由单独账户进行处理的。需要使用一般政府财政收入来偿还的债务，会作为整个政府的债务来报告；而由特定基金来偿还的债务（例如，为建造停车场而发行的债务使用停车场的收入来偿还），则应分别报告。

（3）政府预算是"审核与平衡"制度的核心。说明对经过立法机关批准的预算的遵从程度，是政府会计和报告过程中的核心内容。而在私人部门中，预算是一个更有灵活性的初始计划，而不是一个得到批准的、有关拨款的法律。非营利性组织的预算，则介于以上二者之间。

从历史上来看，在政府自身的财政记录中，很少会体现固定资产的状况。政府会为自己的整个运营活动建立基础设施，却很少会在政府的财政记录中体现其状况。这就意味着，在政府资产负债表中，政府资产的余额是不能如实反映政府的实际财政状况的。而且，其中也没有反映出这些重要资产的折旧和维护不足的情况。因此，财务报告中对政府状况的描述是具有误导性的：未能将政府基础设施的最终维护费用加入政府的运营成本，致使政府增加了没有必要的借款；如果不进行充分的维护，就会使以前的资本性投资被浪费掉；由此所形成的低质量的政府服务，还会阻碍社会的经济发展，误导人们对服务供给总成本的理解。现在，政府会计准则委员会所制定的新会计准则——GASB 34，要求大型政府将这些基础设施的成本纳入自己的账目，这一规定最终会向所有的政府推广①。这种变化是为了使政府能够提供有关政府服务的全部成本信息，防止过去所出现的对现有基础设施成本信息的遗漏。对这些信息的遗漏到底会产生哪些至关重要的影响？这仍然是一个开放的争议话题：如果没有人进行买卖行为，那么就几乎不需要知道政府"持续经营"的价值。

基　金

在私人部门会计中，对所有物资交易内容和财务状况细节进行报告的，只有一套会计账户。而在政府会计中，各种基金和账户是分开处理的，因为对政府收入的使用和政府支出的目的都有法律限制。把资金混合在一起，将无法清晰体现出对这些法律规定的遵守情况。因此，明确区分各种基金（"存钱罐账户"，cookie jar accounts）可以提供必要的控制。

政府会要求很多独立的基金或会计实体编制财务报告，这些基金和会计实体都应当是自求平衡的（保证各账户借记和贷记是相等的）。一般公允会计原则（GAAP）将基金定义为相互关联的账户，因为其中有一个账户都将与特定目的的相关资产（财政收入）和负债（支出/债务）联系在一起。地方性账户将基金分成了三个基本的种类：政府基金、专用基金和信托基金，而且在每一类中，还可以再继续划分：

（1）政府基金。

　　a.　一般基金：政府的一般性收入，其中包括税收、罚款、执照费和使用费。绝大多数税收和支出都属于这种基金。只有一个一般基金。

　　b.　专项收入基金：由特定财政收入来源支持的政府运营账户，包括特定目的税、收费和政府间补助。运输信托基金就是其中的一个例子。

　　c.　债务基金：包括用于归还一般性长期债务的本金和利息的收入。

　　d.　资本性项目基金：包括用于建设或者取得资本性设施、购买资本性设备所需要的资源。当项目完成后，这一基金也会解散。

　　e.　永久基金：由信托持有资源的账户，其收入而非本金被用于公共用途。

（2）专用基金。

　　a.　企业性基金：包括自求平衡活动的财务账户，例如自来水或排污系统。这是实体用于商务类活动的账户，为公共福利而开展运作，但希望能通过自身的收入自给自足。

　　b.　内部服务基金：包括由政府的一家机构或者部门，按照成本补偿原则向另一家机构或者部门提供的产品或服务的融资，例如汽车保养部门的运营。

（3）信托基金：信托基金指由政府作为受托人持有而由别人授权的账户。这些基金

---

① 《公共财政与预算》（Public Budgeting & Finance）这一期刊中的下列文章，对根据 GASB 34 所形成的新报告范本的主要含义做了分析：Robert S. Kravchuk and William R. Voorhees, "The New Governmental Financial Reporting Model under GASB Statement No. 34：An Emphasis on Accountability"；Terry K. Patton and David R. Bean, "The Why and How of the New Capital Asset Reporting Requirement"；Earl R. Wilson and Susan C. Kattelus, "The Implication of GASB's New Reporting Model for Municipal Bond Analysis and Managers"；John H. Engstrom and Donald E. Tidrick, "Audit Issue Related to GASB Statement No. 34"；James L. Chan, "The Implication of GASB Statement No. 34 for Public Budgeting," *Public Budgeting & Finance*, 21（Fall 2001）.

包括：1）用于向公共雇员支付退休福利的退休基金；2）用于为资源的管理付费的信托基金，但对这些基金的使用通常都有严格的控制。

在成熟的财政体制中，在财政年度结束时，要由独立的审计人员来对政府的财政状况进行审计。如果审计人员出具的审计报告是所谓的"无保留意见"，说明政府财务报告的编制是公允而准确的。此外，审计报告要求政府机构的财务报告根据一般公允会计准则来编制。无保留意见的预算过程，会整合基金结构的差别，把所有的政府活动都放在一起，以保持公共财政决策的完整性。

会计基础：收付实现制还是权责发生制

会计核算基础是指将不同时期的收支相互匹配的方法。会计基础可以是：收付实现制（收到现金记"收入"，现金支出完成时记"支出"），完全的权责发生制（取得收入时记"收入"，物品或服务被使用时记"支出"），或者经过修正的权责发生制（收入可计量并可获得即可记"收入"，责任发生时记"支出"）。传统的会计准则是以收付实现制核算的，即在现金流入时记"收入"，现金流出时记"支出"，因此通常是和政府的支票簿流向相一致的。这种方法可能会严重落后于政府实际情况的变化，因为资本性资产（如建筑物和高速公路等）在取得时是一次付款的，而不是在其后多年的使用寿命中分期付款的。一般公允会计原则要求实行经过修正的权责发生制作为会计基础，即将资金流入而不是现金核算中的收入记为"收入"，将资金流出而不是现金核算中的支出记为"支出"。因此，对财政收入的度量，就要求对应纳税收而不是实纳税收进行估测；对财政支出的度量，则需要将已经购买但尚未支付现金的支出也包括进来。当债务发生时就记为"支出"，这通常是指向购买者提交物品和服务时，而此时一般还没有为这项购买活动填写支票。一般公允会计原则也要求，每个在资金方面自求平衡的政府活动都要实行完全的权责发生制——这也是私人部门所使用的方法。在完全的权责发生制中，资金流出记为"支出"，而在得到资源的收益时进行相应的记录①。

权责发生制，可以为决策者和管理人员提供更多的信息，特别是对于那些跨期的成本分布来说更是如此，而且不受年终现金操纵的影响。这种方法可以将成本在相关时期进行合理的分摊。尽管权责发生制是美国州政府和地方政府未来发展的方向，但是，从全球范围来看，也只有为数不多的几个国家的政府是按照权责发生制来编制财务报告的；在自己的账户中提供资本性资产折旧情况的就更少了。联邦政府确实按照权责发生制准备**美国政府年度财务报告**，并不清楚这一报告对于公众或是政府决策者而言是否重要。现收现付控制的只是现金流量，而且也不能将成本在各个时期进行准确分配，没有权责发生制那么复杂，也不容易在财务报告中的基本方面受到人为的控制。正如《经济学人》杂志所指出的那样，收付实现制"更难进行伪装和篡改"②。其实，这两种会计

---

① 权责发生制会计核算法可应用于财务报告的准备。权责发生的概念也适用于预算程序。一些国家采用权责发生制编制预算，包括澳大利亚、新西兰、荷兰、瑞士和英国，更多的国家只是运用了其中的一部分。M. Peter van der Hoek, "From Cash to Accrual Budgeting and Accounting in the Public Sector: The Dutch Experience," *Public Budgeting & Finance*, 24 (Spring 2005): 32-45; and Jon R. Blondal, "Issue in Accrual Budgeting," *OECD Journal on Budgeting*, 4 no.1 (2004): 103-119.

② "Badly in need of repair," *The Economist*, 362 (May 4, 2002): 67.

基础都可能行之有效，但这要取决于相关机构的需要①。

年度综合财务报告（CAFR）

年度综合财务报告是一种通用的报告形式，目的是为公共官员、市民、审计人员和投资者提供需要的信息。它应当包含政府管理的所有基金和账户，并易被公众获得。报告具有深度和广度，提供足够的细节以便彻底公开，并且包含所有的基金和账户。报告需要包含三部分内容：介绍部分，旨在阐释政府的结构、政府的本质和活动范围以及政府法律环境的特定细节；财务部分，对政府运营情况进行全面的概述，并附上独立审计人员对于财务状况的审计报告；数据部分，提供政府运营的细节和主要的财务动向。年度综合财务报告应当提供全面可信的单一来源的信息，其中包含财务状况和政府结构，该财务信息必须遵从一般公允会计原则，使得外部观察者无须对定义和背景做额外调查就能了解政府的情况。这一报告依据一般公允会计原则制定，提供了财务状况的全面概览，受到那些公共资本市场相关人士的密切关注。换言之，向政府贷款的人确实想知道政府的财务情况如何，这时，年度综合财务报告提供了他们需要的基本信息。

2.7 预算和政治策略

预算决策，不管是支出还是课税，都是政治密集型的。对于财政决策，不应由信息技术和程序分析的提供者编制出一个分析的"黑箱"。在形成财政提案时，总统、州长、市长以及其他公共行政首脑不能忽视政治力量，在通过预算法案时，议员们也不能忽略政治因素②。理解预算程序对公共政策的形成是至关重要的；同样的道理，要创新和实施最符合公众利益的项目，分析也是不可或缺的。但是，预算提案在某种政治环境中确实需要加以阐释和辩护：仅靠真理和美丽是拯救不了这个世界的。因此，对预算过程中的实际工作者来说，理解一些行为策略是至关重要的。

渐进主义者的见解

渐进主义者认为，预算主要是实施政治策略的过程。但是，对于公共财政学中关于公共服务提供方式的模型以及试图实现政策分析的理性努力，渐进主义者却不以为然。

---

① 一些将会计系统转变为权责发生制的国家，近来也面临由此产生的财政透明度降低的问题，其他一些国家也因为同样的原因推迟了这一转变行动。Andy Wynne，"Accrual Accounting for the Public Sector-A Fad That Has Had Its Day？" *International Journal on Governmental Financial Management*，8（2008）：117-132. 对私营企业适用的方法未必能移植到政府的运营中。

② 自然灾害不具政治性——例如，飓风和龙卷风，对于受害者而言似乎是政治中立的。然而，研究表明，灾难发生预报率在具有更强选举重要性的州中更高，预报率在选举年度比非选举年度更高，有的国会议员任职于监管联邦紧急事务管理署的委员会，这些议员所在的州会得到更多援助资金。因而，即便是自然灾害，财政支出也受政治所影响。Molly D. Castelazo and Thomas A. Garret，"In the Rubble of Disaster，Politicians Find Economic Incentives，" *The Regional Economist*，（July 2003）：10-11. 这篇论文对多份灾害预报和资金支出的研究进行了总结。

正如阿伦·威尔达夫斯基（Aaron Wildavsky）和娜奥米·凯顿（Naomi Caiden）所分析的那样：

决定今年预算的最主要因素，其实是去年的预算。任何预算中的大部分内容，都是此前决策的结果。可以把预算看作一座冰山，它的大部分内容都是在水面以下的，是不受任何人控制的。预算中的许多内容都是有标准的，如果没有特别的理由来改变这些标准，那么每年的预算就只是个简单的重复立法过程。长期的方针已经制定了，今年的份额只是总额中的一部分，同时也只是年度预算中的一部分……在任何时候，当过去的承诺被实现之后，实际上任何人（包括国会和预算局）都只能对一个很小数额的变化——很少会超过30%，通常都小于5%——施加自己的影响。

预算是渐进增长的，而不是全方位的。对一个机构预算认识的起点是历年的机构预算都从来没有被主动地作为一个整体来看待过，也就是说，从未有人将当前所有项目的价值和可能出现的替代性项目进行全面的比较。实际上，今年预算是建立在去年预算基础上的，只是对增长或减少的微小幅度给予了特别重视。对过去预算决策的广泛同意，再加上长年积累的经验和专业化的知识，使预算制定者可以只对预算在原有基础上相对较小的变化进行关注。他们的注意力集中在一些项目的微小数字上，而预算战争正是围绕着这些数额不大的数字展开的。预算官员们说，政治现实使他们只能关注那些自己可以有所作为的项目，即为数不多的新项目和有可能被削减的旧项目。①

伴随着冷战的结束，联邦政府的支出计划发生了重要变化，20世纪90年代中期，共和党人的美利坚契约、伊拉克战争和阿富汗战争的爆发、卡特里娜飓风的灾难、2007—2009年的经济大衰退以及过去各年其他政治经济条件的变化，都对联邦政府的预算程序是否真的像威尔达夫斯基和凯顿所说的那么简单产生了质疑。在极短的时间内，财政确实发生了显著的变化。但事实却表明，有些政策——乃至最终收支的含义——在过去的很多年确实没有什么变化。各级政府中的多数机构在开始编制新预算时，首先要考虑的还是自己过去已被批准的预算；面对新的运营条件，对原来的预算需要做哪些调整；中央预算局、立法委员会和有关媒体所进行的预算比较，就是将预算草案和前一年的预算进行比较；要获取对不久将来的理解，最理性的方法就是对最近的过去进行考察。增长变化的信息——不管是正向的还是负向的以及这种变化是大是小——都不应被忽略，因为这反映了政府支出，尤其是联邦政府支出方面的重大变化。当然，对变化进行研究只是一个工具，而不应成为教条。实际上，有些州政府和地方政府，就是根据历史形成的预算基础（前一年的预算）再加上一些百分比的变化来构建新预算的；并认为，新增加的预算应当在每个部门中进行合理的分配。在许多行政管理体制中，一个新的预算周期开始之后，原来的预算就被当作预算基数看待②。当然，一些地方政府雇员的素质不佳，也致使他们不知道怎样把事情办得更好。

① Aaron Wildavsky and Naomi Caiden, *The New Politics of the Budgetary Process*, 3rd ed. (New York: Longman, 1997), 45.
② 真正遵循渐进式的是税法。对于大部分主要税种而言，税务法规被批准通过，于是产生法律效力，直到被明令更改或撤销。课税的更改基于对既有税法的修改，而不是批准一项全新的税收条款，这才是完全意义上的渐进。

角色、视角和动力

预算程序的服务供给选择包含了若干角色，其中每个角色都有其不同的方法和视角。预算过程的参与各方熟知这些方法，清楚地知道每种方法内在的错误、动力和组织盲点。主要的态度导向取决于政府机构、行政首脑办公室和立法机关。预算过程的所有参与者都希望在向公众提供服务的过程中，不造成任何浪费。然而，各方都会根据自己的不同视角开展工作，结果造成各自的动机不同，导致对一个共同目标的实际解释也各不相同。显然，要对预算过程进行全面的了解，首先就要了解这些不同的角色。

（1）**政府机构**。政府机构（例如，鱼类及野生动物管理局、公园和娱乐部门或者移民及海关机构）是通过支出资金来提供政府服务的。这些政府机构主要考虑的就是它们所服务的顾客。希望一个政府机构来关心另一个政府机构所提供的服务，或者希望一个政府机构去关注其他机构所提供服务的相对优先序，都是没有道理的。关于服务成本和价值之间的比较，政府机构可能也不会特别关心。一个政府机构只关注它向顾客所提供服务的价值，一般会努力将这种服务扩大，而不会顾及政府总体预算的约束条件。公共服务的扩展机会可能实际上是无限的，但其中很多服务得不到资金，就是因为公共资源还有别的更重要的用途。然而，政府机构很少会注意到公共资源的竞争性用途，通常只是抱怨自己得到的资源太少了。有的政府机构比较大，有些从事实际工作的人对预算了解得很少；而主要从事预算的人，对提供服务等实际工作了解得也比较少。然而，这两类人应当具有本质上相同的观点和顾客导向。政府机构在立法机关通常会有一些明确的支持者——特别是原来在听证会阶段和委员会评议阶段支持这些政府机构的人——但政府机构直接和参与行政首脑预算决策的人进行联系，通常都是不合适的。大多数情况下，政府机构不负责筹集用于提供服务的资金，因此，它们将资源视为免费的也是情有可原的。毕竟，针对顾客提供服务才是其主要的落脚点。

（2）**行政首脑**。在行政首脑办公室中，不管是总统、州长、市长还是其他任何人的办公室中，都有代表行政首脑行事的预算专家。这些办公室的名字可能不尽相同（联邦政府：管理和预算办公室；州政府：州预算机构；等等）。不管名字和政府级次如何，其功能和角色都是完全一样的。那些政府机构中的分析家遵从于行政首脑的政策意图，而不是他们自己的。这些分析家会一直对预算申请进行调整，直到把支出压缩到可得收益的范围。对于下面的项目进行削减，是很典型的．1）理由不充分的项目；2）与本机构所要努力实现的目标联系不够紧密的项目；3）与行政首脑的意见不一致的项目。与政府机构存在顾客导向不同，行政首脑（是经过全体人民选举出来的）必须要对全体人民的利益进行平衡。因此，不能苛求各个政府机构的优先发展要求和行政首脑的政策意图相一致，因为特定顾客群体的优先发展要求很少会和广大民众的优先发展要求相一致。例如，来自中西部玉米生产地带的农场主的利益，是不会和一般大众的利益相一致的。行政首脑需要负责筹集收入，因而其需要撇开政府机构的视角来做出权衡。

（3）**立法机关**。经过选举的议员们的政策意图，是有望和选区选民的意见相一致的。议员们会比较关心那些为自己选民服务的项目和工程。希望议员对政府机构或政府机构的项目进行全面的分析，是不合情理的。正如政府机构一样，议员们也只会关注一些特定的群体。但是，议员们面向的是一个地区而非一个特定的顾客群体。当然，绝大多数选区会包括很多的顾客群体。奇怪的是他们对成本缺乏灵敏度，尽管立法机关最终会采取以税收来支付政府项目这一不受欢迎的行动。立法者通常为了向其选民提供项目据理力争，而忽略其成本。项目的受益者通常是选区内的人民，而成本则由全州乃至全国人承担。这种成本扩散使得在全国范围内毫无吸引力的项目，在地方变得十分流行。

在对议员们的立法视野进行理解时，福赛思为行政首脑们提供了另外一个思路："设想一下，议员们在审议你的预算草案时，会使用如下简单的计算：他们都想分享增加开支和减少税收带来的好处，而不想对削减预算和增加税收承担责任。"① 这条规则不会在每次立法中都成立——有时议员会采取理想主义的立场：所有的政府都不好，因而倾向于对政府支出进行削减——但在其他情况下，这是一个有道理的逻辑假设前提。很少有议员会支持增税，特别是对于那些税基广泛又没有经过复杂包装的税种来说，更是如此。在这里，议员的财政责任感很难与广大群众产生共鸣。

策　略

预算提案必须将政府机构的预算申请考虑进来，以得到政府机构的支持；必须将行政预算纳入进来，以得到行政部门的同意；必须得到立法机关的同意，因为只有这样，才能得到预算拨款。威尔达夫斯基和凯顿将众多"策略"定义为"预算官员的政治意图及见解与政治制度之间的桥梁和纽带，既为政府官员设置了障碍，也为他们创造了机会"②。这些策略不断地被用于各级政府（实际上也应用于各种不同的国家）的预算程序中。这些策略也可以被看作一种推销与交换政府机构立场和观点的机制。

有两条策略经常被用来为预算提案寻求支持。第一条策略，就是要培养**顾客**对立法机关和行政首脑所开展预算活动的积极参与。这些顾客可能是政府直接服务的对象（如农业部特定项目中的农民），也可能是向特定政府机构提供服务的顾客（如与州高速公路管理部门签订了合同的缔约方）。当行政主管对服务项目进行削减时，最好是使政府机构的顾客群体为了政府机构去努力拼搏，而不需要政府机构为此再去做什么鼓动性的工作；因为这种鼓动性的工作从表面上看很像是不遵从的表现，机构最终也会因此受害。如果政府机构不能有效地动员顾客，就会使预算提案的通过变得更加困难。对于这些活动，有关媒体可以间接地提供支持，但必须经过事先的准备；通常只有当政府机构遇到麻烦时，才会引起媒体的关注③。下述策略不无帮助："试图提供有精彩故事的新闻，这既不会使政府机构难堪，也有助于政府机构保持和记者的良好关系。然后，当预算期即将结束时，你们就可以向媒体提供新闻故事来说明政府机构是如何在资源有限的

---

① *Forsythe, Memos*，48.

② Wildavsky and Caiden, *New Politics*，57.

③ 但是，如果媒体本身就是项目服务机构，在动员顾客方面则更为有趣。例如，在编制 2006 财政年度对健康保健、教育和劳动力项目的拨款法案时，国会下属委员会削减了公共广播公司（NPR）约 1/4 的资金，并规定在两年内停止对其提供资金支持。公共电台和电视台动员它们的听众通过各种"声明"的闪电式轰炸与他们的国会代表取得联系。两院投票，差距悬殊，资金得以保留。而与此同时，其他有吸引力的项目（诸如未参保人员的社区健康关护项目、罪犯的读写能力培训、母亲家庭关怀项目等）都遭淘汰。57 项遭淘汰的项目没有公共广播公司那样动员顾客的能力，它们的社会价值也因此被忽视。Shailagh Murray and Paul Farhi, "House Vote Spares Public Broadcasting Funds," *Washington Post*，June 24，2005，A6. 2011 年又出现了类似的故事（Elizabeth Jensen，"Pubilc Broadcasting Faces New Threat in Federal Budget," *New York Times*，February 27，2011），并且听众再一次被动员了。

情况下很好地开展工作的，以及先导项目运行得有多好。其中的潜台词就是，如果钱再稍微多一点，你们就会做得更加出色；而如果要削减给你们的预算，公众会因此失去很多有价值的服务。"① 国家航空航天局是使用媒体来讲述有关预算过程新闻故事的大师，也是任何想学习如何使用这种策略的政府机构的榜样。除了全国性报刊（尤其是《纽约时报》、《华盛顿邮报》和《华尔街日报》）的某些记者以外，其他记者对于政府资金一无所知，因而非常容易被利益集团和机构操纵。网站（包括那些提供博客专栏的）通常更为专业，网站文章的作者也有很强的专业知识，但是他们经常有鲜明的政治偏见，并且不受报社监督。因此，这些记者的观点可能是有价值的，也可能是相当危险的。

政府机构可以使用的第二条普遍存在的策略就是，在议员和其他政府官员中建立对政府机构的**信任**。为了避免听众在立法听证会中感到意外或另行索取信息，政府机构的行政管理人员必须要在报告中将结果予以展示，并根据听众的水平，量体裁衣地决定所提供信息的复杂程度。所有预算资料都必须对政府所进行的项目及其目标加以清晰地说明。从策略上讲，预算陈述人必须设计一组"讲解点"来对自己的项目进行简要的说明。如果不能直接获得预算结果，政府机构可以报告一些内部的活动过程，如档案的管理和检查的进展情况等。信心是至关重要的，因为在预算程序中，对预算程序进行辩护的很多资料都来自管理人员的判断，而不是确切的证据。如果自己充满信心，这些判断就将是可信的；反之，这些判断将受到怀疑。

策略的相机抉择取决于环境，特别是这些讨论是否涉及以下因素：（1）对机构预算的削减是否会低于当前的支出水平（预算基数）；（2）预算的增加是否在政府机构所计划的范围之内；（3）是否将政府机构的计划向新的领域拓展。有些策略看起来很奇怪，甚至荒谬可笑；然而，这些策略确实正在被使用，并得到了认可，因为其中所包含的预算选择是政府活动的重要构成部分②。然而，应当强调的是，只有策略和聪明的辞藻，还是远远不够的；预算的基础——预算的逻辑思路、正当的理由、计算和内在一致性——如果出现了问题，它们的作用也就变得微不足道了。

有几条策略可以作为项目管理者应对削减预算的对策（例如，项目被依法中止或者从既有运营水平上削减了）。这些策略包括：

（1）**建议重新研究**。政府机构的行政管理人员会强调，在充分考虑全部后果之前，不应当采取贸然的行动（例如，对其项目进行削减）。重新研究的建议，可以延缓预算削减，有时候足以使人们丧失对削减预算的兴趣。当然，也有可能使项目管理人员有足够的时间思考其他理由，为该项目进行辩护。

（2）**对常规性项目的削减**。作为对项目削减的应对策略，行政管理人员可以削减或取消那些公众强烈支持的项目（或者至少是那些向新闻媒体透露过的行动计划）。例如，通过建议取消学校乐团和体育项目，行政管理人员希望激起足够的呼声来确保不对预算进行削减。如果细心的审议人员还有其他更加成熟的削减活动，那么行政管理人员所渲染的政治恐怖气氛，也就很难取得预算辩论的控制地位了。

（3）**负面影响**。行政管理人员可以对伴随预算削减而产生的可怕结果——政府机构

---

① Irene S. Rubin, "Strategies for the New Budgeting," in *Handbook of Public Administration*, 2nd ed., ed. James Perry (San Francisco: Jossey Bass, 1996), 286.

② 有关策略的重要资料来源于：Aaron Wildavsky, *The Politics of the Budgetary Process*, 4th ed. (Boston: Little Brown, 1984), Chap. 3; Robert N. Anthony and David W. Young, *Management Control in Nonprofit Organization*, 4th ed. (Homewood, Ill.: Irwin, 1988), 459-536; and Jerry McCaffery, *Budgetmaster* (privately printed).

所服务人群的性命岌岌可危、项目供应商会关门等——进行简要描述。例如，波士顿的一家动物园威胁说，如果得不到国家资金资助将会对园里动物实施安乐死①。

（4）**要么全部保留，要么全部删除**。对预算项目的任何削减都是不可行的，因为与其那样，不如将其全部删除。

（5）**责任将来由你来承担**。行政管理人员可以这样应对，如果要对政府机构的资金进行削减，由于所有的政府机构的活动都很重要，因而政府机构的负责人将难以选择，到底削减或者取消哪一项活动。因此，那些提议削减预算的人就必须指出削减的对象，这样就明确了削减预算项目的责任，从而希望对方能够知难而退。当遇到这种策略时，任何试图对政府机构进行削减的建议，都要有一揽子明确的应对措施。

（6）**我们本身就是专家**。政府机构声称自己具有预算削减人员所缺乏的专业知识。预算削减是非常无知、目光短浅的，因此根本就不应该发生。

（7）**华盛顿纪念碑策略**。当面对诸如新财政年度没有通过预算或是在财政年度中期资金耗竭的情况等预算问题时，一种项目行政人员使用已久的策略是，以一种戏剧性的方式予以回应。也就是说，如果相关拨款法案未被国会通过，美国国家公园管理局声称它将关闭华盛顿纪念碑这一名胜游览区（这一策略因此得名），另一种可能的情况是，如果燃料预算被中止，当地警局便宣称将对车辆非法入侵现象袖手旁观。

（8）**供应商散布各区域**。如果项目供应商能分布在足够多的选区当中，当任何行政人员要减少或者消除项目时，这些区域的代表将成为项目的有利维护者。运用这一策略最显著的例子就是对 V-22 鱼鹰的保护，V-22 鱼鹰是一种倾斜旋翼飞机，不仅能够垂直起降，而且时间极短。它发明于 20 世纪 80 年代早期，是具有直升机和固定翼飞机技能的飞行器。这一飞行器面临一系列问题：研发困难、有解体的倾向、无法达到预期表现、成本超支以及被质疑可能并没有实际增加国防部想要的那些性能。行政人员意欲中止该项目，国防秘书也想扼杀此项目，然而这一项目延续下来。这一项目主要的合同方确保了各次级合同方分布在主要的国会选区，故可以相信立法机关的人员能确保通过的拨款法案中包含了新的有关飞行器项目的购置成本。

当政府机构试图将现存计划继续下去或者将其活动扩大时，又会使用一组不同的策略：

（1）**四舍五入**。将项目的估价——工作量、价格、成本等——四舍五入至上一个最高的百、千或者百万单位，这样可以使项目实际运行起来比较宽松。

（2）**就算预算本身不一定能够打动听众，也要通过预算陈述的技巧来努力实现这一点**。预算陈述的闪光点，体现在数据、图表、精彩的幻灯片以及最先进的管理技巧上。其中的很多数据与当前的决策并不直接相关，基期的数据也不一定特别明确，但预算陈述的技巧可能会掩盖其实质内容的不足。

（3）**少量增长**。在基本预算申请被满足之后，预算项目还可以略有增长，这种增长可能体现在难以察觉的一般性类别中，也可能是全局性的普遍增长。增长额如此有限，以至于不能被清晰地界定为"铺张浪费"。如果能够全部获得通过，那么政府机构可以在一个相对宽松的环境中运营。这种做法可能会不留痕迹，但在预算的执行过程中却可能产生盈余。

---

① "Zoo May Close, Euthanize Animals" WCVB Boston, July 11, 2009. [http://www.thebostonchannel.com/r/20021259/detail.html].

（4）**数字游戏**。政府机构的管理人员讨论的可能是实际单位——例如运营的设备数量、发放的补助项目或维护的面积等——而不是申请或者要花费的资金。其目的在于，转移人们对每一种迅猛增长的支出的注意力。

（5）**工作量和工作积压**。行政管理人员经常会根据顾客需求的增加或者未得到满足的预算申请的积压，设计其预算申请。这种要求通常都是不无道理的，特别是当对工作量的度量和政府职能相关时，或当政府机构从事的工作很有必要时，当积压的工作并非因对现有资源的管理不善造成时，更是如此。

（6）**会计陷阱**。由于会计系统会对这些交易进行控制，因此预算过程中的任何一方都会说，自己所建议的支出必须得到满足（或被禁止）。这种主张在政治上可能很重要。但是，会计系统的存在应当有助于控制政策执行，并可以为决策提供信息。政策选择不应因为会计系统而变得更加困难。

项目计划和政府机构形成了一种制度力量。由于新计划缺乏这种制度力量，因此就使提议一项新计划面临着特别的挑战。有些预算程序甚至会将新计划置于某种独立的决策结构中。在这种决策结构中，只有当既有资源已经满足了当前所有活动的预算申请之后，新项目才会被予以考虑。这主要是因为为这项计划提供政治支持的主顾和广大选民还没有被动员起来，其他程序也会为新建议的项目制造麻烦。下面这些预算策略就是针对新的预算申请的：

（1）**旧瓶装新酒**。行政管理人员可能会将新计划包装一下，看起来这不过是对现有活动的一种简单扩展或增长。当新活动已经建立起制度基础（负责人、顾客群体和政治联盟）之后，经过现有政府机构运营活动的早期培养，它就成了一个独立的实体。

（2）**门内融资**。有些项目开始时只有一小笔资金，最初可能是在先导计划、展示性计划或者可行性研究的伪装之下进行的。在项目开始运营和形成一个选民群体之前，项目资金的数量每年都会不断增加。在全部成本被认识到之前，投入更多的资金来完成一项任务，要比放弃该项目中不可回收的沉没成本更加经济。这里有一个经典的例子：1991 年，泰国皇家空军购买了一个中队的 F-16 战斗机。泰国军方缺乏足够的资金来完成这笔交易，于是所购买的飞机都是没有发动机的。交货时间被安排在 1995 年，这样就可以使泰国有足够的时间来筹集其他资金。但是，1992 年泰国新政府上台了。尽管新政府也想对军事支出进行控制，但它面临的选择是，或者为了购买发动机而拨付给军方更多的资金，或者购买根本就不会飞的飞机（甚至可能根本就不会交货）。尽管新政府力求对军事支出进行控制，以将稀缺的资源用于国内其他用途，但为了避免用于购买飞机、新的雷达系统和培训的 5.6 亿美元不至于被浪费，这项支出还是得到了泰国政府的批准①。

（3）**自收自支**。某些时候，有些新项目的支持者认为，项目可以创造比其成本更多的收入。除了许多收入部门的活动是这样的以外，还有一些领域中的情况也是如此。其中的例子包括，法律执行机关收取的罚款；因经济发展部门的项目所带来的经济活动，使税收收入的增加等。

（4）**为了省钱而支出**。根据预算提案进行支出，可以使政府其他部门的成本减少。如果 A 政府机构支出 1 美元，可以使该机构或者其他部门的支出减少 1 美元或者更多，

---

① Cynthia Owens, "And Now They'll Sneak in Orders for Aviation Fuel and Parachutes," *Wall Street Journal*, January 28, 1993, C-1.

那么该预算的净影响将为零，甚至还可能为正。这种说法是否真的成立，则是另外一个问题了。

（5）**危机事件**。可以将预算提案和灾难或具有压倒性影响的问题联系在一起——艾滋病、经济增长停滞、流离失所和国家安全等问题——尽管其中的联系可能微乎其微，但就是因为政府机构想到了这些建议，可以起到防止对预算进行削减的作用。但政府机构必须进行事先的警告，因为怀疑论者们倾向于质疑：在形成危机之前，为什么没有预见这些问题并对其加以及时处理呢？一个应该被单独分类的子策略是"和恐怖主义联系起来"。多年来（至少始于 1966 年），国家公园管理局一直寻求在华盛顿纪念碑建立一个地下游客中心。但当这一提案于 2003 年再次出现时，名字从"华盛顿纪念碑游客中心计划"改成了"华盛顿纪念碑长期安全改进方案"。一个评论家认为："只要说是为了安全，任何项目——不管存在多大问题——都可以得到推进，因为每个人都害怕看到这种伟大的纪念碑在他们眼前被摧毁。但事实上，'地下提案'与安全无关。"① 至少到目前为止，还没有建成游客中心，而游客中心和安全之间的关联仍被当作正当理由。

（6）**移花接木**。一个项目和另一个在政治上更富有吸引力的项目掺杂在一起，可以将该项目的真实内容隐藏起来。这样的例子有很多：有些军事设施的区域很大，看起来很奇怪，就像高尔夫球场似的；在大学宿舍楼或办公楼的楼顶上，可以安置便于观看体育场比赛的座位；为新建下水道所修建的地上覆盖物，可以分担一些交通压力。然而，这些策略都需要能支持它们的环境；预算过程中的所有关键性的参与方，必须对预算提案达成广泛的共识，因为将来还需要为项目提供资金支持。

（7）**责任转嫁**。一家机构所采取的行动，可能向另一家政府机构提出超过现有计划正常管理能力的需求。例如，如果要关闭学校图书馆，而老师们需要布置有参考文献的作业，那么地方公共图书馆可能就要求增加预算，以满足学生所要求的新增服务；联邦政府对毒品犯罪严厉惩治的要求，意味着联邦监狱的建设步伐也要跟上来。

（8）**行政命令**。某些外部机构（法院、联邦政府和州政府等），可能向政府机构提出合法的要求，从而扩大其支出。政府机构对新需求的满足，通常不是通过重新调整运营活动，而是通过使用行政命令以增加资金来实现的。实际上，政府机构可能要求外部机构签署命令作为一种预算策略。这种方法可能是具有影响力的，但预算分析人员在接受增加预算的理由之前，还需要确定命令的环境和授权，以及运营活动在经过修改之后可以在多大程度上满足命令的要求。这种方法也可以将预算基础扩大。如果时间允许，还可以用来抵制对预算的削减。

（9）**适应竞争**。政府机构经常将自己的计划与其他政府机构的项目进行比较，把比较结果作为新增项目的基础。（这种比较很少会导致项目的削减，因为类似机构并没有这些项目。）这种策略也被用于对现有项目的扩展。

（10）**太微不足道了**。政府项目的支持者们可能认为，预算申请太小了，从而不需要对其进行全面审查。由于预算本身的意义微不足道，使这种审议所花费的时间也显得没有意义。了解"门槛"融资（foot-in-the-door financing）的人自然会对这一观点持谨慎态度，他们通常的反应是，那些微不足道的活动很有可能会被没有多余资金的机构所兼并。埃弗里特·德克森（Everett Dirksen），一名多年前的伊利诺伊州参议员，因为以下言论而久负盛名："这里花费一百万，那里花费一百万，很快你们会发现，这些钱是

---

① Monte Reel, "Washington Monument Dispute Resurfaces," *Washington Post*, August 4, 2003, A01.

实实在在的，并非微不足道。"当然，通货膨胀使计量单位从百万转变为十亿，但是，微不足道的出发点仍旧没有变。

（11）**促进地区经济**。通常情况下，公共项目受到支持是因为它们能促进当地经济的发展和繁荣。例如，对当地艺术项目发展进行支持，是因为它能产生收入，而且花费这些资金将产生商业活动。然而这一影响并不是因艺术项目产生的，而是对收入进行花费的结果。建造新的城市垃圾场也会在收入和商务活动方面产生相同的结果。艺术项目的合法化应取决于它提供的服务，而不是支出带来的普遍影响（尤其是来自非本地资金支持的支出）。

结　语

预算过程是进行公共资源配置的决策过程。预算决策的流程，从计划到支出，由四个环节组成，即行政准备阶段、立法审议阶段、预算实施阶段和审计评估阶段。尽管预算是在政治环境中构建和批准的，但拨款是否就是在以前年度的基础上渐进增长的结果，这并不能一目了然。在预算结构中，至少还有一些理性选择的空间。之后的章节将使你做好完成预算程序中各项任务的准备，并让你明白在实践中预算程序是如何实施的。

问题与练习

（1）长期以来，政府的相对规模都是一个公共政策问题。政府规模与发展问题在州和地方层面都很重要。在州和地方的全民公决中也表明，需要对联邦、州和地方政府的支出规模加以限制。有关政府支出活动趋势的数据可以为这些讨论提供证据，这些信息来自商务部的国民收入和生产账户、美国人口调查局官网、美国经济研究局网站。依据这些信息源，回答下面关于美国政府规模大小的问题。

a. 相对于私人部门，公共部门是否增加了？如何将联邦政府与州和地方政府的规模进行比较？比较的标准是有关部门所提供的国内生产总值或个人收入的百分比数据。

b. 哪一个部门增长得最快？将你所在州公共部门的增长，分别与邻州和全国的水平进行比较。将支出和雇员的增长速度分别进行比较的结果，为什么会有所不同呢？

c. 分别计算国防开支占联邦政府支出和国内生产总值的比例。你能获知冷战的结束以及阿富汗和伊拉克战争的开始对这些数据的影响吗？

d. 在联邦、州和地方政府支出中哪一项功能占据的份额最大？这一点在州与州之间是否有很大差异？

e. 在你所在的州中，与州政府的支出相比较，地方政府支出的相对重要性如何？（首先，将给予地方政府的补助包括在州政府支出中，计算一次；然后，在州政府支出中剔除给予地方政府的补助，重新计算一次。）你所在的州与邻州和全国水平相比较的情况如何呢？

（2）以下数据来自近期的联邦政府预算：

联邦政府的可选择性支出　　　　　　　　　　　　　　　　　单位：十亿美元

	2000 年	2010 年
国防	294 363	693 586
非国防	319.7	658.2
支出中剔除通货膨胀后的综合指数（2005＝1.000 0）		
国防	0.814 7	1.132 7
非国防	0.890 0	1.125 6

a. 根据当年价格水平计算 2000 年至 2010 年国防和非国防支出的增长率。将增长率分解为实际增长率和价格指数两部分。

b. 对于非国防支出，以 2000 年为基期，即 2000 年＝1.000 0，计算国防支出实际水平的变化。以 2010 年为基期，即 2010 年＝1.000 0，重新计算一次。为什么预算策略可能使用其中的一个或另一个数据，来要求增加支出或减少支出呢？以哪一年为基期更准确？解释其中的原因。分别使用两个年度作为基期，来计算并比较实际增长的百分比。

（3）指出以下预算讨论中的每一段论述所使用的策略：

a. 在本州，增加享受产前医疗津贴的妇女人数提案不仅可以救人，而且可以降低对出生时体重不足的婴儿和残疾儿童的医疗成本。因为研究表明，产前医疗津贴每增加 1 美元，可以使长期护理支出减少 3.38 美元。

b. 将卫生健康局从全日制变成非全日制，将会使整个卫生检查计划毁于一旦。与其同意将该项目削弱，不如将该项目彻底取消。

c. 辉煌州立大学的教职员工的工资水平，在与之进行比较的共 18 所大学中名列第 17 名。为了防止教工的离职跳槽，必须使这个预算年度中的支出有明显的增加。

d. 在 3 月份，为河畔-溪野学区（伊利诺伊州）的两个学校融资的第二次全民公决失败了（根据 50％通过率）。针对这种情况，学校理事会建议取消下列项目：女子羽毛球队、游泳队和越野队，男子足球队、网球队和摔跤队，7 个培训项目，啦啦队项目，幼兽训练队（射击场项目）。暂时中止全民公决失败之前已经开始的德语培训项目。

e. 使用第二代包装机，在刚开始运营的两年内，就可以收回其全部购买成本，并可以将劳动力成本和维护性支出降低。

f.《费城询问报》（2008 年 9 月 24 日）的一篇社论要求征收地区销售税来为艺术项目提供资金，文中给出的理由是："确保艺术圣地繁荣兴旺不只是为了满足创造性艺术的灵感迸发的需求。它还具有重要的经济意义：被调查群体提供了 19 000 份工作，一年带来 6.57 亿美元的收益，能筹集 5.26 亿美元的捐款。"

g. 艾滋病教育计划（I）提交了一个两年期的预算，耗资只有 20 万美元。这项计划的成本在州政府每年支出的 100 亿美元中占比非常小，因此对州政府的财政危机几乎没什么影响。此外，一例艾滋病的医疗费用也要超过 10 万美元，因此拒绝这项教育计划的建议，在经济上具有误导性，是吝啬而又短视的。

h. 州长建议减少政府的一般性补助支出（减少每年计划的 3.21 亿美元的 80％），这项计划向 13.1 万受益人口提供了每个月 120 美元的医疗补助（均为没有子女或者其他被抚养人的成年人）。如果仅有一小部分原来的受益者最终因此而被送入医疗机构或者医疗保健所，那么这种削减成本所增加的开支，将超过其试图节省的数额。例如，使当前受益人口的 1/10 在精神病医院护理 90 天的费用，将超过 2 亿美元，即使这 1/10 的受益人在医疗保健所护理 90 天的费用也将超过 220 万美元。显然，这种对预算的削减，在经济上是错误的。

i. 为了回应由于税基降低导致的预算削减，底特律学校系统要求，家长需要为下一学年公共学校的卫生纸买单。

j. 一份被泄露给媒体的内部备忘中写道，国家气象局（National Weather Service, NWS）2005 财政年度的预算削减，将会对它履行生命保护使命产生决定性的影响。例如，"提前预警时间将缩短，龙卷风侦测率将降低（包括大部分其他的 NWS 绩效水平也将减弱），产生扰人甚至悲剧性的结果：公民的人身安全无法得到保障"，国家气象局 2005 财政年度的运营预算被削减了 2%。

k. 前总统乔治·W. 布什在他对整个政府的预算提案中并未提及为支持伊拉克和阿富汗战争提供资金，几个月后，他提交了一项独立的预算申请。

l. 应对全具范围内限制支出的指示，弗吉尼亚州费尔法克斯县的消防队声称其将取消"第一小队"，这是一项给受伤消防员家属提供帮助的项目，由此每年可以节省 6 000 美元。

m. 佛罗里达州棕榈湾市的警察局表示，为了回应预算削减和高燃料价格，它将不再对那些由于家门或者车门没锁而造成的盗窃案采取应对措施。

n. 面对国家财政危机，密歇根州人力服务部门的主管计划削减用于救济食品发放中心、无家可归者的栖居之所和死者安葬方面的资金。

如果面临这些说法和策略，你将提出什么问题？

（4）判断你最钟爱的联邦政府部门支出在过去的 20 年中是增加、减少还是维持不变。指出在当期美元、定值美元和联邦总支出份额方面增长的比例。

根据你对预算申请的分析，最近的总统预算报告中涉及该机构下一个 5 年发展的内容是什么？

在现有的联邦政府预算历史数据表中，你可以找到回答这些问题所需要的数据。在管理和预算办公室的网站上查询相关表格。

（5）某项递交给城市议会的预算包括如下内容："和 2008 年预算相似，我们 2009 年申请的资金超过了从征收可控资金获得的预期收益，目的是将由有效财政管理产生的现金储备回馈给社区。"你如何看待这样的预算发展方法？

（6）若某一时期汽车燃料价格以平均 30% 的速度增长，警察局局长向市议会提交了一份预算请求，其中相关的汽油预算并没有增加，约占部门总预算的 15%，仅次于部门员工薪酬的预算。其他的城市部门至少提高了 20% 的燃料预算，一些部门甚至更高，因为在汽车燃料价格上涨的同时，该城市已经经历了人口的大规模增长。相关负责人称他们能控制燃料成本支出不变，是因为对汽油资源巧妙的管理。应该称赞该负责人的有效管理吗？还是说这只是他使用的预算策略？

（7）表中的数据反映了那些给美国大陆造成的损失超过 5 亿美元（名义或者现值美元）的飓风名称及其带来的损失。按照实际货币损失来看，飓风的等级如何？你能在经济研究局的网站上找到不同的平减指数（隐含国内生产总值平减指数是一个选择）。根据飓风种类估计风暴强度，5 级是最高的。请思考，平减后的价值能告诉你但名义价值却不能告诉你的信息是什么？同一等级的风暴会造成相同的损失吗？原因是什么？这几年有固定的模式吗？

飓风名称	年	类别	名义损失（百万美元）	飓风名称	年	类别	名义损失（百万美元）
艾莉森（Allison）	1989	0	500	阿格丝（Agnes）	1972	1	2 100
艾伯塔（Alberto）	1994	0	500	丹尼斯（Dennis）	2005	3	2 230
弗朗西丝（Frances）	1998	0	500	弗雷德里克（Frederic）	1979	3	2 300
欧内斯托（Ernesto）	2006	0	500	奥珀尔（Opal）	1995	3	3 000
埃琳（Erin）	1998	2	700	弗兰（Fran）	1996	3	3 200
邦妮（Bonnie）	1998	2	720	伊莎贝尔（Isabel）	2003	2	3 370
丹妮（Diane）	1955	1	832	弗洛伊德（Floyd）	1999	2	4 500
莉莉（Lili）	2002	1	860	艾莉森（Allison）	2001	0	5 000
格洛丽亚（Gloria）	1985	3	900	珍妮（Jeanne）	2004	3	6 900
乔治斯（Georges）	1998	2	1 155	雨果（Hugo）	1989	4	7 000
埃琳娜（Elena）	1985	3	1 250	弗朗西丝（Frances）	2004	2	8 900
贝齐（Betsy）	1965	3	1 421	丽塔（Rita）	2005	3	11 300
卡米尔（Camille）	1969	5	1 421	查利（Charley）	2004	4	15 000
胡安（Juan）	1985	1	1 500	伊万（Ivan）	2004	4	15 000
鲍勃（Bob）	1991	2	1 500	威尔玛（Wilma）	2005	3	20 600
艾丽西亚（Alicia）	1983	3	2 000	安德鲁（Andrew）	1992	5	26 500
				卡特里娜（Katrina）	2005	3	81 000

案例讨论

案例2-1

在建造田纳西-汤比格比水道项目中的政治和预算策略

思考下列问题：

（1）项目支持者采用了什么样的预算策略？如果不是由联邦资助，改由密西西比州和亚拉巴马州来提供资金，这些策略是否依然有效？

（2）解释这一项目为什么可能成为互投赞成票策略的一部分。在项目完成的年代，提供资金（授权拨款）的法律可以在没有任何限额或控制的情况下被通过。在20世纪90年代，这一系统短暂改变，对国会在一年中允许使用多少资金采取了严格的限额措施。这种控制是如何改变项目互投赞成票的能力的？

（3）解释立法程序中政治权力结构对项目的成功有何贡献。

（4）你认为田纳西-汤比格比水道项目是否出色地运用了公共资金？说明你的理由。如果你居住在水道经过的密西西比-亚拉巴马地区或者国家中的其他地方，你的评价是否会不同？

地理

密西西比河提供了一条天然的水路——在沿途的水闸和其他政府支持的帮助下——从美国的中部延伸至新奥尔良的墨西哥湾。然而，在两百年间，有些人梦想着在更远的东部开掘一条捷径——连接田纳西河和汤比格比河，直到亚拉巴马州的莫比尔湾，这是一条北部工业城市通往海洋的近道，并可以为水路经过的那些长期受失业问题困扰的地区提供改进措施。在法国殖民时期，莫比尔的领导者们建议开凿一条连接田纳西的运河和纤道，但是法国国王认为这样太过浪费。在 19 世纪 70 年代，这一开凿运河的想法再度浮现，人们希望在汤比格比河上全年通航成为可能，此后不再受桑巴尔河在低水位季节阻碍通航情况的困扰。完整的航道将为船只提供捷径，使其从路易斯维尔、辛辛那提、匹兹堡和更远的地方始发的船只能从俄亥俄河道系统通过。这一旅途将会缩短，国家经济也将得以促进，成百上千的新工作岗位将由此产生。

国会

美国国会在 1946 年授权了该项目，但是这条 234 英里长的航道建设直到 1972 年才开始*。航道在 1985 年开始通航，从田纳西河横穿北部蒂肖明戈县的黄溪港延伸到连接汤比格比河的迪莫波利斯水闸，而汤比格比河注入亚拉巴马州的莫比尔湾。对于任何从东面前往墨西哥湾的船只而言，亚拉巴马州和密西西比州拥有 10 个水闸、大坝和 10 个人造湖的水路系统，将此行程缩短了 235 英里。该项目——比巴拿马运河长 5 倍——是美国陆军工兵部队这一联邦政府主要的公共建设机构有史以来完成的最大的建筑工程。

田纳西-汤比格比航道项目在美国国会中有着强有力的支持者。该项目是 19 世纪 70 年代和 80 年代之间，国会中在公共建设项目上具有统治地位的南部政治家们的伟大计划。当该项目处于商定和建设阶段时，拨款委员会——批准所有联邦拨款的国会拨款委员会——的主席是密西西比的杰米·惠顿，他作为国会成员，代表了航道流经的密西西比东北部地区。惠顿主席说："物有所属，你在国会中取得了最想要的地位。这并不意味着你能够主宰（拨款委员会），而只能说明你有了率先发言的权利。"**国会能源与水利拨款小组委员会（经办所有水利发展项目）的主席是亚拉巴马州的汤姆·贝维尔。然而，即便是这两人也并未在政治上完全隔离。1981 年，当国会威胁要停止资助时，航道中安装了探照灯，以便开挖工作能够彻夜进行，这使得项目临近尾声，因此其支持者能够力争，如果停止运河开凿，将对公共资金造成严重浪费。

数字

基于 16 亿美元的初期建筑成本和在航道 50 年使用寿命内必需的 2.5 亿美元维护费用，在 20 世纪 70 年代后期，美国陆军工兵部队预测该项目成本收益率为 1.2∶1。根据这一预测，美国陆军工兵部队遵循 1974 年的《水资源发展法案》的要求，采用了 3.25% 的贴现率，即联邦借款的比率。预期税源的税率为 6.625% 左右，由此成本收益率可以降到 0.64∶1。与最初拨款预测的 3.23 亿美元（在获得授权之前，项目只有 1.17 亿美元资金支持）相比，航道的建筑成本最终定格在 19.92 亿美元。如今航道每年的维护费用在 2 200 万美元左右。

运营

在航道建设过程中，对于其他部分慷慨程度的质疑被证明是准确的。美国陆军工兵部队预测在第一年的运营过程中，航道的货物运输总量将达到 2 730 万吨，最终达到 4 000 万吨。然而，实际运输量却远不及此。1993 年，该航道运输了 760 万吨货物；1988 年，一场旱灾使得在密西西比河上通行变得困难，只有 1 000 万吨运输量。通常情况下，船只更愿意选择通过通畅的密西西比河到达西部，所以很少有新兴的工厂在航道两侧涌现。在航道内运输的最主要的产品是木制品（尤其是木片）和圆木

（占到一半的运输量），其次是煤。这些物品的价值都不高，而且对时效要求不严格，否则更高速的运输将是至关重要的。实际上，田纳西-汤比格比航道中的运输成本要高于在密西西比河中通行，因为航道中有很多闸门和窄道①。

    * 在联邦预算程序中，公共基础设施花费首先需要被授权（或作为政府政策通过），然后再进行拨款（提供资金，通常对负责该项目的机构而言有一年的等待期）。授权程序与预算和资助无关，所以相当多的基础建设项目得到授权却并未建设。

    ** David Rogers，"Rivaling Cleopatra, A Porks-Barrel King Sails the Tenn-Tom," *Wall Street Journal*，May 31，1985，1.

案例 2 - 1　田纳西-汤比格比水道示意图

    资料来源：S. Chang and P. R. Forbus，"Teen-Tom Versus the Mississippi River," Transportation Journal 25（Summer 1986）. Copyright © Tennessee-Tombigbee Waterway Development Authority Reprinted with permission.

---

    ① S. Chang and P. R Forbus，"Tenn-Tom Versus the Mississippi River," *Transportation Journal*，25（Summer 1986）：47－54.

第 3 章

联邦政府的预算结构与制度

　　不管制定预算的主体是谁——政府、企业还是非营利组织，预算的功能都是一样的：决策、管理和控制。但这些预算主体的特定制度和结构则呈现出许多个性化特征，这有时是因为制度的使命、规模、机会等方面确实存在一些差异，有时仅仅是因为制度的历史使然（"我们现在之所以这样行事，是因为我们一贯如此"）。此外，制度和惯例随着管理层的变化而演变——新上任的总统、州长或者立法长官如果希望行事方式有所改变，那么组织的进程则会随之转变。因此，尽管细节有所改变，但组织进程的目标和期望不曾变化。在本章中，我们将考察联邦政府支出所提供的服务种类，以及联邦政府的预算结构与制度，如何计划、实行和控制联邦政府的支出。

　　如前所述，预算就是一个财务计划。然而，政府预算反映的抉择远远超出了财务的范围。一份国会机构的报告说明了这一点："预算不仅是关于联邦政府收入和支出的财务会计报告，也是为了实现国家目标而制定的资源配置计划——这种资源配置，可能是在公共部门与私人部门之间，也可能是在公共部门内部进行的。"[1] 即使是在市场经济中，预算也代表了基本的国民经济计划——公共部门和私人部门对于国家资源的特定配置。它确实代表了一种计划：第一，是在公共部门和私人部门之间进行资源分配；第二，是在政府公共活动中进行资源分配。尽管预算涵盖了政府近期活动的报告，但其存在的意义却在于为不久的将来的活动提供一个计划。联邦活动执行计划就是即将到来的财政年度的总统预算，需要在日历年度的年初递交上去。联邦行动的立法计划是国会预算法案，应该在日历年度的稍晚一些时候递

---

① Congressional Budget Office, *An Analysis of the Administration's Health Proposal* (Washington, D.C.: U. S. Government Printing Office, 1994), 41.

交。然而，事实上，这两种预算都不能为政府服务提供资源。直到国会通过立法使支出得到授权后经过总统签署成为法律，预算才可以真正地为政府提供资源，这需要更久的时间才能实现。

3.1 联邦支出

首要任务是理解联邦政府支出都提供了什么服务？表 3-1 提供了从 1960 年至 2011 年部分财政年度主要联邦支出用途的数据。其中 2/3 的支出都是人力资源方面的支出，包括收入补贴、健康保障、给予老年人和残疾人的补助、教育和培训等支出。社会保障（给予老年人、未亡配偶、子女以及残疾人的收入补助项目）是数额最大的一类支出，占全部支出的比重超过 20%。这些人力资源方面的支出，大部分是通过法定公式来决定谁有资格获得，以及获得数额有多少等。自 1970 年以来，这一类别中的大部分支出的增长速度，已经超过了总支出的平均增长速度，而且将有望（或恐怕）在未来继续保持这样快速的增长态势。

国防支出曾经一度占据了联邦政府支出中的绝大部分，这并不意味着现在国防已经不再重要。1961 年是国防支出在联邦支出中的占比达到甚至超过一半的最后一年。在 1942 年至 1946 年间，国防支出的占比曾经超过 70%，其中，在 1945 年达到最高值 89.5%。鉴于第二次世界大战的消耗（以及重要性），这种情况并不令人惊讶。国防支出占比长期下降的趋势在 1981 年至 1987 年间有所转变。许多人认为，这次增长是为了迫使苏联做出回应，这导致了苏联的解体和冷战的结束。同时，这次国防支出的增长使美国不费一枪一弹最终赢得了战争，这无疑是赢得战争的最佳途径，成为 21 世纪不可复制的记录。在 21 世纪的头几年里，由于伊拉克战争和阿富汗战争的支出，国防支出的比重又迎来了另一次增长①。所幸，这次增长的份额仍远低于 20 世纪 60 年代和 70 年代的份额，并且将远低于当时的高水平支出。实际上，这几年国防支出的份额甚至未能达到 1990 年的水平，更不能与第二次世界大战期间的巨大份额相比了。比起以前较高的国防支出，这是我们生活更安全的标识，而不是忽视国防导致生活会更不安全的征兆。在缺乏军事超级大国的前提下，真正的问题是我们可能要比适宜的支出水平花费得更多。

其他功能性支出在联邦政府支出总额中的占比就更小了。司法管理（法律执行和劳教）支出的增长率特别高，但目前的份额仍然很小。卫生和医疗保健支出（联邦政府为老年人所提供的保健项目）的增长速度一直都很快，在联邦支出总额中的比重也在不断提高。包括基础设施和联邦政府的资本性证券支出在内的实物资源支出所占的份额很小，增长速度也没有总支出增长那么快。许多人认为，对于人民生活水平的提高来说，公共基础设施投资的增长是至关重要的；但实际的支出状况表明，实物资源增长的速度其实非常缓慢。用于其他功能的支出份额相对较小，增长速度也比较缓慢；其增长速度往往要慢于人口增长和通货膨胀共同作用的结果。

---

① 国土安全部的花费不包括在联邦预算的国防支出中。在预算支出分类中，该部分的花费被归类为交通、救灾和保险以及执法职能，不属于国防。国土安全部的战略计划声称"部门的建立是为了保护我们的国家，抵御那些试图破坏美国生活方式的人"，但这样的职能描述与预算支出分类似乎不太一致。

表 3 – 1　按功能分类的联邦支出（1960—2011 财政年度）

功能	1960 百万美元	1960 占比(%)	1972 百万美元	1972 占比(%)	1980 百万美元	1980 占比(%)	1990 百万美元	1990 占比(%)	2000 百万美元	2000 占比(%)	2010 百万美元	2010 占比(%)	2011 百万美元	2011 占比(%)	1960 以来的年年均增长率(%)
国防	48 130	52.2	81 692	41.8	133 995	22.7	299 321	23.9	294 363	16.5	693 586	20.1	705 625	19.6	5.4
人力资源	26 184	28.4	75 349	38.5	313 374	53.0	619 297	49.4	1 115 517	62.4	2 385 731	69.0	2 414 733	67.0	9.3
教育、培训、雇佣和社会服务	968	1.0	8 634	4.4	31 843	5.4	37 171	3.0	53 764	3.0	127 710	3.7	101 233	2.8	9.5
卫生	795	0.9	5 907	3.0	23 169	3.9	57 699	4.6	154 504	8.6	369 054	10.7	372 500	10.3	12.8
医疗保健			6 213	3.2	32 090	5.4	98 102	7.8	197 113	11.0	451 636	13.1	485 653	13.5	11.2
收入保障	7 378	8.0	15 555	8.0	86 557	14.6	148 668	11.9	253 724	14.2	622 210	18.0	597 352	16.6	9.0
社会保障	11 602	12.6	30 270	15.5	118 547	20.1	248 623	19.8	409 423	22.9	706 737	20.4	730 811	20.3	8.5
退伍军人福利及服务	5 441	5.9	8 369	4.4	21 169	3.6	29 034	2.3	46 989	2.6	108 384	3.1	127 189	3.5	6.4
实物资源	7 991	8.7	15 574	8.0	65 985	11.2	126 011	10.1	84 925	4.7	88 753	2.6	161 850	4.5	6.1
能源	464	0.5	997	0.5	10 156	1.7	3 341	0.3	-761	-0.0	11 613	0.3	12 174	0.3	6.6
自然资源和环境	1 559	1.7	3 065	1.6	13 858	2.3	17 055	1.4	25 003	1.4	43 662	1.3	45 470	1.3	6.8
商业和住房信贷	1 618	1.8	2 212	1.1	9 390	1.6	67 599	5.4	3 207	0.2	-82 298	-2.4	-12 575	-0.3	6.3
交通运输	4 126	4.5	7 608	3.6	21 329	3.6	29 485	2.4	46 853	2.6	91 972	2.7	92 965	2.6	9.6
社区和地区发展	224	0.2	2 592	1.2	11 252	1.9	8 531	0.7	10 623	0.6	23 804	0.7	23 816	0.7	7.1
净利息	6 947	7.5	14 380	7.3	52 533	8.9	184 347	14.7	222 949	12.5	196 194	5.7	229 968	6.4	7.1
其他功能	7 760	8.4	17 286	8.8	44 996	7.6	60 634	4.8	113 777	6.4	174 065	5.0	177 374	4.9	6.3
国际事务	2 988	3.2	4 330	2.2	12 714	2.2	13 758	1.1	17 213	1.0	45 195	1.3	45 685	1.3	5.5
一般科学、太空、科技术	599	0.6	4 511	2.3	5 831	1.0	14 426	1.2	18 594	1.0	30 098	0.9	29 466	0.8	7.9
农业	2 623	2.8	5 166	2.6	8 774	1.5	11 804	0.9	36 458	2.0	21 356	0.6	20 661	0.6	4.1
司法管理	366	0.4	959	0.5	4 702	0.8	10 185	0.8	28 499	1.6	54 385	1.6	56 055	1.6	10.4
一般政府管理	1 184	1.3	2 320	1.2	12 975	2.2	10 460	0.8	13 013	0.7	23 031	0.7	25 507	0.7	6.2
未分配的冲抵收入	-4 820	-5.2	-8 632	-4.4	-19 942	-3.4	-36 615	-2.9	-42 581	-2.4	-82 116	-2.4	-86 494	-2.4	5.8
联邦总支出	92 191		195 649		590 941		1 252 993		1 788 950		3 456 213		3 603 061		7.5

注：医疗保健增长率始于 1970 年。

资料来源：Office of Management and Budget, *Budget of the Government of the United States, Fiscal Year 2013, Historical Tables* (Washington, D. C.: U. S. Government Printing Office, 2012).

若想改变增长的趋势并非不可能，但正如渐进主义者所提醒的那样，这项任务非常艰巨。支出方向大幅变化的特例就是过去 40 年间国防支出的变化。当环境发生变化时，不管增长的惯性怎样，支出份额都会发生巨大变化。实际上，我们沉浸在冷战胜利的喜悦中，甚至在苏联 1991 年解体前就开始重新分配国防支出减少所释放的资源。其实，即使不关注外部环境的改变，预算也不可能每年都相同。

　　一些人把联邦政府比喻为一个负债累累而又全副武装的保险公司。这是因为：从 2011 年的支出数据来看，约 20％的联邦政府总支出用于国防，约 20％用于社会保障，约 20％用于联邦医疗保险（针对老年人的医疗保险）和公共医疗补助（针对低收入群体的医疗项目），3.5％用于退伍军人福利，17％用于收入保障（联邦退休计划、失业救济金等），还有 6.4％用于净利息支出。此外，剩下的支出就不多了。社会保障、医疗保险、医疗补助以及净利息支出，都是根据公式自动进行支出的，并处于年度预算过程之外，这使得对联邦开支的控制和约束成为一个更大的挑战。

3.2　财政控制和联邦预算结构[①]

　　预算程序首先是规范财政纪律的工具。过去一个世纪的实践证明，联邦政府维持财政收支平衡的能力不足。支出决定是通过政治过程进行决策的，政治过程受制于一系列法律，这种设计的初衷是确保决策能够经过公开审议，把资源配置到最需要的领域，确保问责和预防腐败的机制，并为财政控制提供一种机制。预算程序是公共支出管理的重要组成部分。联邦预算程序的实践、时间选择和制度，都是法律和传统共同作用的结果。联邦制度在过去一个世纪中所发生的变化，是为了从法律角度来应对与财政控制结构有关的问题。控制赤字往往是问题所在，这意味着支出超过（有时会远远超过）收入的情况较多，并且，人们认为消除（或者至少是控制）赤字对于经济发展来说至关重要。图 3-1 利用美国政府预算的历史数据，展现了自 1990 年以来政府部门入不敷出的状况。尽管财政赤字从来没有大到威胁政府弥补赤字能力的地步，但会周期性地影响发展趋势。第二次世界大战时期经常以战时债券筹募的方式进行筹资，鼓励人们基于爱国情怀来购买债券，这不一定是良好的私人投资组合管理（prioate portfolio management），但其他时候并不需要为填补赤字去努力地出售债券[②]。读者可以发现，财政赤字规模在大战期间（第一次、第二次世界大战）和经济大幅下滑（经济大萧条和经济大衰退[③]）期间膨胀，这是可以理解的，但是，并不能为 1970 年到 20 世纪 90 年代中期这一段时间的财政赤字找到合理的理由。正如你所看到的一样，最近以来大约 40％的财政支出

[①]　参见：Office of Management and Budget, *Budget System and Concepts*, *Fiscal Year* (Washington, D. C.：U. S. Government Printing Office)，这是每年都要进行修订的一份文件，每年都对当年编制总统预算所使用的制度、程序、法律要求和概念进行解释。可以通过管理和预算办公室的网站（www. whitehouse. gov/omb/）获得这方面的资料。

[②]　1789—1849 年共有 6.4％的盈余，1850—1900 年共有 6.4％的赤字。个别年份的数据难以得到。

[③]　1922—1933 年的经济危机，称为经济大萧条（the Great Depression），始于 2008 年的全球金融危机，称为经济大衰退（the Great Recession）。——译者注

来自借款，这并不是一种可以长期使用的发展模式。通过近些年的发展，目前的预算结构为控制财政赤字提供了一个方法，然而，令人失望的是，在大部分时间里，这一预算结构并没有起到应有的作用（见图3-1）。

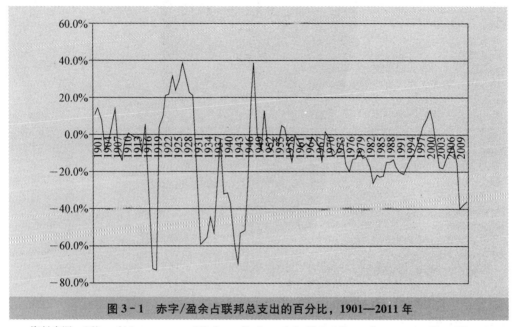

图 3-1　赤字/盈余占联邦总支出的百分比，1901—2011 年

资料来源：Office of Management and Budget，*Budget of the United States Government*，*Fiscal Year 2013*，*Historical Tables* (Washington，D. C.：U. S. Government Printing Office，2012).

作为基本的联邦法，美国《宪法》授予国会"财权"（power of the purse），但对财政过程只提供了有限的指令："除了依照法律的规定拨款之外，不得自国库中提出任何款项；一切公款收支的报告和账目，应经常公布。"（第一条第九款）。这就要求国会在进行公共支出之前进行拨款授权，并且需要定期公布政府的财务报告。但这并没有提供任何预算框架。在当时的模式下，政府机构能够直接将其拨款方案送达国会，而不需要核心行政部门进行协调，并且当其资金用尽后又可以再行申请拨款。第一次世界大战时期的这种资金供应方式带来了较大的财政赤字，同时引发了对于建立真正意义上的预算程序的考量。随着国会开始担心战争所花费的金钱，以及由此产生的用来支持开支的借贷金额过高，第一个联邦债务上限在第一次世界大战时期出现了。因为缺乏预算体系对债务进行控制，债务上限起到了一定的替代作用。在预算体系建立之后，即使其作用已经过时，但依然保留了法定的债务上限①。现有的预算结构是立

———————

① 参见：D. Andrew Austin，*The Debt Limit*：*History and Recent Increase*，CRS Report for Congress，Order Code RL 31967 (Washington，D. C.：Congressional Research Service，2008). 它对债务上限进行了全面的回顾。几十年来，联邦政府在债务的法定限额下运作，因此当达到上限时，赤字的产生也受到了限制。回顾历史，由于债务上限不断提高，这些法律甚少发挥作用。支出的拨款法案已经通过，义务也已经产生，所以唯一的问题就是等待资金来填补已经发生的支出。如果有必要，只要还未达到债务上限，就可以轻易地通过举借新债筹集现金。没有人怀疑联邦政府的偿债能力，也没有人怀疑联邦政府的举债能力。然而，2011年夏天，众议院的一些成员选择延期通过提高法定债务上限的法案，而只有这一法案得到通过，联邦政府才能为已经产生的购买活动付款。虽然提高债务上限的法案最终被通过，但依旧引起了公众对政府偿债意愿的巨大担心，并且，一家评级机构将联邦政府的信用评级从最高级降下来，而联邦政府过去的信用评级一直以来都是最高的。

法行动纲领的结果，第一个预算结构形成于第一次世界大战之后不久①。表3-2总结了后面将会讨论的一些法律。

表3-2　　　　　　　　　　　建立联邦预算程序的主要法案之要点

1921年的《预算与会计法案》（第67届国会；第一次会议，第18章，第47条，第20款）
财政年度从每年的7月1日到次年的6月30日 补充性拨款 预算局（现为管理和预算办公室） 国家审计总署（现为政府问责署，GAO） 总统预算咨文（在会议的第一天） 政府机构的间接拨款申请
1974年的《国会预算和扣押控制法案》（公法93-344号）
财政年度从每年的10月1日到次年的9月30日 国会预算办公室 众议院和参议员预算委员会 由总统做关于当前服务的预算陈述（如果没有政策调整，将来的预算水平即为如此这般） 国会预算决议（第一和第二次） 总统预算中的功能分类 税式支出分析 不是扣押，而是废除或推迟
1985年的《预算平衡和紧急情况赤字控制法案》（公法99-177号）
规定赤字目标 为实现目标而按公式扣押 前期总统预算咨文（1月3日之后的第一个星期一） 不得出现第二次国会预算决议
1990年的《预算实施法案》（公法101-508号，第8条）
强制性和可选择性支出种类 控制PAYGO*所要求的强制性支出的种类和收入条款 对可选择性支出的控制 总统对扣减**上限的调整 包含在支出控制中的补偿性拨款，支出控制不包括战争和突发事件
2010年的《法定Pay-As-You-Go机制法案》（公法111--139号）
规定税收、收费或者强制性支出的立法改变，在同一年度内的加总，不能提高预计的赤字水平 扣减适用于某些强制性方案，但不适用于社会保险（大部分医疗保险支付、农产品价格扶持、职业康复国家拨款等）、大部分的失业福利、退伍军人福利、债务利息、联邦退休以及低收入津贴 在国会会期结束后，管理和预算办公室判断是否存在违规，如若需要，总统要下达必要的扣押令（在2011年度报告中并无此项）

---

　　① 下面是更详细的情况：（1）1990年的《联邦信用改革法案》（BEA90的一部分）规定，对直接贷款和借款担保的预算处理，不能单纯以现金为基础，而要以借款和政府担保的长期成本的现值估计（参见本书第7章）为基础。（2）*The Report of the President's Commission on Budget Concepts*（Washington, D. C.：GPO, 1967）. 这个报告虽然没有法律意义上的地位，但却是关于联邦预算会计的唯一授权性文件。（3）1990年的《首席财务官法案》需要经过审计的政府声明和更大的财政管理权。（4）1993年的《政府绩效与结果法案》需要政府机构研究战略计划，评估绩效，并且将预算与绩效提升计划结合起来。《反超支法案》（编在Chapters 13 and 15 of Title 31, United states Code）中有关于预算执行规则和程序的规定。有关总统预算和信息提交程序的内容，包含在Chapter 11, Title 31, United States Code中。

续前表

2011 年的《预算控制法案》（公法 112-25 号）
建立起了严格的自由裁量开支的上限，有效期至 2021 年
要求国会就《平衡预算修正案》进行表决
成立国会联合委员会削减赤字，提议 10 年内至少将 1.5 万亿美元用于累计预算赤字储蓄（注：该委员会没有按期完成提议）
被削减部分将被平均分到国防预算功能和其他预算功能
分三个阶段来建立预算上限

* "PAYGO" 即 "Pay-As-You-Go"，即当某项法律增加某预算年度及其后 4 年的赤字或减少盈余，那么就必须同时制定另一项法律相应减少或增加受影响各年的支出或收入。——译者注
** 有关法律确定的削减支出的程序，称为"支出扣减"。——译者注

1921 年的《预算与会计法案》（第 67 届国会，第一次会议，第 18 章，第 47 条，第 20 款）。 1921 年的法案，建立起了总统预算的要求（在此之前没有通常意义上的联邦预算）和预算执行所需的机构。该法案的主要内容包括以下条款：

a. 法案要求总统在立法会议一开始就提交预算咨文。对于所有的联邦机构来说，这是一个正规化和统一化的方案，这样一来，各个具体的行政机构就不能绕过总统直接向国会提交预算申请。在 1921 年的法案之前，政府部门和机构分别制定拨款申请，这些单独递交的预算申请被汇总在一个未经协调的"估算书"（book of estimates）中，再提交国会进行审议。这个过程关注拨款，其作用是确保只有符合宪法要求的活动才可以进行开支。

b. 法案成立了预算局（最初在财政部内，1939 年成立了总统行政办公室，后来在 1970 年成立了预算和管理办公室）辅助总统准备预算。总统直接任命管理和预算办公室的负责人。不管是政治上还是专业上的任命，被任命的全体员工都要执行总统的政策[1]。在总统提供的指导方针下，管理和预算办公室根据机构的诉求来确定行政预算方案。管理和预算办公室通常要对各机构最初的预算申请进行削减；在将预算提交国会之前，管理和预算办公室的内部管理程序会对关于削减的不同意见进行审议。拨款之后，管理和预算办公室还会对支出流程进行监督，以确保政府机构的实际支出没有超过拨款限额[2]。

c. 法案为国会和美国公众创建了国家审计总署，以保证联邦政府之部委和机构按照国会的要求开展财政活动。国家审计总署主管联邦政府的部委和政府机构的会计活动，对国会和美国公众而言，该机构主要扮演"看门人"的角色[3]。作为联邦政府的外部审计机关，它不仅对行政机构的会计活动进行监管，更多的工作在于

---

[1] 其他国家也有中央预算机构。有研究提供了包括 OMB 在内的此类机构的跨国比较考察：John Wanna, Lotte Jensen, and Jouke de Vries, eds, *Controlling Public Expenditure：The Changing Roles of Central Budget Agencies——Better Guardians?* (Northampton, Mass：Edward Elgar, 2003).

[2] 对政府机构比较全面的研究，可以参见：Percival Flack Brundage, *The Bureau of the Budget* (New York：Praeger, 1970); Larry Berman, *The Office of Management and Budget and the Presidency*, 1921—1979 (Princeton, N. J.：Princeton University Press, 1979). 布伦戴奇（Brundage）先前在一家全国性的会计公司工作，后来成为艾森豪威尔总统的预算主任。

[3] 在 2004 年的《审计总署人力资源改革法案》（公法 108-271 号）中，审计总署被改称为政府绩效问责署。随着名字的改变，人事工作的灵活性也随之加强。

通过审计来提高政府的效能。事实上，很多具体的审计活动都是在得到国家审计总署的授权后，由政府行政机构内部的审计人员自己进行的。国家审计总署的长官，即总审计长，由总统提名并报参议院审批，单个任期为 15 年，而总审计长的职位在任期内几乎不可动摇①。当前国家审计总署的工作重点是，应国会某位议员或委员会的要求，对政府项目进行评估。对于作为行政分支的执行机构来说，这种审计和评估活动是外部性的，其报告面向国会和美国公民。

d. 法案规定财政年度从每年的 7 月 1 日到次年的 6 月 30 日，还提供了一个补充性拨款的程序，当政府机构面临在新的财政年度到来前，就花光了财政拨款的危机时，新的拨款法会赋予其新的支出权力。

1974 年的《国会预算和扣押控制法案》（公法 93-344 号）。 1921 年的法案让美国顺利度过了 20 世纪"喧嚣的 20 年代"（Roaring 1920s）、大萧条以及第二次世界大战，在此之后，财政状况逐渐稳定下来。然而，在 20 世纪 70 年代初期，随着越南战争的开始、"水门事件"以及国会与尼克松总统的矛盾冲突，公众对政府的信任开始下降。很多国会成员表示，他们没有从管理和预算办公室收到任何可靠的财政信息，财政赤字开始脱离控制，国会需要自己制订一套预算计划，而不是简单地根据总统提案进行拨款，因为总统有时会有选择地运用其扣押权（一种不使用划拨的全部款项的权利，总统一直使用该权利进行财政管理）惩罚他的敌人，因此预算无法包含责任审查所有必要的数据，并且，在总统提交预算申请和新的财政年度开始之间，国会需要更多的时间对其进行审议。1974 年的法案在尼克松总统辞职前三周才被签署为法律，开始致力于纠正这些缺陷。该法案的规定包括以下条款：

a. 法案建立了国会预算规程。

b. 法案要求国会通过一项预算决议，这是该法案所创设的众议院和参议院预算委员会的成果，4 月提交收入、支出和该预算年度的赤字控制额度，8 月对这些控制额度进行修改，形成第二个预算决议（1985 年去除了第二个决议）。另一个国会机构——国会预算办公室，依据 1974 年的法案建立，旨在为国会配备与管理和预算办公室具有同样专业水平的人员。在国会预算办公室建立之前，国会和总统之间存在着明显的不平衡：总统拥有长期性的专业预算人员，他们能力突出，对预算机制和内容的来龙去脉都较为了解；而国会虽有拨款委员会的工作人员，但这些人员中无人对预算具有全面的了解。国会预算办公室拥有长期性的、超党派的专业人员为国会提供以下三方面的基本服务：协助编制预算计划（包括宏观经济预测、基线预算筹划、削减赤字的方案选择、分析总统预算）、协助执行预算（对提案的成本进行估测，对影响预算的提案和支出扣减报告进行记录或保持经常性的列表跟踪），并且协助对预算和经济政策中的议题进行审议②。国会预算办公室还会对其他机构提供支持，包括：第一，国会的预算委员会（the con-

---

① 主要有两个研究对国家审计总署进行了详细的考察：*The GAO: The Quest for Accountability in American Government* (Boudler, Colo.：Westview Press, 1979)，其中弗雷德里克·莫舍回顾了国家审计总署截至 20 世纪 70 年代末的发展情况；Erasmus H. Kolman, ed., *Cases in Accountability: The Work of the GAO* (Boudler, Colo.：Westview Press, 1979) 中收集的几个案例，可以用来说明国家审计总署所从事的审计和评估的种类。

② Philip G. Joyce, *The Congressional Budget Office: Honest Numbers, Power, and Policymaking* (Washington, D.C.：Georgetown University Press, 2010).

gressional Budget Committees)；第二，其他财政委员会［包括拨款委员会、众议院赋税委员会（House Ways and Means Committee）和参议院财政委员会（Senate Finance Committee）］；第三，其他委员会和国会成员。

　　c. 法案将财政年度开始的时间改为每年的 10 月 1 日，以提供更多的审议时间，从而确保在新财政年度开始前通过拨款法案。

　　d. 法案要求总统提交"当前服务的预算"（current services budget），以表明在没有政策变动的情况下未来需要的预算水平。

　　e. 法案要求总统预算按照支出功能进行分类，除了传统的行政机构分类，还提供了税式支出分析，这是一份税收结构之财政成本的分析说明。（税收支出将会在后续的章节进行讨论。）

　　f. 法案取消了总统的资金扣押权，若总统想要取消或推迟对已拨款资金的使用，必须要得到国会的批准同意。（后续章节会提供更多细节内容。）

　　1974 年的《国会预算和扣押控制法案》被认为能触发更大的财政责任，因为国会需要针对当前宏观经济形势和收入状况批准赤字或盈余拨款，同时还要符合拨款法案的要求。那是预算决议（或是国会预算）的观点。支出的增加和税收的削减不能再随意地进行，这些变动都要在决议的最高限额中进行平衡。不过，就在这个法案通过之后不久，财政赤字却开始飞速地增长。

1985 年的《预算平衡和紧急情况赤字控制法案》或《格拉姆-林德曼-霍林斯法案》（公法 99-177 号，1987 年修正）。 尽管 1974 年的法案对财政系统做出了重要的改善，但图 3-1 清晰地说明它并没有实现联邦赤字的实质性改善。前两个法案通过改变程序来明确财政责任和原则，与之相比，1985 年的法案采取了更直接的方式。它降低了新财政年度的赤字目标，并建立了目标被突破后的自动赤字削减机制。最高违反数额制度最初由国家审计总署来制定，但基于宪法的规定，后来改由管理和预算办公室制定，通过扣押实现赤字削减目标，进而能平均分配军事支出和国内支出（不包括社会保障、医疗、债务利息和一些基于测算的反贫困项目）。赤字目标是法定的，如果在财政年度初期就能预测到赤字目标将被突破，并且法律上的变化不能纠正与目标之间的偏差，那么，在财政年度初期就启动扣押程序，通过公式进行支出削减，可以保证赤字水平在目标数额以内[①]。支出削减是根据使赤字恢复到目标水平所需要减少的总数额的百分比计算的，无须考虑优先权问题。如果一系列的赤字目标一一得到执行的话，美国可以在 1993 年实现财政平衡[②]。由于《格拉姆-林德曼-霍林斯法案》暴力并且盲目地削减支出，因此其在政治上令人反感，以至于国会需要非常谨慎以防止扣押。因此，国会选择废除扣押程序。具有扣押资格的 3 年是 1986 年（执行）、1988 年（撤销）和 1990 年（被 1990 年《预算实施法案》代替）。尽管"扣押"这一概念仍然存在

---

　　① 某些类别的支出是受到削减豁免的；剩下的支出在国内支出和国防支出之间进行分配，需要削减的资金数额也在各类支出之间进行分配。由于很多项目支出都是不能进行削减的，因此在剩余的支出项目中，削减的比例将会很大。赤字目标的突破是以收入和支出预测为基础的。随着扣押程序存在的时间变长，完全可以通过捏造预测结果来使支出避免受到扣押。

　　② 1985 年的版本规定，到 1991 年应当实现预算平衡，但这个时间目标在 1987 年的版本中向后做了顺延。最初的法案赋予总审计长支出扣押命令的执行权。在"总审计长鲍舍（Bowsher）诉国会议员迈克·西纳尔（Mike Synar）"案［478 U.S. 714（1986）］中，最高法院认定国会向总审计长的授权违背了宪法，因为宪法规定国会不能直接参与法律的实施。1987 年的法案对这一问题做了纠正，将这个任务分配给了管理和预算办公室这一行政机构。

于之后的赤字控制讨论中，但是 1985 年的法案很快成为财政控制上一个形同虚设的
规定。

1990 年的《预算实施法案》（公法 101-508 号，第 8 条）。1990 年的法案（BEA90）
历经两次修改，最终于 2002 年到期，该法案主要通过控制支出和税收（而非财政赤
字）创建了一种有效的赤字控制结构。它没有依靠控制预估赤字，但却控制了特定的
支出行为。这项法案的一些要素仍然继续影响着对预算的讨论，即使该法案已然
失效。

　　a. 1990 年的《预算实施法案》创造了两个联邦支出类别：强制性支出和可选
择性支出。二者的区别在于，可选择性支出需要通过国会拨款流程，而强制性支出
则通过法定公式计算，自动进行支出。大致来说，可选择性支出用于支持联邦政府
机构的运作，强制性支出用以维持社会保障、医疗和国债利息支付这些项目的支
出。这种分类方法目前仍在预算文件和讨论中使用。

　　b. 强制性支出和收入的规则受 PAYGO 机制的约束。一项规定若要使强制性
支出方案更加合理（例如，将失业补偿认定资格的周数从 39 周延长到 52 周），就
需要同时存在一条能够弥补成本的规定。税收减免引起的收入损失同样需要得到补
偿。因此，为了保持赤字中性，必须保持收支的不断变化。PAYGO 机制的要求意
味着收入减少或权利增加，必须通过收入增加或权利减少进行内部融资。

　　c. 可选择性支出受到严格的年度支出上限约束。来自拨款流程的支出水平，
在未来的几年中都会受到控制（每次法案的更新都会使其延长）。如果发生突破支
出上限的行为，则可以进行资金的查封扣押。

　　d. 补充性拨款也包含在支出控制结构之中。仅战争或者"紧急情况"除外，
这些情况下的支出增加可以不受支出上限的约束。

面对如此之多的责任调整和分解，一些观察者将 1990 年的《预算实施法案》看作
向"无差错预算"发展的开端①，但是直到 1998 年，拨款一直受到支出上限的约束。
在此之后，每年对原法定支出上限的调整开始允许支出的适当扩张。1993 年的《综合
预算调整法案》（the Omnibus Budget Reconciliation Act，公法 103-66 号）将支出的最
高限额提高到 1998 财政年度；同时，1997 年的《平衡预算法案》（the Balanced Budget
Act，公法 105-33 号，1997 年预算调整）继续使用最高限额，直至 2002 年②。2002 年
9 月，可选择性支出上限和 PAYGO 机制都已到期终止。自那之后，联邦赤字又开始突
飞猛涨。

2010 年的《强制 Pay-As-You-Go 机制法案》（公法 111-139 号）。2002 年之后，迅
速增加的赤字使得法律开始恢复以往对赤字的控制。2010 年的法案建立起了一项控制
规定，要求同一年内改变税收、收费或者强制性支出的立法，不能增加预计的赤字水
平。预算制度要求管理和预算办公室在国会会议上最后判定是否存在违规行为，如有违
规行为，总统就要下达必要的扣押令（在该法案下，至今还没有下达过扣押令）。扣押
适用于某些强制性支出项目（大部分医疗保险支付、农产品价格扶持、职业康复国家拨

---

① Richard Doyle and Jerry MacCaffery, "The Budget Enforcement Act of 1990: The Path to No Fault Budge-
ting," *Public Budgeting and Finance*, 11 (Spring 1991): 25-40.

② PAYGO 机制将会继续有效，但不再是一个强制性机制。其他法案会对高速公路和公共交通支出的上限（直
到 2003 年）与环境保护支出的上限（直到 2006 年）做出规定.

款等），但是不适用于社会保险、大部分的失业福利、退伍军人福利、债务利息、联邦退休以及低收入津贴。

2011 年的《预算控制法案》（公法 112−25 号）。 2011 年的法案源于当年夏天对于提高法定联邦债务上限的争论。该法案建立起了严格的可选择性支出上限，有效期至 2021 年，要求国会就《平衡预算修正案》进行表决（修正案最终未通过表决），并成立了**国会削减赤字联合委员会**，提议十年内将至少 1.5 万亿美元用于累计预算赤字的储蓄（该委员会没有按期完成提议，因此提议终止）。经历上述过程后，支出上限没有任何变化，因此预算过程的"顶线"（top line）的建立仍然需要一些时间。如果支出上限每年都被突破，则由管理和预算办公室开始执行全面扣押。被削减的支出将被平均分摊到国防预算功能和其他预算功能的支出类别中。非国防支出削减来自可选择性和一些强制性支出项目。然而，预算上限会被国会投票所推翻，正如扣押和支出上限已然成为如烟往事那样。

3.3 国会委员会

众多预算结构法案创建了预算框架，但国会的财政委员会负责制定赋予联邦政府支出能力的相关法律。尽管任何有关税收和支出的法律都需要通过国会全体众议员和参议员的批准，但是，制定预算法案的工作是由国会委员会（经常是这些委员会的子委员会）来完成。作用至关重要的委员会包括：若干授权委员会、根据 1974 年法案成立的预算委员会、众议院和参议院拨款委员会及其分支委员会（每个委员会负责一项拨款法案）、众议院赋税委员会、参议院财政委员会与联合税收委员会（the Joint Committee on Taxation）。众议院赋税委员会和参议院财政委员会负责制定医疗和社会保障支出的相关法律，并创建税制，因此具有非常重要的财政意义。这些委员会更详细的作用和已经被写入程序法的工作步骤，将在以后进行更为深入的讨论。

3.4 联邦预算周期的各个阶段

联邦政府的预算周期会涉及政府行政和立法部门的一系列活动。没有这两类部门的批准，政府就不能进行财政支出，同时预算周期还包括政府部门间的工作转移。

行政准备和提交阶段

行政准备和提交阶段大约始于财政年度开始之前的 18 个月①。总统为预算和财政政策制定总体的指导方针，然后管理和预算办公室就与联邦政府机构一起根据总统的指导方针编制政府机构的项目计划和预算申请。政府机构根据各自的程序，在管理和预算

---

① 美国联邦政府的财政年度从 10 月 1 日开始，但历史上并非都是如此。第一个联邦财政年度从 1789 年的 1 月 1 日开始。1842 年，国会将财政年度的开始日期更改为 7 月 1 日，1977 年更改为 10 月 1 日。

办公室的协调下提出预算申请①。管理和预算办公室负责收集各个政府机构对下一财政年度支出计划的预测数据，并且将各机构的预算申请汇总在一起。表 3 - 3 根据 A - 11号公告中管理和预算办公室发布的预算基本指南，列出了预算周期中的关键时间节点。所有预算请求的汇总结果需要和以下数据进行比较：总的计划目标、总统设定的政府支出上限、财政部的财政收入预测（来自税收分析局）以及经济咨询专家委员会（the Council of Economic Advisors）和联邦储备银行对经济的预测②。预测内容包括通货膨胀率、利率、失业率、GDP 增长率等经济指标，这些对于联邦预算来说极为重要，因为许多预算总额指标对于经济状况格外敏感。例如，由国会通过的法律所提供的支出，依据的是符合失业救济标准的失业人数；一些项目（最著名的就是社会保障）的支出与通货膨胀指数相关联。此外，联邦政府的财政收入对经济活动也特别敏感；鉴于联邦政府债务的数额巨大，联邦政府债务的利率将在很大程度上影响财政总支出。因此，对经济活动的预测可能会对预算的收支计划产生重大影响。

表 3 - 3　　　　　　　　　　　　　联邦预算程序中的主要事件

编制阶段的主要步骤	时间
针对未来的预算，管理和预算办公室向行政分支机构发布春季计划纲领。管理和预算办公室主任向各行政机构的领导发出信函，说明对机构预算申请的政策指导意见。如果没有特别说明，包括在前一年预算中的对未来年度的估测，可以作为下一期预算的始点。由此开始了制定预算的过程。总统将于下一年的 2 月提交该预算	春季
管理和预算办公室和行政分支机构对预算问题和预算选择进行讨论。管理和预算办公室要和行政分支机构一道： ● 指出未来预算中的主要问题 ● 准备和分析下一年秋季将要审议的问题 ● 制订分析问题的计划，以便将来做出决策	春季和夏季
管理和预算办公室向所有的联邦机构发布 A - 11 号简报。该简报要向联邦机构提供提交预算数据和材料的详细指导	7 月
行政分支机构（除了那些不需要接受审议的行政分支机构）提交初步预算	秋季
财政年度开始。在刚刚结束的预算周期中，这一年是"预算年度"；在当前的预算周期中，这一年是"当前年度"	10 月 1 日
管理和预算办公室开始进行秋季审议。管理和预算办公室的工作人员根据总统认为的优先顺序、项目绩效和预算限制，对机构的预算提案进行分析。这就向管理和预算办公室主任和其他制定决策的官员提出了问题、提供了选择	10 月—11 月
管理和预算办公室就建议中的预算政策向总统及其他高级官员进行汇报。在管理和预算办公室审议完成全部的机构预算申请并全面考察预算政策后，管理和预算办公室主任会向总统提出一套完整的预算建议	11 月晚些时候

———————————

① 国防部是联邦政府财政中非常重要的一个部门，在编制该部门的预算时，管理和预算办公室直接和该部门一起工作，因此在国防部的预算提案提交审查之前，管理和预算办公室已经参与其中了，这种运作方式不适用于其他政府部门。

② 经济咨询专家委员会是总统行政办公室的一部分，会针对宏观经济状况和微观经济问题的总体财政政策提供建议。委员会编写的《总统经济报告》是重要的信息来源，也是关于政策研究的重要文件。联邦储备银行是美国的中央银行。

续前表

编制阶段的主要步骤	时间
"反馈"：预算委员会通常会将对全体行政分支机构预算申请的决定通知它们	11 月晚期
所有的政府机构都输入 MAX 计算机数据系统，并提交打印材料和其他数据。这个过程从"反馈阶段"结束之后就立即开始，直至管理和预算办公室不得不将机构数据"锁定"在系统之外，以满足最终打印期限的要求	11 月晚期到 1 月早期
行政分支机构可能会向管理和预算办公室与总统进行申诉。有些行政机构的领导可能会要求管理和预算办公室取消某项决定或者对这项决定进行修订。在多数情况下，管理和预算办公室和该机构的领导可以解决这些问题；否则，就须提交总统决策	12 月
政府机构向国会准备预算辩护材料，由管理和预算办公室来进行审议。政府机构准备预算辩护材料，来向负责的国会小组委员会解释自己的预算申请	1 月
总统向国会提交预算	2 月的第一个星期一

国会审议阶段的主要步骤	时间
国会预算办公室向预算委员会报告经济和预算展望	1 月
国会预算办公室根据自己的经济和技术假设，对总统预算进行重新估测	2 月
其他委员会向众议院和参议院的预算委员会提交"估测意见"。预算委员会就其所负责的预算事项表明倾向性意见	移交预算的 6 周内
国会完成对预算共同决议的立法过程。国会以通过预算决议的方式，使自身对广义的财政收支负责	4 月 15 日
国会需要完成对下一财政年度拨款提案的立法过程。国会或者完成对经常性拨款议案的立法过程，或者提供一个"维续决议"［补缺性拨款法律（a stop-gap appropriation law)]	9 月 30 日

执行阶段的主要步骤	时间
财政年度开始	10 月 1 日
管理和预算办公室拨付预算过程所需资金。在 8 月 21 日之前，或者拨款批准后的 10 天之内，取二者中的较晚者，政府机构向管理和预算办公室提交对每个预算账户的拨款申请。管理和预算办公室或者批准这些预算申请，或者对其进行修改。经过管理和预算办公室处理之后的拨款申请，会详细规定政府机构在一定时期内既定的计划、项目或者活动中可以使用的资金数额	9 月 10 日（或者批准支出议案之后的 30 天内）
政府机构为了执行有资金支持的计划、项目和活动，会借入债务并进行支出。为了执行自己的计划、项目和活动，政府机构会雇用人员、签订合同和补助协议等	财政年度全年
财政年度结束	9 月 30 日
终止阶段［无年限基金（no-year funds）没有终止阶段］。政府机构在允许的时间段内，通过支出并调整债务余额来反映实际的债务情况	直到拨款终止后第 5 年的 9 月 30 日
政府机构持续记录债务和追踪支出情况，通过行政管理控制资金进程，向财政部报告，并且准备财务报告	

资料来源：Executive Office of the President，Office of Management and Budget，*Preparation*，*Submission*，*and Execution of the Budget*，Circular No. A-11（Washington，D. C.：Office of Management and Budget，2011).

"预算基线"体现为对现行法律可能导致的收入、支出和赤字的预测值，可以为预算程序提供重要的信息，如警示未来可能发生的问题、为当前的预算规划确定起点、提供一种"政策中立"（policy-neutral）的指标，以便与总统的建议及其他预算建议进行比较①，即使没有这些复杂情况，经济运行也可能会修正这些数据。许多政策的讨论已将预算基线作为提案比较的基准。现实中也确实如此，当国会讨论了几年预算削减后，那几乎意味着正在考虑削减未来的一些预算基线（是在特定的前瞻性假设下，对现有的预算基线的调整，并且不同的假设会形成不同的预算基线），而非相对于目前实际开支水平的支出削减。

基于政府机构与管理和预算办公室预算准备工作中的讨论，政府机构的官员在秋季提交预算申请，以供管理和预算办公室审议。大多数分歧可以在管理和预算办公室与政府机构的协调下解决，但是另一些仍然需要总统来最终定夺。最终文件——总统预算咨文——的提交，不得晚于次年2月的第一个星期一（在总统换届时，可以不遵循这一递交日期，因为总统就职与2月提交之间的时间过短）。这个文件表明了总统的未来财政年度项目计划，以及对落实这些计划所需的资金申请。这意味着，对于始于2013年10月1日（2014财政年度）的财政年度，其预算咨文应在2013年2月上旬提交②。最终通过的预算会被打印出来，并发布在管理和预算办公室的网站上进行公示（在电子宣传手段出现之前，每到预算发布日，大批编辑蜂拥前往政府出版署，领取约一英尺厚的预算文件的纸质副本，然后将其带回全国各地的办公室，而互联网已经完全破坏了当初这种高涨的热情）。总统预算并没有任何法律影响，但国会审议预算授权以及拨款立法的结果，均是以其为基础的。虽然政府预算有时被认为是"到达即死去"，没有通过的机会，但这也不是完全错误的，因为最后颁布的预算不可能与提交的完全一致。

预算咨文提交的日期和财政年度结束之间相隔了好几个月。不仅经济的、国际的、社会的意外事件会推翻这个计划，国会也有可能不同意总统的这种预算安排。尽管如此，总统计划和实际支出之间的差异相对来说是非常小的。近年来，预算总支出和最初的行政预算申请之间的差异很少会超过2%（尽管这个差异的具体金额可能很大）。就实际而言，这表明了行政机构在总支出控制中的关键作用。如果总统不愿意做出对于预算准则和控制来说必要的艰难决策，那国会就更不太可能承担起这项任务了。当然，与总额相比，单个项目的预算申请与最终的预算支出间的差异可能会更大一些。

---

① 作为联邦预算中《分析展望》（Analytical Perspectives）卷的一部分，**当前服务预算**提供了一个基线。这一卷格外详细地讨论了预算基线的概念及度量方法。一般情况下，收入和强制性支出（根据公式而不是年度拨款所形成的支出）要依据当前的法律进行度量；每年批准的资金，要根据通货膨胀率调整后的最近所批准的拨款再进行估测。国会预算办公室也会为自己的分析制定一个预算基线，近年来，国会预算办公室的预算基线被广泛地应用。蒂莫西·莫里斯对预算基线的定义问题进行了精彩的论述，参见：Timothy J. Morris, "The Uses and Misuses of Budget Baselines," in John F. Cogan, et al., *The Budget Puzzle: Understanding Federal Spending* (Standford, Calif.: Standford University Press, 1994), 41-78.

② 如果不发生其他情况，提交日期应当依据以下规定来确定：1921年法案规定的是，每个常委会会议的第一天；1950年的《预算与会计程序法案》（the Budget and Accounting Procedures Act）将这一天改到了会议的第一个15天中；《格拉姆-林德曼-霍林斯法案》将这一天定为1月3日之后的第一个星期一；现在的这一日期是根据1990年的《预算实施法案》规定的。只要国会和总统双方都同意，就可以对这个日期做出变更。奥巴马政府很晚才提交预算。

　　较长预算周期的另一个结果就是"瘸腿鸭预算现象"①。新上任的总统不仅面对前一任总统和国会留下的 9 个月的拨款（从新总统就职典礼到 10 月 1 日），还要面对一个新的预算，该预算由前一届政府的预算指令、管理和预算办公室的审核等产生。预算咨文的提交日期在就职典礼之后，因此并没有多少新观点可以得到落实，而提交给国会的报告也可能没有太多实质内容。该预算责任究竟属于新总统还是离任总统并不完全明确，虽然通常由离任总统提交（但 2009 年的小布什政府是个例外）。近年来总统换届通常包含由即将离任的总统所做的或多或少全面的介绍，继而由新总统内阁发布简短的文件，承诺在数月内发布预算文件细节②。

立法审议和拨款阶段

　　联邦预算周期的立法审议和拨款阶段，包含了几个委员会的活动以及诸多政治程序③。拨款非常重要，因为对于政府的常规运作来说，政府机构如果缺少财政年度中的拨款，则无法支出（并且运作）。在国会的财政程序中有四个不同的委员会，其责任、工作重点、利益各不相同。国会两院都有授权（或常设）委员会、拨款委员会（及其小组委员会）、预算委员会和筹款委员会（参议员的是财政委员会，众议院的是赋税委员会）。在支出过程中，由授权委员会确立政策和制定项目，并由政府机构具体实施。对农业等重大事件拥有司法管辖权的委员会：(1) 要根据授权或组织性的法案来创建政府机构、制定项目，并对其功能进行界定；(2) 要根据拨款和授权立法，对实施组织立法的拨款进行批准。后者可能是组织立法的一部分，也可能是独立的。对于拨款委员会工作之前的特殊授权并没有一般性的规定，但确实有一些要求和运行规则使之趋向于预期结果。有些项目需要每年进行授权，而另一些项目的一次授权可持续几年或需要获得不定期的授权。授权通常为特定项目的融资设定上限，但不会提供实施这些项目的资金，因此许多得到授权的项目却从未获得过任何拨款。在立法审议过程中，总统对于所提出的预算立法的看法将通过管理和预算办公室以行政政策声明的方式进行沟通。针对预算政策和项目的协商将持续整个授权过程。然而，在机构可以运作之前，必须要有从某个来源得到的授权。

　　拨款委员会通过小组委员会来开展工作，编制拨款议案，从而对联邦政府机构的运作提供资金。拨款小组委员会和拥有司法管辖权的授权委员会并不相同：归属于某一特定授权委员管辖的政府机关，可能从几个不同的拨款小组委员会得到拨款。表 3－4 列

---

　　① lame duck，"瘸腿鸭"，即任期将满而未能重新当选的官员。——译者注

　　② 2001 年 4 月，为满足提交预算的要求，布什（George W. Bush）总统在 2001 年 4 月提交了一份名为《新展开的蓝图：对美国优先事项负责的预算》的总括性文件。1993 年 2 月，接任老布什担任总统的克林顿也是这样做的。奥巴马总统于 2009 年 2 月末提交了一份名为《负责任的新时代》的文件，并于 5 月提交了一份全额预算。因为布什总统并没有提交当年的预算，因此 2010 年的所有预算都出自奥巴马政府。参见：Karl O'Lessker, "The New President Makes a Budget," *Public Budgeting & Finance*, 12 (Fall 1992)：3-18. 文章中考察了修改程序的发展演变过程。

　　③ 参见：Sandy Streeter, *The Congressional Appropriation Process*：*An Introduction*, CRS Report for Congress, Order Code 97—684 GOV (Washington, D. C.：Congressional Research Service, 2004)；and Government Accountability Office, *Principles of Federal Appropriations Law*, 3rd ed., GAO-04-261SP (Washington, D. C.：Government Accountability Office, 2004).

出了 2012 年参众两院的拨款小组委员会，这些委员会都有自己将要起草的拨款法案。国会可以依其需要尽量兼顾这些小组委员会。例如，在 2003 年成立国土安全部时，拥有司法管辖权的小组委员会也在其 13 个小组委员会中成立了国土安全拨款小组委员会。之后这一数字被缩减到 12。拨款可以是一个单独统一的拨款法案，也可以由几个分开的拨款法案组成。最后一个定期（换言之，完全出于本意的）统一的拨款法案是 1951 年的《一般性拨款法案》（the General Appropriation Act，公法 81-759 号）。近年来，国会已经将很多独立的拨款法案合并成统一的拨款法案，因为单独的法案无法解决问题，而当政府机关资金短缺时又必须有所作为。例如，2012 年的《综合拨款法案》（the Consolidated Appropriation Act，公法 112-74 号）在财政年度开始几周之后才得以通过，通过时间为 2011 年 12 月。其原因并不是合并所有支出的决策，而只是因为作为单独的法案无法在规定时间内拨款。

表 3-4　　　　　　　　参议院和众议院拨款小组委员会（2012 年）

农业部、农村发展部、食品和药物管理局以及相关政府机构
商务部、司法部、科学部以及相关政府机构
国防部
能源和水资源开发部
财政事务和一般政府事务部
国土安全部
内务部、环境部以及相关政府机构
劳动部、卫生与公众服务部、教育部以及相关政府机构
立法事务部
军事设施部、越南事务部以及相关政府机构
各州事务部、海外业务部以及相关政府机构
交通部、住房与城市发展部以及相关政府机构

资料来源："United States Senate Committee on Appropriations"［http://appropriations. senate. gov/］；"U. S. House of Representative Committee on Appropriations"［http://appropriations. house. gov/］.

筹款委员会包括参议院的财政委员会和众议院的赋税委员会。这些委员会对联邦政府的税收和财政收入举措拥有司法管辖权，显然，这是政府财政中至关重要的一部分。此外，这些委员会还对下列活动具有司法管辖权：社会保障体系、医疗保险和医疗补助制度、失业补助和债务利息支付——其覆盖面几乎囊括了一半以上的联邦政府支出。因此，这些委员会对于联邦政府的财政活动来说极为重要。关于这些委员会的支出功能，将在以后关于"授权"的章节中进一步讨论。

财政资金拨款一般通过不同的拨款法案来提供（参见专栏 3-1），这些拨款法案是由各拨款委员会制定的。根据反映政府机构预算申请的总统行政预算，这些小组委员会在其司法管辖权内履行职责。在立法审议阶段，政府机构活动的诸要素将被监管，而且在各自的财政计划中，政府机构要针对特定的资金用途做出详细说明。委员会的工作人员对其司法管辖权内的事务具有丰富的经验，并且对项目进行细致的审议。然而，他们仅关注自身管辖权内的机构运作，并不关注联邦政府其他部门的活动。他们并不倾向于通过削减自己法案中的项目，以使其他法案有更多钱花，最终达到预算平衡的目的。

在传统意义上，拨款提案被认为是由众议院首先提出的。拨款提案要先后分别经过众议院的拨款小组委员会、拨款委员会和众议院的批准，最终在参议院中再经历一遍类似的流程。然而，近年来，参议院拨款小组委员会的听证会经常在众议院议程完成之前就已经开始了。在提案被提交给总统签署生效之前，必须得到众议院和参议院的批准。

专栏 3-1　第一个《一般性拨款法案》

下面是由国会通过的第一个《一般性拨款法案》（1789）：

> 该法案由美国国会参议院和众议院会议颁布。为今年公共服务拨付的资金，其收入来源可以是几个州的课税，也可以是对载重吨位课征的税收。当前政府和前任政府的民事支出不得超过 21.6 万美元，划拨给战事的资金不得超过 13.7 万美元，由上一届财政部发行的未到期国库支付命令书（the warrants）不得超过 19 万美元，支付给残疾人的补助支出不得超过 9.6 万美元。（1 号法令 95）

拨款总额为 63.9 万美元，其中民用和政府行政管理支出为 21.6 万美元，国防支出为 13.7 万美元，偿还前任政府发行的短期债务的支出为 19 万美元，支付给残疾人的补助支出为 9.6 万美元。

可以将这个法案和最近所通过的任何一个拨款法案在复杂性、长度和资金数额方面进行比较。例如，2010 年国土安全部获得的全部拨款超过 428 亿美元，此项拨款法案长达 49 页。

国会通常将相关联的活动合并到一个账户后再通过拨款法案，例如，"建筑业，一般性拨款法案"①。拨款委员会不应涉入政策事务，而仅应处理财政事务。然而，拨款活动可能会包括一些条款，为特定目的或特定场所提供资金。这些规定包含在委员会的报告和说明性声明中，而不在法律中。政府机构一般将这些规定视为一种约束，因为它们并不想冒风险破坏同国会在未来财政周期中的关系，但这些规定还是很可能包含在拨款法案中。例如，在 2009 年的《综合拨款法案》中，陆军工程公司（the Army Corps of Engineers）收到了 2 141 677 000 美元的工程拨款。但是该法案在拨款数额之后还做了以下声明："对于进一步提供拨款，工程领导可以使用拨付资金中的 8 000 000 美元来完成下列工程的计划、施工、设计或建设：格伦迪、布坎南县和弗吉尼亚州的迪肯森县、大桑迪河地区莱维沙和特格福克斯以及坎伯兰河上游的工程。"正统主义者（purists）可能认为，这些是政策性的或实质性的事务，因此属于授权范围，而非提供资金的法律范畴。不过，正统主义者很少在拨款委员会任职。

长期以来，国会议员们都会觊觎拨款委员会的成员资格，因为符合特定选民利益的

---

　　①　在未经国会批准的情况下，运营机构不能擅自将资金从一个账户转移到另一个账户。2012 年，国家气象服务局未经允许把长期资本项目账户中的资金用于支付员工工资。国家气象服务局认为，支付员工工资的账户资金不足，而长期资本项目账户资金有盈余。当然，这本应由国会做出判断，而非该机构自行决断。该行为没有导致超过拨款的支出，但它破坏了拨款账户结构，并且，国家气象服务局这种在不同项目间重新分配资金的做法已经有一段时间了。这一问题一经发现，由于缺乏资金，国家气象服务局不得不在一段时间内给 5 000 名员工放假。最终，国会重新分配资金以维持该机构的运作。后来，国家气象服务局主任突然退休，其他员工也被替换掉了。（Lisa Rein, "Congress to Allow National Westher Service to Reconfigure Budget," *Washington Post*, June 20, 2012.）因此，拨款账户是至关重要的。

计划和项目，只有在这里才能提出、扩充和维护。考虑到联邦赤字的控制和财政支出的限额，这项任务不再像以前那样受欢迎了，但加入可以操控选择的委员会中仍然会起到一些作用。所有的国会议员都是由特定选区选举产生的，因此，具有地方特点的政府项目——"肉桶"（pork-barrel）[①] 项目或者"邮政编码支出"（ZIP code designated expenditure）会使他们的选民从中受益，这些项目将联邦政府的资金注入了地方经济，却很少使整个国家受益[②]。（当然，那些能够为国家带来相当收益的计划应该得到拨款，而拨款委员会成员的身份，仍有助于他们将这些计划分配给各自的家乡。）尽管"肉桶"项目的支出通常包括高速公路项目［仅《21世纪运输股权法案》（H. R. 2400）就包括了1 850多项地区导向的项目——但那只是一个授权法案，因而实际上这些项目可能并没有实施］、大学机构和研究项目、机场、政府办公大楼等，没有一项拨款议案可以幸免；但是，既然"肉桶"项目不只是发生在特定场所，那具体何为肉桶项目呢？可以参考最高法院法官波特·史蒂沃特（Potter Stewart）关于"色情作品"（pornography）的表述［"……当我看到这种东西的时候，我就可以觉察到……"，来自："杰克拜丽思诉俄亥俄州案"（Jacobellis v. Ohil，378U. S. 184，1964）］，同样地，媒体可以轻而易举地指出哪些政府支出是对政府资源的浪费。但是，如果想更准确地定义概念，则需要更加仔细地讨论。"肉桶"项目之所以被认为难以界定，是因为那些在局外人眼中被浪费的支出，从项目获益者的角度来看是高效的。

"肉桶"项目具有一些共同的特征：这些项目是拨款议案中的专项支出（位于一定地区的项目中）；该项目由一位国会议员而非由行政机构在审议过程中提出；在形成拨款议案的常规性听证会和审议之后，该项目才被添加到拨款议案中去，而且未就特定项目加以讨论。打击这类项目似乎是一种遏制浪费性支出和控制赤字的途径，尽管有人认为，少量的"肉桶"项目可以作为立法过程的润滑剂。他们指出，如果没有"肉桶"项目，会很难达成一个完整的协议，国会将比现在更少作为。然而，在2005年至2006年的游说者影响丑闻中，国会专项支出已经成为能够把人们送进监狱的一种颇具争议的元素[③]。

---

① "肉桶"项目是政党分赃制的一种形象称谓，在此特指瓜分预算资金的现象。——译者注

② 伯德成为参议院拨款委员会的主席之后，使其所来自的西弗吉尼亚州获益的故事堪称传奇，除此以外，还有一些其他人的例子。要想看有趣但令人不安的例子，可以参见：Brian Kelly, *Adventures in Porkland：How Washington Waters Your Money and Why They Won't Stop* (New York：Villard, 1992). 对拨款立法演化的更具学术性的研究参见：Richard Munson, *The Cardinas of Capitol Hill* (New York：Grove Press, 1993). 这里的"红衣大主教"是指拨款小组委员会的主席。厄特指出，"肉桶"项目拨款经常与地方政府的发展战略不匹配。Ronald Utt, "How Congressional Earmarks and Pork-Barrel Spending Undermine State and Local Decision-making", *The Heritage Foundation Backgrounder*, on 1266, April 2, 1999. 进一步的诠释案例：默撒议员，国防拨款小组委员会主席，确保上百万国防及其他政府资金直接用于宾夕法尼亚州约翰斯敦市机场（以他的名字命名的机场）。该机场使用量一般——每天3班往返华盛顿的飞机，那里的很多军用设备都被废弃了，有些从来就没有使用过。默撒争辩说，机场的升级改造十分重要，因为在危机中它可以作为匹兹堡的后备支援。批评家认为，该支出是"纯肉桶"项目，完全靠该议员对国防拨款的控制来驱动。参见：Carol D. Leonnig, "Murtha Airport Got Millitary Upgrade," *Washingtom Post*, April 30, 2009.

③ 旁观者也看到了"肉桶"问题。路易斯安那州州长金达尔在回应奥巴马总统关于财政刺激法案的信息中，声讨火山监测中的支出浪费情况。这立刻引起了阿拉斯加州的民主党和共和党的共同反对，它们宣称这项支出对像阿拉斯加这样火山地区的生命财产保护的重要性。就在金达尔发表完演讲之后不久，阿拉斯加州的里道特火山喷发了，但破坏没有原本可能的那样严重，因为火山监测提供了事先预警。参见：George Bryson, "Alaskans Fume over Jindal Volcano-Monitoring Remark" *Anchorage Daily News*, February 25, 2009.

在布什政府执政的后几年，管理和预算办公室跟踪了拨款法案中专项支出的数目，并将专项支出定义为"国会提供的用于专门的工程（项目或援助）的资金，其所宣称的国会方向（无论是在法定文本、报告语言还是其他沟通中）原本适用择优或竞争性分配过程，或指定地域或受益人，或以其他方式限制行政部门管理相关资金分配过程的法律和宪法责任之能力"①。管理和预算办公室将下列项目列入专项支出：（1）附加项目（add-ons）：当拨款比政府机构实际要求的多，并且对于多余资金如何使用有严格规定时（尤其涉及地区事务时）；（2）划出项目（carve-outs）：对于如何使用拨款中的部分资金有限制规定；（3）条件过于苛刻以至于只有一个项目具备获得资金的资格。表 3-5 列示了 2005、2008、2009、2010 财政年度中管理和预算办公室依据每项拨款议案的清点结果。随着时间的推移，专项支出的数量明显下降，这可能是提高透明度的结果，并且，专项支出的数量在不同拨款议案之间的变化很大。其中，数额最大的当属国防拨款中的专项支出。有一种质疑声音指出，保护国家不受外国威胁已经不再高居如何使用资金的议程之首了。但是，仍然需要牢记的是，每一年的专项支出总额仅占可选择性支出总额的很小份额，历年来从未超过 2%。专项支出对于美国政府当年的财政地位来说，并没有太多作用。确实，一些观察者认为，这些专项支出并没有增加财政支出，仅仅是诱导了资金被用于何处②。即使没有专项支出，这些资金仍然会被使用，只不过会有其他用途而已。

人们对于专项支出和"肉桶"项目产生愤怒情绪，也是极为容易且正常的，因为高效和有效的政府服务不应依靠介入供应系统来提供，而该系统本应对如何使用公众资金的不同选择之间的收益回报加以平衡并做出决定。但在选择天然就具有政治性的情况下，没有一种解决途径是轻而易举的③。2011 年初，参议院和众议院通过了一项法规，要求禁止向第 112 届国会进行拨款，因此，国会成员不得不以不透明的机制来为专项支出拨款，包括说服联邦政府机构在预算请求中对之前作为专项支出的项目进行登记，这项禁止法令是否继续执行是未知的。事实上，即使没有正式的专项拨款，国会成员也清楚地了解哪些选区能通过特定机构来提供足够的资金。禁止专项拨款的法令对联邦政府支出的影响不大，仅对那些能给国会选区带来收益的支出造成了一定的障碍。

预算委员会制定国会预算（预算审议结果）。在 1974 年法案之前，国会并不将预算视为一个整体，而是将其分解为若干拨款议案。预算按照一般行政部门碎片化为"几大块"，每大块由一个独立的拨款小组委员会来审议。这种微观层面的预算分析，可以对各政府部门的预算申请进行详细审议，但不能就总收支加以比较，由此也不能得知总体的财政盈余或赤字。更重要的是，这种惯例不能在政府整体范围内对资金用途的轻重缓急进行权衡——如交通与国防相比孰轻孰重，国家公园与城市住房相比孰轻孰重，如此

① Office of Management and Budget，"Guidance to Agencies on Definition of Earmarks"［http://earmarks. omb. gov/earmarks-public/ earmarks_definition . html］.

② 萨维奇指出，处理专项支出需要极高的行政成本，超过了专项支出资金本身。参见：James D. Savage，"The Administrative Costs of Congressional Earmarking：The Case of the Office of Naval Research，" *Public Administration Review*，69（May/June 2009）：448-457.

③ 多年来，专项支出的赞助者都是匿名的，即难以识别赞助了专项支出的国会成员。近年来，管理和预算办公室的数据库追踪每项专项支出，辨认国会中提供专项支出者及受惠的地理区域。这种设计很可能会使公共效率的违背者蒙羞，但实际上却难以发挥作用。现在可以完全确定国会成员将利益输送回其选区。在此情形下，公众喜欢专项支出，因为这类支出可以将资金带回家乡，人们非常不乐意见到这些钱投到其他地方。

表3-5　拨款法案中的专项支出，管理和预算办公室的数据列表

拨款小组委员会支出账单	2005年数量	2005年金额（千美元）	2008年数量	2008年金额（千美元）	2009年数量	2009年金额（千美元）	2010年数量	2010年金额（千美元）
农业、农村发展、食品和药物管理以及相关机构	852	636 880	525	337 204	494	312 830	465	359 859
商业、司法、科学以及相关机构	1 277	1 360 918	1 738	932 531	1 556	785 690	1 518	745 389
国防	2 505	8 386 730	2 087	6 644 746	2 091	5 577 811	1 759	4 592 471
能源和水利开发	973	1 290 161	1 781	3 686 124	1 839	3 891 893	965	1 185 239
财政事务和一般政府事务	201	177 329	202	409 240	265	143 204	278	350 766
国土安全	7	27 900	122	348 218	131	501 328	177	243 695
内务和环境	1 354	965 206	568	436 058	565	447 300	555	371 356
劳动、卫生和人力服务以及教育	3 060	1 273 936	2 252	899 278	2 163	882 671	1 786	823 347
立法部门	—	—	—	—	—	—	—	—
军事建设和退伍军人管理	132	952 686	190	1 177 245	178	1 329 609	184	1 206 086
国家、外国运作以及相关项目	90	307 535	5	23 012	1	5 000	—	—
交通、住房和城市发展以及相关机构	3 041	3 559 376	2 053	1 748 036	1 841	1 495 744	1 505	1 218 913
合计	13 492	18 938 657	11 523	16 641 692	11 124	15 283 080	9 192	11 097 121
全部可选择性支出		968 500 000		1 134 900 000		1 237 500 000		1 347 200 000
专项支出占全部可选择性支出的百分比		1.96%		1.47%		1.23%		0.82%

资料来源：Office of Management and Budget "Earmarks"［http：//eramarks.omb.gov/earmarks-pubilic/］.

等等——而这是有效的预算选择所需要的，在这种情况下，缺少一个系统来对资金的需要进行平衡，即需要增加一个部门的收入或减少一个部门的支出，以满足另一个部门的支出需求。拨款委员会仅仅审议各自法案范围内的拨款，国会根据法案进行拨款，仅此而已。

1977 年的预算开始实行新的程序，增加了一个额外的国会预算流程：拨款委员会还像以前那样工作，但将预算委员会独立出来，在国会预算委员会工作人员的帮助下，起草一份五年期的分级预算决议[①]。预算决议中包含对下列预算内容的建议：新的预算授权、预算支出、直接借款、主要借款担保承诺、财政收入、财政盈余或者财政赤字、公共债务和收入总额的建议变动值。对新的预算授权、预算支出、直接借款和主要借款担保承诺的分类，也可以按照政府的 20 个功能分类（联邦政府所满足的是主要的国家需要，如国防、交通、农业、司法、行政等）。关于预算决议的解释性说明，要根据功能分类，将预算授权和支出在各个对项目具有司法管辖权的委员会之间分配。拨款委员会还要将预算授权和支出在其分支委员会中进行分配。例如，给众议院和参议院委员会的分配额叫作 302（a）分配，然而在实施 1974 年法案相关章节后，它们分配给 12 个小组委员会的分配额叫作 302（b）分配。这种预算决议是宏观的，川不是从具体政府机构的预算申请起步，也并不为任何政府机构提供支出资金，尽管预算委员会（及其工作人员）对于政府机构的意图了如指掌；而且在决议的编制阶段，它也会收到国会每个常委会的一些预算建议。在拨款审议正式开始前，由国会两院在春季批准共同预算决议（the concurrent budget resolution）[②]。预算决议并不需要总统的批准，因为它并非一项法律，而且它并不为政府机构提供资金。决议通过的最后时间经常被错过，甚至近年来有几次国会没能批准任何预算决议。（关于 2011 年《预算控制法案》及其要求的上限限制是否能够取代对预算决议的需要，仍存在一些争议。）国会预算提供了一个模板，对照它，对拨款委员会的微观活动可以进行控制和约束。表 3-3 列出了国会预算和拨款程序的时间表，这个时间表要求国会在财政年度开始之前完成所有的拨款程序（这通常不会实现）。

国会预算程序的最后一个阶段是协调阶段。1974 年法案创设了协调阶段这一机制，以使每年的收支政策和国会的预算目标相吻合。它被认为是国会削减赤字最强有力的工具：与年度目标的小幅调整不同，目前它包含了对委员会的五年期指令，要求增加税收和收费，对支出进行削减。这一过程涉及的金额可能会很大[③]。如果国会想要充分发挥协调议案的作用，协调议案可能会是强有力的。这是因为：（1）议案会给出约束性指令，这些指令以公式的形式对税收和支出的变化做出规定，对除拨款委员会之外的支出削减进行规定，拨款委员会的支出则由其他上限决定；（2）议案的通过不会因为冗长的讨论而受到阻碍，如果面对强烈的反对意见，只要多数通过就可以（当参议院中的多数党席位少于 60 票时[④]，议员们就会像喜欢法律途径一样喜欢协调阶段了）；（3）修改议

①　这里的"五年"即预算年度和此后四个财政年度。拨款仍然是单一预算年度的主导。

②　国会是在通过预算决议之后才收到 1994 财政年度克林顿的正式预算的，这是自 1974 年法案以来的第一次。奥巴马政府于 2 月底提交了一份预算大纲，紧接着就是国会预算决议的通过，随后是一份传统的总统预算。拨款小组委员会在预算决议之前启动听证会程序。

③　1981 年的预算协调，是实施里根总统 1982 财政年度经济重建的一种机制（1982 年的行政预算是由卡特总统提交的，这是里根总统对这些计划进行修改的最佳时机）。克林顿总统在 1993 年使用的也是类似机制。

④　一般来说，议案在表决之前都要进行辩论。参议院议员的发言没有时间和内容上的限制，结果辩论的规则是必须达到参议院成员 3/5 多数，即 60 票赞成。因此，少数派议员只能够争取到 41 票就可以将许多重要议案在表决之前予以阻止，因为无法结束辩论，就无法进行表决，议案也就无法通过，这便形成"议事阻碍"（filibuster）。——译者注

案必须要恰如其分，委员会不得添加无关的规定（两者都要接受参议院 60 票的投票考验）；（4）不能实现协调目标的委员会要做出报告，并提交一个能够实现目标的建议方案①。

国会预算程序允许国会自行确定其支出的轻重缓急，特别是在国会预算办公室的协助下，对其财政活动的宏观经济影响进行考察。如果没有国会预算，将由总统对预算总额和总体政策计划负责，而国会只能在拨款过程中通过调配资金来调整这些支出的优先顺序。国会预算程序为国会增加了一种对优先顺序和总额责任进行审议的方法②。

拨款议案在国会通过之后，必须经总统签署才能成为一项法律。总统可以对整体议案行使否决权或签署议案。近一个半世纪以来，每位总统都希望拥有部分否决权（the line-item veto），即废除支出和税收议案中的部分内容，而将剩余部分签署为法律的权利。《部分否决法案》（The Line-Item Veto Act，公法 104–130 号，1996 年 4 月 9 日）修改了《国会预算和扣押控制法案》，赋予了总统能够影响联邦财政的额外权力。1997—2004 年，总统有权对下列内容实施废除：（1）任何数额的可选择性支出授权；（2）新的直接支出中的任何项目（大致可以认为是新的资格授权）；（3）一定限额的税收优惠（被定义为"收入减少条款"，该条款可以使不多于 100 人受益；税收联合委员会列出符合条件的规定清单，并将其作为议案的附件交予总统），但必须在包含这项条款的提案签署成法律之后的 5 天之内。总统可以将拨款议案或者伴随议案的报告中的全部数额撤销，但不能削减这一数额。总统在撤销的时候必须确定该举措可以：（1）削减联邦政府的预算赤字（同时具有特殊的控制措施以保证其真正实现）；（2）不会影响政府履行任何重要的职能；（3）不会损害国家利益。国会可以在 30 天的审议期限内否决这些撤销行为③。1998 财政年度的拨款议案是第一个经过了部分否决之后获得批准的议案，克林顿总统否决了其中的 77 项内容，合计占到了这些议案中可选择性的预算授权的 0.1％。被否决内容中 87％来自国防和军事设施议案，国会后来又否决了后者。这是总统对部分否决权的最后一次使用，因为在"克林顿诉纽约市"［524U.S.417（1998）］一案中，美国最高法院认定，部分否决权违背了宪法中关于"审慎制定"（finely wrought）的条款。要想使总统拥有部分否决权，需要修改的是宪法，而不是一般的法律。

并不是所有人都认为部分否决权会改善政府的财政状况或产生更多其他影响。部分否决权确实向总统提供了一种防止"肉桶"项目和其他浪费性开支的工具，它还向总统提供了惩罚国会中顽固分子——这些顽固分子已经在总统的"黑名单"（enemies list）上——的有力武器，使顽固分子所支持的项目仅能获得微薄的资金。然而，它也允许总

---

① 关于预算协调程序的完整讨论参见：Robert Keith and Bill Heniff, Jr., *The Budget Reconciliation Process: House and Senate Procedure*, CRS Report for Congress, Order Code RL33030 (Washington, D.C.: Congressional Research Service, August 10, 2005).

② 并非每个人都认为这是一种改进。费希尔写道："如果让国会进行全面的立法活动，来自总统的一致性和领导能力就会受到不明智地削弱。一旦创建多重预算，就为逃跑主义、混乱和逃避责任打开了方便之门。" "Federal Budget Doldrums: The Vacuum of presidential Leadership," *Public Administration Review*, 50 (Nov./Dec. 1990): 699.

③ 对部分否决权的第一次使用是针对 1997 年调整法律中的三个条款。参见：Jackie Calmes and Greg Hitt, "Clinton Uses Line-Item Veto for First Time," *Wall Street Journal*, 12 August 1997: Z-3.

统加入拨款和其他立法中的交易：总统可以通过保证不会否决某位国会议员支持的项目，来得到他对总统计划的投票。实际上，总统在否决国会中领袖人物的"宠物项目"（pet projects）时，可能会倍加谨慎，因为总统的项目也离不开这些人的支持，而其他国会议员就得不到这种保护了。总而言之，这种否决工具将权力天平向总统一边倾斜。许多人愿意接受这种更大的财政责任带来的潜在问题，由于总统来自全国选民，这使得总统可能受到的狭隘利益的影响，要少于国会议员受到的影响。另一些人则认为，这种不合适的变化会损害立法机关和行政机关之间的权力平衡，并且会带来更大的政治隐患。目前，如果总统想要废除一项法律中的拨款或者税收优惠的话，必须要通过国会的立法行动。

预算实施/服务交付阶段

　　财政年度的结束日期大体规定了预算实施阶段的界限，预算实施阶段是预算程序的第二个阶段。在该阶段，拨付的资金形成了支出，公共服务得到交付。财政控制在预算执行中十分重要，预算账户通过拨款的方式来控制资金的提供。这些账户是国会针对政府服务供给的控制机制。附录 3 - 1 解释并阐明了拨款（作为预算的财务计划之法律表述）和这些预算账户之间的联系。然而，基于特定目的而划拨的资金，不会立即自动形成公共支出或政府机构的花费。为了防止政府机构在财政年度结束之前将资金消耗殆尽，以及根据宏观目标而选择支出时机，管理和预算办公室将提供给政府机构的总资金在年内进行划分（分配），相关机构按照年度进度预留该部分。

　　历史上，拨款数额被认为是可供支出的最大授权数额。总统可以在拨款数额上限之内安排支出，但不能超过该数额。从约翰·亚当斯总统开始，总统经常单方面使用支出扣押方法，对预算实施阶段的支出进行控制。这一方法被认为是控制支出速度和保证有效运作的合理工具。扣押的数额并不大，尽管它可能会激怒国会议员（因为他们的"宠物项目"会陷入困境），但这一过程仍然被认为是实施财政管理的一部分。然而，20 世纪 70 年代初，尼克松总统将支出扣押授权提升到了新的高度，包括扣押数额（约为财政拨款的 12%）和扣押对象（只要被认为是总统"黑名单"中的国会议员，其支持的计划就会受到支出扣押的打击）[1]。国会以《国会预算和扣押控制法案》中的相关规定为回应。在 1974 年法案之后，支出扣押需经国会审议，并且被分为两类：第一类为废除预算授权或永久性取消，第二类为将财政年度的预算授权推迟或暂时收回。总统提出的废除建议必须在其被提出后的 45 天内得到国会批准（国会也可自行建议废除），如果在规定期限内未得到国会的批准，总统仍然须拨付支出所需资金。若推迟拨付则需向国会提交咨文，以报告这一举措，推迟拨付虽然并不包含政策变动，但仍需要证明确有必要为突发事件而实施延迟拨付，或根据需求和运营效率的变化以节省开支。推迟的时间不能超过该财政年度[2]。因"根据实际情况的变通"而

---

　　① 对导致这些变化出现的事件，费希尔按照时间顺序进行了归纳，特别是在以下书中的第 7 章和第 8 章中。参见：Louis Fisher. *Presidential Spending Power* (Princeton, N. J.：Princeton University Press, 1975).

　　② 国会可以制定法律，否决对支出的推迟。在原来的法案中，国会两院中的任何一院都可以通过一项支出扣押决议，对支出的推迟进行阻碍。在"纽黑文市诉美国联邦政府"一案 [809 F. 2d 900 (D. C. Cir. 1987)] 中，这一规定被认为是不具有宪法意义的否决，因此被目前的系统取代了。

进行的推迟（"Programmatic" delays）不需要向国会报告，即当出现"尽管政府机构实行这些项目的努力是合理而真诚的，实际运行因素却不可避免地阻碍预算授权的执行"[1] 等情况时。

表 3-6 追溯了废除提案的所有历史记录。这些记录清楚地表明了以下情况。第一，和政府总支出相比，所废除的提案（包括提议的和通过的）的数额并不大；第二，国会提出的废除提案的数量大于总统提出的；第三，总统废除提案的通过率并不高。克林顿总统比较幸运，其提案通过的比例最高，超过 50%。福特总统的成功率最低，其提出的废除提案通过率仅为 16%。布什总统和奥巴马总统没有提出任何废除提案的动议。在总统提议的废除提案中，无论是在数量上还是在数额上，约有 1/3 被立法通过了[2]。与总统相比，国会在废除提案方面更为激进。与大多数行政首脑相比，总统在预算实施阶段确实拥有受约束的控制权。

审计阶段

在财政年度结束时，由国家审计总署监管的联邦预算周期中的审计阶段才正式开始。然而，伴随着政府机构在不同预算批准阶段对于非法交易和违规交易进行的打击，一些审计功能在财政年度尚未结束时就开始了。就重要性而言，审计阶段可以确保预算程序中的每件事情都得到重视：如果预算程序中的其他决议得不到贯彻，该程序就是不相关的。审计阶段确认这些指令是否得到遵守。国家审计总署向众议院和参议院主管政府活动的委员会进行报告，相关报告在国家审计署网站（http://www.gao.gov）可以查到。

3.5　预算授权的分类

预算授权给予相应机构履行各自职责的能力，这些职责将形成联邦资金的支出（源自国库）。机构得到的是授权而不是实际可以花费的资金。这些授权可能是一年期的、多年期的或者是无年度限制的；提供授权的法律将会明确规定相应机构得到授权的时间。这种授权行为可能是永久性的，金额也可能是无限期的。国会审议的结果，包括国会两院对一项法律的通过以及总统对这些法律的批准，即为预算授权。这包含了若干承诺（责任）的授权，这些授权无论现在还是将来，都将形成政府费用（或支出）。重要的授权类型如下：

（1）**拨款授权**，是最常见的授权，允许"联邦政府机构形成债务，并根据特定目的从国库支取资金"[3]。

---

[1]　Office of the General Counsel, General Accounting Office, *Principles of Federal Appropriations Law* (Washington, D. C.：U. S. Government Printing Office, 2004). 这是关于联邦政府预算授权和拨款的主要参考文献。

[2]　一个更高比例的推迟支出率——1975—1988 年拨款资金的 99.4%，已经获得了批准。参见：Allen Schick, "The Disappearing Impoundment Power," *Tax Foundation's Tax Features*, 32 (October 1988)：4.

[3]　Accounting and Financial Management Division, Government Accounting Office, *A Glossary of Terms Used in the Federal Budget Process* [http://www.gao.gov/new.items/d057345p.pdf].

表 3 - 6　　1974—2010 财政年度被提出的及被废除的提案以及总省支出简表

财政年度	总统提出的废除提案 数量	总统提出的废除提案 金额（百万美元）	国会接受的废除提案 数量	国会接受的废除提案 金额（百万美元）	国会提出的废除提案 数量	国会提出的废除提案 金额（百万美元）	立法通过的废除提案总数	立法通过的废除提案总金额（百万美元）	总共节省的支出（百万美元）	提出废除提案的总统
2010	0	—	0	—	132	10 977.06	132	10 977.06	2 901 531	奥巴马
2009	0	—	0	—	92	12 716.57	92	12 716.57	3 000 661	奥巴马
2008	0	—	0	—	126	12 201.18	126	12 201.18	2 507 793	布什/奥巴马
2007	0	—	0	—	56	8 035.71	56	8 035.71	2 275 049	布什
2006	0	—	0	—	89	33 361.18	89	33 361.18	2 223 981	布什
2005	0	—	0	—	76	6 351.13	76	6 351.13	2 069 746	布什
2004	0	—	0	—	49	10 515.46	49	10 515.46	1 913 330	布什
2003	0	—	0	—	47	3 123.44	47	3 123.44	1 796 890	布什
2002	0	—	0	—	76	4 621.09	76	4 621.09	1 655 232	布什
2001	0	—	0	—	67	5 148.14	67	5 148.14	1 516 008	克林顿
2000	3	128.00	0	—	61	3 757.77	61	3 757.79	1 458 185	克林顿/布什
1999	3	35.04	2	16.80	105	5 081.43	107	5 098.23	1 335 854	克林顿
1998	25	25.26	21	17.28	43	4 180.81	64	4 198.09	1 335 854	克林顿
1997	10	407.11	6	285.11	96	7 381.25	102	7 666.36	1 290 490	克林顿
1996	24	1 425.90	8	963.40	104	4 974.85	112	5 938.25	1 259 580	克林顿
1995	29	1 199.82	25	845.39	248	18 868.38	273	19 713.77	1 227 078	克林顿
1994	65	3 172.18	45	1 293.48	81	2 374.42	126	3 667.89	1 227 078	克林顿
1993	7	356.00	4	206.25	74	2 205.34	78	2 411.59	1 142 799	克林顿
1992	128	7 879.47	26	2 067.55	131	22 526.95	157	24 594.50	1 129 191	克林顿
1991	30	4 859.25	8	286.42	26	1 420.47	34	1 706.89	1 082 539	小布什/克林顿

续前表

财政年度	总统提出的废除提案		国会接受的废除提案		国会提出的废除提案		立法通过的废除提案总数	立法通过的废除提案总金额（百万美元）	总共节省的支出（百万美元）	提出废除提案的总统
	数量	金额（百万美元）	数量	金额（百万美元）	数量	金额（百万美元）				
1990	11	554.26	0	—	71	2 304.99	71	2 304.97	1 027 928	布什
1989	6	143.10	1	2.05	11	325.91	12	327.97	932 832	布什
1988	0	—	0	—	61	3 888.66	61	3 888.66	860 012	布什
1987	73	5 835.80	2	36.00	52	12 395.39	54	12 395.39	809 243	里根/小布什
1986	83	10 126.90	4	143.21	7	5 409.41	11	5 552.62	806 842	里根
1985	245	1 856.09	98	173.70	12	5 458.62	110	5 632.32	769 396	里根
1984	9	636.40	3	55.38	7	2 188.69	10	2 244.06	685 632	里根
1983	21	1 569.00	0	—	11	310.61	11	310.61	660 934	里根
1982	32	7 907.40	5	4 365.49	5	48.43	10	4 413.92	594 892	里根
1981	133	15 361.90	101	10 880.94	43	3 736.49	144	14 617.43	542 956	卡特/里根
1980	59	1 618.10	34	777.70	33	3 238.21	67	4 015.90	477 044	卡特
1979	11	908.70	9	723.61	1	47.50	10	771.11	404 941	卡特
1978	12	1 290.10	5	518.66	4	67.16	9	585.82	369 585	卡特
1977	20	1 926.93	9	813.69	3	172.72	12	986.41	328 675	福特/卡特
1976	50	3 582.00	7	148.33	0	—	7	148.33	77 281	福特
1975	87	2 722.00	38	386.30	1	5	39	391.30	301 098	福特
1974	2	495.64	0	—	3	1 400.41	3	1 400.41	270 780	福特

资料来源：Government Accountability Office, Updated Rescission Statistics, Fiscal Years 1974—2010, B-321125 (Washington, D.C.: Government Accountability Office, June 23, 2011); Office of Management and Budget, Budget of the United States Government, Fiscal Year 2012 (Washington, D.C.: U.S. Government Printing Office, 2011).

（2）**合同授权**，即在政府机构根据合同进行拨款并形成支出之前，或者当支出数额超过现有拨款时，由合同授权来为政府机构提供限制性合约①。对于这些合约来说，只有最终收到拨款才能履行合同，而由于合同由美国政府依法签署，因此国会别无选择，只能提供拨款。有时，合同授权提供了一种"后门支出"（backdoor spending）的机制，这种机制使某些重要的委员会可以强迫那些更为保守的拨款委员会接受更激进的政府计划。现在，只有在该财政年度的拨款已经拨付后，才能提供新的合同授权。

（3）**借款授权**，即在一些重要的法律和拨款法案中，允许政府机构使用借入的资金形成债务或清偿债务。这种授权可能包含以下组合形式：向财政部借款、向社会公众直接借款（发售政府机构债券）或者向联邦融资银行借款（向其出售政府机构债券）。同样地，现在这种授权受限于拨款法案中规定的数额。

（4）**借款和借款担保授权**，由成文的授权法令组成。政府承诺如果借款人不履行义务，由政府来归还全部或部分本金和利息；如果这种或有的情形不发生，那政府就不用承担这种责任。自 1990 年《联邦信用改革法案》颁布以来，这种承诺要求在拨款法案中对长期成本（违约、逾期等）进行特别规定。

（5）**资格授权**，"当拨款法案没有事先提供预算授权时，可以向个人或政府付款（包括补助和借款）。当有关的法律条款中包含这样的授权时，美国政府有责任向符合条件的个人或政府组织支付资金"②。资格授权根据公式形成支出，社会保障、医疗保健、医疗补助和退伍军人福利（包括退休金和教育福利）都是资格授权的重要例子。农产品价格补助也位于此列，这类补助过去曾一度被固定的拨款所取代。资格授权支出不是直接由拨款程序产生的，而是按照一些实体法的规定，发放给符合公式要求的受益人。资格授权现在是协调过程的一部分。如前所述，联邦政府支出的增长在很大程度上可以归因于这种资格授权。在以后的章节中，我们还会对资格授权和"强制性"（mandatory）支出进行更为详细的介绍。

定期拨款是预算授权中最重要资源的检查节点，而资格授权却是主要的例外。国会和总统通过规范预算授权来控制政府开支的增长，它们也应该倾向于这样做。拨款方式有三种：定期拨款、维续决议和补充性拨款。定期拨款有多种期限（法案有效期间），每种授权所适用的规则也不尽相同。传统的拨款是"年度授权"，即以一个财政年度为限，为特定财政年度的活动拨款③。这种拨款通常为联邦政府机构的日常活动提供资金。除非有其他规定，拨款应在年内使用，而不能越过当前财政年度为之后的活动提供资金（资金会到期）。"非年度拨款"为法定活动提供资金，并且没有在当年使用的限制。大多数建设资金、一些研究资金和许多信托资金拨款，都以这种方式提供资金。"多年拨款"为持续几年的特定活动提供资金。在 20 世纪 70 年代末和 80 年代初期，一

---

①　多数联邦高速公路项目采取的就是合同授权的形式。参见：U. S. Department of Transportation, Federal Highway Administration, *Financing Federal-Aid Highways*, Publication no. FHWA-PL-92-016（May 1992）. 该文对这个系统进行了解释。

②　GAO, *Glossary*.

③　国会拨款的时间可能短于一个完整的财政年度。1980 年向社区服务管理局拨付的财政拨款，用于能源供应等紧急情况的开支，被强调于 1980 年 6 月 30 日之后就不能再用了。国会愿意协助解决取暖问题，但不解决空调问题（公法 96-126 号）；但如果天气过于炎热，国会可以将这个项目覆盖的范围扩大，把电扇包括进来，这样拨款就被扩大到了整个财政年度（公法 96-321 号）。

般收入分享是一种为州和地方政府提供联邦资助资金的项目，它以多年拨款为基础提供资金，给予受益者更大的可预测性。"提前拨款"为联邦机构提供未来财政年度的资金。尽管它可以为政府机构的计划提供便利，并且被强烈要求在国防系统的采购中使用，但这种方式仍然很少被使用。"永久拨款"依据特定目的提供资金，且无须国会的重复立法。为了提升公开资本市场的稳定性，联邦政府债务的利息支出即用该拨款方式。当经济或社会环境有所变化时，除了年度拨款之外的所有其他拨款方式，都会降低立法机关和行政机构对于财政政策重新调整的能力，尽管它们也提高了这些机构编制长期计划的能力。在管理和计划之间进行取舍也并非易事，但是职责和义务可能会使天平向年度拨款倾斜，特别是对于提前预测很多个月之后的运营环境这样困难的工作来说，更是如此。

在拨款到期后的时期，预算授权不再负有义务。国会可能会通过再拨款的方式，在资金到期之前或之后来延长资金的使用期限。联邦预算结构会将这些资金计入再拨款财政年度的新预算授权。

在这些常规的拨款方式外，还有两种向政府机构提供资金的方式值得关注。第一，当新的财政年度已经开始，而当年的政府机构拨款法案尚未通过时，"维续决议"能够确保政府机构得以正常运转。这一决议是国会两院的立法协议，可以授权政府机构继续运转①。决议的资金水平可能与上一财政年度持平，或略有增长，也可能包含来自两院中任一院通过的拨款法案。该决议可以用于财政年度全年，或只用于财政年度中的一定时期。然而，如果没有这种立法行动，没有获得拨款的政府机构将无法支出，也难以提供公共服务②。

国会预算程序建立了拨款时间表，本可以不需要维续决议，但是截止日期并不总是被遵守。那么，迫不得已通过维续决议的频率如何呢？在1948—2012年的财政年度中，在新财政年度开始的第一天之前，所有拨款法案都被签署成为法律的年份只有1989、1995和1997财政年度，其中只有1997财政年度将6个拨款法案（包括国防，商业、司法和州事务，外交，内务，劳动力、卫生与公众服务、教育，财政）合并成为一个综合拨款法案，并于1996年9月30日获得通过，这一天恰好是新财政年度开始的前一天。2012财政年度在统一拨款法案通过前，使用了5项维续决议，而2001财政年度的情况更为极端，使用了21项持续决议。在1987和1988财政年度，所有政府活动都由综合维续决议提供资金。在2003、2004和2005财政年度，一些拨款法案被归并为一个统一的拨款法案，因为国会无法就单一拨款法案达成一致，拨款法案最终在新财政年度开始之后才得到通过。在2003财政年度，综合拨款法案包括11项单独的法案（除国防和军事设施之外的其他拨款法案）；到了2004财政年度，综合拨款法案包括7项单独的法案（除国防、能源和水资源、国土安全、内务、立法分支和军事设施之外的其他拨款法案）；在2005财政年度，综合拨款法案包括了9项单独的法案（不包括军事、哥伦比亚特区事务、国土安全和军事设施的其他拨款法案）。自1996财政年度开始，这种综合拨

---

① 关于维续决议的更多细节参见：Thad Juszczak，"Living With Continuing Resolutions，" *The Public Manager*，40（Fall 2011）：40—44.

② 有时候这种僵局会阻止持续决议被及时通过，也就产生了几天的拨款间隙。在1977、1978、1979、1980、1982、1983、1984、1985、1987、1988、1991、1996财政年度中，都产生了这种拨款间隙，联邦政府的一些非必要部门也因此关停。1996年的拨款间隙持续了21天。Kevin Kosar，*Shutdown of the Federal Government：Causes，Effects，and Process*，CRS Report for Congress，Order Code 98—884GOV（Washington，D. C.：Congressional Research Service，September 20，2004）.

款法案已经成为一种惯例，而非例外。维续决议成为政府在 2007 和 2008 财政年度全年运作的主要资金来源（然而，2006 财政年度却通过了全部 11 项拨款法案）。20 世纪 80 年代初和 1996 财政年度以来的近期大部分财政年度，许多政府部门就因为既无拨款也无维续决议而被迫关门了。在新的预算年度来临之际，精心设计的拨款时间表常常是不能按照预期实现的。

通过维续决议可以获得许多拨款，但如果长期使用这种拨款方式也会带来三个特别的问题：第一，从理论上讲，如果有新项目的话，维续决议对于这些新项目爱莫能助。这种融资方式会阻碍机构项目的发展，并且削弱政府对服务环境变化的反应能力。并且，一些已经被安排中止的项目，即使总统和国会已经达成了协议，在维续决议下还会继续进行。第二，连续使用综合决议可能会在一定程度上削弱总统的否决权。否决一揽子综合维续决议会影响整个政府的服务流程，即使有些拨款法案本来可以被单独否决，总统也会试图避免这种结果。第三，一揽子综合维续决议可能诱使国会成员向自己选区的选民大献殷勤，导致"宠物项目"泛滥，而在数额相对较小的拨款提案中，这种情况是很容易被审查和剔除的。维续决议注定会带来麻烦。许多国家都有自动的维续决议系统，以确保政府不至于关门。有人也向联邦政府提出了类似的程序，但对于使用什么样的测算公式，人们则莫衷一是①。

第三种提供资金的特殊形式是**补充性拨款**，其拨付的资金用于当前预算年度的支出。（预算申请和拨款一般都用于未来预算年度。）补充性拨款可以是总统提交预算的一部分，也可以独立存在。补充性拨款的存在主要是因为以下需要：（1）弥补由立法机关制订新计划的成本；（2）应对价格和工作量较预期水平的提高；（3）对意外情况的处理。这种拨款的申请是对立法机关之前批准资金的一种补充。对于政府活动环境的预测难以做到准确无误，因此多数预算都会包含一些补充性拨款。例如，2001 年 9 月 11 日的恐怖袭击，产生了 400 亿美元的紧急情况补充拨款——作为财政年度中所需资金的补充，基本上相当于随时随地可以花在任何事情上的资金。补充性拨款的其他例子还有，为应对 1994 年北脊（洛杉矶）地震、1998 年北达科他州地区和南达科他州地区的洪灾、20 世纪 90 年代及此后的军事行动而进行的补充性拨款，以及 2011 财政年度对飓风艾琳的救灾资金。此外，紧急情况还会造成正常预算周期之外的补充性拨款。近年来最著名（也许未必著名）的补充性拨款是 2009 年的《美国复苏和再投资法案》（the American Recovery and Reinvestment Act，公法 111-5 号），该法案更为流行的叫法是"财政刺激法案"（fiscal stimulus bill），它是在 2009 年 2 月 17 日签署的，恰在 2009 年《综合拨款法案》通过之前不久，此时国会正在按惯例着手审议 2010 财政年度的总统预算提案。当时，一些国会成员被同时通过的许多拨款法案弄得焦头烂额。当然，媒体和公众更是如此。

国家审计总署发现，近年来对补充性拨款的使用有明显的增长："1997 至 2006 财政年度的 10 年间，补充性拨款提供了 6 120 亿美元的资金……在新的总预算授权中，补充性拨款在过去的 10 年中增长了 5 倍。"② 其中超过一半用于国防相关的紧急拨款，28%

---

① 这是国防的一个特殊规定。《食品和饲料法案》在南北战争时期通过立法，允许国防部联系相关部门承担超额提供食物、燃料、食疗和相关必需品的责任，以满足当年需求。在更多的时候，它被用于越南战争、第一次海湾战争期间和 2001 年（在 911 事件发生以后）。拨款失败并不会阻止（或拖延）战争。

② Government Accountability Office, *Supplemental Appropriations*, *Opportunities Exist to Increase Transparency and Provide Additional Controls*, GAO-08-314 (Washington, D. C.：Government Accountability Office, January 2008), 3.

用于自然和经济灾害，16％用于反恐、安全和"9·11"时期后的相关活动。

布什政府为伊拉克战争和阿富汗战争提供的资金，几乎全都是通过补充性拨款的方式进行的，将这些支出成本从常规预算咨文中删去，然后加入全年的财政成本中。这个做法违反了先前被接受的预算惯例，因为它削弱了维持财政原则和将有限的资源用于国家最优先考虑的领域的能力。如此，好像参与这些战争在财政上未做事先考虑，是事后才有的想法，并且必然增加赤字。这实在是严重毁坏国家经济的方式。奥巴马政府将补充性拨款列入了常规预算。随后，必须通过的补充性拨款成了形成专项拨款的利好途径：2005 年军事补充性拨款提供了包括石油勘探、国家公园管理局、华盛顿的新棒球场、海啸救灾、巴勒斯坦援助和犹他州紧急分水岭保护等附属项目的支出资金。一个题为"科索沃和其他国家安全事务"的补充性拨款包含了为海岸警卫队在五大湖地区的破冰船提供的资金。当然，因为一些人的重大失误，补充性拨款有时也成了一种必然。例如，退伍军人事务部在 2005 财政年度申请补充性拨款，以弥补其为退伍老兵提供的卫生服务支出，因为该部门的预算申请是以 2002 财政年度的需求为基准编制的。尽管 2002 财政年度的预算申请是在伊拉克战争爆发后才开始准备的，但入侵伊拉克和因此产生的归国服役人员的医疗需求，后来才开始急剧上升[1]。

联邦政府支出可以分为以下几类：联邦政府基金支出、信托基金支出、预算内的支出和预算外的支出。预算文件还包括一些政府补助企业的报告，其财务并不包括在预算总额中。专栏 3-2 描述了这些特征的本质以及各种政府活动的所属类别。但是，这些特征并未使过程变得更为透明。

专栏 3-2 某些联邦政府预算分类：联邦基金、信托基金、预算内/预算外支出和政府赞助企业

联邦政府财政使用特有的术语和分类。如果对一些主要分类缺乏大致的了解，就无法真正知晓其实际情况。这里列出了一些最重要的专门术语，并对相关概念和重要性进行简要的描述。

联邦基金（占 2011 财政年度联邦政府总支出的 78.5％）。分为常规基金、特设基金、政府内部运转或管理基金，以及公营企业运转基金。常规基金账户由未指定的对象提供资金，其用途由拨款确定。公营企业运转基金从公共商业类型的活动中获得收入，如邮政服务活动，并且这些活动的开展不依赖于拨款。特设基金的收入用于特定用途，存于独立账户，并且在法定条件下才能使用（原子能工业废料基金就是为民用核电站运营收取的费用，该项资金只能用于清除较高放射性核废料）。政府内部运行或管理基金从一个政府机构向另一个政府机构出售的服务中获取资金。所有联邦政府基金都是预算内的支出（本专栏后续将介绍这一概念）。

信托基金（占 2011 财政年度联邦政府总支出的 42.4％）。这是一种财政收入具有特定用途的预算账户（专款专用），依法律被界定为信托基金。依据受益者划分，大规模的联邦信托基金主要包括以下几种：联邦老年人和事故幸存者保险信托基金（×）、联邦医院保险信托基金、公务员退休和伤残信托基金、军人退伍信托基金、联邦补充医疗保险信托基金、失业信托基金、联邦伤残信托基金（×）、高速公路信托基金、机场和

---

[1]　Thomas B. Edsall, "VA Faces 2.6 Billion Shortfall in Medical Care," *Washington Post*, June 29, 2005, A19.

航道信托基金、对外军售信托基金以及铁路社会保障均等收益账户。这些信托基金中的大多数都缺乏通常信托关系的一般含义：受益人对基金没有所有权，国会可以单方面变更税率、受益水平或其他项目细节。由于资金的内部转让，联邦基金的份额和信托基金分类的总数达不到100％。信托基金总额通常有盈余（1969 年之后的所有财政年度）。

预算内/预算外支出。这两种标记了"×"的信托基金在法律上是被视为预算之外的。所有其他的信托基金和所有联邦基金都是预算内的政府支出（它们占 2011 财政年度联邦政府总支出的 86.2％）。不管是预算外还是预算内资助的活动，都包括在联邦政府预算中。目前，两者并无特别显著的区别。预算外的支出部分通常是盈余的（自 20 世纪 80 年代中期开始就是如此）。

政府赞助企业（Government-sponsored enterprises，GSEs）。预算文件还包括一些政府赞助企业对自身财务活动和状况的陈述，尽管这些企业严格来说既不在预算内，也不属于预算外。这些企业由政府创设，但是被归类为私营企业，如学生贷款市场协会、大学建设贷款保险协会、联邦全国抵押协会（房利美）、合作银行以及联邦农村贷款合作银行、联邦农业抵押公司、联邦住宅贷款抵押协会（房地美）、联邦存款和贷款保险公司、清算融资公司。这些政府赞助企业希望独立于联邦政府，为联邦政府提供资金支持，但不从属于任何联邦政府的担保。当房利美和房地美在立法文件中声明它们的证券并没有联邦政府的担保时，私人投资者猜想这只是粉饰门面，且因回馈有限而很少投资。这些猜想在此后被得到证实，因为美国财政部在 2008 年帮助这两个机构脱离经济衰退的影响。

预算文件也要报告美国独立的中央银行——美联储——董事会的行政预算。这既非预算内资金，也非预算外资金，而且也不属于政府赞助企业的资金。然而，美国财政部确实获取了美联储得到的利润。在 2011 年，这一数额达到 769 亿美元，大部分收益来自由联邦政府持有的国债产生的利息和为了降低利率刺激经济活动而购买的抵押贷款支持证券。在大衰退之前，联邦投资国债的比例更少（此前 5 年的平均值为每年 230 亿美元），因为其投资组合规模更小。

资料来源：General Accounting Office，*Report to the Chairman Committee on Government Operations*，*House of Representatives*：*Trust Funds and Their Relationship to the Federal Budget*，GAO/AFMD-88-55 （Washington，D. C.：General Accounting Office，September 1988），and Office of Management and Budget，*Budget of the United States Government*，*Fiscal Year 2013*，*Historical Tables* （Washington D. C.：U. S. Government Printing Office，2012）.

3.6 强制性支出和可选择性支出

1990 年的《预算实施法案》创立了联邦支出的两种法定形式，即强制性支出和可选择性支出。即使该法案已经被废除，但这仍然是很有用的分类。可选择性支出贯穿于年度拨款程序（前文分析预算周期各阶段时已经有所讨论了）和 12 个拨款法案中。这是政府机构运营的开支，包括提供国防和非国防（国内）服务。强制性支出是根据责任界定、受益标准或支出规则而形成的，不是直接通过拨款程序形成的。表 3-7 表明了联邦政府强制性支出的主要类型，并将之分为需经收入调查的支出（means-tested，付款

表 3 - 7　1975—2010 年的强制性支出和可选择性支出

	1975（十亿美元）	1980（十亿美元）	1985（十亿美元）	1990（十亿美元）	1995（十亿美元）	2000（十亿美元）	2005（十亿美元）	2010（十亿美元）	年增长率（%）
需经收入调查的支出									
学生贷款	0.1	1.4	3.5	4.4	4.4	1	15	8.9	13.7
医疗补助	6.8	14	22.7	41.1	89.1	117	182	273	11.1
食品券	4.6	9.1	12.5	15.9	25.6	18	33	70	8.1
儿童营养	1.5	3.4	3.7	5	7.5	9	13	17	7.2
工薪收入税收抵免	1.4	1.3	1.1	4.4	15.2	27	49	77	12.1
补充性社会保障收入	4.3	5.7	8.7	11.5	24.5	31	38	47	7.1
家庭补助	5.1	7.3	9.2	12.2	18.1	21	24	28	5.0
国家儿童健康保险	0	0	0	0	0	2	5	8	—
退伍军人退休金	2.7	3.6	3.8	3.6	3	3	*	*	—
无须经收入调查的支出									
医疗保健	14.1	34	69.6	107.4	177.1	216	333	520	10.9
社会保障	63.6	117.1	186.4	246.5	333.3	406	519	701	7.1
联邦公务员、军事、退伍军人和其他退休人员及伤残人员	18.3	32.1	45.2	59.9	75.2	88	148	197	7.0
失业补助	12.8	16.9	15.8	17.1	21.3	21	32	159	7.5
存款保险	0.5	—0.4	—2.2	57.9	—17.9	—1	—32	n.a.	—
农业价格和收入补助	0.6	2.8	17.7	6.5	5.8	30	19	n.a.	—
社会服务	2.9	3.7	3.5	5.1	5.5	4	5	n.a.	—
退伍军人福利	10.2	11	12.9	13.4	18.3	24	*	*	—
一般财政收入分享	6.1	68	4.6	0	0	0	0	0	—
洪灾保险	n.a.	n.a.	n.a.	n.a.	n.a.	n.a.	1	1.3	—
生命保障	0	0	0	0	0	0	6	n.a.	—

续前表

	1975 (十亿美元)	1980 (十亿美元)	1985 (十亿美元)	1990 (十亿美元)	1995 (十亿美元)	2000 (十亿美元)	2005 (十亿美元)	2016 (十亿美元)	年增长率 (%)
普通服务资金⁺	0	0	0	0		n.a.	6	8.9	—
抵消收入	−18.3	−29.2	−47.1	−58.7	−79.7	−78.6	−126	−184	6.8
强制性支出和相关项目总额	151.1	262	401.1	568.1	738.8	951.2	1 320	1 912.9	7.5
利息净额	23.2	52.5	129.5	184.3	232.1	222.9	184	196.2	6.3
可选择性支出总额	158	276.3	415.8	500.6	544.9	614.8	968	1 189.8	5.9
国防支出	87.6	134.6	253.1	300.1	273.6	295	494	608.2	5.7
非国防支出	70.3	141.7	162.7	200.4	271.3	319.9	474	581.6	6.2
支出合计	332.3	590.9	946.4	1 253.2	1 515.8	1 789.10	2 472	3 456	6.9

注：n. a. 表示数据不可用。

＊ 包括在"联邦公务员、军事、退伍军人和其他退休人员及伤残人员"一项中。

十部分经济收入调查。

资料来源：Congressional Budget Office, *The Budget and Economic Outlook* (Washington, D. C.: Congressional Budget Office, various years)；Office of Management and Budget, *Budget of the United States Government, Fiscal Year 2012, Historical Tables* (Washington, D. C.: U. S. Government Printing Office, 2011)；and U. S. Department of Homeland Security, FEMA, Policy and Claim Statistics for Flood Insurance.

视受益人的经济状况而定）和无须经收入调查的支出（nonmeans-tested，转移支付与经济状况无关，而是基于受益人的其他特殊情况）。社会保障、医疗保险和医疗补助构成了强制性支出中最主要的部分。国会和总统仍然控制支出，只是这种控制通过制定规章制度间接进行；然而，当特定条件得到满足时，政府在法律上有责任向符合条件的个人、公司或其他实体支付资金。政府不得以缺乏资金或资金有其他更为重要的用途为由而挪用这些资金①。国会和总统要增加或减少一个既定年度中的强制性支出，则必须先对确认资格条件和支付规则的规章制度进行修改，因为是这些制度而非拨款法案决定了支出。由于这些支出游离于年度拨款程序之外，所以国会和总统对年度支出的控制力有所下降，而这些支出也经常被称为不可控支出；年度拨款检查节点也不复存在。此外，根据我们的了解，这些支出占据了联邦总支出中的较大份额。强制性支出还包括抵消收入（offsetting receipts）——这些报酬和收费被认为是消极的预算授权和支出。这些受益者来自其他政府账户或商业交易的公众（譬如外大陆架石油天然气钻井契约的租金和矿区土地使用费）。联邦债务利息的支付不属于严格的强制性支出类别，也处于年度拨款程序之外。

在过去的几十年中，强制性支出和可选择性支出经历了截然不同的发展历程。图3-2展示了可选择性支出的演化趋势。可选择性支出在总支出中的比例已经从1962年的约70%下降至2011年的约40%。在此期间，强制性支出的年增长率（7.5%）比可选择性支出总额的增长率（6.2%）高了将近一个百分点，这导致在经历一段时间后，两类支出在份额上形成了相当大的差距。可选择性支出自2000年以来的增长，很大程度上是由于国防支出的增加（战争消耗巨大），尽管非国防类的可选择性支出份额也在变大。

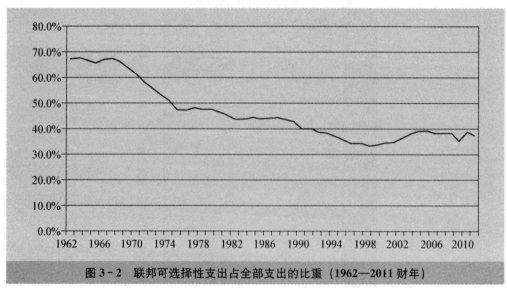

图3-2　联邦可选择性支出占全部支出的比重（1962—2011财年）

资料来源：Office of Management and Budget，*Budget of the United States Government*，*Fiscal Year 2013*，*Historical Tables*（Washington，D. C.：U. S. Government Printing Office，2012）.

社会保障计划和医疗保健计划，这两项社会保险计划是强制性支出的主要内容。社

---

①　然而，社会保障支出被限定于信托基金资金总额之内。那些钱被用尽后，支出就会受限于收入——这种PAYGO机制的总体效应，违反了关于权利的概念。

会保障是强制性支出中最大的单项支出。它从 20 世纪 70 年代中期开始就占据总支出的 20%左右（在此之前，其份额很少超过 15%）①。美国人口的老龄化导致了这项支出的增长。国会可以通过修改法律、延迟退休年龄、减少退休人员中富裕人群的福利水平等方法，来减缓这种支出的增长，但即使没有这些应对措施，这项支出的增长也是注定发生的。第二大类支出是医疗保健支出，这是联邦政府向老年人提供的保健项目，由于逆向选择问题，该群体无法以一个合理的价位购买私人医疗保险服务（私人医疗保险公司通过向不易生病的人出售保险而从中获利，这些人通常不包括老年人）。这项支出占总支出的比重已经从 1970 年的 3.2%上升到了 2011 年的 13.5%。该比重大幅上升的原因，不仅包括一般医疗保健品价格的上涨，还包括项目覆盖面的扩大，以及符合条件人数的增加。这两个项目都不需要审核受益人的收入状况。换言之，所有符合标准条件的人都可以根据支付公式获得补助，而不管其富裕程度如何；受益群体会密切关注其中任一项目的变化。对项目的任何调整都属于国会财政委员会和赋税委员会的职权范围，与年度拨款程序无关。这两个项目均由信托基金提供资金，工薪税加上信托基金余额之投资所得的利息收入将被用于提供所需支出。关于这两项数额较大的资格补助的更多信息，可参阅专栏 3-3。其他数额较大的、不需要对受益人收入进行调查的资格支出包括联邦公务员和退伍军人项目与失业补助。在 20 世纪 90 年代，国家长期的经济增长使得失业补助水平一直较低，而经济大衰退（2007 年 12 月至 2009 年 6 月）使该项补助有所回升。

专栏 3-3 最大的津贴计划：社会保障和医疗保健

联邦政府两个最大的津贴计划——在 2011 财政年度的强制性支出中比重为 59.5%——是社会保障和医疗保健，这两个补助项目体系主要是为老年人提供的。*（医疗补助是专为低收入人群提供的保健项目，由州政府和联邦政府共同提供，在强制性支出中单独占比 13.6%，是第三大支出项目，但由政府一般收入负担经费，不隶属于信托基金范畴。）社会保障计划——更正式的称谓是"老年人、事故幸存者和残疾人保险"（Old-Age, Survivors, and Disability Insurance, OASDI）计划——为退休、残疾工人及其赡养的人、事故幸存者提供福利，这就弥补了工人因退休、死亡或残疾而给家庭收入带来的损失。它开始于 1935 年的《社会保障法案》，这些年来，其覆盖面、功能以及结构的许多特征都发生了变化。医疗保健计划，是提供给老年人和某些残疾人的全国性医疗保险项目。医疗保健项目的 A 部分提供了住院病人的医疗服务、入院后的医疗器械和护理服务、家庭保健服务和临终关怀（hospice care），65 岁以上老年人都可以自动获得这些服务。医疗保健项目的 B 部分包括医生服务、实验室服务、耐用医疗设备、非住院病人的医疗服务和其他医疗服务；当病人每年的医疗费超过 100 美元之后，超出的部分一般只能由医疗保健项目支付 80%，而且这种保险只提供给购买了该保险的人。医疗保健项目的 D 部分通过私人保险公司的保费和一般基金补贴来覆盖处方药物支出。社会保障和医疗保健项目 A 部分的资金来源，是项目所覆盖的雇员及其雇主所缴纳的工薪税（几乎覆盖工薪阶层的 96%），以及对个体经营者（self-employed）每年净收入

---

① 关于资格支出（entitlement spending）的最好的资料来源是"绿皮书"，参见："The Green Book"：Committee on Ways and Means, U. S. House of Representatives, *Background Material and Data on Programs within the Jurisdiction of the Committee on Ways and Means* (Washington：U. S. Government Printing Office). 该书定期出版，主要的资格支出均包括在内，并不严格局限于众议院赋税委员会所管辖的内容。

课征的税收。医疗保健项目的 B 部分资金来源，是参加这个项目的个人和联邦政府一般财政收入所缴纳的保险费。基金余额都被投资于美国财政部发行的证券，以获取利息。项目的获利被用于支付政府津贴，获利公式由国会制定。资金不经过年度拨款程序。

社会保障和医疗保健项目着重资助老年人，因此应当向与社会保险基金相关的"自我融资"（self-financing）或者"精算式融资"（actual funding）模式转变。此外，我们也了解，道德危机和逆向选择使老年人获得私人保险的价格更昂贵，且获得机会更小。如果有一个社会保险系统，人们在工作期间必须向社会保险基金缴费，这样可以使他们将来有资格享受基金所发放的福利。在他们退休时，基金就可以积累足够的资金——缴费再加上其所得利息——来支付个人退休金和健康保险。这种资金的生命周期就是：在工作期间积累资金，在退休后花费，当系统积累的资金足以向系统内的全部受益人支付资金时，这种资金就是"完全基金模式"（fully-funded）或者"全员有效模式"（actuarially-sound）。

然而，美国社会保障系统经历了太长时间的"现收现付"融资模式。在这种模式中，人们在工作年度中缴纳保险，但所积累的资金并不充裕，不足以支付他们退休之后的福利开支。这个模式之所以还能运行，是因为从目前劳动力中征收的保费收入，还足以支付当前退休人员的福利开支。但是人口增长的趋势产生了一个问题：在 1960 年，社会保障中的一个退休受益人约由 5 个工人来供养，而到了 2030 年，每个退休受益人只能由两个工人来供养了——这种由劳动者向退休受益人的转变，使社会保障系统不堪重负。社会保障信托基金中积累的资金迅速地消耗。随着人类寿命的延长、"婴儿潮"（baby-boomers）时期出生人群的退休、劳动力增长速度的放缓，社会保障系统中的付款和所积累的利息不足以维持这个系统的运行了——所有人口统计的因素都开始发挥作用。在所有增长的支出中，增加最多的莫过于卫生保健支出。这打击了所有卫生系统的项目——私人保险、医疗保健和医疗补助。尽管许多年来，社会保障和医疗保健的社会保险基金中都有盈余，对于一般基金的赤字而言，这种盈余也确实在一定程度上起到了缓冲作用，但严峻的事实却是，这些盈余不足以弥补工人将来应得的福利。

社会保障和医疗保健项目的经济指标令人寒心。2010 年社会保障基金支出超过了收入，这种情形第一次发生于 1983 年，大致与"现收现付"转为精算基金的逻辑同步发生。针对 20 世纪 80 年代中期的转变，缴纳税收和获取收益的公式做出了一些调整，这些调整估计能够解决将近 25 年左右的社会保障基金问题。人们认为，在这个年限到期之前，诸如法律制定者之流的政治家会想出一个永久修复系统的办法。他们对于修复的时间判断是正确的，但对于法律制定者的判断却失误了。社会保障和医疗基金将盈余基金投资到联邦基金债券，正如私人资源和养老保险基金将其年度盈余投资到各种生息资产中去一样。由于这些信托资产要追求绝对的安全，因此，联邦债券是这些信托基金唯一可以购买的资产，从而为联邦基金赤字融资。（2007 年的经济衰退所导致的股票市场下跌，挫伤了多年来激进投资策略的努力。）然而，正如私人投资基金一样，债务是由社会保险和其他信托基金项目共同拥有的。社会保障和医疗保险累积存在的问题在于，如果没有来自其他预算来源的最终补贴，它们的规模无法支持未来支付利益的现金流出。社会保障和医疗保险（预算外）盈余也难以提供让人欣喜的理由：社会保障账户所积累的盈余，还要为现在的工人在将来退休之后提供补助，但精算预测显示，这些积累的资金很快就会被花光。换句话说，社会保障现在的盈余过少，尚不足以弥补现期工人将来退休之后的福利开支。

基金资产是美国政府债券（物理债券保存在地处西弗吉尼亚州帕克斯堡的公共债务局的一个保险箱里），所以联邦政府不得不提高税收，借更多的债（从社会保障系统之外的贷方举债）或削减联邦基金支出，来偿还通过社会保障制度清算的债务。如果联邦政府在债务到期之前不能偿还社会保障系统的所有债务，那么社会保障制度的财务问题将成为全国共同面对的财政危机。

现在，受托人对社会保障制度进行预测，到 2020 年，可以通过减少信托基金资产来弥补年度现金赤字，相应的利息收入将超过减少的部分，因此信托基金余额将继续缓慢增长。但在 2020 年以后，基金结余会持续下降，到 2036 年将会完全消失。之后，基金将会仅靠年度投入的资金支持，直到 2085 年，这些资金只能保证承诺支付福利额度的 3/4。

那些部分通过其信托基金提供资金的医疗保险，受托人有着更差的描绘。年度收入已经不能与年度支出持平，并且信托基金将在 2024 年耗尽。就这点来说，要么医疗保健的福利大幅减少或者系统的收入显著增加，要么设立医疗保健税，或者从其他联邦政府年度收入系统中转移资金。因为 2010 年的"患者保护和可负担的医疗法案"规定，医疗费用预计会有所减少，但远低于能使该项目可持续发展所必要的程度。

系统受托人给出了一个未来惨淡的前景。该计划的受托人估计，到 2035 年，项目成本将占 GDP 的 11.8%，除非有大量的联邦税收负担，否则将给其他联邦政府服务留下很小的空间。彼时，不会有信托基金余额来缓解被承诺的老年人的财政负担。它将变成国家不得不面对的孤立无援的财政问题。

考虑到政府财政中的其他因素，解决这一问题的一般性选择是显而易见的：（1）增加系统的即期收入；（2）减少系统对外支付的福利；（3）或者在保持系统收支平衡的前提下，通过扩大基金运营管理人的可用投资选择来提高资金的投资收益。对于这些资金规定如下，如果资金不够支付当年的福利，那么受益人的福利将会被减少到这些资金足够支付——允诺的津贴则会照付。当然，把这两个针对老年人的项目都变成私人责任也是一种选择，但是反观 1930 年之前的社会状况，个人单独为自己的老年生活负责——在当时的环境下，年老通常意味着被迫搬家以便与家人合住，或者住进郡县的济贫院——对大部分美国人来说，并不是很有吸引力的。我们清楚的是，不管社会保障还是医疗保险问题，都不会自行解决。

　　*鉴于其规模及增长态势，医疗补助也是联邦支出问题的一部分。但不是信托基金讨论的内容，因为它不是由信托基金来运作的。它受联邦财政支持。医疗保险和社会保障存在一个循环逻辑——当一个人年轻的时候，通过工作来向基金支付一定的钱，等到他老了并且退休时，会获得支付上的支持，但穷人不存在这样的循环来支持一个医疗补助项目。以信托基金方式构建医疗补助循环，需要人们由富变穷，但这通常不可能。也就是说，不会存在医疗补助信托基金的危机，因为这种信托基金根本就不存在。

资料来源：Social Security and Medicare Board of Trustees，*Status of the Social Security and Medicare Programs：A Survey of the 2011 Annual Reports*（Washington D. C.：Social Security Administration，2011）；Office of Management and Budget. *A New Era of Responsibility*，*Renewing America's Promise*（Washington，D. C.：Office of Management and Budget，2009）；and Congressional Budget Office，*Social Security：A Primer*（Washington，D. C.：Congressional Budget Office，2001）.

第二类强制性支出的数额很小，而且要经过收入状况调查；只有那些真正贫穷的人才有资格从这个项目中受益。医疗补助项目是一项为低收入群体提供的医疗补助计划，这些低收入人群包括残疾人、有未成年人的家庭，以及一些孕妇、儿童和需要家庭护理的老人。这一项目是此类计划项目中数额最大的，2011年它占联邦政府支出的份额为7.6％，而且增长势头迅猛①。联邦政府的两项医疗方面的公民权利性支出项目——医疗保险和医疗补助——总计占到了联邦支出的23.1％，这使很多人发现联邦预算控制的关键在于限制医疗支出的能力。其他在数额上比较重要的项目还包括：（1）营养补充援助计划［Supplemental Nutrition Assistance Program，SNAP，原名食品券（Food Stamp）计划］，这个项目使低收入家庭可以购买营养充足的便宜食物②；（2）工薪收入税收抵免（the Earned Income Tax Credit），这是一个针对家庭收入的补贴计划，旨在鼓励人们努力工作；（3）补充性的社会保障收入计划，这个项目可以给予一些收入比较低的老年人、盲人和其他残疾人现金补助；（4）家庭补助，原名"给予有未成年人需要抚养的家庭的补助"，现在称作"给予有困难家庭的临时性补助"，这一项目提供的家庭支持由联邦政府向州政府拨款，而非以个人权益为基础拨款。这些需要对收入状况进行调查的支出，构成了"安全网支出"（safety-net spending）。表3-7的数据表明，尽管需要调查收入状况项目支出的增长速度，略快于不需要调查收入状况的项目支出，但是不需要调查收入状况的项目支出更大，并对预算提出了更大的挑战。在总额预算控制的条件下，主要是后者存在问题，特别是医疗保健和社会保障项目，这些项目主要是向老年人提供补助。

那么，国会和总统真的没有权力对强制性支出进行改变吗？回答当然是否定的。它们也许缺乏政治意愿，但绝不缺乏政治权力。国会和总统可以采取的措施包括：（1）限额授权（主要是对一个项目中的支出总额进行控制，通常使之成为年度拨款）；（2）采取措施，使资格授权的规定相对比较严格，或者至少使其不会变得更加宽松；（3）对资格支出受益者进行收入审查（确保只有那些按照广义财富的定义被界定为穷人的人，才能获得福利补贴）。并且，对于信托基金提供的补贴来说，另一个预期是增加信托基金的收入，可以通过提高维持基金的税收或者增加基金余额的投资收益来实现。核心问题在于，强制性支出及其对于联邦赤字的影响可以被控制③。然而，历史上总统和国会都没有很好地做到这一点，尤其是考虑社会保障、医疗保健和医疗补助这些资格支出时。

联邦政府支出中的其他部分就是可选择性支出。这类支出贯穿于年度拨款程序和所有拨款法案中。之前讨论过预算管理当局通过拨款行为提供资金，这些资金被用于履行财政承诺和责任。当为履行这些责任付款时，支出就形成了。这些花费支付给联邦政府项目和联邦官僚机构。政府机构——国防部、鱼类及野生动物管理局、国内收入署等——的运转都属于可选择性支出这一类。所谓"可自由裁量的"（discretionary），并

---

① 医疗补助项目由联邦和州政府联合出资。该项目由联邦立法制定指导纲领，由各州进行运营。该计划在联邦立法规定的准则下由每个州资助。当没有医疗保险的穷人能够去急诊、接受慈善护理、去免费诊所时，医疗保险项目的参与者就享受了更高的卫生保健效益，承担了更低的额外医疗支出和债务，并拥有了更高的生理和心理健康水平。

② 除了提高营养水平外，SNAP也是减少贫困的有力方式，特别是幼年贫困。参见：Laura Tiehen, Dean Jolliffe, and Craig Gundersen, "Alleviating Poverty in the United States: The Critical Role of SNAP Benefits," Economic Research Report NO.132, U. S. Department of Agriculture Economic Research Service, Washington, D. C., April 2012.

③ 把社会保险制度转变为个人退休储蓄计划并不是解决方法。联邦政府提供了一系列具有税收优惠的退休储蓄计划，再创造另一个计划也不会提供更多的退休保障。把支付的钱转移到个人账户中，减少了可用于支付当前福利的资金的总金额，因此会加速资金不足以支付承诺的福利这一天的到来。

不意味着这种支出是无足轻重的，或者即使没有这些支出项目，国家也可以照常运转。其含义是，这些支出是通过传统的拨款程序形成的，而非自动形成的。拨款法案拨付的支出费用和其他费用，被分为补助募集款项和补助可选择性支出。

3.7　应对联邦政府的财政赤字

当联邦政府的财政支出超过收入时就会出现赤字，而当收入超过支出时则呈现盈余。本章前半部分已经讲述了支出在多大程度上超过了收入。就对经济的影响而言，考虑财政赤字和经济发展的联系是非常重要的，因为这可以衡量出赤字具体会对经济造成多大的实际负担。表 3-8 列出了从 1940 年到 2011 年联邦政府盈余/赤字的记录。这些数据以不同的分类方式呈现，具体有如下四种：（1）联邦政府合计盈余/赤字：联邦政府所有收入减去支出；（2）联邦基金盈余/赤字，包括所有一般联邦政府运作活动（而非信托基金运作）；（3）信托基金盈余/赤字，包括联邦政府指定用途收入的运作活动；（4）预算外盈余/赤字（社会保障，或者联邦老年人保险和联邦残疾人信托基金）①。合计盈余/赤字占 GDP 的百分比也被用来体现美国这些年经济的显著变化程度。从 20 世纪 80 年代中期开始，预算外数据每年都保持着盈余。遗憾的是，这些盈余过于微弱，以至于不够提供未来许诺的福利。信托基金数据显示，20 世纪 60 年代（甚至可以追溯到 1940 年）以来，每年都有盈余。这些盈余可能不仅出自社会保障系统（盈余并不大），而且还包括一些信托基金对专项拨款的税收收入（比如对高速公路和航空的收费），这仍旧可能会导致它们难以满足对其许诺的基础设施的需求。在 2000 财政年度，联邦基金出现了自 1960 财政年度以来的第一次盈余，但是，由于 2001 年的减税政策和 2001 年 3 月开始的经济衰退，2001 财政年度的联邦基金又回到了赤字状态。

表 3-8　1975—2010 年的联邦政府的强制性支出与可选择性支出

财政年度	合计 （百万美元）	预算外 （百万美元）	联邦基金 （百万美元）	信托基金 （百万美元）	合计/GDP （%）
1940	-2 920	564	-4 045	1 125	-3.0
1941	-4 941	653	-6 360	1 419	-4.3
1942	-20 503	830	-22 496	1 992	-14.2
1943	-54 554	1 041	-57 648	3 094	-30.3
1944	-47 557	1 178	-51 818	4 261	-22.7
1945	-47 553	1 167	-52 972	5 419	-21.5
1946	-15 936	1 028	-19 847	3 910	-7.2
1947	4 018	1 157	577	3 441	1.7
1948	11 796	1 248	8 834	2 962	4.6

① 养老金担保公司（PBGC）的财务问题引起了极大的关注，这是根据 1974 年的《职工退休收入保障法案》成立的实体机构，主要目的是确保自愿私人退休计划能够满足福利金支付，即使该计划的私人资助者不再有能力进行经济上的资助。养老金担保公司是靠拥有投保计划的职工支付的保金来融资的，国会规定了员工应该支付的保险金额。曝光的养老金担保公司的保金十分庞大，2004 年累积费用估计超过了 960 亿美元。但是，不考虑养老金担保公司是在联邦法律下创造的事实，联邦并没有直接披露以下事实：养老金担保公司并未收到一般税收收入的补助，且联邦政府并不为这一项目提供任何保证。但是联邦政府是否提供隐含或者道德保证？如果确实如此，那么当像联合航空公司这样的私人雇主破产时，将其缺乏资金的养老金计划交给养老金担保公司解决，联邦政府将面临更加沉重的支出压力。

续前表

财政年度	合计 （百万美元）	预算外 （百万美元）	联邦基金 （百万美元）	信托基金 （百万美元）	合计/GDP （%）
1949	580	1 263	−1 838	2 417	0.2
1950	−3 119	1 583	−3 055	−65	−1.1
1951	6 102	1 843	2 451	3 651	1.9
1952	−1 519	1 864	−5 005	3 486	−0.4
1953	−6 493	1 766	−9 921	3 427	−1.7
1954	−1 154	1 677	−3 151	1 997	−0.3
1955	−2 993	1 098	−4 173	1 180	−0.8
1956	3 947	1 452	1 313	2 634	0.9
1957	3 412	773	1 657	1 755	0.8
1958	−2 769	546	−3 017	248	−0.6
1959	−12 849	−700	−11 271	−1 578	−2.6
1960	301	−209	791	−490	0.1
1961	−3 335	431	−4 193	858	−0.6
1962	−7 146	−1 265	−6 847	−299	−1.3
1963	−4 756	−789	−6 630	1 874	−0.8
1964	−5 915	632	−8 588	2 673	−0.9
1965	−1 411	194	−3 910	2 499	−0.2
1966	−3 698	−630	−5 165	1 467	−0.5
1967	−8 643	3 978	−15 709	7 066	−1.1
1968	−25 161	2 581	−28 373	3 212	−2.9
1969	3 242	3 749	−4 871	8 112	0.3
1970	−2 842	5 852	−13 168	10 326	−0.3
1971	−23 033	3 019	−29 896	6 863	−2.1
1972	−23 373	2 695	−29 296	5 924	−2.0
1973	−14 908	338	−25 683	10 774	−1.1
1974	−6 135	1 063	−20 144	14 009	−0.4
1975	−53 242	906	−60 664	7 422	−3.4
1976	−73 732	−4 306	−76 138	2 405	−4.2
1977	−53 659	−3 726	−63 155	9 495	−2.7
1978	−59 185	−3 770	−71 876	12 691	−2.7
1979	−40 726	−1 093	−59 061	18 335	−1.6
1980	−73 830	−689	−82 632	8 802	−2.7
1981	−78 968	−5 109	−85 791	6 823	−2.6
1982	−127 977	−7 384	−134 221	6 244	−4.0
1983	−207 802	−110	−230 874	23 072	−6.0
1984	−185 367	−98	−218 272	32 905	−4.8
1985	−212 308	9 222	−266 457	54 149	−5.1
1986	−221 227	16 688	−283 120	61 893	−5.0
1987	−149 730	18 627	−222 348	72 618	−3.2
1988	−155 178	37 087	−252 902	97 724	−3.1

续前表

财政年度	合计 (百万美元)	预算外 (百万美元)	联邦基金 (百万美元)	信托基金 (百万美元)	合计/GDP (%)
1989	−152 639	52 754	−276 122	123 483	−2.8
1990	−221 036	56 590	−341 181	120 145	−3.9
1991	−269 238	52 198	−380 971	111 733	−4.5
1992	−290 321	50 087	−386 338	96 018	−4.7
1993	−255 051	45 347	−355 436	100 385	−3.9
1994	−203 186	55 654	−298 508	95 322	−2.9
1995	−163 952	62 415	−263 211	99 259	−2.2
1996	−107 431	66 588	−222 052	114 621	−1.4
1997	−21 884	81 364	−147 826	125 942	−0.3
1998	69 270	99 195	−91 927	161 197	0.8
1999	125 610	123 690	−87 120	212 730	1.4
2000	236 241	149 819	1 629	204 612	2.4
2001	128 236	160 681	−100 513	228 749	1.3
2002	−157 758	159 659	−360 156	202 398	−1.5
2003	−377 585	160 833	−555 977	178 392	−3.4
2004	−412 727	155 234	−605 365	192 638	−3.5
2005	−318 346	175 265	−555 093	236 747	−2.6
2006	−248 181	186 313	−537 271	289 090	−1.9
2007	−160 701	181 452	−409 395	248 694	−1.2
2008	−458 553	183 295	−724 621	266 068	−3.2
2009	−1 412 688	136 993	−1 539 978	127 290	−10.0
2010	−1 293 489	77 005	−1 416 821	123 332	−8.9
2011	−1 299 595	67 182	−1 396 642	97 047	−8.7

资料来源：Office of Management and Budget，*Budget of the United States Government*，*Fiscal Year 2013*，*Historical Tables*（Washington，D.C.：U.S. Government Printing Office，2012）.

直到 1960 年左右，综合的预算模式（将联邦政府的所有财政收支综合到一起）一直呈现盈余年度和赤字年度交替的状况，除了第二次世界大战时期，当时巨大的军事开支相对于当时的国民经济规模来说已然将国家的财政能力逼到了极限（并且最终将国家带出了大萧条的经济灾难）。在 1960 年之后，赤字和盈余交替的状况被打破了。除了在 1969 年略有盈余，从 1961 年到 1998 年，每年的联邦政府支出都超过收入①。在此期间，由于经济扩张和经济衰退，每年联邦政府的花费都超过了收入，因此不得不举债来弥补收支的差距（联邦政府债务正是国家历史上所积累的赤字的结果）。1998 年到 2001年存在综合盈余，2001 年，国会预算办公室的基线预测表明，2002 年到 2011 年将会产生 5.6 万亿美元的累积盈余②。如果联邦政府偿还所有未偿贷款后，可能产生的问题令

---

① 截至 20 世纪 90 年代末，上一个在实际运行中出现盈余的财政年度（预算内和预算外合计），是 1969 财政年度（但预算咨文中的计划是含有赤字的）；上一个计划总盈余的年度是 1971 财政年度（但实际运行的结果是有赤字的）；单独计算联邦基金和预算事务的上一次盈余是 1960 财政年度（计划和实际情况都是如此）。

② Congressional Budget Office，"Changes in CBO's Baseline Projections since January 2001"，May 12，2011［http://www.cbo.gov/sites/defaults/files/cbofiles/ftpdocx/121xx/doc12187/changesbaselineprojections.pdf］.

人们感到恐惧。这实在令人震惊：自从美国 1789 年建国以来，唯一没有联邦债务的是 1835 年中的一个短暂时期，所以没有债务的状况可能才令人感到困惑。但是立法者并没有继续让我们困扰，因为 2001 年经济衰退的打击使财政再次陷入赤字，甚至在此后赤字仍然持续增加。其原因主要包括：2001 年、2003 年和 2010 年减税导致的收入减少，伊拉克战争和阿富汗战争的影响，增加的收入无法覆盖增加的医疗保险福利，以及很重要的一点，国内可选择性支出的显著增加。当经济大衰退在 2007 年末来临时，联邦财政就措手不及了，税收的减少、自动稳定器类别支出的增加、为刺激经济（2009 年经济刺激计划）而增加的可选择性支出等，都使得财政赤字不断攀升。约翰·梅纳德·凯恩斯写道："繁荣时期，而不是衰退时期，是实行紧缩财政政策最好的时候了。"[1] 克林顿政府深知此道理，并利用 20 世纪 90 年代后期的繁荣来恢复联邦财政状况。布什政府的第二任期没有接受这一观点，使得联邦政府在应对经济大衰退时的财政状况依然很糟糕。随着逐渐摆脱经济大衰退的影响，美国已经到了弥补财政缺口的时候了。

要想在恰当的时候消灭财政赤字，从数学上看，就是简单地增加收入和减少支出［正如专栏 3 - 4 所示，就 2008 年的《坏账拯救方案》（Troubled Assets Relief Progam, TARP）而言，估算赤字就已经极其复杂了］。尽管在数学上很简单，但是处理财政赤字在政治上很复杂，因为选举产生的官员、国会议员和总统都知道公众反对课征高额税收，甚至希望减税，并且会反对任何通过减少公众项目福利而削减支出的提议。也许人们可能会辩解说，他们确实希望减少赤字、缩减支出，但现实表明，人们希望的是缩减其他人享受的福利项目的开支，并不打算减少自己感兴趣的福利项目的开支。任何增加税收和减少支出的行为，都会得罪一部分公众，因为这违背了他们的利益。在政治上，维持赤字状况要远比采取整治行动以实现平衡预算或盈余来得简单，而且长期财政赤字的历史也没有引发大萧条或恶性通货膨胀。但是，提供服务无须征收相应的税收来负担成本，这会给公众造成一种具有误导性的信号，即政府服务的成本比实际上要低廉。此外，以赤字的代价来为当前的服务提供资金，是将支付其费用（外加利息）的责任留给下一代，下一代还要同时承担他们自己所享受的服务的费用。这违背了财政可持续性的准则，即下一代人的生活水平将被降低，因为他们不但要为自己的服务付费，还要被迫为过去提供的服务付款。那么，赤字的危害是否值得人们对其进行控制呢？虽然中央政府长期赤字的实际经济影响始终都是经济学家们讨论的一个主题[2]，但尚无经济观点或者流行观点认为：每年都有财政赤字是可以接受的。如果更极端地看，可以得出如下推论：既然财政赤字真的无害，为什么还要自寻烦恼去课税（来增加收入）呢？通过借贷来为一切活动提供资金（实施赤字财政），也就不存在任何税收负担了。这显然是愚蠢的。

---

[1]   John Maynard Keynes, *Collected Writing of John Maynard Keynes*（London：Palgrave Maclillan 1937/1983），vol. 21, p. 390.

[2]   有 4 篇介绍财政赤字问题的较好的文献：Michael Dotsey, "Controversy Over the Federal Budget Deficit：A Theoretical Perspective," *Federal Reserve Bank of Richmond Economic Review*, 71 (Sept. /Oct. 1985)：3 - 16；Joha A. Tatom, "Two Views of the Effects of Government Budget Deficits in the 1980s," *Federal Reserve Bank of St. Louis Review*, 67 (October 1985)：5 - 16；K. Alec Chrystal and Daniel L. Thornton, "The Macroeconomic Effects of Deficit Spending：A Review," *Federal Reserve Bank of St. Louis Review*, 70 (Nov. /Dec. 1988)：48 - 60；Robert Eisner, "Budget Deficits：Rhetoric and Reality," *Journal of Economic Perspectives*, 3 (Spring 1989)：73 - 93.

专栏 3-4　《坏账拯救方案》和预算赤字

　　《坏账拯救方案》是作为 2008 年《紧急经济稳定法案》（the Emergency Economic Stabilization Act，公法 110-343 号）的一部分而实施的，旨在阻止自 2007 年 12 月开始的经济衰退。法案的理念是，利用联邦基金来稳定美国的金融系统，并且缓和正在发生的经济崩溃。总而言之，该法案的具体操作如下：美国财政部从公开市场上借款，用借来的钱换取银行的部分所有权，随着时间的流逝，可以优先从银行获得基于所有权的股利。当银行的获利被分配时，财政部就处于股东的最前列。最终，银行将全部借款偿还给财政部，而财政部将不再拥有银行的这部分股权。那时，每个人都会因为解脱而长叹一声。

　　这些计划对于经济复苏来说具有很好的动力，但对于记录联邦预算的赤字则构成大麻烦。如何才能将款项的往复转账计入预算总额呢？

　　美国财政部采取了一项措施，即将《坏账拯救方案》的支出与其他支出同等对待。《坏账拯救方案》的资金流出将被记为支出，而银行的偿还记为收入。这意味着当财政部把钱给银行的时候，赤字就增加了，而当银行还款的时候，赤字则降低了。这就是资金流向的过程。

　　但是国会预算办公室对于财政部关于资金流向的观点存在不同的看法：

　　　　国会预算办公室认为，《坏账拯救方案》的合理投资，应该以基于市场风险的净现值来记录，而非迄今财政部所采用的现金基础……估计的成本能够反映补贴利息和市场风险，还包括政府最终有多大的可能性收回款项。*

　　总而言之，国会预算办公室认为，赤字影响应该考虑每一项支出都有相应的偿还义务，而资金流的网络需要对赤字影响有恰当的认识。一些资金不会被偿还，即使偿还也是将来的事情了。国会预算办公室的措施针对这种网络中不利于现金支付的因素加以了考量。但是，国会预算办公室认为，财政部的方案在当期过高估计了赤字的影响，并在还款时给联邦财政以误导性的观点。

　　奥巴马政府的第一个预算咨文大致接受了国会预算办公室的观点**（这并不让人惊讶：在国会预算办公室对《坏账拯救方案》的观点发生变化时，预算和管理办公室的主任曾是当时国会预算办公室的主管）。这一修订后的观点表明，政府的净成本大约在 1 美元兑 33 美分，而如果政府部门接受财政部的观点，那它们将会因赤字的影响产生收益：大部分《坏账拯救方案》的流出资金发生在前任政府，而这些资金将在奥巴马政府时期开始流回财政部。

　　根据要求，国会预算办公室需要准备一个关于《坏账拯救方案》的年度报告。据 2011 年的报告估计，经过授权的 7 000 亿美元的坏账中，仅有 4 280 亿美元会被偿付。在还款之后，项目的净补贴成本预计将会达到 340 亿美元***。

　　* Congressional Budget Office, *Monthly Budget Review*, December 4, 2008.

　　** Office of Management and Budget, "Significant Presentation and Technical Changes in the Administration's Budget for Fiscal Year 2010," *A New Era of Responsibility*; *Renewing Amercia's promise* (Washington, D.C.: Office of Management and Budget, 2009).

　　*** Congressional Budget Office, "Report on the Troubled Asset Relief Program-December 2011," Decemeber 16, 2011.

　　持续的巨额财政赤字，在相当程度上是一个长期性问题。第一，联邦赤字威胁到国家的长期经济增长。一般来讲，国民储蓄（一定时期内生产与消费之间的差额）可以用来支付投资（提高实际的国民生产能力）或者化解政府的财政赤字。在总储蓄率一定的情况下，财政赤字会消耗储蓄，而这些储蓄本来是可以用于形成投资的。政府借款是以私人项目融资成本为代价的，这会导致实际利率上升。它还将减少资本性证券，成为国民产出的一个限制性因素，从而不利于人民生活水平的提高。现在的财政赤字削弱了国家的长期经济潜力，会对未来经济产生不利影响。

第二，持续不断的赤字对国际资本市场的影响，一定会降低美国人民的生活水平。经济顾问委员会对这个问题进行了简要的描绘：

当政府借款或增加税收时，会减少国内的储蓄供给，美国的利率水平就会上升。外国投资者为了获取更多的收益，会选择投资美国资产。这种投资可以是直接的，如一家外国汽车公司在美国建立一个汽车生产厂家；也可以是间接的，通过购买美国政府发行的债券或者美国公司的债权和股权来进行。

美国的外国投资有可能减小赤字（或者即期税收的增加）而对私人国内投资和资本市场造成影响。不管政府选择的是通过赤字还是税收来融资，美国的外国投资都会增持国内的资本性股票。当外国资本增加国内储蓄之后，美国工人的生产能力就会更大，所得的工资也就会更高了。

但是，与税收融资相比，即使有外国资本流入，赤字也会使后代人的生活状况变糟，因为与增加税收相比较，赤字会吸引更多的储蓄。赤字融资会使外国投资者拥有比税收融资更多的美国资本性股票，后人向外国投资者的还款也会变得更多（或者，从外国债务人那里享受到的收益将降低）。①

因此，由美国经济体系之外的人持有美国债务的累积额，在债务被归还时会导致美国国内生活水平的降低。而且，由外国人持有的美国联邦债务的份额大得惊人。在20世纪下半叶的大部分时间，观察者并不特别担心联邦债务的积累。大部分债务主要借自美国经济内部，因而偿还债务（包括支付利息和偿付所借的本金）相当于将资金从美国纳税人转移到美国公债所有者，而没有资金从经济体系中流出——与将钱从同一条裤子的一个口袋挪到另一个口袋的影响差不多。就在20世纪70年代中期，联邦债务中超过90%来自国内，并且，即使在稍晚一些的20世纪90年代，这个数据也在80%左右。但这个情况也有所变化——从1997年6月到2010年底，国外债务持有从35%增加到了53%。如今偿还债务意味着发生在美国经济之外，并一定会影响美国后代维持其生活水平的能力。如果国际持有者威胁要在债券市场抛售全部债权，并且拒绝购买新发行的债务，又将会发生什么呢？利率的增加将成为潜在的灾难，并且其对于经济的影响将前所未有地令人震惊。一旦美国丧失其作为资金安全避难所的吸引力，国外持有者抛售其所持有的债券，将对联邦金融和国内理财市场造成巨大的挑战。

第三，财政赤字问题一定程度上是政治问题，它限制了联邦政府对正当的国家关切问题的反应能力。在财政赤字盛行的年代，对于任何政策提议，无论是国家医疗体制改革、福利体制改革，还是严重的经济衰退，联邦政府的第一反应都并非是如何解决这些现存的问题，而是要考虑这种解决举措会给财政赤字带来什么样的影响。因此，财政赤

---

① Council of Economic Advisors, *Economic Report of the President Transmitted to the Congress* (Washington, D. C. : U. S. Government Printing Office, 1993), 248–249.

字问题给重大政策的讨论和决策设置了障碍。在 2007 年开始的经济衰退被确认后，2008 年到 2009 年的赤字问题，确实使联邦政府无法对经济衰退迅速做出反应。

第四，赤字还将提高通货膨胀率，但这还取决于美联储是否将债务"货币化"（monetize）。债务货币化，即美联储用新印制的货币或银行储备金购买政府债务——债务是赤字的产物。增加的货币供给提升了购买的压力，从而使整体物价水平升高。这似乎在美国不成问题，因为美联储在政治上独立于联邦政府，并且没有证据显示美联储具有将赤字债务化的倾向。在许多其他发达国家情况是相同的，然而，对于一些其他国家而言事实却并非如此。例如，从苏联独立出去的国家、20 世纪 80 年代的一些拉丁美洲国家，以及近期的津巴布韦。这些国家的赤字由债务货币化来支持（发行货币来购买债务），其后果是恶性通货膨胀（物价以每年 3 位数或以上的速度增长）。

第五，持续的财政赤字问题还会带来沉重的未来利息负担。每一届继任的国会都会发现，很大部分联邦资源的用途已经被事先确定了，这部分资源不是被用来向当年的纳税人提供服务，而是用于支付过去用于提供服务的借款的利息。为当前公众所筹措的资金，不得不用来弥补过去一些服务的成本。不论对于公众还是对于为公众服务当选的官员来说，这都不是一种好的现象[1]。当然，这也威胁到了财政可持续性的根本原则，即后代享有的生活水平至少要和上一代一样好。如果一代人不仅需要支付他们自己享有的服务，还要负担上一代享有的服务的成本，那他们的生活一定不会很美妙。

削减财政赤字的困难在于，削减赤字带来的收益是长期的，其成本却是即期的。这些成本中包括前面所提及的政治成本，以及增加税收或者削减支出而可能造成的国家经济衰退的危险。如何使这种全国性的长期前景反映到家乡式的国会短期视野中来呢？这并不是一个简单的问题。与增加税收或者限制支出以防止财政赤字的做法相比，我们很难判断国家何时小规模地增加赤字是合理的。

诺贝尔经济学奖得主约瑟夫·斯蒂格利茨曾这样为赤字财政辩护："赤字财政的三条基本原则仍然成立：当需求不足时启动赤字财政，尝试刺激美元——对赤字经济中支出的每一美元给予最大刺激，尝试将钱花在能够促进长期增长且致力于满足国家基本社会需求的方向上。"[2] 联邦政府在近期的大多数行为很难符合上述理由，因此修正赤字财政系统是合理的。

在考虑和不考虑社会保障影响的情况下，联邦预算将会是盈余还是赤字呢？考察这个问题一个比较好的方法，就是看一下赤字和国民经济、政府支出增加之间的关系，以及政府为弥补赤字而需要吸纳的额外资金（最终还是要归还由此产生的债务）。在 20 世纪 50 年代，财政赤字占 GDP 的平均比重为 0.4%，20 世纪 60 年代为 0.8%，20 世纪 70 年代为 2.2%，20 世纪 80 年代为 3.9%，20 世纪 90 年代为 2.2%，21 世纪初为 2.4%，在 21 世纪的最初 10 年为 8.8%。然而，在 21 世纪已经过去的 12 年中的最近 6 年里，赤字占 GDP 的比重已经超过了 3%，近 3 年来的赤字占 GDP 的比重超过了 8%。图 3-3 将联邦预算赤字/盈余和债务进行了长期分析。一直到 2011 财政年度的数据都是实际数据，其后使用的是国会预算办公室的预测数据。1940 年至 1946 年的数据显示

---

① 债务占 GDP 比率越高（多年累计赤字的结果），就容易导致更高的通胀率。通货膨胀导致平均水平的增长，而不仅是分子，因此降低了债务占 GDP 的比率，但是这会对经济造成相当大的负担。

② Joseph Stiglitz, "The Parties' Flip-Flops on Deficit Spending: Economics or Politics," *The Economists' Voice 1*, no. 1 (2004): 5. 访问 http://www.bepress.com/ev/vol 1/iss1/art2 可获得相关信息。

了参加第二次世界大战给财政带来的巨额赤字，以及由此形成的公众持有的债务。战争结束后，小额赤字（甚至盈余）以及国民经济的增长减少了联邦债务，虽然第二次世界大战产生的债务从来没有被清偿（同样南北战争和第一次世界大战的债务也未被清偿）。然而，由于 20 世纪 70 年代、80 年代和 90 年代早期财政原则的缺失，债务在经济状况基本良好的情况下再次增加。21 世纪初，财政原则的崩溃造成了财政账户根本性的不平衡，2007 年开始的经济衰退没有导致财政宽松。随后采取的巨大的支出增加/减少税收的措施，加大了债务规模[①]。经济大衰退时期，联邦政府必须扮演最终支出人的角色，以遏制经济崩溃的进一步加剧，该期间的方案也带来了更大的财政挑战，但这是应对财政危机的代价；如果不实施这些财政政策，经济前景将可能更加惨淡。然而，债务和赤字状况明确地表明，需要一种能够规范联邦政府财政之一切元素的财政准则。在成功地应对经济衰退以后，对联邦政府最大的挑战，莫过于财政准则严格化，包括针对税收系统（税收激励确实会导致收入的减少）和国内可选择性支出的增长（控制专项支出，而且对于必须的控制来说，单项否决只会带来琐碎的影响），以及最重要的是关注医疗保险、社会保障和医疗补助支出的爆发性增长[②]。尽管占国民总产出 80% 的债务负担并没有第二次世界大战结束时那么高，但也会对国家管理提出挑战，并且会潜在地降低美国人期望的生活品质。

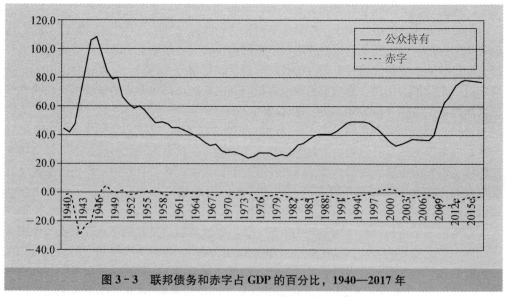

图 3 - 3　联邦债务和赤字占 GDP 的百分比，1940—2017 年

资料来源：Office of Management and Budget，*Budget of the United States Government*，*Fiscal Year 2013*，*Historcal Tables*（Washington，D. C.：U. S. Government Printing Office，2012）.

---

① 这一段 2008 年以前的数据运用了美国管理和预算办公室的实际债务和赤字数，之后年度数据来自国公预算办公室的预测数据。

② 即使是国内可选择性支出，变化也是特别困难的，因为每个被削减的项目都会影响到某些国会选区。例如，奥巴马总统 2010 年的预算提案要求，停止向总统提供新的直升机。那是他的直升机，为什么不允许他说自己旧的直升机已经足够好？但直升机项目——2009 年花费了 8.35 亿美元——为莫里斯·邓丽亚·欣奇议员（来自纽约州）所在的地区提供了 800 份工作，众议员辛奇要求保留这一项目。从国家水平上讲，该项目不值这些钱，但对于该国会选区来说则是一笔大钱。Lori Montgomery and Amy Goldstein，"Democrats Assail Obama's Hit List"，*Washington Post*，May 8，2009.

结　语

联邦政府规定了一个精确的预算周期，对于其中行政部门、立法部门的分工和预算周期每一步的时间点，都进行了明确的规定。但是这一过程仍处于混乱的状态。行政机构提交的预算往往忽略了主要的支出，使得这些支出只能在后面的追加申请中被提出来。预算的执行不能按时上交。国会经常无法通过自己的预算（预算决议）。财政年度开始，但拨款却尚未到位，并且在有些财政年度，实际上根本就得不到拨款。强制性支出中占主体的两个项目都面临着严重的财政困境。国会在预算程序中无法起到显著的作用，拨款程序面临着一个不确定的未来。展望未来，会发现在规划层面上将产生巨额赤字。联邦财政无论在经济增长还是经济萧条时，都会出现赤字。这不应该是走可持续发展道路的政府所应有的未来图景。

问题与练习

（1）使用在管理和预算办公室网站上能够找到的历史表格，对下列数据资料的走势做一下分析：联邦支出总额、国防支出总额、医疗保险和医疗补助支出总额、地面交通支出总额。请用当期货币与不变货币来进行这一分析。是什么因素促使你观察到了这些数据的走势，请给出你的解释。

（2）使用以下联邦机构来完成下面的练习：鱼类及野生动物管理局、森林服务局、土地管理局、垦荒局、美国国家海洋和大气管理局、美国地质勘测局、工程兵局、环境保护局和美国海防局。你既可以在管理和预算办公室网站上找到《**联邦政府的预算**》一书，在书中有相关答案，也可以在国会通过的各种各样的拨款法案中找到答案。

1）确定这些政府在联邦政府行政管理结构中的位置。指出该政府部门是行政部门，还是独立的政府机构？

2）确定哪个拨款小组委员会对该政府机构的预算申请具有管辖权。

3）按照预算的功能分类，确定该政府机构的运营活动属于哪一类。

4）选择一家政府机构，在近来的一个财政年度中确定：a. 这家政府机构所申请的预算授权和财政支出；b. 这家政府机构在当年的预算授权和实际支出。

（3）看一看代表你所在的选区的国会议员被分配到了国会中的哪一个委员会。如果这个国会议员是在拨款委员会的话，请指出他所在的小组委员会。试着阐明他或她对这些委员会感兴趣的原因。首先思考选区的经济利益和主要的政府雇员，这将会是一个很好的开始。你所在的选区的国会议员肯定已经有了一个自己的网站，那上面列出了他或她参加的委员会和小组委员会的任命记录。先去查找那个网站。另外一个基本的资料来源是国会自己的网站：http://thomas.loc.gov。它列出了所有委员会和各个委员会的委员（网址中的"thomas"指的是托马斯·杰斐逊，他象征着美国国会图书馆所蕴含的精神①）。

---

① 托马斯·杰斐逊系美国第三任总统、美国《独立宣言》的起草人、弗吉尼亚大学的创始人。1814 年，美国国会图书馆遭焚毁后，杰斐逊将个人藏书提供给国会，国会慨然接受，并拨款 23 950 美元收购其价值 50 000 美元的 6 487 部藏书，为国家的大图书馆创建奠定了基础。时至今日，国会图书馆网站上的联邦立法资讯名依旧为托马斯，以表彰其贡献。——译者注

（4）请选出一个联邦机构。找到那个机构在最近的一个财政年度中得到的拨款。这些信息可能在年度拨款法案中，也可能在将很多《一般性拨款法案》整合起来的《综合拨款法案》中。在拨款法案中，是否存在带有实质性特征的规定？

案例讨论

案例3-1

政治分肥与专用款项：多种多样的选择

议员们采用各式各样的手段，来提供能够讨好其所在地区选民的项目。相较于常规专用款项，其手段近乎过不留痕。

回答下列问题：

（1）简述硬性专款和软性专款之间的差别。

（2）你认为硬性专款和软性专款哪一个更有效？

（3）软性专款会计入总支出吗？

（4）你认为对专款的控制会成为一项重要的公共议题吗？

（5）专用款项对于政治分肥而言是必不可少的吗？

（6）如何对软性专款加以控制？

政治分肥悄悄地隐藏在预算之中。

纽约时报，2008年4月7日，星期一

作者：罗恩·尼克松（Ron Nixon），由汤姆·特勒克（Tom Torok）从纽约撰稿报道。

在国会山，立法者们发现，有时相较于对官员简单地施加命令，真诚地恳求他们做事才更有好处。

去年，国会大张旗鼓地启用了严格的伦理标准，要求议员们在把联邦资金引向其"宠物项目"时能够向公众公开。但是，结果显示，立法者们不会在委员会报告和支出提案中向政府机构宣布精确的数据，他们通过制订含糊的申请，依旧能够秘密地将上亿元的资金导向其中意的组织。那种表面上的善意就是"软性专款"和固定化的"硬性专款"之间的区别。

对于特定的项目而言，究竟需要多少资金？这很难定论，因为软性专款中并没有标价。谁是资助者？这并不为人所知，除非议员在事后加以说明。支出的目的是什么？也通常不会加以说明。

如何辨认软性专款？这很简单。其语言特点是颇具礼貌口吻的、恭敬的建议：委员会"许可"或者评价为"意识到"某些必要的项目，并且"极力主张"或者"大力推荐"政府机构资助这些项目。

这就解释了纳税人的税款在去年是如何被申请的，例如，给世纪基督教广播电视集团在马达加斯加建造一个短波电台、海地的拯救老鹰工程、马里兰州大力消灭农业害虫、位于亚拉巴马州的一个国际肥料发展中心援助海外农民的项目。

在经历了数个硬性专款被列入国会丑闻，并激起针对政府机构和监管机构挥霍财政支出的非议之后，国会在去年削减了他们的预算数额，并要求对其中的大部分项目进行公开（根据国会研究中心的报告，去年有超过 10 000 个项目，耗资将近 200 亿美元）。

软性专款尽管不是一种新的现象，但实际上没有引起任何关注，也没有被列入任何当前正在筹划的伦理改革中，因为国会并没有将之作为真正的专用款项。

软性专款的总成本并不为人所知。但是该研究中心发现，在 2006 年，在 13 项年度拨款议案的一份支出议案中，软性专款高达 30 多亿美元。同时，处理议案的委员会也通过设计海外运作，越来越多地将硬性专款转变为软性专款。

"这表明，即使现在议员不得不公布他们所中意的项目，但是我们仍然无法得到专用款项的完整数据，"瑞恩·亚历山大（Ryan Alexander）说："我们也许仅仅看见了冰山的一角。"他是纳税人共识协会的理事，该协会是位于华盛顿的一家专门追踪专用款项的组织。

亚利桑那州共和党代表杰夫·弗雷克（Jeff Flake）表示，关于争办政治分肥支出的问题，温和的言语并无法改变任何事。

"无论你喜欢怎么称呼它，专用款就是一笔专用款。"作为专用款长期抵制者的弗雷克先生说，"如果国会的领导者认为软性专款不是专用款，那么我不禁要思考，为什么我们还要在这里进行强硬的改革呢"。

软性专款被列入多种支出措施中，但是它们通常更倾向于拨款给国务院、负责国际发展和海外援助项目的美国国家机构等。

联邦机构不需要资助软性专款。然而在传统上，官员们觉得有义务通过这些申请。

"尽管软性专款并未受到法律禁止，但是通常伴随着潜在的威胁：如果你不遵照我们的建议，我们接着会向你提出一个硬性专款。"安德鲁·纳奇奥斯（Andrew Natsios）说。他是布什政府 A. I. D 项目的前任行政主管。

在报告中，国会研究中心认为，如果机构不能够资助软性专款，它们也可能会面对预算削减的风险。

纳奇奥斯先生说，曾经有两位议员提出威胁，如果不支付他们所申请的某项目，他们将会削减纳奇奥斯的预算，但他拒绝指认这两位议员。

议会领导者们声称，软性专款仅仅是一些建议，而非专用款项。他们争辩说，政府机构在很大程度上通过一个竞标的过程来对资金行使自由裁量权。

纽约民主党代表尼塔·劳伊（Nita M. Lowey）在一份电子邮件中写道："根据相关工作的记录来识别组织，也是国会预算的职责。"

"它拓宽了在行政优先顺序上的竞标许可过程，并鼓励当前的中标者维持一个高水平的绩效标准"。劳伊女士说，她是众议院国内和海外工程拨款小组委员会的主席。

纳奇奥斯先生同意议案中的部分软性专款可以带来竞标的过程。但是这无法解释为什么报告中提名了一个确定的组织，并且这时常发生。

近年来，在考虑议员的支出申请时，一些委员会把硬性专款转变为软性专款，声称这能够赋予机构更多的灵活性。包括弗雷克在内的批评家们都认同，这是用来逃避审查的手段。

他说，"在致力于更多地曝光专用款项的决策过程中，我担心我们可能会越来越多地发现一些创造性的方法，来把资金引向国会议员所希望的接收方"。例如，资助被称作马达加斯加世界之声的短波电台，是由得克萨斯州共和党代表比特·赛申斯（Pete Sessions）发起的一项硬性专款的申请。

赛申斯最初为世界基督教广播电视集团申请了 250 万美元，该集团位于纳什维尔，在数国间播放广播电视，并推广禁欲来防止艾滋病。众议院拨款委员会将之转化为软性专款。

世界基督教广播电视集团的发言人宣称，该组织正在进行关于 A.I.D. 资助款项的讨论。

另一个软性专款的案例属于亚拉巴马州马斯尔·肖尔斯（Muscle Shoals）的一个国际肥料发展中心。该中心的挥霍浪费遭到了监察部门和亚利桑那州参议员约翰·麦凯恩（John McCain）的指责，麦凯恩是专用款项的批评者，是共和党的总选候选人。

约翰·H. 奥古德（John H. Allgood）是该中心财政和行政部门的主管，中心致力于指导第三世界国家的农民关于土壤肥料的管理以及其他农业实践知识，他坚称他的组织收到了来自 A.I.D. 的资助，但是不了解这是否系通过专用款项的形式。

奥古德先生不愿意透露组织收到的金额数目，并且其援助机构也对信息公开的请求不予答复。该肥料中心此前收到过一笔 400 万美元的硬性专款，由亚拉巴马州共和党参议员理查德·C. 谢尔比（Richard C. Shelby）申请所得。

当然，软性专款并不能确保资金落实。例如，芝麻街工作坊（Sesame Workshop）*——这是大鸟（Big Bird）先生**以及其他芝麻街小伙伴们的家园——表示，尽管提出了这样的申请，但并未收到任何资金。

一如既往地，各个组织每年会支出上百万美元来为自己向国会进行游说。说客们表示，把客户的组织加进委员会报告的文字中，将会对客户产生重要影响，这些报告中包含对政府机构的详细指导。

"我肯定不会把它们称作专用款，但是会对机构说它们是国会十分重视的项目。"弗雷德里克·拜尔德［Fredrick Baird，著名的川普（Tripp），是尤利乌斯·恺撒公司的一名说客，该公司由俄克拉何马州共和党前众议员沃特（J. C. Watts）进行领导］说。

除了弗雷克去年提出要曝光修订过程的修正案外，没有人提议过应尽力限制软性专款。

布什总统在 1 月签署了一份行政指令，指示政府机构可以无视委员会报告中的全部专用款。

但是，根据国会研究中心以及政府问责署提出的法律意见书，国会绕开该指令，只要简单地将它们嵌入提案的文本或者草案中，就能够指导机构来提供委员会报告中所列出的专用款，如同它们是被写入了法律一样。这些现象使那些正在寻求政府公开的组织感到沮丧。

"软性专款比硬性专款更为隐匿，"纳税人共识协会的副理事长基思·阿什当（Keith Ashdown）说，"对于硬性专款，你至少能够了解到数目及收款方；对于软性专款，所有的事情都在秘密地进行。"

---

* 《芝麻街》是美国曾经很流行的少儿教学节目，综合运用了木偶、动画和真人表演等各种表现手法，向儿童传授基础阅读等基本知识。自 1969 年播出，至 2009 年，已荣获 153 座艾美奖，并先后在全球 150 多个国家推广。——译者注

** "Big Bird" 是《芝麻街》中的一位卡通人物。——译者注

资料来源：Copyright © 2008 The New York Times Company.

附录 3-1　拨款、部门、机构和预算账户

国会为联邦政府的正常运作进行拨款。这些资金通过拨款的过程分发到部门，接着分发到各部门内设的机构中。资金是通过机构间的账户进行控制的。无论各部门多么渴望，也无法获得他们认为合适的资金数额。取而代之，国会保留了对那些资金的合理而严密的控制权。

控制系统是通过一系列的预算账户进行操作的。这些预算账户也作为项目主管人员制订预算申请的基准，并最终成为总统预算的一部分（并且他们希望能够得到国会拨款的反馈）。管理和预算办公室的 A-11 公告中对这些账户进行了如下定义："预算账户通常覆盖了导向某一个共同目的或目标的有组织的活动、项目或者服务。预算账户是总统预算的基石……此外，预算账户是议会预算行为的基础。"① 预算账户会收到一笔定义明确的资金，可供机构中一个特定的组织在一段指定的时间内使用，以资助相似项目和活动的花销。

下述的例子能够展现预算账户系统是如何发挥作用的②。表 3A-1 列出了美国政府数个部门的账户数。

表 3A-1　2006 财政年度的部门预算账户和支出

机构编码	部门	账户数	支出（十亿美元）
005	农业部	103	102.0
006	商务部	33	6.6
007	国防部	111	538.8
018	教育部	27	90.4
019	能源部	35	25.0
009	卫生与公众服务部	43	908.9
024	国土安全部	64	33.1
025	住房与城市发展部	44	49.4
010	内务部	81	16.4
011	司法部	40	23.1
012	劳动部	26	52.1
024	国务院	34	13.8
021	交通部	61	65.1
015	财政部	43	472.7
029	退伍军人事务部	21	74.3

资料来源：Arthur W. Stigile, Chief, Budgt Concepts Branch, Budget Review, U. S. Office of Mangement and Budget. Reprinted by permission.

部门间的账户数目差别很大，并且，部门支出的资金与预算账户数之间也没有关联。例如，内务部和国务院的支出水平相当，但是内务部有 81 个预算账户，而国务院

① Office of Management and Budget, Circular A-11 Section 71-1.

② 这里的账户是从管理和预算办公室的角度和一个更高的视角来描述的。各机构在预算执行和向财政部报告时使用更详细的账户框架。财政数据库中的每个单独的账户都有额外的代码，用于确定拨款的财政年度，以及资金是一年、多年还是不定期的。财政部与管理和预算办公室合作，在其 *FAST* 一书中建立和维护了这一官方账户系统。（http://www.fms.treas.gov/fastbook/index.html）. 所有这些都被转入了管理和预算办公室的账户中去。

仅有 34 个。一个部门拥有多少个预算账户，取决于国会选择如何来进行资金拨款。国会通过增加账户，能够对它提供给部门的资金实施更进一步的控制。

进一步理解该过程，就需要对部门内部的机构或者主要组织单位进行观察。表 3A-2 列出了内务部中机构的预算账户情况。

表 3A-2   2006 财政年度内务部的机构账户及支出

机构编码	机构名称	账户数	支出（百万美元）
04	土地管理局	11	2 883
06	矿产管理中心	7	2 585
08	地表矿产开垦与执行办公室	2	351
10	开垦局	10	1 105
11	中央犹他项目	2	34
12	美国地质调查	2	972
18	美国鱼类及野生动物管理局	16	2 072
24	国家公园管理局	9	2 593
76	印第安事务局	7	2 397
84	部门管理	3	372
85	海岛事务	3	424
86	律师事务办公室	1	55
88	检察长办公室	1	39
90	美国印第安人特殊信托办公室	5	464
91	自然资源破坏评估与修复	1	37
92	国家印第安博彩委员会	1	12
	部门总计	81	16 395

资料来源：Arthur W. Stigile, Chief, Budgt Concepts Branch, Budget Review, U. S. Office of Mangement and Budget. Reprinted by permission.

正如部门预算账户一样，这些机构的账户也取决于国会。一个机构内设有越多的账户，通常意味着国会的控制意图越强，需要重申的是，支出数额与账户数之间几乎没有关联性。获得的每一笔资金都是国会拨款的一部分。

机构内部的资金提供是建立在预算账户内资金的基础上的。表格 3A-3 提供了国家公园管理局的预算账户的细节内容。它的授权立法将公园服务的任务定义为"保护未受损害的自然及文化资源，国家公园系统的价值在于为当代人和未来几代人提供娱乐、教育和启迪"。该公园系统包括 388 个单位，覆盖 49 个州 8 800 万英亩的面积，其中包括哥伦比亚特区、美属萨摩亚、关岛、波多黎各、北马里亚纳群岛以及美属维尔京群岛等[1]。国家公园系统通过这些预算账户所提供的资金来提供服务。

表 3A-3   2006 财政年度国家公园管理局支出的预算账户

账户号	账户标题	支出（百万美元）
010-24-1036	国家公园系统的运作	1 719
010-24-1039	建设与主要维护	335
010-24-1042	国家娱乐与保护	54

---

[1] "National Park Service Budget Highlights, Fiscal Year 2006" [http://www.doi.gov/budget/2006/06Hilites/BH71.pdf].

续前表

账户号	账户标题	支出（百万美元）
010-24-1049	美国公园警察	80
010-24-5035	征地与国家补助	47
010-24-5140	历史遗迹保护资金	72
010-24-9924	其他固定拨款	100
010-24-9928	娱乐费用的固定拨款	166
010-24-9972	其他信任资金	20
	国家公园管理局——总计	2 593

资料来源：Arthur W. Stigile, Chief, Budget Concepts Branch, Budget Review, U. S. Office of Management and Budget. Reprinted by permission.

国家公园系统账户的结构取决于国会，并界定了国家公园管理局力图提供的活动。它是国会进行预算分析并进行预算拨款的标尺，也是编制总统预算中国家公园管理局预算提案的标准。值得注意的是，国家公园系统的运作是一个庞大的账户，该账户为公园服务提供了充足的灵活性，例如，能够在系统中任意选择需要重点关注的公园，确定这些修缮到底是参观者造成的后果，还是在自然灾害后的恢复。这些账户不会低于私人公园的支出水平。对管理者而言，预算账户是特别重要的，因为即使在同一机构内部，如果没有国会的许可，也禁止将资金从一个预算账户中调剂到另一个账户中。因此，预算账户是国会至关重要的控制手段——账户的范围越广，组织单位就拥有越大的灵活性，以处理机构所面对的重要公共需求。

为了帮助理解拨款与预算账户系统如何运作，最后一个重要的示例就是对一份拨款法令进行解读。图 3A-1 举例说明 2006 年《环境和相关机构拨款法案》（公法 109-54 号）。

对内务部、环境及相关机构进行拨款
用于 2006 年 9 月 30 日结束的财政年度及其他目的

国家公园管理局的运作

提供国家公园管理局所需的对地区和设施的管理、运作与维护的必要费用（包括在可收回成本的基础上，对特殊路段维护服务中的货运许可证签发），并提供国家公园管理局的总管理费用，总计 1 744 074 000 美元。

其中的 9 892 000 美元用于湿地保护区的计划制订及机构间的协调，应该能够维持到资金耗尽前。

其中的 97 600 000 美元用于国家公园管理局的维护、修理或修复项目，如自动化设备管理软件系统和综合设施状况评估的建设资产及运作，资金应该可以足够维持到 2007 年 9 月 30 日之前。

其中的 2 000 000 美元用于青年保护公司（the Youth Conservation Corps）的高度优先项目。

在此账户中可用来维持美国公园警察的唯一资金，是那些被批准的、依照建立国家公园管理局的程序来制定紧急法律和来指挥重大事件的资金，或是用作维护和修理美国公园警察管理设备的资金，又或是用作补偿美国公园警察账户中未编入预算的加班和差旅成本的资金，如果这些资金与每笔不超过 10 000 美元的特殊项目相关，那么依然可以轻易地通过华盛顿总部办公室的审议和批准。

图 3A-1　2006 年对国家公园管理局的拨款法令文本

资料来源：Department of the Interior, Environment, and Related Agencies Appropriation Act, 2006, (P. L. 109-154), August 2, 2005.

在拨款法令中，需要注意以下几点：

（1）法案将资金定义为对内务部在 2006 财政年度的国家公园管理局进行拨款。值得注意的是，在财政年度开始之前，该法案就已经被通过，这在该领域是非常罕见的。其他法案会为国家公园管理局的其他账户提供资金。

（2）法案介绍了资金的使用目的，将会对经费进行全额拨款。

（3）法案对全额拨款中的某些部分应该如何使用做出了指示。一个正统主义者或许会反对这样做，因为这是一项混合政策的资金，更恰当的做法是进行授权而不是拨款，但是这些法规已经成为现代拨款过程的常规部分了。

（4）法案明确地限制了预算账户中美国公园警察账户可以使用的资金水平。回顾表 3A-3 中的一个独立预算账户（010-24-1049），该账户将由稍后颁布的拨款法令来提供资金。

归纳起来，预算账户的结构为编制机构预算申请提供了框架，为国会审议申请并由国会向机构进行拨款提供了基础，也是政府机构提供公共服务的基础，并且还是机构支出的外部审计的基础。它代表了国会监督并控制机构运作的基本原则。

第 4 章

州和地方政府预算

次国家政府的预算——美国的州和地方政府——不同于国家层面的预算。首先，次国家政府在开放经济中运行，这意味着其提供的经济活动和服务对象很容易超越管辖范围。住在城市郊区的居民能轻松地享受到当地政府提供的众多公共服务而不需要进行付费，住在大城市的人们可以通过改变居住位置来选择本地服务和服务提供的方式，且不需要改变工作①。远程办公的前景也大大增加了这种灵活性。一个城市为了刺激其自身经济发展所做的努力，将迅速带动其他城市的发展。同时很多税基是不断变化的：例如为了应对消费税率的大幅上升，城市的居民可以在郊区进行消费。跨越区域界线变得更为便捷，这使得次国家政府之间的服务提供和融资方式都有所改变。

国家政府和次国家政府的另一个基本区别在于，次国家政府缺乏强有力的后备工具。在不得已的情况下，国家政府能够凭空创造大量的消费能力：它能印钞票（事实上它也能建立银行账户供自己使用）。这是一种强大的缓冲机制，但州和地方政府无法做到这一点。当然，这种能力即便是国家政府也不能随意使用，因为它会引发大规模的通货膨胀，但是这是一种强有力的权力，并且只有国家政府才能拥有。

次国家政府和国家政府的法律环境不同。国家政府经常对较低层级机构的财政权力进行限制，例如，次国家政府可以征收的税种、它们应提供的服务及应在何种财政约束之下运作。然而，这种情况在美国并不适用。受制于宪法的一些原则，美国的州政府在使用财政收入

① 从许多方面来说，一个大都市的各个地区的运作就像市场上竞争的公司。参见：Charles Tiebout, "A Pure Theory of Local Public Expenditures," *Journal of Political Economy*, 64 (1956)：416-424. 它们对于居民和经济活动的竞争导致政府服务的有效提供，其形式基本类似于公司间的竞争导致私人市场上有效的资源配置。

和提供服务方面拥有更大的自由。很少存在要求州政府必须严格服从的全国性标准，存在这类规定的地方，往往隶属于联邦援助方案，但州政府可以选择不参加。相较于世界上的其他国家，美国的州政府更类似于财政自由代理人，在其管辖领域拥有大量的自由裁量权。不过，针对其自身的财政运行，州政府经常会建立基本宪法限制，例如考虑它们可以有多少未偿还的债务、有哪些可以使用的收入来源等。地方政府通常必须在州政府的严格限制之下运作，包括有时要求地方政府预算在通过之前需经过州政府机构审议。当然，美国有 50 个州和 89 000 个地方政府，因此在预算进程中存在着诸多变化。本章只能给出州预算结构和进程的一般性特点，具体细节则要留给对具体州的研究来解答①。

4.1　州和地方政府的支出和服务提供

表 4-1 中列出的是美国州和地方政府 2008 年的支出情况。州和地方政府都聚焦于那些与公众紧密相关的服务——教育、公共安全、社会福利、环境卫生和健康等——并非是全球范围内的国际事务，而是国家政府管辖范围内的争执。这些是表中较大的支出类别。在讨论支出模式之前，需要注意一些报告的惯例。各州将大量的资金转移给了地方政府；表 4-1 中所列的支出，都是以受益方为基础的（这就使这些支出变为"直接"的支出）。该表还按照习惯将一般性支出和用于由政府运营的公共设施、酒类商店和保险信托体系（包括失业补助、公共雇员退休计划等）的支出予以区分。公共设施和酒类商店的运营余额，最终也可以用于资助政府的一般性运营活动（或者当它们出现损失时，也需要由政府发放的补贴加以弥补）；保险信托活动，特别是失业补助，和政府的一般财政几乎没有什么直接联系，尽管政府的一般财政不得不维持雇员退休项目以及弥补资金的差额②。州和地方政府退休项目的相关问题将会在本章后续讨论。

在地方政府支出中，基础教育和中等教育占统治地位，其在直接一般性支出中的比重为 40.5%。这类支出的很大份额都是给予独立学区的，它是一种单一目的性的地方政府。然而，许多大城市都将学校作为一个市政部门来运作。尽管其由地方政府管辖，但很大一部分学校支出来自州政府给予的补助。一般而言，在补助的同时还规定了如何使用这些资金，这经常会激怒地方政府，它们深信自己比州政府更了解地方需要什么。其他支出种类在直接一般性支出中的比重都未超过 10%，而公共福利支出（3.7%）、医疗支出（5.6%）和公共保卫支出（5.6%）是剩下的支出类别中占比较多的几类。近年来，增长比较迅速的支出种类有：劳教、保健、空中运输（机场）、固体垃圾处理和利息支付等。

---

① 一些州政府规定，允许州政府接管面临着严重财务问题的地方政府财政。例如，2011 年初期，纽约州政府接管了拿骚县（Nassau County）财政，一个州政府任命的管理者接管了密歇根州本顿港的业务。从 1990 年建立的一个项目开始，密歇根州已经接管了 7 个地方政府财政（但还没有接管底特律）。大西洋城在 2010 年把财政管理交给新泽西州。宾夕法尼亚州的许多城市在过去几年已经进入了州复苏计划。在美国的体制内，联邦政府不会接管州政府（或地方政府）财政，美国宪法允许州政府拥有剩余权利，地方政府由州政府而非联邦政府创造。州政府接管的内容将在第 15 章进行更详细的介绍。

② 如果将这些信托资金的盈余投资于政府债务，一般都投资于联邦债务而不是州-地方债务。因此，如果像是在联邦层面所做的那样，那将它们与一般的州-地方政府运营合并，是不妥当的。

表 4－1

2008 年州和地方政府支出

	州和地方政府支出总量（千美元）	占直接一般性支出的比重（%）	州政府支出总量（千美元）	与直接一般性支出的比重（%）	地方政府支出总量（千美元）	占直接一般性支出的比重（%）
直接支出	2 834 074 613		1 256 776 878		1 577 297 735	100.0
直接一般性支出	2 400 204 391	100.0	1 024 665 561	100.0	1 375 538 830	43.2
教育	826 063 178	34.4	232 212 206	22.7	593 850 972	2.7
高等教育	223 293 543	9.3	186 830 495	18.2	36 463 048	40.5
基础教育和中等教育	565 631 236	23.6	8 243 312	0.8	557 387 924	—
其他教育	37 138 399	1.5	37 138 399	3.6	—	0.8
图书馆	11 611 470	0.5	445 608	0.0	11 165 862	3.7
公共福利	404 623 719	16.9	354 047 572	34.6	50 576 147	5.6
医疗	128 853 219	5.4	51 937 541	5.1	76 915 678	2.9
保健	79 704 063	3.3	40 033 167	3.9	39 670 896	0.0
社保管理	4 088 785	0.2	4 071 956	0.4	16 829	—
退伍军人服务	1 083 098	0.0	1 083 098	0.1	—	4.6
高速公路	153 514 687	6.4	90 644 565	8.8	62 870 122	1.4
空中运输（机场）	21 264 242	0.9	1 757 667	0.2	19 506 575	0.1
停车设施	1 602 479	0.1	7 909	0.0	1 594 570	0.3
海洋和内河航运港口设施	4 940 135	0.2	1 492 064	0.1	3 448 071	5.6
公安保卫	89 676 481	3.7	12 034 322	1.2	77 642 159	2.9
消防	39 683 287	1.7	—	—	39 683 287	1.9
劳教	72 904 099	3.0	47 239 040	4.6	25 665 059	0.4
保护性检查和管理	14 936 798	0.6	9 297 965	0.9	5 638 833	0.7
自然资源	29 916 526	1.2	19 942 068	19.0	9 974 458	2.6
公园和娱乐	40 645 523	1.7	5 509 852	0.5	35 135 671	

续前表

	州和地方政府支出总量（千美元）	占直接一般性支出的比重（%）	州政府支出总量（千美元）	占直接一般性支出的比重（%）	地方政府支出总量（千美元）	占直接一般性支出的比重（%）
住宅和社区发展	50 974 243	2.1	10 856 663	11.0	40 117 580	2.9
排污设施	46 678 848	1.9	1 272 666	0.1	45 406 182	3.3
固体垃圾处理	23 756 966	1.0	2 438 631	0.2	21 318 335	1.5
财政管理	40 944 582	1.7	23 233 998	2.3	17 760 584	1.3
司法管理	41 450 902	1.7	20 442 128	2.0	21 008 774	1.5
一般公共建筑	15 091 402	0.6	3 565 078	0.3	11 526 329	0.8
其他政府管理	29 460 307	1.2	4 861 052	0.5	24 599 255	1.8
一般债务利息	100 055 452	4.2	44 719 371	4.4	55 336 081	4.0
各类商贸活动	5 656 056	0.2	1 647 572	0.2	4 008 484	0.3
其他未分类项目	120 973 844	5.0	39 871 807	3.9	81 102 037	5.9
公用设施	193 352 869		26 072 981		167 279 888	
自来水	55 214 708		354 255		54 860 453	
电力	76 666 763		15 439 994		61 226 769	
天然气	10 527 452		12 107		10 515 345	
交通	50 943 946		10 266 625		40 677 321	
酒类商店	5 933 639		49 944 650		988 989	
保险信托	234 583 714		201 093 686		33 490 028	
失业补助金	35 567 964		35 470 883		97 081	
雇员退休金	180 057 751		146 664 804		—	
工人补偿金	12 052 535		12 052 535		—	
其他保险信托	6 905 464		6 905 464		—	

资料来源：US, Bureau of Census Federal, State and Local Governments; State and Local Government Finances, 2008.

州政府支出种类中最大的单项支出，是公共福利支出（占直接一般性支出的比重为34.6%）。1996 年的联邦福利改革计划——将原来"给予有未成年人需要抚养的家庭的补助"（一种联邦政府给予个人的授权支出）转变为了"给予有困难家庭的临时性补助"（一种以将责任转移给州政府为条件的资助计划）——使州政府的责任更加重大了，促使州政府悉心管理，使人们尽快富裕起来，从而摆脱依赖补助的状态。医疗补助计划是一项针对穷人的卫生保健项目，它是联邦和州政府共同拥有的项目：州政府依据联邦政府的指导方针，运用州和联邦共同资金来进行补助。医疗补助计划是公共福利类项目支出的重要组成部分，也是后者增长的主要因素。在其他功能性支出中，只有高等教育支出（占直接一般性支出的比重为18.2%）在直接一般性支出中的比重超过了10%。在直接一般性支出中比重较大的支出种类还有高速公路（8.8%）、医疗（5.1%）、劳教（4.6%）和保健（3.9%）。尽管各州的情况不尽相同，但州财政都面临着共同的问题，即劳教支出问题——劳教人员数量的增长和针对劳教人员的人道主义司法要求，都导致了这类支出的增长。州财政的问题还来自卫生问题，特别是医疗补助计划[①]。

表中的数据将全国视为一个整体，而州与州之间其实是有差别的。州和地方政府做出它们自己的决定，而不以全国标准为指针。在分配财政资源方面，各司法管辖区的制度也很不一样。尽管上述模式可以让我们对权力机关如何分配预算形成一个初步的猜想，但只有关注特定的政府财政，才能确定政府到底如何支出款项。在州和地方政府之间进行比较时，考虑运行环境是尤为重要的。例如，两个学区——一个设立在富裕、有教养、构成单一的郊区，另一个设立在低收入、教养较差、明显异质的闹市——很可能花费完全不同的金额来提供相同水平的学习条件，其原因在于运营环境不同，而不是一个比另一个效率更高。

4.2　州和地方政府的预算程序

联邦政府使用界定严格（但经常变化）的预算程序，其中最后时间期限（经常被错过）、规章制度、角色和授权都有清楚的界定，从服务观念的产生到对结果的审计，当权者对资源流动的过程都做了具体规定。几乎所有的州和较大的地方政府所使用的，都是相似的四阶段预算周期。然而，毋庸置疑的是，州和地方政府巨大的多样性，导致难以找到一个所有政府机构都适用的预算程序[②]。因此，对预算程序问题，需要就具体的政府来加以考察。威奇托（Wichita）的预算程序到了阿拉托纳（Altoona）就不一定适用了，但这两个政府都有非常适合自己的一套预算程序[③]。因此，对州和地方政府预算

---

① 关于医疗补助细节的框架可参见：Jane Sneddon Little，"Medicaid," *New England Economic Review*（January/February 1991）：27—50. 文章分析了1991 年困扰着该项目的成本增长问题，而这种担忧一直延续到今日，仍未得到缓解。

② 对于这种多样性的理解参见：Edward，J. Clunch and Thomas P. Lauth，eds.，*Governors*，*Legislatures*，*and Budgets*：*Diversity across the Amercian States*（New York：Greenwood Press，1991）. National Association of State Budget Officers，*Budget Processes in the States*（Washington，D. C.：NASBO，2008）. 这些文章为每个州预算程序的结构提供了最完整的概述。

③ 大部分州和地方政府的网站都提供了对该司法管辖区内预算程序的描述，有时也包括由行政首脑发布的最近新的预算准备指令。

程序的讨论，也只能就其本质特征进行一般意义上的分析。路易斯·布兰代斯（Louis Brandeis）法官在"新州冰公司诉赖伯门案"中评论道："值得联邦政府庆幸的是，如果允许公民选择的话，每一个勇敢的州都可以成为一个实验室；可以在这个州进行新奇的社会经济试验，而不会对这个国家的其他地区带来风险。"对于预算程序来说，亦是如此。（在本章结尾处的附录 4-1 中，具体描述了得克萨斯州的预算程序，将它作为预算体系的案例之一。）

除了规模不同之外，州和地方政府的预算程序与人员配置都与联邦政府类似。但其中许多政府——特别是地方政府——都体现出显著的非正式性，部分原因是预算程序中涉及的人员没有得到过政府财政系统的培训。实际上，它们根本就没有行政预算。政府机构的领导可以直接向立法机关（市议会或者县议会）递交预算申请，而无需任何对编制预算申请的行政指导。这些地方政府的预算申请，特别是对于小政府来说，不会遵循什么固定的时间表；政府机构在用光资金或者遇到新的项目选择之后，可以随时递交预算申请，这很像 1921 年法案之前联邦政府的做法。州政府则更为正式且对其预算过程的控制力度更大："那种政府机构可以自由决定预算申请中资金数额的日子已经一去不返了，现在取而代之的是，在政府机构申请资金时，必须要遵守各种控制机制和限额。"① 这些指导方针中可能包括：（1）确定某些支出项目之间的优先序；（2）针对扩大项目、维持当前服务水平还是仅仅提供最低水平的服务，发出相应指令；（3）明确预算草案编制所要遵守的特定数额限制。州政府常常受基线（或者当前服务水平）收入预测的影响，这种预测给预算参与者施加了一种预算硬约束，如果政府想要长期可持续运行，这种预算硬约束下的支出总额必须降下来。尽管州预算办公室隶属的部门可能各不相同（例如，州长办公室、独立的行政机构、大的行政部门或财政部门），但它们都要对整个预算程序进行监管，对要纳入预算的提案进行审议，并对已审议预算的执行过程实施控制。

然而，地方政府在是否存在预算的指导方针和控制程序方面，则是各式各样的。一些更重要的问题出现在预算准备和立法审议阶段。首先，许多地方政府实行的依然是**圣诞节清单预算**（Christmas list budgeting）。在这种模式下，政府部门的领导在编制预算申请时，缺乏对预算目标和约束条件加以规定的行政指导方针。这种模式导致了不切实际的预算请求，这类请求通常直接就被削减掉了，而不会关注项目好坏以及是否重要。不同部门的提议通常互相矛盾，而且其制定可能根本不以任何特定政策指导为依据。其次，一些州和地方政府行政机构的领导由选举产生（如县治安官），对于这些约束官员之提案的指导意见，官员们可能会无动于衷。再次，政府机构的预算申请没有经过行政预算办公室的审议，这通常是因为没有这样的预算审议人员，或者人数很少且缺乏培训。因此，政府机关提交给立法机构审议的预算申请在形式上根本就不一致，没有遵循特定的编写标准，对服务的提供没有一个统一的计划，也没有对技术错误和表达错误进行复核。实际上，这些预算咨文的准备只是经过订书机的装订，缺乏可以进行对照分析的模板，也基本没有一致的行政版本。这种系统（或者就叫作"非系统"吧）使立法机关被细节问题所淹没。立法机关的成员不仅要对其中的数字计算详加推敲，经常还要对每一个项目进行深入考察。预算审议人员考虑的往往不是政策问题，而是要埋头对特定

① Robert D. Lee, "The Use of Executive Guidance in State Budget Preparation," *Public Budgeting & Finance*, 12 (Fall 1992)：29-30.

预算申请的成本进行估测；在对更高层次的项目、绩效、效率和使命进行讨论之前，他们可能就已经筋疲力尽了。立法机关的成员很少具有预算分析的技巧，所以检查的效果欠佳也不令人惊讶。最后，任何指导意见可能仅仅关注政府的购买，而非政府实际提供的服务。一个县政府可能要求其部门在编制的预算申请中提议给每个人加薪 4%，并保持其他支出类别不变。想要确保公众花费的钱能够得到优质的政府服务，这种做法并不是一个特别有效的方法。但那些低效率和无所作为，恰恰是地方政府预算和财政能力有限的结果。

许多州和地方政府与联邦政府的不同之处，还在于预算周期的审计阶段。尽管许多这类政府都由一家公共机构来进行外部审计，就像国家审计总署为国会服务一样，另一些政府机构则将这项功能进行了私有化，与具备资格的私人会计公司签订合同并由其执行审计功能。只要审计程序、审计标准、审计问题都是预先设定的，审计公司在投标前已符合资质要求，那么州政府就没有必要也建立一套类似于国家审计总署那样的机构①。但是，通常来说，州政府确实由立法审计人员（如法律服务机构或法律顾问）来进行绩效审计、项目评估和财政分析；这项工作同为加强控制而实施的财务审计和遵从性审计是分离开来的，难以被私有化。与上述推荐的模式不同，有些州将审计机关列入行政分支机构；而在另一些州，同时拥有行政和立法的审计机关。

行政-立法权力及其功能②

多年来，联邦预算程序在政府的行政部门和立法部门之间创建了一种复杂的、时有变化的财政权力平衡关系，但联邦政府的这种平衡机制并没有直接转移给州和地方政府。

第一，从一般意义上来说，尽管州和地方政府都会准备预算提案，但并不是所有的州和地方政府都有行政预算。有些州的预算是由立法机关编制的，而另一些州的预算则是由州长和立法机关组成的联合委员会来编制的。如果不了解每个州的具体情况的话，是很难将这些联合预算进行归类的。在有些情况下，这些联合预算是名副其实的，它们是根据州长和立法机关达成的一致意见编制的；但在另一些情况下，委员会是以如下方式运作的：州长有足够的选票可以保证预算成为行政预算，而不管这种预算的官方称谓是什么。有些地方政府的预算是在立法机关的指导下，由专业经理人来编制完成的。在这些政府中，对于预算周期的行政准备阶段和立法审议阶段来说，两者的差别是比较模糊的。实际上，这种针对预算而设计的"议会-经理人"体制，与其说与联邦政府和州政府中的立法与行政相分离的体制类似，不如说它更接近于议会制（例如，在政府结构中，立法机关与行政机关之间并没有明确的区分）。在很多城市，在预算审议之前，立法机构会和市长碰面，讨论下一年的优先事项，这是很常见的。当预算被递交之后，这是最终达成一致的重要助力。但作为行政预算，最终产生的结果将很难被预见。

---

① 有一种担心认为，私人审计公司可能不太愿意出具提出负面意见的审计报告，因为它们害怕与之签订合约的政府会将其撤换，转而选择其他更加灵活变通的竞争者。

② 大多数州和很多大城市都在其网站上公布了一份关于预算程序的描述。另外，地方预算程序通常包括监督、检查甚至来自州政府的许可，以确保预算不会脱离州政府控制。回忆第 1 章所讲的，地方政府是州政府合法的创设，所以这里的关联也就不令人惊讶了。当地方政府遭遇严重的财务困难时，由州政府接管其运营、安插有能力推翻地方政府决策的经理、撤换地方官员等也就并不奇怪了。

第二，在决定财政年度的支出方面，州和地方政府的行政领导经常会拥有很大的财政权力。许多州没有常设的立法机关；其立法机关会在日历年度的年初召开一次会议，批准州的拨款法案（或者其他法律），然后就要休会一年。更重要的是，由于无法预见到的经济及其他问题，州和地方政府对预算执行中可能出现的赤字问题（例如借款的能力），仅拥有非常有限的处理能力。为了处理之后出现的意外事件，州长可能会拥有很大的扣押权，即可以推迟或废除已获批准的拨款法案中的支出，他也可以在发生突发事件的情况下，不经过拨款就支出，但这些都需要经过临时立法委员会的同意①。这些安排使州长在预算执行过程中，有很大的权力来管理财政。与总统必须要处理废止程序（rescission process）不同，州长是不用面对这个问题的。为了使预算与财政资源相匹配，他们可以轻而易举地调整已通过的预算②。在预算年度中，大多数州和地方政府都会采用分配程序来对支出进行控制。它们会采用财政资金按季度分配的方式，当收入形势紧张时，也会按月分配。遗憾的是，有些政府会寻求不属于当前控制期的预算平衡，这样就使一些政府机构丧失了节约的动力——在州长把钱拿走之前，它们就会迅速把钱花光。

第三，在立法和行政机构意见不一致，且财政年度已经结束而新的拨款法案尚未到位时，州和地方政府有相应的机制可以向政府活动提供资金，但处理机制存在差异。有些政府有近乎完全自动化的维续决议机制，而另一些政府则赋予了行政领导很大的自主决定权。还有一些政府并没有明确可行的权宜之计，如果在新的财政年度开始之前，还没有通过预算提案的话，它们就只能关门了。明尼苏达州政府在2011财政年度关门了两个星期，因为在州长和立法机关之间形成了法律僵局。（2006年也经历了更短暂的一次关闭。）加利福尼亚州之所以经常会碰到滑稽的共和政体才会面临的预算僵局，很大程度上是因为州预算需要有2/3以上的多数票才能被通过，这是独一无二的，2011年这一要求缩减为预算获简单多数票即可通过。在之前的体系中，即使财政年度已经结束，州财政支出的授权已经到期，少数心怀不满的立法者同样可以阻止预算的通过。结果就是，州政府经常会碰到无法支付钱款的财政危机，这是非常不寻常的，因为对加利福尼亚州来说，如果它是一个国家的话，其经济情况完全可以排在世界前十位。有时，州政府会用白条（issuing scrip，生息的注册凭证）来替代支票，用它来付钱给政府雇员和资源提供者，将此作为权宜之计而渡过财政僵局，就像2009年那样；在将来拨款获得通过后，这种临时的白条就可以兑换成州政府的支票③。

当宪法规定的常规期间结束，而新的一套拨款法案尚未到位时，有临时立法机关的州经常需要召开特殊立法会议。（地方政府更可能全年召开立法会议，以至于这个过程就是连续的，一般不会发生年底危机。）具体处理方式取决于特定州的制度安排和法律。当州议会的会期即将到期，同时州预算也快要得到通过的时候，州议会通常会同意将官

---

①　行政领导可能还拥有相当可观的应急储备金，以便处理各种紧急情况或突发事件。

②　2007年，在圣地亚哥，市长的单方面预算调整权引起了很大的争论。2006年，这个城市从城市经理人体系（在这个体系中，市长主要担任城市立法机构的主席）转变为市长是行政领导的体制。在市长对预算做了调整之后，议会认为这样的变化必要要经过议会的批准，于是反对市长的这一做法。该城市在过去5年中出现了严重的财政问题，其中的原因可能与体制的转换有关，当然也可能无关。

③　加利福尼亚州希望通过州宪法修正案来加速这一程序的进程：如果预算不及时通过的话，立法者将无法获得报酬，即使预算通过了，他们也得不到推迟期间的报酬。

方期限进行延迟，以便在议会会期到期之前完成工作。（很可惜灰姑娘没有这一选项，也就是说，如果王子不需要承担全国范围内寻找灰姑娘的花费，这个童话故事依然有美好的结局。）

第四，多数州的州长还拥有由来已久的部分否决权[1]。实际上，只有印第安纳州、缅因州、内华达州、新罕布什尔州和罗得岛州这 5 个州的州长仅能对整个拨款法案进行否决，这和美国总统的"全盘接受，抑或全盘拒绝"（all or nothing）是一样的。在那些拥有部分否决权的州长中，有 40 位可以删除特定项目的资金，32 位甚至可以对整个项目或整个机构的融资计划进行否决。11 个州的州长可以在不对拨款法案进行全盘否决的前提下，减少其中的一个拨款项目。尽管这些部分否决权的具体内容不尽相同，但它们都允许州长对立法机关批准的议案进行修改，并将剩余内容签署为法律；对于这种部分否决，立法机关也拥有再次否决的权力[2]。这些否决权与扣押权一样，都是总统们梦寐以求却求之不得的权力。

预算的特征

州和地方政府的预算在诸多基本方面有着很大的不同。第一，预算可以是单年度预算，也可以是双年度预算（表 4 - 2 所列出的是各州的情况）。州的立法机关一度经常是每隔一年才开一次会。这就意味着，在一次立法会议期间，议员们要决定两年的拨款。即使立法会议召开得更加频繁，仍然有若干个州继续使用双年度预算，这样一来，处在预算期间和政策期间（或者用更通俗的话说，就是"纠错期间"）之间的年度就显得格外醒目了。大体而言，各州都在向年度会议和单年度预算转变，而地方政府并没有采用双年度预算的传统，这可能是因为地方政府倾向于每年都碰面。在城市，行政官员一般在年中再次开放预算，对已获批准的拨款法案进行调整[3]。一些地方政府在议会和管理委员会的历次会议中，几乎一直在进行重新预算和拨款，即使在财政年度开始之前预算就已经被通过了，也依然如此。由于很难预测州政府超过一个财政年度可能会面临的困难，因此州政府倾向于认为，年度预算是最适合应对公共问题和保证财政纪律的[4]。

---

① Louis Fisher, "Line Item Veto Act of 1996: Heads-up from the States," *Public Budgeting & Finance*, 17 (Summer 1997): 3–17. 该文对州长部分否决权的实践做了评论，其中就包括了立法机关就如何避免由此可能带来的行政控制问题所采取的策略。

② 威斯康星州长的部分否决权是最大的，其中包括了不受任何限制地删掉其中的一些词句和数字，他甚至可以将议案的含义颠倒过来（相当于可以试图将"汝不可通奸"中的"不"字去掉，由此可见其权力之大）。到最近为止，州长还是可以对单词中的字母顺序进行否决，这导致了立法中的文字游戏。该州的汤米·汤普森（Tommy Thompson）州长仅在 1991 年到 1993 年的一次双年度预算提案中，就动用了 457 次否决。Dennis Farney, "When Wisconsin Governor Wields Partial Veto, the Legislature Might as Well Go Play Scrabble," *Wall Street Journal*, July 1, 1993: A-16.

③ John P. Forrester and Daniel R. Mullins, "Rebudgeing: The Serial Nature of Public Budgeting Processes," *Public Administration Review*, 52 (September/October 1992): 467–473.

④ 将联邦政府转变为双年度预算，是由具有州政府经历的国会成员提出的长期改革理念。只有在总统和国会断然拒绝在不审议预算的年份重新开放预算（这几乎是不可能的诱惑），才可能会有一些时间结余，这必然会导致政府无法迅速回应新的问题。General Accounting Office, *Biennial Budgeting: Three States' Experience*, GAO-01-132 (Washington, D.C.: General Accounting Office, October 2000).

表 4-2　　　　　　　　　　　州预算周期

单年度预算（31 个州）	双年度预算（19 个州）
亚拉巴马州	康涅狄格州
阿拉斯加州	夏威夷州
亚利桑那州+	印第安纳州
阿肯色州	肯塔基州
加利福尼亚州	缅因州
科罗拉多州	明尼苏达州
特拉华州	蒙大拿州
佛罗里达州	内布拉斯加州
佐治亚州	内华达州
爱达荷州	新罕布什尔州
伊利诺伊州	北卡罗来纳州
艾奥瓦州	北达科他州*
堪萨斯州+	俄亥俄州
路易斯安那州	俄勒冈州
马里兰州	得克萨斯州
马萨诸塞州	弗吉尼亚州
密歇根州	华盛顿州
密西西比州	威斯康星州
密苏里州	怀俄明州*
新泽西州	
新墨西哥州	
纽约州	
俄克拉何马州	
宾夕法尼亚州	
罗得岛州	
南卡罗来纳州	
南达科他州	
田纳西州	
犹他州	
佛蒙特州	
西弗吉尼亚州	

* 表示的实行双年度预算的州，系制定合并的两年期预算。其他双年度预算的州是制定两个年度预算。
＋表示的实行单年度预算的州，其小型机构实行双年度预算。
资料来源：Ronald K. Snell，"State Experiences with Annual and Biennial Budgeting"，National Conference of State Legislatures. 相关资料可访问：http://www.ncsl.org/default.aspx? tabid＝12658.

　　第二，州和地方政府既可能只有一部把所有支出都包含在内的拨款法律，也可能有很多部拨款法律。换句话说，立法机关可能会通过一个完整的预算，但这并不是传统意义上国会通过的预算，也可能在这里根本就没有一个一般意义上的预算。这种差异是很大的：约有 1/3 的州通过的往往只是一个拨款提案；而另一个极端，阿肯色州则要通过约 500 个预算法案。然而，在只有一个拨款法案的情况下，对于行政领导来说，部分否决权可能是更加重要的权力。由于存在大量的拨款法案，很难形成关于本州所提供服务的统一规划。

第三，与一体化的联邦预算程序相反，许多州和地方政府使用的是双重预算体系，在这个体系中，其中一个预算负责控制经常性运营费用，而单列的资本性预算则负责管理资本性基础设施的购置。我们会在后面的章节中讨论资本性预算。就此处而言，读者只需要知道在一些相对袖珍的预算过程中，在维持财政稳定方面，基础设施采购的合法性是极为重要的，这就够了。但一些政府不仅仅局限于制定复式预算。城市很可能为每一笔政府建立的基金制定多重拨款条例，在某些程度上类似于为每个基金设立单独预算过程。许多政府都不能在不同的基金之间进行资金调剂，虽然这样做有利于将公共资源运用到最重要的和公众最需要的地方去，但这却违反了预算的综合性原则。（然而，资本预算和经常预算分开是非常理智的。）

第四，州和地方政府曾经通过一般拨款法案，但尚未制定公式法案（资格授权支出）；资格授权支出可以允许按照一年中符合资格规定的活动所要求的水平进行支出。医疗补助项目是个例外，它是一个旨在为特定低收入家庭提供医疗补助的联邦和州层面的项目。州政府会根据公式向地方学校提供补助，这个项目主要是为了支持小学和初中教育的发展；但一般情况下，州基金不是通过公式，而是通过拨款来进行分配的，而且公式拨款在特定年度还可能出现资金不足的现象。在立法程序中，各州也不会将授权与拨款分离开来。

第五，联邦政府喜欢用借款来解决赤字问题，但对州和地方政府来说，它们通常是不能轻易通过借款来减少赤字的；而且，在赤字运作方面，绝大多数州和地方政府都被法定的或宪法的规定所制约。这促使很多州会在财政收入可能减少的时候，建立一个"雨天基金"或稳定预算基金（rainy-day or budget stabilization），以便在经济运行情况不佳、财政收入可能减少的情况下实现财政稳定。现在，有 48 个州和哥伦比亚特区运用了这种基金来解决难题[1]。有一些基金是由周期性拨款法案提供资金支持的，但另一些则是自动形成的。例如，当各年之间的实际个人收入总额增长率超过一定的限度时，按照公式会从中计提部分资金形成基金（只要该基金还低于一定的限额，就会继续计提，该限额通常是根据一般基金收入来确定的）；当增长速度低于另一个标准时，基金就会被支取。在提供一定程度的财政稳定性的同时，设计恰当的预算稳定基金，通过减少可预见的无法偿还州政府债务的风险，还可以降低州的借款成本[2]。有证据表明，尽管在 21 世纪的前几年，一些明显的预算短缺现象依然存在，但在 2001 年开始的衰退中，为支撑州的财政支出，这种基金起到了非常重大的作用[3]。这些基金在大衰退时期为一些州提供了缓冲。但是尚没有一个州的基金充足到能将

① National Association of State Budget Officers, *Budget Processes in the States* (Washington, D. C.：NASBO, 2008). 一些石油资源丰富的国家（如挪威、科威特、哈萨克斯坦）也建立了与预算稳定基金有几分类似的基金，但是其目的在于，在长期而非在经济周期实现稳定，以此来应对市场价格动荡和石油资源耗竭的来临。

② 有证据表明，"雨天基金"只是一种幻觉。一项研究指出，"雨天基金"仅仅代替一般基金储蓄，在没有"雨天基金"的情况下，还是可以产生一般基金储蓄的。其依据在于，投入"雨天基金"的每一美元都会使总储蓄额（"雨天基金"加上一般基金余额）增加 0.44 美元到 0.49 美元。Gary A. Wagner, "Are State Budget Stabilization Funds Only the Illusion of Saving? Evidence from Stationary Panel Data," *Quarterly Review of Economics and Finance*, 43 (Summer 2003)：213-218.

③ Elaine Maag and David F. Merriman, "Understanding State's Fiscal Health during and after the 2001 Recession," *State Tax Notes*, August 6, 2007, 359-377.

它们与财政冲击隔离开来。衰退过后，立法者忘记了在衰退过程中所遭遇问题的严重性，并变得不愿意让基金继续积累资金。于是这些基金也就不足以应对严重的衰退了。地方政府不太可能像州政府那样拥有类似的稳定基金，仅个别政府能做到。它们的财政收入主要依靠财产税，相对于州依赖的税种来说，财产税对周围经济活动变化的敏感度更小。较之州政府和联邦政府，地方政府的财政收入会更加稳定一些。然而，那些过于依赖地方销售税的地方政府，其财政收入就会产生很大的不稳定性①。

第六，因为在所有层级的政府中，地方政府是最接近民众的一级政府，它们最有能力将普通公众的参与纳入财政选择的过程。对城市来说，将公民听证会和公民意见融入预算过程的行政准备和立法审议阶段，其实是一件很正常的事。（下一章将讨论参与式预算，这是一种将公民参与纳入预算过程的正规体系。但即使没有这一体系，公民也能参与到地方预算过程中来。）这是普通公民的参与，并不是那些代表利益团体的游说者的参与。这种将个人所关心的内容纳入预算审议过程的广泛机制，在州和联邦政府层面是不具有可行性的。即使没有将公民参与纳入预算过程的正式规定，在地方层面，公民参与也是更为容易的——在定期的学校活动中，在杂货店、五金店和其他地方，一般公众可以碰到他们的市议员、市长和其他官员；他们可以自由地向其选出的代表表达自己对于公共政策的各种看法。当然，在新英格兰的部分地区，小型地方政府的财政决议是在市政厅的会议上达成的，在这个会议上，对于政府即将要做的事，每个人都有表达意见和投票的机会。尽管在大型城市和州一级层面，如欲采用这种公民直接参与的制度，交易成本是一个问题，但在这种小规模的政府中，这种制度是可行的。

第七，州和地方政府的预算和拨款通常会包括款项使用的细节，即希望获得机构购买物品的详细清单（逐项列出）。这与联邦政府控制结构中特有的预算账目拨款形成了鲜明的对比。这种物品层面的拨款形式阻碍了机构反应的灵活性，也是回归狭义的预算控制导向的一种表现，这种控制导向是最早的公共预算的驱动力量。

第八，州和地方政府经常会规定，将个人所得税或一般销售税等大额税种收入的一部分用于特定的具体领域②。例如，有的州可能会将州销售税收入中的1％用于小学和初中教育的发展。这就意味着，即使该州将来出现了其他方面的需求，这部分税收收入还是要用于原来规定的那部分需求。约有10个州提前对自己1/3以上的税收收入规定了用途，这就降低了其财政体系在公共事项优先顺序发生变化时的反应能力。在各州，这种专项支出的比重在20％左右，这个数字可能要高于一般目的性地方政府的需要。尽管将与特定公共功能相关的税收或收费收入直接用于某种功能的实现具有一定的合理性，例如燃油税收入经常被用于高速公路的运营和维护，但将一般财政收入束缚在某种特定用途上，在经济意义上难免会讲不通；这是在预算过程中需要做出的平衡优先事项的选择。这不仅妨碍了财政制度的反应能力，也额外

---

① 随着州政府实践的成功，国会成员定期要求联邦政府建立一个"雨天基金"。这也许会是一个颇为管用的想法，但这首先要求联邦政府产生盈余。否则，联邦政府实际上会用借来的资金建立一个"雨天基金"。如果是这种情况，那么直到需要的时候再去借款可能更为合适，还可以避免从建立基金到实际使用该基金之间所产生的利息。

② 在联邦体系中，工资税被指定用来支持社会保障体系，一些选择性消费税（如航空燃料、儿童疫苗）被指定用来支持其他特定的信托基金。然而，广义上的个人和企业所得税是没有被指定用途的。

增加了财政体系的复杂性。此外，在一般目的性政府中①，各种财政收入应当是可以互相替代的（或者说，是很容易混合在一起使用的），在为各项支出保持一条清晰的会计核算线索的同时，财政收入可以在各种用途之间进行灵活转换。

法律限制

当州和地方政府进行拨款或者做其他财政决策时，它们会面临一些特殊的法律限制。如表 4 - 3 所示，许多州和地方政府在其课税及支出的权力上都面临着法律限制，这些限制可能是法规性的，也可能是宪法性的。对课税和支出的限制，可能会对政府规模产生约束，也可能会改变政府的融资方式（例如，在地方政府面临着较大的限制时，这可能会促使州政府向州和地方联合负责的活动提供更多的资金支持）。有些财政决策，例如通过增加税收或借款来建立新学校，可能必须要经由全民公决，而且投票需要满足绝对多数制。在运营过程中，许多州和地方政府会在财政年度面临财政支出（或者将要收取的财政收入）方面的限制或者限额；这种限制可能与个人收入、人口增长、通货膨胀等因素有关。例如，在俄勒冈州，拨款总额受到个人所得税增长率的影响；在阿拉斯加州，它则要受到人口和通货膨胀增长速度的制约②。有时候，相关规定会要求州政府（科罗拉多州、佛罗里达州、路易斯安那州、马萨诸塞州、密歇根州和密苏里州）将多余的财政收入返还给纳税人，有时候，拨款也会受到预期收入的限制③。限制、限额、全民公决和绝对多数制，是州和地方政府财政过程中的共同特征，但它们并非联邦政府财政过程的特征。

表 4 - 3	各州设定的拨款限制
州（地方政府）	**课税及支出权力的法律限制**
亚拉巴马州	—
阿拉斯加州	自 1981 年 7 月 1 日起，拨款受人口增长和通货膨胀限制
亚利桑那州	拨款限于个人收入的 7.41%
阿肯色州	需要特别投票
加利福尼亚州	拨款限于个人收入增长和人口
科罗拉多州	普通基金拨款增长限于上年拨款的 6%
	普通基金和现金基金受限于人口增长和通货膨胀
康涅狄格州	拨款受限于个人收入增长或通货膨胀
特拉华州	拨款限于估计收入的 98%

---

①　美国的地方政府大体可分为两种：一种是一般目的性政府，包括县政府、市政府和镇区政府；另一种是限定目的性政府（limited-purpose government），包括学区政府（school district government）和特区政府（special district government）。全美国除康涅狄格州、罗得岛州、哥伦比亚特区和一些州的小地区没有明显的县政府外，其余到处可见。在美国，所谓的市（municipal），包括市（city）、郡（borough）、镇（town）和乡村（village）。限定目的性政府，顾名思义，即此种政府的功能只局限在特定的一项或几项任务，如水资源管理、公共卫生、公园、学校、消防等，此类政府在美国相当多。——译者注

②　National Association of State Budget Officers, *Budget Processes*, 46.

③　Mandy Rafool, "State Tax and Expenditure Limits," *The Fiscal Letter*, 18, no. 5 (1996): 4 - 7. Philip G. Joyce and Daniel R. Mullins, "The Changing Fiscal Structure of the State and Local Public Sector: The Impact of Tax and Expenditure Limitations," *Public Administration Review*, 51 (May-June 1991): 240-253.

续前表

州（地方政府）	课税及支出权力的法律限制
佛罗里达州	收入限于 5 年平均个人收入增长
佐治亚州	—
夏威夷州	拨款限于 3 年平均个人收入增长
爱达荷州	持续拨款限于个人收入的 5.33%
伊利诺伊州	拨款仅限于估计可用资金
印第安纳州	州支出上限
艾奥瓦州	拨款限于调整后的普通基金收入的 99%
堪萨斯州	—
肯塔基州	—
路易斯安那州	拨款受限于州个人收入增长的 3 年平均值 收入受限于 1979 年的个人收入比率
缅因州	基准年拨款乘以 1 加上实际个人收入的平均增长率，但不超过 2.75%，加上平均人口增长，或乘以平均实际个人收入增长，加上预测的通货膨胀，再加上平均人口增长，取决于州的排名和与其他州相比较的地方税负担
马里兰州	立法机构每年设定支出承受能力限额
马萨诸塞州	收入受限于工资和薪金增长
密歇根州	收入限于去年个人收入的 9.49% 任何财政年度的支出都受限于国家收入限制，联邦援助和上一财政年度盈余
明尼苏达州	—
密西西比州	拨款限于预计收入的 98%
密苏里州	收入限于去年个人收入的 5.64%
蒙大拿州	无——现行法规 17-8-106 被州司法部长认定为无效
内布拉斯加州	—
内华达州	支出限于人口增长和通货膨胀
新罕布什尔州	—
新泽西州	直接州服务拨款限于个人收入增长
新墨西哥州	—
纽约州	—
北卡罗来纳	收入限于国家个人收入的 7%
北达科他州	—
俄亥俄州	拨款增长限于通货膨胀的 3.5% 加上人口增长
俄克拉何马州	拨款仅限于认证收入的 95%
俄勒冈州	拨款限于个人收入增长
宾夕法尼亚州	—
罗得岛州	拨款仅限于预计收入的 97.8%
南卡罗来纳州	拨款限于个人收入增长
南达科他州	—
田纳西州	拨款限于个人收入增长
得克萨斯州	拨款限于个人收入增长
犹他州	拨款仅限于人口增长、通货膨胀和个人收入
佛蒙特州	—

续前表

州（地方政府）	课税及支出权力的法律限制
弗吉尼亚州	—
华盛顿州	州普通基金/相关基金支出限于 10 年个人收入的平均增长
西弗吉尼亚州	—
威斯康星州	非教育支出限于个人收入增长
怀俄明州	—

资料来源：National Association of State Budget Officers，*Budget Processes of the States*（Washington：NASBO，2008）：46.

州和地方政府通常都有平衡预算的要求，在各州之间进行比较或者将其与联邦政府进行比较时，这一点经常会被提及。实际上印第安纳州和佛蒙特州是仅有的两个不需要平衡预算的州政府。然而，这种要求在不同的州之间是有不同含义的：(1) 在州长提交预算时，该预算必须是平衡的；(2) 立法通过的预算必须是平衡的；(3) 在预算年度结束时，预算必须是平衡的。在这些要求下，有些州会将预算赤字结转到下一年，以使这个标准更容易被达到。另外，这些要求所使用的语言也是很有意思的。例如，马萨诸塞州宪法对平衡预算的要求是："州长提交的预算中，应当包括该财政年度所有建议的支出，其中包括已经被法律批准的财政支出、所有的税收、财政收入，借款以及其他财政支出形式。"（《马萨诸塞州宪法》，第 163 款，第 2 项）按照这个标准，联邦的预算总会是平衡的，因为赤字可以被借款所覆盖。这些要求通常不仅包括州和地方政府的一般基金，还包括信托基金、特殊基金以及为运作联邦项目而建立的基金，尽管如此，它们通常不包括为增进资本投资而设立的资本预算（如公路、建筑物等），这些资本预算是通过发行债券（借款）来筹资的。一项关于州平衡预算要求的研究认为："正是这种平衡预算的传统所建立的理念以及平衡预算的重要性，导致了州对这些规定的遵守。"① 这一点也适用于地方政府。州和地方政府都要关注它们和资本市场的关系，肆无忌惮的挥霍行为最终会妨碍政府借贷的能力，它们不能像联邦政府那样最终靠发行货币来进行融资。这些自我要求不足以确保州和地方政府长期的财政健康，因为只要有政治意愿，就总有办法绕过这些限制②。是政治意愿而非法律制约，提供了这种约束。

州和地方政府为了给资本性建设（如建设公路、学校和监狱等）融资，或为了弥补政府运作产生的赤字，通常会面临发债能力的限制。这些限制可能包括选民对于借款的特别要求，或者是关于未偿还债务的数额要求，这一要求可能是绝对数值，也可能是相对税基的比例要求（例如，限定在本县财产税税基总额的 5% 以内）。正如政府债务一章描述的那样，政府已经设计了很多法律机制，可以毫不费力地逾越这些障碍。

州和地方政府的财政赤字

单个的州和地方政府通常不会出现大量的盈余或赤字。这种结果到底是起因于法

---

① National Association of State Budget Offices，"State Balanced Budget Requirements：Provisions and Practice,"*State Tax Notes*，3（July 27，1992）：117.

② 言外之意，有些人认为美国宪法的《平衡预算修正案》是解决联邦赤字问题的办法，那他们并没有从州的经验中吸取教训。除非有一种保持平衡的政治意愿，否则那些限制很容易规避。政治意愿胜过法律障碍（障碍本身也并不严格）。经验法则：如果一个政府的财务人员不能想办法绕过那些立法者设立的平衡要求，那么他们也就算不上出色了。

律、传统、对被拒绝进入资本市场的担忧，还是担心自己最终可能没有还债能力（毕竟，这些政府不能通过印钞机印刷货币，或者向国家中央银行借款），这不得而知；但不管是什么原因，即使当经济社会出现困难时，这种结果也是真实存在的[1]。这并不意味着，每个州和地方政府在每一年的支出都不会超过其收入，也不意味着，把所有的州和地方政府收支加总起来就会产生盈余。图 4-1 显示了经济分析局公布的从 1959 年到 2010 年，国民收入与产出账户所反映的州和地方政府的净贷款额（收入大于支出）和净借款额（支出大于收入）占 GDP 的比重的走势[2]。尽管在这些年中，这个比重确实存在很大的波动，但它总是在零的上下徘徊，这与联邦政府的情况是形成鲜明对比的。然而，从 20 世纪 70 年代末开始，从总的趋势上来说，净贷款额有增加的趋势，在州政府层面尤为如此。尽管在 2001 年的衰退影响消失后，州的借款额有所减少，但最近几年，州的借款额占 GDP 的比重已经达到了创纪录的水平。2007 年开始的大衰退所产生的影响十分明显，州和地方政府的净借款额都有巨大的增长。不过，将州和地方政府的财政赤字加总起来，得出的数字显著低于联邦政府的财政赤字（单个州或者地方政府的财政赤字也显著低于联邦政府的赤字）。这就是说，在州和地方政府层面，人们很热衷于这样理解：连续保持赤字状态是不太可能的。他们预期随着时间的推移，财政能在大体上保持平衡，尽管净借款的年份比净贷款的年份多。经济衰退（像那些发生在 1973 年、1980—1981 年、1991 年、2001 年和 2007—2009 年的衰退）使净借款额大幅增加，而近期的经济复苏也并没有使政府回到净贷款的状态。这一趋势是比较糟糕的，尤其是在考虑为退休人员提供资金支持以及其他离职后福利的情况下，更是如此。

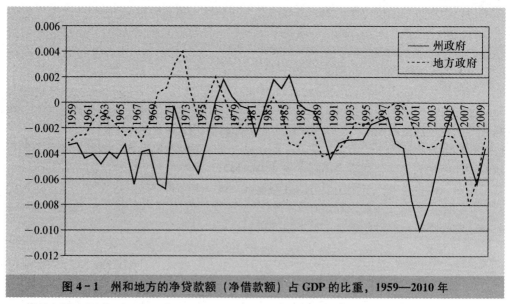

图 4-1 州和地方的净贷款额（净借款额）占 GDP 的比重，1959—2010 年

资料来源：U. S. Department of Commerce, Bureau of Economic Analysis, National Income and Product Account [www. bea. gov].

---

[1] 这也是州和地方政府实行扩张性财政政策效果有限的一种体现：任何减税或增加支出的刺激活动，都会迅速超出政府的政治（和选举）边界。新出现的财政赤字的受益者不会是该地方的居民。

[2] 总支出包括消费支出、社会福利支出、利息支出，总投资减资本消耗配额加上非生产性资产的净购买。总收入包括税收收入、联邦赠款、所得收入（股息利息等）、社会保险缴款、政府企业当前盈余或赤字，以及联邦资本支出拨款。

4.3　州和地方的退休人员及其他离职后福利

退休人员的退休金是传统雇佣关系中的一个常规组成部分。这同时适用于公共部门和私人部门。这部分退休金（包括其他离职后的福利）的筹资问题，现已成为各州和地方政府面临的重要问题①。当政府部门不得不对当前员工和以前员工同时进行补偿时，这笔支出成本将难以控制。这就是当前大多州和地方政府普遍面临的问题。它们在以前的员工工作时期向其承诺了离职后福利（退休金、健康保险等），来作为对其工作的补偿，但当雇员们在为政府提供服务的时候，政府却没有为上述承诺提供资金储备。当政府面临支付当前员工和以前雇员的成本支出时，就发生了财政危机。在可能涉及的各种福利中，最近受到关注最多的领域就是养老金。这些养老金计划可能是州雇员的养老金制度、州运营的地方养老金制度或由地方政府单独运营的养老金制度。这项计划针对特定政府部门的员工，如公立学校教师、警察和消防队员，经常使用不同的制度，但他们都面临着类似的问题。

为了更好地理解问题的本质，区分两种不同的退休金安排是非常重要的。一种形式是养老金的**固定缴款计划**（defined contribution）②。在这个体系中，所有雇主有义务向雇员的个人养老金账户进行定期支付。支付金额受雇员工资收入的影响。也就是说，支付金额相当于雇员工资收入的一定比例。雇员也许会被要求进行支付。该账户的资金将会用于投资，其投资理念在于，投资基金的金额以及该基金投资的回报，将用来支付雇员退休后的养老金。账户中投资于基金的累积收入，决定了雇员退休后的退休金水平。这种体系并不承诺退休人员将来得到一个既定水平的养老金，但会向雇员承诺定期缴存一定的资金进入退休账户。因此，缴纳是固定的，最终积累的水平——总缴存资金加投资回报——将会决定退休人员所能得到的养老金。养老金的固定缴款计划，从根本上说，要求政府承担雇员未来退休福利的成本。

另一种形式是养老金的**固定受益计划**（defined benefit）。在这种体系中，未来退休的受益水平根据一个受益公式进行计算，公式由一系列因素决定，如雇员的工龄、雇员最后一次的工资收入、生活转换成本、雇员退休年龄等。雇主负责维持一个基金，用于支付福利金，但是没有雇员的个人账户。在每次发工资时，雇员需要向该基金缴纳一定的资金，雇主的义务在于支付固定的福利金，而不是向基金进行特定数额的缴款。人们希望雇主向基金付款，所有的这些付款加上基金收入，将足够支付雇员退休后的福利。如果这部分资金来源不能满足合同规定的支付要求，雇主则应该从其他渠道筹集支付的资金。资金支付得到州法规、宪法和契约法的保障。绝大多数公共雇员养老金计划是固定受益计划③。

---

①　退休金包括养老金和其他福利。最重要的其他福利包括承诺退休后的健康保险。因为很多公共雇员，尤其是警察和消防员，在达到美国人享受医疗保险的法定年龄前，就全面退休了，这些人随即成为只能享受昂贵保险的群体（costly-to-insure），私人保险公司不愿意以合理的价位卖给他们保险。除非提前退休人员再次就业，他们就需要健康保险，所以退休后健康保险的谈判对于这些人的快速退休计划而言，是至关重要的。这些福利历来是以现收现付的方式而非以基金项目的形式来处理的，所以是昂贵的。

②　这些计划类似于私营部门401（k）养老金计划。

③　政府雇员属于固定受益计划这一规则的例外：许多州立大学的教师都在美国教师退休基金会（TIAA/CREF）固定缴款计划中，联邦雇员处于联邦雇员退休制度储蓄计划中。1996年密歇根州为所有的新雇员设定了固定缴款计划。1991年西弗吉尼亚州的学校员工都采用了这样的计划。

　　传统上，州和地方政府采用养老金固定受益计划，这也是造成当前财政困境的一个主要因素。问题在于，面临困难的财政选择时，政府管理机构会提升员工的养老金福利（提前退休、更高的福利待遇、更低的个人支付、在计算养老金缴纳基础的工资时更为慷慨，或者是这些福利的组合），而不是提升工资待遇。工资来自当前资金，而养老金是未来某个时间点才会发生的支付。它是政府（市长、地方长官、立法者、管理者）和雇员群体（工会）的一种交易：政府向雇员提供有吸引力的福利待遇，通过一种有政治吸引力但财政不可持续的方式筹集资金，而雇员会看好这个交易而选择接受。纳税人也在同样的骗局中：他们得到虚假的减税，但这种负担可能无限期地向后延伸。当然，一个负责任的政府应该积累资金以满足未来的养老金需求。问题在于，在财政困难时期（甚至并不困难的时期），延迟付款（付款被称为年度所需缴款）将会十分方便，其假设前提是未来的行政部门将会在未来的某一天补充缴款。除非每一任政府都做着同样的事情，将财政计算的日期推向未来。当雇员退休后，由于前任政府并没有按照要求缴款，管理当局面临着财政挤出效应。当政府无法为未来的承诺缴存足够资金时，员工群体并不会特别倾向于表示抗议，因为养老金承诺是未来的福利，而找不到充足的资金来满足它则是政府的问题。员工们并不直接受到无法缴纳必要支付的影响，主要受到影响的是未来的纳税人和全体公民。如果积累的资金无法满足未来养老金需求，政府将会大幅减少当时的服务供给或者大幅增加财政收入，来满足之前对员工的养老金承诺。政府认为，与其现在就支付其成本，未来再支付政府的成本是更好的选择，因为等到推延成本真正到期之时，这些将成本推延的管理者和政策制定者已经另有高就了，这些问题将不再是属于他们的烦恼了。

　　这并不是困境的终结。固定受益计划需要养老基金的积累，那些承诺在未来发放的养老金就是从这个基金中支付的。关于这部分资金目前存在两个主要问题。首先，这些基金究竟需要积累多少，才能使其从精算角度上是可行的。具体金额依赖于需要进行累积的时间长短、福利支付的内容、退休人员领取救济金的时间，以及关键的一点，该部分资金的投资回报率如何。更高的投资回报率，需要雇主投入的资金就更少。未来的一系列福利责任可以通过较低的资金累积和较高的投资回报率来解决，基金中的货币和积累的实际资金之间的任何差异（缺乏资金支持的支出责任）将在回报率较高时降低。当然，没有人知道未来的实际收益率，因此基金实际负债水平是建立在预计收益率之上的。最近几年，有很多关于应当使用何种收益率的激烈争论。使用8％的投资收益率是较常见的（政府会计准则委员会通过的），但是批评者指出，这个预计收益率比近期的实际回报率要高得多（一种公平的市场方法）。2012年，政府会计准则委员会修订了其年度财务报告中关于退休金账户和报告财务状况的规定。完善的养老金制度将会在预计负债的基础上，继续使用历史平均回报率（8％是一般水平）。那些缺乏资金的系统所使用的回报率，必须等同于免税20年期AA级或更高级别的市政债券的收益率，这是一个很低的收益率[①]。当使用更低的利率时，州和地方政府养老保险基金中，缺乏资金支持的支付责任会变得异常巨大[②]。差距大到引发关于某些政府的财务可行性的疑问，

---

　　① 根据以下事实：州和地方政府员工退休基金在如此低收益债券中持有如此小份额（根据联邦储备基金账户数据，2010年为0.1％）的资产，这是一个有些奇怪的基本利率。这些债券对于具有高联邦边际税率的实体来说具有吸引力，并且这些退休基金不需要缴纳联邦所得税。

　　② 诺维-马科斯和劳非常不赞同这一回报假设，当使用他们认为是更现实的利率时，发现未供资的负债比国内生产总值高大约24％。Robert Novy-Marx and Joshua Rauh, "The Liabilities and Risks of State Sponsored Pesion Plans," *Journal of Economic Perspectives*, 23 (Fall 2009): 191-210.

即使新差距来自报告准则的变化，而非基金条件实质的变化。但幸运的是，缺乏资金支持的负债不会马上到期，但政府确实需要改革其方案并为建立养老金的结余而努力。

其次，即使国家和地方养老基金远低于精算视角下所需的可行水平，它们仍然是一大笔资金[①]。按资产数量计算，50 个最大雇员养老基金中有 33 个是公职人员基金。这使得基金能够吸引那些其利益与维持养老金承诺安全性恰好相反的人群。投资顾问和其他金融服务行业的参与者，从可以产生佣金的资金中寻找业务，并且由于涉及大量的资金，可能出现涉及贿赂、竞选捐款、雇用亲属等的财政安排。业务的导向可能不是以最有利于公众利益为目的。以类似的方式，养老基金可能被视为一揽子资金，被用于刺激地方经济（为经济发展提供低成本融资，使用当地投资顾问而不是具有全国影响的专家等），这是违背基金收益最大化的做法。即使资金不足也会造成滥用的诱惑，如果福利是在未来多年后支付或者受益人不直接依赖于基金，这种诱惑将会格外巨大。面对滥用影响的将会是未来的纳税人，因此他们对此并没有付出多大的关注。

2011 年，公共养老基金拥有近 3 万亿美元可用于投资的资产。几乎 60% 向受益人支付的款项来自投资收益[②]。虽然大衰退对投资于股票的资产价值产生了重大影响，但其价值正在复苏，GAO2012 年的一份报告得出结论认为，即使资金正在转向提升长期的可持续性，仍有足够的资金用来支付十年或更长时间的全体受益人[③]。州和地方政府更加注意养老基金的财务状况，以及维持对基金的必要支付。一些管理当局正在努力谈判降低领用者的受益水平，一些正在提高他们的资金缴付，包括增加员工缴款。一些地区已经探索将其养老金方案转变为固定缴款制度，这是一种昂贵的转变，因为管理当局必须在依据新方案缴款的同时，继续向其传统方案受益人支付款项[④]。一些州（阿拉斯加州，2008 年；康涅狄格州，2007 年；伊利诺伊州，2009 年）发行债券以弥补部分资金缺口，从而使长期债务得以明确，因为它为养老基金提供可供投资的资金。一些管理当局探索将破产作为一种选择，为当前和退休工人因养老金合同条款的单方面变更提供法院保护。养老金缴款在总运营预算中是很小的一部分——2010 年大约占3.8%，但如果基金水平不增加，这一比重将有望大幅增长[⑤]——州和地方政府越来越关注其成本的适当管理，同时也更关注所做承诺带来的影响，这些承诺意味着未来巨大的财政义务。

① 25 个最大的养老金固定受益计划中的 19 个计划，就资产所有者而言，属于州和地方员工计划。2012 年，这 19 个计划的资产总额已经超过了 1.5 万亿美元，这是很大一笔资金（养老金和投资数据库）.

② National Association of State Retirement Administrations， "NASRA Issue Brief：Public Pension Plan Investment Returns," October 2011.

③ Government Accountability Office, *State and Local Government Pension Plans*：*Economic Downturn Spurs Efforts to Address Costs and Sustainability*, GAO-12-322 （Washington, D. C.：Government Accountability Office, March 2012）.

④ 然而，固定缴款计划确实直接面临着提前退休的问题。雇员们在其个人退休账户中存有积累的资金，当雇员退休时，它对雇主来说在财政上是无关紧要的。

⑤ A. Munnell, J. Aubry, and L. Quinby, "The Impact of Public Pensions on State and Local Budgets," State and Local Issue Brief, Center for Retirement Research, Boston College, October 2010.

结　语

　　州和地方政府提供与财产和人身密切相关的公共服务：教育、公共安全、公共福利、公路等。每个州都建立了自己的预算体系和程序，并且根据其当地居民的偏好来选择所提供的服务，而不是来自联邦政府的标准或强制要求。地方政府的工作很大程度上受所属州的制度的限制。相对于联邦政府对州政府的限制，州政府对地方政府的财政支出设置了更多的约束和限制。尽管总体来说赤字更为常见，尤其在经济衰退时期更是如此，但是州和地方政府在管理赤字方面的能力更为有限。

问题与练习

　　（1）在州政府网站上，查找州预算机构公布的预算准备说明。预算提交的时间表是什么？什么是预算提交准备的基本范式？是否明确提出了需要列示的相关内容？在说明中是否有关于州长想要强调的重要领域的相关建议，或者关于基金增长的限制性指令？
　　（2）识别你所在州预算程序中的以下关键内容：
　　a. 你们州的预算是单年度的还是双年度的？购置资本资产（建筑物、道路、桥梁等）是否有独立的预算？
　　b. 由什么机构来负责指导行政预算的编制？（并不是所有的州都有行政预算。）
　　c. 通常要通过多少个拨款议案？
　　d. 在这些议案中，会出现多少有关支出目标的具体内容？
　　e. 州长是否拥有部分否决权？如果拥有，那么是什么样的否决权？
　　f. 在州的网站上，是否有关于预算程序的说明？这个网站有没有公布适用于州政府机构的预算指导？
　　g. 在州的网站上，是否可以很容易地找到有关州预算的信息？
　　h. 除了执行目标和已通过的拨款法案之外，网站是否提供了有关机构申请的相关信息？
　　全国州预算官员协会（the National Association of State Budget Officers）在它的出版物《州预算程序》（*Budget Process in the States*）一书中，提供了很多这方面的信息，相关内容可以在它的网站（http://www.nasbo.org）上找到。
　　（3）请选择一个城市或县的网站，在上面查找有关该单位预算和财政的文件。请查找以下信息：
　　a. 查找行政长官的预算信息。这个信息的基调是怎样的？主要的优先事项是什么？
　　b. 如果网站上有以下信息的话，请予以查找：预算时间表和预算指导。
　　c. 查找包括任何机构的描述以及预算数据在内的预算介绍。查找预算年度：当前年度和报告年度。网站上是否提供了除这些年度以外的其他年度的信息？预算中是否还有其他信息（例如，机构申请与议会建议之间的较量等）？各机构的介绍是否解释了它们的工作内容，是否提供了各机构的组织结构图，是否解释了预算年度的主要目标？按来源分列收入以及按机构和职能分列支出，其具体情况是怎样的？

d. 预算是否给你提供了足够的信息，让你了解了什么才是机构的目标？

e. 你对预算介绍的总体评价是什么？它是否达到了你的透明度要求？有什么信息是你觉得有用的，但从网站上却找不到？

附录 4-1　一个州预算程序的案例：得克萨斯州[①]

州和地方政府使用的标准四阶段预算周期包括政府的行政和立法部门，但是在每个具体案例中都有一些个体特征。这些差异反映了在不同机构中的不同政府特征，以及市民对政府行政与立法部门拨款权力的不同看法。得克萨斯州提供了一个有趣的案例，因为很多特征与联邦程序中所展现的有所不同。

两年一次的得克萨斯州预算案的准备阶段和立法审查和批准阶段的大致流程可以参阅表 4A-1（执行和审计在表中没有显示，这些阶段大致和联邦预算的相应结构类似）。一般来说，机构在第一年里准备拨款请求，立法机构在次年通过总体拨款法案，预算在两年之后实施。当然，循环会继起并且重叠。与联邦系统相比，其显著区别在于：立法权力、部分否决权、辅助性的当选执行代表（审计员）、单独的拨款预案，以及宪法方面的限制。

预算准备

整个程序以州长和议会预算委员会（LBB）的合作为开始，联邦系统中没有该委员会。LBB 包括：副州长，众议院的议长，参议院财政委员会的主席、参议院的州级事务委员会、众议院筹款委员会和众议院拨款委员会，由副州长任命的两位参议员，以及由议长任命的两位众议员。LBB 有一个常设职位负责以下事项：审核支出限额，编制总体拨款预案（预算），编制机构绩效报告，指导、复审、决定机构的战略计划，确定立法提案可能发生的成本（也叫财政记录，fiscal notes），并且管理机构内部与机构之间不同目的的转换。LBB 在立法会议期间向拨款程序提供人员支持：遵守委员会的决定、回答委员会成员的询问、完成分析，并提供证据。

行政部门是包含在州长预算、计划和政策办公室（GOBPP，这是反映州长政策的部门）之中的，当然，这些机构根据发布给它们的指令来形成资金请求。州长和 LBB 会给每个州立机构设定目标，用以形成战略计划以及机构在准备其拨款请求时必须用到的指令（拨款立法请求的指示）。拨款立法请求被提交给州长，并且会与 LBB 一起举行关于这些请求的听证会。州长在立法会议的前 6 天内递交预算案，并且在议会开始之后的 30 天内递交总体拨款预算。州长的预算常被看作政策表述，而 LBB 的提案也被用为拨款提案。

预算是双年度的，立法和行政部门都参与到制定战略及以之为基础的预算准备过程中。

立法审查和批准

立法机关会收到预算和总体拨款提案。它也会在预算周期内收到关于积极的**双年度收入估计**，这种收入估计来自公共账目审计员（一个被选举出来的州级官员）。这之所以很重要，是因为得克萨斯州的宪法不允许立法机构拨付超过估计总收入的资金额度。

———————

① House Research Organization, *Writing the State Budget*, *State Finance Report* NO. 79-1 (Austin Tex：Texas House of Representatives, February 4, 2005)；Senate Research Center, *Budget 101：A Guide to the Budget Process in Texas* (Austin, Tex.：Texas Senate, 2005).

表 4A-1　　得克萨斯州预算准备和立法审查和批准阶段

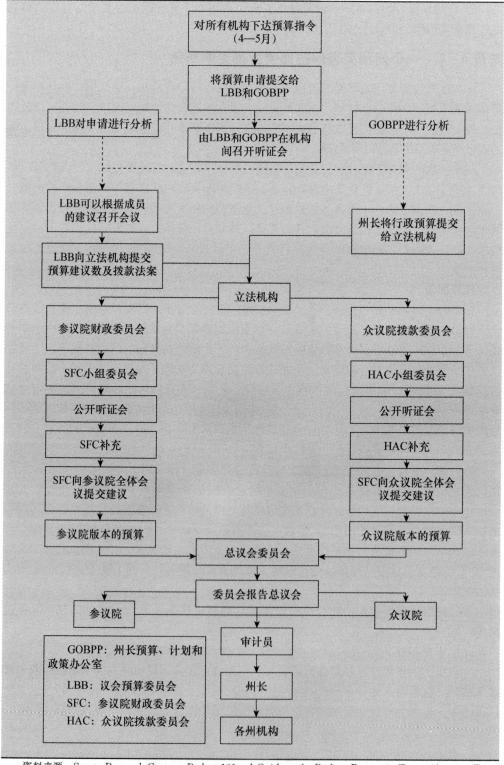

资料来源：Senate Research Center，Budget 101. *A Guide to the Budget Process in Texas*（Austin，Texas Senate，2011).

立法机构的两院轮流作为总体拨款提案的起始机构，并担任总议会委员会主席，总议会委员会是为解决预算案最后在每个议院通过时的差异问题的。众议院的预案由众议院拨款委员会通过，参议员预案由参议院财政委员会通过。一般拨款预案有如下要素：广义政府、卫生与公众服务、教育、司法、公共安全和执法公正、自然资源、商业和经济发展、监管、一般规定、立法机构、救助条款以及紧急条款。

在同意拨款预案之后，审计员必须证明该州能够获得有效收入来覆盖支出的资金需要。在一个"紧急的公共需求"（州宪法第 3 条，49a 部分）案中，如果出现拨款金额超出收入的情况，就需要建立在每个议院 4/5 的成员同意的基础之上。一般来说，审计员会审核通过；但拨款预案如果违背税收条款，就不会通过。如果审计员没有审核通过，它就要退回到起始的议院。

州长有权否决拨款预案中的特殊项目。一些机构会收到"一次总付性"（lump sum）拨款，这些情况下，州长只能否决整体的机构拨款，而不能否决拨款预案中的单个组成部分。

当机构面临预算期结束之前就资金匮乏的困境时，补充性拨款预案就可能实施。立法机构在预算期间也可能会减少拨款。

在宪法（第 8 条，第 22 款）中，禁止开支的增长超过 LBB 官员所估计的州经济增长值。当然，来自专门目的税的支出不受限额影响。州宪法（第 3 条，49a 部分）也禁止赤字支出，并且要求任何非预期的赤字，都必须在两年期的预算案结束时，从后续预算中消除。

执行

在两年期内，从奇数年的 9 月 1 日开始，由州立机构执行，受 LBB 和州审计署监督。州审计署在立法审计委员会的指导下运作，委员会包括副州长、众议院的议长、参议院财政委员会的主席、众议院拨款委员会和筹款委员会的主席，以及由副州长任命的一位参议院议员。LBB 非常重视机构的绩效目标。

州长和 LBB 共同拥有在机构内部和机构之间调剂资金的权力。

审计

州审计署，是一个立法机构，是州政府机构的外部审计机构。它对机构的财政状况、合规性以及绩效进行审计，并将审查结果向立法机构报告。

第 5 章

预算方法和预算实践

要理解预算周期中的诸多任务，就必须和预算周期中的参与各方进行面对面的交流或硬碰硬的交涉。然而，在此之前，了解一些预算方法和视角是非常重要的。本章将介绍预算周期中每个阶段的预算方法和活动。特别是，本章主要讨论以下内容：（1）机构预算申请的准备工作；（2）对机构预算申请进行审议；（3）最终建构行政预算；（4）预算实施的管理；（5）审计。

在那些负责预算编制和分析的工具库中，第一件武器就是计算年增长率。它有利于预算提案的制订、提案事项的分析以及实际支出的审核。它是财政分析和进行预算成本估计的基础工具。

5.1 增长率与简单预测

预算是针对未来年度而准备的，也就意味我们必须在政府运作的条件下预测未来所要提供的服务。预测并不是针对未来年度的支出，而是针对未来政府提供服务的操作条件。在预算年度中，政府服务的需求将是什么？政府提供服务所需物资的价格会是多少？政府的财政收入又将是多少？准备和分析预算中最根本的任务在于做出预测。在这项工作中，实际操作所使用的方法是相对简单的。这些预测的简单性是恰如其分的，因为不会有时间、资源和数据来做更多其他的预测。此外，对于过程透明性而言，简单性也是难能可贵的。幸运的是，简单技术的精确性还是相当不错的。

年增长率不仅能够为预算编制的预测提供有用的基础，对于分析预算与财政结果也非常有效。在此将举例说明年增长率的实用性以及此项技术。

这些年来，人口——那些接受政府所提供的服务的人——以怎样的年增长率在增加？假设州的人口从 1990 年的 180 万增长至 2005 年的 450 万，该复合增长率是根据以下的公式计算得出的：

$$R = (Y/X)^{(1/N)} - 1$$

其中：

R＝年增长率，

Y＝最终值，

X＝起始值，以及

N＝增长经历的年数

此例中，人口增长率就等于：

$$R = (4.5/1.8)^{(1/15)} - 1$$

只要你的口袋中有一台便宜的计算器，或者电脑里有 Excel 或其他的电子表格软件，增长率的计算就并不像它看起来的那么复杂。若使用电子表格软件，就如此计算：

$$R = [(4.5/1.8)^{\wedge}(1/15)] - 1 = 6.3\%$$

若使用计算器，就利用 y^x 功能键来计算。

当观察到的数据年份并不相同，以至于比较总增长率百分比的变化也无济于事时，年增长率对于比较数据序列中的变化便很有用。例如，假设你掌握了 1985 年和 2005 年的人口水平，以及 1983 年和 2007 年的总收入水平，那么，与人口增长相比，收入增长究竟是偏慢还是偏快呢？你不能通过比较首尾两年的百分比变化就得出结论，因为两组数据是不同的，且两组数据所覆盖的时间跨度也有所不同。但你可以比较年增长率，如按上述公式那样计算，就可以知道究竟哪个增长得较快，这是有效的分析方法。

那为什么不能用多年的总变化百分比除以年数来计算年增长率呢？因为你很可能会得到错误的答案。回到原始数据：计算公式是这样的：

$$错误的 R = [(4.5 - 1.8)/1.8]/15 = 0.10 \text{ 或 } 10\%$$

为了判断此答案是否正确，首先将 1.8 增加 10%，接着再增加 10%，然后再增加 10%，如此反复直至 15 年的次数。如果 10% 是正确的年增长率，你应该得到 4.5。但是，你最终得到的数字是 7.5。因此，这样的计算方式确实只能得到错误的 R！

如果采用了正确的增长率算法会得出什么样的结果呢？——计算得到的结果是 6.3%。用同样的过程来验证，从 1.8 开始，再用相同的计算过程增加 15 年的 6.3%，得到了 4.5，这正是你所期待的正确答案。

年增长率是有用的分析工具，也可以用它来做出简易的预测。换句话说，你已经默认未来的增长与近年来的增长大致相同。这种做法不一定正确，但这可能是你所能做出的最佳预测，多数情况下，该预测会提供一个可用的结果。假设你想要预测来年你的机构将会为多少顾客提供服务，人数可能超过近年来的数字，但究竟会超过多少呢？假定增长与近期的相当，至少是一个合适的初步近似值。你可能想要根据自身的经验将此数字进行修改，但你也可能完全不打算改变它。假设你的机构在 2008 年服务了 14 450 位顾客，在 2012 年服务了 17 680 位顾客，你没有 2013 年的完整数据，因为该年并没有结束，而且你需要对 2014 年的预算编制做出预测。计算出 2008 年至 2012 年的增长率：

$$R = (17\,680/14\,450)^{\wedge}(1/4) - 1 = 5.2\%$$

用该增长率来预测 2014 年服务顾客的工作量：

$$2013 \text{ 年的顾客数} = [17\,680 \times 1.052] = 18\,600$$
$$2014 \text{ 年的顾客数} = [18\,600 \times 1.052] = 19\,567$$

你不必计算两次，也能得到该预测数字，可以运用以下简单等式：

$C = A(1+R)^N$ 或 $C = A(1+R)^{\wedge}N$，在你的计算器或是电子表格软件上进行运算。

其中：

C = 所需预测的未来数值

A = 增长预测的基准年数据

R = 预测所用的增长率

N = 基准年与预测年之间的年数

在我们的案例中，$C = (17\,680) \times (1.052)^{\wedge}2 = 19\,567$

　　这就是你的预测，相当的简单。但是，在计算出该预测值后，它将被广泛应用于年度预算的建构中，例如用来预测工作量、机构采购物资的价格等。理解如何计算年增长率，并用它来进行简单预测。当编制预算时，你会一直进行这些运算。你也会发现该增长率并非复杂的预测模型，却经常用于准备长期财政方案。其实，创造未来多年可靠预测的能力是极其有限的，因此，预算的复杂性要求对简单增长率进行略微的修改。在后文关于收入预测的章节中，你将了解更加复杂的预测方法，但是当你制定和分析年度预算的支出部分时，这样的简单预测是最常用的方法。千万不要用增长率来直接编制你的支出申请（例如：过去 5 年中，支出是以 3% 的比率增长，因此就在今年的基础上增加 3% 的支出申请）。这意味着你并没有为你的机构制订行动计划依据，仅仅是随波逐流、一厢情愿，并没有切实地履行你的职责。应该先预测操作条件，并依据操作条件找到应对方式，从而制定你的支出申请①。这种方法能使你建立对操作条件的应对方式，而不是基于历史情况来预测，这种历史情况混杂着计划的改变和某种未知的操作条件的改变。

5.2　机构预算申请的准备

　　正在运营中的政府机构，可以根据中央预算办公室发布的"预算指南"（the budget instruction）来开展工作和编制自己的年度运营计划，并进一步编制与该计划相适应的预算申请。理想的预算指南应当包括以下内容：（1）行政主管为公众服务的主要目标；（2）对预算年度主要运营条件的预测（通货膨胀、所服务的人数等）；（3）预算提案的格式（通常包括已经提前制作好的申请表格）；（4）编制预算遵循的时间表；（5）政府

---

① 许多经济和财政变量受日历（假日）、天气和其他常规模式的影响，在一年中的不同月份呈现规律性的变化。例如，无论经济的基本面如何，美国北部的建筑施工在冬季都会趋于下降，同时全国的零售业在圣诞节之前会趋于上升。因此，季度或月份的经济变量通常以其隐含的年度水平为基础进行报告。换句话说，如果按照第四季度的收入率估计全年收入，那么通过识别年度经济活动的模式和第四季度的个人收入将可以估计全年的个人收入。逻辑是这样的：如果历史模式是在第四季度赚取年度个人收入的 30%，并且第四季度报告中未经调整的个人收入为 3 500 000 美元，那么基于第四季度的全年总收入将是 11 666 667（由 3 500 000 除以 0.30 计算得出）美元。这是通常在经济分析局（Bureau of Economic Analysis）报告中提出的季度数据的性质。数据不是季度性的简单加总，而是基于季度活动的年度换算。

机构应当根据多少资金来编制自己的预算（可以对总额做出上限控制，也可以根据以前确定的年度最大增长幅度编制预算）。

行政主管和中央预算办公室是如何确定以下问题的：给予机构的预算指导是否应当强调最高的财政限制？是否允许现有项目的稳步扩展？是否允许考虑适当的新项目？许多政府的预算准备开始于一条对财政盈余或者赤字的初步预测基线（a preliminary baseline forecast）。如果现行法律中的政策保持不变，该基线就为预算规划提供了条件①。在分析过程中，预算办公室会对预算年度的财政收入进行估测，并将估测结果和现有项目在下一年预期条件（如价格水平、工作量等）下，以当前水平继续运营所需的成本进行比较。许多案例会用到本章先前提及的简单预测方法，尽管有时会应用更为复杂的预测模型。在当前法律下，无论是正的还是负的收支差额，都为预算指南提供了初步指导：是否允许机构提出新项目？是否要冻结机构的工资水平？是否要对政府机构申请的新设备和从事资本性投资的能力加以限制？在进行预算申请时它们将面临何种上限规定？行政主管对财政赤字和财政盈余持何种态度、行政主管是否愿意建议增加财政收入（增加税收或者收费）等，也会对这些指导意见造成影响。

机构的行政官员开始制定预算时要把握行政长官的意愿，良好的起点在于能够考虑机构近年来的运营状况，并构思机构在不久的将来——譬如未来 3~5 年，应将更多的注意力放在近期而不是遥远的将来。这些考虑和前述指南共同奠定了服务政策的基础，而这些政策将塑造预算提案。如果在开始处理具体数字之后，再对政策进行更多的考虑和修改就已经太迟了，因此在一开始就应该对此加以思考。

在编制预算的指导意见中，政府机构所提交的预算提案中应当包括三个重要部分：（1）**陈述部分**（narrative），这部分会对政府机构进行描绘（每年大体相当），并指出机构在这一财政年度及以后的管理目标（可能每年都在变化），且与机构任务报告相协调；（2）**细节安排部分**（detail schedules），这部分将机构的管理目标转化成新的机构拨款申请；（3）**总体安排部分**（cumulative schedules），这部分会将政府机构新的预算请求和现有的活动结合在一起，形成一个完整的预算申请。预算陈述也可能包括了机构的**工作量、生产率**以及**绩效指标**。工作量是根据历史趋势和对未来的预测来确定机构可测量的项目活动的。生产率就是将这些工作量测量与员工数相联系。绩效指标用于确定所提供公众服务的质与量，有时也包括公众满意度调查的结果（之后的章节会详细讨论预算中绩效指标的使用）。

初学者所要学习的最重要的经验，也可能是最令人吃惊的，就是以描述来统驭数字。预算申请需要对计划加以描绘，陈述利弊；数字内容紧随其后。预算是逻辑，是计划，是辩解（justification），也是政治，但绝不是数学或者会计。陈述部分、细节安排部分、总体安排部分都是非常重要的，因为它们向政府提供了成功的公共决策所需要的关于"预算是多少"和"预算要做什么"等重要信息。整个预算程序始于机构对自身在整个预算年度中要做什么的解释。预算陈述解释说明了机构的政策，即在预算年度中，机构认为其所需面对的既定操作条件下已经决定实施的计划。基本规律是："文字先于数字。"在提供了清晰明确的文字（预算陈述）后，数字会轻而易举地随之产生。机构

---

①　对确定基线所应包含的内容并非没有争议。参见：Timothy J. Muris, "The Uses and Abuses of Budget Baselines," in *The Budget Puzzle: Understanding Federal Spending* ed. John F. Cogan, Timothy J. Muris, and Allen Schick (Stanford, Calif.: Stanford University Press, 1994): 41-78. 这个论点关乎当前的政策应有的释义。

的行政官员如果只是根据支出分类之历史记录的预测制定预算申请，他或她就不能很好地服务社会，也难以真正领会机构的工作。

机构预算文件很可能不仅包括详细的经费支出，也包括详细的机构绩效和成果。合理的期望是，机构能够说明支出所能提供的服务——而不仅仅是花钱！——并说明在即将到来的预算年度中公众能够从机构所执行的计划中收获什么。此种绩效信息和计划也许是预算陈述的重要元素，但是预算提案中更多的是包含一个明确易识的有关绩效的部分。当中央政府、立法机关和公民考察政府机构的预算申请和工作计划时，他们更为关注的是绩效信息。

预算说明

项目进展情况报告、追加资金申请、增加人员编制的支持性说明、增加预算等，任何一项计划开展的活动都需要充分的理由。精心设计的理由说明，是机构预算申请成功的关键[1]。撰写英语文章的标准规则在这里当然是适用的，但一个有效的预算说明报告，还需要几个一般且具体的指导原则。

1. 预算的理由说明要避免专业术语和不常见的缩写，因为预算报告的听众中有这样一些人士，他们可能对申请活动的细节没有行政部门的人员那么熟悉。政府机构预算的审议人员和国会议员都不会批准一个粗制滥造的项目。一定不要自己创造字母缩写词。预算说明应该遵守说明文的基本准则：短句子、简单的词语、主动语态、不用脚注，要删除不必要的词语[2]。

2. 预算说明文件必须以事实为基础，有翔实的资料来源，只有经过千锤百炼，才能得到一份文字优美的预算陈述。一些说明可能会要求具备专门的知识，然而，专业性的解释部分不能超过其他部分太多但也不能不加以解释。说明文件应该把重点集中在读者应该重视并牢记的少数几个重点上。

3. 说明的结构必须集中于当前的形势、额外的需求以及承诺这些要求之后的预期结果。说明文件的一部分要对当前项目的进展情况进行阐释，这种说明应当包括有据可查的工作量、人员配备、资金和生产趋势等情况。应当简要而具体地使预算审计人员对当前的形势有所了解，不要掺杂可能误导视听的额外细节。预算说明文件的另一部分还要对额外的需要加以阐释。必须具体说明预算活动所需要的额外资金、人力资源和原材料。对需要的原因一定要解释清楚，这样预算审议人员就不会充满怀疑了。

4. 预算申请中还要说明，如果批准了这项预算申请，可以得到哪些有益的结果。必须明确如果执行所申请的项目，重要的项目将更加完善，也必须确保机构拥有执行项目的能力。

在预算指南中，通常也会对预算说明中的细节进行规定。因此，进行预算说明的基本原则就是：**阅读并遵循预算指导原则**。预算指导意见并非每次都会对预算申请的叙述部分做出清晰的规定。在这种情况下，预算申请中也要对以下内容进行说明：(1) 机构在预算年度需要什么资源？(2) 机构想利用这些资源做些什么？(3) 当预算申请被满足之后，会产生何种有利的结果？

---

① 这些对于公共机构和非营利组织的拨款建议书写作也至关重要。

② 要成为海明威，而不是福克纳（Faulkner）。如果不明白，请咨询英语专业的朋友。

资金申请的一般原因包括：

1. **更高（或更低）的价格**。将政府机构运营活动维持在现有水平，所需原材料和服务的价格水平也可能会上升（或者下降）。例如，经批准，下一年地方电力公司可能会提高电费。这就要求增加预算，以弥补新增的服务成本。

2. **对服务（工作量）需求的增加**。机构服务的顾客群也可能会增加。而为了保持服务水平不变，机构的预算也需要相应地增加。例如，一个向无家可归的儿童提供教育的机构，在这类儿童人数增加之后，会要求扩大自己的预算。

3. **方法改进**。行政管理方法的改变或者革新也会改变机构的预算。如果一家政府机构的场地扩大或配备更多的现代化设备，或拥有更好的信息技术，这家政府机构的生产能力就会提高，出现的错误也会减少，于是就需要进行预算申请。方法改进之后也会节省开支，这对预算变化的影响将是反向的，会使预算减少。有些方法的改进则是法院、立法机关或者上级政府明令要求的。

4. **全额融资**。政府机构经常在财政年度起点之外的其他时间启动新的项目。这样，最初所给予新活动的拨款就不足了；要覆盖全部的运营活动，就需要扩大拨款，这种变化需要在机构的预算申请中予以说明。

5. **新增服务**。服务更新、扩大和改进，以及所服务顾客群的扩大，在资金申请时都需要对其原因进行解释和说明。由于新增服务在以前的立法审议中不曾涉及，因此需要在预算中予以单独说明。新增服务可能和基本叙述部分的内容密切相关。与方法的改进一样，一些新增服务也是被明令要求的。

还有一些其他就预算加以说明的方法，可以被政府机构用来对预算申请的基本情况进行说明。例如，有些联邦政府的机构就将司法的约束性指令看作独立的一类预算说明。当然，这里所说的，都是就最常见的预算说明种类而言的。

预算申请的叙述部分要对预算提案的预期结果加以描绘，力图使预算办公室和立法机关明白预算所建议的活动的必要性。叙述部分还应就提供与不提供所申请的资源这两种结果分别加以说明。由于预算审议人员希望了解下列问题，即只批准部分资金是否也可以、不批准资金是否会威胁到关键项目目标的实现、回避这一问题是否会导致工作积压，何种申请内容有利于将来的预算申请；因此，对这些问题的回答不仅是必要的，也是对预算申请有利的。预算说明会为预算的实际增长奠定坚实的基础。当可能得到的预算增长比较小时，没有必要为更大的增长白费唇舌。表 5-1 列出了一个有效的预算说明中应涵盖的主要方面。不管这种申请对于政府机构的工作人员来说理由是多么充分的，机构也不要想当然地认为关于新增资源的预算申请一定会带来更多的资金。当机构没有获得申请的全额预算时，也不应抱怨没有得到"全额资金"。立法长官以及公民代表没有赞同机构的提案，但是他们对于赞同的提案给予了全额资金。机构理应执行那些被批准的计划。

表 5-1	预算说明中应涵盖的主要方面
完整性	主要内容（项目目标、项目需求的重要性、收益或成就）是否都被包含在内？
清晰性	是否对项目的收益和相关资金的增长做了清楚的说明？
一致性	不同地方出现的相关说法和数据是否前后一致？能否自圆其说？
平衡性	对最重要的项目和问题是否给予了最大的重视？项目的目标是否和预算申请的水平相匹配？

158

续前表

定量数据	对现有的数据是否做了最佳使用？
组织性	材料的组织是否只能产生所需要的重要事项？所使用的标题是否都合适？所使用的开头部分和总结部分是否都恰当？
相关性	证明的材料和提出的建议是否相关？

资料来源：U. S. Office of Personnel Management，*Budget Presentation and Justification*（Washington, D. C.：Office of Personnel Management，1982）with additions.

成本估计的构成

为了完成对机构在预算年度中的服务计划所需成本的估计，可以使用下列的一种或多种分类方法。第一，可以根据不同**组织**（分支机构、部门、科室等）所产生的成本进行归类。这种估计估测方法是根据成本发生的机构来进行的，因此成本会沿着组织结构图来流动。例如，如果在一个城市中有 6 个组织单位（公共安全部门、消防、公园、公共企业、街道、市长及议会），那么每个政府单位都应当分别对成本进行估算。当然，这种成本估算会包括每家政府机构对预期运营条件的反应计划。某些计划和预测在理想的情况下应该是众所周知的，譬如，每个人都参与了关闭城镇边界上的军事机构这样的计划，但是某些计划会专门影响单一的部门，例如，新道路铺设项目仅关乎街道预算而非其他。第二，成本可以根据**任务、目的、功能**或者**项目成本中心**或**项目效果**来进行归类。例如，警察局的项目成本可能包括中央行政机关、监狱、犯罪侦查、犯罪预防、交通、培训、通信和案卷记录上的支出。每一个部分都代表了独立可辨的任务，它们的运营计划和预算成本都能加以确认。另一种方法是，成本可以按照项目效果来划分：交通、公共安全、环境保护等。有时候，会出现组织故障和任务（或者项目）故障的巧合，但组织成本通常可以分解为几个不同的任务或者项目。第三，成本可以按照**物品**（或经济的）种类进行分类，也就是根据所购买商品和服务的属性（如人力资源、公共设施、汽油等）来分类。这相当于机构的拟购物清单。政府机构会根据特定政府预算办公室所规定和要求的统一物品对象分类方法，组织其成本的估算活动。

不管预算成本的估算最终所侧重的是部门、项目成本中心还是项目效果，都要从物品对象的种类开始。不论成本的最终组成结构如何，这都是估测资源需求的基础。理想的情况是，机构会确定自己想要做什么、需要什么资源，以及这些资源的估计价格，并将所估计的价格和需要的数量相乘得出总成本。在通常的预算编制过程中，一些对于小成本投入项目类别的估测都是以机构近年来的经验为基础的（例如，"在去年的水平上增加 5%"，隐含的意思是我们不会改变运营方案，而且与该方案相关的投入成本不会发生大幅度变化）。而对重大预算类别进行增量估计则是不合适的或不可接受的，因为这种估测方法不能区分变化的原因。究竟是因为对服务的需求更高了？还是投入品的价格改变了？抑或是诸多原因的综合？还是有其他什么原因？社会公众和立法机构需要知道原因，管理者也是如此。当机构取得了资源（如人力资源、原材料和公共设施等）以提供公共服务之时，预算成本也就随之发生了。不同情况下的成本估算方法也有所不同，尤其是人员成本和非人员成本之间存在着明显的区别。政府机构始终致力于在预算叙述中对项目实施所需成本进行估算。

人员成本：向员工付款

机构如果想提供政府服务就需要工作人员，即使这种服务的提供是通过和私人公司签署协议来进行的，同时需要有人来对这种服务的提供进行监督。实际上，向员工的付款——工资薪金加上其他约定的福利支出（包括养老金和保险等）——在机构的预算申请中是最大的单项组成部分，也是政府总成本中的一项主要内容。例如，仅工资薪金一项在州和地方政府消费支出中的比重就达到 70％以上，其中某些机构更突显出劳动密集型的特点。尽管由于近年来政府更多地通过和私人公司签订合同、转移支付来为公众提供服务，以及用技术取代人力以期提升服务质量并控制成本，工资薪金支出的比重已经在不断下降，但现代政府成本中的相当一部分还是由支付给雇员的报酬决定的。

工资与薪金

要完成对预算申请中人力资本估测的任务，首先要确定所需人员服务的种类和数量（建立在机构对预测的运营条件做出计划反应的基础之上）——人们的工作时间——然后根据一般工资水平就可以计算出总成本。换句话说，总人力成本等于获得每一报酬种类的工人人数乘以该种类中工人工资水平的乘积。标准的程序是，先使用每一报酬种类中的人员数据，再针对预算年度下一步的支付行动进行相应的调整。因此，如果今年有 5 年工作经验的第一类税收审计人员有 50 个，那么到了下一年，有 6 年工作经验的这类审计人员也将有 50 个。对他们的预算估测，将是有 6 年工作经验的该类税收审计人员平均工资的 50 倍。政府一般都会有职位管理系统，其中对额定职位的报酬等级、什么职位有空缺、什么职位无空缺以及每一类的报酬水平如何都有说明。这个系统既对雇员及其成本进行了管理，也提供了一个很好的成本估算工具。

在申请员工工资的过程中，还要考虑使总成本下降的一些较小的因素：职工流动（由于退休、辞职和职位到期等原因）中某个职位员工的工资档次下降；由于根本没有人来替换，导致员工人数的减少；在填补职位空缺上的拖拖拉拉；等等。这些情况可以根据政府机构对工作压力的经验来进行预测。关于增加员工的申请，通常都是以预期工作量要增加、要提高服务质量和推出新项目为基础的。至少在机构的预算申请层面上，人们对政府员工的看法已经有所改变。以前人们认为，政府是备选项中最后的职业诉求，只有那些在其他地方找不到工作的人才会选择政府；这种观念已经转变为政府雇员的配备要能够保证机构计划提供的服务并实现其目标。

但是，每位政府雇员的工资水平到底应当是多少呢？这个问题对于理想的政府财政和微妙的政治平衡来说都是至关重要的。这种政治平衡体现在，一方面是政府雇员及其所代表的利益，另一方面是纳税人或政府服务的受益者的利益，这些人既要享受政府提供的服务，同时也要为这些服务支付费用。对于政府财政来说，决定政府雇员报酬水平的合理标准可以是：确保以纳税人的最小成本来提供政府服务。如果政府雇员工资过高，那么纳税人承担的服务成本就会过多；如果政府雇员的工资过低，那么纳税人相当于得到了财政补助，但这是以政府雇员的损失为代价的。实践中，政府雇员工资标准的确定要依据以下标准：(1) 法律和传统，就像确定当选官员工资水平一样；(2) 根据市政服务分类结构确定工资水平，这个结构试图使不同职位之间的工资水平具有可比性；(3) 集体讨价还价协议①。多数政府会用这些方法来分别确定一些工资水平。例如，在一个城市中，市长和议员的工资是根据州立法确定的，多数市政部门的工资则是由人事分类制度确定的，警察、消防人员和公共卫生人员的工资，则是根据集体讨价还价协议来确定的。

非工资薪金的人员成本

来自员工的总成本不仅包括直接报酬（工资和薪金），还包括和就业联系在一起的附加福利（fringe benefits），包括承诺给员工离职后的福利费用。至少在对物品对象进行归类时，有些附加福利和工资薪金的报酬要分开计算，但在计算总报酬和对预算进行估测时，必须要将附加成本考虑在内。这些附加福利包括向公共雇员支付的退休金、健康保险和（或）寿险的保费、着装和制服津贴、作为雇主应当缴纳的社会保障缴款和其他工薪税等。这些福利中的多数是根据法律、劳动协议或者流行的做法（现在已经不太常见了）来确定的。成本通常是根据雇员人数（例如，医疗保险的保费）或者支付给雇员的金额（例如，根据工资的一定比例支付给公共雇员的退休金）计算的，因而这种计算是相当直接的（尽管计算公式有时会相当复杂）。一些与现职员工相关的成本也许被归于与员工的工作机构不同的预算科目中。例如，政府也许会把职工福利（退休金、休假津贴等）置于人事部门的预算中。这会使预算分析员的工作复杂化，他们的工作是设法辨明政府提供特定服务的实际开支——如果把警官的福利归入人事部门的预算，仅仅查看公共安全部门的支出是无法提供一个完整答案的。

非人员成本

其他成本比人员成本更难估测②。通常使用估测比率来计算非人员成本，但要根据近期经验进行调整。预算申请的许多信息都可以在以前年度的预算资料中找到。在这些计算中，经常使用五种估测方法：

1. 数量×单位价格。 当某种物品的数量比较容易确定、平均价格也比较容易得到时，这种方法较具吸引力。可以使用这种方法的物品包括汽车和个人计算机等。这些物品的性质相对一致，构成了项目分类中很大的成本份额。如果警察局计划购买10辆新车，每辆新车的售价可能为35 000美元，那么估计的计划成本为350 000美元。

2. 工作量×平均单位成本。 这种方法近来经常被用来估计成本，但要根据计划、通货膨胀以及生产率的变化进行调整。例如，要估算一个培训班的食品开支，就可以使用这种方法（比如，有300人接受培训，每人每天的培训费用为20美元，这样每天就需要申请6 000美元的开支）。

3. 劳动力比率。 有些种类的成本，特别是一些小的杂项支出，可以用它们和劳动力之间的比率来进行估算。例如，地区性财政收入办公室的供应成本就和驻扎在那里的人员规模有关。建议雇用新的警官，就需要为他们购买新的警车（类似地，也可以用一家地方机构所服务的顾客群进行费用支出估算）。

---

① 参见：Charles A. Pounian, Jeffrey J. Fuller, "Compensating Public Employees," in *Handbook of Public Administrations*, 2nd ed., ed. James Perry (San Francisco: Jossey-Bass, 1996)，以获得更多有关支付系统的讨论。

② 参见：Susan A. MacManus, "Designing and Managing the Procurement Process," in *Handbook of Public Administration*, 2nd ed., ed. James Perry (San Francisco: Jossey-Bass, 1996). 其中，有对采购货物和服务的优秀分析。

4. 利用和另一项物品的比例来计算。当一种物品和生产过程中所使用的其他资源存在某种关联时，这些支出就可以使用和这些非人力物品的比率来计算。例如，汽车的零配件存货可以和车队中的汽车总数联系在一起。购买 10 辆新警车，还需要额外的成本来对车辆进行运营和维修①。

5. 根据前一年的成本进行调整。零星的小额成本，可以根据以前年度的成本总额进行估算调整，也可以使用任何一种看起来正确的比率进行调整。当其他方法均不适用或者不经济时，可以使用这种方法，但这种方法不如其他方法准确，并且不能用于任意一种实质性的成本类别。

没有任何公式或比率是可以自动适用而没有风险的。当运营方式、投入资源的价格或是生产技术发生变化后，成本比率和其他关系也可能发生变化。在一个充满活力的经济环境中，所有这些变化都会对运营成本产生巨大影响。专栏 5-1 介绍了收支-平衡分析法（break-even analysis），这是公共部门、私人机构和非营利组织在编制财政计划时经常使用的一种估算方法。

专栏 5-1 收支-平衡分析法

对于预算的估测、津贴的确定、收支的调节等管理问题，收支-平衡分析法都是一个有力的工具。有销售收入的政府机构会更加频繁而直接地使用这种方法，但多数管理人员都会发现它的价值。这种方法通过成本和收入之间的对比关系，适用于新提供服务数量（产出）的变化。这就使管理人员可以找到服务的收入与成本相等的服务水平（收支平衡点）。而在其他运营水平下，或者需要进行补助，或者要求缴款（"利润"）。参照所构建的成本模型，预算管理者能够轻易地观察到服务中或工作量需求的变化，及其对机构支出进度的影响，这对预算申请和监督预算执行中的支出这两方面都有所帮助。

这种方法的原理可以使用下面的例子来说明。假设史密斯维尔固体垃圾管理局（Smithville Solid-Waste Management Authority）要对每个容量为 40 加仑的垃圾筒收费 2 美元；这就意味着，在一个特定的时期内，其收入等于垃圾筒的数目乘以 2 美元。在代数上，有：

$$TR = P \times Q$$

其中，TR 等于总收入，P 等于单位价格，Q 等于数量或者服务水平。因此，

$$TR = 2Q$$

史密斯维尔固体垃圾管理局面对两类成本，一类是不变成本（它们不会随着所提供服务的数量变化而变化，至少在正常的服务范围内如此）；另一类是可变成本（这种成本会随着服务水平而提高）。史密斯维尔固体垃圾管理局估测的成本如下：

（单位：美元）

不变成本（年度）	
行政管理成本（人员、公共设施等）	35 000
设备租赁成本	85 000
合计	120 000

---

① 有时候事情并不顺利。例如，一名联邦法官命令印第安纳州拉波尔特县解决长期监狱过度拥挤的问题，该县为监狱整修和扩建花费了 2 300 万美元，并于在 2004 年完工。遗憾的是，该县没有足够的钱雇用额外的狱警，所以一个能容纳 200 个囚犯的新囚室只能空置。遗憾的是，法官在对监狱空间提出要求时，并没有考虑到狱警问题。

续前表 （单位：美元）

可变成本（每个垃圾筒）	
垃圾填埋场的填埋费用	1.00
垃圾收集线路上的设备运营费用（燃料、保养等）	0.15
清洁工的报酬	0.25
合计	1.40

总成本的代数计算公式为：

$$TC = FC + (VC \times Q)$$

其中 TC 等于总成本，FC 等于不变成本，VC 等于单位可变成本。因此，

$$TC = 120\,000 + 1.40Q$$

管理局现在可以对运营活动达到收支平衡的收费水平进行估测；而更重要的可能是，可以对实际运营水平上所需支付的津贴进行估测。当满足 TR 等于 TC 时，就是收支-平衡的服务水平：

$$2Q = 120\,000 + 1.40Q$$

收支平衡点的 Q 为 200 000；运营水平高于这一点，就会产生可用于其他方面的盈余（或者缴款）；当运营水平低于这一点时，就需要使用其他地方的缴款（可能是税收）来对其成本进行弥补。将管理人员所认为的最佳服务水平代入公式，可以对实际运行中形成缴款还是需要津贴进行估测。在对津贴总额进行削减时，这种分析方法有助于使管理人员认识到对于固定成本和可变成本进行控制的相对影响。

即使管理人员使用这种分析方法，他们也应当认识到这种方法的局限性。成本可能是难以估测的，可能也不容易划分成不变成本和可变成本。成本也可能是非连续性的。换言之，某种生产水平下的成本是既定的，但如欲提供更多的服务，成本就会增加。服务水平几乎总会随着收费价格的变化而变化，特别是当价格变化较大时。而且，线性假设（the assumption of linearity）也只能被看作一种大体可行的估计。但是，这种方法的用途仍然是非常广泛的。管理人员经常使用收支-平衡图来说明这种情况。如下图所示，即为总成本和总收入与服务（或产出）水平之间的关系：

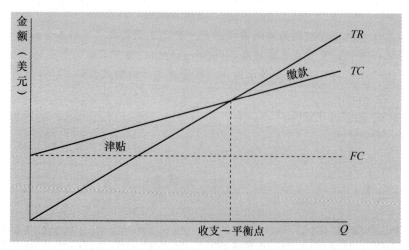

错误的剔除

预算估测必须要细心准备，因为预算陈述的质量会影响预算分析人员（和其他人）对该机构的印象。如果预算官员们将预算准备的马马虎虎，那么他们的说法将很难取得预算审核人员的信任。尽管不应该出现错误，但是一些小错误总是发生。直到检查过下述的错误之后，机构的预算才可以对外提交，因为这些错误是预算的核心审查人员首要关注的事情：

1. **没有遵照预算指南**。预算可能和当前年度的预算指南、指导方针与表格形式不一致。编制预算时可以使用以前年度的预算作为参照，但在提交预算时一定要按当年的预算要求进行。不按照预算指南做，就会引发不必要的麻烦，也会给预算申请是否能够通过增加额外的风险。

2. **说明性文件的缺失**。所提交的预算中可能缺少必要的补充性说明文件，或者没有对这些材料进行正确的说明。预算审议人员很少会认为资料不足的预算是可行的。

3. **缺乏内部一致性**。在预算陈述中，成本估测的细节内容可能没有计入所提交的总成本。必须对预算申请采用的不同方法反复推敲，以确保预算申请的内在一致性。

4. **数学问题**。数学计算可能不正确。如果没有对所有的数学计算进行检验，不仅会导致专业错误，而且可能使预算申请遭到拒绝，申请人甚至可能丢官罢职。即使所使用的是电子表格也要反复推敲，以保证公式的应用万无一失。计算机仅能运行你所输入的命令，即使做的是错误的事情。

5.3 预算审核

在将预算提案纳入行政预算之前，政府机构所申请的预算要由中央预算办公室进行审议（在将预算提案纳入之后，则要由立法委员会进行审议）。中央预算办公室根据一定的资源总额上限进行工作——该限额包括预算年度的预期财政收入、借入资金，以及有望从以前财政年度中获得的预期盈余——所有行政预算申请的总额都应当限制在这一限额之内。几乎在所有情况下，预算申请总额都会超出可供支出的资金限额——因此中央预算办公室将不得不对一些预算申请进行削减。但预算机构也关心最终获得批准的预算和行政计划的实际执行情况。这就意味着，如果预算申请的审核人员发现，用机构最初建议的资源不能实施行政主管所支持的项目，就需要对预算申请中的一些项目进行削减。此外，在对机构运营活动的熟悉程度方面，预算审核人员远远赶不上机构内部的预算编制人员。因此，就需要预算将其所要申请的内容解释清楚。

预算审核人员是如何审查预算的呢？在许多方面，预算审核人员将会"反向建构"（reverse engineer）预算提案，以了解申请总额背后真正的驱动因素、正在实施何种政策、哪些环境预测纳入考量，以及提案真正的内部逻辑又是怎样的。审核人员会将预算陈述当作路标，但是会对数字进行解构，确保已经了解到所提交的服务计划应该如何执行，以及如何与预算陈述相匹配。预算审核人员对于自己所审议的计划细节的了解程度，比不上那些真正执行项目但并无审核权的人。一些工作需要在后台进行，俄勒冈州的预算审核人员指南（参见附录 5-1）提供了一个良好的概述，以明确必须做的工作，以及一个预算审核人员是如何进行预算审查任务的。

在行政机构内部，通常会对机构的预算申请进行两次分析。第一次，机构内部的审核人员必须检查以确保预算能够最好地展现机构的项目，并且确保预算最终得以批准和执行，目标就是要编制出胜过其他所有机构的最好的机构提案。第二次，中央预算办公室的审核人员审核预算，以确保其能充分展现行政首脑的项目意图，并且确保预算在获批后能够如期贯彻执行。这两类审核人员的最终目标都是公共利益的实现，但是正如你料想的那般，他们在分析上略微有所不同。

审核预算提案

在部门或是机构的预算分析过程中，预算审核人员将会经历若干步骤。审核中所需的材料包括：（1）编制预算提案所遵循的预算指南（主要的行政优先序、最高限额，以及许多类物品价格增长的标准，比如很多部门都要购置的汽油等）；（2）机构的陈述；（3）机构所须申请的总额；（4）该机构以前年度的预算以及拨款；（5）对于当前年度预算执行情况的报告（在预算执行的过程中，总是需要对预算进行审核，这些报告会对预算提案提供有用的信息，因为执行状况能够体现出机构的最新财政信息——初步的审核就是要确定当前的支出情况是否会用光所有的拨款，以及发现的情况是否与预算申请相一致）[1]。在这些信息资料的辅助下，审核人员就要开始思考这些问题：

1. **政策**。审核人员必须了解机构提案的政策依据。需要思考的问题如下：所审议的问题是否属实？该问题是否属于政府需要处理的事项？该政府机构所提议的方案会成功吗？项目会带来什么不同的改变吗？行政首脑在反复思量之后，会对该政策发表怎样的意见？预算陈述是否充分反映了行政首脑所表达事务的重要性排序？如果并非如此，那么行政首脑就可能并不想让这样的预算提交到立法委员会，它会给所要批准的预算提案增加负担。正常情况下，审核人员会对机构进行考察，以判断机构是否会不顾提交申请的时间表而再次进行尝试。

2. **计算**。必须再次核查计算过程。审核人员必须对形成项目申请的数学计算进行验证。计算错误和大吹大擂经常会使预算增加而不是减少。

3. **联系**。审核人员必须核查预算中所列理由与预算申请金额之间的联系。是否有理由使人相信预算申请会带来预期的结果，还是不管申请多少资金，情况都不会有所改观呢？不管其他条件如何，置于较后位置的预算申请更容易被削减掉。预算陈述是否在预算申请中得以体现？假设警务机构的预算陈述中强调了一个新项目，要放弃警车而改用自行车，因为该项目与社区和环境保护有着密切的联系。面对这样的项目，审核人员将会期待预算中提及自行车，以及更少的汽油使用，且必须用数据来反映行文所要表达的内容，因为行文已经涉及了对期望的服务环境所产生的政策反应。

4. **机构的能力**。预算申请中反映出机构明了所发生的情况吗？如果预算申请是建立于推断或者对以前支出类别的推测，并且机构行政官员既懒惰又无能，且对提供既定服务的过程一无所知，那么这种官员就是官方的"法兰克福香肠"（wiener），而预算审

---

① 换句话说，如果在财政年度剩下 3 个月的时间内分析预算请求，将机构的实际支出除以 9，再乘以 12，然后看看结果数字是高于还是低于拨款。如果明显偏低，就看是否下一年的预算请求有所减少；如果不是，为什么？至少要在比较的基础上来针对预算请求提出问题。

议人员的工作就是要"烘烤"他或她。用先前的增长率预测并不能得到一份合理的预算申请——这种预算申请是没有政策依据的，缺乏对操作条件的预期，对于机构的整体组合也是一无所知的。

5. **支出的驱动因素**。找到预算的驱动因素，并确定它们之间的联系是合理的。例如，许多城市中警务部门的预算驱动力是警察数与警车数——这两个投入资源以及与其密切相关的资源（例如，汽油和额外的福利等）占据了预算的很大比例，并且每年都会有所变动。预算审核人员需要确保这些主要投入的变动与预算陈述相吻合，并且确保这些投入的内在合理性。例如，建立了用自行车来取代警车的政策，警方的预算申请会因这一变动而发生变化吗？如果发生了变化，这是合理且慎重的政策吗？或者仅仅是将问题推迟到今后的一种手段？不同机构中投入资源的驱动力并不相同——城市水力部门就可能有不同于警务部门的主要投入，美国国防部的投入也会与之截然不同。反向建构的一部分就是预算审核人员将涉及确认主要的支出驱动因素。

6. **疏漏**。审核人员必须检查预算申请有无疏漏。若干年前，一所著名大学修建了一个很大的表演和艺术创作中心，但却忘记了申请维持公共设施运营所需的电费以及其他费用。所以在第一年就产生了严重的预算问题，为了弥补该中心的公共设施支出，这所大学必须削减其他活动的支出（但不包括橄榄球）。审核人员也要考虑机构是否计划将运营性资金与资本性资金混淆在一起。

7. **比率、份额、执行及趋势**。审核人员必须要用所有的资源来对预算进行分析，特别是对去年的预算与实际支出、当前年度预算与截至目前已然形成的支出进行分析。对这些文件进行比较不会带来过多的麻烦，尤其是在审核人员一直对机构当年的运营活动进行跟踪考察的情况下。在比较过程中，他们应该找出任何与发展趋势不相符的原因。他们经常要计算不同时间、不同机构的成本元素的比率和份额，找出差异并就此向机构提出质疑（专栏 5-2 将会更详细地讨论比率和份额）。比率、份额和趋势本身很少能直接回答这些疑问，但是由此通常可以发现值得进一步探讨的问题。将所要申请的预算与以前年度中的申请和拨款情况相比较，关键是与当前年度的执行报告比较。投入与项目之间的趋势和关系是否有重大变动？预算陈述中是否对这些变动进行了解释？预算的变动到底是基于不同的服务政策，还是投入资源的价格变化？基于行政报告，今年某一类投入物品的支出可能是减少还是增加？预算申请是不是进行了合理的调整？

专栏 5-2　比率和份额

管理学大师彼得・F. 德鲁克写道："一个'数据库'，不论多么庞大，都不是信息，它只是个信息矿（information ore）。原材料要想成为信息，必须经过组织。只有这样，它才能用于完成任务、指导具体工作和决策。而这些对于原材料本身都是不可想象的。"*

预算文件提供了一个关于机构的非常丰富的数据矿藏，但这些数据都只是未经加工的原材料。预算分析人员通常会根据这些数据计算一些比率和份额，从而将它们转化为有助于决策的信息。例如，了解到东利物浦支付给警务部门的工资用了 400 000 美元，可能使人觉得很有趣，但真正的分析通常需要将这些数字转化为相关的比率或者份额。如果可以进行多种组合计算，那么什么比率或者份额会更有用呢？这里有几个基本的例子：

1. 将各个期间进行比较，被考察的种类中出现了哪些增长和下降？是什么原因导致了这些变化，这些变化在将来有可能持续下去吗？

2. 构成预算总额的各个部分的增长率各是多少？哪些种类是促成整体增长的主要因素，导致这种现象的原因是什么，其前景如何？

* Peter F. Drucker, "Be Data Literate—Know What to Know," *Wall Street Journal*, December 1, 1992, A-16.

8. **抉择的限制**。预算审核人员必须懂得，资源是有限的，必须在物有所值的项目间进行抉择。成人扫盲和减少农村十字路口的事故伤亡率是政府的两个项目，它们都会产生效益，并且对社会很重要。但是如果政府的资源是有限的，不能将政府建议的两个项目全额纳入行政预算，必须要在二者之间做出抉择——没有可以同时兼顾两个项目的选择（在培养具有更多知识的成年人以及减少农村地区十字路口的事故伤亡率之间，没有一个社会价值的"转换器"）。这种选择是模糊而不确定的，甚至是令人不快的，但这种抉择是必须要做的（还有很多类似的抉择）。并且，如果预算申请牵涉将项目转交给承包商或是将过去外包的项目交还给机构，审核人员还需要询问原因和理由，以判断是否存在充分的绩效改善或成本降低（项目的转入和转出均代价高昂，因此不能凭一时兴起就为所欲为）。

9. **工作绩效**。审核人员要仔细考察机构提供的关于绩效的文件、提供的衡量标准与机构使命及目标的一致性、成果较之于机构可获预算资源的恰当性，以及绩效计划与机构预算申请的关联性。考虑衡量标准与机构使命的相关性是非常重要的，而不仅是简单地测度一些容易测量的东西。如果政府机构的工作对于市民来说是至关重要的，那么差强人意的绩效就为机构预算的增加提供了绝佳的理由，而非削减其预算。我们期待的是，预期绩效标准的实现与预算执行之间存在一定的联系。

审核人员代表行政首脑以及纳税/接受服务的公众来审核预算申请。他们的目标不是惹恼编制预算申请的人，尽管在现实中这也许会经常发生，其真正的目标在于，确保政府机构能够尽可能高效力、高效率以及高经济性地提供计划中的服务。

预算陈述

尽管预算以文字形式进行描述，但机构的行政官员通常还须向预算政策委员会、立法委员会以及其他人进行一次正式的口头预算陈述。预算陈述的形式多种多样，且与事件的相关程度也不相同。在许多情况下，虽然预算陈述的对象对于所出现的情况以及预算问题等内容常常一无所知，但对于此事他们仍怀有善意而且态度认真。然而，如果行政官员没有全心投入预算陈述，那就大错特错了。他应该认真准备，就如机构的生死存亡取决于该审核结果一般，即便这可能完全只是一种惯例。会议上可能有一些人，他们只关心全部预算中的一小部分内容，并且希望通过占用全部的预算进程以达到令他们满意的结果。这就是民主预算的运行方式。

陈述应该提供关于预算内容的概述，特别是关于预算各部分如何有望促成组织的基本目标。其重点应集中于预算中份额较大的内容，虽然非专业人士在讨论细小项目时感觉更为自在。其中，行政官员的目标是说服委员会支持机构的预算，包括对大份额项目的支持，尽管他们的理解也许从某种程度上来说并不完美。在许多方面，行政官员试图引导委员会了解机构的方方面面，如机构存在的理由、机构试图达成的目标，以及预算如何帮助机构达成目标。

一些行政官员会采用躲猫猫的方法来介绍预算。换句话说，在预算申请中难免存在一些问题，但如若审核委员会的成员有能力，就必须依靠自己来找到问题之所在。另外一种方式则完全与之相反。行政官员将委员会的注意力直接引至问题之所在，然后就机构对该主题的观点（或杜撰）来进行申辩。在这个方法中，机构的立场有标准可依，营造了讨论的环境，并为委员会的讨论设定了范围。运用这种办法，许多官员能够更为安心，而且也非常奏效。比起躲猫猫的方法，该方法也便于更好地遵循政府有关透明度的原则要求。

进行预算陈述的机构行政官员无法从根本上控制预算委员会的进程，委员会成员有权提出任何完全出乎意料的实质问题，如果没有进行大量的背景研究，有些问题甚至连最优秀的官员也无法回答。在这种情况下，官员就必须做出抉择：（1）承认他（或她）不知道如何回答，但会在经过核实后给予答复，或者（2）无中生有地给出一个大致正确的答案，并表现出极端的自信和极大的准确性，就仿佛可以肯定没有人会去核实答案正确与否，且其答案不会对机构的运行产生影响。这两种方法都是经常使用的，但前者更有利于良好的治理。当选定方法后，后续的反应必须既迅速又完整。

5.4 行政预算：计划与平衡

在行政预算文件中，会有提交的政府的财政计划，并清楚地说明了形成这些计划的政策视角，告知立法机关与公众有关立法计划的内容，提供一些关于政府及其机构的信息。它也包含政府运营绩效以及所要求的财政支持中固有的绩效计划信息。在所有这些领域中，信息的交流应当清晰而准确；在这一过程中，许多参与者立即会将一些模糊的事项视为不怀好意。换句话说，预算应该是：（1）一份政策文件；（2）一份财政计划；（3）一份行动指南；（4）一种与立法机关及公众进行交流的机制。为了方便所有人阅览，许多政府机构将它们的预算公布在政府网站上，详细列示了从概述到最终的完整内容。有一些政府还会张贴出由机构提交给中央预算办公室的预算申请。

预算，就像总统提交给国会或者其他行政首脑提交给立法机关的提案一样，通常应当包含四个基本内容：

1. **预算咨文**（the budget message）是由行政首脑对预算所做的一个介绍性说明，重点介绍影响预算编制的基本条件（经济状况、预期的社会问题、服务的轻重缓急等）以及预算中的主要变化。预算咨文要为整个预算确定基调（例如，"困难时期""新的开端、新的挑战""变革""刚刚从严重的财政危机中摆脱出来""新期望""责任的新领域"等）；在比较简单的预算中，这可能是整个文件中唯一的叙述部分①。预算咨文是行政首脑（总统、州长和市长等）所做的关于政策目标的一个声明。

2. **若干概括性的计划表**（several summary schedules），其将预算文件所要计划的主要汇总项目包括进来。这种计划表的类型和数目，会随着预算的不同而不同。这些计

---

① 有关该消息的策略的更多信息，参见：Henry W. Maier, *Challenge to the Cities: An Approach to a Theory of Urban Leadership* (New York: Random House, 1966).麦尔曾时之甚久地担任着密尔沃基市的市长。

划表中包含各种收入和支出目录，每一类又可根据政府认为比较重要的分类框架加以组织（按照收入来源对财政收入进行分类，分别按照物品种类、组织单位和功能对财政支出进行分类等）。计划表通常会包含预算年度的总额、当前年度和最近已完结年度的可比数据。

3. **详细的计划表**（detail schedules）是预算的核心，解释说明行政管理部门为何申请资金支持。同时也可以提交若干关于未来年度的估测，对于长期的发展趋势、目前的预算决策、外部发展对将来的影响（如经济或人口变化等）做出说明。这些细节至少会以如下某种组织结构的形式加以说明：按照行政管理单位（负责形成支出和提供服务的部门、科室等）、按照项目或功能（所提供服务的类型），或是按照支出的物品种类（所购买的投入品的种类）。绝大多数的政府也在编制每个政府机构的绩效计划和报告。这些计划表采用可度量性的指标说明业已结束的财政年度的实际结果，以及预算年度的计划安排等。

4. **补充性数据**（supplemental data）也是预算文件中的一部分，大体取决于以下两方面的原因：根据立法机关对行政部门的信息要求，以及针对下级部门所遇到的特殊问题和机会的要求。包括联邦预算在内的大多预算都会包含一些既有用又令人感兴趣的补充性表格和说明，但一般都和预算中的关键任务没有直接联系。政府所使用的其他补充性说明内容还包括：税率的详细历史表、对补助收入的分析、债务表格、养老金及对其他信托基金的详细安排等。

根据联邦政府机构的计划来编制行政预算，需要付出艰辛的努力，以使项目计划符合政府现有的资源要求。以行政优先发展计划为指导，中央预算办公室会代表行政主管对预算进行加工，比如删除一些计划，压缩一些计划，减缓一些项目的发展速度，甚至建议增加财政收入的渠道以增加政府的可用资源。限制对空缺职位的填补、削减供应物资及计划购买的设备、降低对通货膨胀的调整，都是用来调整预算微小不平衡的简单而合理的方法；这些调整所形成的结余，再加上另外一种结余——后者是行政首脑基于未来态势而对机构预算提案进行常规审核所形成的——就可以有条不紊地实现资源节约，这是那些"一刀切"（meat-ax）方法所不能达到的（例如，按照统一比例对所有预算申请进行削减，拒绝所有新服务计划的申请，或者削减超过规定比例的任何增长）。一个负责任的预算办公室，会根据政府当年所拥有的资金限额，制订一个可行的支出计划。这可以使那些纷至沓来的为公众提供服务的良好计划，适应政府在当年可获得的资源约束，也是财政可持续性最终得以贯彻（或无法执行）的关键。

虚假的财政平衡与赤字削减

政府可能发现，编造一个收支平衡的预算，或者削减预计的赤字规模，而不改变既定政策的内容或执行，不仅在政治上是易行的，在法律上也是必需的[1]。政府已经设计了很多技巧来对预算数字进行"加工"，为了回避真正削减财政赤字的困难任务（增加

① Richard Briffault, *Balancing Acts*, *The Reality Behind State Balanced Budget Requirements*（New York：Twentieth Century Fund, 1996）. 该书解释说，国家平衡的预算要求不像临时观察者所预设的那样具有约束力。一个运营预算中包括的支出，应当在年内形成政府服务，根据运营预算所购买的主要资源也应在年内使用。

实际的财政收入或减少实际的财政支出），通常有很多方法可以使用。但其中没有一种方法属于合理的财政管理。

1. **玫瑰色骗局**（rosy scenario）。任何预算都必须依据即将到来的预算年度的预期财政收入来编制。因此，虚假的财政平衡可以通过高估这一年的财政收入来实现。对财政收入的高估可以通过以下假设来实现：假设经济活动不现实地高涨（州和联邦税收以及地方政府的许多非财产类税收对经济活动都是非常敏感的）①，不切实际地加强税收征管，假设财政收入的征管和经济环境之间的联系已经得到了改善。地方财产税一般不容易被高估，因为这种税收的税基就是前一年的估定价值（关于这一点，在本书的后续章节中还有论述）。然而，通过不切实际地假定较低的税收跑冒滴漏（或者免征）水平，也可以操纵对财政水平的估测：如果历史上有 90% 的征收率，那么预算将征收率提高至 95% 也是可能的。在 20 世纪 70 年代后期的财政困难时期，纽约市显然使用这样的手段使预算达到平衡，其假定了 100% 的征收率，这就使预算完全脱离了现实的基础。类似的手段还有：对来自联邦政府或州政府的政府补助过分乐观，或者过分强调其他政府组织或私人组织承担预算责任的可能性。有几年，纽约州预算中大约 1.5 亿美元的收入源于对印第安保留地征收的烟草税——尽管人们怀疑这种税收是被强制执行的 ——但这确实有助于弥补预算缺口。玫瑰色骗局还可以用来削减预计的支出——一个（预期）健康运行的经济环境，可以减少社会保障项目需求以及授权支出。

2. **一锤子买卖**（one-shot）。通过出售政府所拥有的财产或其他资产，确实可以带来财政收入，但这却是一种并不持久的"一锤子买卖"。只要这项财政收入不是对财政基础的一种长期贡献，而且这项资产对于政府服务来说也确实没有什么用处，那么将该资产出售也是无可厚非的。但是，情况并不总是如此。例如，在 1991 财政年度中，纽约州将阿提卡监狱（Attica Correctional Facility）以 2 亿美元卖给了本州的城市发展公司（Urban Development Corporation）（该公司共计借款 2.4 亿美元——差额部分为管理成本，通过将该监狱再回租给政府来偿还债务），这显然是一个成本高昂又透明的用来填补预算亏空的伎俩②。"绿色出售-回租"是最近的新的形式。罗得岛州的普罗维登斯向该市的公共建筑局转移了包括市政厅在内的 3 个城市建筑。建筑局将建筑物作为抵押品借款 3 500 万美元。该城市将租用建筑物 15 年，那些租金将足够支付债务。在这场债券发行中，约 500 万美元将用于建筑节能升级，3 000 万美元将用于弥补该市的预算赤字③。此外，还有私有化的例子，在私有化销售的当年收益丰厚，但同时也就丧失了以后年度的利润流④。东部的一个州将短期行为发挥到了极其荒唐的地步。一所州立医院

---

① 有证据表明，在联邦层次，不管是行政部门（通过经济顾问委员会）还是国会（通过国会预算办公室）都没有像传言的那么多偏见。参见：Michael T. Belongia，"Are Economic Forecasts by Government Agencies Bias? Accurate?" *Federal Reserve Bank of St. Louis Review* 70 (Nov./Dec. 1998)：15-23. 管理和预算办公室独立进行的一项研究表明："与通常的观点正好相反，两党控制下的管理和预算办公室，在始终如一地对重大宏观经济变量和总财政收入进行毫无偏颇的预测。长期以来，管理和预算办公室所信奉的中庸理论（neutral competence）一直贯彻于其经济预测和财政收入预测活动之中。" Paul R. Blackey and Larry Deboer，"Bias in OMB's Economic Forecasts and Budget Proposals," *Public Choice*，76 (July 1993)：229.

② Elizabeth Kolbert，"Albany's Budget—Balancing One-Shots Will Reverberate for Years to Come," *New York Times*，April 21, 1991, sec. 4, 18.

③ Michael Corkery，"Cities Deep in Red Turn to Green Deals," *Wall Street Journal*，September 9, 2001, C1.

④ 私有化最好是为了提高运营效率和提供服务，而不是为了获得一次性收入的增长。

刊登广告准备出售，它被核定为有收入盈余，因而估价乐观，于是预期销售收入就被计入了该州的预期财政收入。这样就使本来并不宽裕的预算达到了平衡。但其销售并没有成功，因此这项预期财政收入又被计入了下一个预算年度！也就是说，只要这项财产处于待售的状态，州政府就有理由将其评估收入计入预期财政收入之中。近来，总统预算的财政收入中也包含了一些出售收入：美国铁路客运公司（AMTRAK）销售、北极国家野生动物保护区的石油开采租赁、海军汽油储备、电信光谱的竞价销售等①。然而，在预算介绍中的销售计划并没有实现，这究竟是骗人的花招还是真实的计划，自有世人评说。然而，不管怎样，国会都对此深表怀疑，国会规定，固定资产的销售收入不能用来冲抵官方的财政赤字。其实本就不该这么做！一项资产的销售会减少政府同等数额的财政资源，因此，不应该将其与可持续性的经常性收入（如税收或收费）同等对待②。正如第1章所提及的那样，近年来，许多州和地方政府已经销售了各种各样的基础设施性资产——桥梁、高速公路等——为了创造一个快速而惊人的财政收入，有时巧妙地使用"一锤子买卖"，但有时却并不明智。这些收入是资本收入，而不是当前收入，因为它们不可重复。它们不会减少政府的成本，也不会提高政府的预期收入，更不能弥补基本财政缺口。大衰退期间，另一种受欢迎的短期行为是税务赦免，这意味着可以原谅骗税的人及其骗税行为所产生的后果（罚款和罚息），只要他们在短暂的特赦阶段支付以前逃避的税收——收入会迅速增加，而不考虑因奖励不诚实的纳税人所带来的问题，以及成功骗税可能导致的未来潜在收入的流失。

3. 利用多个预算"捣鬼"（interbudget manipulation）。在经常预算（operating budget）之外，州和地方政府经常还有资本预算（capital budget），二者保持相对独立。资本预算为购买长期使用资产而进行融资（这将在第7章中具体讨论），对资本预算通常没有平衡的要求，因为这些资产的生命周期太长，从逻辑上来说，也应当以"用者付款"（pay-as-you-use）为基础，通过发行债券进行融资。有些政府会将一些通常应当包括在经常预算里的内容转移到资本预算中来，以使经常预算出现所期望的平衡。例如，在1992财政年度预算中，纽约市有一项8 000万美元的债券发行项目，是一个历时4年的项目融资，该项目是将本市872座大桥漆成"美国蓝"（Yankee Blue）。这个项目从根本上说显然是经常性支出，但并没有列入经常预算③。这种移植不仅会破坏资本预算的内在逻辑，而且更重要的是，这样做还会危及政府为资本性基础设施融资的能力。

美国联邦政府目前还没有独立的资本预算，只是将所有的支出都简单地放在一起。为了防止这种跨越两个预算的把戏，有些人反对实行复式联邦预算（dual federal budgets）。但是，即使没有复式预算，仍然存在操纵的空间：布什总统在1990财政年度预算中就建议成立一家"重组融资公司"（the Resolution Financing Corporation），通过借入资金来为那些资不抵债的储贷协会（savings and loan association）④ 提供资助。这家公

① 事实上，部分光谱实际上已经被拍卖，但不是当收入开始出现在预算中的时候。
② 按照国际标准，政府资产的销售应被视为赤字筹资而不是收入手段，因为它们只是资产转换，而不是持续的收入来源。
③ John J. Doran, "New York City Comptroller Kills Bonding Plans for Bridge Painting; Cities Mistakes of 1970s," *Bond Buyer*, July 16, 1991, 2.
④ 1988年开始，被美国联邦政府保险的3 150家储贷协会中有超过500家陷入破产境地，史称"美国80年代储贷协会危机"。——译者注

司在性质上是由政府主办、私人所有的企业，与联邦全国抵押贷款协会（the Federal National Mortgage Association）的性质类似，独立于联邦预算之外（但要由联邦政府对其还款提供担保）。其融入的资金将转交给联邦政府，由联邦政府来纾解储贷协会的困难。但是根据传统的预算会计（budget-accounting）规则，这笔资金将被记为"收入"（receipt），这样就可以减少预期的财政赤字[1]。

4. **泡沫与支出时机的选择**（bubbles and timing）。为了控制财政赤字，可以加速财政收入的征收，这样在加速的年度就会产生一个现金泡沫[2]。这样做的好处是财政收入都堆积到加速征收的年度，而不会影响财政收入的基础。如果想在未来的财政年度中也如法炮制这种泡沫，只有通过进一步加速征收来实现，但这几乎是不可能的。这种加速的作用原理如下：假设州政府要求，对商家所征收的某月（比如说，2014 年 5 月）的销售和使用税，必须在下个月（2014 年 6 月）月底之前交付给政府，那么州政府实际收到的商家的付款应当是在下个月（2014 年 7 月）之初。然而，如果州政府将截止日期从月底调至 20 日，那么州政府在 6 月底而不是 7 月初就能够收到商家的付款了。但是，对于财政年度起始于 7 月 1 日的州而言，6 月属于 2014 财政年度，而 7 月则属于 2015 财政年度，这样一来，2014 财政年度就收到了 13 个月的销售和使用税。由于 2015 年及以后的年度也使用同样的时间安排，因此以后每年所征收的仍然是 12 个月的税收（当采用电子支付而不是邮寄支票时，加速征收变得更加复杂，但仍然可以做到。大部分的加速征收是在邮寄支票时代完成的）。只有重新将一个财政年度放慢，才能使一年缺少一个月的财政收入。各州在 20 世纪 70 年代开始加速征收，并在以后的年份中提前支付和还款。超过一半的州政府要求，企业缴纳主要税种需要遵照两种方式：一是在本月内尽早付款（例如，在 5 月就缴纳 5 月的部分税款），二是根据预计情况提前纳税，以后再根据实际情况进行调整（按照对 5 月的预期情况进行提前纳税，以后再根据实际情况调整）。弗吉尼亚州是最近的参与者：2010 财年，年销售额至少为 100 万美元的零售商需要提前支付所欠的销售税，将 13 个月的税收纳入该财政年度。在政治上，这些操纵没有提高法定税率那么困难，而且可以为出现问题的财政年度提供额外的财政收入[3]。

预算平衡问题也可以通过对财政支出时间的操纵加以隐藏[4]。一种方法就是将多年期限项目的成本纳入以后的财政年度，而不是按照项目的正常发展顺序分别计入各年。降低当前预算年度的申请，可能有助于实现该年度的预算平衡，然而，这可能会给未来年度的预算平衡制造更大的难题。操纵支出的另一种方法是，在一个财政年度之内，将

---

① Alan Murray, "Bush S&L Bailout Creates Illusion of Deficit Cut That Congress Questions But Wants to Believe," *Wall Street Journal*, February 22, 1989, A—16.

② 在纽约州，这些加速征收也被称为"加速旋转"（spin-ups）。

③ 类似的转换还可以用来取代一般的借款。例如，费城就使用了一个财产税的条款：愿意将 1978 年的预期税收和 1977 年的税收一起缴纳的商业企业，可以得到一个关于 1978 年税收的特别折扣。参见："Early Taxpayers Can Get a Break in Philadelphia," *Louisville Courier-Journal*, April 3, 1977. 但是，这种转变减少了课税总额，而加速征收却没有影响课税的总额。

④ 例如，在 1980 年，芝加哥市为了避免在现金危机中向银行借款，推迟了向经常和该市有业务往来的一些商家的付款。这个问题的产生，是由于家庭农场的豁免计划出现了司法问题，财产税的税单没有如期征收到。芝加哥市虽然有短期借款的权力，但担心这还不足以弥补差额。"City May Delay Payment to Suppliers," *Chicago Tribune*, August 19, 1980. 在这个例子中，由于实际上课征了税收，因此没有在财政年度之间的借款。所以，这种方法只是一种现金流量管理方法。

年底的购买支出推迟到下一个财政年度（或者是在下一个年度财政才拨款）。例如，在2006 财政年度最后 6 个工作日，联邦政府暂停对医疗保险机构的拨款，将支出转移到下一个财政年度。这种技巧人为地削减了第一个年度的经常性赤字，相当于在两个财政年度之间向供应方借得的短期借款。总的来说，这种技巧是将财政赤字推延下去，从而减少下一财年的可用资金。除非这种失衡的状态能够得到修正，否则类似的问题还是会在未来年度中重演，经常性赤字的结转额也会随着时间而不断提高①。

联邦系统创造出另一种略有不同的时间控制把戏，那就是将预算陈述的工作窗口延续 5～10 年。为了消除联邦政府所提议的财政政策的长期影响，立法机关会被告知，在预算窗口之外，这些政策的赤字影响效果显著。供应期满、税率变化，或者发生其他会对赤字产生显著影响的变化时，都会产生如此状态。如果这些变动是属于预算陈述的窗口，就会激起争论。如果在预算陈述窗口的范围之外，它就会以最小的关注程度而游离于立法机关的视野之外。

5. **避重就轻**（ducking the decision）。一份实现预算平衡的行政预算可能会遗漏一些内容，而政治压力又会阻碍立法机关将这些活动排除在外。因此，尽管还没有做出艰难的抉择，行政部门可能也会宣称已经实现了预算平衡（或削减赤字），实际获得的拨款可能还是会产生赤字，或者在拨款之前会从根本上重新调整预算提案。例如，得克萨斯州要求负责编制预算拨款文件的预算立法委员会提交一份收支平衡的预算。1984 年秋，在对 1985 年立法会议的预算文件做了大量工作之后，州政府的总审计长大幅削减了官方来自石油与天然气的估测财政收入（这是得克萨斯州的一个主要财政收入来源）。这项修改正好发生在委员们审议高等教育部门的预算申请之前，那是计划表的最后一项内容。委员会没有修改所有部门的预算申请，而是选择通过削减高等教育部门的预算申请以使整个预算达到平衡，并提议将高等教育部门的财政拨款削减 26%。委员会可能想借此来提高高等教育部门的效率，但却像是在制造虚假的预算平衡。无论如何，立法机关进行了大幅的预算调整，但实际上所有被削减的部分都会被恢复，部分机构的预算甚至还会出现增长②。另举一例：布什政府在其 2006 年的预算陈述中，省略了所有针对伊拉克战争与阿富汗战争的资助项目，而更乐于把它们列入补充性拨款（为那些目的申请了 819 亿美元预算，于 2005 年 2 月 14 日提交，仅仅在预算提交后的几天内，在2006 财政年度开始之后，又提出了更多的申请）③。那些出现在预算中的内容都只为了一个目的，即减少赤字。

人为制造的预算平衡有时还会被通过，只要能够依赖下一年立法机关的补充性拨款来提供预算所需的资金。这样的过程很可能不会引起媒体和公众的关注，因为人们通常把焦点集中于预算编制及审议，而不是预算年度中真正发生了什么。类似地，通过将通常发生在未来预算年度早期的财政支出，转移至当前预算年度的补充性预算申请之中，

---

① 在1992年，纽约市要求 2 104 名新警员开始训练的时间是 6 月 30 日晚上 11：59，也就是财政年度的最后一分钟。这一做法满足了该州"在 1991—1992 财政年度开设新培训班"的要求，但是却将给予他们的城市养老金缴款（2 000 万美元）推迟到了 1993—1994 财政年度。Kevin Sack, "Fiscal Footwork Is Fancy in Plan for Policy Recruits," *New York Times*, June, 30, 1992, B-3.

② Lawrence Biemiller, "How the University of Texas, Flexing Its Political Muscle, Foiled Budget Cutters," *Chronicle of Higher Education*, 30 (June 19, 1985)：12-15.

③ David Stout, "Bush Proposes an Ambitious Budget Aimed at Cutting Deficit," *Washington Post*, February 7, 2005.

也可以使预算实现平衡。如第 4 章讨论过的那样，在美国，缺乏资金资助的公务员养老金的承诺，可能是以美元计算的最大的避重就轻的例子。

6. **利用政府间体制作祟**（playing the intergovernmental system）。州政府通常会通过改变自己与地方政府之间的财政关系来解决预算问题。第一，州政府可以将原来由其资助的服务项目分配给地方政府。例如，高速公路的维护通常是由州和地方政府共同承担的，也就是说，其中有部分道路由州政府负责，而其他的道路则由地方政府负责。通过将更多的责任转移给地方政府，州政府就可以减少自身的支出需求了。第二，州政府可以削减给予地方政府的财政补助。例如，州政府给予学区的财政补助在州政府的支出总额中占了相当大的份额（约占州支出的15％）。通过减少对学校的财政补助，州政府可以缓解自身的预算问题。削减对地方政府的财政补助，实际上是州政府对地方政府的借款，这也是加利福尼亚州于 2009 年夏季的预算平衡惨败中所使用过的手段之一。第三，州政府可以推迟拨付给地方政府的财政补助，使财政支出从一个财政年度转移至另一个财政年度。如果地方政府的财政年度起始日期与州政府不一致，这种变化甚至不会改变州政府在各财政年度中拨付给地方政府的资金总额，改变的只是在同一财政年度中的拨款时间。假设州政府的财政年度起始日期为 6 月 1 日，学区的财政年度起始日期为 1 月 1 日，在美国这是非常普遍的情况。每年州政府就应当给予学区 12 个月的财政补助。假设 6 月的补助金拨款日期是 7 月而不是 6 月，州政府就在该财政年度中节省了一次付款，尽管在日历财政年度中，它还是要拨付学区相同的数额。但是，所有的这些方法都将州政府的财政问题转嫁给其下属的地方政府。实际上，州政府只是简单地跳过了对地方政府的财政补助，把问题直接踢给了它们。

7. **"星号魔术"**（magic asterisk）。里根总统的第一任管理和预算办公室的主任戴维·斯托克曼（David Stockman）创造了"星号魔术"一词，用来指留到以后的预算结余，或者是"当我们把已经批准的各个预算削减项目加总在一起时……终于实现了预算平衡"①。由于媒体及公众的注意力都集中于提案的财政赤字上，所以忽略了预算中没有明确融资计划的事实。很多时候，星号可以与"管理性结余"（administrative saving）相联系，但是没有人知道星号的内容是如何实现的。同样含义模糊的预算结余也出现在许多州长的预算中，特别是在就任的第一年，因为在选举结束后没有多少时间来编制预算。新任州长对如何实现自己在竞选中所做的承诺几乎是一无所知的，但是公众对他的承诺仍然记忆犹新。"星号魔术"就确保了预算的底线，也给行政部门留出充足的时间，来找到解决问题的方法。

如果你一直关注就会发现，预算平衡和平衡预算的需求，在很大程度上是一个神话。如果没有政治意愿来保持财政的可持续性，法律要求将形同虚设②。

削减预算的现实操作

在紧要关头，政府必须从整体上考虑削减预算中的服务项目，其中并无捷径可循。

① David A. Stockman, *The Triumph of Politics* (New York: Harper & Row, 1986), 124.

② 一个关于州层面的预算平衡要求及其如何被规避的评论，请参见: Institute for Truth in Accounting, "The Truth about Balance Budgets: A Fifty State Study," February 2009 [http://www. truthinaccounting. org/news/listing_article. asp? section＝451&section2＝451&CatID＝3&ArticleSource＝572].

可想而知，那些缺乏合理性以及不合理的项目将会从提案中清除出去，增加财政收入的项目选择也将被拒绝，这种管理方式已然拒绝了故意不支付或将其付款延迟到未来年度的政策。预算执行官员是如何在许多出色的公共项目中做出削减决策的？不存在评判这项任务的"最优方法"。以下是行政官员经常用来削减预算的一些方法：

1. **做出一视同仁的削减决策**。如果提议的支出超出预期收入的 5% 时，那么就要以某一固定金额来全面削减预算提案。行政官员将要面对艰难的抉择，必须做出如何削减预算的决策。但至少要由负责项目的行政官员来进行精细的调整，因为他们比中央行政官员更了解项目的执行情况，且能够提高保留项目中最重要内容的可能性。相较于其他方法，这应当是一个较好的选择。

2. **由中央集中削减某一支出类别的预算**。在这个方法中，中央行政官员将直接决定支出类别中的变动。例如，官方指令可能是以不超过 1% 的比率削减职员工资，以不超过 3% 的比率削减基础设施，以不超过 5% 的比率削减公共服务等，直到节省后的支出达到理想的目标。问题在于，所有部门中的节约机会是不一致的，而负责项目的行政官员比中央官员更了解如何做出抉择。削减项目需要最大程度地发挥项目行政官员的知识与技术，而那些削减支出的类别规定却限制了这一可能性。

3. **推迟所有的新项目**。这种方法能够保护现有项目以及那些从中受益的人。因此，在政治上可能是令人满意的，因为新项目还未发展出支持它的选民。然而，对公众而言，这不是一个理想的结果，因为部分新的项目可能远比现存项目更有价值。

4. **停止或延缓资本支出**。新的资本性基础设施的购置，通常涉及价格高昂的物品。比起许多削减支出类别的决策，这种延缓会在本财政年度产生更为显著的财政影响。一些资本设备拥有标准的更新周期，例如警车或计算机，可以用延长更新周期来节约支出（因而警车可以使用 4 年而不是 3 年）。但是，一件新的资本设施可以为公众提供大量的服务，或许也能够减少运营旧设备的成本。因此，这种成本节约反而可能会对公众造成巨大的损失。对设备维护的延迟也是一种常用的策略，至少直到桥梁开始坍塌。

5. **解雇职员/使职员休假/使空缺的职位继续空缺/削减职员工资/削减福利**。政府项目一般是劳动密集型的，所以每年占据政府运营总支出中很大份额的是人员成本。在行政官员想要寻找削减支出的地方，人事项目随即出现。这是一个棘手的政治决策，但其效率也是棘手的：裁员损害了剩余员工的生产力；需要重新调整提供服务的方式；将来政府运营规模扩张时，会产生难以填补的空缺。此外，一些政府是在劳动合同的条件下运作的，这使得该过程变得极为复杂。一些政府通过将某些服务的提供外包给周边或重叠的政府来削减支出，正如密歇根州的庞蒂亚克于 2010 年解散了警察局，通过与奥克兰乡村警长部门签订合同来提供这项公共服务[1]。成本将会减少，但与此同时，服务的质量也可能会变差。

6. **减少供应品的库存**。公共服务的提供需要材料与供应品的库存（燃料、道路结冰时使用的盐、纸张与表格等）。机构长期运作将要开发一个专属的供应系统，在库存低于设定水平时，它能够自动地订购更多货物。降低该设定水平，将会减缓订货的速度并削减某年的总支出。同样地，机构可能会延长某些操作设备的更换周期，例如，将警车更换的周期推迟一年。操作和维护的成本将会增加，但可能少于延迟更换车辆的成本。

---

[1] Mike Martindale, "Pontiac Disbanding Police Department," *Detroit News*, October 13, 2010.

7. **面对现实并做出艰难的选择**。当选者的职能就是代表全体公民的利益做出艰难的选择，当选人或当选团队必须考虑对全体公众而言哪些服务项目是最为重要的，而哪些服务项目较为次要；在此基础上，做出资源合理分配的决策。削减对公众回报较小的服务项目，保留那些对公众回报最大的服务项目，这才是行政官员的职责所在。你渴望这个职位，那就努力工作。这些决策是无法外包的①。一旦做出关于什么服务是最重要的以及哪些服务可以被削减的决策，合理的做法是将详细的管理决策留给项目管理者。在他们的能力范围内（防火保护任务、公园建设以及重建等），相比于中央行政管理人员，他们对项目运营了解得更多，也更能胜任支出削减的工作。

5.5　预算执行的管理

立法机关批准的拨款，而不是行政机关所提交的预算，决定了在预算年度中提供公共服务可用的资金数额。这一获得批准的预算不仅成为实际运营活动的管理标准，也是预算实施过程中一个至关重要的工具，既可以指导政府机构的运作，也可以确保财政支出不会超过拨款的数额。拨款数额是立法机关用以检查行政部门行为的一种工具。获得批准的预算为实际运行确立了控制标准，在预算实施过程中，针对一些偏离标准的地方，通过控制系统的运行加以纠正②。在实际操作中，该机制包含了几种预算控制方法：

1. **事前控制**（preventive control）的建立，是用于防止一些违背标准的行为。为了预防这些违规行为，有些政府建立了特殊的程序来对价格超过规定限额的购买活动进行审核，当财政资金紧张时，这个限额也会相应地降低。在填写支票前，更多的政府甚至采用特殊的事前审计来确保支出的恰当性，在支出发生前，通常需要多个独立机构的批准（其中一些批准可能等同于无用的繁文缛节）。

2. **事中控制**（feed-forward control），就是对财政支出过程中出现的问题进行诊断和修正的活动。当实际支出与预算支出的差额超出一定水平后，差异报告就会自动地对一些特定账户发布停止支付的命令。

3. **事后控制**（feedback control），在预算周期中开始对未来年度的预算进行纠正。将财政年度内的预算支出和实际财政支出进行比较，为下一年度预算的编制、审议和指导提供重要的信息。

通常来说，获得批准的是整个财政年度的预算，而预算执行则是日复一日、周复一周进行的。那么，年度预算如何建立对这些预算执行的控制标准呢？在经过中央预算办

---

① 在一个典型的失职案例中，在 2008 年，弗吉尼亚州的亚历山大市，城市官员聘请了一个专业的伦理学家指导其预算项目的轻重缓急。人们是否只有在明确了其职位之后才会思考自己的工作职责是什么呢？是否只有当选择对每个人都更有意义时，才会做出选择？（Michael Laris，"A City Looks to Its Moral Compass in Lean Times," *Washington Post*，December 14，2008.）

② 在发展中国家和转型国家，"欠款"（arrears）或政府在可接受的时间内无法履行的付款义务，导致了问题的产生。这对经济造成了压力，因为没有工资的工人、养老金领取者和供应商无力支付自己的账单，而他们拖欠的账单的主人也同样不能支付自己的账单，如此循环。这个问题可能来自不切实际的预算，这些预算是建立在收入预测的不切实际、预算执行监测不足或预算管理人员控制不力之上的。补救办法和前面提到的一些问题的纠正办法一样，就是一种承诺控制制度，需要在财政部或类似中央实体核实之后，运营机构才能订购货物或服务，以确保用于购买所产生的支付义务的资金或拨款到位。

公室的批准之后，运行良好的财政系统会将分配给每个运营单位的年度预算拨款总额再按季度（或者按月）进行分配。假设街道和污水处理部门自 1 月 1 日至 12 月 31 日这一财年的财政拨款为 400 万美元，并且年内的预期支出速度是相对稳定的，那么该部门和该市的预算办公室所采取的拨款计划如下：

	季度拨款（美元）	累计拨款（美元）
1 月 1 日	1 000 000	1 000 000
4 月 1 日	1 000 000	2 000 000
7 月 1 日	1 000 000	3 000 000
10 月 1 日	1 000 000	4 000 000
总计	4 000 000	9 000 000

将每个季度末的实际财政支出与拨款进行比较，可以提前对政府部门的活动进行预警控制，防止过度支出和不必要的服务支出。如果支出报告加上一直到 6 月底的支出承诺（支出保留数，encumbrances）超过了 200 万美元，那么其运营速度就需要降低，使其保持在拨款范围内。将支出计划和支出活动进行对比，既要包括已经形成的付款，也要包括业已签订合同、承诺在将来付款的部分。后两者在不同的财政制度中有不同的称谓（例如，支出保留数和财政义务就是两个不同的称谓）。尽管称谓不同，它们都要减少可能的支出授权，这应当在与计划的财政支出做对比时纳入。尽管（在正常情况下）会计体系并不会认为这些资金已经形成了支出，但管理人员必须认识到，一旦做出付款承诺，预算资源也就随之而去了。

许多政府机构提供服务和由此形成的财政支出，并非是在全年均匀分布的。一个比较典型的案例是设在美国北部的一个露天游泳池，它只在夏天开放，因此其运营支出也就集中于这些月份，季度均衡拨款对于这类项目的管理和控制都是不适用的，在年内难以形成均衡支出的活动（如季节性的需求、购买主要资本性设备、新公共设施的开放与关闭等），也不需要均衡的拨款。如果想要进行有效控制和管理，拨款安排表必须与批准的预算及预期的支出活动保持一致。

对比截止到目前的拨款和支出（二者之间的差额），有利于解释：（1）可以压缩支出的领域；（2）能够形成结余的领域，这些结余可用于弥补其他领域的赤字；（3）可能对未来预算编制的模式有所帮助；（4）申请补充性拨款的潜在需求（超出最初财政年度拨款的那部分资金）。超出拨款进度的一些支出只会导致购置的加速（例如，可以在季度间进行转换，从编制预算时没有预期到的低价中获利）。其他支出则可能意味着支出超过了所批准的拨款数额。针对后期的超额支出，通常需要支出单位根据预算办公室的指示对支出进行控制。因此，通过将不同期的拨款和支出加以比较的方法，不管是机构还是财政官员都可以更好地对预算执行加以控制。尽管预算执行的目的是向公众提供服务，但资金的使用方式却不能和财政拨款相违背。

有些政府单位发现，对于自己主要的支出种类而言，不存在特别的季节性规律。这些单位可以使用比较简单的预算进度报告，该报告会将总预算在一个特定日期使用的比例（包括实际支出或支出义务）与财政年度的进度进行比较。如果某个部分的预算支出比例已经超过了财政年度的进展速度，说明该政府机构的这部分活动可能存在问题。图 5-1 所列出的是一个乡镇政府的预算进度报告。该报告在财政年度中期出具，关注那些与整个计划中支出比例不符的支出种类。要留意在报告最下方针对一些差额支出的解释。这个报告的管理意义与拨款和支出的比较报告是一样的。但是，在这些比例的蒙蔽下也许存在陷阱：大规模预算项目的小比例差额，可能会比小规模项目的大比例差额更具危害性。在对这些差额进行分析的过程中，要区分由价格不同导致的差额以及由资源使用不同导致的差额。然而，其实也不存在所谓"差额"，因为政府机构已然改变了其提供服务的基本计划。

克伦威尔镇 2010—2011 年度预算差额季度报表

密尔税率（MILLRATE）：26.84　　　　　　　　　　　　　　　　　　　（单位：美元）

支出项目	预算	按比例获批准的预算	第二季度从年初至今的实际支出	实际支出与获批预算之间的差额
1.　首席行政委员	255 521	127 761	122 432	5 329
2.　镇书记	205 537	102 769	89 495	3 274
3.　选民登记员	58 426	29 213	34 042	(4 829)
4.　规划及分区	2 140	1 070	728	342
5.　经济发展	40 200	20 100	5 784	4 316
6.　金融机构	29 080	14 540	22 356	(7 816)
7.　资本性支出委员会	90	45	—	45
8.　宪法修订委员会	571	286	519	(234)
9.　申诉评定机构	1 300	650	156	494
10.　申诉分区机构	1 100	550	841	209
11.　内陆湿地	1 685	843	527	815
12.　残疾人委员会	525	263	195	68
13.　捐款及税收	37 863	18 932	31 851	(12 919)
14.　行政机构	9 384	4 692	8 491	1 201
15.　法定费用	166 636	83 318	38 312	5 006
16.　核心服务	97 700	48 850	51 397	(2 547)
17.　保险费用	436 158	218 079	335 832	(117 753)
18.　日常费用	86 650	43 325	433 446	(389 121)
19.　开发人员/规划人员	85 288	42 644	42 367	277
20.　发展适应性	69 048	84 524	33 851	673
21.　环境保护委员会	1 250	625	450	175
22.　财政部门	323 719	161 860	159 246	2 614
23.　税款征收	177 652	88 826	88 218	608
24.　估税员办公室	186 628	93 314	94 916	(1 602)
25.　财务主管办公室	300	150	114	36
26.　公共管理事务	174 806	87 403	78 212	9 191
27.　工程项目	335 698	167 849	142 607	5 242
28.　垃圾回收处理中心	687 860	343 930	289 611	4 319
29.　房屋检查	153 066	76 533	74 564	1 969
30.　高速公路部门	1 148 772	574 386	465 998	108 388
30.　汽车维护	267 427	133 714	121 854	1 860
31.　房屋维护	504 663	252 332	284 171	(31 840)

32. 公园及场地	278 094	139 047	138 752	295
33. 公共服务/生产扩张	438 125	219 043	187 151	1 911
34. 人民武装	9 700	4 850	3 723	1 127
35. 政策部门	2 721 469	1 360 735	1 325 224	5 510
36. 动物控制	80 441	40 221	46 453	(6 233)
37. 卫生部门	149 255	74 628	67 582	7 046
38. 人力服务管理	95 975	47 988	47 705	283
39. 老年服务	77 648	38 824	34 115	4 709
40. 交通服务	95 464	47 732	45 860	1 872
41. 青年服务	101 392	50 696	44 887	5 809
42. 娱乐部门	366 188	183 094	180 082	3 012
43. 图书馆	525 309	262 655	263 287	(632)
44. 职工福利	2 832 707	1 416 354	1 160 946	255 407
政府一般支出总计	13 318 510	6 659 255	6 592 848	6 407
45. 债券债务	4 135 977	2 067 989	701 470	1 366 519
46. 教育机构	24 834 587	12 417 294	8 706 018	3 711 275
政府支出总计	42 289 074	21 144 587	16 000 336	5 144 201

图 5-1 预算差额报表

支出：大多数预算处于或接近目标水平，由于实际支出的时间问题也存在一些例外情况。例如，高速公路部门和公共服务部门的预算在冬季会增加。捐款及税收通常在财政年度的开始进行支付。娱乐部门的预算由于其夏季计划，预算在财政年度初期略有增加。在该时点没有引起重大担忧的预算领域，预算预计将按所批准的进行支出。教育机构的预算略微滞后，因为教师的工资按教学年度进行发放。

* 6 月有一笔气球付款（balloon payment），全球付款是指分期付款中最后一笔较大金额的付款。——译者注

政府制定了一些特殊的规则，机构可以借此来针对拨款时未曾预料的情况做出反应并调拨资金。在联邦层面，"**再规划**"就是在拨款账户内使用资金，并且其使用目的与拨款时的设想不同。政府机构与相应的实体、拨款委员会之间的协商，通常会提前规定一些措施，这些措施可能包括了正式通知和委员会的否决机会。"**调剂**"是指将一个账户中的全部或部分预算授权转向另一个账户或者分支账户（例如，将资金从运营和维护账户向人事账户调剂）。这种变动通常需要法定的授权，尽管有些机构在规定比例或者绝对限额内拥有转调剂权①。州和地方政府也有类似的、尽管是略欠正式的财政程序。在立法机关休会期间，州政府会建立临时委员会以提供必要的灵活性措施，这是针对没有常设立法机关的一种重要调整措施。

内部控制

项目管理人员最为关心的显然是根据计划来提供服务；同时，财务管理人员还要关注内部控制的维持。所谓内部控制（internal controls），就是在机构内部建立的一种方法和程序，其目的在于保护资产，检查财务数据及其他数据的准确性和可靠性，提高运

---

① General Accounting Office, *Budget Reprogramming*, *Department of Defense Process for Reprogramming Funds*, GAO/NSIAD-86-164BR (Washington, D. C.: General Accounting Office, July 1986).

营效率，促使机构遵从既定的政策和程序[1]。内部控制是应对欺诈行为的第一道防线。

以下是建立内部控制的基本步骤：

1. **提供合格的员工，实行轮岗和年度休假制**。这项政策能够确保员工拥有足够的能力来完成任务，并且可以确保在新员工轮岗交替或者临时代办中，及时发现不正当的行为。如果员工被要求负责超过其能力极限的工作，那是相当危险的，因为他们本应该担任更为低级别的职位，（担任高级别的职位）更容易受到不当行为的影响。

2. **责任分离**。将相关的工作和运营责任在两个或者更多具备资格的人员之间分配，通过对工作绩效进行制约和平衡，减少错误和欺诈行为发生的可能性。

3. **将运营活动和会计活动分离**。将运营交易（如采购、收货、托收等）与会计记录的保管分开，以减少错误和盗窃的可能性。将交易记录和调整分开。

4. **分工明确**。这样能确保任务的完成，并在交易出现问题时找出相关的负责人。

5. **保持可控性证据及安全性**。将银行账户、可控现金和流通票据分开保存。按照收款的顺序签发收据，以避免现金支出的过大弹性。严格按照标明顺序的可控订货标准来订货。严格按照标准的独立授权支付资金，并规定所有职员能够了解机构资金的重大支出数目。规定支票的双重签署，这样一来组织里就没有人能私自签署支票。必须定期复查并测试内部控制系统。

6. **记录交易，保全资产**。对交易活动及相关事项进行即时的记录与精确的分类。只有得到授权的人员才能接触原始凭据和政府资产[2]。及时储存收入。

这些步骤有助于落实最高审计机关国际组织（the International Organization of Supreme Audit Institutions）的内部控制标准，美国政府问责署也是该组织的成员，其标准的内容如下：文档记录，对交易记录及其他事件进行及时而恰当的记录，执行交易及其他事件的授权，对责任进行分配，监管，资源和会计资料的使用权限及可说明性[3]。这些控制机制能够减少发生盗窃、错误和欺诈行为的概率。尽管这些机制不能防止拙劣的公共政策的制定，但无论如何，它们都有助于这些决策按照既定方针得以实施。

年内的现金预算

现金预算是将立法通过的预算转化为运营年度中详细的财政收支流量的一种机制。从全年度、经常性的角度来看，现金预算可以形成对预算期间的支出、收入、现金结余和融资需求的一种预测。它是基于可能的（或已知的、可控的）模式建立的。

1. 由于在通过立法批准的预算中，工资和薪金都有明确的承诺，因此，向雇员支付报酬的周期是确定的。据此，就能够预测全年的薪酬支付数额——在全年中每月的特定日期，雇员将如数得到报酬。

2. 对供应商（例如，合同方和公用设施等）的付款模式以及付款金额，预算中都是有规定的。

---

① Paul E. Heeschen and Lawrence B. Sawyer, *Internal Auditors Handbook* (Altamonte Springs, Fla.：Institute of Internal Auditors, 1984), 36.

② 联邦内部控制标准出现在管理和预算办公室的公告 A-123 中，可在管理和预算办公室的网站上找到。

③ Internal Control Standards Committee, International Organization of Supreme Audit Institutions, *Guidelines for Internal Control Standards* (June 1992), 9.

3. 大笔的支出——对债务本金和利息的支付或购买大型设备——都会在获得批准的预算中有所规定，因此是可以预知的。某些高价物品的购买甚至在预算年度中还可加以控制，这些支出需要在获得大额财政收入不久之后而不是之前才得以支付，以保证财政部门手头拥有足够的现金，而不必进行短期融资。

4. 税收和收费收入的形成，通常会呈现出规则的季节性特征。由于一年中经济环境的变动（或某些产业的淡季和旺季之分、按照季度缴纳财政收入的日期不同），有些月份的财政收入较多而有些月份则较少。例如，对近年来数据的分析表明，1 月收到的销售税收入通常占全年总额的 8.5%。根据这些已知的规律，预算年度中预估的财政收入能够轻松地转化为可能的月度财政收入流量。将全年度的总销售税乘以 8.5% 就能够得到 1 月的预估财政收入，其他月份也可依此类推。

现金预算还有助于年度预算的执行，因为现金预算可以反映政府在何时可能会缺乏充足的资金来支付一年中特定时间的到期账单。这就能提醒政府何时需要从地方银行借入必要的短期贷款来弥补现金短缺，并且可能有助于政府调节这些收支流量以避免这类贷款的需求。这样就能够省下利息，反之则必须支付贷款的相应利息。编制这样一份预估现金预算，有助于政府财政官员的实际工作。此外，认真预估支出流量还有助于确立财政拨款模式，并将年度拨款在各机构之间进行分配。

5.6 审计与评估

在预算年度结束时，需要思考若干问题。一个基本问题就是，预算是否是按照批准的那样来执行的。获得批准的预算应当反映政府支出的轻重缓急，以及这项支出的融资意图。如果预算的编制是比较负责任的，并且通过了立法程序成为具有法律效力的财政计划，那么就应该原封不动地执行它，如果遇到预算中没有考虑到的特殊情况则属例外。

审计的首个关键问题在于，最后执行的预算是否与最初批准的预算相一致。支出是按计划支出，还是由于收入不足而需要减少支出？在预算年度结束之时，实际的支出模式是否与预算所反映的计划相一致？如果两者不一致，那么预算执行中所做的修改是否遵循了恰当的程序？换言之，就依法采纳的有待执行的计划而言，只要预算程序是有意义的，那么预算的法律就必须得到遵守。这也强调了在预算执行过程中对支出进行深思熟虑的必要性。例如，一个政府机构可能管理着不止一个的预算账户——比如提交给中央办公室的一个账户以及为地方提供服务的另一个账户。在机构全年的工作过程中，其支出源于两个账户。重点是在进行支付时，会计系统会从适当的账户中获取支付款项——例如，地方的电话账单会由适当的账户支付而非中央账户。为确保运营同预算中获批准的计划相一致，正确的会计是非常必要的，它能防止账户之间的非法转移，并且为编制将来的预算提供可靠的信息基础。

其他问题要通过外部审计程序来调查。许多审计活动都是通过既定的审查步骤开展的，以使不同的审计人员在从事同一类审计活动时，有同样的标准可循。审计大多聚焦于政府机构系统的内部控制。如果内部控制（或内部审计系统）运行情况令人满意，那么外部审计机构就没有必要对被审计单位的每一笔交易都进行追踪审查了，因为内部控制制度本身就能确保对规则的基本遵守。然而，审计过程会对这种内部控制进行检验。

会计控制可以防止欺诈和浪费行为，保证机构运作的精确性，确保机构遵循相关的法律，并促进其遵循州政府的政策（包括立法机关）。审计活动会确认这些内部控制系统是否奏效。在审计过程中，审计人员会寻找表5-2所列出的错误及滥用职权行为。许多审计活动都会用统计抽样对在总体资料中的错误程度进行概率性推测。很少有必要对全部资料进行详细审计。

表5-2　　　　　　　审计人员发现的错误、滥用职权和操纵行为

年底的会计舞弊行为，会将收入和支出从一个年度转移到下一个年度，以增加或减少年度总额
未记录的债务责任：运用书面协议或者书面的订货单据来隐瞒对供应商所做的支付承诺
过分预测收入，以维持较低或不断增长的税率
没有为税收拖欠留备充足的空间
对基础设施、医院及其他服务账单的计算错误
未经授权就在拨款账户之间调剂资金
将补助收入计入了错误的基金账户
将现金账户合并，以掩盖对规定用途资金的非授权使用
没有遵守有关预算的批准和审议的相关法定要求
未按时向联邦机构和州编写并提交财务报告
对州政府的补助计算不正确

资料来源：Peter F. Rousmaniere, *Local Government Auditing—A Manual for Public Officials* (New York: Council on Municipal Performance, 1980), 10 with revisions.

审计需要防止的事项：从政府盗窃的几种手段

在21世纪，从政府偷窃并不常见。稳健的预算过程包括强大的内部控制、清晰的拨款以及明确的财政责任、可靠的内部审计等，通常能够有效地制约盗窃行为。（浪费则是另外一回事。）尽管如此，政府盗窃行为依旧频频发生，并且每当偷窃被揭穿时，才会引起广泛的公众关注。因此，回顾一下历史上从政府盗窃时曾使用过的几种手段，无疑是很有意义的。

无中生有（ghosting）
利用虚假的资源进行盗窃——已经收到了资金，但实际上并没有提交相应的资源——可以有几种形式。第一种方式是虚假雇员：在政府机构的工资表上有一个人的名字，但是他却不在该机构工作。这个人得到了报酬，却没有提供相应的服务。第二种方式就是为实际上没有提供的供应或服务付款：公司提供的发票上标明了提供的服务，但政府机构从未得到任何供应或服务。第三种方式就是将所提供的供应或服务增加一倍：明明只提供了一次服务，但是发票上却显示提供了两次。每种方式都会使政府为没有得到的服务付费，都人为地增加了公共服务的成本。

投标欺诈（bid rigging）
当对供货合同进行投标时，进行投标欺诈。假设有一段高速公路需要重新铺设。潜在的供应商会提前确定投标的获胜方和中标价，其他公司只能提交完全不具备竞争力的标书。每个供应商都会勾结起来操纵投标，因为在下一个工程投标时，就会轮到他们夺标了。这种勾结行为一方面提高了公司的利润，另一方面增加了政府的成本。政府官员是否从这种勾结过程中谋得私利，取决于这一阴谋的具体安排。

诚实的贪污（honest graft）

"诚实的"贪污是指利用提前得到的信息或者是只有少数官员知道的信息，为政府官员自身赢得私利。在 20 世纪早期纽约市坦慕尼大厅（Tammany Hall）的领袖乔治·华盛顿·普伦基特（George Washington Plunkitt）的回忆录中，是这样描述这一过程的：

> 这是一种诚实的贪污，我自己就是其成功运作的一个例子。我可以这样来总结整个过程：我发现了机会，并把握住了它。
>
> 让我举个例子来解释。我所在的政党正在本市执政，要承担许多基础设施的改进工作。于是我得到了一个消息，它们会在某处建造一个公园。
>
> 我发现了自己的机会，并把握住了它。我找到了那块地，并尽我所能地买下了附近居民区的土地。后来相关的委员会将这个计划公之于众，于是人们纷纷来抢购我的土地，而之前这些土地是无人问津的。
>
> 这样，难道我不是完全诚实地用我的投资和远见卖了高价、赚取了利润吗？[1]

尽管使用了内部消息，这种诚实的贪污者牟取利润的大小，同他通过某项资源向公众敲诈的程度有关。类似地，诚实的贪污者也可能会取得或建立一家公司同政府来做生意。标书的细节都是事先写好的，使这家公司成为唯一的合格者。政府官员为了谋取私利，会人为地提高对某些商品或服务的需求。

假公济私[2]（diversion）

公共资产和政府官员的服务可能会被私人挪用。办公用品、机器设备、汽油等物品不仅可以用于政府活动，同样也可以用于私人行为。公共雇员也可以被私人雇用，其中包括由公共雇员为政府官员的私人财产进行建设和维护等。公共雇员有时在工作时间会被当作政治竞选的工作人员来使用——这是一种滥用职权的非法行为。这些行为属于直接盗用，因为其私自使用了政府资产却没有为此付款。但也有一些其他的方式：政府信用的低效管理为现代盗窃者提供了高效的假公济私工具，使其远远超过早年那些腐败公务员的梦想[3]。

劣质材料（shoddy material）

由于质量低劣的供货与材料的成本通常低于高质量的供货与材料，因此，政府合同会特别地对所提供的材料质量做出规定。如果承包商提供了低于规定质量的材料（劣质材料），那么他们就能从公共成本中获利。

---

① William L. Riordon, *Plunkitt of Tammany Hall* (New York: E. P. Dutton, 1963), 3.

② 为了更好地说明假公济私和劣质材料如何导致腐败，请观看 *Catch 22*，一部 1970 年的基于约瑟夫·海勒的同名小说拍摄的电影，并特别注意第一中尉米洛·明德宾德（Milo Minderbinder）的工作。

③ 在最近的一个例子中，伊利诺伊州迪克森的常任检察官显然使用了 3 000 万美元的城市资金来支持她的冠军季度赛马育种业务。令人惊讶的是，该镇的年度预算额度仅为 900 万美元。当她休假 4 个月来从事自己的赛马业务时，其他员工填补其空缺，发现了可疑的银行活动，她的所作所为才被发现（Andy Grimm and Melissa Jenco, "Small Town Rocked by $30 million Theft Case," *Chicago Tribune*, April 18, 2012）。

回扣（kickbacks）

政府官员有权来选择签订合约的交易对象、储存公共存款的银行、为政府机构工作的雇员等。通过人为地抬高合同的回报或工资报酬，他们可以把一部分收入作为自己的回扣。被选中的个人或公司所提供公共服务的价格，要高于承包服务的常规价格，因此，即使在支付合同机构的回扣之后，他们依旧有利可图。同样地，立法官员也有机会将特定商家的商品或服务纳入通过的拨款提案中。有时支出也会落在政府官员或其亲戚手中，或许有时买家以一个夸大的或高利润的价格从政府或立法官员那里购买物品；有时支出的形式是把工作分派给政府或立法官员的亲戚；有时支出是用来资助政府官员或其所在政党的竞选运动，用 21 世纪第一个 10 年的政治术语来说，前者是"硬钱"（hard money），后者是"软钱"（soft money）。遗憾的是，回扣与特殊交易似乎成为美国政坛及政策制定中的重要势力。

在欠发达国家和向市场经济转轨的国家，使用政治权力进行盗窃的腐败方式与发达国家相比略有不同。约翰逊和库韦克（Johnson and Kwak）总结了一些标准的方法："新兴市场寡头利用其政治力量和关系，通过诸如以低于购买价格购买国有资产、从国内银行获得便宜贷款，或以高价向政府出售产品等手段来赚钱。"[1] 透明度、规范的财政流程和内部控制，通常可以防止其他国家发生这样简单的选项，虽然在美国，次国家层面政府确实存在这样的问题，不熟练的政府官员和不完备的制度使公共资源为这种挑选提供了条件。

21 世纪为腐败行为提供了新的有趣的插曲。比如，洛杉矶纪念体育馆的财务总监，用自己的信用卡购买政府所有的音响设备，以赢得大量的奖励积分[2]。这不仅违反了禁止使用个人信用卡进行重大采购的采购政策，而且还引出了关于该总监所做选择中有关利益冲突的问题，他逃避了对管辖区的财务控制，并可能导致设备的保修无效。多数的政府购买应采用支票购买的形式，而不是信用卡，因为这种方式更容易控制那些没有授权而使用财政资金的行为。

结 语

预算技巧需要与预算技术相结合，后者只能通过实践来累积。所有的预算都必须起始于对政府机构所要完成工作的精确理解。如果没有这个基础，任何技巧都是无济于事的。在许多政府的运作中，最大的问题就是信息问题——那些掌握了政府内部信息的人，就能够利用交换信息来牟取高出一般水平的利润。除此之外，不存在什么普遍性真理。

问题与练习

1. 以下表格中的数据描述的是伊诺莫斯州立大学（Enormous State University）的公共事务学院按照分类目录而记录的预算收支情况。和州立大学的许多精英项目一样，

---

[1] Simon Johnson and James Kwak, *13 Bankers*（New York：Vantage Books. 2011），133.

[2] Paul Pringle and Rong-Gong Lin Ⅱ，"Coliseum Finance Director Earned Visa Points on Stadium Upgrade," *Los Angles Times*，December 10，2011（http：/articles. latimes. com/2011/dec/10/local/la-me-coliseum-20111211）.

该学院承担着教学、科研以及向大学、州和国家提供服务的任务。这份数据包括了 3 年的预算和实际数据，以及在 2014—2015 财政年度中的预算计划。你的预算分析任务是，从这些数据中尽可能地了解学院的运作及其在预算年度中的计划。特别地，你必须找出趋势、份额比例的变化，以及在驱动学院的融资中最为重要的支出类别。这里有几条关于报告数据的注意事项：第一，州政府拨款到大学，再由中央行政处将拨款分配至学院的各项运作项目中。这是州政府拨款数据的来源——将拨款分配到学院，因此 2014—2015 年的州政府拨款数字是实际数据。而其他部分的预算需要单独申请。第二，中央行政处向学院提供服务并对之收费（例如，中央图书馆、计算机网络等）。该收费项目是表格中的评估收入，基于当年学院的运作情况，因此它是一个估计值，是学院收入中的减项内容。在该练习中，你的作答必须包含你的分析总结，以及你在分析中所发现的问题列表，向编制 2014—2015 财政年度预算的人员进行提问。假设中央行政处要求每个学院都削减其支出的 5%，你认为学院应在哪些方面进行削减呢？

	2011--2012 财政年度		2012--2013 财政年度		2013--2014 财政年度		2014--2015 财政年度
	预算	实际	预算	实际	预算	估测	预算
学生费用	14 691 883	14 617 508	14 852 883	15 505 988	16 290 202	14 648 218	17 356 000
州政府拨款	5 391 233	5 391 233	5 155 353	5 155 353	5 100 703	5 100 703	5 150 000
间接成本收入	850 000	1 048 415	900 000	943 279	900 000	1 256 485	900 000
其他收入	130 622	136 561	97 750	111 031	104 450	121 263	120 000
（评估收入）	(7 297 873)	(7 079 459)	(7 497 632)	(7 356 908)	(8 072 512)	(8 249 461)	(8 100 000)
收入总计	13 765 865	14 114 258	13 508 354	14 358 743	14 322 843	12 877 208	15 426 000
大学生财政补贴	28 000	22 500	28 000	29 075	32 000	27 000	36 000
研究生财政补贴	1 184 510	1 181 212	1 100 510	1 147 754	1 200 442	1 358 033	1 400 000
财政补贴总计	1 212 510	1 203 712	1 128 510	1 176 829	1 232 442	1 385 033	1 436 000
补偿金	11 616 746	11 202 082	11 674 484	10 979 134	11 563 133	11 253 420	12 041 159
经常性支出	974 359	732 636	937 150	801 710	949 267	886 242	950 125
差旅费	286 400	232 158	254 700	193 637	265 250	231 331	265 755
基建投资	11 667	0	0	0	0	14 231	0
转化为间接成本	286 848	412 080	326 304	1 164 942	439 491	688 102	458 650
支出总计	14 388 530	13 782 668	14 321 148	14 316 252	14 449 583	14 458 359	15 151 689

2. 税务局想增添一些人手，以通过电话的方式来课征税款。作为预算分析师，当收到下面的预算申请说明文件时，你会提出什么疑问呢？

日期：2013 年 6 月 19 日

主题：电话课征税款

目前，税务局有 19 名全职雇员在进行电话追收税款的工作，每个雇员平均每天可以打 25～40 个电话。去年，这 19 名雇员追收的税款总额为 17 858 623 美元。如果我们可以增添一个自动拨打电话系统，再增加全职雇员 10 名，我们拨打的电话数就能加倍，追收的税款总额会增加 50%①，即增加 8 900 000 美元。

---

① 原文为 59%，计算有误，故改为 50%。——译者注

3. 下表是马歇尔市消防部门的人员情况及工资标准：

雇员级别	各级别中的人数	工资（美元）
主管	1	105 000
班组组长	3	70 000
1 类消防员	12	39 000
2 类消防员	26	30 000
文员（兼职）	3	15 000

该市是联邦社会保障系统的一部分，该市和雇员分别按全部工资的 6.2% 的税率缴纳社会保障税，每个员工支付高达 90 000 美元，用来支持联邦退休和伤残保险，并缴纳全部工资的 1.45% 来支持医疗体制。该市将为全职的雇员缴纳健康保险的部分保费，每月为 180 美元。所有雇员都属于退休金系统的一部分，该系统规定由该市按雇员工资的 20% 来缴款，雇员自己在收到工资之后按工资的 5% 缴款。全职雇员每年的制服津贴为 750 美元。

假设没有人员的变动，对财政年度中该市消防部门的人力总成本进行估测，并将人力成本分成工资和附加福利两部分。

4. 根据下列的各种项目条件来编制预算申请和预算说明。首先将以下各个预算申请进行归类：(1) 新的服务；(2) 继续提供其他服务；(3) 工作量变化；(4) 服务水平变化；(5) 价格变化；(6) 完全融资；(7) 方法改进。各个项目的条件如下：

a. 某机构每年要寄送 275 000 份邮件。每盎司的邮费上涨了 2 美分。

b. 在资金内部调剂后，在过去 3 年中，差旅费拨款部门每年的实际支出都短缺 15 000 美元。

c. 有 15 个审计员，平均每年共可以处理 115 000 份财政补助文件。对救济对象增长情况的估测显示，在下一个双年财政年度的预算中，这些文件会在第一年中增加到 125 000 份，第二年将是 130 000 份（审计人员平均月工资为 3 775 美元，附加福利是工资的 25%）。

d. 市议会拨付了 18 000 美元，用于一个对那些未缴纳交通罚款者进行调查的项目。这个项目起始于财政年度的第二个季度，由此带来的财政收入要远远超过其成本。法律事务部门想要在整个新财政年度中保持该项目的运行。

e. 某部门打算增加 5 个行政助手来取代计算机工作站。每个工作站包括一台个人计算机、激光打印机以及标准化的工作站文字处理软件。

b. 一家地方自来水公司保存着多年来每月向州自来水部门购买生水（raw water）的交易记录。每月平均用水量如下表所示。

假设该市购买每千加仑水的费用是相同的，并且财政年度的起始日期为 7 月 1 日，每月使用后再付款。请编制一份额度为 800 万美元的水费季度拨款计划。

（单位：千加仑）

月份	用水量	月份	用水量
1 月	35 000	7 月	125 000
2 月	35 000	8 月	125 000
3 月	50 000	9 月	90 000
4 月	65 000	10 月	60 000
5 月	68 000	11 月	50 000
6 月	100 000	12 月	40 000

6. 财政年度的起始日期为 7 月 1 日，结束日期为 6 月 30 日，某旅游促进部门为截至 3 月 31 日的交易情况编制了一份进度报告，其中差旅费拨款总额为 9 000 美元，截至目前支出 2 500 美元，还有 3 500 美元的拨款额度。由于 5 月有一场重要的商品交易会，因此在财政年度的最后季度，该部门只得到了部门支出预算 40% 的拨款分配。该旅游部门的账目情况如何？有哪些恰当的管理举措？

7. 分析以下这份预算说明：

工作量变化——双年度成本：84 300 美元。

由于发现了新的社会运作原理，心理工作者现在可以获得准确的实验结果和数据，这使我们的社会评论员可以给出更加现实而非老套的社会学建议。我们的专业评估人员和经过专门训练的咨询专家，协同那些遍及各州的监督人员，在促进婚姻离异双方重归于好的工作中取得了突飞猛进的成绩。为了使效果最大化，在策略上增加 4 个额外的咨询小组是必不可少的。这方面的成功有助于解决虐待儿童的问题，这也需要增加服务资金。

a. 如果你是一名预算分析师，列出这个预算说明中你需要提出的问题。

b. 根据你对预算申请目标的理解，重新编写该预算说明。

8. 911 紧急电话是唯一一个可以求助的电话号码。接线员接到电话，再根据需要通知警务部门和（或）消防部门。这个电话的地址和其他可以获得回应的信息一起显示在计算机屏幕上。也会对电话进行录音，以全面反映通话的实质内容。在较大的都市化城镇中，这个系统的安装成本为 450 万美元，每年的运营成本为 360 万美元。该系统所需的资金，可以通过向地方电话公司按 1.5% 的比例课税得到。

编写一份推介该系统的陈述说明。

9. 公共预算和财政协会（the Public Budgeting and Finance Association）正在筹备年会，举办会议的酒店的相关服务报价如下：

周四下午	会议设备租赁费：425 美元
	茶歇服务费：每位 10 美元
	视听设备租赁费：55 美元
	晚宴：每位 25 美元
周五	会议设备租赁费：750 美元
	上午和下午的茶歇服务费：每位 15 美元
	欧式早餐：每位 15 美元
	午宴：每位 20 美元
	视听设备租赁费：150 美元
周六上午	会议设备租赁费：375 美元
	欧式早餐：每位 15 美元
	茶歇服务费：每位 10 美元
	视听设备租赁费：75 美元

项目的耗材和市场推介费为 550 美元。协会去年向每位参与者收费 130 美元，今年的收费水平要与去年持平。

a. 为年会绘制收支平衡图，并确定参会人数的收支平衡点。

b. 假设今年将鼓励学生参与，只收取他们参与的直接成本，你认为价格应该确定为多少呢？

c. 如果你预计有 110 人将出席，编制一份该年会的预算。

10. 假设你在市预算办公室工作。预算办公室主任向全体职员报告说，该预算年度前 5 个月的财政收入水平比预计的 680 万美元下降了 7.3%，她想要寻找各种能解决这个问题的办法。该市在法律上禁止通过借款来弥补运营中所产生的财政赤字。

11. 一家市立滑冰场的经理正在担心，来自顾客的收入并不足以维持滑冰场自负盈亏的长期政策。该滑冰场的主要收入来自按小时计费的滑冰费（该市规定每人每小时收费 2.5 美元）和滑冰鞋的租借费（每双 1.5 美元）。在过去的 3 年，每位顾客的滑冰时间大约是 1.5 小时。大约一半的顾客会来租借滑冰鞋。工资、定期维护费和其他管理费用每年总计 94 500 美元，这些成本不会因顾客人数的变化而变化。会随顾客人数变化而变化的成本（直接维护成本和耗材成本）预计是每人每小时 1.8 美元。在过去的 3 年，平均每年的顾客人数是 85 000 人。这位经理的担心是合理的吗？

12. 格兰茨维尔（Grantsville）是美国中西部的一个中等规模的城镇，位于城乡交界处，对于 21 世纪事务的参与热情并不高。作为该市的一位新任财政事务管理人员，你急切渴望对该市的管理进行改革，只要不触怒"保守派"即可。编制该市的现金计划和短期投资战略，能否成为稳健改革的第一步，你对此表示怀疑。你更相信，恰当的改革起点应从该市财政结构中的四个最大基金入手，即一般基金、公园与娱乐基金、机动车辆基金和累积资本基金。以下是通过调查得到的数据：

1 月 1 日的基金余额：

	（单位：美元）
一般基金	620 860
公园与娱乐基金	62 968
机动车辆基金	102 015
累积资本基金	639 611

财政收入估测：

财产税：该市征收财产税的日期是每年的 5 月 1 日和 11 月 1 日。

由于早纳税可以享受折扣，因此 5/8 的财产税收入都是在首个付款日交付的。从历史数据来看，拖欠的税款仅占应征税收的 2%。

所征税收：

	（单位：美元）
一般基金	2 985 200
公园与娱乐基金	718 300
累积资本基金	385 400

停车费（属于一般基金）：每月收入为 6 000 美元，其中 9 月和 10 月（橄榄球赛季）会高出约 5%，12 月会提高 10%，7 月会降低 15%。

建筑许可费和检查费（属于一般基金）：该年预计收入为 40 万美元。工程师办公室在每季度结束时会将收入交给你。你估计每季度的财政收入为：第一季度 85 000 美元，第二季度 105 000 美元，第三季度 125 000 美元，第四季度 85 000 美元。

交通罚款（其中一半为一般基金，另一半属于机动车辆基金）：每月预计收入为 6 500 美元。法院会在每月的月底移交。

游泳池门票（公园与娱乐基金），根据过去年度的预计数据如下：

	（单位：美元）
5 月	800.00
6 月	950.00
7 月	1 750.00
8 月	2 500.00
9 月	750.00

社区礼堂租借费（公园与娱乐基金），根据去年的预计数据如下：

	（单位：美元）
7 月 4 日自由日庆典	800.00
劳动节民俗表演	1 500.00
临时租借（广场舞会、扶轮会①等）	150.00/月

州政府共享税（汽车基金），州政府税收部门提供数据如下：

	（单位：美元）
3 月 31 日	114 000
6 月 30 日	125 000
9 月 30 日	115 000
12 月 31 日	113 000

由市议会拨款的支出：

工薪：每两周发放一次。每年的第一个发薪日是 1 月 7 日。

	（单位：美元）
一般基金	95 000（每两周）
公园与娱乐基金	15 000

下列支出也是每两周支付的，自 5 月 15 日起至 9 月 10 日：

	（单位：美元）
夏季救生员和娱乐场管理员	20 000（每两周）
机动车辆基金	10 200（每两周）

其他常规性支出：向供应商和其他非雇员签发支票的日期是每周的周四。每年的起算日期为 1 月 13 日。

	（单位：美元）
一般基金	25 000/每笔支出
公园与娱乐基金	4 000/每笔支出
其他夏季支出（5 月 15 日至 9 月 10 日）	3 000/每笔支出
机动车辆基金	7 000/每笔支出

累积资本基金：

5 月 15 日和 11 月 15 日需要偿还的债务分别为 150 000 美元和 125 000 美元。

---

① 扶轮会（Rotary），一种由从事工商业和自由职业的人员组成的群众性服务社团，其各次会议要轮流在各个成员的事务机构举行，1905 年创建于美国芝加哥。——译者注

特别支出：

一般基金：两辆警车共计 14 500 美元，需要在 10 月 1 日支付。

机动车辆基金：配备撒盐器和铲雪机的倾卸式卡车共计 34 000 美元，需要在 10 月 1 日支付。

根据以上数据，编制一份该年度完整的现金预算，并且要包含年末的收支平衡表。估测可用于投资的资金数额以及可能会发生的资金缺口。如果可能的话，制定管理策略来避免资金短缺的发生。

13. 每当州财政紧张之时，许多州长都有应对财政紧张的特殊工具。印第安纳州的州长就是其中之一。预算法中的章节规定了州政府可以"扣留任何或全部拨款的分配……如果州政府认为这种做法对于避免财政赤字确实十分必要"。在 2009 财政年度的中期，印第安纳州州长通知和印第安纳州大学合作的公共广播电台，将停止对电台的第四季度拨款。该拨款并不是延后，而是永远地取消了。这样就夺走了电台预算中所编列的收入。那笔收入的分摊情况如下：印第安纳州大学资助 36%，个人捐助 22%，公司营业保险 17%，其他 12%，联邦政府资助 10%，州政府资助 3%。电台宣布冻结聘用新员工、削减差旅费用以及延迟设备的购置，以弥补这次意料之外的资金短缺。电台还在常规融资活动之外，通过广播发起了数个公告，以请求当前的赞助商能够增加赞助款，并试图招揽更多新的赞助商。你对这种情况有何评价？你对这种暂停拨款的权力有何看法？

14. 水资源的联邦支出费用从 2005 年的 57.23 亿美元，增加到 2011 年的 116.18 亿美元。除国防以外的联邦支出通货减缩指数（deflator）从 2005 年的 1.000 0 增长至 2011 年的 1.152 4。回答下列问题：

　　a. 在这段时间内，水资源支出的实际变化率为多少？

　　b. 假设 2015 年水价的变化率保持与 2005 年至 2011 年同样的水平。要提供与 2011 年相同的实际水量，2015 年的支出水平是多少？

15. 政府和非营利组织都需要一种制度来提供财政纪律和财政控制，引导资源用于机构中最重要的项目上，并促进资源使用的技术效率。然而，这些组织对这种预算和财政体系的开发程度并不都是相同的，所有的体系也不都是用同样的方式建构的。从你所在的地区中，选择一个地方政府或非营利组织，并分析其所使用的预算程序和财政程序。这个机构可以是一个地方政府机构（如市、县、镇区①、学区、固体垃圾处理区或图书馆区等），也可以是这些地区的一个非营利组织。选择的机构理由应当是你对这家机构所提供的服务感兴趣，或是因为这家机构会在你的研究和评估中与你合作。

　　a. 调查这家机构的预算、财政收入和财政管理的程序与实际运作。调查的主题应当包含但不限于以下内容：（i）**预算过程**——该机构的预算是如何编制的、预算周期、在编制预算的过程中是如何进行决策的、预算审议程序、由谁来批准预算、预算程序是如何确定的、预算风格或预算术语、预算过程是否透明、有没有独立的资本预算及预算程序、有没有预算外的基金或专项用途的财政收入、有没有恰当的内部控制、外部审计是如何安排的等等。（ii）**预算分析**——尽可能地对财政支出的类型和趋势进行调查，对投入和绩效结果进行分析，并检验该机构的运作在多大程度上遵守了财政纪律和财政控制的规定。

　　b. 根据你的调查结果，对于这家机构的财政状况、过程和步骤，你能得出什么结

---

　　① 　镇区政府（township），美国及加拿大的县以下的行政区，有一定的自治权。——译者注

论，并加以具体的分析。将你的结论和分析中的信息相结合，针对你所调查机构的改革或者重建的提案，列出大纲并做出对提案的辩护。

对于你所选择的机构，你需要和这个机构负责财政事务的管理人员进行交谈，以便于对预算编制材料、预算和年度报表进行分析，还可以查阅建立并指导该机构的框架体系的若干法律和其他文件。你也可以在一些机构找到其他辅助资料（债务信用等级评价报告、报纸上的相关报道等）。

16. 美国中西部爬行动物协会（the Midwest Reptile Society）是一个非营利组织，坐落于伊利诺伊大学，每年都会给它的会员寄送 3 次协会简报。邮寄协会简报的目的是提供动物保护和爬行动物喂养的信息，交流有关爬行动物研究会和专题讨论会的进展，方便协会会员进行爬行动物的交换。为成员提供这些信息也是该协会的主要宗旨。这些简报并不特别地具有时间敏感性（因为爬行动物动作缓慢），而且该协会成员大多受过高等教育并且收入高于平均家庭收入。准备简报的材料是不需要支出的，因为所有的材料是成员以电子形式提供的，纳入简报的内容也已准备妥当，并且大学为准备简报捐助了技术设备的拨款。一般而言，每一份简报共有 4 个版面，并由一张纸折叠而成。采用一等速率的标准来邮递。

协会的执行理事正在为该年度编制预算，并且简报是对其成员的一项重要服务。然而，简报的成本也会限制协会为成员提供其他福利的能力。以下是所能得到的信息：

（单位：美元）

	2012 年	2013 年	2014 年	2015 年
协会成员，平均每年（#）	5 570	5 800	5 550	5 700
邮寄费	6 786	7 139	7 400	7 540
印刷费	13 050	14 160	14 280	15 660

在 2014 年 5 月，每份简报的邮费率从 46 美分增长至 48 美分，执行理事预计在 2016 年 5 月还会增长 2 美分。请为 2016 年编制简报预算，该预算能够以至少两种不同的计划为成员提供该项服务。提供该份预算申请的同时，解释并为你的预算做出辩护。

17. 州预算主任请你设计一个医疗卫生服务成本的通货膨胀指数，以用于州预算中特定项目的评估。你将会用 2013 年作为该指数的基准年度（2013＝100.00）。如果近年来这一成本以每年平均 4.35% 的比率上升，且预算主任认为这一比率将会持续，那么到 2017 年你的指数将会是多少？

18. 许多城市的政府将完整的预算公布在公共网站上。打开其中一个网站，选择市政府的一个部门（如警察、消防部门、公园以及娱乐部门等），并分析该部门的预算。你应该考察以下这些问题：

a. 生产过程中投入的哪种要素是预算的主要驱动力？换句话说，哪种支出类别在部门的所有支出中是最重要的？

b. 将预算年度的计划支出与以前年度的实际支出进行比较，是否有重大变化？预算中是否有关于这种差异的解释？

19. 荒诞斯坦国（Absurdistan）必须制定一个中期预算条件基线，以符合国际货币基金组织的信贷条件。当前年度（2013）的预期收入为 1 350 亿元，自由裁量支出为 98 000 元，为受抚养人口提供的公式性援助支出为 50 000 元。在中期，政府预期收入会与国内生产总值同比增长，自由裁量支出的增长率与通货膨胀率相同，对受抚养人口的援助支出随着人口和通胀的增加而增加（换句话说，实际人均援助与 2008 年保持不变）。从 2005 年到 2011 年，国内生产总值从 180 000 元增长到 270 000 元；从 2000 年到 2010 年，人口从 35 780 000 增长到 68 550 000；从 2008 年到 2012 年，国内生产总值平减指数从 98 增长到 107。请计算从 2014 年到 2016 年的下列指标：收入基准、自由裁量支出、公式性的援助支出，以及预算盈余和预算赤字。

案例讨论

案例 5-1

绿毡头笔、录音机与贪污：预算程序哪里出了错？

新希望/索尔伯瑞校区（New Hope/ Solebury School District）的服务对象是宾夕法尼亚州巴克斯县的学生。该县就位于费城的北侧，自殖民时期起，这里就是一个清幽的世外桃源，也是纽约和费城之间的一个中途落脚点。但是，现代化电话推销也延伸到这个最僻静的角落，最简单的预算执行也出现了数百万美元的欺诈事件。

思考下列问题：

1. 该案例违背了内部控制的哪些标准？

2. 为了防止该学区将来再出现类似的欺诈行为，你会怎样修正财政的实际操作？

3. 在抵制浪费、欺诈和滥用职权的抗争中，请比较内部控制和事后审计的作用。

涉嫌这一事件的是该学区的业务经理凯瑟琳·霍克（Kathryn Hock）与美国合作供应公司的电话推销员马克·苏克曼和特雷莎·苏克曼（Marc and Teresa Suckman），这家公司是推销办公用品的一家电话推销公司。该学区所提供服务的学生人数为 825，每年的预算为 660 万美元。霍克从校务秘书开始一路直上，自 1978 年就一直担任地区业务经理的职位。有些校理事会的成员曾经对她处理比较复杂的会计系统与方法的能力表示过质疑，并对她是否能胜任表示疑虑。尽管并不轻松，但她还是设法保住了职位。

这家位于加利福尼亚州的公司通过拨打电话，向全国的目标顾客（政府的、私人的还是非营利的，这些都无关紧要）来推销打折商品。这种折扣通常是根据人为夸大的价格计算出来的。它们的业务就是诱导顾客购买它们的毡头笔，说是欺诈，是因为这种笔通常是无人问津的，或者即使有人订购，也从来没有送货。它们的业绩良好：除了学区之外，受害者还有一位爱达荷州的牧师（损失 66 000 美元）、圣路易斯安那州的一个商人（损失 40 000 美元）以及一个宾夕法尼亚州人（损失 155 000 美元）。但是，对该学区欺诈的 200 万美元当然是它们最大的收获。

在 1983 年，霍克收到了来自美国合作供应公司的一个长途电话，向她推销绿毡头笔。该学区的老师以前曾经申请过这种颜色的笔，于是她就订货了。货品如期而至，她也付了款。

在这一年中，该业务经理又订购了许多笔。最后，她的联系人、美国合作供应公司的切斯特（William Chester）（可能就是苏克曼）通知她，作为该公司的优质顾客，她可以得到该公司赠予的一台袖珍录音机，她也接受了这份礼品。这也将霍克推入了险境，尽管她自己还没有意识到。

几周后，切斯特打电话来让她实现后续的订货。其实她根本就没有承诺要继续订货，但切斯特使她相信这确实是存在的，而且业务经理有法律义务继续订货。此后，切斯特每月都打1～2个电话，从她那里得到新的订单。

到了1984年4月，学区明确规定不需要更多的马克笔了，因为已经有了常规数量的这种笔了，并且仓库也几乎没有空间了。霍克试图停止这种货物流，但切斯特告诉她，该学区有3 547.14美元的巨额欠款，她可以寄一张支票来结束该账户。这个要求太过分了，遭到了霍克的拒绝，但切斯特威胁她，他会向校理事会告发她通过订货而收受礼品的事。这会导致她失业，于是她只能调停了账户并结束了订货。

她大约记得在一个月之后，切斯特又打来电话，这次的结欠为4 229.53美元。她再一次拒绝，但是切斯特威胁说，他不但要向校理事会告发还要通知警方，告发她未经授权擅自支出，而且没有收到相应的货品。她面临着更困难的处境。

霍克感到了更大的危险。由于自己有把柄在他人手中，因此他会打电话勒索更大数目的钱。《美国新闻与世界报道》记载了她的反应：

> 霍克知道自己陷入了深渊。"我非常害怕"，她说，"我从来没有遇到过这样的事，根本不知道如何来应对。"她付了一个账单，然后下个月又会来一个，而且还变本加厉，有时一个月来3次账单。"每次他都说这是最后一次订货了，但每次都不是。"她说。当切斯特勒索的金额攀升到30 000美元时，她开始将付款分解成几个不同的支票，这样就可以更容易地隐藏在会计账簿中了。作为业务经理，她有权签发支票并盖上两位校理事会官员的签章。当废支票从银行退回后，她会擦掉美国合作供应公司的名字，并将它改为地方燃油公司和其他常规性供应商的名字，并夸大其成本。然后，她还会篡改相应的电子记录。*

这个过程一直持续到1988年，当累积的过度支出已经过于庞大时，霍克再也不能隐瞒了。她在6月辞职，同时曾经支持她面对质疑者的学区主管也退休了。新任主管和业务经理很快就发现了账目上存在的矛盾，并进行了专门审计。美国联邦调查局和律师收到了审查的结果，霍克只得认罪。

1989年7月，霍克承认从学区挪用了2 043 903美元，但有证据表明，这些钱她一分都没有私吞，而是寄给了苏克曼。她被判处了16个月的监禁，并被勒令归还所挪用的全部资金。她也合作进行深入的调查，协助相关部门找到苏克曼。为了弥补空缺的资金所造成的亏空，学区只能借100万美元的贷款。

1990年4月，联邦大陪审团指控苏克曼夫妇犯有38项通过欺诈挪用证券的罪行、20项非法获得财产的金融交易罪、1项跨州挪用资金和证券的罪行。马克·苏克曼还被指控犯有3项欺诈勒索罪。苏克曼夫妇在哥斯达黎加被逮捕，并转送到费城进行审判。在陪审团组建之前不久，他们承认了自己的罪行，马克·苏克曼将面临6年的监禁，特雷莎·苏克曼将面临4年零3个月的监禁。他们同意协助对电话推销案做进一步的调查。美国地区法院的凯利（James McGirr Kelly）判处他们归还所勒索的资金（苏克曼夫妇声称已经将所有的资金挥霍一空了），并禁止他们再进行电话推销。

* Moore, "A New Scam," 51.

资料来源：Thomas Moore, "A New Scam: Tele-blackmail," *U. S. News & World Report* 108 (June 11, 1990): 51; "An Alert Reader Lends Hands to the FBI," *U. S. News & World Report* 108 (June 25, 1990): 8; and Joseph A. Slobodzian, "Telemarketer Sentenced in New Hope Scam," *Philadelphia Inquirer*, January 31, 1991: B-1.

附录 5-1 预算编制，抑或如何成为一名预算分析师

在面对特定领域的复杂预算任务时，一名新的预算分析师可能会不知所措。第一次编制预算谁都会一脸茫然，但只有最聪明、最好学、最勤奋的人才能坚持下来。下面是一份备忘录，列出了俄勒冈州预算分析师所使用的方法和程序。尽管该备忘录是与特定的预算系统相配套使用的，但是它对任何政府都能起到指导作用，并且当时记载的一些建议至今依然适用。

俄勒冈州　　　　　　　　　办公室间的备忘录
致：预算分析师　　　　　　日期：1982 年 6 月 30 日
自：乔恩·容克尔（Jon Yunker），预算管理部门行政官员
主题：预算编制——如何成为一名预算分析师

预算分析师的职能

预算分析师是编制州长双年度预算中的关键人物。其他人所负责的是整个项目的宏观编制和整个州的财政政策的制订，而正是预算分析师将这些州政府宏观层面的政策措施转化为各个机构收支平衡并且充分融资的具体项目。在这个方面，有以下几点应该予以强调。

1. 你必须与机构的首脑或机构的其他高级管理人员保持平等对话，面对头衔显赫、薪水丰厚、年纪较长的行政管理官员时，你不能被他们吓倒，而应该泰然处之。你的任务是专业性的，你也应当怀着一个专业人员所应有的信心来完成它。

2. 你的主要工作是对预算主管和预算管理员负责。与预算管理部门主任、行政部门的其他行政管理人员以及州长的助手保持经常性的联系是非常必要的，也是非常可取的。然而，你应该以书面形式通知预算管理人员，以防止某些合同会对你的预算提议产生至关重要的影响。你提交给他人的所有报告都应该经过你的预算主管及预算管理人员的审阅，以保证他们对本部门的活动有充分的了解。他们对你的行为负责，以确保你的工作对他们负责。

3. 你必须灵活变通。不要让自己整天忙于只与自身机构相关的那些工作。州政府的工作充满活力，相互紧密联系，但是中心成员的人数有限，不能仅满足于当好本部门的专家。预算分析师必须熟悉州长的整个项目情况，也应该不断了解具体的任务在项目中所发挥的作用。

在行政预算的编制期间，对于机构而言，你从根本上是抱有质疑态度的。然而，在立法审议阶段，你应当与机构紧密地团结在一起，向立法机关"推销"得到批准的预算提案。有些时候，你可能要竭力支持一个自己最初反对的提案。

预算编制前的职责

预算编制进程中的工作绩效，所反映的是数月的准备和实地考察工作的成果。在收到政府机构的预算申请文件之前，预算分析师应当考虑如下问题：

1. 预算实地考察。在这一阶段，预算分析师要充分收集有关自己负责机构的项目信息，使自己在预算决策时能够掌握全面的信息。预算实地考察可以通过以下几种途径来实现：

a. 回顾州政府紧急事务委员会所提交的提案。

b. 对有关自己所负责机构的财政研究进行专门的管理。

c. 你必须亲自考察各个机构的项目，并且直接与这些项目的管理人员进行交谈，以完成一次正式的实地项目考察。

d. 对政府机构预算申请的格式和内容进行预习。

2. 编写双年度预算编制工作手册。这使得预算分析师能够提前预测到关于预算格式或组织的一些特殊问题，这些问题是分析师所负责机构在将来执行行政部门的申请时可能会遇到的。你对所负责机构的熟知，使你能够协助编写全州的机构都须遵守的预算编制指南。每一名预算分析师都必须充分了解手册及补充性文件中的所有指导意见。

3. 在编制双年度预算申请的过程中，预算分析师要不断协助机构工作。对于要写入预算申请的内容和数量以及决策的优先顺序，分析师都不得发表任何意见。你的职责就是充当有关预算形式和具体预算编制指南意见的技术顾问。对于政府应当申请什么，你没有权利也没有义务向政府机构进行建议，你只能协助正确预算申请的提交。

4. 随着预算编制季节的来临，预算分析师应该熟知双年度预算编制过程中预算管理部门所使用的内部程序。你应当了解所有重要的内部程序，这些程序由技术人员来执行，使你能够"追踪"贯穿整个预算季节的预算申请和相关文件。

5. 在你的实地考察和对内部过程了解的基础上，你应当为每一个你所负责的机构进行预算审议最后期限的确定。你不能在某一个机构上投入过多的时间，而应该根据整个任务全面地落实工作。你必须评估自己的任务，并针对这些任务规划你的个人工作时间表。要记住，时间与金钱的投入应成正比——成本低廉、运行稳定的小型机构可能很吸引人，但是不能挤占为了稀缺资源而竞争的机构的工作时间。

提交预算申请时

不要慌张！不要慌张！不要慌张！！！

预算申请中会出现一些意外，但在一般情况下，预算申请中所反映的项目应当是与你在预算实地考察时所了解的一样。它只是看起来比你想象的大一点、复杂一点，但是别忘了，预算申请中会包括政府机构在两年内的所有活动。在刚收到预算申请时，以下几个步骤十分关键。

1. 确保将预算立刻交给负责协调的秘书，这样就可以顺利地展开内部程序。要时刻了解预算的动态进展。

2. 审阅整个预算申请。浏览概括性的报告和其他具体表格。阅读所有的陈述性内容。研究对预算绩效进行度量的报告。回顾以前的双年度预算绩效报告，并将它们和实际情况进行对比。记着完成这项工作。你有足够的机会来对预算申请的各个部分进行回顾，因此在对预算申请进行详细分析之前，要首先浏览一下整个预算申请。

3. 在阅读过预算申请之后，浏览与机构相关的情况。这会为评价政府机构的项目提供一份背景资料，机构要利用这些项目来完成自己的法定义务。

4. 预算分析师应当仔细审阅预算申请的目标及服务水平，以确保机构依据有关法律规定和行政管理的优先顺序来编制自己的预算申请。在州长的预算中，预算分析师可以对机构预算申请中的目标和服务水平进行修改或讨论，以便更准确地反映与机构任务相关的行政部门的建议。

5. 指出预算申请中的主要政策问题。这里的政策问题是指对新增项目的建议，或者对现有项目的修改（这种修改可能是扩大，也可能是压缩），但它们都反映了机构活动水平和范围的重大变化。

预算分析师必须确定哪些决议是主要的政策问题，以及在基础预算中是否存在重大变化。此外,你必须要确定,对一系列决策的排序是否代表了一次重大的政策转变。

你还应该总结这些政策问题(包括资金来源的成本),编制替代方案,准备自己的行动建议。这一报告或者政策备忘录,应当通过你的预算主管提交给预算管理官员。这个备忘录还应当分发给执行部门中其他重要的相关成员。

6. 在预算编制期间,无暇表明自己的观点而又需要进一步分析的预算申请部分,你也应该为预算管理官员准备一份备忘录。在有些情况下,也可以由预算管理部门或预算管理部门中的其他机构来进行这些分析,以便你在编写预算提议时借以参考。它们在数据处理、管理分析、地方政府关系、人事管理或经济分析中的专项技能,对于你得出自己最终的预算提议是大有裨益的。要记住,它们只是在给你建议,而预算提议是你自己的工作。

在其他情况下,这种进一步的分析,会超过行政预算期间内预算管理部门工作人员的能力范围。这时,所计划的分析会被当作"需要进一步研究的问题",一直等到工作人员拥有合适的时间时再进行分析。预算分析师将把备忘录的特殊格式写入自己的预算提议中来说明该分析应该是在预算期间内完成,还是被当作"需要进一步研究的问题"推迟到以后。

7. 对那些会影响州内其他机构的项目提案和政府间资金转移的申请进行审议。这些提案应该以书面形式提交给相关机构的预算分析师。州长预算必须在政府机构间保持内部一致性。

8. 整理一些你需要向机构工作人员请教的问题……在这一阶段,你的脑海中会有许多需要解答的疑问(因为你是一个充满无限好奇心的人),解决这些问题最简单的方法就是把这些问题写下来,并向政府机构请教。不必因为让机构工作人员为你工作而担心。你确实需要进行分析,但政府机构的职员会为你提供所需的数据。

详细的分析

只有当你阅读完预算申请的文件、明确了上述问题之后,你才做好了对预算申请进行深入分析的准备工作。请再次注意,不要对一个机构投入过多的时间。对你所负责的全部预算要时刻保持关注。详细的分析应该包含以下几个步骤:

1. 始终都要首先与机构首长取得联系。机构首长对预算中的全部项目负责,对各部分之间的内部联系也最为了解。在第一次见面时,你应该和他讨论以下几个问题:

a. 行政官员更偏好哪种方法——你选择和行政官员的相关下属见面,还是行政官员愿意参加所有的预算讨论?

b. 政府机构或委员会的职能是什么——它们会参与预算审议的过程吗?

c. 恳请行政官员对预算申请所计划的项目目标进行说明。对于项目的目标或者结果,行政主管可能在预算文件中已经给出了,你在此前的审查中却没有注意到。

d. 说明你个人的预算申请审议时间表。你可能会发现矛盾之处,因而你需要对时间表中的最后期限进行修改。

2. 回顾过去获得批准的预算以及赋税联合委员会(Joint Committee on Ways and Means)的报告,如果可能的话,向以前负责预算的分析师进行请教。这会使你熟悉过去的分析方法,重点了解过去几年的行政决议和立法决议。

3. 将预算分成几个部分来管理。预算申请可以根据项目来划分,也可以根据组织结构来划分,或者二者兼备。选择其中的一个部分进行详细的分析。应当注意的是,在准备好所有的预算建议之前,不要结束对任何一个单独部分的考察。

4. 审查预算申请时应采取的态度是怀疑主义（skepticism），而不是犬儒主义（cynicism）。你的任务既不是为预算申请进行辩护，也不是对政府机构的预算申请进行削减（这是通常的做法）。机构所有的活动都是可以质疑的，即使是那些政治上特别深入人心或者早已约定俗成的内容。在审议过程中，不要加入个人的看法或者主观偏见，记住这一点是十分重要的。你要处理的是事实和清楚明了的州长政策，而不是感情。

5. 以开放的心态对预算申请进行审议。你所负责的不是解释州长的政治主张或者公众对一些问题的看法。不要试图让政府机构神秘地告诉你"州长对这个项目特别感兴趣"。即使州长真是这样的，那么通过正常的程序也完全可以看出来。

6. 你所要分析的不是资金，而是机构的项目和一揽子决议。资金确实是预算中的一个重要问题。但是，预算要安排的是项目的结果，资金只是提供这些项目所需资源的一般性决定因素。首先了解项目以及一揽子决议，其次才是资金层面的问题。

7. 在对所申请的项目水平进行比较时，比较的基础是最近立法机关所批准的水平，而不是机构申请的水平。在赋税联合委员会最近的报告中，立法机关所批准的水平既包括资金规模，也包括项目条件。查出政府机构在双年度预算中第一年的运行表现，并将它和此前立法机关所批准的水平进行比较，你会发现哪些领域实际上支出了很多但收益却很小。

8. 在审议预算的过程中，使用零基预算的概念思想，对下列问题进行思考：

a. 现在被批准的水平和基期预算（base budget）一致吗？

b. 基期预算中包括根据"一锤子买卖"或者异常事件所形成的财政支出吗？

c. 在优先顺序的比较上，基期预算中是否有些活动不如原来所建议的项目扩展、新项目或者一揽子决议优越？在预算编制阶段的初期，项目扩展的资金可以来自对冲抵项目的削减。

d. 由于种种原因，预算申请中的一些活动是否应当被停止或者由另一家机构来运作呢？在这种情况下，准备一个政策备忘录来对该问题进行简要的说明，还可以建议对州长的预算做一些小的调整。

9. 在对根据工作量的增加所做的一揽子决策进行审查时，思考下列问题：

a. 这种工作量的变化是由自身原因导致的吗？也就是说，工作量所代表的是机构的可控活动水平吗？或者说它真实反映出公众或其他受益者对服务需求量的增加吗？

b. 工作量增加的幅度是否与过去几年相一致，这种增加有充足的理由吗？

c. 预算申请中所要求的人员数量、相关成本和公共设施的水平，是否也和工作量增加的规模相匹配？思考这个问题时应当考虑的因素有：比率、规模经济、业务活动季节性波峰和波谷的变化、现有条件对工作量增加的吸纳程度等。

d. 在一个特定的项目中，如果不按照规定扩大服务的数量，会产生什么影响？

10. 在审议这段时间的项目调整时，请考虑下列问题：

a. 这种调整是否是按照所批准的方式和水平进行的？（查阅紧急状况委员会的会议记录以及其他相关的文件。）

b. 这种调整是否会持续到下一个两年？

c. 这种调整所反映的优先顺序是否具有持续性？这种调整所满足的紧急情况的需要，对机构计划而言，是否已经变得不那么关键了？

11. 在审议新公共设施运营的申请时，请考虑下列问题：

a. 资本性项目是否得到了批准？或者它是否还要取决于将来行政和立法机关的行动？

b. 对即将建设的建筑物的最近一次评估状况是怎样的，需要运营上的支持吗？

c. 新公共设施的运营成本进行估测的标准或其他的经验性依据是什么？

d. 有没有类似假期场地出租等所带来的抵充性收入？这在预算申请中有所反映吗？

e. 新的公共设施对基础项目会有什么影响？机构是否将新公共设施作为一种烟幕弹，以使新的项目规避全面审查？这些新项目未来的成本和收益情况又是怎样的？

12. 在审核构成项目改进计划的决议时，请考虑以下问题：

a. 项目改进的实际效果或结果将会如何？

b. 项目改进的申请基础是什么——是谁提出对服务扩大或改进的需求？

c. 项目改进会对现有项目产生什么影响？

d. 用什么标准来编制项目改进所需的人员及其他相关成本？这些标准是有充分根据的吗？

e. 项目改进在以前是否也被申请过，是否被拒绝了？如果当时没有被通过，所依据的基础是什么呢？

f. 项目改进是否符合机构的目标？

g. 项目改进是否比现有项目和活动在顺序上更为优先？

h. 在将来，项目改进的成本和收益情况将会如何？

13. 在审议新项目的申请时，应当对项目改进计划的所有内容都进行考虑。此外，还要询问下列问题：

a. 这是提供这项服务的合适政府机构吗？这项服务现在是由州内其他机构、政府部门或者私人企业来提供的吗？

b. 是否存在一些诸如特别费（special fee）等的其他财政收入来源，可以弥补实行该项目的成本？

14. 警告——不要仅仅因为没有申请项目改进或新项目，就放松对项目的重视程度。预算分析师要做到前后一致，对现行项目的相关性和必要性进行审查。对于一个有经济头脑的分析师而言，这是在一个最有利可图的调查领域。

15. 另一个警告——不要落入数桌子（counting desks）的陷阱，这种桌子可以是实际的，也可以是比喻性的。在思考一些重大社会问题的解决方案时，你可能会屡受挫折。这可能会诱使你去避重就轻，转而去思考官僚机制运行中的一些无足轻重的小问题。不要向这些诱惑妥协，要学会接受挫折，这甚至有助于你学会真正地解决社会问题。

另一方面，也不要被社会问题所吓倒。不要忘记自己的基本目标是编制一个负责任的财政预算，不要迷失了自己的方向。

16. 还有一个警告——**要使自己的工作条理分明，并保持有条不紊的状态。**在预算的整个编制过程中，要清楚自己已经做过了什么、自己现在正在做什么以及将来要做什么。如果你意识到自己已经变得没有条理了——先停下来——待自己变得条理清楚之后，再重新开始。

17. 在进行具体的分析过程中，你要编制各种备忘录、工作表和其他的书面资料。一般性的建议如下：

a. 保持这些书面资料的整洁。编制预算建议的预算分析师未必会负责执行这个预算。为了使你的继任者工作轻松些——给他们准备一些有用的预算文件。

b. 给你的工作表加上标题。一组没有标题或其他说明性文字的数字，对于包括预算分析师在内的任何人都是没有用的。每个工作表的内容都应当易于辨认。在工作表上要标明时间！标明时间！标明时间！

c. 保持文件的条理分明。要使你的秘书能够了解你放置工作文件的位置（例如，来自州长助理或者其他行政部门管理人员的备忘录）。当你不在时，秘书即使非常匆忙也能够找到某个文件。

18. 你永远都没有足够的时间按照自己所想的那样，仔细对预算申请进行分析。如果你遇到了一个过于复杂的问题，又没有足够的时间来对它进行审议，这时可能有必要编写一个备忘录，建议将来再对这个问题进一步研究，不要因此就耽误了别的工作。这并不是在逃避工作，而是出于对在一个规定的时间内工作量的实事求是的估测。遵守自己的最后时限！遵守自己的最后时限！遵守自己的最后时限！

19. 既要分析政府机构的财政支出，也要分析其财政收入，这至关重要。

20. 在你完成了对预算申请细枝末节的分析之后——退后一步，"看看整个预算的森林"。衡量一下这些细节的工作量，看看在总体层面，这样做是否有意义、是否是合理的。

预算建议的编制

当你把所有的分析工作、替代性方案和大量数据都融合在一起时，你就完成了自己的工作，挣到了自己的工资。请记住，你应当做的仅仅是建议。你不能表示同意，也不能表示反对。不要对政府机构使用这些词语，否则当这些问题在听证会上被恢复原貌时，你会发现自己非常愚蠢。

应当记住的是，即使你所建议的只是行动中的一种，也要思考并准备好所要实施的不同替代性方案。在提交政策备忘录时，需要对替代性方案进行说明，替代性方案也要纳入分析报告……

即使你没有权力来决定某项预算内容的取舍，也不要希望你的老板来帮助你做出抉择，你要对自己的预算建议负责；你必须要用客观而准确的数据为自己的预算建议辩护。你正在告诉你的上级：你认为上级应当这样做——当然，在上级得出结论前，他们还会考虑其他因素。

当你编制自己具体的预算建议时，还需要考虑：

1. 预算建议要通过分析报告来提交。这个文件要简明而全面地说明你的发现。要使自己的分析报告易于为人们所理解，不要试图炫耀你懂得政府机构的行话。俚语和模糊不清的缩写语都是难登分析报告的大雅之堂的。

2. 你所要展示的是一篇具体的分析报告，而不是关于政府机构运行理论的演讲。因此，所有的陈述都应当直接切入具体预算建议的主题。

3. 不要谈论你没有建议的问题。如果这些问题在规模和内容上确实非常重要，就简单提一下。否则，集中精力对自己所建议的问题进行陈述。

4. 分析报告虽然只是个内部文件，然而它却是向机构转交行政部门建议的载体。要保证它客观公正。如果你对一个需要保密的问题有自己的见解，可以将它制成一个特殊的备忘录，和分析报告一起送交内部审议；或者也可以口头陈述自己的观点。

5. 在编制最后的预算建议时，别忘了，一个不合理的预算对任何人都是没有用的。你的任务不是在预算申请中削减开支。如果不现实地降低预算建议，会使你的上级承担恢复资金水平的压力。如果政府机构在编制预算中犯了错误，你会发现自己处于一个向特定领域增加资金的境况。没什么好担心的，别忘了，你的目标是制定一个切实可行的预算。

6. 另一方面，你的任务是建议用最少的钱和最少的人，来提供机构所要求的服务水平。让你的上司向机构做最慷慨的承诺去吧！

7. 在编制了自己最初步的预算建议之后，交给机构的行政管理官员来验证一下（即使你自己很自负，也应当诚实地意识到自己并不是无所不知的。此外，这样做还可以使机构在别人发现之前，纠正一些你所做的糟糕工作）。

政府机构的申诉

虽然我们不能清楚地预知应当如何处理各种申诉，但毫无疑问的是，机构一般都会就预算分析师的建议和决定来进行申诉。这种申诉一般会有以下几种形式：

1. 不正规的申诉：有些机构从来都不认同预算工作人员工作的合理性，只有在同州长或者部门主任就预算进行讨论之后才能信服。

2. 纠错申诉：在预算的过程中，其他预算分析师（并不是你）会犯一些数学或者推理方面的错误。当政府机构发现了这些错误之后，它有权要求预算分析师予以更正。

3. 情绪化申诉：如果预算分析师没有建立起良好的个人关系，并且机构首长深信"预算分析师根本不了解我们的问题"，就很容易发生这类问题。要坚持以事实为依据，而不要陷入个人纠纷。当你失去了客观性，你的建议也就失去了有用性。

4. 客观申诉或者"合理"申诉：这表明政府机构认为你的预算建议没有充分支持它们在未来两年中的项目。有时候，政府机构还会拿出一些在审议过程中你没有得到的补充数据。专业术语将这种行为称为"卑鄙伎俩"（dirty trick）。当然，这种申诉在多数情况下还是因为机构对预算分析师所做的决议感到困惑。在为了你的上级而对这些问题进行分析时，同样要做到客观公正。

在所有种类的申诉中，预算分析师有责任采取以下行动：

1. 阅读申诉信。在编制预算建议中，针对每一个问题说明理由。

2. 对申诉听证会的内容进行详细记录。

3. 最后的决议一旦做出，要及时更新所有相关的文件资料。将对听证会进行详细记录的信函分发给政府机构和你的上司。

4. 将听证会的结果通知负责协调工作的秘书和技术辅助部门，以使其能更新自己的内容。

在数字确定之后

不要松懈！还有许多工作需要做。第一件事就是准备交付复印的最终文本。复印文本中包括记叙性部分和辅助性的工作列表，这些内容都将被编入 12 月 1 日发布的州长预算。对这个文件要认真编辑，以保证陈述部分和财政数据能够准确反映出最终的预算决议。

州长的预算主要是为立法机关编写的。它不是赋税联合委员会的主要工作文件——后者属于政府机构最新的申请文件。这个打印出来的预算不仅要使赋税联合委员会中经验丰富的老委员们看懂，也应当能够让从来都没有见过州预算的新立法委员看懂。

在将付印清样的副本准备好，所有的主要文件也都被更新后，预算分析师还有几项工作要做：

1. 编辑整理自己的工作文件。这些文件是你在整个立法听证会中都要使用的，不要因为这些文件的乱七八糟而使你自己功亏一篑。条理分明、整洁有序的工作文件在整个听证会过程中都是至关重要的。

2. 为机构准备对预算进行解释的资料。叙述、图表等附加的分析可以用于引导立法机关，用于向赋税联合委员会兜售预算，以及用于将预算建议向公众进行解释。

这些分析的重点是项目和一揽子决策，而不是资金。如果有人问及这些内容，你可以非常准确地对其所建议的支出水平进行说明，而不必使用资金数额来解释你的预算。因为那样做不仅枯燥，而且毫无意义。

3. 要和自己所负责的机构保持紧密的交流，以保证根据州长的建议不断地对预算申请文件进行更新。

4. 本报告可能会挂一漏万。在获取任何可能的经验之前，必须经历一个预算周期。希望这个报告对于那些初次工作的预算分析师有所帮助。祝您好运！

第 6 章

预算分类、预算体系与预算改革：致力于更好的决策

在前面的章节中，我们对预算过程的讨论主要集中于财政原则与控制，为了使政府的运作能够维持财政的可持续发展，这是很重要的考量。确保政府资源不被挪用、资金支出量力而行等，都是预算过程中的重要问题，但我们对政府的期望应当不仅如此。当然，我们会关注政府的支出与最终提供服务的有效性。我们现在开始考虑，当涉及政府在项目间抉择以及提高项目中资源的使用效率等问题时，预算过程应如何发挥作用。

政府要提供多种不同的服务，但是缺乏足够的资源去提供服务。有时候，政府必须在那些好点子中做出抉择，而为了做出抉择，政府的决策者们需要掌握良好的财政信息以及拥有有效的系统来帮忙引导决策。接下来的两章我们将会讨论如何通过结构与过程来影响决策。有时候我们会通过预算发展的整个体系来看问题，有时候我们也会关注信息提供的类别以及组织形式的细小变化。

预算的过程有助于政府配置公共资源，控制政府运营活动，管理公共服务的供给。预算不仅是计划、优先顺序、绩效和成本的一种清晰声明，也是行政管理的基本描述。遗憾的是，通常的做法经常会阻碍预算计划和分析在指导公共选择方面作用的发挥。我们的制度和决策程序，经常会使预算参与人员像皮球一样徘徊于奥斯卡·王尔德①的犬儒主义者（cynics）和感伤主义者（sentimentalists）之间，就像《温夫人的扇子》（*Lady Windermere's Fan*）中塞西尔·格雷姆（Ce-

---

① 奥斯卡·王尔德（Oscar Wilde）（1854—1900），爱尔兰作家、诗人，19 世纪末英国唯美主义的主要代表。《温夫人的扇子》为四幕剧，1892 年首演，全剧情节围绕一把扇子展开，讲述了一位年轻的太太听信谣言，怀疑丈夫与别的女人有来往而愤然出走，后来终于消除了误会，与丈夫重归于好的故事。参见：王尔德. 王尔德戏剧选. 广州：花城出版社，1983. ——译者注

cil Graham）和达林顿勋爵（Lord Darlington）的对白中所说的那样：

> 塞西尔·格雷姆：什么是犬儒主义者呢？
> 达林顿勋爵：就是一个知道所有东西的价格，却不懂其价值的人。
> 塞西尔·格雷姆：亲爱的达林顿，感伤主义者懂得的是每件东西的荒唐价值，却不知道它们的市场价格。[①]

预算程序无法给出关于实际价格是什么的具体信息，更不用说提供关于价值究竟是什么的有用的评估。既不知道一项服务的价值，也不清楚其成本，这使得决策者所制定的决策存在更多的不确定性。

财政程序的任务，就是要避免犬儒主义者和感伤主义者的倾向；要理解合理的选择既要考虑价值，也要考虑价格；要认识到，尽管美好的想法是无穷无尽的，但实践这些美好想法的资源却是有限的。

预算程序的基本目的是运用经济分类（分项列支，line-item）来制定一个可实施的年度预算，该年度预算可以对预算执行进行有效监督，提供可靠的财务报告并对财政支出进行控制。预算程序首先应该关注的是支出控制，而不是资源配置。在美国，这一点十分关键，因为公共预算产生于20世纪最初的10年，当时公共资金的盗用现象非常猖獗，特别是在城市层面，预算程序的制定者希望能阻止此类事件的发生。因此，早期的预算聚焦于对资源（或者投入）进行控制，而很少顾及其他方面。尽管现代政府已经取得了很大进步，但预算中的诸多方面仍未脱离原有的观念（由于世界上的发展中国家和转型国家缺少某些预算准则，早先的预算准则仍旧保持沿用）。政府要提供有价值的服务，因此预算过程的作用不仅仅是作为防止资金盗用、限制支出，抑或是用来限制政府雇员们为自己无能的朋友和亲戚提供就业机会等问题的一种机制。用狭隘的控制对财政进行约束，无疑会妨碍创新，也会限制对民众需求的反应能力，并增加服务的成本。决策者们必须对浪费进行管理，并在公众所需要的政府服务之间做出资源配置的抉择；预算结构需要协助完成这一使命，而不仅仅是束缚住管理者的手脚。这一章讨论的重点是，通过信息重整来对预算程序重新表述，使其与之前仅能防止资金盗用相比，能够发挥更大的作用。

从逻辑上说，预算配置的任务是颇为简单的：在政府项目之间分配资金，直到该项目所分配的增量资金产生的边际效益等于因其占用资金所造成的社会损失时为止[②]。这种公共部门的规则，与我们所熟悉的私人企业根据利润配置资源的规则是一致的。但私人决策者的目标是利润最大化，这个目标非常明确而且是可度量的，对每条生产线的效益状况进行度量也是可行的，因为有明确且统一的度量标准。而通常情况下，公共部门的运营活动：（1）具有多重目标（例如，对学校午餐提供补助，既是为了解决在校儿童的午饭问题，也可以增加农民的收入）。（2）存在相互矛盾的目标（例如，水库要控制水灾，最好不存水；而为了人们能够用水，水库最好是满的）。（3）对不同项目的效益

[①] Oscar Wilde, *Lady Windermere's Fan* (London: Methuen, 1908): 134.

[②] 这一规则也完全适用于纯粹利他主义的非营利组织。然而，大多数非营利组织是小范围的利益集团，旨在保护环境，帮助无家可归的人走出困境，为穷困病人提供关怀等。因此，非营利组织的预算配置规则，与其说是与一般目的性的政府相关，不如说是与私人企业更类似——这些机构运营中的预算配置是为了达成组织的特定目标，不是像政府一样需要平衡社会中的各种竞争性目标，而是像企业想要实现利润最大化一样。除此之外，在其他方面公共预算中的所有工具——预算编制、审议、批准、执行和审计等，都将同样适用于这些机构。

没有一个度量标准和对比的一般尺度（例如，净化河流和湖泊的效益，是无法同减少交通事故中的死亡率所带来的效益相比较的）。此外，各种规划的受益人也是不一样的，项目的选择会使一些人受益，而使另外一些人的利益受损，这就违背了帕累托准则。不仅如此，为项目买单的纳税人很可能并不是公共服务的受益人，这使得决策过程变得愈发复杂，因为确实存在这样一种事实：在决定项目拨款的法律制定者所属的地区中，项目受益者并没有平等地承担项目成本。因此，公共项目简单的分配规则是很容易被定义的，而这只是预算策略的政治学中一个很小的侧面，但为了人民福祉而工作的立法者们却面临着艰难的抉择，这远比企业主管人员所遇到的复杂得多。最困难的问题之一是，不同的立法者以不同的方式来定义公众的偏好——比如，纽约的议会成员对公众偏好的定义，会与南达科他州做出的定义存在很大偏离。预算程序是对各个项目进行选择的过程。尽管并不完美，但有些预算分类所进行的资源配置的选择，会更有利于社会状况的改善。对于形式的考虑是非常重要的，正如芬诺所言，"预算的形式决定了谈话的内容"①。

6.1　思考政府服务提供的流程：服务体系的逻辑与预算的分类

可以将政府机构视作一种运营主体，它要购买资源，为了履行某种职责还要使用这些资源，而履职的结果也就实现了政府机构的社会目标。预算分类体系要对政府支出进行组织和控制。政府支出包括：政府机构所要购买的投入品总额，由他人提供的合同服务（contractual services），用于向个人、企业或者其他政府机构进行的转移支付，用于偿付债务利息的支出，用于向退休人员支付的退休金等——可见，政府支出的形式是多样的。图 6-1 简要说明了政府服务的提供过程。以下是对这一过程的原理说明：

1. **投入**。投入是由政府机构用预算资金购买的用来维持服务供给的运营资源。例如，城市街道部门购买的资源（沥青、碎石子、机器设备运营所需的燃料和雇员提供的服务等）。预算中的资金并不是投入，只是政府机构用于购买投入的资本。投入其实是政府采购清单上的物品。

2. **产出**。产出是政府机构所生产的直接产品和服务。运用这些购买的原材料，政府部门可以开展活动、完成任务（填补道路坑洼、对路面进行重新铺设、教育学生、审查纳税人等）。然而，这些是为了达到最终目标的步骤，而非结果本身。产出对于衡量政府机构的内部运作是很重要的，但是它并不能说明目标最终实现了多少。例如，如果孩子们不用接种就能预防幼年时期危险的传染病，这将是一个更加幸福的世界：我们所追求的是更多健康的孩子，而不是给孩子们打疫苗。

3. **结果或成果**。这些活动的开展，产生了预期的结果（例如，人员和财物可以更迅速、更安全地穿行通过该市，而不过于损耗车辆，或是减少患百日咳和麻疹的孩子的数量等）。测量结果显示，政府机构致力于改善人民的经济或社会条件。测量结果既可

---

① 　Richard F. Fenno, "The Impact of PPBS on the Congressional Appropriation Process," in *Information Support*, *Program Budgeting*, *and the Congress*, ed. Richard L. Charhand, Kenneth Janda, and Michael Hugo (New York: Spartan, 1968): 183.

以反映出成功的事件、发生的概率、具体的状况，还可以反映出提供服务的质量。公民满意度调查在结果绩效度量中发挥着重要作用，特别是涉及服务质量的部分。同时，它还是评价那些无法出售且可供所有人享用的公共产品的基准[①]。在预算实践中，我们常把产出（output）与结果（outcome）混淆在一起。以下是如何鉴定是产出度量还是结果度量的准则：我们很乐意在不减少结果的情况下降低产出，但我们不愿意减少结果。

4. **社会影响**。结果提高了公众的生活水平。改善人民的生活才是政府机构存在的根本。在政府机构的使命宣言中，应阐明政府机构在改善民生上可以发挥什么作用，这也将有助于它们详细地说明以下问题：政策结果以及政府机构的产出是如何实现这一结果的。

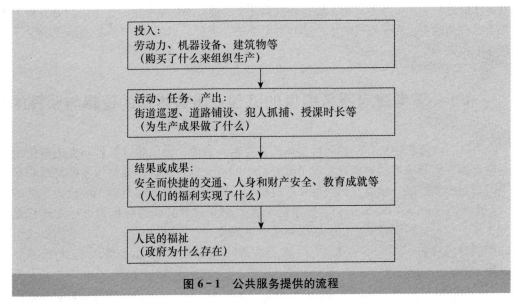

图 6 - 1　公共服务提供的流程

对政府支出可以根据上述公共服务提供流程的框架体系，按照计划、分析、报告和管理的不同目的进行分类。公共预算中的分类方法包括：

1. **购买的物品**（分项列支或支出的对象）。这是一种我们在第 2 章曾见过的"杂货目录式"的分类方法（grocery list classification）。这种分类的焦点是政府所要购买的物品，这种物品可以直接向供应商购买，也可以通过转移支付、财政补助、贷款计划来间接进行。这种根据供应物品进行的分类比较基本，也比较传统——几乎是在政府开始构建预算之始就已存在。这是对预算成本进行估测的基础性工作，也提供了政府运营管理结构的重点。这种分类形式所强调的是购买物品的类型：人力资本、供应品和机器设备、公用事业和合同服务等。我们根据不同的行政单位（部门或机构）对投入的支出进行分类，这些行政单位负责购买物品的具体使用与控制。对于在公共服务的提供中分配责任以及加强对公共资源使用的**问责**来说，这种分类方法是至关重要的。

2. **活动**或者**任务**。这种分类模式所依据的是政府的直接产出、中间产品、政府所

---

① Uwe Deichmann and Somik V. Lall. "Are You Satisfied? Citizen Feedback and Delivery of Urban Services," World Bank Policy Research Working Paper 3070, Washington, D. C, June 2003, reviews the return from citizen feedback surveys.

从事的活动或者执行的任务。这种分类强调的是可以度量的任务：铺设的道路里程、教授学生的课时数、关押罪犯的人数、逮捕的人数、处理固体垃圾的吨数、入境检查的数量等。

3. **功能、目标或者项目**。根据广义的公共目标确定支出分类。这种分类的导向是最终的顾客，即享受政府服务的人们。这种分类的核心，乃是政府存在的理由：例如，对人身和财产的保护、保证公民的健康等①。机构的管理层应该非常了解从投入到活动再到项目之间的联系——因为这就是如何实现有效管理。

政府和公共组织的预算所提供的信息，要有助于计划资源的使用，促进政府机构的有效运作和控制资源的使用，因此，政府和公共组织的预算会将这些预算分类的方法加以综合运用。实际上，多数预算都是以上几种分类方式的混合体。表 6-1 分别提供了传统预算、传统绩效预算、规划预算和新绩效预算的一些基本特征。表中的信息将在后续讨论中变得更加清晰。

表 6-1　　　　　　　　　　　各种预算模式的特征

模式	特征	基本组织特性	预算重点
传统预算	将经济或单位支出项目分配到行政单位	购买投入	财政控制与责任
传统绩效预算	根据单位的工作来支出	任务/活动/产出	管理控制，技术效率
规划预算	根据公共目标或目的来支出	成果、最终产品、结果	资源配置
新绩效预算	由行政单位来评估绩效	成果（产出）	资源配置

预算报告不断提供对每个政府机构绩效的测度指标，这些指标对政府机构运营的产出或结果不断地进行度量，而不仅仅度量政府机构所从事的活动。如果预算只是对资金支出进行汇编，或者是根据过去的文件将活动简单罗列出来，行政机关、立法人员和一般公众都不会满意。现在，简单的支出拨款（spending appropriation）中并不包含过多的资金盗用，这已然不再是工作绩效的一个可以接受的衡量标准了。政府机构为了公共利益而提供公共服务，就要担负起为公众服务的责任来。

预算分类强调的是从财政支出到服务提供之间的不同阶段，从资源的购买（**分项列支**）到活动的开展（**传统绩效**）再到服务的提供（**规划**）。在支出计划的组织过程中，分行列支预算和绩效预算保留了传统的部门机构；规划预算对政府产出（或服务提供）进行了分类，而没有顾及提供服务的行政管理部门。三种分类方法都试图对政府的工作进行改善，并且使政府的运作满足公众的意愿，但三者的侧重点不同。分行列支预算最关注的是对支出的控制和责任感；绩效预算追求的则是改善内部管理和降低服务成本；规划预算强调对细节的安排，以提高理性决策的能力（参见第 2 章预算解释中对分行列支格式的说明）。

---

①　预算体系在区分绩效（活动或任务）和规划（功能或目的）的概念时，所用的表述是不相同的。在某些预算中，"规划"表示服务区域（就像道路保养），它是建立成本中心的基础；而在另一些预算中，"规划"是一个结果组（就像人员与财务的安全而快捷的转移），可以与其他政府目标相平衡。在我们当前的讨论中，"政府是做什么的"意味着政府的任务、活动、直接产出或者中间产品，而"政府为什么存在"讨论的则是政府的成效、消费者输出、最终产品或结果，"规划"所指的是后者。在对市政预算过程的审查中，对于概念的区分显得尤为重要。我们可以把这两种"规划"的不同解释看作"服务区规划"（service area program）和"结果规划"（outcome program）。

本章会检验若干种预算形式和预算制度，包括传统预算、传统绩效预算、规划预算、零基预算、新绩效预算和参与式预算。每一种预算形式都包含一些针对公共支出和服务提供过程中特定环节的改革，并作为其核心基础。同时，每一种预算形式在应用过程中也都存在自身的弱点。对每一预算形式的评论，都提供了对处于不同环境中的政府财政实践的深刻见解。但我们要从最常用的结构入手，即由行政部门来组织的预算，拟议中的采购活动也是由这些部门进行的。

传统预算：一个有缺陷的决策工具（但对于控制与问责却很有用）

传统预算花费大量的精力去弄清楚到底购买了什么，却极少关注所呈现的结果。在传统预算程序中，有几个方面妨碍了公共管理与计划的效果和效率的实现。这些方面包括：（1）以行政管理部门作为预算申请和拨款的基础；（2）预算审议中采用短期成本的概念；（3）预算关注的核心是政府机构的投入而非服务提供、产出或结果；（4）没有将规划的成本和收益进行比较。传统预算中的预算细节占据了很大的篇幅，让经验不够丰富的人望而生畏，时间比较紧张的人也不愿意再从预算中归纳政策计划。遗憾的是，立法委员——那些要对预算文件中的内在计划进行审议和批准的人——可能和一般公众一样缺乏经验和时间。传统预算为决策所提供的信息不够条理分明。

以行政部门为基础

进行公共决策需要对所要实现目标的成本进行度量。传统的预算程序，尽管是根据成本估测制定出来的，却没有以比较实用的形式提供信息。预算的提交和拨款均以行政部门为基础，而不是政府部门实际所要实现的目标。

这种分类模式模糊了资源配置的程序，阻碍了对替代性方案的思考，而后者对于资源配置来说却是至关重要的。行政上的分类——在联邦层次是国防部、运输部和司法部等，在州和地方层次是公共事务部门、经济发展部门、警察局和社会服务部门等——对判断每一部门资源配置的恰当数量而言，过于宽泛了。可能某一特定部门中的某些活动对于社会目标极其重要，而同是该政府部门的另一些活动就没有其他部门的活动重要了。但传统预算的核心导向却是部门，并认为这一部门中的所有工作对公共福利的贡献都是相同的。传统预算中的一条重要原则就是：**你所在的部门决定了你所能获得的资源**。但是，政府部门（甚至其中各个机构）的活动都是五花八门的；其中的某些活动和本部门其他活动之间的关系，可能还没有和其他部门的活动关系密切。美国陆军工程兵部在河流地区的工作与安全部官员在城市公园部门中的服务活动就是两个例子，它们的工作并不与其部门的名称相一致，也不与其所属的更大部门的基本运营活动相一致。由于很多机构都拥有多重产出，因此通过组织结构图进行的预算和拨款，使核算为实现一定目标的成本变得更加复杂了。埃德蒙·韦斯（Edmond Weiss）就曾指出："称谓所造成的谬误……修辞的技巧，使预算分类的名称和通常与之相关的实际活动间的区别变得模糊不清了。"[1] 总之，基于行政部门的预算活动，是很难迸射出有关资源配置的智慧火花的（案例6-1是一个非常著名的案例，它详细解释了行政部门的分类是如何成为

---

[1] Edmond H. Weiss, "Fallacy of Appellation in Government Budgeting," *Public Administration Review*, 34 (July/August 1974)：377.

预算结果的一部分的）。

行政习惯

预算和对行政单位的拨款，可能会将提供政府服务的全部成本隐藏起来。例如，在有些城市中，经常会由公共工程部门来负责所有基础设施的维护，甚至还要负责新建一些辅助性建筑；这些城市会通过人力资源部门的预算来向雇员提供津贴补助（例如退休金和度假津贴等）。这样便于对相关的项目进行管理，也使得任务的完成过程与监督过程更加专业化，但对于财政决策却没什么帮助。在这种情况下，要确定该市提供某项市政服务（例如，公园与娱乐设施建设、公共安全防卫等）所需支出的数据，就不仅需要对这一基本部门的运营活动进行分析，还要分析与这家政府部门的作用看起来并无直接且必然联系的其他部门的支出。这就违背了政府运作的透明度原则，将会削弱预算文件在公共选择中的作用。

以单年度为基础

传统预算的编制和审议都是以单年度为基础的，没有编制多年期的成本文件。拨款决策通常覆盖的只是一个年度的机构活动[1]——为实现财政控制而确定的拨款期间——即使机构所建议的活动在未来还有很大的成本问题也是如此。相对于一个规划在未来年度的众多分期付款成本而言，单年度成本通常仅是其中很小的一部分。合理的决策需要对规划的总成本加以考察，而不只是单年度成本。由于预算过程很少能够提供整个规划期间的数据，因此预算决议往往是在缺乏相关数据的情况下做出的。现行的联邦预算包含了预算年度及未来九个年度的情况；由于很少有拨款决议是在规划的完整生命周期内做出的，因而决策过程对规划产生的影响并不清楚，但那些数据至少能为那些不可持续的财政情况敲响警钟（拨款委员会详细的分部门说明，只包含一个预算年度）。未来年度的预算通常会包含一些恶作剧（mischief），政府通过对未来财政赤字的控制，证明自己所信奉的财政保守主义（fiscal conservatism）思想。然而，正确地说明当前决策对未来年度所造成的成本影响，是理性的预算观察（reasonable budgetary deliberation）所必需的[2]。

以投入为导向

要做出合理的选择，就需要对能够实现既定目标的各种方法加以比较。传统的分行列支预算以投入为导向，妨碍了运营活动的视野，使政府机构陷入了传统的运营陷阱[3]。以投入为导向，妨碍了对支出目的以及对当前运营模式的各种备选方案进行审议。在传统上，机构是根据既有的投入组合来编制预算的。这样，政府机构就将自己局限在"常规的"运营方法之中，替代性的方法就被忽略掉了，立法机关也将资金拨付给了具体的项目。于是，公共部门和立法机关就将注意力都集中在所购入的物品（投入）上，而对所要提供的最终产品（服务和产出）却持近乎排斥的态度。通常，预算审核人

---

① 有些政府的预算是双年度的，但这实际上仅仅是将单年度预算增加了一倍。只有在很偶然的情况下，双年度预算中才会包含一个完整的项目成本。

② 在国际援助方案中，良好的财政管理应具备一个中期的财政框架。

③ David Osborne, "Escaping from the Line-Item Trap," *Governing*, 5 (September 1992): 69.

员所强调的是支出物品的变化——所雇佣（解雇）的人员及其工资等级，当前工作人员的工资变化，以及所要购买的供应物资和机器设备等的变化。以投入为导向难免产生如下的逻辑思路：如果汽油的价格上涨25％，那么政府的运营就需要将这类政府购买的拨款提高25％。否则，机构就必须削减其服务供应。

这种思路的含义是，政府机构的目标是购买一定数量的特定投入品。但预算过程应当促使人们去思考替代性的政府采购方案，以节省对已涨价物品的使用。比如，有没有什么方法可以少用点汽油而又不妨碍任务的完成？提供服务的方法很少只有一种，预算程序需要考虑替代性的方案，特别是在投入品价格大幅上涨的时候。不妨做一个简单的类比：传统预算就像是一个面包师，虽然他购买了面粉、牛奶和糖，却没有考虑所要出售的蛋糕、甜点和面包的数量，以及可以制作这些产品的其他配方。这样做生意是愚蠢的，这样运营政府也同样是愚蠢的。当预算陈述和讨论都将注意力集中到政府机构所要购买的物品时，能够在向公众提供不同服务的不同规划之间做出合理的抉择吗？这不是在政府机构之间做出决策的负责任的方式，也不是机构对其内部运作进行决策的负责任的方式。遗憾的是，这恰恰是传统预算体系所强调的观点，而对这一观点的改进过程是缓慢的。

这些关于物资投入的选择，是在没有进行任何成本估测的情况下做出的，既没有参照其他替代性的生产方法，也未能估计由于一项选择而造成的其他选项上的牺牲①。实际上，有些政府对拨款所购买的投入品种类的控制相当严格，以至于当某些机构需要根据预算年度的情况而对运营条件做出调整时会困难重重，于是只好选择什么也不做。甚至在有关拨款的法律中还对这种情况加以辩解，这自然不利于对公众的合理服务要求做出反应。

价值问题

在预算过程中，最基本也是最困难的问题就是，公共决策必须要对公共规划的成本和社会价值进行衡量。传统预算中的逐项物品成本仅仅是财务方面的付现成本（out-of-pocket cost），其中不包括间接支付的社会成本，它反映了财务交易但忽略了财务交易损失的机会成本的价值，也没有区分这些活动所造成的沉没成本和追加成本。因此，这样得出的用于决策的成本数据也就不完全准确。许多政府都尝试使用作业成本法（activity-based costing，ABC）来改善这种决策状况。专栏6-1对这种方法做了进一步的说明。然而，预算成本是所有的决策者都应当考虑的。对项目规划的价值和成本进行比较，对于资源的最佳配置是至关重要的，但却不是预算过程中的一个常规构成部分，因为人们很少会对规划价值进行报告和正规审议。如果不经常进行这样的对比，公共决策的水平也就堪忧了。只根据规划成本进行公共决策，不管这些成本高得出奇还是低得离谱，都难以始终保证对稀缺资源的有效利用；当然，也不能仅考虑规划收益而忽略了成

---

① 威廉·尼斯卡宁（William Niskanen）、戈登·塔洛克（Gordon Tullock）以及其他一些人指出，政府的行政官员都有要使支出最大化的个人动机（实施任何项目都要尽可能使成本最大化）。Gordon Tullock, *The Politics of Bureaucracy* (Washington, D.C.: Public Affairs Press, 1965); and Williams A. Niskanen, Jr., *Bureaucracy and Representative Government* (Chicago: Aldine, 1971). 究竟这些奉行预算最大化的官僚是否准确地反映了现实情况，多年来人们一直试图从经验主义的角度来讨论这个问题。近来得出了答案（"否"），参见: Julie Dolan, "The Budget-Minimizing Bureaucrat? Empirical Evidence from the Senior Executive Service," *Public Administration Review*, 62 (January/February 2002): 42–50.

本。当然有些服务规划，一旦缺少了它们，社会就会变得无比糟糕。但除此之外，在一个资源稀缺的社会中，要进行资源配置，就应当将规划的成本和收益进行比较。不管规划的收益是否容易度量，仅仅根据规划自身的成本是很难进行决策的。预算工作人员必须要避免犬儒主义者和感伤主义者的盲目性。遗憾的是，传统预算并没有为决策提供重要的信息。此外，预算审议也大多注重政府机构投入品的购买，而甚少考虑为公众提供服务。

专栏 6 - 1　作业成本法和政府预算

　　许多政府决策都需要关于提供的服务成本的信息。作业成本法（ABC）于 20 世纪 80 年代后期起源于私人部门，大约 10 年后被引入公共部门和非营利组织，它为投入成本数据的组织提供了一个完整的体系，也有助于政府进行一些规划决策和运营决策。

　　ABC 根据产品和生产过程中消耗资源的不同来分摊成本。它试图将会计数据从以传统投入为导向的组织形式中（人员、用品、承包服务等）转移到以产出、服务提供或以项目为导向的组织形式中。这个想法起初广泛运用于向生产过程分配间接成本费用，后来被应用于企业服务出售中。最终，这种方法被引入政府的运营活动，但不是像私人部门一样密切留意着一条生产线的定价和盈利能力，而是试图通过成本控制来提高运营效率，或是发现机会将公共服务的生产承包出去。它设法使每一项政府的活动都有清楚的成本分配，而不是互相之间交叉补贴。

　　传统的成本核算关注产品，将其看作资源消耗的结果。成本是根据直接投入劳动力的人数、机器设备的运转时间或者原材料消耗的金额来度量的。这是一个"基于容量"的体系。费用是依据某些分配因素以及影响生产过程中资源的直接使用因素来累加的。另外，ABC 还可以根据生产过程中产品的用途，在整个活动（数据输入、过程报告、设备维护等）以及产品（或服务）中追溯成本的流向。概括来说，ABC 有三个步骤：

　　1. 确定成本分类（工资、材料、出差、公用事业等）。

　　2. 确定与每一种成本相关的关键步骤和主要活动，并对每一生产活动的成本进行估算。分配的第一阶段将成本从资源类别分摊至活动中心（activity center）。

　　3. 将活动进行适当的分类，再分摊成本，这些分类包括生产的服务与产品。分配的第二阶段就是将成本从活动中心分摊至最终产品或服务。

　　用 ABC 的术语来说，所使用的资源与生产活动之间是由"资源动因"联系起来的，而生产活动与成本之间又是通过"成本动因"联系起来的。在实际应用中，有些成本是通过保存下来的详细记录计算得出的，而有些则是通过分配成本动因来计算的，也就是在一些合理的基础之上进行分配。结果所需的精确度取决于原材料的价值、服务的重要性以及成本核算会在多大程度上扭曲运营效率的激励机制。

　　要将 ABC 完全成熟地运用于政府决策中，还有很多局限因素。首先，对大多数政府服务来说，成本回收并不是一个很重要的问题。精确的成本估算就像智力运动和哲学思辨一样趣味盎然，但对于实际的公共决策来说意义不大。其次，只有当间接成本是可以避免的时候，它才会影响决策，而对间接成本的精确分配恰恰是 ABC 的一个基本优点。边际成本和增量成本在一些决策中是可以避免的，但它们对决定服务提供的取舍来说至关重要。最终决定的事项使得成本也随之变化，但是有许多政府开支与服务的选择是相互独立的。为了实现这些成本的精确配置而做的努力，对决策过程而言，并不会产生多大的额外价值，毕竟那些服务并不是用来出售的，而成本回收也无关紧要。如果生产活动被终止了，那么行政部门所分得的份额与间接成本将无法回收，而如果一些资源被分配给了其他的活动，那么所分得的份额和间接成本是不会减少的。因而 ABC 并没有为大部分的政府决策提供许多有用的信息。

然而，如果服务的提供是收费的，那么 ABC 在指导服务的提供方面将是非常有用的。更好地认识和度量那些可避免的成本，对改善政府在各个方面的决策具有重要意义。

6.2　传统绩效预算

早期的预算改革趋势之一，就是将政府机构的绩效信息与支出挂钩。无论是我们正在讨论的传统模式，还是我们将在本章后面讨论的新模式，所有绩效预算的核心观点就是将绩效信息与预算数字放在一起考虑，这样可以完善公共决策，也可以使政府机构专注于资金的生产性使用。传统绩效预算所强调的不是对经济资源的购买，而是政府活动的绩效目标和结果。传统绩效预算中所展现的是，在预算年度中要达到可度量的具体结果所需要的成本，因此，预算程序具有提供资金和制定绩效目标的双重任务。

绩效预算这一想法并不算新鲜。绩效预算可以追溯到 20 世纪最初 10 年间的纽约市，直到目前，在州和地方政府中也不断有类似的应用[1]。然而，要考察绩效预算对服务提供程序的基本影响，则需要追溯到 1949 年的第一份胡佛委员会（Hoover Commission）（关于政府行政机构组织的委员会）报告[2]。

在绩效预算的概念中，包含了几项从传统分行列支预算思维方式的转变。

1. 预算信息要根据活动（例如，修路、种树、护理病人、教授学生和逮捕犯人等）而不只是单个项目来组织。

2. 应当对活动进行度量，确定这些活动的成本，并对从事这些活动的效率进行评估。

3. 应当通过将每家政府机构的实际成本与执行情况同计划水平相比，来实现绩效管理。

4. 尽管绩效指标一般都不是政府的"最终产品"，但是从理想的情况来看，应当将这些活动与受益结果或者产出联系起来。在现代术语中，这些绩效指标大约属于"为了结果而采取的手段"，而非结果本身。

通过雇佣更多的负责任的官员，绩效分类可以使政府以更低的成本来提供更好的服务；通过将预算争论的重点从人员、工资、供货合同以及其他类似问题，转移到与资源使用权关系更为密切的活动上来，可以提高立法机关的预算审议水平；分权化的决策使

---

[1] General Accounting Office, *Performance Budgeting: State Experiences and Implications for the Federal Government*, GAO/AFMD-93-41 (Washington, D. C.: General Accounting Office, 1993)，对这些问题进行了考察。

[2] Commission on Organization of the Executive Branch of the Government, *Budgeting and Accounting* (Washington, D. C.: U. S. Government Printing Office, 1949).

管理高层可以集中精力对政策问题进行研究。在绩效预算中，对预算申请进行分类，依据的是机构的活动，而不是预算所要购买的投入品。这样，绩效预算就将预算成本与机构的活动联系到了一起。利用这种联系，可以对跨机构、跨时期的单位成本进行比较，以提高政府机构的运营效率。

图 6 - 2 对绩效分类做了进一步的说明。其中包括 1981—1982 年盐湖城市预算中有关清除积雪的绩效预算的内容，这是忠实执行绩效预算的一个历史性文件。要注意图中的以下内容：

1. 在**需求部分**中，对预算年度的预期运营环境做了说明，分别对前一年及当前年度的水平进行了比较。

2. 在**工作量部分**中，对运营单位根据员工对工作时间的预期要求是如何做出反应的进行了说明。

3. 在**生产能力部分**中，描述了预算成本中所体现出的每个活动单位的成本。这是整个绩效预算的一个典型特征。许多预算义件都没有体现这一点，例如，在盐湖城有关清除积雪的预算中，末对暴风雪之后用于清埋积雪的历史成本和所申请的成本进行深入浅出的说明；但绩效分类说明了这些内容，因为它将成本与可度量的活动单位联系在了一起。即使是在部门内部经鉴定的以成本为中心的预算，也不能回答这些问题。

4. 在**效果部分**中，将运营单位的绩效表现和标准进行了比较，对运营单位是否实现了预期的目标进行了说明。这是相当重要的，因为降低成本可以通过降低服务质量来实现。对于全国连锁店来说，只要在每个汉堡中减少一片腌菜就能省下几百万美元的成本，同样地，政府也是如此。

单位：（美元）

项目：清除积雪	部门：市政工程		
项目描述：在恶劣天气条件下，清除街道上的冰雪，以保障出行安全。			
	项目运营费用			
资源需求	1979—1980 年（实际）	1980—1981 年（预算）	1980—1981 年（估算）	1981—1982 年（建议）
人员/个人服务	19.5/279 318	16.9/325 358	11.25/190 618	4.7/111 975
运营和维修用品	39 081	48 300	29 763	47 720
收费和服务	61 774	193 169	111 864	199 379
资本性支出	0	17 596	12 570	0
作业信贷（Work order credits）	(212)	0	0	0
合计	379 961	584 423	344 815	359 074
项目资源				
普通基金	379 961	584 423	344 815	359 074
合计	379 961	584 423	344 815	359 074

规划预算要点说明：
1980—1981 年的清除冰雪项目的预算指标中，人工时间存在过度消耗，因而在年中调整时进行了修正，这在 1980—1982 年的预算申请中得到了正确的反映。1980—1981 年，进行了一项对过去 5 个冬季的研究。研究结果显示，我们对 1980—1981 预算年度的规划显然是不切实际的，因而我们将雇员的工作时间分配到了其他的项目，使得其他项目的支出水平和人员配置都得到了提升。

绩效目标
1. 审查除雪机项目的"规模"。
2. 在实际作业中，发展扩大犹他州交通管理局（U.D.O.T.）和盐湖城（S.L.C.）的责任交换机制。
3. 对于应对"特大暴风雪"的紧急备援系统进行评估。

绩效评估	1979—1980 年（实际）	1980—1981 年（预算）	1980—1981 年（估算）	1981—1982 年（建议）
需求				
1. 需优先清理的道路里程数	400	400	460	460
2. 降雪厚度（英寸）	63	68	45	68
3. 处理暴风雪需调用的人员数	15	19	16	19
4. 处理暴风雪时需要的盐量	7	10	10	10
5. 处理暴风雪所需的犁雪次数	8	9	6	9
工作量				
1. 街道撒盐的员工工作时数	n.a. *	12 640	1 000	2 060
2. 街道犁雪的员工工作时数	n.a.	18 960	1 400	3 090
3. 使用盐的吨数	7.41	8	4.9	8
生产力				
1. 成本/优先处理的街道里程数	962	1 418	874	765
2. 平均成本/暴风雪数	25 663	29 864	25 138	18 513
效果				
1. 冰雪所导致的车辆交通事故	253	250	135	250
2. 所收到的投诉次数	49	50	35	50

* n.a.＝该数据不可获得

图 6－2　盐湖城的绩效预算说明

　　绩效结构有一些特殊的含义。首先，预算可以成为责任制和问责制的一个有力工具。在这个结构中，预算活动必须成为管理责任的中心，因为机构的活动水平及其成本，会在指导政府运营活动的预算文件中予以具体说明。机构的运营主管不会再要求单个的预算人员编制预算申请（在任何情况下这都是一种坏习惯），因为绩效预算就是关于预算年度的详细运营计划[1]。许多机构的主管并不喜欢绩效预算的观念，因为绩效预算会将机构运营活动的一些细节（如需求估测、工作量趋势等）置于纳税人和立法人员等外部人员的严密监视之下。其次，立法机关必须将自己的拨款程序和观念从传统的以项目为核心转移到以机构/活动为基础上来。当立法机关发现自己所审议的并非是财政支出指标时，会感到很不舒服，特别是当这些目标和财政收入、预算平衡之间没有明显的联系时，当这些政府机构的活动难以量化或很难与公众的实际需求联系在一起时，更是如此。最后，绩效预算会使目标管理规划（management-by-objective）更容易运作，这些目标就是预算中的绩效指标（或者活动指标）。这样，就可以在财政年度中对绩效和预算结果进行监管了。

　　绩效预算的核心应当是绩效指标（performance measures）的质量和立法-行政结果的真正协调一致（a legislative-executive consensus），这些指标应当成为政府机构关注的

---

① 传统预算也是运营计划，但其中不包括可认证的运营目标，多出了这一点就给政府机构增加了很多限制。

焦点。尽管有些指标可以被度量及报告，但有些绩效指标不仅是不相关的，而且还可能具有误导作用。例如，审计的质量可能要比简单的审计执行的数量更为重要。然而，就是因为审计的数量更容易量化，因而它也有可能成为绩效指标。如果公园及娱乐部（Department of Parks and Recreation）要负责对花坛进行保养，那么它就需要定义一个标准的花坛并计算单位成本。此外，对于被测量的绩效是否是公众真正所需要的服务，绩效预算通常也不会顾及。当然，在完成一项工作时，未必需要考虑其他替代性的方法。降低政府机构绩效成本的努力，会促进预算方法的改进，当然这是以不牺牲政府机构的服务质量为前提的，但这样做也不能解决绩效预算中的所有问题。

令人不解的是，绩效预算的支持者们来自政治上的两个极端。有些公共官员将绩效预算当作其对社会所做贡献的证明，并可能会扩大他们的预算；而另一些政府官员则将绩效预算看作对铺张浪费行为的一种曝光，因此认为绩效预算是对财政支出进行削减的先导，进而减少对税收的课征。

绩效预算不会顾及这些目标是否合理、所提供的服务是否与生产成本相匹配。绩效预算所要考虑的是，政府机构的这些活动的成本是否是比较低的，不考虑这些活动是否值得开展。这就带来了一个"阿喀琉斯之踵"（Achilles heel）式的致命弱点：发展绩效预算的代价过于昂贵。除非政府确实想要将其作为公共管理和决策中不可分割的一环，否则这样来消耗政府资源其实并不值得。

6.3 规划预算

规划预算（program budget）① 根据消费者的产出/结果，或相对于公共目标的实现所做出的贡献，来对预算中所建议的支出活动进行组织②。规划预算关注的是公共决策的核心命题：政府的哪些所作所为是由公众来评价的？他们不关注政府购买了些什么或是机构正在完成哪些任务。他们抓住了问题的主要症结：政府究竟打算做哪些有价值的活动？规划的设立是以对实现公共目标的贡献程度为基础的，而不考虑具体提供服务的都是哪些行政机构。从本质上说，规划框架要求政府（及其机构）明确自己所要提供的是什么样的产品或服务，然后根据这些产品或者服务的流程来组织预算申请和预算执行。这种分类方法会将预算的重点从支出对象或经济分类（政府所要购买的物品）以及支出主体（行政部门）重新转移到支出的目的（政府向社会提供的服务）上来。同时，它还打破了政府机构间的行政壁垒。在一个完整的规划预算中，会有很多致力于实现类似目标的规划。这样，为了得到实现类似目的的唯一资金，各个替代性规划之间会展开竞争。这与传统预算中的情况截然相反。在传统预算中，就像在政府机构或者部门内部对规划的竞争一样，对资金的竞争也是在政府部门或者政府机构的内部展开的。仅仅因为归属于不同的机构，即使规划本身是类似的，也会出现不同的实施方法。在规划预算中，竞争是在相似的规划之间展开的，而不是在一个行政机构的不同规划之间展开的。

---

① "program budget" 也被译为"项目预算"，但考虑"program budget"与中国预算管理实务中的项目预算还存在一定的差别，故本书还是采用了"规划预算"的译法。——译者注
② 这些项目是与组织的根本任务联系在一起的。近年来，一些行政辖区开始将政府机构的服务区划（如街道清扫等）视作政府的项目。显然，这对我们关于预算结构的讨论造成了一些混淆。

预算决策者们会发现，预算申请可以根据所提供的服务内容，以及在开支中政府机构可能涉及的工作来组织。

规划预算界定了政府的目标，并对为实现每个目标而做出的支出贡献进行了分类。为了将资源竞争的焦点集中到目标（以及为了实现目标的各种规划）上来，规划都是根据最终产品分类的。规划结构会界定机构的产出，而不会以机构或机构所使用的投入品为核心。表6-2描绘的是宾夕法尼亚州使用的规划预算分类。注意其中的分类依据是向公众提供的服务，而不是依据各个政府部门（事实上，有几种服务是由不止一个政府部门提供的）或者该政府部门所购买的投入品以及这些部门的活动。这种预算结构是以最终产出为导向的。例如，在"对人员和财产的保护"这一项目中，就有好几个机构参与提供服务。如果我们只考虑其中的一个部门，比如说州警察部门，那么会对预算中的项目重要性问题提供一种误导性的观点。其中，"指导和帮助服务"是规划预算中常见的预算类别；根据这些功能所提供的投入品，而不是根据其他服务的提供来进行相应的分配。宾夕法尼亚州的预算说明，许多机构会参加几个规划的活动，而许多规划的完成也不仅需要一个部门的活动（交通运输除外）。

表6-2　　规划预算的结构示例：宾夕法尼亚州政府，2007—2008年至2013—2014年

教育（占2008年总预算的23.4%）：该项目的目标是确保教育资金可以落实到提高学生成绩的实践上。该项目为幼儿园启蒙班、全日制幼儿园以及小班化教育提供资金。此外，该项目还为基础教育和特殊教育项目以及诸如家庭辅导、增加教师实践、课程素材和技术升级等教育支持项目提供资金。同时，该项目还将保证教师拥有高品质的职业生涯、实行技术教育以及更多的教育经验……
子项目：教育支援服务、基础教育、高等教育。
涉及的机构：教育局、税务局、公共福利局、劳动局、高等教育援助机构、税收公平委员会。

对人员和财产的保护（占2008年总预算的13.2%）：该州项目的目标是构建和谐的生活环境和社会体系，保护个人与组织的生命和财产，使之免受非法或不公正的对待以及自然和人为灾难的侵犯。
子项目：一般行政与支持、公共保护与执法、控制和减少犯罪、预防青少年犯罪、被告裁定、社会治安和社区安全、预防自然灾害、保障消费者权益。
涉及的机构：州警察部门、银行系统、州政府矫正局、州检察署、酒类管制局、军事事务局、州务院、环境保护局、农业局、紧急事务管理局、乳品市场管理委员会、保险委员会、国土安全局等等。

卫生与公众服务（占2008年总预算的43.4%）：该项目的目标是确保所有公民都能够享有优质的医疗服务，帮助人们寻求自给自足的生活，为退伍军人提供军事援助，创造机会使个人和家庭能最大限度地融入社会中……
子项目：人力资源支持，社会中个体的发展，为宾夕法尼亚州的原住民提供援助，维持收入水平，保障物理治疗，保障公民心理健康。
涉及的机构：老龄与长期生存局、卫生署、公共福利局、农业局、劳动和产业局、军事事务局、税务局、运输局等。

交通运输（占2008年总预算的9.7%）：该项目的目标是建立一个与全国乃至世界交通运输网接口的体系，可以满足州内人员与货物快捷、便利、高效、安全的流动。
涉及的机构：运输局。

娱乐和文化发展（占2008年总预算的1.3%）：该项目的目标是改善宾夕法尼亚州城市居民、近郊居民以及乡村居民的生活质量。项目将资源集中于娱乐和文化设施建设，以确保宾州的居民都能充分享受本州的自然美景。同时，该项目还确保居民与游客们可以探索宾州文化传统的多样性，参观我们创造性的艺术社区，了解我们丰富的历史以及在保护国家遗产中的卓越成就……

续前表

子项目：娱乐、文化发展。 涉及的机构：环境资源和教育局、历史和博物馆委员会、钓鱼和船舶委员会、竞赛委员会、公共电视网、艺术委员会等。
经济发展（占 2008 年总预算的 4.5%）：该项目的目标是为宾夕法尼亚州的居民创造更多的就业机会。为了能实现这个目标，该项目提供了许多种类的补助金、贷款，同时还为能够加大经济投资、刺激经济增长、扩大就业机会的项目提供贷款担保…… 子项目：经济发展援助服务、州经济发展、工作负担改善、社区发展。 涉及的机构：州经济发展局、宾夕法尼亚州经济发展筹资局、基础设施投资管理局、审计署、教育局、劳动和产业局、税务局。
债务清偿（占 2008 年总预算的 1.6%）：这一全州项目的目标是保证有足够的财政资源来即时偿还州债务。州政府通过债务融资，为州内的资本性项目、选民批准的债务公投以及一些救灾项目提供资金。 涉及的机构：财政局。
指导和帮助服务（占 2008 年总预算的 3.0%）：这一全州项目的目标是提供一个有效和高效的管理支持系统，以此来促进本州各项目目标的实现。 子项目：管理与援助服务、财政管理、健身设施和商品管理、州际关系。 涉及的机构：州长办公室、行政办公室、副州长、审计署、立法部门、财政局、民事服务委员会、税务和一般服务局、州雇员的退休系统等。

注意：一些机构所开展的活动涉及好几个项目，并不是所有的项目都有子项目。

资料来源：Governor's Office of the Budget，2009—2010 Executive Budget，Commonwealth of Pennsylvania. (Harrisburg, Pa.：Commonwealth of Pennsylvania, 2009).

　　规划预算需要对预算进行精心的定义，分类学（taxonomy）知识的运用是这种预算的核心。尽管很好地理解政府运营对于规划分类来说是非常重要的，但由阿瑟·史密斯兹（Arthur Smithies）所构建的规划范式的逻辑标准，却总是很有帮助的：

　　1. **易于比较**。规划的设计应当"允许对实现含义不完全清楚的政府目标的不同方法进行比较"[1]。如果解决一个社会问题有不同的方法，可以使这些方法殊途同归，都集中到一个规划中来。这种分解可以将问题简化。

　　2. **包含互补性资源**。规划中必须包括在功能上不能分离的互补性部分。例如，在保健规划中，要包括医生、护士、医疗设备等，并将其按照适当的比例进行组合，这些构成部分都应当呈现在一个规划中。另外，如果公共基础设施需要定期的检修和维护，这些费用也必须包含在规划中。

　　3. **认识到项目的不可分割性**。如果政府的一个部门会为其他部门服务，那么需要建立单独的支持性服务规划。因此，如果由每家机构单独管理这些规划，就难以实现中央电子数据处理和人事管理尽可能经济的目标了。尽管这些规划的产出不是政府的目标（例如，宾夕法尼亚州预算中的"指导和帮助服务"规划），但对这些活动可以按照规划来加以管理。想要让市长或州长挤出时间来处理具体的项目是不合理的。取消一个已经分配给市长办公室的特定规划内容，并不会对市长办公室的成本产生影响，所以，任何这种分配成本都与规划决策没有关系。联合成本就是要将其作为一个整体来看待，妄图将它们分开是愚蠢的行为，对决策的制定亦毫无益处。

　　4. **多重结构**。为了实现既定的目标，政府可能需要互有重叠的规划结构。例如，许多财政收入部门的构建，既考虑了功能性因素，也考虑了地理性因素。当地区目标和

　　[1] Arthur Smithies, "Conceptual Framework for the Program Budget", in *Program Budgeting*, 2nd ed., ed. David Novick（New York：Holt, Rinehart & Winston, 1969）, 42.

全国目标（或者全州目标）都非常重要时，就应当使用这种方法了。除非政府决定要纯粹根据项目流程来进行重组，将拨款分发给各个机构和部门来维持财政控制，这时才会有根据组织结构来构建的财政结构，以统领整个规划预算。

　　5. **认识长期活动**。有些含有调查、开发和长期投资的活动，可以被作为单独的分支规划来看待，因为用于这些规划的财政支出发挥作用的时间跨度会比较长。时间跨度太长所带来的不确定性，使这些规划中的资源需求估测变得既不合理也不可靠。

　　可以假设所有的政府活动都是为了改进民众的福利水平。规划预算的目标就将这种宽泛的目标分解成不同的组成部分，在这些组成部分和实现目标的不同方法之间，就可以进行分析和选择了。

　　规划构建确实具有某种做出确认的特性，但规划预算中经常还会包括其他内容。第一，规划预算的时间跨度是规划的整个生命周期，这就超越了年度拨款的时间界限。虽然拨款依然是分年度进行的，但决策者们所面对的是规划的总成本，而不仅仅是一年一次的付款了。第二，编制预算的过程会促使政府机构对不同的替代性运营方案进行分析和比较，并将那些能以最小成本实现理想结果的方案纳入预算申请。在传统预算中，政府机构的官员存在预算最大化的动机，以得到更大的名望和更多的升迁机会。这样，在传统预算中，对不同替代性方法加以鉴别和比较的预算步骤，就难以付诸实施了。第三，规划预算中经常会包括一些对所建议规划中的资源使用进行成本-效益分析的内容（在下一章中，我们会讨论这一技术）。规划构建过程包括了为实现特定目标的成本估测，这就为成本-效益分析提供了重要的数据。

　　所有的这些内容都曾经出现在联邦"计划-规划-预算系统"（the federal planning-programming-budgeting system, PPBS）的实验中，这一体系最初应用于 1961 年的国防部，1965 年扩展到了其他联邦机构，正式终止于 1971 年。国防部一直将其作为正式的体系来使用，并在 2003 年将其更名为"计划-项目-预算-执行体系"（PPBES）[1]。这一体系在国防部的具体任务或是具体项目，与负责执行这些任务的国防部下属各部门（陆军、海军、空军等）之间建立起了联系。通过国防部长，让不同的部门承担不同的任务，对实现军事力量的文明管理发挥了重要作用。

　　下面是 PPBES 体系的逻辑步骤：

　　1. **计划制定**：对各种战略方案进行定义、鉴别和检验，以应对未来的环境。在国防术语中，计划这一步骤包括对发展趋势、敌方战斗力、各种威胁、应对策略以及技术的分析，还要分析当前选择带来的长期影响。服务需求也是在这个过程中确定的。计划一般都是长期的、跨年度的。

　　2. **项目规划**：在各种各样的项目之间平衡资源。为了实现既定的服务需求，项目规划这一过程还考虑了各种替代性方案，并从中选出能满足需求的最佳方案。

　　3. **预算编制**：通过预算的编制、辩护、执行与控制，可以使项目具体化。先前所建立的项目被转化成具体的预算申请，由部门领导、总统以及国会审议通过。通过相关的拨款法律，可以实现对资源的控制。

---

　　① L. R. Jones and Jerry L. McCaffery, *Budgeting Financial Management*, *and Acquisition Reform in the U. S. Department of Defense* (Charlotte, N. C.：Information Age Publishing, 2008). 书中对于国防部的预算和其他财政管理体系，包括 PPBES，都做了精彩的描述与分析。

许多联邦机构的预算框架仍然沿用了旧有的 PPBS 体系中的元素。此外，近来 PPBES 体系也逐渐流行起来，例如美国国家海洋和大气管理局（NOAA）、国土安全部、国会图书馆以及美国国家航空航天局（NASA）都已经开始采用这种体系。同时，在一些州政府和地方政府中，这一体系也衍生出了许多不同的版本①。其优点是：能在目标与战略计划间建立长期的联系，阻止在上一年度增量的基础上建立预算的行为，并将核心放在如何在一个机构的不同项目之间合理分配可用的资源。如果一个部门中有许多构成单元，它们所完成的任务是相似的并且是相互关联的，那么这个体系将是非常理想的。它的确在部门中将基础决策的问题提升到更高的层面②。

　　根据 1974 年《国会预算和扣押控制法案》的要求进行的功能性分类，提供了联邦支出的一个规划格式；这个规划格式和行政管理项目分类一起，出现于国会预算决议和总统预算之中。通常，每一功能类别都会包括不止一个部门（例如，国防这一功能就涉及国防部以及能源部的活动），而每个部门所开展的活动又可能包含在不同的功能分类中。附录 6－1 介绍了联邦预算的功能性分类情况。附录 6－2 说明了联合国对政府功能的分类（COFOG），这种功能性分类适用于各种级次政府所提供的公共服务，而不是像附录 6－1 那样，只是全国性的功能。由于它的广度，这种分类方式提供了一种很好的思维模式，可用于任何政府（国家级、地区级以及地方政府）对于运营活动进行的功能性分类。同时，它也可以作为不同国家间政府运营比较的基础模板。

　　作为规划预算的一个特征，联邦的功能性分类将各机构的功能分割开来，从而决策者们可以为了实现公众的利益使用公共资源，而不用考虑组织结构的边界。图 6－3 展示了美国政府中各功能在不同机构间分配的程度，以及各机构对多种功能的支持程度。美国政府问责署在一份报告中详细描述了美国 2003 年的财政状况：

　　　　在功能与部门之间时常会有"匹配"（match）——例如，运输部几乎完全与运输功能（400）联系在一起，运输功能（400）中 80％的支出是由运输部来负责的。但是，任务分区中机构的重要性与部门分区中任务的重要性之间，有时会出现失衡的现象。例如，虽然农业功能（350）的所有责任都落到 USDA（美国农业部）的头上，但这一项功能只占到 USDA 总支出的 41％，USDA 支出中超过 40％的比重用于收入保障功能（600）。③

　　一种分类方法注重联邦政府的资源分配选择，另一种则注重责任制与问责制的建立。禁止组织重组有助于实现功能（或规划）与机构的配套，这种能在二者之间搭建起通道的双重分类，对于所有预算过程的实现都是至关重要的。如果没有这样一个简便、迅速、易为人们所理解的转化机制，功能预算或规划预算就不会产生可供预算决策者使用的数据，预算决策也将重新落入传统预算的俗套。正是这个问题，在很大程度上导致

---

　　①　想要了解各州规划和绩效结构的使用评价，参见：Allen Schick, *Budget Innovation in the States*（Washington, D. C.：Brookings Institution, 1971），约有 35 个州或多或少都使用过 PPBS 体系的改良版本。

　　②　在最近将 PPBES 引入 NOAA 的过程中，韦斯特（West）和他的同事们了解到了许多抱怨和阻力。William F. West, Eric Lindquist, and Katrina N. Mosher-Howe, "NOAA's Resurrection of Program Budgeting：Déjà vu All Over Again?" *Public Administration Review*, 69（May/June 2009）：435－447. 机构们从不乐意改变自己的工作方式。人们珍惜来自一个自己了解的过程的力量，而任何对过程的改变都会侵蚀这种力量。

　　③　Government Accountability Office, *Federal Budget：Agency Obligations by Budget Function and Object Classification for Fiscal Year 2003*, GAO-04-834（Washington, D. C.：Government Accountability Office, 2004）. 括号中的数字指的是分类系统中的功能数量。

执行部门	国防 (050)	国际事务 (150)	一般的科技、宇间、技术 (250)	能源 (270)	国家资源与环境 (300)	农业 (350)	商业和房贷 (370)	交通 (400)	社区和地区发展 (450)	教育、培训、就业和社会服务 (500)	健康 (550)	医疗 (570)	收入保障 (600)	社会保障 (650)	退伍军人福利与服务 (700)	司法 (750)	广义政府 (800)	净利润 (900)	政府的功能性收费
农业部		•		•	•	•	•		•		•		•		•				9
商务部			•				•	•	•										4
国防部	•	•			•			•					•		•		•		7
教育部										•							•		2
能源部	•		•	•	•														4
卫生与公众服务部									•	•	•	•	•						5
国土安全部	•			•	•		•	•						•		•	•		8
住房与城市发展部							•		•				•				•		4
司法部		•	•													•			3
劳工部									•	•	•		•				•	•	6
州务院		•																	2
交通部	•							•											2
退伍军人事务部															•				1
内政部		•			•		•	•									•		5
财政部		•				•	•		•							•	•	•	10
环境保护局					•														1
总统行政办公室																	•		3
一般服务管理																	•		1
独立机构	•	•	•	•	•		•	•	•	•	•		•		•		•		14
美国国家航空航天局		•						•	•										3
国家科学基金	•		•																2
核监管委员会				•															1
人事管理办公室										•			•				•		3
邮政服务							•												1
小企业管理局							•	•											2
社会保障管理局													•	•	•				3
执行机构功能性收费的数量	8	7	3	4	9	2	9	5	8	7	9	1	11	1	5	6	12	1	
司法部门													•			•	•		2
立法部门		•					•						•			•	•		7
机构功能性收费的数量		1					1						1	1	2		2	1	
总计	8	8	3	4	9	2	10	5	8	8	9	2	13	1	5	8	13	1	

图 6-3 机构和功能方面的联邦支出：多个机构的职能和多种职能的机构

资料来源：Government Accountability Office, *Federal Budget: Agency Obligations by Budget Function and Object Classification for Fiscal Year 2003*, GAO-04-834 (Washington, D. C.：Government Accountability Office，2004).

了联邦"计划-规划-预算系统"走向了衰亡。计算机的电子表格和数据库，可以使不同分类间（例如规划和行政管理部门账户之间）的转换在瞬间完成。而在 20 世纪 60 年代，当约翰逊总统想要进行尝试的时候，根本没有任何可能性。

关于规划预算，有三个问题应当引起特别关注。第一，许多公共部门的活动都有助于多个公共目标的实现，关于这些活动的最实用分类方法，并不总是那么显而易见。而且，不管做出何种决策，在强调一种政策选择的同时，都不得不牺牲其他的选择。例如，按照目标分类，用于军事院校的财政支出可以归入高等教育，也可以纳入国防支出。对财政支出的分类说明了它所面临的问题，因此归类时一定要以财政支出所面临的当前最重要的问题为基础。显然，长期使用同一种规划结构，解决相同的问题总是使用相同的方法，会形成许多行政管理的盲区。而且，公共项目之间复杂的相互关系依然如故。例如，高速公路的运输活动可能会促进城市的发展，但也可能会恶化城市的环保状况，这些问题会使每位预算官员都感到苦恼和困惑。

第二，对于公共决策来说，对规划的成本估测可能没有想象中的那么有意义。对于多个政府机构的共同成本和行政管理的间接成本，没有一种科学的方法来进行分配。由于许多政府机构都有若干规划，一家机构所使用的资源都是这些规划所共享的，很难归入一个规划。此外，公共决策不仅需要考虑资金的问题，还要考虑这些决策所造成的社会影响，但规划预算重点考虑的仍然是政府机构的成本问题。因此，规划的成本数据并不能直接用于决策。

第三，在预算过程中，项目不能完全取代部门来满足公众所有的期望。这是山门关于绩效与资金的责任制和问责制必须落实到一个组织单位。项目自身并不具备问责性，而政府部门（及其内部员工）却有。因而，在最后的分析中，财政纪律中还需要一个凌驾于规划预算形式之上的预算与拨款结构。

最后，规划预算对拨款的影响可能是微乎其微的。立法机关、说客和政府部门所经历的都是传统的预算模式。预算过程的参与者知道他们的同盟者是在同一部门中的。他们不仅熟悉这种结构，而且还为传统的预算分析编制了一般性的指导纲领。新的预算模式不仅需要新的行动指南，还需要所有的人都付出更多的努力。除非预算过程的参与者们真的想对预算模式进行改进，他们往往会转向使用更熟悉的传统模式，而忽略新的预算模式。不过，最终这都不是问题①。规划预算以及诸如 PPBES 这样的程序，其最初目的是要发展执行预算。行政部门会发现，这是一个有助于其改善应对政策、提高决策水平以及帮助向立法部门提出建议的有效预算工具。因此，尽管立法部门一直坚持关注传统预算，但传统预算中的内容也是根据 PPBES 的原则创造出来的。但是，如果主管领导相信规划预算模式有助于提高财政决策水平，且沟通成本较低，就没有理由不使用这个体系。因为有了高阶预算过程（换句话说，就是那些试图超越分项列支与组织结构的过程），也就有了与规划预算相关联的成本，因此只有在确定将会采用的情况下，我们才会去创建这一体系。众所周知，当前的联邦预算在机构拨款与功能类别之间搭建起了良好的通道，即使没有其他更多的好处，这也确实提高了透明度。

6.4　对各种预算分类中财政支出的举例说明

到目前为止，我们关于预算制度改革的讨论涉及对支出进行再分类，以此来为各种预算模式提供信息。我们将通过一个简单的图表来说明这将在何种程度上影响预算信息。图 6-4 详细展示了这些内容。州劳教部门聘用教师的工资，在传统预算模式、绩

---

① 在一两次的立法会议期间甚至还会混杂一些游说者，这可能是件好事。不必担心，他们很快就会搞定这些问题。

效预算模式和规划预算模式中分别是什么样的情况呢？在传统预算模式下，这项工资会成为州监狱预算中人员项目（工资薪金）的一部分。在第一个例子中，这种情况会导致在部门内部展开对资金的竞争。能否为此争取到资金，取决于州长和立法机关对整个监狱系统的看法。给劳教体系拨再多的款项，最终可能也会直接落到机构内的教育体系手中。

莫里斯·豪（Morris Hall）是绿野监狱（Green Valley Correctional Facility）基本读写技能课的一名教师。他的工资是每年 25 000 美元。在不同的预算分类中，豪先生的工资将会被归入哪些部分呢？
参见以下星号（*）部分。

传统预算	绩效预算	规划预算
劳教局	劳教局	人力资源开发
绿野监狱	活动：成人扫盲	服务：成人扫盲
人事	人事*	地方
主任	供给	州公共设施*
文秘	每位学生的成本	服务：职业教育
警卫	授课课时	
导师*	活动：监禁	人员和财产保护
供给与设备		
合同服务	公路部门	安全而快捷的运输
杰克逊（Jackson）州监狱		
公路部门		
教育局		

图 6-4　传统预算、绩效预算和规划预算中工资的不同归属

如果预算是根据绩效进行分类的，这项支出就成为实现教育时间的目标成本之一。同样，对资源的竞争也是在政府部门内部的各类活动之间展开的。然而，不同的是，这项活动没有和教育联系起来。教育项目的投入资金，与为加强安保与拘留设备的投入资金，二者之间还是有区别的。

规划预算会把这项支出作为人文发展规划的一部分，这就将该项支出和监禁活动分离开来了，而将它和教育培训活动联系在一起。它会与基础教育、中学教育、工作培训以及其他的教育活动放在一起考虑，而不是与改善维持社会治安的资金联系在一起。

在不同的预算分类中，工资支出的数额都是一样的，但不同的预算分类方法要求根据不同的预算目的对这项支出采取不同的处理方法。无疑，不同的预算分类方法会影响财政支出审议，甚至还会影响拨款规模。我们要创建一个预算分类体系，而不是遵循传统的行政机构体系，就需要将资金进行再分类，以区别于其会计定位，这样才能为公共决策提供适当的信息。如果是为了财政控制和问责制，我们就应该将资金与行政机构联系起来，但如果是出于其他的预算目标，另外一些分类方式也许会更加适用。

零基预算

许多地方预算官员都声称自己的预算是零基预算。其含义在于，预算的编制完全没有参照上一年度的预算，即本年度的预算提案中并不包含任何的假定基础，并且也不再假定机构的拨款至少要达到与当前一样的水平。一切都是从零开始的，甚至于提供什么样的服务以及怎样提供服务，都要在竞争的基础上进行。当然，从根本上说，这是一个荒唐但又正确的预算提案制定方法。新的一年开始后，所有城市都会保留许多去年的遗产——其中假设有 4 个消防站、3 个城市公园、1 个警察局，可能有许多关于赔偿金额以及人员编制的集体谈判协议要和市府雇员们商谈，还有许多前市政府和市议会商议的关于城市责任和城市限制的历史决策需要讨论。预算应该在这些基础上进行编制，因为有些决策是不能改变的（实际上，它们可能是具有法律约束力的）。即使指示要求忽略近年的情况，有能力的主管人员也会着重借鉴此前建立服务项目、制定政策以及编写预算申请的经验。而我们所希望的是，机构主管能够以开放的态度、联系实际服务以及服务提供的方式来编写预算提案，并且没有人——包括政府机构、预算机构或立法者——会认为保持现有的资金水平、增量持续扩张，以及在去年的预算基础上增加 2%，就是如何制定预算的正确方法。比起要真正实现每年都重新开始编制预算那种不切实际的声明来说，这种方法还是有效得多①。

　　然而，当零基预算在联邦政府和一些州中全面推行一段时间后，这种想法就彻底消失了。1976 年，吉米·卡特（Jimmy Carter）当选美国总统后，在联邦政府中实行了零基预算体系，早先在他担任佐治亚州的州长时就开始使用这一体系。他的想法是这样的：通过实施一种合理的方案来重新配置资源，将资源分配给公众最需要的地方，并打破渐进主义预算制度中那些根深蒂固的局限（回顾第 2 章中关于渐进主义的讨论）。从理论上来说，零基预算每年都需要所有的机构就其整个预算进行辩护；那种政府机构当年取得的拨款数额至少相当于去年数额的前提条件，在零基预算中不再成立了②。零基预算需要对行政准备阶段和立法批准阶段的整个预算进行审议，而不仅仅是拨款的增量部分，增量决定财政决策的铁律将被打破。通过迫使行政人员每年对项目进行调整、根据项目的需求变化简化政府支出的重新配置，可以实现很多好的目标，比如：使得政府的运作更加灵活，减少低回报的项目数量，把资源分配到高收益的项目并提高政府的效率。政府根据那些选项的内部排名来进行项目和拨款的决策，整个预算是在完全理性的基础上进行决策的。在 20 世纪 70 年代末，联邦政府与许多州政府已经开始使用这种体系了。

　　不同政府使用的零基预算体系可能各具特色，但大部分都包含了图 6-5 所示的流程③。在零基预算的第一个阶段，政府机关的行政管理人员会准备**一揽子决议**，这些决策会使用不同数额的资金以实现特定的政府功能，从而体现为一些可以相互替代的选择。每个一揽子决议中都会包括融资水平及其增长幅度，并对政府机构从事的活动进行

　　①　众议院拨款委员会宣称，2013 年财政立法部门的拨款提案是以零基预算为基础编制的。"委员会认为，通过审查每个机构在零基预算基础上编制的预算需求，而不是只有增量变化，我们有相当多的机会可以意识到一些节余的重要性。这样的审查不仅帮助委员会管理拨款和履行监督责任，而且要求机构系统地检查它们自己的预算需求，因为有些与个人业务有关。因此委员会要求每个立法机构以零基预算为基础改进和编制它们自己的预算需求。个人应该对每一项规划、项目和活动（program，project，activity，PPA）进行检查和验证，就好像 PPA 不曾存在过一样。"Committee Reports，112th Congress，House Report 112-148，Legislative Branch Appropriations Bill，2012.

　　②　我们刚讨论过的联邦 PPBS 体系同样也是试图在零基的前提下编制预算。

　　③　Executive Office of the President，Office of Management and Budget，"Zero Base Budgeting"（Bulletin no.79-9），April 19，1977. 其中提供了关于联邦政府运用零基预算的完整描述。

描绘，说明政府机构的这一活动对其主要目标的影响。此外，一揽子决议还会对资金不能到位的后果进行描述①。

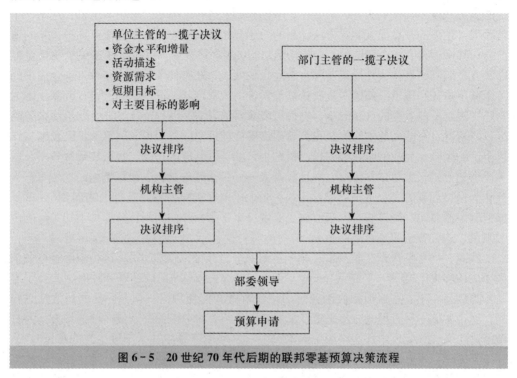

图 6-5　20 世纪 70 年代后期的联邦零基预算决策流程

科室的领导会将经过排序之后的一揽子决议提交给处级领导。处级领导对几个科室收集上来的决议进行重新组合并加以排序，然后将经过排序的决议组合再沿着政府行政层级逐级提交。决议组合在经过不断的合并和排序之后，最终到达部委层面。部委会对收集上来的决议进行重新组合与排序，形成递交给预算办公室的预算申请，再由中央预算办公室将最终选中的规划纳入总统预算②。可见，最终进入预算申请的每个规划都要经历很多排序和测试。预算中会包括尽可能多的决议，但前提是在财政收入的可承受范围之内，这些决议都是在排序中位于优先级的。

这种过程还具有一些潜在功用。这一过程会产生很多可以用于管理的有关工作量、绩效指标的运营数据。在这个过程中，需要对服务供应的替代性选择进行分析。此外，还需要对整个组织中各个规划的优先顺序进行正式的审议，在我们按照以往的步骤进行预算准备的过程中，是没有这一步的。零基预算的构建过程是自下而上的，这样能获得最佳的运营信息，而多数其他预算却是自上而下的。最后，零基预算还需要对机构的活动目标进行思考。但是，零基预算其实也存在不少问题。第一，在一揽子决议的过程中会产生大量的文件，很多文件根本没有被严肃对待。其实，有些规划是根本不可能删除的，有些规划是不可能得到财政拨款的，有些生产过程的替代性方案也难以得到认真的

---

① 佐治亚州和联邦政府的零基预算体系实际上并不是从零开始的，各政府机构是在前一年度拨款的 80% 的基础上编制预算的。然而在 80% 基础上建立的预算，听上去就没那么令人印象深刻了。Robert N. Anthony, "Zero-Base Budgeting is a Fraud," *Wall Street Journal*, April 27, 1977.

② 卡特总统声称，作为佐治亚州的州长，实际上最终是由他来对上千份提交给州政府的决议包进行排序的。他做完这些以后，一年中几乎就没有时间再做其他的事了。

对待。许多意识到这些情况的恪尽职守的行政管理人员，也不会把零基预算当作一回事。第二，绩效信息可能会不尽真实，与政府机构运营的关系可能也不大。绩效的度量可能会很准确，但度量出来的绩效相对于机构的目标而言，可能是微不足道的，也可能不会被准确报告。第三，许多支出活动是不能用零基预算的方法来处理的。这些活动包括：州和地方政府的指令支出，由特定资金、合同支付（包括债务和养老金）和公式化授权所资助的活动。这些活动在很多预算中占了很大的比重。第四，那些项目中的排序可能不同于社会的排序。有人质疑那些主管人员会保护他们自己的项目，从而刻意形成最后的排序。人们倾向于把自己的项目排得很高，而把其他人的排得很低，这也是可以理解的，当然从总体上来看，这种倾向无助于做出最佳的财政决策。认为联邦项目可以客观地从最高级到最低级进行排列的人们，忽略了这样一个基本事实：大多数项目并不能以数字来评估，即使某些项目有数字，这些数字与其他项目也没有可比性。例如，退伍军人津贴这类数字与农产品价格的数字就是不一样的。

许多分析家都怀疑，联邦政府实行零基预算，对于联邦支出是否具有真正意义上的影响。里根政府一上台就中止了联邦政府的零基预算。艾伦·希克（Allen Schick）指出，零基预算所做的只是"改变了预算的术语，再没有别的什么了"[1]。零基预算将更多的注意力集中到预算的日常工作中，而回避了这一过程的核心难题，即规划的目标和社会价值。在今天的联邦政府、州和地方政府的预算体系中，残留了零基预算的一些内容，譬如，在目标预算中，预算单位就根据可能的拨款数额来制定各种预算申请方案[2]。

6.5　结果导向/新绩效预算

过去的 20 年，人们对于政府问责制的问题愈加关注，并且对于把绩效融入预算周期也重燃了兴趣。正如戴维·奥斯本（David Osborne）和特德·盖布勒（Ted Gaebler）在其著作中指出的，"政府的犬儒主义已经深入美国人的灵魂之中"。要消除这种犬儒主义是非常困难的[3]，毕竟，在各种焦点讨论中，都将普罗大众称作"纳税人"而不是"服务对象"。这就需要让公众对政府支出的结果有一个清楚的了解，且在面对公众的怀疑态度时，还要给给他们保证与信心，让他们知道政府机构是关注绩效的，政府是会负起责任的。人们期待所花的钱能有个不错的回报，这完全无可厚非。公众也会要求了解政府绩效报告以及预算年度中的绩效目标，这完全不用感到奇怪，因为这些信息密切关系到政府将会制定什么样的政策，将会如何花费公众的钱。预算过程是唯一一个每年都会全方位考察政府整体运作的活动，因而也是关注政府绩效的最佳切入点，如果能将其与最终的政府资源配置决策结合在一起，那就更好了。较之把基础重心放在要花什么钱、买什么投入品上，注重寻求结果的预算当然要合理得多。

对于以公共活动完成情况之测定为导向的绩效预算的讨论是复杂的，主要是基于这

①　Allen Shick, "The Road from ZBB," *Public Administration Review*, 38 (March/April 1978)：178.

②　Robert K. Goertz, "Target-Based Budgeting and Adaptations to Fiscal Uncertainty," *Public Productivity and Management Review*, 16 (Summer 1993)：425-429.

③　David Osborne and Ted Gaebler, *Reinventing Government*, *How the Entrepreneurial Spirit Is Transforming the Public Sector* (Reading, Mass.：Addison-Wesley, 1992)：xv.

样一个事实：绩效预算从来没有一致的定义①。已计划实施的项目有各种各样的特征，它们在财政结构的不同节点上运作，并且其目标并不总是一样的（有的追求效率，有的想要缩减政府规模，有的追求提高透明度和信息的流动性，有的存在更加复杂的目标）。尽管很难概括，但新绩效预算的基本内容包括：关于政府支出的目标和结果的信息（关键指标和项目测评）；在拨款决策中有助于信息使用的预算过程，该预算过程在预算文件中直接列出业绩量表。这对于绩效预算是一种激励：业绩衡量（结果测量）有望透明地获得，并将成为预算周期每个阶段的组成部分。在某种程度上，最终的期望是将资金直接与测定的机构结果相联系。这些内容可能会有助于完善财政资源在各选项间的分配，同时，还可以鼓励政府机构的支出更有效果，且效率更高②。

对于主管人员来说，要得到评价结果可能会很艰难也很费时间，甚至令人难堪，但这并不意味着这种调查是不恰当的。每位主管人员手头都应该有准备好的答案，尽管预算过程中并没有要求得这么详细。如果快速浏览一下政府网站上发布的预算信息，我们就会发现，绩效评估和预算陈述、预算审议间的关系正变得越来越密切。与之前讨论过的传统绩效预算不同，传统预算试图通过将政府机构的产出或活动，与成本联系在一起，并计算这些活动的单位成本，而新绩效预算更倾向于直接给出部门运营活动的目标和绩效结果；此外，在提供活动数据的同时，新绩效预算还尝试提供一些关于结果的评估，虽然大多数时候都不太成功。它们不提供单位成本，也很少提供评估依据来证明这些结果真的是由政府项目产生的，而不是因为偶然的好运气。

这种结果导向的预算认为，社会目标、成果或结果才是政府绩效真正关注的，而不是直接的产出或机构从事的活动，这与规划预算的逻辑出发点是一致的。但这种新的方法并不是按照机构的流程来将具有类似社会目标的运营活动分在一类的。它强调：财政决策所关注的核心问题，不应该是政府的购买（投入品），而应是政府提供的服务。新绩效预算或者结果导向预算的思路与私人部门很类似。汽车公司制造汽车是为了赢利，而不仅是为了购买生产汽车所需要的原材料（这是传统政府预算的核心），更不仅仅是为了卖汽车。尽管政府不期望能获得利润，但还是可以期望它们对社会产生有益的成果。新绩效预算更加重视机构运营活动的结果，并根据其结果对机构进行考核，而不是关注这些结果到底是如何实现的（例如，不是对投入品的使用或者运营进行管理）。新绩效预算将传统预算以投入控制为重点，转变成了以绩效和结果为导向。

理想的结果导向型绩效预算很少会关注机构购买的细节问题，即不会在计划或执行中控制各种支出细目，因为控制的重心将是政府所提供的服务内容。机构可能有时会关注运营的产出或任务（例如案件的数量或者公路上巡逻覆盖的里程数），但这只是内部管理的需要，并不意味着政府绩效取得了成功。政府机构会明确项目的产出与成果，根据绩效表现来制定绩效目标以及编制预算申请，不再对投入或者运营过程进行微观控制，而是对结果负责。通过实行以结果为核心的预算，政府对公众的利益变得更加负责；通过赋予政府更大的灵活性，在服务的提供过程中，政府可以变得更有效率、更富有企业家精神。

① William C. Rivenbark, "Defining Performance Budgeting for Local Government," *Popular Government*, 69 (Winter 2004): 2. 一个关于绩效预算的良好总结：Marc Robinson and Duncan Last, *A Basic Model of Performance-based budget* (Washing, D.C.: International Monetary Fund, 2009).

② 想要将绩效融入预算的不仅仅有美国：Organization for Economic Cooperation and Development, *Performance Budgeting in OECD Countries* (Paris: OECD, 2007).

新绩效预算将政府的绩效结果信息融入预算过程，它的原则包括：

1. **目标或者战略计划**。政府机构应当说明，其工作是和公众息息相关的。具体来说，政府机构要编制自身的战略计划（专栏 6 - 2 是 1993 年《政府绩效和结果法案》[GPRA]，说明了联邦政府机构战略计划的要求），但政府机构必须要思考的是，战略计划为什么出现在第一位。年度绩效计划和年度预算是同战略计划联系在一起的，但首先还要考虑其存在（及合理性）①。战略计划应该反映政府机构如何才能取得这些成果。

专栏 6 - 2　1993 年《政府绩效和结果法案》的基本内容

公法 103 - 62 号

《政府绩效和结果法案》试图通过让政府机构将注意力集中于绩效和结果的办法，以改善政府项目缺乏效率和效益的情况。该法案有三个重要内容：

A. 一个明确机构根本任务的多年度战略计划（3～5 年），完成任务所参照的一般性目标，与任务相一致的资源需求。战略计划至少须 3 年更新一次。法案中对战略计划做了如下要求：

（1）对政府机构的主要功能和运营活动的全面任务描绘；

（2）针对政府机构的主要功能和运营活动制定的一般性目标，其中也包括与结果相关的目标；

（3）对目标实现过程的描绘，包括运营过程、技术和技巧、人员、资本、信息和实现目标所需的其他资源；

（4）31 号法典 1115（a）所要求的计划中包括的绩效目标，以及战略计划中的一般性目标，对于此二者之间的关系要进行说明；

（5）对于政府机构外部的、不受其控制的关键因素加以说明，因为这可能会对政府一般性目标的实现产生重大影响；

（6）对建立和修改一般性目标中使用到的项目评估进行说明，并制定未来项目评估的时间表。（《美国法典》第 5 号第 3 章第 306 部分）

B. 推动日常运营的年度绩效计划。这份计划包括客观的、定量且可度量的绩效目标，判定项目是否达标的可度量指标，目标实现过程中资金和人力资源情况的概要。这份计划应与战略计划相挂钩。

C. 财政年度结束 6 个月后，要向相关的委员会以及小组委员会提交年度绩效报告，用于评估机构的记录。这份报告必须要以计划中可度量指标的实现程度为基础。

这项法案的意图旨在将这些绩效活动与绩效预算过程紧密联系在一起，使得联邦拨款决策可以在更理性的基础上进行。作为一项联邦法案，GPRA 的持久力要比那些总统用于发展行政预算所建立的预算体系更具生命力。但是，总统仍可以在完全无视 GPRA 的情况下自由地发展行政预算。

---

2. **绩效指标**。根据战略计划制定绩效指标，对目标的实现情况进行度量。绩效评估应该在战略计划与结果之间建立起联系。然而，绩效指标的核心并不是机构的活动，

---

① 美国国家航空航天局声称，空间科学项目的目的是"要勾画出宇宙从起源到终结的演化过程"。要想制定出与这个目标相适应的绩效指标，可能会很困难。

而是这些机构活动所产生的更为广义的社会结果。以前的预算程序主要关注的是原材料的投入（政府机构所购买的资源），或者直接产出（政府机构为完成任务所开展的相关活动）；而现在的绩效预算则侧重于考察政府活动的结果（或者政府机构预期结果的实现程度）。就像行政预算中也应当包含已经被批准的财政拨款一样，其中也应当包括有关绩效标准的计划。表6-3以政府的若干基本功能为例，说明了从活动（直接产出）向结果的转变过程。有些绩效指标可以根据现有的社会、经济、人口或者健康状况加以观测，而其他一些绩效指标，则可能需要通过新的调查研究来对绩效进行度量。美国医疗保障基金委员会采用的指导绩效评估的三个原则，向各类机构做出了良好的示范：(a) 指标应该是用户导向的；(b) 指标以及用来获取这些指标的收集工具应该向公众公开，以确保公众都能了解并接受验证和监督；(c) 指标内容和资料收集过程应当标准化。为了在绩效结果中显示出改善的迹象，政府机构在预算过程中面临着越来越大的压力。绩效评估的核心应该是绩效结果，而不是绩效活动，换句话说，并非是运输安全管理局所调查的乘客人数，更不是去调查那些白发苍苍的老妈妈和年幼的婴儿，而是"客机飞行中是否更有效地避免了恐怖袭击"这类结果。如果你不能找到真正的恐怖分子来测试这项绩效，那么从政府问责署中找到的成功查获武器的数据，将会是一个很好的代替品。

表6-3　　　　　　　　产出（活动或任务）与成果（结果）

在对政府绩效进行评估的过程中，最困难的工作之一就是确定评估的对象。投入品的概念是很好理解的，不同项目间的指标也相差无几。投入品就是指生产公共服务需要的资源，例如政府服务活动中所需的人员、建筑材料和办公用品等。无论是由消防部门购买还是由环境保护部门购买，它们都以同样的方法被测量，但产出与成果之间就比较容易混淆。
产出是政府机构运营活动中完成的任务。它们本身并不是目的，但它们是达成组织目标的手段。产出指标的核心在于，完成工作的数量或者完成过程的质量。产出是否符合机构目标是一个令人关注的问题。
成果是政府机构最终想要获得的理想结果。成果是能使得机构向完成目标前进的结果，也体现了机构得以存在的理由。
下面的表格是关于政府功能的成果（或结果）和直接产出的例子。

消防部门

活动：执行检查的次数、应接火警的次数、调查纵火案件个数、提供消防教育的课时数、辖区内保护的财产价值。
成果：ISO消防保险级别、火灾损失的金额（负数显示）、火灾造成的人员伤亡人数（负数显示）、火灾造成的交通事故数量、已报道和未报道的火灾数量。

公共安全部门

活动：巡逻时间、对求助电话的回应次数、调查的不同类别的案件数量、逮捕人数、为在校学生开展的讲座次数。
成果：犯罪所造成的伤亡人数和财产损失、犯罪减少率、公民投诉警察滥用职权的次数。

基础教育和中学教育

活动：上学天数、学生升学或毕业人数。
成果：考试成绩、家长/学生的满意率、毕业生就业率。

公共健康

活动：受益人数、疫苗接种人数、饭店卫生检查次数、培训项目天数。
成果：死亡率、发病率、各种传染病的感染例数。

续前表

公共福利
活动：受益人数、享受各种补助项目的人数。 成果：脱离贫困线的人数。

固体垃圾处理
活动：垃圾回收和处理、受益人数、公路清理的公里数。 成果：清洁街道的比例、介体传染病的例数、公民满意度、环境达标情况。

税务部门
活动：处理申报表的数量、处理时间、违法比例。 成果：总税款拖欠率、纳税人投诉率、纳税人的公平对待情况。

环境保护和管理
活动：颁发环境许可证、进行检查的次数。 成果：生活在空气质量达标的地区的居民比例、地下水达到饮用水标准的比例、固体垃圾生产和排放量相当于基期年度的比例。

青少年犯罪
活动：青少年犯罪人数、工作人员的工作量。 成果：青少年累犯率、少年犯刑满获释率和就业率。

就业培训项目
活动：接受培训人数、授课课时数。 成果：接受培训员工的就业人数。

选择绩效结果指标有六个原则：

a. **关注外部**。指标应该与客户和消费者相关，而不是机构的内部程序。

b. **切实可度量**。指标可切实用来评定成功与失败，以及绩效是否改善、恶化或维持原水平。

c. **结果导向**。指标应该用来评估提供给公众的服务，而不是内部影响。

d. **显著性**。绩效评估应该覆盖整个机构的活动，这样才能对"成功"的概念进行完整的定义。

e. **可管理的**。指标的数量只要能覆盖到机构运营的范围就足够了。即使用户超负荷也不会出现危险情况。为了将绩效评估融入预算，需要将成本和预算联系在一起，且有较高的成本核算能力。

f. **已证实的**。即使没有第三方，指标应该能够独立地得到证实。如果这个指标对资金的分配具有重要作用，这个指标就难免出现虚假的情况。

对于以结果为导向的预算系统之运作而言，获得正确的指标是很重要的。正如坎贝尔定律（Campbell's Law）所提到的："社会决策过程中使用的社会指标数量越多，就越容易产生腐败，也越容易扭曲和破坏既定的社会秩序。"① 选择错误的指标比没有指标更糟糕，并且，选择较易实现的目标指标，对促进机构的效率也没有什么作用。

---

① Donald T. Campbell, "Assessing the Impact of Planned Social Change," in *Social Research and Public Policies*, ed. G. M. Lyons (Hanover, N. H.：The Public Affairs Center, Dartmouth College, 1976), 54.

3. **灵活的预算执行**。政府机构在收到财政拨款之后，要向民众提供政府服务。在传统的预算中，预算责任强调的是，对资源的使用要根据预算执行中有关财政支出的细节规定执行，而绩效预算则不必拘泥于这一点。绩效预算的责任核心是产出结果，而不是支出。行政机关和立法机关在预算进度和预算绩效（前述第 1 点和第 2 点）的灵活性上应当达成一致。甚至可以允许机构保留至少一部分的未支出结余款项，这些资金可留待来年使用，而不须按照传统预算中的做法交还给国库。因而，政府机构不用面对这种"花费抑或没收"（use it or lose it）的抉择①。

4. **报告制度**。在年底，政府机构会重点对财务报告中所规定的服务结果进行报告。预算审计和评估重点强调的也是结果，而不是财政资金支出的具体细节。理想的情况是，政府机构收到的就是一次总付性拨款（lump-sum appropriation），而不用对钱到底是怎么花的进行项目分解。这样，预算审计只须考察整个资源的使用计划，而不用关注其中的具体过程了。1990 年的《联邦首席财务官法案》（the federal Chief Financial Officers Act of 1990）就要求财务官编制并报告本机构的《**绩效系统标准**》（*Systematic Measures of Performance*）报告。在州一级的预算中，政府会计准则委员会也要求政府部门将《**服务活动和结果**》（*Service Efforts and Accomplishments*，*SEA*）的报告纳入年度预算报表中。二者都试图根据预算的结果来对绩效进行测量。与投入类别相对，尽管这些措施的责任和控制的重点通常受到限制，但各机构的绩效指标已经出现在一半以上的州和许多城市的预算文件中②。在预算系统中，评估的对象通常仍然是直接产出（或活动）而非结果。

图 6-6 列出了 2013 年艾奥瓦州公共安全部的预算，并以此举例来说明绩效评估是如何融入预算的。内容介绍部分包括部门职责概述、部门及其分支机构的简单描述。然后提供了一些带有绩效目标的绩效指标（大部分是关于成果的，还有一部分是关于活动的）以及与前些年的对比。第二部分是一个目标支出标准的陈述。这是当前绩效预算模式的标准特征，从整合信息和建立成果导向的绩效指标两个方面来看，这也是一个非常具有代表性的例子。得克萨斯州的拨款法案中包括产出与成果的双重绩效指标，它的规模太庞大，以至于我们无法将其简略成一个案例放在本书中，但大家可以在州政府的网站上了解详细的信息。

指标	2011 财年 实际结果	2012 财年 当前预算评估目标	2013 财年 部门总需求目标	2013 财年 政府总预计目标
逮捕的贩卖毒品人数	1 561	1 100	1 100	1 100
3 个月内，性犯罪者登记记录已验证的百分比	100	100	100	100
毒品意识 & 教育规划支出	16	20	20	20
12 个月内，被重新验证的性犯罪者记录的百分比	100	100	100	100

① 如果政府机构想要在财政上拥有更大的灵活性，那么它们内部必须要有一个强大的控制结构。这个控制结构可以解放审计人员，让他们把工作重心放在绩效而不是财务事项上。

② 梅尔克斯（Melkers）和威洛比（Willoughby）发现，只有 3 个州要求战略计划中应包括机构使命、目标以及对项目成果进行度量的过程。参见："The State of the States：Performance-Based Budgeting Requirements in 47 out of 50," *Public Administration Review*, 58 (January/February 1998)：66-79.

对毒品贩运的破坏	79	80	80	80
药品转移调查	21	30	30	30
阻截调查	35	30	30	30
对 SOR 的邮件关注	4 522	3 100	3 100	3 100
协助驾驶人数	22 306	20 000	20 000	20 000
每亿驾驶里程中酒驾的死亡率	0.23	0.34	0.34	0.34
每亿驾驶里程中车祸的重伤率	4.16	6.3	6.3	6.3
药物实验室的反应数量	34	35	35	35

财务摘要

对象种类	2011 财年 实际结果	2012 财年 当前预算评估目标	2013 财年 部门总需求目标	2013 财年 政府总预计目标
资源				
州财政拨款	86 967 527	90 924 963	95 924 963	95 924 963
来自其他团体的款项	29 644 243	41 233 959	40 674 702	40 674 702
利息、股息、债券和贷款	14 283 184	5 289 575	5 291 475	5 291 475
费用、执照 & 许可证	19 033 736	5 593 296	5 730 756	5 730 756
退款和报销	17 011 211	14 243 225	13 143 225	13 143 225
销售收入、租金和服务费	9 575	6 000	6 000	6 000
其他杂项	177 152	390 500	390 500	390 500
期初余额和调整额	248 156 524	256 958 991	244 961 586	246 908 914
总资源	415 283 153	414 640 509	406 123 207	408 070 535
支出				
个人服务	85 890 257	90 899 011	90 844 180	90 840 989
旅游和生活支出	9 251 350	7 524 162	7 470 162	7 470 162
材料供应	2 091 400	1 933 505	1 923 763	1 923 763
合同服务与转让	22 102 255	26 248 033	31 518 895	31 321 834
设备维修	4 561 088	6 109 395	5 464 232	5 464 232
杂项支出	3 882 025	3 559 542	3 347 942	3 347 942
执照、许可证、偿还借款及其他	35 659	49 770	48 270	48 270
对州的扶持及贷款	20 366 878	21 022 468	20 000 520	20 000 520
植被改良和增添	50 000	50 000	50 000	50 000
预算调整	0	0	0	(1 370 551)
拨款	9 793 589	10 335 709	10 335 709	10 335 709
返还	299 664	0	0	0
余额结转	256 958 989	246 908 914	235 119 534	238 637 665
总支出	415 283 153	414 640 509	406 123 207	408 070 535
全部当量	941	946	953	953

一般性基金拨款				
拨款	2011 财年 实际结果	2012 财年 当前预算评估目标	2013 财年 部门总需求目标	2013 财年 政府总预计目标
公共安全行政	4 007 075	4 007 075	4 007 075	4 007 075
公共安全刑事调查科/犯罪调查处	12 533 931	12 533 931	12 533 931	12 533 931
刑事调查科/犯罪调查处-犯罪实验室设备/培训	302 345	302 345	302 345	302 345
公共安全隐性基金	109 042	109 042	109 042	109 042
毒品监管	6 429 884	6 429 884	6 429 884	6 429 884
公共安全部消防局长	4 298 707	4 298 707	4 298 707	4 298 707
艾奥瓦州的巡逻	48 505 765	51 903 233	51 903 233	51 903 233
公共安全部/州警察委员会病假支出	279 517	279 517	279 517	279 517
消防训练	612 255	725 520	725 520	725 520
公共安全部-治安官退休署无资金负债高达85%	0	0	5 000 000	5 000 000
公共安全部-治安官退休署许可的购买性服务	95 417	0	0	0
全部的公共安全	77 173 938	80 589 254	85 589 254	85 589 254
一般性基金拨款				
拨款	2011 财年 实际结果	2012 财年 当前预算评估目标	2013 财年 部门总需求目标	2013 财年 政府总预计目标
公共安全部比赛执法	9 793 589	10 335 709	10 335 709	10 335 709
全部的公共安全	9 793 589	10 335 709	10 335 709	10 335 709

图 6-6　2013 财政年度艾奥瓦州公共安全部的预算绩效指标

资料来源：艾奥瓦州 2013 财政年度预算。

在结果导向的绩效预算体系的运用中，尽管州政府、地方政府以及澳大利亚、新西兰、英国、加拿大，甚至联合国，都比美国联邦政府要积极，但美国还是有所努力的。1990 年的《联邦首席财务官法案》要求，联邦机构的财政官员要编制并报告自己部门的绩效指标；1993 年的《政府绩效和结果法案》（公法 103-62 号）进一步要求，政府机构要编制战略计划，进行绩效度量，至少也要尝试着向绩效预算的方向努力。在此，绩效预算是指将结果（而不是传统绩效预算中的活动成本）同预算水平联系起来的过程①。《政府绩效和结果法案》这一文件（在网上很容易找到）对绩效结果指标的发展做出了很好的说明。

---

① General Accounting Office, *Performance Budgeting Past Initiatives Offer Insights for GPRA Implementation*, GAO/AIMD-97-46 (Washington, D.C.: General Accounting Office, 1997).

新绩效预算的挑战

将预算的核心从投入导向中转变过来，对于公共决策来说自然是正确的。然而，在这种转变中，还有几个关键问题需要加以考量：

1. **对应该完成的内容达成共识**。要想确定绩效预算的指标，应该先从政府机构的宗旨入手。政府机构都应当做什么？这一问题并非总是一目了然。政府机构的行政管理人员既要对行政机关、立法机构负责，也要向广大公众负责。一项政府规划经常会有多重目标，而这些目标之间很可能会存在冲突。对于目标之间的相对重要性，人们也往往莫衷一是。如果各方面对政府机构的目标不能达成广泛的共识，那么绩效度量和以绩效度量为基础的预算体系就会难以运行，立法机关也就只能继续依靠各种附加条款来对政府机构的活动进行约束了。此外，对于绩效度量所必需的成本投入，人们的意见也应当达成一致。其实，度量是一件很烦人的事情。

此外，设计有针对性的指标也是一个问题。作为《政府绩效和结果法案》的一家领航机关（a pilot agency），国内收入署（IRS）制定了战略目标和绩效指标作为其运营活动的指导。国内收入署试图通过加强对自愿性和强制性税收的遵从，使税收征收率至少达到 90％。国内收入署还试图通过在执法中践行公平一致和符合职业道德行为，来赢得公众的满意。但是，由于国内收入署对这些目标的追求操之过急，因此，在国会听证会上，很快就出现了抱怨提高税收遵从的措施过于急躁的呼声，有关媒体也报道了纳税人对此的不满情绪。于是，国内收入署只好放弃了对这些绩效指标的追求[1]。现在，国内收入署正在使用"平衡指标"（balanced measure）来指导其工作：顾客满意（以礼貌、及时的方式，向内部和外部顾客提供准确而专业的服务）、雇员满意（通过加强领导、充分培训和提供有效的辅助服务，为雇员创造理想的工作环境）、业务结果满意（保质保量完成工作，对所有的顾客提供到位的服务）。通过这些指标，很难判断出国内收入署原本是一家从事课税的政府机构！因此，至少对于税收征管人员来说，准确界定任务、目标和绩效的价值是非常重要的。

在体验新绩效预算后，我们应该了解到，如果想要使预算体系真正对支出结果产生影响，那么所有的利益相关者——包括行政机构、立法机构、全体公众和社会团体领导人在内，都应在绩效指标上达成一致。然而，即使在未能达成一致的情况下，行政机构也可以有效地使用自己的绩效体系来编制预算，但这在立法部门看来并不十分有用。

2. **绩效预算不要跨越机构**。结果指标对于政府机构之间的比较，只有很小的指导意义。换句话说，就是要回答传统预算中的分配问题："给 A 机构多少，给 B 机构多少？"没有一个标准可以适合于全体机构，政府机构努力工作的程度与其绩效表现之间的因果关系，在不同机构之间会有很大的差异。结果度量的难度在于，不同机构之间是各不相同的。以结果为导向，确实可以在一个政府机构内部具有指导作用，但政府预算是要在政府部门之间而不只是在一个政府机构内部来分配资源。例如，运输部和自然资源部都以结果为导向，但并不有助于二者之间资源配置的选择。如果运输部没有实现预期的结果，一方面表明运输部要加强对现有资源的管理，另一方面也表明应当对运输部

---

① 　Brian Friel, "IRS Learns Results Act Lesson," *GovExec. com Daily Briefing*, September 16, 1998. （http://www. gov-exec. com/dailyfed/0998/091698b1. htm）.

232

的资源进行削减。仅仅是削减未能达到绩效目标的机构的资金，并转而用于实现了绩效目标的机构，并不能解决任何问题。假设国土安全部没有完成任务，而美国国家艺术基金却实现了目标，那么，国会将资金按照这种方式转移就合理吗？难道不应该继续关注国家的基本需求顺序？尽管在顺序上，国土安全仍然要优于美国国家艺术基金，但由于没有完成绩效指标，用于国家安全的资金应当减少还是应当增加呢？

3. **对成本必须进行跟踪**。政府会计体系需要提供能够产生特定结果的产出或活动的相关成本信息。有些决策也需要对相关的结果进行度量，该结果可以与相关活动相联系，再向前追溯，又可以和相关投入（或者资源成本）的度量联系起来。即使追踪得再好，甚至运用了作业成本法，但相当一部分的政府成本，如政策制定、信息技术和一般的行政管理工作等，还是很难与某一项特定的活动联系起来，也很难将这些成本分配到政府的某一项活动中去①。此外，有一些成本是固定的，并不会随项目的削减而减少。如果一个市长花费了心力的路边回收计划被取消，那么市长的经费就会相应减少吗？

4. **缺乏控制的责任**。政府机构发现，要建立以结果为导向的目标对于它们来说是很困难的，因为它们知道，有很多结果其实是自身难以左右的。这些政府机构不愿为只能施加影响而不能完全控制的目标承担责任。它们之所以更愿意以自己的活动或产出为度量和评价的基础，就是因为这些是可控的。在政府机构、预算官员、立法者和公众弄清楚政府机构到底可以对什么样的结果负责之前，以结果为导向的预算改革进程就不会非常迅速。例如，一个地方性的职业培训机构通过其努力程度所能决定的，是有多少人可以参加自己组织的培训班，但许多社会条件——特别是总体的经济形势，对于这些培训班的毕业生中每年能够找到工作的人数，却具有决定性作用。那些地方学校即使再努力，如果家长与社区不合作，学生们的成绩还是一样惨淡。政府机构不愿意为自己并不能完全控制的目标承担责任。此外，预算过程中的参与人员也很少会真正关注评估的绩效，除非他们有动力这么做，也就是说，除非他们知道预算决策的确是在绩效成果指标的基础上进行的。

5. **信任和非微观管理**。新绩效预算要求在政府的运营机构和立法机构之间建立起一种新型的关系。如果期望政府机构在提供服务的过程中具有灵活性，且对结果负责，而不用拘泥于对投入品的使用，那么立法机关就应当对政府机构采取放任的态度。例如，国会不应该决定要关闭哪些设施（例如，国防部和国会肯定不会同意，哪个军事基地——作为国家安全的投入品——对国家安全来说是多余的），也不会对政府机构的资源使用施加其他限制。这是以投入为导向的要求，是以结果为导向的对立面。一些财政控制需要放松一些，而机构也需要更多的灵活性来自由配置资金。有时甚至会有人建议，既然那些行政官员觉得很难停止微观管理，那么根本就不该向他们提供分项列支的执行信息。可见，除非政府的不同部门之间具有足够的信任，否则灵活性带来的好处就很难体现。

6. **重新确定审计的重心**。在新绩效预算中，审计的重点不再是财务细节。政府机构只需要对拨款的总额负责，而这些拨款的具体使用，只要符合通行的财务规则要求，就不再是审计的内容了。审计的内容应当是绩效标准、预期结果的实现程度以及对绩效评估和报告的过程，而不是财政资金花费的细节。然而，受托责任的要求意味着必须要向政府机构拨款。从理想状况来看，政府机构应当对拨付的资金金额和约定的绩效指标

---

① 对于退休、健康保险、资本性支出以及诸如此类的成本，可以并且应当追踪到源头机构的项目，但这需要更好的追踪技术，而不是对那些不可分配的东西进行分配。

而不是其他支出细节负责。

7. **信息过载**。当绩效评估成为预算过程的一部分时，就会产生大量的信息。在决策过程中，将会引进更多的指标，而绩效指标在决策过程中也将变得更加重要。当指标开始发挥作用的时候，所有人都希望能将自己最中意的指标包含在内。各州的经验表明，决策者们被各种细节搞得不堪重负，他们发现很难定位哪些信息才是对自己有用的。这种潜在的超负荷表明，对信息进行筛选净化，提炼和总结出对决策者最重要的信息，是一个至关重要的步骤。必须力求使收集、上报的指标数控制在一个合理可控的范围内。一两个好的指标远比那些冗长的烂指标有用得多。因为机构有了一个指标并不意味着机构必须将其上报。

8. **结果评估**。实际上，结果评估并对所有的政府机构来说都不是容易的，许多单位最终会诉诸产出指标而非结果指标。客户满意度调查常常被作为评估过程的一部分来衡量所提供的服务质量①。一般来说，每增加一项结果导向的目标，就会增加行政开支，因为一些结果指标是不会在机构的日常运作中体现出来的。每个机构都担心将来会有大量的数据收集工作，同时，解释这些数据也是一个问题。例如，如果税务稽查几乎发现不了问题，这到底算是稽查机构的工作表现差，还是应看作税务机关致力于促使纳税人在没有稽查的情况下也自愿纳税呢？低逮捕率是说明低犯罪率，还是说明警察的工作不到位？也许最基本的问题是评估要忠于事实。当拨款摇摆不定且指标是由自己上报的时候，那些搬弄是非、挑拨离间的行为是一个很大的问题。在得克萨斯州，州审计局会定期检查机构收集绩效的体系是否完备，以及报告的指标是否正确②。但不是所有的报告都是正确的。例如，亚特兰大公立学校的高风险测试，其导致的财政后果是猖狂的作弊，并且一些后续的分析表明，这个问题实际上是一个全国性的问题③。此外，当涉及资金时，夸大其词的绩效指标就不仅仅是美国的问题：例如，由于实际的比率被夸大了，那些为提高儿童接种率而加入全球疫苗和免疫联盟的国家，它们近几十年的收入是应得的两倍④。对于高风险的绩效评估来说，未经审计的、自行上报的信息无疑是一种最差的选项。

人们对于新绩效预算的未来和以结果为核心进行预算决策的改革充满了信心。但过去的经验表明，也不能过于乐观。作为试图在政府中建立目标管理（management by objective，MBO）预算体系的各种努力，20 世纪 60 年代进行的"计划－规划－预算系统"试验、20 世纪 70 年代进行的零基预算改革，都是以结果为导向的预算改革⑤。尽管每

---

① 美国政府与一些国外的政府，都会对一些公共服务进行"成绩单式"（report card）的市民满意度调查。作为绩效预算过程的一部分，它也在政府开放治理、实行问责制以及控制腐败的运动中发挥了作用。国际市镇管理协会（The International City/County Management Association）将"公民调查"（citizen surveys）的方式，作为辖区内各种评估的辅助工具。

② Government Accountability Office, *Performance Budgeting*：*States' Experience Can Inform Federal Efforts*，GAO-05-215 (Washington, D. C.：Government Accountability Office, 2005).

③ Heather Vogell, "Investigation into APS Cheating Finds Unethical Behavior across Every Level," *Atlanta Journal Constitution*，July 6, 2011; and Heather Vogell, John Perry, Alan Judd, and M. B. Pell, "Cheating Our Children：Suspicious Test Scores across the Nation," *Atlanta Journal Constitution*，March 25, 2012.

④ Davis Brown, "Number of Children Immunized Has Been Inflated for Years," *Washington Post*，December 12, 2008：A-3.

⑤ General Accounting Office, *Performance Budgeting*，*Past Initiatives Offer Insights for GPRA Implementation*，GAO/AIMD-97-46 (Washington, D. C.：General Accounting Office, 1997).

种试验都或多或少会有些正面的残留效果，但还没有一种持久、系统的预算模式保留下来。在各级政府如何编制和提交预算方面，新的以结果为导向的预算重点已经发生了一些变化，开始更加关注指标及其检验和对公众满意度的调查，最重要的是，更多地关注了成果和结果（outcomes or result）。就像其他预算制度一样，绩效预算也不会一直维持下去。例如，由于种种原因，许多使用绩效预算为高等教育提供经费（这个意义重大，因为这项服务在全州财政中占据重要地位）的州，都在短短几年内就停止了使用这个系统。原因可能是缺乏政治支持或者一些大学的支持，又有可能是商界缺乏兴趣，也可能是教育经费削减[1]。这种系统往往吹嘘的总比做的多，当然也不至于像对手所说的那样少。至于在政府的实际绩效和预算资源的分配方面是否会有很多变化，目前仍是个未知数。正如希尔顿（Hilton）和乔伊斯（Joyce）所指出的那样，"即使在以投入为核心占据统治地位的领域，编制更好的绩效和成本信息本身，也有助于提高对绩效的关注度。关于融资和结果的透明度原则，将有助于说明是什么导致了不能将资源用于社会需求的方面"[2]。

联邦层面之绩效与预算的整合：预算与绩效的整合方案以及项目等级评定工具

在行政预算编制中，对于绩效预算最完整的运用，当属布什政府所采用的项目等级评定工具（Program Assessment Rating Tool，PART）[3]。项目等级评定工具，就是将绩效评估与预算进行整合，从 2003 财年一直到 2009 财年，这都是预算编制的组成部分。（布什政府并没有递交 2010 财年的预算，而奥巴马总统在他递交的 2010 年预算及以后的年度预算中，并没有使用 PART。）即使联邦政府现在已经不使用这个工具，这仍然是值得深思的。其原因在于，首先，这是一个将预算报告中的项目绩效和资金指标联系在一起的最完整的模式；其次，这个体系中的一些指标仍保留在政府预算编制系统中。第一份使用 PART 的联邦预算"不仅解释了'多少'的问题"，还试图解释"多好"的问题[4]。总之，该方案以结果为导向并融合了零基的哲学思想，要求由联邦项目来承担举证责任，以证明它们是否高效地达到了预期结果。正如 2006 财年中所列示的大纲，具体目标有：（a）"完善问责制，提高效率和效果——实施改善项目控制和项目绩效的计划"；（b）"要投资高回报和高优先级的活动——集中于那些可以用同等的甚至更少的成本却能取得更大成果的项目"；（c）"完善项目设计——发展、制定和执行法律法规，

---

① Kevin J. Dougherty and Rebecca S. Natow, "The Demise of Higher Education Performance Funding Systems in Three States," Community College Research Center CCRC Brief No. 41, May 2009.

② Rita M. Hilton and Philip G. Joyce, "Performance Information and Budgeting in Historical and Comparative Perspective," in *Handbook of Public Administration*, ed. B. Guy Peters and Jon Pierre, (London: Sage Publications, 2003): 411. 它是否起作用了呢？想要获得一项国际评估，参见：Marc Robinson and Jim Brumby, "Does Performance Budgeting Work? An Analytical Review of the Empirical Literature," International Monetary Fund Working Paper WP/05/210, Washington, D. C., 2005.

③ 许多州政府和地方政府常常会借鉴联邦预算过程中的创新内容。对于 PPBS（PPBES 的前身）和零基预算来说都是如此。但 PART 的传播范围并没有那么广。印第安纳州政府曾经使用 PROBE（项目结果：结果导向的评估）来编制预算（PART 被采用的时候，印第安纳州的州长曾是 OMB 的主任），伊利诺伊州开发了战略管理评估工具 SMART（Strategic Managment Assessment Rating Tool）以协助预算编制。PART 结构似乎没有传播到其他地区。

④ Office of Management and Budget, *Budget of the United States Government*, *Fiscal 2003* (Washington, D. C.: U. S. Government Printing Office, 2002), 5.

修复由 PART 发现的会影响绩效的漏洞。"① 该系统试图将资源需求与战略及项目成果联系在一起，将重心从支出项目转移到以项目目标和指标结果为基础的资源配置上，以明确项目的总体成本，并将其与目标结合起来，最终实现从投入、产出导向到成果导向的转变。

PART 的过程包含了一系列有关联邦政府每个项目信息的系统性应用（已经为超过 1 000 个项目评分）。下面是项目审议中提出的一些问题：

该计划是否涉及具体和既有的项目，利益驱动还是需求使然？

相对于联邦、州和地方或私人所做的任何其他努力，该项目是否设计得并不重复或多余？

项目是否有数量有限的长期绩效指标？这些指标是否以结果为导向并有效地反映了项目目标？

项目是否有其长期指标所需的挑战性的目标和时间框架？

项目（包括项目伙伴）是否完成了年度绩效目标？

为了支持项目改进，同时评价问题的有效性和相关性，关于合理范围和质量的独立评价是定期举行还是根据需要进行？是利益驱动还是需求使然？

预算申请是否与年度和长期绩效目标的实现有明确的联系，在规划预算中，资源需求是否以一种完整、透明的方式体现？

项目是否使用了强有力的财务管理方法？

项目是否在实现其长期绩效目标时体现出足够的进展？

在实现年度项目绩效目标时，是否体现了效率改进或成本效益？②

每个问题都有一个"是"或"否"的答案，并伴有对这一答案及其相关证据的简单描述。总的来说，所有的问题主要集中于四个部分：(1) 项目是否有清晰的目标，项目本身是否为了达成这些目标而经过精心设计；(2) 项目是否具有一份战略计划，其中包含合理的年度目标和长期目标；(3) 项目管理评价，包括财务监督和项目改进工作；(4) 项目所递交的报告要保证真实性与一致性。每一部分问题的答案按照 1～100 进行评分，以此将项目评级内容分为"有效"、"基本有效"、"一般"、"无效"和"结果无法显示"（最后一种情形，可能是由于项目缺乏已商定的绩效指标，也可能是由于缺乏基础数据或绩效数据）。在最终的评价中，每一部分的分数会按照以下权重来分配：项目目标和设计占 20%，战略规划占 10%，项目管理占 20%，项目成果占 50%。尽管这一系统关注的是经过评估的绩效，但其核心是绩效指标摘要（summary performance measures），而不是我们先前讨论的直接指标（例如空气洁净的天数比例）。

这一过程被视作为了建立结果导向型预算，联系绩效与预算并提高评价体系透明度（所有的成绩都能在 OMB 的网站上找到）而进行的演练。

图 6-7 用美国内政部国家公园管理局的文化资源管理项目的例子来说明 PART 系统。这个项目试图保留并保护国家公园中的历史建筑、考古遗址、博物馆文物以及其他文化资源。这张表说明了该项目的绩效指标（依据成果、产出和效率改善进行了分类），

① Office of Management and Budgets, *Budget of the United States Government*, *Fiscal Year 2006*, *Analytical Perspectives* (Washington D. C. : U. S. Government Printing Office, 2005), 2.

② 这是来自网站 ExpectMore. gov, 以及 OMB 网站（http://www. whitehouse. gov/omb/expectmore/partquestions. html）的问题样式。

整张表提供了该项目中所有 PART 的问题和答案。该项目在 PART 四个部分中的得分分别为 100 分、75 分、57 分和 53 分，评定等级为"一般"①。每个机构的每个项目都需要进行打分并报告分数，这成为总统预算编制过程中的一个重要影响因素。它们的目的是让公众了解：联邦政府是如何改善民生的，如何通过 PART 的建议来完善项目。

指标种类	具体指标
成果	保存完好的历史建筑和史前建筑的比例
成果	公园博物馆的设施中保存与保护情况达标的比例
成果	有记载的考古遗址保存完好的比例
成果	保存完好的文化景观的比例
产出	拥有完备而准确的清单信息的历史建筑和史前建筑的比例
产出	汇编并递交给国家目录（National Catalog）的博物馆文物的比例
效率改善	为博物馆文物编撰目录所花费的平均成本
成果	由设施状况指数评估的所有国家公园中的历史建筑的情况

图 6-7　PART 中的项目绩效指标：2008 年国家公园管理局的文化资源管理项目报告

资料来源：Office of Management and Budget，Detailed Information in the National Park Service-Cultural Resource Stewardship Assessment（http://georgewbush-whitehouse. archives. gov/omb/expectmore/detail/10002356. 2004. html）.

尽管 PART 评级的结果是透明的，所有人都可以看到，但是这个过程仍然是行政机构的内部过程。它将预算编制的重心转移到政府机构的绩效上，在这之前是从未有过的。在使用 PART 的几年里，项目绩效的确提升了不少，至少评估的结果是这样显示的。从图 6-8 中我们可以看出，"结果无法显示"这一类的项目数量明显减少，而"有

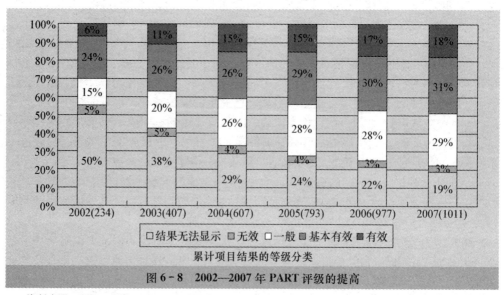

图 6-8　2002—2007 年 PART 评级的提高

资料来源：Office of Management and Budget，*Budget of the United States Government*，*Fiscal Year 2009*，*Analytical Perspectives*（Washington D. C.：U. S. Government Printing Office，2008）.

---

①　为了保证透明度，PART 的得分以及每个项目的拨款水平都被发布在 OMB 的网站上，但 PART 终结也使这种便捷访问终止。

效"类的项目数量明显增多。评级水平的提升究竟是因为绩效的改善，还是因为项目主管人员的竞争策略，抑或是因为雇用的咨询公司提高了评分，甚至是因为评分等级的通货膨胀？这已经超出了我们当前的讨论范围。然而，有一点是很明确的，项目主管人员开始密切关注 PART。

那么，PART 对财政体系有什么影响呢？或者说，对总统预算和国会拨款有什么影响呢？联邦政府不仅有内部评价，还有外部评价。美国政府问责署已经不止一次考虑过PART 的影响了。2004 财年时，PART 才刚刚被采用，在评价其对预算编制的作用时，美国政府问责署就发现这一工具使项目控制和项目设计所推荐的改进均得以凸显，并帮助建构了绩效信息的使用框架以供管理和预算办公室分析，此外，它还使预算过程更加透明，让政府机构将注意力集中于绩效与预算的整合上。美国政府问责署还发现，PART 并不是与 GPRA（战略规划与报告的法定框架）完全结合在一起的，它取代了GPRA 的目标与指标，将各种各样的利益相关者排除在过程之外①。美国政府问责署后来开始关注 PART 所揭示的政府机构绩效评估和项目审查的重点，并对国会过多地介入定义规划、目标、指标以及方法表示关注②。一份美国政府问责署的最终报告发现，审查过程可以提高机构的评价能力，以迎合项目的需要，但对于范围更广的项目来说，这并不是必要的评估，太过频繁的评估仅是表面文章，作用微乎其微，且超出了评估机构的能力范围③。

尽管关于 PART 的实证研究很少，但政府外部的评价也能帮助我们了解 PART 的具体运作。吉尔摩（Gilmour）和刘易斯（Lewis）关于 2004 财年的研究发现，在PART 评估绩效与管理和预算办公室的预算决议之间存在些许的联系，这些联系通常反映在与民主党相关的项目中。优点似乎只对传统上由其他党派支持的方案有影响④。弗里斯科（Frisco）和斯代尔布林克（Stalebrink）发现，尽管国会成员可以了解到所有项目的分值，他们在观念上也支持以绩效为基础的预算，但在拨款审议中，对 PART的运用依然十分有限⑤。然而，就像它对行政预算的长期影响仍然是未知数那样，它对联邦拨款的影响也尚不可知。我们已知的，仅限于它对预算过程的影响。

那么，PART 后来怎么样了呢？正如 PPBS 是约翰逊政府使用的体系、零基预算是卡特总统使用的体系一样，PART 则是布什政府使用的体系。奥巴马总统的第一个预算文件声称，政府会重塑 PART 体系，使普通民众、国会以及外界的专家了解预算过程："基于国会的意图和民众对政府项目的反馈，政府会减少意识形态上的绩效目标，取而

①　Government Accountability Office, *Performance Budgeting*：*Observation on the Use of OMB's Program Assessment Rating Tool for Fiscal Year* 2004 *Budget*, GAO-04-174 (Washington, D. C.：Government Accountability Office, 2004).

②　Government Accountability Office, *Performance Budgeting*：*PART Focuses Attention on Program Performance*, *but More Can Be Done to Engage Congress*, GAO-06-28 (Washington, D. C.：Government Accountability Office, 2005).

③　Government Accountability Office, *Program Evaluation*：*OMB's PART Reviews Increased Agencies' Attention to Evidence of Program Results*, GAO-06-67 (Washington, D. C.：Government Accountability Office, 2005).

④　John B. Gilmour and David E. Lewis, "Does Performance Budgeting Work? An Examination of the Office of Management and Budget's PART Scores," *Public Administration Review*, 66 (September/October 2006)：742-751.

⑤　Velda Frisco and Odd J. Stalebrink, "Congressional Use of the Program Assessment Rating Tool," *Public Budgeting & Finance* 28 (Summer 2008)：1-19.

代之的是美国人民真正关心的目标。项目不会被单独评价，所有目标人群一致的项目以及目的一致的项目都要放在一起进行评估。"① 但通过 2013 年的预算可以看出，PART 显然并没有被替代或改进。奥巴马政府最终介绍的关于预算的诀窍，我们将在专栏 6 - 3 中进行讨论。

专栏 6 - 3　循证预算（Evidence-Based Budgeting）

　　管理和预算办公室要求联邦机构以循证（evidence based）结构来编制 2014 年的预算申请。这是为了使联邦机构更加关注预算进程中的项目评估。管理和预算办公室的文件指出，提交的方案应该"包括单独一节来说明机构最具创新性的证据及其评价"*。通过论证，我们发现管理和预算办公室文件的提出，意味着政府机构应该引入项目绩效评估，并将其作为预算编制的一个部分来严格执行。这一要求是与将自由裁量预算申请降低 5%（相比于 2013 财年）的指标联系在一起的**。

　　这个指令要求政府利用行政数据或新技术来发展新的项目评估，并将其与规划的自动放弃和绩效伙伴关系（program waivers and performance partnerships）联系起来，扩大对现有项目的评估，并提供关于总成本和单位产出成本的系统性指标。管理和预算办公室鼓励机构使用证据来对资金如何使用进行成本效益分析的比较，包括跨机构以及内部的资金***。我们希望机构可以在授权的各类项目中引入绩效证据（performance evidence）。例如，司法劳工部的计划只有成功后才能得到支付（pay for success）。随着机构依据项目证据进行资源的初次分配和再分配，我们希望证据可以成为犯罪执法、环境和工作场所安全保护法的基础。最后，我们希望政府机构可以提高自身进行评估调查的能力。

　　虽然这个指导性文件有新的关注点，但是把项目效率证据引入预算编制过程中（幸运的话引入预算审议过程中）的工作并不是什么新鲜事，或者说并没有创新。它是 20 世纪 60 年代的计划-规划-预算、20 世纪 70 年代的零基预算和 21 世纪布什总统的 PART 体系的一部分。这个文件值得注意的是，即使在各机构面临总资金减少的情况下，它也鼓励各机构将资源用于评价（编制证据）。考虑到在向客户提供服务过程中的正常机构利益，对稀缺资源的指导可能不受欢迎，使用限制性预算进行评估，意味着要在公共服务上做出一些牺牲。

　　我们继续在预算改革和重构方面进行努力：关注结果、绩效、预算资源再分配的意愿，以及对稀缺资源的有效配置。接下来的问题是，关于项目的证据基本上都是内部的。也就是说，一个方案的有效性可以直接导致结果的实现。例如，该方案能不能减少婴儿的死亡率，它所能实现的减少率会（或者不会）比其他减少婴儿死亡率的方法更好（或更不好）。为了降低婴儿的死亡率，这一信息对于哪种规划应该被终止，或那种方案应该被推广是十分关键的。然而，这种信息不能帮助筛选不同目标的项目——如婴儿死亡率与成人教育水平（或由政府所提供的其他有价值的服务）。不存在统一的指标，有价值的结果都伴随不同的指标，并且还会精确到社会上不同的人。即使有最好的规划结果的信息——这样或那样的规划可以有效地实现各种想要的结果——证据所能做到的最大的程度，就是告知执法者这一信息。有些人希望首席执行官可以在编制预算的时候引入这一信息，有些人希望立法机关可以在拨款时引入这一信息，但是，证据本

① Office of Management and Budget, *Fiscal Year 2010 President's Budget—Overview*: *A New Era of Responsibility*: *Renewing America's Promise* (Washington D. C.: Office of Management and Budget, 2009): 39.

身并不能做任何决定。艰难的政策抉择，而不仅是有用信息的收集，依旧是有效预算的核心。

　　* "Use of Evidence and Evaluation in the 2014 Budget," Memorandum to the Heads of Executive Departments and Agencies，M-12-14，May 18，2012.

　　** "Fiscal Year 2004 Budget Guidance," Memorandum to the Heads of Executive Departments ans Agencies，M-12-14，May 18，2012.

　　*** 基于结果导向，在预算编制过程中确定成本最低的方案，已经成为一些州预算系统中的重要环节。华盛顿州被视为预算规划评估领域的领航者。

参与式预算

　　地方政府（有时候也包括州政府）的预算过程中会留给普通公民一些机会，在立法组织投票通过预算之前，让他们能对预算支出表达自己的观点。在这之前，几乎所有的财政决议都已完成，相当于仅仅告知公民决定是什么。这几乎没有给公民留下参与的机会。这也意味着，决策是由非选举产生的政府行政人员以及选举产生的公民代表做出的，而普通公民对决策的直接影响只能停留在边缘阶段。随着通信技术的发展，我们应该将公民的利益更直接地反映在决策过程中①。参与式预算体系远不止公民听证会、网上分享预算文件或者电视转播预算审议等内容，而是要试图改变预算过程，让公民可以在预算周期的早期甚至是每个阶段都能真正参与其中。而仅仅在传统预算体系中增加一些开放性是远无法做到这一点的。

　　参与式预算将公民更加完全地融入整个预算周期中，而不仅仅是立法审议阶段的末期。参与式预算是一个可供不同的利益相关者进行辩论、划分优先顺序以及对公共支出决议进行监督的预算过程。通过参与式预算，决策过程更加透明，预算过程更具包容性，结果也更合理公正。这个体系的具体特征有：公民可以在预算编制早期直接参与预算，公民可以直接监督预算执行过程，社会团体可以正式参与预算过程。公民与当地政府通过对项目进行优先排序和联合决策，共同决定最终的公共支出配置。广义上的利益相关者包括普通公民、贫困与弱势群体（包括妇女）、私人企业、有组织的公民群体、代表团体以及发展中与转型国家的捐赠团体。参与式预算过程希望能吸纳各个层面的意见。行政人员依旧把预算申请递交给立法机构，立法机构依然是将预算写入法律的最终决策者，但公众参与已然正式成为预算过程中的一部分，它希望预算过程更透明、更负责、更有代表性。

　　公民参与的影响可以体现在预算过程的三个阶段：

　　1. **预算准备**。按照会议和研讨会决定的优先顺序，公民可以参与到预算拨款分配中来。

　　2. **支出监督**。公民可以对支出进行跟踪，以了解支出是否与预算配置中的相一致。公民还可以对资金流向进行跟踪，使机构为公共服务的提供负责。

　　3. **服务监测**。公民对与公共服务支出相关的政府服务的质量和数量进行监测。

　　参与式预算过程有以下几个主要特征：

---

　　① 新英格兰市政厅会议可以视作公共参与的一个理想实例。在会议上，普通公民们可以聚在一起制定财政决议。然而，聚集民众以及达成决议所产生的成本，对于规模较大的政府来说，会使该模式显得不切实际且缺乏效率。

1. 在实行参与式预算的政府中，其管辖地区中会有明确界定的地区边界。有一个著名的案例，巴西的阿雷格里港小镇（有140万人口）被划分16个选区举行市民会议。这种地理上的结构对决策制定以及服务监测来说是相当重要的。

2. 公开会议讨论专题问题（阿雷格里港有五大领域：交通运输，教育、休闲、文化，健康与社会福利，经济发展与税负，城市组织与发展），以确定战略优先顺序，制订行动计划以及监测当前结果。会议有两种，既有规定辖区内的会议，也有专题区域的会议。这些会议决定的政策优先顺序是对代议制民主结构的补充。据报道，在阿雷格里港有成千上万的公众参与了预算过程，其参与数远远超过美国（或其他地区）直接参与到任何地方预算程序中的人数。这些会议中的公民可以直接从运营部门那里得到信息，并将他们的观点直接传达给预算编制部门。预算讨论在任何正式预算听证会之前就已经存在。

3. 每年都会有一个常规的包含公民的预算参与、规划与会议的周期。

4. 是一个将各区域的优先事项直接纳入预算制定和批准的预算决策过程。阿雷格里港的预算过程特别关注公共工程方面的预算（或是投资类预算）。

参与式预算可以使政府更具责任感、更有效率，在政府服务分配上更加公正合理，此外，也有助于公民在政府项目上达成更广泛的共识，有助于非政府组织的发展壮大；同时，为政府的改革与重构提供强有力的支持。参与式预算旨在为传统上缺乏代表性的人群提供一个表达心声的舞台；同时，通过公开与监督来控制政府的腐败问题。这是政府进行有效治理与权力下放的有力工具。然而，即使在作为成功表率的阿雷格里港案例中，也只有1.5%左右的人口会常规性地参与到预算过程中来。与以自由公开选举的公民代表为主的预算体系相比，这些温和派的、自我推荐的群体如何体现对预算体系的改进呢？如果在设立支出的过程中未对如何为每一项目付款进行合理的讨论，那么能否保证这些财政决议就是负责任的财政决议呢？

现在，在地方政府层面实行参与式预算的国家有：阿尔巴尼亚、巴西、玻利维亚、捷克共和国、加拿大、爱尔兰、印度、乌干达、英国、罗马尼亚和南非[1]。美国的一些城市已经把公民的直接参与引入预算编制和分配中了。纽约就是其中之一。在编制2013年度预算的过程中，在一些市议会辖区划拨了自由裁量的资本预算资金用于公民分配。地区会议选出的预算代表为这些资金进行预算划拨，然后由地区居民投票选出特定的预算提案，并写入预算。芝加哥的一些地区也采用了类似的分区方式。在这些事例中，资金来自分配给议会成员的分配款，可在其所在地区酌情使用，所以加强公民的直接参与，不仅切实可行，而且意味着公共利益的提升。但这些并不是编制和审议一个完整的城市预算的过程[2]。与传统体制相比，这确实使公众更直接地参与到公共支出中（人们想知道，预算代表是否真的关心支出，是否按要求去增加资金来支持支出）。与将

① 关于世界各地参与式预算经验的研究，参见：Anwar shah, ed, *Participatory Budgeting* (Washington D. C.：World bank, 2007).

② 想了解更多关于参与式预算的应用和结果的信息，参见：Aimee L. Franklin and Carol Ebdon, "Are we All Touching the Same Camel? Exploring a Model of Participatory Budgeting," *American Review of Public Administration*, 35 (June 2005)：168-185；Yves Cabannes, "Participatory Budgeting: A Significant Contribution to Participatory Democracy," *Environment and Urbanization*, 16 (April 2004)：27-46.

预算文件放到互联网上相比，参与式预算使某些制度更加透明①。确切地说，纽约市和芝加哥的试验，将公民决策纳入分配地方议会辖区的预算款项的过程中，比如决定财政流程中政治回馈的分布。在预算中的这一方面，公民决策比政治关联方做得更好，但是，对于城市资金按地理分布来分配，这本身就是存在问题的。这些项目不应该被那些将公民参与全面纳入城市预算的过程所迷惑。

结　语

应该脱离传统的预算分类，以提高预算抉择中的理性分析。没有哪一种方式可以给出一个解决预算问题的完整答案——当然，希望由某种系统取代人们的主观判断也是不可能的。然而，每一个预算系统都试图通过对信息的组织，使预算决策者们能够做出理性的分析。与传统预算相比，预算系统可以在不同程度上对信息进行更有效的组织，以增强预算决策者的灵活性。人们还是在试图进行预算决策，这也是应该的；预算系统的作用就在于，促进更加有效的使用和组织信息，为理性抉择提供动力②。如果行政机关、官僚机构和立法机关能够选择使用新的预算体系的话，与传统的、分项列支式的行政管理预算相比，这里所说的任何一种新的预算系统都是一个很大的改善。如果有任何单位或者组织不愿意采用的话，任何预算结构都是无能为力的。而且，没有什么灵丹妙药可以用科学来取代预算判断和预算政治。此外，政府官员也不可能为公共部门的政府机构找到与私人部门内部进行比较时相类似的定义简明、易于测量且广为接受的标准。预算分类改革可以做的是，在做出政治决策时提供绩效数据和其他信息，提供有助于讨论的信息从而造福普罗大众。与传统的预算体系相比，聚焦于结果和结果实现的任何一个预算体系都可以增加公共利益。

问题与练习

1. 回顾第 5 章中的问题 1。伊诺莫斯州立大学的公共事务学院还可以使用什么预算分类体系呢？说明：（a）学校可能负责度量的绩效活动、规划和结果；（b）每种绩效的预算归属；（c）你在支出分类过程中所遇到的问题。

2. 一个中西部城市的新任市长为该市确立了一系列的行政管理目标：（a）通过将信息系统融入管理活动，建立更加有效的政府；（b）促进政府间合作，以便提供更有

---

① 另一个使公共服务抉择下沉到社区层面的方法是业务改进区（business improvement district），这是一个私人组建的非营利组织团体，提供这个地区额外的公共服务（如警务、公共卫生、城市美化等），而不求助于当地政府。区域成员决定了所提供的公共服务和成本在成员之间的分配。他们花自己的钱，而不是由上一级政府筹集的收入，这是参与式预算模式的一个例子。

② 为政府预算重新分类和改革做出努力的前提假设是：清楚地理解政府的支出和成果或结果之间的联系。这种信心如果过大也是不好的。在政府服务领域，接受最多数量和最大强度学习的是初级教育和中级教育，埃里克·哈努谢克通过 147 项广泛且深入的调查得出结论，结果具有一致性：学校的支出与学生的表现没有很强的、很系统的关系。当支出被一直分解下去或者合计在一起时，就会出现上述情况。参见：Eric A. Hanushek, "The Economics of Schooling: Production and Efficiency in Public School," *Journal of Economic Literature*, 24（September 1986）：1162.

效、更具成本效益的服务；（c）通过双向交流对优先级别的行政管理工作提供公共支持；（d）及时对道路、公共设施、下水道、公园和交通设施进行投资，以促进经济的健康持续增长；（e）维护改造城市，使生活和工作在该市的人有安全感；（f）保护社区内的自然资源，提高环境质量；（g）对全市的所有市民平等对待，提高该市的经济健康程度；（h）使基本社会服务更贴近全体市民；（i）建立以客户为导向的城市工作场所；（j）维持并改善车辆停放设施和服务。根据这个声明为该市构建一个规划预算的框架和一个新绩效预算，并说明可以度量的绩效标准。

3. 美国海岸警卫队有 5 项主要任务：搜索和救援，保护国家的海洋资源，在海上实施联邦法律，保证美国海域的航运安全，国防。尽管其中第一项被认为是其最重要的任务，但是在它的预算中，对污染的治理和海洋资源的保护在预算中的份额却是最大的。

4. 选择一家政府机构或者非营利组织。根据你所获得的文件资料（如预算、财务报告、任务声明、立法、媒体报道等）和你对这家机构的一般性了解，做如下工作：（a）确定这家机构所使用的投入（如人员和合同服务等）；（b）确定这家机构的活动或者产出；（c）确定这家机构可度量的绩效结果。如果要生成你所需要的结果，什么新的数据体系（如测量、取样和调查等）是必需的？在这家机构所能控制的范围之外，还有哪些因素会对这些测量结果产生重要影响？目前，这家机构在预算过程中正在使用的是什么样的预算分类体系？

5. 寻找一个将传统预算信息发布在政府网站上的城市。运用网站上的信息，包括部门工作描述等等，进行你认为必要的重新分类，以创建这两个规划的预算分类：人身及财产保障、公共秩序及娱乐和文化活动的提供。

6. 当地的社区历史博物馆一直希望能获得市政补助，以维持其财政运作而无须提高门票的价格。然而，你的市政当局希望每一笔预算申请都能含有成果导向的绩效指标。运用本章所学的内容，你会建议博物馆使用什么样的指标？你可以思考一下这个博物馆的目标、博物馆组织的活动或产出，以及博物馆的良好经营所带来的可测量结果。

7. 一个州想要使用可测量的指标决定提供给公立大学的预算总量。这有一些指标：教室的学生、一年内的全部毕业生、全部大学本科毕业生、拥有高等学位的全部毕业生、班级中家在本州的学生、毕业后 6 个月内就业的毕业生、来自贫困家庭的毕业生以及从事学术研究的毕业生。讨论一下这些指标的优势、劣势、相关性和可度量性。如果你打算为这个州建立绩效预算，你会使用什么指标？

附录 6-1　联邦预算的功能性分类

对预算资源进行功能性分类，可以使预算授权和支出、借款担保和税式支出，同其试图满足的公共需求联系起来。国会的预算抉择也可以根据每项功能来建立预算目标。总统预算不仅要提供行政单位的分类，也要提供功能分类。

根据《1986 财年美国政府预算》，下列标准可以用来将政府活动向各个功能类别进行分配：

一般目的或者最终目的是满足重大公共需要的功能。（其中的重点是联邦政府想做什么，而不是其工作方法、所要购买的物资、所服务的顾客或者所服务的地理范围。）

对于国家具有持续重要性的功能，必须给予足够的重视。

每种基本的分类单位（通常是拨款或者资金的数额）只有一个主要目的，也只能被归入一个分支功能。然而，当数额太大、服务的主要目的也不止一个时，它也可以被归入两个或者更多的分支功能。

不管政府的活动和规划是由哪些机构实施，这些活动和规划通常都是根据其主要目的（或功能）来归类的。

如联邦预算中所描述的那样，联邦政府支出的功能性分类如下：

功能种类	分支功能种类
国防（050）	国防部——军事（051）
	小计，国防部——军事（051）
	核能国防活动（053）
	与国防相关的活动（054）
国际事务（150）	国际开发和人道主义援助（151）
	国际安全援助（152）
	外交事务（153）
	对外信息交流活动（154）
	国际金融规划（155）
基础科学和空间技术（250）	基础科学和基础研究（251）
	航空、科研及其相关活动（252）
能源（270）	能源供应（271）
	能源保护（272）
	针对紧急情况的能源储备（274）
	能源信息、能源政策和能源监管（276）
自然资源和环境（300）	水资源（301）
	土地的管理和保护（302）
	可再生资源（303）
	对环境污染的治理（304）
	其他自然资源（306）
农业（350）	农业收入稳定（351）
	农业调查和服务（352）
商业信贷和住房信贷（370）	抵押贷款（371）
	邮政服务（372）
	存款保险（373）
	其他商业预付款（376）
运输（400）	陆路运输（401）
	空中运输（402）
	水上运输（403）
	其他运输形式（407）
社区发展和地区发展（450）	社区开发（451）
	区域和地区开发（452）
	灾难救济和灾难保险（453）

续前表

功能种类	分支功能种类
教育、培训、就业和社会服务（500）	基础教育、中等教育和职业教育（501）
	高等教育（502）
	调查和一般教育补助（503）
	培训和就业（504）
	其他对劳动力的服务（505）
	社会服务（506）
健康（550）	健康服务（551）
	健康调查和培训（552）
	消费者、职业健康和安全（554）
医疗保健（570）	医疗保健（571）
收入保障（600）	一般退休和残疾保险（其中不包括社会保障）（601）
	联邦雇员的退休和残疾（602）
	失业补助（603）
	住房补助（604）
	食品和营养补助（605）
	其他收入补助（609）
社会保障（650）	社会保障（651）
退伍军人服务（700）	退伍军人收入保障（701）
	退伍军人教育、培训和安置（702）
	为退伍军人提供的住院服务和医疗服务（703）
	退伍军人住房（704）
	提供给退伍军人的其他福利和服务（705）
司法管理（750）	联邦法律实施（751）
	联邦司法活动（752）
	联邦劳教活动（753）
	给予罪犯的法律援助（754）
一般政府活动（800）	立法功能（801）
	行政指导和管理（802）
	中央财政活动（803）
	对一般财产和记录的管理（804）
	中央人事管理（805）
	一般财政援助（806）
	其他一般政府活动（808）
	对抵补性收入的扣除（809）
净利息（900）	公债利息（总）（901）
	预算内信托基金收到的利息（902）
	预算外信托基金收到的利息（903）

续前表

功能种类	分支功能种类
	其他利息（908）
	其他投资收入（909）
津贴（920）	立法部门津贴（923）
	债务收缴措施（925）
不能归入其他类别的抵补性收入（950）	雇主部分，雇员退休（预算内）（951）
	雇主部分，雇员退休（预算外）（952）
	外大陆架的租金和使用费（953）
	主要资产的销售（954）
	其他不能归类的抵补性收入（959）

注：国家审计总署的一份报告对功能性分类做了更加详细的讨论：*Budget Function Classification*：*Origins*，*Trends*，*and Implications for Current Uses*，GAO/AIMD-98-67（Washington，D. C.；General Accounting Office，February 1998）.

附录6-2 联合国对政府功能的分类

联合国对政府功能的分类（COFOG），即将政府要承担的主要服务责任做了如下的分类：

- 一般公共服务（立法、行政、财政管理和公债管理等）
- 国防
- 公共安全和秩序（公共安全、消防、法庭、监狱）
- 经济事务（一般经济、商业和劳动事务，农业、林业、渔业和狩猎，燃料和能源，采矿、制造和建筑，运输，通信）
- 环境保护（垃圾处理、污水处理、污染治理、生物多样性和景观保护）
- 住宅和社区设施（住宅建设、社区开发、自来水供应、街道照明）
- 健康（医药产品和医疗设施、门诊服务、医疗服务、公共健康）
- 娱乐、文化和宗教
- 教育
- 社会保障（疾病和残疾、老人、事故幸存者、家庭和儿童、失业、住房）

这些规划或者功能性分类中的数据，为国际比较提供了一个良好的基础，也为规划预算的发展提供了一个良好的开端。

资料来源：United Nations（http：//unstats. un. org/unsd/cr/registry/regcst. asp? C1=4&Lg=1）.

第 7 章

资本预算、资金的时间价值和成本-收益分析：过程、结构和基本工具

资本性支出所购买的是资产，即实物资产（physical property），这些资产可以在未来若干个预算年度中提供服务；无须重复购买，当前的支出就可以在未来几年产生收益①。资本支出还包括为延长或增强资产使用寿命的资本改进措施、实物资产维修而产生的花费（诸如运营的维修经费和维护经费，都是为了保证资产能在预期年限内发挥作用）。

公共资本性资产，也叫基础设施（infrastructure），是对私人和公共物品及服务生产的投入。国会预算办公室这样写道："私人经济的生产和配送所依赖的公共运输设施和环境设施包括：公路、公共运输、铁路、机场和航线、水资源、自来水供应和污水处理厂等。"②所有这些都会进入私人商品和服务的生产过程。道路系统、排水系统和运输系统已经构成了州和地方政府为了争取新产业和商业发展机遇竞争中的一部分，因此，一个有效的基础设施的融资系统也成为地区经济发展一个至关重要的因素。而公共设施也会进入**公共**服务的生产和提供过程：与初等教育和中等教育有关的建筑物、公园和娱乐场所、州医院、行政管理系统、监狱和警局、消防局、国防设施等，对于社会也是至关重要的。因此，不管是对私人产品和服务的生产，还是公共物品和服务的生产，公共资本性资产都是举足轻重的。基础设施的故障可能是灾难性的，例如，2007 年明尼苏达州一座跨越密西西比河的大桥——圣保罗大桥发生坍塌事故，或者是 2005 年新奥尔

---

① 教师的工作同样会持续很多年，但给教师的补偿却不属于资本投资类别，因为如果你想要得到下一年的教师服务，就必须再付钱。公共建筑就不是这样——一次性为其建设付款，之后很多年它们将持续地提供服务而无须付款。建筑需要维护，但这是经常性经营成本，而不是资本性支出。

② Congressional Budget Office, *How Federal Spending for Infrastructure and Other Public Investments Affects the Economy* (Washington, D. C. : Congressional Budget Office, July 1991)：x.

良的拦水大堤垮掉。但是，即使没有灾难发生，公共基础设施的匮乏和低质所带来的成本也非常高昂，比如：公路上因交通拥堵或坑洼地段所引起的交通延误和额外的汽油消耗，因陈旧的公共交通系统导致的延误和拥堵，等待飞机从机场起飞的时间，因管道漏水而损失的饮用水，未妥善处置的污水带来的污染，等等。通过资本预算过程获得的公共资本存量，会对人们享受到的生活质量做出重要的贡献①。在美国，公共基础建设支出——公路、桥梁、学校建筑物、供水、机场等——主要是由州和地方政府负责：2011年，所有政府建筑投资的 89.3％ 都由州和地方政府负担②。

资本支出可能会和经常性支出结合成一个统一的预算，政府也可能采用一个复式预算过程：一个针对经常性项目支出，另一个针对资本项目支出。除了预算过程有些相似，资本项目支出与经常性支出还是存在差异的，并且这种差异是值得特别关注的。二者有 3 个明显的区别：（1）资本资产的决策会对未来造成影响，因而值得特别关注（寿命长）；（2）资本资产往往价格很高，并且它们的购置可能会破坏政府的财政稳定（价格高）；（3）资本资产购置的间隔往往不规则，可能需要对购置的时间安排特别关注（非经常性）。因此，资本项目支出，不管是否通过一个独立的过程来进行计划，都值得我们特别关注。

7.1　为什么要进行独立的资本预算？

预算过程有助于决策者们在不同的项目之间做出提供资金的决策，同时，也可以将支出控制在总资源限额之内。决定给予资本项目特别关注，甚至可能要为它们单独编制一个预算，都会使本来就已非常复杂的预算过程变得更加复杂。为了使资本购置的特殊处理言之成理，它必须对财政选择的改进做出实质性贡献。以下是开展独立的资本预算的理由。

首先，分别对经常性项目支出和资本项目支出预算进行审议，能够带来长期服务流的、不重复发生项目的融资和项目供给过程中的效率和公平。不管服务状况是好还是坏，在这些项目被购买以后，都会为公众服务多年。将它们置于一个允许进行赤字融资的过程中进行考虑，而非要求经常性支出的年度预算平衡，能为提高代际和地方民众之间的公平提供重要机会。换句话说，资本预算中支出项目的资金来源，既可以是即期财政收入［如税收、收费和财政补助等，即"现收现付制"（pay-as-you-go）系统］，也可以是承诺用未来财政收入归还的借款［或"用者付款"（pay-as-you-use）系统］。为这些项目举债与政府财政的"黄金准则"以及财政可持续性是一致的，因为这种借款是用于购置可长期使用的资本资产的。未来的一代将面临这些债务负担，但同时他们也会享受这些债务所提供的基础设施。资本预算的项目支出必须有资金来源（这些资金来源既可

---

① 人力资本和调查与开发支出也会促进经济的长期增长，因此，促进经济增长并不是资本性支出独有的特征。参见：General Accounting Office, *Choosing Public Investments*, GAO/AIMD-93-25（Washington, D. C.: General Accounting Office, July 1993）。但是教师和研究者希望每年都能领到工资，正如之前提到的那样，因此，对他们的工资支出与建一座桥的支出是不同的。

② Bureau of Economic Analysis, *National Income and Product Accounts of the United States*（http://www.bea.gov）。州和地方政府的投资份额较低，包括基础建设的设备和软件，仅占总额的 66.7％，这主要是因为联邦政府购买了国防服务。2/3 的联邦政府投资用于国防支出。

以是即期的财政收入，也可以是债务收入），但预算却不一定要平衡（总支出等于即期财政收入）。一般的准则是，经常性项目预算必须实现平衡，而资本预算只要能找到资金来源即可。"现收现付制"的不公平之处是明显的：如果某地方政府在当年建成服务周期为 30 年的项目，并在当年发生了这笔财政支出，在该项目存续期内的其他时间将不会再发生建造成本。在项目建成后，任何进入该项目服务领域的人（不论是通过搬迁进入，还是自然长大成人）都可以在未适当付费的情况下享受该项目提供的服务。如果该项目按照其整个使用年限来支付成本，那么这种不公平就不会发生。因此，通过债务融资的资本预算来处理价格高、项目周期长的项目，在公平方面有很大的优势。此外，使用资本预算可以提高决策效率。在复式预算中，大额投资支出相对于消费性支出（经常性支出）而言显得非常昂贵，尽管这种实际投资成本（其折旧或"损耗"）的形成需要许多年。独立的预算可以避免形成偏见，使对服务需求所做出的反应更合理①。因此，资本上的特别处理，包括复式预算，即平衡的经常性项目预算和资金充裕的资本项目预算，将大大提高项目和长期服务提供过程中的效率和公平。

其次，当单个的资本性项目与政府的税基相比显得很大时，对资本预算进行特殊对待，还可以起到稳定税率的作用。例如，一个城市的税基为 15 亿美元，要建造一个造价为 1.5 亿美元的水库。如果要通过一年的财政收入来筹齐建造水库所需的资金，该项目就无法进行了。因为该水库的建造成本相当于该市总税基的 10%，这样该市就难以维持警察、消防和街道等部门的正常运转。然而，该水库的服务年限为 50 年甚至更长，可以将该水库的建造成本根据服务年限进行分摊，这样就可以降低每年的税收负担，从而避免在建造当年筹齐成本可能导致的税率大幅波动。每当一个项目大得足以对税率产生重大影响时，将资本预算长期化就变得非常有必要了。然而，为了维持税率的稳定，也未必需要整个资本预算都通过债务来融资，经常性的资本性支出也可以通过经常性的财政收入来筹资。

再次，由于资本性项目周期长，如果其中犯了错误，也会持续很多年。因此，需要对资本预算进行特别审查。肯尼思·霍华德（Kenneth Howard）对这个问题进行了说明：

> 如果现在要建造一座州办公楼，那么它就会占用那块地很长时间。或许到了明年，每个人都会发现，这个办公楼建在了一个错误的地方，可没有人知道届时如何挪动它。这座楼可能会影响市中心商业区的发展；也可能对交通和停车场造成不利影响；或者，一部分人会在地理上或心理上觉得这个位置非常遥远。不管造成了什么影响，问题都是真实存在的，而且还会持续一段时间。因此，在项目开始动工之前，应当对这些因素进行最详细的考察。②

对资本支出的特别审查无法避免所有的错误，但可以避免一些后果比较严重的错

---

① 伦诺克斯·莫克（Lennox Moak）和艾伯特·希尔豪斯（Albert Hillhouse）指出，政府在遇到财政困难时可能会发现，资本项目的财政支出要比用于运营机构的经常性项目支出更容易推进。当经常性预算面临很大压力时，独立的资本预算有利于提高保留资本项目的可能性。参见：Moak and Hillhouse, *Concepts and Practices in Local Government Finance* (Chicago: Municipal Finance Officers Association, 1975), 98. 城市通常都会削减资本性支出的，以应对财政困难。Michael A. Pagano, "Balancing Cities' Books in 1992: An Assessment of City Fiscal Conditions," *Public Budgeting and Finance*, 13 (Spring 13): 28.

② S. Kenneth Howard, *Changing State Budgeting* (Lexington, Ky.: Council of State Governments, 1973), 241.

误。资本预算及其相应的计划过程，可以有序地提供资本性公共设施，以适应经济的发展。因此，资本预算过程可以用来减少公共基础设施建设过程中的疏忽和错误。

最后，对资本支出的特别审查是管理有限的财政资源的一个有力工具，特别是对这些资源进行长期使用的计划活动给予了特别的关注。这种预算中的项目可能会起伏不定。资本预算过程提供了一种抚平波峰和波谷的机制，可以对项目建设活动进行管理，避免形成阻碍项目进展、增加项目成本的地方经济发展的瓶颈，避免当项目必须被支付时造成税基过于沉重的负担，从而在政治、经济、税法和债务约束内平衡资源支出。

美国政府在复式预算的使用上是不统一的。在州政府，大约有一半的立法机关收到的行政部门的资本预算申请呈现为一个独立的预算文件；而另一些立法机关收到的资本预算申请，是与经常性预算一起提交的。在联邦政府中，没有独立的资本预算或资本预算程序。资本性支出和经常性支出在整个预算过程中是混在一起的，并且大的资本项目的拨款，是以年度为基础制定的，以此来保证国会更好地控制支出。

在州和地方政府中实行资本预算的理由，要比联邦政府更充分一些。

第一，联邦政府资本预算的批评家们担心，独立的资本预算会形成赤字支出的倾向，或者，更准确地说，会强化这种在历史记录中已经明确存在的倾向。危险在于，所有的项目都可能被定义为投资（政客们喜欢把他们支出的每一分钱都称为"投资"），而不管这种投资增加的是实物资本还是人力资本。而且，这种做法将会纳入依靠债务融资的资本预算中，即使它们是反复发生的。对于联邦政府来说，借款要比征税轻松多了。因此，这种诱惑是极其危险的。

第二，联邦政府的规模很大，单个项目很难对整个税率产生影响。虽然根据预期的收入状况来对实物投资进行精心的设计不无裨益，但通过项目安排来控制税率几乎没有什么实际意义。然而，大项目可能会在给个别机构的预算授权中创造"顽固派"，但这并不妨碍资本预算过程在整体上为联邦政府带来的稳定。

第三，联邦政府也不需要通过对资本预算内在的项目融资计划进行精心的组织，以保持较高的债务融资信用等级。不要忘了，联邦政府最终可以通过发行货币来弥补财政赤字。因此，资本项目融资并不是联邦信用评级中的一个决定性因素。联邦政府债务融资的信用等级危机，主要来自政客之间的矛盾冲突，而不是基本财政能力，也不是由经济问题直接导致的。

最后，怀疑者们认为，资本预算为联邦政府的官僚和法律制定者们提供了另一种掩盖财政运行状况的方法。在现存的预算内/预算外、联邦基金/信托基金这些复杂的分类上再增加经常性/资本性，并不会提升财政透明度，反而会使公众对财政的理解更加混乱，尽管它满足了财政纯粹主义者（fiscal purists）的要求。因此，资本预算在较低的政府层级（特别是地方政府层级）取得了成功，并不等于在联邦政府中也能同样如此。

尽管没有一个明确的资本预算过程，但半个多世纪以来，联邦预算一直都将联邦投资的支出和预算授权（这是一种能够产生长期收益的支出）包括在联邦投资支出中。这部分内容包括在预算的《分析报告》（*Analytical Perspective*）这一卷中①。财政支出可

---

① Office of Management and Budget, *Budget of the United States Government*, *Fiscal Year 2010*, *Analytical Perspectives* (Washington D. C.：U. S. Government Printing Office, 2009), 33—41. 然而，投资项目没有超过预算年度的范围。

以分成如下几类：（1）实物投资（建设和维修、重大设备购置、土地和建筑物的购置或出售）；（2）研究和开发活动；（3）教育和培训活动。关于联邦投资支出的信息，远远多于在很多州和地方政府资本预算中获得的信息，尽管并没有联邦资本预算。（注意，同时将重复和非重复性支出列入投资清单中，进一步突显了允许联邦当局采用复式预算的风险。）

在每一种分类内部，又根据更广义的功能性类别进行了支出归类。主要的支出种类是由政府机构具体确定的。政府机构关于资本性资产投资的申请，应当阐明该投资的预期回报等于或者高于将这些公共资源转用于其他目的之回报。其中的回报包括：《政府绩效和结果法案》提出的方法导致的任务绩效表现提升，成本的降低，质量、速度和灵活性的提升，顾客和雇员的满意度提升[1]。

但是，联邦预算和预算过程必须要保持统一，因为在资本性支出和经常性支出之间并没有其他区别。政府机构会在同一个预算周期内编制经常性项目和资本性项目，国会对预算申请进行审议并拨款，而不会对两类不同的支出[2]加以区分，在资本性项目和经常性项目之间也没有不同的融资规定。政府机构的拨款包括以同一标准对经常性项目和资本性项目的预算授权。预算过程试图通过将即期拨款（current appropriation）和预期拨款（advance appropriation）结合起来，取得对长期、大额资本性项目（例如国际空间站）的全部拨款。直接为全部成本融资，使国会可以在确定任务时就对支出进行控制。然而，尽管项目收益可以在项目的长期存续期内不断累积，项目成本也会被相当一部分可选择性支出吸收，政府机构仍需在年度预算中承担该成本[3]。现行系统的批评者认为，这种全成本/预先筹资的模式，排斥并妨碍了资本支出，因为在没有区分回报流的根本差别之情况下，将资本性支出与贴着小额价格标签的经常性支出放在一起竞争。

《分析报告》中陈述的范围，包括了许多经常性的、非资本性的资产购置活动，并且未在该过程中区分并保护资本资产决策。专栏 7-1 描述了联邦政府通过使用特殊账户来转向资本预算的方式，一类账户用于资本项目，一类账户用于经常性项目，还有一类账户用于整合这两类账户[4]。

专栏 7-1　国会预算办公室提供的联邦政府资本预算方法

这部分关于联邦政府如何处理资本支出的描述来自国会预算办公室。这是一个特别关注如何合理估测成本的方法，同时能够合理地保持对财政的控制。

---

[1] Office of Management and Budget, *Planning, Budgeting and Acquisition of Fixed Assets*, Circular A-11, part 7 (Washington, D. C.：Office of Management and Budget, 2009).

[2] 国家审计总署的一份研究报告表明，提交给参众两院相应委员会的联邦政府资本项目申请，不会每次都列出所申请项目的总成本（资金申请是以增量而非总额的形式进行的），也不总是能够确认在该项目上已经花费了多少资金，并且很少会对项目的内容进行描述。General Accounting Office, *Budget Issues：Agency Data Supporting Capital Funding Requests Could Be Improved*, GAO-01-770 (Washington, D. C.：General Accounting Office, June 2001).

[3] General Accounting Office, *Budget Issues：Budgeting for Federal Capital*, GAO/AIMD-97-5 (Washington, D. C.：General Accounting Office, November 1996)，为联邦政府的资本投资和由资本投资引出的问题做了很好的回顾。

[4] 私人资本预算通常都会和适当的折旧补贴有关。这对界定盈利能力和建立一个持续经营的企业价值而言很重要。而这两项又是企业所有者特别关注的。政府的所有者（就是我们）关注的是，他们提供的服务以及我们所缴纳的税收，而不是盈利或政府的价值（如果能出售的话）。政府自身的折旧费用或许在某些内部管理中起作用，但对于政府的所有者来说不那么重要。

统一预算（Unified Budget）中的资本账户

一个资本预算的方法可能会产生一系列的联邦账户*。

- 一个包含所有投资支出的资本预算账户；
- 一个将折旧视为成本的经常性预算账户；
- 一个将经常性账户和资本性账户整合到一起的联合账户（consolidated account）。

资本性账户反映的是政府为未来投资了多少，而经常性账户可以揭示政府到底耗费了多少国家资源。联合账户反映整个预算的赤字或盈余，就像现行的统一预算一样，这样就和私人部门的财务账户区分开来。折旧是一种内部费用——是经常性预算中的开支和资本性预算中的等额收入——这使得联合预算账户的余额保持不变**。在这一预算系统中，政策制定者将同时掌握资本支出的收付实现制和权责发生制金额，但只有资本支出上的现金流，会影响联合预算的赤字或盈余情况。

这种方法仍需面对会影响到资本预算之财务会计模式的执行问题，包括关于如何定义资本和折旧。然而，政策制定者能够得到更明确的预算信息以做出决策，这会影响到他们愿意在资本项目上花费多少资金。只要资本支出需要先期预算授权，那么对支出的控制就不会产生不利的影响。此外，机构会被要求支付使用资本的费用，因此它们将会更有动力进行有效的资产管理。不过，在这三种不同的预算概念下，这个系统可能会比现行系统更加复杂。立法者对于制定联邦政府资本预算的兴趣时大时小，尽管这种兴趣从未消失，但（到目前为止）也没有强烈到足以真正地引起系统改变的程度。

* Statement of Robert Eisner, Northwestern University, *A Capital Budget for Truth in Packaging*, before the President's Commission to Study Capital Budgeting, April 24, 1998，获取地址：http://clinton2. nara. gov/pcscb/wt_cisner. html.

** 对于账户内容的详细说明，参见：Office of Management and Budget，*Budget of the U-nited States Government*, *Fiscal Year 2004*：*Analytical Perspectives*（Washington, D. C.：U. S. Government Printing Office, 2003), 159, Table 7 - 9.

资料来源：Congressional Budget Office, *Capital Budgeting*（Washington, D. C.：Congressional Budget Office, 2008).

7.2 管理资本支出的过程

无论是独立于经常性预算过程，还是作为统一预算过程的一部分，资本预算的程序在提供满足公民公共服务需求的基础设施的同时，还试图限制资本性资产购置对整个预算所造成的财务影响。正式的资本预算过程以许多不同的方式运行，运用不同的预算术语和步骤以及展开这些步骤的顺序等，其功能运作也独立于形成年度（经常性）预算的程序。本部分描述的资本预算过程，综合了几个不同的州和地方政府的情况。在资本预算的过程中，需要从多个备选项目中选择资本项目，确定被选中项目的资金支出时间，并将资本项目纳入政府的整个财政计划。资本项目涉及的政治因素非常复杂，因为每个项目都有一个为人熟知的、明确的地位，也极有可能对项目的周边领域产生特殊影响，这种影响可能是人们所期待的（一个新的公园），也有可能并非人们所希望的（一个新的焚化炉）。"别在我家的后院"（not in my back yard）涉及的大多是资本项目。这一过程关注公民利益的方式绝不仅仅是关心诸如社会项目和警察保护之类的项目，这些项目具有普遍性的影响①。在那种环境下，很难将有关资本资产项目的讨论限制在自身范围内。

　　资本预算通常会作为整个预算的一部分进而成为年度预算的一部分，或者作为一个独立的资本预算文件②。在资本预算中，应当对将要提起申请的所有基础设施项目的成本（申请）进行估测，其中，既包括预算申请的投资成本，也包括其对经常性预算的影响。资本预算通常要经过正规的立法审议，并符合任何支出项目都会面临的制定要求；并且，资本预算一旦获得批准，资本性支出也将接受所有公共支出都要面临的控制机制。当首次申请基础设施预算时，可能会也可能不会兑现资本预算的未来年度拨款；政府可能会也可能不会将未来的资本性支出申请作为后续计划内容的一部分。行政部门和其项目优先顺序改变之后，立法机关及其项目优先顺序也要随之改变。人们可能希望一个获得批准的资本预算项目中不包括那些不得人心的公共设施建设的提案，以免立法机关和行政部门主管更换后还要废除，毕竟继任政府常常不受其前任决策的束缚。

　　一个完善的资本预算过程可能会在某些方面独立于年度预算过程而发挥作用，尽管它们会在预算周期的最终阶段有交集。资本预算的四个基本组成部分——计划、预算、实施/执行以及审计——是标准预算周期的特殊应用，尽管承担任务的过程中会产生一些变化。表7-1为我们提供了一个资本预算过程的一般性概述，不管政府是采用囊括经常性支出和资本支出的统一预算过程，还是采用复式预算体系，它可以应用于任何项目。这些步骤均适用于资本资产项目管理的实施。

表 7-1　　　　　　　　　　　　资本预算过程的逻辑流程

阶段	步骤	结果
计划		
	更新存货并 　评估资产状况	基础设施存货、分析维持性支出的情况和充足性。
	确定项目	具有多年期成本估计视角的项目清单（资本改进计划）。
	项目评估	详细的成本计算、对所有收入的估计、与战略计划比较、对大多数承诺的成本-收益分析。
	项目排序	建立项目排序，每年重新排序。
预算		
	筹资	对于即将包括在预算中的项目的筹资安排（借款、政府间转移支付、当前收入）。
	预算	在相应部门的预算申请中包括支出；在政府可用的资源上限内进行资金配置，包括预算中的运营成本。
实施/执行		
	采购	为项目选择承包商的过程。
	监控	检查项目的实物和财务过程，用现金流协调支出。
审计		
	外部审计	财务记录的事后检查，项目完工。

---

　　①　参与式预算的过程经常会专门聚焦于资本性的基础设施，因为这会带来很高的公民收益。

　　②　当资源用途确定之后，联邦系统将资本资产的全部成本记录为负债，支付款项时所产生的现金支出记录为支出。许多机构希望在若干年内分摊成本，而不是面临一项全面的前期义务；因此，在项目开始的那一年，往往不会产生数额巨大的预算。

计　划

政府在开始编制其基础设施规划时，需要对资本性资产的现有状况做一个详细的评估。对政府所拥有的资本性基础设施可以编制存货清单（inventory），其中每项基础设施应当包括如下数据：（1）寿命周期；（2）状况评估；（3）使用程度；（4）服务能力；（5）替代成本。这样的存货清单，有助于政府对其现有资本性资产存货的更新、替代、扩建和淘汰等方面的需求做出评估。存货清单还可以提供经常性预算维护和修理等方面的信息。存货清单的详细程度和相应的分析深度，将会因各项基础设施对政府运营的重要程度而有所不同。在资本性资产存货清单和辨认基础设施的问题上发生错误，将是致命的。

在完成对资本性资产存货清单的检查后，将会制定一个可行的基础设施项目目录，并完成对其成本的大致估测。政府会有一个资本促进计划（capital improvement program，CIP）和一份来自政府机构（有时是私人组织）的项目清单，每一个项目建议都会包含项目说明和成本数据两个方面。这些项目提议要经过政府计划部门或类似机构的筛选，对项目成本进行评估，确定它们之间的关系，并选定优先发展的项目。有些决策要依据社区确定的公共服务目标。例如，如果一个地方政府对自己辖区内所有财产都有一定的消防标准，但由于基础设施方面的限制，该标准难以实现，这类没有达到的标准就会对投资计划产生重要影响①。

确定项目的优先顺序有很多种方法。这些方法进行项目排序所依据的是：（1）功能范围，如自然资源、高等教育、运输和给予地方项目的财政补助等；（2）问题的重要程度，如人们的健康和安全，公共设施的建设、维护和改进；（3）项目获得支持的情况，如州长或者政府机构的支持、法律命令或者联邦命令、全民公决的通过等；（4）依据排序标准建立的正式排序系统②。实际上，行政领导（如州长和市长）对项目排序所起的作用很大，但也不能忽视立法机关的意见。许多州虽然没有对项目进行明确的排序，但与新建项目相比，它们更愿意维护现有公共设施的运转。除此之外，就像一个法庭的秩序一样，公众的健康和安全问题也是非常重要的。对其他的项目还可以进行成本-收益分析，这一分析方法将在本章的后续内容中进一步分析。

资本预算中的项目评估并不是一件简单的事，因为决策过程中会涉及经济、政治和社会等多方面的因素。下面是城市学会（Urban Institute）列出的地方政府在进行项目评估时所使用的一些重要标准：

1. 财政因素，其中包括资本成本、运营维护成本、收入效应、资源要求和法律责任。
2. 对普通公民和政府雇员健康及安全的影响。
3. 社区经济对税基、就业、居民和企业收入及社区本身的影响。
4. 周边环境、自然和社会因素对社区中人们生活质量的影响。

① 关于一个出色的制订基础设施计划的指导，参见：Alan Walter Steiss, *Strategic Facilities Planning*, *Capital Budgeting and Debt Administration* (Lanham, Md.：Lexington Books, 2005).

② National Association of State Budget Officers, *Capital Budgets in the States*, preliminary draft (Washington, D. C.：National Association of State Budget Officers, April 1997). 上一章中描述的参与式预算编制过程为制定这些决策提供了一种方法。

5. 项目在施工过程中所造成的环境混乱以及给人们带来的不便。

6. 收入分配对不同年龄、不同收入的群体、社区、企业和个人、有车族和无车族、有无残疾的人所造成的影响。

7. 涉及下列问题的可能性：公众支持、利益集团的反对、联邦和州的特别审批程序、与总体计划的一致性、法律问题等。

8. 将项目推迟到以后年度所造成的影响。

9. 有关成本和预测、技术等问题的不确定性和风险程度。

10. 对于在同一领域内提供服务的其他政府和准政府组织之间关系的影响。

11. 对其他资本项目造成的成本负担和影响①。

这些因素对不同类型项目造成的影响程度也各不相同。例如，一家新建的监狱引起的问题，与污水处理厂的问题肯定不同。此外，一些特定项目的评估标准之间可能还会存在冲突。这些都是评估项目时可能遇到的问题。表 7-2 列出了预算审议人员所提出的几个常见的问题。由于资本性项目是有确切地点的，因此其承受的政治压力可能会特别大。有些项目可能是受欢迎的，并且可能成为"肉桶政治交易"（pork-barrel trading and rewards）的一部分；另一些项目可能是不受欢迎的，会遭到当地居民的强烈抗议。例如，围绕一个新的社区大学和核废料储存设施的兴建，人们经常会展开争论。

表 7-2 关于资本预算申请的几个问题

需要该项目的证据是什么？如果该项目得不到资金会发生什么后果？
该项目声称会获得什么收益？这些声称又是如何令人信服的？
关于该项目，已经编制了什么计划？
如果该项目推迟一年会发生什么？
项目的申请理由对于周围环境的变化有多敏感？这些变化包括：人口的增减、主要技术变革、服务需求的降低或增加、政府结构的变化、其他政府或企业的活动等。
是否可以找到与该项目成本具有可比性的类似项目？
项目申请中是否已经包含了所有的成本？例如，征地、规划、保险等成本。
项目存续期内的运营成本是多少？这些成本是合理且能够负担的吗？如果对项目进行重新设计，是否可以节约开支？
该项目可以从其他方面获得资金来源吗？例如，通过私人部门、其他政府或某种合作关系提供资金？
为了达成该项目的目标，是否还有其他选择？例如，翻新或改造现有的基础设施，或者租赁。
哪种融资选择是合适的？即期收入账户、一般责任债券、财政收入债券还是租赁购买协议？

在对项目进行筛选的过程中，尤其要注意它们的时间安排：项目的时间安排要避免造成浪费（例如，应当先铺设道路下面的下水管道，再对路面进行铺设），要确定可以被推迟的项目，先实施预先确定的重点项目②。项目优先顺序的确定过程还要和社区（或者州）的核心计划联系在一起进行考虑。这个核心计划要对社区的发展进行长期（10～25 年）、全面的估测，其中包括对公众需求的增长和对财产私人用途控制情况的估测。由于这种对社会、人口和经济条件的长期预测非常不准确，因此，如果一个政府

---

① Harry P. Harty, "Guide to Setting Priorities for Capital Investment," *Guides to Managing Urban Capital* (Washington, D.C.: Urban Institute, 1984), 5: 716.

② Moak and Hillhouse, *Concepts and Practices in Local Government Finance*, 104-105.

的运营活动想以公众的需求而不是政客和官僚们的阴谋诡计为依据的话，就不能以这些不准确的长期预测为行动指南。

资本项目通常都是在政府机构内部编制的，但要经过集中的监督和协调。政府特别关注资本促进计划的结果对实现政府总体目标的贡献程度。最终确定的多年资本促进计划，会对其中的每一年都进行大致的安排。年度资本预算建议中也将包括资本促进计划中有关当年财政支出的内容。

对资本促进计划中项目成本和时间表的分析，通常需要对项目的优先顺序进行重新排列。由于优先顺序在不同年度之间可能发生变化，因此每年都需要对计划进行修改，以形成滚动式的多年投资计划（遗憾的是，某些政府抱着未来几年不做改变的想法来制定总体规划，即使周围环境发生变化，也一直坚持该规划）。在该投资计划中，将会包括计划中所有项目的时间表和预期成本。这样的一个多年计划，有助于政府对其有限的财政资源进行管理，促使政府在基础设施的开发过程中使用"成本效益比"指标等更好的方法，帮助在基础设施建设中保持财务管理的审慎性。

预　算

政府必须将基础设施开发计划限定在其财政能力之内。财政能力取决于以下几个因素：政府经常性支出的水平、政府的基本财政收入能力、基础设施本身产生的收入、其他政府或者私人机构在多大程度上可以分摊该基础设施的成本或运营费用、政府可以使用的债务结构和融资工具等。基础设施对政府经常性支出的任何影响，必须作为财务分析的一项内容，因为基础设施会减少或增加政府的经常性支出。

资本预算过程中的这一阶段，需要结合政府财政状况以及资本促进计划中所设想的基础设施增长状况加以分析。这种相互联系是至关重要的，因为基础设施的建设会涉及长期的财政承诺。一个设计糟糕的城市结构，会对一个城市的发展造成多年的危害；同样的道理，如果财政融资方法设计糟糕，也会使一个城市的财政状况堪忧。财政官员们必须要对现在和将来的财政收支状况进行分析，确定为新项目提供财政基础。特别要明确的是：当前的债务状况（是否有债务即将到期？有没有足够的资金偿还债务合同的本金和利息？如果债务提前到期，是否需要额外的资金？）、税基的预期增长状况、新财政收入来源的潜力等。要将这种年复一年的财政形势和项目的优先顺序结合在一起进行考虑，并按照年度对项目进行重新编排。在分析的过程中，针对某一特定的项目，财政官员要考虑针对特定项目（例如，对人行横道的特别评估、水利设施的使用费、联邦政府或者州政府给予高速公路的财政补助等）的多种入选融资方法，进而提交项目融资来源报告。对于项目到底采取哪一种资金来源，也应当进行分析并做出抉择。可能的融资方式包括：借款（一般责任债券或者有限责任债券）、使用资本储备基金（为将来的资本支出积累的特别资金）、当前的收入来源（现收现付式的融资，pay-as-you-go financing）。有些项目还涉及公私合作伙伴关系（PPP），换句话说，是政府和私人企业间一种共同的产权和筹资安排。经过这些分析之后，经过修改的项目目录就可以纳入年度预算程序了。

年度预算中的资本项目部分——基础设施投资部分——必须编入年度预算中，并以资本性预算的形式或作为统一预算的一部分进行提交。对项目成本的估测要比资本计划更加准确，并且要按照预算周期中的规定说明申请的理由。财政分析可能表明，年度内项目的时间安排没有任何变动；但更经常的情况是，财政状况要求预算申请根据稀缺的资源进行调整。

能够经过政府机构和行政首脑的削减而最后保存下来的项目，构成了年度预算中的资本预算部分。预算文件通常会根据功能和政府机构对项目进行分配，对项目以前的成本和未来的预计成本加以说明（项目第一次拨款也就是年度拨款，此后，每年新的建设计划都需要新的拨款），对项目的资金来源进行简要的说明（如债务类型、财政补助等）。这样，根据环境条件的变化和立法过程的要求进行修改之后，资本促进计划就可以满足下一年的资本预算申请。这些项目需要经过立法机关的审议，有时还需要进行重大的修改。在项目通过以后，还要在经常性预算中规定项目的运营，以及基础设施完成后的维护。例如，如果经常性预算不能为内部照明提供资金，新落成的市民广场也就不能投入使用；如果没有营销资金，新的会展中心就无法获得预期效益。

在政府的总支出中，既包括经常性预算中的经常性支出，也包括资本预算中的资本性支出。经常性支出的资金通常都来自经常性的财政收入（如当年的税收收入、财政补助、收费等）。如果经常性财政支出的资金来源是借款而不是即期财政收入，当期财政支出就要在将来归还，并且还要支付必要的利息。这样，未来的几年不但要承担当期的财政支出，还要承担既往经常性支出的成本；以前年度的遗留债务，会严重影响当前政府提供必要服务的能力。这就是为什么经常性预算必须实现平衡，才能保证长期的财政稳定。

在整个预算中，预算年度所筹集的财政收入等于经常预算和资本项目预算的支出之和。后者等于用债务之外的资金购买的资本性项目，再加上以往年度通过借款购买资本品所形成的债务还款支出（本金和利息的归还）。按照理想的情况，这些债务成本大体等于过去取得的资本性资产的折旧部分；多年期债券（只发行一次，但需要在项目生命周期的不同时间内加以归还）说明了这类成本的大致分布情况。第 15 章中将会详细讨论债务融资。

实施/执行

资本预算过程的第三步是在收到项目资金拨款之后执行项目。需要特别注意以下几点：（1）签署合同所依据的规则（投标、采购等）；（2）要确保项目的工作按照时间安排进行，以确保工程按计划完成；（3）通过监督将项目成本控制在预算之内。一个完整意义上的资本资产的管理计划，还要求制订一个对项目进行日常维护和更新的融资计划（在政治上，这或许不如建设一个新项目具有吸引力），并建立一个当前资本性资产存货清单的记录系统，这样就能在资本预算过程之初就实现反馈。

审　计

资本项目的外部审计通常遵循与预算中其他项目同样的周期和程序。由于涉及的金额，以及为个人利益而实施欺诈的吸引力，因而对资本性支出的审计会更加严格。

7.3 资本预算中存在的问题

就像所有的公共选择机制一样，在使用资本预算的过程中也会存在一些问题。第一，资本促进过程（资本预算过程）假定对项目建议的评估是一个不间断的周而复始的过程。由于世事常新，这些变化可能会导致公共项目价值发生重大变化，因此，对公共项目的持续性评估就显得非常必要。例如，在公共交通和公路建设之间做取舍的决定常常会发生改变，这种改变取决于发动机燃料的价格是每加仑 3 美元还是 6 美元。然而，即使在面对不同的项目成本和项目需求时，许多项目的评估过程仍然认为，预先确定好的项目优先顺序是难以更改的。正如霍华德所指出的那样："项目成本过于频繁的变化，并不会导致项目优先顺序的变化；尽管项目的成本出现了波动，原有的项目排序却一如既往。"[1] 相关的情况还有，有时一个项目在优先顺序中的排列位置取决于该项目存在时间的长短，所有旧项目的排列位置都比新项目靠前。这种方法毫无道理可言，因为时间本身并不能增加一个项目的可行性。实际上，几年前进入优先顺序序列的项目，在最终获得资金的时候，可能已经失去了实施价值，或者已经被公众和市场所做的调整所取代。这个项目在很多年中都未获得资金支持，因为敏感的政府人员已经意识到该项目其实是一种非常低效的资金使用途径。而且，时间的流逝也无法增加这种项目的价值。当然，这些问题也可以通过在资本促进计划中对项目的持续评估来加以解决。

第二，资金的获得性也会改变决策。在确定项目最终优先级别时，适当的方法是将项目的成本和项目能给社区带来的收益进行总括性的比较——而在这种比较的过程中，项目资金的来源是无关紧要的。不过，有些项目可能会因资金来源而得到优惠待遇，原因可能包括：可以获得指定用途的资金（有些特定税收只能用于特定项目）；有些项目产生的收入可以用于偿还债务，而不须为此课征直接税，也不用去达到一般债务的规定；可以得到联邦政府或州政府的补助；某些个人合伙人对项目进行了资助。如果另外有人或机构（捐助者或其他层级的政府）愿意承担项目成本的一大部分，那么在进行项目选择时就必须加以考虑。对于政府而言，项目会因此变得更廉价，项目评估也应在此基础上进行。

第三，资本预算有时会毫无道理地偏好使用债务融资。但通过借款来购买资本性资产并不都是可行的。

例如，当所购买物品的数量比较多，并且这种购买行为经常发生时——例如一个规模较大的政府部门所购买的车辆，或者一个大型学区所使用的校车——那么这种物品通过经常性的资金流来购买会更经济一些，尽管如果只买一辆汽车通过债务融资可能要更好一些。此外，在经济强劲扩张时期，政府财政比较稳固，立法机关对于财政的前景也较为乐观，认为应当满足人们对基础设施不断增长的需求。这时通过债务来为资本预算融资可能会增加宏观经济通货膨胀的压力。即使稳健的经济管理表明，对生命周期比较长的资产的购买应当通过即期收入来完成，但将这些资产置于资本预算之中，也会诱使人们进行债务融资。

---

① Howard, *Changing State Budgeting*, 256.

第四，所有公共决策中都存在一个普遍的问题：确定项目之间的优先顺序。各个项目是如何进入资本预算的呢？本章稍后将要讨论的成本-收益分析方法，可能会对回答这个问题有所帮助，但与经常性项目一样，这个问题没有明确的答案。选举产生的首席行政长官所感兴趣的项目，往往更容易进入资本预算。

7.4 跨时期的会计核算：贴现与复利计算

贴现（discounting）与复利计算方法是大多数财务分析的基础。我们将在后面的章节中发现，该方法不仅被用于资本预算，而且是成本-收益分析、债务管理、基金投资以及税收政策的关键。理解时间价值的概念，对于充分发挥政府的财政职能是十分必要的。在基础设施融资中，应用时间价值的概念是至关重要的。多数公共项目，特别是那些资本预算中周期长、价格高的项目，其成本和收益很少只在一年中发生。更经常的情况是，最初的资本支出只发生在一年中，但项目的运行成本和收益会随着项目生命周期的发展而不断增加。在这种情况下，应当对项目过程中的时间因素给予特别的关注，因为未来某个时间点上的项目收益，要比当期的同等收益价值低。

这种将人员、企业和公共财政等因素考虑在一起并加以比较的方法，叫作贴现，贴现过程可以将一定时期中的收入流全部转化成某一时点上的价值。将项目的绝对规模和预期行动所造成的时间因素综合考虑，可以得出项目的现值（present value）。它应用了**资金的时间价值**（time value of money）这一概念。

为什么一年后收到的 100 美元的价值并不等于现在的 100 美元呢？通货膨胀对购买力的侵蚀和未来的不确定性，似乎可以给我们一个明确的答案。假定将来一定可以收到 100 美元，而且已经根据价格水平对它进行了调整：贴现的原因既不是通货膨胀也不是不确定性可以概括的。其原因在于，现在的 100 美元可以在这一年内提供一个有价值的服务流（或者利息流）。或者更准确地说，私人市场告诉我们，如果人们牺牲了对自己所拥有资源的即期使用，将资源推迟到将来使用的话，人们必须为此得到补偿。在年末，这 100 美元的所有者不仅可以得到 100 美元，还可以获得在这一年中使用这 100 美元所得到的收益流。因此，现在的 100 美元要比年底的 100 美元有更高的价值。这中间相隔的时间越长，给定数额的资金的现值就会越低，中间的收益流也会越大。

复 利

尽管时间价值原则（principle of time value）可以应用于任何资源和服务，但使用更多的还是收益的市场等价交换（资金价值）原则。对这个问题，可以通过对投资所得利息的服务流来进行分析。现在的 X 美元（本金）在一年之后就会变成 X 美元加上 X 美元乘以利率（本金加上本金所得的利息）。假定投资利率为 5%，今天投资的 1 000 美元，在一年之后可以得到 1 050 美元，换句话说：

1 050 美元＝1 000 美元＋（1 000 美元×0.05）

或者

年底的资金数额＝原有本金＋所得利息

如果设 r＝利率，PV＝现值，FV_1＝一年之后的价值，则有：

$$FV_1 = PV + PV \times r, \text{或者} FV_1 = PV(1+r)$$

其中，FV_1 等于原有的本金（PV）加上所得的利息（$PV \times r$）。

许多政策和管理问题都会涉及多年期的决策，其收益在几年之内都是可以复利递增的。换句话说，本金加上所得的利息还可以用于再投资，这样又可以进一步增值。例如，本金为 1 000 美元，5 年之后会按照 5% 的年利率进行积累。图 7-1 说明的就是年金的增长情况。其实，计算复利还有一种更简单的方法。还使用刚才引入的符号，1 年之后的价值为：

$$FV_1 = PV(1+0.05) = PV(1.05)$$

初始本金 1 000 美元	所得利息（利率×前期余额）（美元）	余额（美元）
年末		
1	50.00	1 050.00
2	52.50	1 102.50
3	55.13	1 157.63
4	57.88	1 215.51
5	60.78	1 276.29

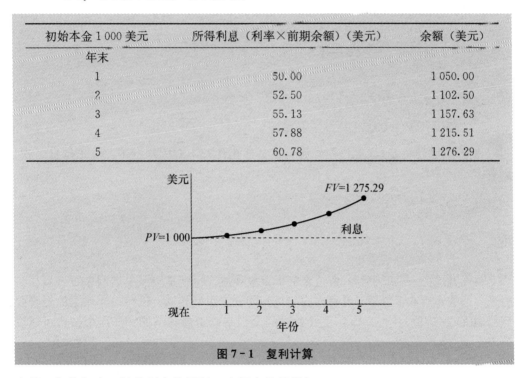

图 7-1 复利计算

在第二年的年末，随着利息的增长，金额会继续增加：

$$FV_2 = FV_1(1.05) = PV(1.05)(1.05) = PV(1.05)^2$$

在第三年年末，利息的增长幅度还是相同的：

$$FV_3 = FV_2(1.05) = \{[PV(1.05)](1.05)\}(1.05) = PV(1.05)^3$$

第四年：

$$FV_4 = FV_3(1.05) = \{[PV(1.05)](1.05)\}(1.05)(1.05) = PV(1.05)^4$$

不管有多少年，计算原理都是相同的。将其推广开来，如果 PV＝现值，r＝适用利率，n＝计算复利的期数，FV_n＝期末余额，则：

$$FV_n = PV(1+r)^n$$

对于前面的例子，有：

$$FV_n = 1\,000(1.05)^5 = 1\,276.29$$

随着时间一年年地过去，每年增加的价值会逐年升高。这是利息的复利计算造成的，也就是说，前一年收到的利息又会在下一年产生利息。私人财务顾问会提到"复利的魔力"，他们鼓励人们将自己的钱用于投资，以获得体会魔力，而他们则借此来谋生。复利并不是魔术，但它确实可以令资金增值。

财务合同中计算复利的期数通常大于每年一次。复利计算的公式可以根据半年、季度或者其他任何经常性的利息支付期数做任意的调整。例如，假设一年支付2次利息。如果年利率为10%，这就意味着前半年和后半年将分别支付5%的利息。这样，在半年的期末，本金加上利息的合计数额将分别为：

$$FV_1 = PV(1.05)\ (\text{第一个半年末的余额})$$
$$FV_2 = PV(1.05)^2\ (\text{第二个半年末的余额})$$
$$FV_3 = PV(1.05)^3\ (\text{第三个半年末的余额})$$
......

这样，在第 n 年的年末，

$$FV_n = PV(1.05)^{2n}$$

将这个公式向一般情况推广，如果在其他条件都不变的情况下，每年付息 x 次，则有：

$$FV_n = PV\left[1 + (r/x)\right]^{xn}$$

贴 现

贴现就是把未来所收到的资金余额折算成现值，也就是按照上述利率投资累积到将来余额的原有本金数额。计算方式与复利的计算正好相反。设想一年年末的资金累积额为 $FV_1 = PV(1+r)$，即年度开始时的金额乘以1与利率的和。这个公式可以变换为：

$$PV = FV_1/(1+r)$$

这意味着将数额为 PV 的资金按照 r 的利率投资，年末变成 FV_1。假设在年末可以得到1 000美元（$FV=1\,000$），如果投资利率为5%，今天的现值（PV）为多少时，才能在年末时累积到1 000美元呢？根据现值的计算公式，可得现值为：

$$PV = 1\,000\text{美元}/(1+0.05) = 952.38\text{美元}$$

也就是说，现在的952.38美元加上年末5%的利息（952.38美元×0.05=47.62美元）等于1 000美元：当利率为5%时，年末的1 000美元的现值为952.38美元。此处的利率通常称为贴现率（discount rate）。

如果投资期不止一年，情况又会怎样呢？调整所得利息的方法还是一样的，但由于利息是复利，因而计算看起来要复杂一些。换句话说，第一年所得的利息到第二年还要计息，依此类推。和一年复利公式的调整方法一样，对一般情况的复利计算公式进行调

整，$FV_n=PV(1+r)^n$，可以得到一般的现值公式

$$PV=FV_n/(1+r)^n$$

其中，

    $PV=$现值，

    $FV_n=$未来的期末价值，

    $r=$贴现率，

    $n=$收到最后余额的年数。

例如，未来 10 年后收到的 800 美元，假设贴现率为 10%，现值为 $800/(1+0.10)^{10}$，即 308.43 美元。

对于收益迥然不同的多年期项目来说，必须要使用这种方法来进行比较。假设一家政府机构有两个备选项目。每个项目的成本都是现期花费 1 900 美元（全部发生在现在），但 5 年内每年的收益情况却大不相同：

（单位：美元）

年末	项目 A	项目 B
1	1 000	480
2	300	480
3	1 000	480
4	0	480
5	0	480

每个项目的时间都不超过 5 年，哪一个项目所产生的净收益要更大一些呢？将这些项目的净收益进行简单的加总，A 项目为 2 300 美元，B 项目为 2 400 美元。但这种方法是不对的，因为收益产生的时间并不相同。

要想将两个项目进行合理的比较，需要将其收益流转化为现值。假设根据当前的一般情况，资金的收益率为 10%，那么 10% 就是一个可以使用的合理贴现率，比较结果如下：

（单位：美元）

年末	贴现因子	项目 A 收益	贴现	项目 B 收益	贴现
1	$1/(1.1)=0.909$	1 000	909	480	436
2	$1/(1.1)^2=0.826$	300	248	480	396
3	$1/(1.1)^3=0.751$	1 000	751	480	360
4	$1/(1.1)^4=0.683$	0	0	480	328
5	$1/(1.1)^5=0.621$	0	0	480	298
合计			1 908		1 818

在这种情况下，项目 A 的现值为 1 908 美元，项目 B 的现值为 1 818 美元。在这两个项目中，只有项目 A 的收益超过了成本。

当贴现率为 3% 时，情况又将怎样呢？如下表所示，这样一来，两个项目的现值都

会超过其成本：

（单位：美元）

年末	贴现因子	收益	贴现	收益	贴现
1	$1/(1.03)=0.971$	1 000	971	480	466
2	$1/(1.03)^2=0.943$	300	283	480	453
3	$1/(1.03)^3=0.915$	1 000	915	480	439
4	$1/(1.03)^4=0.888$	0	0	480	426
5	$1/(1.03)^5=0.863$	0	0	480	414
合计			2 169		2 198

实际上，在这种情况下，项目 B 的现值还要超过项目 A。这是因为，当贴现率降低之后，将来的收益对现值的贡献程度就变大了。可见，贴现率的选择将直接关系到公共决策是否正确，贴现率过高或者过低都会导致决策失误。

分析人员有时会通过计算贴现率为多少时可以使候选项目的现值相等，以此对候选项目进行比较。当贴现率在 4% 时，项目 A 和项目 B 的现值相等。如果贴现率高于 4%，项目 A 的现值要更高一些；反之，则项目 B 要更高一些。能够使两个项目收益流相等的贴现率被称为**内部收益率**（internal rate of return）。

年金公式——一种特殊的情况

在一些情况下，几年要贴现的收入流可能都是一样的。例如，一个新的汽车维修厂在 25 年中每年可以节省成本 20 000 美元。现在需要将成本节省额和维修厂的建造成本进行比较。正如上文所述，每年的资金流都需要折算成现值；有一个比较快的方法，可以用年金公式来计算收入流的现值。这种方法只需要一个计算公式。这个公式计算的是相同的贴现值，但是经过了数学上的简化。如果其他变量的定义保持不变，用 S 来代表年均的资金流，则有：

$$PV=(S/r)[1-(1/(1+r))^n]$$

对于更加频繁的复利期（半年、季度、月）来说，公式使用的原理都是一样的。在这个例子中，如果 $r=10\%$，汽车维修厂节省成本额的现值就为：

$$PV=(20\ 000/0.10)[1-(1/1.1)^{25}]=181\ 541 \text{ 美元}$$

这个公式将用于债券的定价（第 15 章）和将资本成本转换为等值的年均成本之中[1]。

---

[1] 这个公式也可以用于确定抵押贷款的还款数额（本金和利息），工程技术人员经常利用这个公式将资本成本换算为年均成本（年金化）。在这个公式中，将 PV（资金流的现值）替换成 P（贷款数额），解出 S（每期付款额）：
$$S=(P/r)[1-(1/(1+r^n))]$$
例如，20 年期 80 000 美元的抵押贷款，利率为 7%，每月应当偿还的本金和利息的金额为：
$$S=(80\ 000/(0.07/12))[1-(1/(1+(0.07/12))^{20})]=620 \text{ 美元}$$

7.5　决策的信息组织：成本-收益分析

由于社会难以负担对稀缺资源的浪费，因此，判断一个项目是否值得投资就成为公共项目决策的一个常见问题。成本-收益分析提供了一种方法，可以将关于一个项目的所有信息组织在一起，并合理地确定各个项目之间的优先顺序[1]。一家私人公司在分析一个重要项目时（例如，购买一辆新的送货卡车，将原来又旧又小的货车替换掉），需要将新卡车可以带来的预期收入和因此增加的预期成本进行比较。如果收入高于成本，购买卡车的选择就是对公司稀缺资源的有效使用；反之，这个项目就是不明智的。不合理地使用资源是没有意义的，不论这些资源是由私人部门还是政府使用。

成本-收益分析就是政府模拟私人部门的资本预算过程。政府可以借助这种工具来做出各种各样的决策，例如，购买信息技术系统、打造现代化的车队、开发水资源项目、制订传染病控制计划，以及建设新的公路和桥梁等。这种方法也可以用来对政府的管制措施进行评价[2]。然而，对于资本预算来说，成本-收益分析和私人公司所使用的决策过程非常类似：对项目可以为社会带来的收益与项目所耗费的社会成本进行分析和比较。如果收益高于成本，这个项目就是可行的；反之，则不可行。可行的项目之所以能够改善经济条件，是因为项目所使用资源带来的收益大于别的替代性方案。

对此表示怀疑的人指出，公共决策过程是一个讨价还价的政治过程，而不是政治中立的管理者参与的理性分析过程[3]。那么成本-收益分析能做什么呢？第一，成本-收益分析可以将被忽视的潜在受益人的政治影响扩大，明确项目成本承担者的政治主张。这样，就可以明确项目的成本和收益，在政治谈判中，要想忽视缺乏政治代言人的人们的意见，就没有那么容易了。有时，成本-收益分析还可以成为任何一派的有力武器，作为一种预算战略，可以指责对方"只为自己考虑"（it pays for itself）。第二，作为成本-收益分析动力的经济效率（economic efficiency），只是若干公共目标中的一个。即使决策所依据的并非主要是这些分析基础，公共政策所牺牲的潜在收益也是一个重要的信息。第三，成本-收益分析可以促使公共决策对各个备选项目的价值进行集中研究。各个项目的评估和竞争优先顺序的相关过程，对于做出正确的抉择是至关重要的，因此，成本-收益分析确实将注意力集中到了关键问题上。

成本-收益分析方法并不局限于复杂项目，还可以用于较小领域的公共管理决策，从既定任务的备选方案中做出选择。具体来说，可以用于有关修理-替换、租赁-购买、燃料转化、现代化选择、数据分析系统的购买等问题的决策。这些决策的目的就是要以

---

①　关于成本-收益分析更全面的分析，参见：Edward M. Gramlich, *Benefit-Cost Analysis of Government Programs*, 2nd ed. (Englewood Cliffs, N. J.: Prentice Hall, 1990).

②　对管制行为"最好的"经济分析，参见：Executive Office of the President, Office of Management and Budget, *Economic Analysis of Federal Regulations under Executive Order 12866* (Washington, D. C.: Office of Management and Budget, 1996).

③　联邦水资源项目是使用成本-收益分析方法历史最悠久的项目之一。然而，即使这些项目，(Eric Schenker) 和 (Michael Bunamo) 也指出，在对各个地区的情况进行分析时，他们发现这些项目也受到了纯政治因素的很大影响。参见："A Study of the Corps of Engineers' Regional Pattern of Investments," *Southern Economic Journal*, 39 (April 1973): 548-558.

最低的成本来完成一项任务，其中有些抉择会涉及资本性支出，有些则不会。

成本-收益分析的要素

正式的成本-收益分析包含以下五个步骤：（1）将项目目标进行归类；（2）就项目将对目标产生的影响进行估测；（3）对项目的成本进行估测；（4）以恰当的贴现率对项目的成本流和收益流进行贴现；（5）总结有益于决策的发现①。项目分析的具体内容，会根据项目的不同而有所变化。以下内容针对一些情况中的共同特征及其应用进行了分析。

项目目标

项目分析中首先应当明确项目的收益。项目的发生会导致什么样的理想结果呢②?项目和项目目标之间的关系必须是可追踪的，从而为成本-收益分析构建一个良好的基础。下面是一些相关的例子：快捷的运输系统可以提高交通速度（为出游者节省时间），降低交通事故的成本，并减少私人车辆的运营成本；水利工程可以减少水灾造成的损失，为居民和其他用途提供用水，提高污水净化的质量；新建成的消防站可以降低旧消防设施的运营成本，并降低该消防站所服务领域中预期的火灾损失；文字处理系统可以降低劳动成本和用于原材料与文档管理的费用。分析必须集中于那些项目中与众不同的因素。对于不能左右的决策因素进行评价是毫无意义的。其中的原则看似简单，然而事实上，除非不管做什么抉择都不会改变内容，否则，针对这些内容的变化，又会发生很多政策争论。

一个简单的例子可以说明必要的增量逻辑的某些元素。假设一个城镇正在设计一个报纸回收的项目：在垃圾车上装一些架子，用来收集路上扎成捆的报纸。这个城镇的职员估测的成本和收益如下表所示：

（单位：美元）

	年均成本
劳动力（需要新增一个人来收集和处理报纸）	14 000
购买架子并安装（使用寿命为 1 年）	400
分摊的卡车的运营和维护费用	1 500
分摊的公共事务部的管理费用	2 000
合计	17 900
	年均收入
每吨纸 15 美元，合计 980 吨纸	14 700
年均损失（或者所需的财政补助）	（3 200）

尽管这些估测是和会计原则一致的，那就是每个政府活动都应当承担本机构的活动

---

① 管理和预算办公室在通知 A-94 中为联邦政府提供了一个关于成本-收益分析的指南：Executive Office of President, Office of Management and Budget, Circular A-94 Revised (Transmittal Memo No. 64), October 29, 1992.

② 这是成本-收益分析，不是经济影响分析，因此支出效应不包含在分析中。该项目雇用的人员是一项成本和支出净额，而非收益。一个新的足球场可能会导致当地酒吧和酒店的消费增加，这是对那些公司的正面影响，但这些支出是要由出资人自己掏腰包的，所以这对他们也是不利的。对于整个经济和成本-收益分析而言，影响就被抵消掉了。

成本，但还是有同增量原则（the incremental principle）相矛盾的地方：只有由这个决策造成的成本，才应当在该项目中予以考虑。在本例中，对收入、劳动力成本、架子的成本估测都不存在什么逻辑错误：如果没有报纸回收项目，这些成本中的任何一项都不会存在，因此这些成本对于决策来说都是新增的成本。然而，管理、运营和维护费用的数据却存在一些问题：报纸回收项目的存在会影响这些成本吗？如果没有（事实可能就是这样的），这些成本就应当从这个决策中剔除掉。在根据增量原则对项目做出合理的调整之后，项目实际上并不需要财政补助，相反还可以提供财政收入（新增收入超出新增成本 300 美元）。另外，由于不用再将报纸运往垃圾处理厂了，因此还应当考虑减去原来垃圾处理的运营费用，这样一来，该项目的收益还可能增加。

收益估测和评价

参议院的水利工程评估指南这样来定义收益："与不实施这个项目相比，实施该项目之后所导致的产品和服务价值（扣除项目成本后）的增加或减少。"[1] 相同的分析思路适用于任何项目。因此，项目分析人员对项目生命周期中发生的实物变化和价值变化都要进行审议。没有一个方法可以适用于所有项目：用来评估员工培训项目收益的特定方法，与水利项目所使用的方法不同。然而，对于任何项目来说，项目决策所依据的都是估测结果，并非事实。只有历史才是经济和社会关系的事实。现在的决策无法改变过去业已发生的事实，对于将要发生的情况则只能进行预测。分析需要依据最好的预测；不能因为缺乏完整的信息就使分析过程半途而废，因为等到信息收集得非常完整时再进行决策，可能就为时已晚了。

第一步，要对项目实际规模的预期变化进行预测。有时，在将资源全部拨付给整个项目之前，对样本进行对照试验，可以估测出可能的结果。例如，弗吉尼亚州为了对一种车辆反光镜的收益进行估测，对安装了这种反光镜和没有安装这种反光镜的车辆的事故频率进行了随机比对实验[2]。这组对照试验的结果，可以用来估测如果整个州都使用反光镜会降低多少的交通事故。

然而，对照试验很少是可行的。更常见的是根据社会科学、物理学和工程学所设计的模型对这种变化进行估测。对于水利项目来说，水利模型可以估测水库、运河和航道对水流及水位的影响。根据这些信息，可以得出该水利项目对航行、水灾、自来水供应等的影响。根据经济分析和市场变化得出的引力模型，可以指出不同公共设施的吸引力。出行发生模型可以说明运输设施的变化引起的交通流量变化。任何模型都可以使分析人员运用从别的环境中得来的信息，对正在考虑的项目结果进行预测，从而评估项目带来的变化：分析模型是将政府投入和产出联系在一起的关键因素。哈罗德·霍维（Harold Hovey）指出了模型的重要性：

> 要分析任何项目……都需要一个模型，这个模型可以将我们对政府活动的投入
> 和预期的产出联系起来。好的模型不仅可以说明二者之间存在一定的关系，还会说

---

① U. S. Senate, *Politics*, *Standards and Procedures in the Formulation*, *Evaluation and Review of Plans for Use in Development of Water and Related Land Resources*, 87th Cong., 2nd sess., S. Doc. No. 87-97 (May 1962).

② Charles B. Stoke, *Reflectorized License Plates*: *Do They Reduce Nighttime Rear-End Collision?* (Charlottesville: Virginia Highway Research Council, 1974). 司机们不知道也不能控制所得到的反光镜类型。其实，这些反光镜无助于减少事故的发生。

明这种关系到底是什么样的……需要指出的是，一个详细的模型对于政府的系统分析来说是个巨大的贡献。只有模型足够详细，人们才能对它进行研究、批评、评价和改善。但是，在很多情况下，即使没有明确的模型，决策还是做出了。如果模型清楚，规划的运行结果不一定是最好的；但是，如果模型不清楚，规划的运行结果则一定会变差。[1]

在对项目所产生的影响做出估测之后，下一步就要对项目的价值进行估测了。这种评估可以将项目成本和规划收益进行比较，以说明这个项目是否提高了该地区的净福利水平。在比较的过程中，还要使用货币价值（money values）。这并不是为了突出货币的重要性，而是为了在将项目的价值和项目所耗用的资源进行比较时，提供一个常用的标准。例如，用于高速公路建设的 100 万吨水泥，可以将 5 000 辆汽车的使用寿命延长一年，即一种资源的消耗可以节省另一种资源。使用了稀缺资源之后，社区的福利水平会不会因此而提高呢？要将二者进行直接的比较是不可能的，因为二者（汽车和水泥）的单位并不相同。解决这个问题的一个有效方法，就是将汽车和水泥的相对价值进行比较：为了购买每一种产品，人们愿意放弃的一般购买力是多少？这种购买力的单位提供了一种度量标准。

不同项目有不同的估测方法，但是，当项目的价值可以和私人市场联系在一起时，更确切地说，当公共产品被看作中间品时，这种估测就变得简单了。例如，河流航运工程可以降低航运成本：河流运输成本和可选择方法的最低成本之间的差额，就是将航运的运输量提高的价值（请回忆几章之前田纳西州汤姆航道的例子）。评估就业培训项目的最好方法，就是比较接受培训人员在培训前后的收入差异。政府购买的许多资本性项目可以降低运营成本，在这种情况下，其中节省的成本就是项目的主要收益[2]。

然而，有些项目的产出无法与私人市场所出售的商品和服务联系在一起：这种产出有其自己的目的（如在城市公园放松身心），并不是因为它有助于另外一个生产过程。换句话说，这种产品就是最终产品（final product），与那些有助于私人产品生产的中间产品（intermediate product）并不相同[3]。当政府的产品或者服务就是最终产品时，或者项目会导致市场商品的价格发生变化时，就需要使用另一种方法了。这种方法就是对**消费者剩余**的估测，即消费者愿意为某种商品支付的最大价格和这种商品的市场需求价格之间的差异（对于不收取任何费用的公共服务来说，市场需求价格就是零）。尽管消费者剩余的内在原理非常简单，但是具体运用起来却一点儿也不简单：个人对产品或服务的需求曲线上的点，代表了他们对某一数量的这种产品的价值评价。人们愿意按照需求曲线上的价格水平来购买这件商品。但是，人们也不愿意为这件商品付出更多，因此，需求曲线上的价格就代表了人们对产品的估价。

图 7-2 说明了人们对参观公园次数的需求：如果参观 10 次公园，人们愿意支付的

[1] Harold A. Hovey, *The Planning-Programming-Bugetting Approach to Government Decision-Making* (New York: Praeger, 1968), 23.

[2] 美国职业橄榄球大联盟（NFL）特许经营权的公共价值已经通过房地产租金进行估计，并与没有特许经营 NFL 的城市进行比较。Gerald Carlino and N. Edward Coulson, "Compensating Differentials and Social Benefits of the EFL," *Journal of Erban Economics*, 56 (June 2004): 25-50. 通过对 NFL 的特许经营进行政府补贴进行成本-收益分析，说明这对于城市来说可能是一项好的投资。

[3] Richard A Musgrave, "Cost-Benefit Analysis and the Theory of Public Finance," *Journal of Economic Literature*, 7 (September 1969): 797-806.

最高价格为 5 美元；如果实际征收的价格高于 5 美元，人们愿意参观公园的次数就会减少，甚至根本就不去了；如果收费低于 5 美元，人们就得到了消费者剩余，也就是说，消费者获得服务的价格水平要低于他愿意支付的价格。这里的消费者剩余，等于人们愿意支付的最大价格和实际支付价格之间的差额乘以参观次数。如果价格为零（公园不收取任何门票），总的消费者剩余将为：

$$(10\times5)+(5\times5)+(2\times5)+(1\times5)=90(\text{美元})$$

这也就是服务需求曲线下方的所有面积。

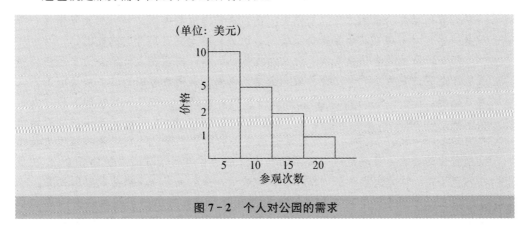

图 7-2　个人对公园的需求

公共服务很少用于出售，那么怎样将服务的需求数量看作价格的函数呢？在需求曲线的构建中，人们认识到，即使服务是免费的，也需要支付隐含价格（implicit price）。人们必须承担抵达免费场所的成本，这种成本就是隐含价格。使用者模式分析可以对需求曲线进行评估。根据传统曲线的形状，距离公共设施比较近的人（交通成本，或"潜在价格"更低者）通常对公共设施的使用（需求数量）更加频繁[1]。对消费者剩余进行估测也不是没有任何问题，但对于这类公共服务来说，这确实是最合理的方法了。专栏 7-2 中的意愿调查法为评估纯公共产品的需求提供了另一种方法。

专栏 7-2　对非市场性产品的价值评估

公共物品的非排他性，使得无法对这种产品的市场价值进行直接度量。产品的市场价值是根据买卖双方在交易中的独立决策体现出来的。公共物品的非排他性意味着，在出售这种产品时不能收取一定的价格以弥补提供服务的成本，而购买方所支付的价格也不能充分反映服务的社会价值。当公共物品交易发生时，公共物品的价格无法反映该服务的社会价值。

那么，对于纯公共物品来说，是否有一种市场化的估价方法呢？经济顾问委员会（the Council of Economic Advisers）在其 1993 年的《总统经济报告》中描绘了一种在实践中已经使用的方法。

由于公共物品是无法在竞争性市场上进行交易的，市场也就没有办法根据其价值

---

[1] 一个经常被引用的例子，是通过旅行成本估计需求曲线，具体参见：Frank Lupi et al.，"The Michigan Recreational Angling Demand Model," Agricultural Economics Staff Paper 97-58, Department of Agricultural Economics, Michigan State University, January 1998. 该案例估计了美国各州对休闲钓鱼的需求。

来为之定价。要度量提供公共物品的收益确实困难重重。一个方法就是根据实际市场或能够观察到的经济行为，来推断一种公共物品的价值。例如，为了估测人们对于优美自然风景的评价，经济学家可能会对这种自然风景对周边不动产价格的影响进行度量。人们对公园的评价也可以反映在人们参观和使用公园所花费时间和资金的数量上。

意愿调查法使用的是公众观点调查的方法。民意测验员可以向人们询问，人们愿意为生产或者维持一项公共物品所支付的价格，或者生产这些公共物品所需要的成本。意愿调查法的支持者们认为，当不能根据实际的市场行为做出推断时，这是一种可靠的估测价值的方法。从原则上说，这种方法考虑了这样一种实际情况，那就是一些人对一项公共物品定价比较高，而另一些人对其定价则比较低。

然而，意愿调查法也受到了大量的批评。例如，被调查人员不会为自己在调查报告中所说的数额负责，这会导致调查结果偏高。被调查者的回应会对提问的方式非常敏感。[有一次，当民意调查员在得出项目价值之前问了一些别的问题，人们对溢油（oil spills）治理项目的一个指标就改变了300倍。]意愿调查法的调查结果也可能会不一致。（例如，一项对意愿调查法的研究表明，人们愿意为清理少量溢油所付出的资金，要超过对少量溢油和大量溢油都进行清理所支付的资金。）在很多情况下，一次意愿调查法的结果难以被验证，除非被另一次意愿调查所证实。

当意愿调查法被用来估测价值较为抽象的产品时，这些问题就会变得更加严重。一项研究表明，如果将意愿调查法用于估测一项保护濒临灭绝的美洲鹤（whooping cranes）的项目时，结果会高达每年370亿美元（比联邦政府每年用于教育和智力开发的经费还要多）。最后，即使意愿调查法中的所有问题都得到解决之后，也必须确保不将这种方法用于对政府政策进行片面的评价。例如，这个保护濒危美洲鹤的计划可能会使有些人失业。370亿美元的数字可能会被那些支持这个项目的人引用，用来表明该项目的收益超过了其成本。而反对这个项目的人也可以自己开展一次意愿调查，说明他们多么不愿意因此而失去工作。

意愿调查法得出的评估结果并不完美，但它在排除非市场影响方面是可取的（往往假定它们并没有价值）。

资料来源：Executive Office of the President，Council of Economic Advisers，*Economic Report of the President Transmitted to the Congress January 1993*（Washington，D.C.：U. S. Government Printing Office，1993），209.

项目的成本估测①

对项目的资源成本的估计中，包括了项目的建设成本和项目生命周期内的运营成

① 与成本-收益分析非常类似的是成本-效益分析（cost-effectiveness analysis）。这个办法比较了达到一个既定目标的相对成本，但不试图估测达到这一目标所能获得的收益。例如，一项对阻止飞机劫持的成本-效益分析发现，通过在飞机上配备联邦空中警察来救人的人均成本是1.8亿美元，而通过加固驾驶舱门来救人的人均成本则是80万美元。M. G. Stewart and J. Mueller，"Assessing the Risk，Costs and Benefits of United States Aviation Security Measures，" Center for Infrastructure Performance and Reliability，University of Netcastle（Australia）Research Report No. 267.04.08，2008. 在预算既定的条件下，加固驾驶舱门比在飞机上配备空中警察更为合理。

本。显然，在这些成本估测活动中，需要工程技术人员与精通成本计算的会计人员的密切合作，特别是当涉及公共设施的大型建设项目时更是如此。然而，分析人员必须认识到，对于社会来说，项目的重要成本是项目所耗用资源的机会成本（opportunity costs）："一项决策的机会成本，是指由于这项决策牺牲掉的其他选择……机会成本需要度量的就是这种牺牲的大小。如果在决策的过程中不涉及机会成本，那么这项决策几乎就是免费的了。"[1] 决策过程中真正需要考虑的成本就是机会成本，这才是决策的真正成本。根据最初购买资源的价格，形成了三种对成本估测进行调整的方法。第一，一般的成本估测只包括私人成本和内部成本。然而，许多公共项目会给一些人带来负面效果，即负外部性（negative externalities）。例如，市垃圾焚烧厂所产生的污染物对周围环境的危害，以及建设政府办公楼造成的交通堵塞。这些都给市场交易之外的主体造成了成本，但这些成本对于社会来说，就像工人的工资和建筑材料的价款一样真实。这些调整需要使用与效益评估一样的间接方法——这些影响在逻辑上是社会的负收益。

第二，当项目所使用的都是未使用的资源或这些资源没有其他机会用途时，进行成本调整就是合适的。在这种情况下，当项目耗费这些资源时不会存在资源的机会成本。因此，项目使用资源的实际社会机会成本为零，而不是向资源所有人所支付的资金成本为零。由于这个原因，当存在大量失业时，一些在经济上通常是不可行的项目，却变成比较明智的选择了，因为这样可以利用闲置的资源生产想要的产品，并且不会因此带来经济损失。

第三，许多公共项目使用的都是已经为政府所有的资产。政府再想利用这些资产，就不再需要支付现款了。当决定在一个地点要修建高速公路、垃圾焚烧厂还是实施其他项目并进行比较时，当对这个地点的修建使用的是公共财产时，所需要的财务成本最低。但是，在这个地点兴建项目的真正社会成本是这个地点当前（或其他可能的）用途的价值。如果这个地点被用作别的用途，那么这个社区的损失是多少呢？将政府拥有的资产成本估定为零，是没有任何道理的。而且，过去为这项资源所支付的资金（其历史成本），可能对于现在没有什么参考价值。例如，如果市政当局要投资 150 万美元建设一个新的垃圾焚烧厂，但是这个垃圾焚烧厂不能将该市所产生的垃圾全部焚烧掉，那么这个垃圾焚烧厂的价值将低于 150 万美元，而且，除非这个垃圾焚烧厂的设施还有一定的残值，否则，其价值将近乎零。

项目决策必须依据所牺牲掉的机会成本。对于现在的决策来说，过去所支付的成本（历史成本）几乎没有什么现实意义，现在的决策要取决于当下选择的成本。

贴现率的选择

公共项目通常可以产生持续若干年的成本流和收益流。因此，应当将二者转化为现值之后再进行比较，而贴现就显得很有必要。然而，没有一个现成的贴现率可以作为成本-收益分析中比较合适的比率[2]。市场的不完善和风险的差异会使经济存在很多利率。选择贴现的两个重要方法是：政府借入资金的成本（政府应当支付的利率水平）和私人

---

[1] William Warren Haynes, *Managerial Economics* (Plano, Tex.：Business Publications, 1969), 32.

[2] 联邦储备银行的贴现率，是联邦储备银行向联邦储备系统成员银行发放贷款的利率。尽管这个利率经常被发布为贴现率，但在财务管理中，进行贴现和复利计算时使用这个利率是不合适的。

经济活动的机会成本（资源用于私人经济活动可以获得的收益）。这两种方法可以根据具体条件选用。

借入资金的成本与私人项目的分析比较类似，即这是借款人应当支付的利率。由于多数公共项目资金的最终来源都是税收收入，因此，使用政府的借款利率进行贴现，不一定能将资源分配到可以带来最大产出的领域。由于联邦政府实际上不存在赖债不还的风险，因而政府借款的利率非常低。使用这个利率来分配资源，会将资源从高产出的私人部门转向低产出的公共部门。专栏 7-3 说明了联邦政府的不同理念和规则。对于州和地方政府来说，借款利率可能尤其具有误导性，因为许多州和地方政府的债务利息都可以从联邦所得税中剔除掉，使得这些政府的借款利率大大低于市场利率①。

专栏7-3　应当选用什么贴现率？

联邦政府有三个比较大的政府财政管理部门：管理和预算办公室、政府问责署和国会预算办公室。这三个财政部门在对以下问题进行分析时，都要进行贴现：资本支出项目、租赁购买决议、管制审查（regulatory review）、评估待出售的固定资产等。但各部门使用的贴现率有所不同。下面对这些贴现率进行简明的总结。

在《A-94号简报》中，管理和预算办公室为几乎所有的行政机关制定了贴现政策。目前，对基本分析规定的实际贴现率为7%，大致相当于近年来私人部门投资的平均税前边际收益率。但是，也有与这种基本分析不一致的情况。水利项目分析运用的是基于前一个财政年度的、有息的、可交易的美国债券的平均收益率，这些债券通常会有15年或者更长的到期条款。不变成本的成本-效益分析，应当使用期限与分析期相当的财政部可交易债券的实际借款利率；除此之外，对名义租赁付款的租赁购买决策的分析，应当使用与分析期相当的财政部可交易债券的名义借款利率。联邦政府内部的投资，不管是可以增加联邦政府收入，还是可以降低联邦政府的成本，一般都应当使用相同期限的国库券利率。

政府问责署使用的贴现率依据的是：期限从1年到项目生命周期的、可流通的财政部债务名义收益率的平均值，其收益和成本都是名义值。所有的评估使用的都是相同的比率，对市场敏感度的分析也要由政府问责署来批准。

国会预算办公室使用的是财政部债券的实际收益，将这个比率的两个百分点用作敏感度分析（sensitivity analysis），并用两个百分点检验其可变性。资产评估使用的是与私人部门具有可比性的利率。

资料来源：Randolph M. Lyon，"Federal Discount Rate Policy, the Shadow Price of Capital, and Challenges for Reform," *Journal of Environmental Economics and Management*, 18（March 1990），Part 2；and Office of Management and Budget，Circular A-94 Revised（Transmittal Memo No. 64），October 29，1992.

使用出售产品和服务所取得财政收入的公共管理当局可能会使用这个利率，因为这样可以估测出市场对企业前景的态度。然而，即使在这种情况下，将利息从所得税中扣

① 对于一个联邦税率为35%的人来说，收益率为15%的应税公司债券的税后收益率和收益率为9.75%的免税市政债券是一样的。计算方法是15%减去应缴纳的税额，得到税后净值，即15-（0.35×15）=9.75。

除也会使分析变得更加复杂。

私人支出所取得的收益通常更适合进行成本-收益分析（这种分析的目的是发现能够提高社区福利的经济行为）。这是一个分析人员必须要估测的比率，但是并不存在一个明确的利率。威廉·鲍莫尔（William Baumol）简要说明了这种观点：

> 如果一种资源在私人部门中产生的收益率为 $r\%$，那么，当这些资源在公共部门中产生的收益率大于 $r\%$ 时，这种资源应当被用于公共项目；反之，如果这种资源在政府投资中的潜在收益率小于 $r\%$，这种资源则应当留在私人部门中使用。[1]

这里的问题是，要对替代资源的收益率进行估测，因为只有公共项目的收益超过机会成本时，公共资源的配置才会有效率。一般来说，这个比率可以按照以下公式进行估测：

$$r_p = k_1 r_1 + k_2 r_2 + \cdots + k_n r_n$$

式中，

r_p＝资源的替代收益率（项目的贴现率）；

k＝一个特定部门所分担的项目成本的比例（通常是向这个部门课征税收总额的比率）；

r＝一个特定私人部门的投资收益率；

n＝具有替代资源的私人部门的数量。

这个加权平均值可以对替代资源的私人机会成本提供切实可行的估测，从中得出的贴现率可以用于估测预期的成本流和收益率[2]。

决策标准

项目分析的最后一步就是将决策标准运用于对成本流和收益流进行贴现，以总结对项目的经济评价。这种总结可以说明某个项目在经济上是否可行，也可用于对一个有限预算中的多个项目进行排序。其中，经常使用的两个标准是收益-成本率（benefit-cost ratio，BCR；收益现值除以成本现值）和项目的净现值（net present value，NPV；项目收益的现值减去项目成本的现值）。如果 B＝项目收益，C＝项目成本，r＝相应的贴现率，t＝项目寿命中的年份，T＝项目时期，则有：

$$NPV = \sum_{t=1}^{T} \frac{(B_t - C_t)}{(1+r)^t}$$

以及：

$$BCR = \frac{\sum_{t=1}^{T} \dfrac{B_t}{(1+r)^t}}{\sum^{T}_{t=1} \dfrac{C_t}{(1+r)_t}}$$

---

[1] William J. Baumol, "On the Discount Rate for Public Projects," in *Public Expenditures and Policy Analysis*, eds. Robert H. Haveman and Julius Margolis (Chicago: Markham, 1970), 274.

[2] 当这种影响的时间非常长时，例如，有些环境政策的时间期限长达数百年，将很难确定合适的贴现率。其长期影响可能会很大，但按照正常的贴现率，这种影响会逐渐消失。针对这些情况的一些选择可以参见：Paul R. Portney and John P. Weyant, eds., *Discounting and Intergenerational Equity* (Washington, D.C.: Resources for the Future, 1999).

项目的经济效率标准要求 NPV 大于 0，BCR 大于 1。也就是说，如果满足了这个标准，该项目所使用的资源就可以提高经济福利水平，因为将资源用于其他项目所产生的社区收益只会更少。这些标准将政治问题、财富的再分配问题、地区问题和其他一些重要问题都忽略了，净现值和收益-成本率主要关注的是项目的经济问题。专栏 7-4 描述了如何利用成本-收益分析工具分析资本项目。

专栏 7-4 运用净现值法评估资本项目的一个具体案例

一所知名大学举行了一场全国电视直播的橄榄球比赛，这个糟糕的赛季即将结束，但是，举行比赛的场地状况不佳，来自全国各地的校友都抱怨这给他们的母校带来了极坏的印象。这所大学必须要更换场地草皮。它有两个选择：传统草皮或一种叫"天文表演"（Astro Play）的人工草皮。"天文表演"需要 446 000 美元的安装成本，但是没有每年的维护费，而且可以使用 11 个赛季。用传统草皮要花费 110 000 美元，只能使用 3 个赛季，而且，在不更换新草皮的年份，年度维护成本为 20 000 美元，假设合理的贴现率是 5%，那么使用"天文表演"的净现值是多少？

使用"天文表演"的净现值通过比较在 11 年的周期内两种选择成本的现值来计算。传统草皮成本的现值等于安装人工草皮获得的收益，因为这是使用人工草皮可以避免的成本。而人工草皮的成本则仅等于其安装的成本，因为在其整个使用过程中不会再有其他开支。

备选方案的成本流、合适的贴现率因子 $[(1.05)^n$（这里 $n=$ 安装开始后的年数）$]$ 和备选方案的贴现成本都在下表中列出：

	传统草皮的成本（美元）	贴现因子	传统草皮成本的现值（美元）
初始年份	110 000	1.000	110 000.00
第一年	20 000	1.050	19 047.62
第二年	20 000	1.103	18 132.37
第三年	110 000	1.158	94 991.36
第四年	20 000	1.216	16 447.37
第五年	20 000	1.276	15 673.98
第六年	110 000	1.340	82 089.55
第七年	20 000	1.407	14 214.64
第八年	20 000	1.477	13 540.96
第九年	110 000	1.551	70 921.99
第十年	20 000	1.629	12 277.47
第十一年	20 000	1.710	11 695.91
合计			479 033.22

使用"天文表演"的净现值等于贴现后的收益和贴现后成本的差额。贴现的收益为 479 033.22 美元，贴现的成本为 446 000 美元。净现值为 33 033.22 美元，收益-成本率为 1.07。内部收益率可以这样计算：第一个赛季的收益流等于-336 000 美元（多出来的初始成本是选择人工草皮造成的），但在其后的每个赛季中都将从使用"天文表演"的选择中得到收益（草皮的花费会节省下来），其内部收益率为 6.788%。

这支橄榄球队或许还会输，但成本-收益分析指出，为了给大学节约些钱，比赛应该在人工草皮上举行。就算比赛输了，也可以让学校的比赛场地看起来不错！

此外，还应该简要地介绍另外两个衡量标准：投资回收期（payback period）和内部收益率（internal rate of return）。回收期法将项目的资本成本除以项目的预期年度净收益，可以得出弥补全部资本性成本所需的年数。例如，一个资本成本为 8 000 美元的项目，每年的净收益如果为 2 000 美元，其回收期将为 4 年。回收期越短，说明项目越值得实施。但是，这种方法存在着缺陷，既没有考虑项目收益的时间价值（将项目晚期的收益和项目早期的收益同等对待），也没有考虑到回收期结束之后的项目收益情况。例如，对于表 7-3 中的项目来说，使用回收期法进行排序，项目的优劣顺序（从优到劣）为 A、B、C。如果贴现率为 10%，这三个项目的净现值将为 $A=2\,909$、$B=909$、$C=1\,292$。因此，粗糙的回收期法通常不能作为项目评估的主要依据[1]。

　　内部收益率法试图寻找能够使项目的收益现值等于成本现值的利率水平。可以将这个收益率和贴现率进行比较：如果项目的收益率高于贴现率，那么项目在经济上就是可行的。为了说明内部收益率的计算，可以使用表 7-3 项目 C 的有关数据。内部收益率（r）是使项目将来的净收益流完全等于项目资本成本现值的比率：

$$10\,000=(3\,000/(1+r))+(4\,000/(1+r)^2)+(7\,000/(1+r)^4)$$

　　r 只能不断地通过试值法来计算，直到等式两边相等为止。这个例子中的计算是比较简单的（解为 $r=16.23\%$），但如果项目持续多年，计算就会变得非常烦琐了。值得庆幸的是，电子计算机可以通过编程完成这项工作。内部收益率的计算是很多个人计算机电子表格程序的一般功能，许多电子计算器也有类似的功能[2]。

表 7-3　　　　　　　　　　　　投资回收分析

年度净收益（年末）

（单位：美元）

项目	资本成本	第一年	第二年	第三年	回收期
A	10 000	10 000	0	0	1 年
B	10 000	9 000	1 100	0	1 年以上
C	10 000	3 000	4 000	7 000	3 年以上

　　然而，比较起来，还是计算现值的方法更为"简单、安全、容易和直接"[3]。因为在项目的投资期内，可以使用不同的贴现率，这就避免了计算多次内部收益率的问题，也不需要再进行额外的测试来证实所得到的收益率的正确性。项目分析可能不仅需要对许多项目的经济可行性进行分析，有时还需要从几个候选项目中选择几个特定的项目。在对多个项目进行排序的过程中，可以使用的排序指数有：成本-收益率和净现值[4]。使用不同标准得出的项目排序通常是一样的，但有时也会出现不同，特别是当项目之间

　　[1]　然而，最近一项研究发现，加拿大的城市在资本预算中对投资回收期方法有明显的偏好，尽管它有明显的缺陷。Yee-Ching Lillian Chang, "Use of Capital Budgeting Techniques and an Analytic Approach to Capital Investment Decisions in Canadian Municipal Governments," *Public Budgeting & Finance*, 24 (Summer 2004): 40-58.

　　[2]　在 Excel 表中，内部收益率可以通过以下方式计算：内部收益率函数@irr（value guess），其中"值"（value）是要计算内部收益率的现金流的单元格范围（第一个值为负值），"猜想"（guess）是你猜测的内部收益率，一般情况下，你不需要输入猜想，因为表格会自动使用 10% 来计算，这样做是有效的。

　　[3]　Harold Bierman, Jr., and Seymour Smidt, *The Capital Budgeting Decision* (New York: Macmillan, 1975), 57.

　　[4]　超额收益与成本的比率（收益减去成本再除以成本）并不能提供额外的信息，因为这样得出的项目排序结果与使用收益-成本率是一样的：$B/C=[(B-C)/C]+1$。

的规模差别比较大时。应选择哪一种排序结果呢？净现值法还是收益-成本法呢？

表 7-4 说明的是两个资本项目成本和收益的贴现值。如果项目的预算金额为 500 美元，应该采用项目 A 还是项目 B 呢？项目 B 的净现值比较高，而项目 A 的收益-成本率却比较高。每个评估标准都说明了项目中的一些具体内容。根据收益-成本率对项目进行排序，假定不管每个项目的规模增加多少，都不会改变其收益关系。在上述的例子中，收益-成本率排序假定项目 A 能够以相同的收益率（667 美元）扩大至现规模的 $3\frac{1}{3}$ 倍，产生的净现值为 167 美元。如果决策要依据收益-成本率这一标准，就要求这种规模的扩大在技术上和经济上都是可行的。根据净现值对项目进行排序，假定在收益-成本率相同的情况下，不能改变项目的规模，其他项目的投资流都是事先给定的。

表 7-4 不同排序标准引起的项目冲突

项目	成本（美元）	收益（美元）	净现值（美元）	收益-成本率
A	150	200	50	1.33
B	500	600	100	1.20

当然，在很多情况下，任何一种假设都不能得到完全的满足。这时，只有对可用资金可能组合的所有规模的项目的收益现值进行比较，才能做出决策。如果项目分析只是为了确定项目在经济上是可行的，而不是为了在既定的预算中进行资源配置，其实任何一个方法都是可以的：只要净现值是正的、收益-成本率大于 1，就说明这个项目是可行的。只有在对项目进行优劣排序时才会出现项目间的冲突。在对公共项目进行分析的过程中，难题主要包括估测预期收益、成本和贴现率，而估测标准出现矛盾的情况还是比较少的。在更多的情况下，只要能够知道一个项目是根据哪一个标准成立的就足够了，因为我们是在决定是否继续进行一个项目，而不是给一组项目排序。

成本-收益分析中的一些特殊问题

多重目标

成本-收益分析提供了有关项目对经济造成影响的信息。然而，项目所造成的整体经济影响，可能并不是一些项目的唯一或最重要的目标，特别是与收入再分配相关的项目。如果收入再分配是重要的，那么，社会中的一些人获得收益会比另一些人获得收益更重要。市场价值不会对这些目标进行度量，因此，收益价值只有在经过具体的调整之后才能将对收入再分配的关注包括其中。

通常的成本-收益分析对所有经济主体都是同等对待的，项目使谁获得了收益、给谁造成了损失都无关紧要。该方法接受了福利经济学的理论补偿标准：只要一项公共决策的收益足以弥补它所造成的损失并且还有剩余，那么这项公共决议就可以说是正确的[1]。支持公共决策不应当考虑项目的收益和损失在社会范围内分布的观点有：（1）对收入分配的影响可以忽略不计[2]；（2）公共投资作为再分配工具，既不是最合适的，

[1] J. G. Head, "The Welfare Foundations of Public Finance Theory," *Rivista di Diritto Finanziaro e Scienza Della Finanze*, 24 (September 1965): 379-428.

[2] Otto Eckstein, *Water Resource Development* (Cambridge, Mass.: Harvard University Press, 1958), 36-37.

也不是最有效的，其他财政政策可以很轻松地纠正投资对收入分配造成的不良影响；（3）许多长期项目的收益都是按时间随机分布的，因而如果将这种总体效果平均开来，就不会对收入再分配产生什么影响了。根据这些理论，可以忽略公共决策中的收入再分配问题。但是，与此不同的另一种观点正在不断增强，认为上述分析假设的过于极端，并认为社会上的一些群体总是不能从公共选择中获益。

对收入分配问题的处理方法通常有两种。有些分析人员根据受益人的社会重要性来加权项目收益，从而分析对收入再分配的影响。有价值群体（社会想要援助的群体）获得的收益，要比其他人获得的收益更重要。显然，权重的选择成为一个问题。伯顿·韦斯布罗德（Burton Weisbrod）使用的权重，是根据过去没有进行严格成本-收益排序的公共项目决策得出的①。但是，这种方法并没有解决收入分配应当如何变化的问题，而是在传统模式中更加强调了这种分析。此外，这种模式反映的是国会代表们的政治影响力，并非社会特定群体之间的相对重要性。约翰·克鲁提拉（John Krutilla）和阿图·埃克斯坦（Otto Eckstein）用联邦税收的边际税率作为分析这种问题的权重，假定这些税率可以大致反映出再分配对社会中不同群体的重要性②。这种方法并没有对收入分配进行直接考察，但其中也涉及政治影响问题。此外，该方法也没有考虑法定税率（税法中规定的税率）和实际税率（剔除跑冒滴漏等因素之后的税率）之间的差别。并且，一旦税率结构发生变化，对项目的估值就需要重新进行修订。这似乎不太合理。在其他分析方法中，分析人员使用了不同的权重。这些方法都遵循了一个共同的原则，即分析人员在分析过程中应当做到公正客观。对于分析人员所使用的价值系统，决策者可能不予认可或者根本就不接受。

另一种方法为罗兰·麦基思（Roland McKean）所推崇的，他主张将一般成本和收益总额以及收益和成本在人口中的分布情况放在一起进行考查③。许多分布情况，如人们的收入、年龄、种族、性别和地理区域等，在分析过程中可能都很重要。经过这样的分析，分析人员不用再衡量各种群体的权重。决策者可以按照自己认同的权重，来向不同受益群体提供政府服务。这种分布的种类和数量在不同政府项目中会有所不同。如果分析人员的目标是向决策者和消费者提供信息，而不是为了形成社会收益最大化的最终决策，那么这种对不同分布情况的分析将很有必要。

对能够挽救人类生命项目的评价

当公共项目的目的在于减少人员伤亡时，就会产生一些棘手的问题。这些项目包括运输安全、癌症研究、营养教育、消防等。政府对这些项目的资源分配，可能会决定一些人的生死存亡。这些决策是令人头痛的，但人们已经做出并且还将继续做出这样的决策。真正的问题是，决策者是否清楚自己承担的价值。任何拒绝向能够减少人员伤亡项目提供资源的决策，都隐含了一种对生命的估价。这些决策认为，生命的价值要小于被否定的项目的成本。那么，这种隐含价值——在分析中被称为"统计生命价值"（value

① Burton A. Weisbrod, "Income Redistribution Effects and Benefit-Cost Analysis," in *Problems in Public Expenditure Analysis*, ed. Samuel B. Chase (Washington, D. C.：Brookings Institution, 1968), 177-222.

② John V. Krutilla and Otto Eckstein, *Mutiple-Purpose River Development* (Baltimore：John Hopkins University Press, 1958).

③ Roland MacKean, *Efficiency in Government through Systems Analysis* (New York：Wiley, 1958), 131-133, 208, 242.

of a statistical life）——是否合理呢①？它不是对任何特定个人生命的评价，但它提出了这样的问题："市场交易中观察到的个人行为能否告诉我们，我们究竟愿意支付多少钱来减少某个人的生命损失呢？"

人们设计了很多方法对救死扶伤项目的价值进行评价，尽管这些方法中没有一个是完美无缺的，但是其中一些方法比其他方法有更强的逻辑基础。从历史上看，第一个方法是未到期寿险的平均面值，该方法的逻辑基础是人们根据这种方法对自己的生命损失进行估价。这是一个很容易观察到的估测方式，而且是从个人的市场选择中得出的。这个方法存在的明显问题在于，每个人购买寿险的动机都是不同的，一些动机和潜在死亡没什么关系（例如，强制自己储蓄），而且，人们持有寿险的情况也因家庭特征的不同而千差万别。这些因素的存在，使保险价值一般不适于救死扶伤项目的评价。

第二种方法是人力资本法或收入损失法。这种方法将人看成是机器设备的某种等价物。因此，获救生命的价值，就是一个人在有生之年的收入的现值减去他在工作生涯中维持生计的成本的差额。这种方法认为，这样计算所得出的就是个人对经济的贡献，也就是受害者所损失的潜在收入，即挽救生命的价值。这种方法中存在的问题包括：使用什么样的收入模式，以及生产的狭隘定义是否能够真实地反映出一个人的社会价值。现在已经很少有人使用这种方法了②。多数人都宁愿付出比自己的收入更多的资金，也不愿意自己的生命受到威胁，身体受到侵害。因此，政府使用这种方法在救死扶伤项目上所花费的资金可能远没有公众希望的多。

第三种方法，用愿意付款的数额来估测人们愿意为减少生命所面临的风险而支付的金额，然后用这种估测结果来计算生命的统计价值。有些职业（如森林伐木、海上钻探等）要比需要类似技能的其他工作存在更大的生命危险。雇用从事高风险职业的工人所需的工资津贴，可以用于估测劳动力市场上的生命价值。因此，挽救生命的价值可以直接从人们所做的决策中体现出来。下面介绍这个方法的运作方式。假设现在有两个工作，一个是老师，另一个是伐木工人。伐木工人在任何一周都会面对比老师更高的失去生命的风险——高出 1/100 000 的风险。因为工作风险较高，伐木工人的工资必须高一些——假设市场证据表明，他们每周应该比老师多赚 50 美金。如果 10 万个人要做出选择，每个人都会认为这份多出的危险可以接受，只要工资会因为这个危险而增加 50 美元，那么整体上伐木工人最多愿意支付 500 万美元（100 000×50 美元）来避免一个致命的风险（100 000×1/100 000）。但是，监管这个方法还有一些逻辑上的问题，例如，估测出的价值可能非常低，因为那些工作显然会吸引一些人，这些人对待风险的态度与别人截然不同（有些人实际上就喜欢极端的冒险），但很明显，这个方法是通常情况下所能做出的最优估测③。

每次通过某个项目的备选方案而拒绝另一个时，政府决策确实对挽救生命进行了隐

---

① 在一些讨论中，使用"死亡风险价值"（value of mortality），而非"统计风险价值"（value of a statistical life）。这只是一个术语问题。

② 相似的情况存在于有关军用飞行员的安全决策。这里所使用的价值就是培训军事飞行员的成本，将安全成本和可以估测出的价值进行比较。这样是否会使飞行员感到稍许不安呢？此外，这种方法还可以用于错误致死的案件分析中。在向死难者家属赔偿抚恤金时，所要考虑的因素之一，就是受害者在世时所得收入净现值的估测值。

③ 这个领域的开拓性工作可以参见：W. K. Viscusi, "Wealth Effects and Earnings Premium for Job Hazards," *Review of Economics and Statistics*, 60 (August 1978): 408-416. 可以根据情况进行随机调查，问人们愿意为减少伤亡付出多少。

性评价①。这种估测是不可避免的。然而，对数字的坦率往往会引起很多争议。例如，当爆出美国环保局在 2008 年使用一个 690 万美元的"统计生命价值"的数据，与 5 年前的 780 万美元形成鲜明对比时，在媒体上引起了轩然大波。在道德上这是对还是错？这超出了公共预算的能力范畴，但从中却可以反映人们愿意为降低微小的风险而付出代价的意愿有多么强烈。在民主社会，难道个人选择不应该指导公共选择吗？成本-收益分析必须确保这种估测是清楚的，并且前后一致。当然，我们也无法期待更多。但公共选择不可避免地会产生隐性决策，就像某些建议被接受而另一些被否决那样，对于公开透明的目标而言，清晰明确至少是恰当的。

结　语

公共资本性的基础设施不仅有助于私人产品的生产，也有助于公共物品的生产。如果道路和桥梁坑坑洼洼、城市排污系统数量过少、污水处理厂设备陈旧、学校和公共建筑老化、河堤漏水而且高度不够，以及机场的吞吐能力有限，如此等等，这些问题势必会对国家的发展造成负面影响。因此，政府需要关注公共资本性基础设施的现状，并通过资本性投资来更新和扩大基础设施。给子孙后代留下枯竭的资本资产，与给他们留下因累积经营赤字而形成的巨额债务一样，都严重违背了可持续发展原则。资本预算，将资本性支出作为经常性支出的一个对立面进行了单独分析，为上述长期资产发展和更新的抉择提供了一个决策过程。对于这些问题应当给予特别关注，因为现在所做出的有关资本投资的决策，会对以后多年的生活质量产生重大影响。

多数资本性项目都需要在现在进行支付，在基础设施开始建设以后，可以在资产未来的生命周期不断地提供服务流。贴现是一种将这些资产在未来产生的影响转化成现值的方法。一般来讲，针对未来不同时间内发生的情况，贴现提供了一种按照一个既定的标准进行折算的方法，这是债务分析和投资分析的一块重要基石。

包括资本投资在内的许多公共项目都需要通过使用某种资源（如用来修建高速公路的水泥）来实现不同的收益（如新建成的高速公路可以节省交通时间）。当不同项目使用的资源和项目的最终收益不相同时，成本-收益分析就提供了一种对项目信息进行组织的方法，进而可以对不同的公共项目做出评价。其中所使用的是对资源价值和项目结果的微观经济市场评价。

问题与练习

1. 罗奇代尔市（Roachdale）的人口数量大约为 32 000 人。下面的地图中展示了该市的几个重要特征。该市热切盼望州际瓦盖特厂（Intercontinental Widget plant）能在 20×3 年的早些时候全面开业。尽管这个工厂现在的雇员还很少，但将来它需要的工人

---

① 有些政府决策还会涉及未来的救死扶伤。那么，人们的生命有贴现率吗？一项研究表明，马里兰州的居民认为，在 25 年后所救的 6 条人命只等于今天救起的 1 条人命（也就是说，人的生命的贴现率约为 7.5%）。参见：Maureen L. Cropper and Paul R. Portney, "Discounting Human Lives," *Resources* (Summer 1992)：1-4.

数将达到 900 人左右。该工厂已经迫使该市的人口向南部迁移。尽管还有很多人住在城外的 4 号大街（SR4）附近，但许多人已经在向好奇山（Wonder Hills）地区（目前已开发了该地区的 45%）迁移了。

这些数据和部门的项目建议，都应该用于编制 20×0 年至 20×4 年的资本发展计划和 20×0 年的资本预算。该市的财政状况表明，该市无力在一年之内支付超过 900 000 美元的资本投资。所以，如果无法将所有预算申请都纳入预算，那么就需要在项目之间制定一个有关优先级顺序的标准。

该市有两个特殊的资本资产问题。第一，红河（Red River）附近的西点小学（Westside Elementary School）主下水道出现了结构性损坏，必须进行更换；第二，跨越红河的 4 号大街桥梁不太安全。桥梁的翻修需要 2 年时间。在翻修的第一年，车辆必须绕行。

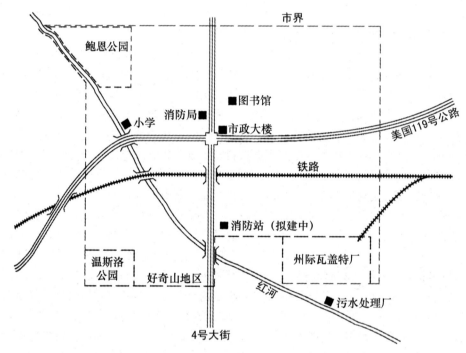

针对这种情况，市政部门的负责人提交了以下项目建议：

街道、公路和桥梁

4 号大街的桥梁翻修工程：20×0 年，350 000 美元；20×1 年，250 000 美元（成本合计）。

好奇山地区的道路升级改建工程：20×0 年，600 000 美元；20×1 年，50 000 美元；20×2 年，20 000 美元。

街道标识更新：20×0 到 20×9 年，每年 18 000 美元（如高能见度、街道分岔标识等）。

公园与娱乐

鲍恩公园（Bowen Park）的人工湖项目：20×0 年，300 000 美元（建设一个新的地上铝湖项目）。

温斯洛公园（Winslow Park）娱乐场项目：20×1 年，525 000 美元；20×2

年，125 000 美元；20×3 年，300 000 年；20×4 年，300 000 美元；20×5 年，85 000 美元（包括游泳池、溜冰场、棒球场等）。

图书馆

空调安装项目：20×0 年，45 000 美元；20×1 年，20 000 美元。

自来水和排污系统

好奇山自来水管道的更新项目：20×2 年，725 000 美元。

好奇山雨水排污装置：20×3 年，850 000 美元。

下水道更新项目（结构问题）：20×0 年，150 000 美元。

消防部门

消防站的新设分支机构：20×3 年，450 000 美元；20×4 年，65 000 美元。

消防设备：（a）水管（消防站本部）——20×0 年，25 000 美元；（b）水管、钩子和梯子（分部）——20×0 年，130 000 美元。

2. 我的儿子告诉我，我在 1948 年只需要 10 美分就能买到的连环漫画杂志，在今天却价值 85 美元。这项资产所得收益的年均复利为多少呢？（参见第 2 章）

3. 鲁宾博士要在未来的 3 年内投资 10 000 美元。A、B 两家银行的利率都是 3%，但 A 银行提供的是季度复利，B 银行提供的是半年复利。如果将资金分别投资于这两家银行，投资资金将分别增长多少呢？

4. 一家分时共享公寓（time-sharing condominium）的经营公司，向前来参观其项目并参与其产品推介会的人提供了奖品。其中的一个奖品是 1 000 美元的存款账户。但是，这个账户需要在 45 年之后才能得到，而且获奖人要在最初交纳 55 美元的服务费。如果有人将 55 美元存放在这个投资账户中，那么所得收益的年均复利为多少才能使其在 45 年之后的余额达到 1 000 美元？

5. 由于得到了联邦法院的破产保护，自 1969 年以来，佩恩中央铁路公司（Penn Central Railroad）一直都没有缴纳过地方税收。若干年后，法院为铁路公司提供了两种付款选择，以清偿其所欠市政当局的税务。（当然，佩恩中央铁路公司已经被美国联合铁路公司兼并，因而不涉及此后的纳税义务。）这两个付款选项分别为：（a）现在支付 44% 的总债务；（b）现在支付总债务的 20%，在以后 3 年的每年年底各支付债务总额的 10%，在 10 年之后的年底支付余下的 50%。你会为市政当局推荐哪一种付款方式呢？为什么？

6. 两个公共基础设施项目的经济条件如下：

（单位：美元）

年	选项 A			选项 B		
	资本成本	运营和维护成本	收益	资本成本	运营和维护成本	收益
1	2 000 000	0	0	2 500 000	0	0
2	1 000 000	10 000	0	500 000	50 000	750 000
3	500 000	70 000	120 000		100 000	750 000
4		90 000	600 000		100 000	750 000
5		90 000	800 000		100 000	750 000
6		90 000	800 000		100 000	750 000

续前表

年	选项 A			选项 B		
	资本成本	运营和维护成本	收益	资本成本	运营和维护成本	收益
7		90 000	800 000		100 000	750 000
8		90 000	800 000		100 000	750 000
9		100 000	800 000		100 000	750 000
10		100 000	500 000		100 000	300 000

使用以上数据来计算以下问题：(a) 分别以 10％和 5％的贴现率来计算两个项目的净现值；(b) 分别以 5％和 10％的利率来计算两个项目的收益-成本率；(c) 计算两个项目的内部收益率。根据项目的条件，说明哪种项目评估标准更合适；并分别说明在每种条件下，哪个项目更可取。

7. 通往泽林湖 (Jehnzen Lake) 的一条石子小路现在只在夏季开放。目前，为使这条路承载夏季的车辆，该县在修复这条路时每年每英里的成本为 750 美元。在道路开放期间，每英里道路还需要 150 美元的维护成本。如果要修建一条"永久性的"道路，每英里的成本为 10 000 美元；这条路的使用寿命为 30 年，每英里 5 年的维修成本（如道路修缮等）为 800 美元。该地区的发展规划表明，这条路在寿命期末需要重新选址。如果 8％的贴现率是合理的，那么哪种方案的成本更低？要使这两种方案的成本的现值相同，贴现率应当为多少呢？

8. 一个农民使用的灌溉系统在 8 年之前的成本为 10 000 美元。这个灌溉系统可以再用 25 年，并且不需要追加投资。使用这个灌溉系统，这个农民每年可以用 1 000 美元的成本生产出 3 000 美元的农产品。现在有一套新的灌溉系统，其安装成本为 15 000 美元，但可以将农产品每年的产量提高到 7 000 美元，其运营成本为每年 2 500 美元。新的灌溉系统在安装 12 年之后需要翻新，成本为 5 000 美元。假定新的灌溉系统的投资只发生在第一年的年初，其收入和运营费用的成本都发生在每年的年底，并在未来的 25 年保持不变。这两个灌溉系统在第 25 年年底的回收价值都为 1 000 美元。假设贴现率为 6％，这个农民是否应当将现在的灌溉系统替换掉呢？

9. 下面关于成本-收益分析的说法中，存在哪些问题？

(a) 一个公共发电厂使用的贴现率为 8.5％，这是该地区电力企业的税后收益率。

(b) 评估一个市的新建消防站所使用的贴现率水平，与该市长期借款的利率水平相当。

(c) 评估发现，将原来两车道的高速公路替换成新的四车道的高速公路之后，节省了私人车辆和卡车司机们的交通时间，促进了汽油的销售，并且提高了卡车运输公司的利润水平。

(d) 在将购物中心内可能会给残疾人形成障碍的建筑拆除后，进行了成本-收益分析，形成了对这个 202 000 平方英尺的购物中心的收益评价：该购物中心在 50 年（1975—2024 年）的使用寿命期的经济效益是可租赁区域的累积总收入 4 537 700 美元。（新的残疾人无障碍环境带来的年度总收入增长，等于年度总收入乘以该地区残疾人与非残疾人之比。这种估测依据的是 1969 年单位可租面积的总收入的全国平均水平，并根据消费者价格指数的增长一直推算到 1975 年；在这个建筑 50 年的使用寿命期内，根据社区内其他购物中心在 1966—1969 年销售收入的增长幅度进行了复利计算，使用的贴现率为 7%。）

（e）一项由州环境管理部门展开的关于海上风力发电项目的成本-收益分析，计算出该项目的初始成本为 8.11 亿美元，但考虑到项目实际启动建设前政府采取的鼓励措施造成的影响，该分析将估计值降低了 50%。

10．高速公路的政府管理部门和机场都需要融雪产品，可以在冬天暴风雪来临时，将道路或者跑道上的冰雪融化，以保证交通能够继续安全运行。下面是一些可能的选择：

可以选择在道路上撒盐。每吨盐的成本是 30 美元，优点是见效比较快。美国全国每年冬天需要在道路上撒的盐超过 1 000 万吨。但是，盐对水泥、沥青和金属都具有腐蚀作用，因而会破坏道路、桥梁以及汽车的车体。此外，在道路上撒盐还会污染饮用水，杀死树木和植物。研究表明，消除每吨盐所造成的危害的成本在 600～1 000 美元。

钙镁醋酸盐是一种用来融化冰的商业材料，由石灰石和醋制成。每吨耗费的成本在 650 美元左右，融化道路上比较大的冰块所需要的时间要比融雪盐花费的时间长 15 分钟左右，但有效时间也要更长一些。科学家们认为，这种物质对土壤和植物的生长都是有利的，而且没有什么腐蚀性。

将使用以上两种产品的财务成本和社会成本进行比较。政府决策时应当包含哪些成本？为什么？

11．伦敦希思罗机场是欧洲历史上最繁忙的机场，在客运量上仅次于亚特兰大的哈兹菲尔德-杰克逊国际机场和北京首都国际机场。希思罗机场的扩建可能需要拆除位于斯徒克雷（Stewkley）村迈克尔（Michael）街的 12 世纪的诺尔曼教堂，对此决策进行成本-收益分析，要求估计拆迁所带来的成本。建造教堂的原始成本大约是 100 英镑。如果从建成开始到现在的 900 多年中，它的产权价值以每年 5% 的速度增长，那么因为拆迁所损失的价值将是 1 175 896 676 622 870 000 000 英镑，显然，放弃扩建机场的计划，比扩建能带来更大的收益。你怎么看待这种评估资产价值的方法？还有什么其他可行的选择①？

案例讨论

案例 7-1

成本意味着什么？"绝路桥"的简单的成本-收益分析

2006 年，联邦专项拨款中的一个广为人知的交通运输项目就是，为一座桥拨付了 2.23 亿美元。这座桥旨在建设去往科奇坎机场（位于常住居民很少的格拉维纳岛上的阿拉斯加州机场）的通道。遗憾的是，该专项资金在 2008 年总统竞选中亮相时，被贴上了"绝路桥"（Bridge to Nowhere）的标签。我们可以对该项目进行粗略的成本-收益分析。

① 基于 "Fight over an Old Church Raises a Tough Question," *Wall Street Journal*，December 9，1971 这篇文章的内容进行提炼。

　　格拉维纳岛的人口仅有大约 50 人，因此使用桥梁的人大多是使用机场的人。如果没有桥，这个岛仍可与外界联系。岛上有轮渡服务，轮渡每半小时一班。建造桥梁最主要的影响是减少路上花费的时间。据估计，开车从科奇坎到机场需要 13 分钟，相比之下坐轮渡需要 27 分钟。因此，每位乘客大约节省 15 分钟。科奇坎是游轮港，它的码头在陆上，因此使用桥的人一部分是上船或下船的乘客。航空公司的登机旅客数（来往于机场的旅客总数）大约是 400 000 人次，所以通过桥梁的将有 800 000 人次。但是让我们按照有 1 000 000 人次通过来估计，每人次使用桥梁的时间大约节省 15 分钟。

　　节省下来的时间值多少钱呢？我们假设每位乘客每年的收入是 125 000 美元。如果他们每年工作 50 周，每周 40 小时，那么每年工作 2 000 小时。一些乘客是小孩，一些已经退休了——这里假设的收入水平远高于全国平均水平——但是我们不考虑这个问题。如果你愿意的话，可以根据你自己的不同估计情况来计算一下。利用这些数据，1 小时工作时间的价值相当于 62.50 美元。但是大多数人是利用闲暇时间外出游玩，而不是工作时间，所以将这个价值下调 50%（也许会更低），我们估测闲暇的价值是每小时 31.25 美元。每位从桥上经过的乘客节省 15 分钟（同乘渡轮相比），所以每位乘客相当于省下了 7.81 美元。乘以 100 万乘客，得到 7 810 000 美元。

　　我们假设桥永久存在，维护成本为零，合理的贴现率是 3%（低于 OMB 高达 7% 的贴现率水平，但可能高于当前市场利率水平）。用 7 810 000 除以 0.03（因为收益是永久的——如果我们认为桥的寿命是有限的，这个价值将更低）就得到因这座桥提供服务而带来的收益现值——2.604 亿美元，这是很大一笔资金，而且多于政府拨款数额。（如果你不认为桥的寿命是永久的，用 100 年的寿命和年金公式，得到该服务的现值：$(7.81/0.03)[1-(1/1.03)^{100}]=2.468$ 亿美元。）

　　但是故事并没有结束。为了使桥梁更具实用性，除了联邦政府的 2.33 亿美元，阿拉斯加州政府还需额外花费 1.65 亿美元。加起来，建造桥梁所带来的收益现值最多有 2.604 亿美元，而总成本是 3.98 亿美元。

思考下列问题：

1. 你认为花费联邦资源来建造这座桥是否值得？

2. 为什么阿拉斯加州政府可能对修桥感兴趣，即使桥的总成本超过了它所带来收益的现值？站在阿拉斯加州的立场上，实际成本和收益是什么？

3. 如果贴现率是 7%，成本-收益分析的结果将会怎么变？如果是 2% 呢？

　　上述分析基于一些假设，包括桥的使用情况、乘客的时间价值以及乘客的数量。如果换成你认为合理的假设，分析的结果将会怎么改变？

第2部分

财政收入来源、结构与管理

第 8 章

课税：财政收入选择的评价标准

　　征税是一个敏感且困难的话题，因为没有人喜欢缴税，也没有哪个政治家喜欢征税。从美国建国之初，征税一直都是一个艰难的话题。在早期那令人振奋的 1782 年，詹姆斯·麦迪逊就曾提出这样一个观点："我们为所从事的事业而流血，我们也准备好了在保家卫国中牺牲，没有什么高于我们的勇气，仅仅除了（我羞于提出）向自己征税。"① 如果我们缺乏对自己征税的勇气，那么为政府的服务活动提供资金将会一直是个挑战，因为政府的主要财政收入是通过强制权征收的缴款——税收——来筹集的，而不是通过商品和服务的销售获得的，并且人们对免费提供的依赖是非常危险的。

　　这些强制性的缴款不同于价格，因为这些缴款没有相对应的具体产品和服务。此外，企业和个人对于纳税也不太情愿，因为总体来说，个人享受政府服务的数量与个人或者企业缴纳的税额没有直接关联。纳税人缴税确实可以使其自身免于税收征管人员的烦扰，但有时也有例外。例如，如果一个人的邻居已经为政府的服务活动提供了足够的资金，那么这个人纳多少税（或者干脆就不纳税）都不会影响他所获得的政府服务水平。纳税人不会因纳税更多而得到更多的服务，或者因为纳税更少而得到更少。这两种纳税行为都不是基于公民义务的自愿缴纳。纳税人应当缴纳税款的数额，也是根据政治过程中所形成的税收法律及相关的管理规定来事先确定好的。这些税收法律以及相关的管理规定，也决定了政府服务的总成本在市场经济各个构成部分中的分布情况。有的政府服务确实可以用于出售，关于其所需的相应体制条件（使用费）将在以后的章节中进行讨论。然而，政府之所以会存在并向社会提供服务，很大程度上是因为私人市场不能提供这

---

　　① William T. Hutchinson and William M. E. Rachal, eds. , *The Papers of James Madison* (Chicago：University of Chicago Press, 1965), 4：330.

种服务；或者即使能够提供，也不能提供充足数量和理想质量的服务。销售公共物品的尝试是不会成功的，所以征税就是解决问题的办法。

由于纳税人纳税和享受服务之间没有关联，这就增加了税收征管人员的压力，同时也从根本上增加了那些依靠税收机制获得财政收入的公共部门的压力。在市场经济条件下，企业和个人习惯了"支付多少，就得到多少"的自然交换原则。然而，这个原则却并不适用于为公共服务提供资金的税收机制。课税是由法律规定的，税收征管人员强制"运用基于税基的征收规定"①，而不是根据提供服务的价格来筹集税收。

当然，税收经过构建可以产生准市场效果（quasi-market effects），特别是可以向使用某种服务比较多的人分配成本；可以促使那些生产和消费某种产品的人在其决策中认识到这种产品给别人带来的外部成本。但是，税收仍然只是为了支持集体提供某种产品或服务的非自愿缴款，而不是政府提供这种服务的价格。然而，赋予政府的强制融资权反映了国家对政府的信任，可以使政府在出现市场失灵时对市场加以干预。因此，政府的强制融资权就成为政府运营活动的核心。以前，一个臭名昭著的银行抢劫犯威利·萨顿声称："我之所以要抢劫银行，是因为那里有钱。"在接下来的章节中之所以要强调税收，是因为对于发达经济体中的大多数一般目的性政府来说，税收是政府财政资金的来源。

在考虑税收政策的标准以及在以后章节中会提到的具体财政收入的替代来源之前，需要先强调一个税收政策的关键问题，那就是税收政策涉及两个基本的但又迥异的问题。第一个问题是适当的税收**水平**。究竟纳税的数额应该有多高？这需要根据预算过程中财政支出的结果而定。财政支出带来的最终结果，确定了财政收入需要达到的必要水平。适当的税收水平不是一个直接的税收问题，而是要建立在财政支出选择的基础上。预算结果确定了适合的税收水平——如果筹集的税收数额不足以支付所有的财政支出，那么就会出现诸如可持续性的问题；如果筹集的税收数额超过了财政支出的数额，那么政府就过高地向纳税人收取了其所提供公共服务的费用。

第二个问题是税收结构，因为必要的税收水平可以通过许多不同的税种组合方式确定，其中税种的设计方式也各不相同。尽管不同的税种所具有的财政收入能力是既定的，但仅凭财政收入任务的规模，是难以界定相应收入的筹集方式的。所以设计一个合适的税收结构十分重要，正如一个多世纪前亨利·乔治（Henry George）所提到的："事实上，税收缴纳的模式和税款的数额多少一样重要。正如尽管马承载的负担很小，但是如果没有将负担置于合适的位置，仍旧可能令马十分痛苦，而在轻松状况下，马却能够承载更多的负担。所以，如果没有合适的税收结构，税收便会使人变得贫穷，并且破坏他们生产财富的能力；如果通过其他方式征收，人们就可以轻松承担税负。"② 你未必了解马，但你应该明白，在合理设计的税收政策中，关注税收结构和关注税收本身一样重要。与税收水平的问题独立开来，税制结构问题构成了第二个关键问题。税收结构的政策标准，就是本章将要探讨的主题。

---

① John L. Mikesell, "Administration and the Public Revenue System: A View of Tax Administration," *Public Administration Review* 34 (1974): 651.

② Henry George, *Progress and poverty* (1879), Book VIII, Chapter 3. [Online edition: http://www.econlib. org/library/YPDBooks/George/grgPP. html]

8.1　美国的税收：对税制的简要介绍

美国政府征收的本级一般财政收入，主要来自对所得、商品交易和私人产权及其转让课征的税收，见表 8-1①。对于所有的政府，财政总收入的 55.9％ 或者本级政府收入的 73％，均来自税收。来自收费和其他杂项（其中包括来自彩票、投资基金的利息和特许权的收入）的财政收入，在一般政府财政中的作用是比较小的。位于该表底部的专项财政收入包括为联邦保险信托体系提供资金的大量薪给税（payroll tax）。用于社会保障和医疗的联邦薪给税，是各种级次财政收入中的第二大财政收入来源；第一大来源是联邦个人所得税。但政府通常不能直接使用这种薪给税收入。

与很多国家的做法不同，在美国国内法律中，没有规定将特定的税收划归特定的政府级次，不过该表反映的是按照政府的不同级次对财政收入来源所做的划分。联邦财政收入体制不会因为税基的不同而不同。联邦政府的主要财政收入来源是所得税，包括个人所得税和公司所得税——其中财政总收入的 63.1％ 来源于个人所得税，9.5％ 来源于企业所得税——联邦政府所得税的规模，几乎相当于州和地方政府课征的所有税收收入的规模。从征收效率来看，联邦政府的个人所得税无疑是所有税种中最好的；事实上，它征收的钱比世界上其他任何国家征收的任一税款都要多。为社会保障体系课征的薪给税，是对有工资薪金收入的个人和独立经营的个人课征的第二大联邦所得税，因而所得税在联邦财政中的主体地位实际上还要更大一些。事实上，对于低收入家庭来说，薪给税的缴纳税额远高于联邦个人所得税的缴纳税额。

联邦政府没有课征一般销售税（general sales tax），其实一般销售税在经济发达国家中已经很少见了。联邦政府要课征一般销售税不会存在根本性的阻力或者法律上的障碍，但零售课税其实是州和地方政府的主要财政收入来源；州和地方政府倚重一般销售税的这种状况，使联邦政府每次想染指这部分财政收入时都会遇到政治阻力，这种情况贯穿于 20 世纪并持续至今。但是，联邦政府的确对特定的商品课征销售税，这些商品包括汽油、酒以及某些进口商品（关税）。但是来源于这些税种的税款与联邦政府所得税收入相比十分微薄，只占联邦政府总收入的 4.3％。

联邦政府不征收财产税。美国《宪法》的相关规定使课征财产税在政治上变得非常困难，因为其中规定，要课征任何直接税（例如财产税），都需要按照人口将税收负担进行平均分配："不能课征人头税（capitation）或者其他任何形式的直接税，除非将这种税收根据人口或者纳税人数进行了平均分配"［第 1 条款，第 9（4）部分］。这项条款意味着，一个人口占全国人口 1/20 的州必须缴纳这种税收的 1/20。达到这种分配效果会导致联邦税收在贫穷的州税率高，在富裕的州税率低。但是，联邦税率的任何差别在政治上都是不可行的，并且，使税率与州财富成负相关关系，将会对课税增加额外

---

① 这里本级政府课征的一般财政收入不包括：（1）政府间的财政补助；（2）来自酒类商店、公共设施和社会保障体系（例如，社会保障和失业补助等）的财政收入。第一种例外，是因为这种财政收入不是由本级政府所课征的财政收入；第二种例外，是因为这些财政收入不是一般财政收入。这种分类方法没有反映出法律规定有特定用途的财政收入。例如，大多数州将来自燃油税的财政收入用于公路的发展和建设。可见，这种分类方法（在统计数据中也是如此）所考虑的都是一般财政收入，而不包括专项财政收入。

表8-1

2009 财政年度政府收入层级及来源

（单位：千美元）

	合计	联邦政府	州政府	地方政府	各来源财政收入份额（%）			
					合计	联邦政府	州政府	地方政府
财政收入	4 898 946 850	2 341 903 000	1 123 226 058	1 433 817 792	100%	100%	100%	100%
一般财政收入合计	4 354 748 332	1 450 986 000	1 495 730 319	1 408 032 013				
政府间财政收入	1 027 138 463	—	495 623 675	531 514 788	23.6%		33.1%	37.7%
来自联邦政府	536 760 320	—	475 952 532	60 807 788	12.3%		31.8%	4.3%
来自州政府	470 706 999	—	—	470 706 999	10.8%			33.4%
来自地方政府	19 671 143	—	19 671 143	—	0.5%		1.3%	
本级一般财政收入	3 327 609 869	1 450 986 000	1 000 106 644	876 517 225	76.4%	100%	66.9%	62.3%
税收	2 433 310 992	1 161 955 000	715 496 219	555 859 773	55.9%	80.1%	47.8%	39.5%
财产税	424 014 170	—	12 964 188	411 049 982	9.7%		0.9%	29.2%
个人所得税	1 185 825 726	915 308 000	245 880 786	24 636 940	27.2%	63.1%	16.4%	1.7%
公司所得税	184 208 954	138 229 000	39 277 558	6 702 396	4.2%	9.5%	2.6%	0.5%
关税	22 453 000	22 453 000	—	—	0.5%	1.5%		
一般销售和毛收入税	291 045 219	—	228 728 864	62 316 355	6.7%		15.3%	4.4%
选择性销售和毛收入税	204 993 796	62 483 000	115 839 127	26 671 669	4.7%	4.3%	7.7%	1.9%
机动车车辆执照税	21 296 295	—	19 626 624	1 669 671	0.5%		1.3%	0.1%
遗产和赠与税	28 136 053	23 482 000	4 654 053	—	0.6%	1.6%	0.3%	
离职赔偿金	13 391 856	—	13 391 856	—	0.3%		0.9%	
其他税收	75 991 833	—	53 179 072	22 812 761	1.7%		3.6%	1.6%
即期收费	655 266 090	266 500 000	161 238 746	227 527 344	15.0%	18.4%	10.8%	16.2%
高等教育研究机构	115 641 628	—	89 846 450	25 795 178	2.7%		6.0%	1.8%
医疗机构	103 974 544	—	39 235 615	64 738 929	2.4%		2.6%	4.6%

续前表

	合计	联邦政府	州政府	地方政府	各来源财政收入份额（%）			
					合计	联邦政府	州政府	地方政府
邮政服务费	69 000 000	69 000 000	—	—	1.6%	4.8%		
污物处理	39 453 377	—	506 688	38 946 689	0.9%		0.0%	2.8%
医疗保险	57 000 000	57 000 000	—	—	1.3%	3.9%		
其他一般收入	268 624 787	52 123 000	123 371 679	93 130 08	6.2%	3.6%	8.2%	6.6%
专项财政收入合计								
公共设施财政收入	143 303 377	—	16 471 341	127 332 036				
酒类商店财政收入	7 456 586	—	6 376 562	1 080 024				
保险信托财政收入	392 938 555	890 917 000	−395 352 164	−102 626 281				

资料来源：U. S. Bureau of Census, Governments Division; and Office of Management and Budget, *Budget of the Government of the United States, Fiscal Year 2009, Analytical Perspectives* (Washington, D.C.: U. S. Government Printing Office, 2008). Budget of the U. S. Government, Analytical Perspectives.

不包括重复性政府间交易活动。

注：保险信托收入包括老年人、（事故）幸存者、残疾人以及健康公民的保险费、失业补偿金、退休金、工人偿金和其他保险信托收入。

的困难，对于这一点《宪法》的起草者们无疑是清楚的。查尔斯·比尔德（Charles Beard）在对《宪法》进行经济分析时，这样评论："在某些特殊情况下，确实可以课征直接税，但要采取法律所规定的课税形式实际上是不可行的。因为法律规定，这种税收必须根据人口进行分配，这样人们就不能将税收负担转移到财富的累积额上了。"①《宪法》的制定者都是富人，无论他们拥有什么样的美德，似乎也不乐意由于自己的财富而被公众赋予更多的税收负担。

针对这一点，就产生了这样一个问题：什么是直接税、什么是间接税呢？理查德·马斯格雷夫（Richard Musgrave）这样解释：

> 有些人认为：间接税就是税负可以转嫁的税收（例如，向政府纳税的人，并不是真正承担税收负担的人）；另一些人则认为：间接税是必须要转嫁的税收；还有一些人认为：间接税不是对人课征的税收，而是对物或者对特权课征的税收，与人们的特殊地位和纳税能力无关；最后一些人认为：间接税就是对所得之外的税基课征的其他税收。尽管第三种观点可能是最有用的标准，但是在此我们并不具体解决这一术语上的问题。然而，非常明显的是，就大多数标准而言，对税收的分类并不那么清楚。②

值得庆幸的是，尽管这样一来会使税收的法律含义变得更加复杂，但这种区分在经济上其实没有什么实际意义。例如，除了前面所提及的宪法规定之外，某些州根据这种税是直接税还是间接税，会制定一些不同的税率结构和征管程序。这就需要对某一特定税种加以明确界定。如果连马斯格雷夫教授都没有解决这个问题，那么就不可能有普遍接受的解决方案了。事实上，那些强调税种属于直接税还是间接税的政府也没有统一的答案。对直接税和间接税定义的缺乏，为税收律师提供了较好的收入，他们根据具体问题中涉及的特定税种被界定为直接税还是间接税，来攻击一条条税收条款中的漏洞。

与联邦政府相比，州和地方政府的财政收入体制各不相同，表8-1中对州和地方政府财政收入课征的总体情况进行了说明③。尽管联邦、州和地方三级政府独立形成税收政策，但是它们分别从所得税、财产税和销售税这三个部分来管理整个税收体系。在表8-2中，通过列示使用主体税基的州的数量，以及包含地方政府使用主体税基的州的数量，对上述财政收入结构做了进一步说明。与联邦财政收入体制以所得税基为主体和地方财政收入体制以财产税基为主体的情况不同，在州财政收入体制中，各种税基之间是比较平衡的。州政府实行的是所得税（41个州课征的是广义上的个人所得税，44个州对公司所得课税），不过，州所得税的课税总额与联邦政府相去甚远。但是，在很多州，来自所得税的税收收入确实要多于其他税收。州的所得税通常与联邦税收比较类似。实际上，在计算州的应纳税额时，州的纳税申报表经常直接照抄联邦税收的申报表。在所得税征收实践中，州税务当局也严重依赖联邦政府。许多城市课征了地方所得税，但在很多情况下，这种税收也只对雇员的工薪课征，并不对其所有的收入来源课征。在美国，约有3 500个地方政府征收地方所得税，但其中仅有900个属于宾夕法尼

---

① Charles A. Beard, *An Economic Interpretation of the Constitution of the United States* (New York：Macmillan, 1935), 215. 正如接下来将会提到的，很久之前，美国曾经在短期内征收过财产税。这种税收是可以分配的。

② Richard A. Musgrave, *Fiscal Systems* (New Haven, Conn.：Yale University Press, 1960), 173.

③ 表8-1中的政府间财政收入（包括财政补助和合同）计算的都是净值。因此，从整体上说，在政府间其实不存在净补助：有一家政府给出了财政补助，就有另一家政府获得了财政补助。所以，政府间财政补助的净值为0。

亚州以外的地区。现在个人所得税是州财政收入最大的单项收入来源，零售销售税紧随其后①。所有的州都有来自销售税或者毛收入税（一般性或选择性）的财政收入，只有5 个州不征收一般销售税（特拉华州、新罕布什尔州、蒙大拿州、俄勒冈州和阿拉斯加州）。还有约 6 400 个地方政府课征一般销售税；一般销售税在地方财政收入来源中的地位仅次于财产税。尽管从美国地方政府总的情况来看，一般销售税并没有要超过财产税的迹象，但在有些地方，销售税是其主要的税收收入来源。与由地方管理的地方所得税不同，地方销售税通常都是和州税收一起由州政府管理的 ["骑背式"（piggybacked）]。美国宪法禁止州政府及其分支机构课征以进口货物为课征对象的关税。

表 8 - 2　　　　　　　　2012 年 7 月美国州和地方政府课征的主要税种

税种	使用这些税种的州	有地方政府使用这些税种的州
一般财产税	36 个州和哥伦比亚特区，除科罗拉多州、康涅狄格州、特拉华州、夏威夷州、爱达荷州、艾奥瓦州、纽约州、北卡罗来纳州、俄亥俄州、俄克拉何马州、南达科他州、田纳西州、得克萨斯州和犹他州	所有 50 个州
一般销售税	45 个州和哥伦比亚特区，除阿拉斯加州、特拉华州、蒙大拿州、新罕布什尔州和俄勒冈州。许多阿拉斯加州的自治市和自治镇征收一般销售税	36 个州
个人所得税	41 个州和哥伦比亚特区，除阿拉斯加州、佛罗里达州、内华达州、新罕布什尔州、南达科他州、田纳西州、得克萨斯州、华盛顿州和怀俄明州。新罕布什尔州和田纳西州征收股息和利息所得税	14 个州
公司所得税	44 个州和哥伦比亚特区，除密歇根州、内华达州、南达科他州、得克萨斯州、华盛顿州和怀俄明州。密歇根州征收单一营业税（一种修改的增值税），得克萨斯州征收法人登记税	4 个州
机车燃油税	所有州和哥伦比亚特区	13 个州
烟草税	所有州和哥伦比亚特区	10 个州
酒精饮料税	所有州和哥伦比亚特区	18 个州

资料来源：Federation of Tax Administrators；U. S. Bureau of Census，Census of Governments 2007；and CCCH Internet Tax Research Network.

　　财产税仍然是由地方政府征管的主要财政收入来源。尽管公众不断对财产税进行攻击，但财产税仍然是地方绝对的主体税种，这可能是因为它是由地方政府独立课征的唯一且主要的地方税种，其法定税率在不同地区可以有细微差别。现在一些州政府会征收自己的一般财产税，但其在州财政中的意义已经不大了，不过在 20 世纪 30 年代大萧条之前，一般财产税是很多州政府的主要财政来源。
　　美国的税收结构与其他工业化国家相比如何呢？根据表 8 - 3 中的数据可以进行一些比较。在经济合作与发展组织（OECD）成员国中，美国的总税收在其 GDP 中的比重

① 近年来，个人所得税和一般销售税交替成为州税收收入最大的单一来源。从 1947 年到 1997 年，一般销售税是最大的财政收入来源，但是 1998 年到 2002 年被个人所得税取代。2003 年到 2004 年一般销售税重新成为最大的财政收入来源。在大萧条时期，销售税收入与个人所得税收入相比，更为稳定一些，但所得税依旧是州税收收入的第一大来源。

是比较低的，只有 28%，而 OECD 成员国的平均水平为 35.9%[①]。比较各个成员国的税源结构，可以发现，美国征收的个人所得税比重比较高（个人所得税在美国税收总额中的比重为 36.5%，而 OECD 成员国的平均水平为 24.8%）；其他税种的比重也比较高，主要是财产税（美国的比重为 12.3%，而 OECD 成员国的平均水平为 9.7%）；公司所得税的比重也略高（美国的比重为 11.8%，而 OECD 成员国的平均水平为 10.7%）；商品和服务税的比重比较低（美国的比重为 16.8%，而 OECD 成员国的平均水平为 31.5%）。美国的社会保障缴款的水平与 OECD 成员国的平均水平是比较接近的。

表 8-3　　　2006 年 OECD 成员国税收收入占 GDP 的比重以及主要税种的比重　　　　（%）

	总税收占 GDP 的比重	主要税种的税收收入占总税收的比重				
		个人 所得税	公司 所得税	社会保险 薪给税	商品和 服务税	其他
澳大利亚	30.6	37.4	21.7	0	27.1	13.7
奥地利	41.7	22.3	5.2	30.2	27.7	14.7
比利时	44.5	29.3	8.3	27.8	25.6	9
加拿大	33.3	36.3	11	14.3	24.3	14.1
捷克共和国	36.9	11.5	13	37.3	30.2	8.1
丹麦	49.1	49.8	8.7	2.1	33.2	6.2
芬兰	43.5	30.3	7.7	25.8	31.1	5
法国	44.2	17.5	6.7	34.3	24.8	16.8
德国	35.6	24.5	5.9	35.3	28.4	6
希腊	31.3	14.9	8.5	30.2	36	10.5
匈牙利	37.1	18.3	6.3	31.7	38.4	5.4
冰岛	41.5	33.7	5.8	n.a	42.3	18.2
爱尔兰	31.9	27.8	12	12.7	36.5	11
意大利	42.1	25.6	8.1	25.9	25.6	14.7
日本	27.9	18.5	17	32.5	18.6	13.4
韩国	26.8	15.2	14.3	21	32.6	16.8
卢森堡	35.9	21	13.8	24.4	27.9	12.9
墨西哥*	20.6	25.1	n.a	14.9	56.3	3.7
荷兰	39.3	18.8	8.5	29.1	30.5	13.1
新西兰	36.7	40.7	15.8	0	32.7	10.9
挪威	43.9	20.7	29.4	18.7	27.3	3.8
波兰	33.5	13.7	7.1	36.3	38.1	4.7
葡萄牙	35.7	15.4	8.4	30.4	40.6	5.3
斯洛伐克共和国	29.8	8.5	9.9	30.8	38.7	12.1
西班牙	36.6	18.9	11.5	29.5	27.2	12.9
瑞典	49.1	31.9	7.5	25.2	26.1	9.2
瑞士	29.6	35.6	10.1	21.4	23	9.9

[①]　这些数据包括国家社会保险机制的运营以及所有层级政府的总额。

续前表

	总税收占GDP的比重	主要税种的税收收入占总税收的比重				
		个人所得税	公司所得税	社会保险薪给税	商品和服务税	其他
土耳其	24.5	15.6	6	18	48.7	11.7
英国	37.1	29	10.8	17.8	29	13.4
美国	28	36.5	11.8	22.5	16.8	12.3
欧盟平均值	39.8	25.1	8.8	25.4	30	10.7
OECD平均值	35.9	24.8	10.7	23.2	31.5	9.7

* 墨西哥的个人所得税与公司所得税合并计算。

资料来源: Organization for Economic Cooperation and Development，*OECD in Figures*，2009 ed. (Paris: OECD, 2009).

有一点值得重复一下，在工业化国家中，美国是一个低税国家。这并不意味着美国的税收体制会对某些经济活动及个人不公平或者进行歧视。但美国税负的平均水平与这些国家相比确实是比较低的[1]。

8.2 税收政策的标准

据说，法国大革命之前，路易十四的财政部长琼-巴普蒂斯特·科尔波特曾经这样简明地概括政府筹资的任务："课税的艺术就是要拔到最多的鹅毛而听到最少的鹅叫。"[2] 在对社会中的少数群体和拥有有限权利的人征税时，以权力为基础课税是一个好方法，但是，这样运用权力与领导原则不相符合。因为这样做，会为了眼前的利益造成长远的负面影响。

许多人更愿意让别人来纳税，因为一个人的纳税情况通常不会影响公共服务的有无。前些年，前参议员拉塞尔·朗（D.-LA）这样清楚地说明了税收政策的一个主要原则："别向你征税，也别向我征税，向树下面的那个家伙征税。"[3]

这项原则，和公众并不熟悉的关于税收结构和税收效果的其他内容结合在一起，为公众的财政收入决策提供了一个危险的标准。实际上，靠抢劫彼得来向保罗付款，无疑是获得保罗选票的一种方式，而美国的政治家们对这一原则再熟悉不过了。但是，对观点的思考可以引导方法，通过这些方法又可以实现理想中的变化，并可以在适宜的政治氛围中指出这种变化。

经济学家乔治·布雷克和约瑟夫·佩奇曼这样描述了隐藏于税收政策评估之后的基本原则："课税的基本目标是要将经济资源的控制权从一个社会团体转移到另一个社会

[1] 与工业化国家相比，发展中国家倾向于低税负，过多依赖于消费税而不是所得税，过多依赖于公司所得税而不是个人所得税。Vito Tanzi and Howell H. Zee, "Tax Policy for Emerging Markets: Developing Countries," International Monetary Fund Working Paper WP/00/35, Washington, D. C., 2000.

[2] H. L. Mencken, ed., *A New Dictionary of Quotations on Historical Principles from Ancient and Modern Sources* (New York: Knopf, 1942), 1178.

[3] Thomas J, Reese, "The Thoughts of Chairman Long, Part I: The Politics of Taxation," *Tax Notes* 6 (February 27, 1978): 199.

团体。这个过程不仅不会妨碍其他经济目标的实现，还有利于这些目标的实现。"① 这些转移包括：（1）将经济资源的购买权，在私人部门的团体之间转移；（2）将对购买权的控制，从私人部门转移到公共部门。税收的目的在于将私人部门所使用的资源转移出来，因此税收本身就会对私人部门造成损害；税收政策就是试图以最小的经济代价或者社会代价来实现这种转移。如果不须考虑要将税收所造成的负面影响最小化，那么各种财政收入形式之间就没有什么差别了，税收政策也就不会成为公共决策中的重要部分了。换句话说，税收政策是用来进行伤害控制的。总的来说，我们需要一种税收机制，它的运作像扒手而不是抢劫犯，也就是说，政府需要钱来为公共服务提供资金，同时又能不让纳税者伤痕累累地倒在路边。

在为公共物品融资的过程中，非自愿性是税收的基本属性。此外，缺乏纳税人的理性选择，也会阻碍产生预期的财政收入，因为即使他们不向财政部门纳税，也不会影响他们享用政府服务。尽管税收还有其他特征，但**强制性**（compulsory）是税收之所以区别于其他财政收入形式的主要特征：如果一个人拥有税基，他（她）就应当纳税，而不管他（她）是否会使用课税单位所提供的公共服务。这样，缺乏自愿性的税收就和许多政府所课征的使用费区别开来，这些使用费包括娱乐场所的门票、道路使用费、大学学费等。可见，税收既不是纳税人的一种自愿性缴款，也不是人们获取政府服务的价格。而且，政府不会征收"等份"（fair share）的缴款，因为公平容易受到悬殊的个体差异的影响，特别是涉及自己应缴纳的"等份"数额时，更是各执己见。

许多观察家都提出了关于税收和税收制度的不同标准，但是，在这些标准之间却有很大的一致性。最早的税收评估标准出现在亚当·斯密的《国富论》（1776 年）中。在这本书中，他提出了在市场经济中评估税收的四个经典标准：

Ⅰ．每一个国家的国民应当尽可能地按照各自能力的大小，即按他在国家保护下所获得的收入的比例，对维持政府做出贡献。

Ⅱ．每个国民必须缴纳的赋税应当是确定的，不能是不定的。缴纳的时间、缴纳的方式、应纳的数额，对每一个纳税人和对所有其他的人都应当是清楚明白的。

Ⅲ．每一种赋税应当按纳税者最便于缴纳的时间和用他们最便于缴纳的方式去课征。

Ⅳ．每种赋税应当这样来设计，使它从人民口袋中取出的钱或阻止人民得到的钱，超出它送入国库中的钱尽可能地少。②

尽管这些年来上述标准的表述出现了一些变化，其中强调的重点也随着经济发展的复杂化而有所不同，但是，当前税制改革所关注的仍然是基本相同的问题。不管是 1986 年里根政府的联邦税收改革、1993 年克林顿政府的经济计划（为一个全新的独立国家所设计的税制）、2001 年小布什政府的减税计划、2005 年小布什政府的税制改革小组③，还

---

① George F. Break and Joseph A. Pechman, *Federal Tax Reform, The Impossible Dream?* (Washington, D. C.：Brookings Institution, 1975), 4.

② Adam Smith, *An Inquiry into the Nature and Cause of the Wealth of Nations*, Modern Library ed. (New York：Random House, 1937), 777-779.

③ 最近的联邦税制评论（总统的联邦税制改革咨询小组）由于向为国库收入提出中立改革意见的秘书角色转移而受到指责。这些改革意见包括"（a）简化联邦税收法，以减少成本和遵从这些法律的行政负担；（b）以适当、渐进的方式，分担联邦税收结构的负担和利益，同时认识到美国社会的住宅所有权和慈善的重要性；（c）促进长期经济增长和就业创造，并且能够更好地鼓励人们努力工作，增加储蓄和投资，以便加强美国在全球市场中的竞争力。"最后有一点需要说明：从经济增长和就业创造的角度，总统可能不会信任自由市场的运作，但是他仍然希望通过使用税收机制来进行非中立的干预。这些改革意见出自 2005 年 1 月 7 日总统联邦税制改革咨询小组制定的行政命令 13369。

是美国各州的税收研究，其中的重点都集中在对这些税收标准的解释上：公平、经济效率、课税成本/简洁性（其中包括政府的成本和对纳税人的影响）和对财政收入所产生的影响等。近来重建联邦所得税的建议中，提到了新的透明度原则，这是对税收应当确定而不应当武断的一种现代阐释，要求在课税时应有明确的政治责任感，并且可视性强，从而让公众明确政府服务并不是免费的。即使透明度在新的政府治理运动中是一个很重要的关注点，但就税收而言，它可以追溯到 1776 年的苏格兰①。

税收收入的充足性

税收是为了给政府服务提供必要的财政收入。收入体系的其他用途——例如，引导或者支持某项经济活动——都会立刻遭到质疑。因此，在对一种税收或者税收体制进行分析时，首先需要回答的问题就是税收的规模。税收收入的充足性问题其实很简单：税收制度是否能够筹集到足够的财政收入，可以使得为这一代人提供公共服务支出的时候，不会给未来一代人带来过分的负担？这是对财政可持续性的重要测试，因为如果税收体系不能筹集足够的财政收入，那么未来一代人除了需要承担他们自己的成本外，还不得不承担过去遗留的成本。那将对下一代的生活水平产生不良的影响，同时显然也严重违反了可持续性原则。如果你愿意回忆前述关于联邦、州和地方政府赤字的讨论，你就能够形成自己的关于美国当前税收体制充足性的观点。这里有一条线索：这些原则未能得到良好运作。为了回到可持续性的轨道上来，需要关注的是税收政策和税收选择。

如果对一个特定税种而不是整个税收体制进行充足性分析，那又会怎么样呢？一种税只有在以社会能够接受的税率下产生有意义的收入，其课征才有价值②。尽管确实存在课征某些税并不是为了获得财政收入的情况，如：一些惩罚性的高税率是为了禁止不良行为，有些税的课征只是为了对某些行为进行跟踪，但是，筹集收入还是多数税收的基本目的。一种税能够带来多少收入呢？当政府改变某种税基的有效税率时，该税所能够带来的税收收入会变化多少呢？税收收入（R）等于税率（t）与税基（B）的乘积：如果对居民收入课征的税率为 1%，而居民的收入为 2 亿美元，那么相应的税收收入将为 200 万美元。这就是税收收入的简单数学关系。如果税率变为原来的 4 倍，达到 4%，税收收入也将变为原来的 4 倍，达到 800 万美元。税收收入公式 $R = t \times B$ 在图 8 - 1 中就是从原点引出的直线（当税率为 0 时，不会产生税收收入）：在实际税率和税基所能带来的税收收入之间，存在着线性关系。税率的变化将会使税收收入与税率成比例地变化。例如税率提高 10%，也会使税收收入增加 10%，如此等等。

然而，这种数学关系忽略了个人和企业面对不同税率时的经济反应，这种反应会使税基不同于原有税率时的税基。换句话说，税基本身在某种程度上也是由对它课征的实际税率所决定的：如果居民所得税的税率增加到 4%，居民的收入就不再是 2 亿美元了。正如罗伯特·英曼（Robert Inman）所解释的那样："对居民收入课税的增加，可能会使人们减少工作，因为他们的收入被课税了，甚至会使较富有的家庭离开课税地区。"③

---

① 1776 年，苏格兰经济学家亚当·斯密出版了《国富论》一书。——译者注

② 应当注意的是，亚当·斯密没有将税收收入的筹集纳入他的税收原则。

③ Robert P. Inman, "Can Philadelphia Escape Its Fiscal Crisis with Another Tax Increase?" *Federal Reserve Bank of Philadelphia Business Review* (September/October 1992)：7.

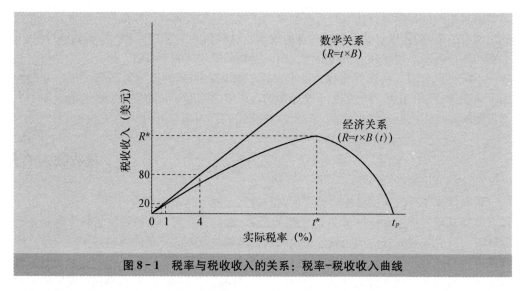

图8-1　税率与税收收入的关系：税率-税收收入曲线

其他税种的税率变化，也会导致类似的经济反应。此外，高税率还可以提高各种"经济欺诈行为"的收益，这些欺诈行为会使某些经济活动非法地逃避税收体系的监控。因此，实际税率和税收收入之间的经济关系并不是线性的，但税率本身是税基的重要决定因素之一。在图8-1中，对高税率的经济反应，会使税收收入少于线性关系中的对应值。经济关系首先要考虑税率的提高对税基所造成的负面影响［税基是税率的函数，即 $B(t)$］，然后要将这个经过调整的税基乘以税率［$t \times B(t)$］来计算税收收入。这一点使税收收入估计中的经济关系不同于其数学关系，如图8-1所示①。专栏8-1显示了在实际运作中税率与税收收入之间的关系。

专栏8-1　税率与税收收入曲线：数学关系与经济关系

税率/税收收入的数学关系和经济关系之间的不同，可以简单地用一个例子来描述。在2005年6月1日，肯塔基州的烟草税从原来每包0.03美元增长到每包0.3美元，即税率增长了900%。

每个月的烟草销量从旧税率时的1.61亿包下跌到1.45亿包，烟草税的税基下降了大约10%。尽管税基下降还可能因为其他因素，但是能够确定的是，烟草销量下降的一个极为重要的因素，就是在烟草购买者支付的价格中嵌入了更高的税收，换句话说，烟草税税基的规模是其税率的函数。

那么烟草税的税率增长对烟草税的税收收入有什么影响？因为税收收入等于税基乘以税率，所以在税率上升之前，每个月的税收收入大约等于483万美元（0.03美元×1.61亿），而在税率上升之后，每个月的税收收入大约等于4350万美元（0.3美元×1.45亿），税收收入增长了800.6%。

因为烟草税税率增长导致税基减少，所以税收收入增长的百分比小于税率增长的百分比（800%比900%）。可见税基对税率的变化十分敏感，在这个案例中，并没有遵循税

①　对州政府每种税的税率-税收收入曲线的分析，参见：Michael L. Walden, "Dynamic Revenue Curves for North Carolina Taxes," *Public Budgeting & Finance* 23（Winter 2003）：49-64. 没有任何州的某种税之税率，使其所在州的税收收入超过峰值。

率与税收收入之间的数学关系。当税率变化很小时，数学关系的估值可以作为有效的税收近似值，但在这个案例中没能得到体现，有时即使税率变化很小，也无法将数学关系的估值作为有效的税收近似值。同时需要注意的是，虽然税率增长确实导致税基变小，但本案例中的税基减少，不会导致实际税收收入下降。税率增加带来的结果是税收收入的增加。

那么减少的烟草销量去了哪里？可能性包括：从俄亥俄河运往印第安纳州的销售损失（也包括运往其他州产生的销售损失），因为肯塔基州的零售商失去了他们先前所享受的价格优势；或者因为美国本土的烟草商店借助网络销售烟草而不需要报税，从而带来销售损失；或者还可能因为人们减少吸烟，或是完全不再吸烟，而带来的销售损失。

图 8-1 显示了最大的税收收入值（R^*）。这个峰值表示，根据这个税基所能在经济上产生的最大的财政收入。这个峰值既不是最优的，也不是理想的。它表示的仅仅是在特定税基上所能产生的最高收入，没有理由相信这将会是任何政府都想达到的目标。如果将税率从 t^* 上再加以提高，就会使税收收入减少，这是因为由于税基减少导致的税收收入减少，会超过因税率提高而增加的税收收入。进一步分析，如果税率太高，达到（t_p），税收活动就会停止。税率和税收收入之间曲线的具体形状，取决于特定的税基是如何对实际税率做出反应的。在较低的税率水平上，相对较小的变化所产生的经济影响，大约和税收收入的数学关系相当。但是，当税率变化比较大时，就不能忽略税收收入的经济关系了，特别是当对一个地理上较小的区域课税，或者避税途径非常便捷时（例如，该地区接近边界）。

为了估计各种税收的实际经济关系，曾经有过一些研究，税收政策的做出，有时候就是以对于这种关系的判断为基础的。1981 年里根总统的减税改革，在一定程度上就是以这种观点为依据的。当时，论证最有效的就是阿瑟·拉弗（根据他的名字命名的、描述税率和税收收入之间关系的"拉弗曲线"广为人知），他认为：当时联邦个人所得税的税率高于 t^*，因而，降低税率有利于税收收入的增加，从而可以缩小预算赤字。其实拉弗并不是第一个认识到这种关系的人。凯恩斯早在 1933 年就写道："下面的哪一种论断都不足为奇：过高的税收可能会毁了税收政策的目标；只要给予足够的时间，减税就会比增税更有可能实现预算的平衡。"[①] 然而，仔细的分析表明，里根的减税政策确实导致了税收收入的减少[②]。对地方税收的检测表明，地方税收的实际税率通常也会低于 t^*，但也并不总是这样[③]。给定数据、可转换的税制结构等，利用这些去确定联邦个

① "The Means to Prosperity," reprinted in *Essays in Persuasion*: *The Collected Works of John Maynard Keynes* (London: Macmillan, St. Martin's Press, 1972), 9: 338.

② Donald Fullerton, "On the Possibility of an Inverse Relationship between Tax Rates and Government Revenue," *Journal of Public Economics* 19 (October 1982): 3-22. 改变高边际税率（最高收入的人针对额外收入所缴纳的税收）对税收收入的影响不是很清楚。参见: Robert J. Barro, "Higher Taxes, Lower Revenues," *Wall Street Journal*, July 9, 1993, A-10.

③ 表明实际税率低于 t^* 的研究包括以下几个：关于城市财产税，Helen Ladd and Katharine Bradbury, "City Taxes and Property Tax Bases," *National Tax Journal* 41 (December 1988): 503-523; 地方销售税, John L. Mikesell and C. Kurt Zorn, "Impact of the Sales Tax Rate on Its Base: Evidence form a Small Town," *Public Finance Quarterly* 14 (July 1986): 329-338; 长岛学区, Robert Inman, "Micro-fiscal Planning in the Regional Economy: A General Equilibrium Approach," *Journal of Public Economics* 7 (April 1977): 237-260; 州销售税, Gerald E. Auten and Edward H. Robb, "A General Model for State Tax Revenue Analysis," *National Tax Journal* 29 (December 1976): 422-435. 表明实际税率高于 t^* 的文献有：关于纽约市企业税，Ronald Grieson, William Hamovitch, Albert Levenson, and Richard Morgenstern, "The Effect of Business Taxation on the Location of Industry," *Journal of Urban Economics* 4 (April 1977): 170-185; 费城城市税, Inman, "Micro-fiscal Planning."

人所得税的 t^*，这并不是一项简单的工作。然而，做过一些透彻研究的人认为，数据显示的峰值处在 60% 或者更高的税率上，而美国目前的征收水平远低于此[1]。

当州政府对地方财政的自治活动加以限制时，在达到经济能力的限度之前，财政收入在实践中就可能成为一个比较困难的问题。例如，州政府可能会建立一个特区。在这个特区中，政府服务的提供会全部由一种消费税来融资，或者，州政府还可能对地方政府的财产税规定一个限制性的最高税率。这种限制可能会严重影响地方政府财政收入的充足性。在大多数情况下，在经济能力最大化之前，就会有政治约束对税基进行限制[2]。

另一个问题是财政能力方面的差异。并不是一个国家中的所有地区和一个地区中的所有地方都具有相同的税基禀赋。例如，在有些地方可能有重要的商业中心或者有价值的自然资源，而其他地区中可能就没有具有影响力的财政收入基础。由于这些地区只能利用自己的财政收入来源为政府服务活动筹集资金，因此，拥有较少财政资源的地区将会处于巨大的劣势之中。例如，贝弗利山庄[3]和坦普尔城都是美国加利福尼亚州洛杉矶的城市，都拥有大约 35 000 的人口。然而，在贝弗利山庄，销售税税基达到每人53 870 美元（购物就是一种财政资源！），而坦普尔城仅为每人 3 920 美元[4]。这使得坦普尔城居民和贝弗利山庄居民的财政条件呈现出显著的不同。关于这种财政能力差异问题，将会在本书后续探讨政府间横向平衡的章节中进一步研究。

关于税收收入的充足性问题，还要考虑税收收入的动态维度：税收收入在短期内是否稳定？长期来看是否会增长？从 2007 年 12 月到 2009 年 6 月的经济大衰退证明，管理国家经济的努力并不能消除经济波动。在经济萧条时期，政府功能也要正常运转；由于在这些时期，社会经济会出现紧张局势，因此政府功能还须加强。如果税源具有很好的周期稳定性，即使在经济活动出现衰退时，税收收入也能保持稳定。这些税收收入的稳定性对于州和地方政府来说是至关重要的，因为州和地方政府都缺乏借款的灵活性，它们也不能像联邦政府那样，通过创造货币来弥补财政赤字，并且，他们储备的应急基金（rainy-day funds）是有限的。一般来讲，对公司利润的课税会特别不稳定，因为这一税基变化无常。有些州在历史上之所以不愿意依赖公司税，就是因为这个原因，地方政府也会避免依赖公司税。财产税具有很强的稳定性，但在经济极度萧条以至于出现债务拖欠问题时除外（包括地方经济崩溃时）。尽管财产税收入在近期的经济衰退中有所下降，但它依旧比销售税和所得税稳定。然而，即使在经济增长时，税收收入的稳定性对于政府来说仍然是一个问题（尽管一些地区的经济几乎处于永久衰退，但是美国经济整体呈现增长期远多于衰退期）。许多政府服务需求的增长速度都要快于经济活动的增长速度。政府服务的需求模式，可以用收入对服务支出的弹性来表示，即收入每增长1% 所导致支出增长的百分比。当政府服务支出的增长速度快于人们的收入增长时，收入弹性将大于 1，这意味着人们收入增长 1% 所导致的政府支出增长将大于 1%。具有类似增长特征的政府往往缺少税源，将面临如下可能：债务增加、税率提高（或者开征新

---

[1] Emmanuel Saez, Joel Slemrod, and Seth Giertz, "The Elasticity of Taxable Income with Respect to Marginal Tax Rate," *Journal of Economic Literature* 50 (2012): 3–50.

[2] 任何政府不可能认识到并且使用自己最大的财政收入能力。那将意味着政府会试图将预算最大化，但是这几乎不可能符合公众的利益。t^* 代表最大税收收入，而不是最佳收入。

[3] 贝弗利山庄素有"全世界最昂贵住宅区"称号，被人们称为财富、名利的代表和象征。——译者注

[4] 资料来源于加利福尼亚州公平委员会 2009—2010 年的数据报告。

税种），或者不能满足公众对政府服务的需求。其中的每一种选择在政治上都不会是令人愉快的，因此政府一般比较偏好于收入反应比较灵敏的税种，这些税种带来的税收收入的增长速度，要快于人们的收入（税收收入弹性或者税基相对于收入的弹性要超过1）。表 8-4 所列出的是近来几项研究中各种税基的收入弹性①。因为在一定程度上，每个税种的具体结构在政府之间都有所区别，而且这些区别将影响税收政策的效果，所以表中提供的是税种收入弹性的范围和中间值。

表 8-4　　　　　　　　**不同税收研究中特定税基的长期税收弹性汇总**

	低	高	中
个人所得税（41 个州）	0.809	3.983	1.604
零售销售税（44 个州）	0.339	1.365	0.781
公司所得税（9 项研究）	0.72	1.44	1.1
一般财产税（12 项研究）	0.34	1.41	0.87
机车燃油税（50 个州）	1.091	0.478	0.739
烟草税（8 项研究）	0.00	0.54	0.26

资料来源：D. Bruce, W. F. Fox, and M. H. Tuttle, "Tax Base Elasticities: A Multi-State Analysis of Long-Run and Short-Run Dynamics," *Southern Economics Journal* 73 (2006): 315-341; Advisory Commission on Intergovernmental Relations, *Significant Features of Fiscal Federalism*, 1976—1977, vol. 2, *Revenue and Debt* (Washington, D. C.: Advisory Commission on Intergovernmental Relations, 1977); and J. H. Bowman and J. L. Mikesell, "Recent Changes in State Gasoline Taxation: An Analysis of Structure and Rates," *National Tax Journal* 36 (June 1983): 163-182.

从总体上看，个人所得税税基对收入的反应是最灵敏的（既是因为分级次的税率，也是由于税基本身的敏感性），而燃油税和烟草税，通常是从量税（课税单位为体积或者数量），而不是从价税（税率乘以价格），因而对收入变化的反应是最不敏感的。一般销售税反应的灵敏程度介于以上二者之间。财产税的弹性估测值有时候会过高，这是因为有些研究没有将财产税税率提高对财产税收入的影响分离出来，因而这样估测出来的弹性结果并不完全是税基的自动增长所导致的②。由于对收入反应敏感的税种所带来的税收收入也不一定稳定，因此，跨期税收收入充足性的决策要取决于以下因素：将来更可能发生的是人们收入的增长还是下降；在经济衰退时期，政府能否进入债券市场融资，是否具有提高税率的能力。

那么对于州政府而言，收入弹性意味着什么？假设私人的经济活动每年以 10％的速率增加。如果该州根据特定的个人所得税税基弹性来征收个人所得税（根据表 8-4），那么个人所得税的税收收入通常以每年 16.04％的速率增长，而不用增加任何税率。如果这个州的税收来源碰巧依靠一般财产税，那么来自财产税的税收收入通常以每年 8.7％的速率增长。各种税种收入弹性上的不同，在很大程度上会影响政府的财政绩效。高收入弹性能够使经济增长地区的政府免于提高税率，然而低收入弹性则会带

①　这些弹性都是通过 $\ln B = a + b \ln Y$ 的形式，经过时间序列的回归计算出来的，其中 B 是所分析的税基，Y 是经济活动的度量指标，b 是税种的收入弹性。对税基的其他影响，例如法定税率的变化，也可以包含在独立变量中。有时候分析由**税收弹性**（tax buoyancy）形成，这种分析不仅仅考虑了税基，还考虑了税收收入（税基乘以税率）。

②　将税基的变化和财产的一般估税因素全部剔除之后的研究表明，一个州财产税税基的弹性是 0.27（印第安纳州）。这项研究和销售税、所得税税基的变化更具有可比性，因为其中剔除了税基变化的所有法规因素和行政管理因素。参见：John L. Mikesell, "Property Tax Assessment Practice and Income Elasticities," *Public Finance Quarterly* 6 (January 1978): 61.

来持久的财政危机。

公平原则：横向公平和纵向公平

如果政府要征收一定数额的税收，税收负担应当如何分配呢？没有人会说应该不公平地分配税收负担，政治家、新闻工作者、传道士，甚至是访谈广播节目中爱空谈的人都不会这样做。每个人都想要公平、平等地承担税负，但是公平究竟意味着什么呢？在这一部分中，我们先不从基本的道德角度来解释**公平**的含义，而是从税收政策分析师为了给那些决策者提供信息所使用的公平的概念的角度来阐述。

通常有两种公平标准：（1）根据纳税人从公共服务中所得到的收益或者对公共服务的使用情况（受益原则）；（2）根据纳税人承担税收的能力（支付能力原则）。最终所选择的方法应当既符合哲学的理论标准，又要实用。

受益原则（the benefits-received approach）与经济中私人产品的交换原则非常类似①。在这种准市场化的安排中，人们只有从公共服务中受益，才会为这种公共服务付款；并且，受益多的人要比受益少的人支付更多。当政府出售公共服务时，也就是说，当政府对公共服务征收使用费（或者公共价格）时，只有从中受益的人才会为此缴款，而这样做的前提是这种服务不会产生数额巨大的正外部性。由于在那种情况下，存在一些人从政府服务中受益但却没有为此付费，因此这种收费方法的正确性将受到人们的质疑（在以后的章节中，还会对这个问题做进一步的说明）。即使并不向政府服务的使用者直接征收费用，如果税收结构中有一些税种可以使税收和纳税人从政府服务中所得到的收益紧密结合起来，那么这种税收结构也可以认为是以受益原则为基础的。一个相关的例子，就是通过征收燃油税来为公路筹资：对公路使用得越频繁，消耗的燃油就会越多，购买燃油所缴纳的税款也就越多，因此，对公路使用最多的人为此所缴纳的税收也就越多。如果一个人从政府服务中受益了，那么他（她）就应当根据受益的多少来纳税；如果一个人没有从政府服务中受益，他（她）就不用为此纳税。这样就不会出现由于政府服务价格过低导致过度供应和浪费，或者当价格过高时，由于政府服务供应不足而造成经济损失。一个纳税人从政府服务中获得了1%的收益，就应当支付提供这项政府服务1%的成本；根据受益原则，在纳税人之间不存在横向补助的不公平现象。使用了政府服务，就应当为此支付税费；没有使用这项公共服务的人，就不应当承担这项税费的负担。

受益原则不仅避免了从没有使用公共服务的人向公共服务使用者的横向补助，而且这种财政收入的筹集机制还有助于引导政府资源的配置。此外，受益原则还可以避免人们抵制税收的敏感情绪。例如，人们也可以接受对打猎所使用弹药的课税，只要将由此带来的财政收入用于野生动植物和生态环境的建设。在税收收入能够告诉我们公众对政府服务的需求之前，在税基和政府活动之间应当有很强的对应性。但遗憾的是，这种对应性并不是经常存在的②。前面提及的燃油税和道路使用之间的关联，是这

---

① 如何对受益进行测量呢？从逻辑上讲，准确的测量应该取决于提供给个人的服务的价值。除了这种最好的方法以外，次优的方法还包括：对向受益人提供服务的成本或者得到保护的财产的保有价值进行测量，或者根据亚当·斯密的标准，对个人所得收入进行测量。

② 将一种一般税收收入中的一部分用于专项支出，例如，将州销售税收入中的一定份额用于支持公共教育，并不能作为政府偏好该服务的证据。因此，不能根据这种行为是否增加了公共决策的信息来判断行为是否正当。

种相互匹配的一个很好的例子。在这些例子中，税收就相当于使用政府服务而支付的价格①。

有些问题会阻碍受益原则大范围的推广。首先，就纯公共物品的本质来说，公共物品的交易是不可分割的。公共物品的"购买者"也为别人购买了福利。此外，现代政府通常还会进行社会再分配，这项政府活动的直接目的就是要将财富从社会中的一个团体转移到另一个团体。在这种情况下，受益原则就失去了作用：这项政府活动的目的就是为某些人提供补助，而不是进行交换。当然，如果没有外部环境和社会再分配的限制，受益原则是具有很强理论基础的。

受益原则的含义是，对于政府所提供的每种不同的服务组合，都存在对其成本的不同分担方法。这个税收体制可以辨别从政府服务中受益的人，并根据他们受益的多少征税。政府服务的组合不同，为此纳税的人也应当有所不同。另外，能力原则对市场交换原则避而不谈，而是强调不管政府提供的是哪种服务，最有能力承担政府服务成本的人应当承担最大数额的政府成本。

支付能力原则的理论基础是：是否与市场原则相兼容，使政府服务和私人产品具有本质上的不同，但只有后者才适用于市场分析方法。提供公共服务的决策可以和财政负担分配的选择分开来进行考虑，因此，可以根据公平和平等的原则，来确定这种财政负担的分配方法。遗憾的是，科学工具无法确定什么样的分配方法是公平的，你的观点可能与我的不同。如果可以对每个人的满意水平进行测量和比较，就能够以最小的社会满意损失，来设计出能产生公共收入的税收体制。由于没有这种测量方法，看起来也就不存在对财政负担的科学分配。财政负担分配是一个政治观点或者政治权利的问题，而不是在科学上是否正确的问题。当然，这种分配应当在社会道德的要求内进行，但是，社会道德因素未必可以影响政治程序。

支付能力原则的使用包括两个决策部分：选择支付能力的度量标准，根据这项标准选择不同的课税方法。支付能力的度量标准会因经济发展水平的不同而不同。在一个农业社会中，如大约 18 世纪的美国，对支付能力的有效度量标准，可能是财产的所有权，这些财产包括：土地、建筑物、车辆和牛群等。而在现代经济组织和体系中，财产价值不再是支付能力的一个可靠度量标准了。现代经济组织和体系的支付能力包括：商业企业的公司形式、复杂债务形式的发展、总财富中无形资产的重要性等。因此，许多关于支付能力的财政分析都认为，收入是度量支付能力的一个合适标准。但更全面的标准应当也包括净财富（net wealth）（可以使用第 7 章中的年金公式，将累积财富转化为估计的年均流量），因为收入和财富可以计入人们的实际资产。在以后的章节中，我们还可以看到，有人认为，家庭消费是一个比收入更好的指标，因为家庭消费能够准确度量一个家庭认为其本身能够承担的购买量②。尽管目前在绝大多数常见的讨论中，都有着向年均收入方向发展的趋势（并且大多数税收政策制定专家趋向于以家庭消费为标准），

①　为高速公路融资的系统已然临近崩溃。以氢气、全电力以及一些消耗替代燃料的车辆，打破了机车燃料购买和公路使用之间的联系，因此征收的燃油税已经不能像过去那样为高速公路提供资金。但幸运的是，现在的科技水平能够支持直接的公路收费，同时州政府也需要尽快转变方式。俄勒冈州已经开始采用以车辆行驶英里数衡量收费的系统。Billy Hamilton, "Oregon Test-Drives Replacement for the Gas Tax," *State Tax Notes*, LXV (July 16, 2012): 209-214.

②　关于支持家庭消费的文献，参见：Nicholas Kaldor, *The Expenditure Tax* (London: George Allen and Unwin, 1958).

但是，究竟用什么指标来度量支付能力，目前尚无定论。

在度量家庭支付能力之后，第二步就是选择合理分配家庭税收负担的方式。这是一个社会政策问题（带有一些经济因素），其中主要包括横向公平和纵向公平两个方面。

横向公平，也可以叫作"公平公正"（equal justice），是指纳税能力相同的人应当缴纳同样的税收。如果两个纳税人的所有相关方面都相同，但是，其中一个纳税人所缴纳的税收要多于另外一个纳税人，那么这样的税收结构就会失横向公平。当税收因人们的禀赋和偏好而不同时，横向不公平的情况就会经常发生。例如，只对一小部分人使用的商品课税，或者有些经济部门有降低自身纳税义务的一些特殊方法[1]。当税收管理朝令夕改、充满任意性，或者目前的税收管理任务十分具有挑战性时，也会发生这种情况。例如，财产税的定价方式，可能会使具有相似市场价值的房屋支付颇为不同的税负。

这里显然存在一个问题，就是如何定义同等的纳税主体：造成横向公平的行为本身——例如家庭对应税奢侈品的偏好——就可以被当作纳税能力提高的一个因素。总之，虽然横向公平的原则在使用过程中也存在一些问题，但这个原则却是很明确的。别忘了，公平对待纳税人也是美国宪法中维护公平原则的要求之一。在一个财产税案例中，美国联邦最高法院是这样解释的："宪法的要求是：对于境况类似的私有财产的税收处理，应当因地制宜，以尽量体现公平。"[2] 这是对横向公平各种状况的明确表述。同样的道理也适用于其他税种。例如，为什么两个拥有相同收入的家庭，仅仅由于赚取收入的方式不同，就要缴纳不同数额的所得税？但是，在以后的章节中你可能会发现，情况就是这样的。

纵向公平所要解释的是，税收负担如何在纳税能力不同的纳税人之间分配的问题。此处所比较的是本身情况不同的纳税人的纳税情况。这里的问题是，这种纳税差别应当有多大呢？对于这个问题，没有一个科学的依据。但多数人都主张，纳税能力大的人应当缴纳更多的税收。然而，这种简单的论断对税收政策几乎没什么实际指导意义。如今所使用的主体税种都向较高收入的人征收较多的税款。需要进一步确定的是，税收结构应当是比例税制（proportional system）、累进税制（progressive system）和累退税制（regressive system）中的哪一种，也就是说，针对不同支付能力的家庭，税收会有多大的区别？

表 8-5 所要说明的是，在一个只有两个收入不同的纳税人的简单社区中这三种税收结构的情况。在每一种税收结构中，两个纳税人都共同分担 10 000 美元的税收负担。纵向公平描绘的是收入和实际税率之间的关系（缴纳的税收除以相应的财富值，本例中使用的是即期收入）。当纳税能力比较高的群体适用的税率低于纳税能力比较低的群体（支付能力提高，实际税率降低）时，为累退税制；反之（实际税率随着支付能力的提高而提高），为累进税制；当社会中所有群体的适用税率都相同（支付能力与实际税率保持一致）时，为比例税制。实际税率的不同，反映了高收入的纳税者缴纳的税收与低收入的纳税者相比，是更多、更少，还是一样。这决定了不同的税收结构对社会财富实行再分配的程度。从表中可以看到，在比例税制中，纳税人之间的相对收入分配状况，

---

① 例如，1986 年《税制改革法案》就试图通过减少胆大油滑、处心积虑的投资者避税的可能性，来提高横向公平。

② *Allegheny Pittsburgh Coal Company* v. *County Commission of Webster County*, *West Virginia*, 488U. S. 336 (1989).

在税前和税后并没有发生变化，累退税制增加了高收入阶层的收入比例，而累进税制则提高了低收入纳税人的收入比例。通过有效税率的结构反映出再分配的结构，这是纵向公平的实质内容。公共政策要实行累退税制、比例税制还是累进税制，取决于社会期望税制在再分配中发挥什么作用，这是一个道德判断的问题。

表 8-5　　　　　　　　　税收体系中的累退制、比例制和累进制规则对比

累退税制（每 10 000 美元税收总额）				
纳税人收入（美元）	税前收入比重（%）	缴纳税收（美元）	有效税率（%）	税后收入比重（%）
20 000	20	3 000	15	18.9
80 000	80	7 000	8.75	81.1
100 000	100	10 000		100.0
比例税制（每 10 000 美元税收总额）				
纳税人收入（美元）	税前收入比重（%）	缴纳税收（美元）	有效税率（%）	税后收入比重（%）
20 000	20	2 000	10	20
80 000	80	8 000	10	80
100 000	100	10 000		100.0
累进税制（每 10 000 美元税收总额）				
纳税人收入（美元）	税前收入比重（%）	缴纳税收（美元）	有效税率（%）	税后收入比重（%）
20 000	20	1 200	6	20.9
80 000	80	8 800	11	79.1
100 000	100	10 000		100.0

有一段时间，研究公共财政的经济学家们试图通过收入边际效用的减少，来为这种累进税率结构所造成的收入再分配寻找科学依据：富人从收入（财富的增量）中所得到的满足程度要少于穷人。因此，在财政收入数额既定的情况下，对较富有的人课以较高的税率，可以使社会的效用损失最小化。但是，边际效用随着收入增加而递减的论断一直没有得到证实，甚至还有可能是错误的，因此，累进税制一直都是不科学的[1]。然而，还有很多人认为，税收体制不应该让穷人承担更重的税务负担（当然，在以后的章节中你会发现，有几个重要的税收确实使穷人承担了更多的税负）。

表 8-5 中的指标不一定能够反映税率结构是累进的还是累退的。例如，对比收入比较高和收入比较低的群体所缴纳的税收总额，不一定能够得出判断纵向公平是否真正有意义的信息。对于这里每一税种的税率结构来说，收入高的纳税人都缴纳了更多的税收。因此，仅比较不同收入群体所缴纳的税收总额并不能区分税制结构是累进的、累退的，还是比例的。将某一收入群体所缴纳税收的比例和该群体所占人口的比例进行对比，也行不通。在上述例子中，收入高的纳税人占了该社区人口的 50%，而在累退税率结构中，该纳税人群体却缴纳了社区税收总额的 70%，这种比较显然没什么用。如果每个课税单位的税基在不同收入群体中的分布是不均匀的（肯定是不均匀的），比例

---

[1]　参见：Walter J. Blum and Harry Kalven, Jr., *The Uneasy Case for Progressive Taxation* (Chicago: University of Chicago Press, 1953).

税、累退税和累进税都会使高收入群体缴纳相对其所占人口比例来说更高份额的税收，而低收入群体所缴纳的税收份额较其所占人口比例而言更低。因此，比较实际税率或者进行逻辑上类似的比较，是判断税率结构纵向公平的唯一可靠指标。

分析公平问题必须弄清楚各种税种的实际承担者。由于在法律上需要缴纳税收的机构可能会将部分或者全部的税收负担转嫁出去，因此会使这项工作变得复杂起来。用税收分析的术语来说，由于发生了税负转嫁，税收负担的法律归宿或者税收所造成的直接影响，和税负的实际归宿可能会不一样。

税收负担的归宿问题经常会涉及税收对企业的影响，例如，对公司净所得、企业财产或者雇员工薪课征的税收。如图8-2所示，企业对一种税收的反应方式可能有三种：

（1）**向前转嫁**（forward shifting）：企业针对税收提高商品的售价。

（2）**向后转嫁**（backward shifting）：企业降低购买资源的价格，包括支付给工人的工资和支付给原材料供应商的价格等。

（3）**吸收转嫁**（absorption）：企业可能会降低支付给企业所有者的利润。

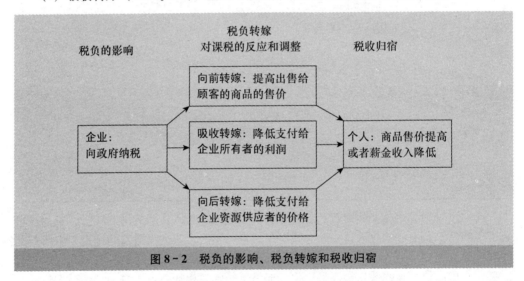

图8-2　税负的影响、税负转嫁和税收归宿

企业到底会怎样做，要取决于税收的形式——课税对象是净利润、销售收入还是财产——和公司所面临的市场条件。但是，企业最终将会选择能为所有者留下最大税后利润的做法[1]。企业的反应不会是简单的涨价，因为涨价之后顾客的购买量就会下降，因此所造成的利润损失可能会超过涨价所能弥补的税收损失。然而，无论企业如何反应，向企业课税都会减少人们的实际收入，也就是说，或者使顾客支付更高的价格，或者使工人和其他资源所有者因出售资源而得到的收入降低，或者使留给企业所有者的利润水平降低。例如，为社会保障融资的薪给税由两部分构成，一部分由雇主缴纳，另一部分由雇员缴纳。大多数分析家认为，这两部分都导致了雇员实际收入的下降：如果不征收这种税收，由雇主所缴纳的那部分薪给税可能会以工资、薪金和附加福利（fringe bene-

---

[1]　对这些反应的详细分析，参见：Richard A. Musgrave, *The Theory of Public Finance* (New York：McGraw-Hill, 1959), Chap. 13；Joseph E. Stiglitz, *Economics of the Public Sector*, 3rd ed. (New York：W. W. Norton, 2000), Chaps. 18, 23, and 27. 另一个好的资源是：Executive Office of the President, Council of Economic Advisers, *Economic Report of the President Transmitted to the Congress February 2004* (Washington, D. C.：U. S. Government Printing Office, 2004), Chap. 4.

fits) 的形式发放给雇员。因为雇主了解薪给税，所以他们通过向后转嫁调整工资来弥补税收。因此，这部分税收的实际负担和由雇员缴纳的那部分薪给税一样，都是由雇员承担的。或者再举一个例子：土地所有者需要为自己出租的土地缴纳财产税。然而，随着时间的推移，土地所有者通过向前转嫁、调整租金来弥补财产税。这样，税收负担实际上由承租人承担。

在政治争论中，人们经常会忘记关于税负归宿的两个重要原则。第一，法律可以对税收的影响进行界定（谁向政府纳税），但决定税收最终归宿的还是市场力量（谁的实际收入由于税收而减少了）；利用立法来确定税负归宿，就像对降雪进行立法一样无效！第二，所有税负最终都是由个人来承担的。企业只是向人们转嫁税负的一个通道，转嫁的对象可能是顾客、供应商和企业所有者。要弄清楚税负转嫁的过程并不是一件简单的事，但是这对于确定税收的纵向公平却是不可或缺的[1]。

为了说明对纵向公平的分析应用，表 8 - 6 反映了国会预算办公室对于不同收入层次的家庭所适用的联邦税收实际税率的估计，选取了 1980—2009 年的部分年度，根据这个表可以对不同时间和不同收入的群体进行比较。这个表包括联邦政府征收的所有税种，关于各个税种的具体情况将在以后章节更详细地介绍。表 8 - 6 关于税收归宿做了如下假设：(1) 纳税的家庭承担了个人所得税的税收负担（没有转嫁）；(2) 社会保障税的负担转嫁给了雇员（雇主负担部分向后转嫁，雇员负担部分没有转嫁）；(3) 消费税是由消费者以更高的价格形式支付的（向前转嫁）；(4) 公司所得税由家庭缴纳（一半转嫁给了雇员，一半转嫁给了股东）[2]。需要注意的是，这些税收的影响和法定归宿不总是落在那些承担最终税收负担的个人身上。例如，产品生产者总是有责任去缴纳联邦销售税，但是在进行税收负担分析时，假设这些税收是向前转嫁，生产者通过收取更高的价格来缴纳税款。

在这些年间，税率之间的累进程度是不断提高的，也就是说，2009 年最高收入群体和最低收入群体适用税率之间的差距要大于 1980 年。最高收入群体支付的有效税率在 2009 年比 1980 年低，然而，低收入群体实际税率的下降程度比高收入群体实际税率的下降程度要大。该表还反映了各类家庭的税前收入份额和其所承担的联邦税收份额；作为累进税制的一个特征，高收入群体所承担税收的比重要大于税前所得的比重；而对于低收入群体而言，情况正好相反[3]。当然，在表 8 - 6 中显示的都是每个收入群体所适

① 如果企业是将税务负担转给个人的通道，那么为什么不忽略向企业的征税，而直接向个人征税呢？仅仅是因为政治因素吗？想要详细了解其中的逻辑，参见：Thomas F. Pogue, "Principles of Business Taxation. How and Why Should Business Be Taxed?" in *Handbook on Taxation*, ed. W. Bartley Hildreth and James A. Richardson (New York: Marcel Dekker, 1999), 191-203.

② 国会预算办公室在 2009 年修改了税收转嫁前提。这一年，资本所得要缴纳公司所得税。由于资本所得在高收入家庭的总收入中占更大比重，税率的累进程度不断提高。早些年使用的前提条件如今不再适用。税务联合委员会和财政部对公司所得税的税务负担分析采用不同的转嫁前提。他们现在把公司所得税的 82% 分配给资本所得，剩余的 12% 分配给劳动所得。具体参见：Julie Anne Cronin, Emily Y. Lin, Laura Power, and Michael Cooper, "Distributing the Corporate Income Tax: Revised U. S. Treasury Methodology," Office of Tax Analysis Technical Paper 5, Washington, D. C., May 2012.

③ 由于在人的一生中，人们面临不同的经济环境会做出不同的经济决策，因此，人们所负担的税收和纳税方式也不尽相同。有的经济学家试图从传统的年度分析中转变出来，转而就税收体制及其各构成部分对人们一生所造成的影响进行分析。关于这个问题，参见：Don Fullerton and Diane Lim Rogers, *Who Bears the Lifetime Tax Burden?* (Washington, D. C.: Brookings Institution, 1993). 国会预算办公室关于长期税收负担的研究请参见：*Effective Tax Rates: Comparing Annual and Multiyear Measures* (Washington, D. C.: Congressional Budget Office, 2005).

用的平均税率，围绕这个平均税率，不同的家庭所适用的税率会有很大的差异。如果这些税率的差异足够大，那么就可以显示出横向不公平了。

表 8-6　　　1980—2009 年联邦税收在不同收入层级的
家庭中的分配情况和所使用的有效税率　　　　　　　　（%）

不同收入水平的家庭	1980			1985			1990		
	收入比例	税收比例	有效税率	收入比例	税收比例	有效税率	收入比例	税收比例	有效税率
最低收入	5.7	2.0	7.7	4.8	2.3	9.8	4.6	1.9	8.9
次低收入	11.0	7.0	14.1	10.1	7.2	14.8	10.0	6.8	14.6
中间收入	15.7	13.3	18.7	15.2	13.2	18.1	15.1	12.6	17.9
次高收入	22.1	21.3	21.5	21.9	21.3	20.4	21.6	20.7	20.6
最高收入	45.8	56.3	27.2	48.6	55.8	24.0	49.5	57.9	25.1
收入最高的 5%	20.7	28.7	30.8	23.4	28.4	25.4	24.3	30.6	27.0
收入最高的 1%	9.1	14.2	34.6	11.5	14.8	27.0	12.1	16.2	28.8

不同收入水平的家庭	1995			2000			2009		
	收入比例	税收比例	有效税率	收入比例	税收比例	有效税率	收入比例	税收比例	有效税率
最低收入	4.6	1.3	6.3	4.0	1.1	6.4	5.1	0.8	1.0
次低收入	9.7	5.8	13.4	8.6	4.8	13.0	9.8	4.4	6.8
中间收入	14.9	11.4	17.3	13.5	9.8	16.6	14.7	9.2	11.1
次高收入	21.3	19.3	20.5	19.6	17.5	20.5	21.1	16.5	15.1
最高收入	50.2	61.9	27.8	54.2	66.6	28.0	50.8	68.9	23.3
收入最高的 5%	25.1	35.4	31.8	30.7	41.4	33.0	25.9	39.6	n. a.
收入最高的 1%	12.5	20.1	36.1	17.8	255.5	33.0	13.4	22.3	28.9

资料来源：Congressional Budget Office, *Average Federal Taxes by Income Group* (Washington, D.C.: Congressional Budget Office, 2010) and Congressional Budget Office, "The Distribution of Household Income and Federal Taxes, 2008 and 2009" (Washington, D.C.: CBO, 2012).

　　分析家们有时分析企业和个人所缴纳税收的相对份额，尤其是在州和地方政府层面进行分析。对企业课征的税收通常包括：企业财产税、公司净所得税、企业毛收入税、公司特许权税（corporate franchise tax）、对企业和职业活动课征的杂税、执照税、跨州税①和票据证券转让税等。对个人课征的税收包括：对住宅和家庭个人财产课征的财产税、个人所得税、零售税和选择性消费税等。税收分类中的特殊问题包括：农业财产税（在农民所缴纳的财产税中，哪部分属于个人，哪部分属于企业？）、非公司企业的所得税（这种企业是通过个人所得税制纳税的）和对企业购买活动所征收的销售税等。然而，这些问题通常可以通过以纳税人样本为基础的分配活动得到解决。

　　当然，即使税收最初是向企业征收的，企业的税负最终也还是要落到个人头上。作

---

①　跨州税（severance taxes），指对产品用于其他州的石油、天然气或其他矿产开采商征收的一种税。——译者注

为顾客、供应商、雇员和所有者等所有参与企业活动的人，将承担这些税收。那么，为什么向企业课征的税收要和向这些人直接征收的税收分别单列呢？很大的原因是纯政治方面的。立法人员喜欢给人们制造这样一种错觉：通过向企业课税，就减轻了个人为政府服务所承担的税负。但是，此外还有两个原因也有一定道理。第一，经济原因，企业税收会成为企业的一种成本。否则，当企业决定生产什么、在哪儿生产和如何生产时，就会意识不到这部分成本的存在。换句话说，经过精心设计的企业税收，可以使企业意识到在其生产中使用了没有标价的投入品成本。其中，最重要的成本是政府向企业提供的服务成本，如公共安全和民事司法系统等；企业生产产品和服务所造成的环境破坏带来的成本（如对空气、水和土壤的污染等）。企业税收可以向企业的经营者提供有关资源使用的信号，从而促进整个经济中的资源使用。第二，使用企业来作为向个人分配税收负担的渠道，要比直接向个人征税效率更高、成本更低。例如，通过向零售商间接征收零售税，再通过零售商将税收附加到他们所销售商品的价格上去，要比在商品销售结束之后，再向消费者直接征收同等的税收更有效率①。对于企业的所有者来说，比企业承担的税收份额更重要的，可能是有多少税收不能顺利地转嫁给供应商或者顾客。在现有的市场条件下，这部分税收会减少企业所有者的收益水平。

不过，州和地方政府之所以会关心企业和个人之间的相对税收份额问题，并不是因为税收负担的公平分配问题（或者说在政治上比较重要的是，对企业的课税其实是由个人所承担的更加隐蔽的税收负担，相对于财政分析师来说，政治家很少会认为税收具有透明性）。在许多情况下，最终承担本州企业税的人，即企业所有者或者企业的顾客，他们可能并不生活在本州②。因此，企业税收的份额较高，意味着有更多的州和地方政府成本被输出给了非居民（nonresidents）。尽管这种税负的出口在逻辑上是讲不通的，但在政治上却颇具吸引力。尽管这些企业确实收到了母社区政府所提供的服务，但是，企业税收的份额一直都是企业和政府争论的问题。此外，州政府必须注意，对州外企业的政策不能比州内企业苛刻，因为对二者制定不同的政策，会违反美国宪法中的商业条款③。

然而，通过利用税收对企业的最初影响将政府成本输出给非居民，的确要受到很大的限制。税收可能会对州内企业的竞争地位产生不利影响。如果用来向非居民输出成本的税制结构得以通过，那么，本地企业与州外企业相比在竞争中处于相对劣势，这会最终损害本州的经济发展。因此，税收份额的确定，必须考虑作为本州竞争对手的其他州的总体税收水平（对于竞争来说，总税收负担非常低，要比税收负担很高、税收份额居中更有利）。但是，考虑竞争平衡问题确实会影响政府成本的输出问题。因此，州政府通常会为了本地公司的竞争优势，而放弃对政府成本的输出。

经济效应

税收会改变公众和企业的行为方式，而这些行为方式的扭曲又经常会对人们的经

---

①　一个较好的、关于向企业征税的分析，参见：Pogue, "Principles of Business Taxation," 191—203.

②　注意，在一些特殊的情况下，对个人征收的某些税收很大一部分被出口了：例如，向第二故乡的居民征收的居民财产税和旅游地区的居住税（lodging tax）。

③　"国会有权力……管理与外国、各州间以及印第安部落之间的贸易"［第 1 条款，第 8（3）部分］。国会保留对州进行不同处理的权力。

济行为造成重要影响。税收结构和税收管理的设计十分重要，因为这可以减少对经济不必要的损害。关于税收在筹集收入之外是否还有别的作用，以及是否能将税收对经济所造成的危害降到最低，人们存有不同的看法。有些人主张，税收在效果上应当保持中性：市场体制是可以被信任的，即使没有外界的干预它也能运转得很好。因此，人们对税收最大的希望就是，尽量少干预市场。例如，1986 年联邦税制改革就试图为各种经济行为建立"公平的竞技场"。换句话说，税收通常应当保持中性。另一些人则主张，税收应当对经济产生有利的影响：通过税收激励可以改变私人的经济行为，使它们向着理想的方向发展，可以使市场运营的结果得到改善。这就意味着，税收结构应当被用来对市场结果进行改善①。税收优惠（如退税、免税、优惠税率等）并不是被动接受市场的运行，而是试图以立法者喜欢的方式来约束市场运行。较之相信由一群政治家可以操作出的结果（即使是杰出的政治家），大多数人更愿意相信市场运行的结果。

不管人们对于税收会改善市场行为扭曲的恰当性（或者可能性）持什么观点，但有一点是十分清楚的：税收确实会影响人们的经济行为，而这种影响也会因税种而不同。税收可能会对经济行为产生重要影响；税收的刺激作用，不管是好的还是坏的，都是税收政策讨论中的一部分内容。每当税收造成人们的收益差异，而这种差异又要面对在两个或更多的竞争性经济活动之间做出选择时，个人和企业就会倾向于做出能够留出较多税后收益的选择。作为对税收的反应，个人和企业会改变其行为，但是这种反应取决于税收结构，而不只是税收的绝对水平。此外，这种反应可能会在预期到税收的变化时提前做出；这种反应也会因这种税收在人们看来是永久性的还是暂时性的而不同；个人和企业面对税收做出调整所需的时间越长，这种反应通常就会越大。

下面是税收楔子（tax wedge）——税前和税后的价格、付款或收益率的不同——可能会产生的不同选择，以及一些关于这些效果的例子：

（1）**工作还是休闲**。如果对边际收入课以高税，可能会促使人们选择更多的时间来休闲而不是工作。例如，如果政府将人们加班收入中的一大部分都以税收的形式进行课征，加班的工作就不那么具有吸引力了。假设人们每赚取 100 美元的加班收入，政府就要征走 80 美元。你认为人们还会像税收只有 15 美元时那样加班吗？

（2）**企业运营**。税法不应当被用来引导企业的具体运营活动，如生产技术、企业组织类型、市场营销体系以及分销等。因此，如果某一天要对企业的存货课征州财产税，那么，这会促使企业在这一天将存货运送到州外去，过了这一天之后再运回来。假设印第安纳州在 3 月 1 日要将展厅中汽车价值的 10% 作为税收征走，而且不会对那些私人拥有的汽车课征税收，那么你认为汽车销售商会不会在征税前一天举办特殊销售活动来减少他们的存货呢？② 税收甚至会引导新商机的产生。2011 年底，纽约的香烟税高达每包 5.58 美元，这导致"手卷烟"这一香烟店的成立。这家店销售散烟草和烟纸，并且为顾客提供机器，让其自己动手做香烟。对于散烟草征收的较低税率，导致了自卷烟的价

---

① 关于税收结构是如何促进（或者抑制）贫困国家发展的详细分析，可以参见如下出色研究：Robin Burgess and Nicholas Stem, "Taxation and Development," *Journal of Economic Literature* 31 (June 1993): 762-830.

② 历史上，报纸使用宽纸张印刷而不是以小报形式印刷的原因在于，1712 年，英国开始对每张报纸的印刷用纸征收邮政税（a stamp tax）。为了减少报纸的税收数额，报纸出版商通过增加报纸的尺寸来回应征税。这样一来，更大的纸张、更少的页数，使税收也更少。这种传统的纸张大小开始在全世界范围使用，也只是近年来才有报纸开始减小纸张的尺寸。

格远低于成品烟的价格①。

（3）**个人采购和企业选址**。如果有些州对烟、酒或者一般零售课以重税，会促使本州居民到邻近的其他州去采购商品。因为那里的税率低，商品的价格也会比较便宜。类似地，税收还可能改变企业家选择什么地方来开办自己的企业。当面临自己所购买的产品要被征收 6.25% 的销售税的时候，你认为波士顿州的居民是不是会驾车前往邻近的不征收销售税的新罕布什尔州，来购买一些外用药或者其他昂贵的物品呢？另外，税收还可以使一些东西消失：2002 年，爱尔兰通过一项税收政策，即对塑料袋征收 25% 的税收。如果你今天在爱尔兰，那么当你付完账准备离开的时候，不要幻想可以用塑料袋带走你买的东西，因为你根本没有办法获得塑料袋②。

（4）**个人管理**。由于在课征联邦个人所得税时，专业会议的差旅费可以从应税所得中扣除，因此，这样的会议一般都会选择在旅游胜地举办。这样，出席这些会议的人就可以将度假和业务活动结合起来，以减少他们的纳税义务。此外，税收条款的规定还可能影响人们工资的发放形式。例如，如果附加福利不作为收入课税，雇员会更愿意采用这样的薪酬形式，而不是采取需要课税的工资薪金形式。如果你的雇主每年支付 6 000 美元为你购买健康保险，这部分补偿不征税，或者是雇主每年额外给你 6 000 美元让你自己购买健康保险，但是这部分收入要全部作为应税所得，那么这两种选择你更偏向于哪一个？

（5）**生产性投资和金融证券**。不同企业的投资可能会受到税后收益率以及税收对收益率造成的变化的影响。此外，高收入群体会选择将投资基金投放到利息免税的市政债券上去，而不是放到要对收益课税的其他生产性投资上去。资本比劳动力具有更大的流动性，不同的资本回报率会很快引起资本投资的改变③。

（6）**储蓄**。税收可能会扭曲人们的储蓄决策，促使人们将消费推迟到将来，形成比现在的消费价值更大的储蓄。这种影响会使个人形成储蓄，使企业将收益保留或者分发给企业的所有者。

案例 8-1 显示了税收如何影响一些基本生活决策。总的来说，税收不能过度抑制私人就业或者经济活动，使之无法为政府活动提供必要的资源。应当将税收的扭曲效应最小化，因为这些扭曲会造成生产性资源的浪费、降低经济增长率、降低国民的生活

---

① Sam Roberts, "Low-Tax Cigarettes, Made in Store, Draw City Lawsuit," *New York Times*, November 21, 2011. 当联邦香烟税在 2009 年上调的时候，自助卷烟机在那时有了很快的发展。David Kesmodel, "Roll-Your-Own Cigarette Machines Help Evade Steep Tax," *Wall Street Journal*, August 30, 2010.

② 关于爱尔兰，在 2006 年，爱尔兰摇滚巨星和国际商品交易的支持者波诺（Bono），一方面正在推动爱尔兰政府向非洲提供更多的援助，另一方面为了降低税收义务，却将 U2's 音乐出版公司迁到阿姆斯特丹，这是以降低爱尔兰政府的财政收入为代价的。Timothy Noah, "Bono, Tax Avoider," *Slate*, October 31, 2006（http://www.slate.com/id/2152580/）。很遗憾，波诺并不愿意为爱尔兰政府所做的捐赠事业掏钱。

③ 人们对税率确实是有所回应的，即使这种回应很少。当新泽西州征收富人税（a millionaire's tax）时——对高收入人群的所得税税率提高 2.9%——移民数量达到了最少，且主要是完全依靠投资收入的人、完全在州内工作的人和退休人员。尽管这一税收可以增加财政收入，缩小社会收入不平等，且没有产生可辨别的高收入者净税收逃欠。Cristobal Young and Charles Varner, "Millionaire Migration and State Taxation of Top Income: Evidence from a Natural Experiment," *National Tax Journal* 64 (June 2011): 255-284. 然而，一个关于欧洲足球明星的行为分析认为，各国所得税税率的不同，会对体育活动产生相当大的影响。Henrik Kleven, Camille Landais, and Emmanuel Saez, "Taxation and International Migration of Superstar: Evidence from the European Football Market," National Bureau of Economic Research Working Paper 1645, Cambridge, Mass., 2010. 这些人是年轻人，他们拥有高收入，有短期的工作，并且不在意特定的居住地。

水平。

专栏 8-2 解释了税收的超额负担（excess burden）；超额负担是用来对税收扭曲行为进行分析的指标。专栏 8-2 中的例子说明的是最差的情况，因为这种税收没有从弗雷德身上课征到任何税收收入，却给他造成了经济负担（由于消费者决策的扭曲所带来的价值损失）。税收政策的效率目标要求在筹集必要财政收入（税收负担）的过程中，要使经济扭曲程度（超额负担）尽量降低。此外，尽管这里举的是消费者决策的例子，使生产者行为扭曲的问题也是类似的。一般来讲，可以通过以下措施来减少超额负担：(1) 保持低税率（这是保持宽税基的一个很好的理由）；(2) 要避免对类似的商品、竞争性生产资源的类似使用、收入的类似赚取渠道课征不同的税率；(3) 在购买者或销售者会对商品价格变化做出强烈反应的市场中，避免课税。

专栏 8-2　税收的超额负担——对经济扭曲程度的度量

经济学家认识到税收的整体负担是由两部分构成的。它们分别是税收负担，也就是纳税人支付给政府的税款，以及超额负担（也叫重负损失或者福利成本），用来测量由税收所造成的经济扭曲情况。其实，超额负担就是因为税收使生产者和消费者的决策发生了改变，从而造成的损失。一般来讲，经济学家们希望生产者和消费者自由决策，从而使资源流入那些能够为社会产生最大收益的活动，同时他们也希望，消费者可以使用购买权来取得能够给他们带来最大满足的商品。虽然课税可以为政府带来税收收入，即税收负担，但是通常情况下课税还会导致被课税对象（包括商品和投入品）销售数量的减少。销售数量的减少会带来重负损失：那些现在还没有销售出去的商品带给购买者的满意程度会超过购买者支付的价格，带给销售者的回报会超过销售者所获得的商品价格水平（否则，无论是购买者还是销售者都不会进行这次交易）。另外，这个市场损失超过了支付给政府的税收。事实上，我们并不担心税收负担，如果政府的预算明智，那么政府对于资源的使用将会产生超过那些在私人市场中能够获得的回报。

超额负担的概念可以用一个简单的例子来描述。假设弗雷德通常每个月以每张 15 美元的价格购买 3 张 CD（每月支出 45 美元）。政府现在要对每张唱片征收 3 美元的新的 CD 税。那么如果弗雷德认为每张唱片 18 美元的价格太高了，他就会决定不再购买 CD 唱片。政府从弗雷德那里就不能征收到任何税收（他的税收负担是 0），同时他现在每个月就有 45 美元可以用来购买其他东西。

弗雷德有没有承担税负呢？如果假定在不课税之前，他信息充分、决策自由的话，就当然会为此承担税收负担。税收的课征使弗雷德从花费 45 美元购买他所喜欢的 CD 唱片转而去购买别的东西，这对于弗雷德来说是个下策。因为弗雷德曾经拒绝过购买其他东西，而选择购买 CD，所以我们知道对于弗雷德来说，现在的选择是他不喜欢的。弗雷德损失了来自 CD 的满足，而转向自己不太喜欢的消费方式。这个损失就是税收分析师所称的超额负担。

在政府构建税收体制时应该避免超额负担的发生，这是政府要避免做出经济上的愚蠢行为这一基本原则的具体应用。如果私人市场正在成功扮演分配资源的基本角色，那么税收体制就应该尽可能远离私人市场。

可征收性

　　一般而言，税收和税法的设计应当在满足公平原则与经济影响要求的前提下，尽量降低总税收征管成本。然而，遗憾的是，在税收实践中，经常需要进行权衡。例如，薪给税是课税成本最小的所得税形式：对雇主征收（与雇员相比，雇主人数少，便于监控。一个雇主所缴纳的税收收入可以覆盖很多雇员）；避免了对利息和股息核对中的问题；也不会产生关于租金和资本利得的特殊问题。然而，有利息、股息、租金与资本利得收入的人，一般要比那些工薪阶层更富有。因此，易于管理的税收却存在着公平问题。税基狭窄的税种，特别是特别消费税，通常很难以低成本来课征，这对于税收体制来说是个不利的选择①。如果将征管税基狭窄的税种中所使用的资源用于其他税种，收益会很大。

　　有效的税收征管"避免复杂的条款和规范，各种文档和报告要求，以及许多税收减免、扣除和豁免。如果税收体制越复杂，那么纳税者纳税遵从的成本越高。而一个不是很复杂的税收体制，可以促进公众对法律的理解，提高公众对税收体制的信心。从政府的角度来说，税收体制的复杂性增加了管理的成本，而税收法律的频繁改变又抑制了有效的财政计划"②。税收的复杂性通常是在这样的情形下产生的，政府致力于矫正税收体制的不平等，或者试图改善税收体制对经济的刺激。税收的复杂性允许立法人员可以不以筹集财政收入为理由而运用税收体制。事实上，政府需要复杂的税收体制，与之相伴，纳税人的遵从成本以及征管人员的管理成本也就相应增加了。在政治演讲中，虽然对税收体制简单化的要求会得到很多人的掌声，但是公众更喜欢那些可以减少他们自己税收负担的复杂的税收体制。简易化——对普通公众必然偏好的终结，应该对其他人适用；每个人都想保持能够减少自己税收成本的复杂的体制。自然地，政治家们也赞成这样的偏好博弈。米尔顿·弗里德曼（Milton Friedman）解释道："从市民的角度来说，税收立法的作用在于，决定谁来为政府支出提供资金，并且提供多少资金。但是从国会的角度来说，税收立法有一个附加的且十分重要的作用：这是筹集选举活动基金的方式。"③ 为了交换偏好，游说者十分热衷于为选举委员会筹集资金做出贡献④。因此，在重构税收结构的真实世界中，如果提高可征收性，就需要在税收政策和税收实践政治中保持一种微妙的平衡。这种选择可以简单归纳为：要公平还是要简化，你自己来选择。并且你将遇到很强的政治阻挠。

　　因为并非所有的税收征管体制在筹集财政收入的过程中都对纳税人和税收管理者使用相同的责任分配方式，所以检测税收征管的复杂性就提高了。在"消极纳税人式"

---

　　①　有些销售税的作用是弥补使用特定产品和服务的社会成本。例如，对消耗臭氧的化学物品征收的联邦税，不是以筹集财政收入为目的的，而是为了使生产者和消费者意识到化学药品巨大的外部成本，从而减少其在经济中的使用。

　　②　David Brunori, "Principles of Tax Policy and Targeted Incentives," *State and Local Government Review* 29 (Winter 1997)：53.

　　③　Milton Friedman, "Tax Reform Lets Politicians Look for New Donors," *Wall Street Journal*, July 7, 1986.

　　④　一项研究表明：针对特定税收偏好的游说，给参与公司带来的回报，是他们投资的 22 000%. Dan Eggen, "Investments Can Yield More on K Street, Study Indicates," *Washington Post*, April 12, 2009, A8. 难怪公司都会试图影响税收立法。

（taxpayer-passive）的税收体制中，要求征管人员在筹集税收收入的过程中，承担大部分工作（同时承担大部分的成本）。例如，实际征收的财产税一般对财产所有者要求很少，因为政府机构承担了所有的税收记录和计算工作。这种方法中的课税成本几乎都是由政府在管理税款的过程中承担的。纳税人不会承担太多的遵从成本，同时，纳税人也看不到这种税收的复杂性。尽管财产税在征收过程中很复杂，但纳税人并不抱怨这种复杂——因为这种复杂不是针对他们的。纳税人几乎会抱怨关于财产税的其他所有事情，却唯独不抱怨它的复杂。

而"积极纳税人式"（taxpayer-active）的税收体制，会将许多课税成本私有化，也就是说，这种方法会将多数课税成本置于私人纳税人身上。例如，美国的所得税要求每位纳税人"在填写纳税申报表时，要提供所有的相关纳税信息，计算税基和税款，一次或者分次缴纳税收"[1]。而税收征管员的工作只是向纳税人分发表格，核对纳税人的纳税申报表，对税收的收入流进行管理。在"积极纳税人式"的税收管理方法中，税收征管员工作的目的，只是要促使纳税人自愿纳税，而不是直接课征税收[2]。如果这种课税方法能够运转良好，多数税收收入的筹集将不需要税务部门的直接管理，多数课税成本都是纳税人在税收遵从过程中所花费的费用，而不是政府的管理成本。通过国内收入署的强制执行（enforcement action）所筹集来的税收收入占税收收入总额的比重尚不足2%；其余的都来自纳税者的自愿纳税。然而，这并不是纳税人自己的自由意愿。尽管还不知道纳税者遵守税收制度背后的原因是什么，但是许多纳税人遵守制度很有可能并非因为认为自己购买了政府的服务，而是因为他们不想被税收征管人员拜访，缴纳税负就是远离这些不受欢迎的访客的一种方式。所以这样的税收体制带来了较少的管理成本，以及大量的纳税遵从成本。

这两种课税方法都不会总是最好的，多数税收管理是纳税人义务和税收征管员义务之间的不同组合。为一种税收所选择的课税方法，要能够充分反映经济条件的要求、纳税人税收遵从的环境和最符合上述税收政策标准的技术要求[3]。例如，并不是所有国家的个人所得税都像美国那样，赋予了纳税人那么多的义务。在不同程度上，英国、德国、日本等国的所得税管理机构都是根据纳税人的申报状况、孩子个数、工作收入等情况，完全通过代扣代缴来征收所得税的。可以说，这些国家的所得税是一种"免申报"的税收体制（a "return-free" system）。如果纳税人只有雇主代为申报的工薪收入或者只有由付款人代为申报的利息或股息收入，那么，他们就不必填写纳税申报表了[4]。加利福尼亚的便捷报税系统（Ready Return system）为某些特定纳税人（那些只有工资收入的人可以填写简单的报税表）提供填写完整申报单的机会，这些申报单是由加利福尼亚州税务局（the state Franchise Tax Board）提供的，以纳税人的雇主或者纳税人本人提

---

[1]　Carl S. Shoup, *Public Finance* (Chicago：Aldine, 1969), 430.

[2]　根据发票抵扣结构课税的增值税，有时也被称为"可以自我管理的税收"。其实，这种说法并不准确。因为增值税的税收征管员必须像管理其他税收一样，分别制定针对企业和个人的税收政策，检验申请税收抵扣的纳税申报表，检查虚假发票，管理税款的拖欠等。

[3]　整合信息资源和减少纳税者遵守工作的技术可以在很大程度上减少纳税遵从成本，有时甚至不需要改变税收体制的结构。Joseph Bankman, "Using Technology to Simplify Individual Tax Filing," *National Tax Journal* 61 (December 2008)：773-789.

[4]　英国目前使用了自我估税系统，这体现了"征税管理私有化"的发展趋势。General Acounting Office, *Internal Revenue Service：Opportunities to Reduce taxpayer Burden through Return Free Filing*, GAO/GGD-92-88BR (Washington, D. C.：General Accounting Office, 1992).

供的信息为基础。这一体制可以完全消除纳税人的遵从问题。从另一个角度看，也有人认为，对不动产的自我评税体制，也不会比目前"消极式的"课税体制差多少①。

由于积极纳税人和消极纳税人这两种课税模式上的差别，要想公平地比较不同税种的征管，就必须关注税收征管的总成本。

课税总成本既包括政府管理税收的成本，也包括纳税人及其所在单位为满足税法要求所付出的成本（其中不包括纳税人实际已经缴纳的税收）。由于这两部分课税成本都会耗费资源，因此都不能予以忽略。尽管税务机关可以通过将更多的课税成本转嫁给纳税人，来减少自己预算中的问题（例如，税务机关可以要求纳税人到税务机关来领取纳税申报表，而不是由税务机关按照纳税人名单寄送给纳税人），但是，没有理由可以认为，这样做可以减少课税总成本。实际上，专业化的缺乏和规模不经济，也会导致课税总成本的上升。这里决策的核心问题应当是课税总成本，即税务机关的管理成本和纳税人的税收遵从成本之和。

当我们对财产税和非财产税进行比较时，课税总成本的概念就显得格外重要了。非财产税在很大程度上是由纳税人自己进行管理的·作为纳税人的个人和企业，要保存有关应税业务的会计记录，匡算税基，计算相应的纳税义务，并在适当的时候缴纳税款。税务机关会将主要精力放在部分税务稽查上而不是税务机关的直接课税活动上，并以此来促进纳税人对税法的服从。在这种税收中，纳税人承担了大部分的税收遵从成本。因此，对自愿性税收遵从的管理，管理成本很低，但税收遵从成本却很高。

另外，从根本上来说，财产税依靠的并不是纳税人自愿性的税收遵从。对于财产税来说，税务机关会保存有关财产的会计资料；为了分配税收义务，会对这些财产的价值进行评估，计算出每项财产的应纳税款，并将税票发放给相应的财产所有人。可见，在这种税制中，纳税人是被动的。此外，当多个政府单位（如市、县、特区和学区等）都来对一项财产课征财产税时，纳税人通常所收到的是关于所有财产税的一张税票。这就进一步降低了纳税人的税收遵从成本。只要纳税人不对税务机关的财产估税提起申诉，纳税人唯一需要做的只是缴纳税款。在一般的税制中，课税总成本就等于税务机关的管理成本。因此，直接将财产税的管理成本和非财产税的管理成本进行对比是不恰当的。

表 8-7 显示了不同政府征收特定税种所产生的管理成本数据。

表 8-7 **主要税种管理成本的估值**

	管理成本占收入的百分比（%）
所得税	
科罗拉多州（个人和企业）	0.33
密歇根州（个人）	0.64
英国个人所得税、资本所得以及自然保险税	1.5
英国公司所得税	0.52

---

① 一些税种提前被征收：在一些州，烟草加工商从州政府购买税收印花，将印花粘贴到要销售的香烟的包装上。州政府可以很早得到税收，同时征收税收的过程也十分容易，只需要寻找到合适的东西来贴花。在比利时，居民支付用于护照或者地址变更等的管理费用，他们必须从邮局购买财政印花。他们在邮局购买印花，在办公室里使用印花，由此向政府提供资金。拿破仑在几个世纪前就创造了这一制度，因为他不信任由当地政府来征收资金。参见：John Miller, "As Gregor Samsa Awoke to Less Red Tape…," *The Wall Street Journal Europe*, May 17, 2004, A3.

续前表

	管理成本占收入的百分比（%）
一般销售税和使用税	
加利福尼亚州	1.23
科罗拉多州销售税	0.22
科罗拉多州使用税	0.12
爱达荷州	0.8
密西西比州	1
北卡罗来纳州	0.68
北达科他州	0.5
南达科他州	0.41
华盛顿州	0.7
其他税种	
联邦奢侈品销售税	0.3
12 个 OECD 国家的增值税	0.32~1.09
总审计署对 5% 的美国增值税的估计	1.2~1.8
国内收入署管理的税种	0.53
亚利桑那州的税收	0.61
加利福尼亚州酒精饮料税	0.59
加利福尼亚州烟草税	3.21
加利福尼亚州机车燃油税	0.78
科罗拉多州酒精饮料	5.27
科罗拉多州香烟和烟草	0.1
科罗拉多州赌博税	5.88
科罗拉多州运费和燃油税	1.44
科罗拉多州死亡与赠与税	2.51
爱达荷州的税收	0.84
英国主要销售税	0.25
英国增值税	0.60

资料来源：Colorado Department of Revenue, *Annual Report*, 2007（Denver：Department of Revenue, 2008）；Idaho State Tax Commission, *Annual Report*, 2007（Boise：State Tax Commission, 2008）；Internal Revenue Service, *Data Book 2011*（Washington, D. C.：Internal Revenue Service, 2012）；Sijbren Cnossen, "Administrative and Compliance Costs of the VAT：A Review of the Evidence," *Tax Notes International* 8（June 20, 1994）；Michigan State Treasurer, *Annual Report*, 1977—78（Lansing：State Treasurer, 1980）；John F. Due and John L. Mikesell, Sales Taxation（Washington, D. C.：Urban Institute, 1994）；General Accounting Office, *Value Added Tax：Costs Vary with Complexity and Number of Businesses*, GAO-GGD-93-78（Washington, D. C.：General Accounting Office, 1993）；Cedric Sanford, Michael Godwin, and Peter J. W. Hardwick, *Administrative and Compliance Costs of Taxation*（Bath, England：Fiscal Publications, 1989）；Arizona Department of Revenue, 2004 *Annual Report*（Phoenix：Department of Revenue, 2005）；California State Board of Equalization, *Annual Report*, 2010（Sacramento：State Board of Equalization, 2011）.

　　由于多数税务机关管理的并不只限于一种税收，而且实际上税务机关还要承担一些非税收收入的功能，因此根据这种混合成本是很难计算出完全准确的税收管理成本的。所以，这里的成本数据只能被看作合理推算的结果。表 8-7 中的数据表明，没有任何一种税基比较宽泛的税种的管理成本会高于其税收收入的 1%。但是，管理较好的财产税的管理成本在其税收收入中的比重却在 1.5% 左右，比税基比较宽泛的其他税种的成本要高出许多①。

对于主要的非财产税税种来说，多数税收收入都来自纳税人自愿性的纳税行为；由税收的强制执行、税务稽查以及税务机关的其他相关活动所产生的税收收入寥寥无几。例如，密歇根州税收收入的 2%、加利福尼亚州销售和使用税税收收入的 4.5%、亚利桑那州税收总收入的 5% 以及美国国内收入署税收收入的 1.69%，都来自税务机关的强制征收活动，其中包括税务稽查、罚金和利息、对拖欠税款的课征等②。承担大部分课税成本（其中包括会计资料的保存、纳税申报表的填写、会计费用和法律费用等）的是纳税人，而不是政府机构。这些税收遵从成本在不同的纳税人之间差别很大，并且具有很大的偶然性。然而，对于大多数的税种来说，遵从成本是管理成本的好几倍。例如，乔尔·斯莱姆罗德（Joel Slemrod）和尼基·索勒姆（Nikki Sorum）的估测认为，联邦所得税和州所得税的税收遵从成本在总税收收入中的比重在 5%～7%，是税收管理成本的好几倍③。

在把积极纳税人式和消极纳税人式的特征考虑进来之后，财产税看起来也不是一个课税成本非常高昂的税种。包括税收遵从成本和管理成本在内的相对课税成本，并不是提高税收管理质量的一个阻碍因素。总而言之，在积极纳税人式和消极纳税人式这两种税制之间比较税收管理成本，不能为公共政策提供有价值的信息，因为这里的核心问题是税收征管的总成本。另外，不要忘记，没有一个纳税人会因为缴纳了税收而感到兴奋。当纳税人可以选择的时候，他们一定会试图减少其纳税义务。专栏 8-3 将讨论避税和逃税之间的区别。

专栏 8-3 避税和逃税

纳税者试图通过两条途径来减少他们要缴纳的税收：避税和逃税。这两条途径的区别在逻辑上是很清晰的，但是在实际运作中却十分复杂。

避税是指纳税者通过合法的途径来减少其所承担的税额。这些做法包括以下这些活动：借贷那些利息不征收联邦所得税的贷款，把钱投入个人退休账户，利用税收优惠来为自己家庭购买节能窗户，为合适的慈善机构捐赠而获得税收扣减等。通过采取这些措施，纳税者的税收义务减少了，同时这种减税完全在税收法律容许的范围内。

逃税是指纳税人通过违法的行为来减少纳税。逃税包括隐瞒完成工作所获得的收入（例如，为邻居安装热水器获得的收入），夸大可以减税的支出数额（例如，申报高于实际发生额的慈善减税数额），滥用销售税豁免的权利（例如，购买一个家庭使用的电视机而不申报纳税，声称购买电视机是为了转卖）等。逃税通常意味着纳税人少报了应税的税基或者夸大了减少税基的税收条款。

① Ronald B. Welch, "Characteristics and Feasibility of High Quality Assessment Administration," in *Property Tax Reform*, ed. International Association of Assessing Officers (Chicago: International Association of Assessing Officers, 1973), 50.

② 这些数据和表 8-7 数据的资料来源一致。

③ Joel Slemrod and Nikki Sorum, "The Compliance Cost of the U. S. Individual Income Tax System," *National Tax Journal* 39 (December 1984): 461. 一份广泛的遵从成本估算目录参见：Francois Vaillancourt, "The Compliance Cost of Taxes on Businesses and Individuals: A Review of the Evidence," *Public Finance/Finances Publiques* 42, no. 3 (1987): 395-430.

对于通过技巧来减少一个人的税收义务，不同人有不同的看法。然而，美国最高法院支持将税收最小化的人。它有如下规定：

> 纳税人可以通过法律允许的途径，来减少他（或者她）本应该缴纳的税收，或者完全避免缴税，这种合法权利是不能被怀疑的。[*Gregory v. Helvering*，293 U.S. 465（1935）]

换句话说，为了通过合法途径来减少纳税义务而付费给税收律师、会计师和其他咨询师的行为，是完全可接受的。但是千万不要跨出逃税那一步，这是法院不允许的。隐瞒收入通常会被视为逃税，对税收优惠的不同诠释则可以被从轻发落。

不是所有的国家都像美国那样接受避税。例如，近年来，俄罗斯一些寡头由于过于逃避税收而导致财产充公，他们这种利用税收法律条款的行为被判有罪，因为当他们为了减少税收义务而采取行动的时候，法律就已经存在了。如果他们不被认为是国家的敌人，他们也会被认为是有罪的逃税者，而不是试图通过他们自认为合法的方式来减少税收义务的商人。在美国，这种违反法律的人会收到附加利息的税收账单，并且可能会被处罚，而不是被关进监狱。如果减少税收的行为在他们采取行动的时候是合法的，那么他们甚至都不需要缴纳税收。

透明度

在一个民主的市场中，税收体制应当在以下几个方面符合透明度的要求：税收制度的制定、管理，对纳税人遵从税法的要求，要求纳税人必须缴纳的税收数额。这是因为，在民主体制中，人们可以知道谁是公共行为的负责人，其中也包括他们必须缴纳税收的情况。透明度，即税收体制在阳光下运行，对于一个民主体制下的政府善治来说十分重要。然而，政治家们几乎不热衷于税收的透明性，他们一点也不乐意承认他们课征税收的行为，不乐意承认人们承担了税收负担，不乐意承认为了公众满足政府服务的需求而增加税收，或者甚至是不乐意承认为了给人们想要的政府服务筹集资金，税收是十分必要的。对于很多美国政治家来说，一个隐蔽的税收才是理想的税收，也许对于美国公众来说也是这样，因为这样他们能够继续幻想他们享用的政府服务是免费的。

税收的透明度包括以下几个方面：

（1）**税法的制定**。税法的制定应当通过公开的立法程序来进行。应当让选民了解税收提案的来龙去脉，也就是谁发起了这项提案、谁对这项提案投了赞成票、这些税收提案会对政府成本的分配造成哪些影响。关于税法提案的听证程序应当清楚明了，并允许公众的充分参与。遗憾的是，就像悄悄写入支出法案里的专款使用，税法制定者也通过这种方法把税收条款写进了税收法案。如果税法的相关变化可以公开讨论，那么对于税收的特殊处理将会更少。由税法制定的透明度可以推出，为了保证合同的安全，税法的变化不应当具有追溯力。也就是说，不能改变税法对已发生市场交易的处理结果①。

（2）**税收管理**。纳税依据应当是客观而明确的标准，这个标准对所有人都应当明确

---

① 法律追溯效力（retroactivity）的一个例外是，在法律提案处于准备阶段时，会规定该项法律对某些交易开始生效的特定日期，即使这项法律在那天还没有被通过。这样做有助于减少为了从法律的变化中获得更加优厚待遇而推迟交易的行为（或者避免更严厉的法律制裁而加快交易）。

而合理。应当为纳税人提供方便的纳税条件，以便于纳税人与相应的税务管理人员进行接洽。税收不能以与纳税人之间的逐个谈判为依据，税法的使用应当公正而一致。税收在缴纳的过程中应当排除人为因素的干扰，特别是对于具有回旋余地的税法规定，不能以某一个税务管理人员的判断为依据。税收管理的程序应当具有可预见性，应当可以从税收法规中合理推测出来。税收管理不能对个别纳税人给予特别照顾，对于所有的纳税人来说，税收管理中至少大多数术语都应当是容易理解的，也应当使纳税人了解申诉的程序，以及为自己的纳税义务进行申诉时的标准。应当使纳税人确信，自己的申诉会得到法律公正的裁决，税务机关也不会对进行申诉的纳税人伺机报复。

（3）**税收遵从的要求**。对于税收是如何计算出来的，不应该使纳税人感到困惑不解。每个纳税人都有权利了解自己所缴纳的税收是如何确定出来的，纳税人的行为变化会如何改变自己所缴纳的税收，以及纳税人都应当承担哪些文档方面的义务。税法不同规定的含义和效果应当易于理解与把握。每个人都可以充分了解有关经济交易的所有规章制度，使所有的潜在竞争者都可以依据对潜在成本、收益和市场机会的准确评估做出自己的判断。

（4）**纳税数额**。每位纳税人都可以了解自己缴纳了多少税收（隐性税收不利于人们对政府规模做出合理的判断），可以了解自己的税收缴纳给了哪一家政府。如果纳税者不了解税收，并且认为税收是由其他人缴纳的，那么他们可能会认为政府的服务是没有成本的，这样就不可能做出正确的财政选择。由几家政府所课征的联合税收（例如，要在市、县和一个独立学区之间进行分配的财产税）可能便于征管，但却不利于纳税人了解每家政府的课税行为。然而，这个标准的度量并不总是那么简单：就对应纳税额的理解而言，一个要求顾客在收到收据时将每笔交易所适用的税率和税收分别申明的财产税（可以是销售税，也可以是增值税），是否会比由雇主定期代扣代缴、在年末由纳税人填写一下纳税申报主要事项的个人所得税更加透明呢？对于前者来说，纳税数额和适用税率都是一目了然的，但是纳税人几乎不知道自己在这一年中一共给政府缴纳了多少税收；而对于后者来说，纳税人却没有流量的概念，只是准确地知道自己在年底纳税的数额。选民确实需要了解政府的成本，但哪些成本更具有相关性呢？我们所知道的是：要使纳税人相信企业缴纳的税收并没有以某种方式包含个人缴纳的税收，这在财政上是不诚实的。

不透明的税收体制，至少在大框架上，很可能会被人们看成是不可知的，甚至是不公平的。在这样的税收体制中，税法的实践扑朔迷离，在纳税人的对待上可能会隐藏着重大的不公平；这种税收体制也容易被当权者控制并用于牟利；这种税收体制也使税务当局难逃受贿和达成私下交易的嫌疑，而这些嫌疑的准确率通常都是比较高的。

有些人认为，财政结构可能会产生"财政幻觉"（fiscal illusions），即向公众隐瞒政府预算的实际成本，使政客们可以不负责任地肆意妄为，有可能使政府支出高于公众耳熟能详的期望的数额。即使有这种影响的证据，也非常不清晰——这部分是因为对完全透明的税收体制难以界定，因此也难以计算出实际税收体制和理想税收体制之间会有多大的差距；部分也是因为难以说明税制的不透明会如何影响财政行为。然而，由于税收结构使公众难以理解税收、难以确定公共项目的成本，因此，公众也就很难理解税收结构是如何有利于一个公开、民主政府目标的实现。

8.3 州和地方税收与经济发展

州和地方政府十分关心自己所课征的税收可能会对经济发展，特别是对就业的影响。在提高税率方面，它们会特别谨慎；它们会将自己的税率同邻近地区进行比较；为了吸引企业进入自己的市场，它们会在税收问题上做出让步。州与州之间、州的内部以及州与世界上的其他地区的产业竞争正进行得如火如荼，同时这种竞争可以作为保持政府效率，并对市民的服务要求做出回应的有力推动。州和地方政府确实希望通过财政体制的运作来影响企业的选址、就业和实物投资；只要对选民有利，以市场为导向的政客们就会特别愿意对市场力量进行操纵，进而会违反市场程序①。

但是，税收真的能够产生这么多的影响吗？非税收因素对企业盈利状况的影响（包括市场准入、企业选址被通过的可能性、生产成本的水平、有无高质量的劳动力及其他资源、自然资源的可获得性等等）在不同的地区大相径庭，这些因素也会使税收的影响黯然失色。工人们喜欢便利的设施，其中有些是由州和当地政府提供的，有些是自然生成的，这些设施可以帮助企业得到高质量的劳动力。关于政府能做出什么具有影响力的行为，这一问题已经争论了数十年，但现在还远没有解决。但是，关于一般税收环境产生的影响，确实有证据可以表明以下论断：

第一，税收水平对经济活动在地区之间分布的影响不大。对于一个特定的地区来说，其总体税收水平与和它处于竞争地位的州的税收水平之间的差异大小，在一定程度上会颇为显著，但是这种差异比公开报告的要小。另外，一些具体的税收条款规定，也可能使州或者地方政府对一些企业缺乏吸引力。无疑，总税负对总体经济活动的影响要小于具体税收条款对具体产业的影响。例如，如果一个州把企业的存货价值计入财产税税基，那么这个州将不能很好地吸引零售商和生产商。

第二，税收对同一地区中的经济发展会产生更大的影响。换句话说，税收差异对地区选择的影响，在劳斯维尔和辛辛那提之间要超过劳斯维尔和菲尼克斯之间。在同一地区中，由于气候和获取资源、接近市场的便捷程度等许多其他因素一般都是相同的，因此税收政策的差异可能是决定性的。

当然，税收只是整个政府对经济发展影响中的一部分。课税的政府会用财政收入来为公共服务融资，有些政府则会通过努力工作来提高本辖区对企业的吸引力。教育、高速公路和运输、公共安全服务等也很重要，但有证据表明，这些因素都没有税收的影响明显②。

---

① 美国第六巡回上诉法院裁定，俄亥俄州的企业因为生产设备和机器享受的投资税收抵免，违反了美国宪法规定的商业条款（在这个案例中，是俄亥俄州托莱多市一家吉普车流水线工厂），因为在俄亥俄州内投资的纳税人会享受税收抵免，但在俄亥俄州外投资的就没有税收抵免。这会妨碍州与州之间的自由贸易。当然，税收优惠恰恰是该州所想要的，目的是让企业的扩张倾向于俄亥俄州。尽管因为美国最高法院在最初停止了能够扭曲自由市场运作的州之间无效率的税收竞争，并为此受到了一些人的表扬，但是却在上诉的时候转变了决定，裁定为纳税人缺少反对税收抵免的证据，因为他们不能证明自身受到了税收抵免带来的伤害［547 U. S. 332（2006）］。具体参见：*Cuno v. Daimler Chrysler*，386 F. 3d 738（6th Cir. 2004）.

② Ronald C. Fisher, "The Effects of State and Local Public Services on Economic Development," *New England Economic Review*（Federal Reserve Bank of Boston）（March/April 1997）：53—66.

州和地方政府也会使用各自不同的特殊规定或者小范围的税收优惠——包括有目标的减税，即在特定期间内免除新兴产业发展的财产税；企业减税区，区内不征收州和地方政府各种赋税；或对特定资本投资或者雇用特定工种的雇员，进行税收减免或者税收优惠；等等——通过在统一税收中对为数不多的纳税人提供特殊待遇来作为促进经济发展的措施。州的立法者尤其喜欢给予一些有针对性的优惠。例如，很多州都喜欢为在州内拍摄电影的公司提供特殊的税收优惠。当一部电影制作完成时，税法制定者会引以为傲，认为如果没有他们所提供的税收优惠，此时上演石油钻机的场景可能会在别的地方拍摄——税法制定者忽略了剧本需要该州有特定的石油钻机以及电影公司所得到的优惠会减少税收收入这一事实，而如果州提供的公共服务不能减少，那么给电影公司税收优惠带来的税收减少额将会由该州的其他企业负担。由于这类优惠政策的特殊性，相对于一般可以促进经济的税收政策，政治家更喜欢这类政策。

对于税收体制来说，为经济发展而大量采取的税收优惠告诉我们什么呢？当一个州的经济状况变得问题重重、为了保持对企业的吸引力需要频繁变动税法时，这种状况可能就是税收体制本身存在问题的一种反映，表明在这个时候更需要进行系统性的税制改革。实际上，税制改革也要对原有企业和新企业一视同仁，负责任的税制改革会为改革所造成税收收入的减少担负起全面责任。良好的税收政策和财政政策可能会避免企业所追求的税收优惠[1]。税收分析师一般会认为，对经济发展最好的税收政策是宽税基并且低税率，因为这样可以使企业税收环境对所有公司都更有吸引力，并减少对不同商业活动的歧视。

然而，要使经过选举当选的官员遵守这样一种政策，来设计一种在经济上对于所有人都富有吸引力的税制，确实不是一件易事。即使这样做了，也还会被指责给予了一些企业特殊照顾或者降低了特定产业的税收。问题在于，在想到如何真正转变地区经济前景这方面，一个怪胎（geeky guy）在他妈妈的车库里修修补补从而想到的可能性，与一群官僚机构批准的科学家在由政府指定的作为经济发展引擎的公司里工作从而想到的可能性相差无几。如果他不需要承担这些已经在自由企业中减免了的税收份额的话，那个怪胎还可能比科学家前进得更快。尽管课税试图保持一种"良性歧视"（good discrimination），但是也许仍会不可避免地与原来无意识的歧视一样伤害巨大。

8.4　税收与外部性

当私人行为产生重大的负外部性时，就会违背税收效率的中性标准。负外部性是指，一个人或者公司的生产或者消费对其他人或者公司造成了切实的负面影响。市场力量会促使生产者和消费者对自己所要支付的价格做出反应，在对自己要付费的商品和服务的使用中，他们会厉行节约。由于负外部性对别人造成的影响（外部效应）属于市场之外的因素，因此生产者和消费者只有出于内心的善意才会关注自己的行为所造成的外部影响，而这种动机的强制作用或可靠性与金钱方面的压力相比，是比较小的。

针对这个问题，政府可以做出多种反应，其中包括但不仅限于行政管理、财政补

①　Michael Wasylenko, "Taxation and Economic Development：The State of the Economic Literature," *New England Economic Review* （Federal Reserve Bank of Boston）（March/April 1997）：49.

助、排污权交易和税收等方式①。这里的税收，追求的并不是通常意义上纯市场结果中的中性税收；与之不同的是，这些税收追求的是对私人行为的改变。这样，外部性作用就可以按照预期直接纳入人们的决策了，市场就可以对消费者需求做出反应，以最小的成本进行生产，并且可以使买卖双方在经济上意识到自身经济行为所造成的外部性（并不只是在道德上能够意识到）。实际上，现在税收就可以将这种成本内生于（外部性包含在价格中）买卖双方的决策之中。这样设计出来的、会对环境产生良好影响的税收，也被称作绿色税收（green taxe）。在这种情况下，有两种税收工具可供使用②。

（1）**排污税**。这种税也常被称作"庇古税"，是根据很多年前提出这种主张的一位英国经济学家的名字命名的③。庇古税按照所排放污染物的单位课征税收。如果要使这种税收产生预期的刺激作用，通常需要对污染物进行直接的测量。但这种税收一般只能适用于一种污染排放物。这种税收需要在将污染物排放入环境的最后一个环节测量。与收费不同，只要纳税人不想违法乱纪去污染环境，这种税收就不会给纳税人带来什么损失。

（2）**对商品或者服务课征间接税**。这些税收适用于一些特定的商品和服务，这些商品和服务的生产或者消费，会造成环境破坏或者其他的外部危害④。例如，对化石燃料或者对臭氧层造成破坏的化学物质课税，可以抑止市场对它们的使用，促使相关经济主体去寻找其他替代性的方法。这种税收不会直接对污染物的排放（导致负外部效应的行为）课税，但试图间接抑止这些污染物的排放。

一些国家征收"绿色税收"，征收较高的燃油税就是其中一项措施。美国并不征收较高的燃油税（在发达国家中，美国是征收燃油税最低的国家之一），但是这个措施可以让开车的人承担他们购买燃料所产生的全部外部影响。较高的税收在一定程度上可以作为抑制内燃机所排放的温室气体的一项环保措施，可以作为减少由于私家车的大量使用而造成的公路拥挤的一项措施，也可以作为一项措施来减少石油的使用，从而使国家较少涉及中东政治。但是美国不仅没有把税收作为庇古工具，而且还把征收燃油税所带来的税收收入用于公路的维修和运营上，这反而鼓励了机动车的使用。

政府也会确定一些会产生负外部性的商品和服务，通过使用税收来抑制它们的生产和消费。例如，加拿大对汽车空调课征联邦税（这是为了促使购车者放弃汽车空调，以减少对燃料的消耗），美国课征的大型汽车税（对那些达不到节油标准的车辆课税）。其他关于绿色税收的例子还有：在很多国家，对含铅汽油课征的税收都要高于无铅汽油，瑞典对电池课税，比利时对一次性剃须刀课税，爱尔兰对塑料袋课税，丹麦、芬兰、荷兰、挪威和瑞典都对二氧化碳的排放课税⑤。这些税收试图使造成环境污染的人面对自身经济行为的真实成本（内部成本加外部成本），以矫正通常的市场决策。

---

① 要了解更多，参见：J. B. Opschoor and H. B. Vos, *Economic Instruments for Environmental Protection* (Paris: Organization for Economic Cooperation and Development, 1989).

② 政府可能通过税收体制提供补助，譬如，为购买污染控制设备的企业提供特殊的税收抵免。

③ A. C. Pigou, *The Economics of Welfare* (London: Macmillan, 1920).

④ Organization for Economic Cooperation and Development, *Taxation and the Environment: Complimentary Policies* (Paris: OECD, 1993).

⑤ "Taxes for a Cleaner Planet," *The Economist* (June 28, 1997): 84.

结　语

政府所拥有的政策工具似乎总是无穷无尽的。一般而言，许多政策工具都转化成了对所得的课税、对财产的课税、对买卖行为的课税。税收的缴纳是非自愿的，税收和政府服务之间也没有一般的交换关系。由于政府服务和税收的缴纳之间相分离，可以根据既定的标准来对税收进行评估。这些标准有：公平（包括纵向公平和横向公平）、税收收入的充足性、税收的征管效率、透明度和经济效应。为了与这些标准相一致，税收程序的设计包含三步：第一步，辨别税基是与划分政府成本时的支付能力原则相一致，还是与受益原则相一致。第二步，构造税制结构尽可能广泛，包含的优惠和例外越少越好。第三步，针对税基适用最低的税率。这样的设计将形成一个宽税基低税率的税制结构（broad-base-low-rate tax system），以最少的成本征收税收，这是税收政策的基本目标。

问题与练习

1. 州和地方政府的财政收入类型和结构是重要的政策问题，因为它们对公共服务供应成本的分摊做出了规定。要对财政收入进行改进，首先需要清楚地了解州和地方政府的财政收入政策，并了解未能被政府选中的其他可能的选择。此外，对周边地区情况的了解也很有用。要研究这些问题，可以参考以下资料：《商务部当代商业纵览》（*the Department of Commerce's Survey of Current Business*）（月刊）、《国家统计局政府统计》（*the Census Bureau's Census of Governments*）（每五年出版一次）、《政府财政》（*Governmental Finances*）（每年出版一次）、《州税收征管》（*State Tax Collections*）（每年出版一次）和由美国调查局（Research Institute of America，RCA）及商业清算署（Commerce Clearing House，CCH）每年出版一次的州财政手册。根据这些以及其他类似的资料，回答关于你们州税收体制的下列问题：

a. 你们州的州税收负担、地方税收负担以及州和地方合计的税收负担，与全国和其他地区的水平相比较如何呢？（进行这些比较，经常需要计算的是税收占个人收入的比重以及人均税收水平。这两个指标在逻辑上有哪些不同？）在每个州中，州和地方政府税收筹集的数据，可以在美国统计局网站上的"政府"栏目下获得。在州税收中地方政府所占的份额与地方税收相比如何呢？

b. 对你们州的企业税收和个人税收的份额进行估测。其中什么地方存在分配问题呢？

c. 在过去的五年中，在你们州，州和地方政府税收的增长速度有多快呢？你们州个人收入的增长速度与通货膨胀速度相比，是快还是慢呢？税收收入的增长（或者下降）是否影响了这种增长状况？

d. 在你们州，政府所使用的主要税源是什么？与全国和地区的情况相比，对这些税源的使用状况如何？在你们州，有别的州不常用的主要税种吗（如跨州税、商业和职业税、地方所得税等）？是否存在没有使用的典型税种？

2. 根据美国国会预算办公室的报告，2009 年，美国收入最多的 1％的人，缴纳了

38.7％的联邦个人所得税。这一信息表明，联邦税制具有累进性还是累退性？并加以解释。

3. 由于非营利组织不能通过课征税收来为自己的项目寻求资金支持，因此其运营活动的开展必须依靠多种收入。有的机构是商业性机构，其运营收入主要来自产品和服务的销售（包括与政府签订合同并提供服务获得的收入）；有些机构是慈善性机构，其运营依靠的是各种捐助形成的收入；还有一些机构各种收入来源兼而有之。在你们地区选择一家非营利组织，并分析其收入来源构成。之所以要选择这家机构，是因为你对这家机构提供的服务感兴趣，以及这家机构会同你的调查和评估活动进行合作。

a. 分析这家机构所取得的收入（分别提供其有关税收、收费和捐助方面的数据），考察其发展趋势和转变过程；判断这些收入来源是否会对一般经济状况反应敏感；分析这家机构都面临哪些方面的限制和控制；考察其收入决策的程序。你应当特别关注由年度捐款、捐助和服务收费等所形成的收入如何分配。机构在多大程度上遵循"使用服务必须付费"的原则（类似税收受益原则）；从机构目标的角度来说，应该为其提供的服务付费多少才是合适的。

b. 考察这家机构是如何管理基金的，即资金筹集。是由它自己进行管理，还是由另外一家机构来进行管理呢？也许是通过签订合同？其中有没有合理而到位的保护性措施？与这项活动相关的成本都有哪些？

c. 根据你的调查结果，关于这家机构的收入，你能得出什么结论？你有改革和重新构建的建议吗？详细回答这些问题，将你的结论和分析中取得的信息联系起来。

案例讨论

案例8-1

生育、结婚、死亡和税收

在《飘》中，斯嘉丽告诉我们："死亡，纳税，生孩子！这三件事，哪一件也没有合适的时间容你选择。"但对所有事情来说，时机都关系重大，事实证明：上述的这三件事，再加上结婚，都与时机有关。这是根据实践中的证据所得出的。

思考下列问题：

(1) 这些影响会给国家的社会和经济带来损失吗？

(2) 这些影响会与一项好的税收政策的标准发生怎样的冲突？

(3) 如何修正税收结构来减少其对生育、结婚和死亡的影响？

一项核心的经济原则是激励将会影响人的行为，而且我们的税收制度会创造许多刺激，有些是特意设计的，而有些是意料之外的。当行为的改变造成税收义务的减少，而且减少超过了与行为改变有关的成本时，刺激就产生了（换句话说，我们希望人们改变行为是为了获得收益，而不仅仅是违背税收的恶意行为）。税收结构会影响人们如何购物、在哪里购物，家庭和企业如何投资，企业如何运作以及构建组织架构的方式，如此等等，我们对此已然习以为常了。

然而，除了影响经济和金融领域之外，税收还有什么影响呢？经济学家坚信激励决定了人们的全部行为，他们一直在寻找并已经发现了如下现象也就不足为怪了：税收对人类基本生活——出生、结婚和死亡的时间——都会产生影响。在非经济学家（non-economists）愤怒之前，请明白税收只是影响这些事件发生的**时机**，而并不影响事件本身。通常的原则是，无论因税收措施而导致什么样的结果，针对如何回应这些刺激进行预期，都是合理的。

税收对出生的影响，源于美国税收法典中的"要么享受全部的税收优惠，要么一点优惠也不能享受"（all or nothing）这一条款：哪怕孩子在一年里只有一分钟的时间被当作家庭成员，那么这个家庭就可以在这一年中享受全额的税收优惠。如果孩子出生的这一分钟已经属于第二年了，那么这个家庭就不能享受上一年的税收优惠。对于有孩子的家庭来说，一共有三项税收优惠：儿童税收抵免（从 1998 年开始提供，这项税收抵免可以针对家庭中的每一个孩子直接减少其相应的税收义务）；所得税优惠（对工作家庭的现金补贴），这项优惠对拥有两个或者更多孩子的家庭补贴会更多；还有针对个人的免税，即针对每个家庭成员减少相应的税基。孩子是出生在 12 月末还是在第二年的 1 月初出生，对于这两年的家庭税收总负担有很大的影响。

确实有证据表明，出生模式受到了税收政策的影响。在 1997 年至 2003 年，有 4 年的圣诞节到元旦这段时间，出生率比其他任何日子要高（另外 3 年的生育高峰是在 9 月，这也是几十年来出生率一直很高的月份，可能是因为在又冷又无聊的冬天，人们大部分时间都选择待在家里）**。经济学家查德拉（Chaudra）和迪克特-康林（Dickert-Conlin）利用来自国家青年纵向调查的儿童样本，发现在 12 月的最后一周，而不是 1 月的第一周，儿童的出生率与来自提早生产的税收利益之间，存在正相关关系（家庭如果可以获益更多，就更有可能提早生育）。他们估计，如果增加 500 美元的税收收益，那么就会使 12 月份最后一周的出生率上升 26.9％***。为了获取税收利益，剖宫产和引产的技术，确实被频繁使用了。

结婚模式似乎也受到税收刺激的影响。已婚夫妇比具有类似情况的未婚夫妇需要缴纳更高的税负，这种可能性在近年来已经有所减少了，但是这种税收刺激的影响，在很多年份中仍然很明显。斯琼奎斯特（Sjoquist）和沃克（Walker）从统计局的数据中发现，在 20 世纪 90 年代早期，税收对结婚产生了显著的负面影响：与一年中最初的几个月相比，很少有人会选择在一年的最后两个月里结婚****。艾尔姆（Alm）和惠廷顿（Whittington）利用收入动态面板研究，发现从前一年最后一季度到第二年的第一季度，税收对结婚率有很大的影响*****。但有趣的是，虽然税收刺激应该同样会对相反的事件有影响，可目前尚未发现税收对离婚率有任何影响。也许是非经济方面的因素对结束一段婚姻的影响，要大于其对开始一段婚姻的影响。也可能是因为离婚所需要的司法程序时间很难测算。

当遗产税率发生改变的时候，税收对死亡的影响也就出现了。科普克扎克（Kopczuk）和斯莱姆罗德考察了在美国遗产税制度改变期间（提高或降低），如果活得时间长一点或者死得更早一点，就会在很大程度上改变一个人的税收负担，那么人们的死亡率是上升还是下降呢？他们对死亡时间的分析，涉及了需要征税的遗产在 1917 年至 1984 年的 13 项主要的税收变化，其分析清楚地表明了这种影响。尤其是，因为在遗产税变化的两周内死亡，可以减少 10 000 美元的税收负担（调整到 2 000 年价格水平），这导致了在税收较低的时候，人们的死亡率上升了 1.6％******。这种税收对死亡率的影响不仅仅会在美国出现。当澳大利亚在 1979 年 7 月 1 日废止遗产税时，甘思（Gans）和利（Leigh）就分析了这种效应。在这个案例中，他们发现本该在遗产税的最后一周缴纳税款的遗产中，有一半成功避免了税收[*******]。除此以外，他们估计，每20人中就有1个人，本来可能会在6月的最后一个星期死亡，但实际上又推迟了足够长的时间来规避税收。至于这些死亡率的变化是否涉及以下这些选择：拔下老奶奶的呼吸机，篡改死亡报告的日期，还是结合前两种做法，目前还不知道。这个问题之所以受到很多关注，其原因在于，除非国会修订法律，否则联邦遗产税会短暂消失，但是在未来几年会以更高的税率再次回归，这样造成的刺激就会更大。

* Margaret Mitchell, *Gone with the Wind* (New York: Macmillan, 1936), vol. 2, pt. 4, chap. 38.

** David Leonhardt, "To-Do List: Wrap Gifts, Have Baby," *New York Times*, December 20, 2006.

*** Stacy Dickert-Conlin and Amitabh Chandra, "Taxes and the Timing of Births," *Journal of Political Economy* 107 (1999): 161-177.

**** David Sjoquist and Mary Beth Walker, "The Marriage Tax and the Rate and Timing of Marriage," *National Tax Journal* 48 (1995): 547-558.

***** James Alm and Leslie Whittington, "Does the Income tax Affect Marital Decisions?" *National Tax Journal* 48 (1995): 565-572.

****** Wojciech Kopczuk and Joel Slemrod, "Dying to Save Taxes: Evidence from Estate Tax Returns on the Death Elasticity," *Review of Economics and Statistics* 85 (May 2003): 256-265.

******* Joshua Gans and Andrew Leigh, "Toying with Death and Taxes: Some Lessons from Down Under," *Economist's Voice* 3 (June 2006): 1-3.

第 9 章

主体税种之一：所得税

在本章和接下来的两章中，我们将对三种最主要税基的一般特征进行研究：所得、消费、财产。对所得和消费课征的税收，通常针对的都是即期交易的价值；财产税针对的是私有财产的价值（固定的价值），而不是市场交易活动（流动的价值）。在很多方面，正是这种差异使财产税变得更加难以管理，但近年来地下经济（the underground economy）的发展，使另外两种税收的运行也变得复杂了起来。这里的"地下经济"是指"表外的"（off-the books）或者传统会计账簿之外的经济活动。从所得税开始讲解更为有益。相比于其他选择，美国更倾向于以所得为税基，并且比其他的发达国家更加依赖所得税。

在开始时需要强调的一点就是：并不是所有贴上**所得**标签的税收的运行方式都是一样的；每种税收所产生的税收收入效果、税收征管、公平性和经济效应，都会详细反映这种税收的具体结构（实际上，分析师在分析税收的各种表现时，应该抛开标签，把理解各种税收的税制结构放在第一位）。"所得"（income）通常可以被定义为，在一定时期内，个人、公司或者其他主体由于提供了劳动或服务，或者由于财产、自然资源、投资和运营活动等所得到的资金回报或者其他收益。但各类政府的不同在于：选择哪种具体的收入进行课税，如何对这些收入形式进行管理以使它们变成税基，以及针对这些税基应当设计什么样的税率结构。由于存在多种关于税收政策的选择，因此，有关税收负担分布情况的一般性说明可能会存在问题。例如，联邦所得税税收负担的分配通常具有累进性，因为该税的法定税率是随着收入的增加而不断提高的，而且，作为课税对象的所得内容广泛，包括对富有家庭有着重要影响的一些收入。许多地方所得税的税负分配类型通常是比例税制，或者略有累退性，因为其税基通常仅限于工资和薪金，而且税率是唯一的。因此，并不是所有所得税的税负分布都具有累进性，具体情况取决于具体的税制结构。

政府会选择对个人所得或公司所得课税，也可能对二者同时课税①。非公司制企业（unincorporated business）[如合伙制（partnership）和单人业主形式（proprietorship）]的所得，往往通过个人所得税制来课税。工资薪金所得和个体收入（income of the self-employment），既要缴纳一般的个人所得税，也要缴纳为社会保险体系（如社会保障、失业补助等）融资的单独税收。由于来自个人所得税的税收收入要远远大于公司所得税，因而我们会将更多的注意力集中到前者上。许多个人税收的内容也适用于公司形态；关于公司税收的其他问题太深奥了，这里不予分析。这里需要考虑尚无具体答案的一个重要问题：公司所得税和对公司个人股东的所得税之间是什么关系？公司的税收负担能力和公司所有者的税收负担能力是截然分开的吗？

9.1 一些背景知识

在美国内战之前，联邦政府依靠对重要物品征收消费税（如对烟草产品、白酒、精糖、马车等征收消费税）和关税来为自己有限的政府活动融资。但是，由于战争消耗过多，仅依赖这些税收远远不够。北方各州在 1861 年制定了所得税法来为战争支出融资（对年收入超过 800 美元的所有收入按 3% 的税率征收所得税），但是，由于这项税法的内容并不明确，因此根本就没有付诸实施。1862 年通过并实施的所得税的起始税率为 3%，对高于 10 000 美元的所得课征 5% 的最高税率。该税于 1872 年被废除时，共筹集的税收收入为 3.76 亿美元（相当于这一时期美国国内财政收入的 20%）②。身处白宫的林肯展示了一份 1864 年的纳税清单，其中对 25 000 美元的收入征收了 1 296 美元的所得税。我们知道，在那个时代，纳税申报表是公开的，而公开性是确保人们缴纳应缴税款的基本方式。

此外，还有一些重要的法律问题。正如本书在第 8 章中已经指出的那样，美国宪法要求联邦直接税要在各州之间进行分配。但是，个人所得税在法律上是直接税还是间接税，答案并不明确③。如果一种税收是直接税，就需要将它在各州之间根据人口进行分配，先给每个州分配份额，再根据人口从收入中课征。这样一来，个人收入比较低的州，就不得不实行高于个人收入比较高的州的税率。美国最高法院在"斯普林格诉美利坚合众国案"（102 U. S. 586 [1880]）中认为，从宪法的目的出发，所得税为间接税并从此生效。在做出这项判决时，个人所得税还没有实行，因此这项判决在当时的现实意义并不大。

1894 年，联邦政府又一次制定了个人所得税，同时还降低了关税。由于这次制定的联邦所得税的税率比较低（只对高于 4 000 美元的收入征收 2% 的税率），因此只影响了一小部分人，但却在宪法基础上遭到了挑战。这次，美国最高法院在"波洛克诉农场

---

① 公司（corporation）是由政府（州或联邦）创建的一种主体，被赋予了自然人所拥有的法律权利、特权和债务责任，与这个主体所有人的私人财产明确分开。公司所有人对这家公司的债务责任仅限于其对公司的投资。越来越多的州现在允许建立有限责任公司（limited-liability companies），这种企业形式的课税情况类似于合伙制（企业所得全部分配给所有人之后再进行课税，因此在企业层次并没有单独税），比公司更易于建立，但也只负有公司的有限责任。

② Harold M. Groves, *Financing Government* (New York: Holt, 1939), 153—155.

③ 公司所得税从来都没有被作为对个人课征的直接税，因此也从来不用在各州之间进行分配。联邦公司所得税的出现，要比现在的联邦个人所得税早若干年。

主信托贷款案"（157U. S. 429［1895］和 158U. S. 601［1895］）中，却裁定所得税为直接税，也就是应当遵守分配的规定。因此，这种课征税收是违背宪法的，也就不能予以征收。这项决议使联邦政府失去了以宽广税基为基础的财政收入来源，20 世纪初，美国的国际事务不断增加，但却苦于不能用个人所得税来筹资①。

你能想象出美国人如何通过修改宪法以明确个人所得税的合法性吗？在 20 世纪早期，这件事情是如何发生的呢？在 1909 年，如果国会同意对全国的个人所得税进行修改，威廉·霍华德·塔夫托总统就同意接受对公司净所得课征"消费税"（这样一来，不需要修改宪法也可以立法，因为这种税被视为间接税）。（作为一项公司税和个人税的交易！）修正案和消费税很快都被通过了。要对宪法进行修改，必须获得一定数量州的同意，因此要花费很长时间。但当怀俄明变成美国的第 36 个州、对宪法进行第 16 次修正时（1913 年），困扰财政收入的问题终于得到了解决："国会有权对任何来源的所得规定和征收所得税，不必在各州按比例分配，也无须考虑任何人口普查或人口统计的因素。"这就为国防提供了财政基础，并最终扩大了联邦政府在国内事务中的作用。1913 年，对收入超过 3 000 美元的收入课征的一般税率为 1%（已婚人士的起征点为 4 000 美元），对收入超过 500 000 美元的收入课征 6% 的最高附加税率（这样总税率就为 7%）。而且，当时缴纳个人所得税的人也很少。在美国当时的全部人口中，只有 1% 的人的收入需要缴纳个人所得税②。当时，只填报了 357 598 份个人所得税的纳税申报表（数量太少，当时国内收入署对它们全部进行了审计），平均每份纳税申报表所缴纳的税收也只有 78 美元。只是随着第二次世界大战的来临，个人所得税的起征点不断降低，因而许多人都需要缴纳个人所得税了③。在 1939 财政年度，共填报了 760 万份纳税申报表，产生的财政收入达到了 10.288 亿美元；1945 年，个人所得税的纳税人数已经增加到 4 990 万人，税收收入也达到了 190.343 亿美元④。对个人工资进行征税始于 1943 年，这大幅简化了征税过程，同时使政府向一般民众课征税收成为可能。在 1944 年之前的所有年份中（1934 年和 1937 年除外），公司所得税的税收收入均超过个人所得税的税收收入；1944 年之后，个人所得税的税收收入往往会超过公司所得税的税收收入，现在个人所得税的税收收入远超公司所得税。

所得税结构中的第三部分，也是最新的部分，是薪给税，它是社会保障体系中的一部分。薪给税的税基比较窄，只是对工资和薪金课税，以及对个体人员的一些特定所得课税；在法律上，薪给税的纳税人可以是雇主、雇员，也可以将税负在雇主和雇员之间进行分摊；许多分析家认为，不管是谁向政府交纳薪给税，最终的税收负担还是落到了雇员身上。这种税负转嫁的逻辑很简单：雇主清楚知道，向员工支付的特定数额的工资

---

① 在 19 世纪与 20 世纪之交，联邦政府是如何迫切地渴望财政收入的？疯狂到甚至对口香糖也施加税收。

② Richard Good, *The Individual Income Tax*, rev. ed. (Washington, D. C.：Brookings Institution, 1976), 3. 在最开始的法律中存在着一个问题，那就是税收中合法收入的问题。国会很快就修订了法律，将"合法"这一词去掉。就这样解决了定义上的问题，扩大了执法权力。值得注意的是，歹徒阿尔·卡彭（Al Capone，出生于纽约市布鲁克林，黑帮教父——芝加哥王，1925—1931 年掌权，后因偷税被判刑。卡彭留给黑手党的三大遗产之一，就是要按时向联邦政府缴税。——译者注）是因为逃税进了监狱，而不是其他的罪行。税法中的这一变化，毫无疑问地阻止了他的恶行。不要忘了，是国内收入署阻止了歹徒的恶行，而不是联邦调查局。

③ 二战开始之初，对于是以一般销售税，而不是通过加大个人所得税的使用为战争融资，有过一场激烈严肃的讨论。最后个人所得税的支持者胜出，这主要是因为罗斯福总统的支持。

④ U. S. Bureau of the Census, *Historical Statistics of the United States*, *Colonial Times to 1970*：*Part 2*, Bicentennial Ed. (Washington, D. C.：U. S. Government Printing Office, 1975), 1107, 1110.

中，有一部分将作为薪给税支付给政府，所以雇主在决定支付给员工的工资数额以及雇用的员工人数时，怎么会不把"薪给税"这一支出款项纳入考虑范围呢？薪给税现在是社会保障制度（对老年人、残疾人和事故幸存者提供收入补助）、医疗体制（对老年人的健康保险）和失业补助的主要财政资金来源。社会保障和失业补助税开始于1935 年的《社会保障法案》（the Social Security Act）；1965 年，在对这项法案的修正案中开征了医疗税。对于许多低收入的个人和家庭来说，薪给税的税负要超过所得税的税负。

个人所得税、公司所得税和对工资薪金课征的薪给税，是美国政府财政收入的主要来源。表 9-1 说明了从 1930 年至 2010 年政府的税收情况。2010 年，个人所得税收入为11 633 亿美元，公司所得税收入为 3 874 亿美元，社会保障系统产生的税收收入（主要是用于社会保障、老年保健医疗和失业补助的薪给税收入）为 9 927 亿美元，占各级政府即期总收入（39 628 亿美元）的 64.2%[①]。出于为第二次世界大战融资的需要，个人所得税和公司所得税的税收收入在 GDP 中的比重迅猛升高，但是在战争结束后它们的比重平稳下降——一直稳定在 11.5%~13.5%，直到 2000 年比重蹿至 14.7%。现在该比重下降到了第二次世界大战结束以来的 10.7% 的低水平，尽管第二次世界大战后所有生产总值份额都远远高于第二次世界大战前的水平。由于税率的提高和高收入者的巨额财产，该比重在 20 世纪 90 年代有所提升。当社会保险税加入后，所得税在政府总收入中的比重超过了 64%，占国民生产总值的 17.5%。所得税在 GDP 中的比重，近 50 年来保持上升趋势，但是从 2000 年开始趋于下降。

表 9-1　　1930—2010 年美国政府财政中的个人所得税、公司所得税和薪给税

年度	个人所得税和公司所得税的比重（%）		所得税和薪给税的比重（%）	
	在政府经常性总收入中	在 GDP 中	在政府经常性总收入中	在 GDP 中
1930	19.0	2.1	20.0	2.2
1935	16.2	2.3	17.1	2.5
1940	24.1	3.9	35.5	5.8
1945	57.6	13.3	67.9	15.7
1950	54.6	12.3	62.9	14.2
1955	55.6	13.0	65.0	15.2
1960	49.9	12.7	62.1	15.9
1965	47.9	12.0	61.0	15.3
1970	46.8	12.9	63.0	17.4
1975	43.9	11.9	64.2	17.3
1980	47.3	13.5	68.2	19.5
1985	41.5	12.0	64.8	18.7
1990	42.1	12.4	66.2	19.5
1995	42.4	12.7	66.5	19.9
2000	46.9	14.7	69.5	21.9
2005	43.2	12.5	67.1	19.5
2010	39.1	10.7	64.2	17.5

资料来源：Bureau of Economic Analysis, *National Income and Product Accounts* [www. bea. gov].

---

① Bureau of Economic Analysis, *National Income and Product Accounts* [www. bea. gov].

9.2 关于所得课税的争论

支持所得课税制的主张

考虑到所得税的税基和管理方法，许多人都同意将所得税作为一个公平而合理的财政收入来源——在美国，对于筹集财政收入来说，所得税确实是一个有效的且受倚重的税种。为什么会有许多人认为，所得税是一个令人满意的财政收入来源呢？[1]

公平——可以反映纳税能力

收入是反映纳税人承担政府成本能力的一个重要指标。一个人的经济状况，在很大程度上是由其即期的收入水平决定的。但有些人拥有巨额财富，即期收入却很少。因此，一个更好的指标应当既包括即期收入，又能把净财富转化成的所得纳入进来。但是，类似的规定并没有出现在所得税的税收法典中。对于大多数人来说，即期收入仍然是多数人相对富有程度的一个最重要指标。

公平——可调整性

美国需要每年纳税申报的所得税，可以根据每个纳税人的具体情况（如家庭规模、身体状况和特殊的经济状况等）进行因地制宜的调整[2]。这种优点是独一无二的：以个人申报为基础的其他税种，很难针对这些情况做出调整。例如，不管买烟者的经济状况如何，每包烟都是需要缴税的，因为如果每项市场交易都对纳税人的状况进行核查，核查成本会非常昂贵。在所得税纳税申报时，可以根据如下具体情况加以调整：家庭收入、家庭规模、当年的意外经济损失，以及其他限制纳税能力和可能有必要调整所欠税款的情况。表 9-2 显示了联邦所得税在 5 个不同收入档次的家庭中的分布状况，该调查结果充分考虑了企业向个人转嫁税负的可能性。这个模型中的个人和公司所得税都具有明显的累进性，甚至最高收入者也是如此——家庭收入水平越高，有效税收缴纳率也越高。具有宽广税基的个人所得税可被调整为累进税制，而立法者通常倾向于贯彻这样的税制。然而，社会保险税——用于社会保障、医疗保险和失业补助——以薪酬为税基，显示了持平乃至下降的有效税收缴纳率，难以对经济环境的变化做出调整，也无法覆盖因资本所有权而获得的收入（特别是红利、利息和租金）——在更高收入者中，有

---

① 许多年来，为了发现什么税种被美国人认为是最不公平的，美国政府间关系咨询委员会开展了一次全国性调查。在最不公平的税种中有联邦所得税和地方财产税。在上一次的民意测验中（1994 年），27%的人认为联邦所得税在公平方面是最差的，而 28%的人选择了地方财产税。在此前举行的一次调查中，有 7%的被调查者认为，州所得税是最不公平的税种。这是一个有趣的发现，因为州所得税几乎是联邦所得税一个完全的翻版，只是州所得税的税率相对降低了。参见：U. S. Advisory Commission on Intergovernmental Relations, *Changing Public Attitudes on Governments and Taxes 1994* (Washington, D. C.：Advisory Commission on Intergovernmental Relations, 1995). 税收基金会近年来做了一些类似的调查，发现联邦所得税和地方财产税一直保持着它们的 "最不公平" 的地位。Scott A. Hodge and Andrew Chamberlain, "2006 Annual Survey of U. S. Attitudes on Tax and Wealth," Tax Foundation Special Report 141 (April 5, 2006).

② 并不是每个国家的所得税都有年度的纳税申报表，这要取决于雇主和纳税个人的代扣代缴情况。

效税收缴纳率却呈现累退性质。因此，针对纳税人具体情况的可调整性，有助于形成累进税制模式，而这在其他税收形式中则难以实现。

所得税税负的承担主体相对集中。表9-2表明，个人所得税税收总量的近40％仅由收入最高的1％的人口承担。这反映了美国社会财富的高度集中，其集中程度在过去几年里大幅增长。在所得税领域，高收入家庭无论在绝对意义上还是在相对意义上，都比中低收入家庭表现得更好，他们的高额个人所得税税负就是这种优良表现的反映。然而，这些分配模式也说明了所得税正在向其源头含义即"阶级税收"（a class tax）的方向转变，不再是当初为了支持二战而形成的由所有公民共同分担税负的"大众税收"（tax paid by the masses）。

表9-2　　　　　　　　2009年联邦个人所得税和实际税率
在5个收入水平档次的家庭中的分配情况　　　　　　（％）

收入档次	个人所得税		公司所得税		社会保险税	
	税收份额	实际税率	税收份额	实际税率	税收份额	实际税率
最低	-6.6	-9.3	1.8	0.5	5.3	8.3
第二	-3.5	-2.6	3.2	0.5	9.7	7.9
第三	2.7	1.3	5.8	0.6	15.4	8.4
第四	13.4	4.6	10.2	0.7	24.0	9.1
最高	94.1	13.4	77.2	2.3	45.3	7.2
总和	100.0	7.2	100.0	1.5	100.0	8.0
前1％	38.7	21.0	47.1	5.2	4.2	2.5

注：收入指的是家庭的全部收入，它包括所有的现金收入（缴税的和免税的）、企业缴纳的税款、工人缴纳的养老金以及各种收入的价值。

资料来源：Congressional Budget Office, *The Distribution of Household Income and Federal Taxes*, *2008 and 2009*（Washington, D. C.：Congressional Budget Office, 2012）.

税收收入富有弹性

所得宽广的税基可以允许以社会可接受的成本筹集到大量的财政收入，税基的增长速度也可以和一般的经济活动保持同步。如果政府的税基过于狭窄，或者税基缺乏对经济增长的弹性，政府就需要通过频繁的调高税率或者采用过高的名义税率（nominal rates），来满足公众对政府服务不断增长的需求。然而，公司所得税和个人所得税的税基遵循周期性变化。在大衰退时期，这两者征收的税款都急剧下滑，由于州政府要保持预算平衡，这种下滑给州政府的筹资带来了相当大的困难。

税基宽广

所得税税基宽广，对资源的扭曲程度可能要小于税基比较狭窄的税种①。然而，与其他税种相比，所得税对资源的扭曲程度问题还远没有研究清楚。但是，所得税目前的很多条款确实可以影响人们的投资、住房和补助等方面的经济行为。惯用的政策是由富人承担相对较重的税负，而相关数据表明美国也确实这样做了。但是，这种做法存在局

---

① 所得税可能也会扭曲个人和企业的工作决策与投资决策。因此，人们对于一般所得税对资源的扭曲程度并不十分清楚。经济学家们正在寻找能将扭曲程度最小化的"最优税"（optimal tax）。参见：Joel Slemrod, "Optimal Taxation and Optimal Tax Systems," *Journal of Economic Perspectives* 4（Winter 1990）：157-178.

限性，因为这些富有人群恰恰是最有能力采取"避税"行为的那部分人，而这种"避税"行为会扭曲整体的经济产量。所得税的宽税基可以允许实行低税率，这显然具有效率和公平优势。

反对所得课税制的主张

也有许多人认为，所得课税制缺陷明显，应当从根本上进行改革。实际上，人们通常认为，作为政府成本分摊的基础，消费要远胜于所得。这些理论由哪些部分构成呢？

透明性和税收遵从

个人所得税过于复杂，违背了透明性原则。纳税人难以理解所得税制，其中包含的条款过于深奥，除了极少数专家之外，很少有人能够理解；选民也几乎看不到自己所缴纳的税收和政府工作之间的联系；一些特权人物可以利用在国会委员会的密室中所设计好的税收漏洞（或是税收优惠），逃避自己应当缴纳的税收份额。纳税人将无数时间花在遵守这个税种上，但是，尽管人们对这个税种给予了极大的关注，也只有相当少一部分人懂得所得税制是如何运作的；个人所得税中的代扣代缴制度（the withholding process）将实际税负隐藏了起来。2005 年出台的个人所得税法，包含了超过一整打不同种类的退休计划方案，其中的一系列条款排列混乱，令人费解；当中至少有 9 项独立的优惠项目用于鼓励教育支出；一个为低收入者设计的所得税抵免项目（earned income tax credit, EITC）过于复杂，72％的项目受益人宣称，税收抵免项目使他们聘用了税务代理人来为他们完成纳税申报表，而另一种税收结构（替代性最低所得税）（the alternative minimum income tax)[1] 却处罚有资格享受特定的合法税收优惠政策的纳税人[2]。从那之后实行的改革并未减少所得税的复杂性。大部分人都由税务代理人替他们缴纳税收（在 2009 财政年度，经由代理而入库的税收收入占总收入的 57.3％），所以居民们并不真正清楚是什么决定了他们所需承担的税负。对于更复杂的纳税申报表（常规性的 1040 申报表），92.1％的纳税申报表是由代理填表人填写的[3]。这是对税收的复杂性的强烈指控。就税负的可见度来说，人们更关注他们的年终退税额（tax refund），而不是他们的税负量。简化所得税制可以使税收更加透明，同时降低税收的征收成本。在 2005 年，上报给乔治·W.布什总统的联邦税制改革咨询小组的报告指出，复杂性是目前运行的联邦所得税制的最大问题之一，不考虑复杂性，联邦所得税制也算是蛮好的。自从 2005 年的报告出来之后，很少甚至是没有人去简化所得税制，可能的原因在于，这种税制的复杂性恰恰是由于对某些特定纳税人群体的税收优惠造成的，而几乎没有人愿意牺牲自己所享有的税收优惠。

---

①　替代性最低所得税，按另一套税则计算出来的应纳税额，旨在迫使那些拥有大量优惠所得的人，至少缴纳一定的税额。——译者注

②　Testimony of Nina E. Olsen, National Taxpayer Advocate, to the President's Advisory Panel on Federal Tax Reform, March 3, 2005.

③　数据来源于：Tax Statistics from the Statistics of Income Division of the Internal Revenue Service [www.irs.gov/taxstats].

税收管理和税收遵从

所得税制的征收成本是很昂贵的。国内收入署拥有超过 9.5 万名员工，每年需要处理 1.4 亿份个人所得税纳税申报表和 650 万份公司所得税的纳税申报表，由此所导致的运营成本超过 120 亿美元。州和地方所得税的课税成本加起来还要更多一些。许多批评家认为，即使支出如此庞大，国内收入署仍然疏于管理，特别是当纳税人需要帮助时不能解危助困，在审查个人和企业的有关资料时更是滥用职权。

虽然课税的数额很大，但是征收每一美元的税款所需要的管理成本其实很小。据报道，每课征 100 美元税款的管理成本尚不足 50 美分。但是，这项成本只是冰山一角：纳税人遵从税法的成本至少是这项管理成本的 10 倍[1]。光是布洛克税务公司（H&R Block）的年税收收入就超过 30 亿美元，而这全都算在纳税人为遵守税法而支付的成本之中。此外，总成本还包括其他所有种类税收的代理人收入、税务会计师的收入和税务律师的收入，现在你应该可以理解"高额的税法遵从成本"这一概念了。而且，这仅仅是资金成本，还没有考虑每年临近纳税申报的最后期限时，纳税人为了完成纳税申报表所忍受的精神折磨。当然，事情并没有变得越来越容易。《免除繁文缛节法案》（Paperwork Reduction Act）要求国内收入署估计出每份报表所需的时间，并将上述耗时量写在为纳税人提供指导的说明里。1988 年，每位纳税人完成一份标准的纳税申报表（包括详细分列的扣减项和申报的利息、分红收入）所需时间大概为 15.1 小时；到了 2011 年，完成同样的申报表大概要耗时 22 小时。这绝不意味着免除繁文缛节的胜利。包含更多表格的越来越复杂的申报表，使填表时间大大增加。甚至是最简单的 1040EZ 申报，现在也需要大概 7 小时才能完成，以至于在 2009 年，即便是如此简单的申报，也有超过 5.5% 的比例，须交由付费的代理人完成，人们早已被这些破事弄得惶惑不已。

经济效应

批评家们认为，所得税抑制了储蓄和投资以及一般的收入所得，从而对美国经济的长期繁荣产生了负面影响。他们认为，所得税对储蓄利息课税，从而扭曲了人们将一年中对多少收入用于消费、多少收入用于储蓄与未来消费之间的决策。通过攫取人们"等待"到将来再消费的一部分收益，所得税还扭曲了人们对即期消费和未来消费的选择，从而使人们将更多的收入用于即期消费，减少了储蓄（推迟消费）。这又会对经济增长产生不利影响，因为储蓄最终会为资本性资产的增长提供基础，而资本性资产又是经济增长的基础。美国的多重所得税结构可能会使这种状况雪上加霜，因为对于投资收益首先要课征公司所得税，当公司的股东收到这些公司的股息收益之后，还要课征个人所得税。以较低的税率对股息收入征税，在一定程度上可以减少歧视，但是依旧存在一些额外的负担。有证据表明，递增的边际税率对应税收入有一定的影响——实际上，高税率会阻碍家庭赚取收入。这种影响是相对小的，但是对高收入家庭的影响要比对低收入家庭的影响大[2]。没有证据表明，在当前税率的基础上，进一步提高税率会降低收入总量，甚至对于最富有的人来说也是如此。

---

[1]　Marsha Blumenthal and Joel Slemrod, "The Compliance Cost of the U. S. Individual Income Tax System: A Second Look After Tax Reform," *National Tax Journal* 45 (June 1992): 185–202.

[2]　Emanuel Saez, Joel Slemrod, and Seth Giertz, "The Elasticity of Taxable Income with Respect to Marginal Tax Rates: A Critical Review," *Journal of Economic Literature* 50 (2012): 3–50.

经济扭曲

所得税结构中的条款对不同经济部门赏罚不均，因为法律的制定者想要修正市场交易所呈现的资源配置信号加以修正。有些产业、公司和个人的资本性投资和生产性劳动的实际税率，要高于其他产业、公司和个人。这会导致经济资源根据税收优惠来流动，而不是根据反映消费者需求、资源价格、生产技术的市场力量流动。这会给国家带来经济损失，削弱美国企业在世界经济中的竞争地位。因税收扭曲而造成经济损失的一个现象就是，纳税人会努力把要缴纳高税率的收入（比如来自工资和薪酬的收入）转化为缴纳低税率的收入（比如资本资产的增值所得或资本所得）。

公平问题

许多人认为，所得税对政府成本的分配是不公平的。如本书先前提供的表格所表明的那样，所得税的这种分配从总体上看具有累进性。有很多人认为，所得税税率对每个人都应当是一样的；也有很多人认为，所得税的税率应当比现在更具有累进性。但很少有人认为，仅由于他们对经济事务安排的方法不同、一次幸运的事件、得到了税务咨询专家的明智提示，或者并不是每个人都能得到的特定税收优惠或"税收漏洞"，经济境况相似的人所适用的所得税税率就可以截然不同。这是对横向公平的公然违背，一些人所逃避掉的政府成本必然得由其他人来承担。联邦所得税的条款说明，出于税收目的，并不是所有的收入都会公平课税，赋予某些经济活动优惠的税收政策会使有着相似收入的家庭所负担的实际税率可能有很大的不同。对于横向公平的关注，是 1986 年联邦税制改革的重大驱使力，这是联邦税制的最后一次重大修订，但不平等又悄悄溜回了联邦税制体系之中。

使用过度

当税收使用过多之后，任何税收的扭曲效应和不公平现象都会变得更加严重。税率比较低时的一些小问题，随着税率的升高也会严重起来。企业和个人会发现，投入更多的精力，通过重新安排自己的经济事务或者将应税业务隐藏起来逃避税收是值得的；而当税率较低时，这样做就不划算了。当税率比较低时，个人和企业之间的税收差异可能无关紧要；但当税率比较高时，这种差异就变成了一个主要问题。由税收扭曲造成的经济损失的增长速度，要远远快于税率和税收收入的增长速度。即使所得税设计合理，美国税制中对它们的过度使用，也需要寻找替代性税种。各种税源之间的平衡，有助于减小所得税的统治地位所带来的压力，特别是在联邦税制中更是如此。

9.3　个人所得税

在以下几部分，我们要考察联邦个人所得税的逻辑结构和税制构建中的一些问题。在美国，由于大多数州都将自己的州所得税和联邦所得税联系起来，因此，理解联邦税制结构及其概念、术语，对于理解所有级次的政府财政都具有重要意义。例如，有些州使用经过调整的联邦所得税的毛收入（AGI）或者应税所得，作为计算州所得税的出发点。但是，只有少数地方政府将自己的地方所得税与联邦所得税联系了起来，通常只是将地方所得税和州所得税间接联系起来；许多地方政府都选择独立的税基。这个税基通

常比较狭窄，一般是工资和薪金。这些地方所得税的税制结构通常比较简单。图9-1
对联邦税制结构的大体脉络进行了分析（后续部分还会对这些内容做进一步的说明），
反映了联邦税制结构中的核心内容。这张示意图（图9-1）显示了所得税制运行中使用
的计算方式，包括税收调整、免税、减税、税收抵免等。

总收入*
减去
调整额
等于
经过调整的毛收入
减去
标准扣除或者项目扣除（纳税人的选择）
和
个人免税额
等于
应税所得
用
税率表或者税收表进行计算
所得税
减去
税收抵免额
等于
税收总额
减去
代收代缴费、估计缴纳的税款和其他缴纳金额
等于
应纳税款或者税收返还额**

图9-1　联邦个人所得税的结构组成：该流程在计算人们应付税额时是如何运作的

　　*《国内收入法典》（The Internal Revenue Code）所定义的收入，不包括家庭收入的综合定义下才会出现的现金流量。尽管债券的利息在纳税申报表中有体现，但是上述的现金流还是没有记录在申报表上。

　　** 有些纳税人也要根据最低所得税替代计划（Alternative Minimum Income Tax Scheme）的课税表来计算应纳税款，然后比较常规税收计算和最低所得税替代计划，按二者较高的一个来缴纳税款。

　　注：州所得税一般使用经过调整的毛所得、应税所得或是税额作为计算州应税义务的起点，这使得联邦所得税成为影响州所得税的因素。州也会对它们的税收增加一些独有的特征，通常是一些税前抵扣或者税收抵免。很多地方所得税的纳税范围要比联邦所得税狭窄，这往往会限制薪给税的覆盖面，减少联邦体制的复杂性。

对所得的界定

　　税法不会对所得进行界定，只会列出能够产生应税所得的各种市场交易。其中所列出的收入项目包括工资、薪金、利息、股息、租金和特许权使用费等。对于实践中的问题，也没有一个统一的答案（例如，教师通常可以免费得到一本像本书一样的教材：这本书的价值能构成老师们的所得吗？这是否取决于在期末他们能将书卖掉呢？①）税务律师的收入颇丰，部分原因在于，他们为构建市场交易所做的努力，使他们的客户获得了更多可供消费的收入，而同时在法律上却没有产生应税所得。许多分析家都同意黑

---

　　① 2014年，该书的英文原版，在印第安纳大学（布鲁明顿）的书店中，售价高达360美元。该书作者约翰·L. 米克塞尔教授就在这所大学教书。——译者注

格-西蒙斯的所得界定（the Haig-Simons income definition）标准。这种由亨利·西蒙斯所提出的方法将应税个人所得界定为以下两项的"代数和：(1) 在消费中运用权利的市场价值；(2) 财产权价值在期初和期末之间的变化"[1]。换句话说，黑格-西蒙斯的所得额等于消费的价值加上这一年中净财富的增长额。这是一年中家庭在不减少其净财富的前提下可能消费的最大数额。

　　西蒙斯对"所得"的定义与现行税法的规定有所不同，我们使用以下三个例子来进行说明。第一，假设史密斯先生所拥有的一家公司的股票价值在这一年中增长了10 000美元，但他本年度没有将这些股票卖出。按照黑格-西蒙斯的所得界定，会将股票的这部分增值额认定为"所得"，因为它增加了史密斯的净财富，扩大了他使用经济资源的潜在能力。而现行税制则不会对这项收益课税。现行税制只对业已实现了的收益课税——也就是说，在将升值股票卖出之后课税，而不是当股票的账面价值形成时课税[2]。第二，假设琼斯小姐住在自己所有的房子中。这样，她就消费了这个房子所提供的服务。这些消费（隐含的租金）构成了琼斯整个消费中的一部分，按照黑格-西蒙斯的方法也应当被界定为所得。现行税制不对这种所得课税，因而这样会极大地鼓励人们对能为所有者带来非现金收益的资产的购买。第三，假设怀特先生的姨妈赠送给他50 000美元。这显然会增加他的净财富（或者允许他提高自己的消费），因此按照黑格-西蒙斯的方法，也应当被界定为应税所得。但是，由于不需要怀特先生的工作，这笔交易就发生了，因此，现行税制也不将它归为应税所得。但根据现行税制，对这部分资金要课征赠与税（the gift tax），所依据的也不是怀特的经济状况，而是他姨妈的经济状况。这就意味着，对怀特所得的这笔赠与的课税情况（怀特的年均收入为5 000美元），和怀特姨妈给怀特兄弟同样数额的赠与的课税情况一样（怀特兄弟的年均收入为60 000美元）。可见，在现行税制中，同一个姨妈的赠与数额相同，课税情况也就相同——与赠与受益人的经济状况毫无关系。以赠与受益人的经济水平为基准，似乎要远远优于以赠与人的经济水平为税收计算基点。遗产税的运作方式与赠与税相同，以遗产数额而不是继承人的经济状况为基准。

　　政府内外的分析家们通常使用比较宽泛的财富指标来对税收负担进行分析，同时对税基的修改问题进行研究。专栏9-1中描述了更为综合、广泛的测量指标，这些指标由国会预算办公室、财政部税收分析办公室和税收联合委员会在分析中使用，用于测量税负分摊情况和研究税制结构的改革。这些指标全部以黑格-西蒙斯的所得概念为基础理念，回避了现行税基的法律定义。

专栏9-1 更加综合的用于税负分配分析的所得指标

　　在实际运作中，理想的"所得"概念有很多种可能的定义。税收法典对经过调整的毛所得（AGI）的定义，不能满足长期一致性的需求，因而国会重新定义了税制所能涵盖和不能涵盖的所得内容，力图将一年中家庭财富收入的所有内容纳入进来。这种所得定义受到各种形式的家庭偏好之影响，却没有分析税负在不同富裕程度的家庭中的分配

---

　　[1] Henry C. Simons, *Personal Income Taxation: The Definition of Income as a Problem of Fiscal Policy* (Chicago: University of Chicago Press, 1938), 50. 类似的观点出现在：Robert M. Haig, "The Concept of Income—Economic and Legal Aspects," in *The Federal Income Tax*, ed. R. Haig (New York: Columbia University Press, 1921), 7.

　　[2] 并不是所有国家的税制都将资本利得看作应税所得；从公平和经济效率的原则出发，也不是所有的美国政策分析家都同意美国政府的做法。参见：Bruce Bartlett, "Slaying a Pair of Cap Gains Villains," *Wall Street Journal*, June 10, 1993, A-20. 现行税法确实对已实现的收益课税，但所适用的都是优惠税率（比较低的税率）。

情况。负责分析税收体系的联邦各部门都充分认识到，必须使用一种更加广泛和稳定的测量指标，但他们在该指标内容的制定上尚未达成共识。他们都认可黑格-西蒙斯提出的"所得"概念，而且都致力于制定出涵盖范围更广的测量指标，只不过各部门的努力程度不同。以下是这些指标的几个例子。

调整后的税前收入（国会预算办公室）

国会预算办公室在分析时使用该指标，在本章别处提及的制定有效税率（effective tax rate）时，也使用了该指标。该指标包括所有形式的现金收入（家庭收到的应税所得和税收豁免额）、企业支付的税收（根据税收转嫁假定，它们被转嫁给了个人）、雇员对401(k)退休计划的缴款以及实物收入的价值（雇主支付的健康保险费、医疗补助福利、食品券等等，包括政府以实物支出的转移支付）。

家庭经济所得（克林顿政府财政部）

克林顿政府财政部税收分析办公室使用家庭经济所得这一指标，该指标在1980年税制改革前被用于税负分配的分析中。该指标将所得定义为，消费加上资本性财产的价值变化，相比于其他指标，它更加独立于现行税法。将处于同一经济单位中的相关家庭成员的收入和所缴纳的税收加总到一起。这些指标的计算，以纳税申报表上申报的调整后的毛所得为基础，然后再加上：

（1）对未申报收入的估测。

（2）享受税收优惠的退休账户，如科格（Keogh）、401（k）、个人退休账户项目、由雇主所缴纳的应税退休金以及投资利息和红利。雇主向这些账户的缴款也包括在内。

（3）尚未课税的社会保障收入；现金赞助和其他福利投资，其中包括食品券的现值。

（4）由雇主所提供的保健津贴和其他福利内容。福利成本一般相当于雇员工资水平的35%左右。

（5）房屋所有者将房屋出租所获得的净租金的估计值，要减去其中的抵押贷款利息、财产税、房屋维护费和房屋折旧费。

（6）由股票、企业经营活动、土地或房屋所得的年资本收益。例如，你的房屋价值在一年中的增值额。

（7）减去贷款出借人的通货膨胀损失，加上贷款借入人的通货膨胀收益。

（8）寿险保单的价值增值额。

（9）免税债券的利息。

广义所得（国会税收联合委员会）*

国会税收联合委员会在税负分配的研究中使用"广义所得"（expanded income）这一概念。广义所得的范围更狭窄，更加严格地遵循现行税法。这一概念以经过调整后的毛所得为基础，然后再加上：

（1）免税利息。

（2）工人补助津贴（compensation）。

（3）无须纳税的社会保障收益。

（4）扣除居于海外的美国公民的收入。

（5）医疗补助中超过所支付的年金的数额。

（6）最低税收优惠。

（7）雇主对保健计划和人寿保险的缴款。

（8）在薪给税中雇主所缴纳的部分。

（9）公司所缴纳的税收归集到公司每个所有者身上的金额。

* 布什政府使用过的一个最为接近现金所得概念的广义所得。

×××

经过调整的毛所得

在税法上，经过调整的毛所得大致相当于纳税人所能承担税款的总能力。由于所得税是对净所得而非毛收入课征的税收，因此经过调整的毛所得包括：个人所收到的工资、薪金、租金、股息和利息等，以及从企业经营活动收入中扣除了企业运营成本之后的收益①。但是，在利用税收结构中的内容来计算税收义务之前，首先需要对总收入做一些调整。第一，对支付的赡养费进行调整（这些支付的赡养费有助于提高受益人的福利水平，因此应当作为其收入的一部分来课税，而不应当对支付人课税）。第二，扣除一些和调换工作相关的费用和一些业务费用。要将为了取得收入而做的工作调换和与个人偏好相关的调换工作区分开来，总是很困难的；对净收入课税的指导思想表明，应当将前者扣除（为了就业而进行的调换构成了这项收入的一种成本），而不应将后者扣除（因为这种调换费用是生活方式或者消费选择的结果）。很难画一条简单、明确而合理的界线，这可能犯鼓励人们跳槽的错误。第三，为了鼓励人们开展某些活动而进行的调整：为了鼓励私人退休储蓄，对个人退休账户和其他个人退休计划缴款的扣除；为了减轻教育借款所支付的成本，允许扣除学生贷款的利息；为了降低由私人提供的健康保险成本而进行的扣除②。

有些市场交易中所出现的净收益，并没有包括在经过调整的毛所得中，但却是一般意义上和黑格-西蒙斯意义上的所得③。这些税收扣除项目包括：某些州和地方政府债券的利息，某些转移支付（如福利收入、多数社会保障收入和食品券），雇员从雇主那里所得到的数目众多的津贴和补助（特别是退休金和保健计划），寿险存款收入，赠与和遗产等。一个任命的牧师可能住在他/她的宗教组织拥有的房子里，或者得到年度收入去购买或租住别人的房屋。这似乎是补偿，但却在纳税范围之外④。除了税法中明确规定不用纳税的收益项目之外，雇员从雇主那里所得到的所有津贴和补助项目都应当缴纳所得税，其中包括许多重要的福利项目（如雇员向雇主所提供的无须额外成本的服务，一些给予雇员的折扣和工作条件补助等）。不须纳税的津贴范围实际上也是很广的。未实现的资本利得和归集所得（imputed incomes）不用课征所得税。不管是联邦税收还

---

① 来自独资企业、合伙制企业、有限责任公司或者 Subchapter S 公司（小公司）的收入，是以"流经"（pass-through）原则为基础进行纳税的，这意味着它是依据个人所得税税制进行纳税，而不是以公司的立场纳税。

② 对一些活动进行鼓励的相似条款，也出现在项目扣除（the itemized deductions）中。但是，只有没有选择标准扣除的纳税人，才可以得到项目扣除的好处。这种税负减让是一种调整，而不是扣除，因此其影响要更大一些。例如，将慈善性捐款从项目扣除转变为税前扣除，将会极大地增加可以享受这种税收优惠的纳税人的数量。

③ 有些联邦税收优惠，在 1979 年的税收改革和 1986 年的税法中都要求课征最低税收。但是，一些税收扣除项目却保存了下来。

④ Laura Saunders, "Tax Relief for Clergy Is Questioned," *Wall Street Journal*, August 2, 2011, C1-C2.

是州和地方税收，为了保持一个前后一致的经济能力指标，在许多关于政府成本分配的分析中，都使用了范围更广的能力指标（如在专栏 9-1 中所使用的那些指标），而不只是使用经过调整的毛所得。这些税收扣除的影响是巨大的。例如，对雇主提供的健康保险的税收免除额，占了联邦政府对非老年人群体的健康补助的最大份额。这些税收优惠叫作税式支出。它们的计算方法以及它们是如何纳入预算报告的，将在第 13 章进行讨论。

税收扣除项目看起来都是合理的，特别是那些适用于低收入群体的税收扣除项目更是如此：不能一方面给予穷人财政补助，而另一方面又将这部分财政补助通过税收的形式拿走。然而，有些财政补助的发放对象并不仅限于穷人。也就是说，有些财政补助的发放并不是以需要为原则的，符合这些财政补助要求的受益人可能会从其他方面获得大量收入。因此，如果要根据净福利水平课税的话，就应当将退休金、社会保障收入、失业补助和其他并不严格限于当期收入和财富的收入形式也纳入进来。现行税制对失业补助是要全额课税的，其他相关的收入形式也要根据具体情况纳税[1]。

将州和地方政府债券的收益从税前扣除掉的做法，在历史上源于相互豁免（reciprocal immunity）的原则，即联邦政府不能损害州和地方政府，反之亦然。由于"课税权中包含了损害的权力"，因此联邦政府在历史上从来没有向州和地方政府的政策工具课征过税收[2]。这些税收扣除项目其实就是对州和地方政府重要的财政补助，因为这样可以使州和地方政府以低于同期市场利率的水平借款。为了说明这种税收扣除的影响，我们假定，一个人会将自己新增收入中的 35% 来缴纳联邦所得税。收益率为 3.7% 的免税市政债券的收益水平和收益率为 5.7% 的应税债券的税后收益情况是一样的[3]。因此，通过联邦税制，州和地方政府的借款可以自动获得利息补助，这就允许这些政府以低于市场利率的水平借款了，这些免税的市政债券是高收入者避税的一个良好选择。给予州和地方政府的利息补助金额，需要在这种税收扣除对税制累进性所造成的不利影响之间取得平衡。

有人怀疑，联邦政府对州和地方债券利息一视同仁的课税可能会违背宪法。美国最高法院 1988 年在"南卡罗来纳州诉财政部长贝克案"中的判决，可以将任何这方面的怀疑都打消掉："宪法没有规定，州债券的所有人可以不对州债券的收入纳税；宪法中也没有规定，州政府必须要发行利率水平低于其他债券的债券。"[4] 因此，这项税前扣除的规定，仍然是一个非常有价值的联邦财政补助，对于州和地方政府来说特别重要。州和地方政府也竭尽全力对这项财政补助进行保护，因为一旦它们得到这项财政补助之后，就可以完全控制它了。然而，1986 年的《税制改革法案》对这种借款进行了大幅削减，关于这些内容，在本书后续关于政府债务的章节中，还将做进一步说明。

---

[1] 人们一方面从社会保障中取得收益，另一方面这些收益又可能被重新课税，这两者的联系对于激励原则来说，是个大麻烦。人们从工作中所获得的收入，会使更多的社会保障收入也需要纳税，从而使其收益减少。这样人们能够从工作中得到的净收益就微乎其微了。

[2] 关于约翰·马歇尔（John Marshall）"课税权"（power to tax）的出处可参见：*McCulloch v. Maryland*，17 U. S. 316 (1819). 但是，对相互豁免原则进行详细阐述的是：*Collector v. Day*，78 U. S. 113 (1871).

[3] 收益率为 5.7% 的应税债券在完税之后会将收益的 65%（100%−35%）留给投资者。因此，5.7%×65% = 3.7%.

[4] "南卡罗来纳州诉财政部长贝克案"，485 U. S. 99 (1988). 南卡罗来纳州之所以起诉，是因为该州反对 1982 年《税收平等和财政责任法案》中关于指证市政债券所有人的规定。在这种要求之前，各州可以发行"持有人债券"（bearer bonds）——不管所有权状况如何，持有债券的人都可以得到债券的各期收入。对逃税者、洗钱和有组织犯罪而言，这是非常具有吸引力的。出乎州和地方政府意料的是，最高法院的判决比州和地方政府所希望的还要多。

个人扣除

个人扣除（personal deduction）会根据每个纳税人的具体情况对其纳税能力进行调整。将这些扣除项目从经过调整的毛所得中扣除掉之后，可以使税基减小，从而促进个人所得税的纵向公平和横向公平。个人扣除项目也可能会促使纳税人做自己本来不愿意做的事情，因为纳税人只有这样做，才可以降低他们应当缴纳的税收。

从逻辑上看，有三项个人支出扣除项目的内容，可以将纳税人的负税能力降低到收入水平与其类似的其他人之下：

第一，有些支出项目在很大程度上脱离了家庭的控制，从而会降低家庭承担政府成本的能力。目前，这一类包括在税前扣除的内容中（这一类内容和涵盖范围会随着对税收法典的修改而变化）：医疗费用和牙齿护理费用中超过经过调整之后毛所得的7.5%部分，因盗窃和伤亡所引起的损失超过经过调整之后毛所得的10%而少于100美元的部分，州和地方所得税或者零售销售税（选择两者中较高的）和财产税。在以上每种情况中，各方面情况完全相同的人必须承担比他们更幸运的人所不用承担的特殊费用，但他们自己并没有做错什么。因此，应当对负税能力进行调整①。

第二，有些支出项目之所以可以在税前扣除，是因为联邦政府认为，可以通过降低私人活动的税后成本，来鼓励这些领域中的私人支出。因此，慈善性捐款可以直接从税前扣除。这些支出对于纳税人来说是可选择的（和州税收、医疗费用不同），因此联邦政府试图对这些慈善性捐款进行鼓励。类似地，为了鼓励人们购买住房，第一住所和第二住所（first and second home）抵押贷款的利息可以从税前扣除。这些举措对于借款买房的人来说是至关重要的②。有证据显示，对抵押贷款利息的扣除，诱使美国人在自有住房上过度投资，促使城市的进一步扩展，且降低了税收的累进性，因为高收入家庭比低收入家庭更有可能支付抵押利息（45%的储蓄税由前10%的高收入家庭负担），而对于这些过度投资的资源，原本可以更高效地投资于其他资本性财产。实际上，有些人认为，这项举措的意义在于鼓励高收入的借款人承担更多的债务。公众将大部分储蓄用于购买自有房屋，废除这个条款几乎没有政治吸引力——尽管这个条款目前针对的是每个纳税人仅拥有两套住房的情形。

第三，为了维护所得税只对净所得课税而不对毛收入课税的原则，还规定了一个税前扣除项目。其中包括更换工作的费用和某些与工作相关的费用〔如为了保持和提高现有工作技术水平所需要的教育费用、工会费、工作制服费、大学教授的科研费、职业税（occupational taxe）等〕③。与工作相关的费用扣除，再加上一些杂项扣除〔如税收准备

---

① 州和地方的税收扣除产生了一些问题。这些税收代表的是纳税人对政府公共服务的支付，反映了要达到更高水平的服务所做的决定。联邦政府为什么要对这些决定给予补助呢？这些支付确实是不可控的。这些损失扣除会产生道德风险。当联邦政府提出危险行为的后果时，是由于人们不够谨慎吗？

② 在1986年税收法案之前，信用卡、汽车、教育、分期付款和签名贷款的个人利息都可以完全从税前扣除。1997年的税收调整法案（the 1997 tax reconciliation act）规定，某些学生贷款的利息也可以在税前扣除（但是只适用于收入少于40 000美元的个人和收入少于60 000美元的夫妻）。现在，学生贷款利息可以调整，可以在计算调整后的毛所得时扣除，甚至不用逐项进行税前抵扣。

③ 关于什么是合法的员工业务费用这一问题，存在很多争议。例如，居住在洛杉矶和达拉斯的国际篮球协会的运动员拉玛尔·奥多姆（Lamar Odom）把190 000美元的NBA罚单和健身费用作为公司支出扣除了，但是国内收入署不同意，并开出了87 000美元的账单。奥多姆提出异议，取得了"小胜"——国内收入署将账单定为7 800美元。合法的业务支出要取决于你所在的公司类型。

费（tax-preparation fee）、与投资相关的费用等]，二者之和的可扣除部分不能超过经过调整的毛所得的 2%。博彩损失可以全额在税前扣除，但是只限于博彩盈利的数额。

在税制设计中，任何一项政策选择都试图提高税制的公平和效率。由于每一项税前扣除政策都赋予高收入群体更多的税负减免（对于一个适用税率为 35% 的纳税人来说，100 美元慈善捐款的税后成本仅为 65 美元；对于适用税率为 15% 的纳税人来说，税后成本则变为 85 美元），因此，这些政策会促使人们按照政策导向来安排自己的经济事务，以使自己的费用可以归入税前扣除的种类。因此，一些专业会议会选择在度假时间召开，消费者贷款也会被转化为房屋净值（抵押）贷款，如此等等。结果，这些税收规定可能会降低税制的总体累进性，扭曲人们的经济行为。为了减少上述影响，该系统对一些扣除项目采用了"逐步废除"（phase-out）方案——纳税人的调整后所得超过了某一限额后，每一美元的税前扣除量减少 3%；然而，这项"逐步废除"方案增加了整个税制系统的复杂性，所以目前它本身也成为被"逐步废除"的方案。

并不是所有纳税人都需要使用个人扣除项目。事实上，大部分纳税人都未这样做：2010 年，只有 34% 的个人所得享受了税前扣除项目[1]，其余的所得选择了另一种更简单的减税路径。20 世纪 40 年代初期以来，一种可选择的税前标准扣除（an optional standard deduction）使纳税人可以从经过调整的毛所得中减去一定的数额，这个标准扣除的数额与项目扣除的总额是没有关系的。这种标准扣除的实行，使纳税人不用再保存有关扣除项目的会计凭证了。针对那些在第二次世界大战期间首次变成纳税人的许多人来说，这一想法的初衷在于提供更简化的税收。（或许也是要给没有实际的扣除项目的人一种心理安慰）。标准扣除随着时间的推移而不断提高。现在，标准扣除还和通货膨胀的增长之间建立起了指数化的关系。例如，从 1987 年到 2012 年，一个单身纳税人的标准扣除额从 2 540 美元增加到 5 950 美元，而联合申报的话扣除额是该数额的两倍[2]。除非纳税人的分项扣除总额高于上述数额，否则他们不会选择项目扣除；房产所有权加上房屋贷款利息，以及地方财产税，这些往往产生了分项扣除的门槛[3]。对一些纳税人而言，因为不需要保留一年中可扣除的付款记录，可选择性标准扣除减少了纳税的复杂性。但是，为了在比较两种扣除方案的优势后再做决定，许多最终选择标准扣除的纳税人仍然会保存可减税支出的付款记录。当所有纳税人都选择标准扣除，为了筹集到既定数量的财政收入，必须提高对所有人的税率，这样一来，达到标准扣除要求和没达到标准扣除要求的人，所享受到的救济补助，都同等程度地减少了。然而，无论如何，每个人都可以通过选择一个扣除标准来简化自身缴纳联邦所得税的义务。毕竟这些可选择的项目所选择的是扣除，而不是税制简化。

标准扣除或者分项扣除的选择并不是平均分配于所有纳税群体。正如早先提到的那样，分项扣除在全体纳税人中的平均使用率只有 34%。然而，在调整后毛所得超过200 000 美元的纳税群体中，分项扣除的使用率却达到 95%。这就是为什么一些政治家

① Adrian Dungan and Michael Parisi, "Individual Income Tax Returns, Preliminary Data, 2010," *Statistics of Income Bulletin* 31 (Winter 2012)：6-7.

② 对于年龄超过 65 岁或者双目失明的纳税人，还有另一套额外的标准扣除。加上特定的房产税被加进了标准扣除中，所以没有选择项目扣除的纳税人将会得到这种优惠。这种特殊的优惠并没有起多大作用，但既然它是来自国会，那么我们也没什么好惊讶的。

③ 2008—2009 纳税年度，甚至使用标准扣除的纳税人也被允许减除他们所支付的州和地方的财产税。

提议对高收入群体的分项扣除使用要限定一个范围，尽管这样做会增加税制的复杂性以及由税制引发的经济行为的扭曲程度。而且，由于州和地方税收以及房产价值的可减免模式不同，不同的州对于分项扣除的偏好有显著不同，使用率从西弗吉尼亚州的 18％到马里兰州的 50％，而此两者对于决定分项扣除和标准扣除中的哪一种对纳税人更为有利，具有重大影响[①]。

个人豁免

税法对纳税单位中的每个人都规定了税收豁免，其中包括纳税人、纳税人的配偶和被抚养人（需要由纳税人来抚养的家庭成员，通常是纳税人的孩子）；如果纳税人或者纳税人的配偶是盲人或者已经超过了 65 岁，那么还有额外豁免。每个人的豁免额都是相同的，其中 2011 年为 3 700 美元，2012 年为 3 800 美元（豁免额每年都会根据通货膨胀进行调整）。税收豁免的功能要根据纳税单位的规模来调整税负规模、增加实际税率结构中的累进性，将很多低收入家庭从这种税收体制中解脱出去。该结构为适用税率较高的群体提供了更多的税收豁免（从应税所得中扣除 3 700 美元，这对于适用税率为 35％的纳税人来说，为其减轻的税负要多于适用税率为 15％的纳税人），所以该税制规定：调整后毛所得超过某一特定水平（2008 年，已婚夫妇申报的毛所得超过 239 950 美元）的纳税人，其每 2 500 美元的收入将会削减 2％的个人免税额度。这个逐步废除的条款目前正被逐步废除，但也有可能会再次被使用。

应税所得

从经过调整的毛所得中，再扣除掉个人扣除和个人豁免之后，可以得到应税所得。其中的个人扣除可以是分项扣除，也可以是标准扣除。应税所得就是个人所得税的税率结构表所要适用的税基。税收的基本计算方法是税基乘以税率。因此，即使税收收入相同，税基和税率之间的组合也可能不同。这种组合可能是窄税基（例如，黑格-西蒙斯和其他一般的所得概念规定了很多项目的税收扣除和豁免等）和高税率，也可能是宽税基（税收扣除和豁免等项目比较少）和低税率。联邦税制改革的一个重要发展趋势是向着宽税基、低税率的方向发展，这种趋势在 1986 年的《税制改革法案》中特别明显，但在后来的法案中有所减弱。联邦税制之所以要这样发展，是因为人们认为，边际决策时的高税率比低税率更容易抑制投资和人们工作的努力；而宽税基则可以减少税收死角，不至于仅仅因为税收条款的有关规定，就使一些有利可图的经济活动潜藏起来。而且，实行宽税基还减小了破坏横向公平的可能性。当然，法律制定者和纳税人都在考虑拓宽税基，以此来减少其他人所享有的税收优惠，而不影响自己或委托人享有的税收优惠。因此，尽管有理论的支持，税制改革的进程依旧缓慢。拓宽税基在一定程度上意味着削减政府支出——就原则达成一致很容易，但要落到实处却很难。

---

① Gerald Prante, "Most Americans Don't Itemize on Their Returns," *Tax Foundation Fiscal Fact No.95* (Washington, D.C.: Tax Foundation, July 23, 2007).

税　率

联邦个人所得税的税率是随着所得的增加而逐步提高的。在每一个阶段，适用于边际收入的税率，都要略高于较低一个收入档次上的适用税率。图 9 - 2 所呈现的分别是已婚人士和单身纳税人近来的税率表；图 9 - 3 提供了纳税表的一部分，根据该纳税表，纳税人可以计算出自己的应纳税数额。可能出于对美国大众数学能力弱化的考虑，这张税率表——反映了相关的税率安排——是以应税所得中每 50 美元的增加额来计算的（高收入纳税人需要使用税率表来计算自己的应纳税额。要么他们的数学计算能力较好，要么他们雇用具有良好计算能力的人为他们计算应税数额）。在税率表中，边际税率（应税所得每增加 1 美元所要缴纳税收的百分比）是逐级上升的：15%、25%、28%、33% 和 35%。例如，对于一个应税所得为 85 000 美元的单身纳税人来说，其每部分应税所得的适用税率分别为 15%、25% 和 28%。在应税所得中，他/她的所得中只有一部分可能要适用 28% 的税率，但如果他/她再挣得 100 美元，其税后收益就只有 72 美元了。这种边际税率在经济选择中是至关重要的。他/她所负担的平均税率要远远低于 28%。在逐级税率表（a graduated rate schedule）中，所有的应税所得都应当以最低税率课税，但税率每增长一次，要相应减少一部分税基[1]。

已婚夫妇联合申报	
如果应税所得是：	那么税负是：
$0～17 000	所得的 10%
$17 000～69 000	$1 700＋超过 $17 000 部分的 15%
$69 000～139 350	$9 500＋超过 $69 000 部分的 25%
$139 350～212 300	$27 087.50＋超过 $139 350 部分的 28%
$212 300～379 150	$47 513.50＋超过 $212 300 部分的 33%
$379 150 及以上	$102 574.00＋超过 $379 150 部分的 35%
单身纳税申报者	
如果应税所得是：	那么税负是：
$0～8 500	所得的 10%
$8 500～34 500	$850＋超过 $8 500 部分的 15%
$34 500～83 600	$4 750＋超过 $34 500 部分的 25%
$83 600～174 400	$17 025＋超过 $83 600 部分的 28%
$174 400～379 150	$42 449＋超过 $174 400 部分的 33%
$379 150 及以上	$110 016.50＋超过 $379 150 部分的 35%

图 9 - 2　2011 年联邦税率表

资料来源：Internal Revenue Service. 2011 Form 1040 Instructions. Tax Tables.

---

[1]　在美国税制中，这并不绝对准确，因为税收法典中有一个再捕获系统（a recapture system），从而使高收入纳税人无法享受低税率档次的庇护，这是税制中又一个复杂之处。对于个人豁免也存在一个类似的再捕获系统。

如果第43条（应税所得）是——		而你是——			
最少	但不超过	单身	夫妇联合申报	夫妇分别申报	一家之主
		你应缴纳的税额是——			
83 000					
83 000	83 050	16 881	13 006	17 619	15 524
83 050	83 100	16 894	13 019	17 296	15 536
83 100	83 150	16 906	13 031	17 310	15 549
83 150	83 200	16 919	13 044	17 324	15 561
83 200	83 250	16 931	13 056	17 338	15 574
83 250	83 300	16 944	13 069	17 352	15 586
83 300	83 350	16 956	13 081	17 366	15 599
83 350	83 400	16 969	13 094	17 380	15 611
83 400	83 450	16 981	13 100	17 394	15 624
83 450	83 500	16 994	13 119	17 408	15 636
83 500	83 550	17 006	13 131	17 422	15 649
83 550	83 600	17 019	13 114	17 436	15 661
83 600	83 650	17 032	13 156	17 450	15 674
83 650	83 700	17 046	13 169	17 464	15 686
83 700	83 750	17 060	13 181	17 478	15 699
83 750	83 800	17 074	13 194	17 492	15 711
83 800	83 850	17 088	13 206	17 506	15 724
83 850	83 900	17 102	13 219	17 520	15 736
83 900	83 950	17 116	13 231	17 534	15 749
83 950	84 000	17 130	13 244	17 548	15 761

图9-3 2011年部分联邦税收表

资料来源：Internal Revenue Service，Forms and Publications，*Inst 1040 Tax Table*.

　　与不久前相比较，在目前的税率结构中，税率档次减少了（在1986年税制改革之前有14个税率档次），最高税率也有所降低。需要按照最高边际税率纳税的纳税人所需填写的纳税申报表通常也减少了（尽管在过去10年中，由于高收入纳税人经济实力的增强，这种情况发生了翻天覆地的变化）。

　　个人所得税的最高边际税率在1936—1981年曾经一度超过了70%（在1944—1963年达到了90%甚至更高）。如此之高的税率不仅会对国民经济造成损害，对于税收收入的增加也没有什么益处。例如，一个收入颇丰、适用70%税率档次的纳税人，可能会面对这种抉择："我可以再多干点工作，多挣1 000美元的收入。但其中的700美元要作为税收缴纳给联邦政府（其中有些可能还要缴纳给州和地方所得税），而只会为我自己剩下300美元；与其如此，我不如利用这部分空余时间去看棒球比赛或者去遛狗；或者，我可以雇一个税务顾问，帮我把这新增的1 000美元重新规划一下，这样就不用缴纳这么多的税收了。"但是，这两种选择都无助于国民经济的增长。然而，考虑到留给自己的微薄收入，会有很多人选择这么做。如果一种税制既可以筹集到必要的财政收入、实现理想的累进程度，又不需要过高的边际税率，那么这种税制就太棒了！在税制结构的设计过程中，有必要回顾一下税收楔子是如何产生的。税收楔子，是由于税收所造成的购买者的付款总额（或者是劳动力市场上的雇主）和销售商所收到的货款总额（或者是劳动力市场上的工人）之间的差额。如果边际决策中的税收楔子过高，会造成经济行为的扭曲，纳税人会以合法甚至非法的手段来逃避税收。在最高边际税率超过90％的那段时间，你可以毫无悬念地发现，大部分税收收入适用最高税率档次。那些面临高税率威胁的人们，利用他们对雇主的影响力，寻找无须纳税的获得补偿的途径。

在联邦税制结构中，平均税率（税负除以应税所得）一定会低于边际税率（纳税人的收入每增加1美元，所导致税收收入的增加额）。在这种税制结构中，不会出现一方面纳税人的收入减少而另一方面税后所得却增加的情况。联邦税收在纳税人所得中的份额，是随着纳税人收入的增加而不断上升的，但纳税人的税后绝对所得额是不会下降的①。

但是，纳税人面对的个人所得税的税率，要比图9-2中的分级税率结构更加复杂。第一，如前所述，多数州（和很多地方政府）会在联邦个人所得税经过调整的毛所得、应税所得或者联邦税收本身的基础上，再课征一个补充税率，来作为自己的所得税。尽管州个人所得税的纳税申报表是和联邦个人所得税分开填写的，但每次课税都会使纳税人所负担的税率层层抬高。合并税率（the combined rate）从单一税率表上是不能简单、直接找到的；要得到合并税率，必须把这些税率逐个加总起来，有时还需要考虑联邦税法和州税法课税范围的不同。然而，在个别州，一些地方政府的确将他们的税收依托在州税收上，州和地方税收的税负被统一处理。

每个人的全部所得项目所面临的税率结构并不尽相同，这是导致税率结构比较复杂的第二个原因。包括美国在内的一些国家，其个人所得税实行的是详细的分类税率结构（schedular rate systems），分别对工资、利息和企业盈利等不同的收入适用不同的税率。联邦政府对已经实现的长期资本利得和股息收入课征的是优惠税率，资本利得是资本性资产在取得和出售之间的价值增量。对于通常收入适用税率为25％或更高的纳税人，其上述所得的适用税率为15％，而对于通常收入适用税率更低的纳税人，其上述所得的适用税率为5％②。这种做法是为了鼓励资本性投资，同时防止对个人所得进行双重课税，但这种方案会产生激励问题：它极大地鼓励了纳税人将通常的一般所得变换成被视为资本利得收入的资金流——例如，一些投资管理者会筹划将其管理客户资金而获得的报酬作为资本性收入（适用税率为15％）而不是常规报酬（35％的边际税率）被课税③。

---

① 但是，当加入政府收益计划（government benefit programs）的影响之后，这种结论就不一定成立了。对这个问题的进一步说明，参见：Mary Rowland, "When Working Isn't Worth It," *New York Times*, September 26, 1993, F-15.

② 因为税法只对已经实现的资本性收入课税（比如，当房产已被出售），所以资本性所得税率的变化，对资本利得的套现与收益具有重要影响——随着1986年《税制改革法案》的推出，税率的升高已变成众所周知的事，这时投资人就通过实现大量资本利得来逃避更高的税率。在这种高税率稳定之后，资本性收入的实现程度又会恢复到它们通常的水平。Congressional Budget Office, "Capital Gains Taxes and Federal Revenues," Revenue and Tax Policy Brief, October 9, 2002.

③ 这个争论是关于"附带利息"（carried interest），即私募基金（private equity funds）和秘密基金（hedge funds）的管理者获得的利润份额等所得。尽管管理者们没有用自己的资金进行投资，他们仍然试图取得资本性所得税的补偿，而不是常规收入的税收补偿。在2012年的总统竞选中，有一个事件引起了关注：罗姆尼从他之前就职的公司得到了附带利息收入，他以较低的税率为他的高收入纳税。

这种税制不仅会扭曲对经济资源的使用，还会增加警方对试图利用税收政策在税率上的差异来避税的管理成本。20个百分点的差异，足以使税务咨询专家将收入从一种纳税类型转化为另一。监管者需要对交易活动进行仔细审查。

对不同收入来源使用不同的税率，这显然违背了通常的税收原则，因为这样不仅使税制变得更加复杂，而且扭曲了税制，使税制变得更加不确定、更加不透明。然而，现行税制中对长期资本收益的特殊处理，也得到了出于以下几方面考虑的支持：这样对资本利得课税是不公平的，因为这些课征是名义上的（其中包含了通货膨胀的因素），而不是针对实际的购买力；资本可能会锁定在现有财产中（但被继承人在去世之前，对自己的不动产进行处理时，会让继承人来继承。这样即使不动产出现增值，也不会对资本利得课征个人所得税）[1]；这样课税还可能对储蓄和投资产生抑制作用。

个人所得税的征收并不全都使用分级税率。目前，六个州对个人所得税使用单一税率；一些国家特别是东欧新兴民主国家，同样使用单一税率的所得税[2]。单一税率结构阻止了分级式税率结构可能会产生的一些扭曲或抑制经济活动的情况。如果税收覆盖面足够宽广——换句话说，大部分税收优惠都被取消——那么法定税率就可能下降到足够低，以减少逃税行为的发生。如果冒着被抓的风险逃税是不值得的，就会造成上述效果。在单一的税收体制中，实际税率中的任何累进都是基于其他结构特征（尤其是较大的税收豁免）而产生的，并不是通过法定分级税率产生的。表9-3显示了一般的税收豁免如何将单一的法定税率变成累进的实际税率。事实上，因为税收豁免为低收入家庭提供了更多的税收减免，所以较多的税收豁免促成了累进税率的形成——相对于家庭C（或者家庭B），每人1000美元在家庭A的总收入中占更大的比例。这会对实际税率产生更大的影响。这种对纵向公平的影响，在其他税率结构中也能看到——较多的个人税务豁免，使得累进的分级税制结构更加显著。

表9-3 单一所得税率（10%）和针对三口之家的大额个人豁免（10 000美元）的实际税率影响

家庭	税前所得（美元）	个人豁免总额（美元）	应税所得（美元）	税负（美元）	实际税率（%）
A	40 000	30 000	10 000	1 000	2.5
B	100 000	30 000	70 000	7 000	7.0
C	500 000	30 000	470 000	47 000	9.4

税收抵免

税收抵免，是对应纳税款的一种直接豁免，是促进私人经济活动的一种强有力的机

---

[1] 这就是所谓的"基数递增"（step-up in basis）。为了实现最终课征资本利得税的目的，通过继承得来的资产价值，应为财产在继承时点的价值，而非资产购买时的价值。这样，该资产的价值自购买至继承之间的增值，就逃避了税收系统。这样该项收入就不用二次纳税了，如果不征收房产税，甚至根本就不用纳税。"建设性的实现"（constructive realization）是指在所有者死后对资本性资产进行征税，这就能在追求公平性的过程中，既减少房产税又不产生较大的税收损失。加拿大就采用了这种改革。

[2] 有学者对俄罗斯单一税的执行（取代了分级税率结构）所产生的影响做了详细的分析：Clifford G. Gaddy and William G. Gale, "Demythologizing the Russian Flat Tax," *Tax Notes International* 43 (March 14, 2005): 983—988。这个例子具有重要意义，因为一些美国评论家错误地以这些为证据，认为：用单一税率代替分级税率，有助于刺激经济活动和增加税收收入，但是该书作者在他们仔细的分析中并没有发现这一结论。

制。税收抵免使纳税人的纳税义务减少的数额恰好等于税收抵免的数额；税收抵免减少的直接是应纳税款，而不是税基。税收豁免和税前扣除减少的都是税基，因此它们所造成的减税影响还需要经过税率结构的过滤。所以，一定数额的税收抵免，对于适用于任何税率档次的纳税人来说，减税数额都是一样的；另外，税前扣除和税收豁免对于适用较高税率档次的纳税人来说，所造成的减税影响会更大①。但是，由于税收抵免会直接造成税收收入的减少，因此，与同等的税收扣除和税收豁免相比，所造成的财政收入减少的幅度也更大，从而使税收抵免成为许多政府关注的一个重要问题。

根据一些近来联邦税制中的例子，多年以来，税收抵免政策被广泛用于筹集政治捐款、促进节能设备的安装、资本投资和购买住房等。目前，税收抵免的对象是：有小孩的家庭、一定的大学学费、小孩和被抚养者的照顾费用、老年人和残疾人、某些收养费用。此外，正如专栏 9 - 2 中所描述的那样，联邦税制为收入水平比较低的工人也提供了税收抵免（给予工薪收入的税收抵免）。这项税收抵免被定义为低收入工人收入的一部分，可以极大地减轻纳税人的税收负担。类似地，州个人所得税也使用了税收抵免来资助自己所支持的活动，试图在税收抵免所产生的支持作用和税收抵免所造成的收入损失之间寻求平衡。

专栏 9 - 2　给予工薪收入的税收抵免

联邦政府给予工薪收入的税收抵免（earned income tax credit，EITC），在为贫困家庭提供财政补助的同时，也可以促使社会中的低收入群体努力工作。这项税收抵免不需要经过一些具体的福利机构就可以向人们提供帮助，与其他收入补助项目相比，它之所以会为更多符合条件的人提供帮助，可能是因为它避免了别的项目要具体鉴别受益人的麻烦。在其他福利项目中，受益人收入的增加会减少其从福利项目中得到的收益。而这项税收抵免则避免了这种情况，因而避免了对工作产生的抑制作用。其中的原因很简单，税收抵免这种财政补助形式，是通过个人所得税制提供的，将税收抵免全额发放给符合条件的人。全额返还性（fully refundable）是指，如果纳税人的税收抵免额超过了联邦个人所得税的数额，纳税人将获得其中的差额返还。不是所有抵免项目都是全额返还的，所以这是 EITC 的一项明显优势。

在 1994 年的《总统经济报告》中，经济顾问委员会这样描绘了给予工薪收入税收抵免的运作机理：

给予工薪收入的税收抵免通常被认为是一种负所得税制度（negative income tax）*，但事实上它要复杂得多。给予工薪收入的税收抵免有三种阶段："税收抵免期"（credit range），其运作形式像一份工资补助；"平台期"（a plateau），此时不会产生任何边际效应；"结束期"（a phaseout），随着其收入的增加，前期发放给这些人的税收抵免又会被纳税人以税收的形式交还回来……

税收抵免的规定是在 1993 年通过的，1996 年完全生效。下面我们来举例说明。对于一个有两个孩子或者更多孩子的家庭来说（对于有一个孩子或者没有孩子的家庭来说，税率表就没那么慷慨了），税收抵免的运作原理是这样的：在这个家庭的

---

① 随着纳税人收入的增加，许多联邦税收抵免和其他种类的税收优惠都减少了；约有 20 种将这些税收优惠逐步减少的计算方法。所有这些规定，都以社会福利工程的名义增加了税制的复杂性和不确定性。大多数支持这个条款的国会议员也都支持税收简化。

收入从 0 美元一直增长到 8 425 美元的过程中（这里所有的资金数额所采取的都是 1994 年的物价水平），税收抵免会为工人的工资提供 40％ 的财政补助。因此这个家庭的收入每增加 100 美元，其净所得将为 140 美元。当这个家庭的收入达到 8 425 美元时，税收抵免就达到了最大额，为 3 370 美元。在这个家庭的收入从 8 425 美元增加到 11 000 美元的过程中，税收抵免额会保持不变。然而，当这个家庭的收入超过 11 000 美元之后，其收入每再增加 1 美元，给予的税收抵免额就会下降 21 美分。当这个家庭的收入达到 27 000 美元后，给予的税收抵免额将变为 0。

显然，给予工薪收入的税收抵免在抵免期对工人的工作具有边际激励作用（这一点与负所得税制度不同）；在结束期，对工作具有边际抑制作用；在平台期，对工作的作用是中性的。然而，由于劳动力供给考虑的主要是需要工作与否，而不是要工作多少个小时，因此，这种税收抵免对所有受益人的工作都具有正面的激励作用。

在 2011 财政年度，EITC 提供了 556 亿美元的补助。这个数字与 718 亿美元的食品券计划（现在的 SNAP）、496 亿美元的公共福利计划和 213 亿美元的困难家庭的临时补助（TANF）相比，此三者是财政系统的支出结构中最重要的收入保障项目，TANF 被认为是美国公共福利计划的基石。这些支出的一半以上是支付给贫困线以下的家庭。尽管它并不是通过税收系统而是通过公共补助机构进行运作的，该计划为处于收入底层的家庭提供了一些特别优惠，是保障经济安全网稳定的重要因素。

除联邦的计划外，大约有一半的州都拥有自己的收入税收抵免项目。

* negative income tax，也译作逆所得税、最低收入补贴，是美国联邦政府对低收入者或家庭的一种补助。——译者注

资料来源：Executive Office of the President，Council of Economic Advisers，*Economic Report of the President Transmitted to the Congress February 1994*（Washington，D. C.：U. S. Government Printing Office，1994），51.

实际税率

税率表中的法定税率或者名义税率当然不会是实际税率（effective tax rates）。对个人所得税制度进行分析，要考察的通常是应纳税款和经过调整的毛所得之间的关系。在联邦个人所得税制中，经过调整的毛所得等于净所得。根据黑格-西蒙斯的结论，这是一个更广的度量标准。这里的税率是指实际平均税率。在税收条款的实际运作过程中，会将法定税率大幅降低。这些将法定税率大幅降低的内容包括：从税基中将一部分个人所得减去［例如税收调整、税前扣除、税收豁免和税收排除（exclusions）等］和豁免一部分应纳税款（如税收抵免）。这些内容可以被看成税收漏洞，也可以被看作纠正不公平现象或者促进社会发展的税收政策。

很多纳税人不缴纳个人所得税是联邦所得税的一个细微特征。表 9-2 中 2007 年的数据显示低收入的前 10％ 的家庭（占人口总数的 46％）不用缴纳联邦个人所得税；他们的税收负担以及实际税率是负的。确实，一般来说，这些家庭是要得到政府补助而不是要纳税的；税前扣除、税收豁免、税收调整这些政策可以减少他们的税负；可退还的税收抵免使得他们的净税负为负。这些人不向联邦政府缴纳所得税，相反，政府还要给予补助。这意味着有 46％ 的美国家庭不是纳税人，而是税收抵免的受益者。一般来说，

他们从联邦政府得到一定的支付，而不用承担所得税的负担。在他们中间，有一半人不纳税是因为他们的收入低于税法规定的基本收入水平，另一半人不纳税是因为他们利用了税法准则中的特殊条款消除了他们的税务负担，甚至还能从政府得到净收入①。真的有超过 40％的美国人的收入如此之低，以至于不能承担由政府提供的一般公共服务的成本吗？如果是这样，我们可不可以得出这样的结论，美国政府过于庞大，以至于公众无法承担？美国是一个很贫穷的国家？或者是一些美国人从其他人身上享受"搭便车"？当我们关注表 9 - 2 所显示的收入分配中个人所得税的支付集中度时（61％的个人所得税款来自前 5％的纳税人，而 39.5％的税款来自前 1％的纳税人），我们可以明显地看到，收入体制仅依靠一小部分的纳税人。当然，高收入者确实做得很好，这也是支付集中度的一个基本原因——但是，让公共服务的支付款如此集中、很多人没有税务负担，就是一个很好的民主决策吗？当公民意识到自己不用承担额外联邦支出的成本时，他们还会有责任心吗？

指数化

当税制结构中有许多向上爬升的税率档次时，例如 1986 年《税制改革法案》之前的美国联邦税制，在通货膨胀期间就发生了所谓的"档次爬升"（bracket creep）现象。假设一个家庭经过调整的毛所得为 28 000 美元，其应当缴纳的税款为 3 300 美元，适用的边际税率档次则为 15％。如果在两年之后，这个家庭的收入增长到 33 600 美元（增长了20％），但是与此同时，生活费用也增长了 20％，那么这个家庭的实际生活水平并没有发生变化。但是，尽管这个家庭的生活水平并没有出现真正的变化，但它必须就更多的所得纳税，这部分所得所适用的税率档次也会更高。因此，这个家庭现在应当缴纳的税款为 4 300 美元。也就是说，由于税率档次是逐渐上升的，其纳税义务的增长幅度也要超过20％。当然，在通货膨胀之后，个人豁免和标准扣除的实际价值也出现了下降。

在历史上，这种分级的税率结构有利于经济的稳定，即在通货膨胀时期，这种税制会加快税收的课征，抑止宏观经济的扩张；在经济萧条时期，会放慢税收的课征，这样，不需要经过立法行动就可以刺激宏观经济的发展。在 20 世纪 80 年代，美国经济处于长期扩张时期，政府没有提高宏观税率就筹集到了大量的财政收入，就是通过实际因素和通货膨胀所造成的经济增长，将纳税人归入更高的税率档次之中所造成的。联邦和州政府都十分乐意见到不提高任何法定税率就能产生税收收入的增长。

在 20 世纪 80 年代高通货膨胀率时期之后，政府为解决这个问题采取了行动，通过将所得税的几个关键要素指数化，防止进一步的"档次爬升"。这种通过公式运行的调整改变了个人豁免、标准扣除和税率档次的起征点，使之后出现的任何通货膨胀对纳税人都不至于造成严重影响。1985 年之后，联邦税制进行了指数化改革，许多州也引进了这套制度，这种方法是为了防止隐形税收（stealth tax）的增加。

税额计算

对于个人所得税的含义，通过考察个人所得税的运行过程可以获得最好的理解。表

---

① Rachel Johnson, James Nunns, Jeffrey Rohaly, Eric Toder, and Roberton Williams, "Why Some Tax Units Pay No Income Tax," Tax Policy Center, Urban Institute and Brookings Institution, July 2011.

9-4对这种运作原理进行了说明。这张表将联邦所得税的基本原理运用于说明税收扣除和税收豁免以及对平均税率、边际税率和实际平均税率的计算。这个原理解释了形成税负的每个条款是如何运作的，以及税收优惠又是如何在税收系统中影响税负和实际税率的。全额返还的税收抵免最具影响力，紧随其后的是税收抵免、所得税减免项目（tax exclusions）、税收豁免、税收调整和税收扣除。

表9-4 所得税计算一例

格罗斯（Gross）夫妇有一个孩子需要抚养。他们的总收入为200 000美元，全部来自工资和薪金。他们另外有7 500美元的公司红利收入，但这部分收入不用缴纳联邦所得税。他们拥有20 000美元的学生贷款利息的调整额、教育支出和个人退休账户支付，所以以他们经过调整的毛所得为180 000美元（200 000美元减去20 000美元）。他们的项目扣除额为15 000美元（财产税、州所得税和房屋贷款利息）。由于这个数额超过了适用于他们的标准扣除额（11 600美元），因此，在纳税申报时他们使用了项目扣除。每个人的个人税收豁免额是3 700美元，一共11 100美元。格罗斯夫人的雇主为他们代扣代缴的税款为32 000美元，并缴纳给了联邦政府。他们进行了联合申报。

计算应税所得：
经过调整的毛所得额＝180 000美元
● 减去项目扣除额（15 000美元）
● 减去个人扣除额（11 100美元）
● 应税所得＝153 900美元

计算税负额：
根据已婚夫妇联合申报的纳税表（图9-2）：
● 对于在139 350美元到212 300美元之间的所得，课征的税为27 087.50美元＋超过139 350美元或27 087.50部分的28%的适用税率＋0.28＊（153 900美元－139 350美元）＝总税额31 161.50美元
● 税收返还额（代扣代缴税款减去税务负担）：32 000美元－31 161.50美元＝需要返还838.50美元
一些重要的税收指标：
平均税率＝应纳税额/应税所得＝31 161.50美元÷153 900美元＝20.25%
实际平均税率＝应纳税额/经过调整的毛所得＝31 161.50美元÷（200 000美元＋7 500美元）＝15.02%
边际税率＝税额变化额/应税所得额的变化＝28%（从税率档次中）

但是，对特定的纳税人而言，这种计算并不包括所有的纳税内容。如果他们的收入超过一个特定门槛，他们必须计算一项可选择最低税收，这就意味着他们必须缴纳额外的税收。专栏9-3描述了可选择最低税收，这是一项隐蔽的联邦税收项目，所有政党和政府部门都想废除它，却无从做起。

刚刚演示的计算方法看起来似乎非常合理明了，那么，使税制系统变得非常复杂的地方到底在哪里呢？收集可减免支出的信息，以及确保所有收入都被申报的要求，都已经被注意到了，但那只是冰山一角。为了减轻教育支出的纳税负担，税收法典里涉及非常多的各不相同的特定优惠政策，但它们提供的益处因人而异，使用其中一条优惠政策可能使获取其他大学财务补助的可得性变得更为复杂。税收优惠隶属于逐渐废除条款，这些条款不仅使税额的计算变得复杂并且会改变纳税人的行为。确定何种情况下父母可以将一个孩子明确为被抚养人，存在许多复杂的规则，这取决于他们的物质状况以及收入情况。对于孩子的非劳动收入纳税，有一些特殊的规定，以此防止父母将他们的投资收入转移给孩子，从而利用孩子享受较低的边际税率［有时称为"儿童税"（kiddy tax）］。税制中有非常多复杂的规定和指导性条款，比如给予工薪收入的税收抵免，这

是一项为受教育程度较低的低收入纳税人所设的项目。收入的类型（例如，薪酬利息对比资本所得和股息）决定了使用什么税率结构，而收入的种类又是由复杂的规则定义的。由于这个复杂性，很多美国人履行纳税义务的时候，自己撒手不管，而是雇用其他人去完成。总之，税制本身的复杂性与所需缴纳的税款一样，是个大负担，这一点不值得奇怪。遗憾的是，简化税制结构与这样一个事实产生冲突：这个复杂性是由于对一些纳税人实施税收优惠（更低的税收）而产生的，为了享受税收优惠，这些纳税人接受了税制的复杂性。

专栏 9-3　可选择最低税收

美国有两套税制。常规税制包含标准的个人所得税和公司所得税；此外还有一个独立的税制，就是可选择最低税收（alternative minimum tax，AMT）制度。这种税制是为了防止有巨额收入的公司和个人利用税法中的税收优惠来逃避重大的税收义务。可选择最低税收制度要求纳税人计算两项截然不同的税收义务，一项根据常规税制，一项根据可选择最低税收制度。它被形容为"税制中最无意义的复杂性的最好范本"*，这确实是一项很高的"荣誉"。

1969 年，财政部秘书长乔·巴尔（Joe Barr）在做报告时公布了一则消息，在 1969 年这一年，155 位年收入超过 200 000 美元的个人没有支付联邦所得税。其中 20% 的人是百万富翁。尽管这些纳税人中没有任何人从事非法交易和逃税行为，他们只是利用了税收优惠，这些优惠还是国会曾经采用的措施，用来鼓励特定的经济行为，或者为了减少税制中显而易见的不公平，这一消息引发轰动。国会通过了可选择最低税收制度，以此来确保本来不缴纳任何税收的高收入群体，至少要交点什么。第一个通过的法案是最低税收（a minimum tax），这项法案在 20 世纪 70 年代后期被修改为现行的可选择最低税收制度。

计算纳税个人的可选择最低税收的过程如下：

（1）纳税人根据常规税法计算税负。

（2）纳税人计算其可选择最低税收的税负。这种计算需要对根据常规税制计算出的应税所得进行调整，即加上最多的优惠（个人豁免和一些扣除），减去可选择最低税收的一些特别豁免（高收入者不享受个人豁免）。可选择最低税收的计算，使用的是一套简单的税率结构（只有两种税率：26% 和 28%）。

（3）可选择最低税收的税额等于可选择最低税的计算结果超过常规所得税的差额。

可选择最低税收本身比常规所得税更简单：它的税收优惠和税率结构的档次都相对较少。复杂性来自纳税人必须要做两套计算：常规所得税和可选择最低税收。此外，纳税人无法提前知晓自己归属于哪一套税制。

可选择最低税收的初衷是覆盖高收入纳税群体，但在现实中却捕获了中等收入纳税人。其中的原因很简单：常规所得税是随着通货膨胀而进行指数化变化的，而可选择最低税收却不是这样，而且，近来的减税活动大幅降低了许多纳税人的常规所得税。通货膨胀带来了更高的收入，常规所得税将其规定调整得更高，以使那些单纯因通货膨胀而增加的收入保持原有税负不变，但基于物价和收入水平的可选择最低收入是门槛值，仍保持在 20 世纪 60 年代晚期的水平。因此，越来越多的人发现他们的收入状态被适用于可选择最低税收。这些人同样没有做任何税收欺骗的事。

什么样的避税行为导致人们变为可选择最低税收的牺牲品？最可能承担可选择最

低税收税负的人是以下这些人：支付高额的州和地方财产税、所得税，家庭成员较多，享受较多杂项扣除，公司运营损失较大。让这些人承担额外的所得税税负，这实在令人难以相信，但现行税法就是这么做的。而且，承担最低税收负担的人还在持续增长：1970 年该税有 2 万纳税人，到 2009 纳税年已经适用于将近 800 万纳税人了。

那么，国会为何不废止可选择最低税收制度？坦率地说，它很难承受得起。2009 年，可选择最低税收的收入为 220 亿美元。当立法者不愿意通过任何产生额外收入的条款时，就这一总量问题做出调整，将是极其困难的。除非实施改革，可选择最低税收能筹集的收入仍会随时间持续增加。此外，可选择最低税收还可以保护国会和总统，使他们不至于暴露自己在财政上采取的不可持续的行为：当新的减税措施得以通过，可选择最低税收就会发挥作用，从而弥补税收上的损失，减税所减少的税收又由可选择最低税收重新获得。

批评家们指出，这种税制增加了纳税人税收遵从的负担，加大了国内收入署的管理成本，将税负在纳税人之间进行再分配，这使纳税人不能充分享用国会提供的合法的税收优惠。这种税收计划最糟糕的地方在于，对于大量的纳税人来说，它需要计算两次税收义务，却并没有增加政府的税收收入。相似的观点也适用于针对公司的可选择最低税收。而可选择最低税收制度改革的最大障碍是：取消该制度后，减少的财政收入如何弥补？

一些观察员给出了一条出路。可选择最低税收本身比个人所得税简单。为什么不废除常规所得税，并且将可选择最低税收改名为所得税呢？这将会使纳税人做更少的计算，保留更少的记录，并且使他们减少对昂贵的税务咨询的需要，以换取稍高的法定税率。换句话说，如果你不能屠杀巨龙，为什么不把它变成家畜？

* Leonard E. Burman, William G. Gale, Gregory Leiserson, and Jeffrey Rohaly, "Options to Fix the AMT," Tax Policy Center, January 19, 2007, 54.

9.4 个人所得税缺口

存在一个联邦个人所得税的遵从问题。该税制依赖于纳税人的自愿遵从以产生收入，但出于各种原因，并不是所有纳税人都支付自己所欠的税款。国内收入署试图处理未征收税款而且也取得了相当大的成功，但据估计，总体上未遵从税收的比例占了 18% 左右。这些钱是应纳税中未征得的部分，将税负从不纳税的人群完全转移到诚实纳税人身上。

为了取得成功，更重要的是为了确认它应该将稽查资源分配于哪些地方，国内收入署努力确认不遵从行为的来源，其主要工具是国家调查项目（the National Research Program），这是一个为了确认误报行为的类型和规模的调查审计项目，这个任务非常困难，那些不全部缴纳应纳税额的纳税人，不会那么容易让国内收入署得知他们的情况。表 9-5 对该调查的结果进行了总结，表明这一税收遵从系统是如何在不同种类的所得间运行的。

表 9 - 5　　　　　　　　**2001 税收年度联邦个人所得税未申报部分的估计**

收入或抵消的类型	税收缺口（十亿美元）	净误报率（%）
未申报的总缺口	197	18
未申报的收入额	166	11
非业务性收入	56	4
工资、薪金、小费	10	1
利息收入	2	4
债券收入	1	4
州所得税返还	1	12
生活费收入	7	<0.5
养老金和年金	4	4
失业补助	11	<0.5
社会保障收入	1	6
资本利得	11	12
4797 项目所得	3	64
其他收入	23	64
业务收入	109	43
非农场主收入	68	57
农场收入	6	72
租金和版税	6	51
合伙、合营、房产和信托	13	18
过度申报对收入的抵消	15	4
调整	23	2.01
扣除	14	5
豁免	4	5
税收抵免	17	26

资料来源：国内收入署的国家调查项目。

　　从这些数据中可以得到三个重要的结论。第一，代收代缴制度确实非常有效率。实行代收代缴的所得中，只有1%没有被上报。对雇主实施税收义务比对雇员容易得多；需要应付的雇主人数较少，他们充当了政府与雇员之间的桥梁，所以雇主大概是市场交易中比较中立的第三方。很多人在一年间都存在代扣代缴（tax overwithheld），这类似于一个强制储蓄计划，所以他们向政府申请税收返还，而不是拿自己的现金去支付。这是一个好的激励。

　　第二，第三方申报制度有助于鼓励税收遵从。金融机构和股利支付公司必须向国内收入署申报他们向纳税人支付的利息和股息数额（1099 申报系统），所以国内收入署可以知晓支付的金额。在特定情况下，支付者在申报支付金额的同时，可能会被要求扣缴那部分税收。所以，这项支付难以被隐藏，因而有助于鼓励纳税人申报和缴纳其应纳税款。这些收入种类中的遵从率，不如薪金和工资的遵从率那么高，但误报率目前仍然非常低。

　　第三，纯粹自愿的遵从情况并不理想。当纳税人的收入既不归入代收代缴制度，又不依赖于第三方申报制度时，误报率就会急速上升。这在所有形式的营业收入中都十分常见——特别是农场与非农场业主和出租业主，还有合伙制企业、与合伙制企业同样纳税的公司、房地产业和信托业。这些收入的真实情况只有纳税人自己知道，而它们是否被如实申报也只有纳税人自己知道，除非国内收入署进行核查。然而，国内收入署缺乏进行广泛核查的资源和能力。国家调查项目的结果，使国内收入署认为，的确需要对这种收入形式进行特别的审查。

因为所得税制要求纳税人保留纳税记录、计算应税所得、填写纳税申报表，国内收入署确实需要证实纳税人是否诚实纳税，是否真正履行税收遵从而不是欺骗。表9-6显示了2009年度受到国内收入署审查（审计）的纳税申报表的比例。总体上，不到1%的申报表受到了审计。除非你的收入很高或者你运营了一家企业或者获得了一项税收抵免，否则，你的申报表受到审计的概率是非常小的。即使你的申报表被纳入一个高审计率的类别，被审计的概率还是相当小。大公司更容易被国内收入署盯上，而规模最大的那些公司是必定会被审计的。然而，在进行适当比例的审计时，如果国内收入署想要充分监督所得税制的运行，那么它显然需要十分明智地分配其审计资源。

表9-6　　　国内收入署对不同收入类型的审计覆盖范围（2009年填写的申报表）

	申报的收益	被审计的收益	覆盖比例
美国应税收入总和：	187 124 450	1 735 083	0.9
个人所得总额	142 823 105	1 581 394	1.1
包括TPI的收入少于200 000美元：			
没有盈利的非业务收入			
税收抵免：			
C、E、F表或者2106表格不显示的	80 254 935	363 424	0.5
E表或者2106表格显示的	16 053 553	190 746	1.2
没有税收抵免的业务收入：			
非农的业务收入（TGR下的）：			
小于25 000美元	10 736 434	132 584	1.2
25 000～100 000美元	3 136 694	79 389	2.5
100 000～200 000美元	893 707	42 403	4.7
大于等于200 000美元	705 877	23 569	3.3
农场收入	1 367 656	4 921	0.4
拥有税收抵免的业务和非业务收入（TGR下的）：			
小于25 000美元	22 910 578	556 809	2.4
大于等于25 000美元	1 591 972	28 393	1.8
包括TPI的收入在200 000美元到1 000 000美元之间的：			
非业务收入	3 109 116	78 859	2.5
业务收入	1 432 541	41 622	2.9
包括TPI的收入高于1 000 000美元	388 763	32 494	8.4
国际性收入	242 279	6 181	2.6
公司所得税收入，除了表1120-S，总额	2 143 808	29 803	1.4
除了表1120-C和1120-F之外的收入：			
小公司	2 041 474	19 127	0.9
无资产负债表的收入	453 583	2 016	0.4

续前表

	申报的收益	被审计的收益	覆盖比例
资产负债表的收入（根据总资产规模）：			
少于 250 000 美元	1 031 229	8 423	0.8
250 000～1 000 000 美元	351 196	4 783	1.4
1 000 000～5 000 000 美元	175 221	3 011	1.7
5 000 000～10 000 000 美元	30 245	894	3.0
大公司	61 570	10 207	16.6
资产负债表的收入（根据总资产规模）：			
10 000 000～50 000 000 美元	32 107	4 307	13.4
50 000 000～100 000 000 美元	7 756	1 259	16.2
100 000 000～250 000 000 美元	8 094	1 191	14.7
250 000 000～500 000 000 美元	4 688	754	16.1
500 000 000～1 000 000 000 美元	3 396	615	18.1
1 000 000 000～5 000 000 000 美元	3 943	1 127	28.6
5 000 000 000～20 000 000 000 美元	1 139	516	45.3
大于等于 20 000 000 000 美元	447	438	98.0
房产税收入：			
总额	42 366	4 288	10.1
房产总规模：			
少于 5 000 000 美元	33 803	2 206	6.5
5 000 000～10 000 000 美元	5 550	1 154	20.8
大于等于 10 000 000 美元	3 013	928	30.8
消费税收入	783 926	18 249	2.3

注：2106 表格用于报告雇员商业支出. TGR，总收入；TPI，纳税人的主动性收入。

资料来源：国内收入署，*Data Book 2010*（Washington，D. C.：Internal Revenue Service，2011）.

9.5 公司所得税

公司净所得税对公司制企业的净收益课税，其依据是，公司法人（the legal persons）所创建的经济实体的税负，要与该企业的所有者（股东）区分开来的原则①。公司所得税的课征对象，是根据会计系统和税法所定义的公司总利润，其中既包括公司的留存收益，也包括由公司支付给股东的红利。在公司所得税制中，没有个人所得税制中的个人豁免和扣除项目，但允许公司将慈善性捐款（以鼓励企业进行社会捐赠）和必需的一般运营成本扣除，包括资本支出折旧。由于个人所得税的税基中包含股息收入，因此会对股息课征个人所得税和公司所得税两道税收。这就意味着，美国税制将公司和公

---

① 商业收入（business income）与公司收入（corporate income）是两个不同的概念。许多企业，包括许多高盈利的企业，在法律上都不是以公司的形式组织起来的。这些另外形式的企业，比如独资企业和合伙制企业，通过个人所得税制结构缴纳税收。而且，一些特定的公司，由于其组织形式，也被当作合伙制企业来课征税收。所有这些都属于"流经"的实体：它们不是以一个企业的立场来纳税，而是以流向企业所有者的个人收入来纳税。正如所预料的那样，这些经济实体是创办企业的一种流行趋势。

司投资者视作两种不同的主体来看待。与公司的留存利润（retained profits）不同，现行税制会对公司的已分配利润进行再次课税。这对资本性收入造成了一项额外负担，也是对普通商业形式（ordinary corporate form）的公司组织的一种歧视。这导致普通商业形式公司的数量大幅减少。1978 年，普通商业形式公司的纳税数额在所有商业税收收入中占了 12.5%，而到了 2009 年，该比例下降到 5.4%。——这些年中，普通商业形式公司的数量并未发生明显变化，而企业总量却增加了 2 倍。在相同时期，多人合伙企业（multiple-owner business）（税法对其作为企业实体的所得不课征税收，只在个人层面征税）的数量增加了 3 倍以上①。

对于超过 1 830 万美元的公司所得，适用的联邦公司所得税的税率为 35%。较低的税率（以 15% 开始征收）是给予小企业的一种优惠，并且还有一个 38% 的"泡沫税率"（bubble rate）用来追回高利润的公司从较低级次税率中所获得的好处，但是大多数公司应税所得是按照最高税率课税的。尽管由于对公司提供的税前扣除和税收抵免，实际的公司所得税率要远低于 35%，但是这依旧是世界上最高的法定税率——这对美国的经济发展没有帮助。减少那些特定的会导致经济扭曲的利益倾斜，就可以在不牺牲公司应税收入的基础上，形成较低的法定税率。

公司所得税的税基是公司的利润——公司所得税的税收额低于公司运营成本。尽管在运营成本的税收减免方面存在一些问题，例如，NFL 体育场所租赁的天空盒到底是一项普通且必要的业务花费因而可以被抵扣，还是应将其当作一项企业利润的使用呢？但真正棘手的问题来自，恰当估算所购买的资本性资产的成本问题，这些在前面的章节中已讨论过，但这次是公司购买而非政府购买。在确定企业特定年份的应税利润的过程中，需要使用一些公式，来将这些企业所有使用寿命比较长的资本性设备和基础设施的购买价格（通常以一年中的一大笔价格出现），转化成每个年度的成本。基础设施的购买支出是制造产品成本的一部分，但在购买基础设施时所形成的一大笔成本中，有多少应当在某一特定年份中进行分摊呢？

固定资产理想的折旧时间表应当能够"真正反映固定资产在不同时期中的实际经济折旧情况"②。在固定资产折旧的过程中，要将相当于固定资产买价的部分从公司利润中扣除掉。由于在管理上没有一种可行的方法可以反映出每项资产的实际折旧情况，因此，在税收制度中，为固定资产制定了统一的折旧方法，规定了一般种类固定资产的使用寿命，并根据这个使用寿命来计算固定资产买价的弥补速度。可以采用的折旧方法有很多种，但其中最常用的是**直线法**（straight line）。根据这种方法，在固定资产使用寿命中的每年里，折旧成本的数额都保持相同。因此，如果一项固定资产的预计使用寿命为 10 年，每年就可扣除其成本的 10%。此外，还有固定资产的加速折旧（accelerated depreciation）方法。也就是说，在固定资产的使用寿命中，前期年度折旧扣除的数额会比较大，后期年度折旧扣除的数额会比较小。折旧速度最快的方法是将购买机器的成本计为费用支出，即所有的购买成本在购买的当年就可以全部扣除。加速折旧通常被作为增加资本投资，从而促进经济增长的一种政策措施。但是，折旧方法的选择，以及什么

---

① Staff of Joint Committee on Taxation, "Tax Reform: Selected Federal Tax Issues Relating to Small Business and Choice of Entity," Scheduled for a Public Hearing before the Senate Committee on Finance on June 5, 2008 (JCX-48-08); and *Statistics of Income Bulletin*.

② Dale Chua, "Depreciation Schedules," in *Tax Policy Handbook*, ed. Parthasarathi Shome (Washington, D. C.: International Monetary Fund, 1995), 136.

可以被当作普通和必要的业务费用考虑，对于应税利润的确定都是至关重要的。为了刺激经济活动，大多数的机器和设备可以在购买时就被当作费用进行折旧。

还有另一个问题：假定你为一所非营利机构工作，这里对公司所得税的讨论似乎与此并不相关。但是，等一等。仅仅因为经济实体的组织方式不同，就使它比其他提供相同服务的经济实体拥有税收优势，这显然有失公平也是潜在低效率的（例如，所有权V.S. 非营利）。因此，在美国实行了不相关业务所得税（unrelated business income tax，UBIT），其税收内容如专栏9-4所示。

专栏9-4　不相关业务所得税

非营利机构非常享受与联邦税制的一种特殊关系：它们的所得是排除在纳税范围之外的。它们不必为获得的任何收入缴纳税收，而同样的收入如果由另一种经济实体获得，就必须缴税。它们大多向国内收入署提交信息表格990*。

然而，如果非营利机构的收入是来自与税法规定的免税范围不相关的活动，那么这部分特定收入可能会被归入不相关业务所得税。1954年通过的这部税法，目的在于确保非营利机构在同样的商业领域中，不具备相比于私人公司的不平等的优势。当私人企业和非营利机构碰巧经营同一项业务时，它可以创造一个"公平竞争环境"。那么，女童子军（Girl Scouts）卖饼干的收入是不是要缴所得税？地方红十字会的年度书籍的销售需要纳税吗？博物馆会因为博物馆商店的销售利润而被要求纳税吗？非营利医院是否就其经营利润缴纳所得税？受虐妇女收容所是否要因其销售食物和提供住宿而缴纳所得税？许多关于这方面的税收问题，答案是：这要视情况而定。

首先，非营利机构必须具备两个条件。第一是"非分配性"（nondistribution），即该机构的"所有收益"都不得分配给任何个人或者股东。第二，该机构不得参与任何游说活动或政治活动。但这样一个机构能获得什么收入呢？如果该机构的收入与该机构的使命相关，那就不是个问题，否则，这部分收入就无法免于纳税。

无法免税的情况有以下三种：

（1）活动以交易或者商业的名义进行，通常指为了通过销售商品或者服务而获得收入的活动。

（2）活动定期举行，这意味着活动是频繁且持续举行的，并可与非免税经济实体举办的商业性活动相比较。例如，由红十字会举办的中秋节冰激凌摊，就会不同于由一个经济实体用同一个场所作为其办公室而举办的冰激凌摊会。

（3）活动与该机构使命毫不相关，这意味着这个活动对完成机构使命没有任何贡献。如果该活动的举办规模远远大于免税使命所应该有的合理范围，那它可能会被纳入征税范围。

如果商业活动产生的收入被该组织用于税收豁免，就会被界定为不相关业务。

即使符合以上三个情况，但是也有例外。如果该机构的收入来自志愿者劳动或者红利、利息、租金和一些资本性收入，那么同样可以免税。

任何应税所得应该按照普通公司所得税率征税。不相关的、产生利润的活动是被允许的，但如果过于消耗非营利组织的注意力，税务当局可能会得出结论认为，该组织已放弃其豁免目的，并撤销其豁免地位。2008纳税年度，不相关业务所得税的纳税申报共计42 066份，缴纳了33 660万美元的税款。那一年，个人和公司所得税超过了1.45万亿美元**。

州所得税制通常遵循联邦税制的标准。但是，一些州税制在决定非营利机构的销售或财产所得是否拥有税收豁免权时，可能使用与通常标准不同的规定。

国内收入署提供了这方面的指导和说明，出自《国内收入署刊》第 598 页："对豁免机构的不相关业务所得的税收。"报告在国内收入署表格 990-T 上。

* 表格 990（Form 990）是美国国内收入署的一份表格，向公众提供有关非营利组织的财务信息。官方也称之为"免除所得税组织退税"，它通常是此类财务信息的唯一来源，政府组织也用其来防止滥用免税规则。——译者注

** Jael Jackson, "Unrelated Business Income Tax Returns, 2008" *SOI Bulletin* 31（Winter 2012）：131-155; and Office of Management and Budget, *Budget of the Government of the United States, Fiscal Year* 2013, *Historical Tables*（Washington, D. C.：U. S. Government Printing Office, 2012）.

在政府间划分利润基础

对于在很多国家都有经营场所的跨国企业（international businesses）的利润课税来说，同样重要的是，该企业设在一个国家的子公司向设在另一个国家的子公司销售原材料、服务和存货的价格问题。如果这种价格过高，设在美国子公司的利润就会被低估，从而导致在美国缴纳的公司所得税过低。这个利润将会出现在其他国家。跨国公司经常被指控利用内部定价将公司的高额利润转移到公司所得税税率比较低的国家。因此，**转让定价规则**（transfer-pricing rules，规定了什么样的企业内部价格是被允许的）对于企业纳税义务的确定至关重要。如果转让定价是高的，货物开始流转的子公司的利润会增加；如果转让定价是低的，货物停止流转的子公司的利润会增加。利润最后都由拥有这些子公司的母公司所得，但是对全部利润缴纳的税款会根据转让价格的不同而不同——一部分是向来源国缴税，一部分是向目的国缴税。有证据表明，跨国公司确实试图将其利润中更多的部分在公司所得税税率较低的地方申报①。

利润分配的公平原则认为，转让价格应该接近于非关联企业的交易价格，但是这个价格是不容易建立的。跨国企业中所流行的一种方法是**预约定价机制**（advance pricing agreement），是让税务机关和公司共同制定一个价格，公司将使用这个价格来计算利润。这在一定程度上避免了稽查机关不同意该方法，并因此进行罚款和其他处罚的风险。但是，这样的一个协议太费时间，并且还会使得这个体系在运用过程中过于具有个人化的色彩。

在美国的州政府中，存在一个相当大的问题：只有密歇根州、内华达州、南达科他州、得克萨斯州、华盛顿州和怀俄明州未曾在总体上模仿联邦公司所得税，但这些州的税收中确实产生了一些特殊的问题。其中，较复杂的问题是许多企业的业务范围通常都不限于一个州（也不限于一个国家）。那么，哪个州对企业的哪种收益征税呢？企业的有些所得可以清楚地被界定出来自哪一项财产或者哪一项其他形式的资产，但是，企业的

① 当一家美国公司遭其控制之下的外国子公司的收入，它必须支付一项税收，该税收等同于美国公司所得税率与外国公司所得税率之间的差额。在 2005 年，2004 年通过的《美国创造工作法案》创造了一个假期，在此期间遭返回国的利润的适用税率仅为 5.25%。与预料中一样，由于多数企业利用了这个一次性窗口，2005 年联邦公司所得税的收入大幅增加。更多关于公司利用转让价格来避税的证据，参见：Eric J. Bartelsman and Roel M. W. J. Beetsma, "Why Pay More? Corporate Tax Avoidance through Transfer Pricing in OECD Countries," *Journal of Public Economics* 87 (2003)：2225-2252. 更高的公司所得税会导致申报利润从本国逃离，但公司运营却不会逃离。

多数所得是不能这样来确定的。例如，一家企业可能在 45 个州设有零售店，在 9 个州设有仓库，在 2 个州设有加工厂。那么，这家企业的利润应当如何在各州进行课税呢？

为了解决这一问题，每个实行公司所得税的州都制定了自己对跨州企业所得进行**分配**（apportionment）的公式，以确定在跨州企业的利润总额中，应当有多大份额需要在本州课税。每个州都会对企业在本州的财产、工资和销售总额等 3 个与企业相关的因素中的份额进行估计。（当然由于要向这个州纳税，企业至少要表现出哪怕是最少的商业活动，以体现与该州确实是有关联的。）一个方法是三因素法，该方法中各因素的权重相同。因此，如果一家企业有 50% 的财产、25% 的工资和 60% 的销售都发生在一个州，那么该州就可以对这家企业总利润的 45%[(50%＋25%＋60%)/3] 在本州课征公司所得税[①]。在其他州中，虽然适用的还是相同的三个因素，但可能却给予了销售量因素两倍的权重。此外，还有一些州可能在公式中仅使用销售量因素[②]。许多州正向更加强调销售税（而非财产税或薪给税）的计算公式倾斜，试图为在其边界内拥有生产设备的公司提供支持（拥有生产设备意味着拥有产权和雇员，但是如果分摊计算公式里没有这些因素，那么这些收益也不用作为利润分配向州纳税）。换句话说，州的意图在于，通过将要素从那些反应经济活动的起始点（薪给税和财产税）转移到反应经济活动的终点（销售税），以提高自身的经济竞争地位。州将这种向销售因素倾斜的变化看作为经济发展所做努力的一部分[③]。当然，放之四海而皆准的计算公式是不存在的，但是在一个州内拥有生产设备一定会需要这个州为企业提供服务。这是计算公式中非销售因素的逻辑。由于许多州都缺乏足够的审计人员来对所有公司的计算方法进行审计，因此，这些州只得接受许多公司各自的计算方法。由于这些利润分配中的问题，地方所得税收的贯彻和实行极为困难[④]。

与个人所得税的合并

一个主要问题就是，公司所得税的结构和运行是否会减少公司股东的实际收入、提高公司产品的价格、降低公司所使用的劳动力和其他资源的实际收入水平。在这方面，既缺乏理论上的证明，也缺乏实践中的证据[⑤]。这种不确定性令人十分讨厌。由于公司

① 这个三因素法通常被称为马萨诸塞公式，尽管马萨诸塞州已不再使用它了。

② 在一个涉及穆尔曼（Moorman）制造公司的案件中，美国最高法院支持了艾奥瓦州只使用销售指标的计算方法。参见："New Flexibility on Business Tax Granted State," *Wall Street Journal*, June 16, 1978. 问题在于，由于州使用一系列包括不同权重因素的公式，一家跨州企业可能会发现它所支付的州公司所得税比它的总利润还多。而另一些较幸运的企业就不会遭受这样的待遇。公司确实面临不公平的州待遇。

③ Austan Goolsbee and Edward L. Maydew, "Coveting Thy Neighbor's Manufacturing：The Dilemma of State Income Apportionment," *Journal of Public Economics* 75 (2000)：125–143. 衡量了一个州中在制造业雇佣方面的分配因素的影响。

④ 公司有另一方法来最小化州所得税。它们在一个低税或者免税的地区建立一家公司，该公司拥有旗下各类商业行为的商标权，然后对商标权收取使用费。这一商标使用费足够高，占这项计划的大部分甚至是全部利润，从而消除需要缴税地区的利润，并在几乎不需要缴税的地区才体现出利润。这个方法有利于公司，但是对州政府是不利的。另外一个例子：沃尔玛商场的财产由沃尔玛房地产投资信托单独所有，它位于一个不对租赁收入征税的州内（比如特拉华州）。沃尔玛为商场的地产支付租金，减少了它的应税收益，这一过程出现在特拉华州，而其他州也不能对此征税。Jesse Drucker, "Wal-Mart Cuts Taxes by Paying Rent to Itself," *Wall Street Journal*, February 1, 2007, A-1. 其他公司也这样做，州政府反对这种做法，认为这是虚假交易。

⑤ 大多数分析家认为，税负应该分配给资本家、公司的所有者或者是公司的雇员（相对于资本家，雇员的流动性较弱，因此更容易受到税负转嫁的影响）。通过对公司产品的定价来转移税负通常是不可能的。

所得税是联邦税收收入中的第三大税种，因此由此筹集来的税收收入是很难用其他税种来替代的①。然而，对于公司所得税中的问题必须慎重对待。其中一个是税收负担分配的公平问题。如果要对公司的股东课税，那么为什么股息所得的税负要重于纳税人的其他收入来源呢？工资只须纳一次税，为什么股息必须缴纳两次税收？此外，在一个具体的收入群体中，并不是每个人所得到的股息收入都是相同的，因此对公司所得课征的特别税收被转移给了公司股东，这显然违背了税收负担分配中的同等待遇原则。然而，公司所得税确实也填补了这样的一个空白：如果没有公司所得税，公司所得中的未分配部分也就不用纳税了②。此外，公司所得税还会提高税制的累进程度，因为股息所得更多地集中在高收入阶层手中。在州一级中，对于很多所有者分布在本州之外的企业来说，公司所得税使州政府可以从向公司提供的福利中获得补偿。

然而，当前公司所得税中的主要问题，是它对储蓄和实际投资所产生的影响。公司所得税可能会构成对股息的双重课税，从而降低储蓄率，并对资本形成产生不良影响。此外，公司所得税当然也会影响公司经理阶层在债务融资（支付给债券持有人的利息是可以在税前扣除的）和股权融资（支付给股东的股息是不能在税前扣除的）之间的选择。它显然促成了一些常规企业形式（尤其是有限责任公司）的产生，但是税法只对企业所有者的利润征税，而不在商业实体这一层面对企业本身征税。这些公司的数目在增长，从20世纪80年代中期占美国公司的25％，到现在超过70％。这些对资本形成的影响会进一步加重对国民经济的影响。因此，对公司所得税进行适当的改革是必要的。

如果能将个人所得税和公司所得税部分合并或者全部合并，减少由于双重税制对公司已分配利润的过多课税，就可以进一步减轻由此造成的许多有害经济影响，减少公平问题。如果将这两种税制全部合并，那么对公司所得的课税方法将会和合伙制企业完全相同。换言之，这种合并之后的所得税不会对公司所得课征任何税收。但对于公司所有者而言，则要根据他们在股息和公司留存利润中的份额进行课税。如果弗莱德和杰克是合伙人，弗莱德拥有公司的30％，那么，弗莱德将以公司利润的30％为收入缴纳个人所得税，杰克将以公司利润的70％为收入缴纳个人所得税。这就是两种税制的合并。这种课税方法可以避免公司所得税中的原有问题，但也会产生一些新的棘手问题③。

（1）这种税收包括对人们尚未实现的收入进行课税。这样一来，人们不仅要就自己的股息所得纳税，还要就公司的留存收益纳税。关于这种税收是否会鼓励公司将更多的收益分配给股东，从而降低实际投资率，仍然存在着一些悬而未决的问题。

（2）公司股票的许多持有人都是可以免税的纳税人（如退休基金）。根据合并之后的税制，这些主体不会就其股息和公司的留存收益缴纳个人所得税，也不用在公司层次纳税。如何弥补由此所造成的税收收入损失呢？

（3）大量美国公司的股票是由外国投资者持有的。如何处理他们的所得呢？哪个国家有权对美国的股息和留存收益课税呢？如果由美国之外的国家来对这些收入课税，如何弥补由此所形成的美国联邦税收收入损失呢？

---

① 州政府从公司所得税中征得的收入多年来一直呈下降趋势。部分原因是公司的高明避税策略，另一部分原因是州政府担心，要求公司为州所提供的服务纳税会使公司迁移至其他地方。

② 它可能会增加公司股票的市场价值，当出售公司股票时会带来资本收入。

③ R. Glenn Hubbard, "Corporate Tax Integration: A View from the Treasury Department," *Journal of Economic Perspectives* 7 (Winter 1993): 115-132.

（4）公司通常并不只有一种股票。在公司中，一般会有普通股（common stock）、优先股（preferred stock）和其他多种股权的代表形式。那么，公司所得如何在这些不同种类的股票中进行平均分配呢？

还有一种方法，就是可以将两种税制部分合并。部分合并之后的税制，只会对公司所得中已经分配形成股息的部分给予税收减免。对于已经缴纳了公司所得税的股息，可以对其股东给予一些特殊的税收抵免，以补偿对其已经课征了的公司所得税；也可以只对公司的未分配利润课征公司所得税。但是，这种税收优惠不仅会使税收收入大幅减少，同时也有人担心，这会为企业漏税创造契机。尽管这使人们重新看到了美国相对较低的经济增长率和造成这种状况的较低资本形成率之间的联系，但这两个因素的存在，使人们对这种改革的兴趣并不高①。

9.6　薪给税

除了税基比较宽广的个人所得税和公司所得税之外，还有一种只对工资和薪金课征的比较狭窄的税收，即薪给税。其纳税人可以是雇主，也可以是雇员②。由于薪给税可以向雇主课征，因而与那些由纳税人来申报的更宽泛的税种相比较，薪给税更易于实施。具体说来，薪给税中包括：联邦政府为社会保障体制和医疗保健体制融资而对雇主和雇员课征的税收，联邦政府和州政府为失业补助体制融资而对雇主课征的税收，一些地方政府对雇员的工资和薪金课征的收入取得税（earned-income taxes）③。许多人都认为，不管这些薪给税的法律如何规定，薪给税的实际税收负担很多还是由雇员承担。如果劳动力市场允许的话，针对将要对其课征的薪给税，雇主会调整其给予工人的补助计划。大约2/3的美国人口所支付的联邦薪给税高于其缴纳的联邦个人所得税。

薪给税具有以下几个特征：首先，薪给税的课税范围比较狭窄，不包括利息、股息和资本利得等收入形式，而高收入阶层更可能拥有这些收入形式。将这些收入形式排除掉之后，就增加了薪给税对低收入阶层的课税比高收入阶层更加严格的可能性。并且，收入总额几乎相同的纳税人，可能会因为收入形式的不同，所缴纳薪给税的数额也不尽相同。因此，在薪给税中，纵向公平和横向公平问题都会存在。

其次，为社会保障体制筹资的联邦薪给税和州薪给税的法定税率模式与众不同。薪给税的纳税义务开始于工资薪金。除了医疗保健税之外，各种薪给税都规定了一个应税工薪收入的最高额度。当纳税人在一年中的工资薪金收入超过了这个水平之后，工薪所

---

①　经济合作与发展组织的成员国采取了不同的方法，来减少这种过多课税的影响。有些国家通过在公司层次将股息全部在税前扣除，来消除在公司层次的过多课税（希腊和挪威）。有些国家在个人层次对公司所缴纳的税收给予完全抵免〔澳大利亚、芬兰、德国（局部）、意大利和新西兰〕。有些国家分别通过降低对已分配利润的税率、对已分配股息进行部分税前扣除、对股息所负担的公司所得税给予部分税收抵免来减少这种额外的课税〔德国（局部）、冰岛、西班牙、瑞典、法国、爱尔兰、英国、奥地利、丹麦、日本和葡萄牙〕。没有对这种情况进行调整的国家有比利时、卢森堡、荷兰、瑞士和美国。

②　薪给税在其他国家也比较常见。

③　对美国社会保障税的一个很好的概括出现在：Committee on Ways and Means, U. S. House of Representatives, *Green Book*, *Background Material and Data on the Programs within the Jurisdiction of the Committee on Ways and Means* (Washington, D. C. : U. S. Government Printing Office). 2011 年的版本可以在网上找到：http://greenbook. waysandmeans. house. gov/.

得的适用税率将降为 0。这就意味着，薪给税的税率结构是逐级下降的，平均税率随着工资的增长而下降。由于从工人收入的第一个美元就要开始课征薪给税，因此，对于许多低收入工人来说，薪给税的税负要高于个人所得税。2011 年，为美国社会保障体制筹资的联邦薪给税对雇员和雇主的税率都为 6.2%，应税工薪收入的最高限额为 106 800 美元。为医疗保障体制筹资的薪给税，对雇主和雇员课征的税率都为 1.45%，但对其税基没有规定上限。因此，工薪收入为 10 000 美元的纳税人应当缴纳的薪给税为 1 530 美元（相当于其工薪总收入的 15.3%）；而工薪收入为 150 000 美元的纳税人，应当缴纳的薪给税为 17 593.20 美元（其中，社会保障税为 13 243.20 美元，即薪给税税基上限 106 800 美元的 12.4%；医疗保健税为 4 350 美元，即全部 150 000 美元薪给税收入的 2.9%）。其中，薪给税对高收入者的平均税率为 11.7%，而对低收入者的平均税率为 15.3%。可见，随着收入的增加，薪给税税率下降的幅度越来越大①。

为失业补助体制融资的薪给税由联邦和州两部分组成。对 7 000 美元以内工薪收入的联邦薪给税税率为 6.2%，由雇主缴纳。但是，如果州也建立了失业补助体制（美国所有 50 个州都建立了自己的失业补助体制），其中 5.4% 的部分可以完全抵免联邦纳税义务，这样留给联邦政府的税率空间就只有 0.8% 了。州薪给税应税税基可能要高于联邦薪给税的税基限额（美国有 41 个州的情况是这样的）。根据企业的失业记录，州政府对具体企业所课征的薪给税税率也可能会不同于 5.4% 的标准税率：解雇工人较少的企业适用的税率要低于解雇工人较多的企业②。之所以要这样做，是在为失业补助体制融资的同时，鼓励雇主稳定自己所吸收的劳动力。

最后，联邦薪给税和州薪给税都是有指定用途的。也就是说，这些税收收入都是专门为一种特定的社会保障体制融资的。由于这些社会保障收入对于低收入群体更有价值，因此公众通常会容忍薪给税这些与众不同的特征，这些特征使得低收入群体的税收负担呈现累退性质。此外，薪给税通过扩大雇主所支付的工薪和雇员所保留的工薪收入之间的差额，确实也会促进劳动力市场的发展。社会保障基金余额都投到了美国政府的债券市场，这有助于促进美国政府债券市场的发展。

结　语

从 20 世纪早期以来，所得税是联邦财政收入体制的核心，为全球责任和国内项目提供数额巨大的财政收入。60 多年以来，尽管为社会保障体制融资的薪给税在整个财政体系中的影响同样非常重大，但个人所得税一直都是财政收入的主导性来源。公司所得税目前在财政体系中只占据一小部分。个人所得税对于州政府的财政同样做出了主要的贡献。所得税一方面具有累进性，另一方面也存在缺乏经济效率、横向不公平、征收成本高昂、透明性差等问题。公司所得税和薪给税也筹集到了大量的财政收入，但也对公平和效率提出了严峻的挑战。所得税制中存在的大量税收优惠政策让人们觉得，立法

---

① 为了在大衰退时期刺激经济增长，薪给税的税率降到了它的正常水平之下。在 2012 年底，薪给税税率又回到了正常水平。

② 税率水平从 0（16 个州）升至 10%（3 个州）不等。有 3 个州也对雇员课税。自 2007 年 12 月开始的经济危机时期，有不少州的失业补助基金被全部使用，导致州被迫向联邦政府借款来维持福利供给。

者已经忘记了一个事实：税制的基本目的在于为政府的运行筹集资金。

问题与练习

1. 确定你所在州所得税的如下重要内容：你所在的州是否征收个人和公司所得税？是否由地方政府征收这种所得税，如果是，它们是否与州所得税相联系？州所得税是否与联邦所得税相联系？其税率是否为分档税率？是否有存在于州所得税中但不存在于联邦所得税中的税收优惠？该所得税是否实行了指数化？

2. 美国中西部的一个州为了促进本州高等教育的发展，规定任何对高等教育机构的捐款，都给予50%的所得税税收抵免（每个人的税收抵免限额为50美元）。布卢先生（适用的联邦税率档次为10%）和琼斯小姐（适用的联邦税率档次为36%）都是本州的居民，他们每人都向符合税收抵免条件的本州大学捐了100美元。

a. 由于捐款，每人在本州的纳税义务将会变化多少呢？

b. 在计算联邦税收义务时，州所得税税款和向公益机构（如大学）的捐款都可以在当期的税基中扣除。由于进行了捐款，布卢先生和琼斯小姐的联邦税负分别会变化多少呢？

c. 分析两人联邦税负和州税负的变化情况，指出布卢先生和琼斯小姐捐赠之后的税后净成本为多少？（提示：从100美元中分别减去州税负和联邦税负。）

d. 假设州政府将这项税收抵免政策变成了税收扣除。如果本州税率为3%的比例税率，那么布卢先生和琼斯小姐在本州的纳税义务分别会变化多少呢？

e. 根据以上的计算结果，本州的大学会比较倾向于选择哪种方法呢？税收抵免还是税收扣除？为什么？

3. 布朗先生适用的联邦税率档次为10%，他计划将10 000美元投资于生息资产。布莱克先生适用的税率档次为35%，计划投资15 000美元。目前优质免税市政债券的利率通常为3.5%，类似品质的公司债券的利率为4%。如果你是他们两人的财务顾问，你会为他们分别推荐哪一种投资方式呢？

4. 布希小姐将自己财务状况的数据整理如下：

工资	140 000
应税利息所得	2 500
股息	15 000
项目扣除总额	8 000

布希小姐的个人豁免额为3 700美元。每个单身纳税人的标准扣除额为5 800美元。使用图9-2中的税率表计算：

a. 她的应纳税款。

b. 她的实际平均税率。

c. 她的平均税率。

d. 她的边际税率。

e. 如果她的会计为她发现了一项在以前一直都被忽略的800美元的个人扣除，加入这项因素之后，她的联邦税负会变成多少？

f. 如果她的会计又为她发现了一项在以前计算中忽略掉的 250 美元的税收抵免（但这项发现是在发现上述 800 美元的个人扣除之后）。由于这项税收抵免，她的联邦税负会变为多少呢？

5. 一项州所得税的提案规定，收入等于或者小于 15 000 美元的人不用纳税；收入超过 15 000 美元的纳税人可以只就自己收入超出 15 000 美元的部分缴纳 10% 的税收。

a. 在这种税制下，纳税人的平均税负有可能为 7.5% 吗？

b. 在这种税制下，纳税人的平均税负有可能为 10% 吗？

c. 对于收入水平分别为 10 000 美元、20 000 美元、40 000 美元和 150 000 美元的纳税人来说，其平均税率和边际税率分别为多少呢？

对你的每项答案进行解释，并提供可以佐证结论的例子。

6. 在 20 世纪 90 年代末，乌克兰的税制由几部分组成。其中，个人所得税有以下几个档次：

0	如果纳税人的收入低于 1 个 NTM
10%	如果纳税人的收入在（1 个 NTM＋1 个 KBV）到 5 个 NTM 之间
20%	如果纳税人的收入在（5 个 NTM＋1 个 KBV）到 10 个 NTM 之间时，还要加上对 5 个 NTM 的课税
30%	如果纳税人的收入在（10 个 NTM＋1 个 KBV）到 15 个 NTM 之间时，还要加上对 10 个 NTM 的课税
40%	如果纳税人的收入在（15 个 NTM＋1 个 KBV）到 25 个 NTM 之间时，还要加上对 15 个 NTM 的课税
50%	如果纳税人的收入在（25 个 NTM＋1 个 KBV）以上时，还要加上对 25 个 NTM 的课税

KBV 为乌克兰的货币单位，"NTM"表示"最低免征额"。

NTM 相当于 1 400 000KBV（1 美元相当于 180 000KBV）。在 1995 年 9 月，乌克兰的平均月工资水平为 9 000 000KBV。因为通货膨胀的影响，政府通常需要对整个税率结构进行调整，而对于 NTM 的使用为此提供了一个方便的途径。

雇主按照下面的税率来缴纳薪给税：37% 的社会保障基金，12% 的切尔诺贝利基金，2% 的就业基金。雇员自己也要缴纳 1% 的就业基金。

a. 为乌克兰的个人所得税绘制一个如图 9-2 的税率表。

b. 从 9 100 000KBV 到 9 100 200KBV 的收入按照图 9-3 绘制一个纳税表。

c. 分析师在考察税收制度的特征时，会计算税收楔子——税收楔子是指雇主用于雇用一位雇员的支出与雇员得到的税后净收入之间的差距。当一个纳税人的工资水平分别为月平均工资水平、2 倍平均水平、5 倍平均水平时，计算这个纳税人的税收楔子。

d. 计算一个 3 倍平均工资水平的纳税人的实际平均税率和边际税率。

e. 对这种税制的激励效应进行评价。

7. 位于佐治亚州的巴特尼亚公司是生产（织物或皮革上用以加固扣眼）的金属环的一家公司，产品直接销往佐治亚州、佛罗里达州和南卡罗来纳州等地，该公司的利润为 20 000 000 美元，该公司的制造工厂和总部位于佐治亚州，仓库位于南卡罗来纳州和佛罗里达州，在各州都有销售队伍。以下是该公司的一些财务数据：

	工薪	财产	销售额
佐治亚州	5 000 000	35 000 000	6 000 000
南卡罗来纳州	1 000 000	5 000 000	13 000 000
佛罗里达州	500 000	400 000	1 000 000
合计	6 500 000	40 400 000	20 000 000

　　a. 假设各州使用的都是简单的三因素分配公式，那么该公司分别应当将多少利润在各州纳税呢？

　　b. 如果每个州都给予销售额因素两倍权重，再进行计算。

　　c. 仅使用销售额因素进行计算。

　　d. 假设现在佐治亚州采用的是销售额单因素法，而其他州给予销售额因素两倍的权重。

　　e. 假设现在南卡罗来纳州采用的是销售额单因素法，而其他州给予销售额因素两倍的权重。

　　f. 说明为什么位于有些州的制造公司会要求使用销售额单因素法，而全国性的商业组织则没有这方面的要求呢？

　　8. 沃伦·巴菲特，美国最富有的人之一，伯克希尔·哈撒韦公司（一家营利性投资公司）的董事长，2007 年向媒体抱怨道，在他的收入中，联邦所得税中所占的支付比例（17.7%），甚至低于他公司的接待员（30% 左右）。假设巴菲特没有逃税漏税，是什么因素使得上述情况发生？这是否意味着联邦税制是累退性的？

　　9. 佐治亚州在纳税申报表上使用经过调整的毛所得作为计算税负的起征点，而北卡罗来纳州使用联邦应税所得作为起征点，这两个不同的起征点分别会导致怎样的结果？

案例讨论

案例 9-1

当边际税率达到极限

　　《雨树县》（*Raintree County*）* 为它的作者带来了名声、财富和沉重的税负。在这部长达 1 066 页的严肃小说中，充满了背叛、性和卑鄙，将它的作者——小罗斯·洛克里奇——推向成为下一个伟大的美国小说家之路。这部小说非常受欢迎，在当时引起了巨大轰动。但是，小说的成功也带来了税收后果和其他问题，使洛克里奇在实现他的巨大潜能之前，就走上了自杀之路。下面的文章，带你了解当时税制中的流行性税收问题。

　　思考下列问题：

　　1. 使用这个案例解释为什么税收分析家们在寻找税收激励效应时，关注更多的是边际税率而不是平均税率。

　　2. 说明这个案例在讨论联邦所得税制修正案方面的相关性。

　　3. 解释税制中的一些改革如何能使洛克里奇的税收问题少于他所处的 20 世纪 40 年代。

雨树县阴影下的税收

J. 弗雷德·吉茨（J. Fred Giertz）

J. 弗雷德·吉茨是伊利诺伊大学香槟校区的经济学教授。

本文的早期版本出现在《NTA 网络》NTA 通讯 2006 年 6 月版上

一些评论家声称美国目前的个人所得税是有史以来最为烦琐和复杂的。然而，60 年前出现的模糊境况却说明了事实并不是这样。

1948 年，印第安纳州的布鲁明顿是文学世界的焦点。印第安纳大学教授阿尔弗雷德·金赛的著作《男性的性行为》造成了全国性的轰动，成为《纽约时报》非小说类畅销书第一名。在同一时期，布鲁明顿的居民洛克里奇的小说《雨树县》也登上了《纽约时报》小说榜榜首。

如今，《雨树县》会被记得，是因为 1957 年那部捧红了蒙哥马利·克利夫特和伊丽莎白·泰勒的轰动一时的电影。这部电影以洛克里奇的小说为大致背景，以倒叙方式讲述了一个来自雨树县的印第安纳州居民在 1892 年 7 月 4 日经历的一系列复杂故事。这是一部长达 1 000 多页但仍然取得了巨大成功的严肃小说。它的作者曾幻想它成为伟大的美国小说，却在最初被认定为失败的作品；它如今被看作环境小说方面的重要作品，是美国小说研究课程中的重点探讨对象。

洛克里奇不是传统印象中那种放荡自负的艺术家。他英俊潇洒、广受喜爱，是一位非常顾家、在学术上又颇有建树的学者**。他在索邦大学的第一年就取得了优异成绩，1935 年以印第安纳大学史上最高分的成绩毕业。他后来去了哈佛攻读英语专业的博士学位。他在哈佛做研究生的同时，还在西蒙斯大学（一所波士顿的女子大学）任教，在此期间，他一边赚钱养活妻子和四个孩子，一边完成了不朽的小说《雨树县》。

与许多作家不同，洛克里奇对商业和税收方面的事务也非常精通。这本书历经多年写作而成，在经过一段曲折痛苦的编辑过程后，终于为他带来文学上和钱财上的成功。除了霍顿·米夫林出版社支付的常规版税外，这本书就其电影版权赢得了价值 150 000 美元的米高梅奖（其中 125 000 美元归洛克里奇，25 000 美元归出版人），同时因为登上月亮俱乐部（Month Club）的候选书榜而获得 25 000 美元。如果以 2008 年的物价水平计算，这些价值的实际购买力应该乘以 10 倍。

一夜之间，洛克里奇从一个名不见经传的、为生活奔波的研究生和老师，变身为大受欢迎的富有作家。到 1948 年 3 月，《雨树县》已成为小说畅销书的第一名。而在 3 月 6 日，洛克里奇填写了纳税申报表并将它邮寄给了妻子，同时给他的律师写了一份详细的关于处理其税收事务的信件，然后，他作为一名真正的印第安纳州人（Hoosier），打算听一场广播里播放的布鲁明顿高中生地区篮球赛。

那天晚上之后，他被发现死在自己的车库，死因是自杀性的一氧化碳中毒，享年 33 岁。直到后来人们才发现，洛克里奇当时承受着巨大的压力和焦虑。这个问题在 60 年前并未被及时发现，也未被正确地对待。显然，他的自杀是由于他的抑郁症，但在他生命的最后几年里，他的压力集中于艺术和商业（包括税收问题）。

在艺术领域，洛克里奇遭遇了许多编辑上的麻烦，尤其是对于他的作品的删减让他格外痛苦。米高梅奖和月亮俱乐部的选择标准，都要求将他认为是最终版的小说再删减10万字。与大部分作家一样，他同样非常在意自己小说的公众接受度，而他认为它的作品并没有受到许多评论家的公正对待。

在商业领域，洛克里奇因为一系列细微的争执和误解，与霍顿·米夫林出版社发生了不愉快，并最终毁坏了彼此的感情和关系。之后，他一直亲自处理文学上的事务，这样一来，一些本该由出版代理方处理的问题，全成了他自己切身的麻烦和痛苦。在这样的境况中，税收问题也扮演了一个主要角色。

作为一个精通商业事务的人，他对税收问题当然也非常熟悉。1947年，美国个人所得税以相当高的边际税率而呈现非常高的累进性***。税率档次共有24个，边际税率从19%一直升至86.45%——对超过200 000美元的应税所得适用的最高税率。此外，在1948年之前，是没有针对家庭的收入拆分（income splitting）政策的——洛克里奇死于1947年，对于洛克里奇和他的妻子来说，就差了一年！所有纳税人必须分别填写个人纳税申报表。另外，也没有明确的向前或向后式的所得分期支付政策。所得分期支付出现在美国个人所得税税法中，是1964年到1986年的事了，它在1947年时并不存在。

洛克里奇意识到了这点，当他的作品被米高梅奖提名时，他提出了一项不同寻常的要求。他要求该奖项的奖金逐年支付，而不是一次性支付。他相信这个请求在当时的情况下是可以被接受的。当他最终获得了这个奖项，在他得知该奖项的奖金在1947年一次性支付时，他感到非常失望，并且觉得他的出版人和米高梅背叛了自己。

这不是一次毫无目的性的关注。关于所得分期支付的争论，通常都以与洛克里奇境况相类似的事实为基础——长期无收入或低收入的人突然获得了一大笔资金。以1947年的税收表为依据，125 000美元的应税所得需要支付的税负为85 092美元（其平均税率为68.1%，边际税率为84.55%）****。而一项分5年支付的每年25 000美元的收入，其总税负为48 213美元（不考虑现值），平均税率和边际税率分别为38.6%和56.05%。

联合申报政策附带的所得拆分是在1948年推出的。如果所得全额拆分和5年分期支付都被允许的话，那么125 000美元所得的税负将降至34 343美元，其平均税率和边际税率将分别为27.5%和40.85%。一次性支付与配有所得拆分的分期付款之间的差额高达50 749美元，前者的税负是后者的2.5倍。

洛克里奇为此深受困扰：税收严重地吞食了其最好作品所创造的收入（以今天的物价水平计算，这项收入超过100万美元），而这项收入原本可以为他和他的家人提供长期的生活保障。他为这本书倾注了5年的心血，而在1948年他没有任何为将来出版做准备的作品。值得注意的是，洛克里奇和他的妻子并没有反对当时的福利体系和组合式高税率税收。他们是富兰克林·罗斯福在1940年选举中的忠实拥护者。洛克里奇并不因为总体上的高税率税收而不安，但它们对像处于他这种境况的人所产生的不公平对待和影响，确实使他非常不愉快。

他的问题反映了高边际税率的累进性税收结构所产生的影响*****。这当中的一些问题，通过税法中的所得拆分和分期支付以及最终降低边际税率和减少税率档次的方法，得到了彻底的解决。

　　除了试图将他的收入分摊在一个较长时期内，洛克里奇还设置了一个特设拆分办法。洛克里奇支付给他的妻子维妮斯 25 000 美元，作为她为《雨树县》写作过程提供帮助的酬劳，这使应税收入边际税率从他自己的 84.55%，变成妻子的 56.05%，但依然很高（平均税率为 39%）。直到他死的那天，他仍然十分关注国内收入署如何看待这项支付，而且他还在给律师的信中为这种转移安排做了辩解。他还向印第安纳大学基金会贡献了一笔可税收扣除的捐款，这笔捐款存入一个由他父亲使用的账户中，他的父亲一直致力于印第安纳州的历史和文化建设。

　　没有人能下这样的结论：税收就是导致洛克里奇自杀的罪魁祸首。然而，对于税收问题的思考担忧确实是其压力的主要来源，而这种压力又被他的抑郁症放大了。这也非常清楚地说明，当下的所得税仍旧存在很多缺陷和问题，但的确不如从前那么严重。设想一下，如果当下针对少于 200 000 美元的收入（依据 2008 年的物价水平）的边际税率升至 50%，针对 1 000 000 美元的收入的边际税率超过 84%，且税率档次不具备适应通货膨胀的指数化，没有收入拆分和延税储蓄选项（tax deferred saving option），那么当今所得税的侵犯性和破坏性将会多么严重。我们也许没有生活在最好的税收世界中，但至少我们没有活在当年那个最差的世界中。

　　* 《雨树县》是美国爱德华·迪麦特雷克导演的电影，又名《战国佳人》，1957 年上映，故事以美国南北战争为背景。——译者注
　　** 更多关于洛克里奇的信息来自他的儿子拉里·洛克里奇（Larry Lockridge）所写的传记：*Shade of the Raintree: The Life and Death of Ross Lockridge, Jr., Author of Raintree Country*. New York: Viking Penguin, 1994.
　　*** 更多细节详见：Joseph Pechman, *Federal Tax Policy*, Washington, D.C.: Brookings Institution, 1987.
　　**** 洛克里奇的实际状况的具体信息不能从纳税表上得到，所以应该解释税收的计算过程。由于税基以及各种避税机会的不同，加上通货膨胀，这些结果不能直接跟今天的税率相比较。
　　***** 重量级拳击冠军路易斯（Joe Louis）是另一个高边际税率的受害者。生意的惨淡，伴随着不允许第二次世界大战期间对战争捐赠的扣除，导致了急剧上涨的税务账单和利息支出，这使他的职业受到打击。
　　资料来源：*Tax Notes*, August 4, 2008，做了微小的改动。版权所有 © 2008 弗雷德·吉尔茨，经许可重印。

第 *10* 章

公共行政与公共管理经典译丛

主体税种之一：商品和服务税

　　2010 年，美国政府对商品和服务的课税收入超过了 5 398 亿美元[①]。相比之下，联邦消费税和关税（对进口品征税）收入仅为 1 015 亿美元，远远低于个人所得税、社会保障工资税和公司所得税。州和地方销售税与消费税收入合计为 4 383 亿美元，是这些政府最重要的财政收入来源。正如前面章节所指出的那样，尽管在美国也对商品和服务课税，但是，从总体上看，消费税收入要少于多数工业化国家。

　　商品和服务税具有几个理想特征，使其能够成为税收体制的一部分。第一，商品和服务税具有广泛的税基，可以提供大量财政收入。广泛的税基具有重要意义，因为过度使用任何一个税种，都可能产生严重的低效率、不公平和难以课征的问题。在所得税税基的依赖程度方面，大多数发达国家比美国低，其原因是他们征收消费税的税基较宽泛。第二，消费税提供了一种向经济能力比较高、即期收入又比较低的人课税的机制，包括那些成功地逃避了所得税的人以及靠继承的财产生活的人。如果那些所得税欺诈者想要从诚实的零售商那里进行购买，以享受高品质的生活，税收就能够从购买活动中课征。这在发展中国家尤为重要。第三，一些商品和服务的税收可以看作对社会成本征税的一种准价格，或者是对特定政府服务收费的替代品。第四，有些人认为，消费税具有显著的生产效应（production effect），因为消费税的课税依据是人们在经济中获得了多少（消费），而不是人们对经济贡献的价值是多少（收入），此外，课征消费税还能够鼓励储蓄。实际上，消费税对政府成本的分配，依据的是个人对自己所购买的私人商品和服务的评估。毕竟私人商品的生产成本就是这样进行分配的，那么将相同的分配方法应用到政府服

---

　　① Bureau of Economic Analysis, National Income and Product Accounts [www. bea. gov].

务的成本分配上，又有何不可呢？

商品和服务税可以是普遍性的，也可以是选择性的；可以是定额税，也可以是从价税；课税范围可以是市场交易中的一个阶段，也可以是多个阶段；其税收收入可以用于一般财政，也可以按照规定用途使用；税收负担可以落在买者身上，也可以落在卖者身上。所有这些特征在美国政府当前所课征的商品和服务税中都有所体现。在对这些税种以及其中可能包含的具体问题进行详细考察之前，我们先对这些税种的结构特征进行简要总结：

（1）**一般性或选择性**。一般销售税适用于一定经济活动水平上的所有交易，一些特定的税收豁免除外（例如，一种对除食品之外的其他所有零售商品征收的消费税）。选择性销售税（通常叫作消费税）只对特定的市场交易课税（如对 30 天或 30 天以内的房屋租赁课征的临时住宿税）。

（2）**定额税或从价税**。定额税（或单位税）只对买卖的实物单位的数量课税（如对每加仑汽油课征 50 美分的燃油税）。从价税是对市场交易的价值（实物单位的数量乘以单位价格）征税（如按照房费的 10％征收的临时住宿税）。

（3）**多阶段或单阶段**。一种税可以在每次交易发生时征收（多阶段税），也可以只对生产和分配过程中的某一个阶段征收（单阶段税）。征税的阶段可能在生产、批发、经销或零售阶段。多阶段税收将运用于不止一个交换时点[1]。

（4）**一般基金或专项基金**。消费税经常被用于有特别目的的专项基金支出，而不是为了满足政府的一般用途支出征收的。例如，美国多数州都将课征燃油税所形成的专项基金用于与公路相关的支出。但是，这些为基金指定用途的制度可能会使预算程序僵化，形成这些基金的收入，可能无法反映出公众对公共服务的需求[2]。只有当进入这些基金的收入确实可以反映出公众对由这些基金所支持的政府服务的需求时，专款专用才能够产生积极的作用。也只有当应税物品的购买行为和政府服务的使用之间具有对称关系时，也就是说，当应税物品的购买和政府服务的消费之间有密切关系时，这种财政制度才能真正奏效。

表 10－1 和表 10－2 所呈现的是，联邦政府、州政府和地方政府一般性和选择性的商品和服务税概况。在这两个表中，选择性消费税被分成了四大类：（1）为了"限制人们对不道德或者不健康商品消费"[3] 而课征的限制性消费税；（2）基本是为交通设施征

---

① 政府以前偶尔会在所有的商业活动中以较低的法定税率对总收入（gross receipts）课征营业税（turnover），现在有时还会提出这样的税收。这是特别令人讨厌的税种，因为它违背了正常税收政策的几个原则。它们和零售税有着大致相同的税负分布，但是由于其具有金字塔式的性质（本章稍后讨论），它们区分不同性质的企业，并且把潜在税负落在最不赚钱的企业身上，损害了课税地区的经济竞争力，扭曲了商业交易的性质，通过隐藏和显著低估其实际有效税率（可能这就是一些州最近考虑它们的原因）而破坏了透明性，因此这一税种是极不公平的。它们的"魅力"在下列文献中有更充分的探讨：John L. Mikesell, "State Gross Receipts Taxes and the Fundamental Principles of Tax Policy," *State Tax Notes* 43 (March 5, 2007): 615–632; Charles E. McLure, Jr., "Why Ohio Should Not Introduce a Gross Receipts Tax-Testimony on the Proposed Commercial Activity Tax," *State Tax Notes* 36 (April 18, 2005): 213–215. 俄亥俄州忽略了米克塞尔（Mikesell）先生的明智建议，而通过了这种税收。在实施增值税之前，西弗吉尼亚州、印第安纳州和西欧的总收入税的实践经历，充分证明了这类税收的问题。

② 这些财政收入也可能用来替代其他没有特定税种支持的政府资源。由于这种收入是可替代性的（fungible），因此很难保证这笔资金只用于特定用途。

③ Sijbren Cnossen, *Excise Systems, A Global Study of the Selective Taxation of Goods and Services* (Baltimore: John Hopkins University Press, 1977), 8.

收代理服务费的交通税；（3）为了使人们认识到应税商品所造成的环境破坏、"提高资源使用效率"① 而课征的环境消费税；（4）其他杂项消费税，其课征的原因可能是，向纳税能力比较突出的人课税（如近来所课征的联邦奢侈性消费税）和对非居民课征的税收（如临时住宿税）。包括一般性税收和选择性税收在内的州商品及服务税，其数额超过了联邦消费税的 3 倍，且是地方一般消费税和选择性消费税收入的近 4 倍。多数这种消费税收入来自对烟草产品、酒精饮料和燃油课征的"传统"消费税。在全球范围内，这三类是产生税收收入最多的三大消费税。

表 10 - 1   2007 财政年度联邦商品和服务税

税种	税额 （千美元）	在联邦政府收入中的比重 （其中不包括社会保障税）（%）
运输类		
卡车、挂车和半挂车底盘	1 859 906	0.14
轮胎	356 503	0.03
航空用油	410 505	0.03
汽油	35 005 584	2.70
内河商业航运用油	79 841	0.01
航空客运	7 638 807	0.59
国际空运设施使用	2 401 546	0.19
对使用重型汽车的课税	967 081	0.07
火车使用的柴油	−46 292	0.00
航空运输财产	426 114	0.03
水路运送乘客	31 434	0.00
环境类		
会造成臭氧分解的化学物质	8 953	0.00
耗油量大的汽车	85 226	0.01
石油（原油泄漏责任信托）*	510 277	0.04
奢侈性活动		
酒精饮料	9 496 490	0.73
烟草产品	16 614 073	1.28
其他		
豪华乘用车**	−25 811	0.00
煤	610 068	0.05
某些儿童疫苗	328 775	0.03
电话和电传服务	1 123 745	0.09
私人基金投资收入	258 587	0.02
枪支弹药	360 814	0.03
游戏钓鱼设备	83 916	0.01

---

① Sijbren Cnossen, *Excise Systems*, *A Global Study of the Selective Taxation of Goods and Services* (Baltimore: John Hopkins University Press, 1977), 9.

续前表

税种	税额 （千美元）	在联邦政府收入中的比重 （其中不包括社会保障税）（%）
对外国保险公司签发的政策征税	463 447	0.04
弓、箭及箭杆	40 091	0.00
消费税总额	74 730 000	5.76
关税与费用总额	25 298 000	1.95
消费税与关税总额	100 028 000	7.71

＊2003 年 1 月 1 日失效。

＊＊1995 年 1 月 1 日失效。

资料来源：*Statistics of Income Bulletin*；and Office of Management and Budget, *Budget of the Government of the United States*，*Fiscal Year 2012*（Washington, D. C.：U. S. Government Printing Office，2011）.

表 10-2　　　　　　　　　　2008 财政年度美国州和地方商品与服务税　　　　　　　　　单位：千美元

	总额	占税收总额 比重（%）	州	占税收总额 比重（%）	地方	占税收总额 比重（%）
销售与收入 总额	448 688 515	33.7	358 522 420	45.9	90 166 095	16.4
一般性销售与 收入总额	304 434 833	22.9	241 007 659	30.8	63 427 174	11.6
选择性销售与 收入总额	144 253 682	10.8	117 514 761	15.0	26 738 921	4.9
禁止性销售税						
酒精饮料	5 763 336	0.4	5 292 681	0.7	470 655	0.1
烟草制品	16 575 613	1.2	16 068 075	2.1	507 538	0.1
博彩	＊		218 582		＊	
娱乐	＊		930 221		＊	
运输类						
汽车燃油	37 901 692	2.8	36 476 852	4.7	1 424 840	0.3
其他						
公共设施	28 130 244	2.1	14 794 363	1.9	13 335 881	2.4
保险费	＊		15 765 657		＊	
其他选择性 销售	55 882 797	4.2	44 882 790	5.7	11 000 007	2.0

＊这里没有包括地方政府的税收数据，但其数额很小。

资料来源：U. S. Bureau of Census. Governments Division，*Annual Finance of Governments*：*State and Local Governments and State Governments Tax Collections*，*2008*.

　　选择性消费税收入的增长一般都比较缓慢。由于许多消费税有着特定的（或者单一的）税率，因而它们不能与物价的上涨同步，而消费税收入的大幅增长有赖于法定税率水平的提高。若税率没有随着时间而提高，消费税收入在税收收入总额中的份额将会不断下降。政府部门有时会保留特定税率的管理便利（税务官员需要管理的只是商品，而不是商品的价值），而通过各种自动调节公式来维持税收收入，以减轻通货膨胀的影响。例如，原苏联地区的一些国家都是使用"欧元"（euro）而不是当地货币来规定消费税和进口关税的税率的。因为这样既可以消除通货膨胀和汇率贬值的影响，又可以避免税法过于频繁的变动。消费税收入也可能会受到人们偏好变化的影响。例如，在美国，随着吸烟人数的下降，烟草税收入已经出现大幅下降。考虑到课征烟草税的一个重要原因是减少吸烟及其破坏性的外部效应，那么这个结果可以被视为一个成功。

在美国，几乎有一半的州的税收收入（和相当一部分主要城市的财政收入）都来自对消费课税，其中包括一般性销售税（general sales taxe）和选择性消费税（selective excise taxes）。一般性销售税的收入更多，约是所有州政府税收收入的1/3。在20世纪30年代早期，在州财政收入（主要是财产税）难以满足州财政支出需要的环境下，密西西比州和西弗吉尼亚州第一次开征了一般性销售税。零售税（retail sales taxes，RSTs）帮助许多州度过了大萧条时期，甚至当财产税难以产生收入时，它可以带来财政收入。在第二次世界大战开始之前，这种税收迅速扩展到了美国几乎一半的州。战后，零售税收入为州公共服务的增加做出了重大贡献。从1947年到1998年，一般性销售税收入一直都是州税收收入中最大的单项税收收入来源。在1998年，销售税收入的地位才被个人所得税所取代。许多地方政府也课征一般性销售税，且在地方政府中，一般性销售税的重要性仅次于财产税，居第二位。在一些城市，零售税比其他任何税收收入都多。

选择性消费税在州政府与地方政府中应用广泛，但所产生的税收收入就少多了。美国所有的州都课征消费税，最常见的是对汽油、烟草产品、酒精饮料、公共设施和保险费所课征的税收。作为普查报告中娱乐业税种的一部分，对赌博课征的税收，在一些州意义重大（在宾夕法尼亚州、印第安纳州、内华达州、路易斯安那州和纽约州，超过了5亿美元），但它们的总体影响较小[①]。许多地方政府也课征选择性消费税，其中公共事业税的收入最多。

用于消费的商品和服务通常都需要经历几个生产过程，从原材料一直到使用者所需要的最终产品，在其中的每个阶段都由独立的经济单位来完成。图10-1对这种从原材

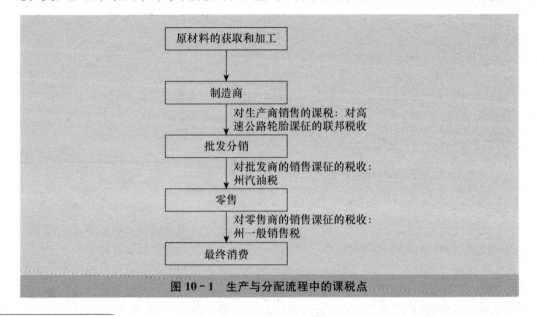

图 10-1 生产与分配流程中的课税点

---

① 这些是来自赌场消费的收入（对总收入、游戏设备的数量或者管理征税），它们不同于对赌场利润或财产所征收的税，也不同于对州政府经营彩票所赚取利润征收的税。

料的获取一直到消费者的使用流程进行了大致的说明。在每个阶段，都会进行买者和卖者之间的市场交易；而对于每种市场交易，都可以课征消费税。有些税种的设计会在流通中的多个环节课税，如总收入税、营业税和增值税。其他税种只对流通中的某一个环节课税，如制造、批发或者零售。只要不在单环节税收的构建过程中（在本章的以后内容中，还会对增值税做进一步的说明）进行特别规定，与所筹集到的财政收入相比，零售税所造成的经济损失是最小的，并且能够让公众清楚地明白他们实际的税负是什么。

单阶段税，特别是零售税，之所以会受到人们的青睐，有三个原因。第一，由顾客所缴纳的零售税使商品价格增长的幅度，很可能等于政府所收到的税收数额。多阶段税和在零售阶段之前所课征的税收，一般都是金字塔式或者瀑布式（pyramid or cascade）累积的。例如，任何在生产阶段课征的税收都被批发商看作自己成本的一部分。也就是说，如果批发商用了 1 500 美元和 10％的消费税从制造商那里购买了用于园林的拖拉机，那么批发商会将自己每台拖拉机的单位成本看作 1 650 美元。这样，当批发商再将拖拉机出售给零售商时，批发商会在这个成本的基础上再增加一个幅度，例如 50％，那么批发商向零售商索要的拖拉机的单位价款将变为 2 475 美元（1 650 美元加上 1 650 美元的 50％）。零售商也会进行相应的加价。当顾客最终购买这个拖拉机时，10％的消费税已使拖拉机的价格上升远高于 150 美元。这样，商品价格的增长幅度可能会远远大于政府所收到的税收的额度，并且实际税率远远大于宣称的 10％。但是，单阶段销售税就不会产生这种情况。第二，多阶段课税会涉及每个市场交易（买卖）。集团公司（例如，集生产、批发和零售于一体的公司）所需要的市场交易环节较少，因而可以降低商品成本中所包含的税收[①]。单阶段课税（特别是零售税）就会避免这种情况。第三，实行零售税，不会导致为了降低税基将生产过程中的交易环节恰好移至课税的前一阶段来进行。一般来讲，产品课税后所增加的总价值越大，税务机关所能课征到的税收越少。实行零售税，没有留下偷逃税的漏洞。然而，实行零售税，在一定程度上，确实会增加管理成本，因为零售商的数目比制造商和批发商都要多，因此税务人员就需要管理更多的纳税人。正是由于这方面的原因，由联邦政府和州政府共同对汽油、烟草制品和酒精饮料课征的许多选择性消费税，都是在制造商或者分销商层次课征的。这些税收常常应用于易于执行的特定税基，即在征税时，为商品支付的金额数量并不会决定负担的税款多少。税负是根据物理单位单独决定的。换句话说，每包卷烟都有着相同数量的 1 美元税收，而不论其是在哪个交易环节上被征收的：从制造者到经销商，从经销商到零售商，或者从零售商到顾客。如果税收被定义为交易价格的 10％，那就不会是这样的情况了。

10.1　公平问题

消费税的政策性难题是纵向公平问题。在不同时间和不同环境中所做的许多研究证据表明，在消费支出占家庭收入的比重上，低收入家庭高于高收入家庭。这对于总消

---

①　集团公司（integrated firms）的产品也要经历生产过程的各个阶段，但这是在公司内部的记账式交易，而不是买卖的市场交易，因此他们不缴纳税款。

费，及大部分支出类别都是真实的。消费税的公平问题由此产生：低收入家庭的实际税率（消费支出乘以法定税率再除以家庭收入）高于高收入家庭的实际税率。税负的分担是累退的（regressive）。表 10-3 显示了联邦消费税和明尼苏达州零售税与消费税的实际税率。这个模式事实上是所有消费税的代表，并且提出了税收上的难题。消费支出被认为是分配政府成本的合理基础，并且，基于消费的税收能够有效带来大量的财政收入。然而，分配模式是递减的。立法者必须在这类税收的收入能力与公平问题之间进行权衡。

表 10-3　　　　　联邦消费税与明尼苏达州零售税和消费税的实际税率

	联邦销售税（2007）（%）	明尼苏达州消费税（2008）	
		零售税（%）	州消费税（%）
最低收入	1.60	4.15	1.35
次低收入	1.00	2.7	0.65
中间收入	0.80	2.3	0.45
次高收入	0.70	1.85	0.25
最高收入	0.40	1.3	0.1
收入最高的 5%	0.20	1.1	0.1
收入最高的 1%	0.10	—	—

这些税收也引起了横向公平问题。消费者对总消费量及对特定产品的消费量都有着不同的品位与偏好。家庭收入群体内的消费模式的差异，造成了家庭所承担的仅基于偏好的实际税率的差异。因此，基于消费的税收除了引起纵向公平问题外，也引起了横向公平问题。这些问题对政策的要紧程度，取决于征收税收时的原因。当财政收入是主要原因时，政策问题是最大的。但是，正如后面章节所介绍的，并非所有的选择性消费税都是纯粹为了产生财政收入而征收的。对于非收入性的消费税，公平问题不那么紧迫了。

10.2　选择性消费税

选择性消费税会对不同的商品和服务课征不同的税收，使买卖这些商品和服务的人承担的税收负担，要大于反映纳税能力的一般指标（如收入、财富或者消费总额）所表示的数额。尽管这些消费税也会产生税收收入，但是，这些税收收入数额很小，在一般政府活动中很难构成一个主要税种。当然，由于这些消费税的课征都有特定目的，因此消费税的主要优点体现在其他方面。实际上，课征消费税的初衷就是要对各种税基区别对待，尽量按照人们行为的社会成本来课税。由于这种初衷，判断消费税是否有效，依据的标准至少在部分上是非收入效应，而不是课征税收的多少[①]。选择性消费税，因其税基相对狭窄，需要较高的法定税率以产生显著的收益。高税收楔子——顾客支付的价

[①] 关于选择性消费税的一般性最好的研究，参见：Cnossen, Excise Systems; and Sijbren Cnossen, ed., *Theory and Practice of Excise Taxation: Smoking, Drinking, Gambling, Polluting, and Driving* (Oxford, England: Oxford University Press, 2005).

格（包含税收）与卖者收到的净价格（去除税收）间的差异——使得偷漏税成为一个长期存在的问题，这是因为顾客与销售商都寻求获得节税优势。

奢侈性消费税

　　纳税人购买有些商品和服务，能够反映出其过高的纳税能力；对于这些商品和服务，政府通常会课征奢侈性消费税。奢侈性消费税试图让那些最有支付能力的人来负担政府成本，因此，奢侈性消费税的评估标准应当是一般税收收入政策标准（normal revenue policy standard）。如果奢侈性消费税可以筹集到大量的财政收入，它们就可以减轻财政收入对其他税种在税率方面的压力；但是，实际上却很少会发生这种情况。近来，联邦奢侈性消费税的课税对象是价格比较昂贵的飞机、汽车、游艇、毛皮和珠宝等。其中，除对汽车之外，对其他商品课征的消费税在 1993 年被废除了，汽车税则于 2003 年被终止①。

　　对奢侈性消费税的反对有以下几个方面：第一，课征这些税收扭曲了消费者和生产者的选择。因为消费税会使生产过程中的资源成本比率和消费者所面对的价格比率之间产生差异，因此，经济系统中存在不必要的经济福利损失②。购买者与销售者会因为税收而改变他们的行为，这也给他们带来了经济损失。（请回忆专栏 8 - 2 中关于税收的超额负担的讨论。）税收使得他们做出与自己偏好不同的选择。第二，也是在实际中更重要的，奢侈性消费税根据人们对应税商品的个人偏好来分配税收负担。奢侈性消费税向处于同一个收入阶层中的、对应税商品和服务具有较高偏好的人课征较高的实际税率。第三，有些消费税还存在管理问题。由于零售商很难将含有消费税的奢侈品和其他商品分开来进行销售，因此，通常会选择在制造商或者批发商层次课征奢侈性消费税。这就会遇到在零售之前的阶段进行课税的种种问题的困扰③。不仅如此，在应税商品的界定方面也出现了管理问题。例如，在美国有很多州都对软饮料课税，那么到底什么是软饮料呢④？对于饮料颗粒制品、仿橙汁、汽水和瓶装巧克力饮料等，是否都应当课税呢？酒精含量比较低的啤酒是否也是软饮料呢？用于兑水喝的浓缩果汁是否也应当和瓶装饮料一样课税呢？对于以上每种情况，税法的解释和适用方面都存在严重问题，必须通过分别定义来解决。这个过程会使税务机关的政策制定者们焦头烂额、疲于应付。相对于窄范围消费税所征收的收入，其征收成本常常是过大的。

　　尽管奢侈性消费税在政治上具有很大吸引力，但是它们并不是财政收入体制中强有力的构成因素。多数奢侈性消费税税收收入的增长速度都是比较缓慢的，这在很大程度上是因为它们是从量税，这种税收难以反映出商品价格变化的影响。这些消费税确实会带来税收收入，但是课税成本高昂。除了少数产业游说者（及这些产品的制造者）之外，还有谁会支持对奢侈品的购买呢？关于奢侈性消费税收入的重要程度，从下面的数

---

　　①　奢侈性消费税只对在起征点以上的交易数额课税。

　　②　John A. Tatom, "The Welfare Cost of an Excise Tax," *Federal Reserve Bank of St. Louis Review* 58 (November 1976)：14–15.

　　③　最近，联邦奢侈性消费税是在零售层次课征的。这就产生了一些问题，因为消费税只对商品价格中起征点以上的部分课税，这会为税收遵从的记录和执行增加麻烦。

　　④　这是一个奢侈性消费税的例子吗？大概是这样的，作为其他任何应税科目，它都说不通；作为奢侈性消费税来说，也很牵强。

据中可以看出：1992 财政年度，是废除对船舶、飞机、珠宝和毛皮的联邦奢侈性消费税之前的最后一个年度，该年度这些消费税的税收收入为 2 900 万美元，而同年，仅一项个人所得税的税收收入就要超过 4 750 亿美元[①]。

若税收以征集财政收入为目的，奢侈性消费税则不合格。

限制性消费税

限制性消费税（sumptuary excises）的课征是为了限制人们对某些商品的消费，这些商品对于消费者本人和全体公众来说都是不健康或者不安全的。最好的例子就是对烟草制品和酒精饮料课征的税收：消费者为这些商品向生产者所支付的价格，并没有反映使用这种产品的社会成本，以及滥用这些产品对人们的健康、财产和家庭所造成的危害[②]。更新的案例诸如在爱尔兰课征的塑料袋税（每个征收 1/4 欧元，这些袋子在这个城市已经大范围地消失），及在华盛顿特区征收的塑料袋税（每个征收 5 美分，结果使用的塑料袋更少了）。这些税收的课征可以弥补这些产品对社会所造成的外部不经济，而这些外部不经济现象在市场中是得不到反映的。[这些税收的课征可能也会包含道德因素，并且有时被称为"罪孽税"（sin tax），同香烟税和酒精饮料税一起，政府也会对博彩活动课征特别税收，并且这些税可能也被认为是限制性的征税。]对酒精饮料和烟草制品课征的消费税是美国最古老的税种之一。实际上，早期对美国新中央政府的一次考验就是发生于 1794 年的"威士忌事件"（the Whiskey Rebellion）[③]，这是一次针对联邦消费税的暴力（且不成功）挑战，最终被军事力量摆平[④]。如今的反税人士还会试着去对抗第 82 空降师（82nd Airborne）吗？要知道如今口头抱怨可比动真格的要简单也安全多了。

这些消费税应税商品的市场需求，对价格的变化是相对不敏感的，特别是在短期内。因此，这些商品的消费数量很少会因为税收的课征而出现变化[⑤]。立法机关之所以不课征非常高的禁止性税率，是因为它们还想通过这种方式来筹集财政收入。这样一来，就需要在对不良经济活动的限制和保持来自这种活动的财政收入之间取得平衡。对

---

① "Selected Historical and Other Data," *Statistics of Income Bulletin* 16 (Winter 1996 – 1997)：167.

② 研究表明，对啤酒课征过高的消费税，可以大幅减少交通事故中死亡的年轻司机的数量（在 1982—1988 年，减少的死亡人数为 1 660）。参见：Michael Grossman, Frank J. Chaloupka, Henry Saffer, and Adit Laixuthai, "Effects of Alcohol Price Policy on Youth," National Bureau of Economic Research Working 4385, Cambridge, Mass., 1993.

③ 根据 1791 年财政部提出的《国产税法》，美国联邦决定对酒类制品征收 25% 的消费税，每加仑威士忌酒征收 9 美分至 25 美分。这一税率虽不算重，却遭到西部农民的坚决抵制。因为当时西部交通不便，威士忌酒不仅是当地农民处理余粮的主要方式，而且还在交易中充当货币使用。但实际上直至 1800 年，国产税不过占联邦收入的 10% 左右，政府财政的主要来源是关税。1794 年，联邦财政部决定增加关税以及酒类税收，这最终导致宾夕法尼亚州西部农民的抗税起义，该起义后被镇压。——译者注

④ 存在一些关于这一税收的严重问题，其中一个事实是，大的威士忌生产商（华盛顿总统是其中之一）每加仑的税收比小生产商要低很多。它还要求现金支付，并且那时候的美国西部（指的是宾夕法尼亚州西部，一个叛乱的温床）正现金短缺。现金在前线十分短缺，以至于威士忌不仅用于饮用，也用来充当货币。

⑤ 从长期来看，香烟税的增加确实对吸烟者的数量和每位吸烟者所吸的烟数都有影响。例如，税务联合委员会估计"[联邦]卷烟消费税从每包 0.39 美元增加到每包 1.00 美元，在 2017 年吸烟的人数将减少 190 万。我们进一步估计，那些吸烟者将减少 4% 的香烟消费。" Staff of the Joint Committee on Taxation, "Modeling the Federal Revenue Effects of Proposed Changes in Cigarette Excise Taxes," JCX-101-07, Washington, D.C., October 19, 2007.

于限制性消费税税率的适度提高，消费者的反应通常会比较冷淡；但销售商会抱怨因此所导致的非法竞争问题（来自未纳税商品的非法竞争）。酒精饮料的非法私酿一直以来都是一个问题。解决这个问题的一个办法，就是在生产阶段对已经纳税的商品粘贴税票。这样就可以将消费税提前征收。税务机关只要检验一下商品的税票，就可以确定这种商品是否已经缴纳了税收。此外，美国各州之间的消费税税率差距悬殊，这就增加了控制偷逃税款行为的难度①。当一个国家或地方课征的这类税收显著高于邻近管辖区时，这种价格差异会引起大量跨境购物，并且会失去大量的期望从高税收中得到的收入。税票在确定已对零售商存货征收税款方面十分有效，但无法管制为了获得个人供应品而跨境采购的人们②。

但是，只要在限度之内，消费税在筹集财政收入的过程中，是可以尽量减少公众反对的。这种反对通常来自生产商而非消费者。只要这些商品的生产者不是集中在国会议员的家乡选区，国会议员就会尽量避免对这些产品制造商的公开支持。在一些州中，烟草生产在经济中有举足轻重的地位，烟草税跌到了历史最低，生产者的政治重要性可见一斑。一般来说，物品的购买者更有可能承担税收，但是如果税率低于其他地区，当地的生产者就能在市场上获得竞争优势。

对限制性消费税的反对意见通常有三种：第一，这些应税商品的市场需求对价格的变化通常缺乏弹性。因此，这些税收对这些商品的销售数量在短期内难以产生作用。而这种税收可能会使人们为了纳税而减少对有益经济活动的消费。（人们有时候会举极端例子，有些人在支付了酒精饮料的税收之后，可能就没钱为自己的孩子买牛奶了！）然而，当生产者和消费者有更多的时间调整时，对更高税收的反应程度就会显著了。第二，这些消费税可能会使低收入家庭的绝对税负较重，且可能家庭收入越低，实际税率越高。别忘了，这种消费税的课征是以人们的偏好为基础的。因此，滴酒不沾的百万富翁所缴纳的酒精饮料税收可能会比酷爱威士忌的体力劳动者还要少。第三，由于这种消费税是从量税（而非从价税），也会产生一些问题。尽管税制的这种设计不无道理，因为，与这些商品中所包含的社会成本相关的是消费的数量，而不是消费的价值，但是，这确实会对低价位品牌的商品和购买这些商品的消费者构成歧视。如果对每加仑蒸馏酒课征的税收为 10 美元，那么对于每 1/5 加仑的酒来说，售价为 6 美元的酒所负担的实际税率要高于售价为 10 美元的酒。如果购买低价位品牌的消费者又来自低收入阶层，问题就更严重了。此外，消费税实行从量税，还掩盖了税收与净价格之间的实际比率，而这种比率实际上经常是比较高的。事实上，无论是从价征收还是从量征收，对价格竞争都有影响。专栏 10 - 1 就举了这样一个例子。

专栏 10 - 1　作为竞争武器的税收：无烟烟草

各个州都对湿润性无烟烟草（moist smokeless tobacco）征收消费税。从 2006 年 1 月开始，43 个州根据产品的批发或制造商的价格（从价计征依据）征收税款。其他州

①　关于这个问题，参见：Advisory Commission on Intergovernmental Relations, *Cigarette Tax Evasion: A Second Look*, Report A-100 (Washington, D. C.: Advisory Commission on Intergovernmental Relations, 1985).

②　2009 年，香烟、手工卷制的雪茄烟、烟丝、小雪茄和大雪茄的联邦税收差异，为其替代品市场带来了巨大的变化。Government Accountability Office, *Tobacco Taxes: Large Disparities in Rates for Smoking Products Trigger Significant Market Shifts to Avoid Higher Taxes*, GAO-12-475 (Washington, D. C.: Government Accountability Office, April 2012).

从量课征税收。

一个公司，UST，历来几乎拥有整个产品市场，并对其收取溢价。最近，竞争对手研制了低价产品，UST 因此失去了那些产品的市场份额。伴随此项研制，从价税给 UST 带来了一个问题。该公司在其年度报告中描述了这个问题：

> 从价计征税收的方法，可以将高级品牌的应付税款，提高到比依价值定价格品牌的应付税款更高的程度，这进一步加剧了高级品牌与依价值定价格品牌的价格差距。*

因此，UST 开始努力在州议会中将从价税转变为从量税（单位税）。这将消除这种税收局面，否则便会把 UST 产品置于一个额外的价格劣势。当然，低价品牌大力游说议员保留从价原则。

斗争仍在继续。

* UST Inc. Annual Form 10-K Report for 2005，p. 9.

资料来源：Stanley R. Arnold, "Tax Law as a Competitive Weapon," *State Tax Notes 42*（October 16, 2006）：189-191.

受益性消费税

受益性消费税（benefit-base excises），主要是指与运输相关的税收，作为公共物品的一种准价格形式[1]。由于对高速公路的使用通常都会包括对汽油的消耗，因此，对购买的燃油课税大体相当于对高速公路的使用课税。这种税收可以向道路的使用者分摊成本。与向街道、道路和高速公路的使用者直接收取使用费相比，这样课税的管理成本是比较低廉的。因此，燃油税就成了价格的一种替代形式。但要确定大卡车和小汽车之间的关系确实会存在困难，对它们使用高速公路所增加的成本难以计算，更难以将这些成本和汽油的使用联系起来。但是这种税制的运行，通常会将高速公路的运营成本更多地分摊给对高速公路使用更频繁的人[2]。要以受益为基础进行课税就要求被征物品与补贴的公共物品之间有很强的对应关系。机车燃油税是这种关系的一个典型例子。

此外，还有一些其他问题：燃油税的税收收入是否只能用于高速公路的建设和维护；由燃油税所形成的基金是否应当被用于所有交通设施（包括高速公路和大众交通设施）；在财政预算中，燃油税的税收收入是否应当和没有被指定用于交通设施的其他财政收入形式同等对待。对于这些问题，都还没有明确的答案。但是，如果不将由燃油税所形成的财政收入用于交通设施的话，燃油税也将面对和奢侈性消费税相同的指责。因此，对燃油税的评价将会放弃受益原则，转向以支付能力为评价基础。另外，如果由燃油税所形成的财政收入只用于高速公路，必然会在整个交通系统中形成对高速公路的严重倾斜。在大多数欧洲国家，机车燃油税很高，由此产生的收入往往不只用于公路，它

---

[1]　在本书第 11 章中，我们会对联邦政府将一些消费税作为使用费（user charge）来课征的情况进行说明。就发生率来说，一项研究发现，联邦汽油税的负担在消费者和汽油批发商间平均分配，州汽油税由消费者负担。Hayley Chouinard and Jeffrey M. Perloff, "Incidence of Federal and State Gasoline Taxes," *Economic Letters* 83（2005）：55-60.

[2]　如果有的车辆使用了电能等其他能源，还会产生新的问题。

作为环保策略的一部分，降低了汽车相对于公共交通工具的吸引力，而不是被当成"用户支付"的方式来为公路筹集资金。在美国，尽管联邦政府、各州政府和一些当地政府也会征收汽油税，但相较欧洲，总的税率已经低很多了。

以高速公路的受益原则为基础的燃油税，应当是从量税。因为，对高速公路所提供服务的使用数量，是和所使用的燃油数量相联系的。但是，如果燃油税是从量税，这就意味着，在通货膨胀期间，燃油税基金将面临高速公路的建设和运营成本大幅上升的巨大压力。在美国，有些州试图使燃油税的定额税率与当前汽油价格的变化相联系，从而避免提高法定税率的需要。这样一来，汽油的价格越高，燃油税的税率也会越高①。但是，从长期来看，这种方法其实也难以奏效。因为在物价下降的时期，税收收入会大幅减少，价格的波动会给收入带来很大的不确定性。相比之下，若将税率与一般通胀指数或是公路的使用和维修成本联系在一起，税收收入更有长期保障。

不过，受益性的机车燃油税很难一直存在下去。随着汽车越来越节油，一贯的按加仑数计算的税率，将不足以维持公路的使用和维修，而美国的立法者又对抬高燃油税税率慎之又慎②。此外，随着混合动力汽车、电力汽车和使用进口油的汽车越来越普及，传统的机车燃油税变得和公路的使用越来越不相关。所幸的是，如今的技术已经允许直接向公路的使用收费。计量行驶的距离、时间和地点已经成为可能，如果为高速公路提供资金的是使用者而不是一般纳税人，那么它们之中的某一项指标就可以代替燃油税作为征税的标准③。燃油税将不会再发挥作用。更多关于向用户收费的讨论，我们将在第12 章中展开④。如果保留机车燃油税，将会是为了保护环境而鼓励碳氢燃料的使用（这就是它们在欧洲的用途），而不再作为为公路收费的替代方式。

规制性环保消费税

像限制性消费税一样，有些消费税种也可以提高资源的使用效率，但其中可能不包括像限制性消费税中的道德因素考量和明确的以筹集财政收入为目的。规制性消费税（regulatory excises）就是这样的一种税收，如排污税（对排放破坏臭氧层的化学物质课征的一种税收）；又如高耗油税（the gas guzzler tax），它对不能生产节油型汽车的汽车制造商进行惩罚⑤。这表明，制造污染的人必须要为自己的污染行为付出代价，这种污染行为应当受到制止和惩罚。正如我们在第 8 章中所描述的那样，排污税试图使买卖双

①　关于州燃油税问题和不同税率结构的详细分析，可以参见：John H. Bowman and John L. Mikesell，"Recent Changes in State Gasoline Taxation：An Analysis of Structure and Rates," *National Tax Journal* 36 (June 1983)：163–182.

②　提高税率以适应较低的汽车燃料需求量，不会自动解决这个问题，因为更高的税率也会影响汽油的购买。最近的一项研究发现，汽油价格每加仑增加 1 分，消费量会下降 0.2％。Antonio M. Bento et al.，"Distributional and Efficiency Impacts of Increasing U. S. Gasoline Taxes," *American Economic Review 99* (June 2009)：667–699. 正如预期的那样，税基是税率的一个函数。

③　一些汽车保险政策的基本保费，是以检测到的行驶英里数和一天驾行的时间为依据。因此，以此为基础对公路使用收费在技术上是可行的。和许多合理的财政工具一样，这些障碍只是政治上的。

④　The Congressional Budget Office reviews some options in *Alternative Approaches to Funding Highways* (Washington, D. C.：Congressional Budget Office, 2011).

⑤　高耗油税主要适用于非常昂贵的进口产品。它不包括国内主要的燃油机车——大卡车和 SUV 轿车——相对于环境原因，设计可能更多的是为了给国内车辆提供一些保护。汽油税可能比高耗油税更有促进燃料节约的潜力。

方都能意识到自己行为的全部社会成本。在"绿色税收"的采用上，美国要远远落后于欧洲。"绿色税收"就是要让污染者对自己的污染行为强加给别人的成本承担责任。一些环境税的支持者认为这种税可谓一箭双雕。首先，征收环境税可以纠正污染物造成的外部性的、未纳入价格中的危害。其次，环境税带来的收入可以用于代替其他可能会引起经济效率损失的税收。因此，环境税的好处不仅仅体现在一个方面，而是一举两得。

在如今的美国，最富争议的环境税是碳税（carbon tax），它的目的在于提高人们和企业对引起全球变暖的碳排放的重视程度。自 20 世纪 90 年代以来，碳税开始在丹麦、芬兰、挪威和瑞典征收，2008 年，不列颠哥伦比亚省也开始征收这种税，因而已经有一定的经验可以借鉴。碳税被运用于所有的化石燃料，征收的额度与每一种燃料排放的二氧化碳成正比。一种燃料的碳排放越多，适用于它的税率也就越高。每单位燃料所含碳越多，税率就越高。在不列颠哥伦比亚省，每升汽油要缴税 2.34 美分，每升柴油则是 2.69 美分[1]。这种税的设计理念是根据不同燃料的碳排放来征税，这样每种燃料都会有不同的法定税率。征收这种税的目的在于，使人们意识到碳消费会破坏环境，从而改变他们的行为，至少是为其损害环境的行为付费，如果能减少其破坏环境的行为则更好。

这就产生了一个很大的问题：环境税收的税率应当规定为多少呢？欧洲人更愿意利用市场来对这些污染行为进行矫正，并通过收集到的市场反馈信息，对税率进行调整[2]。而美国人仍然坚持使用已经过时了的行政命令和控制机制来对这个问题进行处理，而不是制定合理的环境税税率，然后让市场进行自我调节。当然，仍然有美国人否认气候变化问题的存在，因此，我们必须改变已经过时了的行政命令和控制机制。

其他消费税

此外，还有一些杂项消费税。为了筹集财政收入，对正处于发展过程中的国内厂家进行保护，经常需要对进口商品课征选择性消费税，即关税。有些消费税的用途比较狭窄，经常被用于为调研活动和商业促销活动融资，如通过营销委员会进行运作的农产品消费税，用来促进旅游业发展的临时住宿消费税。具体的消费税通常是有专项用途的。例如，对一些儿童疾病疫苗课征的消费税形成了联邦疫苗伤害补偿基金，对垂钓用具课征的联邦消费税被用于支持猎用鱼恢复计划。但是，所有这些选择性的消费税成功的基本标准都包括："销售量大、生产厂家少、需求缺乏弹性、易于界定、没有近似的替代形式（除非这种替代形式能够被纳入税基）。"[3] 符合所有标准的选择性消费税真是少之又少。

---

[1] Brett Borsare, "A Canadian Carbon Tax Blueprint for U. S. States," *State Tax Notes 52* (June 8, 2009)：817-822.

[2] 如同其他选择性消费税，碳税可以在生产消费链条的不同点上征收：石油和天然气井、煤矿和进口商的上游，炼油厂、电力公司和天然气管道的中游，或车辆、家庭、商业建筑和工业的下游。Jonathan L. Ramseur and Larry Parker, *Carbon Tax and Greenhouse Gas Control：Options and Considerations for Congress*, CRS Report for Congress, Order Code R 40242 (Washington, D. C.：Congressional Research Service, February 23, 2009), 25.

[3] Cnossen, Excise Systems, 9.

10.3　对商品和服务的一般性课税：零售税和增值税

在收入之外，消费是在私人经济的各部分中对政府成本进行分担所依据的一个一般性基础。许多人认为，改变税制过度依赖个人所得税和公司所得税的状况，将会是一项很好的公共政策。这种主张主要强调以下两点：

（1）**促进经济增长**。将税基从收入转向消费，"可以缩小储蓄的税前收益和税后收益之间的差距，因为这种差距会鼓励纳税人进行消费而不是储蓄，因此缩小这种差距会促进储蓄，从而使经济增长的路径向上移动"[1]。与即期消费相比，留到将来再进行消费（储蓄）不会受到惩罚。而储蓄水平提高，又会提高资本形成率、劳动生产率和人们的生活水平。

（2）**促进基本公平**。对于政府成本的分担来说，消费是比年均收入更加公平的一个指标："……当每个人对自己的纳税能力进行估测时，考虑到自己目前的状况和未来的前景，每个人都会选择以自己的生活费用为度量的指标。因此，以自己的实际支出能力为基础的税收，会根据每个人的支出能力来课税，这就是每个人为自己所选择的纳税能力指标。"[2] 看来，将人们购买私人商品和服务的能力作为市场经济中对政府总成本进行分担的标准，是比较合适的。与黑格-西蒙斯的"所得"概念相比，这种公平措施衡量的是实际消费，它等于没有财富扣减的最大潜在消费可能。

一般销售税可以进行直接课征，其管理体制与当前所得税的申报程序和课税结构大同小异；也可以进行间接课征，作为一种基于交易的销售税，既可以按照增值税进行多阶段课征，也可以根据零售税进行单阶段课征。这三种管理体制都是在经济上相同的对消费课税的方法。

直接消费税所使用的消费定义为：个人收入减去个人储蓄等于消费。因此，如果一个家庭在一年中的收入为 75 000 美元，储蓄为 35 000 美元，那么这个家庭的消费将为 40 000 美元，这也是直接消费税的税基[3]。不过，目前还没有哪一家政府采用这种税制。这可能是因为在储蓄的界定和申报方面还存在一些问题。但是，由于联邦所得税收体系中有一些鼓励储蓄的规定（名目繁杂的退休储蓄计划、对医疗储蓄账户的规定、对教育储蓄的规定等税收利好），现在的联邦税收通常被认为是一种所得-消费混合税，而非单纯的所得税。一些消费税的支持者认为，有一种最简单也是负面影响最小的方式，将联邦税收体系转变成单纯的消费税，那就是大大增强现有体系中对于储蓄的偏好。换句话说，直接税的征收可以建立在现有的基础上，而间接征收的方式却无法做到这一点。

此外，还有两种税制可以对消费课征间接的、基于交易的（例如，不进行个人纳税申报的个人购买行为或者"柜台交易"）一般销售税。这两种税制分别是零售税和增值

---

① S. Cnossen and C. Sanford, *Taxing Consumption* (Paris: Organization of Economic Cooperation and Development, 1988), 32.

② Nicholas Kaldor, *An Expenditure Tax* (London: Allen and Unwin, 1955), 47.

③ 关于这种税制更加详细的分析，参见：Laurence S. Seidman, *The USA Tax: A Progressive Consumption Tax* (Cambridge, Mass.: MIT Press, 1997). 多年来周期性出现的单一税的建议，在一定程度上，常是出于消费课税的思路。

税。零售税是美国（和加拿大）的模式①。增值税是几乎所有工业化国家中央政府所采用的模式，这些国家包括：除美国之外的所有 OECD 国家、拉丁美洲的所有国家、原苏联地区的所有国家、欧盟成员国或者想加入欧盟的所有国家（这是成为欧盟成员国的要求之一）②。这些税可以是价内税也可以是价外税。专栏 10-2 解释了这两者的差异，也表明了如何在这两种税率制定方式间转换。

专栏 10-2　不含税价和含税价

许多去欧洲旅游的美国人很吃惊地发现，自己在欧洲购买的商品没有加入销售税；这就像到美国来的欧洲人发现自己在美国所购买的商品被加入了税收而感到吃惊一样。这两项交易中都含有销售税，但是，零售税在传统上是无税定价（tax-exclusive pricing）的（"价税分开"或在收银台结账时再将税款加上）；而增值税在传统上是含税定价（tax-inclusive pricing）的（商品标签上的标价中就含有增值税）。但是，也有一些例外。例如，一些欧洲旅馆和汽车租赁机构的报价中就不包含增值税，只是在最后交易时再将税款加上；美国的售货机通常是按照含税价销售商品的。但是一般来说，美国的零售税是在收银台结算时再加入的；而增值税则包含在价格之内。这两种税收概念对此都没有要求，但是税法对此通常都有规定*。它们都是销售税，且都可在两种方法之间切换。加拿大的增值税——商品与服务税，是在购买环节被加上的，所以此处的报价不包含增值税，就像美国的零售税一样。

税法要求的可能是含税定价或者无税定价，不过它们之间的转换其实很简单。如果 TE（the tax-exclusive rate）表示无税标价的税率百分比，TI（the tax-inclusive rate）表示含税标价的税率百分比，那么，二者之间的关系如下：

$$TI = TE/(100 + TE)$$

和

$$TE = TI/(100 - TI)$$

因此，20% 的无税标价的增值税税率相当于 16.7% 的含税标价的税率。15% 的含税标价的增值税税率相当于 17.6% 的无税标价的税率。

哪一种税收更隐蔽一些呢？在购买时，要缴纳的增值税和零售税都不需要隐蔽起来。在许多欧洲商店收银台的收据中，会指出你这次购买缴纳了多少增值税，将购买的物品的标价中所含税收显性化；就像在美国，收银机显示的收据底部会告诉你缴纳了多少零售税一样。其中唯一的不同在于：美国的收据将销售税作为应付金额的一部分来计算；而在增值税的收据中，增值税是在付款总额中单独列出的。并且收据上的增值税总额可能比零售税总额更精确：零售税比增值税从税收中完全排除的营业投入少，因此，毫无疑问地，所有交易支付的零售税都嵌在价格中，并且在零售税结算单中没有得到任何显现。这使得增值税比零售税更透明。

---

① 不列颠哥伦比亚省、萨斯喀彻温省、魁北克省和马尼托巴省征收省级零售税。阿尔伯塔省及其自治领没有征收自己的销售税。其余各省征收的消费税和国家商品与服务税相协调，并由加拿大海关和税务局管理。

② 非洲国家和原苏联地区中的一些地方政府也使用销售税。几年来，它是俄罗斯联邦地区政府重要的收入来源。

指责增值税是隐形税收的美国政治家和评论家，并没有去过美国以外的地方，一定没有费心去看他们在欧洲或加拿大购物时给的收据，或者是在撒谎。或者可能由其他人来为他们买单，所以收据对他们不重要。想知道你今年缴纳了多少个人所得税，要比知道你缴纳了多少零售税或者增值税简单得多。然而，因为你必须在年底前提交一份所得税申报表，你才能更容易地看到你的总税负。当然，需要再次强调的是，你必须看过才能知道。

* 20世纪30年代，在大萧条最困难时期，当美国一些州要采用销售税时，应销售商组织的要求，通过了价税分开标识的法律。因为这样一来，零售商就不用在加入这种税收时承担涨价的责任了。另一方面，在20世纪90年代后期，当俄罗斯开征地区性销售税时，国家通过法律要求将销售税包含在商品标价中，以与增值税的传统保持一致。当几年后地区性销售税被取消时，人们都很关心税收将终止，但是商人并没有因此降低它们的价格，而是将本来会被政府拿走的部分，装进了自己的口袋里。

〰〰〰〰〰〰〰〰〰〰〰〰〰〰〰〰〰〰〰〰〰〰〰〰〰

两种税都能够在尽可能少地扭曲生产和消费决策的情况下，对家庭的消费进行统一征收。但是两者在如何完成这一目标的方式上却不尽相同，而且在实践中，它们能够做到一致、普遍、不扭曲的程度也不一样。美国零售税通过只对整个生产–分配过程中的最后一个环节课税，从而作用于家庭消费。课征于更早的购买阶段的税收，由于各种税收抵扣而予以免征。当一个企业购买投入品时，它就提供了这种免税证明，且供应商不适用这项税收。增值税会对生产分配过程中的每一个环节课税。但在通常运用的过程中，除了最终顾客之外的其他购买者所缴纳的税收，都可以从企业为销售所缴纳的税收中获得抵扣。因此，如果这两种税制运行正常的话，它们对除了最终家庭消费者之外的所有交易都给予了税收抵扣；这两种税收的不同在于其管理机制。由于管理机制是一种税收的核心内容，而且也是两者最明显的区别，因此，接下来我们会对这两种税收管理机制进行详细的说明。

与直接税相对，间接税很难根据纳税人的特殊情况做出个性化的调整。换句话说，如果遇到申报期间家庭成员人数改变或发生一些特殊事件时，直接税可以通过定期的申报程序对征收进行调整。而以一笔笔交易为基础征收的间接税则比较不人性化，并且不能根据类似的情况进行调整。不过对于特殊的交易也有例外（譬如，对食品的消费就有优惠税率），但这种优惠对所有人都一视同仁，无法顾及每个人的具体情况。正是由于无法定位与限制，间接税提供的优惠更加低效，纳税人不论境遇如何，都可以享受这些优惠。

10.4 零售税

美国的零售税有三个基本特征。所有零售税都是对"所有商品或者大部分商品的销售或者由销售所导致的部分（如收入）课征"的从价税①，所有零售税都存在对再次销售的商品免税的机制，所有税制都鼓励对每次交易中的税收分别申报（税收在购买时被额外加上，而不是包含在货架上的标价内，因而税收不包含在需要课税的总收入中）。

---

① John F. Due, *Sales Taxation* (Urbana: University of Illinois Press, 1957), 3.

在美国，除阿拉斯加州、特拉华州、蒙大拿州、新罕布什尔州和俄勒冈州之外的所有州和数以千计的地方政府（包括阿拉斯加州的许多地方政府）课征零售税。零售税在美国州税收总收入中的比重大概会超过 1/3；在地方政府中，零售税仅次于财产税，居第二位，在地方税收总收入中的比重有时候会超过 10％[1]。

2009 年中期，州零售税的税率在 2.9％（科罗拉多州）～7.25％（密西西比州和罗得岛州）之间。有 23 个州的税率为 6％或者更高。在美国的许多地方，由地方政府为市、县、运输区和其他特殊地区骑背式课征的各种税率，都会导致总税率的提高。例如，在纽约市，对零售商品所课征的 8.875％的税率就是由以下几部分所构成的：4％的州税率、4.5％的市税率和 0.375％的都市公共交通区税率。在芝加哥，州政府的税率加上地方政府的税率等于 10.25％其中包括 6.25％的州级税率、1.75％的库克县税率、1.25％的城市税率和 1％的区域交通税率。向州政府纳税的通常是零售商，类似于图 10-2 中的弗吉尼亚州的纳税申报表，可以用于一定时期（如年、季度、月）中的所有这种交易。这里所说的州纳税申报表中也包括地方税收，因为在弗吉尼亚州，地区税收也是由州政府管理的[2]。在纳税申报期间，零售商要就自己的每一笔销售缴税；纳税申报表中所包括的所有交易都要提交给政府来审核。上报收入情况从零售商的总销售额开始，那些不予征税的销售额应予以扣减之后，才得到应缴税的销售额。应缴纳销售税的金额，以上报的应税销售额为基础计算而得。

图 10-2　弗吉尼亚州销售和使用税纳税申报表

资料来源：Virginia Department of Taxation, Sales and Use Tax.

---

① 对于一般销售课税比较标准的参考文献有：John F. Due and John L. Mikesell, *Sales Taxation*, *State and Local Structure and Administration*, 2nd ed. (Washington, D. C.：Urban Institute, 1994). 并不是所有的州消费税都在本州的法律中使用这一名称。例如，新墨西哥税收被称为总收入税（gross receipts tax）。然而，它有着零售税的基本特点，那些不是真正总收入税的特点，就像华盛顿州的商业和职业税或俄亥俄商业活动税一样。新墨西哥州也暂停了商业采购并将增加的税收纳入价格，而总收入税却不是这样。

② 一份关于税收的研究报告，您可能会感兴趣：弄清楚某种税收是如何工作的最好方法之一，就是取得一份纳税申报表，并且亲自进一步计算纳税义务。当法律、规章和指令不起作用的时候，这种方法有助于弄清它们。

销售税制需要两个比较特殊的评估标准：一致性（uniformity）和中性（neurali-ty）①。第一个标准认为，销售税应当对各种不同消费者的支出课征具有一致性的税收。因此，这种税制应当使最终消费者承担税负；如果没有其他必要的原因，对所有消费支出都应当课征相同的税率；课税对象应当是消费者实际支出的数额。第二个标准认为，为了避免造成经济效率损失，销售税不能影响各种分销渠道、企业的运作方式和组织形式之间的竞争。这些选择不能因为课税而遭到扭曲。如何使销售税达到一致性和中性——并且尽量保持公正、要求销售税要筹集到税收收入——并不是一件简单的事。关于非零售交易、税收豁免的公平问题、服务的应纳税和对跨州交易的税务处理等内容，接下来会做进一步说明。

对生产商外购商品的扣除（exclusion of producers' goods）

企业的购买行为是一个很有诱惑力的课税领域。如果销售税的课税范围扩大，将企业的购买活动也包括进来，会使销售税的总税基扩大。因此，如果对企业的购买活动也课征销售税，同样的法定税率就可以筹集到更多的税收收入；而且对于个人采购来说，很大一部分这种税收负担还会变成隐性的。企业的购买行为并非消费，但是，不需要采用高税率就可以筹集到大量财政收入的诱惑力是很大的：企业的购买活动在销售税税基中的平均比例将达到40％左右②。如果企业必须要就自己的运营投入（原材料、日用品、公用事业、机械设备、建筑物等）纳税，企业的成本就会上升（成本等于投入价格加上支付的税款），导致消费者所购买的商品的价格也会因投入品的税收而上涨。但是，消费者很难分辨出生产商所承担的销售税对商品价格的潜在影响，这显然违背了透明度原则，并成为造成经济行为扭曲的一个原因。如果不将生产商所购买的商品从销售税税基中扣除，销售税在消费者支出中就不能保持一个统一的比例（因为有些消费品的生产，需要生产商购买比其他消费品更多的商品）；销售税影响了生产方法的选择（因为这种税收会使资本品变得更加昂贵）；由于这种税收提高了新设备的税后价格，因此，这种税收还可能使企业推迟对旧设备的更新。而且，由于企业内部的生产成本不需要课征销售税，因此这种税收会促使企业选择自己生产所需要使用的产品，而不是外购。总之，为了确保经济效率与公平，避免阻碍工业发展，生产商所购买的商品应当从销售税税基中扣除。

美国各州很少会对零售阶段之前的购买行为所产生的税收进行豁免。但是，各州会对下列商品免税：买来用于再次销售的商品、用于再次销售的产品构成部件（例如：汽车制造商购买的用于安装在将被出售的汽车上的轮胎）、直接用于生产的商品（例如：面包店购买的面粉）。生产商所购买的许多商品（如燃料、固定资产、工具、家具和机器设备等）通常会保留在税基中，尽管从理论上看，这些商品应该被排除在外。虽然购买商品的含税价格成为业务营业成本的一部分，进而包含在出售价格中，但该商品的采购仍被视为最终消费。但对这些物品课税会抑制企业投资，会使美国企业在国际竞争的

① Due, *Sales Taxation*, 351-352.

② Raymond J. Ring, Jr., "Consumers' Share and Producers' Share of the General Sales Tax," *National Tax Journal* 52 (March 1999)：79-90；and Robert Cline, John Mikesell, Tom Neubig, and Andrew Phillips, "Sales Taxation of Business Inputs：Existing Tax Distortions and the Consequences of Extending the Sales Tax to Business Services," *State Tax Notes 35* (February 14, 2005)：457-470.

386

成本方面处于劣势，使各种消费的实际税率不尽相同。然而，立法机关并不愿意将企业从税基中排除出去，即使这样做，企业也几乎一定会将这些税收成本转嫁给个人消费者。

那么如果企业的购买都要缴纳销售税会怎么样呢？图10-3说明了在这种情况下税收如何呈现金字塔式的结构及其影响，它将常见的州销售税与理想的销售税进行了对比。两者之间的区别在于：理想的销售税只对家庭消费者的购买征收，而典型销售税同时还向企业的购买征收。在理想的状况下，所有的企业购买无须缴税，而现在的典型情况是，除了以再售为目的购买的存货和直接生产过程中的企业购买可以免于缴税，其他的都必须缴税。在这个例子中，有三个企业：一个计算机生产商、一个电器制造商和一个电器零售商。计算机生产商将计算机卖给零售商和电器制造商。出售给电器制造商的计算机中有的是用于行政工作，有的则用于生产过程。该州对应纳税销售额制定的税率为5%。在一般情况下，整个商业过程从100万美元出售给家庭消费者的销售额中产生了58 000美元税收，也就是说实际税率为5.8%，而不是法定的5%。之所以会产生更高的实际税率，是因为卖给制造商和零售商的销售额中，有16万美元也要求缴税，这些电脑的成本将会包含在最终产品的价格中，因而那部分计算机的价值等于被征了两次税——第一次在企业购买它们的时候，第二次在那些企业的最终产品出售给家庭消费者的时候。这就是销售税为何呈现金字塔式的原因。

销售至	销售者			销售税（法定税率为5%）	
	计算机制造商	电器制造商	电器零售商	典型的*	理想的**
电器制造商					
用于生产线的计算机	50 000			—	—
用于管理的计算机	150 000			7 500	—
电器零售商					
用于管理的计算机	10 000			500	—
电器		800 000		—	—
家庭消费者			1 000 000	50 000	50 000
支付的总销售税				58 000	50 000
支付的有效税率				5.80%	5%

图10-3 零售销售税收积累：典型的与理想的

* 典型的：豁免所有商业采购的用于直接生产过程的存货与仪器。
** 理想的：豁免所有商业采购的投入品。

金字塔式的销售税会产生一系列的问题。第一，家庭消费者购买商品的实际税率各不相同，这取决于产品被生产的方式。那些需要更多应税投入的产品，会承担更高的税负。这将扭曲消费者和企业的行为。第二，企业会因此而产生纵向一体化的人为动机。在前面提到的例子中，一家同时生产计算机和家用电器的企业就具有经济优势，因为它在生产家用电器时，可以不用缴纳销售税就获得行政管理所需的计算机，而一家没有一体化的企业，在公开市场上购买计算机时，就需要缴纳销售税。第三，在那些只有少部分企业购买可以免于缴税的州，企业在州际和国际的竞争中将会面临明显的劣势。因为税收使他们面临更高的生产成本。第四，法定的（或者说是公开宣称的）税率低估了真实的税率。在这一例子中，法定的税率为5%，而家庭消费者购买的真实税率为5.8%。这违反了很重要的透明度原则，那就是纳税人需要明确他们到底付了多少税。在这个例子中，当立法者宣称他们的国家销售税税率为5%时，他们并没有确切地说出实情。尽管隐藏税收对政客们很有吸引力，但仍然很难弄明白为什么立法者想要通过对业务投入征税来阻止商业投资。

零售税通过对某些交易的暂停征收，从而将这些交易从纳税体系中排除。图10-4显示了由税收委员会准备的、用于其几个成员州的一份零售税豁免证书。当一个企业出于免税目的而购买了一项或者一些物品，譬如购买用以再售的存货或是生产设备，它就会向卖者提供这样一个证书。这使得这一销售行为不被征税。一般来说，销售行为都是应纳税的，除非有这样一个证书允许税收免征。在一个申报期间，这种可免税的销售额的积累会在卖者的纳税申报表上体现（见图10-2）。在税务当局审计该企业时，必须提供这种由购买者签发的免税证明文件，才能使原本应纳税的物品得以抵扣。在美国，根据各州法律规定的免税范围，有各种各样类似的证明。当州对政府和非营利组织的消费免征消费税时，他们会为此提供类似的证明。

一般销售 & 使用税税收豁免证书——多重司法管辖权

以下所列州已表明接受此种形式的证书。因这些可能会不时改变，发行者与接受者有责任确保证书在每个州的适用法律下被正当使用。

向卖方签发：_____

地址：_____

我证明：　　　　　　　　　　　从事注册

公司（买方）名称：_____　□批发商

地址：_____　□零售商

_____　□制造商

_____　□销售商（加利福尼亚州）

_____　□出租商

_____　□其他（请详细说明）_____

并且本公司已在以下列出的州和城市注册，您的公司可以在正常业务过程中，在这些州和城市向我们提供商品购买情况、购买商品的批发和转售情况，以及新产品或服务的成分或组件之转售、租赁或出售情况。我们涵盖以下的批发、零售、制造、租赁（出租）业务：

_____

从卖方购买的有形资产或应税劳务的一般描述：_____

州	州注册编号、销售许可号或者购买者的身份证号码	州	州注册编号、销售许可号或者购买者的身份证号码
亚拉巴马州	_____	密苏里州	_____
阿肯色州	_____	内布拉斯加州	_____
亚利桑那州	_____	内华达州	_____
加利福尼亚州	_____	新泽西州	_____
科罗拉多州	_____	新墨西哥州	_____
康涅狄格州	_____	北卡罗来纳州	_____

哥伦比亚特区	_____	北达科他州	_____
佛罗里达州	_____	俄亥俄州	_____
佐治亚州	_____	俄克拉何马州	_____
夏威夷州	_____	宾夕法尼亚州	_____
爱达荷州	_____	罗得岛州	_____
伊利诺伊州	_____	南卡罗来纳州	_____
艾奥瓦州	_____	南达科他州	_____
堪萨斯州	_____	田纳西州	_____
肯塔基州	_____	得克萨斯州	_____
缅因州	_____	犹他州	_____
马里兰州	_____	佛蒙特州	_____
密歇根州	_____	华盛顿州	_____
明尼苏达州	_____	威斯康星州	_____

　　我进一步证明，若公司使用或消费任何购买时免税的财产或服务，该使用适用于销售税或使用税，我们将直接向相关的税务机关支付按州法律规定的到期应纳税款，并因此提供或通知卖方增加税务账单。除另有规定外，此证书将是我们今后给你的每一个账单的一部分，且直到我们书面取消或者被州或城市撤销，此证书一直有效。

　　依据伪证处罚，我宣誓或肯定，表格中所填信息是真实的，并且每一项重要的材料都是正确的。

授权签名：_____
（所有人、合伙人或公司法人）
头衔：_____
日期：_____

图 10 - 4　暂不课征销售税的税收委员会税收豁免证书

　　销售税的执法过程中会遇到的问题是冒用免税证书——例如，一家企业所有者为了免除对电脑购买课征消费税，而出示了免税证书，但那个电脑将会在家里使用，而不是在一个免税业务中使用。零售商在为购买做出税收豁免之前有责任尽力核实证书是否被合理使用。如果零售商犯错误，那么财政收入很可能会受到损失。当零售税的法定税率特别高时，这便是零售税的缺陷所在。在购买昂贵商品时，买者渴望避免税收；卖者渴望销售产品而否认税收豁免存在滥用。当税率为5%时，欺骗可能是不值得的；而当税率为10%或者更高时，欺骗就变得很吸引人了。

服务课税

　　美国许多州的销售税，一般会对通过零售形式购买的有形个人资产课税，但对于人们所购买的服务一般只会选择性地课税。州应税的服务通常会包括：个人有形资产（如汽车、录像带和混凝土搅拌器等）的租赁，简易住房的出租和一些公共设施所提供的服务等。他们也可能会对其他各类家庭服务采购征税。美国约有一半的州会对已在本州纳税的有形资产的修理、安装和维护课税①。然而，总体而言，遗漏的服务显示了销售税税基的长期脆弱性。在 1965 年，57.4％的个人消费支出是用于购买商品的；而到了 2008 年，这一比重已经下降到 39.7％②。在一个以服务为导向的经济中，依赖商品经济中的税基和并不过高的法定税率，是很难筹集到足够的财政收入的。

和商品一样也对服务课税，可以缩小横向公平的鸿沟，以相同的法定税率筹集更多的财政收入，促进纵向公平，提高这种税收收入的长期充足率。它甚至还可以减少税收遵从问题，因为有的企业将不再需要在开具账单和记账的时候，将物品和劳务的营业额分离开来（例如，修车厂将不需要区分零件费用和人工费用）。为什么不对更广泛的服务课税呢？对服务课税最初的反对意见认为，对服务课税就是一种对劳动所得课征的税收。当然，劳动力也构成了个人有形资产生产成本中很大的一部分，因此，这种说法是站不住脚的。当你对车进行维修，你会认为每小时 75 美元的人工收费就意味着机修工每小时被支付 75 美元吗？那只是工厂对服务的收费，也是对你所购买的电池的收费，且其中含有很多成本项目（加上工厂的利润）。另一种更有意义的意见认为，之所以要反对对服务免税，是因为很难将工人和顾客之间的关系与工人和雇主之间的关系区分开来（例如，从事个人所得税纳税申报的会计和一家商业企业中的会计）。后者属于生产商所购买商品的范畴，因而不应予以课税。此外，作为一项社会政策，对有些医疗服务和法律服务也不应当课税。尽管还没有对这些服务课征销售税，但是消费者现在要购买这些服务已经够麻烦的了。

将服务的购买与商品的购买区别对待，产生了很有趣的扭曲效应。考虑以下这些差异：（1）如果你购买软件来准备联邦个人所得税的申报，你肯定要缴纳销售税；而如果你雇用一名会计师或是去税收申报公司，则不需要缴纳销售税。（2）如果你去影城看电影，你可能不需要为电影票付税；但如果你从当地的企业租一卷录影带，你可能就需要为此缴税。（3）如果你通过请个网球教练上课来提高打球水平，你很可能不需要为他的服务缴税；但如果你买个新的球拍来增加赢的机会，你就需要为之缴税。（4）如果你去找牙医替你洗牙，不需要缴销售税；但如果你自己从当地的药店买个洗牙产品，就需要付消费税。（5）如果你请个律师来写你的遗嘱，你几乎确定不需要为此缴税；但如果你买本有很多空白遗嘱模板的书，那就要缴税了。这些差别又有什么意义吗？

对服务课税在理论上不存在什么问题，且在管理上总体可行，但在实践中却问题百出，不过这也不足为奇。在政治上，很多类型的服务是由成熟的专业协会（会计师、理发师、律师、房产经纪人等）提供并由企业售出的，而这些专业协会都会努力使它们的服务不需要缴纳销售税。问题不仅仅是因为这些卖者可能觉得把税收加进来在计算上要花更多工夫，而是他们心里清楚加税会对他们的销售额产生负面影响，同时处理这些税也会加大他们的账面成本。在美国，只有少数几个州对消费服务的课税范围比较大。但是，将来社会发展的现实必然会将许多服务都纳入课税范围，这将是不可

①　John L. Mikesell, "Sales Tax Coverage for Services-Policy for a Changing Economy," *Journal of State Taxation* 9 (Spring 1991)：31-50.

②　Bureau of Economic Analysis, National Income and Products Accounts [www. bea. gov]. 当企业所购买的服务纳入分析之后，会出现更大的变化。

避免的，并且将他们置于间接消费税的税基之外，也必然会违背税收政策的宽税基、低税率原则。困难在于如何避免仅对出售给企业的服务课税。尽管这样做在政治上很有吸引力，因为这会给人们这样一种错觉：对企业课税，会避免使一般大众来承担这些政府成本。

免税商品

零售税通常会对一些明显属于家庭消费支出的有形资产免税。最常见的免税商品，是在家中消费的食品（在美国有一半以上的州都是这样做的）和处方药（在美国除了一个州之外的其他州都是这样做的）。这些税收豁免依据的是税收的一般评估标准，而且理由充分。购买这些免税商品的支出，在低收入家庭收入中的比例，要高于高收入家庭。将它们排除在征税范围之外，可以使低收入家庭比高收入家庭享受更多的税负减免，降低了税收的累退性。低收入家庭实际税率的下降幅度，比高收入家庭的下降幅度更大。因此，对这些商品免税可以提高税收的纵向公平性，尽管这样一来会使销售税变得更加难以征管（州政府必须要确定对什么物品免税；既销售食品又销售应税商品的商店，需要分别进行会计记录；税务稽查也会因此变得更加复杂），而且在税基变小的情况下，要筹集到相同数额的税收收入，就需要提高税率（如果对食品也课征销售税，食品在销售税税基中的比重平均将会达到 1/3 左右）①。对食品免税很难达到向穷人补贴的目的：消费研究表明，收入最高的 1/5 的家庭从食物免税中获得的补贴，是收入最低的 1/5 的家庭的两倍（因为前者在食物上的总花费更大）。考虑到最有需要的家庭用食品券购买食物时可以自动免税（联邦政府的 SNAP 计划规定，这些购买应该免交销售税），在一州范围之内再对食物增加一般销售税豁免，几乎从定义上来说就是与补贴的意义相悖。根据应当将生活必需品从税基中豁掉的原则，在美国有 8 个州（康涅狄格州、马萨诸塞州、明尼苏达州、新泽西州、纽约州、宾夕法尼亚州、罗得岛州和佛蒙特州）扩大了免税商品的范围，将购买衣物的支出也包括了进来。但遗憾的是，衣物支出在低收入家庭中的集中程度，并没有销售税的一般税基那么高，因此，这项税收豁免对最高收入家庭的减税幅度将是最低收入家庭的 4.5 倍；它并没有提高税收的纵向公平；它使得在不同收入阶层，人们因对衣服品味不同而面临不同的实际税率；纳税人的税收遵从和税务机关的税务管理，也会因此变得更加复杂；为了筹集到相同数额的财政收入，也会需要更高的税率②。

在美国，为了抑制销售税的累退性，有 5 个州（爱达荷州、堪萨斯州、俄克拉何马

① 免税商品的区分（以及昂贵的运作成本和彻底的愚蠢）可能会让人恼火。以下这些例子说明了这个问题：在伊利诺伊州，剃须膏是否被认为是一种药物（有些是），决定了它的购买是以 1%还是 6.25%的税率征税。根据是否被认为是食物，相同的税率差异也适用于不同类型的瓶装水及果汁与果汁饮料之间。在 2009 年，伊利诺伊将正常消费税税率扩至糖果（它以前被认为是食物，并且适用于低税率税收）时，经历了一点危机——Twix 是糖果还是食物呢？在宾夕法尼亚州，出售州与美国的国旗是免税的，除非其与旗杆一同出售。在得克萨斯州，普通坚果是免税的，而有糖果涂层的坚果是征税的。一些州在确定纳税时区分单个甜甜圈和一打甜甜圈。几年前，艾奥瓦州做出决定，南瓜是用来装饰的，而不是用来做食物的，并且对它们征税。如果人们发誓会吃南瓜，他们可以填写一个表格以获得免税。这引发了公众投诉的爆发，加上国家新闻媒体，两者都没有使艾奥瓦州的税收管理员舒服（一般来说，税务人员永远不想出现在报纸的头版，或者出现在美国有线电视新闻网上）。随后管理者改变了他们的决策。

② John L. Mikesell, "Exempting Clothing from the Sales Tax: The 'Supply Side Message' from the New York Tax Holiday," *State Tax Notes* (March 17, 1997): 835–838.

州、南达科他州和怀俄明州）施行零售税抵免或者返还，而不是对某些商品免税的政策。与对部分商品的所有购买行为都实行税收豁免的政策不同，税收抵免制度会在每年年底返还给纳税人一定数额的税款，这个税收返还数额一般大致等于最低收入阶层购买食品所负担的销售税税款。如果销售税的一般税率为 4%，年均收入在 15 000 美元以下的阶层中，每人用于购买食品的支出大约为 10 000 美元，那么，税收返还数额将为 400 美元。在州所得税的纳税申报表上，不管是通过税收返还还是税收抵免，给予较低收入阶层每人 400 美元的税收优惠，可以有效减少低收入者食品支出所负担的税收。但是，税收返还的额度不会随着高收入阶层食品消费量的增加而提高。（高收入阶层用于食品的支出会多于低收入阶层；但给予食品的税收豁免对于降低税收的累退性依然有效，因为食品支出的比重会随着收入水平的提高而下降。）税收返还也可以将政府的资助集中分配给那些最需要资助的人，使零售商也不必将应税销售和免税销售分开进行会计记录。从总体上看，与商品免税相比，税收返还能够以较少的财政收入损失，有效地减少（甚至消除）销售税的累退性。税收返还政策要求纳税人向州政府申报，由州政府将现金补助发放给纳税人，与这种政策的有效性相比，这种申报方面的不便只是微不足道的。在加拿大，政府每个季度都会为了全国性物品和劳务税支付给低收入个人和家庭一定金额，以此来弥补食品消费税的影响。对省内的消费税，也有一个类似的返还项目。食品消费返还体系使得救济能够针对那些最需要的人，也因而能够更有效地降低单位税收损失的累退性，还能减少发放救济对财政的影响。

免税商品的存在：（1）缩小了税基，从而也降低了将销售税作为一般消费税的可能性，而且，要筹集到相同的财政收入，就需要规定更高的法定税率；（2）增加了下面这种可能性：由于每个人对消费品的偏好不同，各个家庭之间销售税的税收负担也不尽相同；（3）降低了税基在经济萧条时的稳定性（与家庭耐用商品的支出相比，家庭用于非耐用商品消费的支出，会较少受到经济萧条的影响）；（4）由于需要对应税商品和免税商品进行区分，因此税收管理与税收遵从会变得更加复杂。然而，立法人员发现，免税商品这种方法很受广大选民的欢迎；这给纳税人一种幻觉，承担政府成本的责任被避免掉了，而不是以更隐蔽的方式分配到了公众身上。

各州销售税的不同

各个州零售税的征收对象不尽相同。各州对于家庭消费支出（食品、衣物、非处方药、汽油、杂志等）的豁免并不相同，同时在以下两方面也存在不同：将服务的消费包括在税基的范围中，将企业投入的购买排除在外的程度。这些不同导致各州的税基大相径庭。因为这些结构性的差异，相同的法定税率给各州带来的税收收入相差很大。在 2010 财政年度，五个税基最小的州（佛蒙特州、马萨诸塞州、新泽西州、马里兰州和罗得岛州）平均销售税基与州个人收入的比率等于 0.247，而税基最大的五个州（夏威夷州、怀俄明州、南达科他州、新墨西哥州和北达科他州①的这一比率为 0.667，这种差异是因为立法者在税基中选择不同的征收对象以及由各州的经济差异造成的。这意味着在税基最大的五个州 1% 的销售税税率能够带来 3 倍于税基最小的五个州的税收

① 原文中 South Dakota 重复出现，修正为"北达科他州"。——译者注

收入，这是一个财政上显著的差异①。税基的结构对收入的产生至关重要；给定税率情况下，税基越大便能带来更多的收入，有证据表明税基更大的州往往制定更低的法定税率。

有一点很重要，必须记住，那就是尽管有一个美国风格的销售税可供州和地方政府参考，但对于各州来说并没有一个统一的模板。税制结构由各州的立法者制定，而各州在制定这一结构时往往选择不同。同样的道理也适用于加拿大。加拿大作为唯一一个除美国外重用零售税的国家，除去一个省以外，所有的省要么征收零售税，要么征收与联邦货物和服务税相协调的税收。除了某些例外的省选择与联邦货物和服务税步调一致，大部分省会制定自己的税制结构，而不遵循全国的标准。

销售税与电子商务：远程零售商和使用税

美国所有州都对没有缴纳销售税的应税财产的储存、使用和消费征收使用税（事实上，因为这个原因，一些州的法律将它们称为"补偿性"的使用税）。之所以没有缴纳销售税，原因可能是：购买行为发生的辖区还没有对这种商品课征税收（例如，为了在芝加哥使用的、从新罕布什尔州的一个出口商店购买的狩猎靴），或者因为购买行为是一种州际贸易（例如，从一位互联网零售商处购买电脑的行为）。有关州际贸易的条款（依据的是美国宪法中的商业条款）既不允许作为来源地的州，也不允许作为目的地的州，对这些州际贸易课征销售税；然而，作为目的地的州，可以在购买行为形成之后，对所购买的物品课征使用税②。使用税旨在保护销售税的税基以及当地的卖者利用免税的销售竞争。最主要的目的确实是保护，而不是直接的收税；将销售税和使用税加在一起，收到的使用税往往占不到总数的10％。

使用税的问题往往出现在这种税收的执行中。像销售税一样对交易课征的税收，最好通过零售商来课征。换句话说，最好是作为间接税而不是向购买者课征的直接税。对于税务局的管理来说，零售商的数量要比购买者少多了，零售商也比家庭购买者拥有更好的会计管理能力。试图将对各个交易课征的税收作为一种直接税来进行管理，实际上是不可能的③。然而，必须要将零售商考虑进来，这是适用于包括网络销售在内的大多数征收使用税的零售活动期望能做到的。这些在税收征管中要求零售商注册为收税员，以及要使远程零售商注册为收税员必须"实际存在"（physical presence）的标准，源自美国最高法院"国家贝拉斯·赫斯诉财政部案"（386 U. S. 753, 1967)，在"奎尔诉北达科他州案"（504 U. S. 298, 1992）中得到了再次确认。美国宪法中的商业条款禁止对州际贸易施加"过度负担"，轻描淡写地要求远程零售商进行注册，无疑将会被认为是一种这样的过重负担。如果零售商注册为收税员，那么为了完成课征收入的任务，他将需要了解税率结构和税基结构；这就意味着，他需要了

① John L. Mikesell, "State Sales Taxes in Fiscal 2010: Collections Still in Recession," *State Tax Notes* 60 (June 6, 2011): 709-727.

② 美国最高法院在 *Henneford v. Silas Mason Co., Inc.,* 300 U. S. 577 (1937) 中认可了华盛顿州的使用税。这种税是在州际贸易完成之后对使用权课征的一种税，不涉及州际贸易本身。

③ 从不同程度上来说，多数州确实试图直接向个人征收使用税。例如，有些州要求在个人所得税的纳税申报表上对使用税进行申报，但是，由此所带来的税收收入却并不可观。参见：John L. Mikesell, "Administering Use Tax as Direct Collection through Income Tax Reports," *State Tax Notes* 13 (May 26, 1997): 1603-1606.

解数以千计的各个课税地区中的情况，而不仅仅是课征销售税的 45 个州和哥伦比亚特区。一个在全国范围内经营的零售商需要对所有辖区的税率税制了如指掌，通过网络销售的零售商接到的订单可能来自全国各地。美国最高法院要求，当需要企业承担收税员的责任时，必须要将"实际存在"作为一个"明确要求"。只有对实际存在于某一个州的零售商，该州才会要求他注册为销售税和使用税的征收者。如果卖者实际存在于该州，那么要他了解该辖区的零售税和使用税体制，就不能算作过度负担了。

这种情况可以根据购买活动的三个种类，以及美国宪法的贸易条款对于它们在州消费税和使用税方面规定的不同来加以解释。

(1) **从当地临街铺面的购买活动层面进行解释**。当地的临街铺面，就是当地购物中心里的一家商店，必须要在本州注册为收税员，还要将在商店购买中课征来的税收移交给税务机关。注册要求实际存在。如果商品通过常见的承运人（邮政服务机构、快递公司等）运达其他州，这一销售属于州际贸易的范围，该店铺所在的州不得收取销售税。而如果该店铺使用自己的运货车，那也属于实际存在范围之内。

(2) **从实际位于本州的远程零售商的购买行为层面进行解释**。国际互联网商店、邮购公司、电话销售公司、家庭销售渠道和其他州的商店等远程零售店（要确实位于本州，但不一定是零售端口），必须在本州注册为收税员，还要将对购买行为课征来的税收移交给税务机关。这里的存在可以指运货车、仓库或是维修设施。然而子公司的实际存在，并不等同于母公司的实际存在。这种税收是一种具有补偿作用的使用税，由零售商课征并代表购买者移交。只要实际存在，就要登记。

(3) **从实际没有位于本州的远程零售商的购买行为层面进行解释**。没有真正地址的远程零售商，可以不用注册为使用税的征管员。（但是，允许自愿性地注册。）像前一种情况一样，购买者应当就自己的购买行为缴纳使用税，但他们能够就自己的购买行为直接缴纳税收，而不是通过零售商①。没有有形的存在，就不需要登记。

各州是如何课征这种使用税的呢？有些本州之外的企业会对发生在本州的销售活动课征使用税，这可能是因为这些零售商在本州之内实际存在（例如，有些种类商品的零售商设立了零售店或直销店），或者是因为这些零售商自愿选择在该州注册并缴纳税收。有些使用税是在购买者将汽车、船舶等商品在本州注册时课征的；有些是在本州税务官员对纳税人的会计记录进行审查时，发现了没有纳税的重大购买行为时课征的。最后，有些使用税是由购买者或者使用专门的纳税申报表，或者根据便利原则，将使用税的申报附加在本州个人所得税的纳税申报表上，自主选择缴纳的。

对于诸如邮购、电话推销或者网络等销售活动如何课征使用税，各州尚没有成功的机制，这对于税收的公平性和长期的税收收入来说都是令人担忧的。美国各州打算要求大公司在本州进行税务登记，来保护本州的零售商，避免其在免税同行的竞争中处于不利地位，并保护它们的税基，但国会尚未认可这一做法的合理性。

---

① 一个基本问题是，通过国际互联网（或者其他远程零售模式）进行的购买行为，它们并不是通过国际互联网来送货的，其送货方式还是传统形式（例如，通过邮递或投递公司等）。只有数字化商品目前可以通过电子方式来送货，但这可能只是税基中的一小部分。此外，即使从当地店面购买，许多这种购买行为也是非应税的，因为它们不是有形的个人财产——这是州销售税落后于经济变化的一点体现。一些在许多州都有分公司的企业已经建立了互联网子公司，这些互联网子公司与正规的企业店面经营相分离。一个正在进行的讨论是，是否要对一个建立互联网子公司的实体店面制定注册要求。

目前各州想出的对策是简化销售税项目（Streamlined Sales Tax Project，SSTP）。很多州在合作进行该项目来减少远程零售商的税收遵从负担，这样国会才能允许州政府要求的税务登记。参与该项目的各州并不采用统一的销售税税基，但是它们就某些特定的统一的销售税条件达成了一致，以此来使远程零售商更简便地履行销售税和使用税收取的职责。大致来说，SSTP 的条款有这样一些：

（1）任何州的销售税必须由州政府管理，必须与州级税使用相同的税基，且税率必须相同①。

（2）各州对于特定的税收豁免必须做出标准的定义。重要的定义包括对食品、药品、衣物和有形个人资产的。协议并不要求这些物品必须免税，但是如果免税，则必须有标准的定义。

（3）各州必须使用一个在线销售税和使用税登记系统，这将包含协议各州的所有登记。企业只需登记一次就能在所有各州完成注册。

（4）对于销售税和使用税的上缴方式，协议提供了三种方式：由持证人员作为公司的代理，履行所有有关销售税和使用税的职责；公司采用经认证的自动的系统来处理税收的计算、上缴、记录和申报；公司也可以采取每一协议州认可的标准来履行其职责。

（5）各州采用各种各样其他的税收计算形式，以使税收遵从更加简便。譬如说，某州必须使用与分数取整（fraction rounding）相一致的税率等级，一个州不能限制从某一笔特殊交易中上缴的税收金额，一个州必须要求多处经营的零售商在州内实行统一的报告。

各州通过参与这一协议放弃了部分财政自治权。它们接受这一损失，因为它们希望诱导国会修改已实际存在的规则，并使用必需的税务注册作为一种手段，保护当地零售商和消费税税基。在 2012 年夏天，国会为在一定条件下注册的法规举行了听证会，但最终结果还是不明确②。

零售税的收取

零售税在收取时有一个优势：将税收上缴政府的零售商，是最有可能成为承担税收的购买者与获得收入的政府之间、实现税收交易的第三方。这种间接税的关系和所得税代扣的情形类似，它极大地简化了税收的管理和上缴。此外，税基因此集中在了少数企业上，因而也简化了税收的管理。放眼各州的年销售额超过 1 000 万美元的零售商，就能够了解这种集中：在科罗拉多州，占总数 1.8% 的零售商的零售额占到了总量的 65.4%；在伊利诺伊州，0.5% 的零售商贡献了 62.5% 的销售额；在堪萨斯州，2.1% 的零售商贡献了 57.9% 的销售额；在密歇根州，0.9% 的零售商贡献了 63.8% 的销售额；在宾夕法尼亚州，0.4% 的零售商贡献了 59.2% 的销售额；在华盛顿州，0.8% 的零售商

① 直至最近，税收责任仍必须基于销售的目的地（送达的地方），而不是销售源地（供应商的店铺）。正在修订的这项规定，赋予了各州在确定适用税率以及哪个环节征税的两种不同规则间的选择权。
② 几个大的州还未加入这一精简措施，但是在尝试其他补救措施。如果远程供应商有一个位于州内的互联网附属机构，一些州便试图对此要求税务注册。其他州则要求在州内有一个附属机构的供应商进行税务注册。还有一些州试图迫使远程供应商向税务部门发送客户报告。所有这些没有一种是特别成功的。

贡献了 56.5％的销售额；等等①。这意味着州的税收部门只要对相对较少的一些企业实施审计以及其他执法，就可以涵盖到销售税税基的极大一部分。这种集中，加上税收第三方的性质，可以带来极低的州销售税的税收不遵从率。多年以来，华盛顿州所进行的税收遵从研究，可能已经成为州销售税不遵从情况的最全面和最仔细的研究，这一研究预估 2008 年销售税的不遵从率为 1.7％②。这与联邦政府的对于可抵扣收入的个人所得税不遵从率在相同的范围之内，同时比联邦政府总体税收的不遵从率低得多。另外，除非零售商在该州进行过税务登记，使用税的不遵从率就高得多了，州政府不得不希望从购买者处直接征税，而购买方支付的款项很少。

10.5　增值税

增值税提供了对消费课税的另一种机制③。事实上，增值税可以被看作这些国家（除去美国）对家庭消费征税最常使用的方式。增值税对生产和分配过程中每一阶段的增值额课税，而不单是在最后（零售）阶段课税。在美国，多年以来人们关于增值税的建议包括：取代薪给税或者作为薪给税的一种补充，作为社会保障体制融资的一种方式；通过减少对所得课税的依赖，作为刺激储蓄和投资的一种渠道；作为刺激出口的一条渠道；替代财产税，作为为基础教育和中等教育融资的一种方法；作为一个过渡性收入选择，直到联邦所得税恢复正常；作为一种财政收入形式，将州财政体制统一起来。但是，所有这些主张都不足以支持立法者的行动。保守派的评论家指责增值税主要是因为它过分高效，以至于不用对经济造成多大损害就可以带来收入，而这会诱使政府过多地使用它以求壮大。而破坏性更大的税收则不会对政府产生这样的吸引力。此外，一些人称，这一税收在欧洲（德国设计，但由法国首先执行）普遍使用，因而不能被信任。然而，里根与小布什任期内的一位国内政策顾问——布鲁斯·巴特利特（Bruce Bartlett）给予增值税高度赞赏，"从效率的角度看，一般认为它是有史以来最好的税收发明"④。税收分析人士普遍认为，增值税是 20 世纪后半叶最重要的税收创新，值得引起广泛关注。

增值税（在加拿大、新西兰和澳大利亚被称为"商品和服务税"），为消费支出提供了一种既简单又严密的课税方法。它向由企业对顾客销售的商品和服务课征⑤。从生产

---

① Small Seller Task Force Committee, "Streamlined Sales Tax Governing Board, September 29, 2008, Report" [http://www.streamlinedsalestax.org/Small%20Seller%20Task%20Force%20Committee/Documents/Survey Results.pdf].

② State of Washington, "Department of Revenue Compliance Study," Research Report No.2008-5, July 10, 2008 [http://dor.wa.gov/Docs/Reports/Compliance_Study/compliance_study_2008.pdf]. 使用税的遵从情况则要低得多。

③ 关于这个问题的一个很好的参考文献是：Alan A. Tait, *Value-Added Tax: International Practice and Problems* (Washington, D.C.: International Monetary Fund, 1988). 增值税也可能设计得与所得税比较类似，但它主要还是一种消费税。

④ Bruce Bartlett, *The Benefit and the Burden*, *Tax Reform—Why We Need It and What It Will Take* (New York: Simon & Schuster, 2012): 197.

⑤ 尽管这些国家的增值税遵循相同的一般原则，国家间也确实存在相当大的差异。澳大利亚和新西兰的税收比欧洲的税收简易，有更少的特殊规定、例外、税率变动以及使遵从变得复杂的种种因素。立法者因为拥有可感知的政治优势，实际上有无限的能力使税收复杂化。

商到零售商的生产和分配流程中的企业，都要对自己的销售课征增值税；在向税务机关移交税款时，从中扣除在购入物品时所支付增值税的数额①。要想抵扣一定的增值税，必须提供增值税的支付发票，所有的因企业购买（包括资本产品）而支付的增值税都可以予以抵扣。各种企业如果想抵扣增值税就必须进行增值税税务登记，因而相较于只需要零售商登记的零售税，实行增值税的情况下会有更多的公司进行登记。将进项税在销项税中抵扣之后，就是对生产分配过程中每一阶段增值额（销售额减去购买额）的课税。最终的消费者是家庭，而不是企业；家庭没有销售收入，因此不能将增值税进行抵扣，从而就承担了税收。增值税是多阶段税，但不是金字塔式的，这是由于增值税只对每一次交易中的增值额课征税收，而不是对每次交易的总收入课税，这样企业就可以将自己在购买时所支付的税收抵扣掉。为什么增值税相当于零售税呢？零售税的课税对象是总产品价值（零售产品价值），在生产流通过程中的最后一个阶段课税；增值税的课税对象则是这个过程中每个阶段的增值额，其累积的价值相当于产品的总价值②。专栏10-3概括了两者在经济上等价的数学推导过程。

专栏10-3　零售税与增值税的经济等价*

一个理想的零售税与一个理想的增值税在经济上是等价的；它们仅仅是以不同的方式进行管理。以下是对这种等价性背后逻辑的一种解释。做出如下经济链假设：外部人士卖给制造商，由制造商卖给批发商，再由批发商卖给零售商，零售商再卖给最后的消费者。我们注意到，一个实体的销售是另一个实体的购买，例如，批发商销售的代表性产品，正是零售商购买的代表性产品。

用 t 代表增值税或零售税的税率，S 代表销售或购买，下标 e、m、w 和 r 分别表示由外部人士、制造商、批发商或零售商所做的销售，R 代表在生产与分配链中征收的总收入。

零售税：理想的零售税仅对最后零售环节向家庭消费者课税。通过使用免税证明，对所有中间环节的销售不征税。因此，通过零售税得来的收入为：

$$R = t \times S_r$$

增值税：理想的增值税对生产与分配链中每项交易的增值征税。即适用于：某一业务实体向其他实体销售以及从其他实体购买之间的差异。因此，通过增值税得来的收入为：

$$R = t(S_e - 0) + t(S_m - S_e) + t(S_w - S_m) + t(S_r - S_w)$$

或

$$R = tS_e + tS_m - tS_e + tS_w - tS_m + tS_r - tS_w = tS_r$$

① 企业销售价值负担的税收减去购买价值所负担的税收，等于对企业增加值课征的税收。因此，这种税收被称为增值税。增值税只对总收入或者营业额课税。这个讨论的重点是应用税收的发票抵扣方法，一个最常用的方法。替代品在所列文献中得到研究：Itai Grinberg, "Where Credit Is Due: Advantages of the Credit-Invoice Method for a Partial Replacement VAT," *Tax Law Review LXIII* (Winter 2010): 309-358.

② 一家公司的增加值等于这家公司支付给生产要素的总额（包括土地的租金、雇员的工资和薪金、资本的利息和支付给企业家活动的利润）。因此，增值税的税基也可以通过将这些付款额加总在一起来计算，就像密歇根州的单一企业税和新罕布什尔州对商业企业课征的税收那样。

这个表达式表明了增值税的两个事实：（1）在最终出售给家庭消费者之前，一家企业的购买是另一家企业的销售；（2）一家企业在购买环节缴纳的增值税，会通过销售环节征收的增值税返还。

　　结论：尽管两类税收通过显著不同的方式进行管理，但两类税收适用于相同的最终税基，并且会以相同的法定税率征收相同的税收。增值税通过生产与分配的各个阶段征集，成为一项对所有家庭消费课税的税收。

　　* 零售税与增值税的更广泛细致比较，请查阅：John L. Mikesell，"Is the Retail Sales Tax Really Inferior to the Value-Added Tax?" in *The Sales Tax in the 21st Century*，ed. W. Fox and M. Murray（Westport，Conn.：Greenwood Press，1997）.

　　对于增值税的课税原理，可以通过举一个简单的例子来进行说明。在这个例子中，企业既是自己所购买商品的纳税人，也是其销售价值的征税人。但是，企业所缴纳的税收，会从企业在销售过程所课征的税收中得到抵免或者返还。假定，一件羊毛衫在最终到达顾客手中的生产过程中适用增值税的税率为 10%①。

　　（1）一位农民将羊毛卖给了一家纺织公司，得到的货款为 20 美元，课征了 2 美元的税收（20 美元的 10%），并将这 2 美元缴纳给了相应的政府部门。[农民的增值额等于销售额减去购入额，即（20－0）＝20 美元。]这样，这家纺织公司为羊毛共支付了 22 美元，其中包括 20 美元的货款和 2 美元的税款。此外，这家纺织公司还得到了一张发票，表明它已经为此缴纳了 2 美元的增值税。

　　（2）纺织公司将由羊毛纺织成的纱线卖给了羊毛衫制造厂，得到了 50 美元。[因此，纺织公司的增值额等于销售额减去购入额，即（50－20）＝30 美元。]纺织公司向制造厂课征的税收为 5 美元，并将其中的 3 美元和表示自己在购买羊毛衫时已经缴纳了 2 美元的发票交给政府的有关部门。纺织公司保留了 2 美元。这样，纺织公司购买羊毛时所缴纳的 2 美元的增值税就完全得到了抵扣。而羊毛衫制造厂则得到了纱线，并为此付出了 50 美元的货款和 5 美元的税款，共计 55 美元。此外，制造厂还得到了一张表明它已经为此缴纳了 5 美元增值税的一张发票。

　　（3）羊毛衫制造厂将纱线纺织成了羊毛衫，并将它以 90 美元的价格卖给了零售商[制造厂的增值额为（90－50）＝40 美元]。制造商向零售商课征了 9 美元的税收，并将其中的 4 美元和表明自己在购买纱线时就已经支付了 5 美元税款的发票交给了政府的有关部门。现在，零售商得到了羊毛衫，为此共支付了 99 美元，其中包括 90 美元的货款和 9 美元的税款。此外，零售商还得到了一张表明他已经缴纳了 9 美元增值税的发票。

　　（4）当零售商将羊毛衫出售给最终顾客时，收取了 200 美元的货款和 20 美元的增值税[零售商的增值额为（200－90）＝110 美元]。零售商会将 11 美元的税款和表明零售商在向制造商购买羊毛衫时已经支付了 9 美元税款的发票交给了政府的有关部门。现在，顾客得到了羊毛衫，为此他支付了 200 美元的货款和 20 美元的增值税，共计 220

---

　　①　这里要说明的是发票抵扣的课税方法（the credit-invoice method of collection）和欧洲模式增值税的课税模式是相同的。作为增值税的另一种课税方法——扣除法（the subtraction method）规定，企业可以将购入额从销售额中扣除，只就二者之间的差额纳税就行了，而不需要使用发票进行税收抵免。但是，在扣除法中，通过对一些种类的消费课征零税率，使这些商品免征增值税的方法并不是很有效。

美元。但是，与处于生产和分配环节中的企业不同，由于顾客是这个链条上的最后一个环节，顾客无法通过下一次交易将税款抵扣掉。顾客，并非一个企业，没有可以适用增值税的销售。因此，作为最终顾客的家庭承担了这笔税款，且支付的税收等于消费价值的 10%。

当然，每家企业都可能有很多业务，但是，企业将自己在购买活动中所承担的税款抵扣掉的基本原理都是一样的。这种增值税不会像金字塔一样累积，因为，在这个链条中的每一家企业都会既就其购买行为缴纳税收，也会在就销售额纳税的同时得到税收抵扣。增值税不会沉淀形成各个企业的运营成本。值得注意的是，在这个例子中，羊毛衫的最终价值（200 美元）等于将生产过程中每个阶段增值额加总在一起的和（20＋30＋40＋110＝200）；每家企业所支付给政府部门的税金，等于将税率和每个阶段增值额相乘的结果（2 美元、3 美元、4 美元、11 美元）；每次所缴纳的税款总额，等于将增值税税率与羊毛衫最终价值相乘的结果。因此，结果等于将 10% 的零售税税率与最终顾客所购买的价值相乘的结果。

增值税的计算对于企业来说可能特别简单。思考一下这种计算方法的模式。假设在企业中有两个箱子，在其中的一个箱子中，放的都是企业在本月所有的购货发票，每张发票都表明了企业的购货数额和为每项购买活动分别缴纳的增值税数额；在另一个箱子中，放的是企业在本月中所有的销货发票，每张发票都表明了企业的销货数额以及对每项销售活动所课征增值税的数额。在月底，当企业要填写增值税的纳税申报表时，企业的所有者会：（1）打开购货记录的箱子，将所有的购货活动和就这些购货所缴纳的税款分别进行加总；（2）打开销货记录的箱子，将所有的销售活动和企业对每次销售所课征的税款分别进行加总；（3）将总购进额从总销售额中减去，可以得到本月的增值额；（4）将为各项购买活动所缴纳的税款总额从企业对销售所课征的税款总额中减去，可以得到企业应当向政府有关部门缴纳的增值税。如果立法机关加入税收豁免和优惠税率，这个计算过程会变得更加复杂，但这个过程中的基本运作原理都是一样的。与企业所得税相比，这不需要更多的记录，其计算是不太复杂的。并且与企业所得税的负担相比，企业的所有者不太可能承担增值税的负担。

增值税的特征

增值税通常是由中央政府课征，这些政府高度依赖这些税收收入。因此，增值税的法定税率通常要比零售税的一般税率高很多。表 10 - 4 展示了世界上一些国家增值税的标准税率。其中，20% 是其中比较常见的税率，尽管还有一些税率要更高一些。实际上，欧盟国家规定的最低税率为 15%，但是大多数国家的税率都要更高一些。由于增值税在这些国家的财政体制中发挥着重要作用，因此增值税的高税率很有必要（结果对个人所得税的依赖会更低）。许多国家都对一些商品（例如，食品和药物等）特别规定了优惠税率，以降低这种税收的累退性；还有一些国家对一些奢侈品规定了高税率，以将特别消费税和一般消费税的效果结合起来。这些多税率税制使税收遵从与管理更加困难。增值税税制对一些商品和服务还规定了零税率，以完全豁免这些商品和服务的税负；这样可以豁免购买者的税负，并且使销售商得到税收返还。

表 10 - 4　　　　　　　2012 年 3 月世界上部分国家增值税的标准税率

经合组织成员国	税率	部分其他国家	税率
澳大利亚	10	阿根廷	21
奥地利	20	巴西	17
比利时	21	中国	17
加拿大	5	哥伦比亚	16
智利	19	埃及	10
捷克共和国	20	印度	12.5
丹麦	25	印度尼西亚	10
爱沙尼亚	20	肯尼亚	16
芬兰	23	拉脱维亚	22
法国	19.6	摩洛哥	20
德国	19	秘鲁	18
希腊	23	菲律宾	12
匈牙利	25	俄罗斯	18
冰岛	25.5	南非	14
爱尔兰	21	泰国	7
以色列	16	乌克兰	20
意大利	20	委内瑞拉	12
日本	5	越南	10
韩国	10		
卢森堡	15		
墨西哥	16		
荷兰	19		
新西兰	15		
挪威	25		
波兰	23		
葡萄牙	23		
斯洛伐克共和国	20		
斯洛文尼亚	20		
西班牙	18		
瑞典	25		
瑞士	7.8		
土耳其	18		
英国	20		
美国	未开征此税		

资料来源：*Deloitte Touche Tohmatsu，Global Indirect Tax Rates*，2012.

增值税免税的方式和零售税不同。可以对销售商在销售中的应纳增值税给予免税，但是不能豁免免税购买的纳税责任。在增值税税制中，没有对购买的免税证明。对于免税的商品和服务来说，对服务销售商的处理方法很像购买时的消费者。一般来讲，企业并不想让自己的产品免征增值税，因为它们已经注册为应税商品和服务的零售商，它们可以将买入时所缴纳的增值税抵扣掉。如果没有经过注册，它们所缴纳的税收就不能抵扣掉。除非企业几乎不从其他企业那里购买（某些服务提供商可能是这样），在这种情况下它的运营成本几乎不能被增值税所覆盖，否则它宁愿它的商品应税而非免税。

通常的增值税税制不要求小企业注册为增值税的征管员。例如，英国 2012 年度的"注册门槛"（registration threshold）为 77 000 英镑；年均毛收入（营业额）低于这一数额的任何企业都不用注册为增值税的征管员。这就降低了这些企业对增值税税收遵从的责任，也减少了英国增值税课征机关——皇家税务海关总署（Her Majesty's Customs and Revenue）的管理成本。当然，这些企业也就无法将自己在购买时所缴纳的增值税抵扣掉了。由于注册门槛定得比较高，因此英国允许企业自愿注册为增值税的征管员。各国对门槛的高低和自愿注册规定的具体政策不尽相同，但通常会规定一些注册门槛。国家会损失来自这部分小企业增值的收入，但是降低的征缴成本，却使这损失看起来也值得[①]。

增值税与零售税

增值税无疑是世界各国对一般消费征税时选择的方法。为什么增值税会比零售税更可行呢[②]？第一，增值税可以更好地处理偷逃税和零售商缺乏合作等问题。增值税促使零售商在购买商品时索要证明已纳税的发票，因为当他们销售产品时这些发票可以用来抵扣应缴税款。增值税不会自动上缴，但是它必然会为审计过程更好地保留发票。[这些发票的报告往往是真实的，因为购买者易于夸大购买价格，而销售者则更倾向于低报购买价格（减少交易中的增加值），两类倾向相互抵消，价格就更加真实。]税务机关必须确保增值税的征收实际上最终进入国库，并且所谓的增值税抵扣项并不是欺诈。与之不同的是，零售税则将税收课征的鸡蛋放在了一个篮子中。因此，如果零售商偷逃税款，可能会使所有的税收收入都损失掉[③]。然而，欧洲实行增值税的经验表明，企业仍然会偷逃税款——譬如为没有实际支付的增值税或者因收入流失而申请税收抵扣——并且企业在付税时仍有违法的倾向，因而税务当局仍有工作要做[④]。不过，高税率的增值税在有些历来收缴率低的国家却成功地被收缴过。大多数评

---

① 慈善机构在购买时通常必须支付增值税，但是很少有一个机制能退还它们的税款。少数例外之一：加拿大确实提供了一个折扣，其数额是慈善机构支付的商品与服务税的一半。

② 关于零售税和增值税比较全面的比较，可以参见：John L. Mikesell，"Is the Retail Sales Tax Really Inferior to the Value-Added Tax?" in *The Sales Tax in the 21st Century*，ed. W. Fox and M. Murray（Westport, Conn.：Greenwood Press, 1997），75—87.

③ 此外，零售商需要判断：对零售税是要暂时停止课征税收，还是要继续课征。但是，零售商为了进行销售，可能会接受一个存在疑问的免税证明，从而可以合情合理地将本州的税收义务避免掉。增值税虽然也要求企业缴纳税款，但企业可以通过向税务机关申请，得到税收返还。

④ Henry J. Aaron，ed.，*The Value-Added Tax*，*Lessons from Europe*（Washington, D.C.：Brookings Institution, 1981）.

论家认为，传统的零售税只要法定税率高于 10％就无法成功地收缴。如果政府想要制定很高的法定税率，例如为了替代全国性的所得税，那么经验告诉我们，增值税是唯一可行的办法。

第二，为了进行国际竞争，各国可以将增值税从国际贸易中剔除掉。事实上，这是欧盟选择增值税这种间接税作为向其成员征收税种的主要原因。增值税的抵扣制度使这种剔除变得很简单：出口商在出口时会要求税收返还，进口商在进口商品时需缴纳增值税。剔除在世界市场上销售的产品价格中所包含的增值税，可以为外国商品和国内商品在一国之内的竞争创造平等的条件。而在其他的一般税种中，是不可能进行这种调整的①。根据世界贸易组织的规定，只有像增值税这样的间接税，才能在跨境贸易时用这种方式进行调节。零售环节以前的消费税会包含在出口商品的价格中，而又无法剔除包含的零售税，因而会带来国际竞争的问题。不过，次国家层面政府征收的增值税，还会产生跨地区退税的管理问题，尽管已经有各种各样的解决办法（巴西就曾有效地使用次国家层面的增值税，但它们的行动确实涉及一些可能会干扰自由贸易的边境检查）。而次国家层面（地方层面）的零售税则更加可行，因而地方政府或许是最适合征收此类税收的政府层级。

第三，增值税要比零售税更接近于一般销售税。与零售税相比，增值税可以将更多企业所负担的税收豁免掉。因为与零售税的免税证书相比，增值税的税收抵免制度在政治上更不像专门为企业设置的偷税漏洞。而且，增值税可以将更多由家庭购买的服务项目纳入课税范围。零售税一方面豁免了很大一部分家庭的消费支出，另一方面却对很多企业购买的投入课税。立法机关不会简单地接受这样的观点——对企业的购买支出免税是对税基的一种更好的设计，因为这相当于给予企业一种不公平的税收优惠。立法机关更容易接受增值税的思路，使企业就其购买行为纳税，但同时对其销售给予税收抵扣，这样就可以使增值税的运作更接近一般销售税。因此，在高法定税率的情况下，相较于零售税，增值税对经济发展的前景和基础设施的投资所造成的危害更少。

结　语

商品和服务税是州税收体制中的核心，在地方税收体制中也占有重要地位，但在联邦财政中就没有那么重要了。尽管每种税基都存在结构问题，但这些税种对于筹集财政收入的作用都是毋庸置疑的。作为一种一般财政收入来源，一般销售税的税基要比选择性消费税更为稳固。消费课税的核心问题就是累退性，但关于这个问题并没有一个完美无缺的解决方法。增值税和零售税提供了两种对一般消费征税的方式。尽管零售税对于美国的州和地方税收体系提供了重要基础，但它却有显著不利的公平和经济效应。增值税作为另一种方法，在经济上更有效率，全世界都普遍选择增值税作为一般消费税的机制。

---

①　一些人怀疑，灵活的汇率可能会消除增值税对国际贸易格局的任何影响。

问题与练习

1. 确定你所在州的销售税的如下重要构成部分：什么政府课征了一般销售税和选择性销售税？指出零售税中的以下内容：对哪些商品的销售是免税的？是否对服务课税？名义税率为多少呢？税率档次是什么？你们州有销售税税收抵免吗？关于选择性消费税：使用了什么样的选择性消费税？对消费税税基是如何进行定义的？其适用的税率为多少呢？

2. 有人提出应该对美国獾保护基金会免征购买税，并对它每年出售"獾最爱"饼干的销售额免税。请根据税收政策的一般原理进行分析。

3. 劳工统计局的《消费支出调查（2007 年）》提供了下面的数据：

税前收入阶层	税前平均收入（美元）	酒精饮料支出（美元）	烟草产品支出（美元）
最低收入	10 531	176	259
次低收入	27 674	272	337
中等收入	46 213	413	381
次高收入	72 460	506	371
最高收入	158 388	917	268

如果对酒精饮料和烟草产品课征选择性消费税，那么要分析这种税收的纵向公平状况。

4. 书中说明了增值税在一项产品从农民到最终顾客的生产分配过程中的课税思路。对于税率为 10% 的营业税或总收入税，说明同样的过程。假定每个阶段的增值额都和原来相同，但对前一个阶段所缴纳的税收不给予税收抵免；每个阶段的售价都等于购买时的含税成本，再加上这个阶段的增值额和 10% 的营业税，计算消费者所支付的最终价格和总增值额所承担的实际税率。假定羊毛衫制造厂和零售商合并了（也就是说，它们之间不再存在应税交易），再进行相同的计算。

5. 市体育馆零售商的商品售价中含有市、州和运输区的销售税。这些税收合计相当于不含税价的 8.25%。

1) 将 8.25% 的无税销售税的税率转化为含税销售税税率。（提示：使用增值税计算中所介绍的方法。）

2) 一个零售商在一次比赛中的收入（包括销售税）为 15 325 美元。那么这位零售商必须向税务局缴纳多少销售税？

6. 有几个州规定了销售税的免税期（tax holidays）制度。其间，这些州将不会对一些商品课征销售税。在多数情况下，这种免税期是 8 月中的一周或者 10 天。这是针对衣物的"返校折扣"，使家庭可以为新学年做好准备。然而，近年来，各州在实行这一假日时却越来越大胆，飓风生存用品、汽油、能源之星电器和枪支弹药，都已经被提议或已经可以享受免税期。综合考虑税收收入、公平、税收管理和税收遵从、经济影响等因素，对这种观点进行分析。

7. 当俄罗斯联邦允许其地区征收零售税时，全国增值税税率为 20%。许多地区征收 5% 的税率，并适用于包含国家增值税在内的购买价格。你对这种方法的看法是什么？（这种方法也被用于一些加拿大的省零售销售税。）

案例讨论

案例 10 - 1

女童子军甜点和点心税

州销售税经常需要对家庭消费的食品支出免税，以降低这种税收的累退性。但是，这些豁免损失了大量税收收入。此外，有些人对贴有食品标签的一些免税商品的营养价值提出了质疑，并怀疑现在的税制结构因对这些商品的购买免税而造成的税收收入损失是否值得。在 20 世纪 90 年代早期的财政困难时期，一些州为了增加财政收入，缩小了对食品免税的范围，特别是将一些有问题的食品种类从享受税收豁免待遇的商品目录中删除。这些新的法律和其实施活动所产生的政策问题，对立法人员和税收管理者的决策能力构成了挑战。

在 1991 年的立法会议期间，缅因州为了每年增加 3 亿美元税收收入，通过了一揽子的税收改革措施。（缅因州 1990 财政年度的税收收入总额为 15.609 亿美元。）这些税收政策的调整包括：提高所得税；将州销售和使用税的税率从 5% 提高到 6%；进行税收政策的调整，将快餐食品从免征州销售和使用税的"日常必需品"中剔除出去。调整之后的新税法每年预计可以产生 1 000 万美元税收收入。

正如法案中所规定的那样，新税法会对快餐食品课税：

14-C. "快餐食品"。快餐食品是指，不需要深加工或者只需将其和液体混合在一起就可以用于出售并进行消费的食品；除了冰激凌、冰牛奶、冰冻酸奶、冰果汁牛奶等快餐食品之外，其他快餐食品都可以密封储藏，而不需冷藏；快餐食品并不是人们通常所认为的搭配均匀的一种平衡餐；快餐食品也不是我们在这一节中所定义的日常必需食品。快餐食品包括但不限于：炸玉米片、炸土豆条、经过加工的水果快餐、水果卷、水果条、爆米花、猪肉皮、椒盐卷饼、乳酪条和乳酪粉、格拉诺拉麦片条、早餐饼、面包条、烤坚果、炸面圈、甜点、秧鸡、油酥点心、烤油酥点心、牛角面包、蛋糕、馅饼、甜筒冰激凌、糖稀、人工合成的颗粒状或液体状饮料、浇有巧克力汁的冰激凌、方便布丁、牛肉干、肉条和沙司。（36 Maine Revised Statutes 1752 [1992]）。

立法人员很快发现，销售和使用税税基的扩大造成了意想不到的问题，特别是在为女童子军融资方面。缅因州艾布纳基县和肯纳贝克县的县议会要为 19 500 个女孩子服务，这两个县 60%～65% 的收入来自甜点的销售收入。由于这两个县的议会都不能作为注册零售商来购买用于再次销售的商品，从而对自己的每一笔交易向消费者收税，因此现这两个县的县议会都必须为自己所购买的甜点纳税。这两个县的县议会所缴纳的税收大约有 58 000 美元，几乎占到了来自甜点的税收收入总额的 2%（它们以批发价格缴税，每包甜点的税负为 80 美分）。

这两个县的议会对新税收政策所做出的反应并不相同，艾布纳基县的县议会将甜点售价从 2.25 美元提高到了 2.50 美元，但销售量却比上一年下降了 7%。肯纳贝克县的县议会没有来得及做出反应，因此导致了 40 000 美元的损失。但是，这两个县的县议会都不认为新的税收政策是公平的。艾布纳基县的议长乔·史蒂文斯公开表达了自己的不满："我们并不是在卖杂货，我们是在筹集慈善性捐款。"

税收联合委员会对此也深表关注。税收联合委员会联席主席斯蒂芬·博斯特参议员说："我们委员会并不想把……童子军的食品也包括在快餐税的课税范围中。"但如果将童子军及相关组织（包括男童子军所销售的爆米花等）的税收豁免掉，每年大约损失掉的税收收入将为 175 000 美元，但缅因州也没有明确的方案可以弥补这些收入损失。（此外，该州也曾有一段时间对甜点课税，但对学校和父母教师联合会等组织销售的甜点还是免税的。）

那么，缅因州应当怎么做呢？这里有一些选择：（1）不做任何调整，还让这个税种照旧运转；（2）指示税务局重新编写该税种的实施条例；（3）废除快餐税；（4）对女童子军及相似组织的买卖活动免税；（5）要求女童子军注册为零售商，对其购买用于再次销售的甜点免税，但对其所销售的甜点课征销售税；（6）对所有青年组织和慈善组织的买卖活动免税。（你也可以想出其他选择。）使用财政收入政策的评估标准（收入、公平、经济影响和利于征管等标准）来对这些选择进行评估，并给出你的建议。说明其中哪一种方法最符合销售税的课税思路。都会有哪些人对政策讨论的最终结果感兴趣？如果不考虑女童子军问题，你对快餐税的总体看法是怎样的呢？*

> * 女童子军甜点可能是销售税政策的第三类。在许多其他的案例中，2011 年佐治亚州立法机构的众议院法案 385（House Bill 385）将州销售税应用于女童子军甜点的销售（与童子军爆米花销售相同）。这项提议被如雪崩式的电话、信件和游说淹没了。
>
> 资料来源：一些数据和引语来自："Scouting and Tax Relief," *State Government News* 35（April 1992）：33.

案例 10 - 2

品客薯片应该获得增值税优惠吗？

立法者出于许多不同的目的，会在税法中安排很多优惠政策。例如，为了公平而改变税收负担的分配、优待某些生产者或消费者等（这里只是随便举两个例子）。有时这么做的效果是明显的，但是执法过程中往往也会有意想不到的事发生。下面这个例子，描述了英国税务当局和宝洁（英国）——也就是品客的生产者——之间的冲突，其间，有一些有趣的现象。

思考下列问题：

（1）为什么宝洁公司想要零税率而不是免税？

（2）为什么增值税的立法没有明确包括品客？

（3）税务专家反对税收优惠。这一案例给这一立场提供了哪些支持？

（4）食物享受优惠的理由是什么？为什么要特殊对待薯片呢？要达到这些目的，还有更好的办法吗？

（5）这个案例中有设计消费税制时可以吸取的教训吗？

增值税与品客

"到底品客是不是'与薯片类似并且是用土豆制作的'，这的确是一个问题。"* 尽管这个问题并不像哈姆雷特的沉思那样严重，但法官雅各布（英格兰威尔士上诉法庭）确实提出了这一问题，当时他正在对皇家海关和收入局与品客的生产商宝洁英国之间的一场官司做出裁决。这个问题也是最终做出关于英国增值税优惠决定的关键依据。

制定税收优惠总是十分棘手的，因为税务当局必须清晰界定什么可以享受优惠，而什么不可以，相应地，会使某些人支付更多，而另一些人支付较少。法律上的原则在实践中必须面临各种品牌、差异化的产品、人们永不停止地想要少缴税的欲望。当最初被划定不应接受优惠的一方努力想要获取优惠的时候，原本就困难的问题就变得更具挑战性了。毕竟这正是众多税务律师和会计师的安身立命之所。尽管任何的优惠都会使人们想尽办法，但当税收的楔子很大，牵扯消费税，且征税物品有大量的替代品的时候，情况就更加难以控制了。

英国的增值税都会按标准税率 17.5% 征收。然而，就像许多增值税和零售税一样，法律会对家庭消费的食物制定特殊条款，以求减少税收的累退性。英国的增值税对"给人消费的食物"实行零税率，也就是说对其征税，税率为零。

然而，税收的优惠毕竟是有限的，不可能适用于所有人吃的东西。下面就是一些例外：

> 它们可以包装成人类消费的食物且无须进一步加工，包括薯片、薯条、土豆酥和类似用土豆做成的食品，或者土豆粉、土豆面粉、各种口味的谷物膨化食品以及不带壳的焗盐和烘烤的坚果。

这些产品需要按标准税率 17.5% 征税。现在的问题是品客是哪一类？自从它在 1968 年上市以来，许多美国人和英国人都在思考这个问题，尽管不是在法庭上。然而，这些玄妙的问题却不是宝洁公司的代表所关心的，他们关心的是税率。宝洁认为品客应该被施以零税率，而不是标准税率，因为它们不是真正的薯片**。这一看法主要是紧紧抓住这样一个观点，那就是品客只有大约 40% 的成分来源于土豆，大部分都是由其他东西做成的，尽管没有任何一种单独的成分像土豆占的比例那么高。因此，他们认为品客不是**薯片**，应该和其他人吃的食物一样被征以零税率。严格来讲，品客不是用**土豆**"制作"的。这使得品客的消费者可以少付一点，而品客也可以在零食市场上获得价格优势（尽管宝洁并没有指出这一点）。然而，值得注意的是，在英国市场上还有其他的蔬菜薯片（例如萝卜薯片），不过它们是可以享受优惠的。

最后的裁决并不出人意料："增值税的立法机关使用的是日常英语，但根据其正常的理解，应该用一种切合实际的方式来解读。'用……制作'的问题，可能由吃薯片的孩子，而非食物科学家或是营养学家来回答，更能切中要害。"***

这一裁决意味着 15 500 万美元的税收将被追缴（由于先前的一项裁决，这些税收还未从买者处征收），而未来还有更多的税收要收取。如果它吃起来像薯片一样嘎吱作响，看上去基本像薯片，味道也很像薯片，那么不管律师如何据理力争，它都应该和薯片一样缴税。孩子们作为消费者要比食物专家更有发言权****。

  * *Revenue & Customs v. Procter & Gamble UK* （2009）EWCA Civ 407（May 20，2009）。在英国，"脆片"（crisp）是美国人所说的"薯片"（potato chip）。英国的"薯片"（chip）就是我们所说的"炸薯条"（french fry）。

  ** 应该注意的是，宝洁的另一产品——品客薯片已被判定为零税率，这显然是因为它们要像玉米片一样蘸辣酱或诸如此类，并且没有被充分加工以供人类立即食用。

  *** *Revenue & Customs*，op. cit.

  **** 一个更早的涉及嘉法（Jaffa）蛋糕的增值税案例：如果是蛋糕，就归为食物并且不征税；如果是饼干，就适用标准税率。法院依据它们不新鲜时的状态做出决定：饼干变软，蛋糕变硬。而嘉法蛋糕会变硬（这可不是我杜撰出来的）。

第 11 章

主体税种之一：财产税

　　美国的财产税是由州和地方政府课征的，每年的税收收入超过4 000亿美元，但远远少于所得税或消费税收入，也少于仅由州政府征收的所得税和消费税的收入。不动产税收入几乎占了财产税收入的90％，构成了美国地方财政赖以独立生存的基础①。正如格伦·费希尔所指出的那样："目前，除了财产税之外，没有哪一种税收能够通过地方政府来课征和管理，并为美国地方政府体制融资。"② 税收专家基于财产税的效率、公平、对财政分权的促进作用和透明度而对地方财产税的案例进行讨论，但是财产税在广大选民中并不受欢迎，也不为虽然开明但缺乏勇气的政客所喜欢。但是，由于财产税可以为最接近基层民众的地方政府筹集到可靠、稳定、独立的财政收入，而且目前也没有能够为地方政府提供财政独立的其他更好选择，因此，财产税还是在地方财政收入体制中占有独一无二的地位。尽管美国和加拿大政府所筹集到的财产税收入要多于世界上的其他地方，但各种形式的财产税在世界上还是随处可见。正因为它能够为地方政府提供可独立控制的收入来源，在欧洲中东部的很多国家，它都是地方财政分权项目的一个重要组成因素。

　　财产税在过去是州和地方政府财政的主体税种。实际上，早在1932年，财产税收入在美国所有的州和地方税收收入中的比重就几

---

　　① 美国的地方政府（local government）系指其基层政府，这与中文语境下的地方政府概念存在较大差异。中文语境下涵盖省、市、县、乡四个层级的地方政府，对应于英文之"subnational level"（多译为"次国家层面政府"）。在当下之中国房产税改革动议中，有人望文生义地认为，"在很多西方国家，房产税是地方财政收入的主要来源"。这是混淆了"local government"和"subnational level"所致。由此对税制改革取向产生的误导，需要加以警惕。——译者注

　　② Glenn W. Fisher, *The Worst Tax? A History of the Property Tax in America* (Lawrence, Kans.: University Press of Kansas, 1996), 210.

乎达到了 3/4，在地方政府税收收入中的比重更是达到了 92.5%①。但是，在 20 世纪
30 年代大萧条时期，许多财产税都变得难以从农民、商人和失去正常收入来源的人手
中课征，于是美国各州开始对商品和服务课征以交易为基础的税收，特别是开征了零
售税和燃油税。这些新的税种不仅提供了大量财政收入，还具有很强的稳定性，同
时，税收征管也没有财产税那么严酷（例如，如果对房子或者农场征收不到财产税，
就要没收这些财产并加以拍卖）。因此，在第二次世界大战之后，州政府更多依赖的
是财产税之外的其他税收。尽管在美国的一些州的大城市也存在其他一些重要的选
择，但从总体上看，地方政府仍然严重依赖财产税。即使是在 2008 年全球金融危机导
致的经济大衰退时期，地方政府的财产税征收情况表现也比其他基础深厚的地方税收表
现强（特别是零售税和所得税）。那些还没从财产税转向多样化税种的地方政府，承受
的收入骤减的程度更小，并且比那些更加多元化的财政收入体系保留了更多的地方财政
收入。

表 11-1 对财产税在美国政府财政中的地位做了简要描述。尽管财产税收入在美国
州税收收入中的比重只有 2%，但在地方财政收入中的比重却超过 70%。与其他种类的
政府机构相比，独立学区（independent school district）更加依赖财产税。财产税占了独
立学区税收收入的 95%。由于学校获得了大量的政府间援助，且大部分来自他们所在
的州，因此财产税收入在学校收入来源中的比重要稍低一些（大约占 30%），但是用于
学校的财产税在财产税总收入中的比重仍然超过了 40%。美国各市、县的财产税收入
都要超过财产税总收入的 20%。但是，与县财政相比，各市依赖更多的还是非财产税
收入。尽管财产税一直都不为人们所喜欢，但在 1998—1999 年度到 2008—2009 年度，
财产税每年的复利增长速度仍然达到了 5.9%。

表 11-1   2008—2009 年美国政府财政中的财产税

	财政总收入（千美元）	一般财政收入比重（%）	税收收入（%）	财产税收入（%）	自 1998—1999 年度以来的增长速度（%）
州和地方	424 014 170	17.6	33.3	100.0	5.9
州	12 964 188	0.9	1.8	3.1	1.1
地方	411 049 982	29.2	73.9	96.9	6.1

资料来源：U. S. Census Bureau, Governments Division, Annual Survey of State and Local Government Finances [www. census. gov].

财产税是美国目前所课征的最接近于对年均财富课征的税种②。然而，美国的财产

---

① U. S. Bureau of the Census, *Financial Statistics of State and Local Governments*：1932 (*Wealth*，*Public Debt*，*and Taxation*) (Washington, D. C.：U. S. Government Printing Office, 1935). 美国联邦政府曾经分别于 1798 年和 1813 年先后两次课征过财产税。而且，根据美国宪法对直接税的要求，当时还在各州之间进行了分配。参见：Dall W. Forsythe, *Taxation and Political Change in the Young Nation*，*1781—1833* (New York：Columbia University Press, 1977).

② 但是，目前在美国的联邦政府、州政府和地方政府之间，还有政府间转移支付税。联邦遗产税是最广为人知的，虽然它只产生了很少的收入（占 2008 年总收入的 1.5%）。尽管事实上它是由很少的遗产支付（由于该税种应用前就存在的大量免税财产，只有少于 1.3%的遗产被该税种覆盖），并且税收负担具有很大的累进性，它还是极度不受欢迎的税种。因为实际上通过遗产税征税的大部分资金都是未实现的资本收益，而且没有通过所得税纳税，该税填补了财政制度的空白，并不代表对收入的双重课税。然而，一小群拥有巨大遗产财富的人坚持希望完全废除遗产税。想要了解这一闹剧和看富人怎么说服另一些完全没有机会拥有遗产（除了中彩票）的人，让他们相信税收将会阻止他们将财富、银行账户、农场企业或者他们收藏的棒球卡片遗传给他们的孩子，可以参见：Michael J. Graetz and Ian Shapiro, *Death by a Thousand Cuts：The Fight over Taxing Inherited Wealth* (Princeton, N. J.：Princeton University Press, 2005).

税也并不是真正的净财富税，因为财产税对一些财富形式通常是免税的（例如，对个人的私有财产等）；财产税的课税对象是毛财富，而不是净财富（例如，由于购买住房或者汽车所欠的债务，很少可以从应税价值中全部扣除掉）；财产税可能会对一些财富形式课征两次税（有些州的财产税既对公司股票价值课税，也对公司所有的财产课税）。从财产税对财富的课税程度看，财产税使税制结构增强了从富人向穷人的收入再分配①。由于财产税的课税对象是累积财富，而不是收入，因此财产税对工作和投资的影响要小于所得税。但是，由于财产税税基并不是即期交易的价值（即期交易的价值通常是所得税和销售税的税基），因此财产税需要对财产的价值进行评估（估税）。而且，财产估税成了财产课税的一个基本缺陷②。

美国的财产税不能进行简单的归类。正如理查德·阿尔米（Richard Almy）所说的：

> 美国的财产税制是由 51 个不同的州财产税制构成的。每一个州财产税制都要受当地法律因素和非法律因素的制约，都要随着宪法的修改、法律法规的制定、行政管理程序的变化、法庭判决和税务管理能力的变化而不断变化。③

财产税的课税对象可以是实物资产，也可以是个人的私有资产。实物资产是指不动产、土地及其附着物。其中包括永久附着于土地的自然附着物（如树木、庄稼、草、水和矿物质等），也包括附着于土地的地上建筑物、围栏等人工设施。实物资产也包括空气权、地上空间，但仅限于地上空间被真正使用时。个人资产是能够被个人拥有的非不动产等其他任何财产。其中包括机器设备、珠宝、汽车、存货、家具、股票和债券等等。个人资产一般要比实物资产更易于移动，但二者之间并没有一般性的界限。对此，每家政府都会制定自己的定义和区分方法，但通常都会通过制定财产种类目录来做一般意义的区分④。这种区分是至关重要的，因为有些州对个人资产的课税程度要重于不动产，而另一些州则可能对有些个人资产免税。在美国地方财产税的税基中，个人资产的份额是很小的，在全国总额中的比重也只有大约 10%，但在有些州中的比重则是比较高的；许多州对个人资产是完全免征财产税的⑤。大部分州对不动产的评估是由当地评估员测定的，受到当地法律法规、不断变化的审核程度、各州的监管系统以及对自己完成工作评价的影响。

对个人资产的另一种区分，是对有形资产和无形资产的区分。有形个人资产（tangible personal property）是出于个人目的而持有的资产，其中包括汽车、机器、原材料和成品存货、家具等。无形个人资产（intangible personal property）代表了人们对有价

---

① 财富比收入更加集中，是美国社会的一个重要事实。美国人口中最富有的 1% 拥有美国经济 30% 的财富，而收入最高的 1% 在总收入中的比重却只有 20%。参见：Javier Diaz-Gimenez, "Dimensions of Inequality: Facts on the U. S. Distribution of Earnings, Income, and Wealth," *Federal Reserve Bank of Minneapolis Monthly Review 21* (Spring 1997): 3–21.

② 根据财产税的税制结构，财产税对地区开发和重建可能还会产生抑制作用。

③ Richard Almy, "Rationalizing the Assessment Process," in *Property Tax Reform*, ed. George Peterson (Washington, D. C.: Urban Institute, 1973), 175.

④ 一个有趣的问题是关于活动房屋的。活动房屋是不动产还是个人资产呢？美国各州所使用的规则包括永久基地、有无轮子或车轴、有无高速公路执照等，但没有一般意义的区分方法。

⑤ John L. Mikesell, "Patterns of Exclusion of Personal Property from American Property Tax Systems," *Public Finance Quarterly* 20 (October 1992): 528–542.

物品的所有权，无形资产包括股票、债券和其他金融资产等。对这些财产课征的财产税可能会大相径庭。许多个人有形资产都难以定位，而且即使可以定位，也难以进行估价；（一台用了 10 年的电视，或者一个猫在其中睡觉的旧沙发的价值，各是多少呢？）无形资产通常容易定价，但却难以定位。无形资产有时根据法律或地方惯例可以免税。总之，很少会对无形资产全部课税①。

传统财产税的替代品即地价税（land or site value），虽然地价税相对于原来的财产税有很多优点，一直以来也广受改革家拥护，尤其是那些专注于土地使用改善和城郊发展的人，但它从未在美国得到广泛采纳。专栏 11 - 1 描述了这种税收的逻辑和优势。

专栏 11 - 1　另一种税收方式：地价税

作为地方政府筹资的方法之一，比起财产税，税收分析家（尤其是经济学家）更喜欢财产税的一种变种——地价税。杰出的经济学家威廉·维克里（William Vickery）总结说："从经济学角度看，财产税既包含了最差的税种——对实物资产的改进部分征税——又囊括了最好的税种——对土地或场地价值征税……地价税征收得非常恰当，几乎没有任何税收扭曲效应，但对实物资产的改进征税，却给进一步的建设造成了很大的压力。"*

为什么会这样呢？秘诀就在于税收的阻碍和扭曲能力。对建筑的修缮征收财产税，增加了进一步发展的成本，也就妨碍了发展的推进。既然基础设施的增建部分提高了生活水准，那么，一种抑制这类扩建和翻新的税收怎么可能是好的呢？如果资产所有人升级或修缮了他的资产，抑或在这片土地上建造了新的建筑物，而他的税收账单也因此增加的话，这就降低了他这么做的收益，进而降低了这一举措发生的可能性。抑制经济发展有道理吗？但这就是传统财产税的作为。

地价税就没有如此后果。某一特定区域内的土地的供给是固定的。在这种情况下，对土地征税并不影响其供给。供给的多少不随着回报的增多而提高，也不随着回报的减少而降低。因为土地的价值是由其周边社区决定的——交通网、舒适度、公共事业、政府服务等等——而不是土地所有者的个人行为，所以，地价税的征收确实行之有效。地价税也不像对土地改进征收的税收那样会影响投资选择，因此，它并不抑制经济的发展。如果这块地是根据市值（其可能的最高价值）缴税的，那么土地所有者对它做了什么，对税收并没有任何影响。让这块地空着且不带来任何收益，并不会降低税收，所以让地荒废没有任何优势可言。（传统的财产税把所有的土地收入都资本化，这就容易导致让有生产能力的土地闲置。）在地价税的政策下，策略性的土地投机买卖或耽搁土地发展没有任何优势。单纯的土地税是一种最稀有的收入来源：对经济没有任何负面影响。

地价税的一个变种称为等级税或分类税率系统（the graded tax or split-rate system），在这种制度下，对土地改进进行征税，但以低于土地本身税率的方式征收。宾夕法尼亚州的大约 18 个城市，包括 1913 年到 2001 年的匹兹堡，和超过两打的其他国家的实践经验表明，这种税收制度是可行的，能为地方财政带来收入，相对传统财产税也更有利于经济发展。通过分类税率系统，当其他类似处于"工业衰退地带"（rust-belt）的城市正经历着严重的衰退和荒芜的情况下，宾夕法尼亚州的一些城市成功地降低了衰退程度，甚至实现了增长。很多观察员认为，这种税收制度在很大程度上产生了这一差

①　John H. Bowman, George E. Hoffer, and Michael D. Pratt, "Current Patterns and Trends in State and Local Intangibles Taxation," *National Tax Journal* 43 (December 1990)：439–450.

异**。评论家抱怨道，财产税制定者很难分清土地和土地改良的价值。但是相比当前的体系来说，即使是一个粗略的区分就可以更好地促进发展，可以得到和现行体系一样多的财政收入，对于美国很多的城市来说，地价税很值得尝试。

　　* 引自：Kenneth Wenzer, *Land Value Taxation* (Armonk, N. Y.：M. E. Sharpe, 1999), 17-18.

　　** 更多关于地价税的资料来源参见：Richard F. Dye and Richard W. England, *Land Value Taxation：Theory，Evidence，and Practice* (Cambridge, Mass.：Lincoln Institute for Land Policy, 2009)，包括关于地价税收逻辑、其行政实用性及其对增长和发展的影响的论文。匹兹堡分类税率对于发展影响的证据参见：Wallace E. Oates and Robert M. Schwab, "The Impact of Urban Land Taxation：The Pittsburgh Experience," *National Tax Journal* 50 (March 1997)：1-21.

11.1　优质税种，劣质税种？

　　政治家、媒体和大部分公众较之学者和税务分析师更喜欢财产税。财产税的拥护者相信，对于地方政府来说，不动产税和财政自治这两者具有相同的意味。没有其他任何宽税基的收益选择能比这种税收更适合地方政府了。如果地方政府没有财产税这一收入，那么它必然只能附庸于州政府。当然，地方政府也找不到满意的其他税种来填补财产税收入的损失。地方财政自治意味着地方财产税是一个必要条件。它对地方财政的特殊优势是显而易见的：

　　(1) 课税基础不变，因而就不必担心在行政管辖范围内会有逃税行为发生。即便资产所有者潜逃或者宣告破产，资产本身也是不可移动的，税收机构就有权对该资产采取一定措施（比如说拍卖）来征税。

　　(2) 在面对经济衰退时，财产税的收入相比其他宽税基的税种收入更加稳定（特别是一般销售税和所得税）。相比那些已经将财产税多样化为宽税基的其他税收和严重依赖州政府对地方公共事业补助费的地区来说（为了解决预算问题，各州政府逐渐削减对地方政府的补助），仍然保留并依靠财产税的地区在大衰退时期受到的影响更小。依赖财产税的地区，比其他地区的收费状况更好。

　　(3) 即便是面积非常小的地方政府，也可以通过多样化税率来获得收入。虽然各地区和各辖区（城市、市郊、都市）间的税率差别很大，平均实际财产税率一般稳定在私人资产市值的 1% 左右。

　　(4) 由地方财产税支撑的服务，为实物资产提供了直接保护（比如说消防和治安保护），也使得实物资产的价值更高（比如说高质量的地方学校）。财产税其实就是为享受这些服务而收缴的费用。

　　(5) 那些和工业发展有关的财产税税基，也为生活在工厂附近而生活不方便（噪声、交通、污染等）的人们提供了补偿途径。财产税收入降低了那些"别在我家的后院"（Not in My Backyard，NIMBY）之类的抗议者的行为对经济发展造成的不利影响。

　　(6) 财产税是有形的，做出与之相关的决定也是唾手可得的，它让人们直接参与到财政管理过程当中，这正是民主国家的应有之举。

　　(7) 许多地方政府做出的决定，直接影响着实物资产的价值。财产税给予了地方政府做出高质量决策的筹码，同时又把资产的所有权、管理权以及分配权留在私人手中。

　　(8) 这种税制成功地从那些拥有很高价值资产的人手中收到了税，其中不乏曾经侥幸逃脱所得税的那部分人，因此，对于那些因疏于管理或慷慨的税收优惠引起的所得税征管漏洞连连的国家，财产税无疑是雪中送炭的税种。这导致了有极高价值财产的人收到了高额的财产税账单——当然，如果他们可以支付得起大房子，他们肯定可以支付得起政府为房子住户提供服务的巨额账单。

然而，民意却并未给予财产税如此高的评价，因此，政治家也常常以反对财产税的立场来进行有利于自身的各种游说。财产税究竟是哪里错了呢？对财产税的抱怨主要包括以下几点：

（1）财产税被看作是累退的。一些州的研究确实表明：随着收入的增加，财产税的有效税率是下降的。然而，财产税的累退程度比消费税的累退性低一些。尽管如此，经济学家们普遍认为财产税基本上是累进的，因为土地和资本的所有者集中在高收入人群中①。一个地点的异常高额的财产税类似于一种筛选措施，而正常的税收却是以累进的标准分配的。此外，税收可能只是简单地对提供给财产的服务征税，在这种情况下，财产税与公平分配是不相关的。即使有这些佐证，政客的主要观点还是认为，财产税具有累退性，并且，就像在现代美国生活中总会出现的那样，反对观点的证据总是作用甚微的。

（2）财产税是横向不公平的。有相似价值的资产或有相似财富的家庭所承受的实际税率都有很大区别。前者是由于财产税的构造和管理方式造成的，后者则是因为家庭拥有资产的偏好不同。很多现象说明了这种横向差异问题②。在无能系统中工作的无能评估者们是这一问题的罪魁祸首。

（3）地方财产税造成了财政宽裕和财政紧张地区参差不齐（财政差距或横向财政不平衡）的局面。有些地区的财产税税基充分（比如那些有制造设备的地区），而有些地区的财产税税基却很稀缺。这就造成了各地区所能承担的为其民众提供的公共服务在种类和质量上存在较大的差异。当中小学的教育费用都是由财产税额提供的时候，这个问题就显得特别严重。在后续重点讨论政府间财政关系的章节中，将对该问题进行更深层次的考察。

（4）在一些资产价值日益增高的地区，人们面临的财产税压力也日益增大，对于低收入人群来说将更加艰难。对某一地区的常住居民来说，面对这一地区的突然繁荣，可能会突然增加其财产税，面对财产突然增值所带来的更多财产税负担，一些人不得不面对是否搬离该地区的艰难抉择。同样，近郊附近迅速增值的农田所有者，也在震惊中收到了难以想象的高额财产税账单。有时候，这一税收所带来的结果看起来颇为荒谬。如果在一个管辖区内构成相当大份额财产价值的工厂倒闭了，那么，该地区的其他业主拥有的财产占财产税税基份额就会升高，他们需要分担的政府成本份额也就提高了，于是

---

① Wallace E. Oates, "An Overview and Some Reflections," in *Property Taxation and Local Government Finance*, ed. Wallace E. Oates (Cambridge, Mass.：Lincoln Institute for Land Policy, 2001). 关于财产税发生率有三个主要观点："传统观点"表示财产税以更高房价的形式转移给消费者，"利益观点"表示财产税只是对地方政府提供服务的收费，"新的或资本税观点"表示财产税是在地方管辖范围内使用资本的扭曲性税收。参见：George R. Zodrow, "The Property Tax as a Capital Tax：A Room with Three Views," *National Tax Journal* 54 (March 2001)：139-156. 只有传统观点会使财产税具有巨大的累退性。

② 横向差异存在一些系统性问题。例如，哈里斯发现，少数族裔占多数的社区被有效评估的比率要高于白人占多数的社区。Lee Harris, "'Assessing' Discrimination：The Influence of Race in Residential Property Tax Assessments," *Journal of Land Use and Environmental Law* 20 (Fall 2004).

他们就可能收到一份更高的财产税账单——即使他们知道自己财产的价值并没有增加。这个结果稳固了政府的财政状况，但是却使得财产税更加不受公众欢迎。降低地方政府服务的规模，从而反映出没有工厂倒闭后的城市现实，这确实是一个解决方案，但在政治上却难以实施。

（5）安装高效生产设施或者资产更新改造所产生的税后收益率，会因为财产税的征收而降低，从而使得经济发展的前景堪忧。随着财产的不断增值，财产税在不断提高，进而导致更新资产的回报率降低（解决方法请回顾专栏 11-1）。

11.2　税率、课税额以及财产估价税值的计算和应用

由于财产税的计算方法有别于其他主流税种，所以，理解基本的财产税率公式是理解其具体运作方式的前提。多数税种的税率只有通过一定的法律程序才能改变，并且不包括在年度立法程序之中。税率的变化只是针对永久性税基的一个很小变化，这构成了严格意义上的渐进主义财政体制的一部分。州销售税和所得税、联邦所得税的税率变化，都属于这种情况。这些税收不需要进一步的立法程序就可以被采纳并年复一年地使用。尽管财产税率一般是在既定的税收模式下按照惯例确定好的，并且像其他税种一样在一个地方年复一年保持不变，但是，美国的地方财产税历来作为预算程序的一部分，财产税税率的确定，通常都是确定今年要花多少钱的关键。在多数情况下，税率需要每年确定一次。税率水平要能够产生足够的财政收入，以弥补经常性预算的支出，并能够弥补债务的当期成本（到期债务加上利息）。

财产税税率的制定机制在理论上是直观的。税率由地方政府的预算选择所主导，而预算选择需要根据其在税基范围内提供多少公共服务、其他可用的收入来源，以及各州政府赋予地方政府的权力来进行抉择。这个决定同时涉及经济因素和政治因素，可用如下的法定财产税率公式表示：

$$R_a = (E-T) / [A_a + W_b \times A_b]$$

式中，

　　R_a = 适用于最低法定税率类别财产的法定税率（通常是独栋房、自用住房等）；

　　E = 地方政府预算年度的计划支出；

　　T = 本年度预期的非财产税收入；

　　A_a = 最低（a）等级税率中可征税的（或净估计的）财产总价值；

　　A_b = 次低（b）等级税率中可征税的（或净估计的）财产总价值；

　　W_b = b 等级税率预期适用的相对最低等级税率的乘数。

税率可能存在许多级别，把某一级别的税率值乘以适用该级别税率的最低税率的倍数。如果所有财产都按相同的法定税率征税，那么所有财产的权重等于 1。

以下说明了这个方程在有三个级别财产税率的情况下是如何起作用的。假设将以下信息代入方程：地方政府的计划支出（E）= \$8 500 000，预期的非财产税收入（T）= \$500 000，最低等级税率中可征税的财产总价值（A_a）= \$60 000 000，次低等级税率中可征税的财产总价值（A_b）= \$100 000 000，等级 b 的预期税率与等级 a 的预期税率之间的乘数是 2，最高等级税率中可征税的财产总值（A_c）= \$50 000 000，等级 c 的预期

税率与等级 a 的预期税率之间的乘数为 3。

那么 A_a 等级的法定税率就是按如下方法计算的：

$$R_a = (8\ 500\ 000 - 500\ 000)/[60\ 000\ 000 + (2 \times 100\ 000\ 000) + (3 \times 50\ 000\ 000)]$$
$$= 8\ 000\ 000/[60\ 000\ 000 + 200\ 000\ 000 + 150\ 000\ 000]$$
$$= 8\ 00\ 000/410\ 000\ 000$$
$$= 0.019\ 512\ 2\ 或估价每\ 100\ 美元的资产缴纳\ 1.951\ 22\ 美元的财产税$$

其他等级税率的计算是通过乘数完成的：

$R_b = 2 \times R_a = 2 \times 0.019\ 512\ 2 = 0.039\ 024\ 4$ 或估价每 100 美元的资产缴纳 3.902 44 美元的财产税

$R_c = 3 \times R_a = 3 \times 0.019\ 512\ 2 = 0.058\ 536\ 6$ 或估价每 100 美元的资产缴纳 5.853 66 美元的财产税

分类的财产税结构意味着不同资产在财政领域中的作用不同。将土地的用途从低税率类别变为高税率类别，能增加这块土地带来的财政收入，同时，使得其他领域可以在享受同等服务的情况下少纳税，或者在缴纳同等税额时享受更好的服务。承担较高乘数的土地使用类别（工业、商业和公益事业），比其他类别用途的土地获得的每英亩评估价值更高，所以分类结构强化了现有的收入倾向。相对来说，高税率类别的土地能够给征税辖区的其他资产带来福利。并且，为了得到更多的收入，财产评估者有动机将财产划分到适用高税率的类别。

这种关系适用于课征财产税的各个政府单位。一些课税单位的课税总额是受到限制；一些单位为了弥补合同债务支出需要提高课征财产税的总额；一些财产税的税率要受到诸多因素的制约；而一些单位拥有足够的灵活性设定财产税的税率，以便在必要的时候平衡预算收支。但不管具体条件如何，这个公式都可以将这些因素联系在一起，适合于各个课征财产税的政府单位使用[1]。

管辖不同地区（如郡、城市、学区、特别行政区等）的各个地方政府制定财产税率的过程是相互独立的，就像不存在其他地方政府一样[2]。从税率方程中我们可以得出这样一个结论：如果某一地区的资产估计值上升约 10%，在这一地区的预算支出不增加的情况下，其财产税率将会降低约 10%，也就是说财产税收入总额不变。如果资产评估价值降低，正如大衰退中很多地区的真实情况，并且不增加政府的预算支出，那么为了有足够的财产税收入以平衡支出，就不得不提高财产税税率。

财产持有人所得到的财产所在辖区中的每个课税单位发布的税票就像蛋糕的层次一样。例如，一项财产可能要缴纳 4.58 美元的村财产税、1.22 美元的县财产税、3.25 美元的学区财产税，那么这项财产的估税净价值共应当缴纳的财产税总额将为 9.05 美元。针对这种情况，财产持有者通常会通过一次总付的形式将所有的财产税一次付清；政府

---

[1] Joseph K. Eckert, ed., *Property Appraisal and Assessment Administration* (Chicago: International Association of Assessing Officers, 1990), 20.

[2] 一些州，包括加利福尼亚州和印第安纳州，已经建立了总体税率限额，高于这一限额必须降低税率。然后需要一些上级机构将总体限额划分给各具有征税权限的司法管辖区。在另一个极端，马萨诸塞州只有一级地方政府，所以其总体税率限额（由 2½ 命题建立）的应用相当简单。马萨诸塞的制度是透明的：不必做任何调查，财产所有者就能知道对于他们的税单，政府将承担何种公共责任。

部门会派一名财产税征管员（可能是来自县财政局的一位官员）将财产税收齐并分发给各个课税单位。这些财产税的确定过程和村财产税是一样的，但它们之间是独立进行的①。

财产税的管理中通常存在职能分离。资产评估师负责确定各司法管辖区土地的应课税价值，地方管理机构决定从财产税中筹集预算收入，职员或审计师计算每个管辖区的法定财产税率，而出纳员收取每块土地所欠的税款，并将收款分配给适当的政府。职能的分离，不论是选举产生还是任命决定，都符合内部控制的逻辑。

这些法定税率不能在政府之间直接进行比较。例如，假定一个城市对估税净价值为100 美元的资产课征的财产税为 10.00 美元，而另一个城市对估税净价值同样为 100 美元的资产课征的财产税为 15.00 美元。是否可以得出结论认为，一项价值为 100 000 美元的资产，在第二个城市中需要缴纳的财产税要比第一个城市高 50％呢？为了进行比较，我们需要将法定税率根据估税比率进行调整。估税比率（the assessment ratio）就是估税过程中所确定的财产价值和市场价值（市场上买卖双方愿意达成买卖交易的价格）之间的比例。正如我们将要在本书的以后章节中所看到的，并不是所有财产税制所界定的财产估税价值都是一项财产的市场价值，也不是所有财产税的估税人员对财产估税中的各种影响因素都是同等对待的。因此，为了对财产税进行比较，有必要根据估税比率的不同来对法定税率进行调整，以得到财产税的实际税率。一项财产税的实际税率（effective property tax rate，ETR）等于财产税税额（T）除以一项财产的市场价值（market value，MV）：

$$ETR=T/MV$$

财产税税额等于财产税的法定税率（r）与一项财产的估税价值（the assessed value，AV）的乘积：

$$T=r\times AV$$

因此，财产税的实际税率等于法定税率与估税比率（一项财产的估税价值与市场价值的比率）的乘积：

$$ETR=(r\times AV)/MV=r\times(AV/MV)$$

在上述例子中，如果第一个城市中的估税比率为 100％，而第二个城市中的估税比率为 50％，则第一个城市中的实际税率（每 100 美元财产的估税净价值应纳的财产税为 10.00 美元）要高于第二个城市（每 100 美元财产的估税净价值所负担的财产税为 7.50 美元），与两个城市法定税率的对比情况正好相反。因此，在不同辖区之间进行比较，甚至对同一辖区中的不同财产进行比较，都绝对需要考虑估税比率的情况！

估税标准

财产评估是财产税实施过程中的一个难题。财产税的课征需要制定一个基础，以将财产税的税收负担在不同财产所有人之间进行分配。由于财产税的税基是财产的累积价

---

① 当然，政府也可以计算出总税率，并根据这个总税率可能导致的后果，对选择课征的税率进行调整。

值，而不是一年中财产销售的当期流量，因此，必须对财产的价值进行评估①。财产估税需要确定每项财产的应税价值，以及对于政府来说应税财产的总价值；对财产价值的评估是财产税制的核心内容。为了对一项财产课税而进行的评估，可能会改变一项财产的估值，可能提高一些财产所负担的财产税，也可能使另一些财产的税收负担降低。由于财产税课税依据的是对财产的估值，因此，正是这种税前调整使一项财产所缴纳的税收能够尽量反映出这项财产的负税能力——这也正是进行财产估税的目的所在。

财产估税的标准应当是什么呢？运用最广泛的是市场价值标准："市场价值，是一项财产在一个竞争而开放的市场中的现金价值。"②银行、保险公司和其他机构使用的也是类似的、模拟市场交换的概念，来为保险、贷款和相关目的确定财产价值的，并假定：（1）市场有发挥作用的足够时间；（2）买卖双方都不会受到来自非市场方面的压力；（3）买卖双方对所交易的商品都有充分的了解；（4）市场交易是公正进行的③。人们为一项财产所支付的实际市场交易价格，可能会包含能够反映市场价值的信息，但并不一定等于这项财产的市场价值，这可能是因为以上条件并没有得到充分的满足，也可能是因为在财产的价格中包含了商品本身之外的因素④。"市场价值"这个概念在国际上得到了公共财政和私人财务的认可，它是一种在任何地方都具有相同含义的标准，其含义不能因具体税法、法律体制和政府结构的不同而不同。尽管对财产价值的评估只是理论上的，但是，财产的市场价值却是可以用实际的市场交易和客观标准来进行检验的⑤。简而言之，尽管在美国有少数几个州并没有使用市场价值作为财产评估的法定标准，但是市场价值仍然是使用最广泛的财产价值估税标准。

在财产市场价值的估税系统中，经常会出现一些例外的财产种类，如农业用地。一般财产价值的评估会假定，可能购买一项财产的人都会将新取得的财产转作其他用途。例如，一块农田如果靠近一个发展迅速的城市，将来就有可能发展为购物中心、综合公寓或者住宅小区等，而邻近大学的一居室则有可能发展为公寓或者办公室。一项财产不同的未来潜在用途，有时确实会成为影响财产市场价值的主要因素。然而，当前用途估测法（current-use assessment）则假定，一项财产的购买者不会改变这项财产的用途。

---

① 美国和加拿大对财产税的税基确定采取的是即期价值法，但是除此之外，还有别的方法。例如，英国就是以土地和建筑物的年均租金为税基的（"不动产税"）。还有一些国家是以土地或建筑物的面积为税基的。Eckert, *Property Appraisal*, 7.

② Ibid., 35.

③ 现在，抵押贷款的住宅评估越来越多地使用计算机模型，并通过自动系统来进行。这些计算机模型是由联邦全国抵押贷款协会和联邦住宅抵押贷款公司提供的，用于对抵押贷款价值进行快速评估。这种评估的成本要远远低于传统的机构评估。这种方法通过挖掘有关社区中住宅售价的信息，并对这些信息和正在评估的对象进行比较。作为金融中介机构，联邦全国抵押贷款协会和联邦住宅抵押贷款公司主要从事由各家机构发起的抵押贷款的取得、包装组合和担保工作。这种评估主要是为了检验被评估财产建议交易价格的合理性，以证明，如果贷款出现问题，被购买的财产有充足的价值来为贷款人提供担保，因此很少要求具有很大的精确性。但是，原则是要与其他评估保持一致，包括要与财产税的估税保持一致。Patrick Barta, "Lenders Tout Home Appraisals by Computer; Human Appraisers Demur," *Wall Street Journal*, July 20, 2001, B1, B3. 在大衰退期间，这两个机构的财务和名声都受到了严重的破坏。它们为不良的抵押贷款提供便利，而这正是导致金融崩溃的核心因素。

④ 例如，这些之外的因素可能会包括一些个人资产和一些来自销售商的特别融资。

⑤ 如果一项估税价值为75 000美元的财产却销售了30万美元，那么我们可以理所当然地认为，这项财产的估税价值要大大低于其当前的市场价值。因此，对一项财产当前市场价值的评估是需要进行检验的，也是可以进行辩驳的。

对于多数财产来说，市场价值和使用价值评估法的评估结果不会出现什么不同，因为财产的未来购买者如果以市场为导向，那么他（她）将这项财产的用途进行改变的可能性将会很小，例如，一块位于伊利诺伊州中部的玉米地，距离城市或州级枢纽都很远，在新的所有者拥有这块土地以后，除了种植谷物、大豆或类似的农产品，也不会有什么其他的突破了。但是，当市场随着城市和其他因素的发展、扩张而变化时，这两种方法之间的差异就变得十分重要了。一般来讲，这种政策是为了防止财产的更高估税价值带来的税收影响，以保护财产当前持有者的利益，并且抑止税收引起的将农业用地或者开阔地转作其他用途的举动①。下面这个例子也可以成为一个很好的税收逃避例子：在佛罗里达州，土地开发商将租来的牛放在土地上，这样一来，土地就符合农业用地的标准，可以被评估为更低的税率。

在美国，有些州在法律上对财产评估采取了市场价值标准之外的其他一些评估标准②。另外的一个评估标准就是获取价值法（acquisition value）或者销售评估法（assessment-on-sale），这种方法是在 1978 年加利福尼亚州的第 13 项提案中规定的；1992 年佛罗里达州的全民公决批准了《宪法第十修正案》，其中对宅地类财产也做了相应的规定；1994 年对学校财务进行改革之后，密歇根州也引入了这种标准。在新的评估方法中，只有在财产销售时，才出于课税目的对财产进行重新评估，然后再根据新的交易价格来进行估税③。

只对财产的销售进行再评估的机制，会扰乱财产市场（因为一项财产的潜在购买者会面对不同于销售者的财产税）；由于财产税的调整是与财产的销售记录相伴随的，因此，如果人们想避免这种调整，就会导致缺乏财产销售合同的财产销售记录基础；仅对财产的销售进行再评估的方法，还可能导致境况相同的财产所缴纳的财产税迥然不同。这最后一个问题是最棘手的，因为它直接与财产评估中的基本要求——评估的一致性相矛盾。实际上，美国最高法院在 1989 年涉及西弗吉尼亚州一个煤矿的财产价值评估的案件中就曾一致判定，尽管类似的财产是根据以前的估税来评估的，但根据财产最近的购买价格估税违背了《宪法第十四修正案》中有关促进平等的条款。美国最高法院的首席大法官伦奎斯特在关于横向公平的经典性描述中这样写道："宪法要求，税收应当对

---

① John H. Bowman and John L. Mikesell, "Assessment of Agricultural Property for Taxation," *Land Economics* 64 (February 1988)：28-36. 该文指出，使用价值评估法有利于提高财产评估中的一致性。然而，许多研究都对这些法律对土地使用的实际影响和这些法律的基本目标提出了质疑。参见：David E. Hansen and S. I. Schwartz, "Landowner Behavior at the Rural-Urban Fringe in Response to Preferential Taxation," *Land Economics* 51 (November 1975)：34-54. 有文章提供了一个很好的农田优惠评估检查，并分析了其影响及替代办法。参见：Richard W. England, "Reconsidering Preferential Assessment of Rural Land," *Land Lines* (April 2012)：2-7.

② 在财产评估的过程中，除了价值的评估标准之外，还可以使用统一的管理公式作为管理的目标。在这种评估体制中，财产的所有人其实不可能知道自己的财产是被低估了还是被高估了，因为一项财产的所有人并不知道这个评估标准对别的财产的适用情况。如果财产所有人的这项财产的价值得到了正确评估，而其他财产的价值却被低估了，那么在这个评估体制中，财产所有人的这项财产其实是被高估了。对于一项财产的所有人来说，除了对课税单位的所有财产进行重新评估之外，唯一可行的验证方法就是检验这个公式对自己财产的适用情况。作为应对政府债务违约的紧急措施，2011 年希腊征收的国家财产税（专栏 11-2 中解释）是根据不需要估价过程的信息进行评估的。

③ 加利福尼亚州和佛罗里达州实行的都是全面调整增长的方法，但只有当财产易手时，才会在财产之间进行调整。艾伦·曼维尔指出，财产评估质量的急剧下降导致了这种评估方法的产生。参见："Assessment Uniformity—and Proposition 13," *Tax Notes* 24 (August 27, 1984)：893-895. 其他具有一种获取价值评估形式的州包括阿肯色州、佐治亚州、伊利诺伊州、马里兰州、蒙大拿州、新墨西哥州、纽约州、俄克拉何马州、南卡罗来纳州和得克萨斯州。Terri Sexton, "Propositon 13 and Residential Mobility," *State Tax Notes* 50 (October 6, 2008)：29-36.

境况相似的财产所有人给予大致相同的待遇。"① 在此案中，由于原告财产的购买时间比较晚，因而评估价值是其他类似的邻近财产的8～35倍，这样就使境况本来相同的财产的评估结果差距悬殊。但是，财产估税员这样评估就违背了本州法律。正如最高法院所指出的那样，这种评估行为是对州税收政策的一种"歪曲"。

在"诺德林格诉哈恩案"② 中，加利福尼亚州曾经对将财产的购买价值作为合法的州内标准进行了检验。斯蒂芬妮·诺德林格（Stephanie Nordlinger）发现，当她购买了位于洛杉矶县巴尔宁高地社区中的一所住宅之后，税务部门依据其所获取财产的评估价值使她所缴纳的财产税上升了36%，从每年的1 247.40美元增长到了1 701美元。后来，她发现自己所缴纳的财产税，比位于同一社区的类似住宅的邻居缴纳的财产税多5倍。例如，在一个街区之外，一所大小完全相同但土地面积略大的住宅的一般税收只有358.20美元（这所住宅的估税价值为35 820美元，即在这所住宅1975年价值的基础上，再根据每年最高2%的通货膨胀率进行调整的结果）。她这所非常普通的住宅所负担的税收，比在1976年之前花210万美元购买的马里布海滨别墅所负担的财产税只少几美元。

诺德林格认为，这种做法不仅显然是不公平的，而且违背了宪法中关于促进公平的条款。然而，加利福尼亚州却不同意这种说法，认为这是一种合理的估税分类方法。使一项财产的长期持有者所缴纳的税收低于财产的新近持有者，是符合本州合法利益的，因为这样做：（1）可以避免对财产所有者尚未实现的收益课税，也避免了对离家在外的人课税的可能性；（2）可以保证使财产所有者对自己所缴纳的税收具有可预见性；（3）使地方政府的财政收入具有稳定性。美国最高法院对诺德林格的申诉深表同情，并指出该州的政策目标应当有其他更好的实现方法，同时，尽管这种方法造成了一些不尽如人意的后果，包括使境况相同的纳税人所缴纳的财产税大不相同，但是认为这种评估方法拥有一些合理的基础。而且，证据表明第13项提案确实让房东和租户都保持租借状态不变，来避免缴纳房屋转让后的高额税收：与其他州相比，从1970年到2000年，加利福尼亚州的房东和租户的平均房产所有权的保有时间，分别上升了一年多和9个多月③。一般认为，这种产权转让流动性放缓是对经济发展的一种阻碍，因此，这也被视作在市场经济体制下公共政策的败笔。和西弗吉尼亚州的情况相反，法院发现价值评估采集系统完全符合宪法要求，也就表明它具有合理的根据。但是，由于这个系统严格控制了财产税率，所以在一定程度上抑制了地方政府的财政收入。

还有两个值得一提的估税标准。一个是以占地区域为评估标准，即税收的多少仅仅取决于财产的大小；另一个是公式法（或称地籍法），将财产的一些物理属性（如大小、设计、方位、土壤类型等），代入一个合法可行的公式，从而得出结果。测试地籍法合适与否，并不是看其估算出的值是否接近于某一个定值，而是看代入计算的财产物理属性信息是否完全正确，以及公式的应用是否准确。这样的估值系统适用于没有完备的财产转让市场机制的情况，例如，发展中国家，以及由中央计划转向市场经济体制的国

① *Allegheny Pittsburgh Coal Co. v. County Commission of Webster County, West Virginia*, 488 U.S. 336 (1989).

② *Stephanie Nordlinger, Petitioner v. Kenneth Hahn, in His Capacity as Tax Assessor for Los Angeles County*, 505 U.S. 1 (1992).

③ Nada Wasi and Michelle J. White, "Property Tax Limitations and Mobility: The Lock-in Effect of California's Proposition 13," National Bureau of Economic Research Working Paper 11108, Cambridge, Mass., February 2005 [www.nber.org/papers/w11108].

家。专栏 11-2 中解释了可调整的占地区域评估系统在最近希腊财政危机中的使用情况。

专栏 11-2　一个财产税的选择：2011 年的希腊财产税

2011 年希腊陷入财政危机。多年以来大量的政府赤字积累至一个不可持续的债务水平，达到了 GDP 的 160%。私人贷款人不再愿意把钱借给政府，来为已经存在的债务重新筹资或者支持持续的赤字，因为他们怀疑政府是否有能力去支付承诺的利息或者归还借出的本金。由于希腊是欧元区的一部分，不能控制自己的货币，所以政府也没有能力通过印发货币来履行偿还责任。为了从国际货币基金组织和欧洲金融机构获得借款，希腊政府必须设计一个严厉的计划来解决赤字问题，即使以更加严重的经济衰退持续蔓延整个国家为代价。

希腊政府减少赤字战略中的一部分，是从新的国家财产税中获得额外收入。国民收入的所得税和增值税的税率已经很高，因此限制了其通过提高税率来增加收入的能力。而且，希腊的税收遵从率很低，所以提高税率几乎一定会恶化本已很差的税收遵从情况。这形成了对新税种的需要：一个具有适应新的运行环境特征的新税种。新的税种需要尽快产生收益，总体上值得信赖，同时，必须尽可能少地出现私人不遵从。它必须在很大程度上远离已有的税收制度。

希腊的新财产税是为了在这个困难环境中发挥作用而设计的。这个紧急税收适用于国家内的所有商业和住房财产。这项税收是根据财产的平方米大小来确定的。0~25 年的财产的附加费被评估为 5%~25%，附加费的比例与财产存在的时间成反比，即越新的资产附加费越高。对财产按照其所在的物理位置确定的区域税率进行征税，税率范围为每平方米 0.5~16 欧元。

税额的计算是通过平方米乘以由财产存在时间确定的附加费，再乘以所在区域税率得来的。希腊的有些地方没有划分区，坐落于这些区域的财产按每平方米 3 欧元的税率进行征税。

税收的计算使用的是官方已有的税收数据（数据未经伪造或存在纳税人上报错误）。

政府需要快速取得税收收入，并且不愿意使用现有的税收结构。因此，财产拥有者会收到来自政府所有的电力公司的账单，第一年的税款分两期支付，第二年的税款分五期支付。最初，分期付款与电费账单一起支付，不能支付税收的将会被切断电源。

切断不缴费者电源的做法，在 2012 年 1 月开始实行，但是在严冬来临的时候又停止了。与此同时，不交电费的情况迅速增加，以至于电力服务面临着资金短缺困境。这种切断不缴费者电源的做法，最终被认为是违宪的，从而淘汰了政府的主要税收收集工具。财产税的强制执行被改为扣押工资、养老金或财产。

该税收避免了加重所得税或增值税负担可能产生的更多不利因素，消除了纳税人虚假纳税申报的可能，可以迅速实施，并且该税种的征管系统可以迅速产生收入。希腊财产税不以财产的当前市场价值为税基。

资料来源：Charles Forelle, "At Core of Greek Chaos, a Reviled Tax," *Wall Street Journal*, May 31, 2010, A9; "Greece's New Property Tax," *Living in Greece*, September 19, 2011[http://livingingreece.gr/2011/09/19/new-property-tax-greece/].

英国地方政府依赖于基于价值的财产税收入维持政府的运作。但是，英国地方政府处理财产价值评估这个棘手的问题的方法与另外两个财产税大国——美国和加拿大——很不一样。专栏11-3中会详细说明他们称为"分级"（banding）的制度。在关于财产价值的信息特别少或者财产价值变动剧烈的情况下，这种制度的优势尤其明显。

专栏11-3　替代财产税支撑地方财政的方案：分级税率

在人头税制度结束其短暂的生命后，原本支撑地方政府各项服务的税收制度宣布垮台，这使得英国政府不得不引入财产税分级税率制度（banding system）*。反对人头税制度的主要原因在于，无论纳税人的收入多少、富足情况如何，大家支付的税款都是相同的。这个系统作为基于财产租金的一种财产税替代物，虽然它很简单很透明，但却显然不公平。

自从1993年起，分级税率制度就已经开始在住宅用财产（同非住宅用财产的租借价值相结合）中开始实行。在这项制度中，税收的额度取决于：（1）财产被分为多少等级；（2）就其财产估值而言，每一等级的范围有多大；（3）税率结构。其实这个制度本质上还是人头税，只是在财产价值上做了一些调整。英国确立了八个税级，英格兰、苏格兰和威尔士各有一个方案。英格兰的方案如下所示：

英格兰的财产等级	财产价值范围（英镑）	该等级的税率
A	40 000 及以下	6/9
B	40 001～52 000	7/9
C	52 001～68 000	8/9
D（基准税级）	68 001～88 000	9/9
E	88 001～120 000	11/9
F	120 001～160 000	13/9
G	160 001～320 000	15/9
H	320 001 及以上	18/9

根据基准税级，每个税级等级都对应一个税率。换句话说，税率的大小与基准税级存在一定比率的关联。在英格兰，等级H是基准税级的双倍（A等级的3倍）。

假设某一辖区有7 750处居所，并想要征到1 000 000英镑。下表展示了各住处不同等级的分布，并在每一等级中计算其公平性。

税级	税级中的财产数	与基准税级的比率	与基准税级相同的财产数
A	500	6/9	333
B	1 200	7/9	933
C	1 500	8/9	1 333
D	1 000	9/9	1 000
E	2 000	11/9	2 444
F	900	13/9	1 300
G	500	15/9	833
H	150	18/9	300
总计	7 750		8 476

因此，基准税等于1 000 000/8 476＝118。D等级缴税118英镑，其他等级缴税为税率乘以118。

税级	财产数	比率	与基准税级平等的财产数	每处财产的税额（英镑）	总税额（英镑）
A	500	6/9	333	79	39 500
B	1 200	7/9	933	92	110 400
C	1 500	8/9	1 333	105	157 500
D	1 000	1	1 000	118	118 000
E	2 000	11/9	2 444	144	288 000
F	900	13/9	1 300	170	153 000
G	500	15/9	833	197	98 500
H	150	18/9	300	236	35 400
					1 000 300

财产所在的等级越高，其税单上的金额也就越高。然而，实际税率（税单上的金额除以等级中的平均财产价值）却随着等级价值的提高而降低——这一模式是累退的。

这种制度的优点为：

（1）简单：这种制度不需要对财产价值进行详尽的估计。既没有复杂的计算模型，也没有精确的数据需求。

（2）稳定：这种制度不需要短期的再估值循环，以保证价值及时更新。只要财产不在等级间变动，就没有重新划分等级的必要。

（3）接受度：这种制度受到纳税人的广泛接受。

（4）管理成本：设立这种制度的成本低，过程短，而且投诉少。

（5）财政透明度：政府消费的内容都详细地反映在税单上，过程非常透明。财产价值的改变并不改变税额。

这种制度的缺点在于：

（1）累退性：随着财产价值的增高，实际税率反而降低，而且这种状况很难改变。

（2）适用性：该制度只对住宅用财产适用。

（3）复杂性：确定数目、划分等级以及设定税率，颇具政策挑战性。

* Peter Smith, "Lessons from the British Poll Tax Disaster," *National Tax Journal 44* (December 1991)：421–436.

资料来源：Frances Plimmer, William McCluskey, and Owen Connellan, "Property Tax Banding：A Solution for Developing Countries," *Assessment Journal 9* (2002)：37–47.

估税周期

美国政府所使用的财产评估周期可以归为以下三种通常的类型：全面周期评估、部分评估和年度评估。全面周期评估标准认为，对于课税的政府部门辖区中的所有财产，都应当在某一年中全部根据纳税目的进行评估；财产的估税价值一直到下一个全面评估期都不会改变，除非发生财产的新建、毁坏或者用途的变更等现象。美国各州所规定的全面评估周期间隔从 2 年到 10 年不等。例如，艾奥瓦州（2 年）、缅因州（4 年）、明尼苏达州（4 年）、印第安纳州（10 年）、康涅狄格州（10 年）①。有些州还明确规定：在

---

① U. S. Bureau of the Census, *1992 Census of Governments*, *Vol. 2*, *Taxable Property Values*, No. 1, Assessed Valuation for Local General Property Taxation (Washington, D. C.：U. S. Government Printing Office, 1994), D-1 – D-3.

对财产的实际评估中，需要对不动产进行实地勘察。为了应对这种全面周期评估，许多地区选择与当地的私人评估公司签订协议，以避免在普通年份和全面评估年份之间工作人员的过度流动。

部分评估是指，评估单位每年对辖区中一个特定部分的财产进行重新评估，在周期内轮流评估每一部分财产。因此，如果使用的是 3 年财产评估周期，每年可以对辖区中 1/3 的财产价值进行评估，在 3 年内可以对所有财产全部评估一次。财产评估时间最晚的纳税人，可能会抱怨在自己财产的评估价值中存在通货膨胀问题，而这种问题在评估时间较早的财产中并不存在。但是，由于这种评估方法管理方便，而且辖区中所有的财产是轮流充当最后被评估的角色的，因此这种方法仍然具有生命力。例如，马里兰州和伊利诺伊州的库克县使用的都是 3 年财产评估周期①。爱达荷州要求每年对每个评估种类中 20％的财产进行评估。

最后一种方法是年度评估法，该方法每年对所有实物资产的最新价值进行评估。计算机和现代管理信息系统使这种评估方法变得切实可行，但作为传统评估方法的特征，每年对所有财产进行实地勘察和存货登记，已经不太可能实施了。更常见的做法是，结合以往财产目录中标出财产的实物特征，年度评估法为其赋予新的价值权重，并根据这项财产在社区中位置的重要性进行调整，以反映市场的变化趋势。例如，早年如果增加一个壁炉可以使一个房子的价值增加 1 000 美元，今年如果增加一个壁炉，则可能使房子的价值增加 1 800 美元。或者，经过对一些因素的调整之后，一个区域中财产的价值可能会变化 1％，而另一个区域中财产的价值可能会变化 2％。可见，一项财产新的估测价值源于这项财产旧的实物特征。很多行政区的再评估都是通过对管辖区内各区域的分析进行的，通过比较其他区域财产价值的变化比例，确定出财产价值呈现一定比例上升的区域。当然，如果只是简单复制去年的模式，或者新的价值评估只是将所有财产的价值统一提高或降低一定比例，例如 3％，年度评估可能就相当于根本没有重新进行评估②。这样的评估过程会破坏财产税的公平性，因为对于价值发生变化的财产，这种方法不会做任何调整。每年都对财产进行评估的假定，其实阻碍了任何对财产价值有意义的调整。

只要存在透明的评估过程、对房地产市场变化的认真监测以及财产所有者可以无障碍进行申诉的程序，现代信息技术（通常涉及地理信息系统），可以使得高质量的年度财产价值更新，变得可行且公平。但是，这些前提条件在美国地方评价系统中并不常见。

---

① 在库克县，财产评估的程序是这样运作的：2009 年，评估芝加哥的财产；2010 年，评估南郊地区的财产；2011 年，评估北郊地区的财产；2012 年，再对芝加哥的财产进行重新评估，依此类推。参见：John E. Petersen and Kimberly K. Edwards, "The Impact of Declining Property Values on Local Government Finances," Urban Land Institute Research Working Paper 626, Washington, D. C., March 1993, 49.

② 如最近的经验所展示的，当财产价值变化时，并不是所有住宅的价值都会上升，也并不是市场中所有财产的价值都会朝着相同的方向变化。在波士顿地区，"在 1992 年的高收入城镇威利斯里，单间住房的销售下降了 2.2％，而中等住房的价格却上涨了 8.6％。而在附近的中低收入城镇马尔丹，单间住房的销售增长了 8.3％，而中等住房的售价却下降了 2％"。参见：Christopher J. Mayer, "Taxes, Income Distribution, and the Real Estate Cycle: Why All Houses Do Not Appreciate at the Same Rate," *New England Economic Review* (May/June 1993): 40. 可见，财产评估中同一比例的调整，并不能取代为了促进公平的再评估。区域的范围越大，价值改变的差距也就越大，所以标准价值调整可能在小区域而非大区域内更为可行。

估税方法

　　财产评估是一个技术过程，每种财产评估方法都有自己的特征。州和地方政府使用了三种对不动产价值进行评估的一般方法；其中每种方法都是房地产经纪人、银行和其他需要对财产价值进行评估的机构所使用的私人财产评估技术的一种变形。这三种评估方法分别是：（1）市场数据法或者可比销售法；（2）收入法；（3）成本法或者加总法[1]。

　　（1）**市场数据法或者可比销售法**。这种方法是通过对比市场上最近销售的类似财产来对被评估财产的价值进行估测。这种方法使用的是由市场直接提供的、关于财产当前所有者和未来所有者如何对财产价值进行评价的信息。当然，为了进行有效的比较，这种评估方法需要参考相当多的财产实际交易。这种方法并不适合于对独一无二的财产的评价，因为这种评价方法需要市场交易中的财产具有与被估测财产在经济上相关的一些具体细节[2]。对于住宅类型的财产，通常可以找到合理的、好的参照系（别忘了，在许多城市中都有很多生活面积在 2 500 平方英尺左右的三室错落式住房，而且也有一些最近刚刚售出）。但是，唯一性确实是一些工商业财产评估中难以回避的问题。

　　（2）**收入法**。这种方法通过将一项财产所有权的未来收益转化成现值，以对拥有完全信息的投资者愿意为一项财产的未来收入流所付出价值的情况进行估测。运用这种方法，需要对以下因素进行评估：持有一项财产的毛收益、与持有这项财产相关的成本、这项财产可以产生的年均净收益折合成现值的贴现率。在实践中，估测的年收入流可以通过资本化率折合成为现值，该资本化率是通过市场观察得到的，反映了一年的净营业收入和总体财产价值之间的普遍关系。正如前章所讨论过的，该方法将未来的收入流折合成现值。这种方法最适合于对可以产生收益的资产（如公寓、商店和营业场所、农田和停车场等）的价值进行评估。在市场上，通过估计净年收益是多少倍可以估算此类财产的价值。

　　（3）**成本法或者加总法**。这种方法是将一块土地上各种附着物折旧成本，加总到土地的评估价值中，再进行评估。不同于前两种方法，这种方法对财产的每一部分都进行独立估值，而不是当作一个整体（土地＋其他建筑物）。土地价值的评估，一般可以使用前面所提及的市场数据法和收入法两种评估方法进行。它通常是查看区域地图，了解区域内交易发生过以后每英亩（平方英尺）土地的价值，并且交易双方都知道该信息将被用于估测区域内所有土地的价值。在估测一项改进的价值时，这种方法通常确定的是建设一个标准等级建筑的成本，例如某个特定日期的建设成本（采用当时的劳动力和原材料价格，使用一般的技术来建设与被评估财产相同大小、类型的财产）。可以根据非标准的建筑原材料和人工来对这些成本进行调整，可能会高于或低于这个标准。在这些成本中可以加入未计入标准财产特征设备的价值，例如，对于住宅类的财产，这些设备包括浴室、壁炉和中央空调等；对于商业性的财产来说，这些设备包括电梯、喷淋设施和储藏室等；对于工业财产来说，这些设备包括起重机、电梯和空气控制系统等。对于这些设备的"新增成本"，可以通过使用以下两种理论上的方法来进行评估：

---

① 　Eckert, *Property Appraisal*, chs. 6—13.
② 　回归分析估测会间接地应用于比较财产销售价值，但即使没有回归方程，也可以使用这种方法。

1）**再建成本**（reproduction cost），即以当前价格水平来建设被评估建筑的完全复制品所需要的成本：假设中的新建筑应当与被评估对象使用相同的建筑材料、建设标准、设计结构和人工，并具有所有相同的缺陷和过时性。

2）**重置成本**（replacement cost），是以当前价格水平来建设与被评估的建筑物具有同等用途的建筑物的成本：这个假设的建筑物，可以使用现代原材料和当前的标准及规格，但应当具有与被评估的现存建筑相同的功效。（在计算重置成本的过程中，可以忽略不能提供任何用途的部分结构的成本。例如，在匡算成本的过程中，可以忽略仓库中废弃不用的二楼。）

不管是再建法还是重置法，都可以通过在逻辑上对一项财产的累积折旧额进行不同的调整，合理地得出对一项财产相同的价值评估。一般来讲，一项财产的累积折旧额可以根据这项财产各个构成部分的实际损耗计算出来；有些折旧可以弥补（主要通过维修来弥补），但有些折旧是无法弥补的（弥补所需要的费用或者很大，或者不切实际）；有些折旧是由于财产设计缺乏效用或可行性，使得这项财产的功能变得过时了（这些设计上的问题包括有用特征的缺乏或者不充分，以及无用特征的存在或者过多）；有些折旧也可能是因为财产外部条件的变化（如社区条件的变化）导致财产在经济上过时了。根据对"新增成本"的评估采用的是再建法还是重置法的不同，对折旧的估测结果也会有所不同。

这是三种对财产价值进行估测的不同方法，但在评估过程中各种方法都有不同的优势。收入法最好用于对根据财产所产生的收入进行买卖的财产价值的评估，这些类型的财产包括办公楼、汽车旅馆和一般旅馆、一些土地等。成本法虽然多用于对所有财产附属物的价值估测，但这种方法也适合于对很少根据市场进行交换（如特建工厂），并且不能产生收入（如公共博物馆）的特殊财产或者独一无二的财产的价值进行估测。将成本法和收入法结合在一起，对一项财产使用价值的评估也特别重要。市场数据法适合于任何有足够的、可靠的市场交易发生的情况，特别是独栋或者业主自用住房。市场数据法和成本法特别适合于对财产进行大量再评估的要求。对于以上各种财产价值评估方法，都可以根据在信息充分、自愿的市场条件下进行交易的价格的一致程度来进行评价[1]。虽然评估员一般比较倾向于最初使用的评估方法，但当财产所有者非常需要评估的时候，在评估中将三种方法都用上也是正常的。

估税不足与估税差异

财产税的核心是对财产价值进行评估，因为财产价值的确定是分配财产税税收负担的基础。如前所述，在税法中不一定会根据财产的当前市场价值对财产价值进行估税。（多数人对财产估税价值的理解是，"财产的价值是多少？"或者"这项财产值多少？"）即使将财产的估税价值和财产的当前市场价值联系起来，一般的估税方法也会使财产的市场价值和估税价值之间出现巨大的差异。例如，根据1982年的《政府统计报告》，1981年全国单一家庭（非农业用房）中等面积房屋的估税比率（房屋估税价值与市场

---

[1]　另一个特殊的评估案例涉及公用事业和交通运输。这些财产通常由州政府进行评估，而非地方评估员，每一项财产的价值都作为一个运营单元进行计算，并通过公式在地区之间进行分配，而不是基于财产所在的位置计算价值。

价值之间的比率）为 36.9％①。在美国，各州中等面积住房的估税比率高低不等，最高的是爱达荷州的 86.8％，最低的是佛蒙特州的 0.6％②。令税收分析师们感到遗憾的是，《政府统计报告》中不再包含有关财产市场价值方面的数据，因此我们无法判断财产估税状况是改善了还是恶化了。许多州尝试着自行收集相关信息，但是这显然与国家统计局的统计信息是不能比的③。

在一般条件下，总的估税比率对财产税绝对负担几乎没有什么影响，因为财产估税水平的不同，可以由法定税率的调整抵消掉。例如，假设一家市政府筹集到了 500 万美元的财产税收入，该市应税财产的市场价值为 8 000 万美元。如果这些财产的估税比率为 100％，那么，财产税的税率为每 100 美元估税价值缴纳 6.25 美元的财产税，就可以筹集到预期的税收收入；如果这些财产的估税比率为 50％，那么税率为每 100 美元的估税价值缴纳 12.5 美元，也可以筹集到同样数额的财产税收入。因此，较低的财产估税比率可以通过调整财产税的法定税率来抵消。

估税不足意味着财产的估税价值要少于财产的市场价值，导致的后果不是财产税收入不足，而是课税的不公平及其他一些复杂问题④。第一，较低的估税比率会增加对个人资产不公平评估的可能性，因为一项财产的持有人可能不知道自己财产的应税价值是否被高估了。假设法定的估税比率标准是财产市场价值的 1/3，但通常的估税比率只有 20％。如果一项价值为 40 000 美元的财产的估税价值为 10 000 美元，而粗心的财产所有者还会以为自己从中占到了便宜，因为估税员对自己财产的估税价值要远远低于其市场价值，但如果这项财产的所有人了解法定估税比率标准的话，他（她）就会知道，标准估税比率甚至还要低于法定 1/3 的标准。实际上，这项财产的价值被高估了，25％的估税比率要高于一般的 20％的做法，因此这项财产就承担了过高的实际税率。只要这项财产的所有人不是深谙财产课税原理的话，他就永远也不会意识到其中的不公平⑤。正如约翰·香农（John Shannon）所指出的那样："估税比率的水平越低，可以掩盖估税人员错误的税收管理坟墓就会越大。"⑥

第二，估税不足会使各州的财产税税率上限和与财产估税价值相联系的债务限额变得比原来更有约束力。许多州不允许地方政府的债务水平超过本地财产估税价值的一定比例，譬如说 2％。如果估税比率过低，例如 20％而不是 50％，这个限额就会变得过于

①　单一家庭的非农业用房被用作财产估税中的一个标准，因为几乎在每个估税地区中都包含几所这样的房屋，而且这种财产比其他类型的财产更具有内在一致性。此外，在比较期内，市场上通常也有许多关于这些财产的交易可供比较。

②　U. S. Bureau of the Census, *1982 Census of Governments*, *Vol. 2*, *Taxable Property Values and Assessment— Sales Price Ratios* (Washington, D. C.：U. S. Government Printing Office, 1984), 50.

③　然而，已经有关于单个州的研究。例如，证据表明，印第安纳州改革财产税评估系统的努力——包括当前市场价值评估标准、再评估之间的趋势调整和合并评估——最初似乎导致了评估质量的提高，但最近质量大幅下降。Olha Krupa, An Analysis of Indiana Property Tax Reform：Equity and Cost Considerations, *State Tax Notes* (forthcoming, 2012).

④　然而，趋于僵化的财产税法定税率的上限规定和财产估税价值不足的问题纠缠在一起，会使税收收入减少的幅度超过法律条文中规定的情况。

⑤　在这个过程中其实还有一个圈套。如果法定税率为 33％，一项财产的估税比率为 25％。一些上诉机制表明，应当将这项财产的估税比率提高到法定水平。然而，美国最高法院却不这样认为。参见：*Sioux City Bridge Co. v. Dakota County*, 260 U. S. 441 (1923).

⑥　John Shannon, "Conflict between State Assessment Law and Local Assessment Practice," in *Property Taxation—USA*, ed. Richard W. Lindholm (Madison：University of Wisconsin Press, 1969), 45.

具有约束力，从而促使人们更加注意避免这些债务限额。此外，这种做法还会导致估税比率的不同，以及州财产税税率在各个地区之间的分布不均。估税比率比较高的地区的州财产税的实际税率会高于其他地区。

第三，州政府所提供的财政补助，特别是给予地方学区的财政补助，通常是根据地方估税价值的公式进行分配的：该地区的估税价值越低，给予该地区的州财政补助数额就会越大。估税不足显然会扭曲这种分配状况，因此州通常会设计一个平衡乘数来将估税价值根据州财政补助目的调整到一般的估税水平上：如果一个地区的估税比率为25％，而全州的水平为50％，在计算该州财政补助时，就需要将该地区的估税价值变成原来的两倍。这种平衡乘数不一定适用于计算税收时对单项财产价值的度量。如果财产税的税率富有弹性，并且同一纳税地区中所有财产的平衡乘数也都是相同的，那么这个过程就没有什么意义了。

然而，当同一个课税区域中财产的估税比率出现不同时，就会出现估税不足的严重问题。所有税制在不同程度上都会存在这样的问题。这时，财产税的实际税率将不再是一致的。正是由于这种估税体制的原因，原本境况类似的财产的税负水平出现不同。因此，如果财产 A 的估值为价值的 30％，财产 B 的估值为价值的 20％，则若按照每 100 美元应税财产征收 10 美元财产税（的情况）来计算实际税率，对财产 A 每 100 美元应税财产征收的财产税为 3 美元，对财产 B 每 100 美元应税财产征收的财产税却为 2 美元。任何一种税收都不应当这样变幻无常。遗憾的是，财产税在实际运行过程中确实存在这种"离散"现象。离散系数（the coefficient of dispersion, CD）反映的是财产估税比率中的离散程度（缺乏一致性的程度），进而可以反映出一个课税单位中财产税实际税率的变化程度。离散系数——财产平均估价比率除以中位数再乘以 100——也就是等于：

$$CD = \left[\frac{\sum_{i=1}^{n} |A_i - M|}{n} \right] \left[\frac{1}{M} \right] \times 100$$

式中，

A_i＝单个财产的估税比率；

M＝所有样本财产估税比率的中位数；

n＝样本中财产的数量。

如果单项财产的估税比率都聚集在估税比率中位数的周围，离散系数就会比较低，说明财产的估税具有相对一致性；如果单项财产的估税比率远离中位数并发生波动，那么离散系数将会很高，说明财产估税中缺乏一致性，财产税负担在纳税人中的分配也将是不公平的。表 11-2 中对离散系数的计算过程进行了说明。离散系数为 17.3，意味着平均财产的估税比率会高于或者低于估税比率中位数 17.3％。在实际中，这就意味着境况类似的财产的实际税率大不相同。在上面的例子中，就是因为估税过程中缺乏一致性，财产 D 的实际税率要比财产 C 的高 87.5％。离散系数越高，课税的政府单位辖区中的实际税率的差别就会越大。

表 11-2　　质量评估的统计：估税比率、离散系数和价格差异

财产	估税价值（美元）	市场价值（美元）	估税比率	绝对离散程度
A	15 000	30 000	0.50	0.10
B	20 000	30 000	0.67	0.07
C	8 000	20 000	0.40	0.20

续前表

财产	估税价值（美元）	市场价值（美元）	估税比率	绝对离散程度
D	30 000	40 000	0.75	0.15
E	15 000	25 000	0.60	0.00
合计	88 000	145 000		0.52

注：估税比率中值＝0.60
绝对离散程度的和＝0.52
绝对离散程度的平均值＝0.52÷5＝0.104
离散系数＝[0.104÷0.60]×100＝17.3
价格差异＝0.60÷(88 000÷145 000)＝1.01

　　财产市场条件的波动，使估税比率保持完全一致几乎是不可能的。但是，国际评估师协会（the International Association of Assessing Officers）规定了明确的统一标准，作为度量离散系数的标准。对于单一家庭的住宅类财产来说，"单一家庭和分套公寓的离散系数应当为15.0或者小于15.0。在更新的或者更类似的住宅地区中，应当为10.0或者小于10.0"[1]。

　　相关价格微分（the price-related differential，PRD）是测定评估水平的另一方法，它测定评估的累退性和累进性。也就是说，它测量的是高价值的财产是否有被低估（估价比率低）的趋势，或估计值高（估价比率高）的财产是否其实是低价值的。PRD的计算方法是样本中所有财产的平均估价比率除以全部估计值的和再除以所有财产市值的和。

　　　　PRD＝所有财产的平均估价比率÷（全部估计值的和÷所有财产市值的和）

　　PRD值为1.0表示估计值和实际价值无偏差，高于1.0表示财产价值被低估了（累退性的一种），低于1.0就表示财产价值被高估了（累进性的一种）。换而言之，如果估价比率不同，谁占优？高值还是低值呢？（表11-2说明了PRD的计算过程。）

　　美国的许多州每年都进行关于"财产估税价值/财产销售价格"比率的研究，计算每个评估区域的平均估税比率、离散系数和价格差异。这些研究具有三个重要的功能。第一，州政府可以使用这些结果对财产的估税价值进行平衡（也就是说，要确保财产根据相同的标准来进行纳税评估），以用于向地方政府分配财政补助；还可以将这些结果用于州财产税税率的应用；当地方财产税的税率超过一个辖区之后，用于各个辖区之间的平衡；用于地方政府债务限额的计算。如果没有这种平衡机制，各个地区就会竞相压低财产的估税比率，从而将财产税的税负成本向其他地区转嫁。第二，这些研究可以使财产所有人更好地了解自己财产的估税情况，是否与其他纳税人财产的估税具有通常的内在一致性。如果财产持有人对本社区中财产的平均估税比率为20%的研究结果有所了解的话，那么如果一所价值为120 000美元的房子的估税价值为36 000美元，财产持有人就知道没有什么继续讨价还价的余地了。如果没有这项关于财产估税比率的研究，财产持有人就不会对自己财产估税状况提起诉讼，而是会为自己的好运沾沾自喜。第三，财产估税比例的研究，对于财产估税员的评估工作是非常有必要的。需要特别指出的是，较高的离散系数表明，财产税税收负担的分配中存在着严重的横向不公平问题。如果离散系数为25，则意味着财产平均缴纳财产税的状况将会比所有财产的估税比例

---

[1]　"IAAO Standard on Ratio Studies," *Assessment Journal* 6 (September/October 1999)：60.

都相同时高或者低25％。专栏11－4说明了离散系数对于财产税中一致性的重要作用。当许多州现在正在为所有评估管辖区制定评估质量研究时，伊利诺伊州是美国认真对待财产估税质量的为数不多的几个州之一。伊利诺伊州每年都会准备关于"财产估税价值/财产销售价格"比率的研究，对于符合估税比率平均值和离散系数要求的估税员，将发放奖金以示鼓励①。

专栏11－4　离散系数对于财产税意味着什么

离散系数度量的是最近所销售财产的估税比率（财产估税价值与财产销售价格之间的比率）与一般情况偏离的程度。如果所有财产的估税比率都相同，那么各项财产的实际税率——这项财产所负担的财产税与财产价值相除的结果——也将相同（各项财产的税率将是一致的），离散系数将为0。随着各项财产估税比率差异的增加，其离散系数也将逐渐变大。关于这种差异的含义或者缺乏一致性的状况，可以举一个简单的例子说明。

2007年，印第安纳州的蒙哥马利县销售披露记录中共有销售502户单户住宅，且都是可以进行分析的有效交易（例如，不包括抵押而被没收的、并非家庭成员之间的交换、并非还在交易中的个人资产等等）。数据分析显示：估税比率的中值为89.3％（州法律规定为100％），离差系数为15.7。这表明房产的评估值一般是其交易市值的89.3％，并在这个数字的15.7％上下浮动。该交易价值是通过可比较的交易价格计算的。根据印第安纳地方政府的财政部门所披露的销售数据，房产的中间交易价格为105 000美元。

关于财产税税单和一般财产所承担的实际财产税税率，这些数据能够告诉我们什么呢*？在蒙哥马利县，有13处房产的销售价在105 000美元左右——也就是说，从103 000美元到107 000美元，而这些财产的估税比率从0.393 3到1.349 5不等。该县的法定税率根据其各具体地点的负责政府的不同而不同，但有一个地方一般是按照每100美元估税价值缴纳4.30美元税收。因此，对于估税价值最高的财产，每年的财产税单就是6 209美元；而最低的只有1 759美元。这些财产的市值其实都差不多，但财产税单的差距却很大，只因为估税比率的不同——而这里的离散系数却还不属于最糟糕的等级。一般离散系数给出的是评估差距的大小和税单上税额的差距大小。离散系数越大，财产税实际税率的差异也就越大，该税种横向不公平也就越大。

* 实际财产税税率的计算，一般是与财产市场价值的比值，而不是与财产持有人收入的比值。因为，财产税的课税对象是财产（是对物的），而不是针对财产所有人的。收入分配研究应当将财产所有人和财产收入联系起来，但是，这与成功地对财产价值进行统一而公正的评估是两回事。

财产税法定税率对所有财产都是相同的，但在具体运用时，由于估税不一致，相同市场价值财产的实际税率可能会迥然不同。高离散系数意味着估价比率差异大，相似财产的财产税率差异也很大。已经有很多研究在不断探索改善财产税评估标准不一致的方法了。证据表明，高度的评估不一致性导致了估价比率的居高不下，二次评估经常发

① 参见：Illinois Department of Revenue, *Property Tax Statistics*：*Assessment Ratios 2010*［http://www.revenue.state.il.us/AboutIdor/ TaxStats/PropertyTaxStats/ Table-1/ 2010AssessmentRatios.pdf］。

生，即便评估人员都是全职并且受过专业训练，评估所需的各项技术也都俱全（如即时税收分布图、智能的大范围评估系统、评估执照和资料传输设备等），并且正式的税收优惠机制也是可用的（安全装置、实用价值评估等），也是如此。评估地区的大小、签订合约的评估公司以及评估员是选举产生的还是任命的，这些问题都不是很重要。财产税率越高的时候评估的不一致性就越高，大概是因为它更加利益攸关。当然，现实中的表现还有赖于当地财产市场和经济状况①。

11.3　财产税的税收优惠机制

　　政府对财产税的缴纳提供了不同的税收优惠措施。这些优惠措施包括税基的减小、税率的优惠和对应纳财产税的直接抵免等。这些税收优惠的依据可能包括：（1）财产所有人的具体情况（例如：对老人的免税）；（2）财产种类（例如：业主自用住宅财产）；（3）财产现在（或者将来）的用途（例如：污染减排设施）②。尽管大部分财产税的税收收入上交给地方政府，但是，州立法机关还是会为本州所有地区制定众多的规则。其中，某些规划允许地方政府自由选择一些税收优惠的具体措施。图 11-1 表明了实行居民财产税收优惠政策的几种途径，基本都是按照之前讲过的方程进行计算的。左边部分针对的是普遍的税率，对所有可征税财产有效；而右边部分则特别关注房地产税率，通常针对的是居民住宅，有时对农业用地也有效。尽管有些途径在实践上也常常显得过于宽泛，但相对来说，右边部分更具有针对性。

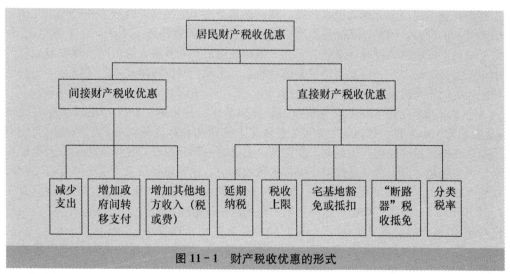

图 11-1　财产税收优惠的形式

资料来源：John H. Bowman, Daphne A. Kenyon, Adam Langley, and Bethany P. Paquin, Property Tax Circuit Breakers: Fair and Cost-Effective Relief for Taxpayers. Cambridge, Massachusetts: Lincoln Institute of Land Policy, 2009, p. 5. Reprinted with permission.

---

① John H. Bowman and John L. Mikesell, "Improving Administration of the Property Tax: A Review of Prescriptions and Their Impact," *Public Budgeting and Financial Management* 2 (November 1990): 151-176.
② 关于商业的财产税激励措施（免税、减排、信贷形式的税收减免机制），在下文中做了进一步详尽的检验：Daphne A. Kenyon, Adam H. Langley, and Bethany P. Paquin, *Rethinking Property Tax Incentives for Business* (Cambridge, Mass.: Lincoln Institute of Land Policy, 2012).

免税、抵免和减征

财产税中几乎总会包含这样的规定，即允许持有财产的个人或者机构从自己财产的应税价值中减去一部分。因此，如果一个持有应税价值为 8 500 美元财产的纳税人，符合 1 500 美元的给予退伍军人免税的条件，那么这个纳税人的净税基将变为 7 000 美元。可见，免税只是使税基减小，而不是对应纳税款的一种直接抵免。在多数情况下，免税是可以累加的。也就是说，如果一项财产的所有人既符合老年人免税也符合退伍军人免税的条件，那么就可以从财产税税基中将这两项免税的数额都扣除掉。如果减免税收是以抵免（credit）的方式，那么税基就不会减少，而是直接体现在税单上。

免税（exemptions）可以给予一些个人或机构，也可以给予某些种类的财产。在第一种情况下，免税依据的是财产所有权的状况：（1）政府财产（由联邦政府、州或地方政府、外国政府所拥有的，并非用于商业目的的财产）；（2）由宗教组织、教育机构、慈善机构和非营利组织所有的财产；（3）居民财产［通过宅地（homestead）、退伍军人、抵押贷款和年老等形式的免税所获得的住宅类财产］。不管纳税人的其他应税条件，第二种免税政策是为了促进某些活动的开展而制定的税收优惠和激励措施。可以享受这些税收优惠的对象包括：经济开发（包括新工厂和新设备等）、污染治理设施和对未开发的自然地区中土地的保护等。与免税政策密切相关的是减征（abatements）政策，即由财产所有人和财产所在地的地方政府之间签订合同，约定在一定时期内不对这项财产的一部分价值课税的一种政策。其中，免税的份额可以随着时间的推移而逐渐缩小，从而逐渐将这项财产全部纳入税收体制。减征通常是为了促使开发商从事一些他们原本不愿意开展的项目。但是，减征是否真的能够产生这样的效果还不明确。在多数情况下，对一些财产的税款进行减让意味着，为了维持政府活动的开展，处于同一课税单位辖区中未享受减征的财产，需要缴纳更多的税收。真正承担减征政策成本的是辖区中的其他纳税人，而不是提供减征政策的政府部门[①]。

个人可以享受许多种类的免税政策。美国各州所使用的一些比较重要的免税政策（从数额的大小来看）包括宅地免税、退伍军人免税和老年人免税等。宅地免税使住宅所有人在根据自己的财产缴纳财产税之前，可以将一部分税基豁免掉。退伍军人免税和老年人免税也对财产税税基提供了类似的税收豁免。这些免税政策可以大幅度减小财产税税基。从美国全国的情况来看，部分免税政策使美国财产税的地方应税总价值在 1991 年下降了 3.6%。其中，免税使财产税的应税价值损失超过了 10% 的州包括：亚拉巴马州（12.3%）、佛罗里达州（14.1%）、夏威夷州（13.4%）、爱达荷州（15.0%）、印第安纳州（10.6%）和路易斯安那州（27.5%）[②]。可见，免税政策对政府成本的再分配作用并不是无足轻重的。

这些免税政策在政治上颇受欢迎，因为它们显然具有节税（tax saving）作用，并能够对政府成本产生再分配作用。但是，其中也确实存在着一些严重的问题。第一，免

---

① 以下文献对减征进行了详细的讨论：Esteban Dalehite, John L. Mikesell, and C. Kurt Zorn, "Variation in Property Tax Abatement Programs among States," *Economic Development Quarterly* 19 (May 2005)：157-173. 减征可以被当作是一种分割财产税的局部和短期方案——税收减免是为了土地改进，而非为了土地本身。

② U. S. Bureau of the Census, *1992 Census of Governments*, *Vol. 2. Taxbale Property Values*, *No.* 1, *Assessed Valuation for Local General Property Taxation*, XI. 很遗憾，我们无法获得更近期的全国数据。

税政策通常都是针对全州范围制定的，但由于财产税主要是为地方政府融资的，所以会对地方政府的财政收入产生严重影响。因此，对于州立法机关来说，免税是一种不用损失州财政收入就可以赢取选民支持的政策选择。减征政策虽然是由地方政府制定的，但是，一家地方政府（如一个市政府）可能会削弱对于另一个地方（如学区）来说至关重要的税基。第二，免税政策并没有将税收优惠集中分配给有需要的人群。属于同一种类的财产所有人（如拥有住宅的人或者退伍军人），不管他们的具体需求状况如何，都可以享受具体的免税政策，因为在享受免税政策时，不需要对人们的收入状况进行检测。尽管住宅所有人也需要经历生活中的种种磨难，但一般来说，拥有住宅的人的经济状况要好于租住房屋的人。当然，也并不是所有住宅所有人的经济状况都是同等富裕（或者同等贫穷）的。第三，如果免税政策（如对于一般宅地的免税政策）数量大、范围广，那么要弥补由此所造成的税收收入的损失，则需要通过将税率提高很多来弥补。对于不能完全豁免税基的财产来说，税收优惠的作用更多是心理上的，因为对于财产所有人来说，税基虽然变小了，但税率却提高了，因而纳税人所缴纳的税款总额几乎没有什么变化。第四，房屋的租住者通常很少可以享受到免税政策，但是许多房屋租住者的经济状况并不像房屋所有人那么富有。这是免税政策中的一个与生俱来的结构缺陷。

免税的范围中也包括特定类型的工商业财产①。城市和乡镇经常在它们的辖区范围内通过免税鼓励经济发展。受益的设施支付的财产税因此减少，提供这些设施的地方政府要么收到更少的财产税收入，要么通过调高辖区内其他可征税财产的法定税率来弥补收入损失。如果这些都良好地运行，经济发展带来的社会支出需求减少和税基增加，会恢复地方的财政状况，使免税造成的财政影响变得可以承受。这种给予一项财产的税收豁免，可以是全部永久性的免税，也可能是只对一部分财产在一定时期的免税；这种政策也可以只对应税财产中的一部分免税，这些财产项目包括污染控制设备和太阳能设备等。有些地区对翻新财产提供了特别免税。这种政策是为了促进特定地点、特定类型的经济活动的开展。有证据表明，财产税之外的其他因素，如与市场和资源的接近程度、运输网络和环境设施等，对于工商业设施的选址具有至关重要的作用。因此，这些免税政策的预期作用将不会很大。然而，一个比免税政策的低回报可能更为严重的问题是，如果免税政策真的能够发挥作用，对同区域中的原有财产将产生什么影响？新工业的发展会创造对公共服务（如公共安全、消防、发展规划等）新的需求，该地区中的新增人口对政府服务的需求可能会超过其相应产生的税基所能提供的政府服务。如果对该地区中新增工业财产实行免税，这些新增政府服务的成本势必需要由原有的税基承担，而且即使这种政策使用得当，也将是一种歧视性政策；如果运用不当，将使该地区中一些原本已经非常困难的企业雪上加霜，甚至可能使它们淘汰出局。对那些新增财产提供支持，会使那些没有资格享受税收优惠的财产面临过高的财产税税率。

最后一类免税政策是对宗教组织、政府组织、教育机构和慈善机构所拥有财产的全部免税。之所以难以得到这项免税政策导致税基缩小的具体数据，是因为尽管法律要求对这些财产的价值进行评估，但是政府官员们并没有对这些不会产生税收收入的财产投入很多的精力。观察家们认为，由这项政策豁免掉的税款数额巨大。由此所导致的财政收入损失是一个重要问题，因为这些财产在各个地区的分布是不均匀的。拥有州主要设

---

① 关于这些免税政策的最好的、一般性的信息来源，参见：Steven Gold, *Property Tax Relief* (Lexington, Mass.: Heath, 1979). 但遗憾的是，这些资料已经严重过时了。

施（如大学或者州立公园等）的市县和学校地区受到免税的影响尤为严重：这些市县必须满足使用这种设施产生的特殊服务需求，却没有权力将这些设施纳入税基。因此，该地区的纳税人相当于必须向全州公民提供财政补助。如果这些免税政策既可以区分财产的所有权状况，也可以将这些设施的具体使用状况（例如，对于大学的教学楼应当给予免税，而对于大学所有的饭店则不应给予免税）考虑进来，可以在一定程度上减轻这些问题。但是，同时规定这两种要求的情况并不常见，而且在实际运用过程中也存在政策解释问题。尽管联邦政府确实会给予拥有联邦设施的州和地方政府单位类似于财产税的财政补助，但州政府却很少给予地方政府类似的财政补助。正如我们在本书的后续章节中还要谈到的，在这种情况下，收取使用费将是一个很好的政策选择。换句话说，对大学可以免征地方财产税，但是如果它想要所在城市为学校处理垃圾，它就得为这份服务付钱。

"断路器"税收抵免

财产税的免税政策并没有使最需要免税的人享受到财产税的税收优惠。根据人们收入水平来确定财产税的税收补助，可以减轻这个问题，即财产税的"断路器"（circuit-breakers）税收抵免[1]。由美国 33 个州和哥伦比亚特区所使用的给予住宅类财产的"断路器"税收抵免，试图通过将地方财产税和个人所得税结合在一起，来解决财产税的税收负担问题（依据的是家庭支付的财产税与家庭当前收入之间的比率）[2]。纳税人根据自己的纳税申报表，来申报自己在本年度中所须缴纳的财产税。所缴纳的财产税是通过对比纳税人的收入状况来缴纳的。如果纳税人所缴纳的财产税与其收入之间的比例超过了"断路器"法律中所规定的数额（纳税人税收负担的"超载"），州政府会将超额中的一部分归还给纳税人，或者减少其应纳的所得税，或者直接支付给纳税人现金，作为对所得税税收返还的一种补充。因此，作为州政府的一种费用支出，"断路器"抵免减少了纳税人财产税税负中的超额负担。而且"断路器"机制救济的目标群体是那些被认定为真正需要的人——如果只是承担高额财产税，不应该享受税收优惠。

"断路器"政策中比较重要的构成部分包括：年龄限制、收入的定义与限额、住房租住人的经济状况和受益公式等。这些政策可以限制对老年人形成过重的税收负担，至少可以降低这些政策的部分成本。然而，在现行税制中，老年人还是比较容易承担过重的税收负担，因为老年人在工作生涯中的积累所形成的财富不会随着他们的退休而下降，老年人还要为此缴纳财产税。本应与工资挂钩的财产税可能会消耗老年人过多的退休金。而"断路器"政策则可以减少人们被迫将财产卖掉的可能性，减轻退休之后的压力。然而，处于其他年龄段中的低收入住宅所有人可能也会面临税收负担过重的问题，特别是在取得住宅所有权的初期或者是在家庭成员出现失业时。尽管将这些住宅所有人从税基中排除出去可能不尽公平，但是这样做确实有利于降低这些政策的整体成本。

"断路器"政策中的收入限制是政策设计中的另一个问题。州政府并没有对所有人

---

[1] 是指减轻低工资者和老年人财产税税负的措施。——译者注

[2] John H. Bowman, Daphne A. Kenyon, Adam Langley, and Bethany P. Paquin, *Property Tax Circuit Breakers: Fair and Cost-Effective Relief for Taxpayers* (Cambridge, Mass.: Lincoln Institute for Land Policy, 2009).

都制定"断路器"公式的税收优惠，而只是规定了收入的上限，对于收入超过了上限的人则不再适用"断路器"政策。但是，对于收入的定义却不尽相同。收入上限的规定降低了"断路器"政策的成本，使这项政策可以集中力量向低收入群体提供财政补助。但是，为了达到这些目的，对收入应当定义得比联邦或者州应税收入更加宽泛，将非应税的退休收入也纳入进来。如果不这样做，由于退休金、社会保障和其他非应税收入而变得富裕的人就也会有资格享受"断路器"抵免的优惠政策，从而减少能够给予真正不幸的人们的财政补助数额。

房屋租住者使"断路器"政策出现了第三个政策设计上的问题，因为，人们认为房屋租住者承担了租住房屋的一部分财产税，也就是说，一部分财产税被向前转嫁了。受益范围仅限于房屋所有人的"断路器"政策，不能向房屋租住者提供任何财政补助，尽管许多房屋租住者的经济状况都比不上最贫穷的住房所有人。如果向房屋租住者也提供税收优惠的话，那么其数额应当等于由租金所承担的财产税份额。但是，这个份额难以科学地确定，因为估税员们也难以确定财产税中向房屋租住者们转嫁的额度。但是，如果收入限额合理，不管纳税人的具体状况，"断路器"政策都可以看作一般财政补助的一部分。

最后一个设计问题来自对起始点和浮动优惠公式的选择。前者将收入的一定比例规定为税负水平过重的一个起始点标准（从某种程度上来说，至少一半的"断路器"机制采用的都是这种方法）。高出这个水平的财产税可以享受部分税收优惠待遇。税收优惠的计算依据是下面的公式：

$$R = t(PT - kI)$$

式中，

R＝提供给纳税人的税收优惠（最低限额为 0）；

t＝税收超额负担中可以减轻的比例；

PT＝财产税的应纳税额；

k＝度量税负过重的起始点百分比；

I＝家庭收入。

如果一个家庭的收入为 12 000 美元，所缴纳的财产税为 900 美元。这个家庭所在州的税负过重的起始比例为 5%，对于超额负担部分税负减轻的幅度为 60%，那么这个家庭的"断路器"税优惠额为 180 美元[1]。美国的有些州为了进一步降低自己的成本，随着家庭收入水平的提高会进一步提高起始点的比例，使"断路器"政策所提供的财政补助变得更加经济和集中。

第二种方法是浮动法（the sliding-scale approach）。在这种方法中，随着家庭收入的增加，税收优惠在财产税税额中的比例会不断下降：

$$R = z \times PT$$

式中，z 为对于不同收入阶层来说的财产税减轻的比例，R 和 PT 与前面提及的含义相同。在第二种方法中，只要税负减轻的比例不会随着收入水平的提高而下降到 0，所有纳税人就都可以得到不同程度的财政补助。因此，根据这种方法所提供的财政补助，与其说是给予财产税超额负担的特别优惠，不如说是给予财产税纳税人的一般优

---

[1]　60%×(900−5%×12 000)＝180。——译者注

惠。但是，这种优惠政策确实不同于一般的财产优惠政策，因为：（1）对于财产持有人来说，通常会对"断路器"税收优惠规定一个上限；（2）纳税人必须通过申报才能得到这项优惠待遇；（3）一般只有住宅所有人才能享受这种"断路器"税收优惠政策（尽管也有一些州将农业财产也归入了这种财政补助的范围）；（4）这种税收优惠的幅度要取决于财产所有人的收入水平。

"断路器"政策和州所得税结合在一起后会变得更加灵活、更加易于管理。"断路器"政策通过将税负减免提供给那些最困难的家庭，提高了财产税的公平性，而且其资金来源通常是州政府，而不是地方政府。但是，"断路器"政策不会改进财产税的管理，倒是可以促使地方政府在更大程度上使用地方财产税，从而将财产税的成本转嫁给州政府。州政府制定"断路器"政策的时候考虑了很多种方式，包括：是选择滑动费率还是起征点方式，只是针对老年人还是更为广泛的人群，把租户包括在内或只针对财产所有人，是税收上的直接减免还是在所得税上给予优惠，在定义纳税能力时包含哪些收入（仅包含家庭所有财产还是把其他财产也包括在内），以及税收优惠的程度，等等。

延期纳税

延期纳税是适用于特定财产所有人之特定财产税问题的另一种税负减让措施。适用于这种政策的比较典型的纳税人包括：老年人、残疾人、低收入群体和处于开放区边缘上的农场主等。根据这项规定，如果纳税人的财产价值出现了大幅上升，而且这种上升又不是由于纳税人自身原因所造成的，那么纳税人就可以根据这项财产的原有价值纳税，但需要将所纳税款和根据这项财产全部价值所缴纳税款之间的差额进行记录。这个差额并不是被豁免了，而是推迟到以后再缴纳。对于农业财产来说，当农田被转换成了一种别的（具有更高价值的）用途之后再补缴这个税款之间的差额。对于老年人来说，其推迟缴纳的税款转变成了政府对财产的一部分所有权。

这部分被推迟缴纳的税款，按照规定可能要全部交齐，也可能只缴纳一部分；可能会加收利息，也可能不加收利息，各州对此的规定也不尽相同。延期纳税减轻了一些纳税人的财产税负担，却没有造成"断路器"政策和一些免税政策经常会产生的问题。延期纳税在减轻纳税人负担的同时，并不需要政府给予相应的财政补助，这在税收政策中是比较罕见的。

分类税率

美国的 19 个州和哥伦比亚特区对不同类型的财产规定了不同的实际税率：这些税率是分类税率，不是统一税率[1]。分类财产税认为，有些种类的财产具有高于其他种类财产的负税能力，因而应当承担较高的实际税率。然而，一类财产内部的不同财产的负

---

[1]　U. S. Bureau of Census, *1992 Census of Governments*, *Vol. 2*, *Taxable Property Values*, *No. 1*, *Assessed Valuation for Local General Property Taxation*, Ⅸ; and Richard R. Almy, "Property Tax Policies and Administrative Practices in Canada and the United States," *Assessment Journal* (July/August 2000): 41-57. 伊利诺伊州的库克县也使用了一种分类税收（该州中的其他地方并没有使用）。分类财产税对同一类财产内部的税收规定仍然是相同的。宪法中的平等促进条款（the equal-protection clause）允许将财产分成不同的种类，并对不同种类的财产规定不同的税负，但前提是这种分类不是随意的。

税能力差别有可能会很大，甚至会超过不同种类财产之间的负税能力差异。换句话说，对于住宅所有人来说，有的比较富裕，而有的则并不是那么富裕；有的农场主比较富裕，有的则比较贫困；有的企业是盈利的，而有些企业则面临破产。然而，分类财产税对每一类财产和每一类财产的所有人都是同等对待的，就好像这一类中的所有财产或所有财产所有人的境况都是相同的。而且，分类财产税所依据的基础，与其说是财产税负担的合理分配，不如说依据的是政治影响力，或者是为了将税收负担转嫁给别人。分类财产税既可以通过估税比率的变化来分类，也可以通过法定税率的变化来分类。纽约对不同类型的财产适用不同的税率，从 2011—2012 年的资料可以看到这些税率：第一类：包括大多数大于三间的住房资产（有一到两个房间的家庭住房和小商店或者小公司）和大多数不多于三间的房屋，适用税率为 18.025％；第二类：包括所有其他私有住房，就像是合作社或者公寓，适用税率为 13.433％；第三类：包括公益事业财产，适用税率为 12.473％；第四类：包括所有商业和工业财产，就像是办公室和工厂的建筑，适用税率为 10.152％。大多数州使用不同的估税比率。例如，亚拉巴马州使用估税比率来分类：第一类财产（公共事业性财产）以评估价值的 30％进行估值，第二类财产（没有被分到其他类别的所有实体和私人的财产）以评估价值的 20％进行估值，第三类财产（农业和森林、历史建筑物和遗迹、住宅财产）以评估价值的 10％进行估值，第四类财产（私人轿车和货车）以评估价值的 15％进行估值。这两个系统都有一个高效率的财产税税率——这个税率依靠于财产的市场价值——并且根据财产的分类而不同。

这两种方法可以形成相同的税率结构，如表 11-3 所示。通过法定税率的变化来分类更加直接和透明，受到财产评估程序的影响也比较小。如果要采用分类财产税，通过法定税率的变化来直接进行分类更可取，尽管这种方法在美国的使用范围仅限于马萨诸塞州、明尼苏达州、西弗吉尼亚州和哥伦比亚特区。

表 11-3　　　　　根据法定税率和估税比率分别进行的财产分类

财产种类	税率分类			估税比率分类		
	法定税率（美元）	估税比率（％）	实际税率（美元）	法定税率（美元）	估税比率（％）	实际税率（美元）
私有房产	2.00	50	1.00	4.00	25	1.00
农场	1.00	50	0.50	4.00	12.5	0.50
工商业财产	4.00	50	2.00	4.00	50	2.00
公用设施	8.00	50	4.00	4.00	100	4.00

对财产税的限制与控制

除了税率确定的一般程序之外，其他税率限制和控制措施构成了财产税运行中的控制结构。表 11-4 对这些控制措施进行了归类。尽管其中有几项控制措施的历史很长，但大多数特殊的控制规定开始于 20 世纪 70 年代。1978 年到 1980 年的"税收造反"（tax revolt），特别是加利福尼亚州第 13 项提案和与之有关的其他州所开展的全民公决活动，在某种程度上就是由于对住宅所有人实施的较高的并不断提高的财产税实际税率造成的。财产税的不断提高是由以下几项因素共同造成的：对地方公共服务的需求、有限的非财产税税源、地方政府的浪费和提供给其他类财产的特别免税政策等。但是，很大一部分"税收造反"确实反映了广大公众对政府的不满，以及人们面对联邦税收和州税收所感到的无助。有时，尽管某些税种的法定税率没有提高，但联邦税收和州税收却都增加了，而经过公众选举产生的议员们只会对法定税率的提高负责，这是显而易见的。但是，财产税却是另外一回事：财产税税率通常每年都会变化，因此自然成了这次"税收造反"运动中的众矢之的。因此，财产税也就成为纳税人对当时美国各级政府财政深表不满的导火索。

表 11 - 4　　　　　　　　　　　财产税——约束结构及其影响

限制（约束）种类	例子	限制（约束）措施所产生的影响		
		对财产税税率	对财产税收入	对政府支出
对法定财产税税率的限制	各市规定，财产税的税率（每100美元财产估税价值所负担的财产税）应当限定在5美元以下	与州财产税税率的上限相同	可以通过提高财产的估税价值或者在税率上限的范围内提高财产税的税率	与对财产税收入的影响相同，此外还要取决于其他财政收入来源的情况
将财产税的税率冻结	各市对2010年适用税率的限制	各州的最高上限各不相同	只能提高财产的估税价值	影响同上
对财产税的税收收入进行限制	各市在2010年的财产税收入不能超过2009年的105%	取决于财产估税价值的变化情况	限制在限额之内	取决于非财产收入的情况
对地方政府的支出规定限额	2010年市财政的拨款总额不能超过2009年的108%	取决于估税价值的变化和其他财政收入来源的变化	取决于非财产税收入的情况	明显得到了控制
评估价值增加限制	无论再评估结果如何，市财政的任何财产评估价值增加值不能超过2009年的5%	取决于一般税率计算	取决于地方预算程序/税率计算	取决于地方预算程序
"税务真相"/全面披露	如果税率保持不变，市财政宣布新估税价值对财产税收入的影响，降低多少税率可以维持原有税收并提出新的税率建议，并征求公众意见	取决于一般税率计算	取决于地方预算程序/税率计算	取决于地方预算程序

资料来源：Daniel Mullins and Bruce Wallin, "Tax and Expenditure Limitations: Introduction and Overview," *Public Budgeting & Finance 24* (Winter 2004): 2-15.

最早从20世纪30年代大萧条以后，财产税就受到了非常大的限制。然而，这些限制措施在传统上只是限制财产税的法定税率。在通货膨胀横行的70年代，这些控制措施形同虚设，因为财产估税价值总额和单项财产的估税价值都出现了大幅上升。政府采用的法定税率不能高于往年，并且由于法定税率本身存在的上限限制，政府通过提高估税价值在很大程度上提高了收益。即便在法定税率受到控制的情况下，那些财产被重新估价的纳税人将会面临更高的财产税单。因此，对法定税率的控制，无论是通过法定税率的直接上限限制还是税率冻结，对地方政府和财产税账单都显得控制乏力。

20 世纪 70 年代所采取的方法，是对财产税收入或者地方政府的支出总额进行限制。这种方法限制的是二者的总额，而不再是适用于税基的税率。这种方法确实控制了政府活动的增长，抑制了由于财产价值增长而导致的财产税课税收入的提高。对财产税收入总额的冻结，在财产估税价值上升之后，需要降低对财产税的税率。例如，假如载有控制措施的法律只允许财产税收入比前一年增长 5%，而财产的估税价值却上升了 8%。在这种情况下，税率的计算过程如表 11-5 所示。根据这种控制方法，财产税的课税收入上限将会在整个预算过程中发挥控制性作用：财产税收入的最大增长速度决定了财政预算的规模，预算申请总额必须限定在这个限额之内。只有在财产估税价值确定之后，才能根据税法中对财产课税总额的规定来计算财产税税率。其中唯一不确定的，只是预算总额在各个政府单位之间的具体分配方法。在这种情况下，总预算并不是由各个政府的部门预算所构成的，而是预算总额经过分配才形成了各个政府单位的预算；个政府单位多支出了 1 美元，势必会使其他政府的部门预算减少 1 美元。预算总额不可以有所增长，以协调任何收入变化。

表 11-5　　　　课税总额约束时的税率计算：税收增长限制在 5% 以内，估税价值在 8% 以内

预算年度	财产估税价值（美元）	财产税课税收入（美元）	财产税税率
1	5 000 000	250 000	5/100
2	5 400 000	262 500	4.86/100

　　20 世纪 70 年代的限制措施，显然要比此前的税率控制措施更为严格[①]。这使地方政府做出了一系列相应的反应。第一，受到限制的地方政府试图让其他政府单位和非营利组织提供一些原来由地方政府所提供的服务。如果这种方法能够获得成功的话，不仅这些政府服务得到了提供，受到限制的地方政府还可以将原来用于这些政府活动的资源用于其他政府活动。第二，在地方政府新增财政收入匮乏的情况下，地方政府试图寻找更多的政府间补助收入（如财政补助和共享税等）。这些收入形式对于指令性政府服务活动的融资尤为重要，因为这些服务活动通常是地方政府应其他政府的要求而提供的。如果其他政府既要限制地方政府的课税权，又要限制地方政府的新增支出，那么政府间的关系将会变得格外紧张。如果由政府间补助所形成的支出活动没有受到这些控制措施的约束——事实上经常是这样，对这种政府间补助的竞争将会变得格外激烈。第三，地方政府也会去寻求这些控制措施之外的收费和其他非财产税的收入形式。在这些情况下，收费尽管只是经过了伪装的财产税（例如，具有财产税特征的消防费和公共安全费），但是由于这些收费可以提高政府财政服务的效率和公平性，因而还是颇受欢迎的。事实上，对法定收费形式的扩大使用，是对财产税开展的新限制活动的副作用。

　　另一种方法限制了估税价值的增长。在这种情况下，当财产被重新评估的时候，其价值的增长值就不能超过某一个特定的比例。久而久之，估税价值的总体增长是受到许可的，但也是渐进的。它对财产税征收的整个流程并没有其他影响。它的主要作用是在估税价值提高时，控制对财产重新评估所带来的冲击以及地方政府不调整其法定税率所带来的危险。

---

　　① 意外情况是政府经历了估税价值下降。对税收收入进行控制可以是容纳率增加，而税率控制则无法做到这一点。

控制财产税增长的最后一个方法不像是之前说的那种直接限制，它被称为"税务真相"或全面披露的需求，这个系统被很多州使用，包括亚利桑那州、得克萨斯州和密歇根州。这就要求地方政府注意到估税价值已经被提高的事实，并且意识到除非法定税率降低，否则估税价值的提高将会带来更多的税收。图 11-2 是"税务真相"听证会的通知。这一来自皮马县（亚利桑那州）社区学院区的通知，提醒它的公民，政府意图增加税收总额，并且这一增长包括由于更高的财产税基所导致的任何增长（新建房屋带来的增长）。这个地区因此不仅拓宽了税基的征税，而且增加了所有土地的财产税率。这个通知宣布举办一场公众听证会，使得公众可以表达他们对于这个税收提议的意见。而这一想法的初衷就是让财产税在设计过程中更为透明，并让公众参与到财政决定中。当然，所得税和消费税税基也有相似增长，但是却没有法律要求以类似的"税务真相"机制对公众进行通知。

税务真相听证会：增加税收的通知

为了遵守亚利桑那州修订条例章节 15-1461.01，皮马县社区学院区通知皮马县社区学院区的财产税纳税人，今年的个人财产税计划将比去年的水平有所增加。皮马县社区学院区希望个人财产税增加 1 814 406 美元或者 2%。

例如，计划中的税收提升将会导致皮马县社区学院区一个 10 万美元的房产所交的房产税，每个家庭从 112.59 美元（没有增加前整体税收）上涨到 114.84 美元（包括计划税收增加后的所有税款）。

预计增加的财产税收入不包括新建筑缴纳的财产税，也不包括对选民批准的债务或预算征收的财产税和税收优惠可能导致的任何变化。

我们欢迎所有感兴趣的居民来参加关于税收增加的听证会，听证会的时间安排在 2012 年 6 月 20 日（星期三）的下午 6：30。地址：亚利桑那州图森市东路 4905 社区/皮马社区学院区办公室的董事会会议室，85709-1005。

图 11-2　税务真相听证会的通知：皮马县（亚利桑那州）社区学院区

资料来源：http://www.pima.edu/about-pima/reports/finance-reports/docs-budget/FY13-Truth-In-Taxation.pdf. Reprinted with permission.

税收增量融资

税收增量融资（tax increment financing, TIF）为萧条地区的经济发展提供了一种政策选择。税收增量融资计划"主要是要在一定年数内将一定地区（实行税收增量融资的地区）中所有财产的估税价值予以冻结。由这些冻结之后的税基所形成的财产税，会继续形成当地税务机关的收入。但是，该地区新的发展导致估税价值的增加值形成的财产税收入（税收的增量部分），可以用于满足该地区基础设施建设和发展的支出需要。因此，税收增量融资不仅是一种地区性的税收，也是一种地区性的支出，是用来促进一些地区发展的刺激机制"[①]。从逻辑上讲，私人项目发展需要的公共基础设施，可以通

---

① Joyce Y. Man, "Introduction," in *Tax Increment Financing and Economic Development：Uses，Structures，and Impact*, ed. Craig L. Johnson and Joyce Y. Man (Albany, N. Y.：State University of New York Press, 2001)：1. 有些州也将非财产税纳入了税收增量融资计划，尽管这并不常见。

过向私人项目课征的财产税筹集资金。以下是其中运作的原理：假设要在一个地点建立一个大型的加工厂，但在这个地点缺乏一些通常应当由地方政府来提供的关键性基础设施（如道路、污水排放系统和自来水等）。该地方政府可以通过发债来为这些基础设施建设融资，并通过财产税税基扩大形成的财产税收入归还由此形成的债务（其中包括本金和利息）。表 11-6 说明的是税收增量融资的一般原理。如果在该项目开始之前，该地区的财产估税总额为 500 万美元，该地区的课税单位仍然可以像以前那样从税基中取得税收收入。随着该项目的发展，如果财产的估税价值增加到了 800 万美元，那么不管这家地方政府所课征的税率为多少，由于税基提高而增加的财产税收入都将被用于归还由该地区基础设施的建设所形成的债务：由原有 500 万美元的税基形成的财产税收入，仍将被用于履行地方政府原有的职能；对新增 300 万美元的税基课征的财产税收入将被用于归还由基础设施的建设所形成的债务，从而使基础设施建设在经济上变得可行。

表 11-6   税收增量融资

	估税价值（美元）	税率（美元/百美元）	用于原有政府事务的税收收入（美元）	税收增量融资收入（美元）
基期（项目发展之前）	5 000 000	8.00	400 000	0
第 1 年	6 000 000	8.10	405 000	81 000
第 2 年	7 000 000	8.15	407 500	163 000
第 3 年	8 000 000	8.15	407 500	244 500
第 4 年	8 000 000	8.20	410 000	246 000

税收增量融资受到了产业发展官员们的欢迎，却经常会激怒地方政府的其他官员，特别是管理学校发展的官员，因为这种财政收入的转移会严重扭曲地方政府财政状况。此外，在一些地区对税收增量融资的使用非常肆无忌惮，此类资金甚至会返还给开发商，用于弥补与公共设施毫不相干的项目成本，这有点像税收"回扣"（a tax "kick-back"）。

结　语

几乎是在不经意间，财产税成了地方政府中占统治地位的税收收入来源。尽管财产税是对累积财富而非其他形式税基课征的一种税收，但财产税的这种优势却由于税基评估中的变化无常而显得黯然失色。由于财产税的课税对象是由税收管理的规章所界定的价值，并非市场交易中的财产价值，财产评估过程中问题重重，因此需要对其给予特别的关注。除了财产评估之外，财产税中的大多数问题在很大程度上都可以通过"断路器"政策、延期纳税等措施来解决。

如果仅仅由于不愿意改善管理就抹杀了财产税的优势就太可惜了。对地方政府财政来说，财产税存在几个优点。例如，财产税的税基明确，易于管理，而且具有不可移动性。对财产税的管理应当游刃有余，其税率也应当调整到一个适宜的水平。这些都有助于促进最接近于民众的地方政府的财政独立，而这些政府也应当思考实际财产税对这种独立的重要意义。

问题与练习

1. 指出关于你们州的财产税的以下内容：谁对财产进行估税？哪些种类的财产是由地方政府估税的，哪些种类的财产是由州政府估税的？采用的是什么样的估税标准？对不动产的最近一次估税是在什么时候进行的？是否也对个人财产课税？使用的是什么样的分类课税体制？使用的是什么样的"断路器"政策？"断路器"政策是否超出了老年人住宅类财产的范围？

2. 为什么获取财产价值的系统或者销售价值的估税系统，有时会被人们称为"欢迎陌生人"（welcome stranger）估税系统？

3. 奈茨敦市财产税税基由 150 000 000 美元的应税不动产和 85 000 000 美元的应税个人财产构成。该市财产的估税比率为 50%。对老年人的免税使应税财产的价值减少了 3 000 000 美元。该市的计划财政收入为 15 000 000 美元，预计非财产税的财政收入为 800 000 美元。

a. 计算财产税的法定税率。

b. 计算财产税的实际税率。

c. 如果史密斯一家居住在奈茨敦市，他们的财产税评估价值为 42 000 美元，那么他们应当缴纳的财产税为多少呢？

4. 桑托县包括 5 个区（尼克松区、里根区、戴维斯区、格威思小河区和那瓦霍区）和一个城市（布恩维尔市）。该县有两个独立学区：西哥拉姆联合学区（戴维斯区和格威思小河区）与叶尔新联合学区（尼克松区、里根区和那瓦霍区）。该县中的每家政府机构都通过课征财产税来为自己的活动筹资，但是，布恩维尔市还制定了一项地方所得税（下一年预计可以产生财政收入 750 000 美元）。财产税税率的税基是财产的估税价值，等于财产公允价值的 50%。地方机构的税率可以叠加。

下面是该县估税员提供的本县各家政府机构课税财产的公允价值：

尼克松区	69 535 000 美元
里根区	35 000 000 美元
戴维斯区	23 720 000 美元
格威思小河区	15 922 000 美元
那瓦霍区	27 291 000 美元
布恩维尔市（戴维斯区）	88 450 000 美元
布恩维尔市（格威思小河区）	75 392 000 美元

该表中"区"的数据是针对区内、市或镇之外的地区而言的。因此，想得到区的数据，必须要加上相应的市或者镇的数据。

下面是该县各家机构明年计划支出的数额：

县直机关	3 428 000 美元
布恩维尔市	4 539 000 美元
尼克松区	99 000 美元
里根区	150 000 美元
戴维斯区	250 000 美元
格威思小河区	175 000 美元
那瓦霍区	83 000 美元
西哥拉姆联合学区	6 350 000 美元
叶尔新联合学区	3 800 000 美元

a. 分别为每个课税单位确定财产税税率。以 100 美元估税价值应纳多少财产税的形式来表示。

b. 纳特家位于布恩维尔市的财产的公允价值为 100 000 美元。计算其应当缴纳的各项财产税。

c. 假设纳特家财产的当前市场价值实际为 225 000 美元，那么其实际估税比率为多少？其实际财产税税率为多少？

d. 在西哥拉姆联合学区有 1 800 名学生，叶尔新联合学区有 600 名学生。如果 100 美元的估税价值应当负担的财产税为 1 美元，那么两个学区分别可以为每个学生征收多少美元的财产税？说明这种比较的意义。

e. 如果现在要在那瓦霍区建立一个市场公允价值为 1 500 万美元的工厂，这家工厂不会对地方政府的支出产生任何影响，例如：征税不发生改变，该县的财产估税价值也没有其他任何变化，那么这家工厂应当缴纳的财产税总额为多少呢？

f. 假设该县进行了一次普遍性的重新估税，将每个课税单位的财产估税价值都增加了 1 倍，州法律规定，任何课税单位财产税的增长幅度最多不能超过 3%。(问题 e 中的工厂比较令人遗憾，不久之后就破产了，因此，这次调整对其价值没有任何影响。)假设纳特家财产（如上所述）的估税价值增加了 1 倍，市、县和学区都将财产税税率提高到了最大值，但区的税负并没有增加；那么，纳特家现在应当缴纳多少财产税呢？

5. 州在一个县中拥有 16 500 英亩属于本州所有的林地。如果按照私人所有来计算，每英亩林地及未开垦的开阔地（多位于州森林境内的土地）的平均价值为 180 美元。估税价值为该价值的 1/3。这些林地位于该县的两个区中；60% 的林地位于其中的一个区中，该区财产税税率为每 100 美元的财产所负担的财产税为 1.80 美元；其余的林地位于该县的另一个区中，该区的财产税税率为每 100 美元的财产所负担的财产税为 1.64 美元。根据给予拥有大量州属非财产税应税财产的财政补助公式，该县每年可以得到 18 000 美元的财产税补助，用于在该县相应的课税单位中进行分配。州给予该县的财产税补助是否应当等于由这些林地所承担的财产税呢？请给予具体解释。

6. 伍德沃德（Woodward）夫妇是一对没有子女的老夫妇，其应税总收入为 8 000 美元，社会保障收入为 26 000 美元。伍德沃德夫妇的财产估税价值为 80 000 美元（其财产的同期市场价值为 190 000 美元），适用的财产税税率为每 100 美元的估税价值应当缴纳 5 美元的财产税。他们每人财产税的老年免税额为 500 美元。他们符合州财产税"断路器"税收优惠政策的要求。这种税收优惠的起始点为总收入的 6%，超额负担的 25% 会由州政府以所得税税收抵免的形式返还。"断路器"政策的最大税收优惠为每对夫妇 600 美元。

a. 如果没有"断路器"优惠，他们应当缴纳多少财产税？

b. 他们可以享受的"断路器"税收抵免为多少呢？

7. 长期以来，经常有人对加菲尔德县财产税的估税情况表示不满。该县三个区的财产税估税活动都是由经过选举产生的估税员独立进行的。州法律规定，财产税估税价值应等于财产现金价值的1/3；在州宪法中，也包括"财产税的税率应当一致"的条款。你所工作的这家政府机构对该县的估税质量做了评估。为了在各区之间达到总体平衡，有人建议增加乘数，并建议在必要时对财产进行重新评估。

你现在有一份关于该县在上一季度中所销售的住宅类财产的估税价值和销售价格的随机样本表。表中的所有数据都是市场自愿交易的结果，其中没有特殊的财务安排，也不包括大量的个人财产。具体数据见下表。

a. 出具你对加菲尔德县估税质量评估的初步意见，并计算所有重要的统计指标。

b. 按照州政府规定的1/3的标准，加菲尔德县平衡委员会想使用乘数来对各区的"估税价值/市场价值"（assessed-value/market-value，AV/MV）比率进行调整。你认为各区的乘数应分别为多少呢？这些乘数是增加还是降低了各区之间的估税平等程度？乘数的使用对该县估税的平等程度有什么影响？

c. 各区的总税率如下：

布坎南区	每 100 美元的估税价值（AV）6.15 美元
阿瑟区	每 100 美元的估税价值（AV）6.00 美元
库里奇区	每 100 美元的估税价值（AV）5.75 美元

哪些财产分别负担了最高的名义税率和最低的名义税率？哪些财产分别负担了最高的实际税率和最低的实际税率？

财产	估税价值（美元）	销售价格（美元）
库里奇区		
1—1	30 190	120 740
1—2	39 060	201 500
1—3	66 690	372 000
1—4	13 830	86 800
1—5	39 720	207 700
1—6	23 550	232 500
1—7	16 650	91 450
1—8	45 870	85 870
1—9	32 910	114 390
1—10	21 060	107 725
1—11	19 740	71 300
1—12	28 620	122 450
1—13	13 920	77 190
1—14	20 370	114 700
1—15	19 290	94 550

续前表

财产	估税价值（美元）	销售价格（美元）
阿瑟区		
2—1	14 190	71 750
2—2	59 700	54 250
2—3	19 390	52 500
2—4	20 160	134 750
2—5	19 260	100 625
2—6	19 420	94 500
2—7	14 220	77 000
2—8	19 840	54 250
2—9	11 760	68 250
2—10	19 720	64 750
2—11	14 010	61 250
2—12	13 350	94 850
2—13	11 370	87 500
2—14	17 920	44 530
2—15	11 310	91 000
2—16	18 790	54 250
2—17	15 360	99 750
布坎南区		
3—1	53 440	249 600
3—2	34 880	180 000
3—3	22 720	114 000
3—4	52 320	218 400
3—5	13 600	60 000
3—6	13 840	72 000
3—7	20 160	94 400
3—8	27 400	144 000
3—9	32 720	167 600
3—10	14 320	82 000
3—11	18 360	87 500
3—12	20 200	132 000
3—13	21 880	116 000

8. 下面是帕罗根镇在 2014 年 1 月 1 日开始的财政年度中的一些数据：

该镇的预算支出	20 000 000 美元
预计来自财政补助、收费和执照费的收入	6 000 000 美元
财产估税价值	142 000 000 美元

a. 该镇的财产税税率为多少？用每 100 美元所负担财产税数额来表示。

b. 武顿家财产的市场公允价值为 90 000 美元。估税比率为 1/3。武顿家符合 5 000

美元的抵押贷款免税的要求，这项免税针对的是财产的估税价值。武顿家应当在该镇缴纳的财产税为多少呢？

c. 假设帕罗根镇在 2015 年不对财产价值进行重新评估，但新增财产会使财产的估税价值增长 5％。州政府对财产税的课税总额规定了上限，规定 2015 年的课税收入最多只能比 2014 年增长 6％。该镇预计非财产税收入为 650 万美元。根据这些条件，该镇在 2015 年最大的财产税税率可以为多少？该镇的最大政府支出可以为多少？武顿家应当缴纳多少财产税？

d. 假设 2016 年帕罗根镇也没有对财产的价值进行重新评估，但该镇的新增财产使财产的估税价值增长了 9％。该州制定了对财产税的新的控制措施：2016 年的财产税税率每 100 美元财产所负担的财产税只能比 2015 年的水平提高 1.80 美元。非财产税收入预计为 675 万美元。根据以上条件，2016 年该镇财产税的最大税率可以为多少？该镇的最大政府支出可以为多少？武顿家应当缴纳多少财产税？

9. 斯特拉特福德镇正在制定下一年的财产税税率。其全年的预算支出为 220 000 000 美元，且预计非财产税收入将达到 700 000 美元。它实行的是税率分级制度：非住宅房产的财产税税率是住宅房产的两倍。其住宅房产的估税价值为 4 000 000 000 美元，非住宅房产的估计价值为 2 800 000 000 美元。那么这个镇住宅房产和非住宅房产的税率将分别是多少？

10. 仁爱之家借助自愿劳动者（包括潜在的新的住房拥有者）帮助低收入家庭获得住房，并用捐赠的钱和材料为低收入家庭建造简单、体面的房子。由于抵押贷款很低，收入可以用来支持其更多的住房。这个组织在美国所有州、哥伦比亚特区、美国的其他区域和一些其他国家开展业务。这也为家庭带来了问题。住房的价值提高，带来了更高的财产税，以至于增长到使房屋所有者难以承担的水平。但是如果房屋使用者卖掉了房子，对于仁爱之家和家庭成员来说，房屋价值的提升都会使他们再次无家可归。问题是：应该做些什么？这是政府向房屋征收房产税的问题吗？（正是政府向房屋拥有者提供类似于中小学教育、公共安全保障防火和公园保障的重要服务。）这是不是仁爱之家的问题？（让家庭成员住进他们支付不起的房屋，并且不能转换为能够用于购买其他房屋的现金。）这是不是一个家庭的问题？（他们是从房屋中获益最多的人。）有哪些政策可供选择？

11. 回顾问题：对于一家全面负责不动产税管理的财政收入部门来说，你认为应当使用什么绩效结果标准？其结果指标与个人所得税有什么不同吗？并加以解释。

案例讨论

案例 11-1

财产税和世界一流的住房

思考下列问题：

(1) 在这次评估中，会使用什么方法？其中会存在哪些问题？

(2) 你对这里所简要描述的估税体制是如何看待的？

(3) 租赁财产的报价对于估税员有什么帮助呢？

罗斯·佩罗特（Ross Perot）是得克萨斯州的一位亿万富翁，同时还是1992年的总统候选人，在达拉斯*北部，他拥有一座8 264平方英尺的住房。在不超过25英亩的土地上，这座房子有4个壁炉和5.5个浴室。他的住房有5 327平方英尺用于出租，其中有2.2英亩的土地是他在1988年购买的。这座房子在一年之前就准备出售了，要价120万美元。在1992年，达拉斯市中部评估区对这座房子的主要房屋和土地的评估价为12 279 600美元，用于出租的房屋的评估价值为1 220 340美元。（该评估价值的有效期为3年。）在1993年，考虑到得克萨斯州住宅类财产的价值有所下降的情况，这两项财产的评估价值分别调整为11 870 550美元和1 200 000美元。尽管该地区在财产评估中确实会使用财产的全部市场价值，但经常会根据财产所在的地区来对财产价值进行评估，而不是对每项财产的价值分别进行详细评估。

在1993年，该地区收到了65 000份关于估税的抗议，其中有一份就是来自佩罗特先生的。佩罗特先生在前些年没有进行过抗议，但是社区中类似房屋的销售状况使他得出结论，自己财产的价值被高估了。在举行了首次听证会之后，他的财产的估税价值被调低了96 100美元。此后，按照继续申诉的一般程序，他向州地区法院提出上诉，要求进一步降低对自己财产的估税价值。在接下来的程序中，估税官员会对财产的价值进行检验和评估，这是开始谈判的一般方法。

> * 达拉斯为美国得克萨斯州的一个城市。——译者注
> 资料来源：这一案例由以下文献组合而成：Scott McCartner, "There Is One Thing We Can Be Sure Of: It's a World-Class House," *Wall Street Journal*, September 2, 1993, B-1; Anne Beilli Gesalman, "Perot Sues over Home Appraisal," *Dallas Morning News*, September 1, 1993, 25-A; and Steven R. Reed, "Perot Files Suit to Lower Taxes on His Estates," *Houston Chronicle*, September 2, 1993, 29.

案例 11-2

地方财政和财产免税组织

非营利组织和政府经常免征财产税。尽管州法律定义了财产税免税条款，但是，各个州，甚至一个州的每个地方的财产税征收的情况和标准都不尽相同。而且，并不是所有的非营利组织都享受同样的免税政策。例如，政府、教堂、学校和医院拥有的财产可能免征财产税，但是其他非营利组织的财产可能就需要纳税。一个州认定一个非营利组织是否免除所得税的标准，和联邦政府所使用的标准不一定相同。拥有主要免税组织（例如：大型私立大学或者联邦、州政府的设施）的地方政府的情况非常复杂。一方面，它们可能因其经济影响和主办该组织所带来的声望而获得很大的益处（例如：马萨诸塞州坎布里奇市就因为是哈佛大学和麻省理工学院的所在地而著名）。从另一方面来说，机构拥有的免税财产无法提供其使用社区安保、火警、教育和其他服务的税基。

当依靠财产税来为政府服务融资的地方政府面临财政危机时，他们的领导者希望通过拓宽税基来增加税收来源。从大型非营利组织和其他政府机构获取收益，对很多人来说都有很大的吸引力。据估计，全国范围内，非营利组织免税将财产税税额减少了10%，这一数据在拥有大型非营利部门的地区会更高。当地方政府面临财政压力，而受其管辖的符合免税条件的大型组织却十分兴盛，相关的讨论就会对此特别关注。

下面的例子是关于罗得岛州的普罗维登斯（Providence）和布朗大学（Brown University）双方就该大学的免税会给城市带来多大的贡献所进行的辩论。

思考下列问题：

（1）为什么非营利机构能够享受免税待遇？它们没有像私人公司那样享受地方政府的服务吗？例如，为什么一家非营利的医院可以免税，但是一家相似的私人医院就得缴税呢？州立大学和与其类似的私立大学对于免税问题的争论，是不是有所不同呢？

（2）如果他们可以享受免税，那么，对此你将设立什么样的标准呢？所有的非营利组织和政府机构都应该一样吗？州立大学、州立公园和州议会大厦呢？

（3）在一个城市中，免税组织占潜在财产税税基的很大份额时，会有什么影响？这是否意味着失去财产税收入或应税个体需要缴纳更多的税款？你是否有方法来了解这会对其他人的应缴税款有什么影响？缴纳更多的税款还是更少的税款？

（4）在某些辖区，有针对免税组织需要支付一定的金额以替代税收的规定。替代支付的金额应该是自愿的，还是根据法定公式计算出来的？替代支付的金额应该如何计算？替代支付的金额是否应该与财产税税额相似？如果是，为什么还要免征财产税？马萨诸塞州议员已经考虑对每年学校超过10亿美元的捐赠资产的估值征收2.5%的税收（哈佛大学有350亿美元的捐赠）。这是不是一个明智的方法？你的学校会对地方政府使用替代税收支付吗？你的州里的其他非营利组织呢？

（5）州政府建立法律来规定对什么样的机构有资格免收财产税。在这样的情况下，州政府是否应该支付一定金额给地方政府，来补偿其失去的税收收入？

（6）假定免税个体需要开始支付税收，或者以非自愿的替代税收来支付相似的金额，你认为谁会承担这部分的支付金额？这种将地方政府服务成本分配下去的方法，是否比现行的体系更加合理？

（7）你认为最终由布朗大学承担的金额是不是合理？你是用什么标准来确定的？

普罗维登斯和布朗大学：承担政府服务的成本

罗得岛州的普罗维登斯，和美国其他城市政府一样，自经济大衰退开始承担着严重的财政压力。确实，普罗维登斯市长安杰尔·塔夫拉斯（Angel Taveras）警告说，城市将会在2012年6月用掉所有的资金，并且可能需要申请联邦破产保护。赤字接近于2 250万美元，并且，如果不极大地减少服务或者大量增加税收的话，该市不可能解决如此巨额的赤字。在当时的赤字水平下，许多纳税人已经发现他们的税收增加了13%。近年来的赤字达到了1.1亿美元，所以市长开始采取行动。为了避免未来服务的缩减或者税收的增加，他认为免税的布朗大学应该做一些贡献来支持城市的服务。确实，他认为每年额外支付500万美元是合理的。

罗得岛州的法律免除了私立大学和其他一些其他非营利组织的财产税。然而，布朗大学和其他普罗维登斯的免税组织一直自愿给城市缴纳一定的税收，这个金额大概是每年400万（在城市和大学在2003年签署的备忘录中，120万美元和建筑产生的税收，并没有用于教育的目的，而是用于营利性书店；与许多其他州不同，这些税收并不是用于非教育设施，所以学校给城市的支付是自愿的）。市长认为现在的金额是不够的。城市数据显示，像布朗大学这样的免税组织在普罗维登斯占用了一半以上的土地，相当于41%的估税价值（如果这些数据是可信的——全国评估者并没有对不产生收入的土地投入太多的精力进行评估）。全美国只有很少一部分学院和大学自愿支付税收，所以布朗大学在这方面已经很超前了。

很难判断布朗大学是否遭受着难以忍受的财政困境。布朗大学今年收到了 25 亿美元的捐助，比上年增长了 18.5%。它的预算是 8.652 亿美元（而城市的预算是 6.14 亿美元）。布朗大学的校园内包括 200 多个建筑，价值超过 10 亿美元。如果按照城市的商业税率来收税，这些财产将会带来 3 800 万美元的税收收入。然而，布朗大学的管理层认为，每年增加 500 万美元的支出，都会给学校带来很大的财政困难。2011—2012 年的本科生学费是 41 328 美元，房间、管理或其他需要的费用共 53 136 美元。大学有 8 000 名学生，雇用了将近 4 500 名员工（在罗得岛州排名第六位），并且每年在地方零售商处花费了 6 500 万美元。这是除了作为一个重要的教育机构之外，城市和州共同的经济压力。

在经过大量讨价还价之后，布朗大学最后同意在未来的 11 年交给普罗维登斯 3 100 万美元。最新报道显示，普罗维登斯不再声称需要申请联邦破产保护了。

第 *12* 章

使用费、收费和公共垄断销售所形成的财政收入

政府通常会行使课税权以筹集财政收入，纳税人缴纳的税款与其获取的公共物品或者公共服务的价值之间，并没有什么直接的关系①。当涉及公共物品时，市场机制通常是失灵的。但是，政府还会销售一些产品和服务，消费者是否会购买这些产品和服务，取决于每个消费者的品位、偏好和经济状况。这些产品和服务的购买行为对别人所造成的影响很小，以至于对它们的规定根本就不能构成一个公共问题。在这种情况下，要为这些服务活动筹集收入，可以不必通过暴力和强制课税，只要通过自愿交换就可以了。政府要为这些活动融资，可以有很大但并非完全开放的探索空间。要求得到这些服务的特定"顾客"为这些服务缴款，可以减轻一般政府财政体系的压力。虽然政府提供服务（如公园、文化活动、垃圾回收等）给公众使用时没有直接收取费用，但需要谨记的是，这些服务并非像频繁宣传的那样，是"免费的"。相反，这些服务是由"纳税人支付"的，或者更准确地说，它们并非由使用者支付，而由其他人支付。选择并不在于免费服务还是通过用户付费才能获得服务，而在于究竟是由真正使用这些服务的人为之付费，还是由税制将成本转移到其他人身上，即便这些人实质上可能并不会使用这些服务，他们的费用支付也与使用程度没有必然联系。在你看来，哪一种成本分配方式更为合理？

政府的销售收入令人费解。因为这样一来，政府的运行就像私人企业一样了。政府领导人通过这样做，让"税收－支出政治学"（tax-and-spend politics）的批评家们变得哑口无言了。尽管销售收入在公共财政总框架中的比重可能还非常小，但这些收入确实在公众对高税

---

① 现在，民事没收是执行法律的官员们广泛使用的一个很有争议的政策工具。由于民事没收的收入也来自法律体制的实行，因此民事没收的运作方式和税收非常类似。警察机构并没有特权来从事这类活动，只有国内收入署最有权力来课征这些收入，因为国内收入署可以课征个人所得税（或者其他税收）。

收的抵制之外另辟蹊径。最重要的是，公共价格不仅可以提高资源配置的效率，还有助于提高公共服务成本分配中的公平性。这样，政府的运作就更像一个私人企业，而非僵化的官僚政治下的一台机器。

在本章中，我们将讨论三种不同的对于政府来说是"私人性"的收入形式：

（1）**使用费**（user fees）。这是政府销售许可证所形成的收入。这些许可证可以使人们从事原本被限制或禁止的活动。

（2）**收费**（user charges）。这是对自愿购买公共服务的人征收的价格所形成的收入。尽管这些服务活动只能使一些特定的个人或者企业受益，但这些服务活动却和政府的基本职能密切相关。

（3）**财政垄断和公共设施收入**（fiscal monopoly and utility revenues）。这是政府在私人产品和服务或收费产品和服务的排他性销售中所形成的收入。这些收入包括由政府运营的公共设施、州酒类商店和州彩票等所形成的收入[1]。

表 12-1 和表 12-2 中提供的是关于近来美国政府销售情况的数据。与税收收入相比，这些收入并不可观，这也不足为奇。市场失灵是政府之所以会存在的主要经济原因，这就意味着市场中的价格有时是无法正常运转的。财政收入的规律也表明，简单定价既不可行，也不可取。如果定价是完全合理的，那么何必还需要政府来做这些事情呢？然而，为了提高政府效率，也出于政治上的务实考虑，由政府交易所获取的收入在政府财政中具有重要作用，而且其作用还在不断加强。

在州政府所筹集的本级财政收入中，收费收入的比重约有 13.91％，包括常规的本级财政收入、公共设施收益和酒类商店收益等[2]。在这些收入中，最大的单项收入来源是州高等教育机构的收费。与其他级次的政府相比，地方政府拥有更多的收费机会，因为它们提供了更多可以使个人受益的服务；在 2007—2008 年，这些服务产生的收入占地方政府收入的 21.92％，加上公用设施收入之后，这一比重可以提高到 34.15％。对于地方政府的财政收入总额来说，医院、排污设施、水、电等公用设施的收费收入格外重要。由于地方政府的税收收入通常会受到州政府的严格控制，因此地方政府更倾向于使用费收入。但是，即使是地方政府，也很少能够穷尽收费的可能。在各种地方政府之中，收费对于县（医院）和特区（医院和电力设施）而言最为重要。虽然市政当局对于收费的依赖程度要比县和特区小一些，但对市政当局而言，水、电、排污等收费也是很重要的。特区靠服务收费来维持：常规收费和公共设施收入加起来占特区本级收入的70％以上。这也是合理的，因为特区的存在就是为特定的顾客提供特定的服务，其是通过收费进行自我集资的理想环境。

联邦预算中对收费收入的处理有点错综复杂。在联邦预算中，多数收费收入被称为**抵补性课征收入或者抵补性收入**，并且通常不会列示于联邦财政收入的记录中。这些收入是通过向公众出售商品和服务所形成的收入，其中的收费对象包括：邮政服务、国家

---

① 有些国家对烟草产品、火柴、盐、糖、鱼子酱和扑克牌游戏实行的都是财政垄断经营。参见：Sijbren Cnossen, *Excise Systems*, *A Global Study of the Selective Taxation of Goods and Services*（Baltimore, Md.：Johns Hopkins University Press, 1977），84-98。尽管在这种选择中还存在别的问题，但它们确实为消费课税提供了另一种选择。一些政府操控财政垄断来销售产品，但也增加了消费税，从而得到双重财政收入。

② 政府销售收入并不会全部按统一的基础进行报告。比如，国家统计局政府财政分局所报告的收费和公共设施收入是毛收入，其中并没有扣除相应的生产成本或获取成本。该报告中的彩票收入是杂项财政收入的一部分，是净收入。

表 12 - 1　　　　　　　2007—2008 年州和地方政府的销售收入：收费和杂费收入

	州和地方政府合计（千美元）	比重（%）	州政府（千美元）	比重（%）	地方政府（千美元）	比重（%）
本级一般财政收入及公用设施、酒类商店的税收收入	2 005 527 354	100.00	1 047 220 179	100.00	958 307 175	100.00
税收	1 283 262 933	63.99	757 470 540	72.33	525 792 393	54.87
收费和杂项一般财政收入	581 508 349	29.00	267 214 682	25.52	314 293 667	32.80
经常性收费	350 063 831	17.45	139 983 603	13.37	210 080 228	21.92
教育	102 254 384	5.10	78 472 814	7.49	23 781 570	2.48
高等教育机构	86 912 297	4.33	77 339 948	7.39	9 572 349	1.00
学校午餐销售毛收入	6 929 238	0.35	21 762	0.00	6 907 476	0.72
医院	91 297 642	4.55	33 882 113	3.24	57 415 529	5.99
高速公路	10 645 887	0.53	6 086 234	0.58	4 559 653	0.48
空运（机场）	16 584 133	0.83	1 216 240	0.12	15 367 893	1.60
停车设施	1 824 790	0.09	16 548	0.00	1 808 242	0.19
海洋和内河港口设施	3 864 136	0.19	1 136 790	0.11	2 727 346	0.28
自然资源	3 982 841	0.20	2 480 294	0.24	1 502 547	0.16
公园和娱乐	8 792 334	0.44	1 495 275	0.14	7 297 059	0.76
住宅和社区开发	5 577 063	0.28	783 020	0.07	4 794 043	0.50
排污设施	36 081 933	1.80	31 788	0.00	36 050 145	3.76
固体垃圾处理	14 487 483	0.72	495 696	0.05	13 991 787	1.46
其他收费	54 671 205	2.73	13 886 791	1.33	40 784 414	4.26
杂项一般收入	231 444 518	11.54	127 231 079	12.15	104 213 439	10.87
利息收入	91 977 590	4.59	47 208 587	4.51	44 769 003	4.67
特别评估	7 684 960	0.38	520 176	0.05	7 164 784	0.75
财产销售	4 522 253	0.23	1 089 455	0.10	3 432 798	0.36
其他	127 259 715	6.35	78 412 861	7.49	48 846 854	5.10
公共设施收入	133 932 975	6.68	16 735 684	1.60	117 197 291	12.23
自来水供应	43 401 415	2.16	227 960	0.02	43 173 455	4.51
电力	70 346 343	3.51	14 215 666	1.36	56 130 677	5.86
天然气供应	8 613 816	0.43	16 374	0.00	8 597 442	0.90
运输	11 571 401	0.58	2 275 684	0.22	9 295 717	0.97
酒类商店收入	6 823 097	0.34	5 799 273	0.55	1 023 824	0.11

资料来源：*U. S. Census Bureau*，*Government Division*，*State and Local Government Finances*.

县政府 （千美元）	市镇比重 （%）	总收入 （千美元）	特区比重 （%）	总收入 （千美元）	学区比重 （%）	总收入 （千美元）	比重 （%）
223 744 494	100.00	395 104 598	100.00	129 965 087	100.00	209 492 996	100.00
129 915 778	58.06	204 273 333	51.70	22 660 978	17.44	168 942 304	80.64
88 593 375	39.60	117 061 644	29.63	68 087 956	52.39	40 550 692	19.36
63 167 749	28.23	75 087 230	19.00	52 364 043	40.29	19 461 206	9.29
3 282 702	1.47	1 037 662	0.26	0	0.00	19 461 206	9.29
1 770 834	0.79	349 797	0.09	0	0.00	7 451 718	3.56
693 170	0.31	435 891	0.11	0	0.00	5 778 915	2.76
24 348 795	10.88	8 017 088	2.03	25 049 646	19.27	0	0.00
1 026 371	0.46	1 899 127	0.48	1 634 155	1.26	0	0.00
2 238 028	1.00	7 457 287	1.89	5 672 578	4.36	0	0.00
82 314	0.04	1 645 311	0.42	80 617	0.06	0	0.00
240 206	0.11	1 227 824	0.31	1 259 316	0.97	0	0.00
179 941	0.08	171 426	0.04	1 151 180	0.89	0	0.00
1 245 221	0.56	4 468 022	1.13	1 583 816	1.22	0	0.00
258 288	0.12	2 088 106	0.53	2 447 649	1.88	0	0.00
4 426 455	1.98	25 421 368	6.43	6 202 322	4.77	0	0.00
4 921 643	2.20	8 117 451	2.05	952 693	0.73	0	0.00
20 917 785	9.35	13 536 558	3.43	6 330 071	4.87	0	0.00
25 425 626	11.36	41 974 414	10.62	15 723 913	12.10	21 089 486	10.07
10 833 352	4.84	16 643 058	4.21	7 901 621	6.08	9 390 972	4.48
1 600 098	0.72	3 330 103	0.84	2 234 583	1.72	0	0.00
568 589	0.25	1 568 038	0.40	749 738	0.58	546 433	0.26
12 423 587	5.55	20 433 215	5.17	4 837 971	3.72	11 152 081	5.32
4 694 190	2.10	73 286 948	18.55	39 216 153	30.17	0	0.00
3 913 905	1.75	27 963 190	7.08	11 296 360	8.69	0	0.00
223 989	0.10	35 355 129	8.95	20 551 559	15.81	0	0.00
57 310	0.03	6 218 964	1.57	2 321 168	1.79	0	0.00
498 986	0.22	3 749 665	0.95	5 047 066	3.88	0	0.00
541 151	0.24	482 673	0.12	0	0.00	0	0.00

表 12 - 2	2008 财政年度联邦收费收入	单位：百万美元
陆军工兵部队：海港维修费		1 467
商务部：专利和商标费、天气预报和其他收费		1 998
国防部：军营超级市场和其他收费		10 797
卫生与公众服务部：食品药品监督管理局、医疗保险和医疗补助服务中心及其他费用		1 743
国土安全部：边境与交通安全和其他收费		2 202
国务院：护照及其他收费		1 807
财政部：纪念币销售及其他收费		2 588
退伍军人事务部：医疗保险以及其他收费		2 598
农业部：农作物保险及其他收费		2 869
国防部：军营超级市场附加费及其他收费		2 327
能源部：能源销售、核污染处理及其他收费		4 303
卫生与公众服务部：医疗保险 B 部分和 D 部分保险费		59 435
国土安全部：海关、移民及其他收费		8 609
内政部：娱乐及其他收费		6 187
劳工部：私人养老金担保保险费及其他收费		3 753
退伍军人事务部：寿险保费及其他收费		2 358
人事管理办公室：联邦雇员健康和寿险费		12 110
邮政服务局：邮政服务费		75 129
田纳西河流域管理局：能源销售收入		10 307
外大陆架收益及其他收入		18 285
能源部：联邦能源管制委员会、电力销售及其他收费		1 223
财政部：银行管制及其他收费		1 170
联邦存款保险公司：存款保险费与追回款		2 922
商务部：数字电视转换与公共安全基金		1 779
合计		237 966

注：该表只单独列出了大于 10 亿美元的收入。

资料来源：Office of Management and Budger, *Budget of the Government of the United States*, *Fiscal Year 2010*, *Analytical Perspectives* (Washington, D. C.：U. S. Government Printing Office, 2009).

公园的门票、公有土地的销售、外大陆架石油开采权和纪念币的销售等等。表 12 - 2 所列出的是一些更重要的收入项目。产生收入最多的是邮政服务和可选择性医疗系统的保险费。与超过 2.5 万亿美元的联邦财政收入相比，2 380 亿美元的收费收入的数额并不算可观。

对多数联邦收费收入的处理方法，与对税收收入的处理方法不同。因为收费收入可以从一定部门的总支出中扣除，而不用归为政府收入的一部分。对于抵补性课征收入来说，收费可以直接计入支出账户，通常不用再进行立法就可以形成支出。例如，邮政服务可以将收费收入用于其运营活动，而不需要经过年度拨款。对于抵补性收入来说，收费可以抵补总支出，但不能直接计入支出账户[1]。由于这种抵补程序，对于政府总支出

---

[1] Office of Management and Budget, *Budget of the Government of the United States*, *Fiscal Year 2010*, *Analytical Perspectives* (Washington, D. C.：U. S. Government Printing Office, 2009), 282-295. 这种抵补程序提供了一种绕开 1990 年《预算实施法案》支出控制的方法。

和向公众筹集来的收入，常规预算有所低估，并且这一程序确实违反透明度标准。但是，与政府运营的总规模相比，收费收入的数额还很小。

12.1　使用费和执照

各级政府都课征了很多使用费，尽管这些使用费具有公共价格（public prices）的特征，但也反映了根据法律规则而非通过私人市场的自由交换来筹集财政收入的潜力。（如专栏 12 - 1 所示，联邦预算所使用的使用费概念很大，它将税基较狭窄的税收也包括进来了。）尽管使用费具有价格的公平性和财政优势，但它并不是收费或者公共价格。

专栏 12 - 1　联邦收费体制

联邦政府的多数财政收入都来自税收，但税收和纳税人所获得的收益及政府所提供的具体服务之间没有什么直接关系。对于税基较宽的所得税和薪给税来说，确实如此，而且这些收入构成了联邦财政收入的主体。但是，当政府可以拒绝没有付款的人对政府服务的使用或者当政府可以禁止没有付款的人来从事某些活动时，使用费就变得不仅合适而且可行了。此外，正如我们在第 10 章中所描述的那样，一些税基狭窄的消费税可以将税收成本分配给那些使用了某些政府服务的人，或者可以使私人主体充分认识到自己的行为所造成的社会影响。

国会预算办公室将这些收费和税基比较狭窄的税收称作收费（user charges）*，并将它们分成了以下四类：

（1）使用费（user fees）是由人们自愿购买或租赁的政府商品或服务所形成的收入，这些商品和服务一般是不能与他人分享的。其中包括：自然资源开采权使用费、过路费、保险费、租赁费、资源销售收入、联邦土地使用费、联邦公园准入费、邮政费，以及与规则无关的执照费和特许费。

（2）规费（regulatory fees）是根据政府的权力对一些源于政府权力的企业或者活动的管理而收取的费用。其中包括管理费和司法费，移民费、护照费和领事服务费，海关服务费，检测费、检查费、评估费，专利费、商标费和版权服务费，管理项目执照费。

（3）受益税（beneficiary-based taxes）是对与特定政府服务的使用相联系的税基课征的税收（应税商品或服务与公共服务具有密切的匹配关系）。其中包括与交通运输（包括公路、航空、内河航运和港口等）相关的消费税和对与航运安全项目相关的燃料和设备课征的消费税。

（4）责任税（liability-based taxes）的课征目的是降低风险、抑止伤害性的活动，对遭到伤害的人员给予补助。其中包括对某些化学物质课征的税收，这形成了危险物品信托基金；对某些燃料课征的税收，这形成了地下储藏库泄漏信托基金；对原油课征的税收，这形成了石油泄漏责任信托基金；对在国内采煤课征的税收，这形成了煤肺病残疾信托基金；对儿童疾病疫苗课征的税收，这形成了疫苗伤害赔偿信托基金。

在 1990 年《预算实施法案》的控制结构中，前两组形成的财政收入特别具有吸引力，因为这些收入可能是抵补性课征收入——这些收入可以直接抵补一些特定的预算支出。这样，国会委员会就可以通过增加收费而不是削减政府支出项目，来达到政府对财政支出上限的规定了。

政府问责署列出了开发收费项目时要考虑的三个重要问题：

（1）谁从该项目受益？如果一个项目的受益者是普通公众，那么该项目应该由一般收入融资，而不是项目收费。如果该项目的受益者是特定的使用者，则可以通过收费进行融资。

（2）是否存在一种机制，能够确保收费长期涵盖项目成本总额的一部分？成本和其他收入都会随着时间的推移而改变，因此需要采取一种常规方法，以确保收费能够涵盖之前预期的份额。如果使用者需要支付预期的成本份额，那么稳定的收费是无法达到这一点的。

（3）是否存在一种机制，能够决定项目成本，并且确定如何在使用者之间分配成本？必须存在能够确定并且分配项目成本（什么活动应该包括在成本之内）的明确标准。对于成本分配可能会有不同的动机，所以必须明确相关的标准。

* user charges，这里译为"收费"或者"费""费用"，以区分"使用费"，并认为收费是比使用费范畴更广的一种有偿财政收入形式。——译者注

资料来源：Congressional Budget Office. *The Growth of Federal User Charges*（Washington, D. C.：U. S. Government Printing Office, 1993）；and Government Accountability Office, *Federal User Fees：A Design Guide*，GAO-08-386SP（Washington, D. C.：Government Accountability Office, 2008）.

执照税也是一种收费形式，它的税率单一，根据活动的类型不同划分成了不同的级别，并与企业收入相关。它是作为对企业和非企业的一种特权许可而课征的收费。执照税的课征，是为了广大公众的利益而对一些特定活动实行的一种管理措施（例如，按摩院执照、打猎许可证、与汽车拥有或汽车运营相关的执照税等）。如果没有这种执照，政府将不允许这些企业或者非企业单位从事这些活动。可见，执照是开展运营活动的一种必备条件，但却不能用来"购买"具体的政府服务。因此，执照税和收费并不相同，如果个人和公司不购买由政府所提供的那些商品和服务，它们就可以避免收费，同时执照税也与使用费被区分开来，因为它们与特定权利是间接相关的。2011 年执照税为州政府产生了超过 518 亿美元的收入，其中比重最大的是汽车执照税，占了执照税收入总额的 42%。州企业执照产生超过 100 亿美元的收入[1]。

执照税也不同于特许权使用费（franchise fees）。特许权使用费：（1）需要签订合同，对特许权和特许权的发放当局之间的权利与义务进行详细的规定。（2）要求为服务区域中的所有人进行服务。（3）规定费率和服务管理的质量。而执照只是允许执照持有人可以从事一种原本被禁止的活动，其中并不包括合同权或财产权[2]。一般来讲，特许权的数量非常有限，而执照却可以发放给几乎所有符合条件的人。

通常不会从定义上来对收入型执照和管理型执照进行区分。这两种执照依据的都是州治安权中的固有权力。州可以通过宪法、法规和宪章等形式，将这种权力再授予市政当局。收入和管理的动机经常是纠缠在一起的。然而，可以尝试进行如下的区分：如果一种执照不需要对企业或所销售的商品进行检查，也不需要对企业的行为进行管理，特别是对这种执照的申请不会遭到拒绝，这种执照就是纯收入型执照；如果一种执照需要进行上述的管理，或者如果这种执照的获取非常有难度（并不仅仅因为其价格昂贵），

---

① U. S. Census Bureau, Governments Division, 2011 State Government Tax Collections（www. census. gov）.

② 查尔斯·S. 赖恩进一步发展了这种思想：*Municipal Law*（Washington, D. C.：National Institute of Municipal Law Officers, 1957），655.

那么这种执照就是管理型执照。但是，二者之间的区分并不总是十分清楚的。有些州要求将执照税需要和执照的发行成本、对执照所允许的物品与活动的管理和控制成本合理地联系起来。如果要使用这种方法，经常对成本进行估测并根据成本来对收费进行调整就变得非常重要了。

尽管使用费和收费都试图通过向政府服务的受益人收取更多的费用，来减少对一般财政体制的压力，但是使用费更像是私人企业定价①。收费可以用来弥补政府向一些机构提供特定服务所需要的新增成本，或者由于个人的文档管理工作所导致的新增成本。因此，政府经常会对交通指挥、堵塞疏导、法律文档等工作收取费用。但是，收费很少会涉及对商品和服务的直接销售，但会包含对政府特别授权的付款。对由这种特别授权所导致的成本，政府需要部分或者全部通过收费来弥补②。

12.2 收费

收费一方面可以反映出公众对政府服务的偏好和需求，另一方面也可以带来生产和消费效率的提高。只有当一种活动具备了以下两个必备条件时，用收费来为其融资才能发挥作用：受益的可分性和收费的可能性。收费失去了纯公共物品的特征（参见第 1 章）；一种商品或者服务越是远离公共性、越是接近私人产品，对这种物品或者服务收取费用也就越可行——也越让人疑惑，为什么不交由私人公司来处理③。

第一，当从服务中受益的是明确的个人或者公司而不是整个社区时，对这种服务收取费用就是可行的。如果使用一般财政收入来为社区中的一小部分人提供的服务融资的话，就为这部分人从别人的支出中渔利创造了条件。使用了这种服务的人从中受益了，但是这些人为此所付出的成本，并没有那些本来就没有从中受益而且境况非常类似的公民多。收费，可以避免这种"系统性的财政补助"（systematic subsidization）。如果这种服务的具体受益人并不十分明确，或者受益人就是整个社区，那么收取费用不仅不可行，而且也是不可取的。因此，不应该对基础教育收费，但可以对成年人的自动机械学培训课程收费。在前一种情况中，试图依靠自愿供给来提供基础教育将是十分愚蠢的：如果米尔顿邻居家的孩子接受了小学教育，米尔顿也可以从中受益。因为米尔顿邻居家的孩子在接受了小学教育之后，有助于帮助米尔顿选择政府；这些孩子可以阅读交通标志，并可以较少占用社会福利；等等。在后一种情况中，机械工确实可以使社区受益，但这种收益是以收取费用为代价的：如果米尔顿的汽车需要修理，他就需要为此支付费

① 近年来，许多地区都课征了很多苛捐杂税（exactions）。其中有实物形式，也有金融形式；有作为允许不动产开发商开工的一种条件的，也有作为对公用设施使用条件的；等等。从收费所造成的影响来看，使用费也是一种形式的苛捐杂税。参见：Alan A. Altshuler and Jose A. Gomez-Ibanez with Arnold M. Howitt, *Regulation for Revenue* (Washington, D. C. /Cambridge, Mass. ：Brookings Institution/Lincoln Institute for Land Policy, 1993). 这种费用对于美国西部发展中区域来说，具有重要的财政意义。

② 如果许可证系统专用于产生收入，那么考虑收费是否是一项有效的收入来源，就是十分重要的。如果对许可证的需求富有弹性，那么增加收费就会对许可证的出售造成影响，使总收益减少。如果对许可证的需求缺乏弹性，那么增加收费就会引起总收入的增加。然而，多数许可证（打猎、钓鱼等）的收费都是较低的，而且相对来说需求是缺乏弹性的。在这种情况下，收费增加会产生附加的收益，从而可以用于改进机构提供的服务。

③ 与政府资源购买和使用的收费相关的联邦政策和管理问题，在预算管理办公室第 25 号公告（1993 年 7 月 8 日）中有所描述。

用——不存在这种免费的社区服务。然而，当政府以经济发展的名义，为企业提供高成本的服务时，政府通常会失去如企业家一般遵循"谁用谁付钱"原则的决心。

第二，费用的收取要求有一种经济可行的方法，可以使那些没有为服务付费的人不能享受这种服务的收益。如果不能将这些人从对服务的享受中排除出去，费用就将难以征收上来。此外，如果服务的使用可以得到实际的度量，如通过水表、收费站等来测量，那么将可以得到最大化的资源配置收益。这样一来，对服务使用较多的人所付出的费用，就要比对服务使用较少的人多；使用服务的人所付出的费用，就要多于那些根本就没有使用这种服务的人。然而，这里需要进行一些选择，因为并不是所有可以度量的东西都是值得度量的：对城市街道的使用可以通过设立收费站或者收费桥来测量，但是，排队等候的时间等成本将使这种选择变得不可行①。收费的管理成本包括顾客对服务使用情况的度量（通过使用咪表进行计量）、根据服务成本对收费的多少进行的计算、对应收费用的征收等费用。但是，收费不能导致过多的管理成本和服从成本。许多服务都可以通过咪表、围栏、旋转栅门、贴花机等来进行测量和控制。对有些情况还可以间接进行测量。例如，很多城市都通过对自来水使用的测量，来对居民使用排污系统的情况进行测度，因为自来水的使用量是对污水排放量进行测量的一个合理的间接指标。（工业厂家对排水管道的使用情况要更难测量一些。因为在这种情况下，不仅要考虑污水排放的数量，还要考虑污水排放的质量。）但是，如果没有收取费用的渠道，费用的课征将很难得到落实。

如果不对具体而明确的服务进行定价就会发生大量的浪费，收费就变得特别可行了。例如，如果提供自来水的资金来源于财产税收入的话，无疑就会导致这种结果。在这种体制下，节约用水并不会为具体的消费者带来直接收益。因为决定水费多少的并不是用水数量，而是纳税人拥有财产的数量。这样，人们用水的数量就会迅速膨胀。对供水设施的投资将会大得离谱，需要处理的污水数量也会多得离谱。因此，对收费的合理使用，可以极大减少对水资源的浪费，降低供水的总成本②。

收费的优点

收费除了具有可以为政府职能增加财政收入这样显而易见的实用优点之外，还具有其他四个优点。这些优点是既可以通过设计合理的收费结构来提高效率，也可以通过直接定价来促进公平。第一，收费可以对公众的服务需求进行注册和记录。假如一座城市正在考虑是否要资助举办夏季成年人垒球联赛：如果联赛所需要的费用都是通过收费方式来筹集的（不管是球队的主办方，还是单个球员所需要的费用），该市就可以得到关于

---

① 汽车上的电子标签（如在美国的东北部和中西部的 14 个州使用的 E-ZPass 系统）被用于很多收费设施，以减少频繁使用者的征收成本。德国使用一种全球定位卫星系统在其高速公路上征收卡车通行费（重量超过 12 吨的卡车，每公里收 16 美分）。账单会发送到数据中心或司机可以在路边的终端设备上自行手动支付。一家私人企业（Toll Collect GmbH）为德国政府运营这一收费系统。在奥地利以及其他一些欧洲国家则是使用微波感应器征收通行费。技术创新正使得对道路使用直接征收费用的设施成本降低。这些系统也将是美国的公路筹资所必需的，因为支撑公路运营的汽车燃油税系统已经崩溃，燃气、电力以及新能源汽车打破了燃料购买与公路使用之间的密切关系。E-ZPass 系统在 2007 年收集了近 39 亿美元的资金。Congressional Budget Office, *Using Pricing to Reduce Traffic Congestion* (Washington, D. C.：Congressional Budget Office, 2009), 15.

② 当高速公路和机场等资本性设施过于拥挤时，可以提高收费的价格。这不仅可以使这些公用设施的使用分流，也可以减少对这些公用设施进行新建的需求。

服务类型的选择、服务的数量和质量等方面的重要数据；如果不收取费用，人们可能会就项目的可取性和项目的结构等无休止地争论下去。正如哲学家金·哈伯德（Kin Hubbard）所指出的那样："没有什么东西能像一点门票费那样可以驱散人们的热情。"[1] 收费是对服务需求的一种终结性测试。此外，如果政府的一个项目可以通过征收费用来弥补其供应成本，那么由于这个项目不会增加其他政府活动的负担，这些项目就没有那么容易被删除掉了。因此，不需要这种服务的公民就不会收到这种服务，他们也就不必为此付费。可见，收费这种体制不仅为公民表明自己对某种服务的偏好提供了一种具体的方法，而且为这些服务的供应筹集了一定的资金。这基本与私人部门的工作方式类似，所以以收费的方式筹资可能会以服务私有化为终点，这距离由私营部门提供服务只有一步之遥了。

但是，当收费不能全部弥补服务所导致的所有新增成本时，这些新增资金就会成为一个新的问题。在财政紧张时期，决策者们会倾向于扩大财政收入的筹集活动，并经常会认为，任何财政收入的增加都会有助于财政困难状况的解决。但遗憾的是，这种将财政收入筹集活动扩大的结果，可能会导致整个财政预算状况的恶化。例如，一个城市可能会将其夏季网球培训项目扩大，因为每个受培训者都可以带来 25 美元的收入。但是，如果参加这个项目的每个人使娱乐部门的成本增加的数额是 30 美元，那么，由此所扩大的财政收入实际上会导致该市财政赤字的扩大[2]。

第二，收费可以极大地提高为一些服务融资的公平性。如果一种服务是符合收费条件的，通过一般税收收入来提供这种服务，无疑相当于对这些服务的受益人群体提供了财政补助，而这种财政补助是以广大纳税人的损失为代价的。但收取费用无疑可以避免这个问题。收费可以减少的两个问题是：本地区中非居民的服务受益人所导致的问题和免税机构所导致的问题。这两个问题并不明显，但却是同等重要的。许多城市服务，特别是文化娱乐方面的服务，可以被一个地区中的任何人便捷地使用。使用这个地区中的一般财政收入来为这些服务活动融资，会为该地区的非居民消费者提供"财政补助"；而收取费用就可以避免产生这种"财政补助"。这是邻近地区的公民减轻自己的政府负担的一种简单而直接的方法。收费还可以提供一种机制，可以从免税机构中获得财政支持。例如，许多城市是通过财产税来为垃圾回收活动提供资金支持的。慈善机构、宗教组织和教育机构可以从财产税中享受免税待遇，从而不会对垃圾回收活动提供任何资金支持；但它们仍然会得到政府所提供的回收垃圾的服务，其成本只能由广大纳税人来承担。但是，如果通过收取费用来为垃圾回收筹集资金，就不会出现这种成本转嫁现象了。正如这些机构必须为从私人公司中所购买的汽油付款一样，这些机构也应当为垃圾回收付费：税收豁免并没有免除这些机构从公开市场上购买商品或服务时应当付费的义务。不管对于非居民还是对于免税机构来说，收费都允许政府向税收网络之外的有关主体筹集财政收入；只要这些机构使用了政府服务，就必须为此付费。

第三，收取费用可以提高政府机构的运营效率，因为政府机构的工作人员必须针对顾客需求做出反应。在一般情况下，这些政府机构运营活动所需要的资金是通过立法机关的批准而得到的。而要获得这种批准，就需要政府机构的工作人员对公众的服务需求

---

① 引自：*Forbes*，October 21，1985，216.
② 但是，即使这些服务的收费不足以弥补提供这些服务的成本，这个项目可能仍然是值得扩大的。这将取决于该项目所带来的社会收益。社会收益将使该项目所能带来的整体收益超过直接收费的数额。本书正文的观点认为，从财政收入的角度来考虑，这个项目是不应当扩大的。

进行详细的描述，并根据政府机构工作人员所建立的绩效标准和立法机关据理力争。那些拥有最好的官僚技巧的机构——最擅长准备具有说服力的预算合法证明以及应用在前面章节提到过的预算过程中的策略的机构——最有可能获得拨款。另外，立法者的优先事项与设施使用者的优先事项不同，也与设施管理者的优先事项不同。收费融资允许设施保留很大一部分收费收入，然而它需要政府机构将工作重点转移到顾客的直接需求上去。机构必须提供顾客所需要的服务，否则就会在财政检验中落败，从而无法生存下去。政府机构无法在预算中界定顾客想要什么，它只能提供顾客所真正需要的服务。

第四，收费可以纠正私人市场中的"成本-价格"信号。假设一个加工厂对本地区中的交通管制具有非常大的需求，这种特殊需求需要该地区在这个工厂的换班期间，在十字路口加派交警。这家工厂的这种运作方式会极大增加社区的运行成本。但是，如果这家工厂必须承担由于自己的这种运营方式所增加的交通管理成本，那么在财务上就会促使这家工厂的管理层去思考，自己现在的这种运作模式（需要缴纳交通管制的费用）在成本上是否划算。针对这种状况，这家工厂的管理层可能会决定，为了避免缴纳交通管制费用，要减少在交通高峰期换班的人数，建立工厂自己的班车组，对使用大众交通工具的员工给予补贴等。可见，收取费用可以使决策单位意识到自己行为的真正社会成本，并对此做出反应。在上述的例子中，如果不收取费用，这家工厂就不会承担新增的交通管理成本；没有人会对看起来是免费的资源进行节省。同样的道理也适用于对排放环境污染物质所收取的排污费。

总之，收费可以使公众意识到，服务的提供并不是无成本的。公众可以选择自己是否需要这种服务以及购买多少这种服务。人们可以通过节省对这种服务的使用来省钱，但是享受这种服务也不应当增加别人的成本。在使用收费来融资的领域中，政府可以很好地度量公众需要什么样的服务，以及公众愿意为此支付多少成本。

收费的缺点

一般来讲，是不能用收费替代税收来为政府服务融资的，因为许多公共服务——事实上，多数政府所提供的多数服务——根本就不符合收费融资的基本条件。第一，如果一些活动的大量收益并不局限于基本的受益人，那么这些活动是不能通过收费融资的。例如，城市地区中的基本消防活动就不能通过收费来融资，因为火灾是可以蔓延的；将一个建筑物中的火灾扑灭，也对其周围的建筑物提供了保护。因此，由一个人所资助的消防活动也就自动保护了其他人的利益；由于没有为此付款的人是不能从其受益范围中被排除出去的，因此这项服务活动是不能通过收费来融资的。其中必然会产生一个外部收益的问题：服务活动的收费能力会歪曲政府机构的决策活动。例如，一个门票收入巨大的高中篮球队的运营可能游刃有余（即使这甚至不太可能弥补足够份额的项目成本），而收入不佳的女子排球队的运营就步履维艰了。因此，资源分配要有助于社区目标（社会福利目标）的实现，简单的现金流不应当成为在这种情况下的决定因素。

第二，有些服务的提供就是为了对低收入者或者其他弱势群体提供财政补助；如果对这些服务活动收费，就违背了提供这些服务活动的初衷①。受益人是不应当为具有社

---

① 当然，除了提供政府服务之外，还有其他更有效的对社会收入进行再分配的方法。但是一旦选择了提供政府服务这种方法，就不应当受到收费的阻碍。

会福利性质的服务付费的。然而，有些人却认为，收费一般都是不公平的。因为收费经常会使这种服务的负担产生累退性，也就是说，这种服务活动所造成的负担在低收入消费者中的比重要超过高收入消费者①。由于以下几个原因，这种对收费的批评是难以令人信服的。首先，在收费体制中，没有使用这种服务的低收入家庭的情况更好——没有需要支付的费用，也不需要支付用于补贴其他人所使用服务的税收。其次，尽管这种服务可能是被弱势群体所广泛使用的，但用税收融资所导致的负担分配中的累退性可能要比收费还大。地方政府的财政收入体制通常具有较强的累退性，因此转而收取费用未必就会减少这种累退性。最后，收取费用还可以对人们的"支付能力"进行测试，因为收到这些服务的人都是具体而明确的②。假如一个城市对游泳池收取门票：享受游泳池收益的主要是个人（游泳者及其家庭），门票的收取可以通过围栏和旋转栅门来进行（不管采取的是哪种融资方式，出于公共健康和安全的考虑，都应当对游泳池中的人数进行限制）；如果游泳池被人们看作"免费"寄放孩子的地方，那么游泳池就会人满为患了。反对针对游泳池收费的人则认为，免费的游泳池是低收入家庭的一个重要休闲选择；对游泳池收费，会极大地损害其再分配功能。但是，如果对弱势群体发放免费的季节性游泳证，或者对位于低收入地区中的游泳池实行免费制度而对其他地区中的游泳池实行收费制度，那么收费制度也就可以公平而有效地运行了。一般来讲，对弱势群体的保护，不应当成为对富裕阶层提供财政补助的借口。

第三，有些收费活动尽管在技术上是可行的，但征收成本却十分昂贵。所收取的财政收入中的相当一部分都在筹集收入的过程中损耗掉了，这并不是对政府机构所拥有资源的一种有效使用。收取费用的高成本表明，这项活动的公共性程度使收费本身的恰当性成了一个问题。

第四，如果将由税收融资的服务转向由收费融资，就会产生严重的政治问题。收费将面临公众的极力反对，因为他们认为，一个人如果缴纳了税收，就具有了享受公共服务的能力，而不应当再缴纳别的费用了。尽管这种说法就像是在说，因为你已经在这家商店购买了面包，那么这家商店就应当免费提供给你制作三明治所需的肉一样没有道理，但是，这确实是伴随着向收费融资体制转变过程所产生的一个问题。除了公众的反对之外，收费融资还经常会遭到官僚们的反对。根据作为这种服务供应者的官僚们的理解，从税收融资转向收费融资就意味着，对于顾客来说，服务的价格从零（尽管在税收融资体制中，公共服务的提供也需要成本，但是这些成本是由财政体制中的其他部分所承担的，人们的纳税状况不会因为其对公共服务使用状况的不同而不同）增加到了一个正值（公共服务的价格）。这种变化将会减少一些公众对公共服务的使用，但是这种变化是公共官员们所不愿意看到的。可见，作为公共服务供应者的官僚和使用公共服务的顾客会联合在一起对费用的收取进行反对，只是反对的重点有所不同罢了。但事实上，当收取费用或收费提高时，对公共服务的使用会随之减少，并不是收费本身所固有的缺陷，只是人们在市场经济中向下倾斜的需求曲线所自然导致的结果——也就是说，在一定的节点上，在价格比较低的时候，人们所愿意购买的商品数量要比价格比较高的时候多。

第五，收费筹资方式中的终极事实是，那些不付款的人不应该被提供服务，但这通

① Willard Price, "The Case Against the Imposition of a Sewer Use Tax," *Governmental Finance* 4 (May 1975)：38-44.

② 塞尔马·J·马斯金和查尔斯·L·维霍恩创造了"支付能力"（payability）一词。参见："User Fees and Charges," *Governmental Finance* 6 (November 1977)：46.

常并不普遍流行。如果用水账单未缴付，那么为了使收费体制更有效率就应停止供应服务，即使该服务是必须的。收费的目的是募集资金以及对服务的使用进行管制，为了达到计划的效果，应该不允许账户拖欠。如果政府官员没有对非付款者停止服务的想法，他们也不会想到以收费筹资。遗憾的是，强制执行可能是痛苦的，并且会不可避免地在媒体中或者政客中产生一些故事，即关于强制执行对低收入家庭和老年人所带来的危机。政府要采用激进的收费筹资项目，就不得不理解对于到期未付款的顾客强制收费的确会有负面的公众影响，在其正式采用这一政策之前，一定要接受这些①。除此之外，这需要一些安全网或生存底线项目，以便在拖欠发生之前，考虑到极端最困难的案例，但这必须要在公开和透明的氛围中完成。然而，如果拖欠款项并没有成功追回，那么提供这些服务的成本就会由其他人承担——包括那些并未采取账单欺诈的低收入群体和老年顾客。这一点也不公平。

收费的指导原则

政府对收费的使用程度之所以会出现不同，一定程度上是因为政府所提供的服务并不相同（例如，国防、社会福利和对高速公路的巡逻，就是很难定价的），也一定程度上取决于对公共物品定价的政治态度。除了这些限制条件外，还有其他一些关于收费的准备与管理中的指导原则。任何具有上述特征（个人受益、很容易将没有付款的人从服务的受益范围中排除出去、缺乏再分配作用等）的服务都可以成为转向收费融资的合理选择。表12-3简要列出了一些选择。塞尔马·马斯金（Selma Mushkin）和理查德·伯德（Richard Bird）认为，收费应当包括：（1）家庭生活的配套服务（如自来水、垃圾收取、排污系统等）；（2）产业发展所需要的配套设施（如机场、停车场、特定的警察和消防服务等）；（3）"生活福利设施"（如特定的娱乐设施、文化设施等）；（4）提供给免税机构的服务；等等②。该表及其分类状况为收费提供了有力的指导。只要服务是针对可确认辨别的家庭或企业，而且服务本身没有可识别的外部效应，这一服务就是属于这一候选列表的。

表 12-3　　　　　　　部分适用于公共定价的政府服务

特别治安服务	体育场和礼堂维护秩序的服务、报警服务
停车场服务	车库、停车计时器
固体垃圾处理	固体垃圾的收集和处理
娱乐服务	高尔夫球场、网球场、游泳池和公园的门票费，土地特许权，营救保险
保健与医院	救护车收费、疫苗接种、医疗费用、健康保险费

① 针对拖欠水费的使用者，亚特兰大实行的激进型项目导致当地1/4的城市水使用者面临停水的危机。该城市在新项目之前，采用的是松散的强制执行方式。Ariel Hart, "Atlanta Shutting Off Water as It Tries to Collect $35 Million Overdue," *New York Times* (November 3, 2004). 纽约也面临着水费账单的严峻问题，税费账户中有4.3亿美元已拖欠了一年以上。Anthony DePalma, "New York Urged to Get Tough with Its Water Deadbeats," *New York Times*, October 7, 2007. 这对于建立使用者收费系统来说是不利的，之后就会失去对于强制执行该系统的意愿。

② Selma J. Mushkin and Richard M. Bird, "Public Prices: An Overview," in *Public Prices for Public Products*, ed. S. J. Mushkin (Washington, D. C.: Urban Institute, 1972), 8-9.

续前表

运输服务	运输费、过桥费和过路费、机场起降费（包括飞机离港费和机库租赁费）、船闸通行费、交通堵塞费
教育	特定的书籍、设备和制服的租赁费，学院或者技术院校的学费，设备租赁，个体工商户的特殊培训
资源的管理和开发	勘测费、资源扩展服务的调查费、树苗培育费、牲畜放牧费、矿产特许权使用费
排污系统	污水处理
公用设施	自来水、电、天然气和运输
其他	使用机构名称的许可、由个人家庭或企业提供的多种特别服务杂费

资料来源：Selma J. Mushkin and Richard M. Bird，"Public Prices：An Overview," in *Public Prices for Public Products*，ed. S. J. Mushkin（Washington，D. C.：Urban Institute，1972），8-9.

作为对财产税的限制、控制和冻结所做出的一种反应，有些政府根据受到保护的财产价值征收了一般治安费和消防费，但这些并不是真正的收费，因为它们是非自愿的；它们只是针对税收限制措施的一种规避机制。根据财产的实物特征以及由这些实物特征所引发的公共服务需求，来对公共服务的成本进行分配，在理论上似乎很具有吸引力，但实际上并不是一种真正的收费，因为其不可能是自愿性的。由于城市地区的火灾如果得不到控制就会向四周蔓延，因此希望人们自愿购买消防设施是不可行的。在火灾中，保护一座建筑物实际上也是保护了其邻居。因为如果不对这座建筑进行保护，火灾也可能殃及其邻居。因此，这种融资机制必须通过税收（非自愿的）来进行，但这种税收所依据的理论基础并不是经济单位承担税负的能力。市政服务的融资成本可以根据各个单位的经济特征在各个经济单位之间进行分配，因为这些经济单位的实物特征决定了其所需要服务的成本。因此，消防费可以产生理想的效果：消防费使建筑所有人为老建筑安装消防设施（例如，预防火灾所使用的烟雾报警器、喷水器和防火墙等）可以得到额外的财务回报，并促使建筑所有人将已经严重老化的建筑物摧毁。当然，消防费和企业的赢利能力没有什么直接关系：由于有些困难企业的厂房破烂不堪，极易发生火灾，因此，这些企业将会面临高昂的消防费。然而，尽管消防费并不是一种收费，但一种刚性的消防费却可以极大地促进建筑物的现代化过程；从长期来看，还有利于降低消防的总成本。

当一个政府决定用收费来为一种服务融资之后，还需要确定这种收费的恰当水平。这种确定过程并不简单。弗雷德里克·斯托克（Frederick Stocker）在他的报告中指出："有证据表明，市政府通常所使用的定价政策往往过于简单化，这可能是因为考虑到了确定价格弹性、边际成本、收益分配等应当进入最优定价经济模型中的其他因素的难度。"[1]　然而，市政府也可以根据一些关于服务成本的相对比较简单的理论来制订一些指导原则[2]。具体

---

①　Frederick D. Stocker, "Diversification of the Local Revenue System：Income and Sales Taxes, User Charges, Federal Grants," *National Tax Journal* 29（September 1976）：320.

②　保罗·唐宁认为，一种设计合理的收费应当具有三个构成部分：一部分反映的是短期生产成本，并且这部分生产成本会随着消费量而进行变化；一部分反映的是工厂成本和设备成本（这部分成本可以根据每一部分的设计能力来进行分配）；还有一部分反映的是将公共服务提供到特定消费地点的成本。第一部分服务成本会随着一天中的不同时间进行变化，这要取决于当时该系统是否处于使用的高峰期。如果是这样的话，收费的水平就会上升。这些原则对于公用设施的运营来说尤为重要。参见：Downing's "User Charges and Special Districts," in *Management Policies in Local Government Finance*，ed. J. Richard Aronson and Eli Schwartz（Washington，D. C.：International City Management Association，1981），191-192.

来讲，政府应当将其服务成本分成两类：（1）由于服务的提供所导致的成本变化（新增成本）；（2）不随着服务的提供进行变化的成本。不管服务的决策如何，后者所包含的成本内容都会继续存在，因此在收费的分析中可以将这部分成本予以忽略。公共服务的定价要以市场条件为基础，也就是说，要以政府所销售服务的市场需求为基础；此外，公共服务定价还要参考公共服务的竞争性厂家的定价情况。由于公共服务的未来消费者并不会根据市政当局生产这种服务的成本来购买服务，因此市政当局也就不能根据自己的生产成本来对公共服务定价①。然而，了解了公共服务中的成本因素，可以使市政当局了解，在扣除了服务收费所带来的收入之外，这种服务还可以为政府的其他部门做出多少贡献，或者反过来，还需要政府财政的其他部分提供多少财政支持。如果政府服务的价格可以将这项服务的新增成本弥补掉，这就意味着，这种用收费提供的公共服务并没有为政府的其他功能增加任何负担②。公共服务的价格水平有可能会高于公共服务的成本水平，这要取决于市场对公共服务的需求状况和政府使用这种服务收费的余额来支持政府的其他活动的意愿。

　　政府如何才能为自己所要销售的公共服务制定一个合理的价格呢？政府对于定价活动并不熟悉，这使政府也感到不舒服；市场信息的缺乏和政治因素的复杂性，都会使定价工作变得更加复杂。政府可能会发现，私人企业有时也会销售和自己类似的服务，政府可以使用这些市场信息来作为自己定价的一种指导。但是有时市场上并没有类似的服务在销售，这时政府可以根据这项服务的新增成本，再加上一个加价幅度来确定这种服务的价格水平。不管在哪一种情况下，政府最初所制定的价格都要根据以下的情况来进行调整：顾客对政府服务的反应状况，因为这可以提供关于顾客真正偏好的更多信息；随着政府所提供服务数量的变化，政府机构对服务成本的变化状况也会有更好的了解。此外，当政府将一种服务从税收融资转向收费融资时，政府无疑要关注各方面的政治反应。然而，这种定价决策也不会是一成不变的：政府没有理由不去对服务的不同价格水平进行试验，以确定这些价格对顾客购买服务数量和对政府净收入的影响。保持公共服务稳定的价格水平，尽管在政治上可能会变得更加便利，但在经济上没有什么特别的好处。

　　关于收费的最后一个问题，就是收费的运用方法。在一篇分析公用设施定价的文章中，艾尔弗雷德·卡恩这样写道："价格唯一的经济功能就是对行为产生影响……但是，只有当费用总额确实取决于购买量时，价格才会真的对购买者产生影响。正是由于这个原因，经济学家们都热衷于进行计量。"③ 相类似的原则也适用于收费的情况。只要行

①　关于政府定价的一个很好的分析在第8章出现过，可以参见：David L. Rados, *Marketing for Non-Profit Organizations* (Boston：Auburn House, 1981). 彼得·F. 德鲁克将"依据成本定价"斥为"企业的五大罪孽"之一（*Wall Street Journal*, October 21, 1993, A-22）。成本可以告诉企业赚钱与否，而顾客则告诉企业，他们认为的产品值多少钱，以及他们愿意支付的价格是多少。

②　詹姆斯·约翰逊指出，在目前对市政排污服务的收费中有六个构成部分：自来水的使用量（这是排污量的一个间接指标）、一致的费率、顾客所使用的管道设施数量、水表的大小和下水道的连接状况、财产的特征（如估税价值、面积的平方英尺数、建筑物正面的英尺数）、排污强度等。自来水的使用量是排污管道收费中最重要的因素。参见：James A. Johnson, "The Distribution of the Burden of Sewer User Charges under Various Charge Formulas," *National Tax Journal* 22 (December 1969)：472-485.

③　Alfred E. Kahn, "Can an Economist Find Happiness Setting Public Utility Rates?" *Public Utilities Fortnightly* (January 5, 1978)：15. 在20世纪90年代，原苏联地区一些国家正转向市场经济，它们所面临的问题之一是在以使用者为前提的情况下，电、煤气、水的测量表的缺失。原制度下的"公共收费"（communal charges），是不经过任何测量的简单支付方式。要使整个体系变得合理，就需要购买和安装大量的测量表。

为的变化不会对应付费用产生影响，购买者的行为也就不会发生变化。如果不管每月用于收取垃圾的垃圾桶到底是 2 个还是 15 个，顾客为收取垃圾这项服务所缴纳的费用都是每年 25 美元的话，那么顾客就不会希望改变用于收取垃圾的垃圾桶的数量。然而，对使用状况十分敏感的收费则会导致一些顾客行为的变化；每袋支付——即扔即付——比每月支付更有效率。因此，为了获得利用收费融资的全部收益，应当对服务进行测量，并使服务对其使用状况保持敏感。如果只是将预计成本的总额根据被服务机构的数量进行简单的分配，并向每一个机构分别收取费用，将不会产生公共价格的理想效果。

12.3　公共垄断收入：公共事业、酒类商店和博彩业

政府有权拥有并经营私人企业、出售私人商品，而且形式多样，尽管这是与全球私有化的大潮流背道而驰的。在美国，为政府所有只是个别现象，并不是普遍的规则。在美国，每当人们发现市场竞争的压力不能处理好公共利益时，通常的做法只是对私人公司进行管制，而不是由政府来拥有并经营这些企业。

政府性公共事业

有些服务通常是由市政机构提供的，特别是自来水供应、电力、市内运输和天然气供应等[1]。人口在 5 000 以上的大多数城市的自来水都是由市政机构来供应的。然而，市政电力系统通常只是将由其他机构所生产的电力分送出去，它们多数只是在较小的社区中运营。天然气的供应主要是通过私人公司进行的。对于市内交通来说，由于私人交通系统的失败，公共系统曾经一度死而复生；但是同私人系统一样，公共系统也难以做到赢利。表 12 - 1 是关于 2007—2008 财政年度州和地方政府筹集公用设施收入的一些基本情况。在传统的统计报告中，公用设施的收入只是毛收入，其中并没有减去公用设施生产并销售这种服务的支出。事实上，公用设施机构的支出经常会超过这些公用设施所能筹集来的收入。在这种情况下，政府必须得向公用设施的运营提供财政补助，或者对其运营中的赤字进行弥补。

为什么市政当局会选择由自己来经营公用设施，而不是让私人公司来运营呢？政府这样做肯定可以更好地分配自己的时间，使自己的时间并不局限于处理公用设施中的一般问题，将更多的时间用于处理公众更关心的问题。当然，其中的动机通常是多重的，但这不足为奇。在有些情况下，政府机构认为，可以使用公用设施机构运营得来的利润为政府的一般性活动提供资助。实际上，在几十年之前，有些城市之所以可以吹嘘自己是无税城市，依据的就是当时从电力系统中得来的利润。但是，这样的年代已经过去了。现在，人们最希望的只是公用设施机构能够为城市提供一些帮助，而不再是一个提供财源的宝库[2]。

---

[1]　作为使用公用设施来融资的一个候选对象，当固体垃圾处理没有通过私人公司来进行时，这项服务通常是由一般性政府或者特区来管理的。

[2]　如果很难从公共服务中取得收入或者这样做存在法律障碍，有些城市会通过市政府向由公用设施所提供的服务收取费用（为市长、市议会或者市政建筑用地所收取的费用等），来将公用设施的运营成本转移出去，或者让这些公用设施来为市政府的运营提供免费服务。

在其他的情况下，政府官员更感兴趣的可能是，尽量将服务的价格水平降低，甚至以低于其成本的价格来提供公共服务。这项政策的实行需要主办方政府向公用设施的运营提供一些财政补助。这种做法在政治上很具有吸引力，因为低成本的服务可以作为一种重要的连任竞选战略，而且这种做法也会得到促进经济发展愿望的支持。但是，政府的决策者们必须要保证，提供给其他重要政府服务的资金，不会因为给这些公共设施提供了财政补助而遭到克扣。否则，这种做法就会助长城市的财政腐败。然而经验告诉我们，与私人所有者相比，政府运作在定价方面可能不会那么贪婪，但在提供服务方面可能也不会更有效率。

酒类商店

在美国，有 17 个州还保持着另外一种与众不同的垄断形式：对酒类商店的垄断经营。在这些州中，部分或者全部酒精饮料的销售都是在州属商店中进行的①。州政府将酒精饮料的价格确定为，在其成本的基础上再加上一个幅度。这样所取得的收入不仅可以弥补酒类商店的运营成本，还可以向州政府的其他运营活动提供一些利润收入。有时，州政府还会将消费税加入价格之中。根据统计，表 12 - 1 所列出的酒类商店收入中并没有减去其成本。但是，与公用设施的案例相比，酒类商店还是可以为政府带来利润的。在新罕布什尔州，既没有一般销售税，也没有个人所得税，因此该州酒类商店的利润收入对于州财政收入的贡献是微乎其微的（例如，在 2010 年，新罕布什尔州酒类商店收入超过支出的净额为 8 280 万美元，而同期该州的本级财政总收入为 62.219 亿美元）②。

政府博彩业：彩票与场外博彩

在 2009 年，美国合法博彩活动的营业总额超过了 890 亿美元③。即使在超过 14 万亿美元的美国经济中，这也只占很小的一部分，它仍然为政府提供了富有吸引力的筹集财政收入的机会，但是也使人们产生了对赌博有可能带来的社会问题和道德问题的担心。这种矛盾状况也体现在政府对博彩业的反应中。《经济学人》上的一篇文章的标题就一针见血、十分醒目——"我们的所作所为就是如此邪恶"：政府要限制博彩业的发展，对博彩业要课以高税；但是，为了自己的利益，政府也促进了一些博彩形式的发展。各个支持博彩业发展的理论几乎都是相同的：从根本上来说，赌博是一件不好的事情。因此，我们应当对博彩业制定严厉的规则，限制甚至禁止博彩业的发展；即使在其允许开展的地方，也应当对它课以高税，以抑止它的发展；即使如此，博彩业所带来的收入也是十分庞大的，因此州政府自己也应当开展一些博彩活动④。

有些州允许对一些赛事（如赛马、快艇比赛、回力球，在内华达州还包括其他一些

① 在加拿大，除了艾伯塔省，其他所有的省都进行酒业垄断。这种垄断方式也在一些北欧国家中盛行。

② U. S. Census Bureau, Governments Division, State and Local Government Finances by Level of Government and by State: 2005-2006 (www. census. gov).

③ U. S. Census Bureau, *Statistical Abstract of the United States*, 2012 (Washington, D. C.: U. S. Government Printing Office, 2011), 774.

④ "That's So Wicked We'll Do It Ourselves," *Economist*, (April 11, 1992): 24.

体育赛事）、卡西诺赌桌（可能是在地面上，也可能是在内河船上）、宾各、玩牌室和彩票实行同注分彩的赌博形式①。此外，印第安人保留地可以在部落土地上根据联邦法律进行博彩活动。州由博彩得来的财政收入通常来源于对博彩活动课征的税收，如经常性的所得税、财产税、销售税，以及如前面章节所提到的，选择性消费税，或直接对博彩的经营者或者申请经营博彩的人所收取的执照费。博彩业的课税对象可以是参与博彩的人（例如，对登上内河赌船的每个人所课征的税收）、博彩场地中的博彩总额、赌博场中赌桌的数量或者其他赌博装置的数量。卡西诺赌桌对其他赌博方式提出了强有力的挑战，被认为是在一些州中导致赛马和快艇比赛等赌博形式归于消亡的重要因素，同时也使一些州的彩票收入减缓了增长速度，甚至还使一些彩票收入出现了负增长。由于卡西诺赌桌是由私人管理的，并受到了赌博市场中竞争因素的影响，也受到了全国经济和州经济周期的影响，因而州政府从中所获得的财政收入并不稳定，而且征收费用也比较高。此外，除了在旅游胜地之外，在其他地方，卡西诺赌桌也有逐渐减少的迹象②。

　　美国政府在实际中很少会经营博彩设施，而是史倾向于让私人企业来对博彩活动进行专业化经营，政府的活动只局限于对博彩活动进行管理和课征税收③。但是，有两种例外情况。在一些地方，场外博彩（off-track betting）可能是由州政府（纽约市是由地方政府）来经营的，由州政府所经营的彩票目前已经成为美国州政府财政体制中一个标准的构成部分。由政府所经营的场外博彩很少会出现暴利，也没有从美国东北部地区扩展开来。彩票值得引起人们更多的关注，因为彩票是由州政府经营的（虽然有时候是根据与私人管理公司的合同运营的），并且已经扩展到了全国；州政府用彩票所筹集的净收入也要超过其他博彩活动，虽然在有些州卡西诺赌桌所带来的消费收入更高④。但是，州政府所经营的彩票，是在 20 世纪 80 年代开始传播并成为州财政收入中的一个标准的构成部分的，这可能也为人们在 20 世纪 90 年代接受卡西诺赌桌和同注分彩等博彩形式铺平了道路。确实，在某些州，当时的国会修正案允许彩票事业发展，也为卡西诺赌桌创造了条件。

---

　　①　同注分彩赌博（the pari-mutuel system），是在本次赌博结束之后，由参与赌博的人在赌注总额去除一定份额之后，将余额按照投注的比例分发给支持获胜方的人的一种赌博方法。一些彩票采取的也是同注分彩赌博的形式。

　　②　Ranjana G. Madhusudhan, "Betting on Casino Revenues: Lessons from State Experiences," *National Tax Journal* 49 (September 1996): 401-412. 赌场也可能会减少州销售税收入。参见：Jim Landers, "The Effect of Casino Gambling on Sales Tax Revenues in States Legalizing Casinos in the 1990s," *State Tax Notes* 38 (December 26, 2005): 1073-1083.

　　③　作为美国一种特殊类型的政府，美国土著部落所经营的卡西诺赌桌显然是个例外。然而，美国土著部落中的很多成员已经形成了一种对卡西诺赌桌进行更加深入管理的专项技能。美国最高法院切实消除了所有对美国土著人保留地上进行博彩的限制，从而将通常仅限于宾各厅中的一种单独进行的小活动转变成了一个不断增长的大产业具体可参见：*California v. Cabazon Band of Mission Indians* 480 U.S. 202 (1987). 国会在 1988 年《印第安人博彩业管理法案》中，具体批准了在印第安人保留地上的卡西诺博彩活动，为这种博彩活动建立了制度框架，并建立了全国印第安人博彩委员会来对这个产业进行监管。土著美国人的卡西诺博彩活动，就是在这种体制下大规模扩张的。世界上最大的卡西诺是美国土著人卡西诺。美国一半以上的州都至少有一家美国土著人卡西诺。

　　④　在大衰退时期，一些州考虑将彩票卖给私人公司，从而得到一大笔资金来帮助州财政，该做法类似于一些政府将公共设施卖给私人企业。但是，司法部以备忘录形式发布了一份意见，表示对国家提供彩票的联邦豁免不适用于私人企业，从而基本上将通过一笔销售很快获取资金的可能性扼杀（http://www.justice.gov/olc/2008/state-conducted-lotteries101608.pdf）。只要最终权威在于州，州政府就只能与私人企业签订合同来经营彩票。这是近期彩票经营私有化所采取的形式。

自从彩票在 1894 年于美国路易斯安那州消亡之后，1964 年新罕布什尔州就成为重新开始发行彩票的第一个州。此后，纽约州在 1967 年也发行了自己的彩票，但是，这两个州的彩票收入都并不令人满意。彩票在经过了更好的商业化运作和更加关注顾客偏好的改革之后，在 1970 年的新泽西州迎来了更大的成功。这时的彩票不仅产生了可观的财政收入，也激起了公众的极大热情。这种成功方法的特征包括："（a）售价低；（b）中奖机会多；（c）发售点多；（d）依据购买彩票的人的姓名和住址来编排彩票顺序；（e）投注比率更加合理；（f）促销积极。"[①] 到 2001 年，美国经营彩票的有 37 个州和哥伦比亚特区[②]。表 12－4 为美国各州在 2010 年的彩票收入情况。尽管这些彩票收入数额与税收收入比起来可能是微不足道的，但要超过一些收费收入。

表 12－4   2010 财政年度州彩票收入情况

州	开始发行彩票的年度	彩票销售收入（千美元）	州彩票净收入（千美元）	彩票净收入占本级一般财政收入的比重（%）	彩票净收入占彩票销售收入的比重（%）	彩票管理成本占彩票销售收入的比重（%）	彩票管理成本占彩票净收入的比重（%）
亚利桑那州	1981	514 496	141 775	1.03	27.56	7.70	27.94
阿肯色州	2009	362 116	81 239	0.79	22.43	9.16	40.81
加利福尼亚州	1985	2 826 824	1 044 931	0.81	36.96	6.03	16.32
科罗拉多州	1983	463 050	107 909	0.80	23.30	8.94	38.38
康涅狄格州	1972	940 962	294 549	1.88	31.30	4.00	12.78
特拉华州	1975	453 897	331 334	6.37	73.00	11.02	15.10
佛罗里达州	1988	3 727 982	1 252 509	2.73	33.60	3.47	10.32
佐治亚州	1993	3 153 145	885 508	4.37	28.08	4.39	15.64
爱达荷州	1989	135 796	38 466	0.95	28.33	6.67	23.54
伊利诺伊州	1974	2 191 421	647 385	1.78	29.54	10.53	35.65
印第安纳州	1989	689 262	183 465	0.95	26.62	7.18	26.98
艾奥瓦州	1985	240 145	69 663	0.67	29.01	8.34	28.75
堪萨斯州	1987	221 743	68 526	0.71	30.90	9.29	30.07
肯塔基州	1989	676 090	216 515	1.58	32.02	5.57	17.39
路易斯安那州	1991	351 756	131 340	0.93	37.34	8.72	23.35
缅因州	1974	202 998	53 028	1.05	26.12	7.46	28.58
马里兰州	1973	1 593 442	502 627	2.43	31.54	3.56	11.27
马萨诸塞州	1972	4 155 916	894 785	3.10	21.53	2.08	9.64
密歇根州	1972	2 156 779	670 410	2.02	31.08	3.59	11.55
明尼苏达州	1990	436 706	90 290	0.42	20.68	5.68	27.48
密苏里州	1986	912 015	249 997	1.75	27.41	3.72	13.58
蒙大拿州	1987	44 535	10 758	0.31	24.16	17.60	72.84

---

① Frederick D. Stocker, "State Sponsored Gambling as a Source of Public Revenue," *National Tax Journal* 25 (September 1972): 437.

② 这里并没有包括阿拉斯加州。在该州中，现在有经过州特别批准的由私人在全州范围中经营的慈善性彩票。

续前表

州	开始发行彩票的年度	彩票销售收入（千美元）	州彩票净收入（千美元）	彩票净收入占本级一般财政收入的比重（%）	彩票净收入占彩票销售收入的比重（%）	彩票管理成本占彩票销售收入的比重（%）	彩票管理成本占彩票净收入的比重（%）
内布拉斯加州	1993	122 470	31 631	0.58	25.83	12.91	49.97
新罕布什尔州	1964	221 347	66 396	1.72	30.00	7.25	24.16
新泽西州	1970	2 460 213	924 160	2.59	37.56	2.70	7.18
新墨西哥州	1996	136 942	43 649	0.56	31.87	8.68	27.23
纽约州	1967	6 942 886	2 676 574	3.18	38.55	4.54	11.77
北卡罗来纳州	2006	1 321 579	426 606	1.50	32.28	4.39	13.59
北达科他州	2004	23 247	6 321	0.17	27.19	18.42	67.74
俄亥俄州	1974	2 336 760	733 307	2.09	31.38	3.84	12.24
俄克拉何马州	2005	212 898	94 108	0.82	44.20	6.43	14.56
俄勒冈州	1985	829 765	541 830	4.48	65.30	8.72	13.35
宾夕法尼亚州	1972	2 759 355	815 928	1.92	29.57	2.77	9.36
罗得岛州	1974	494 898	341 235	8.28	68.95	1.90	2.75
南卡罗来纳州	2002	915 995	248 968	1.83	27.18	4.22	15.54
南达科他州	1987	150 741	118 048	5.41	78.31	4.76	6.08
田纳西州	2004	1 063 685	325 907	2.30	30.64	4.68	15.29
得克萨斯州	1992	3 542 210	1 057 048	1.81	29.84	5.22	17.50
佛蒙特州	1978	91 782	20 550	0.60	22.39	11.02	49.21
弗吉尼亚州	1988	1 354 728	430 366	1.58	31.77	5.29	16.65
华盛顿州	1982	460 016	126 075	0.56	27.41	9.15	33.40
西弗吉尼亚州	1986	722 442	581 646	8.15	80.51	4.54	5.64
威斯康星州	1988	480 939	175 411	0.86	36.47	6.76	18.54
美国全国合计		53 095 974	17 752 773				
美国平均值				2.06	34.88	6.81	22.55

资料来源：Government Division，U. S. Bureau of Census，2010 *Survey of State Government Finances*（www.census. gov）.

彩票一般有五种类型：

(1) **被动型**（passive）。顾客在购买这种彩票时，所得到的是事先经过编号的彩票，每经过一定时间，从中抽取产生中奖人。各州曾经使用过这种形式，但它目前在很大程度上已经被其他形式取代了。

(2) **即买即开型**（instant or scratch off）。彩民在购买了彩票之后，刮去表面的一层涂料，就可以验证自己是否中奖了。有些州还提供这种博彩过程的录像资料，使这种博彩形式很像卡西诺吃角子老虎机（casino slot machines）。

(3) **数字自选型**（numbers）。彩民每天选择一个三位数或者四位数，并通过计算机终端来验证自己是否中奖了。

(4) **抽数码赌戏**（lotto）。这是一种同注分彩的博彩方式。其中，彩民会从一个很大的领域中选择一组数字（例如，从 44 个数字中选择 6 个）。如果在一周的抽彩过程中，没有彩民能够选中那组中奖的正确数字，那么这笔奖金将被转往下一周。这样，最高奖的金额就会迅速累积，形成数百万美元的大奖。举办抽数码赌戏的，可以是一个州，也可以是多个州［和美国权力球游戏（power-ball games）的运营方式一样］。这种博彩方式所筹集的收入要多于其他方式。

（5）**基诺**（keno）。这是一种卡西诺赌桌式的博彩方式。其中，彩民可以进行多种形式的赌博，赌注比率可长可短，奖金数额可大可小；也需要彩民从一个比较大的数域中进行选择。这种赌博活动是连续进行的，一天之中就可以抽奖多次。这种博彩活动经常在酒吧中进行，这些酒吧是和全州的系统联系在一起的。

对于政府财政来说，彩票似乎是一种可以不用费力、自愿性而且可以为人们带来快乐的筹资方式。但是，这种筹资方式是否也有一些局限性呢？根据表 12-4 我们可以得到一些答案。第一，尽管彩票收入在几个州中比较多，但是在本州总财政收入中的比重还是很小的。在为数不多的几个州中，彩票收入在州本级一般财政收入中的比重超过了 5%，但是全国的平均值只有 2.06%。无论这种收益的产生方式在政治上有多容易进行，这些收入还是不足以弥补一些比较重要的税收优惠政策所导致的财政收入损失，更不足以用来支持州政府重要职能的发展。如果州政府财政出现了失衡，彩票收入是很难有比较大的作为的。第二，彩票收入的筹集费用是比较高昂的。安全和广告营销对于彩票的成功运作是至关重要的，而这两项成本都不是小数目，而且广告很少揭露真正的中奖机会。如果使用评估税收的方法来评价彩票，彩票的管理成本在州彩票净收入中的平均比重为 22.55%，其中还没有包括彩票销售收入中 5%～6% 直接支付给彩票零售商的佣金。可见，尽管还没有包括彩票的遵从成本，但是由广告、安全和佣金所导致的彩票成本要远远高于课税成本。第三，彩票收入在年度之间的变化很大，很难成为一种稳定的财政收入形式。彩票销售和人们的收入之间有极高的弹性。有项研究表明，州人均收入每增长 1%，彩票销售收入就会增长 3.9%。这种弹性其实还是经过州失业率削弱之后的。经济中低就业率的预期会使彩票中奖变得对一些家庭更富有吸引力，尽管这种影响很小，但却是实实在在的[1]。第四，有证据表明，低收入家庭用于购买彩票的支出，在其收入中的比重要高于高收入的家庭，这就导致了彩票负担呈累退性分配。尽管这种负担是人们自愿承担的，但是这也增加了用税收政策或者财政支出体制对收入分配不均进行调节的难度[2]。

最后，查尔斯·克洛特费尔特和菲利普·库克提出了一个关于州彩票的基本问题，这个问题要比州彩票的财政影响更为重要："对彩票的经营使州可以利用广告。而人们通常会怀疑广告的真正价值，因为广告所提供的并不是信息，而是试图给人们造成欺骗性的印象。"[3] 不管这种活动可能带来多少收入，州政府应当从事这样的活动吗？

彩票的支持者们提出，彩票的收益经常会被用来支持重要而有价值的政府项目的发展，特别是用于教育。然而，这种彩票的收入不是不可替代的。也就是说，用于这些项目发展的彩票收入可以由其他预算资源来替代，因为这些预算资源无论如何都是要用于支持这些项目的发展的。对伊利诺伊州用彩票收入支持教育发展的一项研究一针见血地指出："……用于支持教育发展的彩票收入并不能真正做到这一点。而且，也没有理由

---

① John L. Mikesell, "State Lottery Sales and Economic Activity," *National Tax Journal* 47 (March 1994)：170.

② 有些人建议，可以将彩票收入归入非法赌博收入。但遗憾的是，彩票通常所带来的影响要更差，它没有赌博的一贯信用，彩票向税务当局申报的也只是大额的中奖数额。因此，州彩票系统的竞争很难变得更加有效。

③ Charles T. Clotfelter and Philip J. Cook, *Selling Hope* (Cambridge, Mass.：Harvard University Press, 1989)，249.

相信，其他被指定为彩票资金受益者的项目，更有可能得到彩票资金的真正支持。"①
可见，政府运营中资金混合使用的因素和将彩票收入用于一些有用项目的发展，一般也
不能改变人们支持或者反对将彩票作为政府财政一个基本构成部分的观点。

结　语

　　公共价格可能是税收融资的一个富有吸引力的替代性选择。为公共服务制定价格，
可以避免公民对税收的反对，提高融资中的公平性和服务供应中的效率。在不同的政府
层次，目前市政府是应用收费最多的。收费具有税收所不具有的自愿性优势，但是只有
具有受益可分性和可收费性的服务，才能使用收费这种方式来融资。然而，由政府所提
供的服务一般都缺乏这些特征。多数政府都可以提高自己的收费收入，但是真正的收费
（并不是经过了伪装的税收）很难构成财政融资中的一个主要部分。相似的结论也适用
于市政设施和州政府对酒类商店的垄断经营，但是目前还不清楚，如果由州政府来经营
这些设施，政府所追求的目标为什么会不同于私人企业。相对来说，近年来人们所形成
的对于彩票的关注程度，要大于彩票对财政收入的意义。

问题与练习

　　1. 佛恩伍德污水处理厂很受州政府机构和联邦政府机构的重视。目前，该处理厂
正在考虑改革该厂的运营成本和维护成本的筹资方法。现在该处理厂的所有用户（包括
住户、商业单位、农业单位和工业单位等）都是通过财产税来向该处理厂缴费的；交付
给该处理厂的费用，是根据各用户所拥有的财产价值进行分配的。也就是说，如果一家
洗车场的财产在该地区财产总额中的比重为 0.000 1，那么这家洗车场就应当承担该处
理厂 0.000 1 的运营成本和维护成本。新建议的排污费的计算方法，是根据各个用户
所排放的有毒污水的数量和质量来对污水处理的费用进行分配的。这种收费结构很容
易实行，因为联邦政府机构拥有关于生产和消费过程中每年可以产生污水数量和种类
的全国性数据。根据这些数据，就可以将污水处理的总成本向各个用户收取每年的排
污费了。在促使各个用户减少污水排放的数量和毒性方面，这两种筹资方式之间有什
么不同呢？
　　2. 1985 年中，美国海关曾经建议通过收取使用费来为自己所提供的服务提供一部
分资金支持。该方案建议：对乘坐国际航班到达的外国旅客收取 2 美元的费用，对乘坐
国际列车到达的旅客收取 0.25 美元费用，对乘坐国际游船到达的旅客收取 2.5 美元费
用，飞机的检查费为 32 美元，对于飞机上的乘客和货物检查的费用最高不超过 397 美
元。美国海关目前的资金来源还是一般财政收入。
　　这种建议是合理的吗？讨论这种方法的原理和利弊。
　　3. 下面是政府的一些杂项财政收入来源。根据本章的原则尽你所能将它们归为以

　　① Mary O. Borg and Paul M. Mason, "The Budgetary Incidence of a Lottery to Support Education," *National Tax Journal* 41 (March 1988): 83.

下几类：收费、执照税、特许权使用费、财政垄断①，并说明其中的道理。各个收入来源的激励影响是什么？

(1) 旧轮胎处理费；

(2) 图书馆图书预订费；

(3) 对醉酒司机逮捕的费用；

(4) 由于司机的疏忽所导致的事故紧急服务费；

(5) 消防部门将地下室中由于下雨所积雨水抽取上来的费用；

(6) 官员监视缓刑犯的服务费；

(7) 对开发商计划书的审阅费；

(8) 公安部门对出现故障的报警系统做出反应的费用；

(9) 青年运动联赛使用球场的费用；

(10) 市动物园的门票费；

(11) 市垃圾回收费；

(12) 市垃圾回收使用费用；

(13) 游艇在小艇码头的停泊费；

(14) 市公园部门所收取的夏天白天的露营费。

4. 杜优市正在准备将垃圾回收的市政融资方式从财产税转向收费。说明可以实现转变的方法。要确保你所设计的方案从根本上说是一种收费，而不是经过伪装的税收。

5. 抽数码赌戏的中奖号码的抽中概率是很低的。公式：

$$N=(c!)/[r!\ (c-r)!]$$

其中 N 表示可能的中奖次数，c 表示可能的数字值域，r 表示从这个值域中所选择的数字个数。例如，对于常见的 6/44 的博彩项目来说，可能的中奖次数为：

$$N=(44!)/[6!\ (44-6)!]=44!/[6!\ \times38!]=7\ 059\ 052$$

因此，中奖的概率是 1/7 059 052。由于同注分彩赌博要将每次的博彩奖金进行累积，直到出现中奖者，因此抽数码赌戏的中奖金额可能会很大，以美国近期的经验来说甚至可以达到 2.4 亿美元。随着中奖数额的增加，彩票的预期价值也会随之上升：彩票的预期价值＝中奖概率×资金规模。中奖数额的上升也会增加该州销售彩票的收入。

(1) 比较 5/36 和 6/44 这两种抽数码赌戏对中奖数额可能造成的影响，以及中奖人在第一周就出现的概率。

(2) 比较在这两种博彩项目中州的财政收入部门和彩民应当采取的战略。随着州彩票新旧的不同，这种战略也应当有所不同吗？根据另外一种彩票情况的不同，这种战略也应当有所不同吗？

(3) 一张保险杠贴纸上写着："彩票是对数学差的人们征收的税。"你认为这句话在所有情况下都正确吗？

---

① 这些例子多来自：Penelope Lemov, "User Fees, Once the Answer to City Budget Prayers, May Have Reached Their Peak," *Governing* (March 1989)：24—30.

案例讨论

案例 12-1

修正外部性的收费：伦敦堵车收费

思考下列问题：

（1）这一收费体制与简单地对伦敦所有的汽车增收一个新的年度牌照费有何区别？为什么这一方式在处理交通堵塞方面更为有效？

（2）这一收费原理取决于收费收入是如何利用的吗？请解释。

（3）选择一个你熟悉的大城市：洛杉矶、波士顿、纽约、北京、莫斯科或其他，在那里堵车收费体制也同样合理且可行吗？在对选定的城市实行堵车收费时，会有些什么政治、地理或经济障碍（或优势）吗？纽约已向有关当局申请了该项收费，但州立法机关也已否决了该项授权。

（4）有建议认为堵车收费能作为机场航班延误的解决方式——换句话说，如果机场堵塞，那么航班应该征收更高的起飞和降落费用，而如果在低峰时段，则应该征收较低的费用——这是相对于建更多的机场或跑道而言，成本更为低廉的回应方式。你对于这种方式有何看法？

伦敦案例

在 21 世纪初，伦敦市中心的交通运作起来就像在以马车为交通工具的时代一样慢。20 万左右的汽车或卡车进入市中心，在中世纪设计的狭窄且蜿蜒的街道中通行。堵塞问题非常严重，任何的小意外都会导致交通从正常缓慢的爬行变为完全的停滞。每一天，全面的交通堵塞已成为这座城市随时都有可能发生的威胁。

传统的技术方式——为交通提供更多的车道——完全不可能。交通堵塞区域所有的地产都被建筑物占据，其中许多还有重要的历史价值。虽然靠拆迁作业队和推土机来解决这一问题在技术上是可行的，但选民不可能会接受这一方式所涉及的巨额税收负担。除此之外，这座城市也不愿意采取管制的方式——比如基于车牌号码让车辆隔天通行。伦敦市长肯·利文斯通在微观经济学基础的原则之上，提出了一种激进的解决方式：对于在伦敦 8 平方英里的区域内驾车，征收每日的堵车收费。正如许多其他完美应用微观经济学的政策一样，这一堵车定价的想法最初由诺贝尔经济学奖获得者威廉·维克里（在 20 世纪 50 年代）提出，因此这一方式的执行成了提案的创新之处。

一份国会预算办公室的研究解释了这一体制。

> 伦敦中心的堵塞收费区域采用警戒线定价，并覆盖了城市大约 15 平方英里的范围。2003 年 2 月，收费区域首先覆盖了 8 平方英里的面积，而到 2007 年 2 月，将原先区域西面的一部分也包括在内之后，这一区域的面积已经翻倍，成为现在的大小。向西延伸的计划将被去除，但不会早于 2010 年……
>
> 司机要开车经过或在这一区域内的街道停车，需每天支付 8 英镑（按当时汇率大约是 11 美元）；这一收费在 2005 年首次实行时仅为 5 英镑。堵塞收费的执

行时间为周一至周五，早上 7 点至下午 6 点。如果司机是残疾人士，那么摩托车、轻便摩托车、出租车、公共汽车、紧急车辆以及采用混合动力的汽车可以免除收费，此区域内的居民可以获得 90% 的折扣。堵塞费用可以通过电话、邮件或互联网或在零售商店按日、按周、按月或按年进行提前支付。如果在第二天付款，则收费为 10 英镑（按当时汇率大约是 14 美元）。

进入堵塞区域会由街道标志或人行道标记进行标识。进入或在此区域内活动的汽车的牌照号码，将由固定和移动的摄像机组成的网络进行记录。司机进入该区域时不会遇到通行费收费站、升降杆或障碍，交通也不需要停滞。所记录的汽车牌照号码会与已支付过费用的汽车数据库进行比对，未支付过费用的车主将被征收 120 英镑（按当时汇率大约是 166 美元）的罚款。如果在 14 天内支付，罚款额将减少为 60 英镑（大约 83 美元）。有关当局会采用"保护罩"以固定那些有多项未缴罚款的车辆。

这一项目在前两年的实施成本是 1.9 亿英镑（按当时汇率大约为 3.48 亿美元），比预期多出两倍。将此区域向西延伸的过程中产生的成本大约为 1.4 亿英镑（按当时汇率大约为 2.58 亿美元）。整个收费体制的每年运作支出大约为 1.3 亿英镑（2.46 亿美元）。（题外话：美国大使馆要求为其大约 200 名伦敦员工免除这一收费，并援引 1960 年《维也纳外交关系公约》争取外交豁免权。这包括 2011 年奥巴马访问期间，对他的装甲凯迪拉克豪华轿车收取的费用。伦敦政府不为所动，指出收费并非税收。那时候的大使馆未缴费用在 850 万美元左右。美国并不是唯一案例：外交使团共欠下 8 300 万美元的拥堵费。）该系统自创立以来，每年都能完全覆盖其资本和运作支出。在典型的一天内，该系统处理了 78 000 次非居民付款，60 000 次居民付款以及 20 000 次车队运营付款。在 2008 年 6 月财政年度结束之际，堵塞费用的总和达到了 2.68 亿英镑（5.07 亿美元）。这一系统的所有收益都必须用于改善整个大伦敦地区的交通状况*。

在此之前，进入这一堵塞区域的司机，通常不会在意他们的加入会减慢其他出行者的行进速度。对拥堵收费的目的在于，使司机们注意到他们对其他人带来的影响成本——当他们将自己的车辆加入这混乱的令人窒息的伦敦街道之时，交通会更加缓慢。如果司机必须负担这一成本，许多人决定将出行推迟到不是那么拥堵的时间段，或是取消，抑或是乘坐公共大型交通设施（公共汽车或火车）出行，而不是私人汽车，因为出行的总成本变得比出行的价值更大了。按预期，进入这一区域的汽车数量将减少 15%～20%，这样使得出行的速度比马车时代要更快一些。在支付了控制设备的成本后，所有的利润都将指定专用于改善交通体制。

批评家们对此有不少抱怨和怀疑性的观点，认为这一体制在技术上未经测试，并且肯定会失败。批评意见包括：

(1) 担忧收费对低收入车主造成的负担要高于高收入车主，这样本来就是不公平的；

(2) 担心人们会被迫放弃开车，而是选择乘坐公共汽车或火车，从而在那里造成危机；

(3) 认为这一体系相当于因为公众使用了公共财产而向其收费；

(4) 他们认为，许多人会不愿意进入收费区域，这样会对收费区域的经济活动造成致命的摧毁效应。

收费的结果是什么？现在要知道长期的效果还言之过早，但对于堵塞区域的交通测量数据进行的比较，显示收费区域的交通堵塞情况减少了30%（测量每通行一公里的延迟时间），进入收费区域的交通减少了18%，而该区域的平均驾驶速度提高了20%，并且通过收费每年创造了9000万英镑的收益，而收益的绝大部分则用于改善伦敦的公共汽车服务。随着交通的改变，个人伤害意外事故和气体（二氧化碳、一氧化二氮以及其他特定物质）排放量也都有所减少。而对这一区域中的商业带来的经济影响仍处于争议中。

错误的罚款账单和新型骗局也随之产生：人们找出与他们的汽车品牌、型号和颜色都一样的车，并制造一个与这辆车的车牌号码相同的假冒车牌，这样基于这辆车违反了收费控制管理的图片证据，另一辆车的车主就会收到账单和罚款单。除此之外，因为司机们要绕开收费区域，从而制造了之前所没有的堵塞，并且司机们将车停在收费区域边界上，剩余的通行则采用公共交通，这样对于收费区之外的区域也有相当大的影响。然而，这一实验总体上看起来是成功的：在这一想法实行前曾对其表示反对的国家政治官员现在开始认为，这一堵塞收费方式作为交通方面的成功案例，也值得在其他地方进行复制，而在伦敦设计这一体制细节部分的人已经辞职，并前往其他的城市设计类似的体制，以此作为新的职业。

尽管市长已经改选了，但这一体制仍然存在，并且斯德哥尔摩（在起初的试验后，选民们选择继续沿用这一体制）和新加坡（新加坡于1975年开始这一项目）也已经采用了相同的体制。然而，纽约的立法机关却阻碍了这一体制在纽约市内的施行。

* Congressional Budget Office, *Using Pricing to Reduce Traffic Congestion* (Washington, D.C.: Congressional Budget Office, 2009), 23-24. Footnotes in source are eliminated.

资料来源："Congestion Charging: Ken Livingstone's Gamble," *Economist* (February 15, 2003): 51-53; Glenn Frankel, "Toll Zone Put to Test in Divided London," *Washington Post*, February 17, 2003, A2; and Transport for London, *Central London Congestion Charging*, *Impacts Monitoring*, *Fourth Annual Report* (June 2006) (http://www.tfl.gov.uk/assets/downloads/FourthAnnualReportFinal.pdf). 关于拥堵定价的一个优秀的概述，参见: Kiram Bhatt, "Congestion Pricing: An Overview of Experience and Impacts," in *Climate Change and Land Policies*, *Proceedings of the* 2010 *Land Policy Conference*, ed. Gregory K. Ingram and Yu-Hung Hong (Cambridge, Mass.: Lincoln Institute of Land Policy, 2011): 247-271.

案例 12-2

消防收费：合理的筹资选择？

扑灭森林大火的成本高昂。谁应该承担这一成本？是全体纳税人，还是那些财产受到消防员保护的人？全球气候变化似乎使美国西部更容易发生森林大火，加利福尼亚州、亚利桑那州、科罗拉多州和新墨西哥州的大火，在过去几年中已经成为全国的头条新闻，而且这一问题似乎每年都在恶化，因为火灾季节比过去开始得更早，结束得更晚。这一问题肯定不会立即消失，而加利福尼亚州和其他西部州政府尚未找到一个为灭火所造成的成本筹资的好办法。

思考下列问题：

（1）州可选的为其州服务筹资的一般方式有哪些？

（2）是否能够通过某种形式的收费为灭火进行筹资？讨论这一方式与使用总体资金筹资方式的对比情况。优点和缺点会是什么？

（3）如果你选择收费筹资，你会怎样设计收费方式？你要如何执行？你的收费会包括能导致火灾减少的激励吗？

（4）通过直接收费为加利福尼亚州消防局筹资的情况，与通过收费为旧金山的消防部门筹资的情况，会有所不同吗？

美国消息：加利福尼亚州考虑谁应该为消防账单付钱，有人希望木质财产所有者承担更多的成本

彼得·桑德斯

加利福尼亚州的火灾季节才刚刚开始，但仅在过去的3周内，森林大火就已经燃烧了631 000英亩的土地——同时也烧掉了1.12亿美元的州政府资金。这更是对于一项全国性的争议起到了火上加油的作用：谁应该为此支付账单？在过去的12个月内，加利福尼亚州的灭火成本飙升到了9.5亿美元，比去年同期增加了41%。这还不包括各种当地的或联邦消防机构的成本。火灾最严重的月份通常是8月至10月，此时当地的植物最干燥，而这样的月份即将到来，因此一些官员担心巨额的价格将使得已经过分扩张的州预算更为紧张。已经有不少新的筹资方案提出，其中包括一项由州长阿诺德·施瓦辛格提出的方案。

但一些官员提出一个问题，即加利福尼亚州究竟应该支付消防成本以保护森林，还是保护那些自愿在林地里建造房产的并且越来越频繁地遭受火灾威胁的屋主。

"事实上，加利福尼亚的居民对火灾保护所支付的还不够。"克里斯汀·凯赫，一位圣地亚哥的民主党州参议员说道。她认为，在乡村疯狂地建造房屋，增加了州消防员保护其家庭和财产的负担，而那些选择在这种区域居住的人，应该承担更多的消防成本。"对于公民和政治家来说，这是一场非常艰难的商讨。"

要覆盖正上升的消防成本是目前一项紧迫的问题，因为加利福尼亚州正努力克服目前估计将达到172亿美元的预算赤字。在施瓦辛格先生提出的2008—2009年预算案中，他已经尝试寻找新的消防基金，即对所有的家庭或企业主征收额外保险费用，这样每年将获得大约1.3亿美元的额外收益。而这笔资金的一部分将用于帮助覆盖州政府消防部门的成本，即加利福尼亚州消防局。

然而，州无党派的立法分析师办公室（LAO）并不推荐州长所提出的这一保险费用，因为其认为这将增加不受森林大火威胁的纳税人的负担，这并不公平。LAO在最近的一份报告中写道："因为州提供的服务——消防服务——是直接有益于固定的人群的……由消防服务受益人支付一部分的州消防服务成本才是合理的。"这份报告支持对居住在受加利福尼亚州消防局保护区域内的居民征收财产税的附加费。

凯赫女士已经在州议会中引进了一项法案，该法案与LAO正在计划中的法案相似，即由住在乡村区域的居民每年支付一笔费用，以帮助抵消灭火成本。

自6月20日起，已有超过20 000名的地方、州以及联邦消防员扑灭了近1 800起火灾。最大的两起——一起靠近大苏尔河沿岸的旅游村庄，另一起则在圣巴巴拉的东部——还将持续燃烧，因为到了星期二，加利福尼亚州的天气将变得更热更干燥。

加利福尼亚州消防局已扑灭了超过1 000多起火灾，占据首位，仅周二这一天就扑灭了近60起火灾。该消防局已有4 700名全职和2 200名季节性消防员，除此之外，还有成千上万的当地志愿者和其使用的监狱犯人来扑灭火灾。

加利福尼亚州消防局去年的预算大约为 8.7 亿美元，主要来源于由所有加利福尼亚州纳税人提供的州一般资金。预算覆盖了消防大楼、消防车以及灭火过程本身的成本。

当消防局需要额外的资金扑灭一场大火时，它会申请立法机关的紧急基金。截至财年的结束日 6 月 30 日，州预算官员已预计加利福尼亚州消防局会申请 8 200 万美元的紧急基金，以扑灭当年的大火。然而，目前预算官员宣称，紧急基金申请可能会达到 4 亿美元。

在诸如圣地亚哥县和里弗赛德县等地方，野生植物的疯狂生长，引致了更多的火灾。但因为这些火灾区距居民区非常近，这就使得灭火成本以更快的速度增长。

一般来说，在消防员试图保护森林地区的家庭时，成本达到最高。使用消防车、直升机和飞机灭火的成本远远要比使用小型队伍监控和控制遥远的森林大火高得多。

"当你为了保护建筑物而不得不动用资源时，这意味着你将经常使用该火灾所覆盖的另一区域的资源，或者使用与另一个火灾相关的资源，同时也表明如果只有较少的资源将难以控制火灾。"加利福尼亚大学伯克利分校环境计划与政策的教授蒂莫西·杜安说道，"你将不得不按顺序处理生命、财产和自然资源，而当你在处理前两者时，火灾的范围和持续时间将在其被扑灭之前不断扩大。"

1999 年，杜安先生公布了一项研究，表明在 1970 年至 1985 年，州人口总数增加了 97％，而火灾数量增加了 90％，燃烧区域范围增加了 95％。然而，同期火灾危害的成本则增加了 5 000％。加利福尼亚州消防局的任务也发生了转变。该消防局现在要负责保护 3 100 万公顷的旷野，其中包括州有的林地、流域和大片的农业用地。然而，该消防局不得不越来越多地将资源转换用于保护那些分散在森林里且数量日益增加的家庭。

"加利福尼亚州消防局保护那些有益于大众的土地。"州立法分析师办公室的布伦丹·麦卡锡说道，"但是目前该部门为了竭尽全力保护各个地区，他们的负担也变得越来越重……这样成本将更高……因为保护整个地区更为困难。"

开发是由地方政府批准的，如果州政府将消防列入管辖范围，那么地方政府要承担的财政后果，就要小得多。

凯赫女士说："在边远地区开发的住宅，其土地使用批准应与未来的消防成本相联系。如果地方政府想要批准一个新的居住区，应该要求他们做出持续的防火保护的计划，否则这一问题还将不断持续下去。"

第 *13* 章

财政收入预测、估测和税式支出预算

可靠而值得信赖的财政收入预测，可以为财政规则的制定和公共预算的审议通过奠定基础。预算过程的参与各方都需要了解财政收入体制在预算期间可筹集财政收入的数量——其中首先是财政收入的现状，其次是财政收入在预算期间可能会发生的变化。从财政体制的透明度角度来考虑，预算的参与者们也需了解，通过税收优惠体制（而非直接支出）实现预算计划所需要的成本。财政收入预测从来都不可能是准确无误的，因为私人经济行为是不确定的。如果在市场经济中，作为政府财政收入源泉的私人经济是不确定的，那么财政收入也必然是不确定的。但是，较高质量的财政收入预测，对于以下各项活动的开展都是必需的：预算的编制、为长期财政状况所做的准备工作、对财政决策含义的理解和对短期财政收入流量的预测。因此，没有可靠的财政收入预测的财政管理活动是没有意义的。

以下三项不同的税收收入预测活动在公共财政管理中发挥着重要的作用：财政收入**预测**（revenue forecast，对财政收入基数的预测）、财政收入**估测**（revenue estimate，或者财政说明）、**税式支出**（tax expenditure）。尽管这三项活动所需要使用的基本数据，都可以从作为财政收入筹集部门的税务局或者财政局得到，但是，开展这三项活动所需要的方法、技巧和组织责任其实还是各不相同的。然而，税收征管机构（多数为会计和法律人员）缺乏掌握进行预测所必需的模型和程序的专业技术人员（如经济学家和统计学家）；他们自己只能充当一个准备这些专业数据的渠道。进行官方财政收入预测和评估的一般都是预算管理部门、财政立法人员和既能够代表立法机关又能够代表行政机关的团体。当然，此外还有很多利益集团、说客和顾问等，他们会根据自己主顾的要求，制作出自己对财政收入预测和估测的方案，并将其分发给政府中对这些财政收入预测和评估感兴趣的人①。

13.1　财政收入预测（或对财政收入基数的预测）②

　　财政收入预测对象是财政收入的基数，即根据当前法律对在预算期间可以筹集到的财政收入的一种预测。这种预测是根据课税环境中的经济、人口、管理和其他结构性因素所做出的，不过，这么做的前提条件是假设当前法律中所规定的税收政策没有发生变化。如果在预测期间现行法律中的税收政策发生了改变，那么这种改变就会成为税收基数的一部分。在联邦政府中，财政部的税收分析办公室会准备管理和预算办公室在编制总统预算时所需要的财政收入预测，而国会预算办公室会为预算委员会以及国会中的其他财政委员会准备对财政基数的预测③。在管理和预算办公室和国会预算办公室编制预算或对预算进行中期评估时，这些财政收入预测可以作为编制行政预算的基础以为国会预算委员会提供建议。州政府的财政收入预测有很多不同的组织形式。有些州会委派一个行政机构来单独进行财政收入预测，有些州会由行政部门和立法部门的一个联合机构（其中通常会包括一些独立专家）来进行预测，还有一些州将预测外包给大学或者私人咨询公司，少数州会由立法机关和行政机关分别来进行预测④。由于财政收入预测可以被作为一种政治工具来使用，因此财政收入预测过程要做到公开，预测的口径要保持一致。除了较大规模的政府之外，地方政府中的财政收入预测都是非常不正规的，一般只是在预算办公室和财政办公室中进行。在州和地方政府的预算过程中，财政收入预测往往是备受争议的部分。然而，在联邦政府的层面，它们很少成为引起纷争的话题。

　　进行财政收入预测有几种不同的方法；对于政府所征收到的所有种类的财政收入，很少会使用相同的方法来进行预测。现在正在使用的比较重要的正规预测方法包括：（1）外推法或者趋势预测法；（2）因素模型法；（3）多元回归方程式法；（4）计量经济学方程组法；（5）纳税人申报的微观模拟法。其中除了第一种方法之外，其他方法都是"因果法"：要先将经济、人口和其他因素与财政收入联系起来，然后再用这种联系去预测财政收入。具体来说，每种预测方法的使用都需要相应的财政收入预测环境；所有这些方法最终都是时间序列估测法，因为它们都是根据年度、季度、月份和周一直到将来的时间序列来对财政收入进行考察的。

　　有些财政收入预测方法几乎完全是根据人们的主观判断，依据的只是个人的经验、

---

　　①　由于这些顾问原来都是政府中的财政管理人员，所以他们对财政收入的预测质量都是上乘的。然而，许多由利益集团提供的数字，沾染了太多自身利益色彩，以至于变得毫无价值。

　　②　关于一般预测技术的一个很好的基本资料来源是："Chapter 5：Forecasting Techniques," in *The Economist Numbers Guide：The Essentials of Business Numeracy* (London：Profile Books, 1997), 92–119.

　　③　例如：Congressional Budget Office, The Economic *Budget Outlook：An Update* (Washington, D. C.：U. S. Government Printing Office, 1994); and Office of Management and Budget, *Mid-Session Review of the 1994 Budget* (Washington, D. C.：U. S. Government Printing Office, 1993).

　　④　关于美国政府部门如何对财政收入进行预测和评估的精彩全面概括，可以参见：Marilyn Marks Rubin, J. L. Peters, and Nancy Mantell, "Revenue Forecasting and Estimation," in *Handbook on Taxation*, ed. W. Bartley Hidreth and James A. Richardson (New York：Marcel Dekker, 1999), 769–799.

直觉，以及财政收入部门、预算部门和财政立法委员会等机构中从事公共财政的工作人员的猜测。这些根据直觉的估测可能会具有惊人的准确性，并且是十分有用的，特别是当这种预测结果是由多个"经验丰富的老专家"的预测汇集而成，而不是由他们分别发表的时候，这种预测结果就会更加准确了。有些税源可以带来的税收收入比较少，而且受到制度因素或者管理因素的影响可能会产生巨大的波动；主观判断式的预测对于这种税收的预测特别重要。例如，这种预测方法对预测政府间转移支付和发展影响费用是非常有效的。如果管理因素能够引起财政收入的巨大波动，那么"老专家"的经验对正确预测这些因素对财政收入的影响就十分关键，他们几乎见过所有的因素曾经至少发生过一次。

财政收入预测的一般性原则[①]

在对预测方法进行具体讨论之前，我们需要首先强调几点关于财政收入预测的一般指导原则。第一条基本原则，也是最基本的一条：预测者必须了解自己将要预测的税种，其中包括该税收是如何管理的以及形成税收收入数据的过程。这也是本书中有关财政收入预测的章节被排在了单独介绍主要税种的章节之后的原因。因为，预测者在试图对财政收入进行预测之前，必须对税制的结构和管理的方式有所理解。例如，如果你根本就不了解州保险税的结构和管理，就试图对其进行预测，那将是一件非常愚蠢的事；你所了解到的这种税收的一系列课税数据往往是不够的。财政收入预测的新手，通常会低估取得一种税收一系列数据的难度。各种零星情况（例如，税率或税收豁免中的变化、某一个期间财政收入数据的丢失、纳税申报时间表中的变化、财政收入报告的丢失、收入核算的不一致等等）几乎会搞乱每一个财政收入的数据序列。面对这种情况，财政收入预测员要想得到一个清楚且一致的数据序列，必须要花费很多时间。有时候预测员可能会发现一些历史收入数据已经永久性丢失了。许多调整可以纠正独立变量中存在的问题，包括可以替换一些变量之后再进行预测；但是，如果财政预测依据的是一系列错误的、被误解的或前后不一致的财政收入数据，那么这种预测几乎是没有任何希望的。此外，这种预测会遭到来自各方面的破坏，不断发生的插曲总会把原来的数据序列弄得一塌糊涂[②]。这些问题会困扰每一位财政收入预测人员。

第二，对于要预测的财政收入的数据序列，可以根据时间简单地呈现在图表上。根据这张图表，不仅可以回答预测工作中的一些问题（例如，这种财政收入是增长还是下降呢？将要出现的变化是大还是小呢？这种变化是平稳还是波动的呢？），还可以发现一些重要的问题（这种财政收入是否有大的增长或者下降，是什么原因导致了这种变化？这种财政收入的变化态势，是否与本地经济乃至全国经济中的一般变化相一致？）。此外，还可以制作一些其他的图表，这些图表可以根据时间发生变化，也可以根据影响财政收入的其他独立变量（"原因"）发生变化；在财政收入预测的过程中，这些图表将有

[①] 一些财政收入预测和预测过程的实践性解说以及一些预测相关的问题，可以参见：Jinping Sun and Thomas D. Lynch, eds., *Government Budget Forecasting*, *Theory and Practice* (Boca Raton, Flo.：CRC Press, 2008).

[②] 有些财政收入要取决于项目管理人员对这项财政收入的控制程度。例如，对于州彩票来说，可以人为控制的因素包括：新的游戏项目的引入、支付比率和广告计划。这些因素至少会影响政府净收入形成的时间。因此，在财政收入预测的过程中，必须充分考虑财政收入的管理人员对其运营活动可能做出的调整。否则，一个气急败坏的彩票管理人员，可能会使外部预测专家显得很无能。

助于对其中的逻辑关系及其强弱进行检验。

第三，在财政收入预测的过程中保持公开，是一个必要的优势。作为一种预算战略，立法机关和行政机关偶尔都会追求过高或者过低的财政收入预测结果，从而为增加或者减少预算支出创造条件。增加收入预测是向着虚幻的预算平衡迈进的很好的步骤。公开而透明的预测过程可以避免类似操控情况的发生。在编制预算的过程中，当同时出现了几种不同的、经过了策略安排的财政收入预测时，一般公众就很难分辨清楚了。在编制预算的过程中，如果所有人使用的是同一个财政收入预测结果，即使它是错误的，也要比在预算过程中有许多来自行政机关和司法机关、不同政党以及政党中不同派别的竞争性财政收入预测更容易形成负责任的预算，即使在后者众多的竞争性预测当中有一个是绝对准确的。真正关键的是，这些预算的编制和采纳要基于接受同样的收入预测，所以这些工作才能在一个单一的硬预算限制内完成。出于这个原因，一些州采用共识预测的方法，这种方法涉及行政和立法部门共同创建一个将用于所有审议的单一收入基准①。除了经济周期中出现了出乎预料的转变之外（经济周期的向下转变是很难准确预测出来的），财政收入预测中的多数重大错误都是政治阴谋的结果。这些政治阴谋旨在制造财政收入幻觉，以弥补预算中的缺口。公开的、兼收并蓄的预测过程可以避免产生这个问题。与联邦政府相比，州和地方政府的财政收入预测（和估测）相对更公开一些②。不过，根据历史记录，政党对财政收入预测的操纵，更普遍地在州和地方层面发生。

第四，选择的预测方法通常要取决于模型所承担的任务。如果为年度预算过程进行财政收入预测，多元回归预测方法通常可以产生不错的结果；如果要将年度财政收入在一年之中分解成不同的数额（按照季度或者月份进行划分），单变量分析预测可能会比较合适；如果想要了解财政收入体制的变化对经济或人口特征产生的影响，微观模拟预测可能会更合适一些；如果需要对长期计划进行预测，趋势外推预测（有时可根据结构变化的猜测进行调整）可能会比较好。总之，没有哪一种预测方法可以对所有财政收入进行预测。

第五，一项财政收入通常会被分解开来进行预测。例如，要预测一个州的一般基金收入的总额，首先要对其中的各项收入进行预测，将各项预测结果加总得到对总额的预测——这看起来似乎有点不同寻常。由于不同财政收入对不同因素的反应也各不相同，因此对各项财政收入要分开来进行预测。此外，各个单项收入预测中的互补性错误，可以使预测的总额更加接近实际情况，而且这个最终的预测总额还将成为预算的基础。

第六，还需要仔细对财政收入状况进行监测，以对预测状况进行不断的调整。一个月中所发生的变化因素可能会带来一些麻烦，但是在财政年度中，随着时间的推移，这种影响会逐渐消失。将一年中的实际财政收入和预测财政收入进行对比，要比仅将一个月中的二者进行对比更有帮助③。然而，需要不断根据财政收入数据对预测进行调整，以保证对整个政府财政的控制。财政收入现在的状况，是编制未来财政收入预测结果的

———————————

①　Pew Center on the States–Rockefeller Institute, States' Revenue Estimating, Cracks in the Crystal Ball (Washington, D. C. , and Philadelphia: Pew Trust, 2011), 32.

②　Thomas F. Field, "Transparency in Revenue Estimating," *Tax Notes* (January 17, 2005): 329–361.

③　换句话说，与其比较 4 月的实际值和预期值，更好的比较方式是，通过 4 月来比较全年的实际值和预期值。这比单独看一个月的情况，更能使人了解年度预测是否可能会达到目标。

重要信息来源①。如果你将过去几年的财政收入数据按季度或按月份制成图表，那么图像中的周期性变化几乎是很明显的。当你用全年的真实数据进行财政收入预测时，这些图像就可以作为参考。你也可以用这些图像来帮助制定出一年的现金预算（例如，试图找出一年中是否可能出现这样的时间节点，在这些时间节点，政府可支配的现金不足以支付它的支出）。全年度的监管，通常需要将月度或者季度收入，与以往年度同期在年均收入中的份额进行比较。如果一般情况下在 6 月底能征收到 45% 的零售税，而今年只收到预测总额的 41%，那么预算机构可能因此需要限制支出的进度，因为如果没有计划外借款或者不减少政府服务的情况下，已经采纳的预算可能无法继续执行下去。在财政年度结束时，要对财政预测是否成功进行评估，以对将来的预测结果进行改进。在使用"因果"模型（"cause-and-effect" models）进行预测时，预测结果和实际情况的差异，可能是因为：（1）对原因预测中的错误；（2）模型中的错误；（3）由于立法情况的变化，预测中的税收并不是实际形成税收收入的税收了②。

财政收入预测的各种方法

针对财政收入预测中存在的问题，不在于找到一种预测的方法，因为存在着多种选择。制定出令人满意的财政收入预测的关键在于，在众多的预测方法中选择最合适的方法。那么，哪种预测方法最适用于目前的财政收入预测呢？遗憾的是，在这一年度结束之前，你不会知道确切的答案。等谜底揭晓时，却又因为时过晚而无法对财政预算的制定产生任何帮助。

单一变量预测法、趋势、自相关和趋势外推法（univariate projections, trends, autocorrelations, and extrapolations）

预测者使用趋势外推法对财政收入进行预测，因为这种预测方法比较快捷、便利，足够精确，也不需要太多的数据。这种预测方法的推理可能复杂，也可能简单，但都是以财政收入的过去模式外推将来。这种预测方法不需要在经济因素或者其他因素和需要预测的财政收入之间建立起因果关系及因果模型。这就给多数财政收入预测者带来了一个问题：他们需要了解的正是税收收入体制中的因果关系，并且立法机关和行政机关的官员们也是如此！而且，当预测者需要解释财政收入为什么会下降时，就更需要对其原因进行说明了。不过，有时候对预测者来说，这些预测已经是最好的选择了③。

不管这种预测方法是简单还是复杂，单一变量预测法都具有一个共同的特征：使用过去的税收收入数据对将来的税收收入数据进行预测（例如，利用过去 15 年中销售税

---

① 关于财政收入预测中的一些有用的标准，可以参见：National Association of State Budget Officers/Federation of Tax Administrators, *Good Practices in Revenue Estimating* (Washington, D.C.: National Association of State Budget Officers, 1989).

② 换句话说，假如零售税（S）是根据个人收入（I）进行预测的：$S=389.7+0.782I$。实际税收收入和预测结果的不同，可能是因为：（1）对个人收入预测中的错误；（2）个人收入和零售销售收入之间的预测关系并不成立。立法变化是模型之外的影响因素。

③ 你将会回想起，在较早的某一章节中提到过，许多预算请求中的财政支出计划，也是由对工作量及价格等因素的简单预测构成。

的收入情况对预算年度和预算年度之后的其他年度销售税的收入情况进行预测），其中不会涉及经济、人口、社会和文化等其他方面的变量。

具体来说，其中的第一个方法就是简单的时间序列外推法或者时间回归法。这种外推法认为：（1）增长的数额会保持一致（如果一种税收收入在过去的 5 年中每年都增长了 5 000 美元，那么这种方法就认为，今年的这种税收收入也将增长 5 000 美元）。（2）变化的百分比会保持一致（如果一种税收收入在过去的 5 年中每年的增长幅度都是 5％，那么这种预测方法就认为，这种税收收入今年也会增长 5％）。（3）可以使用本书第 5 章中的平均复利计算公式的简单增长模型。（4）预算年度的税收收入与时间呈线性变化趋势，即时间算术公式（$R = a + bt$）；或者税收收入与时间呈非线性变化趋势，即时间的自然对数公式（$\ln R = a + bt$）。其中，$R =$ 税收收入，$t =$ 时间系数。为了得出比较准确的预测结果，时间系数的选择要尽量合理。许多地方政府使用的是这种预测方法，因为这些政府部门缺乏关于本地经济的数据——用于确定这些关系的历史，以及从该关系中建立对收入基准的预测——而这些数据是更为复杂的因果联系预测法所必需的。美国的各个州政府经常会使用这种方法对小税种进行预测。因为即使对这些小税种的预测技术进行改善，也不会对整个财政格局产生重大影响。当数据不足或时间不够时，或者当收入项目太小以至于不值得引起重视时，人们都会使用这种方法。

另一种简单的单一变量短期预测法是移动平均技术，这种技术适用于财政情况大致平稳的一段时间。这里所说的移动平均技术的使用过程，可以表述如下：

$$R_{t+1} = (R_{t1} + R_{t2} + R_{t3} + \cdots + R_{tj}) \div N$$

式中，

$R_{t+1} =$ 预测时间段的财政收入；

R_{t1} 到 $R_{tj} =$ 先前各时间段的财政收入的平均值的总和；

$N =$ 在计算平均值时所用到的周期的数量。

例如，对 2014 年颁发机动车驾驶证所获得的收益的预测可以在 2013 年进行，是通过计算 2012 年（可获得数据的最近年份）、2011 年和 2010 年的实际年收益的平均值来得到结果的。预测者对周期数量的选择是为了将预测错误最小化。一般来说，当近期有巨大波动时，选择较短的期数进行计算；当财政状况大致平稳时，选择较长的期数。

其他单一变量预测法还会用到自回归技术、不同复杂程度的移动平均技术［例如，将移动平均技术和自回归方法结合在一起的博克斯·詹金斯模型（the Box Jenkins autoregressive integrated moving average model）］和不同的平滑技术（电子表格程序通常会给出几种选择）。这种更复杂技术的应用范围受到了一定的限制，因为其中需要用到长期数据序列；只要税收的基本结构不出现重大变化，关于税收收入的预测就很少会用到长期时间序列的数据。同样的，税收收入的预测专家可以将这种技术用于对纳入模型的一些因变量的预测（例如，个人收入、人口数、通货膨胀率等）[1]。

---

　　[1]　不假思索地拒绝使用这些简单的模型是错误的，因为它们有时能够非常成功地进行预测。例如，福斯特和赖特发现，一个简单的对 GDP 增长率的单一变量回归预测的结果，和更复杂的模型所得出的结果是一样准确的。Jon Faust and Jonathan Wright, "Comparing Greenbook and Reduced Form Forecasts Using a Large Realtime Dataset," National Bureau of Economic Research Working Paper 13397, Cambridge, Mass., September 2007. 换句话说，对 GDP 增长率的准确预测，可以通过对过去 4 个周期的 GDP 增长率的回归计算得出。

因素决定模型（deterministic modeling）

因素决定模型使用预先确定的公式（或者"经验法"）来对税收收入的"应有"状况进行预测。换句话说，在国内生产总值、个人收入和其他比较大的经济总量与税收收入之间应当会存在联系；将这种总量乘以公式中特定税收收入的相关系数，就可以得到预测结果。例如，几个国家的数据表明，增值税1个百分点的税率所带来的增值税收入，平均相当于国内生产总值的0.37%[1]。财政收入预测者可以使用这个比率，根据对国内生产总值的预测来对增值税做大致的预测。这里的国内生产总值，可能是运用国内生产总值的年均增长率简单估测的结果。并且税收收入增长与一些总体经济活动增长之间可能存在预期的弹性关系。预测人员可能会认为，个人收入增长每增加1个百分点，所得税将会增加1.2个百分点，收入预测因此出现了。在缺乏数据时，预测者通常会使用这种方法来得到预算的数据。有时也确实需要使用这种方法，例如，当税种比较新、缺乏建立统计模型所需要的充足数据时（例如，当只有2个或3个数据点时，据此建立公式是没有什么意义的）；当国民经济的环境过于不稳定，以至于统计模型所产生的结果没有使用的可信性时；由于数据缺乏充分的可靠性，统计模型失去了意义时。例如，20世纪90年代，原苏联地区的一些国家正在经历从中央计划经济向市场经济的转变，当时的经济十分不稳定，存在很少的数据点（这些国家都是1991年成立的），并且所有的税制都是新的。在这种环境下，没有理由应用复杂的因果模型。

这种经验预测法的另一种应用情况是，预测者试图为整个财政状况提供一个全景式的视角。举例来说，这是一些宏观经济学家对州和地方财政框架所发表的看法：

短期预测的"黄金经验法则"如下：

● 州的失业率每上升1个百分点，将会引起州的财政收入的增长趋势下降至少5个百分点。

● 这5∶1的乘数只是平均的影响。对于营业税、消费税或者来自商业利润的税收收入有较大依赖性的政府更加脆弱，那么它们的黄金法则中的乘数将会明显更高。例如，加利福尼亚州的乘数是8[2]。

政府预算一般不会按照这样一种经验规律来制定，但是这种规律的使用对于政府建立更为长期的财政框架还是很重要的。许多长期预测之所以会使用这种方法，并不是因为缺乏相关的历史数据，而是因为长期变化可能会改变某些关系，而这些关系是基于这些数据而形成的。

多元回归法（multiple regression）

多元回归模型是用途最广泛的一种预测机制。这种预测方法通过将财政收入看成一个或者多个独立变量的函数来进行预测，这些独立变量是由收入模型之外的其他因素决定的。每一个对财政收入进行预测的公式都是与其他公式相独立的。例如，如果一个州要对一个季度的零售税收入进行预测，一般至少需要使用二次回归方程：

$$ST = -5.523 + 0.926PI - 0.034P - 0.773R + 0.022Q_1 + 0.011Q_2 + 0.032Q_3$$

---

[1] Vito Tanzi and Parthasarathi Shome, "A Primer on Tax Evasion," *IMF Staff Papers* 40 (December 1993): 823. 这一点有时也被称为"卡纳森规则"（Cnossen's Rule）。

[2] Roger E. Brinner, Joyce Brinner, Matt Eckhouse, and Megan Leahey, "Fiscal Realities for State and Local Governments," *Business Economics* 43 (April 2008): 62.

式中，

ST＝用对数形式表示的本季度的销售税收入；

PI＝上一个季度的用对数形式表示的州个人收入；

P＝上一个季度的通货膨胀率，通过 GDP 平减指数的变化率来计算，并用对数形式表示；

R＝州法定的销售税税率；

Q_1、Q_2 和 Q_3＝一年之中季节性因素的虚拟变量（根据一年之中的季度变化所形成的销售税收入）[①]。

有关的经济数据都使用滞后的数据，是因为分配的过程就是这样的。这一周期的经济活动所产生的税收收入，将由政府在下一个周期收到。换句话说，可征税的活动发生的时间，与税收进入州财政的时间之间存在一个错位。在预测的方程式中使用滞后的经济数据，就是出于这个原因。当然，有好几种不同的方法可以用来计量那些能够产生销售税收入的经济活动，包括州生产总值、GDP 和全国性个人收入。这些方法在被用来预测州销售税收入时，都有逻辑上的优势。在预测者确定那个最符合税收收入的实际变化情况的方法之前，他或她几乎肯定会将所有可用的方法都试验一遍。预测者同样也会在数据的滞后区间和各变量间的不同关系方面进行试验。

对独立变量或者因变量的预测（例如，个人收入和通胀率），要通过税收方程式之外的分析工作和预测工作来进行。为了使用这种方法，对独立变量的预测在时间维度上要能与预测期间相匹配：如果消费者指数只有在预算年度的前三个季度结束之后才能得到，而这个消费者指数又是销售税收入的估测公式所必需的，那么就不能使用这种预测方法了。由于这种财政收入预测结果是要用于编制预算的，因此必须要在预算年度开始之前得到。虚拟变量（dummy variables）提供了这样一种方法，可以将过去两年中特别定性经验的影响考虑进来。例如，在过去的两年中，预算禁止进行州外稽查或者税收赦免；或者在过去的两年中，对一些销售税税收豁免的规定已经与现在不同了。

选用多元回归方程来进行预测，一般要取决于在前些年中，使用这个方程的估测结果与财政收入实际结果的拟合程度。由于许多其他的具体方法可以产生与历史数据相似拟合程度的结果（根据一般对拟合程度和预测错误的分析，这些具体的方法几乎是无差别的），也可以对近年的情况进行实验性的预测（例如，模仿测试或者"样本外预测"）：例如，根据 1960—2014 年的数据可以形成方程，并可以将这个方程用于对 2016 年情况的"预测"（该估计是在 2015 年准备的）。根据 1960—2013 年的数据可以形成方程，并可以将这个方程用于对 2014 年情况的"预测"。最后要选用其中最接近于已知的 2014 年实际数据的方程。

一般来讲，在对各种主要财政收入种类分别编制方程时，需要在独立变量中将对变化的不同反应考虑进来。也就是说，对于个人所得税、企业所得税、销售税等，都分别编制方程式，而不是仅仅为所有税收收入编制一个方程式。经过精心准备的多元回归模型所产生的总结果，会在实际收入的 1%～3% 之间，尽管当经济由扩张转为衰退或者

[①] 由于税收收入、个人所得税和税率是以对数转换形式出现的，方程中的系数被解释为弹性的。也就是说，估计方程式显示，个人收入增长 10% 会导致 9.3% 的税收增加，而 10% 的法定税率的增长只能产生 7.7% 的税收收入增加。这一证据与以下观点是一致的：零售税比经济增长更加缓慢，而税率提高对税基具有负面影响——但是这个税收并不在税率-收入曲线下降的一侧。该预测公式是以印第安纳州 1977 年第三季度至 2005 年第一季度的数据为基础编制的。这只能用于指导，并不是实际用于制定基线预测的模型。

当经济萧条时，预测的成功率会大大下降①。

计量经济模型法（econometric models）

计量经济模型预测可以通过联立方程组来对财政收入进行预测，这种联立方程组所反映的是经济变量和财政变量之间的理论关系和经验关系②。当一种税收收入来源并没有真正独立时（例如，当计算州个人所得税时，允许将州销售税扣除掉时），这些经济模型会显得格外重要；这些经济模型还可以对州经济运行方式和州经济对外部事件的反应方式提供有益的见解。经济学家们会通过将关键变量的现值代入模型，并根据预测方程对它们进行计算，最后根据方程组来进行预测。然而，事实上，各州也会发现，使用经济模型来对财政收入进行预测，可能还没有多元回归模型的预测结果准确，而且后者的成本还更为低廉、所需要的数据也比较少③。这些系统中固有的相互关系也会具有错误升级所带来的影响，因为一个变量中的错误会导致其他变量错。

微观数据模型法（microdata models）

美国财政部税收分析办公室、国会预算办公室和许多州都使用关于纳税申报表样本数据的微观模拟来进行税收预测（也可以用于对税收变化所造成的影响进行预测）④。专栏 13-1 说明了国会预算办公室对联邦个人所得税 10 年基期预测的步骤。一般来说，使用微观数据模型法，在开始时要用电子计算机对样本纳税人纳税申报表中的数据进行整理。税收计算者模型（tax calculator models）也会使用这个文件，来对预算年度中的预期经济活动以及对样本纳税人所产生的影响进行预测。计算机程序会对样本中每位纳税人的纳税义务进行计算，并将样本中的影响推广到样本所代表的全部资料，由此所得到的结果就是对新预算年度中税收收入的预测。全微观模拟模型（full microsimulation models）所使用的文件和更简单的税收计算者模型一样，但是全微观模拟模型允许基本纳税申报表根据纳税人对税收政策变化所做出的反应进行变化⑤。这种预测方法在对政

---

① 对于类似于地方和州这种在执行预算中迫切需要低赤字的政府来说，准确性更加重要。拥有赤字运作能力的联邦政府受到的限制较少。国会预算办公室报告显示，自从 1997 年起，其前一年的个人所得税预测的平均错误率达到了 11% 的绝对值水平，这对于州来说是一个灾难性的错误率水平。Congressional Budget Office, "Improving CBO's Methodology for Projecting Individual Income Tax Revenues," Congressional Budget Office Background Paper, Washington, D. C. , February 2011.

② 多元回归方法中所使用的独立变量（如州个人所得税或者美国国内生产总值），通常是关于国家地区经济大型经济模型的结果。州和地方政府有很多获得这些预测结果的来源，其中包括：私人经济预测公司、大学、技术顾问委员会和政府经济学家等。

③ C. Kurt Zorn, "Issues and Problems in Econometric Forecasting: Guidance for Local Revenue Forecasters," *Public Budgeting & Finance* 2 (Autumn 1982): 100–110.

④ 关于美国联邦政府所使用的方法，可以参见：Howard Nester, "The Corporate Microdata File Employed by the Office of Tax Analysis," *Proceedings of the National Tax Association-Tax Institute of America* 70 (1977): 293–306; and James M. Clike and Roy A. Wyscarver, "The Individual Income Tax Simulation Model," in U. S. Department of Treasury, Office of Tax Analysis, *Compendium of Tax Research* 1987 (Washington, D. C. : Government Printing Office, 1987). 关于纽约州的微观模拟模型，可以参见：T. N. McCarty and T. H. Marks, "The Use of Microsimulation Models for Policy Analysis: The New York State Personal Income Tax," Proceedings of the *Eighty-Sixth Annual Conference on Taxation of the National Tax Association* (1994): 179–185。

⑤ 对于财政收入预测来说，税收计算者模型和全微观模拟模型在运作上没有什么区别，因为在基准收入预测方面不存在政策上的变动。

策变化的分析中特别有价值，也适用于常规的预测活动。微观文档的选择和准备需要耗费许多精力，因此除了预测之外，这种方法的经济生命力也被提高了。简单来说，微观文档在财政资讯的准备过程中会提供极大的帮助：可以预测税收结构中的法律变化对税收收入所产生的影响。但是，当出台新的税收法规时，需要将微观文档中的数据根据纳税申报表的年度进行更新和修改；取样必须是一个持续的过程。

专栏 13-1　2001—2011 财政年度美国国会预算办公室对个人所得税的预测方法

注意：预测已经开始并正在进行时，国会预算办公室为财政年度、预算年度和超出预算年度的 9 年提供预测。

第一步

从 1998 年的一份纳税申报表的样本开始。对样本的"年龄"进行调整，使样本：

● 符合预期的人口变化（例如，人口和就业等）；

● 根据国会预算办公室的宏观经济预测（例如，工资、利息和股息等）、支出预测（用于项目的收益）以及其他预测（如资本利得和退休收入等）对收入进行预测。

结果：得到对 1999—2011 年税基的预测结果。

第二步

使用税收计算公式（一种根据税收结构中的规定而编制的数学公式），其中要加入：

● 税法参数；

● 国会预算办公室对消费者指数的宏观预测。

结果：得到对 1999—2011 年个人所得税纳税申报表上税收义务的预测结果。

第三步

对预期的税收义务进行调整，使其与 1998—2000 年税收的实际征管情况相一致。

结果：得到对 2001—2011 年税收征管义务的预测结果。

第四步

通过以下调整，将对税收义务的预测值转化为财政年度中的税款：

● 将税收义务根据税收种类进行分类；

● 将最近的经验用于对税款形成时间的确定；

● 根据没有纳入"第二步"中的最近立法进行调整；

● 加入信用税收（fiduciary taxes）和滞后税收（back taxes）。

结果：得到对 2001—2011 年税收收入的预测结果。

资料来源：Congressional Budget Office, *Description of CBO's Models and Methods for Projecting Federal Revenues*（Washington，D.C.：Congressional Budget Office，2001），8.

财政收入预测方法的选择

财政收入预测方法所产生的预测结果，应当可以满足预算的编制、批准和执行等部门的需要，并且通过解释，可以满足行政部门以及有关税收和预算的立法决策者们的需要。为了得到行政预算和立法预算所需要的对财政收入基数的预测结果，几乎总要使用几种预测方法。在对财政收入预测中，最终所选择的预测方法应当是预测结果与最终实际运行结果最接近的那种方法。但是，有时预测人员会发现，要找到这种方法，需要等到预算年度结束之后；这已然为时已晚了，所得出的预测结果对预算决策也失去了指导意义。在选择预测方法时，需要考虑的因素有：

（1）**可以使用的资源。**因果预测法需要使用的工具包括电脑、软件和数据分析师等。几乎对于每个政府来说，这些都是容易得到的工具资源。在预测过程中，政府所缺乏的资源可能是：要对复杂的估测公式进行编制和监测所需要的充足时间，以及使用一些估测方法所必需的数据。例如，全微观模拟模型需要关于样本纳税机构的复杂数据文件，如果政府不投入时间和资金来编制这些文件，全微观模拟模型就难以实行。有些政府一般选择比较廉价的预测方法，这样所得到的预测结果在大多数时候都是相当不错的。不管花多少钱，没人能够精准地预测出衰退，在大衰退期间，即使是最好的州收入预测员也会因为预测的不准确而变得谦卑。

（2）**预测的重要性。**在预测中所犯的错误会有多重要呢？如果一种资源占财政收入总额的比重相当小，那么投入很多的精力来对这种税收进行预测，就不是对预测资源的合理使用。对于预算执行来说，大税源中的小错误要比小税源中的大错误严重多了。预测零售税税收要比预测养狗税税收重要得多，因此更多的精力应被用来预测前者，而不是后者。

（3）**可以得到的关于财政收入的历史数据。**在很多经济环境和其他环境中，如果找不到长期数据序列来对一些关系进行验证，要想创建可靠而实用的因果模型，将是不可能的。实际上，缺乏一个清晰的历史数据序列，是比较复杂的预测模型本身的一个问题。

（4）**是否可以获得因果数据以及因果数据的质量。**如果找不到预测期所需要使用的原因数据，或者如果对这些原因数据的预测本身就是不可靠的，即使是统计品质卓越的预测模型也难以提供有用的预测结果。例如，一个回归方程式表明，在公司利润和州公司所得税之间可能存在可靠的强相关关系。但是，如果没有关于公司利润的好的预测结果，这个方程式对于这种税收收入的预测来说，也是毫无意义的。

（5）**预测的时间、期间。**预算期间超出了预算年度结束之后的未来年度的预测，被称为长期预测（long-term forecasts）。长期预测的预测方法要比预算年度的预测方法更为粗糙一些。对更长时期的技术预测、政治预测和经济预测都是非常不可信的。根据"因果"模型进行的财政收入预测，也难以摆脱因果预测中所存在的问题。

（6）**预测的可解释性。**对于财政收入预测来说，仅有预测结果是不够的。对于预算官员、财政立法委员会和新闻媒体来说，还需要有一套预测理论。"黑箱"操作连对预测考察的第一步都很难通过。

这些预测会给出财政年度中可以用于花费的经常性财政收入数值。对于许多政府来说，财政收入预测的陈述是一件很重要的事情，因为这种陈述会为以后对政府的各个运营部门的拨款审议——行政和立法方面——确定基调。

尽管这些陈述并没有标准的模式可以遵循，但是它们通常是按照下面的形式来进行组织的：

（1）**回顾：**对上一个预算年度中的预测进行回顾，并分析其中产生错误的原因。

（2）**未来环境：**对下一年全国、州与地方的经济运行环境进行预测，全国、州与地方经济对所要预测的财政收入具有决定作用。

（3）**方法：**准备用来进行预测的一般方法的解释说明。

（4）**预测：**预测本身，分别按照主要税种进行说明。

在选择最终确定的预测方法之前，你不必讨论所使用的所有方法，或者解释选择最终那个方法的原因。这一切都自然进行，不需要说明你使用过的所有可能的方法，你只需要从中挑选出你认为其预测结果最接近真实情况的那一种方法。你的老板会自动假设这一切都应该发生，而如果这种假设是错误的，那你就离被炒鱿鱼不远了。这种说明通常需要图表来作为实际预测文件的附件。

长期预测

政府会对财政收入（和财政支出）编制长期、多年的展望，这些长期预测超出了年度预算的视野。这些预测任务在复杂程度方面差别很大，这与预测是为谁编制的和未来用途都有关系。例如，这些预测的编制可能是要：（1）为一个城市的基础设施的发展计划提供指导，使这个计划不至于超出可能的财政收入范围；（2）向信用评级机构表明，在向州或者地方政府的贷款期间内，这家州或者地方政府会有多少财政收入流入；（3）让规划者了解，社区中的一些主要项目的发展（例如，主题公园或者卡车组装厂）可能对财政造成的影响；（4）让公众或者监管部门了解，当一家地方政府处于严重财政危机的边缘时，会出现什么状况；（5）使立法机关和行政机关了解，政府现在的财政计划或者正在考虑中的财政计划会产生什么样的长期影响；（6）作为中期经济框架的一部分，利用现有的财政收入来制定政府的政策。政府会计准则委员会提出，在国家和地方政府的财务报表中，应将现金流入、流出和财务义务的 5 年预测作为补充资料进行列报（这一提案被称作"经济状况报告：财务预测"）。未来年度的财政收入预测对于联邦预算决策来说格外重要，特别是当预算由赤字转为盈余、立法人员开始讨论如何使用新的支出和减税计划来将预期盈余消除掉时（他们果断地做了）。长期展望也可以用来就人口发展对财政所可能造成的影响进行考察[①]。这些展望对于社会保障计划和医疗保健计划的编制都是至关重要的，因为目前的财政收入要为未来许多年中这些计划的收益提供资金保障。

长期预测的预测期限越长，预测中所使用的方法就应当越简单。因为决定长期预测的经济因素、政治因素、人口因素和技术因素都会出现更大的不确定性。但是，长期预测所使用的预测方法，和对预算年度中财政收入的预测方法一般是相同的，尽管在长期预测中，更多注意力被投入到了对决定财政收入流的长期经济趋势、人口趋势和结构趋势本身的预测上，而且这种预测过程本身就笼罩着巨大的不确定性。许多长期预测使用的是根据其他地区的经验而形成的因素决定公式［"经验原则"（rules of thumb）]。为了确定政策变动、人口发展趋势和宏观经济条件的变化等因素所产生的影响，会由国会预算办公室以及类似的机构对预算年度结束之后 3 年、5 年甚至 10 年的未来年度情况进行中期预测（medium-term forecasts）。中期预测需要特别认真地进行，以了解其中各因素之间的联系并做出政策选择，因此具有很大的价值。远期预测作为一种政治伎俩来说是重要的，主要起到警告作用，以便对预测到的结果提前采取行动。

长期预测通常不会像对预算年度的估测那样，根据实际情况来对预测结果进行检

---

① 关于展望研究的一个精彩的例子，可以参见：Congressional Budget Office, *The 2012 Long-Term Budget Outlook* (Washington, D.C.: U.S. Government Printing Office, 2012).

验。因为当对预算年度中的选择进行审议时，这些长期预测会被更短期间的预测所取代。实际上，通常也不会对长期预测的结果进行检验，因为长期预测的功能就是一种预警机制，并且危险的行为已经被更正了。必须强调的是，从其本质上看，这种报告不应该被看作预算预测。2011年佛罗里达州克利尔沃特市的5年期预测，就确定了此类分析的作用："一项财政计划不是一个对必然发生的事件的预测，而是一种机制，该机制可以突出为了达到目标所必须处理的问题。"① 人们很少会希望长期预测具有多高的精确度；然而，长期预测确实可以将信息综合在一起，有助于做出困难的决策，促进政策及时调整，防止不利的预测结果发生。

多年预测通常采取相当简单的单变量外推法进行编制，其原因在于，在更遥远的时间范围内，对潜在经济力量的预测，是特别不可靠的；经济因素与收入制度之间的结构关系，在长期是不稳定的；长期视野下，收入或支出计划很可能发生重大变化，导致预测使用了错误的基准条件。外推可以根据已知的未来事件进行调整——例如，一个城市是否将会在预测期内举行一个世界性的博览会——但未来的不确定性，通常就足以使得对简单预测的调整令人难以忍受。长期预测不是通过其结果与实际结果的接近程度来检验的，因为其作用经常是对可能产生的结果进行警示，以及引出会导致预测结果未实现的政策变动。它是基于某些特定的假设对可能的财政状况做出的预测。它不会拥有财务报告所期望的准确性——并且准确性甚至不能算是其合理的检测方法。长期预测所提供的可能是关于预测结果的一个区间，因为其中具有很大的不确定性，但是，为编制年度预算所进行的预测需要的却是单一的数字。

错误预测

关于财政收入基数的预测，一个令人伤心的事实是：你肯定会犯错误。提前做好心理准备，随后你会适应的。不论你是新手或者是有几年工作经验的老手，你都会犯错。所导致的结果可能就是，你会竭尽所能地约束自己的错误，以求得出一个可信度、可靠度都很高的基数预测值。身为一名得克萨斯州的长期财政收入预测人员，比利·汉密尔顿总结了如下情况：

> 当你准备好你的财政收入预测，汇报了结果，并将该结果放到某种追踪系统中去，然后你就开始等待实际的税收征收情况来证明你是错的，因为毫无疑问，你肯定会出错。唯一值得注意的是，你的预测偏离了多少，而这恰恰十分重要。这很像打棒球：职业生涯中1/3的命中率足以使你跻身"名人堂"（the Hall of Fame）；而1/5的命中率则可能意味着你的职业生涯不会很长，并且你将来也很可能就是一个并不怎么引人注目的保险推销员。我的老板要求我预测的准确性在误差2%以内，当然是比实际值少2%，比实际值多2%的话就是个大问题了。②

再强调一遍，以防你没有理解清楚：财政收入中的预测错误在所难免。一种检测你的错误有多严重的方法是：当某一时间段（一个月、一季度或一年）的财政收入结果出

① City of Clearwater General Fund Five-Year Forecast, October 2011 (http://ebookbrowse.com/a-five-year-financial-forecast-pdf-d295192606).

② Billy Hamilton, "Sympathy for the Bedeviled Revenue Estimators," *State Tax Notes* 51 (February 2, 2009): 350.

来时，查阅州政府城市的主流报纸，如果财政预算结果出现在头版，那你的错误肯定十分之大[1]。

当经济处于衰退期间，经济预测将会越发不准确（在 2007 年 12 月开始的经济衰退过程中，许多州的财政收入预测都存在严重错误）。但是，即使经济形势喜人，在财政收入预测中也会发生错误[2]。完美与否不应当成为对财政收入预测方法进行检验的标准，而是应当根据其他预测方法的准确性来对这种财政收入预测方法的准确性进行检验。有证据表明，正规预测方法的效果，要好于简单的经验预测[3]。如果根据现有的资源所采用的其他预测方法可以产生更加准确的预测结果，那么就应当采用这种预测方法。但是，即使是这种更为准确的预测方法，最终也将是错误的。对预测方法所做的检验从来都不会是完美的，仅仅是比现有的预测方法更好一些，并且没有政治偏斜的倾向。当收入预测员随着时间的推移来看待他们的业绩时，他们不会检查简单的平均百分比误差，因为平均百分比误差会导致大量过高的预测被大量过低的预测所抵消，并且会导致对准确性进行检查的失败（－10% 和 ＋10% 的错误会相互抵消，得出 0% 的平均值，但这并不能反映真实情况）。他们看的是平均绝对错误（absolute errors），这样正的及负的错误就不会相互抵消（ 10% 和 ＋10% 的绝对错误的平均值为 10%，可以更好地衡量典型误差）。

那么应对财政收入预测故意抱有悲观情绪吗？这是一个开放式的问题[4]。然而，故意地认为预测是乐观的，则是应该被抵制的，因为这违背了财政的可持续性原则。

13.2　财政收入估测

财政收入估测［在美国联邦政府中，被称为"财政评分"；在英国被称为"税收估价"；在美国的许多州中被称为"对财政批注（fiscal notes）的编写"］可以为政府估测出，如果通过了一项新法律或者税收征管过程出现了变动，税收收入会在原有的基础上变化多少。所谓财政收入估测，就是指现行税法下的财政收入和调整之后的新税法下的收入之间的区别。政府需要了解，正在被审议中的法案会造成什么样的财政影响，特别是正在被审议的财政收入举措。例如，如果个人所得税中的税收豁免减少了 500 美元，

---

① 情况可能会更糟。在向巫师和算命师征税后不久，罗马尼亚议会就开始审议一项针对他们的法律，如果他们的预言没有到来，可以对他们进行罚款或监禁。一个女巫抱怨说，应当对她们算命过程中使用的卡片采取措施，而不应该针对女巫本人。所以也许收入预测员应当将预测中的错误归咎于电脑是邪恶的。"Romania：False-Prophecy Penalty," *New York Times*, February 8, 2011.

② Michael W. McCracken, "How Accurate Are Forecasts in a Recession?" *National Economic Trends* (Federal Reserve Bank of St. Louis) (February 2009)：1. 主要的问题在于，往往很难发现经济衰退与繁荣之间的转折点，以及对于乐观心态的偏离。

③ Stephen K. McNees, "An Assessment of 'Official' Economic Forecasts," *New England Economic Review* (July/August 1995)：13—23.

④ 网络上也有关于这个开放式问题的讨论，具体参见：Ian Lienert, "Should Budgetary Revenue Projections Be Deliberately Pessimistic?" Public Financial Management Blog (International Monetary Fund), January 14, 2009 (http://blog-pfm. imf. org/pfmblog/2009/01/ should-budgetary-revenue-projections-be-deliberately-pessimistic-html). 一项关于 33 个国家的研究发现，预测总体呈正面偏差（过多的钱），繁荣期偏差更大，3 年期比短期偏差更大。Jeffrey A. Frankel, "Over-Optimism in Forecasts by Official Budget Agencies and Its Implications," National Bureau of Economic Research Working Paper 17239, Cambridge, Mass. , July 2011.

个人所得税的税收收入会增加多少？如果资本利得税率下降了10个百分点，相应的税收收入会下降多少？美国联邦预算体制中"现收现付制"规定要求进行这些估测；多年以来，美国的多数州也一直在对财政收入所造成的影响编写评语；自从1974年的《国会预算和扣押控制法案》颁布以来，参议院税收委员会的报告中也会包含这些对财政收入的估测①。财政部的税收分析办公室负责准备行政部门的财政收入估测②。在立法机关中，赋税联合委员会负责评定所有的税收法案，而国会预算办公室负责估定税率和使用费（包括支出政策）。国会预算办公室会将关于已经获得国会通过的法案的估测结果，纳入自己的10年基数之中。对于州政府来说，尽管财政批注也有可能来自州的预算机关或者税务机关，但是作为财政收入附件的财政批注，通常是由财政立法人员所出具的③。

这种对财政收入的估测肯定是非常粗糙的，因为现有的数据也不是根据立法草案进行归类的。例如，对于市容较差的市区中的市民所购买的草种，政府可能要给予销售税的税收豁免。但是，对这项税收豁免所造成的税收收入损失，却是很难进行估测的。因为不管是销售税还是家庭支出的数据，都难以详细到该区域中的这种购买活动。但是，尽管只是一种粗糙的近似，这种财政收入估测活动也为预算过程提供了一种重要的约束。这些估测活动中的对象是财政收入基数的变化。联邦政府的估测期通常是5年，而州政府的估测时间可能要更短一些。

这些税收估测报告，通常是根据现有纳税申报表的取样来编制的。此外，还需要一些必要的数据来作为补充。从效果来看，这些估测报告代表了微观模拟，尽管其取得方式间的复杂程度相去甚远；比如，税收分析办公室的估测报告的产生，可能使用的是基于大量个人纳税申报表样本的极其复杂的模型，而相比之下，一个州的立法服务局所得出的估测报告就显得十分不正式了。由于纳税申报表可以提供关于税收体制目前正在进行交易的有关情况，并且能够反映出税收的新规定对申报程序改变的程度，因此这些纳税申报表可以为税收评估提供一个基础。但是，也并不是所有法规的变化都能够反映在纳税申报表的样本中，因此，经常还需要从税收体制之外获取一些信息。

关于财政收入估测准备阶段的草案，一直以来都有不断的政治争论。三个可以辨别的方法体系分别是：

（1）**完全静态估测/评分。**完全静态估测假定，税收法案的变化，不会对纳税人的行为或经济活动程度产生影响。同时，它还假定，面对新的税收结构，纳税人不会对自己的行为进行改变。静态估测所依据的基础包括：纳税申报表上的数据，同时还需要一些对每张纳税申报表的新税基进行估测时，所必需的纳税人的其他数据作为补充；税款的计算公式，这个税款的计算公式可以分别用于根据基期税法和调整之后的新税法对每张纳税申报表上应纳税款的计算。例如，如果要对资本利得税的税率变化进行静态估

① 关于美国国会所使用的关于财政收入所造成影响的估测方法的描述，可以参见：Joint Committee on Taxation, "Overview of Revenue Estimating Procedures and Methodologies Used by the Staff of the Joint Committee on Taxation," *JCX-1-05*, Washington, D. C., February 2, 2005.

② Emil M. Sunley and Randall D. Weiss, "The Revenue Estimating Process," *Tax Notes* 51 (June 10, 1991): 1299-1314.

③ 下列是关于州评分的实践描述和分析：John L. Mikesell, "Revenue Estimation/Scoring by States: An Overview of Experience and Current Practices with Particular Attention to the Role of Dynamic Methods," *Public Budgeting & Finance* 32 (Summer 2012): 1-24.

测，就需要使用每张纳税申报表上的资本利得，并用新税率来代替现行税法中的原有税率，以重新对税款进行计算。将所有纳税申报表上的资本利得加总在一起，就可以得出对这种税收政策变动所造成影响的估测。当税法发生变化时，纳税人的反应程度不同，而当财政收入估测人员对于估测这种反应程度毫无评估的基础可言时，他们通常会选择静态估测的方法。在缺乏可信数据的情况下，税收专家们往往会选择财政上比较保守的方式进行估测。联邦估计师——赋税联合委员会和国会预算办公室都不经常使用静态方法，大部分州也都不负责编制估测。

(2) **微观动态估测/评分。** 这一方法经常被财政收入估测者所使用，该方法认为，当税法进行变动时，个人会做出反应，也就是说，估测并不是完全静态的。这种方法指出：新税法可能会增加或者减少激励因素，而作为反应，纳税人的行为也会发生变化，并且还可能导致新税法下的税基不同于原有税法下的税基。微观经济方面的行为影响可能包括：交易时间的变化、证券持有的改变、消费量的变化、通过使用税收计划和逃避战术来减少纳税责任、工作努力程度的改变，以及所有其他包括微观经济行为的影响。例如，1) 提高对卷烟的税收可能会导致卷烟销售的下降；2) 降低资本利得税的税率，会促使企业和个人意识到原来被推迟支付的资本利得部分，并促使企业和个人将一般收入形式转化成资本利得形式；3) 对大学学费的一项新的税收抵免可能会促使更多的学生来上大学。因此，对这些税收政策的变化对财政收入所产生的静态影响的预测，就需要根据以上的这些影响进行调整①。在这些例子中，如果单单使用有关卷烟销售量、资本利得和大学学费的历史数据，是不足以得出估测结果的。问题在于，对于这些影响是很难进行度量的，因为可能难以得到所需要的数据，也不知道纳税人的反应（需求弹性和供给弹性）到底有多大。方法允许的情况下，在估测或评价税法的改变所带来的影响时，无论是联邦政府的还是州的税收收入估测，都会将这些微观经济影响考虑在内。除此之外，关于这种调整是否合理，专业人员间的争论也是毫无意义的。其中最大的困难总是在于，进行这种微观经济行为的调整时，在多大程度上拥有一个坚定可信的基数。

(3) **宏观动态估测/评分。** 宏观经济动态分析在微观动态估测的影响上增加了诸如出口量的变化、利息率的变化和其他宏观经济因素对于财政收入的影响（微观动态估测是该分析的起点）。在微观经济动态估测中，假定总体经济活动（国民生产总值或粗略的州产值）是不变的。而宏观经济动态估测则力求在估测结果中，加入任何可能会对税收征收带来影响的总体经济活动的变化情况。也就是说，减税可能会对总体经济活动、通货膨胀和利率等宏观经济因素造成影响。这些影响可能会使税基出现不同于减税之前的变化，因此，由于税收政策的变动使税收收入所产生的任何变化，都应当包括在对税收收入的估测之中。因此，即使是包含了微观经济改变所带来的影响的静态估测，也夸大了减税所带来的财政收入的损失。例如，降低资本利得税的税率，可能会导致总体经济活动的扩张，而总体经济活动的扩张，又会导致几种联邦税收收入的增加，所有这些都应当作为对减税所造成影响进行的估测的一部分。尽管最近国会预算办公室和赋税联合委员会已经引入了一些宏观动态估测方法（它们实际上并没有给传统的微观预测带来

---

① 国会预算办公室的一项关于增加卷烟消费税所产生影响的分析，清楚地显示了微观经济和行为反应是以何种方式融入国会预算办公室的工作的。Congressional Budget Office, *Raising the Excise Tax on Cigarettes*: *Effects on Health and the Federal Budget* (Washington, D.C.: Congressional Budget Office, 2012).

很大的改变）①，在联邦政府对税收收入的估测中，并没有将宏观经济影响包括进来。这很可能是因为，关于这种宏观经济影响是否真的存在还有很大的不确定性，以及要系统性地确定这些影响可能需要付出很大的成本。此外，联邦储备银行会对具有较大宏观经济影响的财政计划做出金融政策方面的反应，而要对这种反应进行估测也存在很多问题。在对财政收入的估测过程中，一些州的立法机关会要求把对宏观经济的影响考虑进来。关于在估测中考虑宏观经济因素的讨论，主要是围绕下列话题进行的：如果在对税收收入的评估中只考虑静态影响和对微观经济的影响，所付出的政治努力就会低估降低税率和提高税收优惠对官方税收收入所造成的损失。证据显示，使用宏观动态分析实际上对税收收入估测只产生了很小的影响。而且证据也不支持这样一种幻想，即减少的税收可以通过其他税收收入的增加来自行筹集资金②。

尽管人们会根据税收收入的实际征管情况来对财政收入预测进行严密的跟踪和评价，但是很少会有人对财政收入估测中的精确程度进行评价③。即使是对绩效度量与评估投入了大量人力和物力的联邦政府，也很少会关注财政收入估测质量。正如国会预算办公室的一份报告中所说的那样："……通常是不可能对过去通过的法案对财政收入的影响估测准确度进行评价的。由于许多法规只是众多变化中的一部分，因此要想从中分离出这项具体法规所产生的财政收入影响，几乎是不可能的。此外，后期所制定的法案也会经常模糊前期法案所产生的影响。"④ 当法案——特别是应用了现收现付制，或平衡预算之要求限制了财政活动时——的变化被考虑进来时，财政收入估测就显得十分重要。但接下来，财政收入估测就往往会被忘记，并不会被拿来与实际数据进行对比，特别是当立法涉及改变现行税收而不是通过新的税收时，尤为明显。当对象是一个新的税种时，将预测与实际比较是可能的。例如，2010 年批准的联邦健康项目的一部分是一个新的对室内晒黑服务征收的消费税，税率为 10%，从 2010 年 7 月 1 日起执行。赋税联合委员会估测该税将会产生每年 2 亿美元的收入，但通过前 9 个月的征收，该税仅产生了 5 440 万美元的收入，远远少于预期的收入。估测期望有 25 000 家企业会缴纳此税收，但仅有 10 300 家企业进行了纳税登记⑤。这说明了对一个新的税种进行估测的困难：是分析出现了错误，是行政人员无效，还是两种原因都有？没有人知道原因，但当涉及用最少的可靠数据作为基础来进行估测时，这将是一项困难的工作。一般来说，没

---

① Congressional Budget Office, *Analyzing the Economic and Budgetary Effects of a 10 Percent Cut in Income Tax Rates* (Washington, D. C.：Congressional Budget Office, 2005). 据假设，减税所带来财政收入损失的1/3 会在 10 年内得以弥补。削减的部分是不会自我弥补的。下列是关于赋税联合委员会实验的描述："Testimony of the Staff of the Joint Committee on Taxation before the House Committee on Ways and Means Regarding Economic Modeling," JCX-48-11, Washington D. C., September 21, 2011.

② 从宏观经济影响来看，税式支出政策至少会和减税效果一样。然而，强烈建议对税收法规进行动态评估的人，并没有坚持要将该原则同样适用于预算的支出。

③ 存在一个例外，即：Edward D. Kleinbard and Patrick Driessen, "A Revenue Estimate Case Study：The Repatriation Holiday Revisited," *Tax Notes* (September 22, 2008)：1191-1202. 他们都回顾了赋税联合委员会对于外国员工归国假期奖金分红的估测，并解释了其估测程序。

④ Congressional Budget Office, *Projecting Federal Tax Revenues and the Effect of Changes in Tax Law* (Washington, D. C.：Congressional Budget Office, 1998), i.

⑤ Treasury Inspector General for Tax Administration, "Affordable Care Act：The Number of Taxpayers Filling Tanning Excise Tax Returns Is Lower than Expected," Reference Number 2011-40-115, Washington D. C., September 22, 2011.

有人知道财政收入估测最终到底是对是错①。联邦内的争论通常是关于财政收入估测，而非财政收入预测的。

13.3 税式支出预算

1974 年《国会预算和扣押控制法案》将"税式支出"定义为："由于联邦税法中的规定所导致的财政收入损失；这些规定允许在毛所得中进行特别的排除、扣除或者税收豁免，或者这些规定可以为税收义务提供特别的税收抵免、优惠税率及延期纳税等规定。"税式支出预算，是根据对这些税收优惠的规定造成税收收入损失的估测积累而成的。因此，税式支出预算可以反映出每种税制的双重属性——一部分为产生收入，一部分为分配补贴——以及税制中有些规定的矛盾属性：在税制中，有些规定是为了贯彻传统的税收政策，因而应当根据课税的标准来对其进行评价；而税制中的另一些规定则是为了促进某些经济活动的发展，或者为了减轻人们的困难境况，因此应当根据预算政策标准来对其进行评价。关于扩大税基（提高额外收入或准许更低的法定税率）的讨论侧重于税收支出。如果要扩大税基，可以通过消除一些税收优惠来完成。

税式支出的数额，一方面，等于如果没有这项特殊规定，纳税人所应当缴纳的税款数额；另一方面，纳税人因此所得到的政府补助数额，也等于税法中规定的应纳税款数额。税式支出之所以会和直接支出具有可比性，是因为二者都可以给人们带来收益，从而减少可以用于其他方面的公共资源。然而，在政治上，二者看起来却是迥然不同的。正如尤金·斯图尔所指出的那样，税式支出"使政治家们从表面上来看，像是在缩减政府的规模（因为他们在减少税收）；而实际上，他们却是在扩大政府的规模（因为他们在增加支出）"②。这种做法不仅非常虚伪，而且显然违背了财政的透明度原则。而税式支出的概念和税式支出预算就是为了增加财政透明度的一个工具，因为其能够确定谁正在接受这些隐藏的政府补贴。

税式支出预算的编制其实是"一种分类活动：将税收体制中的法规分成一般性法规和对一般性法规的偏离"③。但是，什么才是一般性的法规呢？实际中的问题就是要确定，哪些部分是一般性法规，哪些法规是对一般性法规的偏离，并进而构成了一种用税式支出预算来度量的税收优惠。如果将税制中的大多数内容都定义为一般性的，那么就会减小税式支出的规模；而相反，如果将税制中的内容定义得很狭隘，那么税法中所有的法规就都变成了值得怀疑的对象，而税式支出预算就会变得比较大。

由于存在相当多的具体转化机制可以将税收的概念转换成税收结构，因此任何税式

① 但有的时候，错误的估测也能达到令人兴奋的程度。比如，2000 年，亚利桑那州为使用丙烷做燃料的机动车提供了巨大的税收优惠，估测的税收收入损失在 300 万到 1 000 万美元之间。然而在第一年中，财政收入损失竟达到了 4.2 亿美元，原因是估测人员在起草法规时，没有看出其中的一个错误，因此导致了该项目的开放性；同时，他也错估了该项目到底有多受欢迎。Jim Carlton, "If You Paid Half Price for That New SUV, You Must Be in Arizona—With Big Rebates to Car Buyers, Clean-Air Law Cleaned Out the State's Coffers Instead," *Wall Street Journal*, October 26, 2000, A-1.

② Eugene Steuerle, "Summers on Social Tax Expenditures: Where He's Wrong…or at Least Incomplete," *Tax Notes* 89 (December 18, 2000): 1639.

③ Organization for Economic Cooperation and Development, *Tax Expenditures: Recent Experiences* (Paris: Organization for Economic Cooperation and Development, 1996), 9.

支出预算都需要对自己的税法基础的定义进行仔细解释。2010 年的联邦预算就对两种可选择的基础进行了详细描述：

> 一般的税收法规基础是根据广义的所得税定义的，其中将"所得"定义为在一定时期中消费和净财富变化的总额。一般的税法基础允许进行个人豁免、标准扣除，以及将为取得收入所形成的费用扣除。一般税收基础的定义并不限于一种具体的税率结构，也不会限于纳税单位的具体定义。

> 参照税法基础也是根据广义的所得税进行定义的，但在实践中要与现行的税法更为接近。参照税法基础中的税式支出，仅限于用于履行实际功能的税收法典中的特别豁免。参照税法基础中的税式支出，通常是一般税收基础中的税式支出，但是反之却不一定成立。[1]

一般税收定义的是理想税收或者标准税收；这种税收定义依据的是教科书上的概念，按照这种税收的方式可以对政府的成本数额进行分配。一般税收源于一个基本原则（这里要注意黑格-西蒙斯对"收入"定义的较为宽泛发展轨迹）；为了对"一般"和"参照"进行定义，允许做一些适当的调整。"一般"和"参照"定义之间的区别构成了税式支出。参照法律（reference law）源自基准法（benchmark law），与该基准法产生的偏离代表了税收支出。

现行的联邦税式支出会对一些经济活动（如投资、住宅建设、市政借款和慈善性活动等）进行鼓励，对一些情况比较特殊的纳税人的纳税义务进行削减（如对医疗费用、人员伤亡损失的扣除等）。（专栏 13-2 描述了赋税联合委员会 2008 年开发的一个替代性程序。）由国会（赋税联合委员会）和总统（财政部）对税式支出所做的估测，是行政预算及其他陈述性文件中的一个常规性部分[2]。表 13-1 显示了财政部对收入影响为 200 亿美元以上的所得税支出的估计。可以注意到的是，这些较大的税收支出在美国公众中都受到了广泛欢迎，并且经常受到支持税收优惠的利益集团的拥护。这就是扩大联邦所得税税基的行动很难推进的原因。虽然不是一年一次，但大约 40 个州的估测是定期编制的[3]。附录 13-1 介绍的是明尼苏达州所使用的对税式支出评估的标准和原则。

专栏 13-2　赋税联合委员会对税式支出的测量方法

　　赋税联合委员会于 2008 年引进了一种新的税式支出测量方法。这种重新考虑之所以出现，是因为传统分析与以**净所得**正式定义为起点的普遍接受的做法并不吻合，但设计似乎偏向于特定的税收改革。因此，它不是像其假定的那样，是中立的分析工具或基

---

[1]　Office of Management and Budget, *Budget of the Government of the United States*, *Fiscal Year 2013*, *Analytical Perspectives* (Washington, D. C.：U. S. Government Printing Office, 2012), 248.

[2]　对税式支出的估测，既可以按照财政收入的标准，也可以按照财政支出的标准。其中，后者评估的对象是直接支出的资金数额；通过这种直接支出方式向纳税人所提供的净收益，等于他们从税式支出中所得到的数额。

[3]　对于州税式支出预算的分析和评估在以下文献中得到了描述：John L. Mikesell, "Tax Expenditure Budgets, Budget Policy, and Tax Policy: Confusion in the States," *Public Budgeting & Finance*, 22 (Winter 2002): 34-51; and John L. Mikesell, "The Tax Expenditure Concept at the State Level: Conflict between Fiscal Control and Sound Tax Policy," *Proceedings of the Ninety-fourth Annual Conference on Taxation of the National Tax Association* (Washington, D. C.：National Tax Association, 2001). 州一般不能明确确定其税收支出估计所依据的一般结构。这一问题在其税式支出预算中处理销售税时尤为明显：John L. Mikesell, "State Tax Policy and State Sales Taxes: What Tax Expenditure Budgets Tell Us about Sales Taxes," *Amercian Review of Public Administration* 42 (March 2012): 131-151.

准，而是重组国内税收法典的议程。问题围绕"一般税"（normal tax）的定义展开。这一争论使产生的税收支出测量没有完全起到原本的作用。争论的关键是"一般"应该是什么，讨论并没有围绕税式支出进行。关于税式支出分析应该做什么的想法也就被颠覆了。

赋税联合委员会提出了一个新的方法，该方法可以避免定义"一般"税收可能是什么，他们强调这一替代方法将更加具有原则性和中立性。这种在税法（与假定的一般法无关）中名为税收补贴的条款，与现行税法中的特定规定不一致，并且导致税收的减少。如果补贴结果产生了比一般规定更多的收入，补贴就可能是无效的。赋税联合委员会随即试图确定构成一般规则的要素，以及国内收入法典下的例外情况。随后，税收补贴类别被细分为三个子类别：（1）税收转移，即不考虑个人所得税义务条件下对其进行的支付（被视为税收体制中替代支出项目的最为明确的一种用途）；（2）社会支出，即其条款会引致一些行为，或对其进行补贴支出，所补贴的行为不会产生与劳动供给相关的商业收入或津贴；（3）业务综合支出，即同业务产出与投资收入有关的支出。这种方式同时还有一个称为税收导致的结构扭曲的分类，来允许那些不能明确代表对一般规则背离，却能影响经济决策、导致效率降低的法制元素（大多包括那些来自赋税联合委员会税式支出体系的旧有类别）。

总体来讲，赋税联合委员会的理念，向着他们定义的现行税法的一般准则作为参考基数前进，同时把税收补助定义为是对现行税法的背离。它从一般所得税的经济测量方法转变为国会的参考法案。确定的一点是，联邦税式支出无论是在条目还是数额上均逐年增长，即使税式支出报告是按时间表发布和分配的。这种新型方法试图避免关于一般结构的规范式争论，至于能否起到推波助澜的作用，这还是个开放式的问题。

这种新型方法的详细描述呈现在：*A Reconsideration of Tax Expenditure Analysis*, *Prepared by the Staff of the Joint Committee on Taxation*, JCX-37-08（Washington, D.C.：Joint Committee on Taxation, May 12, 2008）；and in *Estimates of Federal Tax Expenditures for Fiscal Years 2008—2012*, *Prepared for the House Committee on Ways and Means and the Senate Committee on Finance by the staff of the Joint Committee on Taxation*（Washington, D.C.：U.S. Government Printing Office, 2008）.

表 13－1   联邦所得税税式支出的财政效应：影响在 200 亿美元以上的规定

税式支出规定	金额（百万美元）
对雇主所交纳的医疗保险费和雇主向医疗保健体制缴款的排除	180 580
对购买自有住宅的抵押贷款利息的扣除	100 910
对养老金缴款和收益的净扣除：401（K）计划	72 740
机器设备的加速折旧（一般税收方法）	33 180
排除净估算租金收入	51 080
资本利得（其中不包括来自农村、木材、铁矿石和煤的资本利得）	62 040
对养老金缴款和收益的净扣除：雇主计划	52 330
对除自有住宅课征的税收之外的非商业性州和地方税收的扣除	46 260
除教育和保健体制之外的慈善性捐款的扣除	39 770
对公共目的州和地方债券的利息的排除	36 210
对来自受控外国公司收入的延迟课税（一般税收方法）	41 810
人在去世时资本利得逐渐增加的基础	23 860
对住宅销售的资本利得的扣除	23 440

续前表

税式支出规定	金额（百万美元）
对退休工人社会保障收益的排除	25 620
对寿险储蓄利息的排除	25 150
对州和地方自有房屋财产税的扣除	22 320
处置合格股息	21 900

资料来源：Office of Management and Budget，*Budget of the Government of the United States*，*Fiscal year 2013*，*Analytical Perspectives*（Washington，D. C.：U. S. Government Printing Ofiice，2012）.

如果一般税收结构设计合理，那么税收政策通常是反对实行税式支出的，因为：税式支出这种特殊规定会扭曲家庭和企业的决策，使税制复杂化；对于税式支出的实行，也不会进行经常性的评估和法律审议（他们缺乏能够将联邦制下的支出，特征化为独立的授权/拨款的步骤）；税式支出在具体数额上是没有限度的；在法规的制定、收益的提供和适用范围上，税式支出都是不透明的。将一种在形式上是隐性的、在时间上是永久性的、在数额上是没有上限规定的补贴方法，与善政相结合，这是很困难的。税式支出的这些特征为特殊利益集团获得补助创造了绝佳的方式。然而，并不是所有税式支出都是不好的；为了实现一定的政策目标，与其他方法（例如，直接财政支出和管制等）相比，通过税收体制来实行一些预算政策是一种明智、迅速而成本低廉的可行方法。税式支出的实行，不需要建立一个行政机构来对它的运行进行管理；与需要给予特殊管理的独立计划相比，税式支出的受益人的范围要更大一些。

一个有用的税式支出预算发展的重要阶段，是定义一般税收，即决定基本税收政策。这个问题正被联邦层面所考虑。小布什政府后期制定的联邦预算强调现行联邦收入税实际上是一种在消费税基础上增加税式支出预算的混合型收入-消费税。当然，这导致了一种不同于传统收入基础的税式支出。特别是，那些提供存款税收优惠的税收条款已经不算是税式支出了。最明显的是表 13-1 中显示的退休计划的若干收益排除条款，这些代表了对储蓄排除的条款，故当一般税是消费时，它们就成为需要从税基中扣除的因素，从而得出一个一般税基（收入减去储蓄等于消费）。这说明了为什么在税式支出预算对政策讨论产生任何实际影响和效用之前，必须达成对一般税政策的共识。如果你不同意基本的税收政策，那么制定税式支出预算将是件浪费精力的事。

对基准或一般税收结构的合理定义，可以防止任意和反复无常的税收政策。大多数财政专家都同意萨里和麦克丹尼尔的结论："如果不对税式支出给予重视，一个国家就不能实现对税收政策和预算政策的全面控制。"[1] 相同的道理也适用于美国的州政府。如果没有税式支出预算，一个政府就无法对自己的财政收入体制被用于非财政收入目的的程度进行衡量[2]。根据赋税联合委员会记录，从 1972 年到 2007 年，税式支出的总数从大约 60 项增长到 170 项，并且税式支出现在占到了联邦非自由裁量支出的 140%[3]。

---

[1] Stanley S. Surrey and Paul R. McDaniel，"The Tax Expenditure Concept and the Legislative Process," in *The Economics of Taxation*，ed. Henry J. Aaron and Michael J. Boskin（Washington，D. C.：Brookings Institution，1980），124.

[2] 税式支出预算在其他国家财政体系中也很常见：Hana Polackova Brixi，Christian Valenduc，and Zhicheng Li Swift，*Tax Expenditures—Shedding Light on Government Spending through the Tax System*，*Lessons from Developed and Transition Economies*（Washington，D. C.：World Bank，2004）.

[3] Daniel R. Mullins and John L. Mikesell，"Innovations in Budgeting and Financial Management," in *The Oxford Handbook of American Bureaucracy*，ed. Robert F. Durant（New York：Oxford University Press，2010）.

这可以作为税式支出仍在掌控之中的证据吗？

结　语

作为财政管理的一部分，财政收入预测对于预算的编制来说是至关重要的。它包括以下三个重要的组成部分：对未来财政年度中财政收入进行预测、对税法变化所造成的影响进行估测、对现行税制运行所损失的财政收入进行计算。当财政收入预测是按照专业化的程序来进行的，并且没有受到政治因素的左右时，一般会具有极高的准确性（只有1％～3％的错误）。当一国的经济进入萧条期时，财政收入预测中发生错误的概率通常会增加。财政收入估测也是很重要的，因为它可以让决策者了解自己的政策变化可能产生的财政成本。税式支出预算可以针对现行税法相关规定对财政收入造成的影响进行核算。在现实中，财政收入预测的实践，尤其是估测和估计，是一种高度综合的艺术。

问题与练习

1. 在一个州中开征的无形资产税，是对在本州拥有无形资产的个人课征的一种税收。其税基是这项无形资产在 12 月最后一天的市场价值；对于大多数纳税人来说，12 月中无形资产的持有状况将会决定他（她）在下一年 4 月 15 日时的纳税状况（在这种税制中，是使用年度所得税的纳税申报表来缴纳无形资产税的）。该税的税率一直都是 0.002 5％，但是从 2014 日历年度之后，该税的税率将会逐渐降低。2014 年，该税的税率将变为 0.002 33％；2015 年，将变为 0.002 17％。

下表中的内容包括：关于 2006—2012 财政年度（每年的 7 月 1 日至下一年的 6 月 30 日），该税的税收收入状况、对 2013 和 2014 财政年度的税收收入的估测情况、该州在各个日历年度中的个人收入状况。个人收入和税收收入的单位都是"百万美元"。

财政年度	税收收入（百万美元）	个人收入（百万美元）
2006	15.6	26 158
2007	17.8	27 776
2008	14.7	26 816
2009	14.1	26 206
2010	16.6	34 132
2011	17.4	36 487
2012	19.2	40 279
2013（估测值）	19.4	n. a.
2014（估测值）	19.6	n. a.

注：n. a. ＝数据不全。

使用你认为最合适的方法，来对 2014、2015 和 2016 财政年度中该税的税收收入状况进行估测。（一个独立委员会对该州在这三年中个人收入的估测结果如下：2014 年为486.6 亿美元、2015 年为 528 亿美元、2016 年为 575 亿美元。）说明你所使用的预测方法，并指出这种方法为什么会比别的方法更好一些。

2. a. 什么机构为您所在的州的预算进行收入预测？是由行政分支机构还是立法分支机构，还是两机构达成共识？

b. 您所在的州政府中哪个机构来为税收立法编制收入估测？这些估测是否能轻易从州网站上获得？

c. 你们州是否有税式支出预算？如果有，产生最多州收入的前两种税收最大的税式支出类别是什么？税式支出预算是否能够确定每种税收的一般结构？

3. 美国东南部的一个州在经营酒类商店。酒类商店中的价格是这样确定的：当系统需要这些酒类商品时，其批发价就会增加 41%。也就是说，每箱酒类商品的价格会增加 8.10 美元的消费税，该州酒类商品的销售量大约为 3 600 万箱，现在该州将每箱的消费税税率提高到了 9.10 美元。一项暂时性的财政收入估测表明，酒类商品的消费税收入将会因此增加 3 600 万美元。但是，该州的一位经济学家却反对说："由于消费者对酒类商品的需求是缺乏弹性的，所以，酒类商品的销售对消费税税率的提高并不敏感。因此消费税税收收入的增长额将会超过 3 600 万美元。"你对这项反对意见有什么评价？

4. 对财政收入估测会受到管理程序的影响。假如你正在对一个州的公司所得税收入进行估测。在审议的历史数据中，你发现有一大笔关于税收收入的数据被从一个财政年度转移到了下一个年度，而且具体数额并不清楚。这是因为出现了横跨两个年度的假期，从而导致了处理系统在近来的一个财政年度的最后两周中一直处于关闭状态。在你编制的对这项税收收入的估测中，既要对历史数据进行完善，又要提交自己对税收收入的估测，你将如何处理这个问题呢？

5. 国会通过了一项对大学生学费实行税收抵免的政策。你将如何对这项政策的财政收入影响进行估测呢？使用完全静态估测、微观动态估测或者宏观动态估测方法，对你的估测会有什么影响呢？

6. 当苏联在 20 世纪 90 年代初解体时，瓦尔达尔共和国宣布了独立。在这个国家建立货币制度、民主程序和有序的财政体制的过程中，出现了高通胀、失业和人民生活水平不断下降等问题。在 1997 年末，该国开征了个人所得税，主要依靠的是较大的雇主对工资薪金的代扣代缴，但是这种税收的课税范围仍然很广。由于个人所得税在该国税收收入总额中的比重高达 30%，因此该国在 2000 年通过了一项法律，希望能将个人所得税的比重在短期内下降至 25%。个人所得税税率的下降，有望促进该国的经济活动，以及促使企业活动从地下状态转移到官方的、缴纳税收的经济活动中来，因此由于税率下降所导致的税收收入损失最终也可以被弥补。该国的财政部预测，2001 年该国个人所得税的收入将为 77.89 亿 MK。关于这些税收收入的具体数据可以参见下表：

a. 根据这些信息，你是否建议该国的财政部修改对 2001 年个人所得税税收收入的预测呢？并解释原因。

b. 哪些因素将会影响你对这些数据中规律的认识呢？

c. 除了这些数据外，你还需要哪些数据呢？

下表中税收收入的单位为"千 MK"。

	1998 年 （千 MK）	1999 年 （千 MK）	2000 年 （千 MK）	2001 年 （千 MK）
1 月	668 534.0	625 149.1	559 070.9	714 981.0
2 月	782 026.6	754 396.9	874 000.0	575 115.0
3 月	738 856.7	811 506.7	988 047.2	583 592.0
4 月	826 622.9	880 075.8	916 030.7	586 743.0
5 月	678 031.1	756 507.9	800 876.8	
6 月	736 974.5	831 054.5	940 975.1	
7 月	824 343.7	978 485.6	967 098.4	
8 月	668 708.8	743 718.4	841 267.5	
9 月	766 271.3	898 210.0	874 308.1	
10 月	759 679.8	846 494.2	887 091.4	
11 月	742 371.5	847 950.2	936 090.7	
12 月	984 911.2	1 259 467.1	1 204 961.7	

7. 下面是来自某个州几年来的酒类消费税税收的统计，那段时间税收的结构和管理均未发生变化。税款以千美元记，联邦财政年度在 6 月 30 日结束。你的任务是预测 2016 和 2017 财政年度的税收额。

2006：144 990	2007：153 831	2008：162 083
2009：170 469	2010：193 181	2011：195 179
2012：212 501	2013：223 036	2014：239 494

附录13-1 明尼苏达州税式支出预算：标准与度量

明尼苏达州每两年编制一个税式支出预算，并公布于政府的两年度财政预算中。对于那些关注者来说，通过制定明确标准来定义税式支出，使其成为一份有用的文件，这是很有意义的，同时，对于任何考虑制定类似预算的地区来说，这也将成为一种有用的模板。以下内容节选自 2012—2015 财年的文件①。请注意最后一部分，讨论税式支出的计量方式与拟议的法律变更的收入估测的不同。

税式支出的概念

"州政府治理政策目标的达成可以通过以下两种方式来完成：直接的政府资助的支出和特殊的、经过选择的税收减免或税式支出。"（《明尼苏达州章程》，第 270C. 11 条，小组 1，部分转载于附录 A）

税式支出是指那些没有增加反而减少税收收入的法令性条款，包括税收豁免、税收扣除、税收抵免和低税率。这些条款被称为支出，是因为其和直接支出项目很类似。税式支出和直接支出都是为一些公共政策目标服务的，例如，资助和鼓励一些特定活动，或为特殊情况中的个人、企业和组织提供财政支持。

---

① The Research Division, Minnesota Department of Revenue, *State of Minnesota Tax Expenditure Budget*, *Fiscal Year 2012−2015* (St. Paul：Minnesota Department of Revenue, 2012).

税式支出和直接支出在以下两方面有所不同：

● 直接支出项目只有在对每个预算阶段进行拨款的情况下才能持续，而税式支出的连续性并不需要立法行动。除非税式支出有一个截止期限，否则它将会持续下去，直到有规定要撤销此支出。

● 直接支出项目在预算表的支出栏中显示，税式支出显示在预算表的收入栏中，并未进行逐条列记。州预算中显示的收入是税式支出的净值。

税式支出预算的目的

税式支出预算的目的是为推进关于州和地方税式支出条例之常规性全面性的立法回顾提供信息。在报告中，税式支出条款会和对于每项条款的法定引用、历史、解释以及财政作用一起被定义并列出。

1983 年实施的《明尼苏达州章程》中的第 270.067 部分规定，税式支出预算要作为政府官员两年期预算的补充进行提交。1996 年法律规定改变了，因此报告在每个偶数年到期，而不是与官员两年度预算一致的奇数年到期。在 2005 年，该章程被重新改定为第 270C.11 部分（转载于附录 A）。

税式支出标准

并不是每项税收豁免、税收扣除、税收抵免或者低税率都是税式支出。一个概念性的框架控制着税式支出条款的定义。每项税收条款都是根据标准清单进行评估的。本报告制定了 7 条用于评价税式支出条款的标准。其中，有些标准直接来自授权性的法规，有些标准依据的是编写联邦税式支出报告中所使用的概念，还有一些依据的是对税式支出概念在逻辑上的一种使用情况。一项税收条款只有在符合所有的标准之后，才能被称为税式支出。

如果一项税收条款符合以下规定，就可以被认为是税式支出：

● 这项税收条款会对在全州范围内适用的税收产生影响；

● 这项税收条款可以产生税收优惠待遇；

● 这项税收条款会导致该财政年度税收收入的下降；

● 这项税收条款并不在州预算中支出；

● 这项税收条款可以包括在界定好的税基之中；

● 这项税收条款不适用于其他税种；

● 通过对州法律的修改，可以对这项税收条款进行修改和废除。

前 4 条标准依据的是要求编制税式支出预算的法律。

全州范围内的税收　根据有关法规所编制的税式支出预算，会把每个在全州范围内适用的州税种和地方税种都包括进来。只有一个市区或者几个县所课征的地方税收，就不会被纳入税式支出预算报告中了。只有包含税式支出条款的税收才会被纳入该报告。

税收优惠待遇　确定税式支出中的核心概念是税收优惠待遇。授权法规的第一句中使用了"特殊和选择性"的词汇，同时，在对税式支出的法定定义进行描述的时候也使用了"某些"一词。明尼苏达州法规中的第 270C.11 部分中的第 6（1）部分认为（重点增加）：

"税式支出"是指这样一项税收法规，这项税收法规可以用来向某些人、某些类型的收入、某些市场交易或财产，提供有关总收入、税收扣除、税收豁免、税收抵免以及税率方面的规定，这些规定会导致税收收入的减少。

如果一项税收政策不是优惠性的，那么这项税收法规将不会是一项税式支出。例如，个人所得税中的个人豁免额就不是优惠性的，因为每个人所收到的税收豁免数额都是相同的。类似地，个人所得税中的分级税率结构也不是一种税式支出，因为税基数额相同的纳税人都是按照相同的税率水平纳税的。

收入的减少　在上文所引述的法规中，有一项要求是，这项法规"……可以导致税收收入的减少"。然而，即使一项税收法规符合了上述条件，但如果没有正在或者将要在 2012—2015 财政年度间使用，这项税收法规也不能被认为是税式支出。要求将一系列税式支出纳入联邦预算的联邦法律（1974 年《国会预算和扣押控制法案》，公法 93－344 号）中也包含了对税式支出的定义："……联邦法律中允许有可以将纳税义务推迟的法规。"尽管明尼苏达州法律中并没有提及对纳税义务的推迟，但是，这个概念在编写本报告的过程中已经被采用了，因为延期责任会导致给定年份中的税收减少。

纳税义务的推迟会涉及货币的时间价值问题，对个人所得税和公司特许权税都会产生根本性的影响。纳税义务的推迟，可以通过推迟对应税收入的确认时间来实现，也可以通过加速对费用的税前扣除来实现。在一个年度中，不管出现了以上的哪一种情况，应税所得都会降低，尽管在未来年度中可能会对这种情况进行调整。在效果上，对纳税义务的推迟，就像给予了纳税人一种无息贷款。

不是州预算中的支出　税收支出预算旨在为州预算进行补充，因此不包括在州预算中已列为支出的规定。财产税中许多税负减让的规定与税式支出类似。但是，这些条款并不能被归为税式支出，因为在预算中，这些条款已经被归为支出了。

包括在界定好的税基之中　对每种税收的税基都应当界定清楚，因为只有这样才能发现税基的例外情况。有些税收条款有利于对税基进行界定，而另一些税收条款则是相对于税基的例外。一种税收的税基是本报告所使用的工作定义，其目的不是定义理想的税基。每种税收税基的界定都在该税的章节导言中有所解释。了解税基有助于了解该税收的税式支出是如何决定的。

不适用于其他税种：在有些情况下，可能会同时课征两种税收。但是要对同一个纳税人或者同一种经济活动同时课征两种税收并不合理。因此，在课征另外一种税收的同时，对其中的一种税收给予的税收豁免并不能被认为是一种税式支出。

本报告中所使用的替代性税收概念仅限于以下几种情况：

- 对铁燧石和铁矿开采收入征收占有税，来替代企业特许经营权税；
- 对汽车的购买行为课征汽车消费税（第 5 章），以此来代替一般销售和使用税（第 4 章）；
- 香烟的消费不被列在一般销售和使用税中，但却需要在批发阶段课征销售税；
- 课征固体废弃物管理税代替一般消费税；
- 使用包括汽车注册税和铁燧石生产税在内的一系列税收，来代替一般财产税；
- 对非商业性飞机课征的是飞机注册税，对商业性飞机课征的则是飞机财产税。

受立法授权管制　法律明确要求税式支出预算要提交给立法机关。因此，报告所含有的条款，只有通过对州法律的修改，才能对它们进行修改和废除。由于明尼苏达州宪法、联邦法律和美国宪法中的条款，不能完全由明尼苏达州的立法机关和州长来管辖，因此不能被归入税式支出预算。

对税式支出财政影响的度量

税式支出对财政的影响，度量了现行法律下一项规定所造成的收入损失。对每项税式支出的规定都应当单独进行估测，并假定这种税收中的其他条款和其他税收会维持不变。对于税式支出中的一条法规对其他法规所造成的间接影响，这里不予考虑。由于这里估测的是税式支出条款存在时所造成的影响，因此这里假定纳税人的行为不会发生变化。

对导致税收推迟的规定的估计是该年度的净影响。对传统个人退休账户的缴款在缴纳的年份中扣除，并在收到的年份纳入应纳税所得额。某一年度的税收支出影响，测量了所有当年传统个人退休账户缴款的扣除额，加上该年应计的利润排除，减去包括在该年度应纳税所得额中的分配额。

这种估测的精确度因数据来源和数据对税式支出规定的适用性而有所不同。只要有可能，就可以使用明尼苏达州纳税申报表中的数据。其他数据来源包括联邦税式支出估测、联邦纳税申报单的数据、人口普查数据以及大量其他明尼苏达州和整个国家的经济和产业数据。

如果对两项或者多项税收法规的估测是综合在一起进行的，那么用于对一项税式支出进行估测的方法就会产生误导性影响。根据情况的不同，两项或者多项税收法规所产生的综合影响，或大于或小于分别对各项税收法规进行估测的结果之和。

当两个税式支出重叠时，一般而言，重叠部分不包括在任何一个估测之中。例如，就业机会营造区的购买既符合销售税豁免，也符合资本设备豁免条件。销售税免除和资本设备免除都不包括就业机会营造区企业的设备采购。对这两项税收豁免分别估测的结果进行加总可能会低估其综合影响。

将税式支出估测加总会导致错误信息的另外一个原因，是个人所得税分级税率结构。当收入提高时，边际税率增加。为每个税收排除和扣除的规定进行的预测，使用了适用于该规定的边际税率。如果同时对这两项税收豁免进行废除，综合影响适用的边际税率将会高于每项规定单独的税率。这种情况下，将两项分别估测的结果相加会低估其综合影响。

个人所得税的逐项扣除说明了将税式支出估测加总可能产生的扭曲。由于其他准备金保持不变，因此（要想计算）每个逐项扣除额的估计值，可以将其余逐项扣除额的总和与标准扣除额进行比较。对于因失去该项扣除而失去部分利益的纳税人来说，税式支出预测测量了标准扣除额基础上的增量效益。将为两项或更多抵扣项目进行的税式支出预测进行加总，忽视了合并估测和分开估测时，在标准扣除额基础上的增量效益可能不同。

报告包括了6种扣除项目（项目1.66到1.71）。如果将2013财政年度对这6项的单独预测进行加总，总额是7.662亿美元。然而如果将这6项规定合并在一起进行估测，则综合估测额为5.211亿美元。将分别估测的结果进行加总会将综合影响高估2.451亿美元，超过47%。

税式支出的计量方式与拟议的法律变更的收入估测的不同

一项税式支出规定的财政影响，并不一定必须与废除该条款所获得的收入相同。这一区别十分重要。

与对税式支出的估测相比较，对于废除一项税收条款的影响的估测，需要考虑一种税收内部和不同税种之间的相互作用，同时还要考虑纳税人行为的变化。正如前面部分所解释的，如果同时废除一种税收中的两项或者多项税收法规，那么就需要对废除这些税收法规的综合影响进行估测，并且结果可能大于或小于分别估测结果加总的和。

下面的表格总结了与拟议的法律变更的估计数相比，税式支出估计的各种因素有何不同。

	税式支出	拟议的法律变更
估测时考虑：		
纳税人行为的改变	否	是*
对其他税收规定的影响	否	是*
两项或更多规定产生的综合影响	否	是*
生效日期	否**	是
其他因素，包括可收集性	否	是*

* 视情况而定。
** 只在现行法律下变更的生效日期。

第 *14* 章

政府间财政关系：多样性与协调

　　美国联邦政府、州政府和地方政府都在提供公共服务，并为其服务筹措资金；这些活动的开展有时是独立进行的，有时则是合作进行的。在美国，每一级次的政府都是由选民选举产生的，没有哪一级次的政府是作为另一级政府的地区性部门而运作的。即使是各个地方加总在一起构成了州、各个州加总在一起又构成了联邦，但是州内部的各个地方、联邦中的各个州之间的选择也会不尽相同。由于这种选择的多样性，州和地方政府在提供公共服务和为政府服务融资的过程中都发挥了重要作用。其中包括进行财政支出的权力，以及为这种财政支出筹集足够财政收入的责任[1]。

　　大多数人认为，各层级政府间完全独立、互不协作常常会导致无法接受的后果。毫无疑问，这种状态不会给公众带来满意且承担得起的服务，反而会给一些不幸的个人或经济体带来沉重负担，使一些低层级政府陷入长期的财政危机之中。这些问题都强调了建立制度化的政府间财政关系的重要性[2]。

　　各级地方政府都允许财政多样化，它们拥有决定哪些政府该提供哪些服务的选择权。尽管联邦政府依旧是国防和邮电行业唯一的提供者，但其他一些重要的政府职能则在联邦、州和地方政府之间进行分配。州和地方政府在以下几类服务的提供中具有主导地位，包括公共安全（公安、消防以及安全管制）、教育（基础教育、中等教育以及高等教育）、文化娱乐以及交通运输（公路、航运、水运和城市公共交通）。它们还举行选举，为所有政府选出官员。

---

　　① 公共财政的纵向结构分析和一个国家不同等级的政府实体的政府财政实践，被称为"财政联邦制"。

　　② 美国和加拿大的特点是联邦与区域政府之间政治独立，但并非所有联邦制国家都是如此。比如，与美国和加拿大现行的各州州长自由选举制度不同，在俄罗斯和印度，国家执行长官对区域执行长官的选举过程有相当程度的控制力和影响力。同时，正如第1章所说的许多国家是单一制而非联邦制，这些国家的次级政府更像是中央政府的分支机构。

各个州和地方政府能够根据不同人群的不同偏好，调整其提供的政府服务的水平和种类。州和地方政府承担提供公共服务的责任，必然意味着，它们所提供的服务种类及融资方式具有巨大的差异性。各辖区为了使政府服务成本维持在可接受的范围内而相互竞争，这可能也同时提高了其提供服务的效率。中央集权意味着更大的统一性和可能更安全的资金供给。另外，中央集权使政府职责清晰化：如果只有一个政府存在，当时就不会为了确定哪个政府应该对"卡特里娜飓风"的应对失误负责而争论不休。究竟是什么决定了哪个层级政府在提供特定服务时应该承担主要责任？政府间的财政关系又该如何安排？提供服务的多样化应当被限制或协调在怎样的程度呢？当地方政府没有运用自己的征税权增加收入来满足支出需求时，它们期望从中央政府得到多少收入呢[①]？

14.1　匹配性与辅助性

在判别某项公共服务该由哪一级政府提供时（但不是必须生产），一个关键因素就是其受益的外溢范围。在政府结构中，"辖区的权限不仅决定了每种公共物品提供的水平，同时也精确地决定了消费这种物品的人群范围"。这种政府结构满足在既定政府规模和辖区地理边界中的匹配性原则（correspondence principle）[②]。要使公共服务受益外溢的范围和决策单位所管理的区域相吻合，就需要政府将注意力集中到对重大事件的处理上，并防止出现公共服务的受益人不为这种公共服务付费的情况。

为了对政府间的财政体制进行分析，人们可以依据匹配性原则，根据公共服务的受益范围，制定一个关于公共服务的层级制度。一个完全私人化的产品不会产生任何溢出效应；如果由私人来决定纯私人物品的提供，就不会产生任何扭曲效应。但是，公共产品和公共服务会在不同的地域范围产生正外部性。例如，一个社区公园会使公园周围的一个小社区中的家庭受益；基本的公安和消防服务的受益范围则会超出社区，外溢到一个更广阔的地区中去；地区之间的流动性使基础教育和中等教育的受益范围扩展到整个地区，而国防和国际关系的受益范围则是全国（甚至国外）。匹配性原则，提供了一种将公共服务的支出责任（换句话说，政府的规模）在各级政府间进行分配的规则：政府支出和提供公共服务的责任，应当与政府服务的受益范围相一致。因此，一种受益范围不会溢出本地区的服务，应当由地方政府来提供；能够使多个地区受益的公共服务应当由州政府来提供；能够使全国受益的公共服务，应当由中央政府来提供。如果受益范围和管辖范围不一致（或者基本不一致），则可能会导致以下问题：资源配置的不合理；政府公共服务支出的不平衡，一些项目支出过多，一些项目支出不足；为公民提供的公共服务质量低下；公共服务的管理水平不足；税收机制不健全。

对政府服务责任进行分配的第二个一般性原则是辅助性原则。这项原则是指，政府服务责任应该归属于最低层级的政府，因为最低层级的政府能够更有效地提供服务。乔治·马丁内斯-巴斯克斯对这个问题是这样解释的：

---

① 在所有 OECD 国家中，就依靠区域和地方政府去筹集它们自身的收入而言，加拿大和美国确实是领先者。Julia Darby，V. Anton Muscatelli，and Graeme Roy，"Fiscal Consolidation and Decentralization：A Tale of Two Tiers，" *Fiscal Studies* 26（2005）：173.

② Wallace E. Oates，*Fiscal Federalism*（New York：Harcourt Brace Jovanovich，1972），34.

由于州和地方政府更接近纳税人的偏好和需求，因此与中央政府相比，州和地方政府更有可能向地方居民提供他们所需要的服务。此外，由于各个地区对公共服务偏好程度的不同，效率原则会导致（实际上是"会要求"）政府服务在各个辖区中的多样性。尽可能依靠地方税收来为地方政府的支出进行融资，就会使政府服务的成本内部化；反过来，又会使居民要求政府部门承担更多提供公共服务的责任。当公共服务的受益者们为此支付费用时，政府决策就会变得更有效率，也会为此承担更多的责任。[①]

辅助性原则要求政府将责任向较低层级的政府下放。这种权力下放的趋势，"在很大程度上反映了一种倾向于民主和更多参与形式的政治演变趋势。这种趋势的目的在于：提高政治领导者的责任感，对其选民负责；确保政府所提供的公共产品和服务的数量、质量、结构与受益者的偏好相一致"[②]。

美国国会将一部分权力让渡给州政府，英国赋予英格兰和威尔士更多的权力，欧盟及其成员国之间的责任划分，以及原苏联地区重建政府的种种努力，都是政府在遵循辅助性原则和匹配性原则的基础上，致力于最有效地为人民服务的实践。

如果政府服务的外溢范围和政府辖区之间不匹配，就可能扭曲对公共资源的使用。假如一个城市可以通过自己出资 5 万美元、差额由联邦政府弥补的方式，建立一个耗资100 万美元的地方运动中心，该市就可以理所当然地认为，这个运动中心的全部成本只有 5 万美元，尽管这项工程的建设共需要耗费价值 100 万美元的资源。如果这项工程在该市之外的有益影响较小，那么联邦政府也就不需要对这个项目的外溢性进行矫正了。因此，由于缺乏匹配性，该市就会花费了 100 万美元的资源，却以只耗费 5 万美元的态度来对待这项工程的价值。如果完全由该市自己出资来兴建这项工程，而这项工程又不能为该地区带来至少 100 万美元的收益，那么该市就不会愿意出资 100 万美元来修建这个运动中心了。可见，当匹配性原则得不到满足时，就可能会引发生资源的浪费。

但是，在更大范围上的融资，也可能会纠正由于外溢性所导致的资源配置不合理问题。例如，A 市的污水处理厂向一条河流排放只经过部分处理的污水，这条河流也要流经 B 市，且 B 市要从这条河流中取水用于该市的自来水供应。A 市也从该河流中取水，但取水位置位于污水处理排放点的上游。这样，A 市的污水处理得越彻底，B 市的污水处理成本就越低，这有利于 B 市的居民。因此，A 市污水处理的主要受益者是 B 市的居民。如果更高一级的政府不对这种情况进行干预，即对 A 市的污水处理提供财政补助，以弥补为维护 B 市居民的利益而给 A 市带来的损失，那么双方政府也就不会采取使社会效益最大的合理行动。A 市在决策的过程中，只会将本市居民的收益（这只是总收益中的一小部分）和污水处理的总成本进行对比。在这种情况下，污水处理的大部分成本都应当由联邦政府或者州政府来承担（由 B 市向 A 市的污水处理厂支付一定费用的做法，在政治上很难实现）。这种融资结构使 A 市只承担本市居民收益所带来的成本，而联邦纳税人或者州纳税人将为其他人的收益承担剩余成本。

---

① Jorge Martinez-Vasquez, "Expenditures and Expenditure Assignment," in *Russia and the Challenge of Fiscal Federalism*, ed. Christine I. Wallich (Washington, D. C.：World Bank, 1994), 99.

② Teresa Ter-Minassian, "Decentralizing Government," *Finance and Development* 34 (September 1997)：36.

14.2　规模是否越大越好？

由匹配性和辅助性原则可知，一些公共服务存在外部性问题，因此这些公共服务应当由规模相对较小的政府提供。但是这种分析却忽略了规模相对较大的政府可能在单位成本上存在优势。如果随着政府服务规模的增大，享受这种服务的每个人所分担的成本下降，则存在政府财政意义上的规模经济（economies of scale）[1]。例如，在提供相同水平的消防服务时，拥有 10 万人的服务区域的单位成本，要比拥有 1 万人的服务区域更低一些。这种规模优势也反映了公共物品提供的持续性。也就是说，在到达拥挤点之前，增加公共服务的提供并不会导致服务总成本同比例的上升，因此随着服务规模的增加，单位成本逐渐下降。如果提供一项给定水平的公共服务需要花费 100 万美元，被服务人群从 5 万人扩大至 6 万人，将使单位成本从 20 美元/人降至 16.67 美元/人。如果确实存在这种规模经济，政府规模的增大将会使公共服务的提供更加经济，尽管匹配性原则告诉我们，小规模的政府也有优势，因为小规模的政府可以更好地满足公民偏好。

在关于较大规模政府的运营更加经济的一般性认识中，存在两个问题。第一，客观经验表明，很少有州和地方政府的传统服务具有规模经济的特征，除了人口规模较小的地区。对于自来水供应、污水处理、电力和天然气配送等资本密集型的公共服务而言，确实会存在规模经济；但是，对于公安、消防、基础教育和中等教育等公共服务来说，随着运营规模的扩大，其单位成本并没有发生明显的变化。对于很多劳动密集型的公共服务来说，都存在这种规模经济无效的现象[2]。换句话说，小规模政府和大规模政府在提供相同公共服务的过程中，其人均成本几乎是相同的。可见，大规模政府的规模经济，并不会成为小规模政府获得匹配性和辅助性优势的障碍。

第二，规模经济只是对生产条件而言的，如果将公共服务的生产和提供综合在一起进行考虑，政府的规模确实会产生影响。如果公共服务的生产可以外包，则在公共服务规模的决策过程中，规模经济就没有那么重要了。正如为了买一辆不太昂贵的汽车，家庭规模不需要大到能够以较低成本来生产汽车一样，政府也不需要为了在一个较低价格水平上提供公共服务而扩大规模[3]。根据环境条件的不同，可以由较大规模的政府提供公共服务，也可以由几个规模较小的政府合作提供公共服务，还可以由政府和私人企业签订合同来提供公共服务。因此，即使较大规模的政府具有成本上的优势，也仅限于这种公共服务的生产过程。按照匹配性原则和辅助性原则，小规模政府可以进行供给决策

① 根据微观经济学的理论，规模经济是指如果生产投入增加了一倍（生产规模增加了一倍），而产出却增加了不止一倍："由于在生产规模扩大之后，可以使用各种不同的技术；生产单位扩大之后，会变得更有效率；生产工厂扩大之后，可以对劳动力进行更加深入的专业化分工。因此在达到一定点之前，随着产出的增加，长期平均成本函数会不断下降。" Edwin Mansfield, *Microeconomics*, 7th ed. （New York：Norton, 1991），199. 在对政府服务分析的过程中，核心问题一般是政府服务的人口数量和人均成本，而不是单位产品所耗费的成本。

② Roy W. Bahl and Walter Vogt, *Fiscal Centralization and Tax Burden：State and Regional Financing of City Services* （Cambridge, Mass.；Ballinger, 1975），13－14.

③ 这里有一个规模经济范围的问题：一家同时生产多种产品的公司的单位成本，可能要低于一家仅生产一种产品的公司的单位成本。对于政府而言，由一个政府同时提供几种公共服务，可能要比分别由每个政府提供一种公共服务更经济一些。一个合并的公共安全区域，要比分别设立一个防火区和一个警察保护区更为便宜。

并与较大规模的政府签订生产合同，从而实现较大生产规模和较少成本支付之间的最佳组合。规模较小的地方政府可以通过与其他政府或私人公司签订服务协议，从而提供全方位的本地服务，而无须拥有任何生产资源或员工。

若没有得到数据的验证，不能轻易得出政府规模越大越好的结论，更不能简单地认为，我们需要一个大规模的政府。小规模政府总是能够更好地响应地区需求。

14.3 财政差异

政府间公共服务提供的另一个复杂问题是地区之间的差异性问题。在一个国家或州中，一些地方可能会比另一些地方更加富庶。例如，美国各州之间的人均收入就大不相同：2011 年，密西西比州的人均收入为 32 176 美元，爱达荷州为 33 326 美元；而康涅狄格州则为 56 889 美元，马萨诸塞州为 53 621 美元①。在同一个州中，一些地区的居民也有可能比其他地区的居民更加富有。尽管这种居民的收入和财富不会直接转化成税基，但是这种状况确实会使政府的税基出现类似的不同②。如果政府之间财政资源各不相同，那么政府间的相对富有状况，可能会使原本境况相同的人享受不同的公共服务。

我们可以利用财产税来举一个简单的例子。假如史密斯和琼斯拥有的房产评估价值均为 10 000 美元，并据此计算缴纳房产税。在史密斯所居住的社区，公立学校中的每个学生所拥有的财产税税基为 40 000 美元；而在琼斯所居住的社区，每个学生所拥有的财产税税基只有 20 000 美元。史密斯所在的社区如果要提供给这些学生良好的教育，每个学生所需要花费的资源为 1 500 美元，则只需要对每 100 美元的评估价值课征 3.75 美元的财产税，就可以弥补这项成本；而在琼斯所在的社区，每 100 美元的评估价值则需要课征 7.50 美元的财产税。当这两个社区在每个学生身上的花费相同时，为了得到相同质量的教育，琼斯的财产就必须负担史密斯财产两倍的财产税（750 美元比 375 美元）。因此，当一个社区的纳税能力较强时，相同的税率或者相同水平的税收努力（tax effort）就可以提供更多的公共服务。由于在对政府服务的需求和为这些服务的融资能力之间，经常会存在错配问题，因此就需要更高层级的政府通过提供各种财政补助进行干预。较高层级的政府可以通过自身的税收体制增加收入，然后再将这些税收收入分配给

① 根据美国商务部经济分析局的数据，美国哥伦比亚特区的人均收入为 73 105 美元。美国财政部经济政策办公室采用了另外一种测量手段——全部应税资源（total taxable resources）——能够更精确地测量各州的有效税基。2009 年，人均应税资源从密西西比州的 35 988 美元和西弗吉尼亚州的 38 015 美元，到特拉华州的 74 699 美元和康涅狄格州的 74 021 美元，体现了财政能力的巨大差异。全部应税资源测量所反映的差异化问题的详细介绍参见：John L. Mikesell, "Changing State Fiscal Capacity and Tax Effort in an Era of Devolving Government, 1981-2003," *Publius: The Journal of Federalism 37*（2007）：532-550.

② 真正对政府财政实力进行核算和比较的是，政府间关系咨询委员会关于代表性税收体制的分析：Advisory Commission on Intergovernmental Relations, *1988 Fiscal Capacity and Effort*, M-170 (Washington, D. C. : Advisory Commission on Intergovernmental Relations, 1990). 代表性税收体制估测的是，在一个辖区中，如果对主要税基课征一种典型的（全国平均的）税率，可以产生多少税收收入；这种代表性收入的指数可以反映出对财政实力的估测情况。Robert Tannenwald and Nicholas Turner, "Interstate Fiscal Disparity in State Fiscal 1999," Federal Reserve Bank of Boston Public Policy Discussion Paper No. 04-9. Boston, April 2006. 据估计，内华达州的人均税收能力是密西西比州的 1.74 倍，明确地反映了差距问题。加拿大在各省和地区的主要财政援助计划中，使用了一个代表性的税收制度来衡量财政能力。

较低层级的政府，通过这种分配来消除较低层级的政府在财政实力上的差异。正如我们还要在本章的后续内容中所要讨论的，州政府特别关心财政差异问题，因为这会对地方学校的融资造成影响①。

城市与郊区的差距问题一般较为突出。任何一个都市地区，都存在贫富不均的现象，税基在地方政府之间的分配与政府服务需求之间存在着较大的不同。税源充足的地区往往拥有丰富的财政资源，尽管可能人口较少。例如，拥有地区性购物中心或者汽车销售中心的地方销售税社区、拥有发电厂或者重点工厂的不动产税社区等。创造税收收入的工人和消费者，可能居住在该都市的其他地方。他们居住的地方，是集中需要学校、公安和消防、公园和娱乐等地方性公共服务的地方。一小部分都市政府采用财产税的地区性税基共享机制（regional tax-base sharing）来帮助解决各地之间的财力差距问题（这种机制也有助于减少政府间对新开发的税源充足地区的竞争）。在这些计划中，为了向所有地区提供税收收入，可以从工商业财产估价的增长额中划出一部分，形成这些地区共同的财政基金。例如，明尼苏达州双城计划（Twin Cities program），该计划涉及 7 个县，筹集了 40% 这样的资金。为了维护市区的共同利益，平滑某些经济活动造成的地区间税收高峰（the tax spikes），地方政府需要牺牲一部分财政独立。但是，这种分享的概念有时也会遭到批评：经济发达地区往往税基充足，但这类地区通常不是令人满意的邻居，因为会给邻近地区带来噪声、废气和交通压力等问题。新增加的税基可以用于资助地方公共服务的发展或降低税率，因而可以成为弥补受损社区负面影响的一种方式。一个州的城乡之间的财政差距也是很大的。

美国和许多其他联邦制国家的不同之处在于，联邦政府不提供一般性转移支付来减少地方政府间财政能力的差异。均衡性转移支付是澳大利亚、加拿大、德国和其他国家很重要的项目，旨在减少辖区——区域、州、省等之间显著的财政资源差异。例如，加拿大《宪法》第 36 款规定，均等化政策将"确保省级政府拥有足够的收入，以便在合理的税收水平上提供合理的公共服务"②。由于政治、文化、经济等种种原因，美国体制并不包含一般均等化的特征。在一些联邦补助的公式中有均等化要素，但在各州之间没有财政均等化的一般项目。就其存在的范围而言，差异均等化是各州在管理其辖区时需要解决的问题。

14.4 协调与补助：税收体制

政府可以调整自己的税制结构，以提供在财政和管理上互相受益的援助。这种援助形式，尽管不会为政府带来新资源，但是可以增强政府对现有税基的控制，从而尽量减少对地方政府自治的干预。一般来说，收入援助（revenue assistance）有两种类型：（1）给予税基的优惠；（2）给予税收收入管理和税收遵从的帮助。

税收优惠包括税收扣除和税收抵免。根据这两种优惠政策，在计算一家单位的税收

---

① 差异化问题同样运用于其他地方政府：Katharine Bradbury and Bo Zhao, "Measuring Non-school Fiscal Disparities among Municipalities," *National Tax Journal 67* (March 2009)：25-56.

② Part III, Equalization and Regional Disparities, Section 36, Constitution Act, 1982. 均等化转移支付涉及所有领土和省份，除了安大略和艾伯塔。所有省都收到用于支持健康与社保制度的转移支付。

时，允许将支付给另一家单位的税款扣除或抵免掉。二者都很重要，只不过它们的运作机制不同，所产生的影响也不同。实际上，扣除额使联邦政府负担了一部分缴纳给州和地方政府的税收。例如，目前的联邦个人所得税，就允许将部分州和地方税收（所有州的个人所得税和财产税以及一些州的零售税）从联邦所得税税基中扣除。关于税收扣除的作用，可以用一个简单的例子加以说明：假如纳税人适用的是 35% 的联邦税率档次。如果这个纳税人的州所得税增加了 100 美元，那么他的净税收负担将只会增加 65 美元，因为州所得税的扣除，使他的联邦税负减少了 35 美元。税收扣除使得采用可扣除税种的州和地方政府可以从中受益，减少了纳税人的净成本①。增加一个可抵扣的税种（例如个人所得税），对一个州的居民来说，比增加一个不可抵扣的税种或者采取使用者收费的形式更为便宜。当然，税收扣除的这种协调作用并不是特别强（州政府可能会继续使用不能用于扣除的税种），税收扣除也不能平衡较低级次政府单位之间的财富水平。而且只有登记了的纳税人享受到了税收扣除的好处。另外，高税收州的纳税人很可能因为可选择最低税收（alternative minimum tax）而失去这类扣除②。

作用更强的另一种机制是税收抵免。根据这项政策，由一个政府单位所课征的税收，可以部分或者全部用于向另一个政府抵免缴纳的税收。其中一个最好的例子，就是由联邦政府课征的死亡资产转让税（the federal tax on transfer of assets on death）。一个符合税收抵免规定的州税收，可以按最大税收抵免限额抵免联邦税收义务，这就意味着州税收实际上没有对资产课征税款。这就极大地激励了各州来征收这种税——这对州来说基本上就是免费的钱。但税收抵免不会改变资源在州和地方之间的基本分配状况：富裕的政府单位依然富裕，穷困的政府单位依然穷困，政府间问题仍然存在，没有改变。一般而言，税收抵免使高一级的政府单位可以拥有对低一级政府单位很大的隐性控制权。

税收扣除和税收抵免，使州（或地方）的减税举措带来了不寻常的效果：含有这种税收优惠的税收被废除掉之后所导致的州税收收入的损失，会比由此导致的纳税人的可支配收入的增加额还要大。这种州或地方税减税的另一个受益方是联邦政府。例如，有估测表明，由于加利福尼亚州在第 13 项提案中削减了财产税，1979 年联邦所得税的税收收入增加了 10 亿～17 亿美元③。每个州（或地方）财产税或所得税的减税项目，都会带来更多的联邦税收收入，因为该辖区的纳税人得到的联邦扣除减少——州或地方的收入有损，辖区内纳税人的可支配收入增加，同时辖区内纳税人缴纳的联邦税也增加。

对于较低级次的政府所课征的税收，给予税收扣除和税收抵免，可以促使纳税人更多使用由较低级次的政府所提供的公共服务，促使较低级次的政府更多使用"经过了批准"的税种。尽管税收扣除和税收抵免都有很大的潜在协调作用，但是，二者都不能帮助较低级次的政府进行税收管理，也不能减轻企业和个人在缴纳由多个政府所课征的税收时的税收负担。

---

①   在 1964 年减税之前，当时的边际税率高达 91%。当时，税收扣除使纳税人避免了高于 100% 的边际税率。

②   税收扣除问题的详细讨论参见：Congressional Budget Office, *The Deductibility of State and Local Taxes* (Washington, D. C. : Congressional Budget Office, 2008).

③   Report to the Comptroller General of the United States, *Will Federal Assistance Be Affected by Proposition 13?* GGD-78-101 (Washington, D. C. : General Accounting Office, 1978). 有些州所得税向联邦所得税提供了税收扣除。但是，这些州的纳税人发现，根据州所得税，2001 年联邦所得税的税款返还仍然需要纳税，因为给予联邦所得税的税收扣除额太少了。

另一组税收工具有助于解决这部分政府间的财政问题。这些机制包括税源分配、合作管理、协调税基、税收附加和集中管理等。这些政策工具，是按照较低级次的政府所使用的数额由大到小进行排列的。

首先，对税源进行分配有助于避免重复课税问题。当不同级次的政府（例如，联邦政府和州政府）对同一税基课税时，就会发生纵向重复课税问题；而当相同级次的多个政府（例如，两个不同的州政府）对同一个税基课税时，就会发生横向重复课税问题。重复课税不仅会增加纳税人多次申报纳税的麻烦，还有可能会扭曲纳税人的经济行为。如果每一级次的政府都保证，自己只会使用一种特定的税基，就可以有效避免纵向重复课税问题。表 14-1 展示了 1970 年以来税源在各级政府之间的分布状况。在 1970 年，地方政府控制财产税税基，收取了所征收的全部财产税的 96.8％；这一控制持续到2008 年。但是，地方政府相对减少了对财产税的依赖。1970 年，财产税构成地方税收收入的 84.9％，但这一比例在 2008 年下降到 72.2％。1970 年，州政府收取 56.1％的销售税和营业税，这一比例在 2008 年上升到 77.2％。各州对销售税和营业税的依赖也在减小，从 1970 年的 56.8％下降到 2008 年的 46.2％。联邦政府继续掌管着所得税的使用权，1970 年收取了该税收入的 89.4％，2008 年收取了 80％。联邦对于所得税税基的依赖增加，从 1970 年的 84.4％上升到 2008 年的 95.3％。

表 14-1　　　　　　1970 年、1994 年和 2008 年税源的分布状况：占各级别政府税收总收入的百分比

	联邦政府（％）			州政府（％）			地方政府（％）		
	1970年	1994年	2008年	1970年	1994年	2008年	1970年	1994年	2008年
各级政府对税源的依赖程度									
财产税收入	0	0	0	2.3	2.2	1.6	84.9	74.8	72.2
个人所得税和公司所得税收入	84.4	91	95.3	26.9	38.3	41.9	4.2	5.7	6.2
销售税和营业税税收入	12.5	4.4	1.0	56.8	49.8	46.2	7.9	15.0	16.5
其他税收入	3.1	4.7	3.7	14.0	9.7	10.3	3.0	4.5	5.1
税源在各级政府之间的分布状况									
财产税收入	0	0	0	3.5	4.3	3.1	96.8	95.7	96.9
个人所得税和公司所得税收入	89.4	87.9	80.0	9.4	11.0	18.1	1.2	1.1	1.9
销售税和营业税税收入	37.6	19.8	3.4	56.1	66.7	77.2	6.3	13.5	19.4
其他税收入	36.6	62.7	34.2	53.9	26.1	48.7	9.4	11.2	17.0

数据来源：U. S. Bureau of Census，Government Finance Statistics and Executive Office of the President，Office of Management and Budget，*Historical Tables*，*Budget of the United States Government*，*Fiscal Year 2012*（Washington，D. C.：U. S. GPO，2011）.

对于通过税源分配来解决纵向协调的问题，各级政府的兴趣都不大。因为每个政府都想得到"更好的"税源，而不管这样做会给税收管理、税收遵从和课税的透明度带来什么不利影响。各级政府只会乐于让渡一些被认为是比较差的税源（例如，财产税），不管这样认为是否正确。尽管税源的分配可以做到井井有条，但是多数政府还是倾向于扩大自己的税收收入选择。当然，联邦政府是个例外，它始终坚持所得税税基。

幸运的是，协调机制可以对多个政府使用一种税基的情况进行协调。这些协调机制包括：（1）合作管理（cooperative administration）；（2）协调税基（coordinated tax bases）；（3）税收附加（tax supplements）；（4）集中管理（central administration）①。**合作管理**需要各个课税单位之间进行不间断的联系和信息交流。当销售税的税收管理人员发现，一家公司违背了税法，而且这种行为又会在其他州形成纳税义务时，这些税收管理人员就会通知相应州的税收管理人员。所得税的税收管理人员会就税收稽查的信息进行交流。国内收入署会将生活在一个州中的纳税人的税务稽查结果告知该州。企业税的税收管理人员会就合同方应当在其他州纳税的信息进行交流。对于税收管理的各方来说，尽管这种协调不是它们的主要工作，但是其中却收益颇丰：一个税收管理单位可以为另一家税收管理单位增加财政收入，只需要付出很少的工作量或者根本就不需要增加工作量。在这种合作中，各个政府的税基、税率和税率结构不需要完全一致，但各个政府都可以从这种交流中受益。实际上，美国各州与国内收入署签订了信息交换协议，将自己的所得税管理和国内收入署之间的工作紧密地联系起来，其他几种税收的课征也十分依赖国内收入署②。

通过**协调税基**政策，一个政府会将自己的一种税收与另一个政府税制结构的某些点联系起来。例如，几个州可能会将本州的个人所得税和联邦所得税中经过了调整的毛所得联系起来，地方销售税法规大多来源于州销售税法规。一种税收的税收豁免、税率类型和税率水平等因素可以不尽相同，但是在较高级次和较低级次的政府所课征的税收之间，总会有一些重要的共同特征。这种联系减少了纳税人税收遵从中的问题（纳税人的一套会计资料可以用于缴纳两种税收，有些关于税收的计算就不需要重复进行了），从而简化了政府之间的税收管理。然而，从另外一个角度来看，税种之间的巨大差异则会减少税收遵从和税收管理中的收益。

税收附加可以进行更多的协调。因为通过这种政策，较低级次的政府可以在较高级次政府的税基上附加一个税率（许多州销售税都有地方政府的附加税）；或者，较低级次政府可以按照较高级次政府税收的一定比例征收。当补充课税的政府单位不再增加额外的要求时，税收附加这种方法可以大大减少对纳税人税收遵从的要求，降低税务机关的管理费用。但是，很少会有政府单位可以放弃哪怕是极少数的权力，而其中的每一种变化都会减少纳税人的储蓄。

最后一种**税收协调**机制是，对"骑背式"税收的集中管理。也就是说，较低级次的政府单位，会对较高级次的政府单位所使用的税基按照自己的税率课征税收。完全的"骑背式"税收，要求较高级次的政府单位来完成关于这种税收的所有征管工作。纳税人会用一张纳税申报表来向较高级次的政府进行申报，在这种纳税申报表上记载了应当转移给较低级次政府单位的税款数额。较低级次的政府单位为了取得这笔税收收入，必须采用这种税收（这并不是一种简单的税收分享机制）。而且较低级次的政府单位，不

---

① George Break, *Financing Government in a Federal System* (Washington, D.C.: Brookings Institution, 1980), 34.

② 证据显示，联邦所得税的审计率，确实对州所得税的税收遵从有一定影响，基本上使得州不用再自己做个人所得税审计了。Liucijia Birskyte, *The effects of IRS audit rates on state individual income tax compliance*, PhD Dissertation Thesis, Indiana University (2008).

能选择与较高级次政府单位不同的税基。由一个政府单位来进行管理，可以使税收征管变得更加经济，同时纳税人也履行了多项税收义务。但是，补充税率却不能将资源在较低级次政府之间进行再分配。多数地方的销售税是"骑背"于本州销售税的，通常，地方销售税的纳税申报表只是州销售税纳税申报表上的几行。例如，马里兰州、印第安纳州和艾奥瓦州。然而，多数地方所得税和联邦所得税或州所得税都没有什么联系，一般限于对工资和薪金征收的税收。继续课征州财产税的州，会在由地方政府管理的财产税税基的基础上进行课税，这是州向地方"骑背"课税的一个十分罕见的例子①。虽然"骑背式"税收使税收管理变得更加经济了，但这是以牺牲课税的透明度为代价的。如果不经过详细的考察，很少有纳税人会知道，都有哪些政府对自己课征了哪些税收。

14.5 协调与补助：财政补助

财政补助，可以将财政支出权（对资源的控制权）从一个政府转移到另一个政府。在多级政府体制中，例如，在联邦政府和州政府之间，或州政府和地方政府之间，财政补助可以对一个政府所提供的公共服务外溢给非居民的受益进行补偿，减少由于财政不平等所导致的问题，鼓励开展具有全国性受益的项目，减少由于地区经济衰退所带来的特殊问题，并通过将其作为获得补助的条件，鼓励政府实施管理改革②。换句话说，联邦政府的财政补助是具有特别目的性的，而不只是较高层级的政府利用自身拥有的更强的税收收入管理能力来为较低层级的政府筹集资金的一种方式。

在转移支付体系中，补助方和受助方之间总会存在矛盾，而且这种矛盾从未得到彻底解决。补助方政府筹集财政收入，并承担与财政收入功能相关的政治责任。受助方政府得到了与公共服务供给相关的政治收益。由于受助方政府不必筹集这笔资金，因此这笔资金是否有可能被管理不当或者配置不当呢？为了避免这种疏忽大意（或者更坏情况）的发生，补助方政府需要对资金的使用加以控制，或者提出一些"附加条件"。当然，受助方政府则不这样看待问题。补助方政府对于地方的条件、需求和优先考量并不熟悉，任何对资金的控制，都会使公共服务的提供变得更加困难，降低受助方政府提供公众所需要的公共服务的能力。从受助方来看，补助方为了保证资金的合理使用而制定的控制措施，阻碍了自身对公众需求的有效回应。

州和地方政府所花费的相当一部分资金，都来自其他层级的政府所提供的财政补助。表14-2所反映的是，1971—1972年和2006—2007年政府财政补助的一般情况。在2001—2002年，31.5%的州财政收入和40%的地方财政收入来自其他层级政府的各种形式的财政补助。州政府的财政补助多来自联邦政府，地方政府的财政补助多来自所在的州政府，至今仍是如此。在地方政府中，财政补助对于学区来说至关重要；在2006—2007年，学区55.3%的一般财政收入都来自财政补助，其中又有96%来自州政

---

① 在加拿大，各省的个人所得税和公司所得税都是由联邦政府进行管理的。此外，大多数省的销售税也和全国性的商品和服务税（是一种增值税）进行了协调，由联邦政府来课征。在魁北克，省级官员将国家商品和服务税与省零售税放在一起管理。

② General Accounting Office, *Federal Grants*：*Design Improvements Could Help Federal Resources Go Further*，GAO/AIMD-97-7（Washington, D. C.：U. S. Government Printing Office, 1996）. 许多地方政府都是第一次开展了外部财政审计，因为这是取得联邦财政收入分享基金的一个条件。

府。尽管联邦政府的政客对美国小学和中学教育做过许多承诺，但资金大多仍来自州和地方。相比于 1971—1972 年，2006—2007 年州政府获得的财政补助的份额有所提升（从 28.4% 到 29.5%），地方的财政补助份额几乎持平（从 37.7% 到 37.5%），对学区的补助增长显著（从 45.0% 到 55.3%），其中的原因我们将在本章后续的内容中进行讨论。

表 14-2　　　　　　　　　　政府间财政收入的来源状况　　　　　　　　　单位：百万美元

年份	一般收入总额	政府间收入			
		总额	联邦政府	州政府	地方政府
1971—1972					
州	98 632	27 981	26 791	—	1 191
地方	105 243	39 694	4 551	35 143	—
城市	34 998	11 528	2 538	8 434	556
县郡	23 652	9 956	405	9 252	299
学区	39 256	17 653	749	16 471	433
1991—1992					
州	608 804	169 928	159 068	—	10 861
地方	579 083	217 996	20 107	197 890	—
城市	175 116	49 474	8 103	37 380	3 992
县郡	148 367	55 292	3 243	49 663	2 386
学区	198 320	107 160	1 354	103 084	27 222
1996—1997					
州	815 442	230 859	215 839	—	15 020
地方	747 030	287 003	28 768	258 235	—
城市	222 190	62 851	11 699	45 932	5 220
县郡	191 271	71 751	4 890	64 007	2 854
学区	257 342	141 974	1 762	137 246	2 966
2001—2002					
州	1 062 628	33 543	317 583	—	17 851
地方	995 779	398 641	42 964	355 677	—
城市	286 036	85 290	15 212	62 538	7 539
县郡	257 167	99 122	7 539	86 759	4 823
学区	350 793	199 544	3 632	191 145	4 767
2006—2007					
州	1 457 803	430 278	410 184	—	20 094
地方	1 344 828	504 407	57 765	446 642	—
城市	389 170	101 653	20 498	72 811	8 344
县郡	340 979	122 001	11 009	104 639	6 353
学区	469 181	259 690	4 541	249 373	5 776
1971—1972 年至 2006—2007 年间的变化率（%）					
州	8.0	8.1	8.1	—	8.4
地方	7.6	7.5	7.5	7.5	—
城市	7.1	6.4	6.2	6.4	8.0
县郡	7.9	7.4	9.9	7.2	9.1
学区	7.3	8.0	5.3	8.1	7.7

资料来源：U.S Bureau of Census，Government Division，State & Local Government Finance.

联邦政府给予州和地方政府的财政补助近年来有所增长。如表 14-3 所示，从 20 世纪 70 年代末期到 80 年代中期，财政补助在州和地方政府一般性财政收入中的比重上升到了 20% 以上；但是后来，随着被约翰·香农称为"自我照顾的联邦主义"（fend-for-yourself federalism）时代的到来，该比重开始不断下降。所谓"自我照顾的联邦主义"，就是指要进行支山的政府必须自己来筹集这笔资金①。近年来财政补助有所增长是因为联邦政府将州和地方政府给予个人的包括医疗救助计划和一些福利项目在内的财政补助都列入了预算，再由州管理机构对联邦政府的财政补助进行分配。（在大衰退期间，对州和地方政府的援助也有所增加，虽然增幅并没有像其他近期的经济衰退那样显著。）目前，这类财政补助几乎占了财政补助总额的 2/3②。给予州和地方政府的经常性财政补助项目，也就是表 14-3 中的"其他"类的比重大大低于 20 世纪 70 年代的水平。在资本投资补助中，相当一部分资金来自用于支持高速公路和机场建设的信托基金。这个份额远远低于以前——这也是造成公共交通基础设施濒于崩溃的重要原因。如表 14-3 所示，从政府功能的角度来看，几乎所有的联邦财政补助都可以分成以下四类：交通、教育、医疗保健、收入保障。医疗保健支出的增长是财政补助增长的重要原因，这是联邦对州和地方政府最大的单项补助项目。

表 14-3　　　　　　　　联邦政府给予州和地方政府的财政补助

财政年度	联邦对州和地方政府的补助拨款 (2005=100)	拨款不同用途所占百分比（%）			拨款不同职能所占百分比（%）				联邦政府拨款占州和地方政府收入的百分比（%）
		个体	资本投资	其他	交通	教育	医疗保健	收入保障	
1960	45.3	35.3	47.3	17.4	42.7	7.5	3.0	37.5	13.7
1965	65.9	34.1	45.7	20.2	37.6	9.6	5.7	32.2	14.9
1970	123.7	36.2	29.3	34.5	19.0	26.7	16.0	24.1	16.7
1975	186.9	33.6	21.9	44.5	11.4	24.4	17.7	18.8	20.6
1980	227.1	35.7	24.7	39.6	14.2	23.9	17.2	20.2	21.7
1985	189.6	47.3	23.5	29.2	16.0	16.1	23.1	26.3	17.8
1990	198.1	57.1	20.1	22.8	14.1	16.1	32.4	27.2	16.1
1995	283.6	64.2	17.6	18.2	11.4	13.7	41.9	25.9	19.2
2000	326.8	63.9	17.0	19.1	11.3	12.8	43.7	24.0	18.5
2005	428.0	64.0	14.2	21.8	10.1	13.4	46.2	21.2	21.1
2010	531.7	63.2	15.3	21.5	10.0	16.0	47.7	18.9	22.2
2011	514.6	63.9	15.9	20.2	10.0	14.7	48.3	18.7	n.a.

注：n.a.，数据不可得。

资料来源：Bureau of Census, Governments Division, *State and Local Government Finances*: 2011 and Executive Office of the President, Office of Management and Budget, *Historical Tables*, *Budget of the United States Government Fiscal Year 2013* (Washington, D.C.: USGPO, 2012).

---

　　① John Shannon, "The Return to Fend-for-Yourself Federalism: The Reagan Mark," *Intergovernmental Perspective* 13 (Summer-Fall 1987): 34-37. 美国一直都希望州和地方政府能够自己筹集到比其他国家（包括主要的联邦制国家如澳大利亚、加拿大和德国）更多的支出资金的份额，这种愿望过去存在，将来可能也会一直存在。

　　② 医疗救助计划会向老年人、盲人、残疾人、有儿童需要抚养的家庭、孕妇和儿童等低收入群体提供医疗补助。各州会制定自己医疗救助计划的享受条件、受益范围、服务数额等指标，但是所有这些都应当符合联邦政府所制定的指导原则。然后，联邦政府会按照一定的比例向各州发放财政补助，这个比例在 50% 至 83% 之间，与各州的人均收入成反比，这个比例每年都会进行调整。这是一种无条件的、公式形式的财政补助项目。

由于联邦政府和州政府都在运作政府间的财政补助项目，因此二者的许多问题和结构特征都是类似的。联邦政府的财政补助体系有以下三种形式：（1）专项补助（categorical grants）；（2）固定拨款（block grants）；（3）1972 年至 1986 年的一般财政收入分享（general revenue sharing）①。其中，最后一种是一般性的财政补助，多见于州政府向地方政府的财政补助项目中。此外，还有一些混合的财政补助形式，这使得很难对财政补助进行清楚的分类。但是，不管从数量上还是从支出总额上看，在联邦财政补助项目中最多的还是专项补助形式②。一个联邦网站提供了一份《国内联邦财政补助分类》（Catalog of Domestic Federal Assistance）来为 2 242 个联邦补助项目提供指导（数据截至 2012 年）。

尽管每个州都有自己独特的情况，但州政府的补助体系与联邦政府的补助体系在某些方面还是很类似的。长期以来，州政府给予一般目的性（general-purpose）地方政府（主要是市政府和县政府）的财政补助，其补助范围都是很大的。这些财政补助有时会对特定的州一级税种的特定比例进行分配。在本章后续的部分，我们还会研究州政府给予学校的补助，这是州财政补助中的一个主要构成部分。

专项补助

专项补助向一些小范围的特别项目提供资金支持，补助的对象通常限于某些特定活动的支出，例如污水处理厂的修建或者向从事特别教育的教师支付工资等。专项补助是为了促使受助方政府按照与原来不同的方式来运行，鼓励受助方政府将财政支出转向特定职能的履行上，或者是为了保证某些受助方政府所提供的服务能够按照符合国家利益的方式来进行。在这些地区，狭隘的地方利益被认为是和国家利益相冲突的。这种财政补助改变了受助方的收益，使某些活动更具吸引力（联邦政府的参与使这些活动对较低级次的政府来说显得更加便宜），因此会促使受助方政府按照符合国家利益的方式来运行。

专项补助的形式可以是：

（1）**公式**（formula）。补助资金根据由法律或行政命令确定的公式在符合条件的政府间进行分配。公式中所要考虑的因素可能会包括人口、特定类别人口、人均收入、失业、能源使用、住房类别、财政能力、项目绩效、公路里程数以及其他指标。例如，丁戈尔-约翰逊渔业恢复项目（Dingell-Johnson Sport Fish Restoration Program）[1950 年《联邦政府渔业恢复补助法案》（Federal Aid in Sport Fish Restoration Act）] 就是根据一个基于各州的土地面积、水域面积、海岸线长度和渔业经营许可证持有人数的公式来向各州的渔业和野生动植物管理部门来分配资金的③。

（2）**项目**（project）。补助资金的分配由特定项目的管理人员决定。这些财政补助

---

① 此外，联邦政府还通过信用方式向州和地方政府提供帮助，可以是直接的贷款或预付款，也可以是间接的贷款担保。

② Advisory Commission on Intergovernmental Relations, *Characteristics of Federal Grant-in-Aid Programs to State and Local Governments: Grants Funded FY 1995*, M-195 (Washington, D. C.: Advisory Commission on Intergovernmental Relations, 1995), 3.

③ 参见：Catalog of Federal Domestic Assistance [https://www. cfda. gov/index? s = program &mode = form&tab=step1&id=29bb1c73e764c9635937ebbdd1140393].

基于竞争原则，用以支持州政府、地方政府（或者其他主体）的提案申请。

（3）**项目/公式**（project/formula）。补助资金的分配也由项目的管理人员决定，但是会通过公式对分发给一个州的数额进行限制。例如，运输部的休闲步道项目（the Recreational Trails program）为非机动车辆和机动车辆使用的道路开发提供了公式援助，满足了 80%的配套要求①。

这些财政补助可能会有配套性条款，要求受助方政府针对联邦政府补助的每一美元再支出一定的数额（配套通常是对某个项目的实物支持，比如提供办公地点，而非资金）；或者维持性条款，要求受助方政府为了得到联邦资金，继续在特定地区保持一定水平的支出。这种资金只是对原有资金的补充，而不是替代②。

尽管项目形式的补助数量在所有专项补助中的比重高达 70%，但补助数额的占比不足 50%。项目补助的主体是管理人员，许多州政府、地方政府和非营利机构都会委派他们来争取外部援助。（稍后，我们还会对公式形式、补偿形式以及固定拨款和财政收入分享等补助形式进行简要的介绍，这些补助形式的获得不需要竞争性的申请流程。）这些管理人员会逐渐对联邦机构和私人基金会的活动熟悉起来（州政府一般不会使用项目形式的补助），并密切关注《联邦登记簿》（Federal Register）和《国内联邦财政补助分类》[管理和预算办公室/一般事务管理局（General Services Administration）] 中可得的资金项目通告。当政府的活动符合项目要求之后，管理人员就会准备项目提案。财政补助会发放给最符合法律法规要求的项目提案。财政补助的发放决策所依据的因素包括：项目提案对补助发放要求的符合程度，提案人所展示的执行这个项目的能力，以及项目方案的创新性、项目结果可以被用于其他方面的可能性等。遴选标准和各因素的权重通常会登载在项目通告中。然而，持怀疑态度的人会强调一些财政补助项目中非竞争性政治因素的重要性。这就是在前面章节中所讨论的专项项目或"肉桶"项目。专栏14-1 简要介绍了在书写向政府和非政府组织申请补助的项目提案时，需要遵循的一些基本规则。

专栏 14-1　书写财政补助申请的一些基本原则

大多数联邦政府向州和地方政府项目提供的财政补助，几乎和所有的州政府向其地方政府提供的财政补助一样，都是非竞争性的。但是，联邦政府提供给个别项目的财政补助，却是需要根据补助申请来进行竞争的；同样需要竞争才能得到的还有一些由基金会和其他非政府组织所提供的财政补助。财政补助提案的写作，与其说是一门科学，不如说是一门艺术。在财政补助提案的写作过程中，以下几个简单的步骤可能会对你有所帮助：

（1）仔细阅读财政补助发放机构提供的资料。这些信息通常以"提案要求"（request for proposals，RFP）的形式给出来，提案要求中会包括以下内容，需要我们谨慎遵守：提交提案的最后期限（关于这一点，联邦政府机构和其他许多发放财政补助的机关都会有硬性规定）、提交提案的步骤、提案的格式和风格、关于提案中项目种类的说

---

① 参见：*Catalog of Federal Domestic Assistance* [https://www. cfda. gov/index? s = program &mode = form&-tab = step1&-id = 29bb1c73e764c9635937ebbdd1140393]；https://www. cfda. gov/index? s = program&mode = form&-tab = step1&-id = 97e2194928c0e1bde5aaf7-b62023b196.

② 有证据表明，在每 1 美元的联邦财政补助中，有 60 美分会将州政府本来就要支出的资金取代掉。General Accounting Office, *Federal Grants*, GAO/AIMD-97-7 (Washington, D. C.：General Accounting Office), 2.

明等。所提交的项目必须符合竞争的要求和指导原则，否则，提案的写作就只是在浪费时间。如果你不确定你准备申请的项目是否具有竞争性，那就在投入时间书写提案之前，先和项目的工作人员确认一下。

（2）写作提案要使用"提案要求"中的语言。提案中要使用和"提案要求"中完全相同的术语、关键词和概念等。财政补助的申请人员将此称为"将'提案要求'再写给财政补助的发放机关看"。这种方法之所以会有效，是因为写提案要求的人可能就是对提案进行评估的人；而且，看着自己的话被重新反馈回来，这些人会有一种如沐春风的感觉。此外，写作提案要求的人都是财政补助资助领域的专家，他们只会欣赏那些与这个领域相一致的情况。如果在你的提案中不能使用提案写作所要求的术语，那么在关于这项财政补助的竞争中，你的提案将不会处于有利的位置。

（3）与财政补助的发放机关保持联系。只要没有禁止提前联系的规定，你就应当让发放财政补助的机关了解，你将要提出自己的提案了；此外，你还应当尽自己所能发现这家主管机关的兴趣所在。要做到这一点，你需要了解一下，这家机构在过去资助的都是一些什么样的提案，如果这些提案是公开的。这样你就可以了解到，成功提案中的项目都是如何进行构建的，而在你的提案中都有哪些内容是比较可取的。即使你找不到过去获得成功的完整提案，你也应当去寻找一些关于这些提案的概括，这些都将帮助你编写自己的提案。在过了提案的最后提交期限之后，许多关于财政补助的竞争都会规定一个不允许和主管机关进行任何联系的期限。在过了最后提交期限之后，你将不得和主管机关就你的提案进行任何联系。你必须注意，在此期间不要与主管机关联系，否则，你的提案就会被无谓牺牲掉。

（4）在你的提案中，还要遵循编写预算申请的传统性指导原则（关于这部分内容，可以查阅本书第5章中的相关内容）。因为，别忘了，预算申请和财政补助申请在逻辑上是相同的。在财政补助的申请中必须要说明：项目的目的，项目所需的资源、所要申请的资金以及项目的预期效果——这些和一个政府机关完整的预算提案所应包括的内容是一样的。在提案要求中，通常会确定一种提案的具体格式，还会确定一种具体的预算分类结构和具体的预算标准。这些要求，也是在编写财政补助的申请中需要遵守的。如果说明中要求"两倍行距"，那么申请书必须使用两倍行距。绝无例外。

（5）财政补助的主管机关通常会首先对竞争者进行审议，此后，会进入对这些提案的讨论阶段。如果主管机关打电话进一步了解关于你的提案的信息，或者需要你对提案进行修改，这通常是一个好的征兆。因为这意味着，你的提案已经通过了第一步测试，提案最终获得财政补助的机率就大了。

即使对于好的项目来说，对财政补助的申请也不会总能获得成功。遵循这些简单的步骤，可以提高竞争力比较强和竞争力不是那么强的项目的胜算。

━━

必须要认识到专项补助的一个特征。对于受助方来说，如果被资助的活动是即使没有补助也必须承担的，那么这项补助对其将是最有价值的。在这种情况下，补助对地方利益的损害是最小的，且资源是根据地方政府的优先顺序来使用的。而对于补助方来说，如果被资助的活动并不是完全按照补助方的意愿被迫开展的，那么这项财政补助的作用将是最大的。因此，在一个精心设计的专项补助体系中，受助方和补助方之间存在一些利益分歧。

批评者们强调了专项补助体系存在的三个缺陷。第一，这种专项补助体系在管理上的复杂性。为了确保联邦政府的政策目标尽可能由受助方政府来实现，联邦项目建立了复杂的控制机制，来监督和影响受助方政府的行为。这些机制通常有不同的计划、应用、报告和会计等方面的要求，这些要求与受助方政府日常所使用的可能是两码事。这些控制措施不仅会引起人们的不满，而且会使州和地方政府把更多的资源投入到管理过程中去。

第二，联邦补助体系中存在的项目重叠和项目重复问题。这种复杂性意味着，有些社区没有得到补助，导致它们的居民获得的服务低于适当的水平；而其他一些地方政府会激进地寻求资金支持，来为本地居民提供过度的补助。有的政府甚至还会挪用一个项目中的资金来满足另一个项目的需求，从而违背了通过补助计划的匹配促进地方政府支出的初衷。

第三，批评者们抱怨，专项补助会扭曲地方政府的优先考量。尽管这种财政补助的要求会尽量反映全国的利益，但是这种扭曲作用可能会超过传统上人们对地方政府行为溢出效应的论证。此外，这种财政补助还可能不可靠。几年之后，补助可能被取消，使州和地方政府只有实施项目的责任，却失去了相应的资源。所有这些批评综合在一起，促使财政补助的形式向固定拨款转变，并逐渐回归一般目的性补助。

2009 年，《美国复苏和再投资法案》（《联邦经济刺激法案》）将总额为 7 870 亿美元的财政补助中的约 2 800 亿美元指定给州和地方政府。该财政补助通过现有的方案进行分配，大部分资金都进入了州财政稳定基金（State Fiscal Stabilization Fund，主要支持教育），提供给医疗救助计划以及公路和桥梁等基础设施建设。大多数资金最初用来支持医疗救助计划。在项目后期，资金将会转向社区建设、能源和环境等方面。议会施加的控制和额外的报告要求，使此类支出的使用速度下降。这些财政补助的影响还难以评论，因为尚无所需的资料。

固定拨款

固定拨款通常提供给一般目的性政府［而专项补助则通常提供给特殊目的性政府（special-purpose）政府或非政府组织］。固定拨款依据一个法定公式，为在一个宽泛的功能领域里的活动提供资金支持。受助方政府对如何使用这笔资金拥有很大的自由裁量权（discretion）。联邦政府固定拨款的特征有："按照规定，固定拨款可以用于一个定义得十分广泛的功能领域中很大范围内的活动；关于固定拨款，受助方政府拥有很大的裁量权以确定问题、设计项目和分配资源；联邦政府对固定拨款所规定的财政管理报告、计划和其他要求，只是为了确保固定拨款全国性目标的实现；作为联邦政府的一种财政补助形式，固定拨款是根据公式来进行分配的，对于受助方政府几乎没有什么匹配性的要求，即使有的话，也只是在历史上形成的、对支出数额上限的一种规定。"[1] 联邦政府固定拨款资助的项目包括：健康（社区精神健康服务计划、预防和治疗药物滥用计划、妇幼保健服务计划、疾病预防和健康服务计划）、犯罪控制（地方执法计划、青少年责任激励计划）、社区发展（社区发展计划）、社会服务（社会服务计划、儿童保障和发展计划、低收入家庭能源补助计划、社区服务计划

① General Accounting Office, *Block Grants*：*Issues in Designing Accountability Provisions*，GAO/AIMD-95-226 (Washington, D.C.：General Accounting Office, 1995), 4.

等）、贫困人口补助（贫困家庭临时补助计划）以及突发事件管理（突发事件管理绩效计划）①。

从所涉及的项目来看，从专项补助向固定拨款的最大一次转变浪潮，是 1981 年的《综合调整法案》(the Omnibus Reconciliation Act，公法 97－35 号)。在这项法案中，原来的 57 项专项补助被合并成了 9 项固定拨款项目（其中包括：社会服务，家庭能源补助，社区发展，基础教育和中等教育，酒精饮料、药物滥用和心理健康，妇幼保健，社区服务，基本保健，预防性健康服务）。通过 1996 年《个人责任和工作机会调整法案》(Personal Responsibility and Work Opportunity Reconciliation，公法 104－193 号)，联邦福利改革 (federal welfare reform) 将福利加入了给予州政府的固定拨款清单，以取代给予有待抚养儿童家庭的财政补助 (Aid to Families with Dependent Children, AFDC)。AFDC 是一个分配给各州贫困母亲和儿童的多年期固定拨款方案，以资助各州的福利项目。这一新的计划叫作贫困家庭临时补助 (Temporary Assistance to Needy Families, TANF) 计划。固定拨款的总额，可以根据公式在各州之间进行分配。这种公式的依据是，1994 和 1995 财政年度中项目资金较高者或 1992—1994 财政年度项目资金的平均数。州政府的项目必须符合联邦政府的标准；要想继续得到这种财政补助，州政府必须满足一定的绩效指标。

政府间关系咨询委员会认为，具有"精心设计的拨款公式和资格条款"的固定拨款应当能够：

(1) 向项目需求最大的政府提供财政补助，并给予其资金来源一定程度的确定性；

(2) 在确定问题、设置优先发展目标和资源配置方面，赋予受助方较大的自由裁量权；

(3) 简化项目管理，减少文山会海和管理费用；

(4) 促进政府之间和政府的各个管理部门之间的协调和规划；

(5) 鼓励当选的或者经过任命产生的通才官员更多参与决策过程②。

不能寄希望于利用固定拨款来促使受助方政府开发出新项目，固定拨款的用途应当仅限于已经达成了广泛共识的、业已存在的各项活动。不能寄希望于利用固定拨款来使地方政府的决策更加符合全国性的利益，也不能寄希望于用固定拨款来改变地方政府的运营方式。如果一组类似的无条件财政拨款已经建立起了强大的地方顾客群，那么这组无条件财政补助就可以用固定拨款来取代了。但是，批评者们则认为，固定拨款，特别是用于社区发展的固定拨款，通常会对富裕社区和贫困社区进行同样的补助；有些固定拨款资金的使用方式，会将国会最初的补助目的扩大化。出资方担心如何才能确保产出和结果方面的受托责任。近年来，由于日趋严格的支出约束，联邦固定拨款受到了限制。

财政收入分享（一般目的性财政补助）

第三种联邦补助形式是财政收入分享。这是一种对于所提供资金的使用几乎不做任

---

① 再加上给美国原住民的特别固定拨款。

② Advisory Commission on Intergovernmental Relations, *Characteristics*, 24.

何限制的分配方案①。联邦政府财政收入的分享计划开始于 1972 年，采用一种方案来向州政府和一般目的性政府分配多年期的拨款。这种划拨资金的方式是一种拨款形式，而不是对某些税种的分享。因此，在拨款法案的有效期之内，确实能提供更具确定性的财政补助（也就是说，即使联邦财政收入中发生了意料之外的变化，也不会对这种财政补助分配的数额产生影响）；但是，当拨款法案到期之后，还需要对资金进行重新拨付。该计划是 1975 年和 1980 年州和地方政府一般性财政收入中联邦政府所占份额增长的主要原因，如表 14 - 3 所示。每次重新制订方案时都会提出这一计划是否应当继续实行的问题；在 1986 年的预算中，整个计划被取消了。类似（更早）的州税收分享计划通常会将所选定税收的指定份额（例如，州销售税税率的一个百分点）发放给地方政府。

财政收入分享会根据一种公式来分配资金，这些公式根据人口、城市人口所占比重、税收征收效率、所得税征收效率和人均收入等因素来确定合适的份额。在财政收入分享资金中，州政府最初可以获得 1/3 的份额，但是后来被逐渐取消了：1980 年的拓展计划对于没有按照所得到的拨款数额放弃专项补助的州政府，不再继续给予资金分享份额；到 1983 年，给予州政府的份额彻底终止了。在该计划的存续期内，地方一般目的性政府（包括市、县、印第安保留地的政府和市镇等）继续获得财政补助。无须进行申请，补助的支票就会直接寄送给每一个符合条件的政府部门，且对于这些资金的使用限制也很少（如拨款程序应当公开；在进行人员雇佣和补偿时，不应有任何歧视；资金不能作为其他财政补助的匹配形式来使用；财政补助的使用要接受外部财务审计的监督等）②。

尽管全国范围的联邦政府的财政收入分享在 1986 年终止，但这样的项目依旧在一些州的财政体系中扮演着重要角色，这些州包括密歇根州、阿拉斯加州、路易斯安那州、佛罗里达州、缅因州和威斯康星州。所分配的资金有的是特定税收的指定份额，有的是定额拨款（specific appropriations）。分配方式依据一定公式，并且受助政府可以将其用于任何用途，几乎没有限制。当分配方案以人均量为基础时，在一定程度上减少了财政不平等，因为以人均量为基础的分配公式可以向低财政能力地区提供相较于高财政能力地区更多的补助。财政能力较高的地区支付给州补助基金的资金，高于它们获得的补助金。

不管是财政收入的分享计划，还是税收收入的分享计划，都可以增强地方政府的财政支出能力、缩小地区之间的财政差异（现在，在全国相同级次的政府之间，仍然存在着很大的财政差异）。由于这些项目缺乏对相应财政补助的控制措施，因而不会改变地方政府的发展计划以使它们更符合全国的利益。作为一种对弱势群体的补助方式，财政收入的分享计划也不是特别有效，因为弱势群体和非弱势群体一般会生活在同一个政治辖区内，很少会有例外。给予辖区的一般财政补助可以提高辖区对任何人的服务能力（或者，在服务水平不变的情况下，可以减轻该地区的税负）；非弱势群体可能会做得更好，因为他们通常拥有更大的政治影响力。不能希望财政收入分享这种形式也可以达到无条件财政补助的效果，并使公共行为为之改变。财政收入分享可以缩小政府间的财政

---

①　尽管这种财政收入分享不是一般性的，但是，在联邦政府中确实有一些共享税（shared taxe）；这些共享税由联邦政府课征，然后根据分配方案来向州政府分配，由州政府用于特定用途。其中最重要的用途是高速公路、机场和飞机航线建设的信托基金。但是，这些资金确实是需要进行拨付的，不能自动分配给州政府使用。

②　在一般性财政收入分享计划实施之前，美国的一些大城市从未进行过外部财务审计。促使其进行外部审计，可以被视为该计划带来的一项额外利益，这一额外收益超出了补助的收入最终带来的任何服务。

差异；对于课税能力有限的政府单位来说，还可以增强它们的财政支出能力。

联邦政府与州和地方政府的税收收入分享，是许多其他国家财政补助体制中的一个共同特征。不管是中央集权国家、联邦制国家，还是原苏联地区的许多国家，都是如此，但不包括美国。在这些国家的相关政策方案中，中央政府课征税收（比如个人所得税）并决定分配给地区或地方政府多少比例（比如25%）。在这个例子中，在某区域或地方内征收的个人所得税中的25%，将被分配给该区域或地方政府。财政政策选择是由中央政府做出的，但税收份额归于较低层级的政府。分享的收入可能会被返回到征收的地区，也可能依据一种公式进行分配（例如，人均份额）。

14.6 州和学校补助

传统上，美国的基础教育和中等教育属于独立学区或者一些大城市政府的职责范畴。这种制度安排使地方政府可以进行决策和控制，以使这些政府的决策更接近于受到学校影响最多的家庭。但是，州政府负有提供教育的最终责任；州宪法中包含的有关教育的条款，要求州政府向全州范围提供"公平的""全面且有效的""充分的""一般性且统一的"教育体系①。由地方财政来负担教育似乎违背了教育体系应当"全州化"的理念，因为各地分配到每个学生身上的财政能力（地方税收的税基），以及由此所决定的教育资源，在各个地区之间有很大不同。并不是所有的学区在创建时都是同等的，那么这种教育体系怎么能够被认为是公平的呢？当地方政府在办学偏好和为学校提供财政资源方面都有很大差异时，由州政府提供的教育体系如何与地方政府的管理相适应呢？

关于这个两难问题，没有一个简单的答案。但是，有一种呼声是要增大州政府在公立学校资金来源中的作用（见表14-4）。这种趋势反映了州政府在财政中的作用不断扩大，从1940年的30.3%增加到了2009—2010年的48.3%；地方政府的作用有所下降，同期从68.0%下降到了43.5%。（联邦政府的比重有所上升，从1.8%增加到了8.2%。但比重仍然很低。）但是，在2009—2010年，州政府之间的比重差距确实非常大，从南达科他州的30.9%到佛蒙特州的84.4%不等②。地方教育资金仍然几乎全部来自财产课税（在学区税收收入中的比重为95.9%），而在州政府的教育资金来源中，通常是销售税和所得税二分天下，这为州政府通过州级补助体系来消除地区资源不平等创造了条件。在一些州，财产税的税收减免是通过由州政府承担更多的地方学校的费用来实现的。

---

① 早期违背美国宪法中平等保护条款的问题，在1973年以比较有利于州政府的方式得到了解决。参见：*Rodriguez v. San Antonio Independent School District*, 411 U. S. 1 (1973). 最近的一些争论是关于州宪法中的一些规定。其中有些争论促进了学校支出的增加，但是，也有些争论使学校的支出与预期相比，反而减少了。参见：Robert L. Manwaring and Steven M. Sheffrin, "Litigation, School Finance Reform, and Aggregate Education Spending," *International Tax and Public Finance* 4 (May 1997)：107-127. 只有特拉华州、夏威夷州、密西西比州、内华达州和犹他州没有对这种学校经费问题的诉讼。Jennifer Carr and Cara Griffith, "School Finance Litigation and Property Tax Reform：Part I, Litigation," *State Tax Notes* (June 27, 2005)：1015.

② U. S. Census Bureau, Governments Division, *Public Education Finances Report*：2009-2010 (http://www.census. gov).

表 14 - 4		公立学区的资金来源构成	（%）
学年	联邦政府	州政府	地方政府
1939~1940	1.8	30.3	68.0
1949—1950	2.9	39.8	57.3
1959—1960	4.4	39.1	56.5
1969—1970	8.0	39.9	52.1
1979—1980	9.8	46.8	43.4
1989—1990	6.1	47.1	46.8
1999—2000	7.3	49.5	43.2
2009—2010	8.2	48.3	43.5

资料来源：U. S. Department of Education Sciences, National Center for Education Statistics, *Digest of Education Statistics*：*2010* (Washington, D. C.：*2011*).

　　州政府在公立学校财政地位的提升，存在两个比较大的隐患。第一，州政府支付了学校经费之后，对地方学校日常运营的控制欲将会增强。州财政的比例越大，地方官员对地方项目和政策的发言权就越小。第二，地方学校的财政状况更易受到州政府财政状况的影响。自 2007 年开始的衰退以来，各州最常见的反应就是通过减少对学区的财政支持来缓解财政困难。州将这一问题踢给了地方。地方政府得决定该做什么——削减项目或寻找更多收入来源，抑或两者结合使用。如果州严格限制财产税的用途，这一问题就会变得更加棘手。一个地方政府的财产税收入要比来自州政府的补助稳定得多。

　　美国各州所使用的学校补助体系以其复杂性而闻名，因为立法者要在地方政府控制（local control）、州政府责任（state responsibility）以及对自己家乡地区的利益保护之间寻求平衡。分配方案结合了不同的理念，这不足为奇，但是，在对州政府的基本财政补助进行分配的过程中，形成了三种一般的体系[1]：

　　（1）**一般无条件的统一补助**（flat grants, general and categorical）。在美国的几个州中，每个学区的每个学生从州政府中所得到的资金数额都是相同的。富裕学区和贫困学区之间没有区别。有些财政补助会根据学生的类型进行分配，有些财政补助则会为特定种类的支出（例如基于巴士里程的学生交通费用）提供资金。

　　（2）**基本补助**（foundation grants）。在美国，大约有 3/4 的州使用这种基本补助。这种财政补助与学生的人数呈正比，与每个学生所拥有的地方财产税的税基成反比。每个学区中的每个学生所得到的基本补助数额，等于每个学生所需要的基本支出水平（州政府所确定的可以接受的最低水平）和每个学区按照全州目标税率对本学区税基所课征的税收收入分摊到每个学生身上的水平之间的差额。要得到基本补助，州政府通常会要求学区至少要完成基本支出水平。这个补助旨在填补每个学生的预期基本支出和这个地区自己负担这些支出的能力之间的差异[2]。

　　（3）**有保证的税基（或者平均百分比）**[guaranteed tax base (or percentage equalizing)]。这些方案向学区所提供的财政补助，用于弥补学区税率乘以学区税基所形成的税收收入和用学区税率乘以有保证的税基之间的差额。因此，不管各个学区平均到每个

---

　　[1]　Katherine L. Bradbury, "Equity in School Finance：State Aid to Local Schools in New England," *New England Economic Review* (March/April 1993)：25-46.

　　[2]　这是对自我筹资能力的估计，不是真正的收入，旨在防止地区通过减少当地税收使州政府承担更多成本。

学生身上的富裕程度如何，所有学区都可以用一定的税率为每个学生筹集到相同的税收收入。现实财政补助体系中可能还会增加其他因素，例如，针对不同学区的运营成本之间的差异、特别顾客群的服务和为了避免年度之间的财政补助出现巨大损失等因素而进行的调整。由于州政府提供给州财政补助资金的不同，州政府的财政补助公式中所包含的因素也会经常变化。由于许多州财政补助的分配所依据的并非只有一个逻辑体系，因而这些州财政补助的分配体系也往往是多个体系的混合体。

州学校补助体系一般会使州政府感到不舒服。州政府的财政收入中有很大一部分是为资助学校而筹集的。很多批评家会质疑，这种分配方案是否能够保证州政府对服务的提供进行监督。其实，没有一种体制可以将此类教育体制中地方政府控制和州政府责任这一基本问题完全解决掉。

14.7　协调与补助：命令支出

命令支出（mandates），可能是要求政府进行支出的一项宪法条款、法律、行政法规或者司法规定。这种要求来自这级政府之外，迫使其必须采取行动[1]。州政府可以命令地方政府进行支出；联邦政府既可以命令州政府也可以命令地方政府进行支出；而司法部门作为一般预算和拨款流程之外的政府分支机构，可以命令任何一个级次的政府进行支出。命令支出，就像政府部门对私人企业的车间安全、环境质量等所做的运营限制，或对个人购买健康保险所做的规定。实际上，有些成本高昂的命令支出只是政府对私人部门的这些规定的一种延伸[2]。人们对命令支出的担忧集中于地方政府层面，因为地方政府的规模一般都比较小，很难对外部的支出冲击做出灵活的反应（与联邦政府的总支出规模相比，很少有单个命令支出的规模可以大得足以严重扰乱联邦政府），而且地方政府也缺乏其他级次政府财政收入的一些选择空间。尽管州政府给自己的地方政府造成了很多命令支出成本，但是州政府也对施加于自身的命令支出成本表示了很大担忧[3]。

命令支出是为了使政府的行为方式与原来不同。这种行为方式变化可能是针对：(1) 服务和项目；(2) 投入品（一般是人员）。前者的例子包括：图书馆的开放时间、地方学校的特殊教育规定、监狱条件的标准、医院中的水温、针对贫困人口的法律保护规定和所有人都能够使用公共设施的权利等。关于投入品使用命令支出的例子包括：补助水平、所取得的资源、投入品的质量和/或数量以及使用投入品的条件等。所有这些

---

[1]　Advisory Commission on Intergovernmental Relations, *State Mandating of Local Expenditures* (Washington, D. C.：Advisory Commission on Intergovernmental Relations, July 1978), 2. *Gideon v. Wainwright*, 372 U. S. 335 (1963) 和 *Argersinger v. Hamlin*, 407 U. S. 25 (1972), 是关于法庭指令（court mandates）的两个案例。

[2]　最高法院认定，对加班费和最低工资标准进行规定的 1938 年《联邦公平劳动标准法案》，也适用于州和地方政府。具体请参见加西亚（Garcia）诉圣安东尼奥大都会运输署案 ［469 U. S. 70 (1985)］由此导致了巨大的成本。在莫内尔（Monell）诉纽约市社会服务部案 ［436 U. S. 658 (1978)］中，法庭通过扩展公民对政府雇员的玩忽职守行为进行起诉的权利，削弱了主权豁免（sovereign immunity）的思想。

[3]　作为接受联邦政府或者州政府财政拨款的一种结果，相应的政府也要接受一些限制性的规定。从逻辑上讲，财政控制相比于普通指令会产生更少的逻辑性问题，因为受助的政府应当承担由接受资金所带来的责任。关于是否要进入财政补助体系，并没有强制性的规定。政府间关系咨询委员会介绍了一些主要的联邦命令支出。具体请参见：*Federal Regulation of State and Local Governments：The Mixed Records of the 1980s* (Washington, D. C.：Advisory Commission on Intergovernmental Relations, 1993).

都会间接改变提供一定水平公共服务的成本。相关的例子包括：州政府对地方福利部门工资水平的确定，雇员培训要求，养老金体系的资金要求，失业保险体系和工人补助体系的参与要求，对工作薪酬、工作时间和工作条件的规定。后者中的几种，只不过是对私人雇主要求的一种拓展。

　　由于州政府要为地方政府建立"游戏规则"（rules for the game），因此除了命令支出之外，州政府还对地方政府的行为制定了许多其他控制措施，如：选举频率、预算结构和财政结构、许可的政府形式和程序规定等。许多标准会导致额外支出，但我们视其为知情民主（informed democracy）的合理成本，因此是可以接受的。然而，州政府所制定的游戏规则通常是为了降低地方政府成本，手段包括限制地方政府间的竞争、限制直接民主倡议和官员选举、限制当选官员的薪酬、规定全州范围内的纳税程序。显然，它们较命令支出呈现出不同的特征。其他一些干预措施还在地方政府课税范围确定之后，规定了税负的分配（例如，对居民用电可以免征地方销售税）。此外，和对游戏规则的控制一样，这些控制措施最好被看作地方自治（home-rule）问题，是对州政府和地方政府之间权力的一种平衡。2009 年最大的州政府命令支出之一，就是加利福尼亚州迫使市政当局"贷款"20 亿美元财产税收入给州政府，帮助加利福尼亚州解决巨大的财政问题。当州政府的财政出现困难时，它们会频繁地减少对地方政府的转移支付，而这项提议为强力推行"狄龙规则"（Dillon's Rule）设置了新标准①。

　　命令支出的存在有两个逻辑要素。首先，较低层级政府的行为收益［或者不作为（inaction）的成本］可能会超出这一政府辖区的边界。例如，一个政府不负责任的行为可能会减少其支出（可能也会减少这个政府辖区所缴纳的税收），但是却会损害邻近政府辖区中的居民利益，针对这种情况，州政府可能会对政府所应提供的公共服务水平做出规定，以避免对无辜第三者的利益造成损害。其次，立法机关和司法机关会认为全州范围内服务水平必须是统一的。州政府可能会要求各政府对学校和卫生设施等的支出相同，以避免有些人仅仅由于居住位置的不同，就获得较低水平的服务。因此，支出水平的修正是命令性的。

　　针对命令支出的上述观点，存在强烈的反对意见。第一，许多人认为，发出命令的政府应当负责为这项命令的支出提供资金。因为这可能会成为较高级次政府的一种政治工具，而较低级次政府则需要承担为这项命令筹集资金的成本——这种状况不利于认真决策。第二，命令支出有可能会威胁到政府的其他项目。如果政府筹集财政收入的能力有限的话，那么某些命令就可能会危及政府其他合理公共服务项目的提供。第三，命令支出的颁布通常不考虑成本。尽管其结果可能不无可取的一面，但其达成目标的成本可能是巨大的，特别是当这种成本和对政府资源的其他用途的收益相比时，更是如此。命令支出很少符合成本-收益原则，尤其是来自司法部门的命令。尽管在美国，一半以上的州会估算州政府对地方政府授权的成本，但很少有人会去估算为这些命令筹资的政府成本。第四，命令支出会限制财政自治（fiscal autonomy）。命令支出的存在显然会威胁到地方自治。

　　在命令支出的决策过程中，需要进行比较的似乎是，其所产生的收益是否足以覆

---

　　① 在另一个处理 2009 年州政府财政危机的政府间办法中，州政府提议修改量刑准则，这样，在州级法院被宣判的犯人，就可以移送到地方监狱了。Bobby White, "California Looks to Cut State Prison Population," *Wall Street Journal*, June 13-14, 2009, A3.

盖相应的成本。但是，对其他政府所造成的成本是很难进行这种比较的。有些人指出，如果在颁布命令的同时，不能提供足够的财政补助以覆盖授权成本的话，就违背了政府间公平交易（intergovernmental fair play）。而另一些人则指出，政府并没有对私人企业和个人的命令性的行为提供资金（如最低工资要求和安全规则等）；因此，尽管命令可能会带来政府角色是否合适的问题，但其并不必然要求在政府之间进行财政转移支付。

出于命令支出给州和地方政府所带来的成本的担忧，国会在1995年通过了《无基金命令支出改革法案》（Unfunded Mandates Reform Act, UMRA, 公法104－4号），"以结束在国会没有全面审议、联邦政府又没有充足的资金来源的情况下，就对州政府、地方政府和部落政府施加命令支出的状况"。这项法案既没有对命令支出完全禁止，也没有要求较高级次的政府为命令支出提供资金，只是要求国会在批准命令支出之前，要明晰其对目标政府所带来的成本。这一做法的理念是，透明性以及与之相伴的不光彩，可能会阻止国会将成本强加给其他政府。这项法案有三个重要的组成部分①：

（1）**这项法案将命令支出定义为**："法律、法规或规章制度中的一种条款，这种条款会对州政府、地方政府、部落政府或私人部门施加强制性责任（enforceable duty），或者会减少或取消用于覆盖现有命令成本的融资义务。"这项定义中包含的内容有：对州和地方政府支出的直接要求；优先使用州和地方政府某些财政收入的条款；削减联邦政府发放的财政补助，这些财政补助原来是较低级次政府用于覆盖完成现有联邦政府授权的成本的。

（2）**这项法案要求**国会预算办公室在其提案中包含了有关联邦命令的内容时，要向国会委员会告知。在提案中的联邦命令生效后的前五个财政年度的任何一年中，若其直接成本总额超过了根据通货膨胀调整后的限额（现在为7 100万美元，起初为5 000万美元），国会预算办公室必须对这些成本进行估算（如果可行），且国会委员会必须印发有关命令的声明。国会预算办公室的声明还应当对这些提案是否为覆盖这项新的命令成本提供了资金进行评估。

（3）**这项法案还为命令支出提供了**一种执行机制。对于一项包含命令支出的提案来说，只有这项提案得到了国会预算办公室对这项命令成本的估测报告，以及这项提案为了弥补这些命令成本提供了足够的直接支出授权或者拨款授权之后，国会上下两院才能对这项提案进行审议。然而，命令支出不应当是自我融资的，一位国会议员已经就这项规定的实行提出了正式的反对意见。国会中的多数人可能会支持命令支出的通过，但是在关于是否对这项命令的资金提供进行担保的辩论中，并非每个人都支持了。

《无基金命令支出改革法案》并没有包括所有的命令支出，这些没有包括进来的命令支出有：抑止歧视的命令支出；作为得到财政补助条件的命令支出；优先使用对州和地方政府授权提供或管理公共服务的授权支出，但这些公共服务的提供并不需要动用州和地方政府的财政资金。特别是，其中并没有包括作为财政补助条件的命令支出，这就使联邦政府可以继续在州和地方政府事务中施加影响。但是，对于包括医疗补助项目在内的11项命令性财政补助项目的新条件或融资上限，如果州和地方政府无权根据这些

---

① Congressional Budget Office, *An Assessment of the Unfunded Mandates Reform Act in 1997* (Washington, D. C. : U. S. Government Printing Office, 1998).

变化进行调整，根据该法案它们也会被界定为命令。

在这项法案有效的 1996 年 1 月到 2011 年，国会预算办公室报告称，只有 13 项超过法案中规定的授权额度的提案获得通过①。这种来自国会方面的约束是否是由于这项法案所造成的，目前还不清楚。但是，含有较小数额命令支出的法律确实都通过了。州和地方政府也注意到，目前还没有对现行命令支出做出任何调整。

结　语

在美国和其他联邦制国家，公共服务是由多级政府提供的。这种多样性可以赋予人们更多的选择，但是，由于以下两个因素，对公共服务的提供不得不加以协调：政府间的溢出效应和财政的不平衡。当一个政府的行为对其邻近政府造成了影响（可能是好的，也可能是不好的）时，就发生了溢出效应。政府间的干预会促使政府允许这些外部效应的存在。政府财政能力在国内和州内的分布是不平衡的，如果没有这种政府间的协调，有些人可能会仅仅由于其居住的位置，就受到公共部门的不公正对待。

政府间的问题可以通过以下三种协调机制来得到解决：财政收入调整（包括税收减免、行政性补助、税源划分或对同一税基的协调使用等）、财政补助（包括专项补助、固定拨款或财政收入分享等）以及命令支出。在不考虑由此所带来的相关问题的情况下，这些机制有助于保持多级政府的优势。

问题与练习

1. 你们州的宪法中肯定会包含有关教育的条款。这些条款的内容是什么？可以怎样用来（或者已经被用来如何）对地方学校的融资进行质疑？你们州是基于什么向地方学校提供补助的？

2. 曼丹县想把一条旧铁路线周围的公用事业用地转变为供行人和自行车使用的小路。有关可行的联邦财政拨款计划详见网站 http://www. grants. gov。浏览那个网站，判断是否有能够资助这个项目的联邦补助计划。（这个网站也是一个提交联邦财政拨款提案的媒介，所以了解它的特点对你的职业生涯也有好处。）如果你确实发现了一个合适的计划，提案中需要包含哪些关键点以提高这一项目成功的概率？

3. 对于《联合国政府功能分类》（见附录 6-2）中所列示的政府功能，一般哪些归中央政府，哪些归其他级次的政府呢？

---

① 以下文献提供了这项法案运行的回顾和评价：Congressional Budget Office, *A Review of CBO's Activities in 2011 under the Unfunded Mandates Reform Act* (Washington, D. C.: U. S. Government Printing Office, 2012). Theresa Gullo, "History and Evaluation of the Unfunded Mandates Reform Act," *National Tax Journal* 57 (September 2004), 559—570.

案例讨论

案例 14－1

匹配性和辅助性原则与田纳西－汤比格比水道

你已经在案例 2－1 中读到了田纳西－汤比格比水道的开发，伴随着政治上的教训，那个案例还涉及政府间财政关系的维度。注意这一点，重读那个案例。

思考下列问题：

1. 根据辅助性原则，田纳西－汤比格比水道项目应该是一个联邦项目、州项目还是地方项目？

2. 是不是遵从了辅助性和匹配性原则便可能建好运河呢？

第 3 部分

债务管理、营运资本
与养老金

■ 第 15 章　债务管理

第 *15* 章

债务管理

　　当政府向个人或者机构借款时，就形成了联邦债务、州债务和地方债务。借款改变了货币购买权在贷款人和借款人之间的分配状况：贷款人暂时放弃了购买权，因为借款人承诺将来要归还债务；借款人暂时取得了购买权，因为他将来要承担还款的责任。代表债务的债券，是借款人（债券发行人）对贷款人（债券持有人）的一种长期承诺，借款人承诺在债券到期时要按照票面金额归还本金，并按照合同约定归还利息①。借款人在贷款期内要承担还款的责任——按照约定归还利息，并定期归还本金。

　　形成政府债务的原因可能是：（1）弥补财政赤字（政府的年度支出超过了年度收入，形成财政赤字）；（2）为资本性建设项目融资；（3）在财政年度弥补短期资金不足。并不是所有政府的借款原因都是一样的，具体来说，联邦政府的借款原因可能与州和地方政府不一样。

---

　　① 有些国家的政府，特别是英国政府，所发行的债券没有到期日，只是会永久性偿付利息。这种债券的持有人被认为是联合持有人（consols）。他们可以通过向其他投资者出售债券来得到购买债券的本金。另外还有一种债券类型：有些债券会按照折扣率进行发售；持有债务工具的贷款人所支付的金额和借款人所得到的金额之间的差额，就构成了利息。短期债务——典型的折价出售的债券——叫作短期国债券（bill）和中期国债券（note）。这种短期联邦债券被称作票据（bills and notes）。麻省理工学院，一家非营利机构，于 2011 年以 100 年期的债券借款 7.5 亿美元，这不是一个永续公债（consol），但是一个类似的债券。它 5.62% 的固定利息被认为十分具有吸引力。Goldie Blumenstyk, "MIT Borrows for the Long Run with a ＄750 Million 'Century Bond,'" *Chronicle of Higher Education*, May 12, 2011. 美国财政部计划于 2013 年开始销售浮动利率的中期国债券。这些中期国债券的利率将会定期进行重置，以反映根据一个市场指数计量的利息率，而不是像其他债券那样，在责任期内一直承担一个固定的利率。Matt Phillips and Jeffery Sparshott, "Treasury Decides to Offer Floating-Rate Notes," *Wall Street Journal*, August 2, 2012: C4.

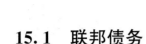
15.1　联邦债务

联邦政府债务源于为战争提供经费、调控宏观经济（例如，处理失业和经济低增长问题）① 以及复杂的政治争端所引起的超额支出。债务总额是联邦对于支出和筹集收入选择的结果，而不是债务目标本身。债务水平等于联邦政府诞生以来所有年度的赤字减去所有年度盈余的积累。形成赤字要比盈余容易得多，而在出现赤字的时候，还会增加债务总额。正如政府问责署所解释的：

> 联邦赤字……是一定年度联邦总支出和总收入之间的差额。为了弥补这一差额，政府需要向公众借债。每年所发生的财政赤字，都会增加公众所持有的债务总额。换句话说，财政赤字是政府借款的年度数额；而债务则是政府历年来向公众借款的未到期债务的累计额……（每年）联邦政府只会支付债务的利息成本；在债务到期时，归还本金。归还债务本金的资金来自联邦政府新的借款，因此，联邦债务是通过借新债还旧债的方式"滚动发展的"。减少联邦债务，需要联邦政府的预算出现盈余，使用这笔盈余资金来归还到期债务的本金。②

关于联邦债务，有两个重要的整体衡量方式：联邦总债务，等于所有未到期的联邦债务；由私人投资者所持有的债务，等于除由联邦账户和联邦储备体系所持有的债务之外的其他联邦债务。图 15-1 展示了自 1940 年开始，两种衡量方式下的联邦债务，为了剔除这些年经济规模的巨大差异，债务均以占 GDP 的百分比的形式表示③。第二次世界大战导致联邦债务增长迅猛。1946 年联邦债务相当于 GDP 的 122%。（从绝对的角度来看，联邦政府从未消除为第二次世界大战而发行的债务。随着时间的推移，经济水平逐渐增长，债务并没有消失，但失去了其原有的经济意义。这是很关键的一点：美国实际上没有必要消除该债务。然而，却需要将债务控制在与经济规模相当的水平，但我们选举出的官员近年来却没有在这方面取得出色的成绩。美国南北战争及第一次世界大战时期举借的债务尚未消除，但这似乎也没有严重影响到经济发展的进程。债务到期时进行再融资似乎起到了很好的作用。）达到这个高峰后，债务比重几乎连续下降，直到 20 世纪 70 年代中期——1981 年到达最低点 33%——这是经济的增长快于债务利率的增

---

① 联邦债务管理，包括发行新债务的机制，与中央货币政策和财政政策的制定与执行密切相关。关于联邦债务的历史及管理方式的介绍，参见：Donald R. Stabile and Jeffrey A. Cantor, *The Public Debt of the United States*：*Historical Perspective*, 1775—1990 (Westport, Conn.：Praeger, 1991). 大多数联邦债务是由财政部发行的，但是有一部分，不到公众持有的联邦债务的 1%，是由机构直接发行的（田纳西河流域管理局、市政当局、首都建筑师协会、国家档案馆、联邦住房管理局等）。这些机构的债务与其他债务没有实质区别，它们也包含在联邦债务总额中。Office of Management and Budget, *Budget of the Government of the United States*, *Fiscal Year 2010*, *Analytical Perspectives* (Washington, D. C.：U. S. Government Printing Office, 2009), 229-232.

② General Accounting Office, Federal Debt：Answers to Frequently Asked Questions, GAO/AIMD-97-12 (Washington, D. C.：U. S. Government Printing Office, 1996), 13-16. 也有例外，有些年份存在财政盈余，并非持续赤字。

③ 联邦政府自成立之初就身负债务——独立战争是靠向外国银行借钱——而且除了 19 世纪 30 年代中期短暂的几年，联邦政府一直处于负债之中。我们是世界上最好的债务人。

长的结果。公众持有债务在 1974 年达到最低点 18%。偶然的盈余有时甚至会抵销债务。除了 20 世纪 90 年代的一次下降，债务记录一直在上升，并在可预期的未来，仍将继续上升[①]。（回顾第 3 章中国会预算办公室的惊人预测。）

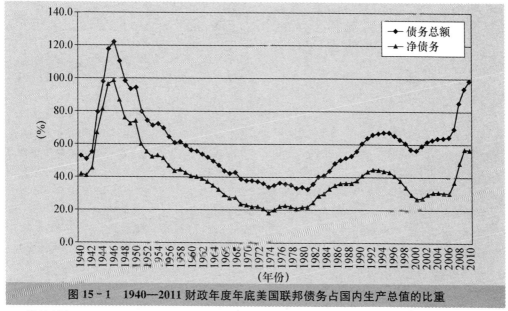

图 15 - 1 1940—2011 财政年度年底美国联邦债务占国内生产总值的比重

资料来源：Cengage Learning.

关于联邦债务的具体情况可以参见表 15 - 1。私人投资者持有的债务数额很大——2011 财政年度超过了 8 万亿美元——然而总债务更高——超过了 14 万亿美元。自进入 21 世纪以来，两者的总额和占 GDP 的比重都急剧上升。这就是联邦政府支出远远高于收入的结果，同时赤字增长比经济发展更加迅速。私人投资者手中的联邦债务数额取决于联邦赤字的累积额（公债总额）、美联储包括买卖联邦债务在内的货币政策操作和信托基金的投资余额等因素。在私人持有的联邦债务中，不包括由联邦政府机构所持有的部分，因此私人持有的联邦债务代表对私人投资者资源的净转移额。

表 15 - 1
1940—2011 财政年度的联邦债务

财政年度年底	债务总额（百万美元）	债务总额占 GDP 的比重（%）	私人投资者持有的部分		平均期限
			绝对额（百万美元）	相对额（占 GDP 的比重）（%）	
1940	50 696	52.4	40 314	41.6	
1945	260 123	117.5	213 390	96.4	
1950	256 853	94.1	200 692	73.5	
1955	274 366	69.3	203 009	51.3	
1960	290 525	56.0	210 317	40.5	
1965	322 318	46.9	221 678	32.2	
1970	380 921	37.6	225 484	22.3	3 年 8 个月

[①] 参见：Kenneth D. Garbade，"Why the U. S. Treasury Began Auctioning Treasury Bills in 1929," *Federal Reserve Bank of New York Economic Policy Review* 14（July 2008）：31–47. 其中有关于财政部国债竞拍的介绍、联邦政府借款的最常见方法以及创立拍卖机制的背后原因。

续前表

财政年度年底	债务总额（百万美元）	债务总额占 GDP 的比重（%）	私人投资者持有的部分		平均期限
			绝对额（百万美元）	相对额（占 GDP 的比重）（%）	
1975	541 925	34.7	309 707	19.9	2 年 8 个月
1980	909 041	33.4	591 077	21.7	3 年 9 个月
1985	1 817 423	43.8	1 337 454	32.3	4 年 11 个月
1990	3 206 290	55.9	2 177 147	38.0	6 年 1 个月
1995	4 920 586	67.0	3 230 264	44.0	5 年 4 个月
2000	5 628 700	57.3	2 898 391	29.5	6 年 2 个月
2001	5 769 881	56.4	2 785 480	27.2	6 年 1 个月
2002	6 198 401	58.8	2 936 235	27.8	5 年 6 个月
2003	6 760 014	61.6	3 257 327	29.7	5 年 1 个月
2004	7 354 657	62.9	3 595 203	30.8	4 年 11 个月
2005	7 905 300	63.5	3 855 852	31.0	4 年 10 个月
2006	8 451 350	63.9	4 060 048	30.7	4 年 11 个月
2007	8 950 744	64.4	4 255 497	30.6	4 年 10 个月
2008	9 986 082	69.4	5 311 923	36.9	4 年 1 个月
2009	11 875 851	84.2	6 775 547	48.1	4 年 1 个月
2010	13 528 807	93.2	8 207 272	56.6	4 年 9 个月
2011	14 764 222	98.7	8 463 546	56.6	5 年

资料来源：Executive Office of the President，Office of Management and Budget，*Budget of the United States Government*，*Fiscal Year 2012*，*Historical Tables*（Washington，D.C.，OMB，2011），United States Department of the Treasury，Treasury Bulletin（various issues）.

　　2012 年，联邦政府机构和信托基金账户持有了超过 30% 的联邦债券[1]。社会保障信托基金是联邦证券最大的单一持有人（回忆第 3 章，如果要满足基金的义务，那么价值应该更大）。联邦政府机构和信托基金账户在现金管理的过程中购买了联邦债务，因为这种债务在安全性和政治中立性上，肯定比持有大多数其他债券的风险更小，例如，持有摩根大通或埃克森美孚股票或德国政府发行的债券[2]。然而，有一点是可以明确的，联邦债券并不是你对联邦政府资源的一种净权力要求。联邦储备体系会通过买卖联邦债券来调整货币政策，这些活动在改变了经济中货币供应量的同时，也影响了私人手中的债务量。由于从法律上来讲，联邦储备银行必须归还美国财政部数额巨大的利息，并且它至少也是政府机构，因此，联邦储备银行所持有的联邦债务（在 2012 年大约占总额的 11%）不是对联邦政府资源的外部权力要求。对于大多数分析目的来说，除了联邦政府机构、联邦信托基金和联邦储备银行所持有的联邦债务以外，私人投资者持有的债务才是联邦债务政策应当考虑的主要问题。2011 年净债务占 GDP 的比例为

---

　　[1]　本章中关于联邦债务的细节来自美国财政季刊——*Treasury Bulletin*。

　　[2]　甚至在美国宪法修正案中还有一款提供了担保——第四款第 14 条规定："由法律授权，美国公共债务包括由支付给镇压叛乱和暴动的抚恤金和奖金而引起的债务，其合法性是毋庸置疑的。"所以当国会议员或总统候选人质疑支持社会保障制度的资产的价值时——那些西弗吉尼亚州的金库中的社会保障债券，他们是否犯了叛国罪？他们质疑公共债务的有效性，这在宪法上是不允许的。

56.6％，这使得美国略高于 OECD 国家 42.9％的中位数。2010 年债务率较高的国家有：希腊（147.8％）、意大利（109％）、比利时（96.8％）、葡萄牙（88％）、英国（85.5％）、冰岛（81.3％），而债务率排位靠后的国家有：爱沙尼亚（3.2％）、智利（9.2％）、澳大利亚（11％）、卢森堡（12.6％）、瑞士（20.2％）、挪威（26.1）和墨西哥（27.5）[1]。

在历史进程中，一个值得注意的变化是境外和国际对联邦债务的持有变得重要。一直到 20 世纪 70 年代中期，境外对联邦债务持有量还是很小的，少于私人持有债务比例的 10％。然而，该持有比例在 20 世纪 70 年代中期快速上升至 20％，并且从那之后开始快速扩张。在 2011 年末，私人持有债务中的 54.3％属于境外和国际投资者。对于这部分外债的归还，不能简单地理解为"我们这是自己欠自己的"。这部分外债的归还，会将美国纳税人的资源转移给外国的美国联邦债券持有者；与内债的归还不同，归还外债会对美国人民的生活水平产生深远的影响。只要外国投资者继续在国际贸易中积累美元储备，并且世界投资者也将美国政府的债务看作高收益、低政治动乱风险的一种投资工具，外国投资者的这种对美国政府债务的投资活动就会持续下去。债券主要出找们的主要贸易伙伴购买，这些国家的个人和机构都对美元进行投资。2011 年 12 月，国债券主要的国际持有情况如下：中国大陆（23.1％）、日本（21.2％）、石油输出国（5.2％）、巴西（4.5％）、加勒比银行中心（4.5％）、中国台湾地区（3.6％）、俄罗斯（3％）、卢森堡（3％）。其他国家持有比例不到总额的 3％[2]。与世界上其他国家的政府相比，美国联邦政府被视作一个国际基金的安全天堂，这使得联邦政府即使在债务水平不断增长的情况下，仍可以以很低的利率为其债务支付利息。

表 15-1 表明，联邦债务的期限有短期化的倾向，在 2011 财年末的平均期限为 5 年。这反映了一个事实：长期以来，联邦债务是为了弥补持续不断的财政赤字，而不是在为长期的资本性项目融资。与 1975 年底的最短的 2 年零 8 个月相比，近年来联邦政府的债务期限有变长的趋势；但是，与第二次世界大战结束之后期限最长的 1947 年初的 10 年零 5 个月相比，现在的期限则要短多了[3]。在 2001 年末，财政部停止出售 30 年期的债券，历史上这是许多金融市场的基准债券，同时最长期限的债券变成了 10 年期。那个时代，人们担心的是联邦盈余会完全消灭联邦债务。然而，赤字情况的再次出现使得 30 年期的债券在 2005 年重回市场[4]。

联邦债务的期限虽然缩短了，但是数量依然十分庞大，这也可以保证联邦政府在债务市场上的地位，利用债务市场，联邦政府既可以借新债还旧债，也可以满足自己的现金需求（如弥补赤字）。然而，由于借款的短期利率要低于长期利率，因此债务期限的

---

①　Organizaion for Economic Cooperation and Development, *Central Government Debt* (http://stats.oecd.org/Index.aspx? DatasetCode=GOV_DEBT).

②　Justin Murray and Marc Labonte, "Foreign Holdings of Federal Debt," Congressional Research Service Report for Congress, 7-5700 (July 3, 2012).

③　*Treasury Bulletin* (March 1989), 32.

④　大部分联邦债务的形式是中期国债或者持有期间支付固定利息的债券。另外一种形式是短期国债（Treasury bill），这是一个具有广泛和活跃的二级市场的短期工具，可以轻松将其转换为现金。短期国债以拍卖的方式每周出售，其中投标人出价低于票据的面值（折扣），面值到期日与支付的金额等于投资回报率的差额。折价的短期国债的年化回报率或收益率 $Y=[(FV-P)/FV]\times[360/M]$。其中，$P$ 为购买短期国债的价格，FV 为短期国债的面值，M 为短期国债的期限，360 为银行用来决定利率时使用的天数。一个 182 天面值为 10 000 美元/售价为 9 659.3 美元的短期国债的收益率 $Y=[(10\,000-9\,659.3)/10\,000]\times[360/182]=0.067\,39$。

缩短有助于降低偿债的利息成本。

尽管有些联邦债务是直接向公众发售的，但是大多数还是通过一组基本的证券交易商间接发售的；这些交易商在拍卖中取得联邦债务，再将它们卖给公众投资者①。联邦债务的收益情况，一般都是在票面水平确定之后，在拍卖中确定的。美国财政部出售的大部分证券为设定回报率的债券，但如专栏 15-1 所述，美国财政部最近已经开始向投资者发售通货膨胀指数化债券（inflation-indexed bonds）了②。

专栏 15-1　通货膨胀指数化债券

传统的债券，会向债券持有人归还贷款的本金和按照合同约定的一定水平的利息；通货膨胀指数化债券，则会向投资者归还针对通货膨胀调整之后的贷款本金，以及将合同利率乘以经过调整之后的本金所得出的利息。这有利于防止债券投资者的购买力被意料之外的物价水平的上涨侵蚀掉。经济体系中的物价水平上涨之后，指数化债券也会提高还款水平，从而抵消物价上涨的影响，使指数化债券持有者的利益不受损害，保证了债券的实际收益率。

包括以色列、英国、澳大利亚、加拿大、瑞典和新西兰在内的许多国家的政府都已经发售了这种指数化债券。美国财政部在 1977 年 1 月第一次发售了指数化债券，当时是 70 亿美元 10 年期名义利率为 3.45% 的债券；其目的在于在季度拍卖中销售出更多这种债券。与传统的债券相比，这种债券在发行之后，会在每半年的付款之前对本金进行调整，以反映消费者价格指数（consumer price index，CPI）的变化。对于债券持有人来说，通过这种调整，债券的实际收益会保持不变。美国财政部只知道这种债券的实际成本，而不知道它的名义成本。现在它们被称为通胀保值债券（Treasury inflationprotected securities，TIPS）。

联邦储备银行费城分行的杰弗里·瑞斯（Jeffrey Wrase）对传统债券和指数化债券的还款情况做了对比*：

> 以 10 年期的传统名义债券和 10 年期的通货膨胀指数化债券为例。每种债券都是按照票面金额（本金）1 000 美元购买的。尽管财政部的票据是每半年付款一次，但我们假定这里的债券一年付款一次。对于传统债券来说，每次的还款额都是用债券的票面利率乘以债券本金的结果。对于指数化债券来说，每次的数额都是用票面利率乘以本金指数化之后的结果。经过指数化调整的本金，就是用开始时 1 000 美元的本金根据通货膨胀率不断进行调整之后的结果。我们假定指数化债券的票面利率为 3%，如果 10 年期的实际通货膨胀率最终为比较稳定的 2%，则会与预期水平相等，那么，传统债券的票面利率为 5.06%，其实际收益率才能和名义利率为 3% 的指数化债券相等。
>
> 下表是这两种债券的名义价值和实际价值的还款表。实际价值就是名义价值的实际购买力。例如，假如现在购买一件商品要花一美元。如果通货膨胀率为 2%，在年底时要购买相同的商品就需要花费 1.02 美元；一美元只能购买 0.98（1/1.02）

---

① 对财政部借债过程的描述，请参见：Kenneth D. Garbade and Jeffrey F. Ingber, "The Treasury Auction Process: Objectives, Structure, and Recent Adaptations," *Current Issues in Economics and Finance* (Federal Reserve Bank of New York) *11* (February 2005): 1-11.

② 关于美国发售通货膨胀指数化债券经验的精彩论述，可以参见：B. Sack and R. Elasser, "Treasury Inflation-Indexed Debt: A Review of the U.S. Experience," *Federal Reserve Bank of New York Economic Policy Review* 10 (May 2004): 47-63.

个这种商品了。因此，对于名义债券来说，第一年结束时的 50.60 美元就只能买到 49.61 个这种商品了。

如还款表所示，传统债券本金的名义价值保持不变，但是由于通货膨胀，其实际价值却是在不断降低的。当债券到期时，1 000 美元的本金就只能够买到 820.35 个单位这种商品了。相比较而言，当初在购买债券时，1 000 美元却可以购买 1 000 个单位的这种商品。还款表还表明，由于通货膨胀，名义债券每年所固定支付的 50.60 美元的还款额的实际价值，是随着时间不断降低的。值得注意的是，对于指数化债券而言，债券本金和利息的实际价值在债券生命期内都是保持不变的。随着本金名义价值的增加，指数化债券名义利息的实际收益率也一直都保持在 3% 的水平。虽然指数化债券每年所支付的利息要比名义债券少，但是这可以由债券到期时所支付的较大数额的本金得到弥补。

还款表

单位：美元

年度	传统债券				指数化债券			
	本金的名义价值	本金的实际价值	利息的名义价值	利息的实际价值	本金的名义价值	本金的实际价值	利息的名义价值	利息的实际价值
1	1 000	980.39	50.60	49.61	1 200.00	1 000	30.60	30
2	1 000	961.17	50.60	48.64	1 040.40	1 000	31.21	30
3	1 000	942.32	50.60	47.68	1 061.21	1 000	31.84	30
4	1 000	923.85	50.60	46.75	1 082.43	1 000	32.47	30
5	1 000	905.73	50.60	45.83	1 104.08	1 000	33.12	30
6	1 000	887.97	50.60	44.93	1 126.16	1 000	33.78	30
7	1 000	870.56	50.60	44.05	1 148.69	1 000	34.46	30
8	1 000	853.49	50.60	43.19	1 171.66	1 000	35.15	30
9	1 000	836.75	50.60	42.34	1 195.09	1 000	35.85	30
10	1 000	820.35	50.60	41.51	1 218.99	1 000	36.60	30

注：传统债券的名义总收入：1 506 美元。
传统债券到期时本金的实际价值：820.35 美元。
指数化债券的名义总收入：1 554.07 美元。
指数化债券到期时本金的实际价值：1 000 美元。

* Jeffrey M. Wrase, "Inflation-Indexed Bonds: How Do They Work?" *Federal Reserve Bank of Philadelphia Business Review* (July/August 1997): 5.

一个不证自明的问题是：为什么要关心中央政府的政府债务问题呢？联邦政府是个经验丰富的债务人，除了 1835 年很短的一段时间外，从其成立之初至今一直都负有债务，并且未遇到严重危机。赤字是影响财政可持续性的一个问题，除非赤字的原因是购置生产性资本资产（基础设施），该类资产会为未来几代人带来回报，同时，未来几代人也将面临偿还为了提供服务而产生的赤字债务的义务①。但与经济规模有关的债务水

---

① 也可以认为，南北战争和第二次世界大战（也许包括第一次世界大战）所花费的成本，最终归类于长期资本支出类别。战败的结果对于美国公众来说十分不利，所以这种巨大的、一次性的战争支出的回报，被延伸至将来。在财政可持续性的背景下，这听起来像是债务融资的经典理由。

平可能超出对累积赤字的担忧，成为一个经济和财政问题。第一个问题是人们担心债务水平与经济状况相比如此之高，以至于潜在的借款人不愿意再借出款项，哪怕他们愿意继续出借，也只愿意以极高的利率借款。被资本市场拒之门外会造成一个重大的担忧，因为政府需要为资本项目、年度中的过桥融资以及到期债务转期进行借款。这就是2012 年中期希腊政府所面临过的问题。其债务水平高达 GDP 的 160% 左右，以至于债权人不愿意继续借款，在其政府不进行大量财政改革的情况下，国际机构也不愿意对其进行援助。美国联邦并没有接近类似的限额，但是很多人认为，为了防止此类事件发生，应该采取必要的预防措施。

第二个问题也很重要，但可能没有第一个问题的影响那么严重。债务水平的增长产生了还本付息的需要，如果到期债务大多被转为新的债务，则最主要的就是支付利息。当需要支付的利息增加后，它们会将其他支出项目从可用的税收收入中挤出。立法者面临着困难的选择：是提高税收以同时满足债务利息和公共项目的支出，还是在不增加税收的情况下，减少公共项目，从而满足还本付息的要求。两种选择都会造成艰难的政治问题。这些问题可以通过控制债务水平的增长而有所缓解，这种解决方式比等待利息危机真的到来更容易些。大衰退期间的极低利率，使美国近些年来不需要考虑巨额的债务利息问题。然而，随着经济回暖、利率上升以及债务持续增长，这一担忧又开始逐渐显现。当然，处理债务的方法实际上就是处理赤字的方法——必须通过税收和支出政策解决，而不是直接通过债务解决。

联邦政府的运行受到一个法定债务上限的限制。该上限首次制定于第一次世界大战期间，当时，国会突然开始担忧其为了支持战争和其他计划的拨款规模。这一最高限额旨在为联邦财政运行提供一定程度的财政控制。这一控制方法被 1921 年颁布的《预算和会计法案》中的联邦预算程序所取代——在支出之前进行控制，要远远好于防止已经发生的债务利息的支付[1]。虽然债务上限的最初目的已经由一个改良机制所取代，但是国会没有抽出时间来取消债务限额，因而其仍然控制着已有债务的账单，而不是控制支出本身，这是一个很低效的约束概念。每次在实际债务达到限额之前，最高上限的绝对额度都会通过国会行动进行提高。然而，在 2011 年夏天，国会对于是否通过必要的提高债务上限的法案犹豫不决（正如第 3 章中讨论过的），偏向于回归第一次世界大战时期的逻辑，并且威胁将对联邦债务进行违约。国家的信誉适度下调——不如期还款的威胁足以使贷款人紧张。美国政府问责署的一项研究发现，延迟提高债务上限，将使国库借款成本增加 13 亿美元，并且在未来几年内还将产生额外的成本[2]。当然，这些额外成本将会增加联邦债务。

15.2 州和地方政府债务（市政债务）

自 20 世纪 70 年代初，州和地方政府债务一直增长迅速，从 1972 年的 1 752 亿美元增加到了 2009 年的 26 837 亿美元。2007 年，是可获得的按地方政府类型划分的债务数

---

[1] 截至 2012 年 7 月，上限为 16 394 亿美元。据估计，该上限在 2013 年初将有所上涨。

[2] U. S. Government Accountability Office, "Debt Limit: Analysis of 2011—2012 Actions Taken and Effect of Delayed Increase on Borrowing Costs," GAO-12-701, July 2012.

据的最近一年，债务总额为 23 790 亿美元。如表 15-2 所示，与公司债务和联邦债务不同，由州、县、市、区、学区和特区借款所形成的债务，通常称为市政债务（municipal debt）。地方政府债务总额要比州债务总额更高，城市也比其他任何形式的地方政府拥有更多债务。这种债务的优势是期限较长。这和联邦债务大不相同。此外，市政债务通常是为具体的长期资产的建设融资。该债务的大部分是为了教育、交通和公共基础设施建设。该借贷源于为某一明确可辨认的资产集资。当然，很难像这样清晰地划分联邦债务的用途。

表 15-2　　　　　　　　　州和地方政府债务概述（2006—2007 年）　　　　　　　　单位：千美元

描述	州和地方政府数额	州政府数额	地方政府数额	县政府数额	市镇政府数额	特区政府数额	学区政府数额
债务							
未偿付的	2 411 298 345	936 523 700	1 474 774 645	261 637 207	597 585 042	295 972 455	319 579 941
短期	31 939 117	6 576 664	25 362 453	4 284 883	9 716 784	4 023 589	7 337 197
长期	2 379 359 228	929 947 036	1 449 412 192	257 352 324	587 868 258	291 948 866	312 242 744

资料来源：U. S. Census Bureau, Government Division, State & Local Government Finance.

州和地方政府债务中包括全信债务（full-faith-and-credit debt）和无担保债务或者有限责任债务（nonguaranteed or limited-liability debt）两种形式。全信债务对发行机关的税收（和其他财政收入）"拥有无限权利"[1]；无担保债务没有这种保障，还款来源只限于特定的财政收入种类。由于公债的购买者（借款给州和地方政府的个人和机构）认为，对所有税源的权利要求，可以为债券的本金和利息的按期归还提供更大的可能性，因此，全信债务的利率要低于同等条件的无担保债务。（后面会说明，为什么尽管无担保债务的成本比较高，许多政府还会使用无担保债务。）

大部分市政债务是长期债务。州政府的长期债务中几乎 3/4 都是无担保的，而地方政府 45% 的长期债务是全信债务。学区是主要的全信债务的使用者——超过 95% 的学区债务是这类债务。传统上，学区并不是以使用者收费的方式运营的（存在强烈的公共政策原因，使其免费提供基础教育和中等教育），所以它们缺乏支持借款的项目收益，必须通过税收和政府间补助的收益偿还债务。这是还款的唯一来源，所以全信债务一定是学校借款的主要途径。然而，正如后面将讨论到的，它们也建立独立的建筑公司以发行用于为建筑筹资的债务，这些债务由学区支付的租金作为保障[2]。其他特区是主要的有限责任债务使用者——大概有 85% 的债务属于有限责任债务。许多特区（废物管理、运输、水等）是建立在半商业基础上的，它们向消费者收费但缺乏税收基础的保障。大概 2/3 的城市债务是有限责任的。这两个层级上的短期债务几乎全部是完全信用债务。无担保债务是在限制外的，经常是由州法律或宪法施加给市政债务的。然而，这种债务的利息与市政债务一样都能从联邦税收中排除。这就导致了逻辑上的矛盾。为了得到税务豁免，发行债券的机构必须证明这些债券是州或者其分支机构的责任。然而，为了说明它们是收益债券，并且不受到通常的债务限制，这些机构必须说明它们不是上述任何

---

[1]　Roland I. Robinson, "Debt Administration," in *Management Policies in Local Government Finance*, ed. J. Richard Aronson and Eli Schwartz (Washington, D. C. : International City Management Association, 1975), 23. "无限制"实际上究竟是什么这一问题，在 2012 年的一些市政破产案件中得到测试。

[2]　这些建筑公司是在正常的财政限制之外的——"账外"形式类似于与安然公司相关联的实体和其他私人企业。

单位的责任①。

　　创造和保护这些合适的区别是一些债务辩护律师、法律事务所的实质性收入来源，他们专门发表关于债务发行事务的合法性、还款担保的抵押品和税收豁免的相关意见。将债务依这两种方式解释清楚，由此所带来的简便性和资金节约使得支付给律师的酬金是值得的。许多收益性债务是由公共授权机构发行的，它们是具有公权力但又在一般政府限制之外运作的实体。政府成立授权机构以建造公共项目（桥梁、电力工程、公路等），然后通过向使用者收费，来偿还为了建造这些项目而发行的债券；这些授权机构很少有征税权，他们可能会在债务偿清的时候解散或者继续运营下去②。［关于为租赁-购买融资（lever-purchase finance）而创建的特别机构，会在后续内容中讨论。］

　　收益型债券在市政债券市场中占首要地位，这意味着一个项目的收入（一个停车库、污水处理厂或大学宿舍）将用于偿还债务，而不是由该管辖区的一般收入（或全信收入）进行偿还③。1960 年，这种无担保债务在总的州和地方长期未偿还债务中仅占 38％，而现在已经是总额的 80％左右了。为了避免将法律约束施加给一般责任债务以及允许有收益性的项目自行还债，市场已经逐渐转向无担保债务。然而，这个趋势在某种程度上困扰着一些历史比较悠久的大城市："这些城市的经济优势在于：使现有基础设施的基本要素保持在适当工作状态的边际维护和维修成本很低。"④ 由于很难用无担保债务来为城市的维护和重建筹集资金，因此债券市场的这种转变给这些城市带来了特殊的问题。如果不用对基础设施（如街道、自来水系统和污水处理系统等）进行维护，新兴城市将具有绝对的经济优势。然而，债务并不是公共基础设施劣化的全部答案；基础设施的维护是需要反复进行的，因此其融资问题应当被纳入公共设施的日常运营活动。

市政债券与 1986 年《税制改革法案》

　　开征于 1913 年的联邦所得税详细规定：州和地方政府债券的利息可以免税。这种规定显然反映了政府间税收豁免的原则。这一原则体现在 1819 年"麦克卡洛克诉马里兰州案"（17 U. S. 316）的判决中——"课税权就是破坏权"；这一原则在 1871 年"课税员诉戴案"（78 U. S. 113）中得到了进一步的发展，其认为联邦政府不能对州司法官员的工资课税。实际上，1895 年"布洛克诉农场主信托贷款公司案"（157 U. S. 492）的判决认为，所得税应当作为一种直接税进行分配的条款，也适用于将州和地方债务的利息纳入税基的情况："这里的税收是对州和地方政府的借款工具课征的一种税收，因此是与宪法相冲突的。"因此，关于这一点，宪法原则是非常清楚的。

---

　　① B. U. Ratchford, "Revenue Bonds and Tax Immunity," *National Tax Journal 7* (March 1954)：42.

　　② 关于公共授权机构运作的一个具有吸引力的观点，请参见：Robert Caro, *The Power Broker：Robert Moses and the Fall of New York* (New York：Vintage Books, 1975), Chap. 28.

　　③ 为了以更低的利率借款，一些地方政府在项目收入不足的情况下，增加了关于预期使用税收收入的论述。在一些存在项目收入不足和未付应还债务（违约）的城市选择不筹集资金时，这种模糊的承诺也得到了检验。与大多数冲突一样，这个问题将在法庭上解决。Michael Corkery, "The Next Credit Crisis? Munis," *Wall Street Journal*, November 20, 2010, C1. 在威斯康星州默纳沙的一个案例中，最终达成一项解决方案，该市利用其市政电力公司与私人公用事业公司签订租赁协议，为解决方案提供资金，这表示该承诺确实有一定的意义。

　　④ George E. Peterson, "Capital Spending and Capital Obsolescence—The Outlook for Cities," in *The Fiscal Outlook for Cities*, ed. Roy Bahl (Syracuse, N. Y.：Syracuse University Press, 1978), 49.

但是很快，债券的经济影响和公平问题又使这个问题变得扑朔迷离了①。由于市政债券的利息是免税的，因此市政当局可以用畸低的利率来借款。这可能会造成资本市场上应税活动和免税活动之间的扭曲，从而无疑会造成联邦税收收入的损失。此外，随着所得税边际税率档次的与年俱增，由于市政债券的利息无须缴纳联邦所得税，因此，市政债券作为一个安全的避税渠道，对高收入纳税人变得更有吸引力了。这种避税活动不仅降低了联邦税制的累进性，同时也减少了联邦政府的税收收入。在 1936 年密西西比州引入了产业发展债券（industrial development bonds, IDBs）之后，扭曲问题就变得更加突出了。使用产业发展债券，免税借款人可以为私人公司建立一家工厂，并用这家私人公司所缴纳的租赁收入归还债务。在这种情况下，对免税债券加以限制就在所难免了。

尽管对债券的控制开始于 1968 年的产业发展债券，但是最富有戏剧性的变化还是开始于 1986 年的《税制改革法案》②。这项法案区分了两种市政债券：私人债券（应税的）和公共债券（免税的）。将这两种债券付诸实施的税收法规十分复杂，下面是它们的简化版本：（1）私人活动和应税债券需要通过用于私人企业和私人贷款的测试③。这类债券的发行需要具备以下条件：（a）不低于 5％或者 500 万美元的债券收益，要被用于向非政府机构贷款（私人贷款测试）；（b）不低于 10％的债券收益，要被非政府机构用于商业或贸易，超过 10％的还款资金要得到商业或贸易中所使用的财产收益的担保，或者直接来源于商业或贸易中所使用的财产收益（私人企业使用测试）④。（2）用于公用事业的免税债券是由州政府或者州政府注册形式的政治分支机构所发行的，这种债券没有通过上述测试。对于借款人来说，自己发行的债券通过了上述的测试通常并不是一件好事情，因为它将意味着利息成本的增加⑤。

然而，有些用于私人活动的债券也可以享受免税待遇。这些债券包括：由多个家庭合租的住宅，公用机场，公共码头，公有的、非车辆使用的大众交通设施，对有危害性垃圾的处理设施，排污系统和固体垃圾处理设施，一些学生贷款，一些水、电和天然气设施及其他一些种类⑥。然而，各州每年所发行的这些债券的数量都是有最高限额的，

① 关于市政债券市场的公平与效率问题的精彩分析，可以参见彼得·福琼（Peter Fortune）的两篇文章："The Municipal Bond Market, Part I: Politics, Taxes, and Yields," *New England Economic Review*（September/October 1991）: 13-36; and "The Municipal Bond Market, Part II: Problems and Policies," *New England Economic Review*（May/June 1992）: 47-64.

② 关于这些控制立法（the control legislation）的时间顺序，可以参见：Robert L. Bland and Li-Khan Chen, "Taxable Municipal Bonds: State and Local Governments Confront the Tax-Exempt Limitation Movement," *Public Administration Review* 50（January/February 1989）: 42-48.

③ *Bond Buyer* 1997 *Yearbook*. （New York: Amercian Banker, 1997）. 由于这些债券在失去了联邦税收优惠之后，需要具有较高的收益水平，因而可以去开发外国资本市场。

④ 有些州和地方政府经常会使用这些混合物（应税市政债券）。这些市政债券可能对外国投资者具有吸引力。

⑤ 新的洋基体育场由纽约市拥有，约 13 亿美元的总成本，价值 9.42 亿美元的免税债券。洋基队不支付租金，不缴纳房产税，因为该市是其所有者，因此洋基体育场不属于私人活动类别。然而，洋基队支付的代替税款，理论上等同于欠下的财产税——除了体育场的价值是为了税收目的而膨胀，使付款看起来像税收，而不是租金，这使得纽约市声称该市从税收收入中支付了体育场的大部分费用。这些情况超出了私人活动的范畴，债券是免税的，并且利率极低，而美国纳税人则在无保留地补贴洋基队。Joseph Henchman and Travis Greaves, "From the House that Ruth Built to the House the IRS Built," Tax Foundation Fiscal Fact No. 167（Washington, D. C.: Tax Foundation, Apirl 6, 2009）.

⑥ 发展小额产业发展债券所产生的影响尚不确定。参见：General Accounting Office, Industrial Development Bonds: Achievement of Public Benefits Is Unclear, GAO/RCED-93-106（Washington, D. C.: General Accounting Office, 1993）.

例如，每个人的最高限额为 50 美元，或者最高限额合计为 1.5 亿美元①。州政府可以自己选择如何来分配这个限额。此外，州和地方政府可以选择在应税市场上出售自己的债务；实际上，在 2011 年就销售了占总额 18.5％的应税市政债券②。

1986 年的《税制改革法案》明确表示，将来要缩小享受免税待遇借款的范围。此外，作为对州和地方政府是否只能按照规定的形式发行债券的一次检测，1998 年美国最高法院对"南卡罗来纳州诉贝克案"（56 USLW 4311）的判决认为：宪法不能阻碍联邦所得税对州和地方债券的利息进行课税③。由于联邦政府试图获得财政收入和改革自身的财政收入体制，因此即使是明显用于公用事业的市政债券的利息，也仍旧是联邦政府课税的一个目标。市政借款的偏好是一个政策选择，而不是一个必要的宪法要求。

新的可征税的市政债券选择（短期的）

2009 年《美国复苏和再投资法案》通过创造一种新的可选借款计划，使得市政债券市场变得更加复杂，这种新的借款计划叫作建设美国债券（the Build America Bonds, BABs），2009 年和 2010 年发行的债券即属此类。这个项目允许州和地方政府为资本项目发行应税债券，借款人会收到联邦政府的直接津贴，相当于支付给投资者的总利息的35％。这减少了债券发行者的总的利息成本，使得资本项目成本更低。

这个项目的运作方式如下。假设一个州或地方政府发行了该债券，给债券持有者共100 美元的利息。因为是建设美国债券，美国财政部就会给发行这个债券的政府 35 美元的补贴，于是发行 100 美元利息的债券的净成本就变成了 65 美元。另一种可选形式是给予债券持有者不可退款的税收抵免，金额相当于每年利息的 35％。债务形式可以在这两种方式中任选。这个项目没有发行量限制，所以总的津贴额度取决于州和地方政府的选择。它为州和地方的基础设施项目提供了资金支持，额度由发行债券的政府决定，而不是联邦补助机构，就像传统的免税债券一样，但是与传统方式不同，这种税收节约并不随着借款人的边际税率变化。即使对于那些边际税率较低的人群，这项投资也很有吸引力。该项目将税式支出转变为了一项直接支出，并使市政债券的购买对于收入较低的纳税人来说更有吸引力。但国会没有继续使用这一选项。

适宜的债务政策

借款可以提供资金，用于购买当前公用事业的发展所需要的资源。但是，由于借款所形成的债务将来需要连本带息地偿还，因此，借款需要涉及将来的预算。由于债务合同具有刚性，因此债务的发行应当小心进行；如果债务政策使用不当，将会扰乱纳税人

---

① 在这个限额中不包括用于机场、码头和固体垃圾处理设施的私人活动债券，有些用于公共事业的债券（指定用于私人活动部分超过 1 500 万美元的部分和提前还款中的私人部分）却要被计算在这个限额之中。

② 这包括建设美国债券，该内容与其他类型的税务问题将在后面进行讨论。

③ 债券在发行时都是持有人债券（bearer bonds，不问其他问题，出示债券的人就可以得到债券的本金和利息）或者注册债券（registered bonds，债券所有人是经过明确登记的）。有人担心这些债券会被用来洗钱或者逃避遗产税和赠与税。为此，1982 年的《税收平等和财政责任法案》将税收豁免的范围仅限制在注册债券。该法案对这项规定发起了挑战，而南卡罗来纳也不希望最高法院对税收豁免状况做更多的一般性判决。参见：Bruce F. Davie and Dennis Zimmerman, "Tax-Exempt Bonds after the South Carolina Decision," *Tax Notes* (June 27, 1988)：1573-1580.

和将来需要公共服务的人的生活（例如，它可能违反财政可持续标准）。偿债成本可能会对借款人的正常运行产生不利影响。债务政策的基本原则是：不发行期限长于融资对象的工程使用寿命的债务。如果债务的期限超过了工程使用寿命，就会低估项目的实际年均成本，当项目结束之后，人们还要继续为这个项目偿还债务。而如果项目的使用寿命长于债务期限，就会高估项目的年均成本，人们不付款也将得到收益。跨代际的还款时间问题特别重要；在地方层次上，由于各地的居民在不断变化，因此还款时间的选择也特别重要①。

　　长期借款适合为使用寿命比较长的资本性设施融资。经济增长需要公共资本性基础设施的扩大，而且这种扩大通常需要在公共收入出现相应的扩大之前来进行。使用债务来为这些设施融资有很强的理论基础：借用公司财务的思想，将来的收入流将足以支持目前债务规模的扩张。然而，有些经过选举产生的政府使用的还是即收即付制原则，只用当年的经常性盈余来为资本性设施的债务付款。其实，这样做不仅缺乏效率，也不公平。第一，由于人口在不断流动，使用基础设施的人不一定曾为它们的建设交了费。当基础设施正在建设时，处于纳税区间的人会为它们付费；而当这些基础设施真的开始向人们提供服务时，这些纳税人可能已经不在这个地区了。第二，即使一项重点工程完全合理、可行，但是如果某一年向使用者收费过高，也将不利于这个项目的建设。第三，即收即付制融资将会导致税率出现巨大的不稳定性：在项目建设期，税率畸高；而在项目运营期，税率又会畸低。这种税率的不稳定性将不利于地方经济的发展。此外，通过债务融资，每年的还款数额都是在合同中事先确定好的，因此，随着一个地区中税基的扩大，为归还一个项目的债务所需要的税率也会逐渐降低。对于大型、寿命期长的基础设施，债务融资比即收即付制融资更为明智，在财政上也更为谨慎。这些都表明了在第7章中讨论的资本预算原则和这里讨论的债务管理原则的重要性。

　　利用债务融资，还可以筹集到长期资源；公共官员为了推迟公共事业成本的发生，可能会对这些资源进行不合理的使用。然而，这种使用不当的潜在可能性，并不能废弃对债务融资的使用；它只是意味着，债务发行应当小心进行。只要运用得当，债务将是一种很好的融资工具。实际上，严格的即收即付制和对债务工具的粗心使用一样，都不能奏效；相反，只要运用得当，这两种融资方法都可以成为财政领域中的合适工具。附录15-1介绍了纽约州审计长认可的债务政策和债务管理原则②。

债券价值的原理

　　债券销售表示了这样一种交易：现在贷款人将款项贷给借款人，合同约定借款人将来要连本带息归还贷款。债券合同会具体规定借款人使用借款应当向贷款人支付的利息，通常每半年需要付息一次。债券上所载明的收益率，就是这种债券的票面利率，是

---

　　①　政府临时性的现金需求，可以通过短期借款来解决，但是短期借款必须在本财政年度之内得到清偿。如果短期现金贷款跨越了一个财政年度（滚动到了下一年），将会违背基本原则。

　　②　一些市政府现在发行可变利率债券（可变利率需求债券或 VRDOs），从而利用短期利率低于长期利率的优势。这些证券要求借款者不断地重复进入债务市场（浮动利率定期进行重置），导致很多辖区遭遇严重的财政困难（如宾夕法尼亚州的学区和亚拉巴马州的杰斐逊郡），但其他人成功地逃过了这一问题。在该债券的早期，财政顾问没有完全解释清楚发行这些债券的风险，而多数风险都会损害市民的利益。对市政发行人的风险也可能高于传统债券，因为传统债券的利率是固定的，但这些债券可能吸收额外的信贷市场风险。

借款人经常性归还利息时所要依据的本金价值的一定百分比。因此，5%的票面利率就意味着：票面价值为 1 000 美元的债券应当归还 50 美元的利息[①]。由于债券本身的即期价值可能会不同于其票面价值，因此，债券的实际收益率也可能和债券的票面收益率有很大不同。然而，在债券合同上，还是会说明当债券期满时，还债所应当依据的票面价值和票面利率[②]。因此，债券的计算要用到本书第 7 章中有关货币时间价值、复利计算和贴现方法的内容。回忆：

$$FV_n = PV(1+r)^n$$

和

$$PV = FV_n/(1+r)^n$$

式中，

FV_n＝债券的未来价值；

PV＝债券的现值；

r＝市场利率；

n＝年数。

债券的当前价格，等于债券持有者所得到的现金流量的现值（偿还的本金加上利息）。因此，

$$P = \sum_{i=1}^{m} \frac{F \times c}{(1+r)^i} + \frac{F}{(1+r)^m}$$

式中，

P＝债券的市场价值或者当前价格；

m＝债券到期所需要的年数；

F＝债券的票面价值；

c＝债券的票面利率；

r＝相似风险状况和期限条件下债券的市场利率。

公式中的第一项，需要计算债券未来稳定收益流的现值，因此第 7 章中的年金价值公式提供了一种快速计算方法。对于每半年付息一次的债券来说，公式中的第一项，也就是关于票面流量价值的计算，需要分别用 $(2m)$ 替代 m，用 $(r/2)$ 和 $(c/2)$ 来代替公式中的 r 和 c。

为了说明问题，我们假定斯丁斯维尔水利设施债券的期限是 15 年，票面利率为8%，每半年付息一次，票面价值为 5 000 美元。目前市场上可比债券的利率为 6%。债券持有者每 6 个月就可以得到一次利息——$(F \times c)/2$，即 200 美元，共 30 期（$2m$）。

[①]　市政债券在发行时的面值一般为 5 000 美元，但我们在讨论问题时所使用的面值一般都比较小。市政当局有时也会销售面值比较小的债券［"微型债券"（minibonds）］。劳伦斯·皮尔斯描述了来自弗吉尼亚州弗吉尼亚海滩的一种债券，参见："Hitting the Beach and Running: Minibonds," *Government Finance Review* 4 (August 1988): 29. 微型债券不是债券市场的主要组成部分。一些发行人通过网络销售来进行试验。大多数借款人需要大型资本项目的资金，但不能通过销售给个人投资者的缓慢流入的债券销售收入来获得资金。

[②]　对于债券的持有者来说，如果一直持有这张债券到期满，那么这种债券的到期收益将为其每年所得到的收益之和。其中既包括票面数额，也包括债券的购买者在购买时所支付的数额和借款人还债时的数额之间的差额。对于收益率为 0 的债券来说，其收益为最初购买时所付出的金额和最终所收回的金额之间的差额。

在 30 期的期末，债券持有者可以收回 5 000 美元。那么该债券的价格可以由以下公式得到：

$$P = \sum_{i=1}^{30} \frac{(5\,000 \times 0.08)/2}{\left(1 + \dfrac{0.06}{2}\right)^i} + \frac{5\,000}{(1+0.06)^{15}}$$

$$= 3\,920 + 2\,086 = 6\,006$$

显然，随着市场利率水平的变化，债券的价值也可能发生变化，导致债券持有者形成资本利得或损失。这里，如果市场利率低于 6%，斯丁斯维尔水利设施债券的价值将高于这里的结果；反之，则会降低。如果债券持有人一直将债券持有到期满，这种变化并不会影响其收益状况；这种变化只会影响那些提前将债券出售掉的人的收益状况。当市场利率下降时，债券的价值上升；当市场利率上升时，债券的价值下降。

债务结构与债务设计

在做出借款决策之后，还有许多债务结构的问题需要考虑。我们将会把这些问题和市政债券市场的一些制度细节问题结合在一起加以考察①。理想的债务设计应当能够保证债券的市场交易成本最低，简化债务管理，并能为联邦决策者提供合理的债券成本信息。

首先要考虑的因素包括债券担保的类型和债券的期限条件（例如，资金可以借用的期间等）。与收入型债券相比，市场会对全信债券做出不同的反应。全信债券所具有的更强的担保，通常可以使全信债券在发售时只需要较低的利率水平。然而，仍然有政府单位愿意发行收入型债券，这可能是因为法律对全信债券有所限制②，或者是因为收入型债券提供了一种向项目使用者分配成本的好方法。例如，一个城市可以进入资本市场为一家私人发电厂取得购买治理污染设备的资金。这里没有使用全信债券来融资是因为：这家发电厂的收费，应当成为它偿还债务的唯一资金来源。这不是一般纳税人（全信债务融资的基础）应该支付的那种项目。

为项目融资所发行的债务的期限，应当与这个项目的使用寿命大致相同，以保证在项目需要更新或者大修之前，项目的费用被完全支付掉，其债务也可以被全部清偿掉。这种期限的匹配原则是为了防止为项目的运营性支出进行债务融资，但允许为了得到相应的收益，而为项目的改善进行债务融资。工程使用寿命中的还债成本，大致相当于这个工程的租赁费用（或者折旧）。为了弥补这些每年产生的成本，这项设施的使用者应当纳税或者支付费用。因此，在收费总额中，既包括资本性成本也包括运营性成本，这

---

① 为了弥补不断出现的财政赤字和偿还到期债务，联邦政府需要不断地借债。关于债务期限的决策所考虑的，并不是具体的资本性项目的使用寿命，而是有关经济管理的问题。较长期限的联邦政府债务（包括美国中期国债券和长期国债券），显然可以减少当它们到期时筹集还款资金的需要对金融市场经常性的干扰，但可能会扰乱私人长期资本的投资。较短期限的联邦债务（美国短期国债券）通常可以降低债务的平均初始利率，但需要更经常的借新债还旧债，这可能会导致最终的利息成本反而比较高，并使通货膨胀更加难以管理。这与市政债券市场上的问题有本质的不同。

② 对于全信债券来说，对一个辖区可能会规定一个最大限额。这个最大限额可能是相对于辖区中的税基（通常是估税价值）的一个最大百分比，也可能要求选民在全民公决中来批准这个最大限额。而收入型债券一般可以避免所有这些限制。关于州政府所报告的这些限制，可以参见：Advisory Commission on Intergovernmental Relations, *Significant Features of Fiscal Federalism*, *1976-1977*, *Vol. 2*, *Revenue and Debt* (Washington, D. C.: Advisory Commission on Intergovernmental Relations, 1977).

些可以更准确地反映这项服务的年均成本。

债券，例如一张期限为 30 年的债券，可以是单期的，也可以是多期的。对于单期债券来说，这次所发行的所有债券的到期日都在 30 年之后的年底。归还本金所需要的资金将会在债券期限内取得（同时要归还利息），并形成由债券发行人所持有的偿债基金。当债券到期时，所积累的偿债基金将足以用于归还本金。对于多期债券来说，一种债券可能会有多个期限。因此，有些债券可能是 30 年期的，有些可能是 20 年期的，等等。［为了保持在债券期限中债券每年还款数额（利息加上归还到期债券所需要的数额）的稳定性，债券的发行人通常会在债券期限内，逐渐增加到期债券的数量。］工程的部分成本可以通过单期债券来支付，而多期债券则可以提高很多市政债券的流通性。如果市政债券的二级市场规模狭小（意味着市场上的潜在购买者很少），将会使这种债券的多数购买者不得不持有这种债券，直到最后期限①。对于多期债券来说，发行方政府可以通过将这种债券出售掉，从而获得能够用于多个不同时期的资金。不管是拥有偿债基金的单期债券，还是多期债券，都可以将这个项目的融资机制扩展到项目的整个生命周期，按照即用即付制的原则来为这个项目提供资金。

在确定债券的最终利息成本中，债务期限将会发挥重要作用，因为债务期限与利率水平是相关的。这种关系，也就是利率的期限结构，要受到借款时经济条件的影响：它们之间的关系反映在曲线上，一般是向上倾斜的，但也不总是这样（也就是说，债券的期限越长，在这段时间借款所需要的利率水平就会越高），因为随着债券期限的延长，借款人持有投资者资源的时间也就会越长，因而借款人应当弥补投资者的这种损失。（当长期利率比短期利率低时，收益曲线被称为反向的。）对未来利率状况和经济状况的预期，特别是对未来通货膨胀状况的预期，会决定这种曲线的形状②。图 15-2 说明的

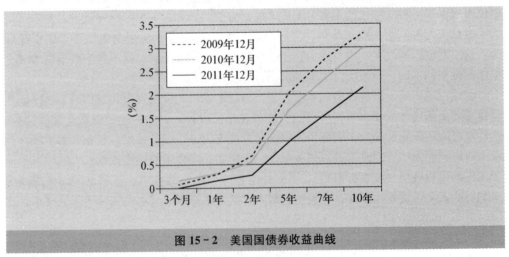

图 15-2　美国国债券收益曲线

资料来源：U. S. Treasury Department, *Daily Treasury Yield Curve Rates.*

---

① 由于公司债券存在一个强大的二级市场，因此公司债券的投资者有合理的理由相信，如果债券持有者在公司债券到期之前需要资金的话，他（她）就可以将自己的债券出售给其他人。换句话说，存在一个很强的二级市场。因此，公司债券一般都不是多期债券。

② 当预期的通货膨胀比较温和，远期偿债资金的购买力会更接近最初贷款时的情况。这时，债券的利率水平不需要去弥补购买力的损失，因此从其货币形式来看要更低一些。参见：Peter A. Abken, "Inflation and the Yield Curve," *Economic Review* 78 (May/June 1993): 13-30.

是，2009 年、2010 年及 2011 年 12 月末美国国债券收益曲线的期限结构。（这里的收益曲线是向上倾斜，或者说是逐渐上升的。）短期债券利率很低，长期债券收益率很高。大衰退后持续产生的问题，使金融市场变得复杂，这造成了图中显示的低利率。对于包括标准市政债券在内的任何债券来说，都可以构建出类似的收益曲线。如图 15-3 所示，高质量的市政债券和公司债券往往会和市场状况一起浮动。由于债务不能支付的风险较低，而大多数市政债券所支付的利息又免税，因此市政债券的收益率通常低于公司证券。

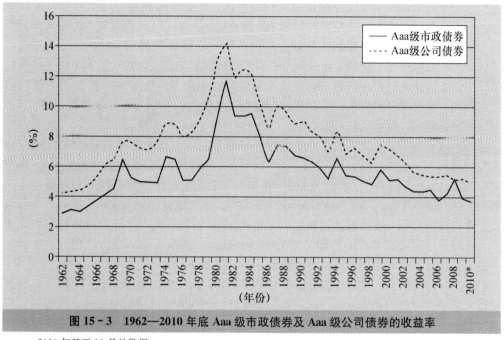

图 15-3　1962—2010 年底 Aaa 级市政债券及 Aaa 级公司债券的收益率

* 2010 年基于 11 月的数据。

资料来源：Federal Reserve Bank of St. Louis，Economic Research. *Series*：*AAA*，*Moody's Seasoned Aaa Corporate Bond Yield and Mergent Municipal and Government Manual*.

　　为了保护自己的利益，市政单位要避免高额借款成本的长期化。债券上的通知条款，允许借款人在债券正常到期之前提前偿还债务。利用通知条款，借款人通常可以用较低的利率水平来借新债还旧债。如果在第一次借款通知日之前，利率就已经下降得足够低了，那么市政单位就可以提前还款，即用较低的利率水平来借款，并用新债所筹集的资金来归还利率比较高的旧债。这样，在通知付款日之前，借款人就可以将最初的借款全部用新债替换掉①。当然，使用通知还款的可能性，会降低这种债券对投资者的吸引力。因此，为了保证这种债券在初次发售时的市场销路，对于附有通知条款的债券，必须给予投资者一定的补偿，例如，在债券的面额之外，再付给投资者一定的通知补偿费。

债券信用评级

　　随着债务风险（本金和利息损失的可能性）的增加，贷款人会对自己的贷款要求更

————————

　　①　也可以将提前偿债所形成的收益用于投资。1972 年以来，美国财政部为此提供了专门的保护措施，以避免对禁止套利限制的违背（如果市政单位已经在普通市场上贷出了资金，那么这家市政单位的借款就不能再享受税收豁免待遇了）。

高的收益。因此，风险对于借款人和贷款人来说都很重要；在债券市场上，商业性信用评估公司会对各种债券的风险状况进行评估。由于风险的出现，借款人需要支付给贷款人更高的回报，因此，对于作为借款方的政府单位来说，风险评估在利率水平的确定过程中就显得更加重要了。信用评级也使政府单位可以在大型的资本市场上将自己的债券销售掉，因为这种债券的购买者，可以很容易地将由这些地方政府单位所发行的债券转换成自己所需要的商品；在人们看来，信用等级相同的所有债券的预期风险状况都应当是相同的。由于在美国，债券很少出现赖债情况，因此市政债券的信用风险一般都很低。与由一般目的性政府单位所发行的全信债券相比，由公共机构所发行的收入型债券更少出现赖债情况。由一般目的性政府单位所导致的赖债情况，经常和严重的经济衰退、恶劣的财政管理状况和政治分歧没有得到很好的解决有关。由于资本市场是具有长期记忆的，因此政府都想避免"会殃及未来借款的不佳名声所导致的损失"①。这一点会使作为一般目的性政府单位的州和地方政府三思而行，特别是要尽量按时还债。（如后文将会提到的，赖债是政府财政唯一一条有可能会走错的道路。）

在市政债券市场上，多数债券的信用评估都是由以下三家公司来进行的：摩根/穆迪投资公司（Mergent/Moody's Investors Services，原来的穆迪投资者服务公司）、标准普尔公司（Standard & Poor's，麦格劳-希尔有限公司的一个分支机构）和惠誉投资人服务公司/ICBA（Fitch Investor Service/ICBA）②。这三家公司是国家认可的统计评级机构。摩根投资公司（或者穆迪投资公司）早在1919年就开始对市政债券进行信用评级了；标准普尔公司最早是在1940年进行信用评级的；惠誉投资人服务公司只是在最近才开始对市政债券的信用状况进行评级的，但它在市场上的历史则可以追溯到1913年。[克罗尔债券评级公司（Kroll Ratings）成立于2010年，其市场份额目前很小。]在债券发行人缴纳了一定的费用之后，这三家公司可以对借款人的信用状况（对全信债券）或者特定种类的债券（对收入型债券）出具信用评估意见。这些评估结果会在投资界广泛散发，用于在全国范围内形成证券投资的战略组合。随着国际债券市场的发展，这些机构也开始对"国家的主权信用状况"（sovereign credit ratings）进行评估，即对由各国中央政府所发行债务的信用状况进行评估；一般认为美国联邦政府的债务是完全安全的；实际上，美国联邦政府的债务，是对其他国家债券的风险状况进行比较的基准。然而，国会在有关法定债务上限的辩论中把不及时偿还债务作为威胁，2011年夏天，标准普尔公司下调了美国国债等级。过去也曾有过债务上限问题，但一些国会成员关于债务上限所采取的姿态及论调，显然认为一次赖债不至于严重到引起评级机构警告其客户：联邦债务具有一些赖债风险③。在全国债券市场上，很少会出售没有经过信用评级的债

① William B. English, "Understanding the Costs of Sovereign Default: American State Debts in the 1840's," *American Economic Review* 86 (March 1996): 272.

② 证券交易委员会（the Securities and Exchange Commission, SEC）指定这三家公司的评估结果，是在证券交易委员会中注册的经纪人和交易商在对债券资产进行评估中应当使用的评估结果。第四家公司是达夫-菲尔波斯信用评级公司，这家公司的信用评估领域主要限于：自来水和公共电力系统、商业开发项目、收费公路、机场和教育机构等的融资活动。达夫-菲尔波斯公司也会对国家的主权信用进行评级，特别是对新兴市场中的国家主权信用状况进行评估。显然，达夫-菲尔波斯公司的信用评估范围要比前三者小很多。

③ Richard Cantor and Frank Packer, "Sovereign Credit Ratings," *Current Issues in Economics and Finance* 1 (June 1995): 1-6. 1995—1996年以及2002年都出现过一些债务上限问题，但都没有2011年的对峙那么严重。实际上是否应该延迟偿债，这将对所有机构具有评级影响，而且更高的利息支付将会在很多年内给美国纳税人带来相当多的额外成本。虽然债务与GDP的比率在不断上涨，但不会对近期还本付息的能力产生威胁。但政治却可以。

券，但如果地方债券市场上愿意购买，也可以不对债券的信用进行评价。如表 15-3 所示，值得注意的是，最高信用级别（Aaa）债券的借款成本，一般会和最低信用等级（Baa）债券的借款成本相差整整一个百分点乃至更多。这一差异对于大规模发行的债券来说，意味着一笔巨额资金会在未来很多年内陆续到期，所以市政府有很强的动机去保持一个较好的评级。低于投资级别（在穆迪系统中的 Baa）的债券状况更糟，因为许多金融机构禁止持有投机的、低等级的证券。表 15-4 列出了这三家公司所使用的信用评估标准，并列出了与每种信用状况相关的一般风险因素①。

表 15-3 1940—2012 年（年底）穆迪投资公司不同信用等级市政债券的收益

年份	Aaa	Aa	A	Baa	综合
1940	1.56	1.78	2.11	2.60	2.01
1945	1.11	1.27	1.62	1.91	1.48
1950	1.42	1.60	1.92	2.17	1.78
1955	2.29	2.46	2.81	3.25	2.70
1960	3.12	3.35	3.60	4.03	3.53
1965	3.39	3.47	3.60	3.78	3.56
1970	5.21	5.33	5.60	5.80	5.49
1975	6.50	6.94	7.78	7.96	7.30
1976	5.07	5.50	6.42	6.73	5.93
1977	5.07	5.23	5.46	5.79	5.39
1978	5.91	6.01	6.51	6.76	6.30
1979	6.50	6.69	6.89	7.42	6.88
1980	9.44	9.64	9.80	10.64	9.88
1981	11.70	12.16	12.60	13.30	12.44
1982	9.34	9.85	10.24	10.80	10.06
1983	9.34	9.58	10.08	10.29	9.82
1984	9.54	9.88	10.19	10.45	10.02
1985	7.98	8.31	8.64	9.05	8.50
1986	6.28	6.48	6.84	7.24	6.71
1987	7.45	7.74	7.97	8.42	7.90
1988	7.35	7.44	7.56	7.76	7.53
1989	6.71	6.81	6.86	7.03	6.85
1990	6.63	6.82	6.96	7.10	6.88
1991	6.32	6.43	6.52	6.65	6.48
1992	5.91	6.03	6.14	6.27	6.09
1993	5.18	5.27	5.44	5.69	5.40
1994	6.62	6.59	6.73	7.17	6.78

---

① 评级机构也会对公司债务进行评级。有人指出，对市政债券的评级要低于类似的公司债券，这样就会导致市政当局支付的利率高于所需利率——市政债券违约要远远少于公司债券违约，有人认为评级应该反映这一区别。在 1970—2008 年，Baa 级的市政债券的违约率为 1.74%，而同等级的公司债券违约率为 29.93%，因此上述批判可能确实有道理。Liz Rappaport and Karen Richardson, "What If Muni Insurance Disappeared?" *Wall Street Journal*, February 8, 2008.

续前表

年份	Aaa	Aa	A	Baa	综合
1995	5.40	5.43	5.53	5.66	5.51
1996	5.38	5.47	5.54	5.68	5.52
1997	5.02	5.06	5.11	5.16	5.09
1998	4.82	4.90	5.04	5.17	4.98
1999	5.83	5.92	6.08	6.25	6.02
2000	5.11	5.18	5.27	5.85	5.35
2001	5.18	5.22	5.39	5.81	5.40
2002	4.70	4.76	4.96	5.57	5.00
2003	4.41	4.54	4.67	4.97	4.65
2004	4.35	4.47	4.61	4.91	4.66
2005	4.46	4.58	4.68	4.92	4.66
2006	3.76	3.99	4.14	4.26	4.04
2007	4.23	4.35	4.58	4.91	4.52
2008	5.17	5.36	6.15	7.06	5.93
2009	3.89	4.10	4.72	5.86	4.64
2010	4.67	4.92	5.57	6.25	5.35
2011	3.72	3.98	4.71	5.49	4.47
2012*	3.43	3.70	4.23	5.12	4.12

* 基于 4 月的数据。

资料来源：Mergent Moody's Municipal and Governmental Manual（New York：Mergent，2012）.

表 15-4　穆迪投资公司、标准普尔公司和惠誉投资人服务公司的信用评级标准

穆迪投资公司	信用等级
投资质量最好，信用风险最小	Aaa
投资质量较好，信用风险很低	Aa
信用等级属于中上等，信用风险较低	A
信用风险中等，信用等级属于中等，具有一定的投机特征	Baa
含有投机因素，信用风险较大	Ba
被认为是投机性的，信用风险很高	B
信用状况较差，信用风险非常高	Caa
含有很高的投机因素，可能或非常接近赖债，存在一定收回本金或利息的希望	Ca
最低的信用级别，通常会赖债，收回本金或利息的希望很小	C
标准普尔公司	**信用等级**
偿还债务能力极强，最高的信用等级	AAA
偿还债务能力很强	AA
偿还债务能力较强，有些易受不利经济条件和情况变化的影响	A
偿还债务能力充足，更容易受不利经济环境影响，最低的一种可安全投资的种类	BBB
近期赖债的可能性低，面临恶劣商业、金融和经济状况的持续重大的不确定性，投机评级最高	BB
恶劣商业、金融和经济状况的持续重大的不确定性可能削弱其偿还能力，但目前仍有偿还债务的能力	B

续前表

标准普尔公司	信用等级
目前有可能赖债，能否按时还债要取决于企业状况、财务状况和经济状况	CCC
很容易赖债	CC
破产申请已提交或已采取类似的行动，仍在支付债务利息	C
赖债	D

惠誉投资人服务公司	信用等级
具有最高的投资价值：支付能力卓越，不会受任何可预见的合理因素的影响	AAA
具有较高的投资价值：赖债风险很低，支付能力较强 是否应该突出显示"赖债风险很低"？	AA
具有较好的投资价值：赖债风险低；支付能力较强，但容易受到经济因素和其他因素不利变化的影响	A
投资级别令人满意：赖债风险低，具有充足的支付能力	BBB
含有投机因素：赖债风险提高，尤其可能受到不利经济状况的影响	BB
高投机性：赖债风险出现，在债务期限内只有很小的可靠性	B
存在信用风险：赖债很可能发生	CCC
信用风险很高：赖债已在某种程度上出现	CC
赖债风险异常高：即将赖债或已经赖债	C
限制赖债：遇到未付款项付款赖债，尚未进行破产申请、接管、清算等	RD
赖债或者债务拖欠	D

注：穆迪投资公司会用"1"标明本组中最具投资价值的债券（例如：Aa1），标准普尔公司和惠誉投资人服务公司评级用"＋"和"－"来标明债券信用状况由高到低的变化。

评级机构使用专有方案来为发债或借款人确定等级。信用评级公司所发表的声明指出，以下四类因素在信用评估过程中是特别重要的[1]：

（1）**经济因素**。发债单位运营所依赖的经济环境是十分重要的。经济的强劲增长，可以为债券带来强大的收入基础，这也会降低债券的信用风险。

（2）**债务状况**。发债单位的债务历史和增长状况也很重要。与政府资源相关的较高债务负担和较高的偿债要求，将会带来债务的信用风险问题。此外，还要考虑的因素包括：偿债计划、与融资对象工程相关的债务期限结构、发债机关以前的赖债状况等。一些评级机构现在明确表示，当它们对州政府进行评级时，同样会考虑：无资金来源的养老金偿付的责任水平、未被养老金所覆盖的已承诺的未来退休福利的责任水平。它们认为，这些债务负担与其他一般债务责任并无区别。

（3）**政府因素**。信用调查要考虑：发债政府所表现出来的敬业精神、债务管理人员的能力、预算全过程的质量（包括审计、文档、拨款和控制等）、政府财务报告的质量。对预算批准的推迟将不是一个有利因素[2]。

---

① 标准普尔公司为人们在《美国国家评级方法》（2011 年 1 月 3 日）和《理解评级：信用评级标准指南》（2010年）中所要查找的内容提供了一个概述。它给出了一个有用的解释，但不要期望能够看到要素之间是如何契合的，或一个测量方法如何与另一个测量方法进行平衡从而产生最终的评级结果。

② 国会对于提高联邦债务上限的犹豫不决，确实促进了标准普尔公司下调对美国政府的评级。将美国政府从AAA 级下调至 AA＋级的报告表示："最近几个月的政治边缘政策，突出了我们所见到的美国政府的治理和政策制定的稳定性和效率有所下降，比我们此前认为的更加不可预测。债务上限和赖债的威胁，成为对于财政政策讨价还价的政治筹码。" Standard & Poor's, "United States of American Long-Term Rating Lowered To 'AA＋' on Political Risks ans Rising Debt Burden; Outlook Negative," August 2, 2011. 债务负担很关键，但利用赖债来谈条件也同样重要。

（4）**财务分析**。信用调查要全面考虑：资金的平衡状况、财政收支的未来发展趋势、税基的充分性、新生债务的可能性（如对养老金的需求等）、财务计划的充分性等。

对收入型债券的分析，主要需要关注的是企业的收入潜力，以及债券决策协议中对债券持有人的法律保护状况。其中很少会涉及政府问题，因为还没有出现过政府对收入型债券进行紧急财政援助的先例。例如，在两个广为人知的赖债事件中，即芝加哥市和西弗吉尼亚州都没有阻止相关的收入型债券赖债（这两种债券的名称分别是"芝加哥高架公路"和"西弗吉尼亚州收费公路"）[1]。在从 1983 年开始的华盛顿公共电力供应系统 22.5 亿美元的赖债事件中，也没有政府单位出面干预和提供帮助。因此，对收入型债券的分析中假定，相关的工程必须要达到其财务要求。

传统的评级机构现在遇到的问题是它们在 2007—2008 年的金融危机中做出了许多误判[2]。事实上，一些人认为，这些评级机构甚至帮助创造和加深了此次金融危机。这些评级机构大大低估了住房抵押证券（这已经和其传统从事的市政债券市场差得很远了）的风险，给出的许多主要证券的评估，最后都被证实几乎是一文不值的。一些债券是全新的，根本没有任何信贷记录，评估起来太过复杂，以至于风险几乎无法量化，但是评级机构却掩饰了发行者存在的风险。这些信用等级较高却最终失败的债券的记录，使人们严重怀疑评级机构过去所做的所有评级，纵使有问题的债券占总债券的比例并不太大，并且与传统市政债券完全无关。另外，利益冲突的问题也出现了：发行者向评级公司支付酬金，如果评级低，那么发行者可能就不会再继续光顾该公司了。怀疑论者看到了评级会被未来的生意需求所扭曲的可能性。这个问题为评级机构做出的所有工作笼上了一层阴影，这层阴影来自现在才刚刚出现的问题。

该问题的解决途径尚未出现。评级机构的工作在金融媒介中形成了重要的纽带联系，但是需要得到信赖。一个解决方式是成立公共评级机构，它不由发行者支付酬金，而是由某种不存在使用者支付这一冲突的方式来提供资金[3]。其他途径可能会包含对私人评估公司的更多管制，要求从评级使用者处筹资，而非从被评级的实体处筹资。至今还没有明确的解决方式，以美国国会的传统来看，尚未有什么实质性的变化[4]。以经验事实来检验评级机构对州和地方责任债务的评级工作是很难的，因为对这类债务的实际拖欠情况很少。测试评级的准确性包括检查一个事件发生的可能性的估测范围，即使这个事件尚未发生。对评级质量进行好的测试并不简单。

信用提升

信用提升（credit enhancement），就是通过第三方来为债务的如期归还进行担保，

① 芝加哥高架公路的财务状况已经得到整理，该城市能够在 2004 年以 18.2 亿美元的价格、99 年的租期，将高架公路出租给一个私人的西班牙-澳大利亚联盟。

② 证券交易委员会审视了这一问题，参见：*Summary Report of Issues Identified in the Commission Staff's Examinations of Select Credit Rating Agencies*（Washington, D. C.：Securities and Exchange Commission，2008）。一般是由于评级机构面临着大量的数据和债务复杂性——同时，也会受到与发行者利益冲突的影响。

③ M. Ahmed Diomande, James Heintz and Robert Pollin，"Why U. S. Financial Markets Need a Public Credit Rating Agency," *The Economists' Voice* 6（June 2009）：1-4.

④ 《多德-弗兰克法案》要求证券交易委员会对国家认可的评级机构采用附加规则，并且该委员会还需要一些额外的披露。在美国的典型政治风格中，观点范围从太过激进到不够激进等等不一而足。

一些市政债券已采用此方法进行发债，这可以降低市政债券借款人在借款时所支付的利率水平①。这些担保可以降低债券的相关风险。应当强调指出的三种信用担保形式分别是：（1）州信用担保（state-credit guarantees）；（2）由银行签发的信用证（letter of credit, LOC）；（3）市政债券保险。其相关性近来发生了变化。

在州信用担保中，"州政府向债券的地方持有人明确承诺：如果地方资源出现任何不足，将自动由州政府补足。在最强的州信用担保中，州政府会以自己的州基金来作为全信担保"②。这种担保的形式可能是：地方发债单位向州保险基金缴纳保险费，仅对一部分债务担保，担保不能取得州政府的全部信用支持，担保可能还要取决于其他条件。大约 24 个州拥有信用提升项目，大多是为了学区发债。这些往往通过建立一个系统来拦截向该地区债务提供的州援助，从而提升信用，因此大大提高了在该地区可能承担的任何其他义务之前偿还债务的机会。分析到最后，我们发现，担保很难超过州政府的财政实力。这一事实，再加上担保中各种各样的未知因素，使得这种第三方担保的信用提升形式更冒险③。

第二种担保形式是由银行签发的信用证；"即以银行的信用为基础，对债券发行人归还本金和利息的数额和条件进行无条件担保。"④ 银行信用证，一直是市政市场的一个较小元素，由于主要货币中心银行——最有可能提供信用提升的主体——失去了其高水平信用评级，信用证的重要性已经显著下降。没有高的信用评级，就不值得花费高额的费用来办理信用证了。

第三种债券的信用担保形式是市政债券保险，也是 1971 年以来使用最广泛的一种。这种保险，由债券发行人购买，保证债券发行人会及时归还债券的本金和利息。因此，即使是信用级别比较低的债券，也可以通过保险获得和高信用级别的债券大致相同的利率水平。信用保险的保险费，在债券一开始发行时就需要缴纳。最近的问题是，保险最多只能与销售它的保险公司一样好，但保险公司的质量已经下降了。

第一份保险是在 20 世纪 70 年代早期卖出的，1980 年发行的债券中有 3% 是受保的。而到了 2007 年，保险变得更加常见，大约有 60% 是受保的。2007 年，这些债券发行者喜欢来自下列评级机构的 3A 评级：AMBAC 保险公司、保证担保公司、CIFG 北美保险公司、金融担保保险公司、金融安全保险公司、MBIA 保险公司和 Syncora 保险公司⑤。购买保险意味着为债券发行人的财务状况增加了高度评级的保险公司的财务安全性。然而，保险公司逐渐扩大它们的市场，从原本给那些几乎不可能拖欠的市政债券提供有确定利润的保险，扩大到为次级房贷市场的复杂债务担保。部分问题在于，评级机构对这些债务的评级是错误的，并且相应的，保险公司在计算债务所需保费的时候，也使用了错误的数据。但是，保险公司也确实并未充分了解它们所担保的工具，所以当对

---

①　评级机构可能给予市政发债两种评级，一种是信用提升评级，一种是信用未提升评级。

②　Ronald W. Forbes and John E. Petersen, "State Credit Assistance to Local Governments," in *Creative Capital Financing for State and Local Governments*, ed. John E. Petersen and Wesley C. Hough (Chicago: Municipal Finance Officers Association, 1983), 226.

③　很多人怀疑此类担保的合理性，因为它们降低了对借款者财政责任感的激励。在任何情况下，担保都不能是开放性的。

④　各种机构都可以从银行获得一定的信用额度，但每年需要更新一次，而且其费用贵得惊人。

⑤　国会用联邦种子基金在 1986 年成立了一个营利性公司——大学建设贷款保险协会，来为高等教育机构的低评级问题（标准普尔公司 BBB 评级及以下）提供担保。肯尼·李（Connie Lee）保险公司只覆盖了不到 1996 年发行的债券的 1%——在所有担保者中仅排第五。有些人认为应该扩大它的作用。私人担保者却并不乐意。

赖债进行的索赔到来时，发行者毫无准备。索赔和未来即将面临的更多索赔，严重影响到了保险公司满足保险索赔的能力，以至于到了 2008 年底，没有一家债券保险公司还保有 3A 评级。这是 2007 年之后的巨大变化。到 2012，只有 5％的市政债券购买了保险①。这代表了市场的巨大变化，因为发行人没有发现保险附加值，并且更喜欢根据自己的财务前景进行销售（回忆市政违约是非常少见的）。虽然可能存在保险的市场，该保险也可能回归市场，但如果要为借款人提供价值，保险公司的财务状况必须更好。同时，市政债券的违约率仍旧保持很低，市场已经根据没有保险的债券进行了调整。

市场已经发生了变化。2005 年是巅峰年份，63％的市议会发行的债券在销售时都具有某种形式的信用提升。到 2009 年，只有 17％的债券具有信用提升，2010 年及 2011 年仍保持该比例②。

市政债券的包销、利率和持有者状况

市政债券的发行规模通常很大，一个投资者很难全部买下；债券发行人也难以有效地将其债券推销给数量众多的个人投资者。因此，市政债券在发行时，通常都是先出售给债券承销商，债券承销商会将本次债券全部买下。这样，借款人就可以很快得到债券发行的全部收入，而且不用担心债券的营销问题。承销商希望在向投资者分销债券的过程中获利。承销毛利润（或者承销收入）等于，承销商为购买这些债券所支付的价格和投资者向承销商所支付的价格之间的差额。利用这些收益，承销公司可以支付这次交易中的所有分销成本。由于市场利率的上升会导致债券价值的下跌，因此，承销商通常都希望尽快将债券分销出去。

债券承销公司的选择，有的是通过谈判，有的则是通过竞争性投标。在前一种方式中，债券承销商是在债券的设计过程中选择的。债券的利率水平是通过借款单位和承销商的谈判确定的。承销商会参与债券出售之前的市场营销活动，并可以向借款人提供下列组织服务：编写官方声明、设计债券结构和对债券的信用等级进行担保等。协商型债券销售在收入型债券市场上占主导地位（以金额计大约有 3/4），竞标型债券则在一般债务型债券市场上占主导地位（以金额计大约占 3/4）。但遗憾的是，非竞争性选择承销商也打开了偏袒和贿赂的可能性大门，同时也使发债人无法利用市场力量来压缩承销商的利润空间③。在美国，15

---

① 2008 年，一个新的公司——伯克希尔·哈撒韦公司短暂地出现过。它的创始人沃伦·巴菲特（Warren Buffett）在发现风险相对于可能收取的保费而言过高时迅速撤离。保证担保公司仍被保留在市场上。一家新的公司，建设美国互相保证公司（Build America Mutual Assurance）于 2012 年进入市场。这是一个互助公司，因此拥有它保证的整个企业，具有标准普尔公司的 AA 评级。它明智地打算将保险限制在市政问题上。

② U. S. Securities and Exchange Commission, *Report on the Municipal Securities Market*（July 31，2012），p. 50.

③ 1993 年，公共证券协会建议在有公共财政公司从事债券业务的州，禁止在政治竞选时向候选人捐款。这是以前做法的一个重大变化。1993 年，一些涉及债券承销商选择的丑闻导致了这项建议的出台，同时也触怒了证券交易委员会。证券交易委员会以前很少会对市政债券进行管理，但是，为了防止州和地方政府官员对管理市场权的滥用，证券交易委员会在 1994 年规定，对有下列行为的州和地方政府的官员要处以证券欺诈的罚款，这些行为包括：（1）没有对利益冲突进行披露，其中包括接受承销商或财务顾问的政治捐款；（2）没有发布年度财务报告，没有向投资者披露重大的财务变化；（3）没有披露债券的风险和发行条件；（4）发布不准确的关于本辖区的财务报告。这些规定，如果能够得到全面落实的话，将会使市政债券的信息披露与对私人债券发行者的要求更加一致。

个州有债券银行。这些债券银行会承担市政债券的包销及其他相关的服务，这些债券的销售也是通过谈判进行的①。

在债务的销售过程中，必须具备以下两份重要文件：官方声明和法律意见书。在竞争性投标中选择承销商时，要发布官方声明，其中包括有关未来承销商的信息和投资者在向借款人支付资金时所需要了解的信息。官方声明由两部分组成，一部分说明的是关于借款人偿债能力的，包括对发债单位辖区及其产业状况的介绍，对该辖区主要纳税人、当前未到期债务以及近五年的课税情况和债务偿还情况的说明，以及将来的还款计划。另一部分说明的是将要发售债券的情况，其中包括：发债的目的、数量，债券的种类，债券的期限结构和利息偿还时间表，通知还款条款，债券包销投标的时间和地点，债券是否已经申请了信用评级，出具法律意见书（将在下面进一步说明）的律师的姓名，出售债券的地点等。在官方声明中，也会指出利率和折扣的上限。多数官方声明中还会包括拒绝标书的条款，尽管为了维持和承销商的良好关系，发债单位很少会使用这种权利②。

第二份文件是由债券律师所出具的法律意见书，这项文件证明的是债券发行人已经遵守了联邦、州和地方有关市政债务的所有法律规定。这份工作很少会由地方法律公司来做，因为债券承销商和大的私人投资者都会要求由专业法律公司来对债券出具意见。债券律师会保证：债券发行人有借款的合法权利，用于还债的收入来源是合法而且不可废止的，发债人会受到债务条款的合法约束。债券律师也会指出，按照自己的看法，这种债务的利息是否可以免征联邦所得税和州所得税。债券律师不会对借款人的偿债能力做出任何评价；债券律师所关心的是，还债合同可以在多大程度上约束借款人。如果得不到理想的法律意见，免税市场对债券来说，其实是毫无意义的。

竞争性投标，是为全信债券和许多收入型债券选择承销商的一种常用方法。使用这种方法，债券发行人可以选择在债券期限中不同年度到期的债券本金的数额，承销商会就债券发行人的偿债利率进行投标。当然，不同期限的债券的利率水平可以不尽相同，但相同期限的债券的利率水平应当都是一样的。债券发行人会选择债券总利率投标水平最低的承销商。最终胜出的承销商的投标情况将会决定债券发行人的利率成本。

当决定投标最低的承销商时，有两种方法可以用来计算债券的利率成本，即净利息成本（net interest cost，NIC）和真实利息成本（true interest cost，TIC）。二者所表示的都是，债券序列中各种债券票面利率的平均值。净利息成本法使用的是下面的公式：

$$NIC = \frac{\text{总利息减去利息溢价或加上折旧}}{\text{各年的债券金}}$$

该式可以计算出债券的平均成本相当于未到期债务本金的百分比。首先来计算 N，也就是在债券期限中，按照债券的票面情况所支付的总成本的金额：

①　债券银行有助于降低地方借款人的利息成本。参见：Martin T. Katzman，"Municipal Bond Banking：The Diffusion of a Public-Finance Innovation，" *National Tax Journal* 33 (June 1980)：149-160；and David S. Kidwell and Robert J. Rogowski，"Bond Banks：A State Assistance Program That Helps Reduce New Issue Borrowing Costs，" *Public Administration Review* 42 (March/April 1983)：108-112.

②　证券交易委员会在 1990 年生效的规则，对市政单位在官方声明中需要披露的信息增加了一些规定。尽管这些规则针对的是债券承销商，但承销商所使用的官方声明是由市政借款人所编制的。参见：John E. Petersen，"The New SEC Rule on Municipal Disclosure：Implications for Issuers of Municipal Securities，" *Government Finance Review* 4 (October 1988)：17-20.

$$N = \sum_{i=1}^{n} (C_i \times A_i \times Y_i) + D$$

式中，

N＝净利息成本；

n＝不同期限的债券数量；

C＝每种期限的债券的票面利率；

A＝每种期限的债券的票面价值；

Y＝每期债券的年数；

D＝投标折扣（投标溢价是一种负的折扣）。

N 等于在债券的期限中所支付的总的利息成本。各年的债券金（bond dollar years，BDY）公式为：

$$N = \sum_{i=1}^{n} (C_i \times A_i \times Y_i) + D$$

各年的债券金表示的是借款的数量和借款的时间。例如，1 美元两年期的债务等于每年 2 美元，2 美元 5 年期的债务等于每年 10 美元，等等。因此，

$$NIC = \frac{N}{BDY}$$

真实利息成本，或加拿大利息成本法（the Canadian interest cost method）更复杂。因为要考虑债券利息支付流程的时间序列，但这是竞争性投标中应当遵循的一般性原则。如果在投标过程中，两份标书具有相同的净利息成本，但在其中一份标书中，早期需要支付较多的利息，而后期支付的利息却较少［前倾贷款（frontloading）］，那么这份标书将缺乏吸引力。因为这份标书要求债券发行人较早将经济资源让渡出去，从而失去了使用这些资源取得收益的机会。从现值角度来看，另一份标书的利息成本要低于前者。真实利息成本的利率水平等于债券发行人在债券生命周期内所支付的本金和利息的现值。真实利息成本的计算公式如下：

$$B = \sum_{i=1}^{m} \frac{A_i}{(1+TIC)^i} + \sum_{i=1}^{m} \frac{I_i}{(1+TIC)^i}$$

式中，

B＝债券发行人所得到的资金总额（借款金额减去折扣或者加上溢价）；

i＝使用现金还债之前的年数；

m＝直到债券最后到期之前的年数；

A_i＝在第 i 期中，每年所偿还的本金数额；

TIC＝真实利息成本；

I_i＝在第 i 期所偿还的利息总额（假设每年付息一次）。

在对市政债券的出售计算真实利息成本时，投标人要具体指出投标价格，即承销商要向债券发行人支付的债券价格（B）和偿债的流量金额（I_i）。由债券发行人决定偿债的具体年度（债券的不同期限）。真实利息成本的利率水平需要通过不断地近似，直到等式的左边等于右边才可求解得出[1]。数额庞大的债券发售需要借助计算机来计算真实

---

[1] 电子表格程序中的内部收益率法可以快速完成这种计算。

利息成本；但对于数额较小的债券来说，使用内部收益率近似的标准方法就可以求得。表 15-5 中分别举例说明了真实利息成本和净利息成本的计算过程。

表 15-5　　　　　　　　　　　　真实利息成本和净利息成本的计算表

2011 年 7 月 1 日销售的债券，以后每年的 7 月 1 日付息（投标价格＝39 920 美元）					
到期日	金额（美元）	投标票面利率（％）	每年应付利息（美元）	债券年数	债券的各年金额
2015 年 7 月 1 日	5 000	6	300	4	20 000
2016 年 7 月 1 日	5 000	6.5	325	5	25 000
2017 年 7 月 1 日	5 000	7	350	6	30 000
2018 年 7 月 1 日	5 000	8	400	7	35 000
2019 年 7 月 1 日	10 000	9	900	8	80 000
2020 年 7 月 1 日	10 000	10	1 000	9	90 000
票面金额合计	40 000				280 000

偿债时间表			单位：美元
到期日	利息	本金	合计
2012 年 7 月 1 日	3 275	——	3 275
2013 年 7 月 1 日	3 275	——	3 275
2014 年 7 月 1 日	3 275	——	3 275
2015 年 7 月 1 日	3 275	5 000	8 275
2016 年 7 月 1 日	2 975	5 000	7 975
2017 年 7 月 1 日	2 650	5 000	7 650
2018 年 7 月 1 日	2 300	5 000	7 300
2019 年 7 月 1 日	1 900	10 000	11 900
2020 年 7 月 1 日	1 000	10 000	11 000
合计	23 925	40 000	63 925

解得净利息成本为：

$$NIC = \frac{23\,925 + 80}{280\,000} = 8.573\%$$

解得真实利息成本为：

$$\$39\,920 = \frac{3\,275}{1+TIC} + \frac{3\,275}{(1+TIC)^2} + \frac{3\,275}{(1+TIC)^3} + \frac{8\,275}{(1+TIC)^4} + \frac{7\,975}{(1+TIC)^5}$$
$$+ \frac{7\,650}{(1+TIC)^6} + \frac{7\,300}{(1+TIC)^7} + \frac{11\,900}{(1+TIC)^8} + \frac{11\,000}{(1+TIC)^9}$$

$$TIC = 8.503\%$$

而后，最终获得投标的承销公司或者辛迪加（syndicate，一组承销公司）会将债券销售给投资者。利用承销商向债券发行人所支付的价格和承销商从债券购买者那里所得到的债券价格之间的差额，承销商可以弥补自己的成本，并取得利润①。前面有关债券市场运作机制的描述说明：债券市场利率的提高将会导致债券价值的下跌。如果在承

---

① 在 2007 年，对票面价值为 1 000 美元的债券来说，债券卖价和买价之间的差额为 5.27 美元，其中谈判式发售的债券平均差额为 5.40 美元，竞争性发售的债券平均差额为 4.09 美元。然而，一般情况下竞争性发售的债券都比谈判式发售的债券少。相比之下，1995 年的平均差额为 8.10 美元。*The Bond Buyer/Thomson Financial 2008 Yearbook* (New York: Source Media, 2008), 61.

销商将债券销售之前，市场利率的上升使债券价值出现了大幅下跌，那么对于承销商来说，债券买卖价格之间的差额将会变成负值。

表 15-6 说明的是持有市政债券的机构的种类。从纳税状况来看，每一种债券的持有者都集中在较高的税率档次中。因为，对于这些债券的购买者来说，市政债券的免税状况特别具有吸引力。虽然家庭持有量仍占超过总额 1/3 的比重，但已少于 20 年前所持有的份额。它们通过货币市场和共同基金间接拥有更多市政债券。商业银行的购买量也下降了。在 20 世纪 80 年代的税制改革中，银行使用存款利息购买免税债券不再能从联邦税应税所得中扣除，这使得它们的市场份额大量减少。作为对其资金的一种安全使用，商业银行最近开始避开传统的债券市场，向市政府直接贷款。贷款形成了免税利息（在限额内），并且大部分借款费用可以抵扣。它们部分取代了银行曾经拥有的信用证业务。然而该贷款对于借款人来说具有一些额外的风险，因为可能会存在一般债务发行所不具有的提前还款的需要①。除了作为一种重要金融媒介的共同基金和货币市场基金的发展之外，其他债券持有者的比重都相当稳定，并且规模很小。共同基金和货币市场基金的发展，可能会增加家庭对债券持有的比重。

表 15-6　市政债券持有者分布状况（年底）

	1985 年（%）	1990 年（%）	1995 年（%）	2000 年（%）	2005 年（%）	2010 年（%）
未偿还债务总计	100	100	100	100	100	100
家庭	46.0	55.0	42.1	35.9	36.9	33.7
货币市场基金	4.2	7.1	10.1	16.4	15.1	18.5
共同基金	4.1	9.6	16.6	15.6	14.0	14.5
其他保险公司	10.3	11.6	12.7	12.4	14.1	14.2
商业银行	27.0	10.0	7.4	7.7	7.1	8.0
封闭式基金	0.1	1.2	4.6	4.6	4.0	2.9
政府主导型企业	0.2	0.3	0.6	2.0	1.8	1.2
非金融公司企业	3.0	2.1	2.9	2.2	1.4	1.0
经纪商和交易商	2.3	0.7	1.0	0.8	1.9	1.4
寿险公司	1.1	1.0	0.9	1.3	1.5	1.8
储蓄机构	0.4	0.3	0.2	0.2	0.4	0.3
州和地方政府	1.1	1.0	0.4	0.2	0.2	0.2
州和地方退休基金	0.1	0.0	0.1	0.1	0.1	0.1
非农场非公司企业	0.0	*	0.2	0.2	0.2	0.2
其他	0.1	0.2	0.3	0.5	1.3	1.9

*指这类占比低于 0.1%。

资料来源：Board of Governors of the Federal Reserve System, *Flow of Funds Accounts of the United States* (Z1 Release).

租赁购买融资和参与权证

租赁和参与权证（certificates of participation, COPs）为政府提供了获得资本资产

---

① Michael Corkery, "In Shift, Municipalities Turn to Banks for Loans," *Wall Street Journal*, July 14, 2011.

的后门方法。政府有两种租赁：经营租赁和资本租赁。虽然会有其他原因推动这些交易，但资本租赁通常被用来避免为了建造资本项目而发行债务时受到法律和程序上的约束。从会计角度来看，经营租赁就像租借一样。在经营租赁结束时，租赁的设备要还给出租方。如果满足以下条件中任何一个，就不是经营租赁，而被认为是一种融资安排或者资本租赁：

(1) 有协议购买选项。

(2) 该租赁会把产权转移给租赁者。

(3) 租赁时间等于或超过财产的使用年限。

(4) 租金加上利息超过财产的公允价值。

资本租赁或融资租赁与分期付款相似。租赁者——这里指政府——从出租人手中以在给定时间内分期付款的形式购买资产。资本租赁被认为是债务，而不是政府会计中的支出。与经营租赁不同，政府会变成设备的拥有者①。从会计视角来看，由资本租赁所产生的利息可以看作债务；从法律视角来看，通过使用非拨款条款，它可以从债务最高限额中免除，这意味着租赁付款必须每年拨款。通常非拨款条款包含限制，以在租金没有拨付的情况下，可以保护出租者免于设备更换。例如，一个租用电信系统的协议可能包括"如果租约中止，将限制购买或租赁新系统"的条款②。

对于大宗交易来说，投资者可以购买参与权证。参与权证使投资者可以支付这项财产一定份额的租赁费；对于小额的租赁购买融资来说，银行或者其他金融机构就可以完成整个交易过程。只要租赁购买融资的发债人和被租赁财产的用途符合规定，租赁购买融资借款的利息就可以免征联邦税收。如果租赁购买融资符合州的有关规定，由租赁购买融资所形成的债务还可以不受宪法及其他法规中有关选民批准和能力上限的限制，因为由租赁购买融资所形成的债务并不是严格意义上的债务责任。由于加利福尼亚州对基础设施的需求比较大，对传统融资方式的规定也比较严格，因此加利福尼亚州所发行的租赁购买融资债券要超过其他州。此外，在亚利桑那州、科罗拉多州、佛罗里达州、佐治亚州、伊利诺伊州、新泽西州、纽约州、北卡罗来纳州、南卡罗来纳州和华盛顿州的租赁购买融资债券的发行量也比较大③。

图 15-4 说明了参与权证的交易流程。假如一个政府想得到一座新的监狱，它会让一家非营利的建筑公司来建设这座监狱，然后再由政府向这家建筑公司租赁使用这座监狱。这家建筑公司会通过向私人投资者借款来建设这座监狱，使用政府缴纳租赁费的承诺作为提前偿还贷款的基础④。一家受托机构会对政府单位所缴纳的租赁费向各个参与权证的分配情况进行管理，这家受托机构通常是一家银行；如果参与权证的持有人没有

---

① 联邦租赁购买一般被视为通过预算文件向公众借款。参见：Office of Management and Budget, *Budget of the Government of the United States*, *Fiscal Year* 2006, *Analytical Perspectives* (Washington, D.C.: U.S. Government Printing Office, 2005), 251.

② Richard Baker, "Public Policy Implications of Tax Exempt Leasing in the United States," *International Journal of Public Policy* 1 (2005): 148.

③ Craig Johnson and John L. Mikesell, "Certificates of Participation and Capital Markets: Lessons from Brevard County and Richmond Unified School District," *Public Budgeting & Finance* 14 (Fall 1994): 42.

④ 还有另外一种弥补资金不足的方法：政府可以将现在的公共设施出售给一家公司，用得来的现金收入来维持政府的运营，然后再向这家公司租赁使用这座公共设施。关于一个非常不幸的例子，可以参见：Craig Johnson and John L. Mikesell, "The Richmond School District Default: COPs, Bankruptcy, Default, and State Intervention," in *Case Studies in Public Budgeting and Financial Management*, ed. A. Khan and B. Hildreth (Dubuque, Iowa: Kendall/Hunt, 1994).

得到租赁费收入，受托人也会对相关的法律事务进行处理。参与权证没有债券安全性好，因为财政资金的划拨通常是分年度进行的，而政治因素可能会对此进行干预。这一流程在大衰退时期是一个问题，因为支持租赁的收入已经减少，租赁者的能力有限，最多可以寻求与租赁设施有关的地方[1]。然而，对于将租赁购买融资和公民投票、债务限额等限制的债务区分来说，年度拨款要求和非拨款条款在法律上是至关重要的。

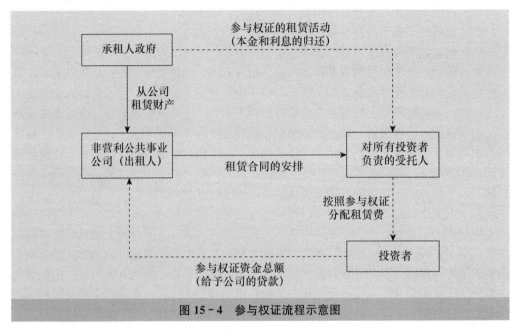

图 15-4 参与权证流程示意图

15.3 当政府财政出现可怕的错误

近年来，国家、州、地方政府的财政状况不佳。可用的收入已经不足以覆盖支出责任，弥补财政差距的能力不足，政府领导人不得不采取严厉的行动，这对与政府有关的每个人（公民、雇员、供应商等）都产生了不利的影响。这个问题已经超出了经济稀缺性的范畴。在现实世界中，资源现在不能（也从未足够多到）满足所有的人类需求。因此，必须在稀缺的资源被使用的各种不同用途之间做出选择。同样的逻辑也适用于家庭、企业或者政府。人们可能不得不不断地尝试对财政进行削减、延续和干预，这非常令人恼火，但它却是人类在这个世界生存所产生的正常后果，这并不构成财政危机。经济和财政选择是不能避免的。在政府的领域内，这些选择可能包括更高的税收或减少服务，但这两者都不是政府出现严重错误的标志。实际上，政府可能在一年中以赤字的状态进行运作——这将意味着使用以前年度的盈余，或者以未来年度的展望为基础进行借款。一般来说，这种策略不值得推荐，但就我们所了解的美国联邦政府的经营来说，这种现象时常发生。近年来，大衰退所产生的经济问题以及退休人员计划（公共雇员的养老金及医疗保险——提前退休和利润丰厚但资金不足的福利计划）的成本和现存雇员的工资（人事成本是大多数地方政府总体运营成本中的主要部分）给地方政

---

① Mike Cherney, "Cities' Rentals Hurt Bonds," *Wall Street Journal*, May 11, 2012, C1.

府带来了很大压力。因此，下面将要讨论的几个选择的目标就是减少这些员工福利，如果不能通过使政府与其雇员达成自愿协议的方式完成，则只能通过法院或接收者法令完成。

财政决策的过程可能出现严重错误，有时是因为经济或社会的变故，有时是因为无能或恶意，有时是因为顽固而不愿意做出艰难的选择，还有时是因为政治交易，但是更多的是因为以上原因的总和。最坏的情况是，财政危机无法通过减少开支或增加收入等严格的财政操作来解决，政府可能会面临或者考虑赖债、拒付、接管或破产。这些术语在公众讨论中经常被粗心地使用，它们确实具有不同的含义和不同的结果，但对于美国一般目的性政府而言，这些情况都很少出现。

赖　债

当政府无法定期支付其债务的本金和利息时，就会赖债（default）。第一次市政债券赖债出现在 1983 年亚拉巴马州的莫比尔市。其是臭名昭著的，因为这代表了一种对公众信任的公然违背，可能更重要的原因是，这是正常经济环境下非常少见的情况。虽然在 20 世纪 30 年代的大萧条中出现了很多赖债情况，但在最近一次大衰退中却很少出现。近几十年来，被广泛宣传的市政债券市场的赖债案例包括：20 世纪 70 年代的纽约市和克利夫兰以及 1980 年代的华盛顿公共供电系统。在纽约的案例中，发行人将这一段经历定义为"技术赖债"，因为它单方面宣布了一个比合同约定时间稍晚的还款时间表。债券持有人不会喜欢这其中的差别。大多数赖债是由特殊目的性政府发行的小额债券，并经常涉及工业发展项目。1978 年克利夫兰的赖债是自大萧条（阿肯色州和路易斯安那州）以来的第一个一般责任债券赖债。有些赖债是永久性的，比如华盛顿公共供电系统债券；有些赖债是暂时的，比如纽约市和克利夫兰债券。债券持有人可以通过发行人购买的债券保险进行保护，免受违约经济后果的影响。

市政债券赖债是非常少见的，比公司债券赖债稀少很多。在 1970—2011 年这段时间内，穆迪进行评级的全部债券中有 71 例市政债券赖债，其中只有 5 例是一般责任债券。在 2009—2010 年，只有 1 例一般责任债券赖债——2010 年的宾夕法尼亚州哈里斯堡市债券。这是一个非常低的比率：截至 2011 年底，穆迪为大约 9 700 次债券的发行进行过评级。在 1970—2011 年，市政赖债的最终回收率，换句话说，偿还债务的金额比例为 65%，比公司债券的 49% 高很多①。

赖债出现时，至少在短期内，对于那些从赖债政府接受服务的人来说，可能没有任何可察觉的影响，但在政府提议再次借债，并且因为之前的赖债而面对更高的利率时，这一影响才会被感受到。一些州在 19 世纪 40 年代发生过赖债（阿肯色州、佛罗里达州、伊利诺伊州、印第安纳州、路易斯安那州、马里兰州、密歇根州、密西西比州和宾夕法尼亚州），更多的州在 19 世纪 70 年代赖债（亚拉巴马州、佛罗里达州、佐治亚州、密苏里州、北卡罗来纳州、南卡罗来纳州、田纳西州、弗吉尼亚州和西弗吉尼亚州）。大部分州最终履行了自己的义务。国民政府也会对其发行的债务赖债。哈乔多（Hatchondo）及

---

① Moody's Investment Service, Special Comment: U.S. Municipal Bond Defaults and Recoveries, 1970－2011 (New York: Moody's Investment Service, 2012).

其同事计算出在 1976 年至 2003 年有 56 项主权违约①。

接　管

　　约 20 个州做出规定，对处于财政困难的自治市或区的政府当局给予州援助和管控。在许多方面，接管（receivership）是一种州政府控制的做法，避免了联邦破产计划。当一个约定好的第三方管理人控制政府的运行时，该政府就进入接管程序。接管人，由更高一级的政府或法院指定，有责任保护该政府的资产，并满足政府债务的债权人的合法要求。接管人通常有权限更改退休人员的雇佣合同和受益计划，同时可以在不进行政策终止程序的情况下解雇员工。在很多案例中，接管人曾经完全更换掉了该辖区内经过选举选出的所有官员。州政府经常任命接管人或受托人管理地方政府的财政危机：例如，在面临重大财务违规情况时（包括所谓的盗窃城市资金和财产等问题），马萨诸塞州任命接管者接管切尔西市的管理。加利福尼亚州的学区也被州政府进行接管。州政府控制的董事会——由州来接管特定地区（通常是城市）的财务运行——这一行为类似于接管。类似的例子包括宾夕法尼亚州政府间合作局（1991 年接管费城，2004 年接管匹兹堡，以及自 1987 年州制定了《第 47 号法令》的监督法以来的几个较小的司法管辖区）、迈阿密财务紧急监督委员会（1996）、布法罗财政稳定局（2003）、纽约州财政管理局（1975 年接管纽约市），以及俄亥俄市的紧急程序。《密歇根州地方政府和学区财政责任法案》（公法 4，2011）给予由州任命的应急管理人员废除集体谈判协议、废除当选官员和私有化或出售政府资产的权利。在 2012 年中期，4 个城市（本顿港、庞蒂亚克、埃科斯和弗林特）加上两个学区任命了管理人员。因为同样的原因，华盛顿特区在 1997 年将其大部分财政权利转移给国会任命的董事会。

　　法院也可以为公共实体指定接管人，尽管这种情况比私营公司或非营利组织更少发生。1986 年，在底特律爱迪生公司——底特律的排水部门——的诉讼和其他对不支付账单的诉讼之后，韦恩县巡回法院任命一名接管人员经营密歇根州的埃科斯市。该城市从接管中退出后，又陷入了应急管理系统。接管者可能会极大地改变政府提供的服务和征收的税收，所以人们几乎肯定会从这种经历中看到差异。

破　产

　　政府根据联邦破产法规第 9 章（20 世纪 30 年代大萧条过程中形成的）向联邦法院正式申请破产（bankruptcy）。申请被通过后，法院保护政府免受财务索赔，而政府制定了一项可以支付大部分、但并非全部财务义务的计划。只有市镇可以进入破产程序，因为美国《宪法第十修正案》规定了州的主权，从而禁止国会对州施加非自愿的债务重组计划。由于债务偿还通常只占总支出的一小部分，因此由债权债务过多造成破产的情况很少出现。破产通常是由公共管理者和当选的官员对投资、公共项目以及对雇员的补贴所做出的错误决定而导致的。对市政破产的具体规定不如对企业破产的规定明确，因为市政破产十分罕见（在目前超过 8 万个司法管辖区中，自 20 世纪 30 年代以来的总破产

① Juan Carlos Hatchondo, Leonardo Martinez, and Horacio Sapriza, "The Economics of Sovereign Defaults," *Economics Quarterly* 93 (Spring 2007)：163-187.

数少于 600 个）。然而，为了接受破产保护，明确要求市政府必须无力偿债，这意味着市政府无法在其账单到期时履行付款义务。仅凭对市政府在不久的将来无法支付账单的强烈预期是不够的。

破产意在确保政府可以持续为其市民提供服务，并保留其资产。实际上，破产法院不能强制管辖区提高税收或减少开支。与企业破产相比，市政府的破产清算是不被允许的。同样的，与个人或企业破产不同，政府破产只能是自愿的。也就是说，债权人无法强制政府破产。在很多方面，破产比州接管计划更为宽容。1991 年，康涅狄格州布里奇波特公司宣布破产后，国会更改了破产法，要求市政府在申请破产前得到具体的州授权。历史上，债券持有人一直都是优质债权人，所以债务偿还通常按期进行（此外，政府希望持续进入市政资本市场），但其他合同义务可能无法实现①。例如，工资和薪金可能比以前达成的协议水平有所降低。在最近的一些破产中，管辖区已经拖欠债务，以减少对其他削减的需求②。市政当局无力偿还债务时，换句话说，当还款责任到期时无力偿还，市政当局才可以破产——这是比企业破产申请更加严格的要求。当申请破产保护时，市政当局可能有欠债也可能没有欠债。只有刚超过一半的州允许其地方政府宣告破产，而破产保护则通常不适用于州政府。近期的市或县政府的破产申报包括：2008 年加利福尼亚州的瓦列霍市（人口 11.7 万）、2012 年加利福尼亚州的斯托克顿县（人口 29.1 万）、2011 年亚拉巴马州的杰斐逊县（人口 65.9 万)③、1994 年加利福尼亚州的奥兰治县（人口 300 万）、2011 年爱达荷州的博伊西县（人口 7 500）、2012 年加利福尼亚州的圣贝纳迪诺（人口 21.3 万）、2009 年宾夕法尼亚的韦斯特福尔（人口 2 300）、2007 年俄克拉何马州的莫非特（人口 127）、2011 年罗得岛州的中央瀑布市（人口 9 000，在提交破产前已经由州进行了接管)④。破产法庭驳回了博伊西县的申请。

尽管经济衰退造成了财政困难，但地方政府破产保护并没有大的进展。破产的最大问题，是债券持有人、现任雇员或退休人员是否会因为破产涉及的情况而被愚弄。与私人企业不同的是，政府似乎把违反自由订立的合同看得比重新开始更严重。破产的另一

---

① 克莱斯勒和通用汽车在 2009 年的私营部门破产中并没有遵循其作为优质债权人的原则。目前还不清楚这是否可以概括为今后的市政破产模式。2012 年的斯托克顿破产申请，将债券持有人和城市雇员确定为最可能受到破产影响的群体。

② 穆迪报告指出，州和地方政府债务偿还的中位数占支出的百分比在 5% 到 8% 之间。参见：Moody's Investors Service, "Municipal Market Investor Confidence: Linkages to Credit Quality," January 6, 2011. 除非政府的债务偿还能力明显高于典型水平，否则减免债务不会像减少总预算中更重要的成本类别一样重要——因此，无论过去还是现在，在破产讨论中都对劳动成本给予了额外的关注。

③ 以下文献分析了导致杰斐逊县破产的一系列错误决策：Michael E. Howell-Moroney and Jeremy L. Hall, "Waste in the Sewer: The Collapse of Accountability and Transparency in Public Finance in Jefferson County, Alabama," *Public Administration Review* 71 (March/April 2011): 232-242.

④ 据推测，收入债券债务将免于政府的破产申请。这些债券不能保证政府的资源，而只能保证项目收入。在亚拉巴马州的杰斐逊县的破产申请中，该县力求减少对下水道项目收入债券持有人的支付，以保护该县的其他业务免受削减，甚至修理下水道系统本身。市政破产申请不太频繁，以至于法律也未能区别对待一般责任和收入债券的持有人，尽管他们被认为是优秀的索赔人。债券持有人将被如何对待再也不确定了。想必，杰斐逊县计划再也不按照一般利率进行借款了。Kelly Nolan, "Muni Market Sounds Alert" *Wall Street Journal*, November 29, 2011, C4; and Michael Corkery and Katy Stech, "County Bond Fight Begins New Round," *Wall Street Journal*, Apirl 17, 2012, C1. 罗得岛州在 2011 年通过了一项法律，规定债券持有人的权利优先于其他债权人，以确保罗得岛州管辖区不会因为中央瀑布市问题而面临利率处罚。俄克拉何马州的莫非特的破产是稀奇的。这个小镇是一个臭名昭著的车速监视区，当州取消了其获得交通罚单收入的能力时，它的财政就崩溃了。

个问题，是对邻近司法管辖区的声誉影响。正如亚拉巴马州伯明翰在 2012 年准备发行债券一样，这个城市为了将自己与它所在的破产县（杰斐逊县）区分开来，承受了巨大的痛苦。虽然它有足够的现金储备，其一般债务的评级也为 AA，但因为负面的破产影响，为资本项目发行债券似乎很可能不得不支付一些保险费[1]。

大衰退的余波并没有引起雪崩式的市政破产，但存在一些对市政当局可能会将其视为切实可行的策略的担忧。历史上并没有这样的情况："市政府传统上认为，冒着被剥夺债权人，并被拒在 37 亿美元的市政债券市场门外的风险，将破产作为理顺财政的工具是不值得的。"[2] 由于其稀缺性，当一般目的性政府——市或者县——出现破产时，破产后果尚不明确。2011 年，加利福尼亚州的瓦列霍从破产保护的 3 年中退出时，政府的规模变得更小，以前提供政府服务的许多设施被永远关闭，员工合同经过了重新谈判，市政人员也比以前更少，并具有偿还破产前的大量债务的持续义务，该政府形成了参与式预算制度、更高的城市消费税率以及大量的法定账单——再加上几乎确定的对财政可持续性规则具有重要性的重新评估。

拒　付

当借款人宣布不会再支付债务的本金或利息时，就会发生拒付（repudiation），此时，借款者将不再承认债务是一种责任。拒付很少出现，因为债券市场有长久的记录，一个拒付债务的政府将很难再成功借款。正如斯派奥托观察到的："对有效发行的公共债务进行拒付，破坏了发行人的信用评级，并会使随后的公共债务市场回归产生很多的问题。"[3] 美国的一些州拒绝支付在 19 世纪上半叶用来为改善运河、道路、铁路和其他内部基础设施而发行的债务，南方的一些州在南北战争过后也采取了同样的做法。其中的一些项目是绝对的丑闻，钱几乎可以肯定是被政府和私人盗窃者偷走了。然而，这些拒付的政府在 20 世纪的借款中面临了很高的利率，因为资本市场记得它们拒付的经历。甚至当政府彻底改变后仍然受到影响。例如，自 1822 年至 1914 年发行于法国的俄罗斯沙皇债务的支付问题，使得俄罗斯在 1996 年进入国际债券市场时十分麻烦。法国债券持有人协会 [法国人反对俄罗斯协会（Association Francaise des Porteursd' Emprunts Russes）] 不断向评级机构通报，并警告潜在投资者。最后，俄罗斯和法国政府达成了一项至少对旧债务进行部分清偿的协议，这样，俄罗斯新政府就可以进入债券市场了。债券市场集体具有很长的记忆，在处理困难的债务责任问题时，拒付明显不是一种好的选择。

结　语

政府债务的存在，是由于政府支出超过了政府收入。联邦债务是各年度财政赤字累积的结果；州和地方政府债务，主要是资本性项目融资的结果。对于州和地方政府债务

① Michael Corkery, "Birmingham Angles for Extra Credit," *Wall Street Journal*, June 26, 2012, C1.

② Michael Corkery, "Muni Blues Worry Investors," *Wall Street Journal*, July 26, 2012, C1.

③ James E. Spiotto, "Financial Emergencies: Default and Bankruptcy," in Robert D. Ebel and John E. Petersen, eds., *The Oxford Handbook of State and Local Government Finance* (New York: Oxford University Press, 2012): 759.

的成本，要谨慎管理：这需要使州和地方政府的债务保持较高的信用等级；需要仔细确定债券期限和发债日期；发行联邦免税债务，这项权利最近被缩小了；使用债务担保。债务本身并不一定是财政管理不佳的表现。

问题与练习

1. 在你们州，对州和地方政府的债务有什么限制性规定？可以使用什么方法来规避这些限制呢？有州债券银行吗？你们州是否有对于地方债务进行信用提升的方案？

2. 选择一个大城市，分析它的债务历史和债务信用的历史。指出该市的债务是全信债务还是有限责任债务？这些债务是否经过了保险？

3. 说明在以下的债券组合中，哪种债券的利率（或者收益率）会更高一些，并说明原因。如果没有充分的原因来说明它们之间的区别，则表明其利率水平可能是一样的。

a. Aaa 级的公司债券和 Aaa 级的市政公债；

b. Baa 级的市政公债和 Aa 级的市政公债；

c. 由市政机关所发行的一般责任债券和由市政机关所发行的收入型债券；

d. 由市政机关所发行的 Aa 级一般责任债券和由县政府机关发行的 Aa 级一般责任债券；

e. 5 年期的市政公债和 20 年期的市政公债。

4. 一个市政机关发布广告，征集本金为 200 万美元的排污系统收入型债券的购买投标。该债券将于 2007 年 4 月 1 日发售；在以后年度的每年 4 月 1 日支付利息。该种债券的期限如下表所示：

到期日	金额（美元）
2012 年 4 月 1 日	50 000
2013 年 4 月 1 日	50 000
2014 年 4 月 1 日	50 000
2015 年 4 月 1 日	100 000
2016 年 4 月 1 日	100 000
2017 年 4 月 1 日	100 000
2018 年 4 月 1 日	150 000
2019 年 4 月 1 日	150 000
2020 年 4 月 1 日	150 000
2021 年 4 月 1 日	550 000
2022 年 4 月 1 日	550 000

该市政机关收到了如下两份标书：

一份来自五点证券公司（Five Points Securities）：支付 200 万美元

各期债券的利率分别为：

2012 年至 2020 年为 5.50%

2021 年至 2022 年为 6.25％

另一份来自威灵顿-尼尔森公司：支付 200 万美元

各期债券的利率分别为：

2012 年至 2014 年为 4.19％

2015 年至 2020 年为 5.75％

2021 年至 2022 年为 6.50％

对于以上两份标书，分别计算其净利息成本和真实利息成本。其中哪份标书对于该市更有利？

5. 从《华尔街日报》或者其他报纸上查阅有关美国短期、中期、长期国债券的报价情况的表格，确定其利率期限结构的一般形状。说明去年长期利率和短期利率之间的区别。

6. 埃米尼斯水利设施收入型债券的期限为 15 年，票面利率为 5.5％，每半年付息一次，票面价值为 5 000 美元。相似风险状况和期限的市政公债的市场利率为 4％。这种债券的当前价格为多少？如果市场利率为 6％，它的价格为多少呢？

7. 所罗门·基斯是一家银行的门卫。在 1987 年，他中了纽约彩票的大奖。这份大奖每年支付 240 245 美元，共支付 20 年。但遗憾的是，基斯先生在没有完全得到这笔奖金之前就去世了。为了缴纳相关的税收和法律费（也为了将其中的一部分分发给其继承人），在 1992 年 7 月的早期，纽约彩票对这份奖金余下 16 年的付款举行了拍卖会（接下来的第一次付款是在 1992 年 7 月 15 日）。总统寿险公司是最终获胜的投标者，这家公司要为这份奖金支付 210 万美元。假设总统寿险公司的其他类似基金投资的年均收益率为 5％，你对该公司的投资有什么评价？

8. 你所在的州是否允许所属地方政府申请破产保护？对财政困难的地方是否存在某种州接管或者类似的程序？你所在的州是否已有地方政府处于这样的程序之中？你所在的州发行的市政债券是否有赖债情况？

附录 15-1　州债务管理的总体原则

以下原则是由纽约州审计长认可的债务管理政策。它们与财政可持续性概念一致，可以作为其他州和地方政府管理债务的一个适当模式。

(1) 不要通过再融资来延长债务到期期限。

(2) 确保每年的现值和现金流结余。

(3) 将债务还款的经济效益最大化。

(4) 整合资本和融资计划过程。

(5) 每季度更新以上两份计划，并制定可行的四年规划。

(6) 最大限度地利用 PAYGO 机制来融资。

(7) 将短期可能有用的项目作为目标。

(8) 充分利用盈余去偿还较旧的、成本较高的债务。

(9) 将一次性收入用于资本支出或债务削减。

(10) 只在资本项目上使用长期债务。

(11) 不为经常性支出发行债务。

(12) 只在特殊情况下为资本化的利息发行债务，例如某个未交付的在建盈利设施。

(13) 将债务保持在一个可负担的水平。

（14）限制未偿还的债务和债务发行量。

（15）将发行债务的成本最小化。

（16）限制债务期限，以最大化代际公平。

（17）不要发行超过可能使用年限的债务。

（18）要有清晰全面的债务报告。

（19）不断追求更好的信息披露措施。

（20）使用竞争性销售而非协商性销售。

资料来源：*New York State's Debt Policy*，*A Need for Reform*（Albany，N. Y.：Office of New York State Comptroller Alan G. Hevesi，February 2005），101.

人大版公共管理类翻译（影印）图书

公共行政与公共管理经典译丛

书名	著译者	定价
公共管理名著精华："公共行政与公共管理经典译丛"导读	吴爱明　刘晶　主编	49.80 元
公共管理导论（第四版）	［澳］欧文·E. 休斯　著 张成福　马子博　等　译	48.00 元
政治学（第三版）	［英］安德鲁·海伍德　著 张立鹏　译	49.80 元
公共政策分析导论（第四版）	［美］威廉·N. 邓恩　著 谢明　等　译	49.00 元
公共政策制定（第五版）	［美］詹姆斯·E. 安德森　著 谢明　等　译	46.00 元
公共行政学：管理、政治和法律的途径（第五版）	［美］戴维·H. 罗森布鲁姆　等　著 张成福　等　译校	58.00 元
比较公共行政（第六版）	［美］费勒尔·海迪　著 刘俊生　译校	49.80 元
公共部门人力资源管理：系统与战略（第六版）	［美］唐纳德·E. 克林纳　等　著 孙柏瑛　等　译	58.00 元
公共部门人力资源管理（第二版）	［美］埃文·M. 伯曼　等　著 萧鸣政　等　译	49.00 元
行政伦理学：实现行政责任的途径（第五版）	［美］特里·L. 库珀　著 张秀琴　译　音正权　校	35.00 元
民治政府：美国政府与政治（第 23 版·中国版）	［美］戴维·B 马格莱比　等　著 吴爱明　等　编译	58.00 元
比较政府与政治导论（第五版）	［英］罗德·黑格　马丁·哈罗普　著 张小劲　等　译	48.00 元
公共组织理论（第五版）	［美］罗伯特·B. 登哈特　著 扶松茂　丁力　译　竺乾威　校	32.00 元
公共组织行为学	［美］罗伯特·B. 登哈特　等　著 赵丽江　译	49.80 元
组织领导学（第七版）	［美］加里·尤克尔　著 丰俊功　译	78.00 元
公共关系：职业与实践（第四版）	［美］奥蒂斯·巴斯金　等　著 孔祥军　等　译　郭惠民　审校	68.00 元
公用事业管理：面对 21 世纪的挑战	［美］戴维·E. 麦克纳博　著 常健　等　译	39.00 元
公共预算中的政治：收入与支出，借贷与平衡（第四版）	［美］爱伦·鲁宾　著 叶娟丽　马骏　等　译	39.00 元
公共行政学新论：行政过程的政治（第二版）	［美］詹姆斯·W. 费斯勒　等　著 陈振明　等　译校	58.00 元
公共部门战略管理	［美］保罗·C. 纳特　等　著 陈振明　等　译校	49.00 元
公共行政与公共事务（第十版·中文修订版）	［美］尼古拉斯·亨利　著 孙迎春　译	68.00 元
案例教学指南	［美］小劳伦斯·E. 林恩　著 郑少健　等　译　张成福　等　校	39.00 元
公共管理中的应用统计学（第五版）	［美］肯尼思·J. 迈耶　等　著 李静萍　等　译	49.00 元
现代城市规划（第五版）	［美］约翰·M. 利维　著 张景秋　等　译	39.00 元
非营利组织管理	［美］詹姆斯·P. 盖拉特　著 邓国胜　等　译	38.00 元

书名	著译者	定价
公共财政管理：分析与应用（第九版）	［美］约翰·L. 米克塞尔　著 苟燕楠　马蔡琛　译	138.00 元
公共行政学：概念与案例（第七版）	［美］理查德·J. 斯蒂尔曼二世　编著 竺乾威　等　译	75.00 元
公共管理研究方法（第五版）	［美］伊丽莎白森·奥沙利文　等　著 王国勤　等　译	79.00 元
公共管理中的量化方法：技术与应用（第三版）	［美］苏珊·韦尔奇　等　著 郝大海　等　译	39.00 元
公共部门绩效评估	［美］西奥多·H. 波伊斯特　著 肖鸣政　等　译	45.00 元
公共管理的技巧（第九版）	［美］乔治·伯克利　等　著 丁煌　主译	59.00 元
领导学：理论与实践（第五版）	［美］彼得·G. 诺斯豪斯　著 吴爱明　陈爱明　陈晓明　译	48.00 元
领导学（亚洲版）	［新加坡］林志颂　等　著 顾朋兰　等　译　丁进锋　校译	59.80 元
领导学：个人发展与职场成功（第二版）	［美］克利大·里科特斯　著 戴卫东　等　译　姜雪　校译	69.00 元
二十一世纪的公共行政：挑战与改革	［美］菲利普·J. 库珀　等　著 王巧玲　李文钊　译　毛寿龙　校	45.00 元
行政学（新版）	［日］西尾胜　著 毛桂荣　等　译	35.00 元
比较公共行政导论：官僚政治视角（第六版）	［美］B. 盖伊·彼得斯　著 聂露　李姿姿　译	49.80 元
理解公共政策（第十二版）	［美］托马斯·R. 戴伊　著 谢明　译	45.00 元
公共政策导论（第三版）	［美］小约瑟夫·斯图尔特　等　著 韩红　译	35.00 元
公共政策分析：理论与实践（第四版）	［美］戴维·L. 韦默　等　著 刘伟　译校	68.00 元
公共政策分析案例（第二版）	［美］乔治·M. 格斯　保罗·G. 法纳姆　著 王军霞　贾洪波　译　王军霞　校	59.00 元
公共危机与应急管理概论	［美］迈克尔·K. 林德尔　等　著 王宏伟　译	59.00 元
公共行政导论（第六版）	［美］杰伊·M. 沙夫里茨　等　著 刘俊生　等　译	65.00 元
城市管理学：美国视角（第六版·中文修订版）	［美］戴维·R. 摩根　等　著 杨宏山　陈建国　译　杨宏山　校	56.00 元
公共经济学：政府在国家经济中的作用	［美］林德尔·G. 霍尔库姆　著 顾建光　译	69.80 元
公共部门管理（第八版）	［美］格罗弗·斯塔林　著 常健　等　译　常健　校	75.00 元
公共行政学经典（第七版·中国版）	［美］杰伊·M. 沙夫里茨　等　主编 刘俊生　译校	148.00 元
理解治理：政策网络、治理、反思与问责	［英］R. A. W. 罗兹　著 丁煌　丁方达　译　丁煌　校	待出
政治、经济与福利	［美］罗伯特·A. 达尔　等　著 蓝志勇　等　译	待出
新公共服务：服务，而不是掌舵（第三版）	［美］珍妮特·V. 登哈特　罗伯特·B. 登哈特　著 丁煌　译　方兴　丁煌　校	39.00 元
议程、备选方案与公共政策（第二版·中文修订版）	［美］约翰·W. 金登　著 丁煌　方兴　译　丁煌　校	49.00 元

书名	著译者	定价
政策分析八步法（第三版）	［美］尤金·巴达克　著 谢明　等　译　谢明　等　校	48.00 元
新公共行政	［美］H. 乔治·弗雷德里克森 丁煌　方兴　译　丁煌　校	23.00 元
公共行政的精神（中文修订版）	［美］H. 乔治·弗雷德里克森　著 张成福　等　译　张成福　校	48.00 元
官僚制内幕（中文修订版）	［美］安东尼·唐斯　著 郭小聪　等　译	49.80 元
民营化与公私部门的伙伴关系（中文修订版）	［美］E.S. 萨瓦斯	59.00 元
行政伦理学手册（第二版）	［美］特里·L. 库珀　主编 熊节春　译	待出
政府绩效管理：创建政府改革的持续动力机制	［美］唐纳德·P. 莫伊尼汗　著 尚虎平　杨娟　孟陶　译　孟陶　校	69.00 元
后现代公共行政：话语指向（中文修订版）	［美］查尔斯·J. 福克斯　等　著 楚艳红　等　译　吴琼　校	38.00 元
公共行政的合法性：一种话语分析（中文修订版）	［美］O.C. 麦克斯怀特　著 吴琼　译	45.00 元
公共行政的语言：官僚制、现代性和后现代性（中文修订版）	［美］戴维·约翰·法默尔　著 吴琼　译	56.00 元
领导学	［美］詹姆斯·麦格雷戈·伯恩斯　著 常健　孙海云　等　译　常健　校	69.00 元
官僚经验：后现代主义的挑战（第五版）	［美］拉尔夫·P. 赫梅尔　著 韩红　译	39.00 元
制度分析：理论与争议（第二版）	［韩］河连燮　著 李秀峰　柴宝勇　译	48.00 元
公共服务中的情绪劳动	［美］玛丽·E. 盖伊　等　著 周文霞　等　译	38.00 元
预算过程中的新政治（第五版）	［美］阿伦·威尔达夫斯基　等　著 苟燕楠　译	58.00 元
公共行政中的价值观与美德：比较研究视角	［荷］米歇尔·S. 德·弗里斯　等　主编 熊樱　耿小平　等　译	58.00 元
公共决策中的公民参与	［美］约翰·克莱顿·托马斯　著 孙柏瑛　等　译	28.00 元
再造政府	［美］戴维·奥斯本　等　著 谭功荣　等　译	45.00 元
构建虚拟政府：信息技术与制度创新	［美］简·E. 芳汀　著 邵国松　译	32.00 元
突破官僚制：政府管理的新愿景	［美］麦克尔·巴泽雷　著 孔宪遂　等　译	25.00 元
政府未来的治理模式（中文修订版）	［美］B. 盖伊·彼得斯　著 吴爱明　等　译　张成福　校	38.00 元
无缝隙政府：公共部门再造指南（中文修订版）	［美］拉塞尔·M. 林登　著 汪大海　等　译	48.00 元
公民治理：引领 21 世纪的美国社区（中文修订版）	［美］理查德·C. 博克斯　著 孙柏瑛　等　译	38.00 元
持续创新：打造自发创新的政府和非营利组织	［美］保罗·C. 莱特　著 张秀琴　译　音正权　校	28.00 元
政府改革手册：战略与工具	［美］戴维·奥斯本　等　著 谭功荣　等　译	59.00 元

书名	著译者	定价
公共部门的社会问责：理念探讨及模式分析	世界银行专家组　著 宋涛　译校	28.00 元
公私合作伙伴关系：基础设施供给和项目融资的全球革命	〔英〕达霖·格里姆赛　等　著 济邦咨询公司　译	29.80 元
非政府组织问责：政治、原则与创新	〔美〕丽莎·乔丹　等　主编 康晓光　等　译　冯利　校	32.00 元
市场与国家之间的发展政策：公民社会组织的可能性与界限	〔德〕康保锐　著 隋学礼　译校	49.80 元
建设更好的政府：建立监控与评估系统	〔澳〕凯思·麦基　著 丁煌　译　方兴　校	30.00 元
新有效公共管理者：在变革的政府中追求成功（第二版）	〔美〕史蒂文·科恩　等　著 王巧玲　等　译　张成福　校	28.00 元
驾御变革的浪潮：开发动荡时代的管理潜能	〔加〕加里斯·摩根　著 孙晓莉　译　刘霞　校	22.00 元
自上而下的政策制定	〔美〕托马斯·R. 戴伊　著 鞠方安　译	23.00 元
政府全面质量管理：实践指南	〔美〕史蒂文·科恩　等　著 孔宪遂　等　译	25.00 元
公共部门标杆管理：突破政府绩效的瓶颈	〔美〕帕特里夏·基利　等　著 张定淮　译校	28.00 元
创建高绩效政府组织：公共管理实用指南	〔美〕马克·G. 波波维奇　主编 孔宪遂　等　译　耿洪敏　校	23.00 元
职业优势：公共服务中的技能三角	〔美〕詹姆斯·S. 鲍曼　等　著 张秀琴　译　音正权　校	19.00 元
全球筹款手册：NGO 及社区组织资源动员指南（第二版）	〔美〕米歇尔·诺顿　著 张秀琴　等　译　音正权　校	39.80 元

公共政策经典译丛

书名	著译者	定价
公共政策评估	〔美〕弗兰克·费希尔　著 吴爱明　等　译	38.00 元
公共政策工具——对公共管理工具的评价	〔美〕B. 盖伊·彼得斯　等　编 顾建光　译	29.80 元
第四代评估	〔美〕埃贡·G. 古贝　等　著 秦霖　等　译　杨爱华　校	39.00 元
政策规划与评估方法	〔加〕梁鹤年　著 丁进锋　译	39.80 元

当代西方公共行政学思想经典译丛

书名	编译者	定价
公共行政学中的批判理论	戴黍　牛美丽　等　编译	29.00 元
公民参与	王巍　牛美丽　编译	45.00 元
公共行政学百年争论	颜昌武　马骏　编译	49.80 元
公共行政学中的伦理话语	罗蔚　周霞　编译	45.00 元

公共管理英文版著作

书名	作者	定价
公共管理导论（第四版）	［澳］Owen E. Hughes （欧文·E. 休斯） 著	45.00 元
理解公共政策（第十二版）	［美］Thomas R. Dye （托马斯·R. 戴伊） 著	34.00 元
公共行政学经典（第五版）	［美］Jay M. Shafritz （杰伊·M. 莎夫里茨） 等 编	59.80 元
组织理论经典（第五版）	［美］Jay M. Shafritz （杰伊·M. 莎夫里茨） 等 编	46.00 元
公共政策导论（第三版）	［美］Joseph Stewart, Jr. （小约瑟夫·斯图尔特） 等 著	35.00 元
公共部门管理（第九版·中国学生版）	［美］Grover Starling （格罗弗·斯塔林） 著	59.80 元
政治学（第三版）	［英］Andrew Heywood （安德鲁·海伍德） 著	35.00 元
公共行政导论（第五版）	［美］Jay M. Shafritz （杰伊·M. 莎夫里茨） 等 著	58.00 元
公共组织理论（第五版）	［美］Robert B. Denhardt （罗伯特·B. 登哈特） 著	32.00 元
公共政策分析导论（第四版）	［美］William N. Dunn （威廉·N. 邓恩） 著	45.00 元
公共部门人力资源管理：系统与战略（第六版）	［美］Donald E. Klingner （唐纳德·E. 克林纳） 等 著	48.00 元
公共行政与公共事务（第十版）	［美］Nicholas Henry （尼古拉斯·亨利） 著	39.00 元
公共行政学：管理、政治和法律的途径（第七版）	［美］David H. Rosenbloom （戴维·H. 罗森布鲁姆） 等 著	68.00 元
公共经济学：政府在国家经济中的作用	［美］Randall G. Holcombe （林德尔·G. 霍尔库姆） 著	62.00 元
领导学：理论与实践（第六版）	［美］Peter G. Northouse （彼得·G. 诺斯豪斯） 著	45.00 元

更多图书信息，请登录 www.crup.com.cn 查询，或联系中国人民大学出版社政治与公共管理出版分社获取

地址：北京市海淀区中关村大街甲 59 号文化大厦 1202 室　　邮编：100872

电话：010－82502724　　　　　　　　　　　　　　　　传真：010－62514775

E-mail：ggglcbfs@vip.163.com　　　　　　　　　　　　网站：http://www.crup.com.cn

图书在版编目（CIP）数据

公共财政管理：分析与应用：第九版/（美）约翰·L. 米克塞尔著；苟燕楠，马蔡琛译. --北京：中国人民大学出版社，2020.6

（公共行政与公共管理经典译丛）

"十三五"国家重点出版物出版规划项目

ISBN 978-7-300-26608-4

Ⅰ.①公… Ⅱ.①约…②苟…③马… Ⅲ.①公共财政—财政管理 Ⅳ.①F810.2

中国版本图书馆 CIP 数据核字（2019）第 003159 号

公共行政与公共管理经典译丛

"十三五"国家重点出版物出版规划项目

公共财政管理：分析与应用（第九版）

〔美〕约翰·L. 米克塞尔（John L. Mikesell）　著

苟燕楠　马蔡琛　译

Gonggong Caizheng Guanli：Fenxi yu Yingyong

出版发行	中国人民大学出版社		
社　　址	北京中关村大街 31 号	邮政编码	100080
电　　话	010 - 62511242（总编室）		010 - 62511770（质管部）
	010 - 82501766（邮购部）		010 - 62514148（门市部）
	010 - 62515195（发行公司）		010 - 62515275（盗版举报）
网　　址	http://www.crup.com.cn		
经　　销	新华书店		
印　　刷	北京宏伟双华印刷有限公司		
规　　格	185 mm×260 mm　16 开本	版　　次	2020 年 6 月第 1 版
印　　张	37.25 插页 2	印　　次	2020 年 6 月第 1 次印刷
字　　数	914 000	定　　价	138.00 元

Supplements Request Form（教辅材料申请表）

Lecturer's Details（教师信息）			
Name： （姓名）		Title： （职务）	
Department： （系科）		School/University： （学院/大学）	
Official E-mail： （学校邮箱）		Lecturer's Address/Post Code： （教师通讯地址/邮编）	
Tel： （电话）			
Mobile： （手机）			

Adoption Details（教材信息） 原版□ 翻译版□ 影印版 □	
Title：（英文书名） Edition：（版次） Author：（作者）	
Local Publisher： （中国出版社）	
Enrolment： （学生人数）	Semester： （学期起止日期时间）

Contact Person & Phone/E-Mail/Subject：

（系科/学院教学负责人电话/邮件/研究方向）

（我公司要求在此处标明系科/学院教学负责人电话/传真及电话和传真号码并在此加盖公章。）

教材购买由我□ 我作为委员会的一部分□ 其他人□[姓名：]决定

Please fax or post the complete form to（请将此表格传真至）：

CENGAGE LEARNING BEIJING
ATTN：Higher Education Division
TEL：(86) 10－82862096/95/97
FAX：(86) 10 82862089
EMAIL：asia. infochina@cengage. com
www. cengageasia. com
ADD：北京市海淀区科学院南路 2 号
融科资讯中心 C 座南楼 12 层 1201 室 100190

Note：Thomson Learning has changed its name to CENGAGE Learning

VERIFICATION FORM / CENGAGE LEARNING